Schriftenreihe
der Juristischen Schulung

Band 85

D1672025

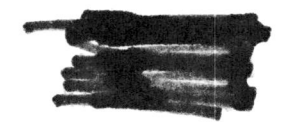

Materielles Recht im Zivilprozess

Schwerpunkte der zivilrichterlichen Praxis

begründet von

Dr. Otto Tempel (†)
Vorsitzender Richter am Landgericht a. D.
Frankfurt a. M.

bearbeitet von

Christiane Graßnack
Richterin am Oberlandesgericht
Köln

Frank Kosziol
Richter am Bundesgerichtshof
Karlsruhe

Dr. Bernhard Seyderhelm
Vorsitzender Richter am Landgericht
Frankfurt a. M.

6., komplett neu bearbeitete Auflage

Verlag C. H. Beck München 2014

www.beck.de

ISBN 978 3 406 65410 7

© 2014 Verlag C. H. Beck oHG
Wilhelmstraße 9, 80801 München
Druck und Bindung: Nomos Verlagsgesellschaft
In den Lissen 12, 76547 Sinzheim
Satz: Druckerei C. H. Beck, Nördlingen

Gedruckt auf säurefreiem, alterungsbeständigem Papier
(hergestellt aus chlorfrei gebleichtem Zellstoff)

Unseren Ehepartnern Ramona,
Andrea und Frank

Vorwort zur 6. Auflage

Die vorliegende 6. Auflage des Werkes „Materielles Recht im Zivilprozess" bringt wesentliche Änderungen mit sich. Weiterhin ist in diesem Zusammenhang zu nennen der viel zu frühe Tod von Herrn Vorsitzenden Richter am Landgericht a. D. Dr. Otto Tempel. Der Verstorbene hat die ersten drei Auflagen alleine und die vierte Auflage zu einem großen Teil verfasst. Wir werden ihm ein ehrendes Andenken bewahren.

Im Zuge der Neuauflagen ist das Werk in wesentlichen Teilen völlig neu bearbeitet worden. Gliederung und Text orientieren sich in erster Linie an praktischen Fallkonstellationen und Anspruchsgrundlagen, um dem Praktiker die Benutzung zu erleichtern. Hierzu soll auch die größere Gewichtung der aktuellen obergerichtlichen Rechtsprechung und die Einführung von Randnummern beitragen. Angesichts der Bedürfnisse der Praxis ist der Wohnraummietprozess erheblich ausgeweitet und um die Abschnitte Mieterhöhung, Schönheitsreparaturen, Sachmängel der Mietwohnung und Betriebskosten ergänzt worden. Dafür sind in Anbetracht des ohnehin erheblichen Umfangs des Werkes andere weniger praxisrelevante Teile wie der Reisevertrag und der Konsumentenkredit entfallen beziehungsweise gekürzt worden.

Als gesetzliche Neuerungen sind in erster Linie das am 1.5.2013 in Kraft getretene Mietrechtsänderungsgesetz und das am 11.6.2010 in Kraft getretene Umsetzungsgesetz zur Verbraucherkreditrichtlinie 2008 zu nennen. Die HOAI ist in der Fassung vom 30.4.2009 erläutert.

Gesetzgebung, Rechtsprechung und Schrifttum wurden bis zum 14.6.2013 berücksichtigt. In besonderen Fällen konnten spätere Entscheidungen noch berücksichtigt werden.

Köln, Karlsruhe, Frankfurt am Main, im November 2013   Christiane Graßnack
Frank Kosziol
Bernhard Seyderhelm

Inhaltsverzeichnis

Teil 1. Ansprüche des Käufers aus Gebrauchtwagenkauf 1

§ 1. Vertragliche Ansprüche bei Sachmängeln 1

    I. Unterschiedliche Vertragstypen 1
        1. Verkauf unter Privatleuten 1
        2. Verkauf unter Einschaltung eines Händlers 1
        3. Verkauf an einen Händler 2

    II. Struktur der Sachmängelhaftung 3
    III. Begriff des Sachmangels 4
        1. Beschaffenheitsvereinbarung 4
        2. Sonstige Eignung der Sache 5
        3. Öffentliche Äußerungen 6
        4. Montagefehler 6
        5. Maßgeblicher Zeitpunkt 6
        6. Einzelfälle 7

    IV. Nacherfüllung 11
        1. Inhalt 11
        2. Wahlrecht des Käufers 12
        3. Nachbesserung 13
        4. Ersatzlieferung 14
        5. Unverhältnismäßigkeit der Nacherfüllung 16
        6. Eigenmächtige Mängelbeseitigung 17

    V. Minderung 18
        1. Voraussetzungen 18
        2. Berechnung 19
        3. Durchführung 20

    VI. Rücktritt 20
        1. Voraussetzungen 20
        2. Ansprüche des Käufers aus der Rückabwicklung 22
        3. Ansprüche des Verkäufers aus der Rückabwicklung 24

    VII. Schadensersatz 25
        1. Systematik 25
        2. Schadensersatz statt der Leistung 27
        3. Schadensersatz neben der Leistung 28

    VIII. Ersatz vergeblicher Aufwendungen 29
    IX. Garantie 29
        1. Bedeutung und Rechtsfolgen 29
        2. Haltbarkeitsgarantie 30
        3. Beschaffenheitsgarantie 31

    X. Ausschluss der Sachmängelhaftung 38
        1. Kenntnis oder grob fahrlässige Unkenntnis des Käufers
           (§ 442 BGB) 38

2. Haftungsausschluss nach § 444 BGB   40
3. Arglist des Verkäufers   42

XI. Besonderheiten beim Verbrauchsgüterkauf   46
1. Voraussetzungen   46
2. Rechtsfolgen   47
3. Umgehungstatbestand (§ 475 I 2 BGB)   51

XII. Verjährung   52
1. Gesetzlicher Regelfall   52
2. Erleichterung durch Rechtsgeschäft   53
3. Hemmung und Neubeginn der Verjährung   53

XIII. Prozessuale Fragen   55
1. Örtliche Zuständigkeit   55
2. Klageantrag   56
3. Darlegungs- und Beweislast   57

§ 2. Vertragliche Ansprüche bei der Vornahme von Zusatzarbeiten   60

I. Inhalt   60
II. Rechtliche Einordnung   60

§ 3. Vertragliche Ansprüche aus der Verletzung sonstiger Pflichten des Ver-
käufers   61

I. Ausschließlichkeit der Regelung in §§ 434, 437 BGB   61
II. Ausnahmen   61
1. Ansprüche gegen den Verkäufer   61
2. Ansprüche gegen den Händler   62

III. Einwendungen   63
1. Haftungsausschluss   63
2. Verjährung   63

§ 4. Ansprüche aus ungerechtfertigter Bereicherung   65

I. Nichtigkeit des Kaufvertrages   65
1. Sittenwidrigkeit   65
2. Anfechtung wegen Irrtums   65
3. Arglistanfechtung   66

II. Rechtsfolgen   68
1. Allgemeines   68
2. Ansprüche des Käufers   68
3. Ansprüche des Verkäufers   69

§ 5. Ansprüche aus Deliktsrecht   72

I. Anspruchsvoraussetzungen   72
1. Verletzung eines geschützten Rechtsguts oder eines absoluten Rechts   72
2. Schutzgesetzverletzung (§ 823 II BGB)   73
3. Einwendungen   73

II. Schadensumfang   73
1. Anspruch aus § 823 I BGB   73
2. Anspruch aus § 823 II BGB i. V. m. § 263 StGB, § 826 BGB   74

Teil 2. Der Wohnraummietprozess 75
  § 6. Mieterhöhung 75
    I. Materielle Voraussetzungen 75
      1. Anwendungsbereich 76
      2. Vertraglicher Ausschluss 76
      3. Fristen 77
      4. Ortsübliche Vergleichsmiete 77
      5. Kappungsgrenze 79
    II. Formelle Voraussetzungen 80
      1. Erhöhungsverlangen 80
      2. Zustimmung des Mieters 86
    III. Der Mieterhöhungsprozess 87
      1. Zuständigkeit 87
      2. Parteien 87
      3. Fristen 88
      4. Klageschrift 88
      5. Verfahrensablauf 89
      6. Urteil 89
      7. Andere Beendigungsformen 90
      8. Streitwert 90
  § 7. Schönheitsreparaturen 91
    I. Grundlagen 91
      1. Begriffsbestimmung 91
      2. Abgrenzung zur Mängelbeseitigung 91
    II. Gesetzliches Leitbild 92
    III. Formularvertragliche Abwälzung auf den Mieter 92
      1. Abgrenzung zur Individualvereinbarung 93
      2. Auslegung von Allgemeinen Geschäftsbedingungen 93
      3. Inhaltskontrolle 94
      4. Rechtsfolgen unwirksamer Fristenpläne 100
    IV. Erfüllungsanspruch des Vermieters 102
      1. Renovierungsbedürftigkeit 102
      2. Anspruchsinhalt 103
      3. Verjährung 103
      4. Durchsetzung des Anspruchs 104
    V. Schadensersatzanspruch des Vermieters 104
      1. Aufforderung zur Leistung 104
      2. Angemessenheit der Fristbestimmung 104
      3. Entbehrlichkeit der Fristbestimmung 105
      4. Schadensumfang 105
      5. Verjährung 106
    VI. Abgeltungsklauseln 107
      1. Grundlagen 107
      2. Wirksamkeit 108
      3. Summierungseffekt 110
      4. Transparenzgebot 110
      5. Tatsachenfeststellung 110

VII. Besondere Fallgestaltungen 111
    1. Ansprüche bei wirksamer Überwälzung 111
    2. Ansprüche bei unwirksamer Überwälzung 112

§ 8. Betriebskosten 116
    I. Rechtsgrundlagen 116
        1. Preisfreier Wohnraum 116
        2. Geförderter und preisgebundener Wohnraum 116
        3. BetrKV 116
        4. HeizkV 117

    II. Begriffsbestimmung 117
    III. Anspruch des Vermieters auf Ausgleich des Betriebskostensaldos 118
        1. Aktiv- und Passivlegitimation 118
        2. Umlagevereinbarung 118
        3. Umlagefähigkeit 123
        4. Abrechnungsmaßstab 124
        5. Abrechungszeitraum und Abrechnungsfrist 126
        6. Die Betriebskostenabrechnung 128
        7. Sonderfälle der Betriebskostenabrechnung 130
        8. Fälligkeit 133
        9. Rechtsverteidigung des Mieters 133

    IV. Ansprüche des Mieters 137
        1. Erteilung einer Betriebskostenabrechnung 137
        2. Rückerstattungsansprüche 137

§ 9. Sachmängel der Mietwohnung 140
    I. Grundlagen 140
        1. Subjektiver Mangelbegriff 140
        2. Darlegungs- und Beweislast 143
        3. Besondere Fallgestaltungen 144

    II. Erfüllungsanspruch des Mieters 148
        1. Grundlagen 148
        2. Zurückbehaltungsrecht 148

    III. Mietminderung 149
        1. Voraussetzungen 149
        2. Umfang der Minderung 151
        3. Prozessuale Besonderheiten 152

    IV. Weitere Rechte des Mieters 154
        1. Aufwendungsersatz nach Selbstbeseitigung 154
        2. Schadensersatzansprüche 155
        3. Verschulden bei den Vertragsverhandlungen 156
        4. Außerordentliche Kündigung 157

§ 10. Die Räumungsklage 158
    I. Materielle Voraussetzungen 158
        1. Außerordentliche Kündigung 158
        2. Ordentliche Kündigung 163
        3. Sonstige Beendigungsgründe 173
        4. Erfüllung des Räumungsanspruchs 173

II. Prozessuale Besonderheiten 174
    1. Zuständigkeit 174
    2. Parteien 174
    3. Klageschrift 176
    4. Verfahrensablauf 177
    5. Urteil 178
    6. Sonstige Beendigungsgründe 180
    7. Streitwert 180
    8. Besonderheiten der Rechtskraft 181
    9. Sicherungsanordnung 181
   10. Räumungsvollstreckung 182
   11. Sonderfall: Eigenmächtige Räumung 183

Teil 3. Ansprüche aus Finanzierungsleasing 185

§ 11. Erscheinungsformen 185

    I. Allgemeines 185
    II. Vollamortisationsvertrag 185
    III. Teilamortisationsvertrag 186
      1. Andienungsrecht des Leasinggebers 186
      2. Aufteilung des Mehrerlöses 187
      3. Kilometerabrechnungsvertrag 187
      4. Null-Leasing 187
      5. Operating-Leasing 188
      6. Sonderformen der Beschaffung des Leasinggutes 188

§ 12. Abschluss des Leasingvertrages 190

    I. Verbraucherleasing 190
      1. Anwendungsbereich 190
      2. Angaben 190
      3. Widerrufsrecht 191
    II. Allgemeine Geschäftsbedingungen 192
      1. Bedeutung 192
      2. Einbeziehung der Allgemeinen Geschäftsbedingungen ... 192
      3. Überraschende Klauseln 192
      4. Inhaltskontrolle 193
    III. Vertragsinhalt 194
    IV. Sittenwidrigkeit 195
    V. Anfechtung 196

§ 13. Ansprüche des Leasinggebers 197

    I. Ansprüche aus der Übernahmebestätigung 197
      1. Gebrauchsüberlassung 197
      2. Übernahmebestätigung 197
      3. Unrichtige Übernahmebestätigung 198
    II. Ansprüche bei Zahlungsverzug des Leasingnehmers 199
      1. Kündigung 199
      2. Rechtsfolgen 200
    III. Ansprüche bei Verkehrsunfall (Kfz-Leasing) 202
      1. Ansprüche gegen den Leasingnehmer 202

2. Ansprüche gegen den Unfallgegner 203
3. Exkurs: Ansprüche des Leasingnehmers gegen den Unfallgegner ... 204

IV. Schadensersatzansprüche bei Verlust oder Beschädigung des Leasinggutes 205
V. Ansprüche bei Beendigung des Leasingvertrages 206
1. Fallgruppen 206
2. Anspruch auf Rückgabe des Leasinggutes 207
3. Anspruch auf Verwertung des Leasinggutes 208
4. Erfüllungsansprüche bei ordnungsgemäßer Beendigung des Vertrages 209
5. Schadensersatzansprüche bei außerordentlicher Kündigung des Vertrages 212

VI. Weitere Ansprüche des Leasinggebers 213
1. Ansprüche bei Zwangsvollstreckung in das Leasinggut 213
2. Ansprüche bei Insolvenz des Leasingnehmers 214

VII. Verjährung 214

§ 14. Ansprüche des Leasingnehmers 216
I. Lieferstörungen 216
1. Unmöglichkeit 216
2. Verzug 216
3. Teilleistungen 216

II. Sachmängelhaftung 217
1. Grundsätze 217
2. Voraussetzungen des Haftungsausschlusses 217
3. Einzelne Sachmängelansprüche 219
4. Geltendmachung der Ansprüche 221
5. Unwirksamer Haftungsausschluss 222

III. Weitere Ansprüche 223
1. Schadensersatzansprüche 223
2. Ansprüche bei Insolvenz des Leasinggebers 223

Teil 4. Der Bauprozess 225
§ 15. Der Bauprozess – Allgemeine Grundlagen 225
I. Inhalt des Bauvertrags 225
1. Bauvertrag als Werkvertrag 225
2. Besondere Vertragstypen 226

II. Abschluss des Bauvertrags 227
1. Allgemeines 227
2. Allgemeine Geschäftsbedingungen 228
3. Form des Bauvertrages 233
4. Vollmacht des Architekten und Bauleiters zum Vertragsschluss 234
5. Unwirksamkeitsgründe 235

III. Abnahme der Bauleistung 235
1. Begriff der Abnahme 235
2. Formen der Abnahme 237
3. Die Befugnis des Architekten zur Abnahme 239
4. Der Zeitpunkt der Abnahme 239
5. Die Verweigerung der Abnahme 239
6. Rechtsfolgen der Abnahme 240

IV. Vorzeitige Beendigung des Bauvertrags 241
  1. Beendigung durch den Auftraggeber 241
  2. Beendigung durch den Auftragnehmer 242
  3. Einvernehmliche Vertragsaufhebung 243

§ 16. Der Vergütungsanspruch des Auftragnehmers 244
  I. Die Berechnungsarten 244
    1. Einheitspreisvertrag 244
    2. Pauschalpreisvertrag 245
    3. Stundenlohnvertrag 247
    4. Der Selbstkostenerstattungsvertrag 248
    5. Fehlen einer Vereinbarung 248
  II. Nachtragsforderungen und Preisanpassung beim Einheitspreisvertrag 249
    1. Kalkulationsfehler 249
    2. Änderungen des Preisniveaus 250
    3. Änderungen des Bauentwurfs 250
    4. Änderungen des Leistungsumfangs 251
    5. Zusätzliche Leistungen 252
    6. Ersatz von Mehrkosten nach Anordnung des Auftraggebers (§ 4 I Nr. 4 S. 2 VOB/B) 253
    7. Ersatz von Mehrkosten wegen Behinderung der Ausführung 253
    8. Überschreitung eines Kostenvoranschlags 255
    9. Geschäftsführung ohne Auftrag und Bereicherung 255
    10. Ausschluss von Nachforderungen 256
  III. Nebenforderungen und Abzüge 257
    1. Nebenforderungen 257
    2. Abzüge 258
  IV. Fälligkeit und Verzug 260
    1. BGB-Vertrag 260
    2. VOB/B-Vertrag 261
    3. Abweichende Vereinbarungen 263
  V. Einwendungen des Auftraggebers 264
    1. Erfüllung und Erfüllungssurrogate 264
    2. Gegenansprüche 265
    3. Ausschluss von Einwendungen 266
    4. Einwand fehlender Prüfbarkeit der Schlussrechnung 266
  VI. Verjährung 266
    1. Verjährungsfristen 266
    2. Beginn der Verjährung 267
    3. Hemmung der Verjährung 268
    4. Neubeginn der Verjährung 269
    5. Einrede des Rechtsmissbrauchs 269
    6. Verwirkung 269
    7. Übergangsregelung 270
  VII. Die Sicherung des Vergütungsanspruchs 270
    1. Vertraglich vereinbarte Sicherheiten 270
    2. Gesetzliche Sicherheiten 271

§ 17. Ansprüche des Auftraggebers wegen Leistungsstörungen 276

    I. Ansprüche des Auftraggebers wegen Mängeln der Werkleistung 276
        1. Grundlagen 276
        2. Arten der Ansprüche 280
        3. Einwendungen 286
        4. Verjährung 289
        5. Deliktische Ansprüche 292

    II. Ansprüche des Auftraggebers wegen verzögerter Bauausführung 292
        1. BGB-Vertrag 292
        2. VOB/B-Vertrag 295

    III. Anspruch auf Zahlung einer Vertragsstrafe 296
        1. Begriff 296
        2. Vereinbarung der Vertragsstrafe 296
        3. Verwirkung der Vertragsstrafe 297
        4. Vorbehalt bei Abnahme 298
        5. Berechnung der Vertragsstrafe 299
        6. Herabsetzung der Vertragsstrafe 299
        7. Anrechnung der Vertragsstrafe 299
        8. Verjährung 299

    IV. Ansprüche des Auftraggebers auf Sicherheitsleistung 300
        1. Vereinbarung 300
        2. Arten der Sicherheiten 300
        3. Austausch von Sicherheiten 301
        4. Rückgabe der Sicherheit 302
        5. Sicherheit und Einrede nach §§ 273, 320 BGB 302

    V. Ansprüche wegen zweckwidriger Verwendung von Baugeld nach dem Gesetz über die Sicherung von Bauforderungen (BauFordSiG) 302

§ 18. Die Abwicklung des vorzeitig beendeten Bauvertrags 305

    I. Abnahme und Fälligkeit 305
    II. Abrechnung nach freier Kündigung des Auftraggebers 305
        1. Prüfbare Abrechnung 305
        2. Ersparnis und entgangener Gewinn 306

    III. Abrechnung bei Kündigung des Auftraggebers aus wichtigem Grund .. 307
        1. Einwendungen des Auftraggebers gegen den Vergütungsanspruch beim BGB-Vertrag 308
        2. Einwendungen gegen den Vergütungsanspruch beim VOB/B-Vertrag 308
        3. AGB-Klauseln 308

    IV. Abrechnung bei Kündigung des Auftragnehmers 309
        1. BGB-Vertrag 309
        2. VOB/B-Vertrag 309

    V. Abrechnung bei Kündigung wegen langfristiger Unterbrechung 309
    VI. Abrechnung bei einvernehmlicher Vertragsaufhebung 309

§ 19. Prozessuale Fragen 310

    I. Allgemeines 310
        1. Schlüssigkeitsprüfung 310
        2. Richterliche Hinweispflicht 312
        3. Beweisaufnahme 313

II. Zuständigkeit 318
    1. Gerichtsstandsvereinbarungen 318
    2. Gesetzliche Regelungen 318

III. Tenorierungsfragen 319
    1. Abweisung der Klage 319
    2. Der Klage stattgebende Urteile 320

IV. Grund-, Teil- und Vorbehaltsurteil 321
    1. Grundurteil 321
    2. Teilurteil 322
    3. Vorbehaltsurteil 323

V. Beweissicherung 323
    1. Voraussetzungen 324
    2. Umfang der Beweisaufnahme 324
    3. Wirkungen 325
    4. Kosten 325

Teil 5. Der Architektenvertrag 327

  § 20. Der Architektenvertrag über Planungsleistungen für Gebäude 327

    I. Allgemeine Grundlagen 327
        1. Inhalt des Architektenvertrags 327
        2. Abschluss des Architektenvertrages 328
        3. Abnahme der Architektenleistung 331
        4. Vorzeitige Beendigung des Architektenvertrags 332

    II. Der Vergütungsanspruch des Architekten 335
        1. Allgemeine Grundlagen 335
        2. Grundlagen der Honorarberechnung 341
        3. Urheberrechtsvergütung 349
        4. Fälligkeit und Verjährung 350

    III. Ansprüche des Auftraggebers wegen Leistungsstörungen 353
        1. Grundlagen 353
        2. Pflichten im Rahmen der technischen Realisierung des Bauvorhabens 355
        3. Ansprüche des Auftraggebers wegen Mängeln des Architektenwerks 361
        4. Haftungsbeschränkungen 367
        5. Die Verjährung der Mängelansprüche 369
        6. Zurückbehaltungsrecht und Aufrechnung 370
        7. Haftung gegenüber Dritten 372

    IV. Prozessuale Fragen 372
        1. Vorprüfung 373
        2. Die Prüfung der Höhe des Vergütungsanspruchs 374
        3. Die prozessuale Behandlung der Mängelansprüche 376
        4. Prüfung von Mängeln im wirtschaftlichen Bereich 381
        5. Tenorierung 383

Teil 6. Der Bauträgervertrag 385

  § 21. Der Bauträgervertrag 385

    I. Begriff und Rechtsnatur 385
        1. Begriff und Abgrenzung 385
        2. Rechtsprobleme 387

II. Abschluss des Bauträgervertrags 387
    1. Formzwang 387
    2. Unwirksamkeitsgründe 388
    3. Vertragliche Inhaltskontrolle 389

III. Der Vergütungsanspruch des Bauträgers 391
    1. Umfang der Vergütung 391
    2. Fälligkeit 391
    3. Verjährung 394

IV. Ansprüche des Erwerbers 394
    1. Erfüllung 394
    2. Mängelansprüche 394
    3. Kündigung 395
    4. Insolvenz 396
    5. Sicherheiten 396
    6. Prospekthaftung 396

V. Besonderheiten bei der Errichtung von Wohnungseigentum 398
    1. Ansprüche des Erwerbers bei Mängeln des Sondereigentums 398
    2. Ansprüche des Erwerbers bei Mängeln des Gemeinschaft-
       seigentums 398

VI. Prozessuale Fragen 400
    1. Notarielle Unterwerfungserklärung 400
    2. Vollstreckungsgegenklage, § 767 ZPO 401
    3. Prozessuale Gestaltungsklage 401

Teil 7. Der Provisionsanspruch des Immobilienmaklers 403

§ 22. Inhalt des Maklervertrages 403

    I. Gegenseitige Rechte und Pflichten 403
    II. Maßgebliche Vorschriften 404

§ 23. Ansprüche des Maklers 405

    I. Abschluss des Maklervertrages 405
       1. Form 405
       2. Provisionsabrede 405
       3. Abwälzung der Provision 407
       4. Geschäftsbedingungen des Maklers 408
       5. Nichtigkeit des Maklervertrages 409

    II. Abschluss des Hauptvertrages 410
       1. Grundsatz 410
       2. Abschlussmängel 410
       3. Durchführungsmängel 412

    III. Inhaltliche Anforderungen an den Hauptvertrag 413
       1. Ausschluss von Eigengeschäften 413
       2. Identität zwischen vereinbartem und eingetretenem Erfolg 415
       3. Abdingbarkeit durch Allgemeine Geschäftsbedingungen 417

    IV. Erforderliche Dienstleistung des Maklers 417
       1. Nachweistätigkeit 418
       2. Vermittlungstätigkeit 419
       3. Kausalität 420

    4. Erforderliche Kenntnis des Auftraggebers von der Maklertätigkeit .. 424
    5. Zusätzliche vertraglich vereinbarte Erfordernisse 425

  V. Verwirkung 425
    1. Doppeltätigkeit des Maklers 425
    2. Sonstige Pflichtverletzungen 426

  VI. Entstehung und Fälligkeit des Provisionsanspruchs 427
    1. Entstehung des Anspruchs 427
    2. Fälligkeit des Anspruchs 427

  VII. Höhe der Provision 428
    1. Grundsatz 428
    2. Übererlös 429
    3. Wohnungsvermittlung 429

  VIII. Anspruch auf Aufwendungsersatz 429
    1. Grundsatz 429
    2. Abweichende Vereinbarungen 430
    3. Reservierungsvereinbarungen 431

  IX. Anspruch auf Schadensersatz 432

§ 24. Ansprüche des Auftraggebers 433

  I. Grundsatz 433
  II. Nebenpflichten des Maklers 433
    1. Aufklärungspflicht 433
    2. Beratungspflicht 434
    3. Unterlassungspflicht 435
    4. Verschwiegenheitspflicht 435
    5. Haftungsausschluss 436

§ 25. Alleinauftrag 437

  I. Grundsatz 437
  II. Gegenseitige Pflichten 437
    1. Pflichten des Maklers 437
    2. Pflichten des Auftraggebers 437

  III. Abschluss des Alleinauftrags 439
  IV. Beendigung des Alleinauftrags 439
    1. Befristung 439
    2. Kündigung 440
    3. Rechtsmissbrauch 440

Teil 8. Der Unfallhaftpflichtprozess 441

§ 26. Ansprüche des Geschädigten aus dem StVG 441

  I. Die Haftung des Halters 442
    1. Begriff des Halters 442
    2. Rechtsgutverletzung 442
    3. Schaden „bei dem Betrieb" 443
    4. Entlastungsbeweis 445
    5. Ausschluss der Gefährdungshaftung 446
    6. Haftung bei Schwarzfahrten 447

  II. Die Haftung des Fahrers 447
    1. Begriff des Fahrzeugführers 448

      2. Betrieb des Kraftfahrzeugs 448
      3. Entlastungsbeweis 448
  III. Mitwirkende Betriebsgefahr 448
      1. Grundlagen 448
      2. Die Quotierung 450
  IV. Haftungshöchstbeträge 451
      1. Grundlagen 451
      2. Überschreiten der Höchstbeträge 452
      3. Tenorierung 452

§ 27. Deliktische Ansprüche 453
    I. § 823 I BGB 453
      1. Rechtsgutverletzung 453
      2. Haftungsbegründende Kausalität 454
      3. Zurechnungszusammenhang 457
      4. Rechtswidrigkeit 460
      5. Deliktsfähigkeit 463
      6. Verschulden 466
   II. § 823 II BGB 469
      1. Verletzung eines Schutzgesetzes 469
      2. Kausalität 470
      3. Rechtswidrigkeit 471
      4. Verschulden 471
  III. § 831 BGB 471
      1. Voraussetzungen 472
      2. Entlastungsbeweis 473
  IV. § 832 BGB 474
      1. Voraussetzungen 474
      2. Entlastungsbeweis 475
   V. § 833 BGB 476
      1. Voraussetzungen 476
      2. Entlastungsbeweis 477
      3. Mitverschulden 477
  VI. § 839 BGB, Art. 34 GG 478
      1. Anwendungsbereich 478
      2. Voraussetzungen 479
      3. Rechtsfolgen 480
      4. Besondere Rechtsgrundlagen 481

§ 28. Weitere Ansprüche gegen den Schädiger 482
    I. Gefährdungshaftung des Bahnbetriebsunternehmers 482
      1. Grundtatbestand 482
      2. Ausschluss der Haftung 482
   II. Vertragliche Ansprüche 483
  III. Geschäftsführung ohne Auftrag 484
  IV. Produkthaftung 485
      1. ProdHaftG 485

2. Deliktische Produzentenhaftung 486
3. Andere Fallgestaltungen 487

§ 29. Der Direktanspruch gegen den Kfz-Haftpflichtversicherer 488

   I. Voraussetzungen 488
     1. Akzessorietät 489
     2. Anzeigeobliegenheit 489

  II. Einwendungen des Versicherers 489
     1. Grundlagen 489
     2. Verjährung 489

 III. Einwendungen aus dem Versicherungsverhältnis 489
 IV. Obliegenheitsverletzungen des Versicherungsnehmers 490
     1. Trunkenheitsfahrt 490
     2. Unfallflucht 491
     3. Anerkenntnis 491

§ 30. Einwendungen des Schädigers 492

   I. Mitverschulden des Geschädigten 492
     1. § 254 I BGB 492
     2. § 254 II 1 BGB 494
     3. § 254 II 2 BGB 494
     4. Haftungs- und Zurechnungseinheit 495

  II. Haftungsbeschränkungen aufgrund gesetzlicher Unfallversicherung ... 495
     1. Arbeitsunfälle 496
     2. Schulunfälle 502
     3. Dienstunfälle 503

 III. Gestörter Gesamtschuldnerausgleich 503
     1. Grundlagen 503
     2. Typische Fallgestaltungen 504

 IV. Haftungsausschluss kraft Vereinbarung 505
     1. Gesetzliche Grenzen 505
     2. Typische Fallgestaltungen 506

  V. Vorprozessuales Anerkenntnis 507
     1. Erklärungen an der Unfallstelle 507
     2. Erklärungen im Rahmen der Schadensregulierung 509

 VI. Erlassvertrag 509
 VII. Abfindungsvergleich 509
     1. Grundlagen 509
     2. Vergleichsabschluss 510
     3. Bindungswirkung 510
     4. Nachforderungen 511

 VIII. Die Einrede der Verjährung 512
     1. Verjährungsfrist 512
     2. Fristbeginn 513
     3. Neubeginn der Verjährung 515
     4. Hemmung der Verjährung 516
     5. Rechtsmissbrauch 519

§ 31. Anspruchsübergänge 520

 I. Private Schadensversicherer 520
  1. Anwendungsbereich 520
  2. Zeitpunkt des Übergangs 520
  3. Sachliche Kongruenz 520
  4. Quotenvorrecht des Versicherungsnehmers 521
  5. Regressbeschränkungen 522

 II. Sozialversicherungsträger 523
  1. Übergangsfähige Ansprüche 523
  2. Zeitpunkt des Anspruchsübergangs 524
  3. Sachliche und zeitliche Kongruenz 525
  4. Aufteilung bei gekürzten Ansprüchen 527
  5. Ausschluss des Anspruchsübergangs 528
  6. Regress von Rentenversicherungsbeiträgen 528

 III. Andere Anspruchsübergänge 529
  1. Bundesagentur für Arbeit 529
  2. Sozialhilfeträger 530
  3. Dienstherr 530
  4. Arbeitgeber 531
  5. Besondere Regresse 533

 IV. Erbfolge 533
 V. Abtretung 533
  1. Grundlagen 533
  2. Rentenansprüche 533
  3. Rechtsdienstleistungen 534

§ 32. Personenschäden 536

 I. Allgemeine Grundsätze 536
  1. Haftungsausfüllende Kausalität 536
  2. Schadensschätzung 541
  3. Schadensminderungsobliegenheit 541

 II. Immaterieller Schaden 542
  1. Voraussetzungen 543
  2. Bemessung 543
  3. Kapital oder Rente 546
  4. Ermessen und Schmerzensgeldtabellen 547
  5. Prozessuale Besonderheiten 548

 III. Heilbehandlungskosten 549
  1. Aktivlegitimation 550
  2. Erforderlichkeit 550
  3. Nebenkosten 551
  4. Vorteilsausgleichung 551

 IV. Vermehrte Bedürfnisse 552
  1. Begriff 552
  2. Abgrenzung 552
  3. Aktivlegitimation 552
  4. Einzelpositionen 553
  5. Mehrbedarfsrente 554
  6. Vorteilsausgleichung 555

V. Der Erwerbsschaden 555
   1. Aktivlegitimation 555
   2. Kausalität 555
   3. Differenzschaden 556
   4. Fallgruppen 558
   5. Der Haushaltsführungsschaden des Verletzten 562

VI. Ersatzansprüche Hinterbliebener 566
   1. Entgangener Barunterhalt 566
   2. Der Haushaltsführungsschaden Hinterbliebener 569
   3. Beerdigungskosten 571

VII. Nebenforderungen 571

§ 33. Sachschäden 572

  I. Sachschaden im engeren Sinn 572
   1. Grundlagen 572
   2. Abrechnung auf Reparaturkostenbasis 574
   3. Anschaffung eines Ersatzfahrzeugs 581
   4. Abrechnung auf Totalschadenbasis 582
   5. Abrechnung auf Neuwagenbasis 584

  II. Sachschaden im weiteren Sinn 585
   1. Gutachterkosten 585
   2. Abschleppkosten 586

  III. Entgangene Nutzung 586
   1. Dauer 586
   2. Mietwagenkosten 588
   3. Nutzungsausfall 595

  IV. Mittelbare Vermögensschäden 597
   1. Ausfall eines gewerblich genutzten Fahrzeugs 597
   2. Prämiennachteile 599
   3. Finanzierungskosten 599
   4. Zeit- und Arbeitswand 600

  V. Nebenforderungen 600
   1. Außergerichtliche Anwaltskosten des Geschädigten 600
   2. Zinsen 603
   3. Auslagenpauschale 603

§ 34. Prozessuale Fragen 604

  I. Die Klageerhebung 604
   1. Gerichtsstand 604
   2. Unbezifferter Zahlungsantrag 604
   3. Teilklage 605
   4. Feststellungsklage 606
   5. Subjektive Klagehäufung 607
   6. Widerklage 608
   7. Fristenwahrung 608

  II. Klärung des Unfallhergangs 609
   1. Aufklärungsbedürftige Punkte 609
   2. Parteivorbringen 610
   3. Terminsvorbereitende Anordnungen 610

4. Beweisaufnahme 611

5. Beweiswürdigung 615

6. Beweislast 616

7. Besonderheiten des Anscheinsbeweises 617

III. Das Urteil 620

1. Tenor 620

2. Tatbestand 622

3. Entscheidungsgründe 624

4. Besonderheiten des Grundurteils 625

5. Streitwert 628

6. Rechtsbehelfsbelehrung 628

Abkürzungsverzeichnis

a. A.	anderer Ansicht
AAG	Aufwendungsausgleichsgesetz
ABlEG	Amtsblatt der Europäischen Gemeinschaften
abw.	abweichend
AcP	Archiv für die civilistische Praxis
a. F.	alte Fassung
AfA	Absetzung für Abnutzung
AG	Amtsgericht, Aktiengesellschaft
AGB	Allgemeine Geschäftsbedingungen
AGBG	Gesetz zur Regelung des Rechts der Allgemeinen Geschäftsbedingungen
AGG	Allgemeines Gleichbehandlungsgesetz
AGS	Anwaltsgebühren Spezial
AKB	Allgemeine Bedingungen für die Kfz-Versicherung
Alt.	Alternative
Anm.	Anmerkung
AnwBl.	Anwaltsblatt
AO	Abgabenordnung
arg.	Argument
ARGE	Arbeitsgemeinschaft
Art.	Artikel
ASU	Abgassonderuntersuchung
BAG	Bundesarbeitsgericht
BAT	Bundesangestelltentarifvertrag
BauFordSiG	Gesetz zur Sicherung von Bauforderungen
BauGB	Baugesetzbuch
BauR	Zeitschrift für das gesamte öffentliche und zivile Baurecht
BautrVO	Verordnung über Abschlagszahlungen in Bauträgerverträgen
BayObLG	Bayerisches Oberstes Landgericht
BB	Betriebsberater
BBG	Bundesbeamtengesetz
BeamtVG	Beamtenversorgungsgesetz
BeckOK	Beck'scher Online-Kommentar
BeckRS	Elektronische Entscheidungsdatenbank in beck-online
BetrKV	Betriebskostenverordnung
BeurkG	Beurkundungsgesetz
BFH	Bundesfinanzhof
BGB	Bürgerliches Gesetzbuch
BGB-Info-VO	Verordnung über Informationspflichten nach Bürgerlichem Recht
BGBl.	Bundesgesetzblatt
BGH	Bundesgerichtshof
BGHR	BGH-Report
BGHSt.	Entscheidungen des Bundesgerichtshofs in Strafsachen
BGHZ	Entscheidungen des Bundesgerichtshofs in Zivilsachen
BMF	Bundesministerium der Finanzen
BNotO	Bundesnotarordnung
BR-Drs.	Bundesratsdrucksache
BSG	Bundessozialgericht
BSHG	Bundessozialhilfegesetz
BStBl.	Bundessteuerblatt
BT-Drs.	Bundestagsdrucksache
BTR	Der Bauträger

BV .... Berechnungsverordnung
BVerfG .... Bundesverfassungsgericht
BVerfGE .... Entscheidungen des Bundesverfassungsgerichts
BVG .... Bundesversorgungsgesetz
bzw. .... beziehungsweise

ca. .... circa
c. i. c. .... culpa in contrahendo
CR .... Computerrecht

DAR .... Deutsches Autorecht
DB .... Der Betrieb
ders. .... derselbe
dies. .... dieselbe
DIN .... Norm des Deutschen Instituts für Normung e. V.
DNotZ .... Deutsche Notarzeitschrift
DStR .... Deutsches Steuerrecht
DStZ .... Deutsche Steuer-Zeitung
DWW .... Deutsche Wohnungswirtschaft

EFZG .... Entgeltfortzahlungsgesetz
EGBGB .... Einführungsgesetz zum Bürgerlichen Gesetzbuch
EGV .... Vertrag zur Gründung einer Europäischen Gemeinschaft
einschr. .... einschränkend
EnEV .... Energieeinsparverordnung
ErwG .... Erweiterungsgesetz
EStG .... Einkommensteuergesetz
etc. .... et cetera
EU .... Europäische Union
EuGH .... Gerichtshof der Europäischen Gemeinschaften
EuGVÜ .... Übereinkommen über die gerichtliche Zuständigkeit und die Voll-
streckung gerichtlicher Entscheidungen in Zivil- und Handelssachen
EuGVVO .... Verordnung des Rates über die gerichtliche Zuständigkeit und die
Anerkennung und Vollstreckung von Entscheidungen in Zivil- und
Handelssachen
EWiR .... Entscheidungen zum Wirtschaftsrecht

f./ff. .... folgende
FLF .... Finanzierung, Leasing, Factoring
Fn. .... Fußnote
FS .... Festschrift

GbR .... Gesellschaft bürgerlichen Rechts
GE .... Grundeigentum
GewO .... Gewerbeordnung
GG .... Grundgesetz
GKG .... Gerichtskostengesetz
GmbH .... Gesellschaft mit beschränkter Haftung
GrdStVG .... Grundstücksverkehrsgesetz
GRUR .... Gewerblicher Rechtsschutz und Urheberrecht
GVG .... Gerichtsverfassungsgesetz
GWB .... Gesetz gegen Wettbewerbsbeschränkungen

HeizkV .... Heizkostenverordnung
HGB .... Handelsgesetzbuch
h. M. .... herrschende Meinung
HOAI .... Verordnung über die Honorare für Leistungen der Architekten und
Ingenieure
HPflG .... Haftpflichtgesetz
Hs. .... Halbsatz

i. E.	im Ergebnis
IMR	Immobilienverwaltung und Recht
InsO	Insolvenzordnung
i. S.	im Sinne
i. V. m.	in Verbindung mit
JA	Juristische Arbeitsblätter
JR	Juristische Rundschau
Jura	Juristische Ausbildung
JurBüro	Juristisches Büro
JuS	Juristische Schulung
JZ	Juristen Zeitung
Kap.	Kapitel
Kfz	Kraftfahrzeug
KfzPflVV	Kraftfahrzeug-Pflichtversicherungsverordnung
KG	Kammergericht
KGR	KG-Report
Km	Kilometer
krit.	kritisch
Kw	Kilowatt
LBG	Landesbeamtengesetz
LG	Landgericht
lit.	Buchstabe
LMK	Kommentierte BGH-Rechtsprechung Lindenmeier-Möhring
LPartG	Lebenspartnerschaftsgesetz
LS	Leitsatz
LSG	Landessozialgericht
lt.	laut
MaBV	Makler- und Bauträgerverordnung
MAH	Münchener Anwaltshandbuch
MDR	Monatsschrift für Deutsches Recht
m. E.	meines Erachtens
MHG	Gesetz zur Regelung der Miethöhe
MittBayNot	Mitteilungen des Bayerischen Notarvereins, der Notarkasse und der Landesnotarkammer Bayern
MiZi	Mitteilungen in Zivilsachen
MRVerbG	Mietrechtsverbesserungsgesetz
MünchKomm	Münchener Kommentar zum Bürgerlichen Gesetzbuch
m. w. N.	mit weiteren Nachweisen
NdsRpfl.	Niedersächsische Rechtspflege
NJOZ	Neue Juristische Online Zeitschrift
NJW	Neue Juristische Wochenschrift
NJWE-VHR	NJW-Entscheidungsdienst Versicherungs- und Haftungsrecht
NJW-RR	NJW-Rechtsprechungs-Report Zivilrecht
NMV	Neubaumietenverordnung
NotBZ	Zeitschrift für die notarielle Beratungs- und Beurkundungspraxis
Nr.	Nummer
NZBau	Neue Zeitschrift für Baurecht
NZM	Neue Zeitschrift für Mietrecht
NZV	Neue Zeitschrift für Verkehrsrecht
o. ä.	oder ähnliches
OEG	Opferentschädigungsgesetz
OLG	Oberlandesgericht
OLGR	OLG-Report
OVG	Oberwaltungsgericht

PflVG .... Pflichtversicherungsgesetz
Pkw .... Personenkraftwagen
ProdHaftG .... Produkthaftungsgesetz

RBerG .... Rechtsberatungsgesetz
RDG .... Rechtsdienstleistungsgesetz
RGBl. .... Reichsgesetzblatt
RGZ .... Entscheidungen des Reichsgerichts in Zivilsachen
Rn. .... Randnummer
r+s .... Recht und Schaden
RVG .... Rechtsanwaltsvergütungsgesetz
RVO .... Reichsversicherungsordnung

S. .... Satz
s. .... siehe
s. a. .... siehe auch
SchwArbG .... Gesetz zur Bekämpfung der Schwarzarbeit und illegalen Beschäfti-
                         gung
SG .... Soldatengesetz
SGB .... Sozialgesetzbuch
SGG .... Sozialgerichtsgesetz
s. o. .... siehe oben
sog. .... sogenannte
St. Rspr. .... Stetige Rechtsprechung
StBerG .... Steuerberatungsgesetz
StGB .... Strafgesetzbuch
StVG .... Straßenverkehrsgesetz
StVO .... Straßenverkehrsordnung
StVZO .... Straßenverkehrszulassungsordnung
s. u. .... siehe unten
SVG .... Soldatenversorgungsgesetz
SVR .... Straßenverkehrsrecht (Zeitschrift)

teilw. .... teilweise
TÜV .... Technischer Überwachungsverein
Tz. .... Teilziffer

UrhG .... Urheberrechtsgesetz
UStG .... Umsatzsteuergesetz

VerbrKrG .... Verbraucherkreditgesetz
VersR .... Zeitschrift für Versicherungsrecht
vgl. .... vergleiche
VO .... Verordnung
VOB .... Verdingungsordnung für Bauleistungen
VOB/A .... Verdingungsordnung für Bauleistungen, Teil A
VOB/B .... Verdingungsordnung für Bauleistungen, Teil B
VOB/C .... Verdingungsordnung für Bauleistungen, Teil C
VRS .... Verkehrsrechtssammlung
VuR .... Verbraucher und Recht
VV .... Vergütungsverzeichnis
VVG .... Versicherungsvertragsgesetz
VVGEG .... Einführungsgesetz zum Versicherungsvertragsgesetz

WarnRspr. .... Warneyer, Die Rechtsprechung des Reichsgerichts
WEG .... Wohnungseigentumsgesetz
WM .... Wertpapiermitteilungen
WoBauG .... Wohnungsbaugesetz
WoBindG .... Wohnungsbindungsgesetz
WoFG .... Wohnraumförderungsgesetz

WoFlV .... Wohnflächenverordnung
WoVermG .... Wohnungsvermittlungsgesetz
WuM .... Wohnungswirtschaft und Mietrecht

ZAP .... Zeitschrift für die anwaltliche Praxis
z. B. .... zum Beispiel
ZBB .... Zeitschrift für Bankrecht und Privatwirtschaft
ZfBR .... Zeitschrift für deutsches und internationales Bau- und Vergaberecht
ZfIR .... Zeitschrift für Immobilienrecht
zfs .... Zeitschrift für Schadensrecht
ZGS .... Zeitschrift für das gesamte Schuldrecht
ZIP .... Zeitschrift für Wirtschaftsrecht
ZMR .... Zeitschrift für Miet- und Raumrecht
ZNotP .... Zeitschrift für die Notarpraxis
ZPO .... Zivilprozessordnung
ZRP .... Zeitschrift für Rechtspolitik
ZSEG .... Gesetz über die Entschädigung von Zeugen und Sachverständigen
ZVG .... Zwangsverwaltungsgesetz

Verzeichnis der abgekürzt zitierten Literatur

Bamberger/Roth, BGB, 3. Aufl., 2012
Beckmann, Finanzierungsleasing, 3. Aufl., 2005
Beck'scher VOB-Kommentar (Hrsg. Englert/Katzenbach/Motzke), 3. Aufl., 2013
Beierlein/Kinne/Koch/Stackmann/Zimmermann, Der Mietprozess, 2006
Becker/Böhme/Biela, Kraftverkehrs-Haftpflicht-Schäden, 24. Aufl., 2009
Berz/Burmann, Handbuch des Straßenverkehrsrechts, Stand: August 2012
Burmann/Heß/Höke/Stahl, Das neue VVG im Straßenverkehrsrecht, 2008
Dehner, Das Maklerrecht, 2001
Engel, Handbuch Kraftfahrzeug-Leasing, 2. Aufl., 2004
Erman, BGB, 13. Aufl., 2011
Geigel, Der Haftpflichtprozess, 26. Aufl., 2011
Graf von Westphalen, Der Leasingvertrag, 6. Aufl., 2008
Greger, Haftungsrecht des Straßenverkehrs, 4. Aufl., 2007
Hamm, Maklerrecht, in: Beck'sches Rechtsanwaltshandbuch, 10. Aufl., 2011
Ingenstau/Korbion/Kratzenberg/Leupertz, VOB Teile A und B, Kommentar, 18. Aufl., 2013
Jahnke, Der Verdienstausfall im Schadensersatzrecht, 3. Aufl., 2009
Jahnke, Unfalltod und Schadensersatz, 2. Aufl., 2012
Kniffka/Koeble, Kompendium des Baurechts, 3. Aufl., 2008
Korbion/Mantscheff/Vygen, HOAI, 8. Aufl., 2013
Küppersbusch/Höher, Ersatzansprüche bei Personenschaden, 11. Aufl., 2013
Langenberg, Betriebs- und Heizkostenrecht, 6. Aufl., 2012
Locher/Koeble/Frik, Kommentar zur HOAI, 11. Aufl., 2012
Löffelmann/Fleischmann, Architektenrecht, 6. Aufl., 2012
Münchener Kommentar zum BGB, 5. und 6. Aufl.,
Münchener Kommentar zur ZPO, 4. Aufl., 2013
Musielak, ZPO, 10. Aufl., 2013
Palandt, BGB, 72. Aufl., 2013
Pardey, Berechnung von Personenschäden, 4. Aufl., 2010
Pardey, Der Haushaltsführungsschaden, 8. Aufl., 2013
Pause, Bauträgerkauf und Baumodelle, 4. Aufl., 2004
Reinking/Eggert, Der Autokauf, 11. Aufl., 2012
Rosenberg/Schwab/Gottwald, Zivilprozessrecht, 17. Aufl., 2010
Saenger, Hk-ZPO, 5. Aufl., 2013
Sanden/Völtz, Sachschadensrecht des Kraftverkehrs, 9. Aufl., 2011
Schmid, Handbuch der Mietnebenkosten, 10. Aufl., 2013
Schmidt/Futterer, Mietrecht, 11. Aufl., 2013
Schwerdtner/Hamm, Maklerrecht, 5. Aufl., 2008
Staudinger, BGB, §§ 433–487, Leasing, 2004
Staudinger, BGB, §§ 652–656, 2010
Staudinger, Praxis Edition Mietrecht, 2011
Sternel, Mietrecht aktuell, 4. Aufl., 2009
Tempel/Theimer, Mustertexte zum Zivilprozess, Band I, 8. Aufl., 2012
Tempel/Theimer, Mustertexte zum Zivilprozess, Band II, 7. Aufl., 2012
Thomas/Putzo, ZPO, 34. Aufl., 2013
Ulmer/Brandner/Hensen, AGB-Recht, 11. Aufl., 2011
Wellner, BGH-Rechtsprechung zum Kfz-Sachschaden, 2012
Werner/Pastor, Der Bauprozess, 14. Aufl., 2013
Wetekamp, Mietsachen, 4. Aufl., 2007
Wolf/Eckert/Ball, Handbuch des gewerblichen Miet-, Pacht- und Leasingrechts, 9. Aufl., 2004
Wussow, Unfallhaftpflichtrecht, 15. Aufl., 2002
Zöller, ZPO, 29. Aufl., 2012

Teil 1. Ansprüche des Käufers aus Gebrauchtwagenkauf

§ 1. Vertragliche Ansprüche bei Sachmängeln

I. Unterschiedliche Vertragstypen

1. Verkauf unter Privatleuten

Auf dieses so genannte private Direktgeschäft, bei dem Händler oder Agenten nicht   1
eingeschaltet sind, entfallen derzeit 45 % der Gebrauchtwagengeschäfte.[1]

2. Verkauf unter Einschaltung eines Händlers

Praktisch wird unterschieden zwischen Neuwagenhändler mit einer Gebraucht-   2
wagenabteilung und dem reinen Gebrauchtwagenhandel. Diese Differenzierung ist
rechtlich ohne Bedeutung. Jedoch kann der Händler bei dem Verkauf eines Gebrauchtwagens dem Käufer entweder als bloßer Vermittler (Agenturgeschäft – vgl.
Rn. 3) oder als echter Verkäufer (Direktverkauf – vgl. Rn. 6) gegenübertreten.

a) Agenturverkauf

Der Gebrauchtwagenhändler wird von dem bisherigen Eigentümer mit der Vermitt-   3
lung eines Kaufvertrages beauftragt (Vermittlungsauftrag).[2] Nach Ermittlung eines
geeigneten Kaufinteressenten wird der Kaufvertrag zwischen dem bisherigen Eigentümer und dem Käufer abgeschlossen, wobei der Händler als Stellvertreter des Verkäufers auftritt (§ 164 BGB).[3] Bemessungsgrundlage für die Steuerpflicht des Händlers ist in diesem Fall die Differenz zwischen Einkaufs- und Verkaufspreis (sog.
Differenzbesteuerung – § 25a UStG).

Eine „Flucht in das Agenturgeschäft" nach Inkrafttreten der Schuldrechtsreform   4
konnte nicht festgestellt werden.[4] Dies war zum Teil befürchtet worden, da bei einer
bloßen Vermittlung eines Kaufs zwischen Privatleuten durch den Händler den privaten Verkäufer nicht die verschärfte Sachmängelhaftung der §§ 474 ff. BGB trifft.
Wäre der Händler hingegen Verkäufer des Fahrzeugs, so läge bei einem Verkauf an
einen Verbraucher ein Verbrauchsgüterkauf im Sinne der §§ 474 ff. BGB vor. Trotzdem ist eine signifikante Erhöhung des auf das Agenturgeschäft entfallenden Markt-
anteils nicht feststellbar. Dies mag auch daran liegen, dass die bloße Vermittlung des
Verkaufs im konkreten Einzelfall durchaus ein Umgehungsgeschäft im Sinne des
§ 475 I 2 BGB sein kann.

Agenturgeschäfte können jedoch bei einem Verkauf an einen Verbraucher nicht   5
generell als Umgehungsgeschäft nach § 475 I 2 BGB angesehen werden. Im Gebrauchtwagenhandel sind Agenturgeschäfte eine seit langem bekannte Erscheinung.
Trägt das wirtschaftliche Risiko des Verkaufs eines Gebrauchtwagens der private
Verkäufer, ist das Agenturgeschäft zulässig und nicht als Umgehung der Vorschriften

---

[1] *Reinking/Eggert*, Rn. 1903 mit graphischer Übersicht.
[2] *Reinking/Eggert*, Rn. 2137 ff.
[3] Zur Auslegung *Reinking/Eggert*, Rn. 2196 ff.; vgl. auch *BGH* NJW 2005, 1039.
[4] *Reinking/Eggert*, Rn. 2140.

über den Verbrauchsgüterkauf aufzufassen.[5] Anders ist es dagegen, wenn der Händler dem privaten Verkäufer einen bestimmten Mindestverkaufspreis garantiert (etwa weil er das Fahrzeug im Zusammenhang mit dem Erwerb eines Neuwagens in Zahlung genommen hat) und damit das wirtschaftliche Risiko der Weiterveräußerung trägt. Die Rechtsprechung lehnt sich damit an die Kriterien an, die generell für eine Eigenhaftung des Vertreters entwickelt worden sind.[6] Insofern ist es folgerichtig, auch dann eine Umgehung anzunehmen, wenn der Vermittler eigenes Vertrauen in Anspruch nimmt.[7] Die Darlegungs- und Beweislast für eine derartige Umgehung trägt der Käufer.[8] – Vgl. näher zu dem Umgehungstatbestand des § 475 I 2 BGB und zu den Rechtsfolgen eines Umgehungsgeschäfts Rn. 165 ff.

b) Direktverkauf

6   Hier verkauft der bisherige Eigentümer den Gebrauchtwagen an den Händler, der ihn sodann in eigenem Namen an den Kaufinteressenten weiterveräußert. In diesem Fall sind zwei Kaufverträge hintereinander geschaltet. Der bisherige Eigentümer tritt in keine vertraglichen Beziehungen zu dem endgültigen Erwerber. Eine direkte Inanspruchnahme des bisherigen Eigentümers durch den Erwerber ist nur nach Deliktsvorschriften möglich.[9]

3. Verkauf an einen Händler

7   Ebenso wie bei dem Kauf einer Privatperson unter Einschaltung eines Händlers ist auch bei dem Verkauf an einen Händler denkbar, dass dieser nur als Agent für einen privaten Käufer auftritt. In der Regel jedoch nimmt der Händler ein gebrauchtes Fahrzeug an im Zusammenhang mit dem Verkauf eines Neuwagens. Bei dieser direkten **Inzahlungnahme** bestehen hinsichtlich der rechtlichen Konstruktion Meinungsverschiedenheiten in Rechtsprechung und Literatur.[10] Der *BGH* geht im Regelfall von einem einheitlichen Kaufvertrag hinsichtlich des Neuwagens mit Ersetzungsbefugnis nach § 364 II BGB aus.[11] Teilweise werden auch andere Auffassungen vertreten. Im Hinblick auf das eigene Interesse des Händlers an dem Erwerb jüngerer Gebrauchtwagen wird ein Mischvertrag aus Kauf und Tausch angenommen[12] oder auch ein Doppelkauf mit Verrechnungsabrede.[13] Praktische Konsequenzen hat dieser Meinungsstreit, wenn der Händler aufgrund von Sachmängeln des gebrauchten Fahrzeugs zurücktritt: umfasst der Rücktritt nur den Kauf des Gebrauchtwagens, ist der private Verkäufer verpflichtet, die entsprechende Differenz zum Neuwagenpreis nachzuschießen. Geht man hingegen davon aus, dass der Rücktritt aufgrund von Sachmängeln des Gebrauchtwagens auch den Neuwagenkauf betrifft, sind sämtliche beiderseits empfangenen Leistungen zurückzugewähren.[14]

---

[5] *BGH* NJW 2005, 1039 und die Vorinstanz *OLG Stuttgart* NJW 2004, 2169; vgl. auch *Katzenmaier* NJW 2004, 2632; krit. zu dem einschränkenden Kriterium des *BGH Maultzsch*, ZGS 2005, 175; wesentlich strenger dagegen *Hofmann*, JuS 2005, 8.

[6] Vgl. dazu § 3 Rn. 5.

[7] *Hermanns*, ZfS 2001, 437, 440.

[8] *BGH* NJW 2005, 1039; dies kann für den privaten Käufer schwierig sein – vgl. *Reinking/Eggert*, Rn. 2164.

[9] Vgl. § 5 Rn. 1 ff.

[10] Übersicht bei *Reinking/Eggert*, Rn. 1406 ff.

[11] BGHZ 89, 126 = NJW 1984, 429; *BGH* NJW 1995, 518; 2003, 505; vgl. auch *BGH* NJW 2008, 2028 mit Anm. *Gsell*, NJW 2008, 2002.

[12] *OLG Oldenburg* NJW-RR 1995, 689; *Reinking/Eggert*, Rn. 1459 ff.

[13] *OLG Hamm* OLGR 1993, 98; offen gelassen in BGHZ 83, 334 = NJW 1982, 1700; vgl. Überblick bei *Binder*, NJW 2003, 393.

[14] Vgl. näher *Reinking/Eggert*, Rn. 1513 ff.; *Faust*, LMK 2008, 261752.

II. Struktur der Sachmängelhaftung

Durch das Gesetz zur Modernisierung des Schuldrechts vom 26.11.2001 (BGBl. I,   8
S. 3138) ist das Gewährleistungsrecht der §§ 459 ff. BGB a. F. in wesentlichen Teilen
völlig neu strukturiert worden. Das Gesetz hat gerade im Bereich der Sachmängelhaftung[15] im Kaufrecht nicht nur die Richtlinie über den Verbrauchsgüterkauf 1999/44/
EG vom 23.5.1999 umgesetzt, sondern gleichzeitig die Sachmängelgewährleistung
beim Kauf eng mit den Vorschriften über die Leistungsstörungen im Allgemeinen
Schuldrecht verbunden. Trotzdem sind die Vorschriften über die Sachmängelhaftung
in ihrem Anwendungsbereich nach wie vor als Sonderregelung zum Recht der allgemeinen Leistungsstörungen anzusehen.[16]

Die Ansprüche des Käufers sind in §§ 437 ff. BGB geregelt. Rechtspflicht des   9
Verkäufers ist nach § 433 I 2 BGB auch die Sachmängelfreiheit der verkauften
Sache.[17] Insofern hat der Verkäufer seine Pflichten nicht erfüllt, wenn er eine
mangelhafte Sache liefert. Der Käufer hat in diesem Fall einen Anspruch auf Nacherfüllung in Form der Nachbesserung oder Ersatzlieferung (§ 439 I BGB) als
„modifizierten Erfüllungsanspruch". Erst wenn die Nacherfüllung scheitert oder
ein Nacherfüllungsverlangen ausnahmsweise entbehrlich ist, kann der Käufer seine
sekundären Sachmängelansprüche (Minderung, Rücktritt, Schadensersatz, Ersatz
vergeblicher Aufwendungen) geltend machen.[18] Den Begriff der „zugesicherten
Eigenschaft" (vgl. § 463 BGB a. F.), dem vor der Schuldrechtsreform für die Sachmängelhaftung des Verkäufers zentrale Bedeutung zukam, kennt das Gesetz nicht
mehr. An diese Stelle ist die „Beschaffenheitsvereinbarung" (§ 434 I 1 BGB) getreten.[19] Für den Verbrauchsgüterkauf sind in §§ 474 ff. BGB Sonderregelungen geschaffen worden.

Die Sachmängelhaftung setzt nicht voraus, dass der Mangel erheblich ist. Auch   10
unerhebliche Mängel können grundsätzlich zu einer Minderung (§ 444 I 2 BGB) und
bei Vorliegen der Voraussetzungen zum Schadensersatz nach § 281 BGB führen;
lediglich Rücktritt (§ 323 V 2 BGB) und Schadensersatz statt der Leistung (§ 281 I 3
BGB) sind ausgeschlossen. Auch die Lieferung einer anderen Sache oder einer zu
großen Menge stellt einen Sachmangel dar (§ 434 III BGB).[20] Dies gilt auch beim
Stückkauf, sodass die Lieferung eines anderen Fahrzeugs als des gekauften unter
§ 434 BGB fällt.[21] Die Unterscheidung zwischen Stückkauf und Gattungskauf hat
der Gesetzgeber ohnehin aufgegeben.[22]

---

[15] Zur Haftung wegen Rechtsmängeln vgl. BGHZ 159, 215 = NJW 2004, 2299; *OLG Karlsruhe* NJW 2005, 989; *Wertenbruch,* ZGS 2004, 367; *Scheuren-Brandes,* ZGS 2005, 295; *Pahlow,*
JuS 2006, 289.
[16] Palandt/*Putzo,* § 437 Rn. 48; MünchKommBGB/*Westermann,* § 434 Rn. 4 m. w. N.
[17] Dies hat auch Auswirkungen auf das Recht des Käufers zur Zurückweisung der mangelhaften Sache – vgl. dazu im Einzelnen *Jud,* JuS 2004, 841.
[18] BGHZ 162, 219 = NJW 2005, 1348; *BGH* MDR 2006, 141; NJW 2006, 988; NJW 2006,
1195.
[19] *BGH* DAR 2006, 143.
[20] Dies gilt nach h. M. auch bei einem sog. Identitätsaliud – *OLG Frankfurt/M.* ZGS 2007,
317 m. w. N.
[21] *Medicus,* Rn. 51.
[22] BGHZ 168, 64 = NJW 2006, 2839; im Einzelnen teils kritisch *Heckel,* JZ 2012, 1094,
1096 ff.

III. Begriff des Sachmangels

1. Beschaffenheitsvereinbarung

11 Nach der Bestimmung des § 434 I 1 BGB ist die Sache frei von Sachmängeln, wenn sie bei Gefahrübergang die vereinbarte Beschaffenheit hat. Letztere stellt die „**Sollbeschaffenheit**" dar, die grundsätzlich subjektiv anhand der konkreten Vereinbarung der Parteien zu bestimmen ist. Sollte ein schriftlicher Kaufvertrag vorliegen, hat die Vertragsurkunde die Vermutung der Vollständigkeit und Richtigkeit für sich.[23] Das schließt mündliche Nebenabreden nicht aus; jedoch muss derjenige, der sich auf sie beruft, sie darlegen und bei Bestreiten durch die Gegenseite beweisen. Maßgeblich können ferner die bei Vertragsschluss zugrunde gelegten Zustands- oder Befundberichte sein.

Angaben in einem Internetangebot können auch dann eine Beschaffenheitsvereinbarung darstellen, wenn auf sie im Rahmen der Kaufvertragsverhandlungen nicht noch einmal ausdrücklich Bezug genommen wird.[24] Dies gilt nicht nur für den beschreibenden Text, sondern auch für Lichtbilder.[25]

12 Hinsichtlich der „**Istbeschaffenheit**" gilt: Den Mangel hat der Käufer darzutun und zu beweisen.[26] Der Umfang der Substantiierung hängt von den Umständen des Einzelfalls, insbesondere davon ab, was dem Kläger als technischem Laien zuzumuten ist. Bei technischen Mängeln genügt die Angabe des äußeren Erscheinungsbildes bzw. der für den Mangel sprechenden Anzeichen ohne Darlegung der technischen Gründe im Einzelnen. Der Kläger muss auch darlegen, dass der Mangel bei Übergabe – zumindest im Keime – vorlag, sofern ihm nicht die Beweislastumkehr des § 476 BGB zugute kommt.[27]

Im Übrigen genügt es, wenn ein nicht ausgeräumter Verdacht für einen Sachmangel besteht.[28]

13 Für die Annahme einer Beschaffenheitsvereinbarung gelten die allgemeinen Grundsätze der §§ 133, 157 BGB.[29] Dabei können im Rahmen der Auslegung nach Treu und Glauben unter Berücksichtigung der Verkehrssitte auch objektive, aus der Verkehrsauffassung hergeleitete Gesichtspunkte zum Tragen kommen. Stets ist jedoch erforderlich, dass der Verkäufer eine bestimmte Beschaffenheit verbindlich erklären will. Dies kann auch konkludent in der Weise erfolgen, dass der Käufer dem Verkäufer bestimmte Anforderungen an den Kaufgegenstand zur Kenntnis bringt und dieser zustimmt.[30] Eine Beschaffenheitsangabe ist eher zu bejahen als eine zugesicherte Eigenschaft nach altem Recht, da ein unbedingtes Einstehen im Sinne einer Garantie für die Annahme einer Beschaffenheitsvereinbarung nicht erforderlich ist.[31] Daraus ergibt sich umgekehrt, dass immer dann, wenn die Rechtsprechung nach altem Recht von einer zugesicherten Eigenschaft ausgegangen ist, nach neuem Recht zu-

---

[23] *BGH* NJW 1989, 898.
[24] *KG* NJW-RR 2012, 290 (eBay); *OLG Schleswig* DAR 2012, 581; *OLG Düsseldorf* DAR 2013, 81.
[25] *BGH* NJW-RR 2011, 462 Tz. 12; einschränkend *Höffmann*, ZGS 2011, 299 (nicht beim Privatverkauf – jedoch Zurechnung über § 434 I 3 BGB).
[26] *BGH* NJW 2006, 434 Tz. 20; zu weitgehend allerdings *OLG Hamm* DAR 2006, 390; zur Beweislastumkehr bei Beweisvereitelung *AG Offenbach* NJW-RR 2007, 1547.
[27] Vgl. dazu Rn. 154 ff.
[28] *BGH* NJW 1989, 218; *OLG Naumburg* OLGR 2009, 284; *OLG Hamm* DAR 2012, 261.
[29] Zu Beschaffenheitsvereinbarungen in AGB vgl. *Stölting*, ZGS 2003, 462.
[30] BGHZ 181, 170 = NJW 2009, 2807 Tz. 9.
[31] *Reinking/Eggert*, Rn. 2448.

mindest eine Beschaffenheitsvereinbarung vorliegt.[32] Andererseits ist bei der Bejahung einer Beschaffenheitsvereinbarung wegen der damit für den Verkäufer verbundenen gravierenden Konsequenzen eher Zurückhaltung geboten als bei der Bejahung eines Sachmangels nach altem Recht,[33] für den der Verkäufer seine Haftung wesentlich einfacher ausschließen konnte als für eine Beschaffenheitsvereinbarung nach neuem Recht.

Umstritten ist, ob der Beschaffenheitsbegriff weiter zu verstehen ist als der Fehlerbegriff nach altem Recht, wonach als Fehler nur diejenigen Beziehungen der Kaufsache zu ihrer Umwelt in Frage kamen, die der Kaufsache auf Dauer anhaften. Richtiger Ansicht nach geht der Beschaffenheitsbegriff wegen des Vorrangs der Privatautonomie weiter und kann auch außerhalb der Kaufsache liegende Umstände betreffen.[34] Daraus ergibt sich denknotwendig, dass Umstände, die früher von der Rechtsprechung als Fehler im Sinne des § 459 BGB a. F. angesehen wurden, auch unter den Beschaffenheitsbegriff des § 434 I BGB fallen können. Ob im Übrigen im Hinblick auf die durch die Schuldrechtsmodernisierung verschärfte Haftung des Verkäufers an den Begriff der Beschaffenheit strengere Anforderungen zu stellen sind als an den Fehlerbegriff nach altem Recht, ist unklar. Der *BGH* hat dies in einigen Fällen getan und ist damit ausdrücklich von seiner Rechtsprechung zum alten Recht abgerückt.[35]   **14**

Zur Abgrenzung zwischen zulässiger (haftungsentlastender) Beschaffenheitsangabe und unzulässiger Haftungsbeschränkung beim Verbrauchsgüterkauf vgl. unten Rn. 162.   **15**

2. Sonstige Eignung der Sache

Ist eine Beschaffenheitsvereinbarung nicht getroffen worden, so liegen Sachmängel nicht vor, wenn sich die Sache für die nach dem Vertrag vorausgesetzte Verwendung eignet (§ 434 I 2 Nr. 1 BGB).[36] Kann auch eine solche nicht festgestellt werden, ist auf die gewöhnliche Verwendung und übliche Beschaffenheit abzustellen (§ 434 I 2 Nr. 2 BGB). Dabei kommt es weder auf die konkret vorhandene Vorstellung des jeweiligen Käufers noch auf einen durchschnittlichen technischen Informationsstand, sondern auf die objektiv berechtigte Erwartung an.[37] Danach kann der Käufer eines gebrauchten Fahrzeugs grundsätzlich erwarten, dass das Fahrzeug keinen Unfall erlitten hat, bei dem es zu mehr als „Bagatellschäden" gekommen ist. Ein fünf Millimeter tiefer Blechschaden, dessen fachgerechte Beseitigung ca. 1700 EUR kostet, ist kein Bagatellschaden mehr.[38] Haben die Parteien dagegen eine bestimmte Beschaffenheit des Fahrzeugs vereinbart, so hat diese immer Vorrang vor der Regelung des § 434 I 2 Nr. 1und 2 BGB.[39]   **16**

[32] Der Begriff der „Eigenschaft" ist richtigerweise nicht weiter zu fassen als der Begriff der „Beschaffenheit" – *Reinking/Eggert*, Rn. 2441.
[33] In diese Richtung geht jedenfalls *BGH* NJW 2008, 1517, Tz. 13.
[34] *Gruber*, MDR 2002, 433, 435; *Weiler*, ZGS 2002, 249; *Roth*, NJW 2004, 330, 331; *Schulze/Ebers*, JuS 2004, 462; a. A. *OLG Hamm* ZGS 2003, 394; ZGS 2005, 315 (Verharmlosung eines Unfallschadens); *OLG Naumburg* DAR 2006, 327 (Reimporteigenschaft eines Fahrzeuges); *Grigoleit/Herresthal*, JZ 2003, 118; *Schinkels*, ZGS 2005, 333.
[35] *BGH* NJW 2008, 1517.
[36] Hierzu gehört auch die Betriebsfähigkeit des Kfz im Sinne der Zulassungsvorschriften – *OLG Bremen* ZGS 2005, 216; vgl. allgemein auch *BGH* NJW 2007, 135; NJW 2011, 2872.
[37] *BGH* NJW 2009, 2056.
[38] *BGH* NJW 2008, 53 Tz. 18 ff. – das Fahrzeug war beim Kauf 5 3/4 Jahre alt.
[39] Vgl. auch *OLG Brandenburg* ZGS 2011, 330 (für Werkvertragsrecht).

3. Öffentliche Äußerungen

17   Die Verkäuferhaftung ist nach § 434 I 3 BGB erweitert auf Eigenschaften, die der Käufer nach den öffentlichen Äußerungen des Verkäufers,[40] des Herstellers im Sinne des § 4 I und II ProdukthaftungsG oder seines Gehilfen erwarten kann.[41] Dies gilt besonders für Angaben in der Werbung[42] oder bei der Kennzeichnung über bestimmte Eigenschaften.[43] Es ist nicht erforderlich, dass auf diese Eigenschaften bei den Verkaufsgesprächen überhaupt eingegangen wurde. Die Vorschrift gilt grundsätzlich auch für den Privatverkauf. Die Haftung erfährt eine Einschränkung, wenn der Verkäufer diese Äußerung nicht kannte und auch nicht kennen musste, wenn sie im Zeitpunkt des Vertragsschlusses in gleichwertiger Weise berichtigt war oder wenn sie die Kaufentscheidung nicht beeinflussen konnte.

18   Beim Gebrauchtwagenkauf stellt sich die Frage, ob die Bewerbung des einstigen Neufahrzeugs durch den Hersteller unbegrenzt fortwirkt (zum Beispiel Angaben über Kraftstoffverbrauch, Durchrostungsfreiheit).[44] Hier ist zu prüfen, ob der Käufer durch lange zurückliegende öffentliche Äußerungen überhaupt noch in seiner Kaufentscheidung beeinflusst sein konnte. Kriterien dafür bilden der Erklärungsinhalt der öffentlichen Äußerung sowie die Länge des Zeitraums zwischen der Äußerung und der Kaufentscheidung. Bei länger zurückliegenden Äußerungen etwa des Herstellers liegt es zudem beim Privatverkauf nahe, dass der Verkäufer diese Erklärungen weder kannte noch kennen musste. Bei gewerblichen Händlern wird dies in geringerem Umfang zu bejahen sein.

4. Montagefehler

19   Ein Sachmangel liegt auch vor, wenn die vereinbarte Montage durch den Verkäufer oder dessen Erfüllungsgehilfen unsachgemäß durchgeführt wurde (§ 434 II 1 BGB). Sonstige Pflichtverletzungen, die anlässlich der im Übrigen sachgemäßen Montage durch den Monteur begangen wurden, fallen nicht darunter.[45] Ist die Sache zur Selbstmontage bestimmt, begründet auch eine fehlerhafte Montageanleitung einen Sachmangel. Diese Vorschrift hat für den Gebrauchtwagenkauf keine größere Bedeutung.[46]

5. Maßgeblicher Zeitpunkt

20   Der Mangel muss im Zeitpunkt des Übergangs der Gefahr vorliegen (§ 434 I 1 BGB), der regelmäßig nach § 446 S. 1 BGB der Übergabe des Fahrzeugs entspricht. Entscheidend ist hierbei nicht, wann der Fehler nach außen erkennbar wird, sondern dass er objektiv vorliegt. Dabei genügt es, dass der Fehler „im Keime vorliegt" und sich erst später zu einer Beeinträchtigung auswächst.[47] Hier ergeben sich Fragen der Abgrenzung gegenüber den normalen Verschleißerscheinungen. Ist ein Mangel vor Gefahrenübergang entstanden und führt dieser zur Unmöglichkeit einer mangelfreien Leistung, so kann der Käufer Ansprüche nach § 311a II BGB oder § 283 BGB haben (sog. „qualifizierte oder qualitative Unmöglichkeit").[48] Anderer Ansicht zufolge sind auch diese Fälle nach Sachmängelrecht abzuwickeln.[49]

---

[40] Dazu *Reinking/Eggert*, Rn. 2528.
[41] Vgl. näher *OLG Saarbrücken* OLGR 2007, 645, 646; *Bernreuther*, MDR 2003, 63.
[42] *OLG München* ZGS 2005, 237 (Werbeprospekt).
[43] *OLG Düsseldorf* DAR 2007, 457 (Angaben im Internet).
[44] *Reinking*, DAR 2002, 15, 16.
[45] *Reinking*, DAR 2002, 15, 17.
[46] *Reinking/Eggert*, Rn. 2548.
[47] *Reinking/Eggert*, Rn. 3286.
[48] Vgl. im Einzelnen *Heyers/Heuser*, NJW 2010, 3057; Zur Haftung des Verkäufers bei einer Beschädigung nach Gefahrenübergang, aber vor Übergabe *Klinck*, ZGS 2008, 217 (§§ 434 ff. BGB analog).
[49] *Schall*, NJW 2011, 343; differenzierend *S. Lorenz*, NJW 2013, 1341 (nur bei unbehebbaren und unerheblichen Mängeln).

6. Einzelfälle[50]

Baujahr: Eine Abweichung des tatsächlichen Baujahrs von dem im Vertrag festgeleg- 21
ten Baujahr[51] stellt einen Sachmangel dar, wobei es entgegen einem Teil der Rechtsprechung[52] nicht darauf ankommt, dass die Eignung zum gewöhnlichen Gebrauch
eingeschränkt ist.[53] Gleiches gilt auch, wenn das tatsächliche Baujahr des Fahrzeugs
mehrere Jahre vor der im Vertrag angegebenen Erstzulassung liegt (zum Beispiel bei
Re-Importen).[54] Auch ein abweichendes Modelljahr kann ein Sachmangel sein.[55]

Jahreswagen: Nach der Verkehrsauffassung ist hierunter ein Gebrauchtfahrzeug aus 22
erster Hand zu verstehen, welches von einem Werksangehörigen ein Jahr ab Erstzulassung gefahren ist[56] und bis zum Zeitpunkt der Erstzulassung keine Standzeit
von mehr als zwölf Monaten aufweist.[57] Eine Standzeit von 26 Monaten vor der
Erstzulassung begründet einen Sachmangel.[58]

Laufleistung: Eine höhere als die im Vertrag festgelegte Kilometerleistung stellt einen 23
Sachmangel dar, soweit der Käufer die Richtigkeit der angezeigten Laufleistung im
konkreten Fall erwarten kann.[59] Dabei ist hinsichtlich der Ist-Beschaffenheit von dem
Tachostand unter Berücksichtigung des Alters des Fahrzeugs auszugehen. Bei einer
Tachoauswechslung ist die frühere Laufzeit hinzuzurechnen, falls sie ermittelt werden
kann. Auch der Verdacht einer Tachomanipulation kann als Sachmangel ausreichen.
Geringfügige Abweichungen bleiben allerdings außer Betracht.[60] In der Regel werden
im Gebrauchtwagenhandel aber einschränkende Formulierungen benutzt wie „abgelesen" oder „laut Vorbesitzer", die keine Haftung des Verkäufers auslösen können,
sondern eine reine Willenserklärung darstellen.[61]

Originalmotor: Der verkaufte Motor ist mangelhaft, wenn sich in ihm nicht der 24
Originalmotor für diesen Fahrzeugtyp bzw. – bei anderer Absprache – nicht der im
Vertrag angegebene Motor befindet.[62] Ein Teil dieser Fälle löst sich bei Fehlen einer
Veränderungsgenehmigung (§ 19 StVZO) durch die mangelnde Zulassungsfähigkeit.[63] Im Übrigen ist der Einbau eines anderen Motortyps ein Mangel, und zwar
sowohl bei höherer[64] als auch bei niedrigerer[65] KW-Leistung. Der Einbau eines
Austauschmotors für den entsprechenden Fahrzeugtyp stellt für sich genommen
noch keinen Mangel dar.[66] Schwierigkeiten ergeben sich jedoch dann, wenn im Kaufvertrag ein „Austauschmotor" erwähnt wird. Die Verkehrsanschauung versteht hierunter nur einen Motor, der insgesamt vom Hersteller als „Tauschaggregat" nach

[50] Überblick über die Rechtsprechung bei *Schattenkirchner/Stroech*, DAR 2006, 421, 423.
[51] *OLG Oldenburg* NJW-RR 1995, 689; hierzu *Reinking/Eggert*, Rn. 2617 ff.
[52] BGHZ 72, 252 = NJW 1979, 160; *OLG Hamm* DAR 1994, 120; *OLG Stuttgart* NJW 1989, 2547.
[53] *OLG Düsseldorf* OLGR 1/94; *Reinking/Eggert*, Rn. 1253; *Honsell*, JuS 1982, 812.
[54] *OLG Karlsruhe* NJW 2004, 2456; *LG Bautzen* DAR 2006, 281; *Reinking/Eggert*, Rn. 2623; differenzierend *Fischinger/Lettmaier*, ZGS 2009, 394.
[55] *OLG Nürnberg* DAR 2005, 450; *OLG Braunschweig* ZGS 2005, 395 (zum Begriff des „Lagerfahrzeugs").
[56] *OLG Köln* NJW-RR 1989, 699; weiter *Reinking/Eggert*, Rn. 2764.
[57] *BGH* NJW 2006, 2694.
[58] *BGH* NJW 2006, 2694.
[59] *OLG Düsseldorf* DAR 2013, 81; *Reinking/Eggert*, Rn. 2781 ff.; vgl. auch *BGH* DAR 2006, 143.
[60] *OLG Zweibrücken* DAR 1986, 89; *Eggert*, NZV 1990, 371.
[61] Dies gilt gleichermaßen für Angaben zu Vorschäden, Art der Vorbenutzung etc.
[62] *OLG Düsseldorf* ZfS 2005, 130; *Reinking/Eggert*, Rn. 2652 ff.
[63] Dazu näher Rn. 32 ff.
[64] *BGH* NJW 1983, 217.
[65] *OLG Frankfurt/M.* VersR 1978, 827; *Reinking/Eggert*, Rn. 2756.
[66] *BGH* NJW 1982, 1386; *OLG München* NJW-RR 2003, 1562.

eigenem Zusammenbau und eigener Prüfung geliefert worden ist.[67] Das ist nicht der Fall beim so genannten „Teilemotor" oder beim „generalüberholten" Motor.[68]

25 **Rost:** Rosterscheinungen sind nur dann ein Sachmangel, wenn sie unter Berücksichtigung des Alters des Fahrzeugs über die bei einem typengleichen oder typenähnlichen Modell üblichen Korrosionserscheinungen hinausgehen.[69] Das gilt insbesondere für Rosterscheinungen an tragenden Fahrzeugteilen oder für eine besondere Rostanfälligkeit.[70] Das normale Rostrisiko geht dagegen zu Lasten des Käufers, der hiermit bei einem Gebrauchtwagen rechnen muss. Dank verbesserten Korrosionsschutzes hat die Thematik deutlich an Bedeutung verloren.[71]

26 **Technische Fehler:** Sie sind als Sachmangel anzusehen, wenn sie über die normalen Abnutzungs- und Verschleißerscheinungen[72] hinausgehen. Dazu gehören je nach Alter und Laufleistung teilweise abgefahrene Reifen, abgenutzte Bremsbeläge, zu großes Lenkungsspiel, Getriebeschäden.[73]

27 **Unfallschaden:** Bei der Beurteilung der Frage, ob ein reparierter Unfallschaden einen Sachmangel darstellt, ist in erster Linie nicht auf einen nach der Reparatur verbleibenden merkantilen Minderwert, sondern auf die Unfalleigenschaft des Fahrzeugs als solche abzustellen. Entscheidend ist, ob ein vorangegangener Unfall des Fahrzeugs angesichts seines Alters und seines Zustands nicht im Sinne des § 434 I 2 Nr. 2 BGB als üblich und zu erwarten angesehen werden kann. So können bei einem älteren Fahrzeug kleinere Schäden aufgrund eines weit zurückliegenden Unfalls durchaus als üblich erwartet werden, sodass in diesem Umfang die bloße Unfalleigenschaft als solche keinen Mangel darstellt.[74] Die Angabe „Unfallschäden lt. Vorbesitzer Nein" ist keine Beschaffenheitsangabe dahingehend, dass das verkaufte Fahrzeug unfallfrei ist.[75] Vielmehr stellt die Angabe eine bloße Wissensmitteilung dar. Der Beklagte haftet dafür, dass er die Angaben des Vorbesitzers richtig und vollständig weitergibt.[76]

28 **Verschleiß:** Normale Verschleiß-, Abnutzungs- und Alterserscheinungen bei einem Gebrauchtwagen stellen keinen Mangel im Sinne des § 434 I BGB dar.[77] Schwierigkeiten bestehen nur insoweit, wo die Grenzen zum echten Mangel verlaufen.[78] Die hierfür maßgebende Auslegung hat sich nach den Umständen des Einzelfalls zu richten (Beschaffenheitsvereinbarung, Laufleistung und Alter des Fahrzeugs, Höhe des Kaufpreises, Umstände des Kaufs, Art der Vorbenutzung, Anzahl der Vorbesitzer). Nach *Reinking/Eggert* ist hierbei darauf abzustellen, welche Eigenschaften ein gebrauchtes typengleiches (modellgleiches) Vergleichsfahrzeug hinsichtlich Alter und

---

[67] *Reinking/Eggert*, Rn. 2663; ähnlich *OLG Karlsruhe* DAR 1975, 155; *OLG Frankfurt/M.* DAR 1991, 221; vgl. auch *Ebel*, NZV 1994, 15; *Ludovisy*, DAR 1992, 199.

[68] Vgl. zu diesen und anderen Begrifflichkeiten *Reinking/Eggert*, Rn. 2657 ff.

[69] *Reinking/Eggert*, Rn. 2889 – mit umfangreicher Kasuistik unter Rn. 2887 f.

[70] *Reinking/Eggert*, Rn. 2877.

[71] *Reinking/Eggert*, a. a. O.

[72] Vgl. dazu Rn. 28.

[73] Überblick bei *Reinking/Eggert*, Rn. 2994 ff.

[74] *BGH* NJW 2008, 1517 Tz. 18; *OLG Düsseldorf* ZfS 2005, 130; *OLG Rostock* OLGR 2005, 46; *OLG München* DAR 2002, 454; *Reinking/Eggert*, Rn. 3139; *S. Lorenz*, LMK 2008, 249603, vgl. auch *OLG Düsseldorf* ZGS 2007, 320; *OLG Köln* NJW-RR 1992, 49; *Rixecker*, DAR 1986, 106, 108.

[75] *BGH* NJW 2008, 1517 Tz. 12 ff. (anders noch zum alten Recht *BGH* NJW 1996, 1205), grundsätzlich zustimmend *Lindacher*, EWiR 2008, 363.

[76] *BGH* NJW 2008, 1517 Tz. 16.

[77] Überblick bei *Reinking/Eggert*, Rn. 2945 f.; *Schattenkirchner/Stroech*, DAR 2006, 421, 424; *Fischinger/Lettmaier*, ZGS 2009, 394, 397; vgl. im Übrigen *BGH* NJW 2006, 434; NJW 2005, 3490; *OLG Köln* ZGS 2004, 40; *KG* ZGS 2005, 76; *OLG Celle* NJW 2004, 3566.

[78] Übersicht bei *Andreae*, NJW 2007, 3457.

Laufleistung üblicherweise aufweist.[79] Außergewöhnliche Verschleißerscheinungen sind demnach als Sachmangel anzusehen.[80] Als Sachmangel kann auch ein solcher Verschleißgrad gelten, der den normalen Nutzer unter gewöhnlichen Umständen zum Auswechseln des Verschleißteiles veranlasst hätte.[81] Außerdem muss ein Mindeststandard gewährleistet sein: Fahrbereitschaft[82], Verkehrssicherheit und Zulassungsfähigkeit.[83] Etwas anderes gilt nur dann, wenn das Fahrzeug ausdrücklich als „Schrottfahrzeug" oder als „Bastlerfahrzeug" verkauft worden ist.[84]

Verbrauch: Ein erhöhter Kraftstoff- oder Ölverbrauch kann einen Sachmangel darstellen, wenn der durchschnittliche, vom Hersteller (vgl. auch § 434 I 3 BGB) angegebene Verbrauch überschritten ist,[85] wobei allerdings eine gewisse Toleranzgrenze hinzunehmen ist.[86]   29

Vorbenutzung: Nach der Verkehrsauffassung gehen die Käufer von Gebrauchtwagen herkömmlich davon aus, dass diese von den Vorbesitzern privat genutzt worden sind. Dies trifft heute jedoch nicht mehr in dieser Allgemeinheit zu. Gerade bei jüngeren Gebrauchtfahrzeugen muss der Käufer in Betracht ziehen, dass das Fahrzeug auch als Mietwagen eingesetzt war.[87] Ist der Kraftwagen – wie bei jüngeren Gebrauchten häufig – als Leasingfahrzeug benutzt worden, liegt jedenfalls bei privater Nutzung kein Sachmangel vor.[88] Fraglich ist, ob dies auch für ein gewerblich genutztes Leasingfahrzeug gilt. Je nach Dauer der atypischen Nutzung kann ein Sachmangel gegeben sein, wenn das Fahrzeug als Taxi[89], Fahrschulwagen[90] oder Testfahrzeug[91] zum Einsatz gekommen ist. Bei Raucherfahrzeugen oder Fahrzeugen von Hundebesitzern ist das Vorliegen eines Sachmangels fraglich,[92] zumal vorhandene Geruchsbelästigungen meist erkennbar (§ 442 BGB) und zudem durch eine Spezialbehandlung zu beseitigen sind.   30

Vorbesitzer: Eine höhere Anzahl von Vorbesitzern und von Haltern als im Kraftfahrzeugbrief eingetragen stellt nach der Verkehrsauffassung einen Sachmangel dar.[93] Hat der Verkäufer jedoch die Anzahl der Vorhalter mit dem Hinweis „lt. Kfz-Brief" versehen, so stellt dies – ähnlich wie die Angabe von Unfallschäden mit einschränkendem Hinweis[94] – eine bloße Wissenserklärung oder besser Wissensvermittlung dar, jedoch keine Beschaffenheitsvereinbarung.[95] Eine Ausnahme besteht bei Taxis.[96]   31

---

[79] *Reinking/Eggert*, Rn. 3004, 3012.
[80] *OLG Köln* DAR 2001, 461; *OLG Naumburg* ZGS 2010, 526; *Reinking/Eggert*, Rn. 3026.
[81] *OLG Hamm* DAR 2010, 705.
[82] BGHZ 122, 256 = NJW 1993, 1854; vgl. auch *OLG Köln* DAR 2011, 260.
[83] BGHZ 10, 242 = NJW 1953, 1505; *OLG Naumburg* OLG Report-Ost 48/2012, Anm. 10; *Reinking/Eggert*, Rn. 3017.
[84] Vgl. zu Schrott- und Bastlerfahrzeugen auch Rn. 163.
[85] *OLG München* NJW 1987, 3012; *Schmidt*, DAR 1990, 170.
[86] *LG Aachen* MDR 1992, 231 (10 %); *Reinking/Eggert*, Rn. 2864; *Hörl*, DAR 1986, 97, 102 (20–30 %) – Zum Neufahrzeug vgl. *BGH* NJW 1996, 1337.
[87] *BGH* NJW 2010, 3710; *LG Kaiserslautern* NJW-RR 2010, 634; *Reinking/Eggert*, Rn. 3181 ff.; *Otting*, ZGS 2004, 12; a. A. *OLG Stuttgart*, NJW-RR 2009, 551.
[88] *Reinking/Eggert*, Rn. 3202 f.
[89] *BGH* DB 1976, 1475; krit. *Reinking/Eggert*, Rn. 3207.
[90] *OLG Köln* NJW-RR 1990, 1144; *OLG Nürnberg* DAR 1986, 26; anders bei nur kurzfristiger Nutzung *OLG Köln* DAR 2013, 208.
[91] *Reinking/Eggert*, Rn. 3208.
[92] *Reinking/Eggert*, Rn. 3211.
[93] *BGH* NJW 1978, 1373; *OLG Naumburg* DAR 2013, 155; *Reinking/Eggert*, Rn. 3216 ff.
[94] Vgl. oben Rn. 27.
[95] *LG Kiel* NZV 2009, 243.
[96] *OLG Celle* NJW-RR 1990, 1527.

31a **Vorführwagen:** Unter dem Begriff des Vorführwagens ist ein gewerblich genutztes Fahrzeug zu verstehen, dass einem Neuwagenhändler im Wesentlichen zum Zwecke der Vorführung (Besichtigung und Probefahrt) gedient hat und noch nicht auf einen Endabnehmer zugelassen war. Hingegen trifft der Begriff im Allgemeinen keine Aussage über das Alter des Fahrzeugs oder die Dauer seiner bisherigen Nutzung.[97]

32 **Zulassungs- und Benutzungshindernisse:** Ein Fahrzeug ist mangelhaft, wenn es im Zeitpunkt der Übergabe nicht die erforderliche Betriebserlaubnis besitzt.[98] Die allgemeine Betriebserlaubnis kann erlöschen durch ausdrücklichen Entzug (§ 17 StVZO) oder durch Vornahme von technischen Veränderungen, die in § 19 III StVZO aufgeführt sind. In Frage kommen vor allem Veränderungen am Motor[99] und am Fahrwerk,[100] Fehlen oder Auswechslung der Fahrzeugidentifizierungsnummer[101] sowie Abweichung der Herstellerangabe im Kaufvertrag von den Angaben im Fahrzeugbrief.[102] Die fehlende rechtliche Zulassung ist ausnahmsweise kein Sachmangel, wenn die vorgenommene Veränderung ohne nennenswerten Kosten- und Zeitaufwand wieder beseitigt oder die fehlende Genehmigung der Veränderung ohne großen Zeitaufwand eingeholt werden kann.[103]

33 **Sonstige Umstände:** Die reine Nachlackierung eines gebrauchten Kfz ohne wirtschaftliche oder technische Entwertung stellt keinen Mangel dar.[104] Dies gilt auch dann, wenn es sich bei der ursprünglichen Lackierung um die Originallackierung gehandelt hat.[105] Der Umstand, dass Dieselfahrzeuge mit Partikelfilter technisch bedingt nicht ausschließlich im Kurzstreckeneinsatz verwendet werden können, sondern Regenerationsfahrten erfordern, begründet keinen Mangel.[106] Eine Standzeit eines älteren Gebrauchtwagens von neunzehn Monaten alleine ist kein Fehler.[107] Ein Mangel liegt nur dann vor, wenn die längere Standzeit einen Zustand des Fahrzeugs hat entstehen lassen, der schlechter ist als der Zustand vergleichbarer Fahrzeuge ohne Standzeit.[108] Der Umstand, dass das Fahrzeug importiert ist, stellt ebenfalls einen Mangel dar.[109] Anormale Geruchsbelästigungen sind ein Mangel.[110] Vereinbaren die Parteien „positive Begutachtung nach § 21c StVZO (Oldtimer)", liegt hierin eine Beschaffenheitsvereinbarung dergestalt, dass sich das Fahrzeug in einem die Erteilung der kurz zuvor erfolgten TÜV-Bescheinigung rechtfertigenden Zustand befindet.[111]

---

[97] *BGH* NJW 2010, 3710.
[98] BGHZ 10, 242 = NJW 1953, 1505; *OLG Hamburg* DAR 1992, 378.
[99] *OLG Frankfurt/M.* VersR 1978, 827.
[100] *BGH* NJW-RR 1991, 870; *OLG Bamberg* DAR 2005, 619.
[101] *OLG Hamburg* DAR 1992, 378; dazu *Reinking/Eggert*, Rn. 2607.
[102] *OLG Oldenburg* BB 1995, 430.
[103] *OLG Hamburg* DAR 1992, 378.
[104] *OLG Düsseldorf* DAR 2003, 67; *LG Oldenburg* MDR 2006, 444.
[105] BGHZ 181, 170 = NJW 2009, 2807.
[106] *BGH* NJW 2009, 2056; eingehend *Ball*, DAR 2009, 497, 498.
[107] *BGH* NJW 2009, 1588; *OLG Schleswig* DAR 2009, 208 (Standzeit von 14 Monaten bei einem zwei Jahre und neun Monate zugelassenen Cabrio); anders bei einer Standzeit von drei Jahren *OLG Düsseldorf* DAR 2003, 318.
[108] *BGH* NJW 2009, 1588.
[109] *OLG Saarbrücken* DAR 2000, 121; *LG Düsseldorf* DAR 2003, 420.
[110] *OLG Saarbrücken* NJW-Spezial 2012, 715.
[111] *BGH* EBE/BGH 2013, 157.

IV. Nacherfüllung

1. Inhalt

Ist die Sache mangelhaft, kann der Käufer seinen aus § 433 I 2 BGB resultierenden **34**
Erfüllungsanspruch auf Nacherfüllung gemäß §§ 437 Nr. 1, 439 BGB geltend machen.[112] Dieser Anspruch ist gegenüber den sonstigen Mängelansprüchen des Käufers
in der Weise vorrangig, dass die übrigen, sekundären Gewährleistungsansprüche wie
Minderung, Rücktritt, Schadensersatz, Ersatz vergeblicher Aufwendungen erst dann
zum Tragen kommen, wenn die Nacherfüllung scheitert, der Anspruch auf Nacherfüllung nach § 275 BGB ausgeschlossen ist, die Nacherfüllung für den Käufer
unzumutbar ist (§ 440 S. 1 BGB) oder der Verkäufer die Nacherfüllung – sei es zu
Recht (§ 439 III BGB) oder zu Unrecht – verweigert. Insofern ist bei der Prüfung der
sekundären Gewährleistungsansprüche stets zu untersuchen, ob der Käufer die „Hürde" der Nacherfüllung genommen hat. Dieser „Hürde" entspricht auf Seiten des
Verkäufers sein „Recht zur zweiten Andienung"[113].

Liegt ein Mangel vor, kann der Käufer die Zahlung des restlichen Kaufpreises nach **34a**
§ 320 BGB verweigern, auch wenn er sich schon im Verzug mit der Zahlung befindet.[114]

Der **Leistungsort** der Nacherfüllung ist streitig. Der *BGH* hat dazu ausgeführt, es **34b**
komme mangels vorrangiger Parteivereinbarung auf die Umstände des Einzelfalls an;
hierzu gehörten die Ortsgebundenheit, die Art der vorzunehmenden Leistung sowie
das Ausmaß der Unannehmlichkeiten, welche die Nacherfüllung für den Käufer mit
sich bringe. Fehle es an Anhaltspunkten, sei der Sitz des Verkäufers maßgeblich.[115]
Fraglich ist, ob diese Entscheidung angesichts des Urteils des *EuGH* zum Umfang
der Nacherfüllung[116] noch Bestand haben kann.[117] Ob sich dies so aus dem Bezug
genommenen Urteil[118] herauslesen lässt, erscheint zweifelhaft. Es liegt aber sehr nahe,
dass der *EuGH* in traditionell verbraucherfreundlicher Auslegung von Art. 3 III der
Verbrauchsgüterkaufrichtlinie den Wohnsitz des Käufers, wenn er denn Verbraucher
ist, für maßgeblich erklärt. Jedenfalls bei einem Gebrauchtwagenkauf ist das Abstellen
auf den Wohnsitz des Verkäufers die einzig sinnvolle Lösung, denn die Nacherfüllung
wird in aller Regel eine Begutachtung in der Werkstatt des Verkäufers (so vorhanden)
voraussetzen.[119] Allein dies entspricht auch der Verkehrsanschauung und den Gepflo-
genheiten des Geschäftsverkehrs.[120] Der Käufer wird durch eine derartige Regelung
nicht übermäßig benachteiligt, denn er hat bei berechtigter Beanstandung einen Anspruch auf Ersatz seiner Fahrt- und Transportkosten nach § 439 II BGB.[121] Läge kein
Mangel vor, sondern hätte der bemerkte Defekt andere Ursachen, würde der Käufer

---

[112] Vgl. die Übersicht bei *Martis*, MDR 2011, 1218.
[113] Vgl. dazu ausführlich *Schroeter*, AcP 207, 29; kritisch *Mankowski*, JZ 2011, 781 (bloße
Obliegenheitsberechtigung).
[114] *BGH* NJW 2006, 3059 Tz. 19; *OLG Oldenburg* NJW-RR 2011, 480.
[115] BGHZ 189, 196 = NJW 2011, 2278 (richtlinienkonforme Auslegung ohne Vorlage an den
EuGH); *BGH* NJW 2013, 1074 – streitig; anders *BGH* NJW-RR 2008, 274 zum Werkvertragsrecht (bestimmungsgemäßer Ort der Sache); a. A. *Ringe*, NJW 2012, 3393.
[116] Vgl. dazu unten Rn. 44a ff.
[117] *Staudinger*, DAR 2011, 502, 505; *Stöber*, ZGS 2011, 346, 351; *Staudinger/Artz*, NJW 2011,
3121, 3122; *Kaiser*, JZ 2011, 978, 982; *Picker/Nemeczek*, ZGS 2011, 447; *Schüßler/Feurer*, MDR
2011, 1077, 1079; *Jaensch*, NJW 2012, 1025, 1029.
[118] *EuGH* NJW 2011, 2269 Rn. 51.
[119] *Ball*, DAR 2011, 497, 498.
[120] *Reinking*, NJW 2008, 3608, 3610.
[121] *Muthorst*, ZGS 2007, 370; *Skamel*, ZGS 2006, 227, 230.

diese Kosten selbst zu tragen haben. Würde man hingegen den Belegenheitsort als maßgeblich ansehen, würde das Diagnoserisiko in der Regel den Verkäufer treffen, da dieser bei einer unberechtigten Beanstandung des Käufers nur dann einen Anspruch auf Ersatz seiner Fahrtkosten hätte, wenn den Käufer ein Verschulden hinsichtlich seiner Fehleinschätzung träfe.[122] Teilweise wird jedoch auch versucht, die Frage der Transportlast von der Kostenlast zu entkoppeln.[123]

34c Das Verlangen des Käufers nach Nacherfüllung ist eine **Obliegenheit.** Diese umfasst auch die Bereitschaft, dem Verkäufer die Kaufsache zur Überprüfung der Beanstandungen zur Verfügung zu stellen. Der Verkäufer soll Gelegenheit haben, die Sache zu überprüfen, bevor er sich auf ein Nacherfüllungsverlangen des Käufers einlässt.[124] Dies setzt voraus, dass der Käufer dem Verkäufer das Fahrzeug am Erfüllungsort der Nacherfüllung zur Verfügung stellt.[125]

34d In **zeitlicher Hinsicht** enthält § 439 I BGB keinerlei Einschränkungen. Der Käufer kann selbst entscheiden, ob und wann er den Verkäufer zur Nacherfüllung auffordert. Klagt der Käufer auf Rückzahlung des Kaufpreises wegen eines Sachmangels, ist es möglich, ein bislang fehlendes fristgebundenes Nacherfüllungsverlangen auch erst in der Berufungsinstanz geltend zu machen.[126] Besonders sinnvoll ist eine solche Vorgehensweise jedoch dann nicht, wenn zwischen den Parteien streitig ist, ob das Nacherfüllungsverlangen erfolglos bleiben wird.[127]

2. Wahlrecht des Käufers

35 Der Käufer hat in den Grenzen des § 439 III BGB die Wahl, ob er Beseitigung des Mangels an der gelieferten Sache oder Lieferung einer mangelfreien Sache verlangt (§ 439 I BGB). Hat sich der Käufer für einen der beiden Wege entschieden, kann er nachträglich seine Wahl ändern, wenn der Verkäufer noch nicht mit der zunächst gewählten Art der Nacherfüllung begonnen hat.[128] Zweifelhaft ist, ob der Käufer, der gegen den Verkäufer ein rechtskräftiges Urteil auf Nachlieferung oder Nachbesserung erstritten hat, bereits an die titulierte Art der Nacherfüllung gebunden ist.[129] Im Einzelfall wird man stets die berechtigten Interessen von Käufer und Verkäufer gegeneinander abwägen müssen (§ 242 BGB). Dieses Prinzip liegt letztlich auch der Fassung des § 439 III BGB zugrunde. Ob es sich bei der Wahlmöglichkeit für den Käufer um eine echte Wahlschuld im Sinne der §§ 262 ff. BGB handelt oder ob die Alternativen in elektiver Konkurrenz zueinander stehen, ist streitig.[130] Für die Ausübung des Wahlrechts schreibt § 439 I BGB in zeitlicher Hinsicht keine Frist vor. Im Ergebnis darf der Käufer, der den gekauften Gebrauchtwagen bemängelt, den Verkäufer durch die Nichtausübung des Wahlrechts nicht unbegrenzt hinhalten.[131] Eine Fristsetzung nach § 264 II BGB durch den Verkäufer ist richtlinienwidrig und damit unzulässig.[132]

---

[122] *BGH* NJW 2008, 1147.

[123] Vgl. die Nachweise bei *Unberath/Cziupka*, JZ 2008, 867, 868.

[124] *BGH* NJW 2010, 1448.

[125] *BGH* NJW 2013, 1074; eher kritisch dazu *Gsell*, JZ 2013, 423 und *Cziupka*, NJW 2013, 1043 (Dilemma für den Käufer möglich).

[126] *BGH* NJW 2009, 2532.

[127] Vgl. näher *Skamel*, NJW 2010, 271, 273.

[128] *OLG Celle* ZGS 2006, 429; *Ball*, NZV 2004, 217, 219; a. A. *OLG Saarbrücken* NJW 2009, 369 (bereits die Ausübung des Wahlrechts bindet den Käufer)

[129] MünchKommBGB/*Westermann*, § 439 Rn. 5.

[130] Meinungsüberblick bei *Skamel*, ZGS 2006, 457 ff.

[131] Vgl. die verschiedenen Lösungsansätze (entsprechende Anwendung des § 438 IV 3 BGB oder des § 264 II BGB bzw. § 242 BGB) bei *Schroeter*, NJW 2006, 1761.

[132] MünchKommBGB/*Westermann*, § 439 Rn. 5.

3. Nachbesserung

Der Anspruch auf Mangelbeseitigung geht auf Herstellung der vertraglich vereinbar- **36**
ten Beschaffenheit.[133] Er umfasst zunächst die zur Herstellung dieses Zustands erforderlichen Transport-, Wege-, Arbeits- und Materialkosten (§ 439 II BGB).[134]
Außerdem gehören im Rahmen der Angemessenheit zu den Kosten der Mängelbeseitigung die Kosten eines notwendigen Sachverständigengutachtens zur Auffin-
dung des Mangels.[135] Die konkrete Art und Weise der Nachbesserung bestimmt der
Verkäufer, der Käufer hat insofern kein Wahlrecht.[136] Grundsätzlich liegt keine ordnungsgemäße Mangelbeseitigung vor, wenn der Verkäufer Maßnahmen durchführen
will, die den Mangel nicht beseitigen, sondern nur verkleinern.[137] Ein solches An-
erbieten eines Verkäufers darf der Käufer ablehnen. Eine Ausnahme kann für den Fall
gemacht werden, dass der Mangel nahezu vollständig beseitigt wird und lediglich ein
zu vernachlässigender „Restmangel" vorliegt.[138] Ist nach der Art des Mangels nur ein
teilweises Beheben möglich, kann der Käufer jedoch einen „Ausbesserungsanspruch"
geltend machen.[139]

Fraglich ist, ob der Verkäufer verpflichtet ist, **neue Teile** zu verwenden oder auch **37**
Gebrauchtteile einsetzen darf.[140] Jedenfalls bei einem älteren Gebrauchtwagen hat der
Käufer sicher keinen Anspruch auf den Einbau von neuen Ersatzteilen. Damit korrespondiert die Frage, ob der Käufer an den Kosten beteiligt werden kann, wenn
durch die Nachbesserung eine Wertverbesserung des Fahrzeugs eintritt. Dies wird
man im Einzelfall unter dem Gesichtspunkt „neu für alt" bejahen müssen.[141]

Beim Kauf eines Gebrauchtwagens wird die Mangelbeseitigung in vielen Fällen daran **38**
scheitern, dass der Mangel unbehebbar ist und damit nicht beseitigt werden kann
(§ 275 I BGB). Dies gilt beispielsweise für eine zu hohe Fahrleistung, eine höhere
Anzahl an Vorbesitzern oder für einen erlittenen Unfall.[142]

Verursacht der Verkäufer bei der Nachbesserung einen weiteren Schaden, kann der **39**
Käufer vom Kaufvertrag nicht zurücktreten, sondern lediglich Schadensersatzansprüche nach §§ 280 ff. BGB geltend machen.[143] Ob der Käufer darüber hinaus bei einer
schwerwiegenden Verletzung seines Integritätsinteresses auch zum Rücktritt nach
§ 324 BGB berechtigt ist, erscheint fraglich. Jedenfalls sollte man ein solches Recht
auf besonders schwerwiegende Ausnahmefälle beschränken.[144]

Hat der Käufer den Verkäufer zu Unrecht zur Mangelbeseitigung aufgefordert – etwa **40**
weil ein Mangel der Kaufsache nicht vorlag, sondern das beanstandete Erscheinungs-
bild auf der Behandlung der Sache durch den Käufer beruht –, so hat der Verkäufer
einen Schadensersatzanspruch in Höhe seiner Aufwendungen bei Verschulden des

---

[133] Vgl. im Einzelnen *Stodolkowitz*, JA 2010, 492.
[134] *OLG Düsseldorf* OLGR 1994, 203.
[135] BGHZ 113, 251 = NJW 1991, 1604; vgl. auch *BGH* NJW 1991, 1882 (Einschaltung eines
anderen Vertragshändlers).
[136] *OLG Celle* ZGS 2006, 428; *Stodolkowitz*, JA 2010, 492, 493.
[137] BGHZ 163, 234 = NJW 2005, 2852; *BGH* NJW 2013, 1365, Tz. 12; a. A. *Gutzeit*, NJW
2007, 956 mit umfassendem Meinungsüberblick in Fn. 11.
[138] BGHZ 163, 234 = NJW 2005, 2852; *Stodolkowitz*, JA 2010, 492, 493.
[139] *Jäckel/Tonikidis*, JuS 2013, 302.
[140] Vgl. dazu *Ball*, NZV 2004, 217, 218; *Reinking/Eggert*, Rn. 3488.
[141] Vgl. *Reinking*, DAR 2002, 15, 19; *Ball*, NZV 2004, 217, 221; vgl. auch *LG Freiburg* DAR
2006, 329; a. A. *LG Münster* DAR 2009, 531; *Skamel*, DAR 2004, 565, 567; *Mankowski*, NJW
2011, 1025, 1026 (unter dem Gesichtspunkt des § 241a BGB).
[142] BGHZ 168, 64 = NJW 2006, 2839.
[143] *OLG Saarbrücken* NJW 2007, 3503; *Stodolkowitz*, ZGS 2010, 448, 451; generell zur
Gefahrtragung während der Nacherfüllung vgl. *Stodolkowitz*, ZGS 2009, 496.
[144] So auch *Stodolkowitz*, ZGS 2010, 448, 451.

Käufers.[145] Diese Entscheidung des *BGH* ist überwiegend auf Ablehnung gestoßen, da sie eine bislang nicht näher definierte Prüfobliegenheit des Käufers voraussetze und im Übrigen mit den Vorgaben der Verbrauchsgüterkauf-Richtlinie nicht zu vereinbaren sei.[146]

40a   Zahlt der Käufer eine Reparaturrechnung zunächst in Unkenntnis der Rechtslage, kann er sich auch noch nachträglich darauf berufen, dass tatsächlich ein vom Verkäufer zu beseitigender Mangel vorgelegen hätte mit der Folge, dass der gezahlte Betrag wieder zurückzuzahlen ist. Die vorbehaltlose Bezahlung der Rechnung allein enthält keine Aussage des Schuldners, zugleich den Bestand der erfüllten Forderung außer Streit stellen zu wollen.[147]

4. Ersatzlieferung

41   Statt Mangelbeseitigung kann der Käufer Lieferung einer mangelfreien Sache verlangen. Er hat in diesem Fall das mangelhafte Fahrzeug auf Verlangen des Verkäufers – nach h. M. Zug um Zug[148] – zurückzugeben (§ 439 IV BGB). Fraglich ist, wo der Erfüllungsort für die Rückgabe anzusiedeln ist.[149]

42   Nach § 474 II 1 BGB braucht der Verbraucher, der eine mangelhafte Sache zurückgibt, für die **Nutzung** dieser Sache **keinen Wertersatz** zu leisten. Vor der Neuregelung war dies umstritten. Für eine entsprechende Pflicht des Käufers sprachen der Gesetzeswortlaut (§ 439 IV BGB i. V. m. § 347 I BGB) und die Gesetzesbegründung.[150] Ein derartiges Ergebnis ist jedoch systemwidrig. Im Gegensatz zum Rücktritt soll durch die Ersatzlieferung gerade die Erfüllung der vertraglichen Pflichten angestrebt werden. Hätte der Verkäufer von Anfang an ordnungsgemäß erfüllt, hätten die Nutzungen dem Käufer zugestanden (§ 446 S. 1 BGB). Der Käufer soll nicht dadurch schlechter gestellt werden, dass der Verkäufer zunächst nicht erfüllt. Eine Verpflichtung des Käufers zum Nutzungsersatz könnte in einem derartigen Fall bei einem Verbrauchsgüterkauf zudem gegen Art. 3 II, III der Verbrauchsgüterkaufrichtlinie vom 25. Mai 1999[151] verstoßen. Der *BGH* hatte diese Frage deshalb dem *EuGH* zur Vorabentscheidung vorgelegt.[152] Der *EuGH* hat entschieden, dass Art. 3 der Verbrauchsgüterkaufrichtlinie einem Anspruch auf Nutzungsersatz in diesen Fällen entgegensteht.[153] Folgerichtig hat der *BGH* dies für das nationale Recht, soweit der Käufer ein Verbraucher ist, ebenfalls verneint.[154] Der *BGH* hat damit erstmals indirekt einen Vorrang einer EU-Richtlinie gegenüber einer nationalen Norm anerkannt und dies damit begründet, dass, selbst wenn die nationale Norm für sich genommen keinen Anhaltspunkt für eine richtlinienkonforme Auslegung biete, doch der generelle Wille des Gesetzgebers, die maßgebliche Richtlinie in nationales Recht umzusetzen, zu beachten

[145] *BGH* NJW 2008, 1147 Tz. 12.
[146] *Lange/Widmann*, ZGS 2008, 329; kritisch auch *Kaiser*, NJW 2008, 1709 („Käuferfalle"); *Majer*, ZGS 2008, 209 (nur bei Vorsatz des Käufers).
[147] *BGH* NJW 2009, 580; *Fischinger*, NJW 2009, 563.
[148] Nachweise bei *Jungmann*, ZGS 2004, 363, der jedoch anderer Ansicht ist.
[149] Vgl. *Reinking/Eggert*, Rn. 741 ff.
[150] BT-Drs. 14/6040, S. 232 f.
[151] ABlEG Nr. L 171 vom 7. Juli 1999.
[152] *BGH* NJW 2006, 3200 mit ausführlicher Darstellung des Meinungsstands und Anm. S. *Lorenz*, der die Zulässigkeit einer derartigen Vorlage bezweifelt hat; vgl. dazu auch *Herrler/Tomasic*, ZGS 2007, 209.
[153] *EuGH* NJW 2008, 1433; vgl. dazu *Herrler/Tomasic*, BB 2008, 1245; *Bereska*, ZAP 2008, 641; *Mörsdorf*, ZIP 2008, 1409.
[154] *BGH* NJW 2009, 427; zustimmend *Pfeiffer*, NJW 2009, 412; *Röthel*, JZ 2010, 26.

und vorrangig sei.[155] Der Gesetzgeber hat dies in § 474 II 1 BGB umgesetzt.[156] Ist der Käufer hingegen Unternehmer, hat er nach der eindeutigen gesetzgeberischen Entscheidung Wertersatz zu leisten oder die Nutzungen herauszugeben. Eine andere Frage ist, ob der Verkäufer nicht einen Anspruch auf Entschädigung nach den Grundsätzen „neu für alt" hat, da der Käufer bei einer Ersatzlieferung eine „neuere" Sache erhält als ihm bei ordnungsgemäßer Erfüllung von Anfang an zugestanden hätte.[157] Darüber hinaus finden sich Lösungsansätze, die nicht zu entschädigenden Nutzungen als Kosten des Verkäufers bereits bei der Prüfung der Unverhältnismäßigkeit nach § 439 III BGB zu berücksichtigen.[158] Hat der Käufer gezogene Nutzungen ersetzt, kann er seine Leistung nach § 812 I 1 BGB kondizieren. Derartige Rückforderungsansprüche verjähren mit Ablauf des 31.12.2011, da Kenntnis im Sinne des § 199 Abs. 1 Nr. 2 BGB erst mit Verkündung des erwähnten Urteils des *BGH* am 26.11.2008 anzunehmen ist.[159]

43 Beim Gebrauchtwagenkauf scheidet eine Ersatzlieferung nicht von vorneherein aus. Der Gesetzgeber kennt den Begriff der **„Stückschuld"** nicht mehr, sodass sich die Leistungspflicht des Verkäufers nach herrschender Meinung nicht auf das konkrete Fahrzeug beschränkt. Dies folgt bereits aus der Konzeption des § 433 I 2 BGB, der den Verkäufer nicht nur zur Übereignung und Übergabe verpflichtet, sondern auch dazu, dem Käufer die Sache frei von Sach- und Rechtsmängeln zu verschaffen. Wenn das Fahrzeug nach der Vorstellung der Parteien durch ein gleichartiges und gleichwertiges ersetzt werden kann, ist die Ersatzlieferung grundsätzlich möglich. Als Kriterium kann hier die Regelung des § 91 BGB herangezogen werden. In anderen Fällen, wenn das Fahrzeug etwa durch Besichtigung und andere Umstände besonders individualisiert und einzigartig ist, hat der Begriff der Stückschuld insofern noch eine Berechtigung, als eine Ersatzlieferung nicht möglich ist.[160] Anders kann es jedoch bei einem gewerblichen Käufer sein, der seinen Fuhrpark mit „Flottenrückläufern" ergänzen will.[161] Zu beachten ist jedoch, dass der private Verkäufer die Ersatzlieferung fast immer, der gewerbliche Händler in der Regel, unter dem Gesichtspunkt des § 439 III BGB verweigern kann.

Kann das Fahrzeug im konkreten Fall ersetzt werden, dann liegt konsequenterweise auch keine Unmöglichkeit im Sinne des § 275 I BGB vor, wenn das Fahrzeug nach Verkauf, aber vor Übergang ohne Verschulden des Verkäufers untergeht.[162]

44 Verzögert sich die Nutzung des Fahrzeugs durch die mangelhafte Lieferung, kann der Käufer den dadurch entstandenen Schaden sicher dann liquidieren, wenn die Voraussetzungen des Verzugs vorliegen. Fraglich ist, ob sich ein derartiger Anspruch nicht direkt aus § 280 I BGB ergibt (verzögerte Nacherfüllung als eigene Pflichtverletzung), ohne dass der Verkäufer in Verzug gesetzt worden wäre.[163]

---

[155] Vgl. dazu *Heimermann*, ZGS 2009, 211 („Revolution"); kritisch zum Vorrang des Umsetzungswillens *Grosche/Höft*, NJW 2009, 3416; zustimmend dagegen *Pötters/Christensen*, JZ 2011, 387

[156] Zur Kritik an dieser Regelung *Artz*, ZGS 2009, 241.

[157] Dazu ausführlich *Gsell*, NJW 2003, 1969; *dies.*, JuS 2006, 203; kritisch *Kaeding*, NJW 2010, 1031, 1033.

[158] *Kaeding*, NJW 2010, 1031.

[159] *Herrler*, NJW 2009, 1845, 1847.

[160] BGHZ 168, 64 = NJW 2006, 2839 mit ausführlicher Darstellung des Sach- und Streitstands; *Roth*, NJW 2006, 2953; *Gruber*, JZ 2005, 707; *Tiedtke/Schmitt*, JuS 2005, 583; *Kitz*, ZGS 2006, 419; *Gsell*, JuS 2007, 97; *Kuhn*, ZGS 2007, 290; *Wagner*, ZGS 2007, 330; *Bitter*, ZIP 2007, 1881; *Musielak*, NJW 2008, 2801; *Dieckmann*, ZGS 2009, 9; *Szalai*, ZGS 2011, 203; vgl. auch *OLG Frankfurt/M.* ZGS 2011, 284.

[161] *Reinking/Eggert*, Rn. 3440 ff.

[162] So zu Recht *Balthasar/Bolten*, ZGS 2004, 411.

[163] *Ebert*, NJW 2004, 1761; *Oechsler*, NJW 2004, 1825, 1828 m. w. N.; vgl. dazu auch Rn. 82.

44a   Hat der Käufer als Verbraucher[164] Ersatzteile erworben, die er in sein Fahrzeug eingebaut hat und erweisen sich diese Teile als mangelhaft, ist der Verkäufer ohne Rücksicht auf ein etwaiges Verschulden für den **Ausbau** und die Entsorgung dieser Teile und für den **Einbau** neuer mangelhafter Teile verantwortlich.[165] Der *EuGH* hat in seiner Grundsatzentscheidung aus dem Jahr 2011 offen gelassen, ob der Verkäufer verpflichtet ist, den Ein- und Ausbau selbst vorzunehmen oder ob er die dadurch entstandenen Kosten zu erstatten hat. Der *BGH* hat dies dahingehend konkretisiert, dass der Verkäufer die Leistung selbst vorzunehmen hat.[166] Die in der Begründung nicht überzeugende und im Ergebnis jedenfalls umstrittene Entscheidung des *EuGH* ist so hinzunehmen, wenn sie auch im Bereich des Gebrauchtwagenkaufs nicht die Bedeutung entfalten wird wie beim Kauf von anderen Sachen.

5. Unverhältnismäßigkeit der Nacherfüllung

45   Nach § 439 III BGB kann der Verkäufer neben seinem allgemeinen Leistungsverweigerungsrecht aus § 275 II, III BGB[167] die vom Käufer gewählte Art der Nacherfüllung verweigern, wenn sie nur mit unverhältnismäßigen Kosten möglich ist.[168]

46   Für die vorzunehmende Abwägung zwischen dem Erfüllungsinteresse des Käufers und dem Aufwand des Verkäufers gibt § 439 III 2 BGB die maßgeblichen Kriterien. Eine Weigerung des Verkäufers ist berechtigt, wenn die Kosten entweder absolut unverhältnismäßig – gemessen an dem Wert der Sache in mangelfreiem Zustand und der Bedeutung des Mangels – oder relativ unverhältnismäßig im Vergleich zu den Kosten der anderen Art der Nacherfüllung sind. Die absolute Unverhältnismäßigkeit nach deutschem Recht findet jedoch keine Stütze in Art. 3 Abs. 3 der Verbrauchsgüterkauf-Richtlinie, der seinem Wortlaut nach lediglich die relative Unverhältnismäßigkeit gelten lässt. Fraglich ist, ob der Verkäufer die Nacherfüllung verweigern darf, wenn die Kosten dafür absolut unverhältnismäßig hoch sind und die andere Art der Abhilfe im konkreten Fall von vorneherein nicht in Betracht kommt. Nach dem Wortlaut des § 439 III 3 BGB wäre dies möglich. Der *BGH* hat deshalb die Frage, ob die Vorschrift der Verbrauchsgüterkauf-Richtlinie eine absolute Unverhältnismäßigkeit anerkennt, dem *EuGH* vorgelegt.[169] Damit hat der *BGH* in konsequenter Fortführung seiner „Quelle-Entscheidung"[170] indirekt den Vorrang einer EU-Richtlinie gegenüber der nationalen Regelung anerkannt, auch wenn letztere keinen Spielraum für eine richtlinienkonforme Auslegung zulässt.[171] Der *EuGH* hat dem Verkäufer die Weigerung wegen absoluter Unverhältnismäßigkeit der einzig möglichen Art der Abhilfe versagt.[172] Zum Schutz des Verkäufers könnten die vom Verkäufer zu tragen-

---

[164] Die nachfolgenden Ausführungen gelten nicht, wenn der Käufer Unternehmer ist – *BGH* NJW 2013, 220; zustimmend *Looschelders*, JA 2013, 150; *S. Lorenz*, NJW 2013, 207; *Gsell*, JZ 2013, 346, 349 (für eine entsprechende Gesetzesänderung; eher kritisch zur Differenzierung *Mörsdorf*, JZ 2013, 191.

[165] *EuGH* NJW 2011, 2269 (heftige Kritik an der Begründung *S. Lorenz*, NJW 2011, 2241, 2242 f.; *Staudinger*, DAR 2011, 502; *Kaiser*, JZ 2011, 978; *Greiner/Benedix*, ZGS 2011, 489) und im Anschluss daran BGHZ 192, 148 = NJW 2012, 1073 (anders noch für Einbaukosten *BGH* NJW 2008, 2837 – Parkettstäbefall).

[166] BGHZ 192, 148 = NJW 2012, 1073; dazu auch *S. Lorenz*, NJW 2011, 2241, 2243

[167] Vgl. dazu BGHZ 163, 234 = NJW 2005, 2852; *Löhnig*, ZGS 2005, 459 ff.

[168] Vgl. dazu *OLG Karlsruhe* NJW-RR 2009, 779; *Augenhofer*, ZGS 2004, 385, 389.

[169] *BGH* WM 2009, 524 (Bodenfliesenfall); *Gärtner/Schön*, ZGS 2009, 109; kritisch zur Bejahung der Unverhältnismäßigkeit im konkreten Fall *S. Lorenz*, NJW 2009, 1633, 1637.

[170] Vgl. dazu im Einzelnen Rn. 42.

[171] *Schulte-Nölke*, ZGS 2009, 49 („Revolution").

[172] *EuGH* NJW 2011, 2269; *Kroll-Schlüter*, JR 2011, 463; *Stöber*, ZGS 2011, 346; *Harke*, ZGS 2011, 536; *Ludwig*, ZGS 2011, 544; *Szalai*, ZGS 2011, 821.

den Kosten jedoch auf einen Betrag beschränkt werden, der den Wert der Kaufsache und der Bedeutung der Vertragswidrigkeit berücksichtige. Der *BGH* hat in konsequenter Umsetzung dieses Urteils entschieden, dass § 439 III 3 BGB in der erwähnten Konstellation richtlinienwidrig ist. Bis zu einer Neuregelung sei die Bestimmung einschränkend dahingehend auszulegen, dass ein Weigerungsrecht des Verkäufers beim Verbrauchsgüterkauf nicht besteht, wenn nur eine Art der Nacherfüllung möglich ist oder der Verkäufer die andere Art der Nacherfüllung zu Recht verweigert.[173] Hinsichtlich der Kostenobergrenze für den Verkäufer hat der *BGH* den konkreten Fall entschieden, ohne generelle Vorgaben für die Bemessung der angemessenen Kostenbeteiligung des Verkäufers zu machen.[174] Ob sich darüber hinaus die „Opfergrenze" der Nacherfüllung für den Verkäufer abstrakt bestimmen lässt, erscheint fraglich. Für die Praxis, in der diese Fälle im Gebrauchtwagenhandel ohnehin keine große Rolle spielen,[175] wird es genügen, die Kriterien des § 439 III 2 BGB auf den konkreten Einzelfall zu übertragen. Gleichwohl sind in der Literatur eine Reihe von Modellen entwickelt worden. Nach *Reinking/Eggert* soll bei unverschuldeten Mängeln der vereinbarte Kaufpreis die Obergrenze darstellen, bei verschuldeten Mängeln oder der Übernahme einer Garantie läge sie darüber.[176] Als Kriterium bietet sich auch ein Kostenvergleich mit der jeweils anderen Art der Nacherfüllung an.[177]

Im Prozess trägt der Verkäufer die Darlegungs- und Beweislast für die Unverhältnismäßigkeit der Kosten. Zu beachten ist, dass § 439 III BGB dem Verkäufer nur eine Einrede gibt. Dieses Recht kann der Verkäufer ausüben, er muss es aber nicht. Hat der Käufer dem Verkäufer keine Gelegenheit zur Nacherfüllung gegeben, kann er sich im Prozess nicht darauf berufen, der Verkäufer hätte diese wegen unverhältnismäßiger Kosten ohnehin verweigert.[178]   **47**

6. Eigenmächtige Mängelbeseitigung

Hat der Käufer versäumt, dem Verkäufer eine angemessene Frist zur Nacherfüllung zu setzen, obwohl dies im konkreten Fall erforderlich gewesen wäre und lässt der Käufer das Fahrzeug von einem Dritten reparieren, hat er gegen den Verkäufer keinen Anspruch auf Zahlung ersparter Nacherfüllungskosten nach § 326 II 2 BGB (analog) i. V. m. §§ 326 IV, 346 ff. BGB. Die Vorschriften der §§ 437 ff. BGB enthalten abschließende Regeln, die eine Herausgabe von ersparten Aufwendungen ausschließen.[179] Die Rechtsprechung des *BGH* hat ein außerordentlich großes Echo ausgelöst.[180] In der Literatur wird demgegenüber teilweise vertreten, die Selbstvornahme   **48**

---

[173] BGHZ 192, 148 = NJW 2012, 1073; *Staudinger/Artz*, NJW 2011, 3121; *Jaensch*, NJW 2012, 1025.

[174] BGHZ 192, 148 = NJW 2012, 1073 Tz. 53 ff.

[175] *Reinking/Eggert*, Rn. 3475 f.; vgl. aber *OLG Celle* ZGS 2006, 429 (Teilaustausch des Motors).

[176] Modelle bei *Bitter/Meidt*, ZIP 2001, 2114: generell 130–150 % des Fahrzeugwertes; ähnlich *Huber*, NJW 2002, 1004, 1008: 100–130 % (Staffelung nach dem Grad des Verschuldens); gegen eine Berücksichtigung des Verschuldens *Kirsten*, ZGS 2005, 66, 70 – generell kritisch zu diesen Modellen S. *Lorenz*, NJW 2009, 1633, 1637; vgl. auch Überblick bei *Reinking/Eggert*, Rn. 823 ff.

[177] Umfassender Überblick bei *Ball*, NZV 2004, 217, 223f; *Heinrichs*, ZGS 2003, 253, 257.

[178] *BGH* NJW 2006, 1195.

[179] BGHZ 162, 219 = NJW 2005, 1348 mit umfangreicher Darstellung des Sach- und Streitstandes.

[180] Vgl. nur *Dötsch*, MDR 2004, 975; *Peters*, JR 2004, 353; *Schroeter*, JR 2004, 441; *Arnold*, ZIP 2004, 2412; *Dauner-Lieb/Arnold*, ZGS 2005, 10 – Aufsätze noch vor der Entscheidung des BGH; danach: *Herresthal/Riehm*, NJW 2005, 1457; *Dauner-Lieb*, ZGS 2005, 169; S. *Lorenz*,

der Mängelbeseitigung durch den Käufer führe zur Unmöglichkeit der Nacherfüllung durch den Verkäufer, sodass dieser nach § 326 II 2 BGB (in direkter oder analoger Anwendung) jedenfalls die von ihm ersparten Aufwendungen für die unmöglich gewordene Nacherfüllung herausgeben müsste.[181] Auch wird für diese Fallkonstellation vereinzelt ein Anspruch des Käufers aus Geschäftsführung ohne Auftrag, aus § 812 I BGB oder aus § 347 II 1 BGB befürwortet.[182] Es muss jedoch – anders als im Werkvertragsrecht nach §§ 634 Nr. 2, 637 BGB – beim Kaufvertrag dabei bleiben, dass der Käufer kein Recht auf Selbstbeseitigung verbunden mit einem Aufwendungsersatzanspruch hat. Der Käufer kann nur seinen Nacherfüllungsanspruch klagweise geltend machen und die Mängelbeseitigungskosten im Wege der Vollstreckung nach § 887 ZPO auf den Verkäufer abwälzen.[183]

Der reine Kauf von Ersatzteilen durch den Käufer des mangelhaften Pkw stellt keine Selbstvornahme dar.[184]

V. Minderung

1. Voraussetzungen

49   Der Käufer kann den Kaufpreis nach §§ 437 Nr. 2, 441 BGB mindern, wenn ein Sachmangel vorliegt und die „Hürde" der Nacherfüllung genommen ist. Die Minderung setzt damit zusätzlich voraus, dass die Nacherfüllung fehlgeschlagen ist oder eine Fristsetzung zur Nacherfüllung entbehrlich war.[185] Dies gilt – ähnlich wie beim Rücktritt[186] – dann nicht, wenn der Verkäufer den Käufer in einer Weise getäuscht hat, dass die für die Beseitigung des Mangels erforderliche Vertrauensgrundlage beschädigt ist.[187]

Streitig ist, ob der Käufer, der Verbraucher ist, auch dann zurücktreten oder mindern kann, wenn die Nacherfüllung zwar erfolgreich und fristgerecht erfolgte, aber mit erheblichen Unannehmlichkeiten für den Käufer verbunden war.[188]

50   Ein **Fehlschlagen der Nachbesserung** liegt gemäß § 440 S. 2 BGB nach dem erfolglosen zweiten Versuch des Verkäufers vor[189], soweit sich nicht aus den Umständen etwas anderes ergibt.[190] Die beiden erfolglosen Versuche des Verkäufers müssen sich auf die beabsichtigte Behebung ein und desselben Mangels beziehen; es genügt neben einem erfolglosen Versuch nicht, dass kurz zuvor andere Mängel am Fahrzeug behoben wurden.[191] Diese Regelung gilt nicht für eine Ersatzlieferung. Die Interessenlage beider Parteien gebietet es jedoch, auch hier zwei misslungene Versuche als

NJW 2005, 1321; 2006, 1175; *Katzenstein,* ZGS 2005, 184; 2005, 305; *Lamprecht,* ZGS 2005, 266; *Sutschet,* JZ 2005, 574; *Gsell,* ZIP 2005, 922; *Arnold,* MDR 2005, 661; *Braun,* ZGS 2006, 328.

[181] *S. Lorenz,* ZGS 2003, 398; *ders.,* NJW 2003, 1417; *Katzenstein,* ZGS 2004, 349.
[182] *Oechsler,* NJW 2004, 1825; *Katzenstein,* ZGS 2004, 349; *Lerach,* JuS 2008, 953.
[183] *Reinking,* DAR 2002, 15, 19.
[184] *BVerfG* ZGS 2006, 470.
[185] BGHZ 162, 219 = NJW 2005, 1348; vgl. *OLG Koblenz* DAR 2010, 523 (keine Fristsetzung bei elementaren Werkstattfehlern – Werkvertrag).
[186] Vgl. Rn. 61.
[187] *BGH* NJW 2008, 1371 Tz. 20.
[188] Bejahend *Tonikidis,* JR 2012, 279 unter Berufung auf Art. 3 V Spiegelstrich 3 der Verbrauchsgüterkaufrichtlinie.
[189] Vgl. näher *Ball,* NZV 2004, 217, 225.
[190] Vgl. zu Ausnahmefällen *BGH* NJW 2007, 504; *OLG Hamm* NJW-RR 2011, 1423 (gravierende Ausführungsfehler beim ersten Nachbesserungsversuch).
[191] *OLG Bamberg* DAR 2006, 456.

für den Käufer zumutbar anzusehen.[192] Die Beweislast dafür, dass eine Nachbesserung erfolglos war, trägt der Käufer, sofern er die Sache nach einer Nachbesserung wieder entgegengenommen hat.[193] Der Käufer muss jedoch nicht nachweisen, dass das auch nach der Nachbesserung immer noch vorhandene Mangelsymptom auf derselben Ursache beruht wie der zuvor gerügte Mangel.[194]

Entbehrlich ist für den Käufer eine Fristsetzung zur Nacherfüllung, wenn die Nach- **51** erfüllung unmöglich ist (§ 275 I BGB) oder vom Verkäufer verweigert worden ist (§§ 275 II, III, 439 III BGB). Eine endgültige **Erfüllungsverweigerung** liegt nur vor, wenn der Verkäufer dies eindeutig zum Ausdruck bringt; allein ein Bestreiten der Mängel genügt hierfür in der Regel nicht.[195] Ebenfalls liegt keine endgültige Erfüllungsverweigerung vor, wenn sich der zur Nacherfüllung bereite Verkäufer außergerichtlich nur gegen die Übernahme der Kosten zur Mängelbeseitigung wendet oder in dem auf Zahlung von Schadensersatz gerichteten Rechtsstreit einen Klagabweisungsantrag stellt.[196] Die Fristsetzung ist entbehrlich, wenn besondere Umstände im Sinne der §§ 281 II, 323 II Nr. 3 BGB gegeben sind.

Aus §§ 441 I 2, 323 V 2 BGB ergibt sich, dass auch bei einer unerheblichen Pflicht- **52** verletzung des Verkäufers Minderungsansprüche bestehen.

Bei Kenntnis des Käufers vom Mangel im Sinne des § 442 I BGB kann der Käufer **53** den Kaufpreis nicht mindern.

Der Käufer, der zunächst eine Minderung erklärt hat, soll im Nachhinein noch das **53a** Recht haben, auf die Geltendmachung von Schadensersatz umzuschwenken.[197] Auch wenn die zur Begründung herbeigezogene Analogie zu § 325 BGB kaum tragfähig erscheint, wird man der Ansicht für den Fall nach § 242 BGB zustimmen können, dass der Käufer nach erklärter Minderung weitere Mängel in Erfahrung bringt, die ein Festhalten an der Minderung als unzumutbar erscheinen lassen.

2. Berechnung

Die Minderung besteht nach §§ 437 Nr. 2, 441 III BGB in einer verhältnismäßigen **54** Herabsetzung des Kaufpreises. Bei der Minderung handelt es sich um ein Gestaltungsrecht des Käufers. Hat der Käufer die Minderung erklärt, so ist er – jedenfalls hinsichtlich des gerügten Mangels – daran gebunden, ein späteres Umschwenken auf Rücktritt ist nicht möglich.[198]

Von den für die in § 441 III BGB vorgeschriebene Verhältnisgleichung notwendigen **55** Berechnungsfaktoren steht nur der Kaufpreis fest. Die anderen beiden Faktoren sind der Wert der mangelfreien und der Wert der mangelhaften Sache, die in der Praxis durch Sachverständigengutachten festgestellt werden. Hierfür stellen verschiedene Tabellen eine Orientierungshilfe dar.[199] Liegt der Mangel in einer höheren Laufleistung als vom Verkäufer angegeben, kann auf die Berechnungen zur Nutzungsver-

---

[192] Offen gelassen bei *Ball*, NZV 2004, 217, 225; enger *Reinking/Eggert*, Rn. 1012 f.
[193] *BGH* NJW 2009, 1341; NJW 2011, 1664; vgl. dazu *Reinking*, DAR 2009, 267.
[194] *BGH* NJW 2011, 1664; *Ball*, DAR 2011, 497, 498.
[195] *BGH* NJW 2006, 1195; vgl. auch *OLG Celle* ZGS 2006, 428; *OLG Koblenz* NJW-RR 2009, 985.
[196] *OLG Celle* MDR 2007, 336.
[197] *OLG Stuttgart* ZGS 2008, 479; *Derleder*, NJW 2003, 998, 1002; *Berscheid*, ZGS 2009, 17.
[198] *Reinking/Eggert*, Rn. 1229; einschränkend *Medicus*, Rn. 67; *Werkenbruch*, JZ 2002, 862; Palandt/*Putzo*, § 437 Rn. 27.
[199] Z. B. *Eurotax-Schwacke-Liste*; kritisch dazu *OLG Köln* NJW-RR 2009, 1678; *LG Ansbach* DAR 2010, 470; vgl. auch die periodisch in der ADAC-Motorwelt erscheinenden Übersichten.

gütung entsprechend zurückgegriffen werden.[200] Der Verkehrswert des Fahrzeugs, der im normalen Geschäftsverkehr als Verkaufspreis zu erzielen wäre, unterscheidet sich nach der Art des Vertriebsweges (Neuwagenhändler mit Gebrauchtwagenabteilung, Gebrauchtwagenhändler, Privatverkäufer).[201] Während bei dem Verkauf durch Neuwagen- oder Gebrauchtwagenhändler auf Marktwerte abgestellt werden kann, müssen bei einem Direktverkauf durch Private von diesem Marktwert Abschläge gemacht werden.

56 Haftet der Verkäufer nur für bestimmte Mängel, für andere dagegen – wegen eines zulässigen Haftungsausschlusses – nicht, so ist bei dem Faktor „Wert der mangelfreien Sache" auf den Wert der Fahrzeugs einschließlich des Mangels, für den nicht gehaftet wird, abzustellen.[202] Ist der Wert der mangelhaften Sache gleich Null, besteht die Minderung in Höhe des vollen Kaufpreises; insoweit nähert sich die Minderung dem Rücktritt.[203]

57 Um die Schwierigkeiten der Verkehrswertermittlung zu vermeiden, lässt § 441 III 2 BGB ein vereinfachtes Verfahren ausdrücklich zu; danach kann die Minderung auch durch Schätzung (§ 287 ZPO) ermittelt werden. In der Praxis wird die Minderung in Höhe der voraussichtlichen Kosten der Beseitigung des Mangels veranschlagt.[204] Damit nähert sich der Anspruch auf Minderung des Kaufpreises dem Anspruch auf den kleinen Schadensersatz an, indem die mutmaßlichen Reparaturkosten einfach vom Kaufpreis abgezogen werden. Soweit man auf diese Berechnungsmethode zurückgreift, sind die Reparaturkosten um einen etwaigen Abzug „neu für alt" zu kürzen.[205] Unberücksichtigt bleibt bei dieser Berechnung jedoch, dass der Ausgangswert des Kaufpreises nicht mit dem Wert des mangelfreien Fahrzeuges identisch sein muss.[206]

3. Durchführung

58 Die Minderung ist bei schon gezahltem Kaufpreis durch Rückzahlung des Minderungsbetrages und der Nutzungen aus diesem Betrag im Rahmen der §§ 346 I, 347 I BGB durchzuführen (§ 441 IV BGB), bei noch offenem Kaufpreis durch Einrede gegenüber dem Kaufpreisanspruch geltend zu machen. Der mangelhafte Pkw bleibt bei dem Käufer, sodass auch bei einer Weiterveräußerung der Minderungsanspruch des Käufers nicht berührt wird. Wird eine Minderung auf Null vorgenommen, ist der Käufer analog § 346 I BGB zur Herausgabe des Fahrzeugs verpflichtet.[207]

Die Kosten eines Sachverständigengutachtens können im Gegensatz zur Nachbesserung im Wege der Minderung nicht geltend gemacht werden; ebenso wenig sind die Vertragskosten zu ersetzen.

VI. Rücktritt

1. Voraussetzungen

59 Der Rücktritt nach §§ 437 Nr. 2, 323, 326 V, 440 BGB ersetzt als Gestaltungsrecht die Wandlung nach altem Recht. Er führt zu einem Rückgewährschuldverhältnis der

---

[200] *OLG Düsseldorf* NJW-RR 2000, 505.
[201] *Reinking/Eggert*, Rn. 3594.
[202] *BGH* NJW 1990, 2682; *Reinking/Eggert*, Rn. 1465, vgl. auch *BGH* NJW 1983, 2242.
[203] BGHZ 42, 232 = NJW 1965, 152.
[204] *BGH* NJW 1991, 2631 (Liefervertrag).
[205] *OLG Köln* DAR 2001, 461.
[206] Krit. auch *Reinking/Eggert*, Rn. 3593.
[207] H.M., Bamberger/Roth/*Faust*, § 441 Rn. 26 m. w. N.

Parteien und zu einer Rückabwicklung des Kaufvertrages nach §§ 346 ff. BGB. Die beiderseitigen Leistungen sind Zug um Zug zurückzugewähren. Die daraus resultierenden Ansprüche unterliegen der dreijährigen Regelverjährung nach § 195 BGB.[208]

Der Käufer kann zurücktreten, wenn er die **„Hürde" der Nacherfüllung** nach § 439   **60** BGB erfolgreich genommen hat. Hierfür gelten die obigen Ausführungen zu den Voraussetzungen der Minderung[209] in gleicher Weise. Das Erfordernis des erfolglosen Nacherfüllungsverlangens ist auch dann zu beachten, wenn der Verkäufer aufgrund wirtschaftlicher Unmöglichkeit von der Nachbesserung eigentlich nach § 275 II BGB frei geworden wäre. Auch in diesem Fall kann der Käufer nicht ohne Nachbesserungsverlangen nach § 326 V BGB zurücktreten.[210] Im Übrigen muss der Schuldner nach § 323 I BGB erfolglos eine „angemessene" Frist zur Nacherfüllung bestimmt haben. Für die Frage der Angemessenheit kann auf die Entscheidung des *BGH*[211] zurückgegriffen werden.[212] Liegen die Voraussetzungen des Rücktritts einmal vor, so geht das Rücktrittsrecht nicht dadurch wieder unter, dass der Käufer zunächst weiterhin Erfüllung verlangt.[213] Dagegen muss der Käufer die Rücktrittsvoraussetzungen erneut schaffen, wenn er sich nach zwei erfolglosen Nachbesserungsversuchen auf weitere Reparaturarbeiten einlässt.[214]

Bei einer **unerheblichen Pflichtverletzung**[215] des Verkäufers (nicht: unerheblicher   **61** Mangel), die letzterer hinsichtlich der Unerheblichkeit darlegen muss, kann der Käufer nicht zurücktreten (§§ 437 Nr. 2, 323 V 2 BGB).[216] Der Verstoß gegen eine Beschaffenheitsvereinbarung indiziert in der Regel die Erheblichkeit der Pflichtverletzung.[217] Die Entscheidung erfordert eine umfassende Interessenabwägung (Aufwand für die Mängelbeseitigung, technische und optische Beeinträchtigung des Fahrzeugs bei nicht behebbaren Mängeln, besondere Vereinbarungen im Kaufvertrag, Grad des Verschuldens des Verkäufers, Minderung des Verkehrswertes); grundsätzlich hat jedoch das Rückabwicklungsverhältnis des Gläubigers Vorrang. Die Pflichtverletzung ist stets erheblich, wenn sie bei einem nicht oder nur mit hohen Kosten zu beseitigenden Mangel[218] zu einer Einschränkung der Gebrauchstauglichkeit führt, die für viele Interessenten ein Grund sein wird, vom Kauf Abstand zu nehmen.[219] Ansonsten ist streitig, wann die Erheblichkeitsschwelle erreicht ist.[220] Ein Rücktritt scheidet bei

---

[208] *OLG Koblenz* ZGS 2006, 117.
[209] Vgl. Rn. 49.
[210] *BGH* NJW 2013, 1074.
[211] *BGH* NJW 2009, 3153; vgl. näher Rn. 85.
[212] So jedenfalls *Greiner/Hossenfelder*, JA 2010, 412; vgl. auch *Martis*, MDR 2010, 1293.
[213] *BGH* WM 2006, 1534; *Althammer*, ZGS 2005, 375; *Kleine/Scholl*, NJW 2006, 3462.
[214] *OLG Rostock* OLGR 2006, 471; a. A. *OLG Bremen* ZGS 2007, 471; *KG* NJW-RR 2010, 706 (bei sogenanntem „Montagsauto"; vgl. dazu auch *BGH* NJW 2013, 1523)
[215] Zum Verhältnis zu § 459 I 2 BGB a. F. vgl. *S. Lorenz*, DAR 2007, 506, 509.
[216] *BGH* NJW 2007, 2111; NJW-RR 2010, 1289: andere Farbe (wohl bei Neuwagen); *OLG Naumburg* DAR 2007, 522: Kraftstoffmehrverbrauch von weniger als 10 % (bei Neuwagen); NJW 2011, 2872: Reparaturaufwand für Mängelbeseitigung von knapp 1 %; ebenso *OLG Düsseldorf* DAR 2004, 392 bei knapp 3 %; ebenso *LG Kiel* ZGS 2005, 38 bei 4,5 %; *OLG Düsseldorf* NJW 2005, 2235: geringfügig fehlerhafter Türschluss bei Neuwagen; aber keine bloße Unerheblichkeit: *OLG Nürnberg* DAR 2005, 450: abw. Modelljahr; *OLG Köln* NJW 2007, 1694: mangelhaftes Navigationssystem; *OLG Rostock* NJW 2007, 3290: um 8,37 % höhere Laufleistung als angegeben; *OLG Schleswig* DAR 2012, 581: fehlende Herstellergarantie bei jüngerem Gebrauchtwagen; *OLG Saarbrücken* EWiR 2013, 135: anormale Geruchsbelästigung; *LG Wuppertal* NJW-RR 2011, 1076: Motorminderleistung von 8,09 % – weitere Beispiele bei *Andreae*, NJW 2007, 3457, 3459; *ders.*, DAR 2008, 340.
[217] *BGH* NJW 2013, 1365.
[218] Vgl. dazu näher *BGH* NJW 2011, 2872.
[219] *BGH* NJW 2009, 508 Tz. 21 (Feuchtigkeit im Innenraum).
[220] Vgl. Meinungsüberblick bei *Höpfner,* NJW 2011, 3693, 3694.

Kenntnis des Käufers vom Mangel bereits bei Vertragsschluss (§ 442 BGB) oder bei alleiniger oder weit überwiegender Verantwortlichkeit des Käufers für den Rücktrittsgrund (§ 323 VI BGB)[221] aus. Eine unerhebliche Pflichtverletzung des Verkäufers liegt in der Regel dann nicht vor, wenn der Verkäufer den Käufer arglistig getäuscht hat.[222] Bei einem nicht behebbaren Mangel liegt automatisch eine erhebliche Pflichtverletzung vor.[223] Maßgeblicher Zeitpunkt für die Frage der Erheblichkeit ist der Zeitpunkt der Rücktrittserklärung.[224] Unerheblich ist, wenn sich im Nachhinein herausstellt, dass der Mangel doch mit verhältnismäßig geringem Aufwand hätte behoben werden können.[225]

61a   Gegen Treu und Glauben verstößt das Festhalten des Käufers an einem wirksam erklärten Rücktritt, wenn eine zwischenzeitlich mit seinem Einverständnis durchgeführte Mängelbeseitigung zu einer vollständigen Behebung des Mangels geführt hat.[226] Ansonsten bleibt jedoch stets der Zeitpunkt der Rücktrittserklärung für die Frage, ob eine lediglich unerhebliche Pflichtverletzung vorliegt, maßgeblich.[227]

2. Ansprüche des Käufers aus der Rückabwicklung

a) Rückzahlung des gezahlten Kaufpreises

62   Der Käufer hat einen Anspruch auf Rückzahlung des geleisteten Kaufpreises (samt Mehrwertsteuer) aus §§ 437 Nr. 2, 440, 323, 346 S. 1 BGB. Aus § 347 I BGB ergibt sich der Anspruch auf Herausgabe der Nutzungen (Verzinsung des Kaufpreises). Diese Ansprüche behält der Käufer auch dann, wenn der Verkäufer seinerseits den Anspruch auf Herausgabe des Wagens verloren hat; eine synallagmatische Verknüpfung der beiderseitigen Rückgewährpflichten mit der Folge des § 326 BGB besteht nicht (arg. e. § 348 BGB).[228]

63   Hatte der Käufer seinerseits einen (anderen) Gebrauchtwagen in Zahlung gegeben,[229] ist der Rückerstattungsanspruch auf Rückgabe des Wagens, nicht auf Zahlung des angerechneten Geldbetrages gerichtet.[230] Ist der Altwagen bei dem Verkäufer nicht mehr vorhanden, ist Ersatz nach § 346 II BGB zu leisten.[231] Fraglich ist in diesem Zusammenhang, ob die Bestimmung des § 346 II 2 BGB anwendbar ist. Geht man mit der herrschenden Meinung von einem Kaufvertrag mit Ersetzungsbefugnis aus, kann streng genommen nicht von einer „Gegenleistung" gesprochen werden, mit der Folge, dass der Wert des Gebrauchtwagens nicht sub-

---

[221] Vgl. dazu *OLG Naumburg* ZGS 2010, 526.

[222] BGHZ 167, 19 = NJW 2006, 1960 Tz. 11; *BGH* NJW 2007, 835 Tz. 12; NJW 2008, 1371 Tz. 19; vgl. auch *Kulke,* ZGS 2007, 89; *ders.,* ZGS 2008, 169; a. A. *S. Lorenz,* NJW 2006, 1925; *Loschelders,* JR 2007, 309 m. w. N.; krit. auch *Gutzeit,* NJW 2008, 1359.

[223] *BGH* NJW 2008, 1517 Tz. 22; anders noch *BGH* NJW 2008, 53, Tz. 23.

[224] *BGH* NJW 2011, 1664; NJW 2013, 1365, Tz. 18; zustimmend *Höpfner,* NJW 2011, 3693, 3695.

[225] *BGH* NJW 2011, 3708.

[226] *BGH* NJW 1996, 2647; vgl. auch *BGH* NJW 2009, 508 Tz. 23; *Skamel,* ZGS 2009, 399, 401; *Wassermann,* jurisPR-BGHZivilR 1/2009 Anm. 1.

[227] *Skamel,* ZGS 2009, 399, 400.

[228] *BGH* NJW 2002, 506.

[229] Dazu oben Rn. 7.

[230] BGHZ 89, 126 = NJW 1984, 429 mit Anm. *Schulin,* JZ 1984, 379 und Anm. *Schwark,* JR 1984, 239; *Reinking/Eggert,* Rn. 1471; *OLG Hamm* NJW-RR 2009, 1505.

[231] BGHZ 89, 126 = NJW 1984, 429; *BGH* NJW 1980, 2190; zur Berücksichtigung der Gegenleistung nach § 346 II 2 BGB vgl. BGHZ 178, 355 = NJW 2009, 1068 (keine teleologische Reduktion bei Rücktritt wegen Zahlungsverzugs – kritisch dazu *Fest,* ZGS 2009, 126).

jektiv aufgrund der Vereinbarung der Parteien, sondern ausschließlich objektiv bestimmt werden.[232]

Kommt der Verkäufer mit der Rückzahlung des Kaufpreises in Verzug, hat der   **64**
Käufer einen Anspruch aus §§ 280 II, 286 I BGB auf Ersatz des Verzugsschadens.

b) Rücknahme des Fahrzeugs

Der Käufer hat gegen den Verkäufer einen Anspruch auf Rücknahme des Fahrzeugs   **65**
(Analogie zu § 433 II BGB).[233] Kommt der Verkäufer dieser Verpflichtung nicht
nach, so tritt konsequenterweise Gläubigerverzug ein. Der Gläubigerverzug hat nach
§ 300 BGB eine Reduzierung des Haftungsmaßstabes auf Vorsatz und grobe Fahrlässigkeit zur Folge, so dass den Käufer eine geringere Sorgfalt bei der Aufbewahrung
des Fahrzeugs trifft. Der Käufer kann in diesem Fall auf Feststellung klagen, dass sich
der Verkäufer mit der Rücknahme des Fahrzeugs in Annahmeverzug befinde.[234]

c) Ersatz von Vertragskosten

Eine gesonderte Regelung zum verschuldensunabhängigen Ersatz der Vertragskosten   **66**
besteht nicht. Der Käufer hat einen Anspruch auf Ersatz dieser Kosten nur nach
§§ 437 Nr. 3, 284 BGB.[235]

d) Ersatz von Aufwendungen

Der Käufer hat gegen den Verkäufer einen Anspruch auf Ersatz der notwendigen   **67**
Verwendungen aus § 347 II 1 BGB, wenn er das Fahrzeug zurückgibt, Wertersatz
leistet oder keinen Wertersatz leisten muss. Unter den Begriff der notwendigen Verwendungen (§ 994 I BGB) fallen: Wartungs- und Inspektionskosten[236], notwendige
Reparaturen[237], Kosten der Unterstellung des mangelhaften oder nicht betriebsbereiten Fahrzeugs[238] sowie die Kosten für die versuchte Beseitigung des Fehlers.[239]

Andere Aufwendungen kann der Käufer ersetzt verlangen, sofern der Verkäufer   **68**
durch diese bereichert ist (§ 347 II 2 BGB).[240]

Gewöhnliche Erhaltungskosten sind dem Käufer entgegen der Regelung des § 994   **69**
I 2 BGB ebenfalls zu ersetzen[241], da umgekehrt auch die gezogenen Nutzungen vom
Käufer herauszugeben sind.[242]

e) Ersatz entgangener Nutzungen

Der Käufer hat auch einen Anspruch auf Ersatz des Nutzungsausfalls, der durch die   **69a**
Rückgabe des mangelhaften Fahrzeugs entstanden ist. Dieser als Schadensersatz statt
der Leistung anzusehende Anspruch wird durch den Rücktritt gerade nicht ausgeschlossen (§ 325 BGB).[243]

---

[232] So *OLG Hamm* NJW-RR 2009, 1505 mit kritischer Anmerkung *Faust*, NJW 2009, 3696
und zustimmender Anmerkung *Rensen*, MDR 2010, 4.
[233] Streitig, vgl. *Reinking/Eggert*, Rn. 1094 m. w. N.
[234] Vgl. näher Rn. 78.
[235] *Reinking/Eggert*, Rn. 3558 f.
[236] *BGH* NJW-RR 1991, 1011.
[237] *OLG Karlsruhe* OLGR 1998, 62; *OLG Bamberg* DAR 2001, 455; Überblick bei *Reinking/Eggert*, Rn. 1452.
[238] *BGH* WM 1978, 326.
[239] *OLG Düsseldorf* DAR 2002, 506 – sehr fraglich, vgl. dazu Rn. 48.
[240] Dazu näher *Reinking/Eggert*, Rn. 1140 f., 3553 f.
[241] *Reinking/Eggert*, Rn. 3555.
[242] *Reinking/Eggert*, Rn. 3555.
[243] BGHZ 174, 290 = NJW 2008, 911; NJW 2010, 2426; a. A. *KG* DAR 2009, 520; vgl. zu den
Konsequenzen *Bachmeier*, DAR 2010, 501.

3. Ansprüche des Verkäufers aus der Rückabwicklung

a) Rückgabe des Fahrzeugs

70   Der Käufer hat das erhaltene Fahrzeug zurückzugeben (§ 346 S. 1 BGB), und zwar nebst Zubehör und Kraftfahrzeugpapieren. Dabei handelt es sich um eine Holschuld, sodass der Verkäufer das Fahrzeug auf seine Kosten beim Käufer abzuholen hat.[244] Bei Verzögerung in der Erfüllung hat der Verkäufer einen Anspruch auf Ersatz des Verzugsschadens (§§ 280 II, 286 BGB).

71   Ist die Rückgabe infolge Zerstörung, Weiterveräußerung oder in den sonstigen Fällen des § 346 II BGB nicht mehr möglich, hat der Käufer **Wertersatz** nach § 346 II BGB zu leisten. Die Höhe des Wertersatzes bestimmt sich nach der Höhe des Verkehrswertes des Fahrzeugs unter Berücksichtigung der Gegenleistung (§ 346 II 2 BGB). Auch bei Fortfall der Pflicht zum Wertersatz ist zu klären, was der Käufer für die Zerstörung bzw. Beschädigung von dem Schädiger oder seiner Haftpflichtversicherung erlangt hat, da er diesen Gegenwert nach § 346 III Nr. 2 BGB an den Verkäufer herausgeben muss. Gleiches gilt, wenn der Käufer das Fahrzeug veräußert hat, hinsichtlich des hierbei erzielten Erlöses.

72   Die Pflicht zum Wertersatz entfällt unter den in § 346 III 1 BGB genannten Voraussetzungen. Dabei sind besonders Verschlechterung oder Untergang kraft höherer Gewalt nach § 346 III 1 Nr. 2 BGB und bei Beachtung der diligentia quam in suis nach §§ 346 I 1 Nr. 3, 277 BGB zu nennen. Verschiedentlich wird diese Regelung als zu weit gehend angesehen und deshalb vertreten, dass dieser den Käufer begünstigende Haftungsmaßstab nicht gilt, wenn der Verkäufer den Rücktritt nicht zu vertreten hat[245] oder wenn der Käufer Kenntnis vom Rücktrittsgrund hat.[246] Bei Gläubigerverzug wird der Haftungsmaßstab nach § 300 BGB modifiziert. Bei einem erlittenen Unfall hat der Käufer darzutun, dass dieser im Rahmen der bestimmungsgemäßen Inbetriebnahme erfolgte, die diligentia quam in suis eingehalten wurde oder der Unfall auf einem vom Verkäufer zu vertretenden Mangel des Fahrzeugs beruhte (§ 346 III Nr. 2 BGB).

b) Wertminderung durch Gebrauch des Fahrzeugs

73   Die Verschlechterung des Fahrzeugzustandes durch die bloße (bestimmungsgemäße) Ingebrauchnahme verpflichtet den Käufer nicht zum Wertersatz (§ 346 II Nr. 3 BGB). Darunter fällt nicht nur die erste Ingebrauchnahme, sondern die gesamte Weiternutzung durch den Käufer.[247] Dies gilt auch bei Kenntnis des Käufers vom Rücktrittsgrund.[248] Fraglich ist, ob die unverschuldete Verwicklung in einen Unfall noch als bestimmungsgemäßer Gebrauch verstanden werden kann.[249]

74   Als Ausgleich dafür hat der Käufer jedoch die Nutzungen zu vergüten (§§ 346 I 1, 100 BGB). Dies gilt – anders als bei der Ersatzlieferung[250] – auch bei einem Verbrauchsgüterkauf.[251] Der Anspruch auf Nutzungsvergütung besteht bis zur Rückgabe des Fahrzeugs, selbst wenn sich diese durch das Verhalten des Verkäufers

---

[244] BGHZ 87, 109 = NJW 1983, 1479.
[245] *Gaier*, WM 2002, 1; *Kaiser*, JZ 2001, 1057.
[246] *OLG Frankfurt/M.* MDR 2011, 976; vgl. die Meinungsübersicht bei *Schneider*, ZGS 2007, 57; dagegen *Schwab*, JuS 2002, 630, 635; *Kohler*, JZ 2001, 325, 326; *Schneider*, a. a. O.
[247] *Reinking/Eggert*, Rn. 1103.
[248] *Schwab*, JuS 2002, 630, 633.
[249] *Kaiser*, JZ 2001, 1057, 1061; a. A. *Gaier*, WM 2000, 1, 8; *Reinking/Eggert*, Rn. 1106 ff.
[250] Vgl. dazu oben Rn. 42.
[251] BGHZ 182, 241 = NJW 2010, 148 Tz. 14, 15; teilweise kritisch dazu *Höpfner*, NJW 2010, 127.

hinauszögert.[252] Ein Nachteil für den Käufer entsteht hierdurch nicht, da er das zurückzugebende Fahrzeug stehen lassen kann; ein Anspruch des Verkäufers auf nichtgezogene Nutzungen besteht in diesem Fall nicht (§ 347 I BGB).

Die **Bemessung der gezogenen Gebrauchsvorteile** ist entsprechend § 287 II ZPO 75
zu schätzen. Nach heute herrschender Meinung in Literatur und Rechtsprechung wird bei der Ausgleichung des durch die Benutzung entstehenden Wertverlustes im Wege linearer Abschreibung auf den Brutto-Kaufpreis und die gefahrene km-Leistung abgestellt.[253] Dabei bezieht sich die Abschreibung nicht auf die Gesamtfahrleistung, sondern auf die voraussichtliche Restfahrleistung.[254] Andere Parameter (etwa fiktive Mietwagenkosten oder Leasingraten, Berücksichtigung des während der Benutzung eingetretenen konkreten Wertverlustes) sind nicht heranzuziehen. Soweit Mängel des Fahrzeugs vorliegen, ist der zugrundezulegende Kaufpreis entsprechend dem Umfang der Mängel zu mindern.[255]

Die durchschnittlich zu erwartende Fahrleistung ist ebenfalls entsprechend § 287 II 76
ZPO zu schätzen und liegt nach der Rechtsprechung je nach Modell zwischen 170.000 km bis 300.000 km[256], bei Kleinwagen bei 150.000 km.[257] Die größte Lebenserwartung haben dabei größere Motoren mit mittlerer Leistung, die geringste kleinere Motoren.

Umstritten ist, ob eine variable Verurteilung des Käufers dahingehend zulässig ist, 77
dass hinsichtlich der dem Verkäufer zustehenden Nutzungsvergütung deren Berücksichtigung bis zur Rückgabe des Fahrzeugs in der Zwangsvollstreckung möglich ist.[258] Der Gerichtsvollzieher muss dann den Kilometerstand bei Übergabe des Fahrzeugs an den Verkäufer feststellen und von der im Urteil festgelegten zu vollstreckenden Geldforderung den im Urteil genannten Abschlag vornehmen.

Ein zusätzlicher Antrag des Käufers auf Feststellung, dass sich der Verkäufer mit der 78
Rücknahme des Fahrzeugs in Annahmeverzug befindet, ist zulässig. Bedeutung hat diese Feststellung, die im Hinblick auf § 317 II 2 ZPO im Urteilstenor erfolgen sollte,[259] für die Zwangsvollstreckung: der Gerichtsvollzieher kann den Zahlungsanspruch zugunsten des Käufers ohne Angebot des Wagens an den Verkäufer vollstrecken (§ 756 ZPO).

VII. Schadensersatz

1. Systematik

Ist das verkaufte Fahrzeug mangelhaft, so kann der Käufer grundsätzlich wählen, ob 79
er das Fahrzeug behält und Schadensersatz neben der Leistung verlangt (so genannter kleiner Schadensersatz) oder ob er das Fahrzeug zurückgibt und Schadensersatz statt der Leistung fordert (so genannter großer Schadensersatz). Rücktritt und Schadensersatz schließen sich nicht aus (§ 325 BGB), eine Kombination beider Sachmängel-

---

[252] *Reinking/Eggert,* Rn. 1159.
[253] BGHZ 115, 47 = NJW 1991, 2484; *Reinking/Eggert,* Rn. 1161 ff.
[254] *Reinking/Eggert,* Rn. 3563 und diesen folgend *BGH* NJW 1995, 2159; NJW 2004, 229; *OLG Koblenz* DAR 2002, 456; *OLG Köln* DAR 2002, 453.
[255] *OLG Köln* DAR 1993, 349; vgl. aber *OLG Hamm* NJW-RR 1994, 375.
[256] Überblick bei *Reinking/Eggert,* Rn. 3574.
[257] *OLG Koblenz* DAR 2002, 452.
[258] Hierzu *OLG Oldenburg* NJW 1991, 1187; *OLG Koblenz* NJW 2009, 3519; *Kaufmann,* DAR 1994, 295.
[259] Streitig, vgl. *KG* NJW 1972, 2052 (erforderlich); *OLG Köln* JurBüro 1989, 870 (Feststellung in den Entscheidungsgründen genügt).

rechte ist jedoch häufig wirtschaftlich sinnlos. Jedoch kann der Käufer eines Gebrauchtwagens, der wirksam vom Kaufvertrag zurückgetreten ist, über § 437 Nr. 3 BGB neben dem Rücktritt Ersatz seines Nutzungsausfallschadens, der dadurch entsteht, dass dem Käufer infolge des Mangels die Nutzung der Kaufsache entgangen ist, verlangen.[260] Minderung und Schadensersatz (etwa beim Deckungskauf) schließen sich gegenseitig aus.[261] Die zentrale Vorschrift des § 437 Nr. 3 BGB verweist auf eine Reihe von Anspruchsgrundlagen:

80   Schadensersatz bei **anfänglich unbehebbarem Mangel** nach §§ 437 Nr. 3, 311a II BGB (Beispiel: höhere als vereinbarte Fahrleistung des Pkw, der ausführlich besichtigt wurde):[262]

Der Käufer braucht dabei vor der Geltendmachung des Schadensersatzanspruchs keine Frist etwa zur Nachbesserung zu setzen, da die Mangelbeseitigung nicht möglich ist (Achtung: nur dann, wenn dem Verkäufer auch nicht die Möglichkeit der Ersatzlieferung zusteht).[263]

Das Verschulden des Verkäufers wird vermutet; dieser kann sich nach § 311a II 2 BGB jedoch entlasten. Die Vorschrift begründet eine echte Beweislastumkehr, der Verkäufer muss den Vollbeweis seiner Unkenntnis erbringen (§ 292 ZPO). Bei einer übernommenen Garantie ist eine Entlastung nicht möglich (§ 276 I 1 BGB). *Reinking/Eggert* weisen zu Recht darauf hin, dass in diesem Zusammenhang die Frage relevant sein wird, in welchem Umfang den Verkäufer überhaupt vorvertragliche Pflichten (Stichwort: Untersuchungspflicht[264]) treffen, denn der Vorwurf der fahrlässigen Unkenntnis setzt voraus, dass der Verkäufer den Sachmangel hätte entdecken können.[265] Die Beweisführung ist für den Verkäufer generell schwierig, da er eine innere Tatsache (nämlich die nicht verschuldete Unkenntnis) darlegen und beweisen muss. In vielen Fällen wird ihm nur möglich sein, schlicht zu behaupten, er habe beispielsweise von dem beim Vorbesitzer eingetretenen Unfall nichts gewusst. Im Prozess ist jedenfalls eine Anhörung des Verkäufers nach § 141 ZPO geboten.

Streitig ist in diesem Zusammenhang, ob es zur Entlastung des Verkäufers erforderlich ist, dass dieser das Vorhandensein des Mangels nicht zu vertreten hat oder ob es allein darauf ankommt, dass der Verkäufer die Nichtvornahme oder das Fehlschlagen der Nacherfüllung nicht zu vertreten hat.[266]

81   Schadensersatz bei **nachträglich unbehebbarem Mangel** nach §§ 437 Nr. 3, 280 I, 283 BGB (Beispiel: Beschädigung des Fahrzeugs durch den Verkäufer nach Vertragsschluss, aber vor Übergabe):

Dieser Fall hat beim Gebrauchtwagenkauf wenig praktische Bedeutung. Zu beachten ist, dass das Verschulden des Verkäufers nach § 280 I 2 BGB vermutet wird. Der Käufer braucht ein Verschulden des Verkäufers nicht vorzutragen oder gar zu beweisen; der Verkäufer muss sich nach § 280 I 2 BGB entlasten, wenn er nicht ohnehin eine Garantie übernommen hat (§ 276 I 1 BGB).

---

[260] BGHZ 174, 290 = NJW 2008, 911; NJW 2009, 2426; im Prinzip zustimmend *Hau,* JR 2008, 468.

[261] Str., vgl. *Lögering,* MDR 2009, 664.

[262] Vgl. zu dieser Konstellation BGHZ 163, 234 = NJW 2005, 2852.

[263] Für den Sonderfall einer Mehrheit von teils behebbaren, teils nicht behebbaren Mängeln s. *Reinking/Eggert,* Rn. 3621.

[264] Vgl. dazu Rn. 131 ff.

[265] *Reinking/Eggert,* Rn. 3636; im Ergebnis auch *S. Lorenz,* NJW 2007, 1, 6.

[266] So *S. Lorenz,* NJW 2002, 2497, 2503 ff.; *OLG Celle* ZGS 2006, 429; differenzierend *Harke,* ZGS 2006, 9; vgl. auch BGHZ 163, 234 = NJW 2005, 2852.

Schadensersatz bei **behebbarem, aber vom Verkäufer nicht behobenen Mangel** 82
nach §§ 437 Nr. 3, 280 I, III, 281 BGB (Beispiel: Käufer entdeckt nach Vertragsschluss, dass sich in dem Fahrzeug nicht der Originalmotor befindet, der Verkäufer
weigert sich, diesen wieder einzubauen):

Auch hier wird das Verschulden des Verkäufers nach § 280 I BGB vermutet. In
welchem Umfang sich der Verkäufer entlasten muss, um Schadensersatzansprüche
auszuschließen, ist fraglich: auf jeden Fall muss der Verkäufer darlegen, dass ihn
bezüglich des Sachmangels kein Verschulden trifft. Darüber hinaus ist aber auch zu
fordern, dass der Verkäufer nachweist, inwiefern er die unterlassene Nacherfüllung
nicht zu vertreten hat.[267]

Schadensersatz bei **Sachmängeln und weiteren Pflichtverletzungen** des Verkäufers 83
nach §§ 437 Nr. 3, 280 I BGB (Beispiel: neben dem Vorliegen eines Sachmangels hat
der Verkäufer weitere Aufklärungspflichten verletzt):

Auch hier ist weitgehend ungeklärt, in welchem Umfang sich der Verkäufer entlasten
muss.[268]

Schadensersatz neben der Leistung wegen **Verzögerung** nach §§ 437 Nr. 3, 280 I, II, 84
286 BGB (Beispiel: Verkäufer kommt mit der Nachbesserung in Verzug, Käufer muss
deshalb auf einen Mietwagen zurückgreifen).

2. Schadensersatz statt der Leistung

Schadensersatz statt der Leistung kann der Käufer nur dann verlangen, wenn er dem 85
Verkäufer zuvor eine erfolglos eine **angemessene Frist** zur Leistung oder Nacherfül-
lung gesetzt hat. Dieses Erfordernis ergibt sich in erster Linie nicht aus den §§ 433 ff.
BGB, sondern aus § 281 I 1 BGB, wie auch die Vorschrift des § 440 S. 1 BGB zeigt.
Eine angemessene Fristsetzung liegt schon dann vor, wenn der Käufer den Verkäufer
auffordert, die Mängel „umgehend" zu beseitigen. In diesem Fall wird eine den
Umständen des Einzelfalls entsprechende Frist in Gang gesetzt.[269] Der Erfüllungs-
anspruch geht nicht schon nach dem erfolglosen Verstreichen der Frist des § 281 I 1
BGB, sondern erst nach dem Schadensersatzverlangen selbst unter (§ 281 IV BGB).[270]
Rücktritt und Schadensersatz schließen sich nicht mehr aus (§ 325 BGB).[271]

Verlangt der Käufer Schadensersatz statt der Leistung, hat er Zug um Zug den 86
mangelhaften Wagen nach Maßgabe der §§ 281 V, 346 bis 348 BGB einschließlich der
gezogenen Nutzungen zurückzugeben. Hat der Käufer das Fahrzeug zwischenzeitlich veräußert, kann er gleichwohl Schadensersatz statt der Leistung verlangen, ist
aber verpflichtet, Wertersatz für das veräußerte Fahrzeug zu zahlen (§ 347 II Nr. 2
BGB). Entsprechend gilt dies für die übrigen in § 347 II BGB erwähnten Tatbestände.
Bei unerheblichen Mängeln kann der Käufer diese Art des Schadensersatzes nicht
geltend machen (§ 281 I 3 BGB). Gerichtsstand für die Schadensersatzklage des
Käufers ist in der Regel dessen Wohnsitz.[272]

Der Mindestschaden des Käufers besteht in der Höhe des gezahlten Kaufpreises.[273] 87
Hatte der Käufer seinen Altwagen in Zahlung gegeben, kann er auch den dafür

---

[267] *Reinking/Eggert*, Rn. 3678 ff. m. w. N.
[268] *Reinking/Eggert*, Rn. 3689.
[269] BGH NJW 2009, 3153; teilweise kritisch *Schollmeyer*, ZGS 2009, 491; *Koch*, NJW 2010,
1636; zustimmend *Greiner/Hossenfelder*, JA 2010, 412 unter Betonung der großen praktischen
Bedeutung.
[270] *Derleder/Zänker*, NJW 2003, 2777; a. A. *Finn*, ZGS 2004, 32; *Schwab*, JR 2003, 133.
[271] Zum Verhältnis beider Rechte *Kleine/Scholl*, NJW 2006, 3462, 3464 ff.
[272] *Reinking/Eggert*, Rn. 3806.
[273] *Reinking/Eggert*, Rn. 3766 (zur Verzinsung Rn. 3769).

angerechneten Geldbetrag verlangen.[274] Ein weiterer Schaden besteht in dem entgangenen Gewinn.[275] Hinzukommt auch beim großen Schadensersatz ein Nutzungsausfall für die Dauer des Ausfalls des Fahrzeugs[276] sowie Abschleppkosten, Untersuchungskosten und Ummeldekosten. Ersatz der Finanzierungskosten kann nicht verlangt werden.[277] Anzurechnen auf den Schaden sind die aus dem Gebrauch gezogenen Nutzungen.[278] Es handelt sich hierbei um einen Fall der Vorteilsausgleichung im Wege der Verrechnung.[279]

88   Fraglich ist, ob der große Schadensersatz auch Mangelfolgeschäden jeder Art umfasst, ohne Rücksicht auf einen inneren Zusammenhang mit dem zugrundeliegenden Mangel.[280] Dies ist nach inzwischen herrschender Meinung wohl der Fall.[281]

3. Schadensersatz neben der Leistung

89   In diesem Fall behält der Käufer den mangelhaften Wagen. Er erhält zum Ausgleich des Schadens nach § 281 I BGB den Geldwert in Höhe der Differenz zwischen dem Wert des mangelhaften und des mangelfreien Fahrzeugs.[282] Es ist aber auch zulässig, stattdessen die notwendigen Reparaturkosten[283] und einen etwaigen merkantilen Minderwert zu liquidieren.

90   Nach wohl herrschender Meinung haftet der Verkäufer für einen mangelbedingten Verzögerungsschaden unmittelbar nach § 280 I BGB; ein Verzugseintritt nach § 286 I BGB ist nicht erforderlich.[284] Für die Dauer der Reparatur und des damit verbundenen Nutzungsausfalls können die notwendigen Mietwagenkosten bzw. Nutzungsausfall verlangt werden.[285] Die Bemessung des Nutzungsausfalls richtet sich – wie im Unfallschadensrecht – nach den Tabellen von *Sanden/Danner/Küppersbusch/Rädel*.[286] Der Verkäufer haftet auch für Schäden, die dem Käufer infolge der Mangelhaftigkeit entstehen (Abschleppkosten, Sachverständigenkosten, Ummeldekosten). Schließlich kann der Käufer eventuell auch Ersatz des entgangenen Gewinns verlangen, der ihm aus einem zunächst erfolgten Weiterverkauf zugeflossen war und infolge der Rückgängigmachung desselben wieder weggefallen ist.[287]

91   Fraglich ist, ob der Käufer, der dem Verkäufer keine Gelegenheit zur Nacherfüllung gegeben hat, gleichwohl gewisse Schadenspositionen liquidieren kann, die auch bei einer durchgeführten Nacherfüllung entstanden wären (Nutzungsausfall, Kosten eines Sachverständigengutachtens).[288]

---

[274] Vgl. Rn. 7.
[275] *BGH* NJW 1968, 2375.
[276] BGHZ 174, 290 = NJW 2008, 911; NJW 2010, 2426; *KG* NJW-RR 2011, 556.
[277] *LG Zweibrücken* MDR 2000, 83.
[278] Vgl. Rn. 74 ff.
[279] *Reinking/Eggert*, Rn. 3788 treten demgegenüber für eine Selbständigkeit beider Ansprüche ein, sodass die Geltendmachung von Gebrauchsvorteilen als echte streitwerterhöhende Aufrechnung anzusehen sei.
[280] *Recker*, NJW 2002, 124; *Arnold*, ZGS 2002, 438, 439; *Westermann*, NJW 2002, 241, 250.
[281] Staudinger/*Matusche-Beckmann*, § 438 Rn. 27 m. w. N.; *Graf von Westphalen*, BB 2008, 2, 4.
[282] BGHZ 108, 156 = NJW 1989, 2534; *BGH* NJW 1993, 2103; *Reinking/Eggert*, Rn. 3722 mit Beispielen.
[283] BGHZ 108, 156 = NJW 1989, 2534; *BGH* NJW 1995, 1549; zum Abzug neu für alt vgl. *Reinking/Eggert*, Rn. 3726.
[284] *S. Lorenz*, NJW 2007, 1, 2 m. w. N.
[285] *BGH* NJW 1978, 2241.
[286] *Reinking/Eggert*, Rn. 3761.
[287] *BGH* NJW 1968, 2375; NJW 1982, 435.
[288] Dafür *OLG Frankfurt/M.* ZGS 2006, 476.

Hat der Käufer das mangelhafte Fahrzeug an einen Dritten weiter veräußert, der den **91a**
Käufer dann wegen der Mängel in Anspruch nimmt, kann der Käufer die Kosten des
Rechtsstreits mit dem Dritten von dem ursprünglichen Verkäufer dann nicht ersetzt
verlangen, wenn der Prozess für den Käufer erkennbar aussichtslos war.[289]

VIII. Ersatz vergeblicher Aufwendungen

Nach § 437 Nr. 3 i. V. m. § 284 BGB kann der Käufer alternativ zum Schadensersatz **92**
statt der Leistung Ersatz der vergeblichen Aufwendungen verlangen.[290] Im Übrigen
kann dieser Anspruch kumulativ zum Schadensersatz neben der Leistung und Ansprüchen nach Rücktritt geltend gemacht werden. In letzterem Fall tritt der Anspruch
aus § 284 BGB neben den Verwendungsersatzanspruch des § 347 I BGB.[291]

§ 284 BGB umfasst auch Aufwendungen für kommerzielle Zwecke. Als vergeblich **93**
sind die Aufwendungen in der Regel dann anzusehen, wenn der Käufer das Fahrzeug
zurückgibt und deshalb die Aufwendungen nutzlos sind.[292] Hierunter fallen die Vertragskosten, Transport- und Untersuchungskosten sowie Kosten für Überführung
und Zulassung, aber auch Kosten für die Anschaffung von Zubehörteilen. Hat der
Käufer das Fahrzeug vor Rückgabe eine gewisse Zeit genutzt, ist sein Anspruch
wegen der Zubehörteile anteilig um die Nutzungsdauer zu kürzen.[293]

IX. Garantie

1. Bedeutung und Rechtsfolgen

Die Bezeichnungen, unter denen Garantien im Gebrauchtwagengeschäft von pro- **94**
fessionellen Anbietern abgegeben werden, sind kaum übersehbar (individuelle Händ-
lergarantien als Reparaturkostengarantien oder als Mobilitätsgarantie, Systemgaran-
tien).[294]

Haftet der Verkäufer aus einer übernommenen Garantie, so hat dies folgende Kon- **95**
sequenzen:[295]
– Der Verkäufer kann sich bei Schadensersatzansprüchen nicht mehr entlasten (§ 276
  BGB).
– Der Käufer kann Ansprüche auch geltend machen, wenn ihm der Mangel infolge
  grober Fahrlässigkeit unbekannt geblieben ist (§ 442 I 2 BGB).
– Der Verkäufer kann sich auf einen Haftungsausschluss oder eine Haftungs-
  beschränkung im Umfang der Garantieübernahme nicht mehr berufen (§ 444
  BGB).
– Der Käufer kann neben seinen in § 437 BGB aufgezählten Rechten auch direkt aus
  der Garantie vorgehen (§ 443 BGB).

---

[289] *BGH* DAR 2013, 206, Tz. 16.
[290] Vgl. allgemein *Fischinger/Wabnitz*, ZGS 2007, 139.
[291] BGHZ 163, 381 = NJW 2005, 2848 und die überwiegend zustimmende Literatur – vgl.
Timme, MDR 2005, 1329; *Tröger*, ZGS 2005, 462; *Gsell*, NJW 2006, 125; *Dedek*, ZGS 2005,
409; vgl. auch *Stoppel*, ZGS 2006, 254.
[292] BGHZ 163, 381 = NJW 2005, 2848 Tz. 19.
[293] BGHZ 163, 381 = NJW 2005, 2848 Tz. 19.
[294] Vgl. den Überblick bei *Reinking/Eggert*, Rn. 4167 ff.
[295] Richtiger Ansicht nach ist der Begriff der Garantie in den genannten Vorschriften gleich
auszulegen – streitig.

– Der Verkäufer haftet auch bei Verkauf in einer öffentlichen Versteigerung unter der Bezeichnung als Pfand (§ 445 BGB).

– Zeigt sich ein Mangel in dem der Garantie unterfallenden Bereich, ist die damit einhergehende Pflichtverletzung in der Regel nicht mehr als unerheblich im Sinne des § 323 V 2 BGB anzusehen.[296]

96 Die zum alten Recht unter gänzlich anderen Voraussetzungen getroffene Unterscheidung zwischen selbständiger und unselbständiger Garantie hat keine Bedeutung mehr (streitig). Dagegen unterscheidet das Gesetz zwischen Beschaffenheitsgarantie und Haltbarkeitsgarantie (§ 443 BGB). Nur für den letzteren Fall gilt die Vermutung des § 443 II BGB.

97 Übernimmt der Verkäufer eine Garantie für einen bestimmten Umstand, so kann er im Garantiefall zum einen aufgrund des Sachmangels im Rahmen des § 437 BGB haften, zum anderen aus der Garantie selbst nach § 443 BGB. Im Garantiefall kommt es damit häufig zu einem in der Regel unproblematischen Nebeneinander von Sachmängelansprüchen nach § 437 BGB und den Ansprüchen aus der Garantie, wie sie in den Garantiebedingungen näher vereinbart worden sind. Geht der Anspruch auf kostenlose Instandsetzung des garantiegeschützten Teils, wird man bei Verzögerung, Fehlschlagen und Unmöglichkeit der Instandsetzung die Rechte des Garantienehmers aus §§ 443, 437 ff. BGB entwickeln können, ohne dass es noch eines Rückgriffs auf werkvertragliche Normen bedarf.[297]

2. Haltbarkeitsgarantie

98 Übernimmt der Verkäufer oder Hersteller eine Garantie dafür, dass das Fahrzeug für eine bestimmte Dauer eine bestimmte Beschaffenheit beibehält, liegt eine Garantie in Form der Haltbarkeitsgarantie vor.[298] Eine solche Garantie kann sich auch allein aus einer werblichen Darstellung für ein Produkt ergeben.[299] Der Verkäufer steht damit verschuldensunabhängig für eine gewisse dauerhafte Mangelfreiheit ein. Die Garantie ist meist auf die Haltbarkeit einzelner Fahrzeugteile (Motor, Getriebe, Kupplung) beschränkt. Für den Garantiefall kommt es nicht mehr auf den Zeitpunkt der Übergabe an, sondern auf das Auftreten des Garantiefalls binnen einer bestimmten Laufzeit der Garantie und/oder einer bestimmten Laufleistung des Fahrzeugs.

99 § 443 II BGB stellt eine (widerlegbare) Vermutung dahingehend auf, dass ein während der Garantiezeit auftretender Sachmangel die Garantierechte begründet. Als Garantiegeber kommen sowohl der Verkäufer (Hersteller) oder auch dritte Personen in Betracht: der Hersteller des fraglichen Fahrzeugteils oder eine Versicherung.[300]

100 Der **Umfang der Garantie** ergibt sich aus den getroffenen Vereinbarungen.[301] In Betracht kommen neben Individualvereinbarungen auch AGB.[302] Reine Verschleißerscheinungen sind in der Regel kein Garantiefall, unter Umständen aber dadurch bedingte Folgeschäden an anderen Fahrzeugteilen.[303] Der Garantiefall ist nicht gegeben, wenn der eingetretene Mangel auf ein schuldhaftes Verhalten des Käufers zu-

---

[296] *S. Lorenz*, DAR 2007, 506, 508.
[297] *Reinking/Eggert*, Rn. 4184.
[298] *OLG Koblenz* ZGS 2006, 36.
[299] *OLG Frankfurt/M.* DAR 2010, 89.
[300] *Reinking/Eggert*, Rn. 4212 ff.
[301] *KG* DAR 2013, 149 (zum Begriff der Durchrostung); *Fahl/Giedinghagen*, ZGS 2004, 344, 346; *LG Düsseldorf* DAR 2005, 688 (Reparaturkostenerstattung).
[302] Zur Einbeziehung nach § 305 BGB vgl. (noch zum alten Recht) *BGH* NJW 1995, 516.
[303] *Reinking/Eggert*, Rn. 4181 f.

rückzuführen ist, was der Garantiegeber zu beweisen hat (§ 443 II BGB).[304] Es finden sich auch AGB-Klauseln, wonach der Garantiefall ausgeschlossen ist, wenn der Käufer nicht die werkseitig vorgeschriebenen Inspektionen durchgeführt hat. Solche Klauseln sind aber nach § 307 BGB nur wirksam, wenn der aufgetretene Mangel im Kausalzusammenhang mit den unterlassenen Inspektionen steht.[305] Das Unterlassen der Inspektionen und ihre Ursächlichkeit für den Garantieschaden hat der Garantiegeber zu beweisen.[306] Dem Garantiegeber ist es jedoch nicht verwehrt, die Beweislast für das Fehlen der Ursächlichkeit dem Kunden (auch durch Allgemeine Geschäftsbedingungen) aufzuerlegen.[307] Dagegen ist eine formularmäßige Regelung, die als Voraussetzung für den Garantiefall die Durchführung der Inspektionen ohne Rücksicht darauf, ob der Garantiefall auf die unterlassene Wartung zurückzuführen ist, fordert, unwirksam.[308] Ist der Garantiegeber dagegen der Fahrzeughersteller, hat dieser ein legitimes Interesse an der Bindung des Kunden an sein Werkstättennetz. In diesem Fall gehen Garantieansprüche verloren, wenn der Kunde nicht die vorgeschriebenen Wartungsintervalle in den Vertragswerkstätten in Anspruch nimmt.[309] Dagegen hat der Garantiegeber kein schützenswertes Interesse daran, dass die Inspektionen nur dann bei einer anderen Werkstatt als der des Verkäufers durchgeführt werden dürfen, wenn der Verkäufer hiermit sein Einverständnis erteilt; entsprechende AGB sind unwirksam.[310] Ebenso darf die Einstandspflicht aus einem Garantiefall formularmäßig nicht davon abhängig gemacht werden, dass der Käufer die Reparatur zunächst auf eigene Kosten durchführt und die entsprechende Rechnung vorlegt.[311]

Verjährung: Nach herrschender Meinung gilt für Garantieansprüche nicht die zwei-   **101** jährige Verjährungsfrist des § 438 BGB, sondern die regelmäßige Verjährungsfrist der §§ 195, 199 BGB. Streitig ist auch, ob bei einer Haltbarkeitsgarantie der Lauf der Verjährungsfrist erst mit Entdeckung des Mangels durch den Käufer oder bereits mit Erkennbarkeit des Mangels zu laufen beginnt.[312]

3. Beschaffenheitsgarantie

a) Voraussetzungen

Der Verkäufer übernimmt eine Beschaffenheitsgarantie, wenn seine Erklärung dahin-   **102** gehend auszulegen ist, dass er für das Vorliegen bestimmter positiver oder das Fehlen bestimmter negativer Eigenschaften ohne Rücksicht auf ein Verschulden unbedingt einstehen will.[313] Diese Voraussetzungen müssen durch Auslegung des Verkäuferverhaltens aus der Sicht des Käufers nach Treu und Glauben (§ 157 BGB) ermittelt werden, wobei auch die stillschweigende Übernahme einer Garantie möglich ist. Die eigentliche Problematik liegt in der Abgrenzung gegenüber bloß beschreibenden Beschaffenheitsangaben nach § 434 I 1 BGB und unverbindlichen Anpreisungen.

Ob die Voraussetzungen der Beschaffenheitsgarantie – so die inzwischen ganz h. M. –   **103** deckungsgleich mit dem Begriff der **zugesicherten Eigenschaft** nach §§ 459 II, 463

---

[304] *BGH* NJW 1995, 516 m. w. N.

[305] *BGH* NJW-RR 1991, 1013; NJW 2008, 1371 Tz. 15; NJW 2011, 3510.

[306] *OLG Nürnberg* OLGR 2003, 317; *OLG Hamm* OLGR 1994, 38 L.

[307] *BGH* NJW 2008, 214 Tz. 15; grundsätzlich zustimmend *Bruns*, NJW 2008, 215.

[308] *BGH* NJW 2011, 3510.

[309] *BGH* NJW 2008, 843 Tz. 17; kritisch dazu im Hinblick auf kartellrechtliche Bedenken *Steimle/Dornieden*, NJW 2009, 1039.

[310] *BGH* NJW 2009, 3714.

[311] *BGH* NJW 2009, 3714.

[312] *Grützner/Schmidl*, NJW 2007, 3610, 3613 m. w. N.

[313] Zum alten Recht: *BGH* NJW 1981, 1509; NJW 1995, 518; zum neuen Recht: BGHZ 170, 86 = NJW 2007, 1346 Tz. 20.

BGB a. F. sind, erscheint angesichts der Stärkung der Verbraucherrechte nicht unproblematisch.[314] Die enorme Bedeutung der zugesicherten Eigenschaft nach altem Recht resultierte aus der generellen Zulässigkeit eines Haftungsausschlusses im Übrigen, sodass bei einem wirksamen Haftungsausschluss neben der schwer nachzuweisenden Arglist des Verkäufers[315] Gewährleistungsansprüche nur bei Bejahen einer zugesicherten Eigenschaft überhaupt bestanden. Die Rechtsprechung zeigte eine ausgesprochen käuferfreundliche Tendenz zur Bejahung zugesicherter Eigenschaften nach altem Recht. Diese grundlegende Weichenstellung ist durch die Neuregelung für den Verbrauchsgüterkauf zum Teil überholt (§ 475 BGB).

104   Gleichwohl steht die ganz überwiegende Meinung auf dem Standpunkt, dass Beschaffenheitsgarantie nach § 444 Alt. 2 BGB und zugesicherte Eigenschaft nach altem Recht gleichzusetzen sind.[316] Offengelassen hat der *BGH* jedoch ausdrücklich, ob nicht an das Vorliegen einer Beschaffenheitsgarantie im Gebrauchtwagenhandel rein tatsächlich strengere Anforderungen zu stellen sind.[317]

b) Einzelfälle

105   Die folgende Übersicht orientiert sich an der Rechtsprechung zur zugesicherten Eigenschaft nach § 459 II BGB a. F. Unter Berücksichtigung der obigen Ausführungen[318] sind die erwähnten Entscheidungen, die nahezu alle noch zum Problemkreis der zugesicherten Eigenschaft nach altem Recht ergangen sind, jedoch auch bei der Prüfung des Vorliegens einer Beschaffenheitsgarantie von erheblicher Bedeutung.[319] *Reinking/Eggert* haben eine Vielzahl von allgemeinen Anhaltspunkten aufgelistet, die im Einzelfall für oder gegen die Annahme einer Garantie sprechen können.[320]

106   **Alter des Fahrzeugs:** Dem Alter des Fahrzeugs kommt sowohl für die Frage des Verkehrswertes als auch für die Notwendigkeit von Reparaturen zur Behebung von Verschleißerscheinungen eine maßgebende Bedeutung zu. Demgemäß kommen in diesem Bereich häufig Garantien vor.

Garantiert werden können sowohl das Baujahr[321] als auch das Jahr der Erstzulassung[322] ferner das so genannte Modelljahr.[323] Der Annahme einer Garantie steht nicht entgegen, dass die Angabe im Kaufvertragsformular im Zusammenhang mit der Beschreibung des Fahrzeugs erfolgt.[324] Bei älteren Fahrzeugen kann eine geringfügige Abweichung der Angabe von der Wirklichkeit nach § 242 BGB der Garantiehaftung entgegenstehen.[325]

---

[314] *Reinking/Eggert,* Rn. 2590 ff.; *Schulte/Nölke,* ZGS 2002, 72; *Eggert,* ZAP 2002, 201, 216; *ders.,* DAR 2004, 317; a. A. *Harke,* JZ 2003, 400; *Muthers/Ulbrich,* ZGS 2004, 289, 291.
[315] Vgl. dazu Rn. 142 ff.
[316] *BGH* NJW 2007, 1346 Tz. 20 mit umfangreichen weiteren Nachweisen; *Gutzeit,* NJW 2007, 1350; vgl. auch *BGH* NJW 2008, 1517 Tz. 13.
[317] *BGH* NJW 2007, 1346 Tz. 24.
[318] Rn. 103 f.
[319] Ähnlich auch *Reinking/Eggert,* Rn. 2588; *Muthers/Ulbrich,* ZGS 2004, 289, 291.
[320] *Reinking/Eggert,* Rn. 2594.
[321] *BGH* NJW 1979, 160; NJW 1995, 2159; *OLG Hamburg* DAR 2006, 390; *Reinking/Eggert,* Rn. 2619.
[322] *BGH* NJW 1992, 170; NJW 2005, 1045 (zur Auslandszulassung); *OLG Hamm* NJW-RR 1991, 505; *Reinking/Eggert,* Rn. 2627; *Tiedtke,* DB 1992, 1562.
[323] *Reinking/Eggert,* Rn. 2623.
[324] *OLG München* NJW-RR 1981, 1181; a. A. *OLG Celle* NJW-RR 1988, 1135; anderes gilt aber bei ausdrücklicher Klarstellung: *Hörl,* DAR 1986, 100.
[325] Die Grenze dürfte bei acht Jahren liegen; vgl. hierzu *Reinking/Eggert,* Rn. 2611.

Fahrleistung: Angaben über die Fahrleistung können garantierte Beschaffenheiten 107
darstellen, da dieser Faktor für die Wertermittlung des Fahrzeugs von ausschlaggebender Bedeutung ist.[326]

Solche Angaben können schriftlich im Kaufvertrag festgehalten werden; aber auch
mündliche Erklärungen – anlässlich der Kaufverhandlungen[327] – oder in einer Zeitungsanzeige[328] können als Garantien gewertet werden.

Gibt ein Gebrauchtwagenhändler einen Tachostand an, so ist dies in der Regel als 108
Angabe der echten Laufleistung zu werten;[329] der Verkäufer muss also, wenn er nur
den Tachostand zusichern will, seine Erklärung unmissverständlich einschränken,
z. B. „laut Vorbesitzer".[330] Eine Einschränkung „soweit bekannt"[331] soll bei einem
gewerblichen Händler unwirksam,[332] bei einem Privatverkäufer zulässig[333] sein. Diese
Rechtsprechung wird zunehmend kritisiert, da weder der Gebrauchtwagenhändler
noch der Privatverkäufer bei einer Mehrzahl von Vorbesitzern eine zuverlässige
Informations- und Überprüfungsmöglichkeit habe; deshalb lehnen *Reinking/Eggert*
eine Garantie bei Angaben von Gebrauchtwagenhändlern über die Laufleistung ab,[334]
halten es aber angesichts der bisherigen Rechtsprechung für ein Gebot der wirtschaftlichen Vernunft, der Erklärung über die Laufleistung den einschränkenden
Zusatz „laut Vorbesitzer" anzufügen.[335] Den Privatverkäufer „erster Hand" wollen
sie dagegen haften lassen, da er sein eigenes Fahrzeug genau kenne.[336] Im Übrigen
stellt die Angabe einer Laufleistung durch einen Privatverkäufer in der Regel keine
Garantie dar.[337] Ausnahmen davon sind geboten, wenn der Privatverkäufer stillschweigend die Garantie übernimmt, indem er durch Erklärungen oder Handlungen
bei dem Käufer die berechtigte Erwartung entstehen lässt, der Verkäufer wolle für die
Laufleistung des Fahrzeugs einstehen.

Abweichungen zwischen Erklärung und Wirklichkeit sind in gewissen Grenzen 109
unerheblich, da üblicherweise die km-Leistung in abgerundeten Zahlen angegeben
wird.[338] Bei Formularverträgen wird diese Abweichung durch die so genannte „Cir-
ka-Klausel" gedeckt sein.[339] Die Grenzziehung ist allerdings streitig.[340]

Hinsichtlich bestimmter Fahrzeugteile – insbesondere Motor und Getriebe – können 110
gesonderte Garantien betreffend deren Laufleistung in Frage kommen[341].

---

[326] *BGH* NJW 1975, 1693 = JR 1975, 504 mit Anm. *Heinze; OLG Koblenz* DAR 2004, 395;
Reich/Tonner, JuS 1976, 576; differenzierend *Reinking/Eggert*, Rn. 2817; *OLG Karlsruhe* NJW-
RR 2012, 289 (nicht gegenüber einem gewerblichen Käufer).
[327] *BGH* NJW 1975, 1693 (Verkaufsschild).
[328] *OLG Köln* NJW-RR 1990, 758.
[329] BGHZ 170, 86 = NJW 2007, 1346 Tz. 15; *OLG Rostock* NJW 2007, 3290; *OLG Düsseldorf* DAR 2013, 81; vgl. auch *Reinking*, DAR 2007, 255.
[330] *OLG Frankfurt/M.* NZV 1990, 24; *OLG Düsseldorf* NJW-RR 2000, 505; krit. *Eggert*,
NZV 1990, 24; auf den Einzelfall abstellend *KG* NJW-RR 1996, 173.
[331] Ähnlich: „laut Tacho" – vgl. *OLG Naumburg* NZV 1998, 73, gleiches dürfte für die
Formulierung „Tachostand abgelesen . . . km" gelten.
[332] *BGH* NJW 1998, 2207.
[333] *OLG Bamberg* DAR 2001, 273; *OLG Düsseldorf* MDR 2002, 635.
[334] *Reinking/Eggert*, Rn. 2800.
[335] *Reinking/Eggert*, Rn. 2812.
[336] *Reinking/Eggert*, Rn. 2819.
[337] So ausdrücklich unter Aufgabe der früheren Rechtsprechung BGHZ 170, 86 = NJW 2007,
1346 Tz. 25; vgl. auch *KG* MDR 2005, 142.
[338] *OLG Hamm* NZV 1995, 150; vgl. *Reinking/Eggert*, Rn. 2796 ff.
[339] *BGH* NJW 1970, 29; NJW 1975, 1693; generell zu Toleranzgrenzen *Hörl*, DAR 1986, 102.
[340] Die Grenze sollte bei 5–10 % gezogen werden.
[341] *BGH* NJW 1975, 1693; WM 1976, 614.

111 **Motor/Austauschmotor:** Die Angabe der Marke und des Fahrzeugtyps enthält regelmäßig die Garantie, dass sich in dem Fahrzeug ein von dem Hersteller für das betreffende Modell bestimmter Motor befindet.[342] Das muss nicht unbedingt der Erstmotor sein.[343] Auch die Mitteilung, der Pkw habe einen Austauschmotor, stellt regelmäßig eine Garantie dar.[344]

112 Hinsichtlich des Begriffs „Austauschmotor" wird auf die Ausführungen zu § 434 BGB[345] verwiesen. Bei der Zusicherung eines Austauschmotors kann der Käufer davon ausgehen, dass der neue Motor die gleiche Bauart und den gleichen Hubraum wie der serienmäßige Originalmotor hat.[346] Besondere Zusicherungen können hinsichtlich des Alters und der Laufleistung des Austauschmotors erfolgen.[347] Sehr weitgehend hat der *BGH* bei der Angabe eines Gebrauchtwagenhändlers hinsichtlich der Laufleistung des Austauschmotors eine Garantie dahin bejaht, dass der Motor einen der angegebenen Laufleistung entsprechenden Erhaltungszustand hat.[348]

113 **Originalersatzteile/Umrüstungen:** Die Angabe des Herstellers durch den Verkäufer enthält dagegen regelmäßig nicht die Garantie, dass bei späteren Reparaturen und Umrüstungen Originalersatzteile verwendet wurden.[349] Ebenso wenig enthält eine Typenbezeichnung des Fahrzeugs die Garantie, dass alle ersetzten Teile genau dem entsprechenden Fahrzeugtyp entsprechen.[350] Die Typenbezeichnung soll noch nicht einmal eine Garantie dahingehend begründen, dass keine Veränderungen am Fahrzeug erfolgt sind, die nach § 19 II StVZO die Betriebserlaubnis haben erlöschen lassen.[351]

114 **Scheckheftgepflegt:** Die Bezeichnung eines Gebrauchtwagens als „scheckheftgepflegt" ist als Garantie dahingehend auszulegen, dass der Verkäufer (und die Vorbesitzer) die vom Hersteller vorgeschriebenen Inspektionen in einer autorisierten Fachwerkstatt hat durchführen und in einem Serviceheft dokumentieren lassen; ein weitergehender etwa besonders guter oder gepflegter Zustand des Fahrzeugs wird nicht garantiert.[352]

115 **Technische Eigenschaften:** Angaben über besondere Daten wie Hubraum, KW-Zahl sind regelmäßig als Garantie aufzufassen.[353] Gleiches gilt für die Angabe der Höchstgeschwindigkeit sowie Sonderausstattungen.[354] Bei einer Einschränkung „laut Fahrzeugbrief" soll dagegen keine Garantie vorliegen.[355] Nicht hinreichend geklärt ist, ob

[342] *BGH* NJW 1983, 217; *OLG Frankfurt/M.* VersR 1978, 828; *OLG Düsseldorf* NJW-RR 1993, 58; a. A. zu Unrecht *BGH* NJW 1985, 967; *Hörl*, DAR 1986, 101; gegen die Entscheidung mit Recht *Mehnle*, DAR 1986, 105; zu diesem Problemkreis vgl. noch *Eggert*, DAR 1985, 143.
[343] *BGH* NJW 1982, 1386; zum Mangel s. o. Fn. 56.
[344] *BGH* NJW 1981, 1268; *OLG Düsseldorf* VersR 1978, 745.
[345] Dazu oben Rn. 24.
[346] *Reinking/Eggert*, Rn. 2665.
[347] *OLG Köln* DAR 1971, 237; *OLG Düsseldorf* VersR 1978, 745; *OLG Karlsruhe* OLGZ 1975, 189.
[348] *BGH* NJW 1981, 1268; zust. *Reinking/Eggert*, Rn. 2666 für den Gebrauchtwagenhändler; m. E. bedenklich; anders bei einem Privatverkäufer: *BGH* NJW 1984, 1454.
[349] *OLG Karlsruhe* NJW-RR 1993, 1138; *OLG Oldenburg* NJW-RR 1995, 688.
[350] *BGH* NJW 1991, 1880 („Achsschwingenausführung" beim Porsche 928 S); diese einen Händler treffende Entscheidung gilt erst recht bei Privatverkäufern: *OLG Koblenz* NJW-RR 1992, 1145.
[351] *BGH* NJW 1985, 967; NJW 1991, 1880 – fraglich.
[352] *Reinking/Eggert*, Rn. 2913.
[353] *BGH* NJW 1981, 1268; *Reinking/Eggert*, Rn. 2760, die dies bei Privatverkäufern verneinen.
[354] *LG Bochum* DAR 1991, 15 (Servolenkung).
[355] *BGH* NJW 1997, 2318; *Reinking/Eggert*, Rn. 2758.

eine bloße Angabe auf dem Verkaufsschild, in einem Zeitungsinserat oder im Internet genügt.[356]

Der Hinweis, der Pkw könne mit Benzin mit einer bestimmten Oktanzahl gefahren werden, ist ebenfalls die Garantie einer Beschaffenheit.[357] Die Angabe des Benzinverbrauchs (und Ölverbrauchs) kann nach einer verbreiteten Meinung ebenfalls Garantie sein;[358] dagegen bestehen erhebliche Bedenken, da die verbrauchte Menge sehr von der Fahrweise und Belastung des Fahrzeugs abhängt.

Umweltplakette: Gibt der Verkäufer an, das Fahrzeug erfülle die Anforderungen der Erteilung einer Umweltplakette in einer bestimmten Farbe, kann hierin ebenfalls eine Garantie einer Beschaffenheit liegen.[359]   **115a**

Unfallfreiheit: Die Angabe des Verkäufers, der Wagen sei unfallfrei, ist jedenfalls bei einem Kfz-Händler regelmäßig als Garantie einer Beschaffenheit anzusehen.[360] Dagegen stellt die Erklärung, man wisse nichts von einem Unfallschaden, keine Garantie der Unfallfreiheit dar.[361] Eine stillschweigende Garantie wird aber insoweit anzunehmen sein, wenn der Verkäufer nur auf das Vorhandensein eines bestimmten Unfallschadens oder gewisser Blechschäden hinweist, während andere erhebliche Unfallschäden nicht erwähnt werden.[362]   **116**

Der Begriff der Unfallfreiheit besagt nach der Verkehrsanschauung, dass das Fahrzeug keinen „nennenswerten", erheblichen Sachschaden erlitten hat; bloße Blechschäden und Schönheitsfehler (Kratzer) sind von ihm nicht erfasst.[363]   **117**

Die Garantie der Unfallfreiheit ist im Regelfall absolut, d. h. fahrzeugbezogen zu verstehen; Einschränkungen, dass die Erklärung der Unfallfreiheit nur die eigene Besitzzeit umfasse bzw. der Händler nur die Erklärung seines Auftraggebers wiedergebe, bedürfen nach h. M. einer ausdrücklichen Einschränkung, wie sie vor allem in schriftlichen Kaufverträgen zum Ausdruck kommt.[364] Gibt der Händler an: „Unfallschäden lt. Vorbesitzer: Nein", stellt dies keine Beschaffenheitsgarantie dar, vielmehr bleibt die Frage eines möglichen Unfallschadens schlicht offen.[365]

Vorbesitzer/Art der Nutzung: Die Anzahl der Vorbesitzer kann garantierte Beschaffenheit sein.[366] Die Garantie liegt in der Erklärung, dass das Fahrzeug aus „erster Hand" bzw. „zweiter Hand" sei. Allerdings reicht die Erklärung „Zahl der Vorbesitzer lt. Kfz-Brief" für die Annahme einer Garantie nicht aus.[367]   **118**

---

[356] *Reinking/Eggert*, Rn. 2759 m. w. N.

[357] *BGH* NJW 1981, 1268; *OLG Karlsruhe* OLGR 2002, 248; *Reinking/Eggert*, Rn. 2867 (zumindest bei schriftlicher Erklärung) – gleiches muss für die Erklärung, das Fahrzeug vertrage das E-10 Benzin, gelten.

[358] *OLG Koblenz* NJW-RR 1990, 60 (Ölverbrauch); einschr. *Reinking/Eggert*, Rn. 2860 (schriftliche Fixierung ist gewichtiges Indiz).

[359] *BGH* MDR 2013, 516.

[360] *BGH* NJW 1978, 261; *OLG Köln* DAR 1975, 327; *Reinking/Eggert*, Rn. 3077 ff.

[361] *BGH* NJW 1981, 928; *Reinking/Eggert*, Rn. 3090; vgl. auch *OLG Zweibrücken* MDR 2011, 471.

[362] *BGH* NJW 1981, 1441; NJW-RR 1987, 436; *OLG Bamberg* NJW-RR 1994, 1333; *OLG Saarbrücken* NJW-RR 1998, 1273.

[363] *OLG Köln* DAR 1975, 327; *OLG München* DAR 2002, 454; *Reinking/Eggert*, Rn. 3098.

[364] *Reinking/Eggert*, Rn. 3070 f.; einschr. *LG Saarbrücken* ZfS 1994, 245 L (13 Jahre altes Fahrzeug).

[365] *BGH* NJW 2008, 1517 Tz. 12 ff.

[366] *LG Saarbrücken* DAR 1994, 91; *OLG Hamm* MDR 1984, 14; 1994, 139; *OLG Celle* NJW-RR 1990, 1527; a. A. *Reinking/Eggert*, Rn. 3218 unter Hinweis auf das im Regelfall fehlende Schutzbedürfnis des Käufers.

[367] *BGH* NJW 2008, 1517 Tz. 13; *Reinking/Eggert*, Rn. 3218; a. A. noch *OLG Celle* NJW-RR 1990, 1527; *OLG Düsseldorf* OLGR 1994, 186.

119 Maßgebend für die Anzahl der Vorbesitzer ist regelmäßig der Kraftfahrzeugbrief.[368] Die Bezeichnung als „Zweithandfahrzeug" soll lediglich besagen, dass das Fahrzeug nicht aus erster Hand ist, also mehrere Besitzer gehabt hat.[369] Bei der Angabe, dass der Wagen aus erster bzw. zweiter Hand ist, ist die Garantie auch dann unrichtig, wenn er als Mietwagen gelaufen ist.[370]

Daraus folgt allgemein, dass die Art der Vorbenutzung garantiert werden kann, z. B. dass das Fahrzeug nicht gewerblich genutzt worden ist.[371] Auch die Eigenschaft als Vorführwagen, Dienstwagen, Direktionswagen, Geschäftswagen kann garantiert werden.[372] Gleiches gilt auch für die Interimswagen von Werksangehörigen.[373]

120 **Zustand des Wagens:** Zusicherungen hinsichtlich des Wagenzustands sind anzunehmen bei Erklärungen, die einen konkreten Hintergrund haben.

Dies ist anzunehmen bei Hinweisen auf „Garagenwagen",[374] „frei von Durchrostung",[375] „von Meisterhand geprüft",[376] „werkstattgeprüft",[377] „vom TÜV abgenommen",[378] „TÜV neu",[379] „technisch einwandfrei",[380] „werkstattgepflegt",[381] „generalüberholt"[382] und Angaben über die noch laufende Zeit bis zur nächsten TÜV-Prüfung.[383] Auch die „Verkehrssicherheit" kann vertraglich garantiert werden; hierzu bedarf es aber ausdrücklicher Erklärungen; in dem bloßen Verkauf des Fahrzeugs kann nicht die Garantie der Verkehrssicherheit gesehen werden.[384] Schillernd und umstritten ist die Bedeutung der Erklärung, der Wagen sei „fahrbereit";[385] nach Auffassung des *BGH* heißt dies nach der Verkehrsauffassung, dass das Fahrzeug nicht

---

[368] *OLG Köln* DAR 1974, 71 (Eheleute); *Reinking/Eggert,* Rn. 3212.

[369] *Reinking/Eggert,* Rn. 3222; hierzu *OLG Hamm* MDR 1994, 139; *OLG Düsseldorf* NJW-RR 2000, 507 – fraglich.

[370] *LG Berlin* VersR 1976, 396; vgl. aber auch *Otting,* ZGS 2004, 12.

[371] Hierzu *Reinking/Eggert,* Rn. 3191.

[372] *BGH* WM 1976, 740; *OLG Köln* NJW-RR 1990, 1144.

[373] Zweifelnd *Reinking/Eggert,* Rn. 2732 ff.; vgl. *BGH* NJW 2006, 2694.

[374] *OLG Köln* OLGZ 1974, 1; einschr. *Reinking/Eggert,* Rn. 2739.

[375] *Reinking/Eggert,* Rn. 2883.

[376] *OLG Köln* NJW 1972, 162; abl. *Henseler,* NJW 1972, 829.

[377] BGHZ 87, 302 = NJW 1983, 2192 mit Anm. *Haase,* JR 1983, 501; *Reinking/Eggert,* Rn. 3232 (Inhalt der Garantie: Fahrzeug ist einer sorgfältigen äußeren Prüfung durch einen Fachmann in einer hierfür ausgerüsteten Werkstatt unterzogen worden, die dabei festgestellten Mängel sind behoben).

[378] Nach h. M. wird nur die TÜV-Abnahme, nicht aber die Verkehrssicherheit und Mängelfreiheit garantiert: *OLG Köln* NJW 1972, 1621; DAR 1992, 379; *OLG Hamm* NJW 1980, 2200; *LG Karlsruhe* DAR 1981, 152; *Hörl,* DAR 1986, 102.

[379] Gibt ein Gebrauchtwagenhändler eine solche Erklärung ab, so wird nicht nur die TÜV-Abnahme als solche garantiert, sondern auch die Verkehrssicherheit, die dem für die Hauptuntersuchung erforderlichen Zustand entspricht: BGHZ 103, 275 = NJW 1988, 1378; *OLG Hamm* NZV 1988, 180; OLGR 1992, 290; einschr. *OLG Köln* NJW 1993, 272 (ältere Fahrzeuge); zur Reichweite der Erklärung vgl. *Eggert,* NJW 1990, 549; *Reinking/Eggert,* Rn. 3037 ff. – Bei einem privaten Direktgeschäft (s. o. Rn. 1) soll dies dagegen nicht gelten: *Reinking/Eggert,* Rn. 3058 ff.; *Tiedtke,* JuS 1988, 848; *OLG München* NJW-RR 1998, 845.

[380] *BGH* NJW 1978, 2241; *OLG Hamm* MDR 1994, 139; hierzu *Kraft,* JuS 1980, 407; Einschränkung allerdings bei hoher Laufleistung – *OLG Düsseldorf* NJW-RR 2000, 503.

[381] Anders *Reinking/Eggert,* Rn. 2916.

[382] *OLG Karlsruhe* OLGZ 1979, 431; *OLG Hamm* NJW-RR 1986, 932; zu den Einzelheiten *Reinking/Eggert,* Rn. 2669.

[383] *OLG Bamberg* DAR 1985, 27; *LG Köln* DAR 1994, 160 (sehr weitgehend).

[384] *Reinking/Eggert,* Rn. 2727.

[385] Hierzu *Mehnle,* DAR 1986, 105; *Reinking/Eggert,* Rn. 2709 ff. m. w. N.

mit „verkehrsgefährdenden Mängeln behaftet ist, auf Grund dessen es bei einer Hauptuntersuchung als verkehrsunsicher eingestuft würde."[386]

Dagegen sind Garantien zu verneinen, wenn die Erklärungen sich in allgemeinen   121
Redewendungen über den Zustand des Wagens ergehen, ohne dass ein konkreter Tatsachenhintergrund ersichtlich ist; in diesem Fall liegt eine unverbindliche Anpreisung vor. Das gilt für Erklärungen, der Wagen sei „gut", „einwandfrei", „in Ordnung", „tip-top" etc.[387] Gleiches gilt für so genannte „Unkenntnisklauseln", wonach dem Verkäufer über verborgene Mängel nichts bekannt sei.[388] Anderes kann im Einzelfall gelten, wenn besondere Umstände vorliegen, z. B. wenn die Erklärung in die Vertragsurkunde aufgenommen wird oder ein bestimmter Tatsachenbezug erkennbar wird, z. B. bezüglich bestimmter Fahrzeugteile.[389]

Sonstiges: Die Eigenschaft als Oldtimer ist garantiefähig.[390]   122

Die Eignung des Fahrzeugs zu einem bestimmten Verwendungszweck kann ebenfalls garantiert werden, bedarf aber nach der Verkehrsauffassung einer ausdrücklichen Absprache.[391] Der Inhalt eines Wertgutachtens ist nicht garantiert, wenn der Verkäufer ein Privatmann ist und das Gutachten auf Wunsch des Käufers eingeholt wird.[392]

c) Haftungsbeschränkungen

Negativklauseln: In einzelnen Kaufvertragsformularen finden sich Klauseln, wonach   123
bestimmte Angaben nicht als Zusicherungen oder Garantien anzusehen sind. Soweit es sich dabei um AGB-Klauseln handelt, sind diese in der Regel nach §§ 309 Nr. 12 lit. b, 307 BGB unwirksam.[393] Dies gilt auch für eine AGB-Klausel, nach der Angaben im Zustandsbericht keine Garantie darstellen.[394] Allein durch die räumliche Verlagerung von Angaben im Kaufvertrag kann der Vertrauensschutz des Käufers nicht beseitigt werden. Etwas anderes kann nur dann gelten, wenn unmittelbar im Zusammenhang mit dem Zustandsbericht darauf hingewiesen wird, dass diese Angaben nicht garantiert oder zugesichert werden.[395] Individuelle Abreden, dass eine bestimmte Angabe nicht garantiert wird, sind dagegen wirksam. Wird in der Spalte „Zusicherungen" (bzw. Garantien) individuell das Wort „keine" eingefügt, steht dies einer beachtlichen Garantie entgegen.[396]

Schriftformklauseln: Eine formularmäßige Schriftformklausel kann eine mündliche   124
Zusicherung nicht außer Kraft setzen.[397] Das gilt nicht nur für Erklärungen des Händlers selbst, sondern auch bei Erklärungen von dessen Angestellten, für die die Grundsätze der Anscheins- und Duldungsvollmacht zutreffen.[398]

---

[386] BGHZ 122, 256 = NJW 1993, 184 (m. E. zu eng); BGHZ 170, 67 Tz. 21 = NJW 2007, 759; vgl. *OLG Hamburg* MDR 1991, 1039; *OLG Hamm* ZGS 2009, 473 (auch bei Angaben eines Verkäufer-Verbrauchers).

[387] *BGH* NJW 1991, 1880; Überblick bei *Reinking/Eggert*, Rn. 3254.

[388] *BGH* NJW 1995, 1549; *OLG Köln* NJW 1993, 271 (Nichtausfüllen der Mängelrubrik im Vertragsformular); *Reinking/Eggert*, Rn. 2874.

[389] *BGH* NJW 1959, 1489; einschränkend *OLG Frankfurt/M.* DAR 2001, 505.

[390] *LG Bonn* DAR 1994, 32.

[391] Beispiel: Eignung als Geländewagen: *OLG Düsseldorf* NZV 1995, 311 L; *OLG Köln* VersR 1994, 110.

[392] *OLG Brandenburg* MDR 2008, 1094.

[393] *Reinking/Eggert*, Rn. 2870.

[394] *OLG Celle* NJW-RR 1988, 1135; a. A. *OLG München* NJW-RR 1986, 1181; vgl. hierzu *Hörl*, DAR 1986, 100.

[395] *BGH* NJW 1978, 2241.

[396] *BGH* NJW 1992, 170 mit Anm. *Flume*, JZ 1992, 367; krit. *Reinking/Eggert*, Rn. 2595.

[397] *BGH* NJW-RR 1995, 179.

[398] *BGH* NJW 1983, 1853; NJW 1986, 1809.

125 **Einschränkende Hinweise:** Eine Einschränkung des Kenntnisstandes der Verkäufers –
vor allem bei einer größeren Anzahl von Vorbesitzern – kann den Umfang der Garantie
zumindest beim Kauf unter Privatleuten einschränken, wenn der Verkäufer dies unmissverständlich und deutlich zum Ausdruck bringt.[399] Enthält der Kaufvertrag keine
derartige Einschränkung, wird man an eine mündliche Einschränkung der Garantie
strenge Beweisanforderungen stellen müssen. Wird die Garantie mit einem Hinweis auf
eine Expertise oder das Gutachten eines Sachverständigen verbunden, liegt darin m. E.
kein einschränkender Zusatz, sondern gerade eine Bekräftigung der Garantie.[400]

126 **Abnahmeerklärung:** Die Unterzeichnung einer Erklärung durch den Käufer bei
Abnahme, dass das Fahrzeug in einwandfreiem Zustand übernommen wurde, befreit
nicht von der Haftung wegen einer garantierten Beschaffenheit.[401] Das ergibt sich bei
einem Verbrauchsgüterkauf schon aus § 475 I BGB. Im Einzelfall kann jedoch eine
zulässige Beschaffenheitsvereinbarung vorliegen, wenn ein bestimmter Defekt ausdrücklich aufgeführt wird.

127 **Beschaffenheitsvereinbarung:** Zur Abgrenzung zwischen zulässiger Beschaffenheitsvereinbarung und (beim Verbrauchsgüterkauf) unzulässiger Haftungsbeschränkung vgl. Rn. 162.

X. Ausschluss der Sachmängelhaftung

1. Kenntnis oder grob fahrlässige Unkenntnis des Käufers (§ 442 BGB)

128 Die Rechte des Käufers wegen eines Mangels sind ausgeschlossen, wenn der Käufer
oder sein Vertreter bei Vertragsschluss[402] den Mangel kennt (§ 442 I 1 BGB) oder
dem Käufer der Mangel infolge grober Fahrlässigkeit unbekannt geblieben ist (§ 442
I 2 BGB). In letzterem Fall schadet dem Käufer die grobe Fahrlässigkeit jedoch nicht,
wenn der Verkäufer den Mangel arglistig verschwiegen[403] oder eine Beschaffenheitsgarantie[404] übernommen hat.

129 Die Darlegungs- und Beweislast für eine positive Kenntnis des Käufers trägt der
Verkäufer. Dies gilt auch für eine behauptete grobe Fahrlässigkeit des Käufers. Liegt
diese vor, so hat wiederum der Käufer Arglist des Verkäufers oder das Bestehen einer
Garantie zu beweisen. Dabei fällt dem Verkäufer in der Praxis der Beweis einer
positiven Kenntnis des Käufers oft schwer, während sich eine grobfahrlässige Unkenntnis meist leicht aus den äußeren Umständen herleiten lässt.

a) Positive Kenntnis

130 Hat der Käufer positive Kenntnis von einem bestimmten Umstand, so wird bei einem
Teil der Fälle schon von vornherein kein Mangel vorliegen, wenn die Beschaffenheitsvereinbarung auch diesen Umstand umfasst.[405] Dies wird beispielsweise der Fall
sein, wenn der Verkäufer bei den Vertragsverhandlungen auf einen bestimmten Umstand hinweist.[406] Im Übrigen genügt für § 442 BGB die einseitige Wahrnehmung des

---

[399] *OLG Düsseldorf* OLGR 1994, 293; *LG Zweibrücken* NJW 1999, 585; *Eggert*, DAR 1998,
45; a. A. für den Gebrauchtwagenhändler *BGH* NJW 1998, 2207 unter Bestätigung von *KG*
NJW-RR 1998, 131 – vgl. auch oben Rn. 118 f.
[400] Anders *Reinking/Eggert*, Rn. 3238 f.
[401] *BGH* NJW 1983, 2193.
[402] Nach *OLG Celle* ZGS 2004, 476 ist auch Kenntnis bei Übergabe schädlich – sehr fraglich.
[403] Dazu Rn. 142 ff.
[404] Vgl. Rn. 102 ff.
[405] *Reinking/Eggert*, Rn. 3919.
[406] *BGH* NJW 1983, 2242 (Unfallschaden).

Mangels durch den Käufer. Die Kenntnis erfordert Wahrnehmung der Erscheinungs-
form des Mangels und Bewusstsein der Bedeutung für die Gebrauchstauglichkeit des
Fahrzeugs.[407]

b) Grobe Fahrlässigkeit

Die Einbeziehung der grobfahrlässigen Unkenntnis als Ausschlusstatbestand bedeu-   **131**
tet, dass den Käufer nach den Umständen des Einzelfalls eine gewisse **Untersuchungspflicht** trifft.[408] Das Ausmaß der Untersuchungspflicht ist naturgemäß unterschiedlich je nachdem, ob es sich bei dem Käufer um eine technisch nicht versierte
Privatperson oder um einen Händler handelt.

Bei einem **privaten Käufer** ist die Rechtsprechung hinsichtlich der Untersuchungs-   **132**
pflicht sehr zurückhaltend, da dieser mangels technischer Detailkenntnisse und Un-
tersuchungsmittel das Fahrzeug kaum gründlich überprüfen kann; die Hinzuziehung
eines Fachmanns (Kfz-Sachverständigen) wird nicht gefordert.[409] Grundsätzlich darf
sich der Käufer auf die Angaben des Verkäufers verlassen und muss keine eigenen
Nachforschungen anstellen.[410] Demnach beschränkt sich die Untersuchungspflicht
im Normalfall auf die für einen Laien bei einer äußerlichen Betrachtung feststellbaren
Mängel.[411] Im Übrigen ist zweifelhaft, ob ein Käufer in jedem Fall verpflichtet ist, das
Fahrzeug überhaupt vorher zu besichtigen (Kauf von Jahres- und Vorführwagen,
Kauf per Internet).[412] Das Unterlassen einer Probefahrt schadet dem Käufer dann,
wenn technische Mängel bei einer kurzen Probefahrt überhaupt entdeckt worden
wären (zum Beispiel ganz atypische Motorgeräusche).[413] Dagegen dürfte grobe Fahrlässigkeit zu bejahen sein, wenn der Käufer trotz konkreter eindeutiger Hinweise des
Verkäufers (oder eines Dritten) oder bestimmter Verdachtsmomente auf konkrete
Mängel eine nähere Untersuchung unterlässt.[414] Hierzu gehört auch das ungewöhnli-
che Alter eines Fahrzeugs.[415] Konnte der Mangel dem Käufer aufgrund seines offen-
kundigen Erscheinungsbildes vernünftigerweise nicht verborgen bleiben, kann gleichzeitig auch der Arglistvorwurf entfallen.[416]

Bei Ankauf eines Fahrzeugs oder Inzahlungnahme durch einen **Händler** wird man an   **133**
die Untersuchungspflicht höhere Anforderungen stellen müssen.[417] Auch hier ist aber
eine Differenzierung nach der Art des Händlers und der ihm zur Verfügung stehenden Untersuchungsmöglichkeiten geboten. Unabhängig davon kann der private Ge-
brauchtwagenverkäufer davon ausgehen, dass der den Wagen hereinnehmende Händler zumindest eine Sicht- und Funktionsprüfung vornimmt.[418] Teilweise wird sogar
weitergehend ein stillschweigender Haftungsausschluss angenommen.[419] Auch kann
im Einzelfall aufgrund besonderer Absprachen schon die Sollbeschaffenheit eingeengt
sein und damit eine Mängelhaftung ausscheiden.

---

[407] *BGH* NJW 1981, 2640; *Reinking/Eggert*, Rn. 3923.
[408] *Reinking/Eggert*, Rn. 3932 ff.
[409] *OLG Köln* NJW 1973, 903.
[410] *BGH* Urteil vom 20.2.2013 – VIII ZR 40/12, Tz. 15.
[411] Beispiele: Rost- und Lackschäden, Reifenzustand.
[412] *Reinking/Eggert*, Rn. 3935 ff.
[413] *OLG Frankfurt/M.* ZfS 1992, 230; zurückhaltender *Reinking/Eggert*, Rn. 3936 ff.
[414] *Reinking/Eggert*, Rn. 3932 f.
[415] *OLG Köln* NJW-RR 1992, 49; *OLG Hamm* ZfS 1995, 176; vgl. aber auch *BGH* NJW
1981, 928.
[416] *OLG Saarbrücken* OLGR 2008, 251.
[417] *OLG Frankfurt/M.* NJW-RR 2010, 568; *OLG Karlsruhe* NJW-RR 2011, 1070; *Reinking/
Eggert*, Rn. 3941 f. m. w. N.
[418] *Reinking/Eggert*, Rn. 3877.
[419] Vgl. Rn. 134 f.

2. Haftungsausschluss nach § 444 BGB

a) Zulässigkeit

134 Soweit der Verkäufer einen Mangel arglistig verschwiegen[420] hat oder eine Beschaffenheitsgarantie übernommen hat[421], kann er sich auf eine Beschränkung oder einen Ausschluss der Haftung überhaupt nicht berufen (§ 444 BGB). Entstehen Mängel erst nach Vertragsschluss und Gefahrenübergang, so sind diese im Zweifel von einem vertraglichen Gewährleistungsausschluss nicht umfasst.[422] Im Übrigen hängt die Zulässigkeit eines Haftungsausschlusses nach § 444 BGB davon ab, ob es sich um einen Verbrauchsgüterkauf oder einen sonstigen Kaufvertrag handelt.

b) Verbrauchsgüterkauf

135 Bei einem Verbrauchsgüterkauf kann sich der Verkäufer nach § 475 I BGB nicht auf für den Verbraucher nachteilige Vereinbarungen berufen, soweit diese vor Mitteilung des Mangels getroffen wurden.[423] Dies bedeutet, dass ein Haftungsausschluss nach § 444 BGB beim Verbrauchsgüterkauf generell unzulässig ist und zwar sowohl formularmäßig als auch per Individualvereinbarung. Lediglich Schadensersatzansprüche sind nach § 475 III BGB in den Grenzen der §§ 307 bis 309 BGB abdingbar.[424]

Zur problematischen Abgrenzung zwischen zulässiger Beschaffenheitsangabe und unzulässigem Haftungsausschluss vgl. Rn. 162. Zur Herabsetzung der Verjährungsfrist vgl. Rn. 164.

c) Sonstige Kaufverträge

136 Bei Verkäufen von Gebrauchtwagen zwischen Privatleuten oder an einen Unternehmer sind Haftungsausschlüsse im Rahmen des § 444 BGB per **Individualvereinbarung** grundsätzlich zulässig.[425] Dafür sprechen die Interessenlage beider Parteien und die Schwierigkeiten der sonst auftretenden Beweisführung, ob der Mangel schon im Zeitpunkt der Übergabe vorhanden war (§ 476 BGB gilt in diesen Fällen gerade nicht). Ist eine bestimmte Beschaffenheit der Kaufsache vereinbart, so hat diese Vorrang gegenüber einem gleichzeitig vereinbarten pauschalen Ausschluss der Sachmängelhaftung. Dieser Ausschluss bezieht sich dann nur noch auf die Fälle des § 434 I 2 BGB.[426]

137 Der Haftungsausschluss bedarf in der Regel einer ausdrücklichen Vereinbarung. Bei einer **AGB-Klausel**[427] ist § 305 BGB zu beachten.[428] Ein formularmäßiger umfassender Haftungsausschluss hält auch bei einem Privatverkauf der Inhaltskontrolle nicht stand, er verstößt hinsichtlich des Ausschlusses von Schadensersatzansprüchen gegen § 309 Nr. 7 lit. a und b BGB und ist damit insgesamt unwirksam.[429] Hingegen greift

---

[420] Dazu näher Rn. 142 ff.

[421] Dazu Rn. 102 ff.

[422] *BGH* NJW 2003, 1316.

[423] Eine nach Mitteilung des Mangels getroffene Vereinbarung ist wirksam.

[424] Näher *Tiedtke/Burgmann*, NJW 2005, 1153, 1154 f.; zur Inhaltskontrolle *Graf von Westphalen*, ZGS 2002, 214.

[425] *S. Lorenz*, DAR 2010, 314; *Derleder*, NJW 2005, 2481, 2483; *Stölting*, ZGS 2005, 299, 304 m. w. N. – fraglich aber hinsichtlich des Ausschlusses auch des Nacherfüllungsanspruchs.

[426] BGHZ 170, 86 = NJW 2007, 1346 Tz. 30 ff.; *BGH* MDR 2013, 214; *LG Krefeld* NJW-RR 2008, 213; *Reinking*, DAR 2007, 255; eher kritisch *Gsell*, JZ 2013, 423.

[427] Zu den verbandsempfohlenen Verkaufsbedingungen *Reinking/Eggert*, Rn. 3977 ff.

[428] *Reinking/Eggert*, Rn. 4028 ff.; vgl. für einen Sonderfall BGHZ 184, 259 = NJW 2010, 1131.

[429] BGHZ 174, 1 = NJW 2007, 3774 Tz. 10 ff. (Unwirksamkeit auch im Geschäftsverkehr zwischen Unternehmen – zu letzterem Punkt kritisch *Lindacher*, WuB IV C § 309 BGB 1.08); *OLG Hamm* NJW-RR 2005, 1220; vgl. auch *Stölting*, ZGS 2005, 299.

beim Verkauf gebrauchter Sachen die Vorschrift des § 309 Nr. 8 lit. b BGB nicht ein und ermöglicht insofern eine stärkere Einschränkung der Mängelrechte Nacherfüllung, Rücktritt und Minderung.[430] Ob ein genereller formularmäßiger Haftungsausschluss für erhebliche Mängel zulässig ist, dürfte fraglich sein.[431] Eine stillschweigende Enthaftung ist in Ausnahmefällen zu bejahen, zum Beispiel wenn ein Gebrauchtwagen zum Verschrotten verkauft wird[432] oder bei einem gewerblichen Händler in Zahlung gegeben wird.[433]

Streitig ist, ob dem Ausschluss der Gewährleistung gewisse **Grenzen** zu ziehen sind: **138**

„Schwerstmängel": Nach heute wohl herrschender Meinung ist auch hier ein Haftungsausschluss uneingeschränkt möglich.[434] Als Korrektiv dafür ist die Rechtsprechung großzügiger bei der Annahme einer Garantie, sodass hierdurch eine mittelbare Beschränkung des Haftungsausschlusses bei Schwerstmängeln erreicht wird.

Erstbesitzer: Teilweise wird auch bei dem Erstbesitzer ein Haftungsausschluss für unzulässig gehalten, da er sein Fahrzeug vom ersten Tag an kenne.[435]

Vorführwagen, Tageszulassungen: Bei wenig gebrauchten, fast neuen Fahrzeugen wird zum Teil befürwortet, den Haftungsausschluss in Analogie zu § 309 Nr. 8 lit. b aa BGB nicht zuzulassen,[436] desgleichen bei Einbau neuer Teile sowie vom Verkäufer vor dem Verkauf selbst verursachter Reparaturmängel.[437]

Der **Umfang des Haftungsausschlusses** hängt von der vertraglichen Vereinbarung, **139** insbesondere der Formulierung der verwendeten Klausel ab, die bei Unklarheiten nach Treu und Glauben (§§ 157, 242 BGB) auszulegen ist, wobei bei der Verwendung von AGB zusätzlich die Unklarheitenregel (§ 305c II BGB) Platz greift.

Einen umfassenden Haftungsausschluss beinhalten (in Anlehnung an die Begrifflich- **140** keiten vor der Schuldrechtsreform) Formulierungen wie „verkauft unter Ausschluss jeglicher Gewährleistung" sowie „besichtigt unter Ausschluss jeglicher Gewährleistung".[438] Dann ist auch die Haftung für nicht erkennbare Mängel ausgeschlossen.[439] Diesem entspricht die Abrede, es werde „keine Garantie" übernommen. Der Begriff „Garantie" bezieht sich in diesem Fall nicht auf eine Garantie im Sinn des § 444 BGB, sondern soll generell die Haftung auch für Beschaffenheitsvereinbarungen ausschließen.[440] Zweifelhaft und nicht völlig geklärt ist, ob ein „umfassender Gewährleistungsausschluss" auch andere als technische Fehler (zum Beispiel fehlende Übereinstimmung der Fahrgestellnummer mit den Angaben im Kfz-Brief) umfasst.[441]

Klauseln wie „gekauft wie besehen", „gekauft wie besichtigt" und „gekauft wie **141** besichtigt und probegefahren" stellen keine reine Beschaffenheitsvereinbarung dar,

---

[430] *Stölting,* ZGS 2005, 299, 302.
[431] *Stölting,* ZGS 2005, 299, 302.
[432] *OLG Frankfurt/M.* NJW 1974, 1823.
[433] *BGHZ* 83, 334 = NJW 1982, 1700; *Reinking/Eggert,* Rn. 4051 ff. m. w. N.; vgl. auch *OLG Hamm* NJW-RR 1994, 882 (Tausch von zwei Wagen).
[434] *BGHZ* 74, 383 = NJW 1979, 1886; *BGH* NJW 1981, 1441; NJW 1984, 1452; *OLG Köln* NJW 1993, 272; *Reinking/Eggert,* Rn. 3990 ff.
[435] *Reinking/Eggert,* Rn. 4055 m. w. N. – dies wird im Einzelfall allerdings von der Art des Sachmangels abhängig sein; vgl. dazu auch *Gutzeit,* NJW 2007, 1350, 1351.
[436] *Reinking/Eggert,* Rn. 4044 m. w. N.
[437] *Reinking/Eggert,* Rn. 4048 ff. m. w. N.
[438] *Reinking/Eggert,* Rn. 4015 f. m. N. aus der Rspr.
[439] *BGH* NJW 1978, 261; BGHZ 74, 383 = NJW 1979, 1886.
[440] *BGH* MDR 2013, 214, Tz. 16.
[441] *OLG Oldenburg* BB 1995, 430; dagegen *Reinking/Eggert,* Rn. 3986 ff.

sondern schließen die Haftung für wahrnehmbare Mängel aus.[442] Hinsichtlich der Wahrnehmbarkeit ist auf die Person des Käufers abzustellen: ein Laie sieht weniger als ein Fachmann.[443] Der Verkäufer trägt in einem solchen Fall die Beweislast dafür, dass der Mangel für den Käufer wahrnehmbar war.[444] Ist der Haftungsausschluss wirksam vereinbart worden, hat der Käufer bei einer Käuferkette auch keine Ansprüche auf Abtretung eventueller Ansprüche gegen den Erstverkäufer.[445]

3. Arglist des Verkäufers

142 Ein an sich zulässiger Haftungsausschluss ist unwirksam, wenn der Verkäufer den Mangel arglistig verschweigt (§ 444 BGB). Dies gilt auch beim Verbrauchsgüterkauf hinsichtlich ausgeschlossener Schadensersatzansprüche.[446] Die Rechtslage vor dem 1.1.2002 war durch eine sehr starke Ausweitung des Arglistbegriffs geprägt, um so die allgemein zulässige Haftungsfreizeichnung, die heute beim Verbrauchsgüterkauf nicht mehr möglich ist, wieder einzudämmen. Nach der Schuldrechtsreform stellt sich deshalb generell die Frage, ob die zum Teil sehr großzügige und käuferfreundliche Rechtsprechung, die mit der Annahme einer Arglist des Verkäufers schnell bei der Hand war, ohne weiteres noch Geltung findet.[447] Einen eindeutigen Paradigmenwechsel hat es bislang nicht gegeben, so dass im Folgenden die Grundsätze der Rechtsprechung und Literatur zu § 476 BGB a. F. unter Berücksichtigung der zwischenzeitlich ergangenen Urteile wiedergegeben werden. Nach der Rechtsprechung liegt ein arglistiges Verschweigen eines offenbarungspflichtigen Mangels dann vor, wenn der Verkäufer einen Fehler jedenfalls für möglich hält, gleichzeitig weiß oder damit rechnet und billigend in Kauf nimmt, dass der Vertragspartner den Fehler nicht kennt und bei Offenbarung den Vertrag nicht oder nicht mit dem vereinbarten Inhalt geschlossen hätte.[448] Die Beweislast für eine Arglist des Verkäufers trägt in vollem Umfang der Käufer.[449]

a) Objektiver Tatbestand

143 Der objektive Tatbestand besteht zunächst in dem aktiven Tun des Vorspiegelns einer Eigenschaft oder in dem Unterlassen, dem Verschweigen eines Sachmangels. Umstritten ist, ob in letzterem Falle zu dem Verschweigen eine Offenbarungspflicht hinzutreten muss.

Entgegen *Reinking/Eggert*[450] ist dies zu bejahen.[451] Denn nicht das Verschweigen jedes Sachmangels ist als Arglist anzusehen, sondern nur dann, wenn Treu und Glauben eine Offenbarung gebieten. Es ist darauf abzustellen, was ein Käufer unter den gegebenen Umständen des Vertrages – insbesondere Preis, Alter und äußere Beschaffenheit des Fahrzeugs, Dauer der Besitzzeit des Verkäufers – an Mitteilungen über nicht ohne weiteres erkennbare Beschaffenheitsdetails erwarten darf.[452] Dabei

---

[442] *Reinking/Eggert*, Rn. 4017 ff. mit umfangreichen Nachweisen aus der Rechtsprechung – in vielen Fällen wird eine Haftung hier bereits an § 442 BGB scheitern, vgl. dazu Rn. 128 ff.; anders für einen Sonderfall *OLG Saarbrücken* MDR 2006, 749.
[443] BGHZ 74, 383 = NJW 1979, 1886.
[444] *Reinking/Eggert*, Rn. 4017.
[445] *OLG Hamm* NJW 1974, 2091; *Reinking/Eggert*, Rn. 4058 ff.
[446] Dazu Rn. 161.
[447] *Reinking/Eggert*, Rn. 4246 ff.
[448] *BGH* NJW 2004, 1032 Tz. 8 m. w. N.
[449] BGHZ 188, 43 = NJW 2011, 1280.
[450] *Reinking/Eggert*, Rn. 4250.
[451] Dazu auch *Gröschler*, NJW 2005, 1601.
[452] *BGH* JZ 1955, 19.

scheiden vor allem Sachmängel, die den Wert oder die Gebrauchstauglichkeit des Wagens nur unerheblich mindern, aus.[453]

Im Mittelpunkt der Arglist steht das Problem der **Mitteilung von Unfallschäden**,[454] wobei die sachgemäße Reparatur den Unfallschaden und dessen Mitteilung nicht ausschließt.[455] Stellt der Käufer ausdrücklich die Frage nach einem Unfallschaden, so ist der Verkäufer zur Angabe jeglicher Vorschäden verpflichtet, also auch von reinen Blechschäden, wobei man höchstens Bagatellschäden (kleine Kratzer etc.) ausnehmen kann.[456] Der Verkäufer muss in diesem Fall die Frage(n) des Käufers umfassend beantworten, wobei ihm auch eine Bagatellisierung der Schäden verwehrt ist.[457] **144**

Fragt der Käufer nicht nach Unfallschäden, kommt es auf den Umfang der Offenbarungspflicht des Verkäufers an. Es besteht Einigkeit darüber, dass reine Blechschäden nicht angegeben werden müssen.[458] Im Übrigen hängt der Umfang der Offenbarungspflicht von den Umständen des Einzelfalles ab.[459] So besteht keine Offenbarungspflicht, wenn ein Wagen in nicht repariertem Zustand verkauft wird, da hier der Käufer vorgewarnt und im Rahmen der Prüfung der notwendigen Reparaturen selbst in der Lage ist, die notwendigen Untersuchungen vorzunehmen bzw. vornehmen zu lassen.[460] Wird ein Wagen zu einem stark reduzierten Preis verkauft, kann ein allgemeiner Hinweis auf die Beteiligung an einem Unfall genügen; es ist dann Sache des Käufers, durch konkrete Fragen den Verkäufer zu einer weiteren Aufklärung zu veranlassen, worauf die oben erwähnte umfassende Aufklärungspflicht Platz greift.[461] In der Regel aber muss der Verkäufer die Art des – über einen Blechschaden hinausgehenden – Unfallschadens näher umschreiben, um Missverständnissen und Gefahren der Bagatellisierung vorzubeugen.[462] Weist der Verkäufer darauf hin, dass durch einen Unfall bestimmte Schäden entstanden sind, so liegt darin zugleich die Zusicherung, dass durch den Unfall keine weiteren wesentlichen Schäden verursacht wurden.[463] Zweifelhaft und unterschiedlich wird die Frage beantwortet, ob der Verkäufer neben dem Hinweis auf den äußeren Schadenstatbestand auf die damalige Einstufung eines wirtschaftlichen Totalschadens hinweisen muss.[464] Handelt es sich um einen erst wenig benutzten Wagen mit hohem Preis, so ist ungefragt volle Aufklärung über Art und Schwere des Unfalls zu leisten.[465] Auch bloße Vermutungen hinsichtlich früherer Unfallschäden sind zu offenbaren, soweit sie auf konkrete **145**

---

[453] *OLG Köln* NJW-RR 1986, 988; *OLG München* DAR 2002, 454; *OLG Koblenz* DAR 2002, 560; a. A. *Reinking/Eggert*, Rn. 4251.
[454] Überblick bei *Reinking/Eggert*, Rn. 4341 ff.
[455] *BGH* NJW 1975, 642; NJW 1977, 1915; *OLG Schleswig* ZfS 1994, 447 .
[456] *BGH* NJW 1977, 1914; BGHZ 74, 383 = NJW 1979, 1886; NJW-RR 1987, 436; *OLG Frankfurt/M.* ZfS 1994, 89; *Reinking/Eggert*, Rn. 4365f f.
[457] *BGH* NJW 1977, 1914; *OLG München* DAR 2001, 407; *OLG Dresden* DAR 2002, 452; *OLG Koblenz* DAR 2003, 70; *OLG Düsseldorf* MDR 2004, 875; *Reinking/Eggert*, Rn. 1666 ff.
[458] *BGH* NJW 1974, 1914; NJW 1984, 1452; NJW-RR 1987, 436; *OLG München* DAR 1982, 100; zur Abgrenzung vgl. *BGH* NJW 1977, 1914; BGHZ 63, 382 = NJW 1975, 642; *BGH* NJW-RR 1987, 436.
[459] *Reinking/Eggert*, Rn. 4369.
[460] *OLG Hamburg* MDR 1965, 294.
[461] *BGH* JZ 1955, 19.
[462] BGHZ 63, 382 = NJW 1975, 642; BGHZ 74, 383 = NJW 1979, 1886; *BGH* NJW 1977, 1914; NJW 1981, 928; NJW 1982, 1386; NJW-RR 1987, 436; *Reinking/Eggert*, Rn. 4369 ff.
[463] *OLG Bamberg* NJW-RR 1994, 1333; *OLG München* DAR 2001, 407.
[464] Hierzu *Reinking/Eggert*, Rn. 4390 ff.; bejahend *OLG Hamm* DAR 1983, 355; verneinend *OLG Celle* DAR 1988, 1136; *OLG Düsseldorf* NJW-RR 1991, 1402; *OLG Hamm* DAR 1994, 401; wohl auch *OLG Karlsruhe* DAR 1992, 151.
[465] *BGH* NJW 1977, 1914; *OLG Karlsruhe* NJW-RR 1992, 1144; *OLG Koblenz* NJW-RR 1988, 1137.

Tatsachen gegründet sind.[466] Auch bei sonstigen Mängeln kann eine Offenbarungspflicht bestehen.[467]

146 Ferner muss der Verkäufer, der das Datum der Erstzulassung mitteilt, ungefragt darüber aufklären, dass das tatsächliche Baujahr des Fahrzeugs zweieinhalb Jahre vor der Erstzulassung liegt.[468] Diese Pflicht trifft auch den Gebrauchtwagenhändler, dem bekannt ist, dass das Fahrzeug tatsächlich eine wesentlich höhere Laufleistung hat als der Kilometerzähler ausweist.[469]

147 Zum objektiven Tatbestand der Arglist ist nicht erforderlich, dass das arglistige Verhalten des Verkäufers für den Kaufabschluss ursächlich gewesen sein muss.[470] Ebenfalls unerheblich ist für die Arglist, ob den Käufer wegen des bei ihm erregten Irrtums ein (selbst grob fahrlässiges) Mitverschulden trifft.[471]

b) Subjektiver Tatbestand

148 In subjektiver Hinsicht erfordert die Arglist auf Seiten des Verkäufers bzw. seines Vertreters[472] – zumindest bedingten – Vorsatz; grobe Fahrlässigkeit genügt nicht.[473] Der Vorsatz muss sich beziehen auf das eigene Wissen des Verkäufers von den Fehler begründenden Tatsachen, das Nichtwissen des Käufers betreffend dieser Tatsachen und den Umstand, dass der Käufer bei Kenntnis der Tatsachen den Vertrag nicht geschlossen hätte.[474]

149 Das eigene Wissen des Verkäufers wird meist bestritten sein und ist sodann vom Käufer darzulegen[475] und zu beweisen. Diese Kenntnis wird sich nur in wenigen Fällen durch einen Direktbeweis führen lassen wie zum Beispiel durch den Nachweis, dass der Verkäufer den Tacho selbst verstellt oder erklärt hat, er habe den (nicht vorhandenen) Austauschmotor selbst eingebaut. Gelegentlich kommt ein Beweis durch Urkunden in Frage, die der Verkäufer nachweislich in Händen gehabt hat (TÜV-Protokoll, Reparaturrechnungen über einen Vorunfall, Kaufvertrag mit Vorbesitzer). In Ausnahmefällen kann eine Kenntnis des Verkäufers auch durch eine Aussage des Vorbesitzers festgestellt werden, der den Pkw unter ausdrücklichem Hinweis auf einen gravierenden Mangel oder zu einem geringen Preis oder gar zum Schrottwert an den Verkäufer verkauft hat. Andernfalls kommt die Führung eines Indizienbeweises in Frage, der sich mit der offensichtlichen Erkennbarkeit des Mangels befasst. Insoweit muss der Käufer die Art der Schäden, möglichst unter Vorlage von Fotos, genau beschreiben. Anschließend ist der Verkäufer (oder Händler) zu befragen, ob ihm die genannten Schäden nicht auffallen mussten, bzw. der Ge-

---

[466] *OLG Köln* NJW 1965, 110; *OLG Schleswig* VersR 1975, 186; *Reinking/Eggert,* Rn. 4346 ff.

[467] *OLG Düsseldorf* NJW-RR 2000, 503 (Verfälschung der Fahrzeugidentitätsnummer); DAR 2002, 506 (Angabe der Vorbesitzer); *OLG Koblenz* NJW-RR 2002, 1597 (massive Feuchtigkeitseinwirkungen); *OLG Bremen* NJW 2003, 3713 (Kauf von einem nicht identifizierbaren Zwischenhändler); nicht dagegen bei bloßer Neulackierung ohne vorangegangenem Unfall, *OLG Frankfurt/M.* MDR 2001, 747 – hier dürfte allerdings schon überhaupt kein Sachmangel vorliegen; *Reinking/Eggert,* Rn. 4427 ff. m. w. N.

[468] *OLG Oldenburg* DAR 2007, 213.

[469] *OLG Köln* DAR 2007, 588.

[470] BGHZ 190, 272 = NJW 2011, 3640 – streitig; anders zum früheren Recht *BGH* NJW 2003, 2380.

[471] *BGH* NJW 1971, 1795, 1798; s. a. § 442 BGB und Rn. 32.

[472] Einzelheiten hierzu bei *Reinking/Eggert,* Rn. 4267 ff.

[473] *BGH* NJW 1995, 1549; NJW 1991, 2138; NJW-RR 1995, 254; NJW 2007, 3057, Tz. 29; *Reinking/Eggert,* Rn. 4269; *Knöpfle,* JuS 1991, 373.

[474] Einzelheiten bei *Reinking/Eggert,* Rn. 4270 ff.

[475] Zum Umfang der Substantiierung vgl. *BGH* NJW 1996, 1826.

brauchtwagenhändler, ob und wie er das Fahrzeug untersucht hat. Gegebenenfalls kann auch ein Sachverständiger klären, ob hinreichende Anhaltspunkte dafür bestehen, dass ein Mangel auf Grund bestimmter Anzeichen (Fahrweise, Geräusche, Ölverlust, hoher Spritverbrauch) dem Verkäufer hätte bekannt sein müssen.

Um Beweisschwierigkeiten des Käufers in dieser Hinsicht zu mildern, hat die Rechtsprechung durch verschiedene Konstruktionen versucht gegenzusteuern, wobei allerdings die Gefahr besteht, über den bedingten Vorsatz hinaus auch fahrlässiges Verhalten in die Arglist einzubeziehen.[476] Einmal gilt dies durch Statuierung von Untersuchungspflichten bei Händlern[477], wobei der erforderliche Vorsatz auf die Verletzung der Untersuchungspflicht beschränkt wird.[478] Nach Ansicht des *BGH* hat der Händler jedoch nur zu prüfen, ob das Fahrzeug den Zulassungsvorschriften entspricht und die Allgemeine Betriebserlaubnis durch Veränderungen nicht erloschen ist[479], es sei denn, es lägen bereits konkrete Anhaltspunkte für Mängel vor.[480] Instanzgerichte und Teile des Schrifttums bejahen zum Teil eine generelle Untersuchungspflicht.[481] Den Leasinggeber trifft jedenfalls keine derartige Prüfungspflicht.[482] Außerdem hat die Rechtsprechung eine Arglist in subjektiver Hinsicht auch dann bejaht, wenn der Verkäufer auf Fragen des Käufers ohne greifbare Anhaltspunkte Angaben „ins Blaue hinein" macht.[483]

150

Ein Vergessen eines Schadens kann im Einzelfall vom Vorwurf der Arglist befreien.[484]

c) Bedeutung der Arglist im Übrigen

Neben der Bedeutung der Arglist für einen vertraglich vereinbarten Haftungsausschluss nach § 444 BGB hat die Bejahung einer Arglist des Verkäufers im Übrigen folgende Konsequenzen:[485]

151

– Anfechtung wegen arglistiger Täuschung nach § 123 BGB[486]
– Haftungsbegrenzungen bei öffentlichen Versteigerungen nach § 445 BGB
– Verlängerung der Verjährungsfrist bei Sachmängeln von zwei auf drei Jahre nach § 438 III BGB
– Unschädlichkeit grob fahrlässiger Unkenntnis des Käufers vom Sachmangel nach § 442 I BGB
– Kriterium für die Beurteilung der Unzumutbarkeit im Sinne des § 440 S. 1 BGB[487]
– Kriterium für die Beurteilung der Erheblichkeit einer Pflichtverletzung im Sinne der §§ 281 I 3, 323 V 2 BGB.[488]

---

[476] Krit. hierzu *Reinking/Eggert*, Rn. 4270 ff.
[477] Dazu näher Rn. 131 ff.; den privaten Verkäufer trifft nach einhelliger Ansicht keine Untersuchungspflicht.
[478] BGHZ 74, 383 = NJW 1979, 1886; NJW 1983, 217.
[479] *BGH* NJW 1977, 1055; NJW 1978, 2241.
[480] *BGH* NJW 1979, 1707; NJW 2004, 1032 (Überprüfung des Alters der Reifen anhand der so genannten DOT-Nummer bei konkreten Anhaltspunkten); *OLG Bamberg* DAR 2001, 455; *OLG Köln* DAR 2001, 404.
[481] Überblick bei *Reinking/Eggert*, Rn. 4342 f. m. w. N.
[482] *OLG Nürnberg* NZV 2000, 82.
[483] BGHZ 63, 382 = NJW 1975, 642; *BGH* NJW 1977, 1914; NJW 1981, 1441; NJW 1995, 955; NJW-RR 1986, 700; BGHZ 168, 64 = NJW 2006, 2839 Tz. 13; *OLG Koblenz* NJW-RR 2002, 1578; *OLG Köln* DAR 2001, 405; 2006, 327; krit. *Reinking/Eggert*, Rn. 4353 ff.
[484] *OLG Düsseldorf* DAR 2001, 358 – auf Ausnahmefälle zu beschränken.
[485] *Reinking/Eggert*, Rn. 4242 ff.
[486] Dazu § 4 Rn. 6.
[487] Dazu *Derleder/Sommer*, JZ 2007, 338 m. w. N.
[488] Dazu Rn. 61, 86.

XI. Besonderheiten beim Verbrauchsgüterkauf

1. Voraussetzungen

a) Verbraucher als Käufer

152   Nach § 13 BGB ist Verbraucher jede natürliche Person, die einen Kaufvertrag abschließt, dessen Zweck weder der gewerblichen noch der selbständigen beruflichen
Tätigkeit dieser Person zugerechnet werden kann. Ist diese Eigenschaft streitig, muss
sie der Käufer beweisen.[489] Die Eigenschaft als Verbraucher knüpft weniger an die
handelnde Person an sich an, sondern eher an das konkrete Geschäft.[490] Dabei ist
streitig, ob für die Abgrenzung zwischen Verbraucher- und Unternehmerhandeln
allein auf den objektiven Zweck des Geschäfts abzustellen ist oder ob es für die
Zurechnung auf die dem Vertragspartner erkennbaren Umstände ankommt.[491] Jedenfalls dann, wenn nach den konkreten Umständen die natürliche Person nicht zweifelsfrei und eindeutig als Unternehmer gehandelt hat, ist der objektive Geschäfts-
zweck entscheidend.[492] Hat der Käufer das Fahrzeug sowohl für private als auch für
gewerbliche Zwecke erworben (sog. Dualuse), ist er kein Verbraucher, sondern
Unternehmer.[493] Anderer Ansicht zufolge entscheidet in diesen Fällen der Schwerpunkt der Nutzung[494] oder die Art, wie der Käufer gegenüber seinem Vertragspartner
auftritt.[495] Auch der Existenzgründer ist nach herrschender Meinung Unternehmer.[496]
Kaufen mehrere Personen ein Fahrzeug gemeinsam, ist bei jeder Person auf ihren
eigenen Verwendungszweck abzustellen.[497] Der Geschäftsführer einer GmbH übt
eine angestellte berufliche Tätigkeit aus und ist insofern Verbraucher.[498] Ob eine
BGB-Gesellschaft eine natürliche Person ist, wenn die sich zusammenschließenden
Gesellschafter ihrerseits natürliche Personen sind, ist nach der neueren Rechtsprechung zur Rechtssubjektivität der BGB-Gesellschaft offen.[499] Einigkeit besteht darin,
dass sich der Käufer, der dem Verkäufer einen gewerblichen Verwendungszweck
vortäuscht, um wegen des dann eher zulässigen Haftungsausschlusses einen günstigeren Preis zu erzielen, nach Treu und Glauben nicht nachträglich auf die §§ 474 ff.
BGB berufen kann.[500] Für die Vortäuschung eines unternehmerischen Verwendungs-
zwecks ist jedoch der Verkäufer darlegungs- und beweispflichtig.[501] Sind sich die
Vertragsparteien nicht im Klaren darüber, ob der Käufer Unternehmer oder Verbraucher ist, erscheint es denkbar, dass die Eigenschaft des Käufers durch Individual-

---

[489] *BGH* NJW 2007, 2619 Tz. 12 ff.; *OLG Bremen* ZGS 2004, 394; *OLG Düsseldorf*
ZGS 2004, 271; *Najdecki,* ZGS 2009, 154, 157.
[490] *Schmidt,* JuS 2006, 1, 2; vgl. zu gemischten Verträgen *Loacker,* JZ 2013, 234.
[491] *BGH* NJW 2009, 3780 mit Übersicht über den Meinungsstand.
[492] *BGH* NJW 2009, 3780; *OLG Karlsruhe* NJW-RR 2012, 289.
[493] *EuGH* NJW 2005, 653; vgl. *Schroeter,* JuS 2006, 682, 684.
[494] *OLG Celle* NJW-RR 2004, 646; Palandt/*Ellenberger,* § 13 Rn 4.
[495] *OLG Celle* ZGS 2007, 354.
[496] *BGH* NJW 2005, 1273 Tz. 8; anders, wenn das Geschäft nur der Vorbereitung der Entscheidung zur Existenzgründung dienen soll, *BGH* NJW 2008, 435; *Grädler/Marquart,*
ZGS 2008, 250; *Schünemann/Blomeyer,* JZ 2010, 1156 (Analogie zu § 512 BGB).
[497] *Schroeter,* JuS 2006, 682, 684 m. w. N.
[498] BGHZ 133, 71 = NJW 1996, 2156; BGHZ 144, 370, = NJW 2000, 3133.
[499] Zum alten Recht *BGH* NJW 2002, 368; jetzt *Schroeter,* JuS 2006, 682, 685 m. w. N;
Schmidt, JuS 2006, 1, 4; *Kieselstein/Rückebeil,* ZGS 2007, 54.
[500] *BGH* JR 2005, 284 mit Anm. *Looschelders; Schroeter,* JuS 2006, 682, 683 m. w. N.;
Reinking/Eggert, Rn. 1991 – diese Begründung des BGH spricht eher gegen eine ausschließlich objektive Bestimmung des Geschäftszweckes (anders jedoch *BGH* NJW 2005, 1273,
1274).
[501] *OLG Hamm* DAR 2012, 513.

vereinbarung abschließend festgelegt wird.[502] Ist der Kunde allerdings eindeutig Verbraucher und unterzeichnet er eine anderslautende Erklärung, nach der er Unternehmer sei, stellt dies eine nach § 475 I 2 BGB unzulässige Umgehung dar. Dies gilt nicht, wenn der Händler gutgläubig ist[503], die Initiative also vom Käufer ausgeht.[504]

b) Unternehmer als Verkäufer

Nach § 14 BGB ist der Verkäufer Unternehmer, wenn der Abschluss des Kaufvertrags der gewerblichen oder selbständigen beruflichen Tätigkeit zuzuordnen ist.[505] Dabei ist ausreichend, dass es sich für den Unternehmer um ein „branchenfremdes" Nebengeschäft handelt.[506] Eine Gewinnerzielungsabsicht ist nicht erforderlich.[507] Die Darlegungs- und Beweislast für ein Handeln in Ausübung der gewerblichen oder selbständigen beruflichen Tätigkeit trägt der Käufer; der Rechtsgedanke des § 344 HGB ist nicht einschlägig.[508] Wird eine Privatperson als Verkäufer von einem Unternehmer nur vorgeschoben, um durch einen Verkauf von Privat an Privat die Anwendung der Vorschriften über den Verbrauchsgüterkauf zu verhindern, wird der private Verkäufer dadurch nicht Unternehmer.[509] Der Kaufvertrag kommt in diesem Fällen zwischen den handelnden Verbrauchern zustande, sofern nicht die Voraussetzungen eines Scheingeschäftes nach § 117 BGB vorliegen.[510]   153

2. Rechtsfolgen

a) Allgemeines

Handelt es sich bei dem Geschäft um einen Verbrauchsgüterkauf, gelten dafür ergänzend die §§ 474 bis 479 BGB. Dies gilt nicht bei dem Verkauf von gebrauchten Sachen in einer öffentlichen Versteigerung, an der der Verbraucher persönlich teilnehmen kann (§ 474 I 2 BGB). Eine öffentliche Versteigerung liegt dann vor, wenn der Versteigerer aufgrund seiner Person eine gesteigerte Gewähr für die ordnungsgemäße Durchführung der Versteigerung einschließlich einer zutreffenden Beschreibung des angebotenen Gegenstandes bietet (etwa ein öffentlich bestellter Versteigerer).[511]   154

b) Beweislastumkehr (§ 476 BGB)

Bei einem Verbrauchsgüterkauf wird nach § 476 BGB vermutet, dass die gekaufte Sache bei Gefahrenübergang mangelhaft war, wenn sich ein Sachmangel innerhalb von sechs Monaten nach Gefahrenübergang zeigt (es sei denn, einer der in der Vorschrift erwähnten Ausnahmefälle läge vor).[512] Die Norm ändert damit für den Verbrauchsgüterkauf den Grundsatz, dass die Beweislast für das Vorliegen eines Mangels im Zeitpunkt der Übergabe der Käufer trägt. Die Vorschrift gilt auch für den   154a

---

[502] Zurückhaltend *Reinking/Eggert*, Rn. 1994.
[503] *Müller*, NJW 2003, 1975, 1979.
[504] *BGH* NJW 2005, 1045; ähnlich *Najdecki*, ZGS 2009, 155, 156 (Lösung über § 242 BGB); kritisch *Schürnbrand*, JZ 2009, 133, 137 (zu weitgehend und im Ergebnis unangemessen).
[505] *OLG Frankfurt/M.* NJW 2005, 1438; *OLG Koblenz* NJW 2006, 1438 (zu Abgrenzungsfragen bei „ebay-PowerSeller"); allgemein auch *Kieselstein/Rückebeil*, ZGS 2007, 54; weitergehend *OLG Zweibrücken* ZGS 2007, 357 – fraglich).
[506] *BGH* NJW 2011, 3435.
[507] BGHZ 167, 40 = NJW 2006, 2250 Tz. 16.
[508] *KG* ZGS 2007, 78.
[509] BGHZ 170, 67 = NJW 2007, 759 Tz. 12 f.
[510] *BGH* MDR 2013, 202– vgl. näher bei Rn. 165 ff.
[511] *BGH* NJW-RR 2010, 1210.
[512] Überblick bei *Martis*, MDR 2010, 841.

Verkauf gebrauchter Sachen.[513] Der Wortlaut des § 476 BGB, nach dem sich ein Mangel „zeigt", bedeutet nicht, dass die Vorschrift nur für bei Gefahrübergang vorhandene, aber noch nicht erkennbare Mängel gilt.[514] Die Vorschrift entfaltet ihre Wirkung natürlich auch für Mängel, die bei Gefahrübergang schon erkennbar gewesen wären (Grenze: § 442 I BGB).

Greift die Vermutenswirkung des § 476 BGB ein, so obliegt dem Verkäufer der volle Beweis für das Nichtvorliegen der vermuteten Tatsache (§ 292 ZPO).[515]

155   **Reichweite:** Die Reichweite dieser Vorschrift ist stark umstritten.[516] Dies ist unter anderem darauf zurückzuführen, dass das Gesetz den Begriff des „Sachmangels" in § 476 BGB anders versteht als in § 434 I BGB.[517] Nach der zutreffenden Rechtsprechung des *BGH* ändert § 476 BGB nichts daran, dass der Käufer nach wie vor das Vorliegen eines Sachmangels an sich darlegen und beweisen muss. Es genügt auch bei einem Verbrauchsgüterkauf nicht, dass sich bei dem gekauften Pkw binnen sechs Monaten irgendeine Unzulänglichkeit zeigt. Der Käufer hat in jedem Fall darzutun, dass der aufgetretene Schaden auf einen Sachmangel (sog. Grundmangel[518]) zurückzuführen ist. Die Vermutensregel des § 476 BGB knüpft lediglich an den Zeitpunkt des Vorliegens eines Mangels an, enthebt den Käufer aber nicht der Darlegung, dass überhaupt ein Sachmangel vorliegt.[519] Erleidet ein Gebrauchtfahrzeug innerhalb von sechs Monaten nach Gefahrenübergang einen Motorschaden und kann nicht geklärt werden, ob dieser Schaden letztlich auf einem Materialfehler oder einem Fahrfehler des Käufers beruht, kommt dem Verbraucher die Vermutung des § 476 BGB nicht zugute.[520] Steht hingegen die Ursache des Schadens fest und ist lediglich unklar, wann dieser eingetreten ist, greift § 476 BGB ein. Dies gilt auch bei einer Karosserieverformung aufgrund äußerer Krafteinwirkung.[521] Die Entscheidungen des *BGH* haben ein sehr geteiltes Echo hervorgerufen.[522] Dabei wird zum Teil vorgebracht, nach der Rechtsprechung des *BGH* liefe die Vermutensregel des § 476 BGB im Prinzip leer. Dies ist nicht richtig; die Kritik beruht zum Teil auch darauf, dass der Sachverhalt, der den revisionsrechtlichen Entscheidungen zugrunde lag, nicht vollständig erfasst wurde. Es bleibt jedoch abzuwarten, ob und inwieweit Verkäufer im Hinblick auf die dargestellte Rechtsprechung sich pauschal darauf berufen werden, die aufgetretenen Schäden seien auf einen „Fahrfehler" des Käufers zurückzuführen.[523] Zudem kann sich ein Verkäufer nicht auf einen Fahrfehler des Käufers berufen, wenn ein bestimm-

[513] BGHZ 159, 215 = NJW 2004, 2299; *BGH* NJW 2005, 3490.
[514] *BGH* NJW 2005, 3490 Tz. 31.
[515] *OLG Celle* NJW 2004, 3566; *Graf v. Westphalen*, ZGS 2005, 210, 213; *Reinking/Eggert*, Rn. 3345 – streitig.
[516] Übersicht bei *Witt*, ZGS 2007, 386; *Höpfner*, ZGS 2007, 410.
[517] *BGH* NJW 2007, 2621; *Gsell*, JZ 2008, 29, 30.
[518] *S. Lorenz*, NJW 2004, 3020.
[519] *BGH* NJW 2004, 2299; *BGH* NJW 2005, 3490; NJW 2006, 434; *OLG Frankfurt/M.* ZGS 2007, 437.
[520] *BGH* NJW 2004, 2299 (zu lockerer Zahnriemen als Ursache für eine Fehlsteuerung der Einlassventile, die letztlich über einen Bruch des Ventiltellers zu einem Bruch der Pleuelstange geführt hatte); so auch *OLG Köln* ZGS 2006, 276 (übermäßiger Verschleiß, der auf verschiedene Ursachen zurückgeführt werden konnte).
[521] *BGH* NJW 2005, 3490 (Verformung des vorderen rechten Kotflügels und der Stoßstange).
[522] Zum Meinungsstand *Graf v. Westphalen*, ZGS 2004, 341, 342; 2005, 210; *ders.* BB 2008, 2, 7; *Roth*, ZIP 2004, 2025; *S. Lorenz*, NJW 2004, 3020, 3021; *Reinking/Eggert*, Rn. 3312 ff.; *Witt*, NJW 2005, 3468; *Kieselstein*, ZGS 2005, 338; *Frassek*, JR 2005, 204; *Grohmann/Gruschinske*, ZGS 2005, 452; *Saenger/Veltmann*, ZGS 2005, 450; *Maultzsch*, NJW 2006, 3093; *Klöhn*, NJW 2007, 2811; *Gsell*, JZ 2008, 29; *Saueressig*, NJOZ 2008, 2072.
[523] So auch *Reinking*, DAR 2004, 550, 551; vgl. aber auch *OLG Frankfurt/M.* DAR 2005, 339.

ter Zustand als Mangel feststeht und dieser Mangel entweder durch einen Fahrfehler des Käufers verursacht ist oder aber bereits bei Gefahrenübergang vorhanden war.[524]

Unabhängig von der obigen Darstellung greift § 476 BGB zugunsten des Verbrau- **156** chers auch dann schon nicht ein, wenn dieser nicht dafür gesorgt hat, dass das defekte Teil aufbewahrt wird, sodass die Ursache des Defekts letztlich nicht festgestellt werden kann. Dem Käufer ist insofern nämlich eine fahrlässige Beweisvereitelung vorzuwerfen, die jedenfalls dazu führt, dass der wahrscheinlichste Geschehensablauf als bewiesen anzusehen ist.[525]

Überlässt der Käufer den bestimmungsgemäßen Einbau einer Sache einem Dritten, hindert dies die Anwendung des § 476 BGB nicht.[526] Die Beweislastumkehr kommt auch dann zum Tragen, wenn das Bestehen eines Mangels bei Gefahrübergang lediglich Vorfrage für andere Ansprüche ist.[527]

Grenzen: Wenn die Vermutung mit der Art der Sache oder des Mangels unvereinbar **157** ist, greift die Beweislastumkehr nach § 476 BGB nicht ein. Eine äußere Beschädigung des Gebrauchtwagens (geringe Verformung des Kotflügels) kann typischerweise jederzeit eintreten und erlaubt keine hinreichend wahrscheinlichen Rückschlüsse auf sein Vorliegen bereits zum Zeitpunkt des Gefahrenübergangs. Trotzdem gilt die Vermutung des § 476 BGB auch (und gerade) in diesen Fällen; sie ist nicht mit der Art des Mangels unvereinbar.[528] Dies ist auch interessengerecht, denn der Verkäufer hat es ohne weiteres in der Hand, durch eine umfassende Dokumentation die Mangelfreiheit des Kraftfahrzeugs bei Gefahrenübergang nachzuweisen.[529] Etwas anderes gilt nur dann, wenn die Verformung auch einem fachlich nicht versierten Käufer hätte auffallen müssen (ohne dass hier bereits die Grenze des § 442 I BGB erreicht sein müsste). In letzterem Fall spricht die Art des Mangels gegen die Vermutung, der Mangel sei schon bei Gefahrübergang vorhanden gewesen.[530] Eine Unvereinbarkeit im Sinne des § 476 BGB wird man dann annehmen können, wenn eine weit überwiegende Wahrscheinlichkeit für die nachträgliche Mängelentstehung spricht.[531]

Unerheblich ist für die Anwendung des § 476 BGB, ob der Verkäufer seinerseits den **158** Mangel, sofern dieser schon bei Gefahrenübergang vorhanden war, hätte erkennen können. Die Vorschrift setzt nicht voraus, dass der Verkäufer in Bezug auf den betreffenden Mangel bessere Erkenntnismöglichkeiten als der Käufer hat.[532]

Wer die Voraussetzungen des Ausnahmetatbestands darzulegen und zu beweisen hat, **159** ist ebenfalls streitig. Richtiger Ansicht zufolge obliegt diese Last nach allgemeinen Grundsätzen dem Verkäufer.[533] Welche Anforderungen hierbei an das Vorbringen des Verkäufers zu stellen sind, ist ungeklärt.[534]

---

[524] *BGH* NJW 2007, 2621 Tz. 16 (Defekt der Zylinderkopfdichtung, Riss der Ventilstege).
[525] *BGH* NJW 2006, 434 (defekter Turbolader – ob sogar eine Beweislastumkehr in Frage gekommen wäre, hat der *BGH* offen gelassen).
[526] *BGH* NJW 2005, 283 (Teichbecken).
[527] *BGH* NJW 2009, 580; *Fischinger,* NJW 2009, 563, 566.
[528] Streitig, *BGH* NJW 2005, 3490 mit Übersicht über den Meinungsstand; vgl. auch die weiterführenden Zitate bei *Maultzsch,* NJW 2006, 3091, 3093 und *Witt,* NJW 2005, 3468, 3469.
[529] *Graf v. Westphalen,* ZGS 2005, 210, 212; krit. dazu *Gsell,* JZ 2008, 29, 33.
[530] *OLG Celle* NJW 2004, 3566.
[531] *Gsell,* JZ 2008, 29, 34; vgl. auch *Saueressig,* NJOZ 2008, 2072.
[532] *BGH* NJW 2007, 2619 Tz. 11 m. w. N.
[533] *Reinking/Eggert,* Rn. 1313 ff. m. w. N.
[534] *OLG Stuttgart* ZGS 2005, 156; *Wietoska,* ZGS 2004, 8, 10; *Maultzsch,* NJW 2006, 3091, 3094 f.: der Verkäufer muss einen entsprechenden Anschein darlegen; differenzierend und teilweise kritisch *Reinking/Eggert,* Rn. 3353 ff.

160 Verschiedentlich wird behauptet, die Vermutung sei mit der Art des Mangels unvereinbar, wenn es sich um **typische Verschleißerscheinungen** handele.[535] Dies ist nicht richtig, denn in derartigen Fällen handelt es sich ohnehin nicht um einen Sachmangel, sodass ein Rückgriff auf § 476 BGB entbehrlich ist.[536]

c) Haftungsausschluss (§ 475 I 1 BGB)

161 Nach § 475 I BGB kann sich der Verkäufer bei einem Verbrauchsgüterkauf nicht auf für den Verbraucher nachteilige Vereinbarungen berufen, soweit diese vor Mitteilung des Mangels getroffen wurden.[537] Hieraus folgt zum einen, dass ein Haftungsausschluss nach § 444 BGB generell unzulässig ist und zwar sowohl formularmäßig als auch per Individualvereinbarung. Soweit die Haftung formularmäßig ausgeschlossen ist, kann allein hieraus nicht der Schluss gezogen werden, der Verkäufer verweigere die Nacherfüllung ernsthaft und endgültig mit der Folge, dass bei behebbaren Mängeln der Käufer auch in diesem Fall eine Fristsetzung zur Nacherfüllung setzen muss.[538] Lediglich Schadensersatzansprüche sind nach § 475 III BGB in den Grenzen der §§ 307 bis 309 BGB abdingbar[539], soweit nicht der Mangel arglistig verschwiegen[540] wurde oder der Verkäufer eine Garantie für die Beschaffenheit der Sache[541] übernommen hat. Zum anderen ergibt sich aus dieser Vorschrift, dass eine nach Mitteilung des Mangels getroffene Vereinbarung zwischen Unternehmer und Verbraucher grundsätzlich zulässig ist.

Die Vorschrift des § 475 I BGB gilt grundsätzlich auch für den Kauf gebrauchter Sachen.

162 Problematisch ist die Abgrenzung zwischen zulässiger Beschaffenheitsangabe und unzulässigem Haftungsausschluss, für die bislang noch kein schlüssiges Gesamtkonzept entwickelt worden ist.[542] Die Vorschrift des § 475 I BGB untersagt es dem Verkäufer nicht, seine Haftung bei den tatbestandlichen Voraussetzungen der haftungsbegründenden Normen einzuschränken, sondern verbietet lediglich nachteilige Vereinbarungen auf der Rechtsfolgenseite.

163 Klauseln wie „gekauft wie besehen" oder „gekauft wie besichtigt" sind in der Regel nicht als zulässige Vereinbarung einer Sollbeschaffenheit anzusehen, da sie jegliche Konkretisierung und Transparenz vermissen lassen.[543] Unbedenklich dürfte es für den Verkäufer jedoch sein, ein den Anforderungen des § 434 I 2 BGB nicht entsprechendes Fahrzeug zu verkaufen, wenn die Sollbeschaffenheit im Einzelnen schriftlich und so konkret wie möglich in einem Befundbericht oder einer Mängelliste festgehalten wird. In Ausnahmefällen wird jedoch ein extrem reparaturbedürftiges Fahrzeug pauschal als „Bastlerfahrzeug", „rollender Schrott" oder „Null-Fahrzeug"

---

[535] Vgl. z. B. *KG* ZGS 2005, 76; *OLG Bremen* ZGS 2004, 394.

[536] So auch *OLG Düsseldorf* DAR 2007, 211; *Reinking/Eggert*, Rn. 3335; *Augenhofer*, ZGS 2004, 385, 387; unverständlich *OLG Koblenz* NJW 2007, 1828.

[537] *OLG Koblenz* DAR 2004, 395.

[538] *BGH* NJW 2011, 3435.

[539] Zur Inhaltskontrolle *Graf v. Westphalen*, ZGS 2004, 214.

[540] Hierzu Rn. 142 ff.

[541] Dazu Rn. 102 ff.

[542] *Reinking/Eggert*, Rn. 3995 ff.; *Westermann*, JZ 2001, 530, 536; *Reinking*, DAR 2002, 15, 22; *ders.*, AnwBl 2004, 607, 608; *Eggert*, ZAP 2002, 575, 576; *Schulte-Nölke*, ZGS 2003, 184; *Schinkels*, ZGS 2003, 310, 312; *Muthers/Ulbrich*, ZGS 2004, 289, 292; *Emmert*, NJW 2006, 1765.

[543] *Reinking/Eggert*, Rn. 4017; anders möglicherweise bei auch von einem Laien auf den ersten Blick erkennbaren Defekten wie starke Durchrostung – in diesen Fällen könnte dem Käufer zudem jedenfalls Kenntnis oder grob fahrlässige Unkenntnis nach § 442 I BGB entgegengehalten werden.

zu einem sehr niedrigen Preis verkauft werden können, ohne dass seitenlange Mängellisten erstellt werden. Hier erfordert der Verbraucherschutz unter dem Gesichtspunkt der „berechtigten Verbrauchererwartung" gerade keine Transparenz.[544] Hiervon ist wiederum eine Ausnahme für den Fall zu machen, dass das „Bastlerfahrzeug" zu einem hohen Preis veräußert wird, da dann für den Käufer die erforderliche Transparenz gerade fehlt.[545] Generell wird man sagen können, dass eine nachteilige Vereinbarung im Sinne des § 475 I BGB dann nicht mehr angenommen werden kann, wenn der Käufer bereit ist, gegen Preisnachlässe kalkulierbare Unsicherheiten und Qualitätsrisiken hinzunehmen, sofern die Vereinbarung für den Käufer kalkulierbar ist. Indes ist mit dieser Formel im Einzelfall nicht viel gewonnen, obergerichtliche Rechtsprechung zu diesem Punkt fehlt noch.[546]

d) Erleichterung der Verjährung

Nach § 475 II BGB kann die Verjährung durch Rechtsgeschäft erleichtert werden, **164** sofern die Verjährungsfrist beim Gebrauchtwagenkauf mindestens noch ein Jahr beträgt. Dies gilt jedoch wiederum nur für Vereinbarungen, die vor Mitteilung des Mangels an den Unternehmer getroffen werden, nachträgliche Vereinbarungen sind von dieser Vorschrift nicht betroffen.

e) Privilegierung bei der Ersatzlieferung

§ 474 II 1 BGB bestimmt, dass der Verbraucher, der eine mangelhafte Sache zu Recht zurückgibt und im Wege der Ersatzlieferung eine mangelfreie Sache erhält, die Nutzungen der mangelhaften Sache nicht zu erstatten hat.[547]

3. Umgehungstatbestand (§ 475 I 2 BGB)

Unwirksam sind Vereinbarungen oder rein tatsächliche Vorgänge auch dann, wenn **165** sie sich als Umgehung einer nachteiligen Vereinbarung im Sinne des § 475 I 1 BGB darstellen (§ 475 I 2 BGB).[548]

Eine Umgehung liegt etwa dann vor, wenn der Händler den Verbraucher eine Erklärung unterzeichnen lässt, wonach er Unternehmer sei.[549] Gleiches gilt für den Fall, dass der Händler sich als Verbraucher geriert.[550] Kauft ein Unternehmer hingegen als Verbraucher, ist § 475 I 2 BGB sicher nicht anwendbar. Den Kaufvertragsparteien steht es frei, sich den Vorschriften des Verbrauchsgüterkaufs zu unterwerfen, solange dieses Verhalten nicht gegen § 242 BGB verstößt.[551]

Das **Agenturgeschäft**, bei dem der Kfz-Händler nur als Vermittler eines Kaufver **166** trags unter Privaten (wodurch gerade kein Verbrauchsgüterkauf zustande kommt) agiert, stellt nicht generell eine Umgehung dar.[552] Die gleichen Maßstäbe sind anzulegen, wenn ein Unternehmer in sonstigen Fällen einen Verbraucher als Verkäufer „vorschiebt" (zum Beispiel Verkauf eines Firmenfahrzeugs durch den Geschäftsfüh-

[544] *Müller,* NJW 2003, 1975, 1977 f.; ähnlich auch *Schinkels,* ZGS 2003, 310, 311; *ders.,* ZGS 2004, 226, 228; vgl. aber auch *OLG Oldenburg* DAR 2004, 92.
[545] *May,* DAR 2004, 557, 559.
[546] Die Entscheidung BGHZ 170, 86 = NJW 2007, 1346 betrifft keinen Verbrauchsgüterkauf.
[547] Vgl. dazu näher Rn. 42.
[548] Dazu allgemein *May,* DAR 2004, 557; *Girkens/Baluch/Mischke,* ZGS 2007, 130 ff.
[549] Näher Rn. 153.
[550] *Najdecki,* ZGS 2009, 155, 157.
[551] Vgl. zu den verschiedenen Fallgestaltungen *Najedecki,* ZGS 2009, 155, 157.
[552] Rn. 4.

rer der Gesellschaft).[553] Auch ein Finanzierungsleasingvertrag, in dem dem Leasingnehmer mit Verbrauchereigenschaft die kaufrechtlichen Gewährleistungsansprüche des Leasinggebers gegen den Lieferanten der Leasingsache – natürlich mit Haftungsfreizeichnung des Lieferanten – abgetreten werden, sodass der Leasingnehmer nur eingeschränkte Gewährleistungsansprüche gegen den Lieferanten geltend machen kann, ist kein Umgehungsgeschäft.[554]

167 **Rechtsfolgen einer Umgehung:** Liegt eine Umgehung vor, indem der Händler einen Privatverkäufer als „Strohmann" nur vorgeschoben hat, muss sich der Händler nach ganz herrschender Meinung so behandeln lassen, als hätte er selbst das Fahrzeug verkauft.[555] Der anderen denkbaren Alternative, nämlich dass dem Strohmann die Unternehmenseigenschaft seines Hintermannes zugerechnet wird, hat der *BGH* ausdrücklich eine Absage erteilt. Die Haftung des Hintermanns kann damit begründet werden, dass dieser bei gleichzeitiger Nichtigkeit des Vertrags mit dem Strohmann nach § 117 BGB Vertragspartner des Verbrauchers wird. Dies gilt jedoch nur dann, wenn die Voraussetzungen des § 117 BGB tatsächlich vorliegen.[556] In allen anderen Fällen ist dem Hintermann, ohne dass er zugleich zum Vertragspartner wird, lediglich die uneingeschränkte Sachmängelhaftung aufzuerlegen.[557]

XII. Verjährung

1. Gesetzlicher Regelfall

168 Sachmängelansprüche des Käufers verjähren in zwei Jahren ab Ablieferung[558] des Fahrzeugs (§ 438 I Nr. 3, II BGB).[559]

Dies gilt über § 438 IV, V BGB im Ergebnis auch für die Gestaltungsrechte des § 437 Nr. 2 BGB: durch die Verweisung auf § 218 BGB folgt, dass der Rücktritt unwirksam ist, wenn der Verkäufer berechtigterweise die Einrede der Verjährung bezüglich des Leistungs- oder Nacherfüllungsanspruchs erhebt. Gleichwohl kann der Käufer die Erfüllung des in der Regel erst nach drei Jahren verjährenden Kaufpreisanspruchs verweigern, wenn er auf Grund des Rücktritts dazu berechtigt sein würde (§ 438 IV 2 BGB), eine Mängelanzeige vor Ablauf der Verjährung ist nicht erforderlich. Der Verkäufer kann jedoch im Gegenzug vom Vertrag zurücktreten (§ 438 IV 3 BGB). Entscheidend ist, dass der Rücktritt erklärt wird, bevor der Nacherfüllungsanspruch verjährt ist. Auf den Zeitpunkt der gerichtlichen Geltendmachung von Ansprüchen aus dem durch den Rücktritt entstehenden Rückgewährschuldverhältnis kommt es nicht an.[560] Die Ansprüche aus dem Rückgewährschuldverhältnis selbst unterliegen

---

[553] *BGH* NJW 2007, 759 mit Anm. *Bruns* a. a. O.; *OLG Saarbrücken* MDR 2006, 383; *OLG Celle* ZGS 2007, 79.

[554] *BGH* NJW 2006, 1066; zustimmend: *Moseschus*, EWiR 2006, 299; vgl. auch *Eckert*, EWiR 2005, 717; zum Teil krit. und differenzierend: *Woitkewitsch*, VuR 2006, 440; *Höpfner*, ZBB 2006, 200; *Omlor*, ZGS 2008, 220; zu weiteren Einzelheiten und Folgerungen *Graf von Westphalen*, ZIP 2006, 1653.

[555] *BGH* NJW 2007, 759 m. w. N.; krit. dazu *Bruns*, a. a. O.; *ders.*, EWiR 2007, 71; differenzierend *Graf von Westphalen*, BB 2008, 2, 6.

[556] *BGH* MDR 2013, 202; weitergehend So *OLG Celle* ZGS 2007, 79; *Czaplinski*, ZGS 2007, 92

[557] So *Reinking/Eggert*, Rn. 2193.

[558] Die Übergabe der Fahrzeugpapiere gehört nicht mehr zur Ablieferung – *Reinking/Eggert*, Rn. 4095.

[559] Eingehend *Rühl*, AcP 207 (2007), 614; zu Übergangsproblemen vgl. *OLG Köln* ZGS 2006, 280.

[560] BGHZ 168, 64 = NJW 2006, 2839; BGHZ 170, 31 = NJW 2007, 674.

der dreijährigen Regelverjährung.[561] Diese Grundsätze gelten entsprechend auch für die Minderung (§ 438 V BGB).

Bei Schadensersatzansprüchen ist eine Differenzierung zwischen Mangelschäden und Mangelfolgeschäden entbehrlich: soweit Schadensersatzansprüche auf § 437 Nr. 3 BGB gestützt werden können, verjähren sie innerhalb von zwei Jahren.[562] Für Ansprüche aus Delikt gilt die zweijährige Verjährungsfrist nicht.[563]

Hat der Verkäufer den Mangel des Fahrzeugs arglistig verschwiegen, beginnt nach § 438 III 1 BGB die regelmäßige Verjährungsfrist des § 195 BGB zu laufen. Dies setzt jedoch voraus, dass der Käufer von den anspruchsbegründenden Umständen und der Person des Schuldners Kenntnis erlangt oder ohne grobe Fahrlässigkeit hätte erlangen müssen (§ 199 I Nr. 2 BGB).[564]   **169**

Für die Ansprüche aus einer Garantie nach § 443 BGB gilt § 438 BGB nicht.

2. Erleichterung durch Rechtsgeschäft

Bei einem Verbrauchsgüterkauf kann die Verjährung im Rahmen des § 475 II BGB durch Rechtsgeschäft erleichtert werden, sofern beim Kauf gebrauchter Sachen eine Verjährungsfrist von mindestens einem Jahr verbleibt. Dabei kann eine Sache, die nach objektiven Maßstäben noch neu ist, nicht mit der vereinbarten Beschaffenheit „gebraucht" verkauft werden, um eine Abkürzung der Verjährung der Mängelansprüche zu ermöglichen.[565] Bei einer formularmäßigen Verkürzung der Verjährungsfrist sind die Grenzen der §§ 307 bis 309 BGB zu beachten.[566] Sind die in § 309 Nr. 7 lit. a und b BGB bezeichneten Schadensersatzansprüche nicht von der Abkürzung der Verjährungsfrist ausgenommen, ist die Klausel insgesamt unwirksam.[567] Ist eine Verkürzung in der Weise vereinbart, dass „Ansprüche" des Käufers wegen Sachmängeln in einem Jahr verjähren, gilt dies auch für die Gestaltungsrechte der Minderung und des Rücktritts.[568]   **170**

Liegt kein Verbrauchsgüterkauf vor, kann die Verjährung nach § 202 BGB abgekürzt werden. Dabei ist grundsätzlich auch eine Verkürzung auf einen geringeren Zeitraum als auf ein Jahr zulässig, wobei bei formularmäßiger Beschränkung wiederum die §§ 307 bis 309 BGB zu beachten sind.   **171**

3. Hemmung und Neubeginn der Verjährung

Schweben zwischen den Parteien Verhandlungen über den Anspruch oder die diesem zugrunde liegenden Umstände, ist die Verjährung bis zum Verhandlungsende gehemmt (§ 203 S. 1 BGB).[569]   **172**

Für die Annahme von Verhandlungen genügt die Mängelanzeige als solche nicht.[570] Andererseits ist aber auch nicht erforderlich, dass der Käufer ausdrücklich Nachbes-   **173**

---

561 BGHZ 170, 31 = NJW 2007, 674.
562 Vgl. zu den Einzelheiten *Recker*, NJW 2002, 124; *Arnold*, ZGS 2002, 438, 439; *Westermann*, NJW 2002, 241, 250; *Reinking/Eggert*, Rn. 3709 ff.; vgl. zur gleichen Konstellation der Verjährung bei werkvertraglichen Ansprüchen auch *OLG Koblenz* NJW-RR 2008, 501.
563 Vgl. § 5 Rn. 1 ff.
564 Dazu näher *Reinking/Eggert*, Rn. 4110 ff.
565 BGHZ 170, 31 = NJW 2007, 674; dagegen *Peters*, NJW 2008, 119 mit Übersicht über den Meinungsstand.
566 Zum Verbot der geltungserhaltenden Reduktion *OLG Hamm* MDR 2011, 1344.
567 BGHZ 170, 31 = NJW 2007, 674; NJW 2013, 2584.
568 *Reinking/Eggert*, Rn. 4084.
569 Zu Übergangsproblemen nach Art. 229 § 6 EGBGB vgl. *BGH* ZGS 2007, 188; ZGS 2007, 191; *OLG Celle* ZGS 2007, 195.
570 *OLG Düsseldorf* ZGS 2004, 118.

serung oder Nacherfüllung verlangt. Es genügt, wenn die Parteien sich über den Mangel austauschen, solange der Verkäufer sich nicht endgültig verweigert.[571] Mit einem „Einschlafen" der Vertragsverhandlungen kann die Verjährungshemmung beendet werden.[572]

174 Der Käufer kann, sofern er nach erfolglos gebliebener Nacherfüllung zurücktritt oder den Kaufpreis mindert, die Zahlung des Kaufpreises auch im Falle des Eintritts der Verjährung verweigern, sofern und soweit ihm ein Rücktritts- oder Minderungsrecht inhaltlich zusteht (§§ 438 IV, V, 218 BGB). Wenn der Käufer diese Möglichkeit ergreift, kann allerdings der Verkäufer seinerseits zurücktreten (§ 438 IV 3 BGB).

175 Im Übrigen ergibt sich aus dem Katalog des § 204 BGB, wann eine Hemmung der Verjährung durch Rechtsverfolgung des Käufers eintritt. Von praktischer Bedeutung für den Gebrauchtwagenkauf kann der Beginn eines schiedsrichterlichen Verfahrens (§ 204 I Nr. 11 BGB), das Anrufen einer Gütestelle nach § 204 I Nr. 4 BGB (maßgeblicher Zeitpunkt: Veranlassung der Bekanntgabe des Güteantrags an die Gegenseite durch die Gütestelle) oder die Erhebung der Klage nach § 204 I Nr. 1 BGB sein. Insbesondere kommt auch die Einleitung eines selbständigen Beweisverfahrens in Betracht (§ 204 I Nr. 7 BGB). Allerdings muss der Antrag von dem Berechtigten gestellt werden.[573] Auch wird die Verjährung nur demjenigen gegenüber gehemmt, gegen den sich das Verfahren richtet.[574] Das Verfahren gerät mit der Wirkung des § 204 II 2 BGB in Stillstand, wenn ein geforderter Kostenvorschuss nicht gezahlt wird.[575] Das selbständige Beweisverfahren endet mit der Übergabe eines Sachverständigengutachtens an die Parteien oder mit einer sich daran anschließenden mündlichen Erläuterung durch den Gutachter.

Zu beachten ist, dass die Hemmung erst sechs Monate nach Beendigung des jeweiligen Verfahrens endet (§ 204 II BGB).

176 Bemüht sich der Verkäufer nach Auftreten von Mängeln im Einverständnis mit dem Käufer um Beseitigung der Mängel, kann hierin entweder eine Hemmung im Sinne des § 203 BGB oder ein konkludentes Anerkenntnis in sonstiger Weise nach § 212 I Nr. 1 BGB liegen.[576] Letzteres hätte zur Folge, dass die Verjährung erneut zu laufen beginnt. Die Abgrenzung kann nur anhand der konkreten Umstände des Einzelfalls erfolgen. Ein Anerkenntnis kann nur dann angenommen werden, wenn der Verkäufer die Mängel nicht nur aus Kulanz oder zur gütlichen Beilegung des Streits beseitigt, sondern aus der Sicht des Käufers in dem Bewusstsein handelt, zur Mängelbeseitigung verpflichtet zu sein. Dabei spielen Umfang, Dauer und Kosten der Mängelbeseitigung eine Rolle.[577] Ist die Verjährung nur gehemmt, besteht für den Käufer die Gefahr, dass er seiner Rechte verlustig geht, wenn der Mangel kurz vor Ablauf der Verjährungsfrist auftaucht, nur scheinbar behoben wird und nach Ablauf der Verjährungsfrist erneut zum Vorschein tritt.[578]

---

[571] *OLG Koblenz* BB 2006, 629.
[572] *OLG Bremen* ZGS 2008, 118; a. A. *OLG Koblenz* NJW 2006, 3150.
[573] *BGH* NJW 1993, 1916.
[574] *BGH* NJW 1980, 1458 (Verfahren gegen Unbekannt unterbricht nicht).
[575] *OLG Frankfurt/M.* ZGS 2004, 398.
[576] Vgl. *OLG Celle* NJW 2006, 2643.
[577] BGHZ 164, 196 = NJW 2006, 47 m. w. N.; *LG Koblenz* DAR 2008, 31; Einzelheiten bei *Reinking/Eggert*, Rn. 4149 ff.
[578] *OLG Celle* NJW 2006, 2643 (vgl. aber zumindest § 203 S. 2 BGB – vgl. *OLG Koblenz* ZGS 2006, 117).

Bei einer Nachlieferung durch den Verkäufer wird ein Anerkenntnis eher anzunehmen sein als bei einer bloßen Nachbesserung.[579]

Sagt der Verkäufer auf entsprechende Fristsetzung kurz vor Ablauf der Verjährungs- **177** frist eine Sachprüfung zu, ist fraglich, ob er sich nach Eintritt der Verjährung auf diese berufen kann oder ob die Berufung auf die Einrede der Verjährung nach § 242 BGB rechtsmissbräuchlich ist.[580]

XIII. Prozessuale Fragen

1. Örtliche Zuständigkeit

a) Klage auf Nachbesserung

Nach der hier vertretenen Ansicht[581] ist für eine Klage des Käufers auf Nachbesse- **178** rung das Gericht zuständig, an dem der Verkäufer seinen Sitz hat (§§ 13, 17, 21 ZPO). Der Käufer kann an dem Gericht seines eigenen Wohnortes nicht mit der Begründung klagen, an seinem eigenen Wohnsitz sei die Verpflichtung zur Nachbesserung zu erfüllen (§ 29 ZPO), da Erfüllungsort für die Nachbesserung der Sitz des Verkäufers bleibt.

b) Klage auf Ersatzlieferung

Erfüllungsort für die Ersatzlieferung, soweit diese beim Gebrauchtwagenkauf über- **179** haupt in Betracht kommt[582], ist nach hier vertretener Auffassung[583] ebenfalls der Sitz des Verkäufers[584], sodass eine entsprechende Klage an dem für den Sitz des Verkäufers zuständigen Gericht zu erheben ist.

c) Klage nach Minderung

Verlangt der Käufer wegen eines Mangels die Herabsetzung des Kaufpreises, hat er **180** den Verkäufer nach allgemeinen Grundsätzen an dessen Sitz (§§ 13, 17, 21 ZPO) zu verklagen.

d) Klage nach Rücktritt

Der Gerichtsstand nach Rücktritt des Käufers vom Kaufvertrag und der Geltendma- **181** chung der sich danach ergebenden Käuferrechte ist umstritten. Nach herrschender Meinung ist Erfüllungsort für den Anspruch des Käufers auf Rückzahlung des Kaufpreises im Sinne § 29 ZPO der Wohnsitz des Käufers.[585] Einigkeit besteht jedoch darin, dass der Käufer an seinem Wohnsitzgericht klagen kann, wenn er nicht Rückzahlung des Kaufpreises verlangt, sondern lediglich auf Rücknahme der Kaufsache klagt.[586]

---

[579] BGHZ 164, 196 = NJW 2006, 47 Tz. 16 ff. mit Anmerkung *Gramer/Thalhofer*, ZGS 2006, 250.

[580] *Ritzmann*, MDR 2003, 430; *Czeguhn*, MDR 2003, 1041; vgl. zu ähnlichen Fallgestaltungen auch *Reinking/Eggert*, Rn. 4161 f.

[581] Vgl. Rn. 34a.

[582] Vgl. Rn. 43.

[583] Vgl. Rn. 34a.

[584] Ausführlich *Reinking/Eggert*, Rn. 741 ff.

[585] *Zöller/Vollkommer*, ZPO, § 29 Rn. 25 Stichwort „Kaufvertrag" m.w.N.; a.A. *Stöber*, NJW 2006, 2661.

[586] BGHZ 187, 109 = NJW 1983, 1480.

e) Klage auf Schadensersatz

182 Verlangt der Käufer Schadensersatz neben der Leistung[587], muss er am Sitz des Verkäufers klagen. Macht der Käufer hingegen Schadensersatz statt der Leistung[588] geltend, ist nach herrschender Meinung sein eigener Wohnsitz Erfüllungsort (§ 29 ZPO).[589]

2. Klageantrag

a) Klage auf Nachbesserung

183 Wählt der Käufer bei Vorliegen von Mängeln den Weg der Nachbesserung, hat er zu beantragen, den Verkäufer zur Beseitigung der im Einzelnen im Antrag zu bezeichnenden Mängel zu verurteilen. Gleichzeitig kann er beantragen, den Verkäufer zur Beseitigung der Mängel eine Frist zu setzen (§ 255 I ZPO) und ihn für den Fall des erfolglosen Verstreichens dieser Frist auf (großen) Schadensersatz zu verurteilen (§ 281 ZPO).[590] Will der Käufer nach erfolglosem Ablauf der Frist hingegen mindern, Schadensersatz neben der Leistung geltend machen oder zurücktreten, kann ein entsprechender Klageantrag mit dem Antrag auf Beseitigung der Mängel nur unter den Voraussetzungen des § 259 ZPO verbunden werden. Darüber hinaus gilt für den amtsgerichtlichen Prozess die Sonderregelung des § 510b ZPO.

b) Klage auf Ersatzlieferung

184 Soweit eine Ersatzlieferung beim Gebrauchtwagenkauf in Betracht kommt[591], hat der Käufer im Klageantrag den zu liefernden Gebrauchtwagen entsprechend der Beschaffenheit im Kaufvertrag zu genau wie möglich zu bezeichnen. Auch hier kann der Käufer eine Frist nach § 255 I ZPO setzen und unter den Voraussetzungen des § 281 BGB oder des § 259 ZPO sekundäre Gewährleistungsrechte geltend machen.[592] Nach herrschender Meinung hat der Käufer jedoch nur einen Anspruch auf Ersatzlieferung Zug um Zug gegen Rückgabe des ursprünglich gelieferten Fahrzeugs.[593] Dies sollte auch im Klageantrag zum Ausdruck kommen. Falls der Käufer ein besonderes Interesse an der Rücknahme des mangelhaften Fahrzeugs hat, kann er diesen Anspruch ebenfalls gesondert einklagen.[594]

c) Klage nach Minderung

185 Da die Minderung ein Gestaltungsrecht ist, tritt diese direkt durch eine entsprechende Erklärung des Käufers ein. Dieser muss anschließend nur noch auf Rückzahlung des Betrags, um den der (gezahlte) Kaufpreis gemindert ist, klagen. Anspruchsgrundlage hierfür ist § 441 IV 1 BGB. In begründeten Ausnahmefällen wird man einen unbezifferten Zahlungsantrag zulassen können, wenn die Berechnung der Minderung (vgl. § 441 III BGB) dem Kläger nicht möglich ist.

d) Klage nach Rücktritt

186 Ist der Käufer vom Kaufvertrag zurückgetreten, kann er auf Rückzahlung des **Kaufpreises** klagen. Der Käufer ist nicht gehalten, seinen Antrag auf eine Verurteilung des

---

[587] Vgl. Rn. 89 ff.
[588] Vgl. Rn. 85 ff.
[589] Str., vgl. *Reinking/Eggert*, Rn. 3805 f.
[590] Näher *Wieser*, NJW 2003, 2432.
[591] Vgl. Rn. 43.
[592] Vgl. Rn. 6.
[593] Vgl. Rn. 41.
[594] Vgl. dazu Staudinger/*Matusche-Beckmann*, § 439 Rn. 54.

Verkäufers Zug um Zug gegen Rückgabe des Fahrzeugs zu beschränken. Macht der Verkäufer jedoch deutlich, dass er sich auf sein Leistungsverweigerungsrecht beruft und den Kaufpreis nur gegen Rückgabe des Fahrzeugs zurückzahlt, kommt nur eine Zug-um-Zug-Verurteilung des Beklagten in Betracht. Hält der Kläger in dieser Situation gleichwohl an seinem uneingeschränkten Klageantrag fest, trägt er einen Teil der Kosten.[595] Der Käufer sollte daher entweder von vorneherein nur einen eingeschränkten Klageantrag stellen oder aber einen unbedingten Klageantrag nach Erhebung der Einrede durch den Verkäufer sofort einschränken.[596]

Ist der Käufer zur Vergütung der gezogenen **Nutzungen** verpflichtet[597], findet keine 187 automatische Verrechnung dieses Anspruchs des Verkäufers mit dem Anspruch des Käufers auf Rückzahlung des Kaufpreises statt. Der Käufer muss die Vergütungsansprüche des Verkäufers in seinem Klageantrag nicht von vornherein berücksichtigen. Macht der Verkäufer Ansprüche auf Vergütung der Nutzungen jedoch geltend, sollte der Käufer seinen Zahlungsantrag entsprechend anpassen, um ein Kostenrisiko zu vermeiden. Um die Höhe der gezogenen Nutzungen bestimmen zu können, kann der Kläger das Fahrzeug entweder vor der Klageerhebung stilllegen und die bis dahin gefahrene Strecke abrechnen oder aber bei Weiternutzung in seinem Antrag eine bestimmte Vergütung pro gefahrenen Kilometer angeben, wobei die genaue Berechnung dem Gerichtsvollzieher bei der Vollstreckung überlassen bleibt.[598]

Daneben ist ein Antrag des Käufers auf Feststellung zulässig, dass sich der Verkäufer 188 mit der Rücknahme des Fahrzeugs in **Annahmeverzug** befinde. Eine derart tenorierte Feststellung enthebt den Käufer der Verpflichtung, in der Zwangsvollstreckung noch einmal die Gegenleistung anbieten zu müssen.[599]

e) Klage auf Schadensersatz

Für den Anspruch auf Schadensersatz neben der Leistung gelten keine Besonderhei- 189 ten. Für den Anspruch auf Schadensersatz statt der Leistung sind die obigen Ausführungen zum Rücktritt einschlägig.[600]

3. Darlegungs- und Beweislast

a) Allgemeines

Vor Abnahme des Fahrzeugs ist der Verkäufer für dessen Mängelfreiheit darlegungs- 190 und beweispflichtig. Nach Abnahme des Fahrzeugs geht die Darlegungs- und Beweislast für die den jeweiligen Anspruch begründenden Tatsachen in der Regel auf den Käufer über. Es ist somit zunächst immer zu prüfen, ob eine Abnahme des Fahrzeugs erfolgt ist oder nicht. Die folgende Darstellung geht von dem Regelfall aus, dass der Käufer nach Abnahme Sachmängelansprüche oder vergleichbare Ansprüche geltend macht.

b) Sachmangel

Nach der Abnahme ist der Käufer für das Vorliegen eines Sachmangels darlegungs- 191 und beweispflichtig. Bekanntermaßen sind die Anforderungen, die die Instanzgerichte an die Substantiierung des Vortrags stellen, oft zu hoch.[601] Die **Sollbeschaffen-**

---

[595] Staudinger/*Otto* § 322, Rn. 5,15.
[596] *OLG Hamm* MDR 1978, 402.
[597] Vgl. Rn. 74.
[598] Str., ob dies zulässig ist – vgl. Rn. 77; *Reinking/Eggert,* Rn. 1187 ff.
[599] Vgl. näher Rn. 78.
[600] Rn. 186 ff.; vgl. auch Rn. 183 und Rn. 86.
[601] Vgl. zuletzt *BGH* Beschluss vom 12.3.2013 – VIII ZR 179, 12, Tz. 10 ff.

heit kann der Käufer in aller Regel durch Vorlage des schriftlichen Kaufvertrags, einer Zeitungsannonce, eines Internetausdrucks oder von Unterlagen, die anlässlich des Kaufs überreicht wurden (Fahrzeugpapiere, Zustands- und Befundsberichte), dartun. Soweit sich der Käufer auf mündliche Nebenabreden beruft, hat er diese in vollem Umfang darzulegen und zu beweisen. Auf mündliche Nebenabreden kann sich der Käufer auch dann berufen, wenn die Vereinbarungen im schriftlichen Kaufvertrag klauselmäßig als vollständig und abschließend bezeichnet werden[602] oder mündliche Nebenabreden nach einer formularmäßigen Schriftformklausel ausgeschlossen werden.[603] Ausnahmsweise ist der Verkäufer für eine Abrede darlegungs- und beweispflichtig, deren Inhalt den Standard der üblichen Beschaffenheit im Sinne von § 434 I 2 Nr. 2 BGB unterschreitet.[604]

192 Die **Istbeschaffenheit** des Fahrzeugs hat der Käufer ebenfalls darzutun und gegebenenfalls zu beweisen. Der Käufer ist nicht verpflichtet, die Mangelursachen darzutun. Er genügt seiner Darlegungslast, wenn er hinreichend genau die Symptome eines Sachmangels vorträgt. Nach den allgemeinen Regeln hängt der Umfang der erforderlichen Substantiierung von der Einlassung des Verkäufers ab. Begnügt sich der Verkäufer mit schlichtem Bestreiten des klägerischen Vortrags, so muss der Käufer keine Einzelheiten vortragen, sondern kann sich auf eine schlagwortartige Beschreibung („Dritter Gang zieht nicht" oder „schleifende Geräusche beim Bremsen") beschränken. Je konkreter der Verkäufer den klägerischen Vortrag bestreitet, desto mehr Einzelheiten muss der Käufer nennen. Soweit er hierbei Vermutungen für die Ursache der von ihm geschilderten Erscheinungen äußert, ist er hieran im weiteren Verlauf nicht gebunden, die Untersuchung hat sich vielmehr auf sämtliche in Betracht kommenden Ursachen zu erstrecken.[605] Keinesfalls ist der Kläger gehalten, zuvor ein Privatgutachten einzuholen, um die Ursache der von ihm festgestellten Auffälligkeiten feststellen zu lassen.

193 Gegebenenfalls muss der Käufer auch nachweisen, dass ein festgestellter Defekt schon bei Gefahrenübergang (§ 434 I 1 BGB) vorgelegen hat. Dies gilt nach § 476 BGB jedoch nicht, wenn es sich um einen Verbrauchsgüterkauf gehandelt hat.[606]

c) Sonstige Umstände
aa) Vom Käufer darzutun

194 – Vertragsschluss zwischen den Parteien
– Fehlschlagen der Nachbesserung. Dies gilt auch, wenn der Käufer das Fahrzeug nach einer erfolglosen Nachbesserung wieder an sich genommen hat.[607] Allerdings dürfen die Anforderungen nicht überspannt werden[608]
– Verweigerung der Nacherfüllung durch den Verkäufer (§ 440 S. 1 BGB)
– Widerlegung der Vermutung des § 440 S. 2 BGB, sofern für den Käufer günstig
– Höhe des Minderungsbetrags (aber auch Schätzung nach § 441 III 2 BGB möglich)
– Arglist des Verkäufers: dazu gehören sämtliche Umstände, bei einer Täuschung durch Verschweigen auch die fehlende Offenbarung, wobei dem Käufer Erleichterungen nach den Grundsätzen der sekundären Darlegungs- und Beweislast zugute kommen[609]

602 *Reinking/Eggert*, Rn. 3266.
603 *Reinking/Eggert*, Rn. 3270 ff. (unter Nennung der Ausnahmen).
604 *Baumgärtel/Becker*, Handbuch der Beweislast, § 434 Rn. 16.
605 BGH NJW 2008, 576 („Symptom-Rechtsprechung" – Werkvertrag).
606 Vgl. zu den Einzelheiten Rn. 154a; *Reinking/Eggert*, Rn. 3296 ff.
607 *BGH* NJW 2009, 1341; vgl. näher Rn. 50.
608 *BGH* NJW 2011, 1664; für einen Sonderfall *OLG Saarbrücken* NJW-RR 2012, 285.
609 BGHZ 188, 43 = NJW 2011, 1280.

– Eintritt des Garantiefalls (§ 443 BGB)
– Unwirksamkeit eines Haftungsausschlusses (§ 444 BGB)
– Verbrauchereigenschaft des Käufers (§ 13 BGB)[610]
– Unternehmereigenschaft des Verkäufers
– Rechtzeitigkeit und inhaltliche Bestimmtheit der Mängelrüge nach § 377 HGB[611]

bb) Vom Verkäufer darzutun

– Unerheblichkeit des Mangels (§§ 437 Nr. 2, 323 V 2 bzw. 437 Nr. 3, 281 I 3, 283 **195**
  S. 2 BGB)
– Unzumutbarkeit der Nacherfüllung (§ 439 III BGB)
– Widerlegung der Vermutung des § 440 S. 2 BGB, sofern für den Verkäufer günstig
– Kenntnis des Käufers vom Mangel (§ 442 BGB)[612]
– Widerlegung der Vermutung des § 443 II BGB
– Vereinbarung eines Haftungsausschlusses (§ 444 BGB)
– Beschränkung der Mängelhaftung nach § 475 BGB
– Verjährung der Sachmängelrechte

---

[610] *OLG Karlsruhe* NJW-RR 2012, 289.
[611] *OLG Koblenz* JurBüro 2012, 500.
[612] BGHZ 188, 43 = NJW 2011, 1280.

§ 2. Vertragliche Ansprüche bei der Vornahme von Zusatzarbeiten

I. Inhalt

1 Der Verkäufer kann – bei Vertragsschluss oder später vor Übergabe – die Vornahme von Zusatzarbeiten zusagen. Dies kann sich beziehen auf
   – die Beseitigung bestimmter Mängel;
   – die Vornahme eines Ölwechsels;
   – den Ein- oder Ausbau bestimmter Zubehörteile;
   – die Durchführung einer behördlichen Prüfung (z. B. TÜV, ASU, Betriebserlaubnis nach §§ 19 ff. StVZO).

II. Rechtliche Einordnung

2 Die rechtliche Einordnung derartiger Zusagen ist umstritten. Die Ansichten reichen von einer kaufrechtlichen Nebenleistung mit der Folge der Sachmängelhaftung[1] über einen gemischten Vertrag mit der Folge der Anwendung von Werkvertragsrecht[2] bis zur Anwendung von § 281 BGB.

3 Bei im Zusammenhang mit dem Fahrzeugverkauf versprochenen Ausbesserungs- oder Reparaturarbeiten liegt es nahe, Kaufrecht anzuwenden, wenn der Verkäufer nur das verspricht, was er ohnehin nach § 433 I 2 BGB schuldet.[3] Die Klausel „TÜV-neu", die ein Gebrauchtwagenhändler mit eigener Werkstatt verwendet besagt, dass das Fahrzeug vom TÜV oder einer ähnlichen Organisation geprüft und abgenommen wird und dass das Fahrzeug im Zeitpunkt der Übergabe verkehrssicher ist. Hierfür soll ebenfalls in erster Linie Kaufrecht Anwendung finden.[4] M. E. ist zu differenzieren: Die Herbeiführung der Genehmigung sollte als kaufrechtliche Nebenleistung mit der Folge der Anwendung der Gewährleistungsregeln angesehen werden;[5] soweit die Klausel auch die Verpflichtung zur Vornahme von Reparaturarbeiten zum Inhalt hat, liegt die Anwendung von Werkvertragsrecht näher. Allerdings ist in diesem Zusammenhang auch Art. 1 IV der Verbrauchsgüterkauf-Richtlinie zu beachten. Zudem lassen sich sachgerechte Ergebnisse auch aus dem Kaufrecht ableiten; aufgrund der Angleichung von Kaufrecht und Werkvertragsrecht erübrigt sich in den meisten Fällen eine Differenzierung.

4 Bei der Herbeiführung einer behördlichen Genehmigung und der Verpflichtung zum Ein- und Ausbau von Zubehörteilen spricht dagegen die Interessenlage mehr für die Annahme einer kaufrechtlichen Nebenpflicht.[6]

5 Hat der Verkäufer vereinbarungsgemäß Zubehörteile geliefert, die sich als mangelhaft erweisen, gelten für die Ersatzfähigkeit von Ein- und Ausbaukosten dieser Teile (die Anwendung von Kaufrecht vorausgesetzt) die Erwägungen in § 1 Rn. 44a.

---

[1] BGHZ 103, 275 = NJW 1988, 1378.
[2] BGHZ 57, 112 = NJW 1972, 46; *BGH* NJW 1983, 2440.
[3] So auch *OLG Celle* NJW 2004, 3566.
[4] Dafür BGHZ 103, 275 = NJW 1988, 1378; *Reinking/Eggert*, Rn. 3087 ff.
[5] BGHZ 103, 275 = NJW 1988, 1378.
[6] Vgl. auch die Übersicht bei *Reinking/Eggert*, Rn. 4600 ff.

§ 3. Vertragliche Ansprüche aus der Verletzung sonstiger Pflichten des Verkäufers

I. Ausschließlichkeit der Regelung in §§ 434, 437 BGB

Grundsätzlich hat der Verkäufer die sich aus § 433 I 2 BGB ergebende Erfüllungspflicht, die gekaufte Sache frei von Sach- und Rechtsmängeln zu liefern. Verletzt der Verkäufer diese Pflicht, sei es auch durch Verletzung begleitender Aufklärungs- und/oder Hinweispflichten, die im Zusammenhang mit der vereinbarten oder vorausgesetzten Beschaffenheit stehen, so kommt eine Anwendung der §§ 280 ff. BGB nur über § 437 BGB in Betracht. Eine direkte Haftung etwa aus culpa in contrahendo nach §§ 311 II, 241, 280 ff. BGB oder wegen sonstiger Pflichtverletzung nach §§ 241, 280 ff. BGB kommt nach herrschender Meinung nur dann in Betracht, wenn es um die Verletzung selbstständiger Beratungspflichten geht oder der Verkäufer arglistig gehandelt hat.[1] Im letzteren Fall, so wird argumentiert, verdiene der Verkäufer den Schutz der §§ 434 ff. BGB nicht, die kaufrechtlichen Gewährleistungsvorschriften würden durch die Zubilligung eines Anspruchs aus culpa in contrahendo nicht unterlaufen.[2] Die Abgrenzung zwischen Gewährleistungsansprüchen und allgemeinen Leistungsstörungen ist damit in den meisten Fällen ohne Bedeutung. Dies gilt insbesondere für die nicht mehr notwendige Differenzierung zwischen Mangel- und Mangelfolgeschaden. Soweit es sich um eine mangelbezogene Pflichtverletzung handelt, löst diese ausschließlich Haftungsansprüche wegen Sachmängeln aus.[3]

II. Ausnahmen

1. Ansprüche gegen den Verkäufer

Ansprüche aus culpa in contrahendo (§§ 280 I, 311 II, 241 II BGB) bestehen gegen den Verkäufer ausnahmsweise dann, wenn die Pflichtverletzung keinen Leistungsbezug aufweist. Dies kann in folgenden Konstellationen der Fall sein:

– Verletzung von Informationspflichten, wenn die (unterlassene) Information keine Beschaffenheit der Kaufsache betrifft (Import, Wert des Fahrzeugs, verkürzter Garantieschutz[4], vorangegangener Erwerb des Fahrzeugs durch einen nicht im Brief eingetragenen „fliegenden Zwischenhändler[5]"),[6]
– Verletzung von Obhuts- und Fürsorgepflichten, die die Person des Käufers betreffen,[7]

---

[1] BGHZ 180, 205 = NJW 2009, 2120 mit umfassender Darstellung des Meinungsstands; *Berger*, JZ 2004, 276, 282; *Fischinger/Lettmaier*, NJW 2009, 2496; wohl auch *Schulze/Ebers*, JuS 2004, 462, 463.

[2] BGHZ 180, 205 = NJW 2009, 2120, Tz. 24.

[3] Dies gilt auch für den sog. Weiterfresserschaden – vgl. dazu näher § 5 Rn. 2 –, der vertraglich nach den §§ 437 ff. BGB geltend zu machen ist – *Heßeler/Kleinhenz*, JuS 2007, 706.

[4] Vgl. Übersicht bei *Reinking/Eggert*, Rn. 4601f; *OLG Hamm* NJW-RR 2003, 1360; *Reischl*, JuS 2003, 1076, 1079; *Muthers*, MDR 2004, 492.

[5] *BGH* NJW 2010, 858.

[6] *BGH* NJW 1991, 1223; NJW 1991, 1673, 1675; BGHZ 114, 263 = NJW 1991, 2556; *OLG Düsseldorf* NJW-RR 1996, 498; *OLG Hamm* NJW-RR 1997, 429; hierzu *Marutschke*, JuS 1999, 729, 734; *LG Karlsruhe* NJW-RR 2010, 1148; vgl. auch *BGH* NJW 2007, 3057.

[7] *BGH* NJW 1962, 31; BGHZ 66, 51 = NJW 1976, 712; *Horn*, JuS 1995, 377, 380.

– nach wirksamer Anfechtung des Kaufvertrages,[8]
– bei vorsätzlichem Handeln des Verkäufers.[9]

3   In einer Vielzahl von weiteren Fällen ist unklar, ob insoweit die Sachmängelhaftung eingreift oder – mangels der Zuordnung einer bestimmten Erklärung des Verkäufers zu einer Beschaffenheit des Fahrzeugs – der Weg zur culpa in contrahendo eröffnet ist (Versicherungsschutz, Exportfähigkeit u. ä.).[10]

4   Verletzt der Verkäufer eine Nebenpflicht, die unabhängig von der Sachmängelfreiheit besteht (z. B. Fehlinformation über den Versicherungsschutz), kommt ein Anspruch aus positiver Vertragsverletzung in Betracht. Gleiches muss generell für Informationspflichtverletzungen gelten.[11] Handelt es sich hingegen um mangelbezogene Nebenpflichten, so erfolgt bei deren Verletzung allein eine Abwicklung über Kaufrecht.[12] Dies gilt auch beim Vorliegen von Mangelfolgeschäden.[13]

2. Ansprüche gegen den Händler

5   Hat der Händler – beim Agenturvertrag[14] – bei Abschluss des Kaufvertrages als Vertreter für den Verkäufer gehandelt, so hat die Rechtsprechung dem Händler eine zusätzliche Eigenhaftung zum Schutz des Erwerbers unter dem Gesichtspunkt der culpa in contrahendo auferlegt.[15] Sie greift dort nicht nur bei Verletzung von Informationspflichten[16] und Obhutspflichten[17] Platz, sondern dient auch dazu, eine Einstandspflicht des Händlers bei Mängeln zu begründen.[18]

Begründet wird die Eigenhaftung des Händlers entsprechend den allgemeinen Voraussetzungen der Vertreterhaftung[19] mit den topoi „Inanspruchnahme besonderen Vertrauens" und – später überwiegend – mit dem „eigenen wirtschaftlichen Interesse" des Händlers.[20]

6   Gegen die Konstruktion sind Einwendungen erhoben worden.[21] Es besteht nämlich die Gefahr, dass die Gerichte in einen Sachverhalt mehr an Wertungen hineinlegen, als in ihm tatsächlich enthalten ist und nicht immer der Interessenlage entspricht. Das Merkmal des „besonderen Vertrauens", das vom *BGH* zunächst bei einem Kraftfahrzeughändler „mit größerem Betrieb" bejaht[22] und dann auf Händler „mit Werkstattdienst" ausgedehnt wurde,[23] dürfte nicht bei allen Gebrauchtwagenhändlern gerecht-

---

[8] *Reinking/Eggert,* Rn. 4605.
[9] *Häublein,* NJW 2003, 308; Palandt/*Putzo,* § 437 Rn. 51 b.
[10] Vgl. die Beispiele bei *Reinking/Eggert,* Rn. 4601 f.
[11] *BGH* NJW-RR 1989, 211.
[12] Rn. 1; § 1 Rn. 14.
[13] § 1 Rn. 88.
[14] § 1 Rn. 3 ff.
[15] BGHZ 63, 382 = NJW 1975, 642; *BGH* JR 1976, 416 mit Anm. *Haase; BGH* NJW 1977, 1914; NJW 1979, 1707; BGHZ 79, 281 = NJW 1981, 922 mit Anm. *Haase,* JR 1981, 320; *BGH* NJW 1980, 2184; NJW 1981, 1286; NJW 1983, 217; *OLG Koblenz* NJW-RR 1988, 1137 – Einschr. *BGH* NJW 1983, 2696: keine Ausdehnung der Haftung auf die Angestellten des Händlers.
[16] Rn. 2.
[17] Rn. 2.
[18] Einzelheiten bei *Reinking/Eggert,* Rn. 2202 ff.
[19] Grundlegend *Ballerstedt,* AcP 151, 501 ff.; aus der Rspr. zu anderen Gebieten: BGHZ 56, 81 = NJW 1971, 1309; *BGH* NJW 1986, 586; NJW 1986, 3193.
[20] Dazu die Rspr. in Fn. 13. – Zur gleichzeitigen Heranziehung beider Begründungstopoi s. *OLG Koblenz* NJW-RR 1988, 1137; *OLG Köln* NJW-RR 1990, 1144.
[21] Vgl. vor allem *Reinking/Eggert,* Rn. 2305 ff.
[22] BGHZ 63, 382 = NJW 1975, 642.
[23] BGHZ 79, 281 = NJW 1981, 922.

fertigt sein, vor allem nicht bei jenen, die ihr Gewerbe auf einer stillgelegten Tankstelle oder einem angemieteten Platz betreiben und offensichtlich keine Werkstatt mit Prüfmöglichkeiten besitzen.[24] Auch die Annahme eines besonderen wirtschaftlichen Interesses ist allgemein zu weitgehend.[25]

Inhaltlich hat sich die Rechtsprechung dahin entwickelt, die Haftung des Gebraucht- 7 wagenhändlers der Haftung des Verkäufers anzugleichen.[26] Das bedeutet einmal eine Ausdehnung der Haftung auf die Einstandspflicht nach §§ 434 ff. BGB. Dies geschieht durch Statuierung weitgehender Aufklärungspflichten[27] und Untersuchungspflichten.[28] Garantien des Händlers, die normalerweise den Vertretenen treffen (§ 164 BGB), werden als zugleich im eigenen Namen abgegebene behandelt[29] oder über § 179 BGB dem Händler zugerechnet.[30]

Eine Einengung der Haftung wird durch Übernahme des § 442 BGB[31] und durch die 8 – konstruktiv schwierige – Übernahme des Haftungsausschlusses zugunsten des Händlers mit der Folge übernommen, dass dieser für Sachmängel nur bei Arglist oder abgegebener Garantie (sofern es sich nicht um einen Verbrauchsgüterkauf handelt) haftet.[32] Auch die kurze Verjährungsfrist des § 438 BGB soll dem Händler zugute kommen.

Soweit im Rahmen eines Agenturvertrages dem Händler seitens des Käufers ein besonderes Vertrauen entgegengebracht wird, wird man ebenso wie bei der Haftung aus culpa in contrahendo[33] eine eigene nachvertragliche Haftung des Händlers bejahen können.[34]

III. Einwendungen

1. Haftungsausschluss

Der allgemeine Haftungsausschluss für Sachmängel erfasst nicht die Ansprüche aus 9 culpa in contrahendo und sonstiger Pflichtverletzung.[35]

Erforderlich ist eine zusätzliche Freizeichnung, entweder durch Individualabrede oder durch eine AGB-Klausel; in letzterem Falle gilt § 309 Nr. 7 BGB: Es kann nur die Haftung für einfache Fahrlässigkeit ausgeschlossen werden.

2. Verjährung

Ob Ansprüche aus culpa in contrahendo und positiver Vertragsverletzung nach Maß- 10 gabe der §§ 195, 199 BGB verjähren oder eine analoge Anwendung der zweijährigen

---

[24] *Reinking/Eggert*, Rn. 2310.
[25] *Reinking/Eggert*, Rn. 2320 ff.
[26] *OLG Frankfurt/M.* NJW-RR 1996, 39 (Hauskauf).
[27] BGHZ 63, 382 = NJW 1975, 642; *BGH* NJW 1977, 1914; NJW 1979, 1707; *OLG Koblenz* NJW-RR 1988, 1137; *OLG Hamburg* NJW-RR 1992, 1399; *OLG Köln* NJW-RR 1993, 1138; *OLG Düsseldorf* DAR 1993, 347; *Reinking/Eggert*, Rn. 2202.
[28] *BGH* NJW 1977, 1055; Überblick über die Rspr. bei *Reinking/Eggert*, Rn. 3843 ff.
[29] *BGH* NJW 1983, 217; NJW 1983, 2192; *OLG Köln* NJW-RR 1990, 1144.
[30] BGHZ 103, 275 = NJW 1988, 1378; *OLG Köln* NJW-RR 1990, 760; hierzu *Jakobs*, NJW 1989, 696; *Huber*, JZ 1988, 923; *Tiedtke*, JuS 1988, 848.
[31] BGHZ 79, 281 = NJW 1981, 922.
[32] *BGH* NJW 1983, 2192.
[33] Dazu Rn. 5.
[34] BGHZ 70, 337 = NJW 1978, 1374 m. w. N.
[35] *Reinking/Eggert*, Rn. 4625 ff.

Verjährungsfrist des § 438 I Nr. 3 BGB geboten ist, erscheint ungeklärt. Eine analoge Anwendung der kaufrechtlichen Verjährungsfrist ist m. E. nicht sachgerecht, da nur Pflichtverletzungen einschlägig sind, die gerade keinen Zusammenhang mit der geschuldeten Sachmängelfreiheit aufweisen.[36]

---

[36] So auch *Reinking/Eggert,* Rn. 4613; wohl auch *Fischinger/Lettmaier,* NJW 2009, 2496, 2498; anders eher BGHZ 180, 205 = NJW 2009, 2120, Tz. 22.

§ 4. Ansprüche aus ungerechtfertigter Bereicherung

I. Nichtigkeit des Kaufvertrages

1. Sittenwidrigkeit

a) Überhöhter Kaufpreis

Problematisch ist, ob und bei welchem Missverhältnis zwischen vereinbarter Ver- **1** gütung und Verkaufswert des Fahrzeugs eine Nichtigkeit nach § 138 BGB in Frage kommt. Die wenigen, auf den Einzelfall abstellenden Entscheidungen[1] lassen eine feste Grenze nicht erkennen.[2]

Unter Beachtung der bei anderen Vertragstypen entwickelten[3] Grundsätze dürfte zu erwägen sein, die Grenze für das auffällige Missverhältnis von Leistung und Gegenleistung derart zu ziehen, dass eine Abweichung vom Verkehrswert von 100 % die Sittenwidrigkeit nahegelegt.[4] Für die bei „wucherähnlichen Geschäften" geforderten „besonderen Umstände" könnte zumindest bei Händlerverträgen die Unerfahrenheit des privaten Gebrauchtwagenkäufers hinsichtlich der Beurteilung des technischen Zustandes des Fahrzeuges und der Marktlage in Frage kommen,[5] ferner hohes Alter und erkennbare Gebrechlichkeit des Käufers.[6]

Ergibt sich das Missverhältnis erst daraus, dass sich der gekaufte Pkw als mangelhaft erweist und allein deshalb einen wesentlich geringeren Wert hat, führt dies nicht zur Sittenwidrigkeit, sondern das Gewährleistungsrecht bleibt allein anwendbar.[7]

b) Hehlerei

Der *BGH* hat auch den Kaufvertrag über einen gestohlenen PKW als sittenwidrig **2** angesehen, wenn alle Beteiligten die Tatsachen, die die Sittenwidrigkeit begründen, entweder kennen oder sich ihrer Kenntnis zumindest grob fahrlässig verschließen.[8]

2. Anfechtung wegen Irrtums

Eine Anfechtung des Kaufvertrages nach § 119 I BGB ist nach allgemeinen Grund- **3** sätzen möglich.[9]

Umstritten ist dagegen die Anfechtung des Kaufvertrages durch den Käufer[10] wegen Irrtums über eine verkehrswesentliche Eigenschaft nach § 119 II BGB. Ausgangspunkt ist die allgemein akzeptierte These, dass eine Anfechtung nach § 119 II BGB

---

[1] Vgl. etwa *BGH* BB 1957, 238; DB 1969, 2082.

[2] *Reinking/Eggert*, Rn. 4462 m. w. N.

[3] Vgl. zum Darlehen: BGHZ 104, 102 = NJW 1988, 1659; Kauf einer Eigentumswohnung: *BGH* NJW 1992, 899; Kauf eines Grundstücks: *BGH* NJW 2001, 1127; Bauvertrag: *KG* NJW-RR 1995, 1422; Pachtrecht: *OLG Stuttgart* NJW-RR 1993, 654.

[4] *BGH* NJW 1992, 899.

[5] Ablehnend im Ergebnis *OLG Nürnberg* VRS 31, 324 trotz eines Missverhältnisses von DM 2850 Kaufpreis zu DM 500 Verkehrswert.

[6] Vgl. hierzu *BGH* NJW 1985, 3006; *OLG Frankfurt/M.* NJW-RR 1988, 501.

[7] *BGH* Urteil vom 20.2.2013 – VIII ZR 40/12.

[8] *BGH* NJW 1992, 310; hierzu *Reinking/Eggert*, Rn. 4466; vgl. auch *OLG Koblenz* ZfS 2002, 180.

[9] *Hönn*, JuS 1989, 295.

[10] Durch den Verkäufer ist eine Irrtumsanfechtung problemlos möglich.

ausscheidet, soweit die Sonderregelung der Gewährleistung eingreift.[11] Dies gilt auch dann, wenn der Käufer im konkreten Fall wegen einer Freizeichnungsklausel, eingetretener Verjährung o. ä. keine Gewährleistungsansprüche hat.[12]

4   Zu erwähnen sind aber **zwei Problembereiche:** Zum einen hatte die Rechtsprechung des *BGH* nach altem Recht eine Anfechtung des Kaufvertrages wegen Irrtums über das Baujahr zugelassen, da das Alter des Fahrzeugs für sich keine Beeinträchtigung des Gebrauchswertes darstelle und deshalb kein Sachmangel vorliege.[13] Dies erscheint jedenfalls bei Gebrauchtwagen nicht gerechtfertigt; bei ihnen ist das Baujahr stets ein den Verkehrswert und die Gebrauchsfähigkeit prägender Umstand.[14] Ein zulässiger Haftungsausschluss erstreckt sich auch auf diesen Mangel. Außerdem gilt bei fehlendem vertraglichen Haftungsausschluss § 442 BGB.[15] Aus den gleichen Gründen scheidet eine Anfechtung nach § 119 II BGB bei einem Irrtum über den Zeitpunkt der nächsten Hauptuntersuchung aus.[16]

5   Zum anderen wollte die Rechtsprechung nach altem Recht trotz Vorliegen von Sachmängeln eine Anfechtung des Kaufvertrages zwischen Kaufabschluss und Übergabe zulassen, da die Sachmängelhaftung erst ab Übergabe der Kaufsache Platz greife.[17] Allerdings beseitigt insoweit ein vertraglicher Haftungsausschluss auch das Anfechtungsrecht.[18] Richtiger Ansicht nach ist die Anfechtung zu verneinen und bereits vor Ablieferung der Sache ein Recht des Käufers aus § 437 BGB zu bejahen.[19]

3. Arglistanfechtung

6   Die Anfechtung wegen arglistiger Täuschung (§ 123 BGB) bleibt in jedem Fall neben den Sachmängelvorschriften möglich.[20] Ein im Voraus vereinbarter Ausschluss der Anfechtung wegen arglistiger Täuschung ist unwirksam.[21]

Bisweilen wird aus dem Vortrag des Käufers nicht hinreichend deutlich, ob er tatsächlich die Anfechtung erklären will. Begehrt der Käufer Rückzahlung des Kaufpreises unter Berufung auf eine arglistige Täuschung des Verkäufers, kann es sich sowohl um einen Rücktritt nach § 437 Nr. 2 BGB als auch um eine Anfechtung wegen arglistiger Täuschung handeln. In diesem Fall sollte das Gericht im Rahmen des § 139 ZPO um Aufklärung bemüht sein. Der Käufer kann aber auch erklären, es handele sich um einen Antrag (Rückgabe des Fahrzeugs) mit zwei alternativen Begründungen, an deren Reihenfolge das Gericht allerdings nicht gebunden ist.[22] Eine Anfechtungserklärung lässt sich in eine Rücktrittserklärung umdeuten (und umgekehrt). Es ist allerdings sehr fraglich, ob sich der Käufer bei Ausübung des Anfechtungsrechts

---

[11] BGHZ 34, 32 = NJW 1961, 772; BGHZ 63, 369 = NJW 1975, 970; BGHZ 72, 252 = NJW 1979, 160; BGHZ 78, 216 = NJW 1981, 214; *OLG Karlsruhe* NJW-RR 1993, 1138; nach neuem Recht jedoch nicht mehr unumstritten, vgl. *Reischl*, JuS 2003, 1078 m. w. N.
[12] *Reinking/Eggert*, Rn. 4481.
[13] BGHZ 72, 252 = NJW 1979, 160; *BGH* NJW 1981, 284 (Mähdrescher); *OLG Stuttgart* NJW 1989, 2547; zust. *Berg*, JuS 1981, 179.
[14] *Reinking/Eggert*, Rn. 4477 ff.; *Flume*, DB 1979, 1637; *Müller*, JZ 1988, 381.
[15] *Reinking/Eggert*, Rn. 4483.
[16] Unentschieden *Reinking/Eggert*, Rn. 4479.
[17] BGHZ 34, 32 = NJW 1961, 772; zust. *Berg*, JuS 1981, 180.
[18] BGHZ 63, 369 = NJW 1975, 970; teilw. abw. *BGH* WM 1962, 511.
[19] *OLG Düsseldorf* MDR 1989, 159.
[20] H. M., vgl. etwa *BGH* NJW 1983, 812; im Einzelnen *Derleder*, NJW 2004, 969; *Reinking/Eggert*, Rn. 4488 S. *Lorenz*, NJW 2007, 1, 4 m. w. N. auch zu abw. Meinungen.
[21] *BGH* NJW 2007, 1058.
[22] Ausführlich *Reinking/Eggert*, Rn. 4494 ff.

besser steht als bei Geltendmachung der Gewährleistungsrechte.[23] Die sogenannte Saldotheorie wird häufig für den Käufer zu ungünstigeren Ergebnissen führen als die Regelung des § 346 III Nr. 3 BGB.[24]

Hinsichtlich der Voraussetzungen der Anfechtung kann weitgehend auf die Ausfüh-   7
rungen zur Arglist im Rahmen des § 444 BGB[25] verwiesen werden. Die meisten zu § 123 BGB ergangenen Entscheidungen betreffen Täuschungen des Verkäufers über die Unfallfreiheit des verkauften Fahrzeugs.[26] Andere Urteile befassen sich mit Erklärungen des Verkäufers über den Zustand des Wagens[27], der Laufleistung[28], dem Vorhandensein eines Austauschmotors[29] oder dem Verschweigen der ausschließlichen Vorbenutzung des Fahrzeugs als Mietwagen.[30]

Gegenüber § 444 BGB gelten aber einige Besonderheiten. So trifft den Käufer ähnlich   8
wie bei § 444 BGB[31] die Beweislast für die Ursächlichkeit der Täuschung[32], wobei die Rechtsprechung ihm aber gewisse Beweiserleichterungen zugesteht.[33]

Bei **Täuschung durch einen Dritten** ist § 123 II BGB zu beachten: der Verkäufer braucht eine solche Täuschung nur dann gegen sich gelten zu lassen, wenn er sie kannte oder kennen musste. Dabei wird jedoch der Stellvertreter nicht als Dritter angesehen, ebenso wenig der Verhandlungsführer ohne Abschlussvollmacht.[34] Für den Gebrauchtwagenkauf unter Einschaltung eines Händlers (Agenturvertrag) bedeutet dies, dass sowohl der bisherige Besitzer und Verkäufer als auch der Händler die Täuschung begehen kann (§ 166 BGB). Da Auftraggeber und Händler als Einheit betrachtet werden, ist die Anfechtung auch dann gerechtfertigt, wenn der Händler objektiv die Täuschung begeht, die Kenntnis hiervon aber nur in der Person des Auftraggebers gegeben ist.[35]

Auf die Ausübung des Anfechtungsrechts kann der Käufer verzichten. Eine besonde-   9
re Art des Verzichts ist die Bestätigung des anfechtbaren Rechtsgeschäfts (§ 144 BGB).

Hinsichtlich stillschweigender Bestätigungen ist Zurückhaltung angebracht. So liegt in der Geltendmachung von Sachmängeln keine Bestätigung des Kaufvertrages,[36] ebenso wenig in dem Weitergebrauch des Fahrzeugs nach Entdeckung der Täuschung.[37] Dagegen dürfte in dem Weiterverkauf des Fahrzeugs nach Kenntnis des Anfechtungsgrundes ein Verzicht auf das Anfechtungsrecht gesehen werden.[38] An eine Verwirkung des Anfechtungsrechts sind ebenfalls strenge Anforderungen zu

---

[23] *Honsell,* JuS 1982, 813; *Hönn,* JuS 1989, 295; *Reinking/Eggert,* Rn. 4489; zu weiteren Einzelfragen *Renna,* ZGS 2007, 448.
[24] *Freund/Stölting,* ZGS 2002, 182.
[25] Dazu § 1 Rn. 142 ff.
[26] *BGH* NJW 1982, 1386; *OLG Köln* NJW-RR 1995, 51.
[27] *OLG Köln* OLGZ 1974, 1 (Garagenwagen); *OLG Köln* DAR 1974, 269 („guter Zustand" – Schrottfahrzeug); *KG* MDR 1972, 604 (Bremsen neu); *OLG Koblenz* DAR 2002, 169 (fahrbereit); *LG Paderborn* DAR 2000, 275 (scheckheftgepflegt).
[28] *OLG Köln* NJW-RR 1988, 1136.
[29] *OLG Köln* DAR 1971, 237.
[30] *OLG Stuttgart* NJW-RR 2009, 551.
[31] § 1 Rn. 142 ff.
[32] *BGH* NJW 1968, 2139.
[33] *BGH* NJW 1995, 2361; NJW 1996, 1051.
[34] BGHZ 47, 224, 230 = NJW 1967, 1026; *BGH* NJW 1962, 2195; NJW 1978, 2144; NJW-RR 1987, 59; *KG* NJW-RR 1990, 399.
[35] RGZ 81, 533.
[36] *BGH* NJW 1958, 177; *Giesen,* NJW 1971, 1797.
[37] *BGH* NJW 1971, 1795; *Reinking/Eggert,* Rn. 4502.
[38] Unklar *OLG Köln* NJW-RR 1995, 51 (nicht ersichtlich, ob Kenntnis vorlag).

stellen.[39] So kann der Käufer auch dann noch anfechten, wenn er einen selbstverschuldeten Unfall erleidet, bei dem das Fahrzeug zerstört wird.[40]

II. Rechtsfolgen

1. Allgemeines

10   Der Kaufvertrag ist nach erfolgter Anfechtung von Anfang an nichtig (§ 142 I BGB). Insofern kommt anschließend nur noch eine Rückabwicklung nach Bereicherungsrecht in Frage. Der Käufer hat sich durch die Ausübung des Anfechtungsrechts der Wahlmöglichkeit, die bei den Rechten nach § 437 BGB und Schadensersatz nach § 823 II BGB besteht,[41] begeben. Weitergehende Ansprüche des Käufers können nicht mehr aus Vertrag, sondern nur aus unerlaubter Handlung und aus §§ 241 II, 311 II BGB hergeleitet werden.[42]

11   Die Rückabwicklung im Einzelnen richtet sich nach den §§ 812, 818, 819, 142 II BGB, wobei zugunsten des Käufers wegen der arglistigen Täuschung des Verkäufers nach der – allerdings sehr umstrittenen Rechtsprechung des *BGH* – die sogenannte Zweikondiktionentheorie anzuwenden ist.[43] Das bedeutet: Ansprüche von Verkäufer und Käufer werden nicht saldiert, sondern stehen sich selbständig gegenüber und sind – insbesondere hinsichtlich des Wegfalls der Bereicherung – getrennt zu beurteilen.

2. Ansprüche des Käufers

a) Rückzahlung des Kaufpreises

12   Der Käufer hat nach § 812 I BGB einen Anspruch auf Rückzahlung des Kaufpreises. Nach §§ 819 I, 818 IV, 291 BGB ist dieser Betrag ab Empfang des Kaufpreises zu verzinsen. Hat der Käufer zur Tilgung der Kaufpreisschuld seinen Altwagen in Zahlung gegeben, ist fraglich, ob der Verkäufer dieses Fahrzeug zurückgeben muss[44] oder ob der Verkäufer den bei der Hereinnahme angerechneten Preis in Anlehnung an die zu § 462 BGB a. F. ergangene Entscheidung des *BGH*[45] herauszugeben hat.

Ein Wegfall der Bereicherung des arglistig täuschenden Verkäufers scheidet regelmäßig aus, da dieser stets bösgläubig im Sinne der §§ 819, 818 IV BGB ist (§ 142 II BGB).

13   Ob der arglistig getäuschte Käufer den geltend gemachten Zahlungsanspruch nur Zug um Zug gegen Rückgabe des Fahrzeugs stellen kann, ist unklar. Nach der Saldotheorie wäre eine solche Berücksichtigung eigentlich geboten. Die Rechtsprechung hat jedoch auch uneingeschränkte Zahlungsansprüche zugelassen und damit für diesen Bereich die Zweikondiktionentheorie angewendet.[46] Der Verkäufer kann aber selbstverständlich eine entsprechende Einrede nach § 273 BGB geltend machen und so – im Falle der Begründetheit der Klage – eine entsprechende Zug-um-Zug-Verurteilung mit entsprechender Kostenquotelung erwirken.

---

[39] *BGH* NJW 1971, 1795, 1800.
[40] BGHZ 57, 137 = NJW 1972, 36.
[41] § 1 Rn. 79.
[42] *BGH* NJW 1960, 237; *Reinking/Eggert*, Rn. 4513 ff.
[43] BGHZ 57, 137 = NJW 1972, 36; hierzu mit umfassenden Meinungsüberblick *Reinking/ Eggert*, Rn. 4554 ff.
[44] So *Reinking/Eggert*, Rn. 4519.
[45] BGHZ 128, 111 = NJW 1995, 518.
[46] BGHZ 53, 144 = WM 1970, 666.

b) Ersatz von Verwendungen

Der Anspruch des Käufers auf Ersatz von Verwendungen ergibt sich grundsätzlich **14** aus §§ 819, 818 IV, 292, 994 ff. BGB.

Der Käufer kann den Ersatz der notwendigen Verwendungen (§ 994 BGB) verlangen, die er bis zur Erlangung der Kenntnis der arglistigen Täuschung gezogen hat. Danach gemachte notwendige Verwendungen können nur nach den Vorschriften über die Geschäftsführung ohne Auftrag ersetzt werden.[47]

Erstattung der nützlichen Verwendungen kann der Käufer im Gegensatz zum Rücktritt unter den Voraussetzungen des § 996 BGB verlangen, da hier die in § 347 II 1 BGB angeordnete Beschränkung auf die notwendigen Verwendungen nicht gilt (§ 347 II 2 BGB). Vorausgesetzt wird, dass der Wert des Fahrzeugs im Zeitpunkt der Rückgabe an den Verkäufer noch erhöht ist.

Die notwendigen Erhaltungskosten will die überwiegende Meinung dem Käufer im Gegensatz zu der Regelung in § 994 I 2 BGB auch ersetzen mit dem Argument, der Käufer sei auch für die Nutzungen ausgleichspflichtig.[48] M. E. ist dies abzulehnen, da die Nutzungsvergütung nur den Wertverlust durch den Gebrauch des Fahrzeugs abdeckt, aber die gewöhnliche Erhaltung unberührt lässt.[49]

3. Ansprüche des Verkäufers

a) Rückgabe des Fahrzeugs

Der Verkäufer hat Anspruch auf Rückgabe und gegebenenfalls Rückübereignung des **15** Fahrzeugs[50], und zwar nebst Zubehör und Kraftfahrzeugpapieren.

Weiterveräußerung: Hat der Käufer den Wagen in Kenntnis des Anfechtungsgrun- **16** des weiterveräußert, so kann hierin eine Bestätigung des anfechtbaren Kaufvertrages liegen, so dass er anschließend nicht mehr anfechten kann.[51] Jedenfalls unterliegt er der verschärften Haftung nach den §§ 819, 818 IV BGB und hat analog § 285 BGB den Gegenwert aus der Weiterveräußerung (wenn dieser höher als der Verkehrswert ist) herauszugeben.[52]

Hat er vor Kenntniserlangung weiterveräußert, so hat er nach §§ 812, 818 II BGB Ersatz zu leisten. Die Frage, ob die Verpflichtung den Ersatz des Verkehrswertes umfasst (objektiver Maßstab der Rechtsprechung, orientiert am Wortlaut des § 818 II BGB) oder die Herausgabe den Gegenwert aus dem Weiterverkauf betrifft (sub-jektiver Maßstab, der von Teilen der Literatur im Hinblick auf die Interessen der Beteiligten vertreten wird) ist überaus streitig.[53] Geht man richtigerweise von der Höhe des Verkehrwertes aus, kommt es für dessen Bemessung nicht auf den Zeit-punkt des Wegfalls des Rechtsgrundes an,[54] sondern auf den Zeitpunkt der Unmög-lichkeit der Herausgabe.[55]

---

[47] *Reinking/Eggert,* Rn. 4540.
[48] *Reinking/Eggert,* a. a. O.; ebenso mit anderer Begründung *OLG Oldenburg* DAR 1993, 467 (§ 988 BGB).
[49] Die normale Wartung des Fahrzeugs steht in keinem Zusammenhang mit der „linearen Wert-abschreibung", die der Berechnung der Nutzungsvergütung zugrunde liegt; dazu § 1 Rn. 73.
[50] Die Rückübereignung entfällt natürlich, soweit die Anfechtung auch das dingliche Geschäft der Übereignung vernichtet hat.
[51] Dazu Rn. 9.
[52] BGHZ 75, 203 = NJW 1980, 178; *OLG Köln* NJW-RR 1995, 51; *Reinking/Eggert,* Rn. 4592.
[53] Vgl. den Überblick bei MünchKommBGB/*Schwab,* § 818 Rn. 75 ff.
[54] So aber *BGH* NJW 1995, 53 zu § 812 I 2 1. A. BGB.
[55] MünchKommBGB/*Schwab,* § 818 BGB Rn. 104.

17 **Unfallschaden:** Ist die Rückgabe des Wagens wegen eines Unfallschadens nicht mehr bzw. nur noch im beschädigten Zustand möglich, steht dies der anschließenden Anfechtung wegen arglistiger Täuschung nicht entgegen. Dies gilt auch dann, wenn der Käufer den Unfall selbst verschuldet hat. Generell ist in diesem Bereich Rechtsprechung und Literatur vor der Schuldrechtsmodernisierung nur teilweise noch einschlägig, da sich die Argumentation häufig an der Wertung der Rücktrittsvorschriften (nach altem Recht §§ 350 ff. BGB, nach neuem Recht § 346 BGB) orientiert. Die Schuldrechtsmodernisierung hat jedoch das Rücktrittsrecht erheblich umgestaltet und sieht eine andere Gefahrenverteilung vor.

Grundsätzlich behält der Käufer in Anwendung der Zweikondiktionentheorie dann einen Anspruch auf Rückzahlung des Kaufpreises in voller Höhe, wenn das Fahrzeug infolge eines unverschuldeten Unfalls eine Wertminderung erfahren hat.[56] Dies muss gemäß der Wertung des § 346 III 1 Nr. 3 BGB auch bei einem Unfall, der unter Beachtung der eigenüblichen Sorgfalt des Käufers zustande gekommen ist, gelten.[57]

18 Gleiches gilt, wenn der Unfall auf einen Sachmangel zurückzuführen ist, für den bei Gültigkeit des Kaufvertrages der Verkäufer einzustehen hätte.[58] Auch hier hat die Rechtsprechung die Anwendung der Saldotheorie abgelehnt und damit den arglistig getäuschten Käufer begünstigt.[59] Dieses Ergebnis entspricht der Risikoverteilung in § 346 III 1 Nr. 2 BGB.

19 War der Unfall vom Käufer verschuldet, greift § 346 III 1 Nr. 3 BGB ein, sodass bei einer Nichtbeachtung der eigenüblichen Sorgfalt der Käufer zum Wertersatz nach § 346 II 1 Nr. 3 BGB verpflichtet wäre.

20 Problematisch ist schließlich der Fall, dass der Käufer erst nach Anfechtung des Kaufvertrages einen unverschuldeten Unfall erleidet.[60] Für diesen Fall wird zum Teil eine teleologische Reduktion des § 346 III 1 Nr. 3 BGB erwogen, zum Teil auf § 346 IV BGB abgestellt.[61]

b) Wertminderung

21 Aus einer bis zur Anfechtung des Kaufvertrages eingetretenen Wertminderung durch die bestimmungsgemäße Ingebrauchnahme (§ 346 II 1 Nr. 3 BGB) des Fahrzeugs kann der Verkäufer keine Rechte herleiten. Ab dem Zeitpunkt der Anfechtung hat der Käufer für eine auf sein Verschulden zurückzuführende Wertminderung nach den §§ 819 I, 818 IV, 292, 989 BGB dem Verkäufer Ersatz zu leisten.[62]

c) Nutzungsvergütung

22 Der Verkäufer hat Anspruch auf Ersatz der gezogenen Gebrauchsvorteile, und zwar für die gesamte Besitzzeit des Käufers (§§ 818 I, II, 100 BGB).[63] Dies gilt auch dann, wenn infolge der Anfechtung auch das dingliche Rechtsgeschäft nichtig

---

[56] BGHZ 53, 144 = NJW 1970, 656 (Mercedes-Fall).
[57] *Reinking/Eggert*, Rn. 4578.
[58] BGHZ 78, 216 = NJW 1981, 224 (Mähdrescher); *Reinking/Eggert*, Rn. 4579.
[59] Krit. dazu MünchKommBGB/*Schwab* § 818 BGB Rn. 225 ff. mit umfassender Darstellung des Meinungsstandes.
[60] Dem steht der Fall gleich, wenn der Käufer die eigenübliche Sorgfalt hat walten lassen.
[61] Vgl. näher MünchKommBGB/*Schwab*, § 818 BGB Rn. 252.
[62] BGHZ 72, 372 = NJW 1979, 160.
[63] *BGH* NJW 1995, 454; *Reinking/Eggert*, Rn. 4564 ff.

ist und zwischen Käufer und Verkäufer ein Eigentümer-Besitzer-Verhältnis zustande gekommen ist. Die Sperrwirkung des § 993 I BGB gilt nicht, denn die Rechtsprechung wendet in diesem Fall die Vorschrift des § 988 BGB analog an.[64] Der Anspruch ist ebenso wie beim Rücktritt[65] im Wege einer linearen Abschreibung zu berechnen.[66]

---

[64] *BGH* NJW 1995, 454.
[65] § 1 Rn. 73.
[66] *OLG Karlsruhe* NJW-RR 1992, 1144; *Reinking/Eggert*, Rn. 4570, 3562 ff.

§ 5. Ansprüche aus Deliktsrecht

I. Anspruchsvoraussetzungen

1. Verletzung eines geschützten Rechtsguts oder eines absoluten Rechts

a) Anwendungsbereich

1 Die Ansprüche zwischen (geschädigtem) Käufer und Verkäufer richten sich vorrangig nach Kaufvertrag und den daraus resultierenden Sachmängelansprüchen. Diese umfassen grundsätzlich auch entstandene Mangelfolgeschäden (z. B. Personenschaden auf Grund eines verkehrsuntüchtigen und deshalb verunfallten Fahrzeugs)[1], sodass wenig Raum für Deliktsansprüche bleibt. Das gilt auch angesichts der Regelung des § 253 BGB, nach der auch bei vertraglichen Schadensersatzansprüchen der Ersatz eines immateriellen Schadens möglich ist.

Von Bedeutung sind deliktische Ansprüche nach wie vor bei Anfechtung des Kaufvertrages (in der Regel wegen Arglist). In diesem Bereich bestehen deliktische und bereicherungsrechtliche Ansprüche nebeneinander.[2] Deliktische Ansprüche können auch in Betracht kommen gegen Personen, die – ohne Vertragspartner zu sein – am Zustandekommen des Vertrags mitgewirkt haben oder bei Pflichtverletzungen im nachvertraglichen Bereich.[3]

b) Teilmangelhaftigkeit

2 Der *BGH* bejaht in seiner Rechtsprechung (zum alten Recht) auch Ansprüche auf Ersatz des Wertes des gebrauchten Wagens wegen Eigentumsverletzung, falls ein bestimmter, eng umgrenzter Fahrzeugteil mangelhaft war und dadurch ein Unfallschaden am gesamten – sonst intakten – Fahrzeug herbeigeführt worden ist (sog. „Weiterfresserschaden").[4]

Diese Rechtsprechung wirft beim Gebrauchtwagenkauf schwierige Abgrenzungsfragen zwischen Gesamtmangel- und Teilmangelhaftigkeit auf.[5] Der *BGH* will hierbei darauf abstellen, ob nur das Nutzungs- und Äquivalenzinteresse des Käufers beeinträchtigt wurde (dann nur Vertragshaftung) oder auch sein allgemeines Integritätsinteresse (dann Deliktshaftung).[6] Dabei wird als weiteres Abgrenzungskriterium auch darauf abgestellt, ob zwischen Gesamtfahrzeug und Fahrzeugteil „Stoffgleichheit" bestehe.[7]

3 Die Problematik des Weiterfresserschadens ist durch die Schuldrechtsmodernisierung nicht gelöst.[8] Deliktische Ansprüche sind nachrangig. Der Vorrang der vertraglichen Sachmängelansprüche ist vor allem dann von Bedeutung, wenn diese im Gegensatz

---

[1] § 1 Rn. 88.

[2] *BGH* NJW 1995, 45.

[3] *Reinking/Eggert*, Rn. 4631.

[4] BGHZ 67, 359 = NJW 1977, 379 (Schwimmer-Schalter), *BGH* NJW 1978, 2241 (Hinterreifen); BGHZ 117, 183 = NJW 1992, 1225 (Kondensator); *BGH* NJW 2004, 1032 (Reifennummer) Tz. 11 ff.

[5] *Reinking/Eggert*, Rn. 1720 ff.

[6] BGHZ 86, 256 = NJW 1983, 810 (Gaszug); *BGH* NJW 1983, 812; NJW 1985, 2420.

[7] BGHZ 117, 183= NJW 1992, 1225; *BGH* NJW 1992, 1678; NJW 2001, 1346 (Schlacke) – ausführliche Darstellung der teils krit. Literaturstimmen bei MünchKommBGB/*Wagner*, § 823 BGB Rn. 131 ff.

[8] *Reischl*, JuS 2003, 1076, 1081; *Klose*, MDR 2003, 1215; *Schulze/Ebers*, JuS 2004, 462, 465; *Masch/Herwig*, ZGS 2005, 24; wohl auch *Gsell*, NJW 2004, 1913, 1915.

zu deliktischen Ansprüchen verjährt wären oder der Käufer das Nacherfüllungsrecht des Verkäufers nicht beachtet hat.[9] Hat der Käufer danach im Einzelfall deliktische, aber keine vertraglichen Ansprüche, kommt es nach wie vor auf die oben dargestellten Abgrenzungsfragen an.

2. Schutzgesetzverletzung (§ 823 II BGB)

Nach § 823 II BGB in Verbindung mit § 263 StGB besteht ein Anspruch des Käufers 4 auf Schadensersatz bei arglistigem Verhalten des Verkäufers in Bereicherungsabsicht, soweit ein Vermögensschaden festgestellt werden kann.

Dies ist jedenfalls dann zu bejahen, wenn der Kaufpreis höher ist als der Verkehrswert des Fahrzeugs. Fraglich ist der Vermögensschaden jedoch dann, wenn der Kaufpreis dem Verkehrswert des Fahrzeugs entspricht. Nach einer strengen Auffassung ist in diesem Fall ein Vermögensschaden grundsätzlich nicht gegeben,[10] höchstens dann, wenn der Wagen nicht zu dem vertraglich vorausgesetzten Zweck in zumutbarer Weise verwendet werden kann.[11]

3. Einwendungen

a) Haftungsausschluss

Gegenüber dem Anspruch aus § 823 II BGB in Verbindung mit § 263 StGB wegen 5 der Arglist des Verkäufers kommt ein Haftungsausschluss nicht in Frage (§ 276 III BGB). Anders ist dies bei einem Anspruch aus § 823 I BGB, soweit hinsichtlich des Verschuldens nur Fahrlässigkeit gegeben ist. Hier soll die vertragliche Freizeichnung auch die Ansprüche aus Delikt erfassen, soweit dies aus der Formulierung für den Käufer unmissverständlich hervorgeht.[12] Im Rahmen von Allgemeinen Geschäftsbedingungen kann die Haftung wegen grober Fahrlässigkeit nicht ausgeschlossen werden (in entsprechender Anwendung des § 309 Nr. 7 lit. b BGB).[13]

b) Verjährung

Eine analoge Anwendung der Verjährungsvorschriften des § 438 BGB kommt nicht 6 in Betracht.[14] Damit verbleibt es bei der Verjährung nach den allgemeinen Vorschriften der §§ 195 ff. BGB.

II. Schadensumfang

1. Anspruch aus § 823 I BGB

Der Anspruch aus § 823 I BGB geht auf Geldersatz hinsichtlich der beschädigten 7 Sachen sowie auf Ersatz des Personenschadens. Sein Umfang richtet sich nach § 249 BGB. Es gilt das Gleiche wie im Unfallhaftpflichtrecht.

---

[9] Dazu *Masch/Herwig*, ZGS 2005, 24, 25.

[10] *OLG Düsseldorf* NJW 1991, 1841; *OLG Köln* NJW-RR 1995, 51; weitergehend *Reinking/Eggert*, Rn. 4639.

[11] *OLG Karlsruhe* NJW 1980, 1762.

[12] *BGH* NJW 1979, 2148; 1992, 2016.

[13] Dazu BGHZ 96, 18 = NJW 1986, 1610; im einzelnen MünchKommBGB/*Wurmnest*, § 309 Nr. 7 Rn. 9.

[14] *Westermann* NJW 2002, 241, 250; *Schulze/Ebers*, JuS 2004, 462, 463; Palandt/*Weidenkaff*, § 438 Rn. 3; zum alten Recht entsprechend: BGHZ 66, 315 = NJW 1976, 1505.

2. Anspruch aus § 823 II BGB i. V. m. § 263 StGB, § 826 BGB

8   Der Anspruch aus § 823 II BGB in Verbindung mit § 263 StGB sowie aus § 826 BGB betrifft die Abwicklung des durch arglistige Täuschung herbeigeführten Vertragsschlusses. Streitig war und ist, ob dies nur den Ersatz des negativen Interesses oder den des positiven Interesses umfasst. Nach der Schuldrechtsreform ist dieses Problem zum großen Teil entschärft, da der getäuschte Käufer wesentlich eher auf vertragliche Schadensersatzansprüche zurückgreifen und damit das positive Interesse beanspruchen kann als dies vor der Reform der Fall gewesen ist. Die überwiegende Meinung will dem Käufer das negative Interesse zubilligen.[15] Der Käufer ist so zu stellen, als sei die Täuschung nicht erfolgt. Die Beantwortung dieser hypothetischen Frage wird von den Umständen des Einzelfalls abhängen und kann nicht allgemein beantwortet werden.[16]

---

[15] *BGH* NJW-RR 2010, 1579 Tz. 15; ZGS 2011, 187 Tz. 13; *Reinking/Eggert,* Rn. 4642.
[16] *Reinking/Eggert,* Rn. 4643 ff.

Teil 2. Der Wohnraummietprozess

Die nachfolgende Darstellung gibt einen an den wichtigsten Anspruchsgrundlagen 1
orientierten Überblick über diejenigen Bereiche des Wohnraummietrechts, mit denen
die Gerichte besonders häufig befasst sind.[1] Das betrifft namentlich Rechtsstreitigkeiten, die die Anpassung der Miete an die ortsübliche Vergleichsmiete gemäß
§§ 558 ff. BGB zum Gegenstand haben (§ 6), ferner Schönheitsreparaturen (§ 7),
Betriebskosten (§ 8) und Sachmängel der Mietsache (§ 9). Von zentraler Bedeutung
ist die Räumungsklage des Vermieters (§ 10).

§ 6. Mieterhöhung

Die §§ 557 bis 561 BGB enthalten Bestimmungen über die Miethöhe. Soweit die 2
Parteien die Miete nicht einverständlich erhöhen (§ 557 I BGB), was auch konkludent
geschehen kann,[2] und der Mietvertrag keine Staffelmiete (§ 557a BGB)[3] vorsieht,
kann der Vermieter die vereinbarte Miete unter den Voraussetzungen der §§ 558 ff.
BGB bis zur ortsüblichen Vergleichsmiete erhöhen. Das Vergleichsmietensystem
dient als Ausgleich für den durch das soziale Mietrecht geschaffenen Bestandsschutz[4]
und die Unzulässigkeit der Änderungskündigung durch den Vermieter (§ 573 I 2
BGB).[5]

Trotz mannigfacher außergerichtlicher Einigungen[6] sind die Gerichte oft mit dem 3
Anspruch des Vermieters auf Zustimmung des Mieters zur Anpassung der Miete bis
zur ortsüblichen Vergleichsmiete (§§ 558 bis 558e BGB) befasst. Die materiellen
Voraussetzungen des Zustimmungsanspruchs werden in § 558 BGB geregelt, die
formellen in den §§ 558a bis 558e BGB. Diese Bestimmungen gelten seit dem seit
dem 1.9.2001 (Art. 229 § 3 I Nr. 2 EGBGB); zuvor waren die §§ 2 ff. MHG maßgeblich.

I. Materielle Voraussetzungen

Der Vermieter hat gemäß § 558 I BGB einen Anspruch auf Zustimmung zur Erhö- 4
hung der Miete bis zu der im Zeitpunkt des Zugangs des Zustimmungsverlangens
ortsüblichen Vergleichsmiete.

---

[1] Gesamtübersichten über die neuere Rechtsprechung geben *Börstinghaus*, NZM 2010, 18;
NZM 2011, 101; NZM 2012, 177; NZM 2013, 329; *Herrlein*, NJW 2009, 2863; NJW 2010, 2856;
NJW 2011, 1189, 2858; NJW 2012, 1185, 2927.
[2] *BGH* NZM 2005, 736; Schmidt-Futterer/*Börstinghaus*, § 558a Rn. 6.
[3] Klauselvorschlag bei *Kern*, NZM 2008, 712, 713.
[4] BT-Drs. 14/4553, S. 36.
[5] MünchKommBGB/*Artz*, § 557 Rn. 1, § 558 Rn. 13.
[6] Nach Schätzungen ca. 99 %, vgl. *Börstinghaus*, NJW 2012, 2305.

1. Anwendungsbereich

5   Es muss sich um ein Mietverhältnis über Wohnraum handeln (§ 549 I BGB; Ausnahme: § 549 II, III BGB). Maßgeblich ist der Zweck, den die Parteien vertragsgemäß verfolgen.[7] Entscheidend ist, ob der Mieter die Räume nach dem Vertrag zu eigenen Wohnzwecken angemietet hat.[8] Die Verwendung eines für die Wohnraummiete gedachten Formulars kann ein Indiz sein.[9] Geht der Vertragszweck dahin, dass der Mieter die Räume weitervermietet, sind die Vorschriften des Wohnraummietrechts nicht anwendbar. Die Darlegungs- und Beweislast trägt der Vermieter, der Zustimmung zur Mieterhöhung verlangt.

Bei einem **Mischmietverhältnis** kommt es darauf an, ob die Wohnraummiete überwiegt.[10] Wird ein gesonderter Gewerbezuschlag vereinbart, kann dieser ohne Einhaltung der Voraussetzungen der §§ 558 ff. BGB erhöht werden.[11] Übt der Wohnraummieter vertragswidrig ein Gewerbe aus, bleibt das Mietverhältnis ein solches über Wohnraum.[12]

6   Für Wohnungen, die bereits nach dem Gesetz über die soziale Wohnraumförderung (Wohnraumförderungsgesetz – WoFG) öffentlich gefördert werden, gelten gemäß § 28 III WoFG die allgemeinen mietrechtlichen Vorschriften der §§ 558 ff. BGB. Das WoFG betrifft Förderzusagen, die nach dem 31.12.2001 erteilt worden sind (§ 46 I WoFG; Übergangsvorschrift: § 46 II WoFG). Bei preisgebundenem Wohnraum alter Prägung darf nur die **Kostenmiete** verlangt werden (§ 10 WoBindG).[13] Endet die Preisbindung, kann das Erhöhungsverlangen bereits zuvor abgegeben werden, damit es unmittelbar im Anschluss daran wirkt.[14]

7   Die Regelungen der §§ 558 ff. BGB können gemäß §§ 557 IV, 558 VI BGB nicht zum Nachteil des Mieters abbedungen werden. Auch die vertragliche Vereinbarung einer Preisbindung ist unwirksam, sofern diese den Vermieter zur einseitigen Erhöhung der Miete berechtigt.[15]

2. Vertraglicher Ausschluss

8   Eine Mieterhöhung kommt nicht in Betracht, wenn sie durch eine entsprechende Vereinbarung im Mietvertrag ausgeschlossen ist oder sich ein solcher Ausschluss aus den Umständen ergibt (§ 557 III Hs. 2 BGB).[16] Die Darlegungs- und Beweislast trifft den Mieter.

Verzichtet der Vermieter gegenüber einem Teil der Mieter auf eine Mieterhöhung, so kann sich ein anderer Mieter grundsätzlich nicht ohne Weiteres auf den Gleichbehandlungsgrundsatz berufen. Das hat der *BGH* für einen Fall entschieden, in dem der

---

[7] BGHZ 135, 269, 272 = NJW 1997, 1845; Staudinger/*Weitemeyer*, § 549 Rn. 15.
[8] *BGH* NJW 2008, 3361 (GmbH, die ein Reihenhaus für ihren Geschäftsführer mietet); *OLG Frankfurt/M.* NJOZ 2008, 4473.
[9] *OLG Stuttgart* NZM 2008, 726, 727.
[10] *BGH* NJW-RR 1986, 877, 878; Schmidt-Futterer/*Börstinghaus,* Vor § 557 Rn. 25; Münch-KommBGB/*Bieber*, § 549 Rn. 6; zur Mieterhöhung bei Mischmietverhältnissen: *LG Rottweil* NZM 1998, 432.
[11] *KG* WuM 2006, 37; Schmidt-Futterer/*Eisenschmid*, § 535 Rn. 313.
[12] *OLG Düsseldorf* NZM 2007, 799.
[13] Näher Schmidt-Futterer/*Börstinghaus,* Vor § 557 Rn. 34ff; zur Mieterhöhung bei öffentlich gefördertem Wohnraum: Schmidt-Futterer/*Eisenschmid*, Anhang zu § 561 BGB; zur Abschaffung der Kostenmiete in Baden-Württemberg: *Feßler*, WuM 2009, 90.
[14] Schmidt-Futterer/*Börstinghaus,* Vor § 557 Rn. 59; siehe auch *BGH* NJW 1993, 2109.
[15] *BGH* NZM 2007, 283.
[16] *BGH* NJW-RR 2009, 1524 Rn. 11.

Vermieter nach Sanierungsarbeiten die Miete nur gegenüber einem Mieter erhöht hatte, der die Miete gemindert hatte.[17]

Die Höhe der Miete kann für eine bestimmte Zeit fest vereinbart werden. Auch die **9** Einhaltung der Kostenmiete kann als weitere Voraussetzung einer Mieterhöhung vereinbart werden.[18] In bestehenden Mietverträgen mit einer ehemals gemeinnützigen Wohnungsbaugenossenschaft schließen Kostenmietklauseln nach Aufhebung des Wohnungsgemeinnützigkeitsgesetzes eine Mieterhöhung bis zur ortsüblichen Vergleichsmiete nach Maßgabe der §§ 558 ff. BGB weder aus noch beschränken sie sie. Denn aufgrund ergänzender Vertragsauslegung des Mietvertrages entfällt die Bindung an eine Kostenmietklausel mit dem Wegfall der Wohnungsgemeinnützigkeit.[19]

3. Fristen

§ 558 I 1, 2 BGB sieht zwei Fristen vor, die bezwecken, den Mieter vor allzu rasch **10** aufeinander folgenden Mieterhöhungen zu schützen.

a) Wartefrist

Nach § 558 I 1 BGB kann der Vermieter die Zustimmung zu einer Erhöhung der Miete erst verlangen, wenn diese in dem Zeitpunkt, zu dem die Erhöhung eintreten soll, seit fünfzehn Monaten unverändert ist.

b) Jahressperrfrist

Das Erhöhungsverlangen kann frühestens nach einer Sperrfrist von einem Jahr nach **11** dem Wirksamwerden der letzten Mieterhöhung geltend gemacht werden (§ 558 I 2 BGB). Vorher darf dem Mieter kein Erhöhungsverlangen zugehen. Andernfalls ist es unwirksam.[20] Die Frist beginnt mit Vertragsschluss oder dem Wirksamwerden der letzten Mieterhöhung nach §§ 558 ff. BGB. Stimmt der Mieter dem Mieterhöhungsverlangen zum Teil zu, kann der der Vermieter den formell unwirksamen Teil durch zureichende Angaben im Prozess nachbessern, ohne dass durch die Teilzustimmung eine neue Sperrfrist ausgelöst wird. Auch der nachgebesserte Teil des Erhöhungsverlangens ist Bestandteil eines einheitlichen Erhöhungsverlangens.[21]

Ist die letzte Mieterhöhung etwa zum 1.7.2012 wirksam geworden (oder haben die **12** Parteien den Mietvertrag an diesem Tag geschlossen), darf eine Mieterhöhung frühestens am 1.7.2013 zugehen (§ 558 I 2 BGB; Sperrfrist) und frühestens zum 1.10.2013 wirksam werden (§ 558 I 1 BGB; Wartefrist).[22]

Mieterhöhungen aufgrund von Modernisierungen (§ 559 BGB) oder Veränderung **13** der Betriebskosten (§ 560 BGB) werden nicht berücksichtigt (§ 558 I 3 BGB). Das gilt auch für Mieterhöhungen, die auf den dort genannten Gründen beruhen, aber von den Parteien einvernehmlich vereinbart worden sind.[23]

4. Ortsübliche Vergleichsmiete

Das Zustimmungsverlangen wird durch die ortsübliche Vergleichsmiete begrenzt **14** (§ 558 I 1 BGB). Eine zuvor wegen Modernisierung vorgenommene Mieterhöhung

---

[17] *BGH* NJW-RR 2010, 226.
[18] *BGH* NZM 2007, 283 Rn. 18.
[19] *BGH* NJW-RR 2006, 1383.
[20] BGHZ 123, 37 = NJW 1993, 2109; *BGH* NJW-RR 2004, 945.
[21] *BGH* NJW-RR 2010, 735 Rn. 19; *Börstinghaus,* jurisPR-MietR 7/2010 Anm. 4.
[22] Weitere Beispiele bei Schmidt-Futterer/*Börstinghaus,* § 558 Rn. 10 ff., 20 ff.
[23] *BGH* NJW 2007, 3122; zu §§ 2, 3 MHG siehe bereits *BGH* NJW 2004, 2088.

nach §§ 559, 559b BGB wird – ebenso wie eine zuvor nach § 558 BGB vorgenommene Mieterhöhung – Bestandteil der Grundmiete, sodass die erhöhte Miete bei einer
späteren Mieterhöhung nach § 558 BGB als die der ortsüblichen Vergleichsmiete
gegenüberzustellende Ausgangsmiete zu Grunde zu legen ist.[24] Der Vermieter kann
die Miete grundsätzlich auch dann auf die ortsübliche Höhe anheben, wenn er
ursprünglich eine darunter liegende Miete vereinbart hat und die ortsübliche Miete
seit Vertragsabschluss nicht gestiegen ist. Weder Wortlaut noch Sinn und Zweck des
§ 558 BGB setzen voraus, dass die ortsübliche Vergleichsmiete angestiegen ist.[25]

15   Der Begriff der ortsüblichen Vergleichsmiete ist in § 558 II 1 BGB definiert. Die
üblichen Entgelte im Sinne dieser Vorschrift sind solche Mieten, die unter gewöhnlichen Umständen tatsächlich oder üblicherweise gezahlt werden.[26] Dabei kommt es
auf den Zugang des Mieterhöhungsverlangens an, nicht auf das Wirksamwerden der
Mieterhöhung.[27] Die Vergleichbarkeit richtet sich nach fünf Wohnwertmerkmalen,
nämlich Art, Größe, Ausstattung, Beschaffenheit und Lage der Wohnung.

16   Bei der **Art** der Wohnung kommt es auf ihre Struktur und sowie die des Mietobjekts
an (zum Beispiel Dachgeschoss, Appartement, Alt- oder Neubau, Ein- oder Mehrfamilienhaus).[28]

17   Die **Größe** betrifft die Anzahl der Zimmer und der Quadratmeter. Die Wohnungsgröße ist – auch im freifinanzierten Wohnungsbau – bei Mietverträgen, die seit dem
1.1.2004 geschlossen wurden, grundsätzlich anhand der Wohnflächenverordnung
vom 25.11.2003 (WoFlV)[29] zu bestimmen.[30] Ermächtigungsgrundlage ist § 19 I 2
WoFG. Bei Mietverträgen, die bis zum 31.12.2003 geschlossen wurden, sind die §§ 42
bis 44 der II. Berechnungsverordnung maßgeblich.[31] Die Parteien können aber auch
eine andere Berechnungsgrundlage vereinbaren, auch die seit langem zurückgezogene
DIN 283.[32]

18   Wird eine bestimmte Wohnfläche vereinbart, handelt es sich um eine rechtsverbindli-
che Vereinbarung über die Beschaffenheit der Wohnung. Berechnungsfehler können
einen Schwerpunkt der Verteidigung des Mieters gegen ein Mieterhöhungsverlangen
ausmachen. Der Mieter kann zudem gemäß § 812 I 1 Alt. 1 BGB Rückzahlung der
erhöhten Miete verlangen, wenn die Wohnung tatsächlich **mehr als 10 %** kleiner als
vereinbart ist.[33]

Die Vereinbarung einer größeren als der tatsächlichen Fläche ist nach der Rechtsprechung des
BGH wirksam.[34] Ist die Wohnung tatsächlich größer als vereinbart, muss sich der Vermieter
grundsätzlich an der vereinbarten Größe festhalten lassen. Erst bei einer Flächenabweichung
von mehr als 10 % ist es dem Vermieter unter bestimmten Umständen nicht mehr zuzumuten,
an der Vereinbarung über die Wohnungsgröße festgehalten zu werden.[35]

---

[24] *BGH* NJW 2008, 848 Rn. 16.
[25] *BGH* NJW 2007, 2546.
[26] *BayObLG* NJW 1981, 1219.
[27] *BayObLG* WuM 1992, 677.
[28] *Wetekamp*, Kap. 2 Rn. 51.
[29] BGBl. I S. 2346.
[30] *BGH* NJW 2004, 2230; *KG* WuM 2006, 35, allgemein zur Flächenermittlung: *Gante*, WuM
2008, 525; *Schießer*, MDR 2003, 1401.
[31] *BGH* NJW 2007, 2624 Rn. 13,
[32] *BGH* NJW 2007, 2624 Rn. 15, 25; *BGH* NJW 2004, 2230; Schmidt-Futterer/*Börstinghaus*,
§ 558 Rn. 57.
[33] *BGH* NJW 2004, 3115; zu den Rechtsfolgen von Flächenabweichungen: *Börstinghaus*,
NJW 2007, 2603; *Kandelhard*, NZM 2008, 468.
[34] *BGH* NJW 2009, 2739; anders *Sternel*, Rn. IV 167; *Börstinghaus*, LMK 2009, 287589.
[35] *BGH* NJW 2007, 2626; NJW 2009, 2739.

Zur **Ausstattung** gehört alles, was der Vermieter außer den Räumen zur Verfügung 19
stellt, zum Beispiel Heizung, Bad/Dusche oder Einbauküche.[36] Vom Mieter auf
eigene Kosten vorgenommene Wohnverbesserungen zählen nicht zur Ausstattung,
sofern die Mietparteien nichts anderes vereinbaren oder der Vermieter dem Mieter die
Kosten erstattet hat.[37]

Unter **Beschaffenheit** ist der Zustand und Zuschnitt der Räumlichkeiten zu ver- 20
stehen. Über das Baualter werden Bauweise und Baustandard abgefragt.[38] Mietmängel
sind irrelevant, sofern sie behebbar sind. Ein behebbarer Mangel ist zum Beispiel das
Auftreten von Ratten.[39] Die Miete ist ohne den (behebbaren) Mangel zu bemessen.
Der Mieter kann die Miete zwar mindern (§ 536 BGB),[40] gegenüber dem Zustimmungsverlangen des Vermieters kann er aber kein Zurückbehaltungsrecht ausüben.[41]

In einer solchen Fallgestaltung kommt eine auf Mängelbeseitigung gerichtete Widerklage des
Mieters in Betracht (§ 33 ZPO).[42] Zulässig ist auch eine Hilfswiderklage, mit der der Mieter die
Feststellung (§ 256 I ZPO) begehrt, im Fall des Wirksamwerdens der Mieterhöhung zur Min-
derung der Miete wegen bestimmter Mängel berechtigt zu sein.

Die **Lage** bezieht sich sowohl auf die Lage der Wohnung im Haus als auch auf die in 21
der Gemeinde.[43]

Gemäß § 558 II 1 BGB in der Fassung des am 1.5.2013 in Kraft getretenen Mietrechtsänderungsgesetzes ist die Begriffsbestimmung der ortsüblichen Vergleichsmiete
um die **energetische Ausstattung und Beschaffenheit** ergänzt worden.[44] Die Wärmedämmung konnte allerdings auch schon zuvor sowohl bei der Ausstattung als auch
bei der Beschaffenheit berücksichtigt werden.[45]

5. Kappungsgrenze

Die Miete darf sich gemäß § 558 III 1 BGB innerhalb von drei Jahren nicht um mehr 22
als 20 % erhöhen. Dabei kommt es nicht darauf an, ob die Parteien eine Netto- oder
eine (Teil-)Inklusivmiete vereinbart haben.[46] Nur in Ausnahmefällen gilt die Kappungsgrenze nicht (§ 558 IV BGB). Überschreitet das Mieterhöhungsverlangen die
Kappungsgrenze, ist es nicht insgesamt, sondern nur insoweit unwirksam, als die
Kappungsgrenze überschritten ist.[47] Bei Abschluss eines neuen Mietvertrags kann der
Vermieter allerdings eine erhöhte Miete vereinbaren.[48]

Gemäß § 558 III 2, 3 BGB in der Fassung des am 1.5.2013 in Kraft getretenen Mietrechtsänderungsgesetzes ist die Kappungsgrenze regional auf 15 % in drei Jahren abgesenkt, wenn die
Länder von einer entsprechenden Verordnungsermächtigung für Gebiete mit erhöhtem Wohnbedarf Gebrauch machen. Weitere Neuregelungen sind Gegenstand der politischen Diskussion,
unter anderem eine Mietpreisobergrenze bei Wiedervermietung.[49]

---

[36] *BayObLG* NJW 1981, 2259; Schmidt-Futterer/*Börstinghaus*, § 558 Rn. 66 f.
[37] *BGH* NJW-RR 2010, 1384 Rn. 12.
[38] *Schmidt*-Futterer/*Börstinghaus*, § 558 Rn. 80.
[39] *AG Berlin-Schöneberg* GE 2008, 607.
[40] Staudinger/*Emmerich*, § 558 Rn. 36; Schmidt-Futterer/*Börstinghaus*, § 558 Rn. 79.
[41] Schmidt-Futterer/*Börstinghaus*, § 558b Rn. 41; Schmidt-Futterer/*Eisenschmid*, § 536
Rn. 427.
[42] *AG Gelsenkirchen* WuM 2008, 673.
[43] *LG Düsseldorf* WuM 2006, 572.
[44] BGBl. I S. 434.
[45] BT-Drs. 14/4553, S. 54; *LG Duisburg* WuM 2008, 598.
[46] *BGH* NJW 2004, 1380; Staudinger/*Emmerich*, § 558 Rn. 53.
[47] *OLG Celle* NJW-RR 1996, 331; Staudinger/*Emmerich*, § 558 Rn. 58.
[48] Staudinger/*Emmerich*, § 558 Rn. 47.
[49] BR-Drs. 459/13.

23 Bei der Fristberechnung ist das Wirksamwerden der Mieterhöhung maßgeblich, nicht der Zugang des Erhöhungsverlangens. Verlangt der Vermieter eine Mieterhöhung zum 1.10.2013, kommt es für die Berechnung der Kappungsgrenze auf die Ausgangsmiete am 1.10.2010 an. Belief sich die Ausgangsmiete an diesem Tag auf 750 EUR, kann der Vermieter sie zum 1.10.2013 um maximal 20 % erhöhen. Mit Rücksicht auf die Kappungsgrenze ist damit eine Nettomiete von höchstens 900 EUR monatlich zulässig.[50] Hat der Vermieter die Miete in dieser Zeit bereits gemäß §§ 559, 560 BGB erhöht, bleibt dies außer Betracht. Das gilt auch für vereinbarte Modernisierungsmieterhöhungen.[51]

II. Formelle Voraussetzungen

24 § 558a BGB legt fest, welche formellen Anforderungen an ein wirksames Mieterhöhungsverlangen zu stellen sind, insbesondere an seine Begründung. Ein formell unwirksames Mieterhöhungsverlangen führt zur Abweisung der Klage als unzulässig.[52] Davon unabhängig ist die Frage, ob die geforderte Mieterhöhung materiell berechtigt ist.[53]

1. Erhöhungsverlangen
a) Absender und Adressat

25 Das Erhöhungsverlangen ist vom Vermieter selbst abzugeben, im Fall der Zwangsverwaltung vom Zwangsverwalter (§ 148 II ZVG). Ist der Vermieter eine juristische Person, muss ihr Vertreter erkennbar sein.[54] Bei mehreren Vermietern muss das Erhöhungsverlangen von allen gemeinsam erklärt werden.

Bei mehreren Mietern einer Wohnung muss das Erhöhungsverlangen grundsätzlich an alle gerichtet sein, auch wenn einer der Mieter bereits aus der Wohnung ausgezogen ist.[55] Lebt ein Mieter allerdings seit längerem allein, kann er sich nicht darauf berufen, dass der andere Mieter kein Mieterhöhungsverlangen erhalten hat; dies wäre eine missbräuchliche Rechtsausübung (§ 242 BGB).[56] Mehrere Mieter können sich formularmäßig wechselseitig zur Entgegennahme solcher Erklärungen bevollmächtigen, die an alle Mieter gerichtet sind.[57]

b) Form

26 Gemäß § 558a I BGB ist Textform erforderlich (§ 126b BGB). Da der Vermieter den Zugang beweisen muss, wird er allerdings zweckmäßigerweise eine sichere Zugangsform wählen, zum Beispiel durch Boten. Wird das Erhöhungsverlangen von der Hausverwaltung oder einem beauftragten Rechtsanwalt vorgenommen, empfiehlt es sich, eine Originalvollmacht beizufügen, um das Risiko der Zurückweisung zu vermeiden (§ 174 BGB).[58] Als empfangsbedürftige Willenserklärung wird das Erhö-

[50] Weitere Beispiele bei Schmidt-Futterer/*Börstinghaus*, § 558 Rn. 146, 160 ff.
[51] *BGH* NJW 2004, 2088; Staudinger/*Emmerich*, § 558 Rn. 52.
[52] *BGH* NJW-RR 2006, 1305 Rn. 6; NJW-RR 2004, 1159, 1160; zu den formellen Voraussetzungen an ein Mieterhöhungsverlangen: *Börstinghaus*, NJW 2012, 2328.
[53] *BGH* NJW 2008, 848 Rn. 18; BT-Drs. 14/4553, S. 54.
[54] Staudinger/*Emmerich*, § 558a Rn. 8; Schmidt-Futterer/*Börstinghaus*, Vor § 558 Rn. 18.
[55] *BGH* NJW 2004, 1797; Staudinger/*Emmerich*, § 558a Rn. 7.
[56] *BGH* NJW 2004, 1797; *Börstinghaus*, NJW 2012, 2328, 2329.
[57] BGHZ 137, 314, 327 f. = NJW 1997, 3437, 3439 f.; Schmidt-Futterer/*Börstinghaus*, Vor § 558 Rn. 57.
[58] Schmidt-Futterer/*Börstinghaus*, Vor § 558 Rn. 44; MünchKommBGB/*Schramm*, § 174 Rn. 4.

hungsverlangen des Vermieters erst mit dem Zugang beim Mieter wirksam (§ 130 BGB).[59]

c) Inhalt

Der Vermieter muss eine bestimmte Miete angeben, die der Mieter künftig entrichten 27 soll. Ein konkretes Datum ist nicht erforderlich, denn dies ergibt sich aus dem Gesetz (§ 558b I BGB). Der Vermieter muss aber auf das Erfordernis der ausdrücklichen Zustimmung des Mieters hinweisen und deutlich machen, dass er eine solche Erklärung vom Mieter erwartet. [60]

d) Begründung

Gemäß § 558a I BGB ist das Mieterhöhungsverlangen zu begründen. Bei unzurei- 28 chender Begründung ist es unwirksam. Die Begründung soll dem Mieter die Möglichkeit geben, die sachliche Berechtigung des Erhöhungsverlangens zu überprüfen. Auf diese Weise sollen überflüssige Prozesse vermieden werden.[61] Erforderlich ist, dass die Begründung dem Mieter konkrete Hinweise auf die sachliche Berechtigung des Erhöhungsverlangens gibt, wobei keine überhöhten Anforderungen gestellt werden dürfen.[62] Danach muss das Erhöhungsverlangen – in formeller Hinsicht – Angaben über die Tatsachen enthalten, aus denen der Vermieter die Berechtigung der geforderten Mieterhöhung herleitet, und zwar in dem Umfang, in dem der Mieter solche Angaben benötigt, um der Berechtigung des Erhöhungsverlangens nachgehen und diese zumindest ansatzweise überprüfen zu können.[63]

§ 558a II BGB stellt dem Vermieter vier Möglichkeiten der Begründung zur Verfügung. § 558a III BGB verleiht dem qualifizierten Mietspiegel dabei eine besondere Bedeutung. Nach dieser Vorschrift muss der Vermieter Angaben eines solchen Mietspiegels für die Wohnung nämlich auch dann mitteilen, wenn er ein anderes Begründungsmittel wählt.

aa) Mietspiegel

Als Begründungsmittel ist insbesondere die Bezugnahme auf einen (aktuellen) Miet- 29 spiegel hervorzuheben (§ 558a II Nr. 1 BGB).[64] Dabei handelt es sich regelmäßig um die einfachste Begründungsform. Bei der Bezugnahme auf einen Mietspiegel, der Spannen enthält, reicht es gemäß § 558a IV 1 BGB aus, wenn die verlangte Miete innerhalb der Spanne liegt. Das Gericht hat zu prüfen, ob die verlangte Miete die ortsübliche Miete nicht übersteigt. Die Auslegung des Mietspiegels unterliegt revisionsrechtlich der vollen Nachprüfung; der *BGH* zieht einen Vergleich zu Allgemeinen Geschäftsbedingungen.[65]

Die Bezugnahme auf einen seit kurzem nicht mehr geltenden Mietspiegel hat der *BGH* nicht als formellen Mangel gewertet, sondern als Einordnung der Wohnung in ein unzutreffendes Mietspiegelfeld.[66] Das hat Kritik erfahren, die argumentiert, dass das Gesetz die Verwendung eines veralteten Mietspiegels nur in Ausnahmefällen gestatte (§ 558a IV 2 BGB).[67]

---

[59] Schmidt-Futterer/*Börstinghaus*, Vor § 558 Rn. 68, 71.
[60] *BGH* NJW-RR 2005, 1464, 1465; Staudinger/*Emmerich*, § 558a Rn. 14.
[61] *BGH* NJW 2008, 573 Rn. 12; NJW-RR 2006, 227 Rn. 10.
[62] *BGH* NJW 2008, 573 Rn. 12; NJW 2008, 848 Rn. 9.
[63] *BGH* NJW 2008, 573 Rn. 12.
[64] Ausführlich: *Dietrich*, NJW 2012, 567.
[65] *BGH* NJW 2011, 2284 Rn. 12, für einen qualifizierten Mietspiegel; *Börstinghaus*, jurisPR-MietR 14/2011 Anm. 1.
[66] *BGH* NJW-RR 2011, 517 Rn. 7.
[67] *Börstinghaus*, jurisPR-MietR 20/2011 Anm. 1.

30 Das Erfordernis der Bezugnahme bedeutet nicht ohne Weiteres, dass der Vermieter den Mietspiegel beifügen muss. Insbesondere wenn der Mietspiegel in einem Amtsblatt veröffentlicht und damit allgemein zugänglich ist, muss er dem Erhöhungsverlangen nicht beigefügt werden.[68] Eine Veröffentlichung im Internet genügt ebenfalls, wenn sie vollständig ist.[69] Eine Gelegenheit zur Einsichtnahme im Kundencenter des Vermieters reicht aus, weil auch ein solcher Mietspiegel allgemein zugänglich ist.[70] Es ist auch nicht zu beanstanden, wenn der Mietspiegel bei einer privaten Vereinigung nur gegen Zahlung einer geringen Schutzgebühr erhältlich ist.[71] Im Übrigen kann der Mietspiegel ggf. noch im Mieterhöhungsprozess vorgelegt werden (§ 558b III 1 Alt. 2 BGB).[72]

Ist für die eigene Gemeinde kein (aktueller) Mietspiegel vorhanden, kann der Mietspiegel einer Nachbargemeinde verwendet werden (§ 558 II 1, § 558a IV 2 BGB). Dies bedarf einer zusätzlichen Begründung, damit erkennbar ist, ob die Gemeinden vergleichbar sind.[73]

31 **(1) Einfacher Mietspiegel**

Ein einfacher Mietspiegel (§ 558c BGB) ist eine Übersicht über die ortsübliche Vergleichsmiete. Er muss entweder von der Gemeinde oder von den Interessenvertretern der Vermieter und Mieter gemeinsam aufgestellt oder anerkannt worden sein. Er stellt zwar kein förmliches Beweismittel dar, ist aber ein Indiz dafür, dass die dort angegebenen Entgelte die ortsübliche Vergleichsmiete zutreffend wiedergeben.[74] Daher kann er im Zustimmungsprozess – innerhalb der vorgesehenen Spanne – als Schätzgrundlage für das Gericht bei der Zuordnung der Wohnwertmerkmale dienen (§ 287 II ZPO).[75] Erforderlich ist, dass bei der Erstellung des Mietspiegels Daten erhoben worden sind, die auch für die konkrete Wohnung gelten.

Enthält der Mietspiegel Daten nur für Mehrfamilienhäuser, kann ein Mieterhöhungsverlangen für ein Einfamilienhaus gleichwohl darauf gestützt werden wenn die geforderte Miete innerhalb der Mietpreisspanne für Wohnungen in Mehrfamilienhäusern liegt.[76] Da die Miete für Einfamilienhäuser aber meist höher liegt, wird sich der Vermieter in der Regel auf ein Sachverständigengutachten oder Vergleichsobjekte beziehen müssen.

32 **(2) Qualifizierter Mietspiegel**

Bei einem qualifizierten Mietspiegel muss hinzukommen, dass er nach anerkannten wissenschaftlichen Grundsätzen erstellt worden ist (§ 558d I BGB).[77] Entscheidend ist nicht, wie die Ersteller des Mietspiegels diesen bezeichnet haben, sondern die Erstellmethode.[78] Der Gesetzgeber hat die Methode nicht vorgegeben; sie muss aber ein realistisches Abbild des Wohnungsmarktes liefern.[79] Die Datenerhebung und -auswertung muss ausreichend sein.[80] Soweit die Erstellung nach wissenschaftlichen Grundsätzen im Einzelfall streitig ist, ist bei allerdings eine verwaltungsgerichtliche Feststellungsklage (§ 43 VwGO) unzulässig, auch wenn es sich um einen gemeind-

---

[68] *BGH* NJW 2008, 573; Schmidt-Futterer/*Börstinghaus*, § 558a Rn. 34.
[69] *BGH* NJW-RR 2009, 1021 Rn. 6.
[70] *BGH* NJW 2009, 1667; *Börstinghaus*, LKM 2009, 280187.
[71] *BGH* NJW-RR 2009, 1021 Rn. 6; NJW 2010, 225 Rn. 11.
[72] Schmidt-Futterer/*Börstinghaus*, § 558a Rn. 165.
[73] *BGH* NJW 2010, 2946 Rn. 7; Beispiele bei Schmidt-Futterer/*Börstinghaus*, § 558a Rn. 46.
[74] *BGH* NJW 2010, 2946 Rn. 12; NJW 2013, 775 Rn. 16.
[75] *KG* NZM 2009, 544; *LG Dortmund* NZM 2006, 134; Schmidt-Futterer/*Börstinghaus*, § 558b Rn. 112.
[76] *BGH* NJW-RR 2009, 86; *Börstinghaus*, WuM 2009, 35; *ders.*, NZM 2009, 115.
[77] Zu den Mindeststandards: *Börstinghaus*, WuM 2007, 9, 10; zur Übergangsvorschrift des Art. 229 § 3 V EGBGB: Staudinger/*Emmerich*, § 558d Rn. 3.
[78] *BGH* NJW 2013, 775.
[79] BT-Drs.14/4553, S. 57; MünchKommBGB/*Artz*, § 558d Rn. 2.
[80] *Börstinghaus*, NZM 2007, 438.

lichen Mietspiegel handelt.[81] Zuständig sind die Zivilgerichte, welche gegebenenfalls amtliche Auskünfte einholen (§ 273 II Nr. 2 ZPO) oder Sachverständigenbeweis darüber zu erheben haben, ob der Mietspiegel nach anerkannten wissenschaftlichen Grundsätzen erstellt worden ist.[82]

Sofern ein qualifizierter Mietspiegel nach zwei Jahren der Marktentwicklung ange- **33** passt und nach vier Jahren erneuert worden ist (§ 558b II BGB), wird vermutet (§ 292 ZPO), dass die darin bezeichneten Entgelte die ortsübliche Vergleichsmiete wiedergeben (§ 558d III BGB). Die gesetzliche Vermutung (§ 292 ZPO) ist widerlegbar; erforderlich ist der volle Gegenbeweis.[83] Namentlich ein qualifizierter Mietspiegel kann zur Schätzung der ortsüblichen Vergleichsmiete dienen (§ 287 I 2, II ZPO).[84] Das Gericht ist zwar nicht zu einer Schätzung verpflichtet,[85] sollte davon aber soweit möglich Gebrauch machen, denn der Gesetzgeber hat beabsichtigt, das Mieterhöhungsverfahren durch die verstärkte Bedeutung des Mietspiegels zu vereinfachen.[86] Unter Umständen muss dennoch ein Sachverständigengutachten eingeholt werden. Grundsätzlich handelt es sich um das Gutachten eines Immobilienbewerters.[87]

(3) Eingruppierung

34

In Mieterhöhungsverlangen kommt es besonders darauf an, dass die Wohnung nachvollziehbar in die Rasterfelder (Bewertungsmerkmale) des Mietspiegels eingruppiert wird. Dabei hängt es von der Gestaltung des Mietspiegels für die jeweilige Gemeinde ab, welche Angaben zur Art, Größe und Ausstattung usw. der Wohnung erforderlich sind. Die Angabe des einschlägigen Rasterfelds ist erforderlich, aber auch ausreichend, um den Mieter auf die im Mietspiegel für die Wohnung vorgesehene Spanne hinzuweisen und ihm eine Überprüfung zu ermöglichen, ob die geforderte Miete innerhalb der Spanne liegt. Die Spanne muss im Erhöhungsverlangen nicht ausdrücklich genannt werden, wenn der Mieter sie in dem vom Vermieter angegebenen Mietspiegelfeld ohne Weiteres ablesen kann.[88] Unter diesen Umständen ist die Angabe eines falschen Rasterfelds keine Frage der formellen Unwirksamkeit, sondern der materiellen Begründetheit des Mieterhöhungsverlangens.[89]

Im Prozess erfordert die Feststellung, ob die verlangte Miete die ortsübliche Miete **35** übersteigt, eine konkrete Feststellung der ortsüblichen Vergleichsmiete im Sinne einer Einzelvergleichsmiete.[90] Dabei sind folgende Besonderheiten zu berücksichtigen:

– Zahlt der Mieter bereits eine Ausgangsmiete, die innerhalb der Bandbreite der örtlichen Vergleichsmiete liegt, ist das Mieterhöhungsverlangen nicht nach § 558 BGB unwirksam. Der Vermieter kann die Miete grundsätzlich bis zum oberen Rand der Einzelvergleichsmiete anheben.[91] Die Einzelvergleichsmiete stimmt aber nicht ohne Weiteres mit dem höchsten Wert der Mietspiegelspanne überein; viel-

[81] *OVG Münster* NZM 2006, 906; *Börstinghaus*, WuM 2007, 9.
[82] *BGH* NJW 2013, 775 Rn. 18; *LG Bochum* DWW 2007, 298; Wiedergabe des Beweisbeschlusses bei *Börstinghaus*, DWW 2007, 298, 299.
[83] *BGH* NJW 2010, 363 Rn. 13.
[84] *BGH* NJW 2005, 2074; Schmidt-Futterer/*Börstinghaus*, §§ 558c, 558d Rn. 101.
[85] *Kinne* in: Beierlein u. a., Mietprozess, Kap. 4 Rn. 49.
[86] BT-Drs. 14/4553, S. 36.
[87] *Börstinghaus*, NJW 2013, 1767, 1768.
[88] *BGH* NJW 2008, 573.
[89] *BGH* WuM 2009, 239 Rn. 8.
[90] *BGH* NJW 2012, 1351 Rn. 11: NJW 2005, 2074; NJW 2005, 2621, 2622; *Börstinghaus*, WuM 2012, 244; MünchKommBGB/*Artz*, § 558b Rn. 16.
[91] *BGH* NJW 2005, 2621; NJW 2010, 149.

mehr muss die Wohnung eingestuft werden. Der *BGH* hat Anlass gehabt, dies zur Vermeidung von Missverständnissen klarzustellen.[92]
– Einem Mieterhöhungsverlangen, welches den im Mietspiegel angegebenen Höchstbetrag überschreitet, wird der Mieter zwar nicht zustimmen. Es ist aber nicht formell unwirksam, weil er ohne Weiteres in der Lage ist, die Berechtigung des Erhöhungsbegehrens zu prüfen. Das Erhöhungsverlangen ist auch nicht insgesamt, sondern nur insoweit unbegründet, als es über den im Mietspiegel ausgewiesenen Höchstbetrag hinausgeht.[93]

36 *(4) Zu- und Abschläge*

Diese können zur Herstellung der Vergleichbarkeit der konkreten Wohnungen mit dem Mietspiegel geboten sein. Abschläge, die jeweils zu schätzen sind, können wegen unbehebbarer Mängel der Wohnung geboten sein (zum Beispiel bei dauerndem Verkehrslärm oder räumlicher Nähe zu produzierendem Gewerbe).[94] Abschläge sehen einige Mietspiegel auch bei Wohnungen vor, für die ein Wärmelieferungsvertrag mit einem gewerblichen Wärmelieferanten (Wärmecontracting) abgeschlossen wurde.[95]

37 Unter Umständen kommen Zuschläge zum Oberwert des Mietspiegels in Betracht, zum Beispiel für Wärmedämmung[96] oder einen Garten.[97] Enthält der vom Vermieter verwendete Formularmietvertrag eine unwirksame Klausel, die dem Mieter Übernahme der Schönheitsreparaturen auferlegt, kann der Vermieter (einer frei finanzierten Wohnung) dies nicht mit einem Renovierungskostenzuschlag kompensieren. Einen solchen sieht das Vergleichsmietensystem der §§ 558 ff. BGB nicht vor.

bb) Sachverständigengutachten

38 Der Vermieter kann sich zur Begründung des Erhöhungsverlangens auch auf ein privates Sachverständigengutachten stützen (§ 558a II Nr. 3 BGB). Dieses kann von einem Sachverständigen für Grundstücks- und Gebäudebewertung erstattet werden.[98] Das Gutachten muss nach dem Gesetzeswortlaut mit Gründen versehen sein. Der Gutachter muss deshalb verständlich und nachvollziehbar dartun, warum die begehrte Miete ortsüblich ist.[99] Erforderlich ist eine ausreichend große Stichprobe vergleichbarer Wohnungen, die um Ausreißer zu bereinigen ist. Außerdem müssen Neu- und Bestandsmieten gewichtet werden.[100]

Prozessual handelt es sich um (substantiierten) Parteivortrag, dessen Beweiswert vom Gericht frei zu würdigen ist (§ 286 I ZPO).[101] Die Kosten des Parteigutachtens muss der Mieter nicht erstatten, auch nicht im Rahmen des § 91 ZPO.[102] Die Einholung eines solchen Gutachtens empfiehlt sich für den Vermieter daher nur, wenn kein anderes Beweismittel zur Verfügung steht, zum Beispiel wenn für die Gemeinde kein Mietspiegel aufgestellt oder dieser veraltet ist.[103]

---

[92] *BGH* NJW 2011, 2284 Rn. 16 f.
[93] *BGH* NJW 2004, 1379.
[94] Staudinger/*Emmerich*, § 558 Rn. 37.
[95] Siehe Schmidt-Futterer/*Börstinghaus*, § 558 Rn. 70.
[96] *LG Duisburg* WuM 2008, 598.
[97] *LG Landshut* WuM 2007, 392; *LG Dortmund* NZM 2007, 245 (Kleinreparaturaufschlag).
[98] BGHZ 83, 366 = NJW 1982, 1701.
[99] *BVerfG* NJW 1986, 313; Prüfliste bei Schmidt-Futterer/*Börstinghaus*, nach § 558a Rn. 3.
[100] *BGH* NJW 2012, 1351 Rn. 18 ff.; Börstinghaus, NZM 2013, 326, 339 f.; *ders.*, NJW 2013, 1767, 1769.
[101] Staudinger/*Emmerich*, § 558a Rn. 34.
[102] Staudinger/*Emmerich*, § 558a Rn. 44.
[103] Staudinger/*Emmerich*, § 558a Rn. 34.

cc) Drei Vergleichswohnungen

Gemäß § 558a II Nr. 4 BGB genügt die Benennung von mindestens drei vergleich- 39
baren Wohnungen. Vergleichbar sind die Wohnungen, wenn sie in der Gesamtheit
der Kriterien ähnlich sind. Eine Übereinstimmung der Größe ist nicht erforderlich.[104]
Diese Möglichkeit der Mieterhöhung ist weniger gebräuchlich, kann aber einfach und
kostengünstig sein, zumal der Vermieter die Vergleichswohnungen auch dem eigenen
Bestand entnehmen kann.[105]

Die Vergleichswohnungen müssen im Mieterhöhungsverlangen eindeutig identifizier- 40
bar bezeichnet werden.[106] Der Mieter muss sie ohne nennenswerte Schwierigkeiten
auffinden können.[107] Auf eine Offenlegung der gezahlten Miete und der Adressen der
Vergleichswohnungen kann in aller Regel nicht verzichtet werden,[108] unter Umständen auch nicht auf den Namen des Mieters der Vergleichswohnung.[109] Werden die
Vergleichswohnungen nicht hinreichend bezeichnet, ist das Erhöhungsverlangen unwirksam.[110] Benennt der Vermieter mehr als drei Vergleichswohnungen, beeinträchtigt es die formelle Wirksamkeit des Erhöhungsverlangens nicht, wenn die über-
schüssigen Wohnungen nicht vergleichbar sind.[111] Ob die Angaben des Vermieters
zutreffen, ist im Fall des Bestreitens durch Beweisaufnahme zu klären.

dd) Mietdatenbank

Der wesentliche Unterschied zum Mietspiegel liegt in der laufenden Datenerfassung. Die prakti- 41
sche Bedeutung von Mietdatenbanken ist aber gering, weil davon, soweit ersichtlich, bisher nur
sehr wenig Gebrauch gemacht worden ist.[112]

e) Sonderfälle

§ 558 BGB gewährt dem Vermieter keinen Anspruch, die im Mietvertrag vereinbarte 42
Mietstruktur zu ändern.[113] Haben die Parteien eine Bruttokalt- oder eine Bruttowarmmiete vereinbart, gelten für die Begründung des Erhöhungsverlangens Besonderheiten.

aa) Bruttokaltmiete

Bei Vereinbarung einer Bruttokaltmiete (**Teilinklusivmiete**), tritt ein Problem auf, 43
wenn der Vermieter die Mieterhöhung mit einem Mietspiegel begründen will, der –
wie üblich[114] – Nettomieten ausweist. Der Vermieter muss in einem solchen Fall die
Gesamtmiete in die Nettomiete und die tatsächlichen Betriebskosten aufspalten. Er
muss das Zustimmungsverlangen mit einer Betriebskostenaufstellung begründen, aus
der sich ergibt, welchen Betriebskostenanteil er zugrunde legt.[115] Maßgeblich ist der
zuletzt feststellbare Anteil der Betriebskosten. Dieser ergibt sich aus der Betriebskostenabrechnung für den dem Mieterhöhungsverlangen vorangegangenen Abrech-

---

[104] *BVerfG* NJW 1980, 1617.
[105] *BVerfG* NJW 1993, 2039.
[106] BGHZ 84, 392 = NJW 1982, 2867; NZM 2012, 415 Rn. 14.
[107] *BGH* NJW 2003, 963.
[108] BVerfGE 91, 176, 184 = NJW 1995, 40, 41; *BVerfG* NJW 1997, 1909.
[109] *BGH* NJW 2003, 963; zur Offenlegung tatsächlicher Umstände durch den Sachverständigen siehe *BGH* BGHR ZPO § 286 I Sachverständigenbeweis 39.
[110] *BGH* NJW 2003, 963.
[111] *BGH* NZM 2012, 415; *Börstinghaus*, NZM 2013, 329, 339.
[112] Vgl. BT-Drs. 14/4553, S. 58.
[113] Schmidt-Futterer/*Börstinghaus*, § 558a Rn. 17, § 558b Rn. 44; nicht entscheidungserheb-
lich in den Fällen *BGH* NJW 2008, 848 Rn. 13; NJW 2010, 2945 Rn. 11.
[114] *Börstinghaus*, NZM 2006, 721, 726.
[115] *BGH* NJW-RR 2006, 227 = Jus 2006, 372 *(Emmerich)*; *BGH* NJW 2007, 2626 Rn. 10.

nungszeitraum, soweit diese bereits vorliegt.[116] Angaben zur Höhe der in der Brutto- oder Teilinklusivmiete enthaltenen Betriebskosten gehören zur formellen Begründung des Mieterhöhungsverlangens.[117] Ob sie zutreffen, ist eine Frage der materiellen Berechtigung.[118]

44 Mit Blick auf die formelle Wirksamkeit ist es nicht zu beanstanden, wenn der Vermieter die Mieterhöhung unzutreffend begründet, zum Beispiel mit Durchschnittswerten der Betriebskosten.[119] Ohnehin kommt es auf die Höhe der in der Miete enthaltenen Betriebskosten dann nicht an, wenn selbst die erhöhte Teilinklusivmiete noch unterhalb der ortsüblichen Nettomiete liegt. Der Mieter benötigt in einem solchen Fall keine Angaben zu den Betriebskosten, um die Berechtigung des Erhöhungsverlangens zu prüfen.[120]

bb) Bruttowarmmiete

45 Die Vereinbarung einer Bruttowarmmiete ist mit § 2 HeizkV nicht vereinbar. Ein auf die Zustimmung zur Erhöhung einer (unzulässigen) Bruttowarmmiete gerichtetes Mieterhöhungsverlangen, ist formell gleichwohl nicht zu beanstanden. Die im Mietvertrag vereinbarte Bruttowarmmiete ist bei der Mieterhöhung als Bruttokaltmiete (Teilinklusivmiete) zu behandeln, die mit einer Pflicht zur gesonderten verbrauchsabhängigen Abrechnung der Kosten der Versorgung mit Wärme und Warmwasser verbunden ist. Der dem Erhöhungsverlangen zugrundeliegende Heiz- und Warmwasserkostenanteil ist folglich aus der vertraglichen Bruttowarmmiete herauszurechnen.[121]

2. Zustimmung des Mieters

a) Grundlagen

46 Ist das Mieterhöhungsverlangen materiell und formell begründet, ist der Mieter verpflichtet, seine Zustimmung erteilen. Allerdings steht ihm ein Sonderkündigungsrecht nach § 561 BGB zu.

b) Form

47 Die Zustimmung des Mieters ist grundsätzlich formfrei. Sie kann auch durch schlüssiges Verhalten erfolgen, im Einzelfall bereits durch einmalige,[122] jedenfalls aber mehrmalige[123] vorbehaltlose Zahlung der erhöhten Miete. Dies gilt nicht, wenn der Vermieter ausdrücklich eine schriftliche Zustimmung verlangt hat,[124] ebenso wenig dann, wenn er die Miete in unzulässiger Weise einseitig erhöht hat.[125]

c) Wirkung

48 Hat der Mieter seine Zustimmung erteilt, schuldet er die erhöhte Miete mit dem Beginn des dritten Kalendermonats nach Zugang des Erhöhungsverlangens (§ 558b I

[116] *BGH* NJW 2007, 2626 Rn. 11.
[117] *BGH* NJW-RR 2006, 1599 Rn. 13; NJW-RR 2010, 735 Rn. 14.
[118] *BGH* GE 2008, 580.
[119] *BGH* NJW-RR 2006, 227; NJW-RR 2006, 1599; NJW 2008, 848 Rn. 10.
[120] *BGH* NJW 2008, 848 Rn. 11.
[121] *BGH* NJW-RR 2006, 1305 Rn. 19.
[122] Staudinger/*Emmerich*, § 558b Rn. 5, 6; Schmidt-Futterer/*Börstinghaus*, § 557 Rn. 19; § 558b Rn. 25.
[123] *BGH* NJW 1998, 445, 446; *LG Berlin* NZM 2009, 699.
[124] *LG Berlin* GE 2008, 605.
[125] *BGH* NJW-RR 2005, 1464, 1465; Schmidt-Futterer/*Börstinghaus*, § 557 Rn. 20, § 558a Rn. 6.

BGB).[126] Das gilt auch dann, wenn das Mieterhöhungsverlangen materiell oder formell unberechtigt war.[127]

d) Teilzustimmung

Hat der Mieter einem formell wirksamen Mieterhöhungsverlangen teilweise zugestimmt, ist eine teilweise Mieterhöhung vereinbart (§ 558b I BGB: „soweit"). Wegen des Restbetrags kann der Vermieter eine Zustimmungsklage erheben; im Übrigen fehlt das Rechtsschutzbedürfnis.[128] War das Mieterhöhungsverlangen formell unwirksam, kann der Vermieter die Erklärung des Mieters annehmen (§ 150 II BGB) oder das Mieterhöhungsverlangen wiederholen.[129]   **49**

III. Der Mieterhöhungsprozess

Bei der Klage auf Zustimmung zu einer Mieterhöhung handelt es sich um eine auf Abgabe einer Willenserklärung (§ 894 ZPO) gerichtete Leistungsklage.[130]   **50**

1. Zuständigkeit

Sachlich und örtlich ist das Amtsgericht zuständig, in dessen Bezirk der Wohnraum belegen ist, für den die Zustimmung zur Erhöhung der Miete verlangt wird (§ 23 Nr. 2a GVG; § 29a ZPO). Ein Einigungsversuch bei einer Gütestelle ist nicht erforderlich, weil die Zustimmungsklage innerhalb einer gesetzlichen Frist zu erheben ist (§ 15a II Nr. 1 EGZPO).[131]   **51**

2. Parteien

a) Aktivlegitimation

Die Zustimmungsklage steht nur dem Vermieter zu. Bei einer Vermietermehrheit sind alle Vermieter notwendige Streitgenossen (§ 62 ZPO).[132] Bei einer Außen-GbR handelt es sich nicht um eine Vermietermehrheit; vielmehr kann die GbR Vermieter sein.[133]   **52**

Der Vermieter kann sich im Parteiprozess seit dem 1.7.2008 nicht mehr durch den Hausverwalter vertreten lassen, weil dieser in § 79 II 2 ZPO nicht aufgeführt ist. Der Hausverwalter kann auch nicht im eigenen Namen mit Ermächtigung des Vermieters Klage erheben; eine gewillkürte Prozessstandschaft ist nicht zulässig.[134]

b) Passivlegitimation

Die Klage ist daher gegen alle am Mietverhältnis beteiligten Mieter zu richten. Mehrere Mieter, wie zum Beispiel Eheleute, sind notwendige Streitgenossen (§ 62 I Alt. 2 ZPO).[135]   **53**

---

[126] Siehe die Übersicht bei Schmidt-Futterer/*Börstinghaus*, § 558b Rn. 50.

[127] Staudinger/*Emmerich*, § 558a Rn. 4, § 558b Rn. 4; Schmidt-Futterer/*Börstinghaus*, § 558a Rn. 7.

[128] Schmidt-Futterer/*Börstinghaus*, § 557 Rn. 14.

[129] Staudinger/*Emmerich*, § 558 Rn. 7, § 558b Rn. 8; Schmidt-Futterer/*Börstinghaus*, § 558b Rn. 37.

[130] Zur Zustimmungsklage im Wohnraummietprozess: *Börstinghaus*, NJW 2012, 3077.

[131] Schmidt-Futterer/*Börstinghaus*, § 558b Rn. 56.

[132] *Börstinghaus*, NJW 2012, 3077.

[133] Grundlegend zur Teilrechtsfähigkeit der Außen-GbR: BGHZ 146, 341 = NJW 2002, 1207.

[134] Staudinger/*Emmerich*, § 558a Rn. 9.

[135] BGHZ 136, 314, 323 = NJW 1997, 3427, 3439; *BGH* NJW 2004, 1797.

3. Fristen

a) Zustimmungsfrist

54 Die dem Mieter einzuräumende Überlegungsfrist des § 558b II 1 BGB, die in § 558b III 2 BGB als Zustimmungsfrist bezeichnet wird, beginnt mit dem Zugang des Mieterhöhungsverlangens und muss im Zeitpunkt der (letzten) mündlichen Verhandlung abgelaufen sein.[136] Hat der Mieter die Zustimmung bereits endgültig verweigert, kommt es auf die Einhaltung dieser Frist nicht an.[137] Die dem Mieter eingeräumte Überlegungsfrist stellt eine besondere Zulässigkeitsvoraussetzung dar.[138] Da ein unwirksames Mieterhöhungsverlangen die Überlegungsfrist nicht auslöst, ist eine gleichwohl erhobene Klage unzulässig.

b) Klagefrist

55 An die gesetzliche Überlegungsfrist schließt sich eine Klagefrist von weiteren drei Monaten nach Ablauf der Überlegungsfrist an (§ 558b II 2 BGB). Die Klage muss vor Ablauf dieser Frist erhoben werden; andernfalls ist sie unzulässig.[139] Es handelt sich um eine Ausschlussfrist; Wiedereinsetzung in den vorigen Stand (§ 233 ZPO) kommt nicht in Betracht.[140] Maßgeblich ist die Zustellung der Klage an den bzw. die Mieter (§ 253 I ZPO). Wird die Klage demnächst zugestellt (§ 167 ZPO), genügt die rechtzeitige Einreichung der Klageschrift bei Gericht. Der Gebührenvorschuss muss erst nach Aufforderung des Gerichts eingezahlt werden (§ 12 GKG); auch dann ist die Klage noch „demnächst" zugestellt.[141]

Geht das Erhöhungsverlangen dem Mieter zum Beispiel am 10. März des Jahres zu, reicht seine Überlegungsfrist bis zum 31. Mai des Jahres (§ 558b II 1 BGB),[142] Die Klagefrist dauert bis zum 31. August des Jahres (§ 558b II 2 BGB).[143] Etwas anderes gilt, wenn das Fristende auf einen Sonntag oder Feiertag fällt (§ 193 BGB).

4. Klageschrift

a) Klageantrag

56 Der Klageantrag auf Erhöhung einer vereinbarten Nettomiete – bei unveränderten Betriebskosten – richtet sich auf Zustimmung zu der verlangten Mieterhöhung:[144]

„Die Beklagten werden verurteilt, einer Erhöhung der monatlichen Nettokaltmiete für die von ihnen bewohnte Wohnung im Haus ..., von ... € um ... € auf ... € zuzüglich Betriebskosten- und Heizkostenvorauszahlungen in bisheriger Höhe mit Wirkung ab dem ... zuzustimmen."

Ein Zustimmungsantrag lediglich zur Erhöhung der Quadratmetermiete ist unzulässig.[145] Nur unter den – seltenen – Voraussetzungen des § 259 ZPO kann der Zustimmungsantrag mit einem Antrag auf Zahlung der erhöhten Miete verbunden werden.[146]

---

[136] *Börstinghaus*, NJW 2012, 3077, 3078.

[137] *Börstinghaus*, NJW 2012, 3077, 3078.

[138] *BGH* NJW-RR 2004, 1159, zu § 2 III 1 MHG; Staudinger/*Emmerich*, § 558b Rn. 13.

[139] *KG* WuM 1997, 101; *Börstinghaus*, NJW 2012, 3077, 3078.

[140] BT-Drs. 14/4553, S. 53; Staudinger/*Emmerich*, § 558b Rn. 17.

[141] Staudinger/*Emmerich*, § 558b Rn. 18; Schmidt-Futterer/*Börstinghaus*, § 558b Rn. 85.

[142] Übersicht bei Schmidt-Futterer/*Börstinghaus*, § 558b Rn. 3.

[143] Übersicht bei Schmidt-Futterer/*Börstinghaus*, § 558b Rn. 88.

[144] Schmidt-Futterer/*Börstinghaus*, § 558b Rn. 63; *Gies*, NZM 2003, 545, 546; *Kinne* in: Mietprozess, Kap. 4 Rn. 21; Muster bei *Wetekamp*, Kap. 2 Rn. 209.

[145] *AG Dortmund* WuM 2006, 157; Schmidt-Futterer/*Börstinghaus*, § 558a Rn. 16, § 558b Rn. 70.

[146] Schmidt-Futterer/*Börstinghaus*, § 558b Rn. 68. Der Entscheidung *BGH* NJW-RR 2005, 1169 liegt ein Sonderfall zugrunde, weil das Zustimmungsurteil bereits rechtskräftig war.

b) Schlüssigkeit

Der Vermieter muss die Voraussetzungen des Anwendungsbereichs der §§ 558 ff.   **57**
BGB vortragen, ferner die Einhaltung der Jahressperrfrist,[147] der Wartefrist, der
Überlegungsfrist und der Kappungsgrenze. Er muss vortragen, dass dem Mieter das –
ordnungsgemäß begründete – Erhöhungsverlangen zugegangen ist und die ortsübliche Miete nicht überschritten wird.[148]

5. Verfahrensablauf

a) Beweisaufnahme

Der Vermieter hat die Darlegungs- und Beweislast für die Voraussetzungen des   **58**
Zustimmungsanspruchs. Das Gericht ist nicht an die Begründungsmittel gebunden,
mit denen der Vermieter sein Mieterhöhungsverlangen begründet hat. Das Gericht
kann einem einfachen Mietspiegel einen höheren Beweiswert zumessen als einem
Privatgutachten.[149] Das ist verfassungsrechtlich nicht zu beanstanden.[150] Das Gericht
kann seinerseits ein Sachverständigengutachten einholen, auch von Amts wegen ohne
Beweisantritt der Parteien.[151] Das gilt insbesondere dann, wenn der Mietspiegel
längere Zeit nicht mehr aktualisiert worden ist.

Besondere Bedeutung kommt einem qualifizierten Mietspiegel zu, denn nach § 558d   **59**
III BGB wird vermutet, dass die Werte eines Mietspiegels die ortsübliche Vergleichsmiete wiedergeben. In einem solchen Fall muss der Mieter darlegen und beweisen,
dass nur eine geringere Miete ortsüblich ist.

b) Erhöhungsverlangen im Prozess

Eine Mieterhöhung kann auch im Rahmen eines anhängigen Rechtsstreits verlangt   **60**
bzw. nachgebessert werden. Das gilt insbesondere dann, wenn sich das ursprüngliche
Verlangen als formunwirksam herausstellt (§ 558a, § 558b III BGB).[152] Sofern dies
zweifelhaft ist, kann die Klage auch hilfsweise auf ein solches Mieterhöhungsverlangen gestützt werden. Der Vermieter kann entweder das vollständige Erhöhungsverlangen nachholen (§ 558b III 1 Alt. 1 BGB) oder einzelne Mängel nachbessern
(§ 558b III 1 Alt. 2 BGB). Ihm bleibt allerdings das Kostenrisiko, wenn der Mieter
dem neuen Mieterhöhungsverlangen sofort zustimmt (§§ 91a, 93 ZPO).[153]

Die Abgabe eines weiteren Mieterhöhungsverlangens durch den Prozessbevollmächtigten des
Vermieters ist von der Prozessvollmacht umfasst. Der beklagte Mieter kann es nicht gemäß
§ 174 BGB zurückweisen. Bereits die von ihm zur Verteidigung gegenüber dem ursprünglichen
Mieterhöhungsverlangen erteilte Prozessvollmacht ermächtigt zur Entgegennahme des weiteren
Mieterhöhungsverlangens.[154]

6. Urteil

Ein Prozessurteil ergeht, wenn die Klagefrist nicht eingehalten worden ist.[155] Wird   **61**
der Klage stattgegeben, lautet der Urteilstenor – ebenso wie der oben wiedergegebene

---

[147] Schmidt-Futterer/*Börstinghaus*, § 558 Rn. 40.
[148] Schmidt-Futterer/*Börstinghaus*, § 558b Rn. 74 ff.
[149] Staudinger/*Emmerich*, § 558b Rn. 30.
[150] *BVerfG* WuM 1991, 523; NJW 1992, 1377.
[151] Zum Inhalt eines Beweisbeschlusses: *Kinne* in: Beierlein u. a., Mietprozess, Kap. 4 Rn. 62.
[152] *BGH* NJW 2009, 1737 Rn. 15; NJW-RR 2010, 735 Rn. 16; *Börstinghaus*, NJW 2012, 3077,
3079; *Paschke*, WuM 2008, 705.
[153] BT-Drs. 14/4553, S. 56.
[154] *BGH* NJW 2003, 963; Staudinger/*Emmerich*, § 558a Rn. 5, 13.
[155] Schmidt-Futterer/*Börstinghaus*, § 558b Rn. 91.

Klageantrag – auf Zustimmung zur Mieterhöhung.[156] Fehlt das Datum im Urteilstenor, sind Tatbestand und Entscheidungsgründe zur Auslegung heranzuziehen.[157]
Das Maß des Obsiegens bzw. Unterliegens (§§ 91, 92 ZPO) ist anhand des Gebüh-
renstreitwerts (§ 41 V GKG) zu bemessen. Hinsichtlich der Prozesskosten ist das
Urteil für vorläufig vollstreckbar zu erklären.[158]

62   Mit der Rechtskraft gilt die Zustimmung als erteilt (§ 894 ZPO). Mit der Erfüllung
von Zahlungsansprüchen des Vermieters gerät der Mieter nicht vor Rechtskraft des
Zustimmungsurteils in Verzug; daher muss der Mieter nach Rechtskraft des Urteils
gemahnt werden (§ 286 BGB).[159] Zudem unterliegt der Vermieter der Kündigungsbeschränkung des § 569 III Nr. 3 BGB.

7. Andere Beendigungsformen

63   – Stimmt der Mieter dem Erhöhungsverlangen (teilweise) zu, liegt eine (teilweise)
      Erledigung der Hauptsache vor. Sofern sich der Vermieter der Erledigungserklä-
      rung anschließt, sind die Kosten gemäß § 91a ZPO zu verteilen.[160]
      – Insbesondere dann, wenn sich im Prozess herausstellt, dass ein gerichtliches Sach-
      verständigengutachten eingeholt werden muss, kann sich ein Prozessvergleich emp-
      fehlen, um den mit einem Sachverständigengutachten verbundenen Aufwand an
      Zeit und Kosten zu vermeiden. Bei der Formulierung des Vergleichs ist darauf zu
      achten, dass der Mieter die Zustimmung tatsächlich erklärt und sich nicht nur dazu
      verpflichtet.

8. Streitwert

64   Der Gebührenstreitwert richtet sich nach dem Jahresbetrag der zusätzlich geforderten
Miete (§ 41 V GKG).[161] Im Übrigen gilt § 9 ZPO; maßgeblich ist der 3,5-fache
Jahreswert. Ein Verfahren nach billigem Ermessen (§ 495a ZPO) ist daher bei Mieterhöhungen um bis zu 14,28 EUR monatlich möglich.[162] Der Rechtsmittelstreitwert
(§ 511 II Nr. 1 ZPO) richtet sich ebenfalls nach § 9 ZPO.[163] Bei der Berufungssumme
von 600 EUR ist die Grenze bei einer Verurteilung oder Klageabweisung von
monatlich 14,29 EUR und mehr überschritten.[164]

Nimmt das Amtsgericht einen Streitwert über 600 EUR an, hält das Berufungsgericht diese
Grenze aber für nicht erreicht, muss es prüfen, ob die Voraussetzungen für Zulassung der
Berufung nach § 511 IV 1 Nr. 1 ZPO erfüllt sind und diese Entscheidung gegebenenfalls nach-
holen.[165]

---

[156] Tempel/*Theimer*, § 4 Muster 86 Rn. 12.
[157] *BGH* NJW-RR 2011, 1382 Rn. 9.
[158] *Kinne* in: Beierlein u. a., Mietprozess, Kap. 4 Rn. 67.
[159] *BGH* NJW 2005, 2310 = JuS 2005, 944 *(Emmerich)*; *Lehmann-Richter*, NZM 2006, 849.
[160] Staudinger/*Emmerich*, § 558b Rn. 33.
[161] Einschränkend für Zahlungsansprüche aus der Mieterhöhung: *KG* NJW-RR 2010, 371.
[162] *Kinne* in: Beierlein u. a., Mietprozess, Kap. 4 Rn. 68.
[163] *BGH* WuM 2007, 32; *OLG Karlsruhe* NZM 2007, 481, 482.
[164] Schmidt-Futterer/*Börstinghaus*, § 558b Rn. 135, 153.
[165] *BGH* NJW 2008, 218 Rn. 12; NJW-RR 2010, 1582.

§ 7. Schönheitsreparaturen

I. Grundlagen

Die von § 535 I 2 BGB abweichende, formularmäßige Verpflichtung des Mieters zur 1
Vornahme von Schönheitsreparaturen ist eine häufige Konfliktursache im Wohnraummietverhältnis. Ein gesetzlicher Regelungsvorschlag[1] hat sich nicht durchgesetzt,
weil er für die Vielzahl der in der Praxis vorkommenden unterschiedlichen Sach-
verhalte keine im Einzelfall für Mieter und Vermieter interessengerechte und ausgewogene Lösung gewährleisten konnte.[2] Das Recht der Schönheitsreparaturen ist
daher im Wesentlichen von der Rechtsprechung geprägt.[3]

1. Begriffsbestimmung

Der Begriff der Schönheitsreparaturen bestimmt sich in Anlehnung an § 28 IV 3 der 2
II. BV.[4] Danach umfassen Schönheitsreparaturen (nur) das Tapezieren, Anstreichen
oder Kalken der Wände und Decken, das Streichen der Fußböden, der Heizkörper
einschließlich Heizrohre, der Innentüren sowie der Fenster und Außentüren von
innen. Damit stimmt § 7 II des vom Bundesministerium der Justiz herausgegebenen
Mustermietvertrags 1976, Fassung I, überein.[5] Die gegenständliche Beschränkung auf
bestimmte Arbeiten hat Rückwirkung auf die Inhaltskontrolle. Sie markiert die
Grenze, welche Arbeiten dem Mieter in einer Klausel zur Vornahme von Schönheitsreparaturen auferlegt werden dürfen (§ 307 I BGB).[6]

Die Begriffsbestimmung ist allerdings zum Teil überholt; das betrifft das Kalken von Decken
und Wänden[7] bzw. das Streichen von (Holz-)Fußböden.[8] Zusammenfassend handelt es sich bei
Schönheitsreparaturen nicht um Reparaturen im eigentlichen Sinn, sondern um Maßnahmen zur
Erhaltung der Mieträume durch Beseitigung der Spuren des vertragsgemäßen Gebrauchs, und
zwar in der Regel in Gestalt von Maler- und Tapezierarbeiten.[9] Dazu gehören auch Spachtel-
arbeiten zum Entfernen von Dübellöchern.[10] Der Außenanstrich von Türen und Fenstern ist
hingegen keine Schönheitsreparaturmaßnahme.[11]

2. Abgrenzung zur Mängelbeseitigung

Schönheitsreparaturen sind von Mängelbeseitigungsarbeiten abzugrenzen. Die Besei- 3
tigung von Substanzschäden der Mietsache obliegt grundsätzlich dem Vermieter
(§ 535 I 2 BGB), dem Mieter nur als Schadensersatz, sofern ihn die Verantwortung

---

[1] BT-Drs. 14/4553, S. 84 ff.
[2] Gegenäußerung der Bundesregierung, BT-Drs. 14/4553, S. 99; Stellungnahme und Bericht
des Rechtsausschusses, BT-Drs. 14/5663, S. 75.
[3] Rechtsprechungsübersichten bei *Beyer,* ZGS 2009, 353; *Wagner,* NZM 2010, 543; *Eisenschmid,* WuM 2010, 459; zur Examensrelevanz siehe *Schrader,* JA 2010, 241.
[4] BGHZ 93, 363, 368 = NJW 1985, 480, 481; *BGH* NJW 2008, 1439 Rn. 23; NJW 2009, 510
Rn. 19; NJW 2010, 674 Rn. 11; WuM 2010, 231 Rn. 16; Schmidt-Futterer/*Langenberg,* § 538
Rn. 71 ff.
[5] Beilage zum Bundesanzeiger Nr. 22/76 (abgedruckt in ZMR 1976, 68 und Beck-Texte im
dtv, Mietrecht); zum Mustermietvertrag siehe MünchKommBGB/*Häublein,* § 535 Rn. 12.
[6] *BGH* NJW 2009, 1408 Rn. 11; WuM 2010, 231 Rn. 16.
[7] BT-Drs. 14/4553, S. 85; *Both,* WuM 2007, 3.
[8] *BGH* WuM 2009, 225 Rn. 25.
[9] *BGH* NJW 2009, 510 Rn. 25; MünchKommBGB/*Häublein,* § 535 Rn. 114; BT-Drs. 14/
4553, S. 40, 85.
[10] Schmidt-Futterer/*Langenberg,* § 538 Rn. 106.
[11] *BGH* NJW 2010, 674.

trifft (§ 280 I BGB). Ein Schadensersatzanspruch des Vermieters kommt in Betracht, wenn der Mieter die Grenzen des ihm zustehenden vertragsgemäßen Gebrauchs (§ 538 BGB) überschreitet und die Mietsache durch Verletzung seiner Obhutspflicht beschädigt oder verschlechtert.[12] Schönheitsreparaturen betreffen hingegen die Beseitigung solcher Veränderungen oder Verschlechterungen der Mietsache, die durch den vertragsgemäßen Gebrauch der Mietsache herbeigeführt werden und vom Mieter nicht zu vertreten sind.[13]

Für eine Verunreinigung der Wohnung infolge starken Tabakkonsums kann der Vermieter deshalb grundsätzlich keinen Schadensersatz statt der Leistung (§ 280 I, III, § 281 BGB) fordern.[14] Ein Schadensersatzanspruch gegen den Mieter entsteht nur, wenn das Rauchen Verschlechterungen in der Wohnung verursacht, die sich nicht durch Schönheitsreparaturen beseitigen lassen.[15] Schadensersatzpflichtig macht der Mieter sich aber, wenn er neutral dekoriert übernommenen Wohnraum mit einem farbigen Anstrich zurückgibt (*BGH* Urteil vom 6.11.2013 – VIII ZR 416/12).

II. Gesetzliches Leitbild

4   Nach dem gesetzlichen Leitbild sind Schönheitsreparaturen Aufgabe des Vermieters, denn gemäß § 535 I 2 BGB ist er verpflichtet, die Mietsache während der Mietzeit in einem zum vertragsgemäßen Gebrauch geeigneten Zustand zu erhalten. Zur Erhaltungs- und Instandsetzungspflicht gehören auch die Schönheitsreparaturen.[16] Soweit die Parteien nichts anderes vereinbart haben, setzt ein auf Vornahme von Schönheitsreparaturen gerichteter Erfüllungsanspruch voraus, dass Renovierungsbedarf besteht.[17] Daraus folgt, dass der Vermieter dem Mieter weitergehende Pflichten formularvertraglich nicht auferlegen darf (§ 307 I BGB).[18]

III. Formularvertragliche Abwälzung auf den Mieter

5   Die Verpflichtung zur Vornahme von Schönheitsreparaturen wird in der Regel vertraglich auf den Mieter übertragen.[19] Dies geschieht üblicherweise im Rahmen Allgemeiner Geschäftsbedingungen (§§ 305 ff. BGB), die der Vermieter verwendet.[20] Rechtsstreitigkeiten, die Erfüllungs- oder Schadensersatzansprüche des Vermieters zum Gegenstand haben, hängen deshalb von der Frage ab, ob formularmäßige Renovierungsbestimmungen wirksam sind oder den Mieter unangemessen benachteiligen (§ 307 I 1, II Nr. 1 BGB).

Berühmt sich der Vermieter eines entsprechenden Anspruchs gegen den Mieter, so hat dieser grundsätzlich auch vor seinem Auszug ein berechtigtes Interesse an der Feststellung, dass die Pflicht zur Ausführung der Schönheitsreparaturen nicht wirksam auf ihn übertragen worden ist (§ 256 I ZPO).[21] Auch wenn der Vermieter sich des Anspruchs nicht ausdrücklich berühmt, besteht ein Feststellungsinteresse, wenn

[12] *BGH* NJW-RR 1995, 123, 125.
[13] *BGH* NJW-RR 1995, 123, 125; siehe auch Schmidt-Futterer/*Langenberg*, § 538 Rn. 100.
[14] *BGH* NJW 2006, 2915 Rn. 22 ff.; *LG Stuttgart* WuM 2007, 620; zur Zulässigkeit eines vertraglichen Rauchverbots: *Harsch*, WuM 2009, 76.
[15] *BGH* NJW 2008, 1439.
[16] *BGH* NJW-RR 1995, 123, 124.
[17] *Sternel*, NZM 2007, 545, 547; Staudinger/*Emmerich*, § 535 Rn. 104.
[18] *Artz*, NZM 2007, 265, 267, 274.
[19] Zur Einstandspflicht des Sozialhilfeträgers: *LSG Baden-Württemberg* NZM 2007, 258.
[20] Schmidt-Futterer/*Blank*, Vor § 535 Rn. 37 ff.; *Artz*, ZGS 2010, 209.
[21] *BGH* NJW 2008, 2499 Rn. 12; zu einem Ausnahmefall: *LG Berlin* NJW-RR 2011, 17.

der Mieter befürchten muss, dass ihn der Vermieter aufgrund seines vermeintlichen Rechts ernstliche Hindernisse entgegensetzen wird, z. B. wenn der Vermieter sich mit einer nach Treu und Glauben zu erwartenden Erklärung zurückhält.[22]

Die Wirksamkeit der Überbürdung auf den Mieter kann bei einem deklaratorischen Schuld- 6 anerkenntnis des Mieters dahinstehen. Ein solches hat die Rechtsprechung im Einzelfall bereits in einer Bitte des Mieters um Fristverlängerung gesehen, nachdem ihn der Vermieter zur Durchführung von Schönheitsreparaturen aufgefordert hat.[23] Dem Mieter ist es dann verwehrt, seine grundsätzliche Verpflichtung zur Vornahme von Schönheitsreparaturen in Abrede zu stellen. Ein deklaratorisches Schuldanerkenntnis kann der Mieter unter Umständen auch in einem Abnahmeprotokoll erklären.[24] Meist wird es aber an einem Rechtsbindungswillen des Mieters fehlen.

1. Abgrenzung zur Individualvereinbarung

Auf im Einzelnen ausgehandelte Vertragsbedingungen sind die AGB-Vorschriften 7 nicht anwendbar (§ 305 I 3 BGB). Eine Individualabrede liegt bei einem von einer Partei gestellten Vertragstext dann vor, wenn der Verwender den in seinen Allgemeinen Geschäftsbedingungen enthaltenen gesetzesfremden Kerngehalt inhaltlich ernsthaft zur Disposition stellt und dem Verhandlungspartner tatsächlich Einfluss auf die inhaltliche Ausgestaltung der Vertragsbedingungen einräumt.[25] Das ist erst recht anzunehmen, wenn der anderen Partei Freiheit bei der Auswahl der in Betracht kommenden Vertragstexte gelassen wird.[26] Hand- oder maschinenschriftliche Zusätze mit eigenem Regelungsgehalt können ein Indiz sein, dass eine Individualvereinbarung vorliegt.[27] Etwas anderes gilt, wenn sich feststellen lässt, dass sie gleichwohl für eine Vielzahl von Verträgen gedacht sind. Eine für einen bestimmten Vertrag individuell vereinbarte Klausel wird aber nicht schon deshalb nachträglich zu einer Allgemeinen Geschäftsbedingung, weil sie später noch einmal benutzt worden ist.[28] Durch eine nachträgliche Änderung werden Allgemeine Geschäftsbedingungen nicht ohne Weiteres zu Individualvereinbarungen. Das geschieht erst dann, wenn der Verwender den gesetzesfremden Teil der Klausel zur Disposition stellt.[29]

Die **Darlegungs- und Beweislast** für das Vorliegen von Allgemeinen Geschäftsbedingungen trägt derjenige, der sich auf die Schutzvorschriften der §§ 305 ff. BGB beruft.[30] Im Einzelfall kann ein Anschein für das Vorliegen von Allgemeinen Geschäftsbedingungen sprechen, wenn der Vertrag zahlreiche formelhafte Klauseln enthält und nicht auf die individuelle Vertragssituation abgestimmt ist.[31] Dann ist es Sache des Verwenders, den Anschein zu entkräften.[32]

2. Auslegung von Allgemeinen Geschäftsbedingungen

Vor der Inhaltskontrolle am Maßstab der § 307 ff. BGB ist der Regelungsgehalt der 8 Klausel durch Auslegung zu ermitteln. Allgemeine Geschäftsbedingungen sind gemäß

---

[22] *BGH* NJW 2009, 751 Rn. 14; NJW 2010, 1877 Rn. 19.

[23] *KG* WuM 2006, 436; *Harsch,* WuM 2006, 528; zu § 781 BGB: *LG Lüneburg* NZM 2007, 770.

[24] *LG Berlin* GE 2006, 1615; *LG Hamburg* NZM 1999, 838; Staudinger/*Emmerich,* § 535 Rn. 126.

[25] *BGH* NJW-RR 2009, 947, 948 (Endrenovierungsklausel); *Kappus,* NZM 2010, 529.

[26] BGHZ 184, 259 = NJW 2010, 1131 = Jus 2010, 538 (Faust).

[27] *BGH* NJW 1992, 2283, 2285; zu handschriftlichen Ergänzungen und Streichungen siehe auch *BGH* NJW 2006, 1059 Rn. 12.

[28] *BGH* Urteil vom 2.3.1994 – XII ZR 175/92.

[29] *BGH* NJW 2013, 1431.

[30] BGHZ 130, 50, 58 = NJW 1994, 2034, 2035; *BGH* NJW 1992, 2160, 2162; *Drettmann,* WuM 2012, 535, 536.

[31] BGHZ 157, 102, 106 = NJW 2004, 502, 503; *BGH* NJW 2013, 1668 Rn. 5; Erman/*Roloff,* § 305 Rn. 58.

[32] BT-Drs. 15/4134, S. 5.

ihrem objektiven Inhalt und typischen Sinn einheitlich so auszulegen, wie sie von verständigen und redlichen Vertragspartnern unter Abwägung der Interessen der normalerweise beteiligten Verkehrskreise verstanden werden, wobei die Verständnismöglichkeiten des rechtlich nicht vorbildeten durchschnittlichen Vertragspartners des Verwenders zugrunde zu legen sind.[33] Auf eine möglicherweise abweichende Deutung aus sprachwissenschaftlicher Sicht kommt es nicht an.[34]

Der Begriff „Weißen" ist danach ein Synonym für weiß streichen und bedeutet nicht nur streichen.[35]

Die Auslegung von Formularverträgen unterliegt der uneingeschränkten revisionsrechtlichen Nachprüfung, ungeachtet der Frage, ob sie über den räumlichen Bezirk des Berufungsgerichts hinaus Verwendung finden.[36] Bei mehrdeutigen Klauseln gehen Zweifel wie stets zu Lasten des Verwenders (§ 305c II BGB), so dass sich die „kundenfeindlichste" Variante durchsetzt.[37] Auch im Individualprozess ist eine mehrdeutige Allgemeine Geschäftsbedingung im „kundenfeindlichsten" Sinne auszulegen, wenn diese Auslegung zur Unwirksamkeit der Klausel führt und dies dem Kunden günstiger ist.[38] Auch nach der „kundenfeindlichsten" Auslegung scheiden allerdings solche Auslegungsmöglichkeiten aus, die von den an solchen Geschäften typischerweise Beteiligten nicht in Betracht gezogen werden.[39]

9   Zur Abwälzung der Schönheitsreparaturen genügt es, wenn der Mieter die während der Mietdauer vereinbarungsgemäß erforderlich werdenden Schönheitsreparaturen übernimmt. Zusätzliche Regelungen schaden häufig nur.[40] Ist lediglich vereinbart, dass der Mieter „die Kosten der Schönheitsreparaturen" zu tragen hat, ist dem aus der Sicht eines verständigen Mieters nicht nur eine Verpflichtung zur Kostentragung, sondern auch zur Ausführung der Schönheitsreparaturen zu entnehmen, weil die vertragliche Abwälzung der Schönheitsreparaturen auf den Mieter Verkehrssitte geworden ist.[41]

3. Inhaltskontrolle

10   Die Frage, ob eine vertragliche Überwälzung der Schönheitsreparaturen auf den Mieter wirksam ist oder nicht, hängt von der Vertragsgestaltung im Einzelfall ab. Der *BGH* hat die Leitlinien entwickelt, anhand derer sich die formularvertragliche Zulässigkeit der Übertragung von Schönheitsreparaturen auf den Mietern beurteilt.

Der Gerichtshof der Europäischen Union *(EuGH)* hat entschieden, dass die Richtlinie 93/13 über missbräuchliche Klauseln in Verbraucherverträgen vom 5.4.1993 grundsätzlich auch auf Wohnraummietverträge zwischen einem gewerblichen Vermieter und einem privaten Mieter anwendbar ist.[42] Das nationale Gericht ist unter Umständen verpflichtet, die Missbräuchlichkeit

---

[33] St. Rspr., siehe *BGH* NJW 2006, 1728 Rn. 15, NJW 2010, 2877 Rn. 11, jew. m. w. N.

[34] *BGH* NJW 2009, 3716 Rn. 8.

[35] *BGH* NJW 2009, 3716 Rn. 8.

[36] *BGH* NJW 2011, 220 Rn. 16; NJW 2010, 2877 Rn. 11.

[37] BGHZ 176, 191 = NJW 2008, 2497 Rn. 15.

[38] BGHZ 176, 244 = NJW 2008, 2172 Rn. 19.

[39] BGHZ 180, 257 = NJW 2009, 2051 Rn. 11; NJW-RR 2012, 1333 Rn. 22.

[40] Siehe den Gestaltungsvorschlag des Bundesverbandes für Wohneigentum und Stadtentwicklung e. V. (vhw) 2008, NZM 2008, 474; vgl. auch *Kellner*, GE 2008, 1164, 1166: „Der Mieter hat die Schönheitsreparaturen auszuführen, sofern sie auf den Gebrauch der Mietsache zurückzuführen sind.".

[41] *BGH* NJW 2004, 2961, 2962; für gewerbliche Mietverhältnisse: *OLG Düsseldorf* OLGR 2007, 71.

[42] *EuGH* Urteil vom 30.5.2013 – C-488/11.

einer Vertragsklausel von Amts wegen zu prüfen. Bereits zuvor hat der *EuGH* in diesem Zusammenhang entschieden, dass es grundsätzlich Sache des nationalen Gerichts ist, festzustellen, ob eine Vertragsklausel als missbräuchlich im Sinne von Art. 3 I der Richtlinie qualifiziert werden kann.[43]

a) Grundsatz

Formularmäßige Renovierungsklauseln, wonach der Mieter während der Mietzeit 11 verpflichtet ist, Schönheitsreparaturen in regelmäßigen Abständen vorzunehmen, sind am Maßstab vom § 307 BGB grundsätzlich nicht zu beanstanden. Die Abwälzung der Schönheitsreparaturen auf den Mieter ist Verkehrssitte geworden. Die Vertragsparteien eines Wohnraummietvertrags sehen es als selbstverständlich an, dass der Mieter die Schönheitsreparaturen zu tragen hat. Die Belastung des Mieters mit dieser Verpflichtung wird zudem in aller Regel bei der Kalkulation der Miete berücksichtigt.[44] Obwohl die Übertragung grundsätzlich zulässig ist, halten zahlreiche Formularbestimmungen einer Inhaltskontrolle nicht stand.

b) Eigenleistung

Fachhandwerkerklauseln in Formularmietverträgen über Wohnraum benachteiligen 12 einen Mieter unangemessen und sind deshalb unwirksam, wenn sie dem Mieter die Möglichkeit der kostensparenden Eigenleistung nehmen.[45] Unwirksam ist eine Formularbestimmung, nach der dem Mieter obliegt, die Schönheitsreparaturen „ausführen zu lassen". Die zur Verkehrssitte gewordene Praxis einer Überwälzung der Schönheitsreparaturen auf den Mieter wird auch dadurch geprägt, dass der Mieter die ihm übertragenen Schönheitsreparaturen in Eigenleistung ausführen kann. Nimmt man dem Mieter diese Möglichkeit, wird er durch die Überwälzung dieser Arbeiten unangemessen benachteiligt. Denn Schönheitsreparaturen sind lediglich fachgerecht in mittlerer Art und Güte auszuführen. Das setzt aber nicht notwendig die Beauftragung einer Fachfirma voraus.[46]

c) Anfangsrenovierung

Eine Klausel, die den Mieter zu Beginn des Mietverhältnisses ohne Gegenleistung zur 13 Renovierung einer ihm unrenoviert übergebenen Wohnung verpflichtet, ist gemäß § 307 I, II Nr. 1 BGB unwirksam.[47] Dem Mieter muss eine angemessene Entschädigung gewährt werden.[48] Eine Formularbestimmung, wonach der Mieter bestätigt, dass er die Wohnung „fachgerecht renoviert gemäß Überprotokoll" übernommen hat, ist gemäß § 309 Nr. 12 lit. b BGB unwirksam.[49]

d) Laufende Renovierung

Enthält ein Mietvertrag keine Ausführungsfristen für Schönheitsreparaturen, ergibt 14 eine ergänzende Vertragsauslegung unter Berücksichtigung der berechtigten Interessen der Parteien und des Gebotes von Treu und Glauben, dass die Mietvertragsparteien die Fälligkeit der Renovierungsverpflichtung an den Eintritt eines Renovie-

---

[43] *EuGH* NJW 2004, 1647 Rn. 25; siehe auch *BGH* NZM 2004, 73.
[44] St. Rspr., BGHZ 92, 363, 368 = NJW 1985, 480, 481; BGHZ 101, 253, 262 = NJW 1987, 2575, 2576; *BGH* NJW 2004, 2961, 2962.
[45] *BGH* NJW 2010, 2877 Rn. 18.
[46] BGH NJW 2010, 2877 Rn. 21.
[47] Staudinger/*Emmerich*, § 535 Rn. 107, 109; *Heinrichs*, NZM 2005, 201, 208; siehe auch *BGH* NJW 1993, 532 und *OLG Stuttgart* NJW-RR 1989, 520; zur unrenovierten Wohnung: *Harsch*, WuM 2010, 723.
[48] MünchKommBGB/*Häublein*, § 535 Rn. 119.
[49] *LG Freiburg* WuM 2008, 334.

rungsbedarfs knüpfen wollten.[50] Im Regelfall wird die vertragliche Verpflichtung des Mieters zur Vornahme von Schönheitsreparaturen indes durch **Fristenpläne** konkretisiert, die sich als Schwachstellen erweisen können.

aa) Fristbeginn

15 Ist eine Wohnung bereits in renovierungsbedürftigem Zustand vermietet, ist die formularmäßige Abwälzung von Schönheitsreparaturen auf den Mieter nach Maßgabe eines Fristenplans nur dann wirksam, wenn die Renovierungsfristen erst mit dem Anfang des Mietverhältnisses zu laufen beginnen.[51]

bb) Starre Renovierungsfristen

16 Nach der Rechtsprechung des *BGH* benachteiligen starre Fälligkeitsregelungen den Mieter von Wohnraum entgegen den Geboten von Treu und Glauben unangemessen und sind daher gemäß § 307 I 1, II Nr. 1 BGB unwirksam. Durch starre, vom Abnutzungszustand losgelöste Fälligkeitsfristen wird dem Mieter auferlegt, Schönheitsreparaturen ohne Rücksicht auf das konkrete Aussehen der Räume und den Zeitpunkt der letzten Renovierung durchzuführen. Eine formularvertragliche Bestimmung, die den Mieter mit Renovierungsverpflichtungen belastet, die über den tatsächlichen Renovierungsbedarf hinausgehen, weicht von wesentlichen Grundgedanken der gesetzlichen Regelung ab, weil sie dem Mieter eine höhere Instandhaltungsverpflichtung auferlegen würde, als der Vermieter ohne vertragliche Abwälzung der Schönheitsreparaturen gemäß § 535 I 2 BGB schulden würde. Ein Interesse des Vermieters, den Mieter zur Renovierung der Wohnung zu verpflichten, obwohl ein Renovierungsbedarf tatsächlich noch nicht besteht, ist nicht schützenswert.[52]

17 Starre Fristenpläne sind zu unterscheiden von bloßen Richtlinien, von denen nach oben und unten abgewichen kann (so genannte „weiche" Fristen). Die Abgrenzung richtet sich danach, ob ein angegebener Zeitraum – etwa durch Formulierungen wie „im Allgemeinen", „in der Regel", „normalerweise" oder „grundsätzlich" – für den Mieter erkennbar so flexibel vereinbart ist, dass nach dem Wortlaut der Klausel im Einzelfall eine Anpassung des Renovierungsintervalls an den tatsächlichen Renovierungsbedarf möglich ist.[53] Ob der Zusatz „bei normaler Benutzung" einen Fristenplan hinreichend flexibel erscheinen lässt, hat der *BGH* offen lassen können.[54]

18 Klauseln, die bestimmte Fristen noch mit dem verstärkenden Zusatz „mindestens" versehen, sind vor diesem Hintergrund unwirksam.[55] Unwirksam sind auch Formularbestimmungen, die Renovierungsfristen allein durch die Angabe eines nach Jahren bemessenen Zeitraums bestimmen.[56] Auch eine Klausel, die auf die „üblichen Fristen" Bezug nimmt, enthält einen starren Fristenplan.[57]

19 Eine Formularbestimmung, wonach der Mieter Schönheitsreparaturen „regelmäßig" innerhalb der nach der Nutzungsart der Räume gestaffelten Fristen von drei, fünf

[50] *BGH* NJW 2004, 2961, 2962.
[51] BGHZ 101, 253, 264 ff. = NJW 1987, 2575 ff.; BGHZ 105, 71, 84 f. = NJW 1988, 2790, 2793 f.; *BGH* NJW 2005, 1426, 1427.
[52] *BGH* NJW 2004, 2586 f.; NJW 2006, 2115 Rn. 11; NJW-RR 2012, 907; ebenso für Geschäftsraummiete: BGHZ 178, 158 = NJW 2008, 3772.
[53] Grundlegend: *BGH* NJW 2004, 2586; seitdem st. Rspr., siehe *BGH* NJW 2004, 3775; NJW 2005, 3416; NJW 2006, 3778 Rn. 17; NJW-RR 2012, 907.
[54] *BGH* NZM 2009, 313 Rn. 12.
[55] *BGH* NJW 2004, 2586; weitere Beispiele bei *Paschke,* WuM 2008, 647.
[56] *BGH* NZM 2006, 459.
[57] *BGH* NJW 2006, 2113; NJW 2006, 2115.

bzw. sieben Jahren auszuführen hat, ist hingegen wirksam.[58] Das gilt auch für eine Formularbestimmung, wonach Schönheitsreparaturen „in der Regel … spätestens" innerhalb bestimmter Fristen vorzunehmen sind. Auch der durchschnittliche Mieter ist gehalten und in der Lage, eine solche Klausel im Zusammenhang zu lesen und daraus ihren Sinn zu ermitteln. Dem Wort „spätestens" kommt hierbei – für den verständigen Mieter unschwer erkennbar – lediglich die Bedeutung einer Betonung der genannten Fristen zu. Die Aussagekraft der vorangestellten Wendung „in der Regel" wird dadurch nicht beseitigt.[59]

Um einen den Mieter nach § 307 BGB unangemessen benachteiligenden starren Fristenplan **20** handelt es sich nicht, wenn der Vermieter auf Antrag des Mieters verpflichtet ist, die Fristen des Plans nach billigem Ermessen zu verlängern, wenn der Zustand der Wohnung dies in besonderen Ausnahmefällen zulässt und hierauf ein Anspruch des Mieters besteht. Diese Regelung trägt dem Interesse des Mieters hinreichend Rechnung, die Wohnung nicht unabhängig vom tatsächlichen Bedarf renovieren zu müssen.[60]

cc) Zu kurze Regelfristen

Die formularmäßig vereinbarte Dauer der Regelfristen lehnt sich meist an den vom **21** Bundesministerium der Justiz herausgegebenen Mustermietvertrag 1976, Fassung I, an. Dieser Fristenplan sieht vor, dass Schönheitsreparaturen im Allgemeinen in Küchen, Bädern und Duschen alle drei Jahre, in Wohn- und Schlafräumen, Fluren, Dielen und Toiletten alle fünf Jahre und in anderen Nebenräumen alle sieben Jahre erforderlich sind (§ 7 Fußnote 1). Es wird die Auffassung vertreten, dass derartige Regelfristen angesichts veränderter Wohnverhältnisse und verbesserter Materialien für die Renovierung zu kurz seien und den Mieter bereits deshalb unangemessen benachteiligten.[61]

Der *BGH* hat durch Urteil vom 26.9.2007 entschieden, dass ein Regelungsintervall **22** wie im Mustermietvertrag jedenfalls für in der Vergangenheit geschlossene Mietverträge zulässig ist.[62] Die Qualität des Dekorationsmaterials hat sich allenfalls allmählich verbessert. Der *BGH* hat offen gelassen, ob bei neu abzuschließenden Mietverträgen wegen inzwischen veränderter Wohnverhältnisse und verbesserter Materialien zur Vermeidung einer unangemessenen Benachteiligung des Mieters für einzelne oder für alle Renovierungsarbeiten längere Regelfristen geboten sind oder ob im Hinblick auf die Abhängigkeit des regelmäßigen Renovierungsbedarfs von der Art und Weise der jeweiligen Dekoration und dem konkreten Wohnverhalten kein Anlass für eine Verlängerung der Fristen besteht.

Offen ist auch, ob starre, aber deutlich längere Fristenpläne der Inhaltskontrolle am Maßstab des § 307 BGB standhalten. Zu denken ist etwa an Intervalle von fünf, acht und zehn Jahren bei Tapezierung bzw. acht, zehn und fünfzehn Jahren bei Lackarbeiten.[63] Solche Fristen stellen für beide Vertragsparteien eine praktische Vereinfachung dar. Sie sind auch für den Mieter hinnehmbar. Jedenfalls kann der Ablauf solcherart verlängerter Fristen ein gewichtiges Indiz für Renovierungsbedarf sein.[64]

[58] *BGH* NJW 2007, 3632 Rn. 12; siehe aber *KG* NJW 2008, 2787.
[59] *BGH* NJW 2005, 3416; siehe auch Schmidt-Futterer/*Langenberg*, § 538 Rn. 223.
[60] *BGH* NJW 2005, 425, 426; NJW 2005, 1188, 1189.
[61] *Langenberg*, WuM 2006, 122; WuM 2007, 231 ff.; *Wiek*, WuM 2006, 680, 681; vgl. auch Schmidt-Futterer/*Langenberg*, § 538 Rn. 225; anders *Schach/Hecht*, GE 2006, 1018.
[62] *BGH* NJW 2007, 3632 Rn. 13; siehe auch *BGH* NJW 2005, 1188, 1189; NJW 2006, 3778 Rn. 17.
[63] Siehe *Langenberg*, WuM 2006, 122, 125; *Beyer*, NJW 2008, 2065, 2066 f.; *ders.*, NZM 2008, 465, 466.
[64] *Sternel*, NZM 2007, 545, 547.

e) Endrenovierung

23 Unter einer Endrenovierungsklausel ist eine Formularvereinbarung zu verstehen, die den Mieter bei Beendigung des Mietverhältnisses zur Vornahme von Schönheitsreparaturen unabhängig davon verpflichtet, ob sie bei fortdauerndem Mietverhältnis in diesem Zeitpunkt erforderlich wären. Solche Klauseln können in Formularverträgen gem. § 307 I 1, II Nr. 1 BGB nicht wirksam vereinbart werden, sofern sie keinen Bezug zum Zustand der Wohnung und zum Zeitpunkt der letzten Schönheitsreparatur herstellen, denn dadurch wird dem Mieter ein Übermaß an Pflichten auferlegt.[65]

24 Das gilt auch für **isolierte Endrenovierungsklauseln.** Darunter ist eine formularvertragliche Endrenovierungspflicht des Mieters ohne Verpflichtung zur Vornahme laufender Schönheitsreparaturen zu verstehen. Besteht die Endrenovierungspflicht des Mieters unabhängig vom Zeitpunkt der letzten Renovierung sowie vom Zustand der Wohnung bei seinem Auszug, benachteiligt sie den Mieter auch dann unangemessen, wenn ihn während der Dauer des Mietverhältnisses keine Verpflichtung zur Vornahme von Schönheitsreparaturen trifft. Denn die Klausel verpflichtet den Mieter, die Wohnung bei Beendigung des Mietverhältnisses auch dann zu renovieren, wenn er dort nur kurze Zeit gewohnt hat oder erst kurz zuvor (freiwillig) Schönheitsreparaturen vorgenommen hat, sodass bei einer Fortdauer des Mietverhältnisses für eine (erneute) Renovierung kein Bedarf bestünde.[66]

Unbedenklich sind freilich Klauseln, die den Mieter lediglich verpflichten, während des Mietverhältnisses fällig gewordene Schönheitsreparaturen spätestens am Ende des Mietverhältnisses nachzuholen (unechte Endrenovierungsklauseln).[67]

f) Gegenständlicher Umfang

25 Formularmäßig unzulässig ist unter Umständen nicht nur der zeitliche, sondern auch der gegenständliche Umfang der Schönheitsreparaturverpflichtung. Dies betrifft zum Beispiel die dem Mieter übertragene Verpflichtung zum Anstreichen von Außenfenstern und der Wohnungstür. Darin liegt eine unangemessene Benachteiligung des Mieters i. S. von § 307 I 1 BGB, weil diese Arbeiten nicht vom Begriff der Schönheitsreparaturen umfasst sind (§ 28 IV 3 der II. BerechnungsVO).[68]

g) Summierungseffekt

26 Ist die Abwälzung laufender Schönheitsreparaturen für sich gesehen wirksam, weil sich der Fristenplan als Richtlinie darstellt, kann eine formularmäßige Renovierungsklausel gleichwohl unwirksam sein (§ 307 I 1, II Nr. 1 BGB), wenn durch Klauselkombinationen ein den Mieter unangemessen benachteiligender Summierungseffekt entsteht.

aa) Mehrere wirksame Formularvereinbarungen

27 Ein Summierungseffekt kann selbst dann eintreten, wenn jeweils für sich unbedenkliche, aber inhaltlich zusammengehörige, in einer Wechselwirkung stehende Klauseln zu einer unangemessenen Benachteiligung des Vertragspartners des Verwenders führen, weil sie sich zu einer übermäßigen Gesamtwirkung addieren.[69] Das Gericht bzw.

---

[65] *BGH* NJW 1998, 3114; NJW 2003, 2234, 2235; NJW 2003, 3192; NJW 2007, 3776 Rn. 13; Schmidt-Futterer/*Langenberg*, § 538 Rn. 169 ff.

[66] *BGH* NJW 2007, 3776; *Beyer*, NJW 2008, 2065, 2067.

[67] *Beyer*, NJW 2008, 2065, 2067, 2071.

[68] *BGH* NJW 2009, 1408.

[69] *BGH* NJW 2007, 997 Rn. 27; NJW 2006, 2116 Rn. 16; NJW 2003, 2234, 2235; NJW 1993, 532; *Beyer*, NJW 2008, 2065, 2069; für Geschäftsraummiete: *BGH* NJW 2005, 2006.

die anwaltlichen Berater der Parteien müssen deshalb das Zusammenwirken aller vereinbarten Klauseln prüfen. Bei dieser Fallkonstellation kann letztlich offen bleiben, ob eine Klausel für sich allein wirksam ist, sofern sich die unangemessene Benachteiligung aus der Gesamtwirkung ergibt.

Ein Summierungseffekt, der auch eine – für sich gesehen wirksame – Vornahme-   **28** klausel auf flexibler Berechnungsgrundlage erfasst, entsteht, wenn eine solche mit einer formularmäßigen Verpflichtung des Mieters zusammentrifft, die Wohnung am Ende des Mietverhältnisses „mit Rauhfaser, weiß gestrichen". Der Mieter sieht sich dadurch unter Umständen bereits während des laufenden Mietverhältnisses wirtschaftlichen Beschränkungen ausgesetzt.[70] Das gilt für jede Farbvorgabe „weiß" als Auszugsdekoration bei Mietende. Bereits dies benachteiligt den Wohnraummieter unangemessen i. S. von § 307 I 1, II BGB weil auch andere dezente Farbtöne die Weitervermietung nicht erschweren.[71]

bb) Formular- und Individualvereinbarungen

Ein Summierungseffekt kann sich auch aus dem Zusammentreffen einer an sich   **29** zulässigen Formular- mit einer Individualvereinbarung ergeben. Dies ist ein Unterfall der zuvor erörterten Fallgruppe. Bei der Prüfung einer Klausel nach § 307 BGB ist der gesamte Vertragsinhalt einschließlich seiner Individualanteile zu würdigen.[72] Das Gericht hat daher auch Individualvereinbarungen mitzuprüfen, zum Beispiel eine individuell verabredete Endrenovierungsbestimmung. Unwirksam i. S. von § 306 I BGB kann freilich nur die Formularbestimmung sein; Die Individualvereinbarung ist der Inhaltskontrolle nach § 307 I 1 BGB weder zugänglich noch wird sie gemäß § 139 BGB von der Unwirksamkeit der Formularklausel erfasst. Das hat der *BGH* für eine individuell vereinbarte Endrenovierungspflicht entschieden.[73]

cc) Wirksame und unwirksame Formularvereinbarungen

Ein Summierungseffekt entsteht auch, wenn eine flexibel ausgestaltete, für sich gese-   **30** hen wirksame formularmäßige Verpflichtung zur Vornahme laufender Schönheitsreparaturen kumulativ mit einer unwirksamen formularmäßigen Endrenovierungsklausel zusammentrifft (§ 307 I 1, II Nr. 1 BGB).[74] Auch eine vom Vermieter vorformulierte Bestimmung, nach der der Mieter verpflichtet ist, bei seinem Auszug alle von ihm angebrachten oder vom Vormieter übernommenen Tapeten zu beseitigen, ist wegen unangemessener Benachteiligung des Mieters unwirksam.[75] Die Unwirksamkeit erfasst auch eine flexible, für sich gesehen wirksame Vornahmeklausel.

Ein Summierungseffekt entsteht allerdings nicht bei eigenständigen Regelungen.[76]   **31** Solche sind anzunehmen, wenn die Endrenovierungsklausel nicht kumulativ neben die Vornahmeklausel, sondern – bei Nichterfüllung – lediglich an ihre Stelle tritt.[77] Daher geht es bei dieser Fallgruppe nicht um einen Summierungseffekt, sondern um die Frage der Trennbarkeit (bzw. Zusammengehörigkeit) von Formularbestimmun-

---

[70] *BGH* Hinweis gemäß § 552a ZPO vom 19.6.2007 – VIII ZR 278/06, unveröffentlicht.
[71] *BGH* NJW 2011, 514.
[72] Zur Anfangsrenovierung *BGH* NJW 1993, 532; zur Endrenovierung *BGH* NJW 2006, 2116 Rn. 16; *Eisenhardt*, WuM 2013, 332; Staudinger/*Emmerich*, § 535 Rn. 109.
[73] *BGH* NJW 2009, 1075; siehe auch *AG Hannover*, NZM 2010, 278.
[74] *BGH* NJW 2003, 2234, 2235; NJW 2003, 3192; zur Gewerberaummiete: *BGH* NJW 2005, 2006.
[75] *BGH* NJW 2006, 2115.
[76] *BGH* NJW 2006, 3778 Rn. 18; *Artz*, NZM 2007, 265, 270.
[77] *BGH* NJW 2006, 3778 Rn. 18.

gen.[78] Als Grenze ist das **Verbot der geltungserhaltenden Reduktion** von Formularbestimmungen auf einen zulässigen Kern zu beachten.

Inhaltlich voneinander trennbare, einzeln aus sich heraus verständliche Regelungen in
Allgemeinen Geschäftsbedingungen können auch dann Gegenstand einer gesonderten
Wirksamkeitsprüfung sein, wenn sie in einem äußeren sprachlichen Zusammenhang
mit anderen – unwirksamen – Regelungen stehen. Nur wenn der als wirksam anzusehende Teil im Gesamtgefüge des Vertrages nicht mehr sinnvoll, insbesondere der als
unwirksam beanstandete Klauselteil von so einschneidender Bedeutung ist, dass von
einer gänzlich neuen, von der bisherigen völlig abweichenden Vertragsgestaltung gesprochen werden muss, ergreift die Unwirksamkeit der Teilklausel die Gesamtklausel.[79]

32 Sind die Bestimmungen nicht trennbar, kann sich der Vermieter als Verwender einer
unwirksamen Formularbestimmung nicht selbst auf deren Unwirksamkeit berufen,
um eine andere, für sich gesehen wirksame Bestimmung zu retten.[80]

h) Transparenzgebot

33 Das Transparenzgebot verpflichtet die Verwender Allgemeiner Geschäftsbedingungen, die Rechte und Pflichten ihrer Vertragspartner eindeutig und verständlich darzustellen, damit diese sich bei Vertragsschluss hinreichend über die rechtliche Tragweite der Vertragsbedingungen klar werden können. Maßstab der Beurteilung sind
die Erwartungen und Erkenntnismöglichkeiten eines durchschnittlichen Vertragspartners des Verwenders.[81]

Nach dem Transparenzgebot ist der Vermieter als Verwender eines Formularvertrages
verpflichtet, die Rechte und Pflichten des Mieters möglichst klar und durchschaubar
darzustellen (§ 307 I 2 BGB). Dabei trägt der *BGH* dem Umstand Rechnung, dass
gerade bei der Formulierung von Schönheitsreparaturklauseln erhebliche Schwierigkeiten auftreten können, die verschiedenen tatsächlichen und rechtlichen Umstände
sowie die vorhandenen Kombinationsmöglichkeiten zu erfassen.[82] Es überfordert das
Verständnis des Mieters nicht, wenn ein Fristenplan die „im Allgemeinen" angemessenen zeitlichen Abstände für die erforderlichen Renovierungsarbeiten angibt, auch
wenn dabei ein gewisser Auslegungsspielraum verbleibt.[83]

Eine Klausel, wonach Schönheitsreparaturen in „neutralen, hellen, deckenden Farben und
Tapeten auszuführen" sind, scheitert somit nicht schon daran, dass sie nicht hinreichend klar
und verständlich ist. Für den durchschnittlichen Mieter ist ohne Weiteres ersichtlich, was unter
„hellen" Farben zu verstehen ist und dass bestimmte farbige Gestaltungen zwar „hell" sein
mögen, aber zu vielen Einrichtungsarten nicht passen und deshalb nicht als „neutral", wie von
der Klausel verlangt, angesehen werden können.[84]

4. Rechtsfolgen unwirksamer Fristenpläne

a) Verbot geltungserhaltender Reduktion

34 Ist die Fälligkeitsregelung unwirksam, hat dies die Unwirksamkeit der gesamten Verpflichtungen zur Ausführung der Schönheitsreparaturen zur Folge.[85] Eine unwirksame

---

[78] Zur Trennbarkeit: Ulmer/Brandner/Hensen/*H. Schmidt,* § 306 Rn. 12 ff.; MünchKomm-
BGB/*Basedow,* § 306 Rn. 17.
[79] BGHZ 179, 374 = NJW 2009, 1664 Rn. 15; NJW 2010, 674 Rn. 14.
[80] *BGH* NJW 2006, 2115 Rn. 19.
[81] BGHZ 165, 12, 21 f. = NJW 2006, 996, 997 f. NJW-RR 2011, 1144 Rn. 10; NJW-RR 2012,
1333 Rn. 24; BGHZ 194, 121 = NJW 2013, 291 Rn. 41.
[82] *BGH* NJW 1998, 3114, 3116; NZM 2004, 903, 904.
[83] *BGH* NJW 2004, 2087.
[84] *BGH* NJW 2008, 2499 Rn. 16; *Beyer,* NZM 2009, 137, 139.
[85] *BGH* NJW-RR 2010, 666 Rn. 13 m. w. N.

Schönheitsreparaturverpflichtung lässt sich (nur) aufrechterhalten, wenn die Formularvereinbarung aus sich heraus verständlich und sinnvoll in einen zulässigen und in einen unzulässigen Regelungsteil trennbar wäre.[86] Zur Überprüfung dessen bietet sich das Wegstreichen der unwirksamen Bestimmung an („Blue-pencil-Test").[87] Darin liegt noch keine geltungserhaltende Reduktion.[88] Bliebe eine dem Mieter auferlegte Schönheitsreparaturverpflichtung jedoch ohne den Fristenplan bestehen, würde sie aus der Sicht des Mieters inhaltlich umgestaltet und mit einem anderen Inhalt aufrechterhalten. Eine solche inhaltliche Veränderung wäre eine unzulässige geltungserhaltende Reduktion der Formularbestimmung auf einen zulässigen Kern.[89] Sofern der Mieter – formularvertraglich unwirksam – verpflichtet werden soll, Türen und Fenster auch von außen zu streichen, ist das Herausstreichen der Verpflichtung zum Streichen der Türen und Fenster unzulässig.[90] Auch salvatorische Klauseln in Mietverträgen („soweit gesetzlich zulässig") laufen im Ergebnis auf eine unzulässige geltungserhaltende Reduktion hinaus.[91] Außerdem verstoßen sie gegen das Verständlichkeitsgebot.[92]

Eine für sich allein gesehen wirksame Schönheitsreparaturverpflichtung ist wegen des **35** Verbots geltungserhaltender Reduktion unwirksam, wenn sie mit einer unwirksamen **Ausführungsklausel** zusammentrifft, die eine Abweichung von der „bisherigen Ausführungsart" von der Zustimmung des Vermieters abhängig macht. Denn die – bei isolierter Betrachtung unbedenkliche – Verpflichtung zur Ausführung von Schönheitsreparaturen wird durch die Festlegung auf die bisherige „Ausführungsart" inhaltlich dahin ausgestaltet, dass der Mieter sich strikt an die bisherige „Ausführungsart" zu halten hat.[93]

Bei **Farbwahlklauseln** ist zwischen dem laufenden Mietverhältnis und dessen Beendigung zu unterscheiden. Eine Formularbestimmung, die den Mieter bereits im laufenden Mietverhältnis auf die Verwendung „neutraler, deckender, heller Farben" abverlangt, ist unwirksam (§ 307 I 1 BGB) weil für eine formularvertragliche Behinderung des Mieters, sich in der Wohnung nach seinem Geschmack einzurichten, kein anerkennenswertes Interesse des Vermieters besteht.[94] Der Klauselkontrolle nach diesem Maßstab hält auch eine Pflicht des Mieters zum „Weißen" von Decken und Wänden während der Mietzeit nicht stand.[95] Unzulässig sind selbst Weiß-Klauseln bei Mietende.[96]

Eine auf die Rückgabe des Mietobjekts beschränkte Regelung („Lackierte Holzteile sind in dem Farbton zurückzugeben, wie er bei Vertragsbeginn vorgesehen war.") ist jedoch wirksam, weil die verwendete Formularbestimmung lediglich die Farbgestaltung bei Mietende regelt.[97]

---

[86] *BGH* NJW 2009, 3716 Rn. 10.

[87] *Heinrichs*, NZM 2005, 201, 204; dazu Staudinger/*Emmerich*, § 535 Rn. 112; MünchKommBGB/*Basedow*, § 306 Rn. 18.

[88] BGHZ 178, 158 = NZM 2008, 890 Rn. 32; NJW-RR 2006, 84, 86; NJW 2003, 2899; WuM 2004, 288; zum Verbot geltungserhaltender Reduktion: BGHZ 114, 338, 342 f. = NJW 1991, 2141, 2142 f.; BGHZ 143, 103, 119 = NJW 2000, 1110, 1113 f.; *BGH* NJW 2005, 1059, 1060.

[89] *BGH* NJW 2007, 1743 Rn. 11; NJW 2006, 3778 Rn. 26; NJW 2006, 2915 Rn. 19; NJW 2006, 2113 Rn. 15; NJW 2004, 3775, 3776; NJW 2004, 2586, 2587.

[90] *BGH* NJW 2009, 1408 Rn. 14 f.

[91] *Sternel*, NZM 2007, 545, 550; zu salvatorischen Klauseln: *BGH* NJW 2005, 2225; NJW-RR 2005, 1534, 1535; zur Intransparenz: *BGH* NJW 2013, 1668 Rn. 3.

[92] *BGH* NJW 2013, 1168 Rn. 3.

[93] *BGH* NJW 2007, 1743 Rn. 11; NJW 2012, 1280 Rn. 9 ff. („Farbdiktat"): WuM 2012, 445; *Beyer*, NJW 2008, 2065, 2067; *ders.*, NZM 2009, 137.

[94] *BGH* NJW 2008, 2499 Rn. 18; NZM 2008, 926 Rn. 15; NZM 2009, 313 Rn. 12; NJW-RR 2010, 666 („nur weiß").

[95] *BGH* NJW 2009, 3716; WuM 2010, 184

[96] *BGH* NJW 2011, 514.

[97] *BGH* NJW 2009, 62; *Beyer*, NZM 2009, 137, 141; vgl. auch *Blank*, NJW 2009, 27.

b) Ergänzende Vertragsauslegung

36 Formularverträge sind im Individualprozess zwar grundsätzlich einer ergänzenden Auslegung zugänglich.[98] An die Stelle einer unwirksamen Renovierungsklausel tritt nach der Rechtsprechung des *BGH* aber nicht diejenige Gestaltungsmöglichkeit, die die Parteien bei sachgerechter Abwägung der beiderseitigen Interessen gewählt hätten. Die Voraussetzungen der ergänzenden Vertragsauslegung sind in dieser Konstellation nicht gegeben, denn die Pflicht zur Instandhaltung der Mietsache, zu der auch die Ausführung von Schönheitsreparaturen gehört, ist gemäß § 535 I 2 BGB dem Vermieter auferlegt. Diese dispositive gesetzliche Bestimmung tritt nach § 306 II BGB an die Stelle der unzulässigen Klausel.[99] Das gilt nach der Rechtsprechung auch dann, wenn eine für den Verwender günstigere vertragliche Gestaltungsmöglichkeit im Hinblick auf die Abwälzung der Instandhaltungspflicht bestanden hätte.[100]

IV. Erfüllungsanspruch des Vermieters

1. Renovierungsbedürftigkeit

a) Voraussetzungen

37 Sofern die Renovierungspflicht in wirksamer Weise auf den Mieter abgewälzt worden, kann der Vermieter nicht erst bei Vertragsende, sondern bereits während des laufenden Mietvertrages eine Leistungsklage auf Vornahme von Schönheitsreparaturen erheben. Mieträume müssen renoviert werden, sobald aus der Sicht eines objektiven Betrachters Renovierungsbedürftigkeit besteht (Fälligkeit des Erfüllungsanspruchs).[101] Renovierungsbedürftigkeit bejaht die Rechtsprechung, wenn die betreffende Mietsache in dieser Form nicht mehr vermietet werden könnte.[102] Die Vornahme der Renovierung kann bereits vor Ablauf der üblicherweise vereinbarten Fristen fällig sein. Es kommt nicht darauf an, ob bereits die Substanz der Wohnung gefährdet ist.[103] Schönheitsreparaturen sind freilich nicht fällig, solange sie wegen bauseitiger Schäden nicht fachgerecht vorgenommen werden können.[104]

b) Darlegungs- und Beweislast

38 Nach allgemeinen Regeln trifft den Vermieter die Darlegungs- und Beweislast für die Renovierungsbedürftigkeit als anspruchsbegründendes Merkmal des von ihm geltend gemachten Erfüllungsanspruchs. Für einen Anscheinsbeweis nach Ablauf der im Fristenplan vereinbarten üblichen Fristen ist kein Raum, weil es keine tatsächliche Lebenserfahrung dafür gibt, dass eine Wohnung nach Ablauf bestimmter Fristen abgewohnt ist.

39 Auch der in § 7 Fußnote 1 des vom Bundesministerium der Justiz herausgegebenen Mustermietvertrags 1976, Fassung I, enthaltene und in der Praxis anerkannte Fristenplan, bietet allenfalls Anhaltspunkte für einen tatsächlich entstandenen Renovierungs-

---

[98] Anders im Verbandsprozess: *BGH* NJW 2007, 1054 Rn. 39.

[99] *BGH* NJW 2006, 2915 Rn. 20 f.; *Sternel,* NZM 2007, 545, 550.

[100] *BGH* NJW 2006, 2915 Rn. 20 f.; NJW 2006, 3778 Rn. 27; *Emmerich,* NZM 2006, 761, 762.

[101] *BGH* NJW 2005, 1862, 1863; *OLG Düsseldorf* OLGR 2007, 71, 72; *Weitemeyer,* NZM 2005, 646; Schmidt-Futterer/*Langenberg,* § 538 Rn. 215, 232.

[102] *BGH* WuM 1982, 296, 297; *KG* NZM 2009, 661; ebenso Staudinger/*Emmerich,* § 535 Rn. 112.

[103] *BGH* NJW 2005, 1862, 1863.

[104] *KG* NZM 2009, 661.

bedarf in Wohnräumen.[105] Ein Anscheinsbeweis greift selbst dann nicht ein, wenn die üblichen Renovierungsfristen seit langem abgelaufen sind. Allerdings ist dieser Umstand im Rahmen der richterlichen Überzeugungsbildung zu würdigen (§ 286 I ZPO).[106]

Die Verteilung der Darlegungs- und Beweislast kann davon abhängen, wie die Renovierungs- **40** klausel formuliert ist. Bestimmt der vom Vermieter verwendete Fristenplan, dass die Renovierung innerhalb bestimmter Regelfristen zu erfolgen hat, von denen abgewichen werden kann, wenn der Zustand der Mieträume die Einhaltung dieser Frist nicht erfordert, wird dem Mieter die Beweislast für eine unterdurchschnittliche Abnutzung auferlegt, die ein Abweichen von den Regelfristen ermöglicht.[107] Dem Mieter steht der Einwand unterdurchschnittlicher Abnutzung offen. Dieser Mechanismus ist Regelfristen, deren Vereinbarung grundsätzlich zulässig ist, immanent. Das begegnet bei einem Mietverhältnis über eine renoviert überlassene Wohnung keinen Bedenken, denn dabei steht fest, dass die im Zeitpunkt der Beendigung festzustellende Abnutzung vollständig während der Mietzeit eingetreten und nicht ganz oder teilweise durch einen Vormieter herbeigeführt worden ist.[108] Im Übrigen ist die Vereinbarkeit der Beweislastumkehr mit § 309 Nr. 12 Hs. 1 BGB nicht abschließend geklärt.[109]

2. Anspruchsinhalt

Schönheitsreparaturen müssen stets fachgerecht in mittlerer Art und Güte ausgeführt **41** werden (§ 243 I BGB).[110] Auch in Allgemeinen Geschäftsbedingungen kann eine „fachgerechte", „fachmännische" oder „handwerksgerechte" Ausführung durch den Mieter vereinbart werden.[111] Das hat der *BGH* in der Sache gebilligt.[112] Dadurch soll ein gewisser Qualitätsstandard der Arbeiten sichergestellt werden, der auch durch Eigenarbeit des Mieters gewährleistet sein kann. Eine Ausführung durch Fachhandwerker kann formularvertraglich jedoch nicht wirksam vereinbart werden.[113] Die Renovierungsverpflichtung im Übrigen bleibt aber wirksam.[114] Intransparent (§ 307 I 2 BGB) ist die Klausel: „Der Mieter darf nur Zustimmung des Wohnungsunternehmens von der bisherigen Ausführungsart abweichen."[115] Das gilt auch für eine Klausel, wonach „erhebliche Abweichungen von der Ausführungsart" zustimmungsbedürftig sind.[116]

Ist streitig, ob der Mieter Renovierungsarbeiten fachgerecht vorgenommen hat, trifft ihn die Beweislast für die Erfüllung des Anspruchs (§ 362 BGB).[117]

3. Verjährung

Die Verjährungsfrist beginnt auch für den Erfüllungsanspruch gemäß §§ 200, 548 I **42** BGB mit der Rückgabe der Mietsache und beträgt sechs Monate.[118]

---

[105] *BGH* NJW 2004, 2586, 2587.
[106] *BGH* NJW 2004, 2961, 2962: Renovierungsbedarf mehr als 20 Jahre nach der Anfangsrenovierung.
[107] *BGH* NJW 2007, 3632 Rn. 21.
[108] *BGH* NJW 2007, 3632 Rn. 21.
[109] Dazu MünchKommBGB/*Häublein*, § 535 Rn. 120.
[110] *BGH* NJW 2004, 3042, 3043; BGHZ 105, 71, 78 = NJW 1988, 2790, 2792; Schmidt-Futterer/*Langenberg*, § 538 Rn. 81; Staudinger/*Emmerich*, § 535 Rn. 111.
[111] Schmidt-Futterer/*Langenberg*, § 538 Rn. 85.
[112] *BGH* NJW 2009, 62 („handwerksgerecht"); *Beyer*, NZM 2009, 137, 140.
[113] BT-Drs. 14/4553, S. 85.
[114] *OLG Stuttgart* NJW-RR 1993, 1422; a. A. *Blank*, LMK 2007, 222423.
[115] *BGH* NJW 2007, 1743; zur Trennbarkeit: *Sternel*, NZM 2007, 545, 546.
[116] *Börstinghaus*, NZM 2007, 897, 900.
[117] *BGH* NJW 2004, 3043, 3044; NJW 1998, 3114; Schmidt-Futterer/*Langenberg*, § 538 Rn. 405.
[118] Schmidt-Futterer/*Langenberg*, § 538 Rn. 413; *Lützenkirchen*, ZMR 2002, 889, 891; BT-Drs. 14/4553, S. 45; siehe auch *Feuerlein*, WuM 2008, 385, 386.

4. Durchsetzung des Anspruchs

43 Hat der Vermieter ein Leistungsurteil erwirkt, kann er damit die Voraussetzung für eine Ersatzvornahme im Wege der Zwangsvollstreckung (§ 887 ZPO) schaffen.[119]

V. Schadensersatzanspruch des Vermieters

44 Erfüllt der Mieter eine ihm wirksam auferlegte und fällige Verpflichtung zur Vornahme von Schönheitsreparaturen bis zur Rückgabe des Wohnraums oder bis zur Beendigung des Mietverhältnisses nicht, hat er dem Vermieter die erforderlichen Kosten zur Ausführung der Schönheitsreparaturen zu ersetzen. Der Anspruch des Vermieters auf Schadensersatz statt der Leistung folgt aus § 280 I, III, § 281 I 1 BGB.[120] Mit dem Schadensersatzverlangen geht der Erfüllungsanspruch unter (§ 281 IV BGB).

1. Aufforderung zur Leistung

45 Voraussetzung eines Anspruchs auf Schadensersatz statt der Leistung ist, dass der Gläubiger dem Schuldner erfolglos eine angemessene Frist zur Leistung gesetzt hat. Der Vermieter muss den Mieter auffordern, die fällige Leistung zu bewirken und spezifiziert angeben, in welchen Räumen welche Arbeiten an welcher Stelle vorzunehmen sind.[121] Ein unter Umständen vorhandenes Abnahmeprotokoll kann zur Untermauerung beigefügt werden.[122] Die Aufforderung kann auch schon vor Ablauf des Mietvertrags erfolgen, sofern die Verpflichtung zur Vornahme von Schönheitsreparaturen fällig ist.[123]

2. Angemessenheit der Fristbestimmung

46 Der Vermieter muss dem Mieter eine angemessene Frist zur Leistung setzen. Für eine Fristsetzung gemäß § 281 I BGB genügt es, wenn der Vermieter durch das Verlangen nach sofortiger, unverzüglicher oder umgehender Leistung deutlich macht, dass dem Mieter für die Erfüllung nur ein begrenzter (bestimmbarer) Zeitraum zur Verfügung steht. Einen bestimmten Zeitraum oder Endtermin muss der Vermieter nicht angeben.[124] Ein bestimmbarer Zeitraum reicht aus.[125] Zwei Wochen sind bei der hier gegebenen Fallgestaltung grundsätzlich nicht zu beanstanden.[126] Durch eine zu kurz bemessene Frist wird eine angemessene in Lauf gesetzt.[127]

Eine Ablehnungsdrohung des Vermieters ist nach § 281 I BGB nicht erforderlich. Soweit jedoch ältere, an § 326 BGB a. F. orientierte Vertragsformulare noch ein solches Erfordernis vorsehen, ist der Vermieter als Verwender jedoch daran gebunden.[128]

---

[119] Schmidt-Futterer/*Langenberg*, § 538 Rn. 236.

[120] § 326 I BGB a. F. war anzuwenden, wenn das Mietverhältnis vor dem 1.1.2003 beendet wurde (Art. 229 § 5 EGBGB); dazu: *BGH* NJW 2005, 425; NJW 2005, 2004 f.

[121] *KG* NJW-RR 2007, 1601; ZMR 2003, 676, 677; *Lützenkirchen*, WuM 2008, 119, 128.

[122] Zum Abnahmeprotokoll: *Lehmann-Richter*, ZMR 2006, 833.

[123] Schmidt-Futterer/*Langenberg*, § 538 Rn. 265.

[124] *BGH* NJW 2009, 3153.

[125] *BGH* NJW 2009, 3153 Rn. 10 ff.

[126] *KG* NZM 2007, 356; Staudinger/*Emmerich*, § 535 Rn. 121.

[127] St. Rspr.; *BGH* NJW 1985, 2640.

[128] Zu den inhaltlichen Anforderungen an eine Ablehnungsdrohung: *BGH* NJW 1997, 51.

3. Entbehrlichkeit der Fristbestimmung

Eine Fristsetzung ist insbesondere entbehrlich, wenn der Mieter die Leistung ernst- **47** haft und endgültig verweigert (§ 281 II Alt. 1 BGB). Erfüllungsverweigerung liegt vor, wenn der Schuldner eindeutig zum Ausdruck bringt, er werde seinen Vertragspflichten nicht nachkommen, und es damit ausgeschlossen erscheint, dass er sich durch eine Aufforderung zur Leistung umstimmen ließe.[129]

Der Mieter kann bereits durch sein Verhalten vor Vertragsbeendigung eindeutig zum **48** Ausdruck bringen, dass er seinen vertraglich übernommenen Verpflichtungen nicht nachkommen wird und demgemäß das Mietobjekt bei Vertragsende räumt, ohne Anstalten für die Vorbereitung oder Ausführung der Schönheitsreparaturen getroffen zu haben.[130] Der Auszug des Mieters kann unter Umständen genügen.[131] Das ist jedoch nicht stets der Fall; der Mieter kann gleichwohl zur Vornahme von Schönheitsreparaturen bereit sein.[132]

Eine ernsthafte und endgültige Erfüllungsverweigerung kann auch aus dem Verhalten **49** des Schuldners im Prozess abgeleitet werden.[133] Im bloßen Bestreiten von Mängeln liegt allerdings nicht ohne weiteres eine endgültige Nacherfüllungsverweigerung, denn das Bestreiten ist prozessuales Recht des Schuldners. Vielmehr müssen weitere Umstände hinzutreten, welche die Annahme rechtfertigen, dass der Schuldner über das Bestreiten hinaus bewusst und endgültig die Erfüllung seiner Vertragspflichten ablehnt und es damit ausgeschlossen erscheint, dass er sich von einer Fristsetzung hätte oder werde umstimmen lassen.[134]

4. Schadensumfang

a) Renovierungskosten

Der Vermieter hat Anspruch auf Ersatz der objektiv erforderlichen Renovierungs- **50** kosten (§ 249 II 1 BGB). Zur schlüssigen Darlegung kann der Kostenvoranschlag eines Malermeisters ausreichen. Dessen Inhalt muss der Mieter gegebenenfalls substantiiert bestreiten; regelmäßig muss er geringere Preise, Flächen oder Größen vortragen.[135]

Der Vermieter muss die Renovierung tatsächlich nicht vornehmen lassen, sondern **51** kann den Schadensersatz auch abstrakt berechnen, etwa auf der Basis eines Sachverständigengutachtens. Die Verwendung der Schadensersatzleistung ist nicht für die Renovierung des Objekts zweckgebunden. Der Vermieter kann die Renovierung auch kostengünstig in Eigenleistung vornehmen oder ganz davon absehen, ohne dass dies Einfluss auf den Ersatzanspruch hat.[136]

§ 249 II 2 BGB, wonach Umsatzsteuer nur verlangt werden, wenn sie tatsächlich angefallen ist, gilt nach seinem Wortlaut nur bei „Beschädigung einer Sache", nicht aber – wie hier – im Fall der Nichterfüllung einer vertraglichen Leistungspflicht.[137] Gleichwohl zieht eine verbreitete Ansicht zu Recht den Rechtsgedanken des § 249

---

[129] *BGH* NJW 2010, 1956 Rn. 22; NJW 2009, 2532 Rn. 13; NJW 2006, 1195 Rn. 25, NJW 2011, 3425 Rn. 24; *Martis*, MDR 2010, 1293, 1294 m. w. N.

[130] *BGH* NJW 1991, 2416, 2417; *KG* NZM 2007, 356.

[131] *BGH* NJW 1998, 1303, 1304; *LG Stuttgart* WuM 2007, 620.

[132] *KG* WuM 2008, 592.

[133] *BGH* NJW-RR 2003, 13.

[134] *BGH* NJW 2006, 1195 Rn. 25; NJW-RR 2009, 667, Rn. 12.

[135] *KG* WuM 2006, 436, 437; Schmidt-Futterer/*Langenberg*, § 538 Rn. 382.

[136] Schmidt-Futterer/*Langenberg*, § 538 Rn. 323.

[137] Palandt/*Grüneberg*, § 249 Rn. 29; siehe auch *OLG Celle* NJW 2010, 1151 (Werkvertrag).

II 2 BGB heran.[138] Dafür wird angeführt, dass es zu einer Überkompensation führe, wenn der Vermieter auch nicht angefallene Umsatzsteuer erhält.[139]

Eine Ausnahme hat der *BGH* in einer Fallgestaltung gemacht, der eine Individualabrede zugrunde lag.[140]

b) Weitere Schadenspositionen

52 Der Vermieter kann Ersatz des Mietausfalls verlangen, sofern die unterlassenen Schönheitsreparaturen (mit-)ursächlich dafür waren, dass die Wohnung nicht weitervermietet werden konnte (§ 252 BGB).[141] Vorprozessuale Gutachterkosten, die dem Vermieter zur Schadensfeststellung entstanden sind, sind ihm ebenfalls zu ersetzen. Dies gilt in der Regel auch dann, wenn der Zustand der Mietwohnung anderweitig festgestellt werden könnte, zum Beispiel durch Lichtbilder.[142] Freilich besitzen Privatgutachten im Prozess häufig nur geringe Überzeugungskraft. Ein selbständiges Beweisverfahren (§§ 485 ff. BGB) ist deshalb vorzuziehen; überdies hat die Zustellung eines Antrags auf Durchführung eines selbständigen Beweisverfahrens verjährungshemmende Wirkung (§ 204 I Nr. 7 BGB).

c) Vorteilsausgleichung

53 Nimmt ein neuer Mieter die Schönheitsreparaturen auf eigene Kosten vor, entlastet dies den alten Mieter nicht. Eine Vorteilsausgleichung ist nicht vorzunehmen, wenn der Schaden aufgrund einer vertraglichen Abrede zwischen Geschädigtem und Dritten beseitigt wird. Dies geht den Schädiger nichts an.[143]

5. Verjährung

54 Der Schadensersatzanspruch des Vermieters verjährt in sechs Monaten (§ 548 I 1 BGB). Die Bestimmung erfasst sämtliche Schadensersatzansprüche des Vermieters, die ihren Grund darin haben, dass der Mieter die Mietsache als solche zwar zurückgeben kann, diese sich jedoch auf Grund einer Beschädigung oder Veränderung nicht in dem bei der Rückgabe vertraglich geschuldeten Zustand befindet.[144]

Die Frist beginnt, wenn der Vermieter die Mietsache zurückerhält (§ 200 S. 1, § 548 I 2 BGB). Unter Rückgabe ist die Herbeiführung einer Art der Sachherrschaft zu verstehen, die den Vermieter in die Lage versetzt, die Mietsache auf etwaige Mängel zu untersuchen.[145] Erforderlich ist eine vollständige und unzweideutige Besitzaufgabe durch den Mieter, wovon der Vermieter Kenntnis erlangen muss.[146]

Anders als bei § 546 BGB ist die Herausgabe sämtlicher Schlüssel nicht entscheidend. Eine Prüfungsmöglichkeit des Vermieters besteht auch dann, wenn versehentlich Schlüssel beim Mieter verblieben oder diese im Lauf des Mietverhältnisses verloren gegangen sind. Etwas anderes gilt nur dann, wenn sich der Vermieter keinen vollständigen Besitz verschaffen kann,

---

[138] Schmidt-Futterer/*Langenberg*, § 538 Rn. 327 m. w. N.; dagegen *Winkler*, ZMR 2007, 337.

[139] So BGHZ 186, 330 = NJW 2010, 3085 Rn. 14 ff. zu einem werkvertraglichen Anspruch auf Schadensersatz statt der Leistung.

[140] *BGH* NZM 2010, 617.

[141] BGHZ 128, 74 = NJW 1995, 252; *BGH* NJW 1998, 1303; NJW 2005, 425, 427; Staudinger/*Emmerich*, § 535 Rn. 125; Schmidt-Futterer/*Langenberg*, § 538 Rn. 359.

[142] *BGH* NJW 2004, 3043, 3044.

[143] BGHZ 49, 56 = NJW 1968, 491; *Armbrüster*, JuS 2007, 411, 416 f.

[144] BGH NJW 2010, 2652 Rn. 12.

[145] *BGH* NJW 2006, 2399 Rn. 21; BGHZ 98, 59, 63 = NJW 1986, 2103, 2104; zum Begriff der Rückgabe *BGH* NJW 2000, 3203, 3206; NJW 2004, 774, 775; siehe auch *OLG Saarbrücken* NJW-RR 2009, 1024.

[146] *BGH* NJW 2004, 774, 775; NJW 2006, 1963 Rn. 12; *Witt*, NZM 2012, 545, 547 f.

weil der Mieter Schlüssel einbehalten hat.[147] Eine vom Vermieter verwendete Allgemeine Geschäftsbedingung, wonach die Verjährungsfrist für seine Ersatzansprüche erst mit Rückgabe sämtlicher Schlüssel beginnt, ist wegen unangemessener Benachteiligung des Mieters unwirksam (§ 307 I 1 BGB).

Die Verjährung beginnt ebenfalls mit der Rückgabe der Mietsache, wenn der Anspruch später entsteht.[148] Die Frist beginnt auch dann mit der Rückgabe, wenn das Mietverhältnis erst später endet, weil der Vermieter die Wohnung vor Vertragsende zurückgenommen hat.[149] Gibt der Mieter die Wohnung zum Beispiel am 3.9.2012 zurück, ist bei Eingang der Klageschrift nach dem 4.3.2013 bereits Verjährung eingetreten, auch wenn der Mietvertrag erst am 31.10.2012 beendet war.[150] **55**

Der dem Vermieter auf diese Weise entstehende Nachteil wird im Wesentlichen dadurch ausgeglichen, dass er bereits dann Vorschuss in Höhe der erforderlichen Renovierungskosten verlangen kann, wenn der Mieter im laufenden Mietverhältnis mit seiner vertraglichen Verpflichtung zur Durchführung von Schönheitsreparaturen in Verzug gerät.[151] Hinsichtlich der Verpflichtung des Mieters zur Durchführung der Schönheitsreparaturen kann der Vermieter zudem bereits vor Vertragsende eine Leistungsklage erheben. Diese Klage hemmt nach § 204 I Nr. 1, § 213 BGB auch die Verjährung des Schadensersatzanspruchs des Vermieters.[152] Durch einen Widerrufsvergleich wird die Verjährung gemäß § 203 S. 1 BGB bis zur Erklärung des Widerrufs gehemmt.[153] **56**

VI. Abgeltungsklauseln

1. Grundlagen

Die vertragliche Verpflichtung des Mieters zur Durchführung von Schönheitsreparaturen nach einem Fristenplan wird nicht selten durch eine formularmäßige Abgeltungsklausel (auch Quotenabgeltungsklausel genannt) ergänzt. Für den Fall, dass die Schönheitsreparaturen bei Beendigung des Mietverhältnisses noch nicht fällig sind, wird dem Mieter eine Zahlungspflicht zur anteiligen Abgeltung der Kosten späterer Arbeiten auferlegt. Eine solche Klausel über die quotenmäßige Abgeltung angefangener Renovierungsintervalle gewährt keinen Schadensersatz-, sondern einen – von den Voraussetzungen des § 281 BGB unabhängigen – Erfüllungsanspruch.[154] **57**

Der Zweck einer Abgeltungsklausel besteht darin, dem Vermieter, der von dem ausziehenden Mieter mangels Fälligkeit der Schönheitsreparaturen keine Endrenovierung verlangen kann, wenigstens einen prozentualen Anteil an den Renovierungskosten für den Abnutzungszeitraum seit den letzten Schönheitsreparaturen während der Mietzeit zu sichern.[155] Neben einem Schadensersatzanspruch wegen unterlassener

---

[147] *OLG Düsseldorf* OLGR 2007, 465; OLGR 2008, 544; OLGR 2009, 577; Staudinger/*Rolfs*, § 548 Rn. 30; zur Schlüsselrückgabe siehe auch BGH NZM 2012, 21; *OLG Düsseldorf* NJW-RR 2007, 13; *Pauly*, NZM 2012, 553; *Schmid*, MDR 2010, 1367.

[148] BGHZ 162, 30 = NJW 2005, 739 = JuS 2005, 460 *(Emmerich)*; *BGH* NJW 2005, 2004 f.

[149] *BGH* NJW 2006, 1588; siehe auch *BGH* NJW 2006, 2399 Rn. 20.

[150] Siehe *BGH* NJW 2006, 1588; *Lehmann-Richter*, NZM 2009, 761.

[151] BGHZ 111, 301, 306 f. = NJW 1990, 2376, 2377; *BGH* NJW 2005, 1862, 1863; Staudinger/ *Emmerich*, § 535 Rn. 113.

[152] BT-Drs. 14/6040, S. 121.

[153] *BGH* NJW 2005, 2004.

[154] BGHZ 105, 71, 79 = NJW 1988, 2790, 2792; Schmidt-Futterer/*Langenberg*, § 538 Rn. 184.

[155] *BGH* NJW 2006, 3778 Rn. 22; NJW 2007, 3632 Rn. 15.

Schönheitsreparaturen kann der Vermieter den auf der Abgeltungsklausel beruhenden Erfüllungsanspruch auch hilfsweise geltend machen.[156]

2. Wirksamkeit

a) Grundsatz

58 Eine formularmäßige Abgeltungsklausel benachteiligt den Mieter grundsätzlich nicht unangemessen (§ 307 I 1, II Nr. 1 BGB). Die Abwälzung der turnusmäßigen Schönheitsreparaturen, deren Kosten der Mieter zu tragen hätte, wenn das Mietverhältnis bis zum Eintritt der Fälligkeit der Schönheitsreparaturverpflichtung fortbestanden hätte, stellt rechtlich und wirtschaftlich einen Teil der Gegenleistung des Mieters für die Gebrauchsüberlassung der Räume dar. Dies müsste der Mieter anderenfalls – bei einer den Vermieter treffenden Verpflichtung zur Durchführung der Schönheitsreparaturen – über eine höhere Bruttomiete im Voraus abgelten (Entgeltthese).[157]

59 Der *BGH* hat eine formularmäßige Abgeltungsklausel in der Vergangenheit auch dann als wirksam behandelt, wenn die Wohnung unrenoviert übergegeben wurde.[158] Das hat nachvollziehbare Kritik erfahren, weil der Mieter damit auch eine Eigenrenovierung abgelten müsste.[159] Im Urteil vom 26.9.2007 hat der *BGH* offen gelassen, ob daran auch für die Zukunft festzuhalten sein wird.[160]

b) Starrer Fristenplan

60 Die Wirksamkeit einer Abgeltungsklausel setzt eine flexible („weiche") Renovierungsklausel voraus.[161] Denn eine Abgeltungsklausel kommt nur zur Anwendung, wenn Schönheitsreparaturen grundsätzlich geschuldet, aber noch nicht fällig sind.

c) Starre Abgeltungsklauseln

61 Eine Abgeltungsklausel legt dem Mieter eine übermäßige, gemäß § 307 I 1, II Nr. 1 BGB unzulässige Verpflichtung zur zeitanteiligen Abgeltung zukünftiger Instandhaltungskosten auf, die mit dem Grundgedanken des § 535 I 2 BGB nicht zu vereinbaren ist, wenn sie selbst eine starre Berechnungsgrundlage enthält, die eine Berücksichtigung des tatsächlichen Erhaltungszustands der Wohnung nicht zulässt. Denn dies kann im Einzelfall dazu führen, dass der Mieter – gemessen am Abnutzungsgrad der Wohnung und der Zeitspanne bis zur Fälligkeit der Schönheitsreparaturen – eine übermäßig hohe Abgeltungsquote zu tragen hat. In einem solchen Fall liegt es bei einer formularmäßigen Mietvertragsklausel, die dem Mieter die Verpflichtung zu einer anteiligen Abgeltung der Kosten von Schönheitsreparaturen auf der Grundlage einer starren Fristenregelung auferlegt, nicht anders als bei einer Klausel, die den Mieter zur Vornahme von Schönheitsreparaturen nach einem starren Fristenplan verpflichtet.[162]

62 Anfangs ging der *BGH* von der Wirksamkeit von Abgeltungsklauseln mit starren Fristen und Prozentsätzen aus.[163] Daran hält er seit seinem Urteil vom 18.10.2006 nicht mehr fest[164]. Sofern der Vermieter geltend macht, er habe die Abgeltungsklausel im Vertrauen auf ältere Rechtsprechung verwendet, ist ihm allerdings kein Vertrau-

---

[156] Siehe die Fallgestaltung in *BGH* NJW 2008, 1438.
[157] *BGH* NJW 2006, 3778 Rn. 23; NJW 2007, 3632 Rn. 15.
[158] BGHZ 105, 71, 84 = NJW 1988, 2790, 2793.
[159] Siehe Schmidt-Futterer/*Langenberg*, § 538 Rn. 186; Staudinger/*Emmerich*, § 535 Rn. 108.
[160] *BGH* NJW 2007, 3632 Rn. 19 f.; dazu *Beyer,* NJW 2008, 2065, 2068.
[161] *BGH* NJW 2006, 1728 Rn. 16.
[162] *BGH* NJW 2006, 3778 Rn. 24 f.
[163] BGHZ 105, 71, 76 = NJW 1988, 2790, 2791; *BGH* NJW 2004, 3042; NZM 2004, 903.
[164] *BGH* NJW 2006, 3778.

ensschutz zu gewähren.[165] Das Risiko der Unwirksamkeit einer Klausel trifft ihren Verwender. Zwar hat der *BGH* dies in einem (nicht das Wohnraummietrecht betreffenden) Ausnahmefall anders gesehen, in dem er die Klausel zunächst selbst gebilligt hat.[166] Gleichwohl ist im Grundsatz auch dann kein Vertrauensschutz zu gewähren, wenn die Bestimmung von der höchstrichterlichen Rechtsprechung, die einem Anschauungswandel unterliegen kann, zunächst als wirksam angesehen wurde, denn die Belange des Vertragspartners des Verwenders gehen grundsätzlich auch in diesem Fall vor.[167]

Hat der Mieter trotz unwirksamer Abgeltungsklausel gezahlt, kann er den gezahlten   **63** Betrag nach § 812 I 1 Alt. 1 BGB vollständig zurückfordern. Die Verjährung des Anspruchs richtet sich nach § 195 I, § 199 I BGB.

d) Flexible Abgeltungsklauseln

Mit § 307 I 1 BGB vereinbar ist eine Abgeltungsklausel, die die Berücksichtigung des   **64** tatsächlichen Erhaltungszustands der Wohnung zulässt. Zur Vermeidung einer unangemessenen Benachteiligung des Mieters wird in der Literatur deshalb vorgeschlagen, Abgeltungsklauseln durch Formulierungen wie „in der Regel" oder „im Allgemeinen" auf eine flexible Berechnungsgrundlage zu stellen[168] oder dem Mieter einen Anspruch einzuräumen, die Fristen zu verlängern bzw. die Abgeltungsquote zu verringern, wenn der Abnutzungsgrad geringer als üblich ist.[169]

Dem Urteil des *BGH* vom 26.9.2007 lag eine Formularbestimmung zugrunde, die   **65** ausdrücklich an zuvor geregelte flexible Fristen für die Durchführung der Schönheitsreparaturen anknüpfte, indem sie für die Kostenquote das Verhältnis dieser Fristen zu der Wohndauer seit den zuletzt durchgeführten Schönheitsreparaturen für maßgeblich erklärte.[170]

Endet das Mietverhältnis zum Beispiel nach vier Jahren, hat aber der Mieter die Wohnräume nicht stärker abgenutzt, als es nach zwei Jahren zu erwarten wäre, besteht Renovierungsbedarf (bei dem üblichen Renovierungsintervall von fünf Jahren für Wohnräume) voraussichtlich erst nach insgesamt zehn Jahren. Werden dem Mieter hier 4/10 der Renovierungskosten auferlegt, hat er nicht mehr zu leisten, als es dem Grad seiner Abnutzung entspricht. Das entspricht dem Verhältnis der tatsächlichen Wohndauer (vier Jahre) zum voraussichtlichen Renovierungsbedarf (zehn Jahre). Zum gleichen Ergebnis gelangt man, wenn man auf das Verhältnis der fiktiven Wohndauer (zwei Jahre) zur Regelfrist (fünf Jahre) abstellt.[171]

e) Abgeltung zu 100 %

Eine Klausel, die eine Abgeltung von 100 % vorsieht, ist gemäß § 309 Nr. 4 BGB   **66** unwirksam, denn damit werden die Voraussetzungen des § 281 I 1 BGB umgegan-

---

[165] *BGH* NJW 2008, 1438 Rn. 19; siehe bereits *Sternel,* NZM 2007, 545, 546 f.

[166] Zu einer formularmäßig vereinbarten Vertragsstrafe im Bauvertragsrecht: BGHZ 150, 1, 4 f. = NJW 2002, 1642; BGHZ 153, 311, 326 f. = NJW 2003, 1805, 1809; *BGH* NJW-RR 2004, 1463.

[167] *BGH* NJW 2008, 1438 Rn. 20, unter Hinweis auf BGHZ 132, 6, 11 ff. = NJW 1996, 924, 925; siehe auch BGHZ 127, 35, 39 = NJW 1994, 2693; BGHZ 106, 42, 52 = NJW 1989, 222, 225; anders auch *Beyer,* NJW 2008, 2065, 2068; zur Rückwirkung von Rechtsprechung: *BGH* NZM 2007, 363 Rn. 28 ff.; *OLG München* NJW 2007, 2862; *Medicus,* NJW 1995, 2577; *Brocker,* NJW 2012, 2996.

[168] *Artz,* NZM 2007, 265, 274; *Börstinghaus,* LMK 2006, 204505.

[169] *Schach,* GE 2006, 1520, 1522; *Beyer,* GE 2007, 122, 135; *Bub/von der Osten,* NZM 2007, 76, 79 f.

[170] *BGH* NJW 2007, 3632 Rn. 16.

[171] *BGH* NJW 2007, 3632 Rn. 17; siehe die Gestaltungsbeispiele bei *Beyer,* NJW 2008, 2065, 2071; *Bergemann/Blazek/Tamm,* DWW 2008, 54; Bundesverband für Wohneigentum und Stadtentwicklung e. V. (vhw) 2008, NZM 2008, 474; kritisch: *Schmidt,* NZM 2011, 561.

gen. Besteht nämlich ein Renovierungsbedarf von 100 %, ist ein Erfüllungsanspruch gegeben, der nur unter Voraussetzungen des § 281 BGB in einen Schadensersatzanspruch übergeht.[172]

f) Weitere Anforderungen

67   Anerkannt ist, dass dem Mieter nicht untersagt werden darf, seiner Zahlungsverpflichtung durch Eigenarbeit zu entgehen. Ferner darf der Vermieter den Kostenvoranschlag eines Malers nicht formularmäßig für verbindlich erklären.[173] Da der Mieter die Richtigkeit und Angemessenheit eines Kostenvoranschlags bestreiten kann, kann unter Umständen eine Beweisaufnahme geboten sein.[174]

3. Summierungseffekt

68   Die Kombination einer flexibel ausgestalteten Renovierungs- mit einer starren Abgeltungsklausel führt nicht zur Unwirksamkeit der Renovierungsklausel.[175] Der Inhalt einer Renovierungs- und einer Abgeltungsklausel ist trennbar, weil die Renovierungsverpflichtung sinnvoll auch ohne Abgeltungspflicht vereinbart werden kann, denn die Abgeltungsklausel greift nur ein, wenn Schönheitsreparaturen nicht fällig sind.[176]

4. Transparenzgebot

69   Eine Abgeltungsklausel, die ihrem sachlichen Regelungsgehalt nach nicht zu beanstanden ist (§ 307 I 1, II Nr. 1 BGB), kann den Mieter dennoch unangemessen benachteiligen, wenn sie nicht hinreichend klar und verständlich ist (§ 307 I 2 BGB). Dies ist etwa anzunehmen, wenn aus der maßgeblichen Sicht eines durchschnittlichen Mieters nicht eindeutig ist, wie die Abgeltungsquote konkret zu berechnen ist. Eine solche Klausel genügt dem Bestimmtheitsgebot nicht, weil sie im Rahmen des rechtlich und tatsächlich Zumutbaren die Rechte und Pflichten des Vertragspartners des Klauselverwenders nicht so klar und präzise wie möglich umschreibt.[177]

5. Tatsachenfeststellung

70   Ist eine Abgeltungsklausel flexibel und transparent formuliert, stellt sich das Problem, die noch ausstehende Nutzungszeit vor Eintritt der Renovierungsbedürftigkeit zu prognostizieren. Für das Gericht bzw. die anwaltlichen Berater der Parteien ist es nicht einfach zu bewerten, ob zum Beispiel ein Badezimmer nach einem Jahr Wohndauer gemessen an der durchschnittlichen Nutzungsdauer geringer als üblich abgenutzt ist.[178]

71   Der darlegungspflichtige Vermieter hat den Anfangszustand der Wohnung darzulegen. Diesen kann er bereits im Mietvertrag festschreiben. Ferner hat er den Zustand des Mietobjekts bei Beendigung des Mietverhältnisses darzulegen, zum Beispiel

---

[172] *OLG Karlsruhe* NJW 1982, 2829; Schmidt-Futterer/*Langenberg*, § 538 Rn. 198 f.; *Sternel*, NZM 1998, 833, 843.
[173] BGHZ 105, 71 = NJW 1988, 2790; *BGH* NJW 2007, 3632 Rn. 23; siehe auch *BGH* NJW 2013, 2505.
[174] BGHZ 105, 71, 82 = NJW 1988, 2790, 2792.
[175] *BGH* NJW 2008, 2499 Rn. 18; siehe bereits *BGH* NJW 2006, 3778 Rn. 17 ff.; *Sternel*, NZM 2007, 545, 546.
[176] *LG Berlin* GE 2007, 1125; GE 2008, 332; *Artz*, NZM 2007, 265, 269 ff.; Münch-KommBGB/*Häublein*, § 535 Rn. 131.
[177] *BGH* NJW 2007, 3632 Rn. 28 ff.; NJW 2008, 1438, Rn. 17 ff.; *LG Frankfurt/M.* NZM 2011, 582.
[178] Beispiel nach *Rave*, GE 2006, 1528; siehe auch *Wiek*, WuM 2006, 680, 681; *Langenberg*, WuM 2007, 231, 233.

durch geeignete Lichtbilder, ohne dass es einer Ortsbesichtigung durch das Gericht bedarf.[179] Auf diese Weise kann das Ausmaß der bisherigen Abnutzung festgestellt werden. Anhand dessen kann geschätzt werden, wann voraussichtlich erneut Renovierungsbedarf entsteht.[180] Prozessual gewährt § 287 II ZPO dem Tatrichter das notwendige Schätzermessen.[181] Dessen Ausübung ist revisionsrechtlich nur eingeschränkt nachprüfbar.[182] Der Tatrichter ist nicht ohne Weiteres gehalten, ein Sachverständigengutachten einzuholen (§ 287 I 3 ZPO), zumal davon nicht stets Aufklärung zu erwarten ist, wann die Wohnung voraussichtlich erneut renovierungsbedürftig wird.

Beträgt die bisherige Mietdauer zum Beispiel zwei Jahre und wäre die Wohnung nach den Feststellungen des Gerichts angesichts der vorhandenen Abnutzung in insgesamt acht Jahren zu renovieren, hat der Mieter somit 25 % der Renovierungskosten abzugelten, weil er zwei von acht Jahren abgewohnt hat.

VII. Besondere Fallgestaltungen

1. Ansprüche bei wirksamer Überwälzung

a) Vorschuss

Bereits im laufenden Mietverhältnis kann der Vermieter Zahlung eines Vorschusses in Höhe der voraussichtlich erforderlichen Renovierungskosten verlangen, wenn der Mieter mit seiner vertraglichen Verpflichtung zur Durchführung von Schönheitsreparaturen in Verzug gerät. Der *BGH* hat das auf Billigkeitsgründe gestützt.[183] Der Vorschuss ist zweckgebunden und muss vom Vermieter abgerechnet werden.   **72**

b) Schadensersatz wegen Schlechterfüllung

Ist der Mieter zur Vornahme von Schönheitsreparaturen verpflichtet, kann der Vermieter gemäß § 280 I, § 249 BGB Schadensersatz wegen Schlechterfüllung nur für Substanzschäden verlangen. Eigenwillige Geschmacksvorstellungen des Mieters, zum Beispiel „Schockfarben", hat der Vermieter im laufenden Vertrag hinzunehmen.[184] Bei Vertragsende hat der Vermieter allerdings einen Beseitigungsanspruch oder kann gemäß § 280 I, § 241 II BGB Schadensersatz wegen Verletzung der Rückgabepflicht (§ 546 I BGB) verlangen.[185]   **73**

c) Ausgleichsanspruch

Nach den Grundsätzen der ergänzenden Vertragsauslegung steht dem Vermieter ein Anspruch auf Zahlung einer Entschädigung in Geld zu, wenn die Schönheitsreparaturen wegen eines anschließenden Umbaus nicht durchgeführt werden können. Eine solche Fallgestaltung entsteht, wenn der Mieter am Ende der Mietzeit geschuldete Schönheitsreparaturen nicht vornimmt, weil der Vermieter die Mieträume anschließend umbauen will und deshalb an einer Sachleistung des Mieters nicht mehr   **74**

---

[179] Siehe *BGH* NJW-RR 1987, 1237, 1238; Musielak/*Huber,* § 371 Rn. 17.
[180] Siehe *Langenberg,* WuM 2007, 231, 233.
[181] *Artz,* NZM 2007, 267, 274.
[182] *BGH* NJW 2005, 2074, 2075.
[183] BGHZ 111, 301, 306 f. = NJW 1990, 2376, 2377; *BGH* NJW 2005, 1862, 1863; dazu *Weitemeyer,* NZM 2005, 646.
[184] Schmidt-Futterer/*Langenberg,* § 538 Rn. 102 ff., 228 ff.; Staudinger/*Emmerich,* § 535 Rn. 117.
[185] *LG Frankfurt/M.* NJW-RR 2008, 24 (roter Volltonanstrich); *LG Berlin* NZM 2007, 801 (altrosafarbene Mustertapete); *KG* NJW 2005, 3150 (kunterbunte Wohnung); Schmidt-Futterer/*Langenberg,* § 538 Rn. 242 ff.; *Fischer,* WuM 2009, 169, 170 f.

interessiert ist und wenn der Mietvertrag für diesen Fall keine ausdrückliche Regelung enthält.[186] Eine solche ergänzende Vertragsauslegung setzt freilich voraus, dass die Abwälzung der Schönheitsreparaturen auf den Mieter an sich wirksam war.[187]

2. Ansprüche bei unwirksamer Überwälzung

a) Ansprüche des Vermieters
aa) Zuschlag zur ortsüblichen Vergleichsmiete bei frei finanziertem Wohnraum

75   Übernimmt der Vermieter von vornherein im Mietvertrag die Schönheitsreparaturen, so kann er einen Zuschlag zur ortsüblichen Vergleichsmiete verlangen (§§ 558 ff. BGB).[188] Anders ist es bei preisfreiem Wohnraum, wenn sich die formularmäßige Übernahme der Verpflichtung zur Vornahme der laufenden Schönheitsreparaturen durch den Mieter als unwirksam herausstellt. Dann kann der Vermieter keinen Renovierungskostenzuschlag zur ortsüblichen Vergleichsmiete verlangen. Entgegenstehenden Auffassungen ist der *BGH* entgegengetreten.[189] Nach § 558 I 1 BGB kann der Vermieter lediglich die Zustimmung zur Erhöhung der Miete bis zur ortsüblichen Vergleichsmiete verlangen; einen darüber hinausgehenden Zuschlag sieht das Gesetz nicht vor. Dies lässt sich nicht mit dem vom Gesetzgeber vorgesehenen System der Vergleichsmiete in Einklang bringen. Insoweit bilden die jeweiligen Marktverhältnisse den Maßstab für die Berechtigung einer Mieterhöhung. Der Zuschlag orientiert sich aber an den Kosten für die Vornahme der Schönheitsreparaturen. Mit der Anerkennung eines Zuschlags würde bei preisfreiem Mietwohnraum ein Kostenelement zur Begründung einer Mieterhöhung ohne Rücksicht darauf herangezogen, ob diese Kosten am Markt durchsetzbar wären.[190] Aus dem Entgeltcharakter der Übertragung von Schönheitsreparaturen lassen sich keine Maßstäbe für die Ermittlung der am Markt erzielbaren Miete im konkreten Mietverhältnis ableiten.

76   Ein Anspruch des Vermieters nach den Grundsätzen der ergänzenden Vertragsauslegung kommt mit Rücksicht auf § 535 I 2 BGB nicht in Frage. Mit einer Störung der Geschäftsgrundlage (§ 313 I BGB) kann die Forderung nach einem Zuschlag zur ortsüblichen Vergleichsmiete ebenfalls nicht gerechtfertigt werden, weil der Vermieter das Risiko der Unwirksamkeit einer von ihm verwendeten Formularklausel trägt.

bb) Zuschlag zur ortsüblichen Vergleichsmiete bei preisgebundenem Wohnraum

77   Im Unterschied zum preisfreien Wohnraum kann der Vermieter bei preisgebundenem Wohnraum bei der Ermittlung der gesetzlich zulässigen Kostenmiete berücksichtigen, dass er Schönheitsreparaturen zu tragen hat. Das findet seine Grundlage in § 28 IV der II. BerechnungsVO. Danach darf der Vermieter einen Zuschlag zur Kostenmiete in Ansatz bringen, wenn er die Kosten der Schönheitsreparaturen zu tragen hat. Die Berechtigung des Vermieters zu einem Zuschlag nach § 28 IV der II. BerechnungsVO entfällt bei der Kostenmiete nur dann, wenn die Kosten der Schönheitsreparaturen wirksam auf den Mieter abgewälzt worden sind, nicht aber, wenn die vom Vermieter beabsichtigte Abwälzung scheitert.[191] Der sachliche Unterschied zum frei finanzierten Wohnraum liegt darin, dass die Kostenmiete – anders als die Vergleichsmiete bei preisfreiem Wohnraum – nach Kostenelementen ermittelt wird und sich nicht nach der marktüblichen Miete richtet. Würde dem Vermieter der Zuschlag verwehrt, wäre

---

[186] BGHZ 92, 363, 369 ff. = NJW 1985, 480, 481; BGHZ 151, 53, 57 f. = NJW 2002, 2383; *BGH* NJW 2005, 425, 426 f.; NJW 2009, 510 Rn. 16; *KG* NZM 2009, 661.
[187] *Börstinghaus*, LMK 2012, 336109.
[188] Schmidt-Futterer/*Börstinghaus*, § 558a Rn. 50.
[189] BGHZ 177, 186 = NJW 2008, 2840; *BGH* WuM 2008, 487; WuM 2009, 240.
[190] BGHZ 177, 186 = NJW 2008, 2840 Rn. 12.
[191] BGHZ 185, 114 = NJW 2010, 1590; NZM 2013, 312.

er auf Dauer gezwungen, sich auf eine nicht kostendeckende Miete zu beschränken. Das wäre mit dem System der auf Deckung der laufenden Aufwendungen ausgerichteten Kostenmiete nicht vereinbar.[192]

Endet die Preisbindung, kann der Vermieter keinen Zuschlag für Schönheitsreparaturen verlangen, denn die letzte Kostenmiete gilt nunmehr als Vertragsmiete fort.[193]

cc) Schadensersatz wegen Schlechterfüllung

Hat der Mieter die Wohnung mangelhaft renoviert, ohne dazu verpflichtet zu sein, steht dem Vermieter grundsätzlich ein Schadensersatzanspruch gemäß § 280 I BGB zu. Streitig ist, ob sich das Verschulden des Mieters auf grobe Fahrlässigkeit reduziert.[194] Da der Mieter im Regelfall im Vertrauen auf eine Verpflichtung handelt, ist seine Haftung jedenfalls nach § 254 I BGB zu mildern.[195] Als Schaden kann der Vermieter lediglich geltend machen, dass die Kosten für die Nachbesserung höher ausfallen als bei einem Auszug des Mieters ohne die von ihm durchgeführten Arbeiten.[196] **78**

dd) Sonstige Ansprüche

Der Hausverwalter kann sich gegenüber dem Vermieter schadensersatzpflichtig machen, wenn er schuldhaft Mietverträge abschließt, die nach der Rechtsprechung des *BGH* unwirksame Formularbestimmungen enthalten (§ 280 I BGB).[197] **79**

b) Ansprüche des Mieters
aa) Erfüllungsanspruch

Ist die Pflicht zur laufenden Renovierung nicht wirksam auf den Mieter übertragen worden, obliegt sie dem Vermieter (§ 535 I 2 BGB).[198] Dem Mieter steht vor diesem Hintergrund ein Erfüllungsanspruch zu.[199] Auf eine Störung der Vertragsgrundlage (§ 313 I BGB) kann sich der Vermieter nicht berufen.[200] Die Unwirksamkeit einer von ihm verwendeten Formularklausel fällt in seinen Risikobereich.[201] **80**

bb) Verschulden bei den Vertragsverhandlungen

Denkbar ist ein Schadensersatzanspruch gegen den Vermieter nach den Grundsätzen des Verschuldens bei den Vertragsverhandlungen wegen Verletzung einer vorvertraglichen Rücksichtnahmepflicht durch Verwendung einer unwirksamen Klausel (§ 280 I, § 311 II, § 241 II BGB).[202] Ersatzfähig sind solche Schäden, deren Realisierung die durch die Klausel verletzte Norm verhindern solle; der Schaden muss innerhalb des Schutzzwecks der Norm liegen.[203] Der Mieter kann (nur) verlangen, so gestellt zu **81**

---

[192] BGHZ 185, 114 = NJW 2010, 1590 Rn. 25.
[193] *BGH* NJW 2011, 125; NJW 2012, 145; *Börstinghaus*, LMK 2012, 326788.
[194] Dazu Staudinger/*Emmerich*, § 535 Rn. 117 m. w. N.
[195] MünchKommBGB/*Häublein*, § 535 Rn. 128.
[196] *LG Köln* WuM 2007, 125, 126; *LG Frankfurt/M.* NJW-RR 2001, 372; Schmidt-Futterer/*Langenberg*, § 538 Rn. 339.
[197] *KG* WuM 2008, 81 NJW 2009, 2688; *LG Berlin* WuM 2008, 280; zur Haftung des Mustervertragsanbieters: *Lorenz*, DAR 2010, 314, 317 f.; *Schmidt*, WuM 2010, 191.
[198] Palandt/*Weidenkaff*, § 535 Rn. 47a.
[199] Zum Inhalt des Erfüllungsanspruchs: *Sternel*, NZM 2007, 545, 547 f.
[200] So *Horst*, DWW 2007, 48, 52.
[201] *Sternel*, NZM 2007, 545, 550.
[202] BGHZ 181, 188 = NJW 2009, 2590, Rn. 10; *BGH* NZM 2011, 478 Rn. 2; *Sternel*, Rn. IX 44b; Schmidt-Futterer/*Langenberg*, § 538 Rn. 207; MünchKommBGB/*Häublein*, § 535 Rn. 126; Erman/*Roloff*, Vor §§ 307–309 Rn. 19.
[203] *BGH* NJW 2010, 2873 Rn. 24 = JuS 2010, 1106 (*Faust*).

werden, als hätte der Vermieter die Verwendung der unwirksamen Renovierungsklausel unterlassen.[204]

82   Ein entschuldbarer Rechtsirrtum, der das Verschulden des Vermieters entfallen ließe
(§ 280 I 2 BGB), ist nach der Rechtsprechung nur unter engen Voraussetzungen
anzunehmen.[205] Dennoch trifft den Vermieter kein Verschulden, wenn zum Zeitpunkt
des Vertragsschlusses eine solche Klausel noch nicht beanstandet worden ist.[206] Begrenzt wird ein gegebenenfalls bestehender Schadensersatzanspruch unter Umständen durch Mitverschulden des Mieters, der sich seinerseits über die Rechtslage
informieren kann (§ 254 I BGB).

cc) Geschäftsführung ohne Auftrag

83   Nimmt der Mieter Schönheitsreparaturen in Unkenntnis einer unwirksamen formularmäßigen Überwälzung vor, steht ihm kein Anspruch nach dem Grundsätzen der
Geschäftsführung ohne Auftrag (§ 539 I, §§ 677, § 683 S. 1, § 670 BGB) zu. Der
Mieter führt kein Geschäft „für einen anderen", nämlich den Vermieter. Der Mieter
wird nur im eigenen Rechts- und Interessenkreis tätig, weil er eine Leistung erbringen
will, die rechtlich und wirtschaftlich Teil des von ihm für die Gebrauchsüberlassung
an der Wohnung geschuldeten Entgelts ist.[207] Daher gilt für eine Schlussrenovierung
nichts anderes als während laufender Mietzeit.[208]

dd) Ungerechtfertigte Bereicherung

84   Im Ausgangspunkt erfolgversprechend ist ein Bereicherungsanspruch des Mieters
(§ 812 I 1 Alt. 1 BGB), wenn er die von ihm vorgenommenen Schönheitsreparaturen
auf Grund einer unwirksamen Endrenovierungsklausel – und damit ohne rechtlichen
Grund – erbracht hat. Da die rechtsgrundlos erbrachte Leistung nicht in Natur
herausgegeben werden kann, hat der Vermieter nach § 818 II BGB Wertersatz zu
leisten. Der Anspruch richtet sich auf Ersatz der Verwendungen des Mieters. Da der
Mieter eine Leistung rechtsgrundlos erbracht hat, bemisst sich der Wert der heraus-
zugebenden Bereicherung grundsätzlich nach dem Wert der üblichen, hilfsweise der
angemessenen Vergütung. Der vom Vermieter geschuldete Wertersatz bemisst sich
üblicherweise nach dem, was der Mieter billigerweise neben einem Einsatz an freier
Zeit als Kosten für das notwendige Material sowie als Vergütung für die Arbeitsleistung seiner Helfer aus dem Verwandten- und Bekanntenkreis aufgewendet hat
oder hätte aufwenden müssen.[209] Hat der Mieter allerdings einen Handwerker beauftragt, entspricht der Anspruch dem angemessenen Werklohn.[210]

Es kommt nicht auf die vom Vermieter ersparten Aufwendungen an, ebenso wenig auf die –
vom Mieter kaum darzulegende – Steigerung des Ertragswerts des Mietobjekts, zum Beispiel
durch höhere Miete bei Weitervermietung. Dieser Ansatz passt zwar für den Ausgleich von
Verwendungen auf ein Grundstück.[211] Hier geht es jedoch darum, dass die Leistung des Mieters
darin bestanden hat, einen Teil des vermeintlich geschuldeten Entgelts durch Vornahme von
Schönheitsreparaturen zu erbringen.[212]

---

[204] *BGH* NJW 2011, 478 Rn. 2.
[205] *Sternel*, NZM 2007, 545, 549 f.; siehe *BGH* NJW 2007, 428; *OLG Hamm* MDR 2006, 800.
[206] BGHZ 181, 188 = NJW 2009, 2590, Rn. 12; anders *Blank*, LMK 2009, 288745.
[207] BGHZ 181, 188 = NJW 2009, 2590, Rn. 12; vgl. *Thole*, NJW 2012, 1243; *Lange*, ZGS
2009, 442.
[208] BGHZ 181, 188 = NJW 2009, 2590, Rn. 19 ff.
[209] BGHZ 181, 188 = NJW 2009, 2590 Rn. 24.
[210] *Blank*, LMK 2009, 288745; siehe auch *Lorenz*, NJW 2009, 2576.
[211] Siehe *BGH* WuM 2009, 113 Rn. 10; NJW-RR 2006, 294 Rn. 25; NZM 1999, 19, 20.
[212] BGHZ 181, 188 = NJW 2009, 2590 Rn. 24.

ee) Verjährung

Der vorgenannte Anspruch verjährt nicht erst in drei Jahren ab Kenntnis des Mieters **85** von der Unwirksamkeit der Schönheitsreparaturklausel (§ 199 I Nr. 2 BGB), sondern unterliegt der kurzen Verjährung des § 548 II BGB. Unter den Begriff der Verwendungen fallen alle Aufwendungen, die das Grundstück in seinem Bestand verbessern. § 548 II BGB gilt somit für alle Ansprüche, die der Mieter wegen der Durchführung von Schönheitsreparaturen gegen den Vermieter erhebt.[213]

---

[213] *BGH* NJW 2011, 1866 Rn. 13; NJW 2012, 3031 Rn. 13; *LG Frankfurt/M.* NZM 2011, 584; *Börstinghaus*, LMK 2012, 336109; zu formularvertraglichen Fristverlängerungen siehe *Roth*, NZM 2011, 62.

§ 8. Betriebskosten

I. Rechtsgrundlagen

1. Preisfreier Wohnraum

1 Für Wohnraummietverhältnisse (§ 549 I BGB) sehen die §§ 556, 556a, 560 BGB Rechtsgrundlagen für die Vereinbarung, Abrechnung und Veränderung von Betriebskosten vor. Diese Bestimmungen wurden durch das Gesetz zur Neugliederung, Vereinfachung und Reform des Mietrechts (Mietrechtsreformgesetz) vom 19.6.2001[1] geschaffen. Betriebskosten, die mitunter auch als „Zweite Miete" bezeichnet werden,[2] stellen für den Vermieter nur durchlaufende Posten dar, sind aber gleichwohl häufig Gegenstand von Rechtsstreitigkeiten.

2 Auf **Mischmietverhältnisse** sind die vorgenannten Vorschriften anzuwenden, wenn der Schwerpunkt des Vertrages auf der Wohnraummiete liegt.[3] Grundsätzlich trifft der Verfügungsberechtigte, in der Regel der Vermieter, die Entscheidung darüber, ob Räume zum Wohnen oder zu anderen Zwecken bestimmt sind.[4]

2. Geförderter und preisgebundener Wohnraum

3 Rechtsgrundlage für den sozialen Wohnungsbau ist das Wohnraumförderungsgesetz (WoFG) vom 13.9.2001,[5] welches ab dem 1.1.2002 Wirkung entfaltet.[6] Gemäß § 28 IV Nr. 1 WoFG gelten die §§ 556, 556a und 560 BGB auch im geförderten Wohnungsbau.

Für preisgebundenen Wohnraum alter Prägung sind die §§ 20 bis 28 der Neubaumietenverordnung 1970 (NMV 1970) weiter zu beachten, denn die NMV 1970 gilt seit dem 1.1.2002 nach Maßgabe des § 50 I WoFG weiter.[7] Soweit von Bedeutung, werden die Besonderheiten der §§ 20 bis 28 NMV 1970 nachfolgend im jeweiligen Zusammenhang aufgeführt. Der *BGH* hat die analoge Anwendung dieser Vorschriften auf preisfreien Wohnraum wiederholt abgelehnt.[8]

3. BetrKV

4 Für die Aufstellung der Betriebskosten gilt gemäß § 556 I 3 BGB die Betriebskostenverordnung (BetrKV) vom 25.11.2003.[9] Diese ist seit dem 1.1.2004 an die Stelle von § 27 I der II. Berechnungsverordnung[10] (II. BV) getreten. Die BetrKV gilt gleichermaßen für frei finanzierten und geförderten Wohnraum.[11]

§ 27 II. BV ist ab dem 1.1.2004 nicht mehr anzuwenden, sofern die Parteien nichts anderes vereinbart haben.[12] Sofern Wohnraummietverträge aber vor (oder auch nach) dem 1.1.2004

---

[1] BGBl. I S. 1149.

[2] BR-Drs. 459/13, wonach im Durchschnitt 2,19 EUR je Quadratmeter Wohnraum anfallen.

[3] *BGH* NJW-RR 1986, 877, 878; *OLG Düsseldorf* OLGR 2006, 562; Bamberger/Roth/*Ehlert,* § 556 Rn. 3.

[4] *BGH* WM 1982, 1390; zur Umlage der Nebenkosten auf gewerbliche Mieter: *Gather,* DWW 2007, 364.

[5] BGBl. I S. 2376.

[6] Dazu MünchKommBGB/*Häublein,* Vor § 535 Rn. 75.

[7] Siehe BT-Drs. 14/5538, S. 72; *Schmid,* Handbuch, Rn. 1123.

[8] *BGH* NJW 2006, 1419 Rn. 14 f.; NJW 2006, 3557 Rn. 15.

[9] BGBl. I S. 2346 f.

[10] In der Fassung der Bekanntmachung vom 12.10.1990, BGBl. I S. 2178.

[11] *Grundmann,* NJW 2003, 3745 f.

[12] *Grundmann,* NJW 2003, 3745, 3747.

geschlossen wurden und auf die **Anlage 3 zu § 27 II. BV** Bezug nehmen, bleibt es bei dieser Vereinbarung. Die Änderung des Verordnungsrechts berührt die vertraglichen Absprachen der Parteien nicht. Das gilt auch nach Inkrafttreten der BetrKV.

4. HeizkV

Die Verteilung der Heiz- und Warmwasserkosten richtet sich nach der Heizkosten- 5 verordnung (HeizkV) in der Fassung der am 1.1.2009 in Kraft getretenen Änderungs- VO vom 2.12.2008.[13] Die HeizkV regelt die Umlage der Kosten für den Betrieb zentraler Heizungs- und Warmwasserversorgungsanlagen (§ 1 I Nr. 1 HeizkV), ebenso die Umlage der Kosten der gewerblichen Lieferung von Wärme und Warm- wasser (§ 1 I Nr. 2 HeizkV). Die Anwendung der HeizkV setzt eine Vereinbarung über die Umlegbarkeit der Heizkosten voraus.[14] Außer bei Gebäuden mit nicht mehr als zwei Wohnungen, von denen eine der Vermieter selbst bewohnt, gehen die Vor- schriften der HeizkV Vereinbarungen im Mietvertrag vor (§ 2 HeizkV).[15] Die HeizkV gilt grundsätzlich auch für preisgebundenen Wohnraum, soweit nicht etwas anderes bestimmt ist (§ 1 IV HeizkV, § 22 I NMV 1970).[16]

Im Geltungsbereich der HeizkV besteht für den Vermieter eine Pflicht zur Ge- 6 brauchserfassung (§ 4 HeizkV) und eine Pflicht zur verbrauchsabhängigen Abrech- nung (§ 6 HeizkV). Regelmäßig sind 70 % der Wärmekosten verbrauchsabhängig umzulegen (§ 7 I 2 HeizkV). Vertraglich kann die Umlage von mehr als 70 % ver- einbart werden (§ 10 HeizkV). Die übrigen Kosten sind nach der Wohn- und Nutz- fläche oder nach dem umbauten Raum zu verteilen; es kann auch die Wohn- oder Nutzfläche oder der umbaute Raum der beheizten Räume zugrundegelegt werden (§ 7 I 2 HeizkV). Ähnlich ist die Verteilung der Warmwasserkosten geregelt (§§ 8, 10 HeizkV).

II. Begriffsbestimmung

Der Begriff der **Betriebskosten** umfasst alle Kosten, die dem Eigentümer durch das 7 Eigentum (oder dem Erbbauberechtigten durch das Erbbaurecht) am Grundstück oder durch den bestimmungsgemäßen Gebrauch des Gebäudes, der Nebengebäude, Anlagen, Einrichtungen und des Grundstücks laufend entstehen (§ 556 I 2 BGB).[17]

Der Begriff der **Nebenkosten** ist gesetzlich nicht definiert. Der Gesetzgeber stellt ihn dort, wo er ihn verwendet (§ 41 I 2 GKG), neben das für die Überlassung der Mieträume zu entrichtende Grundentgelt.[18] Nach allgemeinem Sprachgebrauch sind Nebenkosten alle Zahlungen, die der Mieter neben der Grundmiete an den Vermieter erbringen muss.[19] Der Begriff wird als Ober- begriff für die kalten Betriebskosten und die Heizkosten verwendet.[20] Es bestehen keine Beden- ken, die Begriffe Betriebs- und Nebenkosten synonym zu verwenden.

---

[13] BGBl. I S. 2375; zur ÄnderungsVO: BR-Drs. 570/08; näher: *Schmid*, NZM 2009, 104; Checkliste zur Überprüfung einer Abrechnung nach der HeizkV bei *Schmid*, Handbuch, Rn. 8012.
[14] *BGH* NJW 2005, 1776, 1777; *Schmid*, Handbuch, Rn. 6002.
[15] Zur Behandlung abweichender Vereinbarungen *OLG Düsseldorf* WuM 2006, 381.
[16] Dazu *Schmid*, Handbuch, Rn. 6006 ff.
[17] In der Fassung des Förderalismusreform-Begleitgesetzes vom 5.9.2006 (BGBl. I S. 2098); dazu *Langenberg*, NZM 2007, 65.
[18] BT-Drs. 15/1971, S. 154.
[19] *Schmid*, Handbuch, Rn. 1019.
[20] Schmidt-Futterer/*Langenberg*, § 556 Rn. 71.

III. Anspruch des Vermieters auf Ausgleich des Betriebskostensaldos

8   Mittelpunkt zahlreicher Rechtsstreitigkeiten ist der Anspruch des Vermieters auf Nachzahlung entstandener und von den geleisteten Vorauszahlungen nicht gedeckter Betriebskosten auf der Grundlage einer Nebenkostenabrechnung.[21] Häufig ist ein solcher Anspruch auch Gegenstand einer Aufrechnung (§§ 387 ff. BGB), mit der der Vermieter sich gegen Zahlungsansprüche des Mieters verteidigt, etwa gegen die Rückzahlung der Kaution am Ende des Mietverhältnisses.

9   Anspruchsgrundlage für den Anspruch des Vermieters auf Ausgleich des Betriebskostensaldos ist § 556 I BGB in Verbindung mit der mietvertraglichen Abrede, wonach der Mieter die abgerechneten Betriebskosten entgegen der Grundregel der § 535 I 3, § 556 I 1 BGB zu tragen hat. Der Anspruch des Vermieters auf Vorauszahlungen wandelt sich mit Ablauf der Abrechnungsfrist (§ 556 III 2 BGB) in einen Anspruch auf Ausgleich eines etwaigen Saldos um.[22]

1. Aktiv- und Passivlegitimation

10   Beim **Vermieterwechsel** geht die Abrechnungspflicht auf den Erwerber über. Dieser tritt nach § 566 I BGB in den Mietvertrag mit allen Rechten und Pflichten ein; es handelt sich nicht um einen Fall der Rechtsnachfolge, sondern um einen unmittelbaren Rechtserwerb kraft Gesetzes.[23] Geht das Eigentum innerhalb der Abrechnungsperiode über, ist der bisherige Vermieter zur Abrechnung verpflichtet und zur Erhebung etwaiger Nachzahlungen berechtigt,[24] auch wenn dies auf praktische Schwierigkeiten stößt.[25]

11   Gemäß § 152 I Hs. 2 ZVG hat der **Zwangsverwalter** diejenigen Ansprüche geltend zu machen, auf welche sich die Beschlagnahme erstreckt. Hierzu gehört auch die Nachforderung von Betriebskosten. Das gilt nicht nur für den laufenden, sondern auch für einen früheren Abrechnungszeitraum, sofern eine eventuelle Nachforderung der Beschlagnahme unterliegt (§ 1123 II 1 BGB, § 21 II, § 148 I 1 ZVG).[26]

12   Mehrere Mieter haften grundsätzlich als Gesamtschuldner (§§ 421, 427 BGB). Der Vermieter ist nicht gehindert, die Nebenkosten nur gegenüber einem der Mieter abzurechnen und allein diesen in Anspruch zu nehmen.[27]

2. Umlagevereinbarung

13   Das Gesetz geht in § 535 I 3 BGB davon aus, dass der Vermieter die Nebenkosten zu tragen hat. Sie sind grundsätzlich vollständig in der Miete enthalten. Die Überwälzung von Nebenkosten auf den Mieter bedarf einer vertraglichen Vereinbarung (§ 556 I 1 BGB).

---

[21] Abrechnungsmuster bei *Schmid*, Handbuch, Rn. 8004 ff.; *Langenberg,* Betriebskostenrecht, Anhang I Muster 3.1 und 3.2.
[22] *Schmid*, NZM 2007, 555; Schmidt-Futterer/*Langenberg*, § 556 Rn. 455.
[23] *BGH* NJW 2005, 1187.
[24] *BGH* NJW 2007, 1818; NJW-RR 2005, 96; NJW 2004, 851; Staudinger/*Weitemeyer,* § 556 Rn. 98; *Derleder*, NJW 2008, 1189, 1191.
[25] *Börstinghaus*, NZM 2007, 897, 901.
[26] *BGH* NJW 2003, 2320; WuM 2006, 402; Staudinger/*Weitemeyer*, § 556 Rn. 101.
[27] *BGH* NJW 2010, 1965.

a) Mietstruktur

Die getroffene Vereinbarung muss erkennen lassen, dass der Mieter die Nebenkosten **14** ganz oder anteilig neben der Grundmiete für die Überlassung der Mietsache tragen soll. Gemäß § 556 II 1 BGB können die Parteien vorbehaltlich anderweitiger Vorschriften vereinbaren, dass Betriebskosten als Pauschale oder als Vorauszahlung ausgewiesen werden. Fehlt eine mietvertragliche Umlegungsvereinbarung, handelt es sich bei der Miete – in den Grenzen der HeizkV – um eine (Teil-)Inklusivmiete. Ist eine Nebenkostenvereinbarung mangels Spezifizierung unwirksam, kann sie als Nebenkostenpauschale auszulegen sein. Eine solche Auslegung hat das *BVerfG* gebilligt.[28]

Üblich ist das Begriffsverständnis, wonach als Grundmiete bzw. **Nettomiete** die **15** Miete ohne Nebenkosten verstanden wird.[29] Als **Bruttokaltmiete** wird die Nettomiete einschließlich der so genannten kalten Nebenkosten bezeichnet; Heiz- und Warmwasserkosten sind darin nicht enthalten.[30] Unter **Bruttomiete** oder Bruttowarmmiete ist die Nettomiete einschließlich aller Nebenkostenvorauszahlungen zu verstehen.[31] Die Vereinbarung einer Bruttowarmmiete widerspricht allerdings den Bestimmungen der HeizkV.[32]

aa) Vorauszahlungen

Eine gesetzliche Verpflichtung des Mieters zur Leistung von Vorauszahlungen besteht **16** nicht. Vorauszahlungen kann der Vermieter deshalb nur verlangen, wenn dies vertraglich vereinbart ist. Der zu entrichtende monatliche Abschlag darf nur in angemessener Höhe vereinbart werden (§ 556 II 2 BGB).[33] Am Ende des Abrechnungszeitraums hat der Vermieter über die tatsächlich angefallenen Kosten abzurechnen. Waren diese höher als die Vorauszahlungen, muss der Mieter eine Nachzahlung leisten; im umgekehrten Fall hat er Anspruch auf Auszahlung des Guthabens.

Die Vereinbarung unzureichender Vorauszahlungen bleibt in der Regel ohne Konsequenzen für den Vermieter. Eine Pflichtverletzung des Vermieters, die zu einem Schadensersatzanspruch unter dem Gesichtspunkt des Verschuldens bei den Vertragsverhandlungen (§ 280 I, § 311 II BGB) führen könnte, ist nur unter besonderen Umständen anzunehmen.[34] Für die Mietinteressenten ist es sinnvoller, sich bereits vor Vertragsabschluss die vorangegangene Jahresabrechnung zeigen zu lassen sowie den Energieausweis, der zum 1.7.2008 auf der Grundlage der §§ 16, 29 der Energieeinsparverordnung (EnEV)[35] – zum Teil mit Übergangsfristen – verpflichtend geworden ist.

bb) Anpassung der Vorauszahlungen

Gemäß § 560 IV BGB kann jede Vertragspartei bei vereinbarten Betriebskosten- **17** vorauszahlungen nach einer Abrechnung durch Erklärung in Textform eine Anpassung der Vorauszahlungen an angemessene Höhe vornehmen. Damit soll Änderungen der Verbrauchsgewohnheiten oder Bewohnerzahl Rechnung getragen werden.[36] Die Angemessenheit richtet sich nach den voraussichtlich tatsächlich entstehenden

[28] *BVerfG* NJW 2008, 1938.
[29] BGHZ 163, 1, 5 = NJW 2005, 1713; Staudinger/*Weitemeyer,* § 556 Rn. 10; BT-Drs. 14/4553, S. 56.
[30] BGHZ 163, 1, 5 = NJW 2005, 1713; *BGH* NJW-RR 2006, 1599 Rn. 1.
[31] *BGH* NJW 2005, 2773, 2774; NJW-RR 2006, 1305 Rn. 9; *Blank*/Börstinghaus, § 536 Rn. 82.
[32] *BGH* NJW-RR 2006, 1305 Rn. 19.
[33] *BGH* NJW 2004, 1102.
[34] *BGH* NJW 2004, 1102; *Scheffler,* WuM 2008, 65.
[35] BGBl. I S. 1519; dazu *Horst,* NZM 2008, 145; *Flatow,* NJW 2008, 2886.
[36] BT-Drs. 14/4553, S. 59.

Kosten.[37] Einen abstrakten Sicherheitszuschlag gibt es dabei nicht.[38] Voraussetzung der Anpassung ist nicht nur eine formell ordnungsgemäße Betriebskostenabrechnung.[39] Die Abrechnung muss zudem inhaltlich korrekt sein. Andernfalls könnte der Vermieter aufgrund einer fehlerhaften Abrechnung Vorauszahlungen in einer Höhe zu erheben, die ihm bei korrekter Abrechnung nicht zustünden.[40]

cc) Betriebskostenpauschale

18   Bei vereinbarter Betriebskostenpauschale wird im Mietvertrag für die Betriebskosten ein bestimmter Betrag ausgewiesen, den der Mieter unabhängig vom tatsächlichen Verbrauch bzw. von den tatsächlich angefallenen Kosten zu zahlen hat. Der Mieter muss keine Nachzahlung entrichten, wenn die tatsächlichen Betriebskosten höher als die gezahlte Pauschale liegen, weil die Nebenkosten mit der Pauschale abgegolten sind. Umgekehrt hat er auch keinen Anspruch auf Rückerstattung. Der Mieter hat unter bestimmten Voraussetzungen gemäß § 242 BGB einen Auskunftsanspruch im Hinblick auf die tatsächliche Höhe der Betriebskosten, nämlich dann, wenn konkrete Anhaltspunkte für eine nachträgliche Ermäßigung der Betriebskosten bestehen.[41]

19   Die Vereinbarung einer Pauschale unterliegt zwei Einschränkungen: Trotz vereinbarter Pauschale kann der Vermieter Betriebskostenerhöhungen an den Mieter weitergeben, wenn dies im Mietvertrag vereinbart ist (§ 560 I BGB). Umgekehrt muss er die Pauschale bei Ermäßigung der Betriebskosten vom Zeitpunkt der Ermäßigung entsprechend herabsetzen.

20   Gemäß §§ 6 ff. HeizkV muss der Gebäudeeigentümer die Kosten der Versorgung mit Wärme und Warmwasser verbrauchsabhängig auf die einzelnen Nutzer verteilen. Eine Pauschale kann deshalb nur für die kalten Betriebskosten (also ohne Heiz- und Warmwasserkosten) vereinbart werden. Eine Ausnahme ist lediglich für ein vom Vermieter selbst bewohntes Zweifamilienhaus zu machen (§ 2 HeizkV).

dd) (Teil-) Inklusivmiete

21   Bei einer Inklusivmiete sind Nebenkosten bereits in der Miete enthalten. Die Heiz- und Warmwasserkosten müssen jedoch im Rahmen der §§ 6 ff. HeizkV verbrauchsabhängig abgerechnet werden. Mit Rücksicht darauf ist nur eine Teilinklusivmiete zulässig; in dieser sind nur die kalten Betriebskosten enthalten.[42]

b) Inhaltliche Bestimmtheit
aa) Grundlagen

22   Gemäß § 535 I 3 BGB ist grundsätzlich der Vermieter verpflichtet, die auf dem Grundstück ruhenden Lasten zu tragen. Die vereinbarte Umlage der Betriebskosten auf den Mieter muss inhaltlich bestimmt und eindeutig sein.[43] Die jeweiligen Kostenpositionen müssen aber nicht stets einzeln aufgeführt werden. Für die Übertragung der Betriebskosten in §§ 2 Nr. 1 bis 16 BetrKV reicht es aus, wenn auf die BetrKV Bezug genommen wird.[44]

---

[37] *BGH* NJW 2011, 145 Rn. 10; NJW 2011, 3642 Rn. 10.
[38] *BGH* NJW 2011, 3642 Rn. 22.
[39] So noch *BGH* NJW 2008, 508 Rn. 15, 18; NJW 2011, 145 Rn. 26.
[40] *BGH* NJW 2012, 2186 Rn 15; NJW 2013, 1595 Rn. 8; *Schmid*, NZM 2012, 674.
[41] *BGH* NJW 2012, 303.
[42] Schmidt-Futterer/*Langenberg*, § 556 Rn. 9.
[43] *BGH* NJW-RR 2006, 84, 85; Schmidt-Futterer/*Langenberg*, § 556 Rn. 35 ff.; *Schmid*, Handbuch, Rn. 3018 ff.
[44] *BGH* NJW 2007, 3060; *Schmid*, Handbuch, Rn. 3009.

Für eine Umlage von Betriebskosten in Altmietverträgen genügt bei preisfreiem 23
Wohnraum[45] der Verweis auf die Anlage 3 zu § 27 I der II. BerechnungsVO, sofern
es sich nicht um sonstige Betriebskosten im Sinne von Nr. 17 der Anlage 3 zu § 27 I
der II. BerechnungsVO handelt.[46] Verweise in Klauselwerken auf die gesetzliche
Regelung können zwar unter Umständen intransparent sein.[47] Die vorgenannte Verweisung ist aber Ausdruck eines berechtigten Interesses, den Mietvertrag übersichtlich zu halten. Zu beachten ist, dass eine solche Vereinbarung aus Gründen der
Rechtssicherheit keine dynamische Verweisung auf spätere Änderungen der II. BerechnungsVO enthält, sondern nur die bei Vertragsabschluss geltende Fassung betrifft.[48] Selbst der bloße Hinweis auf § 27 der II. BerechnungsVO genügt; eine
Bezugnahme auf die Anlage 3 ist nicht erforderlich.[49] Auch in einem Formularmietvertrag ist dies mit § 305 II BGB sowie mit dem Transparenzgebot (§ 307 I 2; III 2
BGB) vereinbar.[50]

bb) Kosten der Wärmelieferung

§ 556c I BGB regelt die Umlage von Kosten der Wärmelieferung auf den Mieter. Die 24
Bestimmung betrifft Fallgestaltungen, in denen die Wärmelieferung im laufenden
Mietverhältnis umgestellt wird. Mit der Umstellung auf Contracting muss Wärme mit
verbesserter Effizienz entweder aus einer vom Wärmelieferanten errichteten neuen
Anlage oder aus einem Wärmenetz geliefert werden (§ 556c I Nr. 1 BGB). Außerdem
dürfen die Kosten der Wärmelieferung die Betriebskosten der bisherigen Eigenver-
sorgung nicht übersteigen (Kostenneutralität, § 556c I Nr. 2 BGB). Der Mieter soll
dadurch vor überhöhten Wärmepreisen geschützt werden.[51]

Diese Regelungen sind am 1.7.2013 in Kraft getreten (Art. 9 II 2 MietRÄndG). Grund ist der
notwendige Erlass von Vorschriften über den Inhalt von Wärmelieferungsverträgen auf der
Grundlage der Verordnungsermächtigung des § 556c III BGB.

cc) „Sonstige Betriebskosten"

Sonstige Betriebskosten (§ 2 Nr. 17 BetrKV; früher Nr. 17 der Anl. 3 zu § 27 der II. 25
BerechnungsVO) sind nur dann umlagefähig, wenn die Umlegung der im Einzelnen
bestimmten Kosten mit dem Mieter jeweils gesondert vereinbart worden ist.[52] Nicht
ausreichend ist es, im Mietvertrag pauschal sonstige Betriebskosten anzuführen, denn
dem Mieter muss deutlich gemacht werden, welche Betriebskosten auf ihn abgewälzt
werden. Zulässig ist es zum Beispiel, die Prüfkosten von Elektroanlagen auf den
Mieter umzulegen.[53] Inhaltlich kommt es auf die konkrete Notwendigkeit der Umlage an.[54]

---

[45] Bei preisgebundenem Wohnraum ist allerdings § 20 I 3 NMW 1970 zu beachten, vgl.
Schmidt-Futterer/*Langenberg*, § 556 Rn. 41.
[46] *BGH* NJW-RR 2004, 875.
[47] Ulmer/Brandner/Hensen/*Fuchs*, § 307 BGB Rn. 337, 343.
[48] *BGH* NJW 2006, 2185 Rn. 15.
[49] *BGH* NJW-RR 2004, 875, 876; WuM 2010, 294; Schmidt-Futterer/*Langenberg*, § 556
Rn. 43 ff.
[50] *Schmid*, Handbuch, Rn. 3009, 3013; *Beyer*, NZM 2008, 12, 13; zum Transparenzgebot bei
gesetzesverweisenden Klauseln *OLG Rostock* NZM 2006, 584 (rkr., siehe NZM 2007, 424).
[51] Eisenschmid, jurisPR-MietR 9/2013.
[52] *BGH* NJW-RR 2004, 875, 876; ausführlich: *Beyer*, GE 2007, 950.
[53] *BGH* NJW 2007, 1356; zu Rauchmeldern: *Harsch*, WuM 2008, 521.
[54] *BGH* NZM 2005, 452 (Concierge); *LG Berlin* GE 2007, 656 (Doorman).

c) Stillschweigende Vereinbarung

26 Eine Vereinbarung bzw. ein Änderungsvertrag über die Umlegung (zunächst) nicht umgelegter Nebenkosten kann in Ausnahmefällen stillschweigend durch schlüssiges Handeln zustande kommen. Die bloße Übersendung einer Betriebskostenabrechnung reicht dazu aber nicht aus. Die tatsächliche Zahlung über einen längeren Zeitraum hinweg kann jedoch ein Indiz für eine stillschweigende Einigung der Parteien sein, wenn aufgrund besonderer Umstände ein Änderungswille des Vermieters erkennbar ist und die Umstände auf einen Rechtsbindungswillen des Mieters schließen lassen.[55] Im Vordergrund steht die in den Tatsacheninstanzen vorzunehmende Auslegung der im Einzelfall maßgeblichen Umstände, die in einem Revisionsverfahren nur eingeschränkt überprüfbar ist.

27 Wenn der Mieter eine Betriebskostenabrechnung lediglich nicht beanstandet, kann der Vermieter grundsätzlich nicht davon ausgehen, dass der Mieter einer Umlage weiterer Betriebskosten zustimmt. Auch aus Sicht des Mieters ist der Übersendung einer vom Mietvertrag abweichenden Betriebskostenabrechnung nicht ohne weiteres der Wille des Vermieters zu entnehmen, den Mietvertrag zu ändern. Bloße Zahlungen des Mieters vermögen daran nichts zu ändern. Dazu bedarf es besonderer Umstände.[56]

Eine stillschweigende Vereinbarung hatte der *BGH* allerdings in einem vereinzelt gebliebenen Fall angenommen, nachdem der Mieter Nachforderungen für die Reinigung von Dachrinnen von 1990 bis 2000 – mit Ausnahme eines Jahres – beglichen hatte.[57] An dieser Sichtweise hält der *BGH* in der Sache nicht mehr fest. Aus anwaltshaftungsrechtlicher Sicht musste die frühere Entscheidung freilich für ihren Geltungszeitraum beachtet werden.[58]

28 Im umgekehrten Fall der jahrelangen Nichtabrechnung vereinbarter Betriebskostenvorauszahlungen kommt es auf den Vertragsänderungswillen des Vermieters im Hinblick auf künftige Abrechnungen an. Gegen einen Vertragsänderungswillen spricht, dass die Nichtabrechnung im Einzelfall auf einem Versehen des Vermieters beruhen kann. Eine auf Vertragsänderung gerichtete Willensbetätigung ist daher nicht ohne weiteres anzunehmen.[59]

d) Entstehung neuer Betriebskosten

29 Bereits im Mietvertrag kann die Umlegung neu entstandener Betriebskosten vereinbart werden, auch formularmäßig (Mehrbelastungsklauseln).[60] Sofern es daran fehlt und die Parteien auch später nichts vereinbart haben, können bei preisfreiem Wohnraum[61] die Grundsätze der ergänzenden Vertragsauslegung herangezogen werden, wenn neue Betriebskosten entstehen.[62] Danach kommt es darauf an, ob der Vertrag unter Zugrundelegung des Regelungskonzepts der Parteien eine Lücke aufweist, die geschlossen werden muss, um den Regelungsplan der Vertragspartner zu verwirk-

---

[55] *BGH* NJW 2008, 283 Rn. 18 f.; NJW-RR 2000, 1463; Staudinger/*Weitemeyer,* § 556 Rn. 61 f.

[56] BGHZ 184, 117 = NJW 2010, 1065 Rn. 30; NJW 2008, 283 Rn. 18 f.; *Langenberg,* NJW 2008, 1269.

[57] *BGH* NJW-RR 2004, 877 (Dachrinnenreinigung II); kritisch *Langenberg,* NZM 2005, 52 f.; *Artz,* NZM 2005, 367, 371; *Wall,* WuM 2005, 645.

[58] *BGH* NJW 2009, 987.

[59] BGHZ 184, 117 = NJW 2010, 1065 Rn. 26; NJW 2008, 1302 Rn. 10; *Artz,* NZM 2005, 367, 368; *Lützenkirchen,* WuM 2007, 167, 168 f.

[60] *BGH* NJW 2006, 3558 (Sach- und Haftpflichtversicherung); dazu *Blank,* NZM 2007, 233; *Langenberg,* NJW 2008, 1269.

[61] Bei preisgebundenem Wohnraum ist § 20 IV NMV 1970 i. V. mit § 4 VII und VIII NMV 1970 zu beachten; siehe *Schmid,* Handbuch, Rn. 3033a.

[62] *OLG Köln* ZMR 1995, 69; *Schmid,* Handbuch, Rn. 3033; *Blank*/Börstinghaus, § 556 Rn. 76.

lichen. Ferner ist maßgeblich, was die Parteien bei angemessener Abwägung ihrer Interessen nach Treu und Glauben in redlicher Weise vereinbart hätten, wenn sie die neuen Betriebskosten bedacht hätten. Um eine Frage des § 560 BGB handelt es sich dabei nicht.[63]

e) Inhaltskontrolle von Betriebskostenklauseln

Bei Formularvereinbarungen ist die Umlage von Betriebskosten an § 307 BGB zu 30 messen.[64] Die formularvertragliche Beteiligung des Mieters einer Erdgeschosswohnung nach dem Verhältnis der Wohnfläche an den Aufzugskosten benachteiligt diesen zum Beispiel nicht unangemessen, selbst wenn dieser Mieter keinen Bedarf für einen Aufzug hat, denn die Umlage entspricht dem Grundgedanken des § 556a I 1 BGB, wonach Betriebskosten nach der Wohnfläche umzulegen sind.[65] Etwas anderes gilt, wenn sich der Aufzug in einem anderen Gebäudeteil befindet, so dass die Wohnung mit dem Aufzug überhaupt nicht erreicht werden kann.[66] Auch Stellplatzkosten dürfen nicht auf Mieter umgelegt werden, die keinen Stellplatz haben.[67] Die Wartungskosten einer Gastherme, die zu einer zentralen Heiz- und Warmwasserversorgungsanlage gehört, kann der Vermieter hingegen auf den Mieter umlegen, und zwar auch ohne eine vertragliche Obergrenze vorzusehen.[68]

Eine formularmäßige Vereinbarung, die dem Vermieter das Recht einräumt, im laufenden Miet- 31 vertrag von der Wärmeversorgung im Eigenbetrieb auf **Wärmecontracting** überzugehen, hält der Inhaltskontrolle am Maßstab des § 307 I 1, II Nr. 1 BGB stand, wenn sie den Anforderungen des § 556c BGB (in der Fassung des Mietrechtsänderungsgesetzes)[69] entspricht.

3. Umlagefähigkeit

a) Umlagefähige Kosten

Gegenstand der Umlagevereinbarung können nur umlagefähige Betriebskosten sein. 32 Umlegbar sind nach § 556 I 3 BGB bei Mietverhältnissen über Wohnraum nur die Betriebskosten des § 2 BetrKV.[70]

Kosten der Gartenpflege (§ 2 Nr. 10 BetrKV) können z. B. auch dann auf den Mieter umgelegt werden, wenn er den Garten nicht nutzt oder nutzen kann, denn eine gepflegte (gemeinschaftliche) Gartenfläche kommt der Wohnqualität insgesamt zugute. Dies gilt nicht, wenn die Gartenfläche dem Vermieter oder einem anderen Mieter zur alleinigen Nutzung überlassen ist.[71]

b) Nicht umlagefähige Kosten

§ 1 II BetrKV grenzt Betriebskosten von Verwaltungskosten (Nr. 1) sowie von 33 Instandhaltungs- und Instandsetzungskosten (Nr. 2) ab. In der Rechtsprechung des *BGH* hat die Abgrenzung zwischen Betriebskosten und Instandhaltungskosten bei der Dachrinnenreinigung eine Rolle gespielt. Danach ist zu unterscheiden, ob die Dachrinnenreinigung in regelmäßigen Abständen durchgeführt werden muss, etwa weil das fragliche Gebäude von einem hohen Baumbestand umgeben ist, oder ob eine

---

[63] *Langenberg*, NZM 2005, 51 f.; anders *BGH* NJW-RR 2004, 875, 876.
[64] Näher: *Lehmann-Richter*, WuM 2012, 647 ff.
[65] *BGH* NJW 2006, 3557; *Timme*, NZM 2007, 29.
[66] *BGH* NJW 2009, 2058 Rn. 15.
[67] *BGH* WuM 2012, 98.
[68] *BGH* NJW 2013, 597, für BGHZ bestimmt; siehe auch *Langenberg*, NZM 2013, 138.
[69] BGBl. I 2013, 434.
[70] Zu Einzelheiten Staudinger/*Weitemeyer*, § 556 Rn. 19 ff.; Schmidt-Futterer/*Langenberg*, § 556 Rn. 102 ff.
[71] *BGH* NZM 2004, 545; *Langenberg*, NZM 2005, 53.

einmalige Maßnahme aus bestimmten Anlass vorliegt oder gar eine bereits eingetretene Verstopfung beseitigt werden soll.[72]

Der *BGH* hat in diesem Zusammenhang ferner entschieden, dass wiederkehrende Kosten für die Reinigung eines Öltanks umlagefähige Betriebskosten sind, weil sie der Aufrechterhaltung der Funktionsfähigkeit dienen (§ 2 Nr. 4 lit. a BetrKV).[73] Es handelt sich auch um „laufend entstehende" Kosten, obwohl sie nicht jährlich entstehen. Der Vermieter kann sie in den Abrechnungszeitraum einstellen, in dem sie entstanden sind; sie müssen nicht auf mehrere Abrechnungsperioden verteilt werden.[74]

4. Abrechnungsmaßstab

a) Sonderregeln der HeizkV

34 Bei der Verteilung der Betriebskosten auf Wohnraummieter sind in erster Linie gesetzliche Abrechnungsmaßstäbe zu beachten. Entsprechende Vorschriften enthält die HeizkV mit ihrer Verpflichtung zur verbrauchsabhängigen Kostenerfassung (§ 6 HeizkV). Nach § 6 IV HeizkV hat der Gebäudeeigentümer nur die Wahl unter den in § 6 II und in §§ 7–9 HeizkV genannten Abrechnungsmaßstäben. Diese gehen rechtsgeschäftlichen Bestimmungen vor (§ 2 HeizkV).

b) Vereinbarter Maßstab

35 Unter dem Vorbehalt anderweitiger Vorschriften regelt § 556a I 1 BGB den Vorrang vertraglicher Vereinbarungen für Wohnraummietverhältnisse im preisfreien Wohnraum. Als Verteilerschlüssel kommen die Wohnfläche, die Personenzahl oder die Anzahl der Wohneinheiten in Betracht.[75] Das ist auch für die Grundsteuer zulässig.[76] Ist vertraglich eine Umlegung der Betriebskosten nach der Personenzahl vereinbart, bietet das Melderegister keine hinreichend exakte Grundlage.[77] Die formelle Rechtmäßigkeit der Betriebskostenabrechnung hängt allerdings nicht von der Angabe von Details ab. Es ist z. B. unschädlich, wenn der Verteilerschlüssel nur in Bruchteilen angegeben wird.[78] Der Umlegungsmaßstab kann auch konkludent vereinbart werden. Das hat der *BGH* in einem Fall gebilligt, dem eine jahrzehntelange einverständliche Handhabung der Parteien zugrunde lag.[79]

36 Zu einer einseitigen Änderung einer getroffenen Vereinbarung ist der Vermieter unter den Voraussetzungen von § 556a II, III BGB berechtigt, um dem erfassten unterschiedlichen Verbrauch oder der erfassten unterschiedlichen Verursachung Rechnung zu tragen.

c) Erfasster Verbrauch

37 Mangels anderweitiger Vereinbarung sind Betriebskosten, die von einem erfassten Verbrauch oder einer erfassten Verursachung durch die Mieter abhängig sind, nach Verursachung oder Verbrauch abzurechnen (§ 556a I 2 BGB). Dieser Maßstab geht dem Flächenmaßstab (§ 556a I 1 BGB) vor. § 556a I 2 BGB verpflichtet den Ver-

---

[72] *BGH* NJW-RR 2004, 875; zur Abgrenzung von Betriebs- und Instandhaltungskosten *Derckx,* NZM 2005, 807.

[73] *BGH* NJW 2010, 226; vgl. auch *Beyer,* WuM 2013, 77

[74] *BGH* NJW 2010, 226 Rn. 18; siehe bereits *BGH* NJW 2007, 1356 – Elektroanlage.

[75] *BGH* NJW-RR 2004, 1237; *Langenberg,* NZM 2004, 53.

[76] *BGH* NJW-RR 2004, 1237; *Staudinger/Weitemeyer,* § 556a Rn. 22; zu zweckmäßigen Umlageschlüsseln: *Pfeifer,* GE 2007, 1680.

[77] *BGH* NJW 2008, 1521.

[78] *BGH* NJW 2010, 3570; WuM 2012, 98.

[79] *BGH* NJW-RR 2006, 154; siehe auch *BGH* WuM 2006, 440 Rn. 7; anders *Staudinger/Weitemeyer,* § 556a Rn. 8, 12.

mieter allerdings nicht, eine Verbrauchserfassung durchzuführen; er ist nur verpflichtet, verbrauchsabhängig abzurechnen, sofern der Verbrauch erfasst wird.[80] Der Vermieter ist zu einer Umlage der Wasserkosten nach Verbrauch nicht verpflichtet, solange nicht alle Mietwohnungen eines Gebäudes mit Wasserzählern ausgestattet sind.[81] Ist eine Gewerbeeinheit vorhanden, kann der Vermieter deren Wasserverbrauch durch einen Zwischenzähler ermitteln und Differenz zum Hauptzähler auf die Wohnraummieter umlegen.[82]

Der Vermieter kann grundsätzlich auch verbrauchsunabhängige Bestandteile nach dem Wasserverbrauch umlegen, z. B. die Grundgebühren der Wasserversorgung. Der Begriff „Rechnung tragen" im Sinne von § 556a I 2 BGB erfordert lediglich eine angemessene Berücksichtigung. Grenze ist eine unzumutbare Mehrbelastung für den Mieter; diese Grenze ist bei einem beträchtlichen Leerstand überschritten. Dies hat der *BGH* in einem Klauselkontrollverfahren entschieden (§§ 1 ff. UKlaG).[83]

d) Flächenmaßstab

Haben die Parteien keinen Umlagemaßstab für die Betriebskosten vereinbart, kann der Vermieter diesen nicht ohne Weiteres nach billigem Ermessen (§§ 315, 316 BGB) einseitig bestimmen. § 556a I 1 BGB verankert die Wohnfläche als Regelmaßstab für die Verteilung der Betriebskosten. Nur soweit es im Einzelfall zu einer krassen Unbilligkeit kommt, hat der Mieter nach § 242 BGB Anspruch auf Umstellung des Umlagemaßstabs.[84]   **38**

Soweit die Parteien nichts anderes vereinbart haben, ist die tatsächliche Fläche maßgeblich.[85] Eine Vereinbarung über die Wohnfläche kann auch in der Flächenangabe im Mietvertrag liegen. Stellt sich heraus, dass die tatsächliche Wohnfläche davon abweicht, ist dies nach der Rechtsprechung des *BGH* unerheblich, wenn die Abweichung nicht mehr 10 % beträgt.[86] Das hat Kritik erfahren, weil der Kostenanteil des betreffenden Mieters im Vergleich zu den Mitmietern dadurch verfälscht werde.[87]   **39**

Zur Darlegung der Wohnfläche muss der Vermieter die Wohnung nicht vermessen. Prozessual genügt die Angabe einer bestimmten Fläche; im Fall des Bestreitens kann der Vermieter Sachverständigenbeweis anbieten.[88] Die Berechnung der Wohnfläche richtet sich im Regelfall nach den Bestimmungen der aufgrund § 19 I 2 WoFG erlassenen und am 1.1.2004 in Kraft getretenen Verordnung zur Berechnung der Wohnfläche (WoFlV) vom 25.11.2003.[89] Das gilt auch für frei finanzierten Wohnraum. Unbeschadet des engen Anwendungsbereichs der WoFlV (siehe § 1 I WoFlV) wird im Zweifel eine entsprechende stillschweigende Vereinbarung der Parteien anzunehmen sein.[90]   **40**

Im Anwendungsbereich der NMV 1970 sind die Betriebskosten grundsätzlich nach dem Verhältnis der Wohnfläche umzulegen (§ 20 II 1 NMV 1970). Ausnahmen für bestimmte Betriebskostenarten sind in den §§ 21 bis 25 NMV 1970 geregelt.[91]

---

[80] *Schmid*, Handbuch, Rn. 4066.
[81] *BGH* NJW 2008, 1876; *Milger*, NZM 2008, 757, 758 f.
[82] *BGH* NJW-RR 2010, 515; siehe auch *Langenberg*, NZM 2010, 186.
[83] *BGH* NJW 2010, 3645.
[84] *BGH* NJW 2008, 1876 Rn. 14, unter Hinweis auf BT-Drs. 14/4553, S. 51.
[85] *Lützenkirchen*, WuM 2007, 167, 169 f.
[86] *BGH* NJW 2008, 142 Rn. 19; *Hinz*, WuM 2008, 633.
[87] *Schmid*, WuM 2008, 9.
[88] *Schmid*, MDR 2000, 123, 124; anders *LG Köln* ZMR 2001, 624.
[89] BGBl. I S. 2346; zuvor: §§ 42 bis 44 der II. BerechnungsVO; Einzelheiten zur Flächenberechnung bei Schmidt-Futterer/*Langenberg*, Anhang zu § 556a BGB.
[90] *BGH* NJW 2004, 2230, 2231.
[91] Dazu *Schmid*, Handbuch, Rn. 4053 ff.

5. Abrechnungszeitraum und Abrechnungsfrist

a) Grundlagen

41 Über Betriebskosten ist jährlich abzurechnen (§ 556 III 1 BGB, § 20 III 2 NMV 1970). Die **Abrechnungsperiode** darf zwölf Monate nicht überschreiten.[92] Eine Verlängerung ist bei Wohnraummietverhältnissen nicht zulässig (§ 556 IV BGB).[93] Der *BGH* hat eine Ausnahme zugelassen, wenn die Abrechnungsperiode einmalig zum Zweck der Umstellung auf eine kalenderjährliche Abrechnung verlängert wird. Der mit § 556 IV BGB verbundene Schutzzweck wird auch dann noch ausreichend gewahrt.[94]

Mit dem Ende des Abrechnungszeitraums beginnt die zwölfmonatige Abrechnungsfrist. § 556 III 2 und 3 BGB gestaltet die **Abrechnungsfrist** als Ausschlussfrist aus (ebenso § 20 III 4 NMV 1970). Die Abrechnung ist dem Mieter spätestens bis zum Ablauf des zwölften Monats nach Ende des Abrechnungszeitraums mitzuteilen. Die Aufgabe zur Post genügt nicht.[95] Für den rechtzeitigen Zugang ist der Vermieter beweispflichtig.[96] Bei einer Mietermehrheit ist die Nebenkostenabrechnung an alle Mieter zu richten.[97]

Entrichtet der Mieter vereinbarungsgemäß einen einheitlichen Vorauszahlungsbetrag für Heiz- und sonstige Betriebskosten, ist von einer einheitlichen Abrechnungsfrist auszugehen. Das gilt auch dann, wenn der Vermieter die Heizkosten nach der Heizperiode und die übrigen Betriebskosten nach dem Kalenderjahr abrechnet.[98]

b) Ausschlussfrist

42 Versäumt der Vermieter von Wohnraum (§§ 549, 578 BGB) die Abrechnungsfrist, ist er damit ausgeschlossen, Nebenkosten nachzufordern (§ 556 III 3 Hs. 1 BGB, § 20 III 4 Hs. 1 NMV 1970). Das gilt nur dann nicht, wenn der Vermieter die Verzögerung nicht zu vertreten hat (§ 556 III 3 Hs. 2 BGB, § 20 III 4 Hs. 2 NMV 1970). Freilich kann der Mieter nach Treu und Glauben (§ 242 BGB) gehindert sein, sich auf die Ausschlussfrist zu berufen, wenn dem Vermieter ein auf den ersten Blick erkennbarer Fehler unterläuft.[99]

Der Gesetzeszweck des § 556 III 3 BGB besteht darin, Abrechnungssicherheit für den Mieter herzustellen und Streit zu vermeiden.[100] Die Regelung gewährleistet eine zeitnahe Abrechnung, damit der Mieter in einem überschaubaren zeitlichen Zusammenhang mit dem Abrechnungszeitraum entweder über ein sich zu seinen Gunsten ergebendes Guthaben verfügen kann oder Gewissheit darüber erlangt, ob und in welcher Höhe er mit einer Nachforderung des Vermieters rechnen muss.[101]

Im Recht der gewerblichen Miete findet § 556 III 3 BGB keine Anwendung, mangels planwidriger Regelungslücke auch nicht analog.[102]

43 Der Ablauf einer Ausschlussfrist führt – anders als der Ablauf einer Verjährungsfrist – nicht lediglich zu einer Einredebefugnis gegenüber einem fortbestehenden Recht,

---

[92] Näher *Brückner*, GE 2006, 1590, 1591.
[93] Staudinger/*Weitemeyer*, § 556 Rn. 116, 144.
[94] *BGH* NJW 2011, 2878 Rn. 14.
[95] *BGH* NJW 2009, 2197; BT-Drs. 14/4553, S. 51.
[96] *LG Düsseldorf* NJW 2007, 1290; *Kaiser*, NJW 2009, 2187.
[97] *LG Frankfurt/M.* NJW-RR 2009, 736.
[98] *BGH* WuM 2008, 404 Rn. 18; Schmidt-Futterer/*Langenberg*, § 556 Rn. 478.
[99] *BGH* NJW 2011, 1957 Rn. 15.
[100] *BGH* NJW 2008, 1150 Rn. 13; BT-Drs. 14/4553, S. 37.
[101] *BGH* NJW 2007, 1059 Rn. 12.
[102] BGHZ 184, 117 = NJW 2010, 1065.

sondern bewirkt den Untergang des Rechts.[103] Ein Anerkenntnis des Mieters verlängert die Abrechnungsfrist nicht; § 212 I Nr. 1 BGB ist nicht entsprechend anwendbar.[104]

Auch nach Ablauf der Abrechnungsfrist kann der Vermieter Nebenkosten bis zum Betrag der geschuldeten Vorauszahlungen verlangen; insoweit handelt es sich nicht um eine Nachforderung im Sinne von § 556 III 2, 3 BGB.[105] Eine Nachforderung liegt aber vor, wenn die Betriebskostenabrechnung ursprünglich mit einem Guthaben zugunsten des Mieters endete und der Vermieter die Abrechnung später korrigiert.[106]

c) Unverschuldete Verzögerung

Der Begriff des Vertretenmüssens ist im Sinne des § 276 BGB zu verstehen. Ein **44** etwaiges Verschulden seiner Hilfspersonen bei der Versäumung der Frist muss sich der Vermieter wie eigenes Verschulden zurechnen lassen (§ 278 BGB).[107] Das betrifft insbesondere Versäumnisse eines Abrechnungsunternehmens.[108]

Bei einem Computerabsturz kommt es auf die jeweiligen Einzelfallumstände an.[109] **45** Den Verlust der Betriebskostenabrechnung auf dem Postweg hat der Vermieter hingegen nicht zu vertreten.[110] Das gilt auch für eine Verspätung, die entsteht, weil der Mieter auszieht und seine neue Anschrift nicht mitteilt.[111] Außerhalb des Einflussbereichs des Vermieters liegt es, wenn Versorgungsunternehmen ihre Abrechnungen erst lange nach Ablauf des Abrechnungszeitraums erstellen, so dass er die Frist nicht mehr einhalten kann. Auch Steuern und Abgaben werden häufig erst sehr viel später festgesetzt.[112] Um eine frühzeitige Rechnungsstellung muss sich der Vermieter in der Regel nicht bemühen. § 556 III 4 BGB stellt klar, dass er nicht zu Teilabrechnungen verpflichtet ist, auch wenn einige Einzelabrechnungen schon vorliegen.

Eine zunächst entschuldigte Verspätung kann zu einer verschuldeten werden, wenn **46** sich der Vermieter auch dann noch unnötig viel Zeit bis zur Erstellung der Abrechnung lässt, nachdem ihm die notwendigen Unterlagen vorliegen. Im Regelfall ist er gehalten, die Abrechnung nicht später als drei Monate nach Wegfall des Abrechnungshindernisses vorzulegen (Gedanke des § 560 II 2 BGB).[113]

d) Verwirkung

Ein Vermieter, der Nebenkosten nicht innerhalb einer angemessenen Zeit abrechnet, **47** kann sich dem Einwand der Verwirkung (§ 242 BGB) ausgesetzt sehen, wenn er nicht geltend machen kann, dass er ohne eigenes Verschulden an der Abrechnung gehindert war.[114] Das Rechtsinstitut der Verwirkung kann trotz der Ausschlussfrist des § 556 III 2, 3 BGB noch zum Tragen kommen.[115] Die engen Voraussetzungen des Verwirkungstatbestandes werden allerdings nur selten erfüllt sein.

---

[103] *BGH* NJW 2006, 903 Rn. 10.
[104] *BGH* WuM 2008, 351 Rn. 20 ff.
[105] *BGH* NJW 2008, 142 Rn. 25; WuM 2011, 421.
[106] *BGH* NJW 2008, 1150 Rn. 12.
[107] *BGH* NJW 2005, 1499, 1501.
[108] *LG Köln* WuM 2008, 560.
[109] *AG Annaberg* NZM 2008, 686 (Verschulden bejaht).
[110] *LG Berlin* GE 2007, 1317.
[111] *AG Bad Neuenahr-Ahrweiler* NZM 2008, 205.
[112] BT-Drs. 14/4553, S. 51.
[113] *BGH* NJW 2006, 3350 Rn. 19.
[114] BGHZ 113, 188, 196 f. = NJW 1991, 836, 837; *BGH* NZM 2010, 243.
[115] *BGH* WuM 2012, 317.

6. Die Betriebskostenabrechnung

48 Bei der Prüfung einer Betriebskostenabrechnung ist zwischen formeller Ordnungsmäßigkeit und materieller Richtigkeit zu differenzieren. Die Unterscheidung rechtfertigt sich durch die von § 259 BGB geforderte geordnete Zusammenstellung der
Einnahmen und Ausgaben. Als handhabbares Differenzierungskriterium bietet es
sich an, unzureichende Mindestangaben und Unklarheiten als formelle Fehler zu
werten; inhaltliche Fehler betreffen hingegen die materielle Ordnungsmäßigkeit.[116]
Die Bedeutung dieser Unterscheidung wird namentlich bei der Ausschlussfrist des
§ 556 III 2, 3 BGB erkennbar. Die Abrechnungsfrist wird nur mit einer formell
ordnungsgemäßen Abrechnung gewahrt.[117] Auf die inhaltliche Richtigkeit kommt es
für die Einhaltung der Ausschlussfrist nicht an. Inhaltliche Abrechnungsfehler einer
formell ordnungsmäßigen Abrechnung können auch nach Ablauf der Ausschlussfrist
von einem Jahr nach dem Ende der Abrechnungsperiode korrigiert werden, auch im
Prozess.[118]

a) Formelle Ordnungsmäßigkeit

49 Formell ordnungsgemäß ist eine Betriebskostenabrechnung, wenn sie den allgemeinen Anforderungen des § 259 BGB entspricht, also eine geordnete Zusammenstellung der Einnahmen und Ausgaben enthält. Soweit keine besonderen Abreden getroffen sind, sind in die Abrechnung bei Gebäuden mit mehreren Wohneinheiten
regelmäßig bestimmte Mindestangaben aufzunehmen.[119]

50 – Erforderlich ist eine Zusammenstellung der **Gesamtkosten,** wobei der gebotene
  Vorwegabzug nicht umlagefähiger Kosten offenzulegen ist, denn auch der Vorwegabzug hat Einfluss auf die dem Mieter angelasteten Kosten.[120] Der Vermieter muss
  bei den abgerechneten Gesamtkosten nicht jeden einzelnen Rechnungsbetrag angeben. Es genügt grundsätzlich, dass er hierbei nach den Kostenarten des in § 2
  BetrKV enthaltenen Betriebskostenkatalogs differenziert und diese nach ihrem Ent-
  stehungsgrund gleichartigen Kosten summenmäßig zusammenfasst.[121] Bei einer vermieteten Doppelhaushälfte gelten insoweit gewisse Vereinfachungen.[122]
 – Notwendig sind die Angabe und Erläuterung der Art der zugrunde gelegten **Verteilerschlüssel,** es sei denn entsprechende Kenntnisse des Mieters können nach dem
  Mietvertrag oder aufgrund früherer Abrechnungen vorausgesetzt werden.[123]
 – Des Weiteren ist die Berechnung des **Anteils des Mieters** geboten.
 – Der Vermieter muss die tatsächlich geleisteten **Vorauszahlungen** des Mieters abziehen. Ausnahmsweise hat der *BGH* eine Abrechnung anhand der vom Mieter
  nicht erbrachten, aber geschuldeten Vorauszahlungen gebilligt, wenn der Vermieter
  offene Vorauszahlungen vor Abrechnungsreife eingeklagt hatte.[124]

51 Die vorgenannten Anforderungen, die auch für Heizungs- und Warmwasserkosten-
abrechnungen nach der HeizkV gelten, beruhen auf dem Zweck der Betriebskostenabrechnung, den Mieter in die Lage zu versetzen, den Anspruch des Vermieters

---

[116] *Schmid* DWW 2009, 50; *Blank,* NZM 2008, 745, 748.
[117] *BGH* NJW 2009, 283 Rn. 25.
[118] *BGH* NJW 2005, 219, 220; WuM 2008, 351 Rn. 14.
[119] St. Rspr. seit *BGH* NJW 1982, 573, 574; siehe *BGH,* NJW 2007, 1059 Rn. 8; NJW 2008,
142 Rn. 24; WuM 2008, 351 Rn. 15; NJW-RR 2009, 1383 Rn. 16; NJW 2010, 2053 Rn. 11;
Milger, NJW 2009, 625.
[120] *BGH* NJW 2007, 1059 Rn. 10; WuM 2007, 575.
[121] *BGH* NJW 2010, 2053 Rn. 14; *Milger,* NJW 2009, 625, 627.
[122] BGH NJW-RR 2011, 812.
[123] *BGH* NJW 2009, 283 Rn. 27.
[124] *BGH* NJW-RR 2003, 442; *Schmid,* NZM 2007, 555, 557.

nachprüfen zu können. Die Anforderungen sollten nicht angehoben werden.[125] Im Mittelpunkt steht das Informationsbedürfnis des Mieters.[126] Maßgeblich für die formelle Wirksamkeit einer Betriebskostenabrechnung ist die Nachvollziehbarkeit und Prüffähigkeit für den Mieter.[127] Ein durchschnittlich gebildeter, juristisch und betriebswirtschaftlich nicht geschulter Mieter muss die Abrechnung gedanklich und rechnerisch nachvollziehen können.[128] Rechnungen und Belege sind kein notwendiger Bestandteil einer ordnungsgemäßen Abrechnung. Einzelne Rechnungen müssen daher nicht angegeben werden; erst recht müssen sie nicht beigefügt werden.[129]

Ist die Abrechnung formell einwandfrei und nur materiell fehlerhaft, hat der Mieter in der Regel keinen Anspruch auf Neuerteilung.[130] Freilich werden auch insoweit Ausnahmen anerkannt, z. B. wenn der Vermieter nach einem nicht vereinbarten Umlageschlüssel abrechnet und der Mieter die erforderlichen Bezugsdaten für eine Berechnung auf der Grundlage des vereinbarten Abrechnungsmaßstabs nicht kannte.[131]

Die **Aufgliederung** der Kosten hat sich im Regelfall an den in § 2 BetrKV aufgeführten Betriebskostenarten zu orientieren. Sämtliche angesetzten Kostenarten müssen grundsätzlich einzeln abgerechnet werden.[132] Die Pflichten zur Spezifizierung der Kosten dürfen nicht überspannt werden. Eine Ausnahme gilt etwa, wenn Abrechnungs- und Erfassungsmaßstäbe übereinstimmen.   **52**

Dies kann zum Beispiel bei Frisch- und Schmutzwasser anzunehmen sein. Insoweit ist eine Zusammenfassung beider Positionen zulässig, zumindest dann, wenn auch die Berechnung der Abwasserkosten an den Frischwasserverbrauch geknüpft ist. Denn die Prüffähigkeit der Betriebskostenabrechnung ist für den Mieter auch dann gewährleistet, wenn die nach der Verkehrsanschauung eng verzahnten Kosten für Frischwasser und Abwasser in der Abrechnung in einer Summe zusammengefasst und einheitlich abgerechnet werden.[133] Auch andere eng zusammenhängende Kosten – wie die Kosten für Sach- und Haftpflichtpflichtversicherung – kann der Vermieter in einer Summe zusammenfassen, ohne die auf die jeweilige Versicherungsart entfallenden Einzelbeträge anzugeben. Durch Belegeinsicht kann der Mieter kontrollieren, ob die Beträge tatsächlich angefallen sind.[134]

Formell unwirksam ist zum Beispiel eine Betriebskostenabrechnung mit einem unverständlichen Verteilerschlüssel. Dies kann zur Abweisung der gesamten Klage führen, wenn ohne die betroffenen Positionen kein Nachzahlungsanspruch des Vermieters verbleibt.[135] Auffällige Schwankungen der angesetzten Flächen- und Verbrauchswerte in mehreren aufeinanderfolgenden Abrechnungen lassen die formelle Ordnungsmäßigkeit jedoch unberührt; die etwaige Unrichtigkeit ist in der Sache aufzuklären.[136]   **53**

Sind nur einzelne Kostenansätze formell nicht ordnungsmäßig abgerechnet, bleiben die Folgen darauf beschränkt.[137] Das wird mitunter übersehen.

---

[125] *Milger,* NJW 2009, 625, 630.
[126] *Schmid,* NZM 2010, 264, 267.
[127] *BGH* NJW 2011, 368 Rn. 13; NJW-RR 2009, 1383 Rn. 19.
[128] *BGH* NJW 2005, 3135, 3136; *Schmid,* Handbuch, Rn. 3229.
[129] *OLG Düsseldorf* ZMR 2001, 882, 886; *Blank*/Börstinghaus, § 556 Rn. 110.
[130] *LG Hamburg* NZM 1999, 408; *Lützenkirchen,* WuM 2007, 167, 170; *ders.,* WuM 2008, 186, 189.
[131] *BGH* NJW 2011, 368 Rn. 16; NJW 2005, 219, 220.
[132] *OLG Dresden* NZM 2002, 437; *OLG Hamburg* WuM 2003, 268, 269; *Sternel,* Rn. V 426 f.
[133] *BGH* NJW-RR 2009, 1383 Rn. 19; *Sternel,* Rn. V 427.
[134] *BGH* NJW-RR 2010, 585.
[135] *BGH* NJW 2008, 2258 Rn. 15 f.
[136] *BGH* NJW 2008, 2260 Rn. 13.
[137] *BGH* NJW 2007, 1059 Rn. 11; NJW 2010, 3363 Rn. 14; *Milger,* NJW 2009, 625, 626.

b) Materielle Richtigkeit

54 Lediglich inhaltlich unrichtig ist die Aufnahme nicht umlegungsfähiger Positionen, z. B. weil eine Umlagevereinbarung fehlt oder eine Pauschale vereinbart ist.[138] Gleiches gilt für die Angabe einer falschen Wohnfläche.[139] Ebenso sind zu hoch oder zu niedrig angesetzte Vorauszahlungen bzw. der Ansatz der Soll- statt der Ist-Vorauszahlungen zu bewerten.[140] Ein inhaltlicher Fehler und kein formeller Mangel der Abrechnung liegt auch dann vor, wenn der in der Abrechnung verwendete und angegebene, an sich verständliche Umlageschlüssel von dem im Mietvertrag vereinbarten Umlageschlüssel abweicht. Denn die Abrechnung verliert ihren Charakter als Rechnungslegung nicht dadurch, dass die aufgeführten Betriebskostenarten anders umgelegt werden, als dies im Mietvertrag vereinbart ist, also der Sache nach falsch zugeordnet werden.[141]

Verwendet der Vermieter einen geeichten Wasserzähler, spricht eine tatsächliche Vermutung dafür, dass diese Werte den tatsächlichen Verbrauch richtig wiedergeben.[142] Bei einem nicht (mehr) geeichten Wasserzähler kann die Richtigkeit der Betriebskostenabrechnung im Hinblick den Verbrauch auch auf anderen Wegen nachweisen, wie etwa die Vorlage der Verbrauchswerte der letzten unbeanstandeten Abrechnungsperiode (§ 287 ZPO).[143]

7. Sonderfälle der Betriebskostenabrechnung

a) Mischnutzung

55 Soweit die Mietvertragsparteien nichts anderes vereinbart haben, ist bei preisfreiem Wohnraum ein Vorwegabzug der Betriebskosten von Gewerbeflächen in gemischt genutzten Abrechnungseinheiten für alle oder einzelne Betriebskostenarten geboten, wenn die auf die Gewerbeflächen entfallenden Kosten zu einer erheblichen Mehrbelastung der Wohnraummieter führen.[144]

56 Dies wurde zum Beispiel für ein Restaurant bejaht.[145] Die Darlegungs- und Beweislast trägt der Mieter, dem unter Umständen die Grundsätze der sekundären Behauptungslast zu Gute kommen.[146] Materiell-rechtlich stellt sich die Frage, wie der unbestimmte Rechtsbegriff der erheblichen Mehrbelastung auszufüllen ist. Eine solche ist bereits dann angenommen worden, wenn die Mehrkosten 3 % der Gesamtkosten übersteigen.[147] Nahe liegt die auch bei Flächenabweichungen geltende Grenze von 10 %.[148]

57 Die Frage, ob eine unter Umständen notwendige Vorauteilung der Betriebskosten zwischen Wohn- und Gewerberäumen vorgenommen worden ist, betrifft nach der Rechtsprechung des *BGH* nicht formelle Ordnungsmäßigkeit der Betriebskostenabrechnung. Ein zu Unrecht unterbliebener Vorwegabzug wirkt sich (nur) auf die materielle Richtigkeit der Abrechnung aus.[149] Auch eine gesonderte Darlegung durch den Vermieter ist entbehrlich, wenn der Mieter den Maßstab aus vorangegangenen Abrechnungen kennt.[150]

---

[138] *BGH* NJW 2008, 283; NJW 2011, 2786 Rn. 13; BeckRS 2012, 06646.
[139] *LG Hamburg* WuM 1998, 727, 728.
[140] *BGH* NJW 2011, 2786 Rn. 16.
[141] *BGH* NJW 2005, 219; *OLG Düsseldorf* WuM 2006, 381; *Langenberg,* WuM 2005, 502; *Börstinghaus,* NZM 2005, 250.
[142] *BGH* NJW 2011, 598 Rn. 13.
[143] *BGH* NJW 2011, 598 Rn. 13.
[144] *BGH* NJW 2006, 1419 Rn. 17; NJW 2010, 3363 Rn. 21 f.
[145] *BGH* NJW 2008, 1876 Rn. 13.
[146] *BGH* NJW 2007, 211 Rn. 16; NJW 2010, 3363 Rn. 22.
[147] *LG Aachen* WuM 2006, 615.
[148] Siehe *BGH* NJW 2004, 1947; NJW 2004, 2230; gegen starre Grenzen *Lützenkirchen,* WuM 2007, 167, 169.
[149] *BGH* NJW 2010, 3363 Rn. 13 – Wohnung im Bahnhofscenter.
[150] Staudinger/*Weitemeyer,* § 556a Rn. 34.

b) Leerstand

Steht ein Teil des Mietobjekts leer und trägt der Vermieter dem in der Betriebskosten- 58
abrechnung nicht Rechnung, ist die Abrechnung formell nicht ordnungsgemäß,
sofern der Leerstand nicht erkennbar ausgewiesen ist.[151] Das Risiko des Leerstands
trifft den Vermieter. Wenn die Betriebskosten vereinbarungsgemäß nach dem Verhältnis der Fläche der Mietwohnung zur Gesamtwohnfläche umzulegen sind, hat der
Vermieter die auf leer stehende Wohnungen entfallenden Betriebskosten selbst zu
tragen. Einen Anspruch auf Änderung des Flächenmaßstabs hat der Vermieter grundsätzlich auch nicht bei verbrauchsabhängigen Betriebskosten, obwohl in den unvermieteten Räumen nichts verbraucht wird, denn es liegt an ihm, den Verbrauch der
einzelnen Mieter zu erfassen.[152]

c) Abrechnungseinheiten

In der Regel stellt ein Gebäude eine Abrechnungseinheit (Wirtschaftseinheit) dar. 59
Bildet der Vermieter Abrechnungseinheiten aus mehreren Gebäuden, hat er die Zu-
lässigkeitsvoraussetzungen nach allgemeinen Regeln darzulegen und zu beweisen.[153]
Die Zulässigkeit von Abrechnungseinheiten hängt bei preisfreiem Wohnraum in
erster Linie von der Vereinbarung im Mietvertrag ab.[154] Fehlt eine Vereinbarung, darf
der Vermieter mehrere Gebäude unter den Voraussetzungen des § 315 BGB zu einer
Wirtschaftseinheit zusammenfassen, wenn einer hausbezogenen Abrechnung faktische oder technische Hindernisse entgegenstehen.[155] Bei der Billigkeitsentscheidung
sind folgende Kriterien maßgeblich:[156]

– Die Gebäude müssen in unmittelbarem örtlichem Zusammenhang stehen. 60
– Zwischen den einzelnen Gebäuden dürfen keine wesentlichen Unterschiede im
  Nutzungswert bestehen.
– Sie müssen einer gleichartigen Nutzung dienen und einheitlich verwaltet werden.
– Die Nebenkosten müssen zumindest teilweise gemeinsam anfallen.[157] Auch wenn
  nur bezüglich einzelner Betriebskosten, z.B. Heizkosten, ein unabweisbares tech-
  nisches Bedürfnis für eine gebäudeübergreifende Abrechnung besteht, kann sich die
  Wirtschaftseinheit auf alle abgerechneten Betriebskosten erstrecken; das ist nicht
  unbillig im Sinne von § 315 BGB.[158]

Die Zulässigkeit der Bildung einer Abrechnungseinheit ist eine Frage der inhaltlichen 61
Richtigkeit der Betriebskostenabrechnung.[159] Die hiervon zu unterscheidende Angabe der Gesamtkosten der Abrechnungseinheit betrifft die formelle Ordnungsmäßigkeit, weil bestimmte Mindestangaben auch bei Abrechnungseinheiten zum Verständnis der Betriebskostenabrechnung notwendig sind.[160]

---

[151] *LG Braunschweig* ZMR 2003, 490; siehe auch *LG Cottbus* WuM 2007, 323.
[152] *BGH* NJW 2006, 2771; *Wall*, WuM 2006, 443; Staudinger/*Weitemeyer*, § 556a Rn. 24;
Schmid, Handbuch, Rn. 4012a.
[153] Schmidt-Futterer/*Langenberg*, § 556a Rn. 149.
[154] Staudinger/*Weitemeyer*, § 556 Rn. 16; zum preisgebundenen Wohnraum Schmidt-Futte-
rer/*Langenberg*, § 556a Rn. 57 ff.
[155] *BGH* NJW 2011, 368 Rn. 21; NJW 2005, 3135, 3137.
[156] Staudinger/*Weitemeyer*, § 556a Rn. 27; *Schmid*, Handbuch, Rn. 4031 ff.
[157] *BGH* NJW 2010, 3229; WuM 2011, 159; BeckRS 2012, 09620; BeckRS 2012, 09621; jeweils
Gesamtheizungsanlage.
[158] *BGH* NJW 2011, 368, Rn. 18.
[159] *BGH* NJW 2011, 368; NJW 2010, 3228; NJW 2005, 3135, *Lützenkirchen*, NZM 2005, 8 f.
[160] Vgl. *BerlVerfGH* WuM 2006, 300, 302; Staudinger/*Weitemeyer*, § 556 Rn. 85.

d) Leistungs- und Abflussprinzip

62 In der Regel wird der Vermieter Kosten für Leistungen abrechnen, die im Abrechnungszeitraum erbracht wurden (Leistungsprinzip).[161] Wird der Vermieter etwa im Jahr 2013 mit einer Grundsteuernachforderung für das Jahr 2011 belastet, betreffen die Kosten den Abrechnungszeitraum 2011. Da der Vermieter den Grundsteuerbescheid erst im Jahr 2013 erhalten hat, hat er insoweit die Abrechnungsfrist des § 556 III 3 Hs. 1 BGB versäumt, so dass es darauf ankommt, ob er die verspätete Geltendmachung zu vertreten hat (§ 556 III 3 Hs. 2 BGB).

63 Der Vermieter kann die Betriebskosten auch dem Abrechnungszeitraum zuordnen, in dem er selbst mit den Unkosten belastet wird (Abflussprinzip). Wird der Vermieter etwa im Jahr 2013 mit einer Grundsteuernachforderung für das Jahr 2011 belastet, kann er diese dem Abrechnungszeitraum 2013 zuordnen. Das gilt jedenfalls dann, wenn das betreffende Mietverhältnis bereits im Jahr 2011 bestand. Die §§ 556 ff. BGB untersagen diese Abrechnungsmethode nicht. Eine Abrechnung nach dem Abflussprinzip ist deshalb grundsätzlich zulässig.[162] Maßgeblich ist der Abrechnungszeitraum, in dem die Forderung des Dritten fällig wird.[163] Das gilt auch für Abschlags- und Vorauszahlungen.[164]

64 Unzulässig ist eine Abrechnung nach dem Abflussprinzip hingegen bei Heizkosten. Dies folgt aus § 7 II HeizKV, wonach „die Kosten der verbrauchten Brennstoffe" maßgeblich sind. Danach können nur die Kosten des im Abrechnungszeitraum tatsächlich verbrauchten Brennstoffs abgerechnet werden.[165] Trägt der Vermieter dem nicht Rechnung, ist die Betriebskostenabrechnung (lediglich) inhaltlich fehlerhaft. Ihm bleibt die Möglichkeit, für die betreffenden Abrechnungsjahre – gegebenenfalls aufgrund einer sachgerechten Schätzung – nachträglich eine Abrechnung nach dem Leistungsprinzip vorzulegen.[166]

65 Bei einem Mieterwechsel wird eine Abrechnung nach dem Abflussprinzip abzulehnen sein, um den Mieter nicht mit Betriebskosten zu belasten, die der Vormieter verursacht hat. Ob der Vermieter in besonders gelagerten Fällen eines Mieterwechsels nach Treu und Glauben (§ 242 BGB) gehindert ist, Betriebskosten nach dem Abflussprinzip abzurechnen, hat der *BGH* offen lassen können, weil das Mietverhältnis der Parteien in den bisher entschiedenen Fällen durchgängig sowohl im Verbrauchs- als auch im Abrechnungszeitraum bestand.[167] Offen ist auch, ob einzelne Betriebkosten nach dem Leistungs-, andere aber nach dem Abflussprinzip abgerechnet werden können.[168]

e) Mieterwechsel im Abrechungszeitraum

66 Wechselt der Mieter innerhalb des Abrechnungszeitraums, werden verbrauchsunabhängige Nebenkosten üblicherweise nach Zeitanteilen abgegrenzt.[169] Bei verbrauchsabhängigen Nebenkosten muss der Vermieter zwar keine Zwischenabrechnung, aber eine Zwischenablesung bei dem bisherigen Mieter vornehmen. Eine Ablesung der Zähler aller Mieter ist nicht erforderlich.

---

[161] *LG Hamburg* WuM 2000, 197; *LG Hamburg* NZM 2001, 806; Staudinger/*Weitemeyer*, § 556 Rn. 117; Schmidt-Futterer/*Langenberg*, § 556 Rn. 308.
[162] BGH NJW 2008, 1300; NJW 2008, 1801; Beispiele bei *Milger*, NZM 2008, 757.
[163] *Schmid*, DWW 2008, 162; NZM 2008, 918.
[164] *Schmid*, DWW 2008, 162, 163.
[165] BGH NJW 2012, 1141 Rn. 12.
[166] BGH NJW 2012, 1141 Rn. 14.
[167] BGH NJW 2008, 1300 Rn. 24; NJW 2008, 1801 Rn. 22.
[168] *Schach*, GE 2008, 444, 445.
[169] Schmidt-Futterer/*Langenberg*, § 556 Rn. 362.

Für Heizkosten sieht § 9b I HeizkV ausdrücklich eine Zwischenablesung für den 67
verbrauchsabhängigen Anteil vor. Der verbrauchsunabhängige Anteil der Heizkosten
ist nach der Gradtagszahlmethode[170] oder aber zeitanteilig auf Vor- und Nachnutzer
zu verteilen (§ 9b II Hs. 2 HeizkV).

Für die Kaltwasserversorgung gibt es zwar keine gesetzliche Regelung. Jedoch ist
auch hier eine Zwischenablesung vorzunehmen, wenn Einzelwasserzähler vorhanden
sind. Im Übrigen hat eine sachgerechte Schätzung zu erfolgen, zum Beispiel nach
Zeitabschnitten.[171]

Eine Nutzerwechselgebühr kann der Vermieter weder auf den neuen noch auf den ehemaligen
Mieter umlegen, sofern dies nicht gesondert vereinbart ist, weil es sich dabei nicht um Betriebskosten im Sinne von § 556 I 2 BGB handelt, denn diese Kosten fallen im jeweiligen Mietverhältnis nur einmal an.[172] Einer Vereinbarung steht § 556 IV BGB entgegen.

8. Fälligkeit

Ein Anspruch des Vermieters gegen den Mieter auf Nachzahlung entstandener Be- 68
triebskosten ist fällig (§ 271 BGB), wenn der Vermieter eine ordnungsgemäße Betriebskostenabrechnung erstellt und dem Mieter mitgeteilt hat. Die Betriebskostenabrechnung muss dem Mieter zugegangen sein (§ 271 I BGB).[173] Andernfalls ist eine
Leistungsklage des Vermieters bereits mangels Fälligkeit unbegründet.[174] Bei erneuter
Klageerhebung ist die Ausschlussfrist des § 556 III 2 BGB unter Umständen verstrichen.

Die Fälligkeit wird nicht durch eine **Überprüfungsfrist** hinausgeschoben.[175] Gleichwohl steht
dem Mieter ein Überprüfungsrecht zu, während dessen Dauer er nicht in Verzug gerät (§ 286 IV
BGB).[176] Danach ist der Verzugseintritt für rund zwei Wochen gehindert, unter Umständen
auch bis zum Beginn des übernächsten Monats.[177]

9. Rechtsverteidigung des Mieters

a) Einfaches und substantiiertes Bestreiten

Pauschales Bestreiten von konkret dargelegten Betriebskosten ist nach allgemeinen 69
Grundsätzen unzulässig (§ 138 II ZPO).[178] Grundsätzlich muss der Mieter konkret
zu den einzelnen Abrechnungsposten, die er beanstandet, Stellung beziehen und seine
Bedenken plausibel darlegen.[179] Ein schlichtes Bestreiten des Mieters genügt aber
z. B., wenn der Vermieter bei den Kosten des Hauswarts seinerseits einen nicht näher
konkretisierten pauschalen Abzug nicht umlagefähiger Verwaltungs-, Instandhal-
tungs- und Instandsetzungskosten vornimmt.[180]

Das Bestreiten der Höhe der Betriebskosten wird vielfach als unsubstantiiert angesehen, wenn der Mieter nicht zuvor Einsicht in die Belege genommen hat.[181] Dies hat

---

170 Dazu *BGH* NJW-RR 2006, 232.
171 Schmidt-Futterer/*Langenberg*, § 556 Rn. 363.
172 *BGH* NJW 2008, 575; *Schmid*, NZM 2008, 762; *Bub/Bernhard*, NZM 2008, 513.
173 BGHZ 113, 188, 194 = NJW 1991, 836, 837; *BGH* NJW-RR 2003, 442.
174 BGHZ 113, 188, 194 = NJW 1991, 836, 837; *BGH* NJW 2005, 1499, 1502.
175 *BGH* NJW 2006, 1419 Rn. 20.
176 Staudinger/*Weitemeyer*, § 556 Rn. 122; *Schmid*, WuM 2006, 481.
177 Siehe Schmidt-Futterer/*Langenberg*, § 556 Rn. 436 und *Schach*, GE 2006, 951.
178 Siehe *BGH* NJW 2008, 142 Rn. 31.
179 *Schmid*, WuM 2012, 127; Hk-ZPO/*Wöstmann*, § 138 Rn. 4.
180 *BGH* NJW 2008, 1801 Rn. 26 ff.; dazu *Hinz*, NZM 2009, 97.
181 *LG Berlin* GE 2003, 1492; *Langenberg*, Betriebskostenrecht, K Rn. 18; *Meier*, MDR 2006,
803, 804; für Gewerberaummiete *OLG Düsseldorf* DWW 2006, 198, 199; OLGR 2003, 379;
anders *Schmid*, Handbuch, Rn. 7027; *ders.*, MDR 2000, 123, 124; *Fenn*, WuM 2006, 482, 485 f.

keine gesetzliche Grundlage. Der Rechtsberater des Mieters wird allerdings zu bedenken müssen, dass eine sorgfältige Rechnungsprüfung in der Regel ohne Belegeinsicht faktisch nicht möglich sein wird.

b) Zurückbehaltungsrecht

70 Dem Mieter steht gegenüber der Nachforderung des Vermieters ein Zurückbehaltungsrecht gemäß § 273 I BGB zu, solange der Vermieter ihm nicht die Überprüfung der Abrechnung ermöglicht. Hierzu gehört die Einsichtnahme in die Abrechnungsunterlagen.[182] Das schließt Verträge des Vermieters mit Dritten ein, z. B. den Wärmelieferungsvertrag.[183] Die Einsichtnahme umfasst auch das Recht, Belege abzufotografieren.[184]

71 Dem Mieter preisfreien Wohnraums steht grundsätzlich kein Anspruch auf Überlassung von Fotokopien der Abrechnungsbelege zur Betriebskostenabrechnung zu. Demzufolge kann er auf ein solches Begehren auch kein Zurückbehaltungsrecht (§ 273 I BGB) gegenüber dem Nachforderungsanspruch des Vermieters stützen. Die für preisgebundenen Wohnraum geltende Ausnahmevorschrift des § 29 II 1 NMV 1970 ist auf preisfreien Wohnraum nicht entsprechend anwendbar.[185]

Ein Anspruch des Mieters auf Überlassung von Belegkopien rechtfertigt sich regelmäßig auch nicht aus dem Gesichtspunkt von Treu und Glauben (§ 242 BGB). Dem berechtigten Interesse des Mieters an einer Überprüfung der Abrechnung wird vielmehr im Regelfall bereits dadurch Rechnung getragen, dass der Mieter vom Vermieter Einsicht in die der Abrechnung zugrundeliegenden Belege verlangen und sich hierbei, soweit erforderlich, fachkundiger Hilfe bedienen kann.[186]

72 In Ausnahmefällen kann jedoch ein Anspruch auf Übersendung von Belegkopien bestehen. Das ist der Fall, wenn dem Mieter die Einsichtnahme in den Geschäftsräumen des Vermieters nicht zugemutet werden kann.[187] Dies kann bei größerer Entfernung anzunehmen sein, ebenso bei berechtigten persönlichen Gründen des Mieters, z. B. bei einem Umzug in eine andere Stadt.[188] Zudem kann ein Interesse an der Aushändigung von Belegkopien unter Umständen auch nach Einsichtnahme in die Originale entstehen.[189]

c) Gebot der Wirtschaftlichkeit
aa) Grundlagen

73 Das Gebot der Wirtschaftlichkeit (§ 556 III 1 Hs. 2, § 560 V BGB) bezeichnet die Verpflichtung des Vermieters, bei Maßnahmen und Entscheidungen, die Einfluss auf die Höhe der vom Mieter zu tragenden Betriebskosten haben (z. B. Abschluss eines Wärmelieferungsvertrags), auf ein angemessenes Kosten-Nutzen-Verhältnis Rücksicht zu nehmen.[190] Nach der Rechtsprechung des *BGH* handelt es sich um eine vertragliche Nebenpflicht. Anspruchsgrundlage für einen etwaigen Schadensersatzanspruch des Mieters ist deshalb §§ 280 I, 241 II BGB. Daher kommt eine Verletzung des Wirtschaftlichkeitsgebots unter dem Gesichtspunkt der Eingehung eines unwirt-

---

[182] *BGH* NJW 2006, 1419 Rn. 21; NJW 2006, 2552 Rn. 11 ff.
[183] *BGH* BeckRS 2012, 08074.
[184] *AG München* NJW 2010, 78.
[185] *BGH* NJW 2006, 1419 Rn. 23.
[186] *BGH* NJW 2006, 1419 Rn. 24; NZM 2006, 926 Rn. 7; WuM 2006, 616 Rn. 6; *LG Berlin* WuM 2006, 671; *Lammel,* WuM 2007, 61.
[187] *BGH* NJW 2006, 1419 Rn. 25.
[188] *BGH* WuM 2010, 296.
[189] *Langenfeld,* NZM 2007, 105, 108 f.
[190] *BGH* NJW 2008, 440.

schaftlichen Vertrags des Vermieters mit einem Leistungsträger nicht in Betracht, wenn das Mietverhältnis zu diesem Zeitpunkt noch nicht bestand.[191]

Nicht umlegungsfähig sind Zahlungen für Maßnahmen des Vermieters, die nicht   **74** erforderlich oder sinnlos sind.[192] Die Wirtschaftlichkeit ist vom Standpunkt eines vernünftigen Vermieters zu beurteilen, der ein vertretbares Kosten-Nutzen-Verhältnis im Auge behält.[193] Beim Wechsel eines Versicherers darf der Vermieter zum Beispiel keinen unwirtschaftlichen Tarif wählen.[194] Dem Vermieter steht ein gewisser Ermessensspielraum zu. Der Mieter kann eine ordentliche und gewissenhafte Bewirtschaftung verlangen, aber keine optimale.

Zusatzkosten durch Wärmelieferung sind nicht per se als Verstoß gegen den Wirt-   **75** schaftlichkeitsgrundsatz zu bewerten, denn Wärmecontracting ist auch unter Umweltgesichtspunkten zu würdigen.[195] Innerhalb der gewählten Versorgungsart muss der Vermieter aber bei der Auswahl des Wärmelieferanten auf das Wirtschaftlichkeitsgebot Rücksicht nehmen.[196] Soweit der Spielraum des Vermieters überschritten ist, ist eine Umlage der Mehrkosten nicht berechtigt.[197] Ein Verstoß gegen das Wirtschaftlichkeitsgebot kann aber nicht damit begründet werden, dass höhere Betriebskosten als im Betriebskostenspiegel des Deutschen Mieterbundes angesetzt werden, denn dies kann individuelle Gründe haben, die nicht verallgemeinerungsfähig sind.[198]

Es ist dem Vermieter regelmäßig nicht zuzumuten, einen Rechtsstreit mit seinem Energieversorger zur Überprüfung der Billigkeit des Energiepreises (§ 315 BGB) zu führen.[199] In besonders gelagerten Ausnahmefällen mag es aber geboten sein, die Interessen des Vertragspartners auch gegenüber Dritten wahrzunehmen.[200] Offensichtlich falsche Rechnungen des Energielieferanten wird der Vermieter daher nicht hinnehmen dürfen.[201]

bb) Darlegungslast

In der Betriebskostenabrechnung muss der Vermieter keine Ausführungen zur Ein-   **76** haltung des Wirtschaftlichkeitsgebots machen.[202] Darüber hinaus stellt sich die Frage, ob eine Belastung mit unwirtschaftlichen Maßnahmen schon der Umlegungsfähigkeit der betroffenen Betriebskosten entgegensteht.[203] Danach wäre die Einhaltung des Wirtschaftlichkeitsgebots ein anspruchsbegründendes Merkmal.[204] Die Einhaltung des Grundsatzes der Wirtschaftlichkeit ist, wie ausgeführt, allerdings nur eine vertragliche Nebenpflicht des Vermieters.[205] Demgemäß trägt der Mieter die Darlegungs- und Beweislast für einen objektiven Verstoß gegen das Wirtschaftlichkeitsgebot. Der Vermieter muss sich ggf. entlasten (§ 280 I 2 BGB). Rechtsfolge einer Verletzung des Wirtschaftlichkeitsgebots durch den Vermieter ist ein Schadensersatzanspruch des

---

[191] *BGH* NJW 2008, 440 Rn. 14; *Milger,* NZM 2008, 1, 9.
[192] *Schmid,* Handbuch, Rn. 1053, 1057 ff.
[193] BT-Drs. 14/5663, S. 79; *Schmid,* Handbuch, Rn. 1055.
[194] *AG Mönchengladbach-Rheydt* WuM 2007, 128; *Schach,* WuM 2007, 369.
[195] *Lützenkirchen,* WuM 2006, 63, 74.
[196] *Beyer,* NZM 2007, 1, 5; *Schmid,* WuM 2005, 553.
[197] *Blank*/Börstinghaus, § 556 Rn. 107 m. w. N.
[198] *Wall,* WuM 2008, 702; Anders *AG Köln* WuM 2008, 556.
[199] *Beyer,* NZM 2007, 1, 6.
[200] *BGH* NJW 2012, 2184.
[201] Staudinger/*Weitemeyer,* § 556 Rn. 91.
[202] *Milger,* NZM 2008, 1, 10.
[203] *Schmid,* ZMR 2007, 177; *ders.,* Handbuch, Rn. 1077; *AG Leipzig* WuM 2006, 568.
[204] *Schmid,* ZMR 2007, 177 ff.
[205] *BGH* NJW 2008, 440 Rn. 14; NJW 2011, 3028 Rn. 16.

Mieters neben der Leistung (§ 280 I BGB).[206] Dieser richtet sich auf Freihaltung von unnötigen Kosten.[207]

77   In jedem Fall ist es zunächst Sache des Mieters, konkrete Umstände vorzutragen, aus denen er einen Verstoß gegen das Wirtschaftlichkeitsgebot herleitet.[208] Denkbar ist etwa der Fall, dass Heizwärme und Warmwasser in den der Abrechnung zugrunde liegenden Zeiträumen von einem anderen Wärmecontractor preiswerter angeboten wurden.[209] Erst dann muss der Vermieter darlegen und erforderlichenfalls den Nachweis erbringen, dass er durch Abschluss des betreffenden Vertrages das Wirtschaftlichkeitsgebot nicht verletzt hat.[210] Die Anforderungen an die Darlegungslast des Mieters sind moderat.[211] Er genügt ihnen, wenn er substantiiert Anhaltspunkte vorbringt, die auf eine überhöhte Preisgestaltung schließen lassen.[212] Für einen starken Anstieg der Betriebskosten innerhalb eines Jahres (etwa 10 %) ohne Mehrverbrauch wird der Vermieter deshalb nachvollziehbare Gründe angeben müssen.[213]

78   Damit stellt sich die Frage, ob dem Mieter die Grundsätze der sekundären Behauptungslast zugute kommen. Das setzt voraus, dass der Mieter außerhalb des tatsächlichen Geschehensablaufs steht, der Vermieter aber alle erheblichen Tatsachen kennt und ihm nähere Angaben zumutbar sind.[214] Diese Voraussetzungen werden bei der Überprüfung einer Betriebskostenabrechnung regelmäßig nicht gegeben sein, denn es geht – von denkbaren Ausnahmefällen abgesehen – nicht um Vermieterinterna, sondern um objektive Gegebenheiten. [215]

d) Ausschlussfrist

79   Der Mieter hat Einwendungen gegen die Betriebskostenabrechnung spätestens bis zum Ablauf des zwölften Monats nach deren Zugang mitzuteilen (§ 556 III 5 BGB). Danach kann er Einwendungen gegen die Abrechnung nicht mehr geltend machen, es sei denn, er hat die verspätete Geltendmachung nicht zu vertreten und dem Vermieter ist kein treuwidriges oder arglistiges Verhalten (§ 242 BGB) anzulasten. Auch bei dieser Frist handelt es sich um eine Ausschlussfrist (§ 556 III 6 BGB).[216] Bei preisgebundenem Wohnraum hat sie keine Geltung; § 20 III NMV ist lex specialis und kennt eine solche Frist nicht.[217]

80   Der Begriff der Einwendungen gegen die Abrechnung im Sinne von § 556 III 5 BGB betrifft Einwendungen, die sich gegen den Nachzahlungsanspruch aus der Abrechnung richten. Dazu gehört – mit Rücksicht auf die Befriedungsfunktion der Vorschrift – auch der Einwand, dass es für einzelne, nach § 556 I BGB grundsätzlich umlagefähige Betriebskosten an einer vertraglichen Vereinbarung über deren Umlage fehlt.[218]

---

[206] Schmidt-Futterer/*Langenberg*, § 560 Rn. 114; *Streyl*, NZM 2006, 125, 129.
[207] *BGH* NJW 2008, 440 Rn. 14; *Streyl*, NZM 2008, 23, 24.
[208] BGH NJW 2011, 3028 Rn. 16; *Milger*, NZM 2012, 657.
[209] *Milger*, NZM 2008, 1, 10 f.
[210] *BGH* NZM 2007, 563 Rn. 13.
[211] *Milger*, NZM 2012, 657, 661; zweifelnd: *Langenberg/Zehelein*, NZM 2013, 169.
[212] Staudinger/*Weitemeyer*, § 556 Rn. 96.
[213] *KG* NZM 2006, 294 (Gewerbliche Miete).
[214] St. Rspr., BGHZ 145, 170, 184 = NJW-RR 2001, 309, 399; BGHZ 164, 11, 19 = NJW-RR 2005, 1496, 1498 f.
[215] *BGH* NJW 2011, 3028 Rn. 21; *Milger*, NZM 2012, 657, 664 f.; zu einer vergleichbaren Fallgestaltung im Architektenrecht siehe BGHZ 180, 235 = NJW 2009, 2199 Rn. 40; vgl. auch *Streyl*, NZM 2013, 97.
[216] Zur Entstehungsgeschichte *Schmid*, ZMR 2002, 727 f.
[217] *BGH* NJW 2005, 3135, 3136.
[218] *BGH* NJW 2008, 283 Rn. 24 ff.; NJW 2008, 1521 Rn. 11; NJW 2011, 842.

Das Mitteilen einer Einwendung erfordert nach dem Gesetzeswortlaut keine nähere Begründung. Die Frist läuft nicht, wenn der Vermieter dem Mieter eine formell unzulängliche Abrechnung mitgeteilt hat.[219] Dem Mieter bleibt es allerdings nicht erspart, materiell-rechtliche Einwendungen gegen Jahr für Jahr fehlerhafte Betriebskostenabrechnungen zu wiederholen; dies ist keine Förmelei, sondern aus Gründen der Rechtssicherheit geboten.[220]

IV. Ansprüche des Mieters

1. Erteilung einer Betriebskostenabrechnung

a) Voraussetzungen

Sind Betriebskostenvorauszahlungen vereinbart, so ist der Vermieter zu einer Abrechnung verpflichtet (§ 556 III 1 BGB, § 20 III 2 NMV 1970). Dem korrespondiert ein Anspruch des Mieters auf Erteilung einer den Grundsätzen des § 259 BGB entsprechenden Abrechnung. Der Anspruch des Mieters entsteht bei Abrechnungsreife, das heißt nach dem Ablauf der Abrechnungsfrist, die bei Wohnraum ein Jahr nach Ende des Abrechnungszeitraums nicht übersteigen darf (§ 556 III 2 BGB).[221] Mit Rücksicht auf ein eventuelles Guthaben des Mieters ist der Vermieter auch nach Ablauf der Ausschlussfrist des § 556 III 3 BGB zur Abrechnung verpflichtet. Der Vermieter kann hingegen in diesem Stadium keine Nachforderungen mehr stellen. **81**

b) Prozessuales

Der Klageantrag muss sich darauf richten, dass der beklagte Vermieter dem Mieter eine Betriebskostenabrechnung (sowie gegebenenfalls eine Heizungs- und Warmwasserkostenabrechnung) betreffend die Wohnung ... für das Jahr ... erteilt. Die Einzelheiten der Abrechnungsweise müssen im Klageantrag nicht präzisiert werden.[222] **82**

Als Streitwert einer Klage auf Abrechnung kann der geschätzte Rückzahlungsanspruch,[223] eine Quote davon[224] oder eine Quote der geschuldeten Vorauszahlungen angenommen werden (§ 3 ZPO).

Mit dem Anspruch auf Abrechnung kann der Mieter im Wege der Stufenklage (§ 254 ZPO) einen Anspruch auf Auszahlung eines etwaigen Guthabens verbinden.[225] Wird der Vermieter zur Rechnungslegung verurteilt, richtet sich der Wert des Beschwerdegegenstands (§ 511 II Nr. 1 ZPO) nach seinem Aufwand für die zu erstellende Abrechnung.[226] Ein rechtskräftiges Urteil ist nach § 888 ZPO zu vollstrecken, weil die Rechnungslegung eine nicht vertretbare Handlung ist.[227] **83**

2. Rückerstattungsansprüche

a) Auszahlung eines Guthabens

Hat der Vermieter ordnungsgemäß abgerechnet, steht dem Mieter ein vertraglicher Rückerstattungsanspruch zu, soweit die geleisteten Nebenkostenvorauszahlungen durch die in dem betreffenden Abrechnungszeitraum tatsächlich entrichteten Nebenkosten nicht aufgezehrt worden sind. Denn die vertraglich vereinbarten Abschlags- **84**

[219] *BGH* NJW 2011, 1867; NJW-RR 2011, 812.
[220] *BGH* NJW 2010, 2275; *Börstinghaus*, LMK 2010, 306476.
[221] Zum Begriff der Abrechnungsreife *BGH* NJW-RR 2003, 442.
[222] *LG Kassel* WuM 1991, 358.
[223] *LG Landau/Pfalz* WuM 1990, 86.
[224] Schmidt-Futterer/*Langenberg*, § 556 Rn. 547: 1/4 des behaupteten Zahlungsanspruchs.
[225] *Klas*, WuM 1994, 659; zum Gebührenstreitwert siehe § 44 GKG.
[226] BGHZ 128, 85 = NJW 1995, 664 (Großer Senat für Zivilsachen).
[227] *BGH* NJW 2006, 2706; *Timme*, NJW 2006, 2668; Hk-ZPO/*Pukall*, § 887 Rn. 7.

zahlungen beruhen lediglich auf einer vorläufigen Schätzung.[228] Nach Abrechnung durch den Vermieter kann der Anspruch auch im Urkundenprozess verfolgt werden, §§ 592 ff. ZPO.[229]

b) Rückforderung von Vorauszahlungen
aa) Laufendes Mietverhältnis

85   Hat der Vermieter nicht fristgerecht über die Betriebskosten eines Abrechnungszeitraums abgerechnet, kann der Mieter in einem bestehenden Mietverhältnis über Wohnraum nicht Rückzahlung der geleisteten Abschlagszahlungen verlangen. Ein solcher Anspruch ergibt sich weder aus ergänzender Vertragsauslegung noch ungerechtfertigter Bereicherung (§ 812 I 2 Alt. 1 BGB). Der Mieter ist hinreichend dadurch geschützt, dass ihm hinsichtlich der laufenden Nebenkostenvorauszahlungen – nicht im Hinblick auf die Grundmiete[230] – ein Zurückbehaltungsrecht gemäß § 273 I BGB zusteht.[231]

bb) Beendetes Mietverhältnis

86   In ergänzender Auslegung des Mietvertrags (§§ 133, 157 BGB) kann dem Mieter nach Beendigung des Mietverhältnisses ein Anspruch auf volle Rückzahlung der Vorauszahlungen zustehen.[232] Rechnet der Vermieter nach Vertragsbeendigung nicht ordnungsgemäß über die in der Vergangenheit angefallenen Betriebskosten ab, kann der Mieter die von ihm geleisteten Vorauszahlungen für nicht abgerechnete Zeiträume zurückverlangen. Der Rückforderungsanspruch des Mieters wird fällig, wenn die Abrechnungsfrist erfolglos abgelaufen ist. Zu diesem Zeitpunkt beginnt auch die Verjährungsfrist (§§ 195, 199 I Nr. 1 BGB).[233]

87   Die Darlegungs- und Beweislast dafür, dass Betriebskosten tatsächlich angefallen sind, trägt der Vermieter.[234] Der Mieter muss nicht zunächst – im Wege einer Stufenklage (§ 254 ZPO) – auf Abrechnung klagen. Überdies kann er die volle Rückzahlung fordern und ist nicht auf Geltendmachung der geschätzten Überzahlung beschränkt.[235] Dies gilt jedoch nur, wenn der Vermieter die Abrechnung während des vom Mieter geführten Prozesses auf Rückerstattung der Betriebskostenvorauszahlungen nicht nachholt und soweit die Vorauszahlungen nicht durch unstreitig entstandene Nebenkosten verbraucht sind.[236]

c) Rückforderung einer geleisteten Nachzahlung
aa) Bereicherungsanspruch

88   Hat der Wohnungsmieter eine Betriebskostennachforderung des Vermieters beglichen, obwohl der Vermieter damit wegen Versäumung der Abrechnungsfrist nach § 556 III 2, 3 BGB ausgeschlossen war, steht dem Mieter ein Bereicherungsanspruch aus § 812 I 1 Alt. 1 BGB zu. Dieser Anspruch ist nicht in analoger Anwendung des

---

[228] *BGH* NJW 2005, 1499, 1501.
[229] *Schmid,* DWW 2007, 324 f.
[230] *OLG Düsseldorf* ZMR 2002, 37, 38.
[231] *BGH* NJW 2011, 368 Rn. 23; NJW 2006, 2552 Rn. 13; NZM 2010, 857; NJW 2013, 1995 Rn. 10; siehe auch BT-Drs. 14/4553, S. 51.
[232] *BGH* NJW 2005, 1499 = JuS 2005, 747 *(Emmerich); LG Berlin* NJW-RR 2007, 804.
[233] *LG Neubrandenburg* WuM 2007, 390; zur Verjährung: *Neumann/Spangenberg,* NZM 2005, 576, 578; *Ludley,* NZM 2007, 585.
[234] *BGH* NJW 2005, 1499, 1500; näher Staudinger/*Weitemeyer,* § 556 Rn. 142.
[235] *BGH* NJW 2005, 1499, 1503.
[236] *BGH* NJW 2005, 1499, 1502; NJW 2011, 143 Rn. 44.

§ 214 II 1 BGB ausgeschlossen, denn diese Vorschrift ist auf Ausschlussfristen nicht anwendbar.[237]

bb) Deklaratorisches Schuldanerkenntnis

Dem Rückerstattungsanspruch des Mieters kann unter Umständen ein deklaratorisches Schuldanerkenntnis entgegenstehen, sofern seine vorbehaltlose Zahlung als solches zu bewerten wäre. Es ist im Wesentlichen eine – revisionsrechtlich nur beschränkt überprüfbare – Frage tatrichterlicher Auslegung, ob eine Individualerklärung als deklaratorisches Schuldanerkenntnis zu beurteilen ist.[238] Einem reinen Zahlungsvorgang ist ein entsprechendes Erklärungsbewusstsein in der Regel nicht zuzumessen.[239] Ein deklaratorisches Schuldanerkenntnis des Mieters ist insbesondere dann nicht anzunehmen, wenn er bei seiner vorbehaltlosen Zahlung nicht wusste und auch nicht damit rechnete, dass die Betriebskostennachforderung des Vermieters wegen Versäumung der Nachforderungsfrist ausgeschlossen ist. Denn ein Anerkenntnis schließt nur die Einwendungen des Schuldners aus, die dieser bei Abgabe der Erklärung kannte oder mit denen er zumindest rechnete.[240]

89

---

[237] *BGH* NJW 2006, 903 = JuS 2006, 650 *(Emmerich)*; näher *Langenberg*, NJW 2008, 1269, 1270 f.

[238] *BGH* NJW-RR 1987, 43, 44; NJOZ 2006, 204.

[239] Vgl. *BGH* NJW 2009, 580 (zum Kaufrecht); NJW-RR 2007, 530 (zum Werkvertragsrecht); VersR 2009, 831 (Darlehen); siehe auch *Schmid*, Handbuch, Rn. 3272; *Ludley*, NZM 2008, 72.

[240] *BGH* NJW 2011, 834 Rn. 19; NJW 2006, 903 Rn. 15.

§ 9. Sachmängel der Mietwohnung

I. Grundlagen

1. Subjektiver Mangelbegriff

a) Beschaffenheitsvereinbarung

1   Unter einem Mangel der Mietsache im Sinne von § 536 I 1 BGB ist eine für den Mieter nachteilige Abweichung des tatsächlichen Zustands der Mietsache (Ist-Zustand) vom vertraglich vorausgesetzten Zustand (geschuldeter Soll-Zustand) zu verstehen.[1] Das gilt sowohl für anfänglich vorhandene (Alt. 1) als auch für während der Mietzeit entstehende Mängel (Alt. 2) Maßgeblich sind in erster Linie die Vereinbarungen der Parteien des Mietvertrags über die Beschaffenheit der Mietsache.[2] Zu dem vertraglich vereinbarten Zustand der Mietsache gehören über deren physische Beschaffenheit hinaus auch die tatsächlichen Zustände und rechtlichen Verhältnisse, die mit der Mietsache zusammenhängen und ihre Gebrauchstauglichkeit beeinträchtigen. Dazu gehören auch Störungen, die außerhalb der Mietsache liegen. Um eine Ausuferung des Fehlerbegriffs zu vermeiden, führen solche außerhalb der Mietsache selbst liegenden Umstände allerdings nur dann zu einem Mangel der Mietsache, wenn sie deren Gebrauchstauglichkeit unmittelbar beeinträchtigen.[3] Jede zusicherungsfähige Eigenschaft kann eine Beschaffenheit sein.[4] Die Mietvertragsparteien bestimmen durch die Festlegung des dem Mieter jeweils geschuldeten vertragsgemäßen Gebrauchs, welchen Zustand die vermietete Sache spätestens bei Überlassung an ihn und von nun an während der gesamten Vertragsdauer aufweisen muss.

Danach hat z. B. auch der Mieter einer nicht modernisierten Altbauwohnung Anspruch auf eine Elektrizitätsversorgung, die zumindest den Betrieb eines größeren Haushaltsgerätes wie einer Waschmaschine und gleichzeitig weiterer haushaltsüblicher Geräte wie zum Beispiel eines Staubsaugers ermöglicht.[5]

2   Die Parteien können einen Substandard als vertragsgemäß vereinbaren, das heißt einen unter dem Mindeststandard liegenden Zustand.[6] Dafür finden sich auch die Begriffe negative Beschaffenheitsvereinbarung bzw. Beschaffenheitsvereinbarung „nach unten". Haben die Parteien zum Beispiel einen schlechten Bauzustand der Mietwohnung vereinbart, sind insoweit Erfüllungs- und Gewährleistungsansprüche des Mieters ausgeschlossen.[7] Voraussetzung ist, dass die Qualitätsabweichung erkennbar sowie eindeutig und konkret vereinbart ist.[8] Kennt der Mieter zum Beispiel bei Vertragsabschluss den vorhandenen (schlechten) Zustand der Mietsache, kann dies aber ein Indiz für eine stillschweigende Beschaffenheitsvereinbarung sein.[9]

---

[1] *BGH* NJW 2010, 3088 Rn. 12; NJW 2010, 1745 Rn. 11; NJW 2010, 1133 Rn. 11; NJW 2009, 2441 Rn. 9.

[2] *BGH* NJW 2005, 218 f. – Trittschall I; NJW 2009, 2441 – Trittschall II; NJW 2010, 3088 Rn. 12 – Trittschall III; NJW 2010, 1133 Rn. 11 – Abluftanlage im Innenhof.

[3] BGHZ 195, 50 = NJW 2013, 44 Rn. 30 = JuS 2013, 456 *(Emmerich)* = JA 2013, 225 *(Looschelders)*.

[4] *BGH* NJW 2011, 1217 Rn. 13, zum Kaufrecht.

[5] *BGH* NJW-RR 2010, 737 Rn. 33; NJW 2004, 3174.

[6] Zur Substandardabrede siehe *Milger*, NZM 2011, 177, 182.

[7] *BGH* NJW-RR 2006, 1157 Rn. 12 f.; NJW-RR 2006, 1158 Rn. 9 f.

[8] *BGH* NJW-RR 1993, 522, 523; NJW-RR 2007, 1021 Rn. 28; NJW-RR 2010, 737 Rn. 34; *Sternel*, Rn. VIII 388 ff.

[9] *Sternel*, Rn. VIII 3, 5; siehe auch *BGH* NZM 2007, 474 Rn. 17 ff.

Für die Vereinbarung eines Substandards ist, wie der *BGH* entschieden hat, der Vermieter darlegungs- und beweisbelastet.[10] Nach allgemeinen Grundsätzen muss zwar der Anspruchsteller die Abweichung der Ist-Beschaffenheit von der Sollbeschaffenheit beweisen. Da sich die Sollbeschaffenheit aber nach dem maßgeblichen Standard richtet, muss der Vermieter die ihm günstige Tatsache (Vereinbarung des Substandards) beweisen.

Sofern die Parteien keine ausdrückliche Regelung zum Soll-Zustand getroffen haben, muss anhand von Auslegungsregeln (§§ 133, 157, 242 BGB) geprüft werden, was der Vermieter schuldet bzw. welchen Standard der Mieter verlangen kann. Dabei ist die Verkehrsanschauung als Auslegungshilfe heranzuziehen.   **3**

Revisionsrechtlich ist die Auslegung einer Individualerklärung grundsätzlich nur beschränkt darauf überprüfbar, ob gesetzliche Auslegungsregeln, anerkannte Auslegungsgrundsätze, Denkgesetze oder Verfahrensvorschriften verletzt worden sind.[11]

Beschaffenheitsvereinbarungen können konkludent getroffen werden. Dies ist unter Berücksichtigung sämtlicher Umstände zu prüfen.[12] Konkludente mietvertragliche Abreden zur Beschaffenheit der Mietsache können etwa in der Weise getroffen werden, dass der Mieter dem Vermieter bestimmte Anforderungen an die Mietsache zur Kenntnis bringt und dieser zustimmt. Einseitige Erwartungen des Mieters reichen nicht aus.[13] Das hat der *BGH* zur Terrassennutzung einer Plattform oberhalb eines Lichthofs entschieden.[14]   **4**

Einem Mieter, der eine Wohnung mit gebrauchter Ausstattung anmietet und bereits vorhandene Gebrauchsspuren als vertragsgemäß akzeptiert, sind bei weiterem, nach langjähriger Mietdauer eingetretenem (vollständigen) Verschleiß der Mietsache aber nicht jegliche Gewährleistungsansprüche abzusprechen.[15] Zwar liegt „normaler" Verschleiß in der Natur der Sache; solche Verschleißerscheinungen sind aus dem Sachmangelbegriff auszuklammern.[16] Nicht hinzunehmen ist aber vollständiger Verschleiß, der zur Gebrauchsuntauglichkeit bzw. Erneuerungsbedürftigkeit führt.[17]

b) Maßgeblicher Zeitpunkt

Fehlt eine ausdrückliche Vereinbarung über die Beschaffenheit der Mietsache ist in der Regel auf den Standard zum Zeitpunkt des Vertragsschlusses abzustellen.[18] Unter Berücksichtigung der Verkehrsanschauung (§ 157 BGB) werden die Parteien bei Vertragsschluss regelmäßig den zur Zeit der Errichtung des Gebäudes geltenden Maßstab vereinbaren.[19] Ob ein Fehler der Heizungsanlage vorliegt, ist nach dem allgemein anerkannten Stand der Technik zur Zeit des Einbaus der Heizungsanlage zu beurteilen. Der Vermieter ist – ohne besondere Rechtsgrundlage – nicht verpflichtet, die Anlage ständig auf dem neuesten Stand zu halten. Er schuldet z. B. keine Verbesserung einer dem technischen Stand zur Zeit der Gebäudeerrichtung entsprechenden Wärmedämmung. Er muss allerdings dem (Mindest-)Standard Rechnung tragen, den der Mieter bei Vertragsschluss nach der allgemeinen Verkehrsanschauung bei vergleichbaren Wohnungen erwarten durfte.[20] Es kommt nicht   **5**

---

[10] *BGH* NZM 2010, 356 Rn. 24; dazu *Horst*, NZM 2010, 177.
[11] St. Rspr., *BGH* Urteil vom 13.3.2013 – VIII ZR 186/12 Rn. 21.
[12] *BGH* NZM 2012, 456 Rn. 4.
[13] *BGH* NJW 2013, 680 Rn. 10 – vorübergehender Verkehrslärm.
[14] *BGH* NJW 2010, 1133 Rn. 14 – Terrassennutzung.
[15] *BGH* NJW-RR 2010, 737 Rn. 25.
[16] Zum Kaufrecht: *BGH* NJW 2006, 434 Rn. 19; NJW 2008, 53 Rn. 19; NJW 2009, 1588 Rn. 13.
[17] *BGH* NZM 2010, 356 Rn. 26.
[18] *BGH* NJW-RR 2010, 737 Rn. 23; NJW-RR 2006, 1157 Rn. 13; NJW-RR 2006, 1158; NJW 2005, 218, 219; NJW 2004, 3174.
[19] *BGH* NJW 2005, 218, 219; NJW 2010, 1133 Rn. 11; *Sternel*, Rn. VIII 43.
[20] *KG* KGR 2008, 682 f.

darauf an, ob aus baulicher Sicht ein höherer Standard zu erwarten gewesen wäre und technisch ohne Weiteres hätte verwirklicht werden können. Die dahin gehende Rechtsprechung zum Bauvertragsrecht[21] ist auf das Recht der Wohnraummiete nicht übertragbar.[22]

Der maßgebliche Standard ist häufig in technischen Normen niedergelegt, z. B. in der TA-Lärm oder in DIN-Normen.[23] Dann ist, sofern nichts anderes vereinbart ist, jedenfalls deren Einhaltung geschuldet.[24] Das gilt unbeschadet des Umstands, dass DIN-Normen keine Rechtsnormen sind, sondern nur private technische Regelungen mit Empfehlungscharakter.[25] Die Mindestanforderungen an Schallschutz in Gebäuden regelt die DIN 4109.[26] Die DIN 4108 betrifft Wärmeschutz und Energieeinsparung in Gebäuden, die DIN 4102 den Brandschutz. Der Stand der Technik kann sich aber fortentwickelt haben, so dass die DIN-Norm dahinter zurückbleiben kann.[27] Dies ist bei entsprechendem Sachvortrag der Parteien durch Sachverständigengutachten festzustellen.

6 Vermietet der Vermieter eine Altbauwohnung als saniert, ist nicht der Standard bei Errichtung des Gebäudes maßgeblich. Die Sanierung begründet vielmehr nach dem Empfängerhorizont des Mieters die berechtigte Erwartung, dass die Wohnung die gegenwärtigen Standards erfüllt. Das ist auch anzunehmen, wenn der Vermieter während der Mietzeit bauliche Veränderungen vornimmt, die zu Lärmimmissionen führen können. Dann kann der Mieter erwarten, dass Lärmschutzmaßnahmen getroffen werden, die den Anforderungen der zur Zeit des Umbaus geltenden DIN-Normen genügen. Das hat der *BGH* für den erstmaligen Ausbau eines Dachgeschosses zur Wohnnutzung entschieden.[28]

Anders ist es, wenn während der Mietzeit in der Wohnung oberhalb der gemieteten Wohnung nur der Fußbodenbelag ausgetauscht wird und sich dadurch der Schallschutz gegenüber dem Zustand bei Anmietung der Wohnung verschlechtert. Solche Arbeiten sind zum Zwecke der Instandhaltung der Wohnungsausstattung von Zeit zu Zeit ohnehin erforderlich; eine grundlegende Veränderung oder Modernisierung des Gebäudes als solchem geht damit nicht einher.[29]

7 Weist das Gebäude im Zeitpunkt der Begründung des Mietverhältnisses tatsächlich einen Standard auf, der besser ist als derjenige, den der Mieter nach den maßgeblichen technischen Normen vom Vermieter verlangen kann, kann der Mieter im Allgemeinen nicht davon ausgehen, dass der Vermieter ihm gegenüber dafür einstehen will, dass dieser Zustand während der gesamten Dauer des Mietverhältnisses erhalten bleibt.[30]

Auch wenn es grundsätzlich auf den Zeitpunkt des Vertragsschlusses ankommt, können Veränderungen der Anschauungen über den vertragsgemäßen Standard oder neue wissenschaftliche Erkenntnisse im Einzelfall zu einer Vertragsanpassung führen.[31] Bei einer von der Mietsache ausgehenden Gesundheitsgefährdung des Mieters

---

[21] BGHZ 181, 225 = NJW 2009, 2439; BGHZ 172, 346 = NJW 2007, 2983.

[22] *BGH* NJW 2010, 3088 Rn. 11, 16.

[23] *BGH* NJW 2005, 218; *Sternel,* Rn. VIII 41; zur Lüftungsnorm (DIN 1946-6) siehe *Breiholdt/Nierhaus,* NZM 2012, 329.

[24] *BGH* NJW 2010, 1133 Rn. 11, 15.

[25] *BGH* NJW 2010, 3088 Rn. 14.

[26] BGHZ 172, 346 = NJW 2007, 2983 Rn. 25; *OLG Frankfurt/M.* NJW-RR 2010, 26; *Schmid,* MDR 2009, 1024; *Frank,* BauR 2009, 248; *Rodegra,* WuM 2009, 151; *Behr/Pause/Vogel,* NJW 2009, 1385.

[27] BGHZ 172, 346 = NJW 2007, 2983 Rn. 32; *BGH* NJW 2010, 3088 Rn. 14.

[28] *BGH* NJW 2005, 218, 219; *Sternel,* Rn. VIII 6.

[29] *BGH* NJW 2009, 2441 – Trittschall II; Urteil vom 5.6.2013 – VIII ZR 287/12 (Abschleifen und Teilerneuerung des Estrichs); vgl. auch *Elzer,* NZM 2009, 580.

[30] *BGH* NJW 2010, 1133 Rn. 17; NJW 2009, 2441 Rn. 12 f.

[31] *BGH* NJW-RR 2006, 1158 Rn. 10.

kommt es daher auf den Zeitpunkt an, der für die jeweilige Rechtsfolge maßgeblich ist.[32] Auch verfassungsrechtlich ist es nicht zu beanstanden, das unveränderte Fehlen gesundheitlicher Unbedenklichkeit zu verlangen.[33]

c) Unmittelbare Beeinträchtigung

Bestimmte äußere Einflüsse oder Umstände können einen Fehler des Mietobjekts   8 begründen. Um zu vermeiden, dass der Fehlerbegriff ausufert, ist insoweit stets eine unmittelbare Beeinträchtigung der Tauglichkeit bzw. eine unmittelbare Einwirkung auf die Gebrauchstauglichkeit der Mietsache erforderlich. Umstände, die die Eignung der Mietsache zum vertragsgemäßen Gebrauch nur mittelbar berühren, sind nicht als Mängel zu qualifizieren.[34] Dieses Kriterium dient insbesondere zur Abgrenzung von Umfeld- bzw. Umweltmängeln.

Baulärm in der Nachbarschaft kann unter engen Voraussetzungen einen Mangel der Mietwohnung begründen.[35] Zwar werden solche Baumaßnahmen gerade in Altbaubeständen zu erwarten sein.[36] Anders ist es aber bei kompletter Entkernung eines Nachbargebäudes, sofern der Vermieter nicht darlegt, dass im Hinblick auf den erkennbaren Sanierungsbedarf mit Bautätigkeit in der Umgebung des Mietobjekts zu rechnen war.[37] Für eine vorübergehende Verkehrslärmbelastung hat der *BGH* entschieden, dass dies unter Umständen Gegenstand einer (konkludenten) Beschaffenheitsvereinbarung sein kann, nämlich wenn der Vermieter erkennen musste, dass der Mieter dies als maßgeblich ansieht und der Vermieter sich darauf einlässt.[38]

2. Darlegungs- und Beweislast

Nach Überlassung der Mietsache trägt gemäß § 363 BGB grundsätzlich der Mieter   9 die Beweislast dafür, dass die Mietsache zum Zeitpunkt der Übergabe mangelhaft war, wenn er die ihm überlassene Sache als Erfüllung angenommen hat. Wer eine Leistung als Erfüllung annimmt, trägt die Beweislast, wenn er die Leistung später nicht mehr als die geschuldete gelten lassen will.[39]

Der Mieter, der sich auf einen Mangel der Mietsache beruft, muss konkretisiert Sachmängel darlegen, die die Tauglichkeit der Mietsache zu dem vertragsgemäßen Gebrauch beeinträchtigen.[40] Die Mangelerscheinungen (Mangelsymptome) muss er hinreichend beschreiben. Der Grad der Wahrscheinlichkeit der Sachverhaltsschilderung ist für den Umfang der Darlegungslast regelmäßig ohne Bedeutung.[41] Das Maß der Gebrauchsbeeinträchtigung durch den Mangel muss der Mieter nicht darlegen.[42] Die ihm oft nicht bekannte Ursache der Mängel muss er nicht erforschen. Der Mieter muss auch keine Beseitigungsmöglichkeiten aufzeigen.[43]

---

[32] *BayOblG* NZM 1999, 899; *Sternel*, Rn. VIII 104.

[33] *BVerfG* NZM 1999, 302, 303 – Holzschutzmittel.

[34] *BGH* NJW 2009, 664 Rn. 34; NJW 2006, 899 Rn. 19; NJW 2000, 1714, 1715; NJW 1981, 2405; *OLG Düsseldorf* OLGR 2008, 622, 623; *KG* KGR 2008, 323, 324; *OLG Rostock* NJW-RR 2009, 1023; *Sternel*, Rn. VIII 9.

[35] *Blank*, WuM 2012, 175; *Lehmann-Richter*, NZM 2012, 849 ff.; *Flatow*, AnwZert MietR 15/2012; zu Fluglärm: *Füglein/Krafzik*, WuM 2013, 337.

[36] *KG* KGR 2003, 98; *Sternel*, Rn. VIII 4, 97.

[37] *LG Berlin* GE 2007, 1188.

[38] *BGH* NJW 2013, 680 Rn. 10.

[39] *BGH* NJW 2009, 3099 Rn. 11; WuM 2010, 761 Rn. 10.

[40] *BGH* NJW-RR 2012, 382 Rn. 16 – Fäkalgeruch; *Schneider*, WuM 2013, 209; *Streyl*, NZM 2012, 104.

[41] *BGH* NJW-RR 2012, 382 Rn. 23

[42] *BGH* NJW-RR 2012, 382 Rn. 16.

[43] *BVerfG* NJW 2007, 3118, 3130; *BGH* NJW-RR 1991, 779, 780; NJW-RR 2004, 1450, 1452; NJW-RR 2012, 382 Rn. 16; ebenso zu Baumängeln: *BGH* NJW 1999, 1330

10 Der *BGH* hat es ausreichen lassen, wenn der Mieter mitteilt, dass ein Heizkörper „nicht funktioniert". Das bedeutet bei verständiger Würdigung, dass er keine Heizwärme abgibt. Der Mieter muss prozessual keinen Vortrag dazu halten, ob ein Totalausfall des Heizkörpers vorgelegen habe oder ob und in welchem Umfang und über welchen Zeitraum hinweg die Heizleistung reduziert gewesen sei.[44] Das gilt auch dann, wenn der Vermieter den Vortrag bestreitet. Eine Partei, die ein Recht beansprucht, ist nicht schon deshalb, weil der Gegner ihr Vorbringen bestreitet, gezwungen, den behaupteten Sachverhalt in allen Einzelheiten wiederzugeben, weil der Gegner ihn bestritten hat.[45]

Bei wiederkehrenden Mängeln, wie z. B. Lärm- oder Schmutzbelästigungen, muss der Mieter kein Mängelprotokoll vorliegen, um die Anforderungen an eine substantiierte Darlegung zu erfüllen. Erforderlich ist aber grundsätzlich eine Beschreibung, aus der sich ergibt, um welche Art von Beeinträchtigungen es geht, zu welchen Tageszeiten, über welche Zeitdauer und in welcher Frequenz diese ungefähr auftreten.[46] Davon zu unterscheiden ist die Frage, ob es dem Mieter aus praktischen Gründen zu empfehlen ist, ein solches Protokoll zu führen. Dies ist in der Regel zu befürworten.[47] Auch der anwaltliche Berater des Mieters wird mit Rücksicht auf den Grundsatz des sichersten Weges und zur Vermeidung eigener Haftungsgefahren dazu raten.[48]

3. Besondere Fallgestaltungen

a) Feuchtigkeitsschäden

11 Feuchtigkeitserscheinungen, namentlich Schimmelpilzbefall und Stockflecken, treten in der Praxis häufig auf. Der Mieter muss darlegen, wo und in welchem Umfang die Feuchtigkeit vorhanden ist, denn davon hängt die Beurteilung der Frage einer Beeinträchtigung und der Einstufung als erheblich ab.[49] Die Frage, ob darin ein Sachmangel zu sehen ist, hängt von der vereinbarten Beschaffenheit ab.

12 Zur Frage der Zurechenbarkeit wird nicht selten ein Sachverständigengutachten einzuholen sein.[50] Feuchtigkeitsschäden sind dem Vermieter nicht zurechenbar, wenn sie vom Mieter verursacht wurden, z. B. durch falsches Wohnverhalten. Das folgt auch aus dem Rechtsgedanken des § 326 II BGB. Auch das sogenannte „Fogging" (Ablagerung von Schwarzstaub) ist nicht ohne weiteres der Vermietersphäre zuzuordnen.[51]

Oft kommt es im Rahmen der Zurechnung eines Mangels darauf an, ob nutzerbedingtes Fehlverhalten durch unzureichendes Lüften oder Heizen die Ursache der Feuchtigkeit ist oder ob bauseits bedingte Mängel vorliegen. Ursache können auch Wärmebrücken sein, umgangssprachlich auch Kältebrücken genannt.[52] Freilich muss die Mietsache nicht ohne weiteres mangelhaft sein, wenn eine Wärmedämmung nach dem Stand der Technik bei Errichtung nicht geboten war.[53] Insbesondere nach dem Einbau neuer, hochdichter und wärmeisolierter Fenster muss der Mieter vermehrt lüften und heizen. Darauf muss der Vermieter nicht gesondert hinweisen, weil er dieses Wissen als allgemein bekannt voraussetzen darf.[54] Ist das Nutzerverhalten nicht

[44] *BGH* NJW-RR 2012, 382 Rn. 20.
[45] *BGH* NJW-RR 2012, 382 Rn. 20; Beschluss vom 12.6.2008 – V ZR 223/07 Rn. 8.
[46] *BGH* NJW 2012, 1647 Rn. 17 – „Touristengenerve", dazu *Wetekamp*, NZM 2012, 441, 443.
[47] *Boos*, LMK 2012, 335715.
[48] *Harsch*, WuM 2012, 63, 66.
[49] *KG* KGR 2007, 256 f.
[50] Vgl. *Sternel*, Rn. VIII 38, 57.
[51] *Sternel*, Rn. VIII 112.
[52] *Schulz*, GE 2008, 42; zur richtigen Fensterlüftung: *Künzel*, WuM 2012, 652.
[53] *AG Nürtingen* NZM 2011, 547.
[54] *AG Nürtingen* NZM 2011, 547; zu Lüft- und Heizanforderungen: *Lucenti/Westfeld*, NZM 2009, 422.

als Ursache festzustellen, ist der betroffene Bauteil energetisch zu verbessern bzw. zu sanieren, zum Beispiel durch Wärmedämmung.[55]

Der BVS (Bundesverband öffentlich bestellter und vereidigter sowie qualifizierter **13** Sachverständiger e. V.) hat eine umfangreiche Richtlinie zum sachgerechten Umfang mit Schimmelpilzschäden in Gebäuden aufgestellt.[56] In einem Rechtstreit wird häufig die gebotene Lüftungsfrequenz aufzuklären sein. Festzustellen ist, wie oft der Mieter – je nach Mietobjekt im Rahmen üblichen Wohnverhaltens – täglich lüften muss, um Feuchtigkeitsschäden zu verhindern. Zu übermäßigem Lüften der Wohnung ist der Mieter freilich nicht verpflichtet.[57] Siebenmaliges tägliches Lüften hat die Rechtsprechung als unzumutbar erachtet.[58]

Ein Augenmerk ist darauf zu legen, dass der Mieter sein Lüftungsverhalten ändern muss, wenn Feuchtigkeitserscheinungen nach Modernisierungsmaßnahmen auftreten. Anlass wird namentlich der Austausch von einfach verglasten Fenstern gegen Isolierfenster sein.[59] Auch in einen ansonsten nicht wärmegedämmten Altbau kann in einer solchen Lage durch entsprechendes Lüften der Entstehung von Schimmelpilz entgegengewirkt werden. Der Vermieter muss den Mieter allerdings sachgerecht und präzise über die veränderten Anforderungen unterrichten. Andernfalls ist das Unterlassen des Vermieters jedenfalls mitursächlich für Feuchtigkeitsschäden.[60]

Bei mehreren Ursachen müssen die jeweiligen Verursachungsanteile festgestellt werden. Sind nämlich sowohl bauliche Mängel als auch fehlerhafte Nutzung des Mieters mitursächlich für Feuchtigkeitsschäden, mindert sich die Miete anteilig im Verhältnis der Verursachungsanteile.

Die Darlegungs- und Beweislast richtet sich nach Verantwortungsbereichen.[61] Dies **14** wird auch als **Sphärentheorie** bezeichnet.[62] Ist streitig, ob Wasserschäden ihre Ursache im Verantwortungsbereich des Vermieters oder des Mieters haben, muss der Vermieter sämtliche Ursachen ausräumen, die aus seinem Gefahrenbereich herrühren können. Falsches Lüftungs- und Heizverhalten des Mieters steht zur Beweislast des Vermieters.[63] Der Vermieter muss mithin darlegen und beweisen, dass der Feuchtigkeitsschaden nicht auf einem Baumangel beruht. Erst dann, wenn dem Vermieter dieser Beweis gelungen ist und er sämtliche Ursachen ausräumt, die in seinen Verantwortungsbereich fallen, muss der Mieter beweisen, dass die Feuchtigkeitsschäden nicht aus seinem Verantwortungsbereich stammen.[64]

Ein medizinisches Gutachten kann notwendig werden, sofern es auf die Frage ankommt, ob Schimmelpilz die Gesundheit gefährdet.[65] Dies kann z. B. für den Umfang der Minderung erheblich sein.[66] Freilich kann bereits die – durch wissenschaftliche Erkenntnisse – begründete Besorgnis einer Gesundheitsgefahr die Gebrauchstauglichkeit von Miträumen zu Wohnzwe-

---

[55] *Zimmer,* GE 2008, 1482.
[56] NZM 2011, 13 ff.
[57] *OLG Frankfurt/M.* NZM 2001, 39: Querlüften zweimal morgens und einmal abends; siehe auch *Sternel,* Rn. VII 271: im Allgemeinen einmal morgens und abends jeweils 15 Minuten.
[58] *LG Dortmund* WuM 2008, 333; siehe auch *LG Hamburg* NZM 1998, 571; *Sternel,* Rn. VI 269 f.
[59] Schmidt-Futterer/*Eisenschmid,* § 536 BGB Rn. 230.
[60] *LG München* I NZM 2007, 642; *LG Gießen* ZMR 2000, 537; *Sternel,* Rn. VII 24 f.
[61] BGH NJW 2006, 1061 Rn. 2; NJW-RR 2005, 381.
[62] *Sternel,* Rn. VIII 152, 168; Schmidt-Futterer/*Eisenschmid,* § 536 BGB Rn. 494.
[63] *AG Regensburg* WuM 2010, 738, 739.
[64] BGH NJW-RR 2005, 235 unter Hinweis auf BGHZ 126, 124, 127 f. = NJW 1994, 2019, 2020; *AG Regensburg* WuM 2010, 738.
[65] BGH NJW 2007, 2177 Rn. 30.
[66] *AG Düsseldorf* WuM 2009, 664 – Fogging.

cken beeinträchtigen und die Annahme eines Mangels der Mietsache rechtfertigen.[67] Jedoch sind Anzeichen notwendig, dass sich die abstrakte Gefahr konkret verwirklicht.[68]

b) Wohnflächenabweichung
aa) Beschaffenheitsvereinbarung

15   In der Regel geben die Mietvertragsparteien die Größe der Wohnfläche im schriftlichen Mietvertrag an (Soll-Beschaffenheit). Was die Parteien unter dem von ihnen verwendeten Begriff der Wohnfläche verstehen, hängt grundsätzlich von ihrer Vereinbarung ab. Vorrangig sind ausdrückliche Vereinbarungen zu beachten.[69] Vereinbaren die Parteien etwa, dass die Größe des Wohnraums nicht zur Festlegung des Mietgegenstands dient, liegt keine Beschaffenheitsvereinbarung vor.[70]

Haben die Parteien ausdrücklich nichts vereinbart, richtet sich die Ermittlung der tatsächlichen Wohnfläche (Ist-Beschaffenheit) auch bei frei finanziertem Wohnraum grundsätzlich nach den für preisgebundenen Wohnraum im Zeitpunkt des Abschlusses des Mietvertrags geltenden Bestimmungen.[71] Maßgeblich ist bei Mietverträgen, die ab dem 1.1.2004 geschlossen wurden, die seitdem geltende WohnflächenVO. Für Mietverträge aus der Zeit bis zum 31.12.2003 sind die §§ 42–44 der II. Berechnungs-VO anwendbar.[72]

16   Besonderes gilt, wenn die Parteien dem Begriff der Wohnfläche im Einzelfall eine abweichende Bedeutung beigemessen haben oder ein anderer Berechnungsmodus ortsüblich oder nach der Art der Wohnung naheliegender ist.[73] Auch bei der Wohnraummiete ist eine vereinbarte Berechnung anhand der – bei Gewerbeobjekten häufigeren[74] – DIN 277 denkbar. Das hat der *BGH* im Fall einer Maisonette-Wohnung in einem ausgebauten Spitzboden mit Dachschrägen entschieden.[75] Daraus können sich gewisse Unterschiede ergeben. Nach der DIN 277 sind z. B. Schrägen nach der reinen Grundfläche anzurechnen, während die Anrechnung von Schrägen auf der Grundlage von § 4 I Nr. 2 WohnflächenVO mit einer lichten Höhe unter zwei Meter auf die Hälfte des Raumteils beschränkt ist.

Der Begriff der „Mietraumfläche" ist nicht ohne weiteres mit der Grundfläche gleichzusetzen. Der Begriff ist nicht eindeutig. Im Rahmen eines vom Vermieter verwendeten Formularvertrags kommt daher die Unklarheitenregel des § 305c II BGB zur Anwendung; danach gelten die oben genannten Maßstäbe, die auch sonst für Flächenangaben maßgeblich sind.[76]

17   Eine bestimmte Wohnungsgröße kann auch stillschweigend vereinbart sein, ohne dass der Mietvertrag Angaben zur Wohnfläche vorsieht. Das kann sich aus Geschehnissen im Vorfeld ergeben. Der *BGH* hat dies in einem Fall angenommen, indem bereits eine Annonce eine Wohnflächenangabe enthielt und dem Mietinteressenten vor Vertragsabschluss eine detaillierte Grundrisszeichnung nebst Wohnflächenberechnung übergeben worden war.[77]

---

[67] *BGH* NJW-RR 2006, 879 Rn. 12 (verneint im Fall einer Mobilfunkanlage); *Sternel*, Rn. VIII 13; zu Gesundheitsgefahren durch Mobilfunkanlagen: *Kniep/Gratzel*, WuM 2009, 383.
[68] *LG Berlin* NZM 2011, 481, 482.
[69] *BGH* NJW 2009, 2818 Rn. 11 (hier: §§ 42 ff. II BV).
[70] *BGH* NJW 2011, 220.
[71] *BGH* NJW 2009, 3421 Rn. 10; NJW 2010, 1064 Rn. 17.
[72] *BGH* NJW 2010, 292 Rn. 17; NJW 2010, 1745 Rn. 9.
[73] *BGH* NJW 2009, 2295 Rn. 19; NJW 2007, 2624 Rn. 13; *Sternel*, Rn. VIII 118, 118a.
[74] *Sternel*, Rn. VIII 118b.
[75] *BGH* NJW 2004, 2230.
[76] *BGH* NJW 2010, 293; vgl. *Langenberg*, NZM 2009, 76.
[77] *BGH* NJW 2010, 2648.

Sind zum Wohnen vermietete Räume wegen Verstoßes gegen öffentlich-rechtliche Bauvorschriften nicht zum Wohnen geeignet, so kommt es darauf an, ob die zuständige Behörde eingeschritten ist. Ist dies nicht der Fall, sind auch solche Räume bei der Berechnung der Wohnfläche mitzurechnen; die bloße Möglichkeit einer Nutzungsbeschränkung genügt nicht. Dies hat der *BGH* für ein ausgebautes Dachgeschoss und ein Galeriegeschoss entschieden.[78]

bb) 10 %-Grenze

Eine Mietwohnung weist einen zur Minderung der Miete führenden Mangel im Sinne des § 536 I 1 BGB auf, wenn ihre tatsächliche Wohnfläche um mehr als 10 % unter der im Mietvertrag angegebenen Wohnfläche liegt.[79] Der Begriff der Wohnfläche ist nicht gesetzlich bestimmt.[80] Solange dies der Fall ist, ist eine Grenze ist im Interesse der Praktikabilität und Rechtssicherheit zu ziehen. Eine Flächenabweichung von bis zu 10 % stellt eine unerhebliche Minderung der Tauglichkeit dar (§ 536 I 3 BGB). Etwas anderes ergibt sich auch dann nicht, wenn der Mietvertrag zur Größe der Wohnfläche nur eine circa-Angabe enthält. Eine zusätzliche Toleranz ist nicht gerechtfertigt, denn sie würde das Problem der Abgrenzung zwischen unwesentlicher und nicht mehr unwesentlicher Tauglichkeitsminderung nur verlagern.[81] Unbeschadet dessen sind bewusst falsche Flächenangaben strafrechtlich relevant, wenn die Wohnung den vereinbarten Preis nicht wert ist.[82]

18

Die 10 %-Grenze gilt auch bei möbliert vermieteten Wohnungen.[83] Wird ein Einfamilienhaus mit Garten vermietet, so ist der Grenzwert von 10 % nicht wegen des Gartens anzuheben. Denn darin liegt nicht automatisch die Absprache, die Wohnfläche anders zu bewerten als eine in einem Mehrfamilienhaus gelegene Mietwohnung.[84]

c) Energetische Sanierung

Gemäß § 536 Ia BGB in der Fassung des am 1.5.2013 in Kraft getretenen Mietrechtsänderungsgesetzes bleibt eine Minderung der Tauglichkeit für die Dauer von drei Monaten außer Betracht, soweit diese aufgrund einer Maßnahme eintritt, die einer energetischen Sanierung (§ 555b Nr. 1 BGB) dient. Es handelt sich um solche baulichen Veränderungen, durch die Endenergie eingespart wird (energetische Modernisierung; § 555b Nr. 1 BGB). Die Dreimonatsfrist fängt mit dem Beginn der Maßnahme nach § 555b Nr. 1 BGB an.[85] Kombinierte Maßnahmen, bei denen sowohl Modernisierungs- als auch Instandsetzungsarbeiten vorgenommen werden, lassen sich nach der Vorstellung des Regierungsentwurfs am Maßstab des § 287 ZPO lösen, indem eine Mietminderung nur teilweise ausgeschlossen ist.[86] Die Schätzungsgrundlagen werden sich allerdings nicht selten nur durch ein Sachverständigengutachten feststellen lassen.[87]

19

---

[78] *BGH* NJW 2009, 3421; NJW 2010, 1064.

[79] *BGH* NJW 2004, 1947, 1948; NJW-RR 2006, 801 Rn. 9; NJW 2009, 2295 Rn. 14; siehe auch *Beyer,* NZM 2010, 417; *ders.,* NJW 2010, 1025

[80] Zu Änderungsbestrebungen siehe BR-Drs. 459/13, wonach jede Unterschreitung des tatsächlichen Flächenmaßes die Tauglichkeit der Mietsache erheblich mindere.

[81] *BGH* NZM 2004, 456; NJW 2009, 2880 Rn. 17; NJW 2010, 1745 Rn. 8.

[82] *Gericke,* NJW 2013, 1633, 1636.

[83] *BGH* NJW 2011, 1282.

[84] *BGH* NJW 2010, 292 Rn. 18 f.

[85] *Eisenschmid,* jurisPR-MietR 9/2013; *Zehelein,* WuM 2013, 133.

[86] BT-Drs. 17/10485, S. 60; zweifelnd *Hinz,* NZM 2013, 209, 213.

[87] Stellungnahme des Bundesrates, BT-Drs. 17/10885, S. 60.

II. Erfüllungsanspruch des Mieters

1. Grundlagen

20   Gemäß § 535 I 2 BGB ist der Vermieter verpflichtet, die vermietete Sache während der Mietzeit in einem zum vertragsgemäßen Gebrauch geeigneten Zustand zu erhalten. Der Erfüllungsanspruch ist nur ausgeschlossen, wenn die Mietvertragsparteien einen bestimmten, bei Überlassung vorhandenen (schlechten) Zustand der Mietsache konkret als vertragsgemäß vereinbart haben.[88] Der Mieter kann den Primäranspruch (Erfüllungsanspruch) auch dann noch geltend machen, wenn Sekundäransprüche, z. B. eine Minderung nach § 536b BGB ausgeschlossen ist.[89] Der Herstellungsanspruch besteht auch bei unerheblicher Minderung der Wohntauglichkeit. Die Beseitigung von Schwarzstaubablagerungen („Fogging") schuldet der Vermieter gemäß § 535 I 2 BGB auch unabhängig davon, ob die Mangelursache in seinem eigenen oder im Gefahrenbereich Mieters zu suchen ist. Anders ist es nur dann, wenn der Mieter die Entstehung des Mangels zu vertreten hat.[90]

21   Der Anspruch des Mieters auf Beseitigung eines Mangels als Teil des Gebrauchserhaltungsanspruchs ist während der Mietzeit unverjährbar. Bei der Hauptleistungspflicht des Vermieters aus § 535 I 2 BGB handelt es um eine in die Zukunft gerichtete Dauerverpflichtung. Diese kann schon begrifflich nicht verjähren, denn sie entsteht während dieses Zeitraums ständig neu, auch soweit sie darauf gerichtet ist, bereits aufgetretene Mängel zu beseitigen.[91]

Allerdings kann der Anspruch verwirken (§ 242 BGB). Die Verwirkung eines Rechts setzt freilich voraus, dass über den Zeitablauf hinaus besondere, auf dem Verhalten des Berechtigten beruhende Umstände hinzutreten, die das Vertrauen des Verpflichteten rechtfertigen, der Berechtigte werde seinen Anspruch nicht mehr geltend machen.[92] Darlegungs- und beweispflichtig ist insoweit der Vermieter.

2. Zurückbehaltungsrecht

22   § 320 BGB gewährt dem Mieter ein Zurückbehaltungsrecht gegenüber dem Anspruch des Vermieters auf Miete aus § 535 II BGB.[93] Damit kann der Mieter sich auch gegen einen Anspruch auf Räumung (§ 546 BGB), gestützt auf rückständige Mietzahlungen, verteidigen, weil das Zurückbehaltungsrecht den Zahlungsverzug ausschließt. Zahlung der Miete kann der Vermieter dann nur Zug um Zug gegen Beseitigung festgestellter Mängel verlangen.

Der Anspruch richtet sich gegen den aktuellen Vermieter, bei Veräußerung der Mietsache also gemäß § 566 I BGB gegen den gegenwärtigen Eigentümer. Einer Zahlungsklage des früheren Eigentümers kann der Mieter das Zurückbehaltungsrecht nicht mehr entgegenhalten, da er gegenüber dem früheren Vermieter keinen Anspruch auf Erhaltung der Mietsache hat.[94]

23   Das Zurückbehaltungsrecht kann der Mieter erst im Hinblick auf solche Mieten ausüben, die fällig werden, nachdem er dem Vermieter den Mangel angezeigt hat. Das Zurückbehaltungsrecht des § 320 BGB bezweckt nämlich, auf den Schuldner Druck

---

[88] *BGH* NJW-RR 1993, 522 f.; NJW-RR 2007, 1021 Rn. 28.
[89] *BGH* NJW-RR 2007, 1021; NJW-RR 2011, 447 Rn. 11; *Sternel,* Rn. VIII 256.
[90] *BGH* NJW 2008, 2432 Rn. 9.
[91] BGHZ 184, 253 = NJW 2010, 1292.
[92] BGHZ 184, 253 = NJW 2010, 1292 Rn. 19.
[93] *BGH* NZM 2006, 696 Rn. 9.
[94] BGHZ 84, 42 = NJW 1982, 2242; *BGH* NZM 2006, 696.

zur Erfüllung der eigenen Verbindlichkeit auszuüben. Es dient somit dazu, den Vermieter zur Beseitigung des Mangels zu veranlassen. Diese Aufgabe kann das Zurückbehaltungsrecht nicht erfüllen, solange dem Vermieter ein Mangel nicht bekannt ist.[95] Eine Kündigung des Vermieters wegen Zahlungsverzugs kann also Erfolg haben, wenn der Mieter die Miete nicht zahlt, ohne Mängel anzuzeigen.

Das Leistungsverweigerungsrecht des § 320 BGB ist eine echte Einrede, die vom Schuldner erhoben werden muss, spätestens im Prozess.[96] Es muss jedoch nicht ausdrücklich geltend gemacht oder formell beantragt werden.[97] Erforderlich ist aber, dass der Wille eindeutig erkennbar ist, die eigene Leistung im Hinblick auf das Ausbleiben der Gegenleistung zurückzuhalten.[98] Dazu genügt es nicht, wenn der Mieter lediglich erklärt, dass eine einklagte Mietforderung durch Minderung ganz oder teilweise erloschen ist.[99]

Die Geltendmachung des Zurückbehaltungsrechts kann gegen Treu und Glauben verstoßen (§ 242 BGB), wenn der Mieter einen unangemessen hohen Teil der Miete einbehält. Was als angemessen zu gelten hat, ist in erster Linie eine Frage des tatrichterlichen Ermessens und hängt von den Umständen des Einzelfalls ab.[100]

III. Mietminderung

1. Voraussetzungen

Eine Minderung der Miete gemäß § 536 BGB kommt in Betracht, wenn die Mietsache mit einem Mangel (siehe oben I) behaftet ist, der ihre Tauglichkeit zum vertragsgemäßen Gebrauch in einem nicht unerheblichen Umfang aufhebt. **24**

a) Unerhebliche Minderung der Tauglichkeit

Gemäß § 536 I 3 BGB berechtigt eine unerhebliche Minderung der Tauglichkeit nicht zur Minderung. In die Bewertung fließt auch ein, ob der Mangel schnell und mit geringen Kosten beseitigt werden kann.[101] Maßgeblich sind stets die konkreten, der tatrichterlichen Würdigung unterliegenden Umstände des Einzelfalls.[102] Wie ausgeführt, ist eine Wohnflächenabweichung von weniger als 10 % ein unerheblicher Mangel. Ein Mietmangel ist z. B. die Asbestbelastung einer Wohnung; die Gebrauchstauglichkeit ist aber nur unerheblich beeinträchtigt, wenn der Mieter nur einen unwesentlichen Teil der Gesamtwandfläche nicht mechanisch bearbeiten darf; insoweit ist in der Rechtsprechung auf 30 % abgestellt worden.[103] Daraus folgt aber nicht, dass es auch in anderen Fallgestaltungen ohne Weiteres auf bestimmte Prozentsätze ankommt.[104]

Fehlt der Mietsache eine zugesicherte Eigenschaft (§ 536 II BGB), so gilt § 536 I 3 BGB nicht. Hierfür hat der Vermieter auch dann einzustehen, wenn ihr Fehlen die Wohntauglichkeit nur geringfügig mindert. Das wirkt sich bei der Vereinbarung der Wohnfläche im Mietvertrag in der Regel aber nicht aus, denn dabei handelt es sich

[95] *BGH* NJW-RR 2011, 447 Rn. 12; *Sternel*, Rn. III 127; a. A. *Blank*, LMK 2011, 313792.
[96] *BGH* NJW 1999, 53; offen gelassen: BGHZ 113, 232, 236 = NJW 1991, 1048; *BGH* NJW-RR 2011, 447 Rn. 14.
[97] BGHZ 168, 64 = NJW 2006, 2839 Rn. 30.
[98] *BGH* NJW 1999, 53.
[99] *BGH* NJW 2008, 2254 Rn. 13, m. w. N.
[100] *BGH* NJW-RR 2003, 873, 874.
[101] *BGH* NJW-RR 2004, 1450, 1451.
[102] *BGH* NJW-RR 2012, 908 Rn. 5 ff. (Lärmbelästigung); *Sternel*, Rn. VIII 256.
[103] *LG Berlin* NZM 2011, 481.
[104] *Sternel*, Rn. VIII 257.

(nur) um eine Beschaffenheitsvereinbarung, nicht um eine zugesicherte Eigenschaft.[105]

b) Kenntnis des Mangels bei Vertragsschluss

25   Eine Minderung der Miete ist nicht berechtigt, wenn der Mieter zum Zeitpunkt des Vertragsabschlusses Kenntnis vom Mangel der Mietsache hatte (§ 536b S. 1 BGB).

Die bloße Kenntnis der einen Mangel begründenden Tatsachen reicht für die Kenntnis des Mangels selbst aber nicht aus.[106] Die Kenntnis eines von mehreren Mietern genügt indes.[107] Ist der Mangel im Übergabeprotokoll vermerkt, ohne dass der Mieter sich die Minderung vorbehalten hat, ist er damit ausgeschlossen.

Grob fahrlässige Unkenntnis des Mieters ist schädlich, sofern der Vermieter den Mangel nicht arglistig verschwiegen hat (§ 536b S. 2 BGB). Zu einer besonderen Nachschau ist der Wohnungssuchende bei der Wohnungsbesichtigung allerdings nicht verpflichtet.[108] Grobe Fahrlässigkeit des Mieters hat die Rechtsprechung jedoch angenommen, wenn Fensterrahmen bei Vertragsschluss überstrichen und mit Acryllack verschmiert waren. Dies deutet darauf hin, dass sich darunter Mängel des Holzrahmens verbergen. Unterlässt der Mieter in einem solchen Fall eine nähere Untersuchung, kann dies im Einzelfall als grob fahrlässig gewertet werden.[109] Grobe Fahrlässigkeit kann auch anzunehmen sein, wenn der Mieter nach Besichtigung eine Wohnung angemietet, deren Fenster von Anfang an undicht waren, Farbabplatzungen aufwiesen und bei denen die Fensterrahmen gerissen und verzogen waren. Bildet sich später Schimmelpilz, kann der Mieter nicht die Miete mindern.[110] Fällt dem Mieter hingegen eine Wohnflächenabweichung nicht auf, wird grobe Fahrlässigkeit kaum anzunehmen sein.[111]

c) Unverzügliche Mängelanzeige

26   Eine Mietminderung tritt nur ein, wenn der Mieter dem Vermieter den Mangel gemäß dem Vermieter unverzüglich, das heißt ohne schuldhaftes Zögern (§ 121 I BGB), angezeigt hat (§ 536c I, II 2 Nr. 1 BGB). Von der Mängelanzeige hängt der Entstehungszeitpunkt des Minderungsrechts ab. Wahrt der Mieter die Anforderungen an die Mängelanzeige, kann er das Minderungsrecht rückwirkend ab Entstehung des Mangels geltend machen. Eine Anzeige ist entbehrlich, wenn der Vermieter den Mangel bereits kennt.[112]

Die Anzeige ist formlos möglich, aber empfangsbedürftig (§ 130 BGB entsprechend).[113] Der Zugang ist vollendet, wenn die Kenntnisnahme durch den Vermieter als Empfänger möglich und nach der Verkehrsanschauung zu erwarten ist.[114] Inhaltlich muss die Anzeige den Vermieter in Lage versetzen, Art und Umfang des Mangelsymptoms zu erkennen; es genügt, wenn der Mieter einen konkreten Verdacht äußert. Der Mieter muss den Mangel nicht wie ein Fachmann beschreiben oder gar wie ein Sachverständiger seine Ursache feststellen und Abhilfemöglichkeiten vorschlagen.[115]

---

[105] *Sternel,* Rn. VIII 117.
[106] *BGH* NJW 2010, 2879 Rn. 29, unter Hinweis auf *BGH* NJW 1979, 713.
[107] *BGH* NJW 1972, 249.
[108] *BGH* NJW-RR 2006, 1156 Rn. 17.
[109] *LG Berlin* GE 2007, 55.
[110] *LG Berlin* Urteil vom 18.3.2005 – 63 S 336/04.
[111] *LG Berlin* Urteil vom 2.2.2006 – 67 S 345/05.
[112] *BGH* NJW 2010, 2879 Rn. 30; MünchKommBGB/*Häublein,* § 536c Rn. 30.
[113] Schmidt-Futterer/*Eisenschmid,* § 536c BGB Rn. 23.
[114] *BGH* NJW 2004, 1320, 1321.
[115] *Blank*/Börstinghaus, § 536c Rn. 5.

Trägt der Mieter den vorgenannten Anforderungen nicht Rechnung, entfällt sein 27
Recht zur Mietminderung nicht insgesamt, sondern nur für den Zeitraum der versäumten Anzeigepflicht. Beanstandet der Mieter einen Mangel, ist daher festzustellen,
ob der Mangel schon längere Zeit vorliegt und sich gegebenenfalls aufgrund einer
versäumten oder verspäteten Anzeige des Mieters verschlimmert hat. Die Minderung
richtet sich dann nur auf die Zukunft. Für diesen Fall entfällt ein rückwirkendes
Mietminderungsrecht. Etwas anderes gilt, wenn der Vermieter den Mangel auch bei
rechtzeitiger Anzeige nicht hätte beseitigen können.

Gemäß § 536c II 1 BGB ist Mieter ferner verpflichtet, dem Vermieter einen durch die verspätete
Mängelanzeige gegebenenfalls entstandenen Schaden in Gestalt von Mehrkosten zu erstatten. Im
Rahmen des Schadensersatzanspruches trägt nach allgemeinen Regeln der Vermieter die Darle-
gungs- und Beweislast für die Verletzung der den Mieter treffenden Anzeigepflicht.[116] Das
bedeutet, dass dem Vermieter die Beweislast für eine negative Tatsache obliegt. Dem Mieter trifft
mithin eine sekundäre Darlegungslast; er muss die behauptete Mängelanzeige in zeitlicher,
räumlicher und inhaltlicher Sicht spezifizieren.[117]

d) Risikosphäre

Eine Minderung ist ausgeschlossen, wenn ein Mangel der Sphäre des Mieters zu- 28
zurechnen ist.[118] Wird z. B. die Stromlieferung unterbrochen, liegt zwar ein Mangel
der Mietsache vor, weil deren Gebrauchstauglichkeit beeinträchtigt ist. Beruht die
Unterbrechung allerdings auf einem Zahlungsrückstand des Mieters gegenüber dem
Stromversorger, fällt dies in die Risikosphäre des Mieters.[119]

e) Verwirkung

Bei längerer vorbehaltloser Zahlung der Miete in Kenntnis des Mangels ist zu prüfen, 29
ob der Mieter sein Minderungsrecht unter den engen Voraussetzungen der Verwirkung (§ 242 BGB) oder des stillschweigenden Verzichts verloren hat.[120] § 536b BGB
ist auf einen solchen Sachverhalt nicht analog anzuwenden. Für die Annahme einer
planwidrigen Regelungslücke ist kein Raum, weil § 536c BGB eine abschließende
Regelung für nachträglich sich zeigende Mängel enthält.[121]

f) Abweichende Vereinbarungen

Gemäß § 536 IV BGB sind von § 536 I-III BGB abweichende Vereinbarungen bei 30
einem Mietverhältnis über Wohnraum unwirksam. Das gilt auch für Vereinbarungen,
die das Minderungsrecht nicht ausschließen, es aber beschränken oder seine Geltendmachung erschweren.

2. Umfang der Minderung

Die Minderung der Miete tritt gemäß § 536 BGB kraft Gesetzes automatisch in dem 31
Umfang ein, in dem die Gebrauchstauglichkeit herabgesetzt ist und der Mieter den
Mangel unverzüglich angezeigt hat. Gemäß § 536 I 2 BGB ist die Miete für die Dauer
der Gebrauchsbeeinträchtigung angemessen herabzusetzen. Die Höhe des Minderungsbetrages entspricht dem Umfang der Mangelhaftigkeit.[122] Daraus ergibt sich

---

[116] *BGH* NJW 2013, 1299 Rn. 27 ff.
[117] *BGH* NJW 2013, 1299 Rn. 36.
[118] *BGH* NJW-RR 2011, 515 Rn. 18; Schmidt-Futterer/*Eisenschmid,* § 536 Rn. 627 ff.
[119] *BGH* NJW-RR 2011, 515.
[120] *BGH* NJW 2007, 147 Rn. 16.
[121] BGHZ 155, 380 = NJW 2003, 2601; *BGH* NZM 2005, 303.
[122] *BGH* NJW 2010, 1745 Rn. 12.

das Maß, in dem die Miete gemindert ist. Liegt der behauptete Mangel vor, so ist der Umfang der Gebrauchsbeeinträchtigung vom Gericht zu klären, gegebenenfalls unter Heranziehung eines Sachverständigen. Der Mieter muss keinen bestimmten Minderungsbetrag vortragen.[123]

Bemessungsgrundlage der Minderung ist grundsätzlich die Bruttomiete; darunter ist die Kaltmiete einschließlich aller Nebenkosten zu verstehen. Als Gegenleistung des Mieters für die vom Vermieter geschuldete Gesamtleistung sind nämlich sämtliche vom Mieter zu erbringenden Leistungsentgelte (Nettomiete und Nebenkostenpauschale bzw. Vorauszahlungen auf Nebenkosten) anzusehen.[124] Diese Grundsätze sind auch in Fällen der Flächenabweichung maßgeblich.[125]

32   Die Höhe der Minderung ist zu schätzen (§ 287 II ZPO), indem die Bruttomiete im Verhältnis zur Tauglichkeitsminderung durch Schätzung eines angemessenen prozentualen Abschlags herabgesetzt wird. Maßgeblich sind namentlich die Schwere des Mangels, die bewirkte Beeinträchtigung der Gebrauchstauglichkeit der Mietsache und die Dauer der Störung. Zahlreiche Fallgestaltungen erfasst die Mietminderungstabelle von *Börstinghaus*.[126] Auch bei der Anwendung von Tabellen darf das konkrete Geschehen aber nicht aus dem Blick geraten.

Bei Flächenabweichung wird in der Regel auf die prozentuale Flächenabweichung abzustellen sein. Allerdings sind auch hier Besonderheiten zu beachten, wenn die Flächenabweichung z. B. Nebenräume betrifft, wie z. B. Kellerräume.[127]

Die Schätzung kann näher konkretisiert werden, indem jedes betroffene Zimmer, je nach seiner Bedeutung, mit einer Wohnwertzahl zwischen 10 (Wohnzimmer) und 2 (Abstellraum) bewertet wird. Multipliziert mit der Quadratmeterzahl des Zimmers ergibt sich der Wohnwert. Sodann ist das Gewicht der Wohnwertminderung anhand einer Skala von 0,00 (keine oder nur unerhebliche Gebrauchsbeeinträchtigung) bis 1,00 (völlige Gebrauchsuntauglichkeit) in Schritten von jeweils 0,1 zu bewerten. Aus dem Wohnwert multipliziert mit dem Minderungsfaktor errechnet sich die die Wohnwertminderung. Diese ist durch die Bruttomiete zu dividieren. Daraus ergibt sich die Höhe der Minderung.[128]

3. Prozessuale Besonderheiten

a) Passivprozess des Mieters

33   In der Rechtsprechung ist anerkannt, dass Ansprüche auf Miete gemäß § 592 ZPO im Urkundenprozess eingeklagt werden können.[129] In diesem Fall ist die Vereidigung des Mieters gegen den Anspruch auf Zahlung der Miete ist eingeschränkt. Nicht selten beruft der Mieter sich zur Verteidigung auf Mängel der Mietsache. Dies steht der Statthaftigkeit des Urkundenprozesses nicht entgegen, denn es gehört nicht zu den anspruchsbegründenden Voraussetzungen des Anspruchs auf Miete, dass die Mietsache mängelfrei ist. Ist streitig, ob nachträglich ein Mangel eingetreten ist, ist der Urkundenprozess statthaft, weil der Mieter die Darlegungs- und Beweislast trägt, wenn er die Mietsache mängelfrei erhalten hat und sich später

---

[123] *BGH* NJW-RR 2012, 382 Rn. 16.
[124] BGHZ 163, 1 = NJW 2005, 1713; *BGH* NJW 2005, 2773; NJW 2011, 1282 Rn. 11.
[125] *BGH* NJW 2010, 2448 Rn. 21; NJW 2011, 1282 Rn. 11.
[126] 3. Aufl. 2013.
[127] *BGH* BeckRS 2012, 18757 (Ladenlokal und Keller).
[128] *Sternel*, Rn. VIII 254; Schmidt-Futterer/*Eisenschmid*, § 536 Rn. 398 ff.
[129] *BGH* NJW 2005, 2701; *BGH* NJW 1999, 1408; zum Urkundenprozess siehe *Lepczyk*, JuS 2010, 30.

auf Mängel auf Mängel beruft.[130] Dies beruht auf dem Rechtsgedanken des § 363 BGB.[131]

Auch bei anfänglichen Mängeln der Mietsache ist der Urkundenprozess nicht weiteres unstatthaft. Er ist vielmehr auch dann statthaft, **34**

– wenn entweder unstreitig ist, dass der Mieter die Mietsache als Erfüllung angenommen hat, ohne die später behaupteten Mängel zu rügen,

– oder wenn der Vermieter durch Urkunden belegen kann, dass der Mieter die Mietsache als Erfüllung angenommen hat. In Betracht kommen z. B. ein Übergabeprotokoll oder Kontoauszüge, aus denen sich ergibt, dass der Mieter zunächst die ungeminderte Miete gezahlt hat.[132]

Der Urkundenprozess ist hingegen nicht statthaft, wenn sich aus einem Übergabeprotokoll ergibt, dass bereits bei Einzug des Mieters Mängel vorlagen. Die durch Kontoauszüge belegte regelmäßige Zahlung der Miete belegt nicht urkundlich, dass die Mängel später beseitigt worden sind.[133]

Auch die Einrede des nicht erfüllten Vertrags gemäß § 320 BGB unter dem Gesichtspunkt eines nachträglich aufgetretenen Mangels hindert nicht die Statthaftigkeit eines Urkundenprozesses des Vermieters auf Zahlung von Miete.[134] Das gilt auch bei anfänglichen Mängeln der Mietsache, wenn der Mieter die ihm vom Vermieter zum Gebrauch überlassene Wohnung als Erfüllung angenommen hat, ohne die später behaupteten Mängel zu rügen. **35**

b) Aktivprozess des Mieters

Der Mieter kann seinerseits prozessual die Initiative ergreifen. Da die Minderung kraft Gesetzes eintritt, steht ihm im Hinblick auf (vermeintlich) überzahlte Miete ein Bereicherungsanspruch (§ 812 I 1 Alt. 1 BGB) zu, der nicht selten Gegenstand von Rechtsstreitigkeiten ist. Der Vermieter hat eine Leistung des Mieters erlangt, weil dieser seine vertragliche Zahlungspflicht erfüllen wollte. Der Mieter hat das Entgelt für die Überlassung der Mietsache ohne Rechtsgrund entrichtet, so dass er überzahlte Miete rückwirkend zurückverlangen kann, wenn die Voraussetzungen der Minderung erfüllt sind. Der Anspruch unterfällt der Regelverjährung (§§ 195, 199 BGB).[135] **36**

Außer einer Klage auf Rückforderung überzahlter Miete ist auch eine auf Mietminderung gerichtete Feststellungsklage gemäß § 256 I ZPO zulässig. Der Minderungsbetragsbetrag muss nicht beziffert werden.[136] Der Streitwert richtet sich entsprechend § 41 V 1 Alt. 2 GKG nach dem Jahresbetrag der geltend gemachten Minderung.[137] Nach anderer Ansicht ist der 3,5-fache Jahreswert maßgeblich (§ 48 I GKG i. V. mit § 9 ZPO).[138] Ein Abschlag ist nicht vorzunehmen, denn in der Sache handelt es sich um eine negative Feststellungsklage, denn es geht darum, dass der Vermieter nicht berechtigt ist, die Miete in dem beantragten Umfang zu verlangen. **37**

---

[130] *BGH* NJW 2007, 1061.
[131] *BGH* NJW 2009, 3099.
[132] *BGH* NJW 2009, 3099 Rn. 10 ff.; WuM 2010, 761 Rn. 10.
[133] *BGH* WuM 2010, 761 Rn. 12.
[134] *BGH* NJW 2005, 2701; NJW 2007, 1061.
[135] *BGH* NJW 2011, 3573 Rn. 8; *Lögering*, NZM 2010, 113.
[136] *BGH* WM 1985, 1213; siehe auch *OLG Brandenburg* NZM 2010, 43; *Harsch*, WuM 2012, 63, 65.
[137] *KG* NZM 2011, 92; NZM 2010, 514.
[138] *OLG Dresden* WuM 2009, 393, 395; *OLG Hamm* OLGR 2001, 37.

IV. Weitere Rechte des Mieters

1. Aufwendungsersatz nach Selbstbeseitigung

a) Verzug des Vermieters

38 Ist der Vermieter mit der Beseitigung eines Mangels der Mietsache in Verzug (§ 286 BGB), kann der Mieter den Mangel selbst beseitigen (lassen) und zu diesem Zweck von seinem Vermieter gemäß § 536a II Nr. 1 BGB Ersatz der erforderlichen Aufwendungen verlangen. Befindet sich der Vermieter mit der Mangelbeseitigung in Verzug, ist es dem Mieter nicht zumutbar, vor der Selbstbeseitigung noch die Zustimmung des Vermieters einzuholen. Eine entsprechende Formularbestimmung in vom Vermieter verwendeten AGB ist gemäß § 307 I, II BGB unwirksam.[139] Ein vollständiger oder jedenfalls praktisch vollständiger formularvertraglicher Ausschluss der Rechte des Mieters aus § 536a II BGB jedenfalls bei der Wohnraummiete wegen unangemessener Benachteiligung des Mieters unwirksam.[140]

b) Notmaßnahmen

39 § 536a II Nr. 2 BGB verlangt, dass die umgehende Beseitigung des Mangels zur Erhaltung oder Wiederherstellung des Bestands der Mietsache notwendig ist. Typische Beispiele sind ein Wasserrohrbruch und der Ausfall einer Heizung im Winter. Der Anspruch beschränkt sich auf eine provisorische Reparatur, wenn weitere Maßnahmen ohne Unterrichtung des Vermieters nicht mehr notwendig sind.[141]

c) Eigenmächtige Selbstbeseitigung

40 Bei eigenmächtiger Selbstbeseitigung kann der Mieter Aufwendungen zur Mangelbeseitigung weder nach § 539 I BGB noch als Schadensersatz gemäß § 536a I BGB vom Vermieter ersetzt verlangen. Dies wäre mit dem Sinn und Zweck des § 536a II BGB, wonach grundsätzlich dem Vermieter der Vorrang bei der Mängelbeseitigung zukommt, nicht zu vereinbaren.[142] Das entspricht der im Kaufrecht maßgeblichen Rechtslage.[143]

Eine Ausnahme ist in einem besonders gelagerten Einzelfall angenommen worden, in dem ein im Ausland ansässiger Vermieter einen Aushang im Treppenhaus hinterlassen hatte, wonach sich die Mieter bei einem Defekt der Heizung an eine näher bezeichnete Fachfirma wenden sollten.[144]

d) Rechtsfolge

41 Der Mieter kann gemäß § 536a II BGB Ersatz der erforderlichen Aufwendungen verlangen. Erforderlich sind Kosten, die der Mieter aus der Sicht ex-ante nach sorgfältiger und verständiger Prüfung zur Beseitigung des Mangels für geeignet und notwendig erachten durfte.[145] Zwecklose Maßnahmen sind ungeeignet und damit nicht im Sinne des § 536a II BGB erforderlich. Dabei handelt es sich nicht um ein rein objektiven, sondern einen subjektivierten Maßstab.[146] Waren Arbeiten eines im Auftrag des Mieters handelnden Unternehmers Arbeiten mangelhaft, kommt ein

---

[139] *BGH* NJW-RR 2010, 737 Rn. 28.
[140] *BGH* NJW-RR 2010, 737 Rn. 28.
[141] *AG Münster* WuM 2009, 665.
[142] *BGH* NJW 2008, 1216 Rn. 25; *Bergmann,* JuS 2010, 234.
[143] BGHZ 162, 219, 227 ff. = NJW 2005, 1348.
[144] *AG Hamburg* jurisPR-MietR 15/2009 *(Theesfeld).*
[145] MünchKommBGB/*Häublein,* § 536a Rn. 27.
[146] *AG Bremen* WuM 2009, 403, 404.

Anspruch des Vermieters auf Abtretung der Ansprüche des Mieters gegen den Unternehmer in Frage.[147]

Der Mieter hat Anspruch auf einen zweckgebundenen **Vorschuss** in Höhe der 42 voraussichtlichen Beseitigungskosten.[148] Die Ersatzpflicht des Vermieters umfasst diejenigen Aufwendungen, die der Mieter bei Anwendung der im Verkehr erforderlichen Sorgfalt für angemessen halten darf. Darunter fallen solche Kosten, die nach vernünftiger wirtschaftlicher Betrachtungsweise nötig, zweckmäßig und zur nachhaltigen Mängelbeseitigung geeignet sind; die Eignung darf nicht zweifelhaft sein.[149] Die Voraussetzungen für einen Vorschussanspruch sind nicht erfüllt, wenn die vom Mieter beabsichtigten Reparaturen zwecklos sind, solange nicht die Ursachen der Mängel erforscht und beseitigt worden sind, z. B. bei nicht abgeschlossener Rissbildung.[150] In Betracht kommt aber ein Vorschussanspruch im Hinblick auf die Kosten zur Erforschung der Ursachen.[151]

Die Verpflichtung des Vermieters zur Beseitigung eines Mangels endet an der Grenze 43 des § 275 II BGB. Diese ist dort zu ziehen, wo der dazu erforderliche Aufwand die **Opfergrenze** überschreitet.[152] Es darf kein krasses Missverhältnis zwischen dem Reparaturaufwand einerseits und dem Nutzen der Reparatur für den Mieter sowie dem Wert des Mietobjekts andererseits entstehen. Außer der Höhe der Sanierungskosten und dem Verkehrswert der Immobilie sind allerdings weitere Umstände zu beachten; erforderlich ist eine Würdigung aller Umstände. Auch ein etwaiges Verschulden des Vermieters ist zu berücksichtigen.[153] Ein auffälliges Missverhältnis indiziert allerdings eine Überschreitung der Zumutbarkeitsgrenze.[154] Sofern der Mieter damit argumentiert, dass es zu einem vom Vermieter zu verantwortenden Reparaturstau gekommen sei, ist festzustellen, ob die Sanierungskosten zu einem früheren Zeitpunkt niedriger gewesen wären.[155]

2. Schadensersatzansprüche

Gemäß § 536a I BGB kann der Mieter Schadensersatz verlangen, wenn ihm durch 44 Mietmängel ein Schaden entsteht. Alle Voraussetzungen für einen Schadensersatzanspruch gemäß § 536a I BGB sind vom Mieter darzulegen und zu beweisen.

§ 536a I Alt. 1 BGB sieht eine verschuldensunabhängige **Garantiehaftung** des Ver- 45 mieters für anfängliche Mängel vor. Dies ist z. B. bei Konstruktionsfehlern von Fenstern bejaht worden, auch wenn der Schaden mehrere Jahre nach Vertragsschluss eintritt.[156] Ein anfänglicher Mangel liegt vor, wenn sich die Schadensursache in die Zeit vor Vertragsschluss zurückverfolgen lässt. Die Einstufung als anfänglicher Mangel richtet sich danach, ob der Mangel selbst bereits bei Vertragsschluss vorhanden war. Das ist auch dann der Fall, wenn der Mangel und die daraus folgende Gefahr der Mieterin bei Vertragsschluss noch nicht bekannt waren. Es ist nicht maßgeblich, wann durch den vorhandenen Mangel ein Schaden entstanden ist.[157]

---

[147] *AG Bremen* WuM 2009, 403, 404.
[148] *BGH* NJW 2010, 2250 Rn. 15; NJW 2008, 2432 Rn. 8; BGHZ 56, 136, 141 = NJW 1971, 1450.
[149] *BGH* NJW 2010, 2250 Rn. 18, 20; für das Werkvertragsrecht: *BGH* NJW-RR 1991, 789.
[150] *BGH* NJW 2010, 2250 Rn. 19.
[151] Offen gelassen: *BGH* NJW 2010, 2250 Rn. 20.
[152] *Emmerich,* NZM 2010, 497.
[153] *BGH* NJW 2010, 2250 Rn. 23.
[154] *BGH* NJW 2010, 2250 Rn. 24.
[155] *BGH* NJW 2010, 2250 Rn. 27 f.
[156] *BGH* NJW 2010, 3152.
[157] *BGH* NJW 2010, 3152 Rn. 14 ff.

46   Ein Schadensersatzanspruch des Mieters aus § 536a I Alt. 2 BGB setzt voraus, dass der Mangel wegen eines Umstands entstanden ist, den der Vermieter **zu vertreten** hat. Hierzu hat der *BGH* entschieden, dass ein Mangel der Mietsache zwar auch dann vorliegt, wenn der Mieter ein Schaden durch einen technischen Defekt der Elektroinstallation der Nachbarwohnung erleidet. Der Vermieter ist nicht verpflichtet, ohne besonderen Anlass, eine regelmäßige Elektrorevision in den Wohnungen seiner Mieter vorzunehmen, denn eine Gefahr, dass Rechtsgüter anderer verletzt werden, ist bei ordnungsgemäß verlegten Elektroleitungen nicht ohne weiteres zu bejahen.[158] Etwas anderes kann somit gelten, wenn der Vermieter von Unregelmäßigkeiten erfährt. Diese Erwägungen geltend entsprechend für Wasserrohre.[159]

Die tatsächlichen Voraussetzungen des Verschuldenserfordernisses im Rahmen von § 536a I Alt. 2 BGB hat der Mieter darzulegen und ggf. zu beweisen. Insoweit ist nur dann etwas anderes anzunehmen, wenn feststeht, dass die Schadensursache im Herrschafts- und Einflussbereich des Vermieters gesetzt worden ist.[160] Bleibt ungeklärt, in wessen Verantwortungsbereich die Schadensursache gesetzt worden ist, geht dies zu Lasten des Mieters.[161]

47   Entsteht ein Schaden nicht infolge eines Mangels der Mietsache, sondern aufgrund einer Verletzung einer mietvertraglichen Fürsorgepflicht des Vermieters, kommt ein Schadensersatzanspruch des Mieters aus § 280 I BGB in Betracht.[162] Den Vermieter trifft z. B. eine vertragliche Nebenpflicht, Störungen des Mieters und Beschädigungen der vom Mieter eingebrachten Sachen zu unterlassen.[163] Bei der Darlegungs- und Beweislast ist wiederum die oben dargestellte Sphärentheorie zu beachten. Der Schuldner muss sich nicht nur hinsichtlich der subjektiven Seite, sondern auch hinsichtlich der objektiven Pflichtwidrigkeit entlasten, sofern feststeht, dass als Schadensursache nur eine solche aus seinem Obhuts- und Gefahrenbereich in Betracht kommt.[164] Ist die Schadensursache unklar, bleibt es hingegen bei der Beweislast des Mieters.[165]

48   Die Rechtsfolgen eines Schadensersatzanspruchs richten sich nach §§ 249 ff. BGB. Kosten eines vorprozessualen Privatgutachtens hat der Vermieter nach allgemeinen Grundsätzen zu erstatten, wenn sie zur Wahrnehmung der Mängelrechte des Mieters erforderlich und zweckmäßig waren (§ 249 BGB). Dem steht nicht entgegen, dass die Anforderungen an die Mängelanzeige durch den Mieter gering sind und er nähere Ermittlungen auch dem Vermieter überlassen könnte.[166]

3. Verschulden bei den Vertragsverhandlungen

49   Das mietrechtliche Mängelrecht ist grundsätzlich erst anwendbar, wenn die Mietsache dem Mieter übergeben worden ist (§ 536 I BGB). Macht der Vermieter bei den Vertragsverhandlungen unrichtige Angaben über die Beschaffenheit der Mietsache, schließen das Sachmängelrechte des Mietrechts gleichwohl Schadensersatzansprüche des Mieters aus dem Gesichtspunkt des Verschuldens bei den Vertragsverhandlungen (culpa in contrahendo) aus, wenn der Vermieter lediglich fahrlässig gehandelt hat. Hat der Vermieter Mängel allerdings arglistig verschwiegen, kann der

---

[158] *BGH* NJW 2009, 143.
[159] *LG Duisburg* ZGS 2010, 429.
[160] *BGH* NJW 2006, 1061 Rn. 2.
[161] *BGH* NJW 2006, 1061 Rn. 3
[162] *BGH* NJW 2009, 142.
[163] *BGH* NJW 2009, 142 Rn. 13; *OLG Celle* NJW-RR 2010, 308, 309.
[164] *BGH* NJW 2009, 142 Rn. 12, unter Hinweis auf *BGH* ZMR 2005, 520.
[165] *BGH* NJW 1978, 2197; *OLG Celle* NJW-RR 2010, 309, 309; zur Beweislast für einen Brand im Mietobjekt: *Schmid*, VersR 2010, 43.
[166] *Peter/Specht*, JuS 2007, 245, 248 f.

Mieter jedoch aus culpa in contrahendo Ersatz des – nicht auf das Erfüllungsinteresse beschränkten – Vertrauensschadens geltend machen. Die war vor dem Inkrafttreten der Schuld- und Mietrechtsreform anerkannt.[167] Der *BGH* hat dies für den Grundstückskauf gebilligt.[168] Dem ist auch für das Wohnraummietrecht zuzustimmen.[169]

4. Außerordentliche Kündigung

Der Mieter kann den Mietvertrag nach Maßgabe des § 543 II 1 Nr. 1 BGB kündigen, **50** wenn ihm der vertragsgemäße Gebrauch nicht gewährt oder wieder entzogen wird. Unter diesem Gesichtspunkt kann bei schwerwiegenden Mängeln der Mietsache ein wichtiger Grund zur außerordentlichen fristlosen Kündigung entstehen (§ 543 I BGB).[170] Voraussetzungen ist in der Regel, dass der Mieter eine bestimmte angemessene Frist zur Abhilfe gesetzt hat und diese erfolglos verstrichen ist (§ 543 III 1 BGB). Das Gesetz verlangt nicht, dass der Mieter außer dem Setzen einer Abhilfefrist auch die Kündigung androht.[171] Auch die Mieterkündigung bedarf der Schriftform (§ 568 BGB) und ist zu begründen (§ 569 IV BGB).

Droht der Mieter mit der Fristsetzung eine andere Maßnahme als die Kündigung an, etwa eine Ersatzvornahme, so kann die Kündigung nicht schon nach erfolglosem Ablauf der gesetzten Abhilfefrist wirksam erklärt werden, sondern erst nach erfolglosem Ablauf einer neuen Frist. Dies beruht auf dem Verbot widersprüchlichen Verhaltens (§ 242 BGB).[172]

---

[167] BGHZ 136, 102 = NJW 1997, 2813.
[168] BGHZ 180, 205 = NJW 2009, 2120 Rn. 19 ff.
[169] *Sternel,* Rn. VIII 194.
[170] *BGH* NJW 2007, 2474 Rn. 10 – Schimmelpilz.
[171] *BGH* NJW 2007, 2474 Rn. 11.
[172] *OLG Hamm* NJW-RR 1991, 1035; Palandt/*Weidenkaff,* § 543 Rn. 44; offen gelassen von *BGH* NJW 2007, 2474 Rn. 11.

§ 10. Die Räumungsklage

I. Materielle Voraussetzungen

1   Die Begründetheit der Räumungsklage des Vermieters setzt gemäß § 546 I BGB voraus, dass das Mietverhältnis beendet worden ist (§ 542 BGB). Als Beendigungsgründe kommen im Wesentlichen die außerordentliche und die ordentliche Kündigung in Betracht. Mit § 985 BGB besteht Anspruchskonkurrenz, wenn der Vermieter gleichzeitig Eigentümer ist.[1]

1. Außerordentliche Kündigung

a) Kündigungsgründe
aa) Allgemeines

2   § 543 I 1 BGB gibt dem Vermieter das Recht zur fristlosen Kündigung aus wichtigem Grund. Ein solcher liegt vor, wenn dem Vermieter die Fortsetzung des Mietverhältnisses bis zu dessen regulärer Beendigung unter Berücksichtigung aller Umstände des Einzelfalls nicht zugemutet werden kann (§ 543 I 2 BGB).[2] § 569 BGB modifiziert dies für den Bereich der Wohnraummiete.

3   **Verschulden** des Mieters ist nicht erforderlich, jedoch ein wichtiges Kriterium bei der Abwägung der Zumutbarkeit der Vertragsfortsetzung.[3] Bei nicht schuldhaftem Verhalten sind die Anforderungen an die Unzumutbarkeit größer.[4] Die Unzumutbarkeit der Vertragsfortsetzung muss dem Mieter aber jedenfalls zurechenbar sein.[5]

bb) Gefährdung der Mietsache

4   Der Vermieter kann das Mietverhältnis ohne Einhaltung einer Kündigungsfrist kündigen, wenn der Mieter die Mietsache durch Vernachlässigung der ihm obliegenden Sorgfalt erheblich gefährdet (§ 543 II 1 Nr. 2 Alt. 1 BGB). Dies kann zum Beispiel durch ungenehmigte, substanzschädigende Einbauten geschehen.[6] Überbelegung mit der Folge übermäßiger Abnutzung der Miеträume wird ebenfalls von diesem Tatbestand erfasst.[7]

Das Gericht muss nicht zusätzlich feststellen, ob dem Kündigenden die Fortsetzung des Mietverhältnisses unzumutbar ist. Bei den Kündigungsgründen des § 543 II 1 Nr. 1 bis 3 BGB handelt es sich um gesetzlich typisierte Fälle der Unzumutbarkeit. Soweit deren tatbestandliche Voraussetzungen erfüllt sind, ist grundsätzlich ein wichtiger Grund im Sinne von § 543 I BGB zur fristlosen Kündigung gegeben.[8]

---

[1] *BGH* NJW 2008, 2580 Rn. 12, 14; NJW 1985, 141; Staudinger/*Rolfs,* § 546 Rn. 61.
[2] Zur revisionsrechtlichen Nachprüfbarkeit: *BGH* NJW 2006, 1585 Rn. 12; NZM 2007 Rn. 16.
[3] *BGH* NZM 2005, 300, 301; Bamberger/Roth/*Wöstmann,* § 569 Rn. 9.
[4] BT-Drs. 14/5663, S. 76; Palandt/*Weidenkaff,* § 543 Rn. 5.
[5] Schmidt-Futterer/*Blank,* § 543 Rn. 168; *Kraemer,* NZM 2001, 553, 559; *Grundmann,* NJW 2001, 2497, 2503.
[6] Bamberger/Roth/*Ehlert,* § 543 Rn. 22; Staudinger/*Emmerich,* § 543 Rn. 36.
[7] *BVerfG* NJW 1994, 41; BGHZ 123, 233 = NJW 1993, 2528; MünchKommBGB/*Bieber,* § 543 Rn. 39; Schmidt-Futterer/*Blank,* § 543 Rn. 60, 212.
[8] *BGH* NJW 2009, 2247 Rn. 15.

cc) Unbefugte Überlassung an Dritte

Die Aufnahme von Angehörigen[9] oder nichtehelichen Lebenspartnern (§ 11 I 5
LPartG) ist keine unbefugte Überlassung an Dritte (§ 543 II 1 Nr. 2 Alt. 2 BGB,
§ 540 II BGB).[10] Unerlaubte Untervermietung ist zwar ein Vertragsverstoß (§ 573 II
Nr. 1 BGB), aber nicht ohne weiteres ein Kündigungsgrund, sofern der Mieter einen
Anspruch auf die Erlaubnis des Vermieters hat (§ 553 I 2 BGB).[11]

dd) Zahlungsverzug

Entrichtet der Mieter die geschuldete Miete nicht in dem vom Gesetz näher bestimm- 6
ten Umfang, so kann der Vermieter den Mietvertrag nach § 543 II 1 Nr. 3, § 569 III
BGB fristlos kündigen. § 112 InsO regelt eine Ausnahme für Rückstände aus der Zeit
vor einem Insolvenzantrag des Mieters.[12]

Zur geschuldeten Miete zählen auch vereinbarte Vorauszahlungen für Nebenkosten,[13]
nicht aber die Begleichung des Saldos nach Abrechnung der Nebenkosten.[14] Eine
Zahlung unter Vorbehalt schützt den Mieter nicht.[15] Maßgebender Zeitpunkt für den
erforderlichen Umfang des Mietrückstands ist der Zugang der Kündigungserklärung.[16]

Ein Rückstand mit mehr als einer Monatsmiete ist als nicht unerheblicher Teil der
Miete im Sinne von § 543 II 1 Nr. 3a Alt. 2 BGB anzusehen. Für eine fristlose
Kündigung reicht er aber nur aus, wenn er aus zwei aufeinanderfolgenden Monaten
resultiert. Andernfalls kann ein solcher Rückstand eine fristlose Kündigung nach
§ 543 II 1 Nr. 3b BGB rechtfertigen.[17]

Zahlungsverzug des Mieters setzt **Verschulden** voraus (§ 286 IV BGB), welches nur 7
ausnahmsweise entfällt.

Bei einer **Mietminderung** (§ 536 BGB) entlastet den Mieter eine zu hohe Minderungsquote,
sofern sie sich in vertretbarem Rahmen hält. Bei einem geringfügigen Mangel der Wohnung ist
ein Einbehalt der gesamten Miete in der Regel nicht gerechtfertigt.[18] Es kommt darauf an, ob
der Mieter bei verkehrsüblicher Sorgfalt hätte erkennen können, dass die tatsächlichen Voraussetzungen des von ihm in Anspruch genommenen Minderungsrechts nicht bestehen.[19] Der
anwaltliche Berater des Mieters muss diesen deshalb vor Fehleinschätzungen warnen.[20] An
einen unvermeidbaren, Fahrlässigkeit ausschließenden **Rechtsirrtum** über Bestehen oder Höhe
der Mietschuld sind strenge Anforderungen zu stellen.[21] Es kommt darauf an, ob der Irrende
mit einer anderen Beurteilung durch das zuständige Gericht rechnen muss.[22] Verschulden kann
ausnahmsweise zu verneinen sein, solange ein Mieter nach dem Tod seines Vermieters keine
Gewissheit darüber erlangen kann, wer Gläubiger seiner Mietverpflichtungen geworden ist.[23]

---

[9] BGHZ 123, 233 = NJW 1993, 2528.
[10] Bamberger/Roth/*Ehlert,* § 540 Rn. 5.
[11] *BGH* NJW 2011, 1065.
[12] *BGH* NJW 2005, 2552, 2554; NJW 2008, 1442; MünchKommBGB/*Häublein,* Vor § 535
Rn. 97; zur Mieterinsolvenz: *Dahl,* NZM 2008, 585; *Priebe,* NZM 2010, 801.
[13] *BGH* NJW 2008, 3210 Rn. 31.
[14] Schmidt-Futterer/*Blank,* § 543 Rn. 86 ff.
[15] *BGH* NJW 2008, 508 Rn. 19.
[16] *LG Duisburg* ZMR 2006, 132; Palandt/*Weidenkaff,* § 543 Rn. 23.
[17] *BGH* NJW 2008, 3210 Rn. 30, 34, 37.
[18] Bamberger/Roth/*Ehlert,* § 543 Rn. 27b; siehe auch *BVerfG* NZM 2002, 938.
[19] *BGH* NJW 2012, 2882 Rn. 21; *Hinz,* NJW 2013, 337; *Selk,* NZM 2013, 797.
[20] *Harsch,* WuM 2012, 63, 66.
[21] *BGH* NJW 2011, 2570 Rn. 17; vgl. auch *Lorenz,* WuM 2013, 202, 206.
[22] *BGH* NJW 2007, 428 Rn. 13, 25; NJW 2010, 2339 Rn. 3.
[23] *BGH* NJW 2006, 51 Rn. 11.

Für Zahlungsverzögerungen, die durch falschen Rechtsrat eines **Erfüllungsgehilfen** (§ 278 BGB) verursacht werden, hat der Mieter einzustehen.[24] Das gilt auch für eine fehlerhafte Beratung durch einen Mieterschutzverein.[25] Berät ein Anwalt im Auftrag des Mieterschutzvereins dessen Mitglieder, haftet er ihnen im Innenverhältnis bei Beratungsfehlern nach den Grundsätzen des Vertrages mit Schutzwirkung für Dritte.[26] Kein Erfüllungsgehilfe des Mieters ist allerdings das Sozialamt bzw. das Jobcenter; es nimmt vielmehr hoheitliche Aufgaben der Daseinsvorsorge war. Unpünktliche Mietzahlungen eines Jobcenters rechtfertigen daher keine Kündigung des Mietverhältnisses gemäß § 543 I BGB.[27]

8 Das Gesetz sieht zugunsten des Mieters mehrere **Heilungsmöglichkeiten** vor:

- Vollständige Befriedigung des Vermieters vor der Abgabe der Kündigungserklärung (§ 543 II 2 BGB);[28] zeitlich ist die Erfüllungshandlung maßgebend, also zum Beispiel die Abgabe des Überweisungsauftrags;[29]
- unverzügliche Aufrechnung mit Gegenansprüchen (§ 543 II 3 BGB);
- Befriedigung des Vermieters innerhalb einer **Schonfrist** von zwei Monaten nach Eintritt der Rechtshängigkeit der Räumungsklage (§ 569 III Nr. 2 Satz 1 Alt. 1 BGB). Gleichgestellt ist die Erklärung der zuständigen Behörde (Arbeitsagentur, Job-Center), dass sie sich zu einer Befriedigung verpflichtet (Alt. 2). Die Erklärung muss eindeutig sein.[30] Die Heilung ist ausgeschlossen, wenn der Mieter in den letzten zwei Jahren schon einmal von der Heilungsmöglichkeit Gebrauch gemacht hat (§ 569 III Nr. 2 Satz 2 BGB).[31]

Ein Versäumnisurteil kann bereits vor Ablauf der Sperrfrist des § 569 III Nr. 2 BGB erlassen werden.[32] Zur Vermeidung einer Vollstreckungsgegenklage des Mieters (§ 767 ZPO) unterbleibt dies jedoch häufig.

Werden die Mietrückstände innerhalb der Schonfrist des § 569 III Nr. 2 BGB von der Sozialbehörde beglichen, entrichtet der Mieter aber die Kosten eines verloren gegangenen Räumungsprozesses nicht, kann der Vermieter dies nicht zum Anlass für eine ordentliche, nunmehr auf § 573 II Nr. 1 BGB gestützte Kündigung nehmen. Dies wäre mit dem Zweck des § 569 III Nr. 2 BGB, die Obdachlosigkeit zu vermeiden, nicht zu vereinbaren.[33]

ee) Störung des Hausfriedens

9 Der Vermieter kann nach § 569 II BGB das Mietverhältnis aus wichtigem Grund im Sinne des § 543 I 1, 2 BGB fristlos kündigen, wenn der Mieter den Hausfrieden so nachhaltig stört, dass dem Vermieter die Fortsetzung des Mietverhältnisses nicht zugemutet werden kann.

Als Kündigungsgründe kommen in Frage:[34] Beleidigungen oder persönliche Angriffe gegen Vermieter, Mitarbeiter der Hausverwaltung oder Hausbewohner,[35] Polizeieinsätze gegen einen

---

24 *BGH* NJW 2008, 508 Rn. 18.
25 *BGH* NJW 2007, 428 Rn. 22 f.; anders *Sternel*, NZM 2007, 788; *Blank*, WuM 2007, 655; *Klees*, NJW 2007, 431.
26 *OLG Düsseldorf* NJOZ 2009, 3257.
27 *BGH* NJW 2009, 3781; *Rieble*, NJW 2010, 816.
28 Zum Rechtsmissbrauch bei Bagatellbeträgen: Schmidt-Futterer/*Blank*, § 543 Rn. 130.
29 MünchKommBGB/*Häublein*, § 543 Rn. 55.
30 Bamberger/Roth/*Wöstmann*, § 569 Rn. 17.
31 Siehe dazu *BGH* NJW 2010, 2208.
32 *LG Hamburg* NJW-RR 2003, 1231; Bamberger/Roth/*Wöstmann*, § 569 Rn. 32; Schmidt-Futterer/*Blank*, § 569 Rn. 55.
33 *BGH* NJW 2010, 3020.
34 Beispiele bei *Eisenhardt*, MDR 2003, 445, 447.
35 *LG Hannover* WuM 2001, 446; *LG Aachen* WuM 2002, 427; *LG Berlin* GE 2008, 871.

gewalttätigen Ehemann[36] oder Lebensgefährten,[37] leichtfertige Erstattung einer Strafanzeige gegen den Vermieter,[38] ein „Bombardement" durch 174 Mängelrügeschreiben in zwei Wochen.[39]

Als nicht ausreichend sind vom Mieter veranlasste Presseangriffe angesehen worden,[40] ebenso wenig die psychische Erkrankung eines suizidgefährdeten Mieters, auch wenn dies den Hausfrieden nachhaltig stört.[41] Unterhalb der Schwelle der Schmähkritik rechtfertigt Kritik des Mieters an einem beabsichtigten Wohnungsverkauf durch Auslegen von Handzetteln keine außerordentliche Kündigung.[42]

ff) Generalklausel

Der Generalklausel des § 543 I BGB unterfallen insbesondere fortdauernde unpünkt- **10** liche Mietzahlungen, ohne dass die Erheblichkeitsgrenze des § 543 II 1 Nr. 3 BGB erreicht sein muss.[43] Als Kündigungsgrund kommt auch vertragswidriger Gebrauch der Mietsache in Betracht, zum Beispiel durch Überbelegung, sofern sie berechtigte Vermieterinteressen erheblich beeinträchtigt.[44]

Gemäß § 569 IIa 1 BGB in der Fassung des am 1.5.2013 in Kraft getretenen Mietrechtsänderungsgesetzes[45] liegt ein wichtiger Grund zur Kündigung im Sinne von § 543 I BGB auch vor, wenn der Mieter mit einer Sicherheitsleistung nach § 551 BGB in Höhe eines Betrages in Verzug ist, der der zweifachen Monatsmiete entspricht. Die fristlose Kündigung wird allerdings unwirksam, wenn der Mieter die Kaution rechtzeitig nachzahlt (§ 569a IIa 4 i. V. mit § 569 III Nr. 2 S. 1 BGB).

b) Abmahnung

Gemäß § 543 III 1 BGB muss der Mieter vor der Kündigung grundsätzlich abge- **11** mahnt werden, insbesondere bei Zahlungsverzug oder Straftatbeständen als Kündigungsgrund.[46] Ausnahmen sieht § 543 III 2 BGB vor. Die Abmahnung muss das beanstandete Verhalten konkret bezeichnen.[47] Eine gleichzeitige Androhung der Kündigung ist nicht erforderlich.[48] Langes Zuwarten kann ein Indiz für Zumutbarkeit sein (§ 314 III BGB).[49] Nach einer Abmahnung kann ein einmaliges Fehlverhalten des Mieters zur Kündigung ausreichen.[50] Eine unzulässige außerordentliche Kündigung kann unter Umständen in eine Abmahnung umgedeutet werden (§ 140 BGB).[51]

---

[36] *AG Brühl* WuM 2008, 596.
[37] *LG Hamburg* NZM 2006, 377.
[38] *BVerfG* NZM 2002, 61; *LG Frankfurt/Oder* WuM 2013, 355.
[39] *LG Bielefeld* WuM 2001, 553.
[40] *LG Leipzig* NZM 2002, 247.
[41] *BGH* NZM 2005, 300; *Palandt/Weidenkaff,* § 569 Rn. 13 f.; siehe auch *OLG Karlsruhe* MDR 2000, 578.
[42] *BerlVerfGH* NZM 2008, 517.
[43] *BGH* NJW 2011, 2570; NJW 2009, 1491 Rn. 21; NJW 2006, 1585 Rn. 13; *OLG Düsseldorf* OLGR 2009, 69.
[44] BGHZ 123, 233, 238 ff. = NJW 1993, 2528, 2529 f.; *BVerfG* NJW 1994, 41; siehe auch *LG Lübeck* NJW-RR 1993, 525 (Ausübung der Prostitution); weitere Beispiele bei Schmidt-Futterer/*Blank,* § 543 Rn. 187 ff.; *Eisenhardt,* MDR 2003, 445; *Hirsch,* WuM 2006, 418.
[45] BGBl. I 434; zur Neuregelung des § 569 IIa BGB siehe *Wiek,* WuM 2013, 195; *Emmerich,* WuM 323.
[46] *LG München I* WuM 2006, 524; zur Abmahnung allgemein: *von Hase,* NJW 2002, 2278.
[47] *BGH* NJW 2009, 1491 Rn. 20; NJW 2008, 1303 Rn. 7; NJW-RR 2000, 717, 718; NJW-RR 1999, 539, 540; Beispiel bei *Wetekamp,* Kap. 1 Rn. 201.
[48] MünchKommBGB/*Häublein,* § 543 Rn. 63.
[49] *BGH* NJW-RR 1988, 77, 78; *LG Siegen* WuM 2006, 158.
[50] *BGH* NJW-RR 2012, 13 Rn. 15; NJW 2006, 1585 Rn. 15: Verfahrensfortgang: *LG Berlin* NZM 2007, 564.
[51] *LG Fulda* WuM 2007, 220, 221.

Unterlassung oder Beseitigung einer Abmahnung kann der Mieter nicht verlangen; dafür gibt es keine Anspruchsgrundlage.[52] Eine Feststellungsklage des Mieters mit dem Ziel, die Rechtswidrigkeit einer Abmahnung feststellen zu lassen, ist gemäß § 256 I ZPO unzulässig, weil sie sich nicht auf ein feststellungsfähiges Rechtsverhältnis richtet, wenn lediglich aus tatsächlichen Gründen im Streit ist, ob sich der Mieter vertragswidrig verhalten hat, zum Beispiel übermäßigen Lärm verursacht hat oder nicht.[53] Zulässig ist aber eine Feststellungsklage zur Klärung der Frage, ob ein unstreitiges tatsächliches Verhalten aus Rechtsgründen noch vertragsgemäßer Gebrauch ist oder nicht.[54]

c) Kündigungserklärung

12   Die Kündigung muss innerhalb einer angemessenen Frist ausgesprochen werden (§ 314 III BGB).[55] Oft wird allerdings keine illoyale Verspätung der Kündigungserklärung vorliegen, weil der Mieter nicht darauf vertrauen darf, dass der Vermieter das beanstandete Verhalten, zum Beispiel einen Mietrückstand, hinnimmt.[56]

Die Kündigungserklärung bedarf der Schriftform (§ 568 I BGB).[57] Sie muss klar und eindeutig erkennen lassen, dass der Vermieter das Mietverhältnis einseitig beenden und außerordentlich kündigen will.[58] Gemäß § 140 BGB ist eine Umdeutung einer fristlosen in eine fristgemäße Kündigung grundsätzlich möglich. Dies kann erfolgen, wenn sich aus dem Inhalt des Kündigungsschreibens ergibt, dass der Vermieter das Mietverhältnis unter allen Umständen beenden will.[59]

13   Im Kündigungsschreiben müssen die Gründe für die außerordentliche Kündigung angegeben werden (§ 569 IV BGB). Die Begründung soll es dem Kündigungsempfänger ermöglichen, zu erkennen, auf welche Vorgänge oder welches Verhalten der Vermieter die Kündigung stützt. Das gilt auch für eine Vielzahl von Lärmbelästigungen.[60] An den Inhalt der Begründung dürfen keine zu hohen und übertrieben formalistischen Anforderungen gestellt werden.[61] Bei **Zahlungsverzug** genügt der Vermieter bei klarer und einfacher Sachlage seiner Pflicht zur Angabe des Kündigungsgrunds, wenn er im Kündigungsschreiben Zahlungsverzug als Grund benennt und den Gesamtbetrag der rückständigen Miete beziffert.[62]

Stellvertretung in der Abgabe der Erklärung ist zulässig. § 174 BGB ist zu beachten; bei nicht vorgelegter Vollmachtsurkunde kann die Erklärung zurückgewiesen werden.[63]

14   Zur Vermeidung einer stillschweigenden Verlängerung des Mietverhältnisses gemäß § 545 BGB sollte der Vermieter einer Verlängerung bereits bei Abgabe der Kündigungserklärung widersprechen. Dies ist möglich, weil das Gesetz keinen zeitlichen Zusammenhang zwischen Widerspruch und Vertragsende fordert.[64] Die Art der Kündigung spielt für die Anwendbarkeit der Vorschrift keine Rolle.[65] § 545 BGB

---

[52] *BGH* NJW 2008, 1303 Rn. 6.
[53] *BGH* NJW 2008, 1303 Rn. 9.
[54] Schmidt-Futterer/*Blank*, § 541 Rn. 10.
[55] *BGH* NJW 2007, 886 Rn. 21 (gewerbliche Miete); offen gelassen für Wohnraummiete: *BGH* NZM 2009, 315 Rn. 17.
[56] *BGH* NJW 2009, 315 Rn. 18.
[57] Zu häufigen Fehlerquellen: *Flatow*, NZM 2004, 281, 283; *Hinz*, NZM 2004, 681, 688 f.
[58] Schmidt-Futterer/*Blank*, § 542 Rn. 13 ff.; Bamberger/Roth/*Wöstmann*, § 568 Rn. 5.
[59] *BGH* WuM 2005, 584, 585; Schmidt-Futterer/*Blank*, § 542 Rn. 23.
[60] *LG Stuttgart* WuM 2006, 523.
[61] *BGH* NJW 2006, 1585 Rn. 21; BT-Drs. 14/5663, S. 82.
[62] *BGH* NJW 2010, 3015 Rn. 33 ff.; NJW 2009, 1491 Rn. 16; NJW 2004, 850, 851; NZM 2004, 699.
[63] *LG Berlin* NJW-RR 2002, 1450; *LG Flensburg* WuM 2007, 634; *OLG Frankfurt/M.* NJW-RR 1996, 10; *Harsch*, WuM 2012, 63, 71; Schmidt-Futterer/*Blank*, § 542 Rn. 49.
[64] *BGH* NJW 2010, 2124.
[65] Staudinger/*Emmerich*, § 545 Rn. 4.

kann auch schon im Mietvertrag abbedungen werden, auch durch Allgemeine Geschäftsbedingungen des Vermieters. Dem steht § 307 I 1 BGB nicht entgegen.[66] Die
Vereinbarung muss aber hinreichend transparent sein (§ 307 I 2 BGB).[67]

2. Ordentliche Kündigung

a) Allgemeines

Das Recht des Vermieters von Wohnraum zur ordentlichen Kündigung hängt davon **15**
ab, ob er an der Kündigung ein berechtigtes Interesse hat (§ 573 I 1 BGB). Typische
Fallgestaltungen sind in § 573 II BGB geregelt. Für Studentenwohnheime findet der
soziale Kündigungsschutz des § 573 BGB keine Anwendung (§ 549 III BGB).[68]

b) Besondere Kündigungsgründe
aa) Schuldhafte Vertragsverletzung

(1) § 573 II Nr. 1 BGB betrifft nicht unerhebliche Vertragsverletzungen, die nicht das **16**
Gewicht für eine außerordentliche Kündigung nach § 543 II 1 Nr. 2 BGB haben. Die
Erheblichkeit des Verstoßes richtet sich nach Art und Ausmaß der Pflichtverletzung
und dem Grad des Verschuldens des Mieters.[69] Allerdings kann auch ein schuldlos
handelnder Mieter durch sein Verhalten den Hausfrieden nachhaltig stören.[70]

Die ordentliche Kündigung eines Mietverhältnisses über Wohnraum durch den Vermieter wegen einer schuldhaften, nicht unerheblichen Vertragsverletzung des Mieters
setzt nach dem Wortlaut des § 573 I 1, II Nr. 1 BGB keine Abmahnung des Mieters
durch den Vermieter voraus.[71] Allerdings kann einer Abmahnung gleichwohl insofern
Bedeutung zukommen, als erst ihre Missachtung durch den Mieter dessen Vertragsverletzung das für die Kündigung erforderliche Gewicht verleiht.[72]

(2) Die Pflichtverletzung muss schuldhaft erfolgt sein. Für das schuldhafte Verhalten **17**
von Erfüllungsgehilfen (§ 278 BGB) ist der Mieter verantwortlich.[73] Das gilt auch für
Familienangehörige und Besucher.[74]

(3) Beispiele für eine Kündigung nach § 573 II Nr. 1 BGB sind vertragswidriger
Gebrauch durch unerlaubte Tierhaltung,[75] unbefugte Gebrauchsüberlassung,[76] das
Nichtbeheizen der Wohnung[77] und Beleidigung des Vermieters.[78] Spiellärm von
Kindern vermag in aller Regel keine Kündigung nach dieser Vorschrift zu rechtfer-
tigen.[79] Bei Zutrittsverweigerung ist im Rahmen der gebotenen Interessenabwägung
zugunsten des Mieters nicht nur Art. 14 I GG, sondern auch Art. 13 I GG zu
beachten.[80] **Fortdauernde unpünktliche Mietzahlungen** eröffnen eine ordentliche
Kündigungsmöglichkeit, auch wenn eine fristlose Kündigung wegen einer Schonfrist-

---

[66] *BGH* NJW 1991, 1750, 1751 zu § 568 BGB a. F.; *OLG Rostock* NJW 2006, 3217; *Herrlein*,
NJW 2007, 1251, 1252.
[67] *Schumacher*, WuM 2007, 664, 668 f.
[68] Näher *BGH* NJW 2012, 2881.
[69] MünchKommBGB/*Häublein*, § 573 Rn. 54 ff.
[70] *BGH* WuM 2009, 762 (psychisch kranker Sohn des Mieters).
[71] *BGH* NJW 2008, 508; *Blank*, WuM 2008, 91; *Fischer*, WuM 2008, 251.
[72] *BGH* NJW 2008, 508 Rn. 28.
[73] *BGH* NJW 2007, 428 Rn. 16.
[74] MünchKommBGB/*Häublein*, § 573 Rn. 63.
[75] *LG Hildesheim* WuM 2006, 525; *Kinne*, ZMR 2001, 251, 253.
[76] *BayObLG* ZMR 1995, 301.
[77] *LG Hagen* DWW 2008, 180.
[78] *LG Hamburg* NZM 1999, 304.
[79] *LG Wuppertal* WuM 2008, 563.
[80] *BVerfG* NJW-RR 2004, 440.

zahlung nach § 569 III Nr. 2 BGB ausgeschlossen ist.[81] Es genügt aber nicht, wenn der Mietrückstand eine Monatsmiete nicht übersteigt und die Verzugsdauer weniger als einen Monat beträgt.[82] Entrichtet der Mieter erhöhte Betriebskostenvorauszahlungen (§ 560 IV BGB) nicht, setzt er sich ebenfalls einem Kündigungsrisiko aus. Das gilt auch dann, wenn die der Erhöhung zugrunde liegende Betriebskostenabrechnung inhaltlich mangelhaft war.[83] Unvorsehbare wirtschaftliche Engpässe können den Mieter entlasten.[84] Auch eine nachträgliche Zahlung kann sein Verschulden unter Umständen abmildern.[85] Der *BGH* handhabt dies allerdings restriktiv.[86]

bb) Eigenbedarf

18   Der Kündigungsgrund des § 573 II Nr. 2 BGB trägt dem durch Art. 14 I 1 GG geschützten Eigentum des Vermieters, welches Eigennutzung einschließt,[87] Rechnung. Das Besitzrecht des Mieters an der Wohnung stellt jedoch ebenfalls grundrechtlich geschütztes Eigentum dar.[88] Das *BVerfG* hat die Verfassungsmäßigkeit der Einschränkung des Kündigungsrechts des Vermieters bejaht, aber ausgesprochen, dass sein Wille, sein Eigentum selbst zu nutzen, zu beachten ist.[89] Die Rechtsprechung des *BVerfG* und des *BGH* hat die nachfolgend dargestellten Grundsätze geprägt.[90]

19   (1) Der Eigenbedarf besteht gemäß § 573 II Nr. 2 BGB darin, dass der Vermieter die Räume der Wohnung für sich, seine Familienangehörigen oder Angehörige seines Haushalts benötigt. Familienangehörige sind Verwandte, Verschwägerte, Verlobte und der Ehepartner.[91] Mit Angehörigen des Haushalts sind Personen gemeint, die dauerhaft dem Haushalt des Vermieters angehören, zum Beispiel der Lebenspartner des Vermieters, mit dem er einen auf Dauer angelegten gemeinsamen Haushalt führt.[92]

Bei einer Nichte kommt es nicht darauf an, ob im Einzelfall eine besondere persönliche Bindung besteht.[93] Der Wohnbedarf eines Schwagers des Vermieters kann Eigenbedarf begründen, wenn ein besonders enger Kontakt besteht.[94]

Eine juristische Person kann begrifflich keinen Eigenbedarf geltend machen,[95] ebenso wenig eine GmbH & Co. KG.[96] Bei **Gesellschaften bürgerlichen Rechts** ist eine Kündigung wegen Eigenbedarfs eines Gesellschafters allerdings grundsätzlich zulässig, weil auch der Eigenbedarf eines von mehreren Vermietern in einfacher Personen-

[81] *BGH* NZM 2005, 334; NJW 2006, 1585 Rn. 20; *LG Berlin* GE 2007, 847; *LG Hamburg* WuM 2007, 710.
[82] BGHZ 195, 64 = NJW 2013, 159; *Börstinghaus,* LMK 2013, 341, 709; vgl. auch *Blank,* NZM 2013, 104;
[83] *BGH* NJW 2008, 508 Rn. 14 ff.
[84] *BGH* NZM 2005, 334, 335; NJW 2006, 1585 Rn. 26.
[85] *BGH* NZM 2005, 334, 335; *LG Hamburg* WuM 2007, 74; WuM 2007, 709.
[86] Siehe *BGH* NJW 2007, 428 Rn. 29.
[87] *BVerfG* NJW-RR 1999, 1097, 1098.
[88] BVerfGE 89, 1, 5 ff. = NJW 1993, 2035; *BVerfG* NJW-RR 2004, 440, 441; zur Entwicklung des sozialen Mietrechts siehe MünchKommBGB/*Häublein,* Vor § 535 Rn. 41 ff.
[89] BVerfGE 79, 292 = NJW 1989, 970.
[90] Rechtsprechungsübersicht bei *Kinne,* ZMR 2001, 251, 255 ff., 317 ff.
[91] *BGH* NJW 2003, 2604; *AG Nürtingen* WuM 2007, 578 (Neffe); MünchKommBGB/*Häublein,* § 573 Rn. 76 ff.; zu Personengesellschaften siehe Schmidt-Futterer/*Blank,* § 573 Rn. 48.
[92] BT-Drs. 14/4553, S. 65.
[93] BGHZ 184, 138 = NJW 2010, 1290.
[94] *BGH* NJW-RR 2009, 882.
[95] *BGH* NJW-RR 2004, 12, 13.
[96] *BGH* NZM 2007, 639; NZM 2007, 681.

mehrheit die Kündigung gerechtfertigt hätte. Zugunsten eines Gesellschafters kann die GbR nach der Rechtsprechung des *BGH* nur dann Eigenbedarf geltend machen, wenn dieser bereits bei Abschluss des Mietvertrags Gesellschafter gewesen ist.[97] Dies gilt auch, wenn die GbR gemäß § 566 I BGB durch Erwerb des Grundstücks in den Mietvertrag eintritt, denn § 566 I BGB will den Mieter nicht vor dem Erwerb des Grundstücks durch eine GbR schützen.[98]

(2) Den Umfang des Eigenbedarfs bestimmt grundsätzlich der Vermieter; das Gericht hat dies zu respektieren.[99] Der Vermieter muss **vernünftige und nachvollziehbare Gründe** für seine Entscheidung anführen.[100] Keine Rolle spielt, dass er den Eigenbedarf willentlich herbeigeführt hat.[101] Es ist auch nicht erforderlich, dass der Begünstigte unzulänglich untergebracht ist.[102] Es muss aber geprüft werden, ob der Selbstnutzungswunsch des Vermieters tatsächlich besteht.[103]   **20**

Seinen Nutzungswillen muss der Vermieter darlegen und beweisen. Der Eigenbedarf darf nicht nur vorgetäuscht sein.[104] Der Selbstnutzungswunsch ist eine innere Tatsache, die anhand von Indiztatsachen dem Beweis zugänglich ist.[105] Verbleibende Zweifel gehen zu Lasten des Vermieters.[106]   **21**

Schadensersatz wegen einer unberechtigten Eigenbedarfskündigung (§ 280 I, § 249 I BGB) steht dem Mieter zu, wenn der Vermieter schuldhaft eine Kündigung trotz nicht bestehenden Eigenbedarfs ausspricht. Dies gilt auch, wenn die Kündigung nur formell unwirksam ist, der Vermieter den Eigenbedarf aber schlüssig dargetan hatte, so dass der Mieter das Räumungsverlangen für berechtigt halten durfte.[107] Verlangt der Mieter Schadensersatz, so trägt er die **Beweislast** für den fehlenden Selbstnutzungswunsch des Vermieters, auch wenn es sich dabei um eine negative innere Tatsache handelt. Dem Mieter kommen die Grundsätze der sekundären Behauptungslast zugute.[108]   **22**

Ein Schadensersatzanspruch kann zu verneinen sein, wenn die Mietvertragsparteien den Räumungsrechtsstreit durch Vergleich beigelegt haben.[109] Ist die Wohnung noch nicht an einen Dritten vermietet, richtet sich der Schadensersatzanspruch auf Naturalrestitution (§ 249 I BGB). Der Anspruch kann auch mit einer einstweiligen Verfügung gesichert werden (§ 935 ZPO).[110] Hat der Vermieter die Wohnung allerdings bereits veräußert, muss festgestellt werden, ob ihm die Wiedereinräumung des Besitzes noch möglich ist (§ 251 I BGB).[111]

---

[97] *BGH* NJW 2007, 2845; anders *Lützenkirchen*, WuM 2008, 186, 193; *Herrlein*, NJW 2008, 1279, 1282; offen gelassen: *BGH* NJW 2009, 2738 Rn. 15.

[98] *BGH* NJW 2009, 2738 Rn. 13; NJW 2010, 1068 Rn. 12.

[99] Grundlegend BVerfGE 79, 292 = NJW 1989, 970; NJW 1993, 1637; NJW 1994, 309; NJW 1994, 994; NJW 1994, 995.

[100] *BVerfG* NJW 1989, 3007; NJW 1994, 994 (Unterbringung einer Puppensammlung und eines Au-Pair-Mädchens); NZM 2001, 706; BGHZ 103, 91, 100 = NJW 1988, 904, 905.

[101] BVerfGE 79, 292, 304 = NJW 1989, 970, 971; *BVerfG* NJW 1988, 1075; NJW 1992, 3032; NJW-RR 1999, 1097.

[102] BGHZ 103, 91, 100 = NJW 1988, 904, 905.

[103] *BVerfG* NJW 1989, 3007, 3008; NJW 1993, 2165; exemplarisch: *AG Fürstenfeldbruck* WuM 2008, 600.

[104] Zur strafrechtlichen Beurteilung: *Gericke*, NJW 2013, 1633, 1636.

[105] *BVerfG* NJW 1993, 2165; NJW 1995, 1480, 1481; Staudinger/*Rolfs*, § 573 Rn. 64.

[106] *BVerfG* ZMR 2002, 181, 182; Schmidt-Futterer/*Blank*, § 573 Rn. 70, 87.

[107] *BGH* NJW 2009, 2059 Rn. 14.

[108] *BGH* NJW 2005, 2395, 2397 = JuS 2005, 1038 *(Emmerich)*; AG Bremen WuM 2008, 413; *Milger*, NZM 2012, 657, 665; zum Schadensersatzanspruch bei unberechtigter Kündigung: Staudinger/*Rolfs*, § 573 Rn. 227 ff.

[109] *BGH* WuM 2011, 634.

[110] *LG Hamburg* WuM 2008, 92.

[111] *BGH* NJW 2010, 1068 Rn. 23.

23   (3) Der Erlangungswunsch des Vermieters ist nicht achtenswert, wenn er **rechtsmiss-bräuchlich** ist (§ 242 BGB).[112] Die Darlegungs- und Beweislast trägt insoweit der Mieter.[113] Rechtsmissbrauch ist etwa anzunehmen, wenn die herausverlangte Wohnung ungeeignet ist, den vom Vermieter geltend gemachten Eigenbedarf zu decken.[114] Gleiches gilt, wenn der Vermieter weit überhöhten Wohnbedarf geltend macht[115] oder den Wohnbedarf ebenso auf andere Weise befriedigen kann.[116]

Das gilt auch dann, wenn der Vermieter dem Mieter eine vergleichbare, im selben Haus oder in derselben Wohnanlage zur Verfügung stehende Wohnung, die vermietet werden soll, nicht anbietet.[117] Der Mieter muss über die wesentlichen Bedingungen der Anbietung informiert sein.[118] Die **Anbietpflicht** besteht bis zum Ende der Kündigungsfrist.[119] Der Vermieter muss keine Wohnung anbieten, die ihm zu diesem Zeitpunkt nicht zur Verfügung steht, zum Beispiel wenn ein Mietverhältnis über eine andere, vergleichbare Wohnung erst einen Monat später ausläuft.[120] Sofern das Alternativobjekt gewerblich genutzt wird, muss der Vermieter es nicht anbieten.[121] Er ist auch nicht gehalten, ihm gehörende unvermietete Wohnungen dem allgemeinen Wohnungsmarkt zur Verfügung zu stellen.[122]

Eine Eigenbedarfskündigung ist treuwidrig (§ 242 BGB), wenn der Vermieter sich zu seinem eigenen Verhalten in Widerspruch setzt, indem er eine Wohnung auf unbestimmte Zeit vermietet, obwohl er entweder entschlossen ist oder zumindest erwägt, sie alsbald selbst in Gebrauch zu nehmen. Er darf dem Mieter, der mit einer längeren Mietdauer rechnet, die mit jedem Umzug verbundenen Belastungen dann nicht zumuten, wenn er ihn über die Absicht oder zumindest die Aussicht begrenzter Mietdauer nicht aufklärt.[123] Ob der Vermieter bei Vertragsabschluss auf einen möglichen oder sich abzeichnenden Eigenbedarf hinweisen muss, hängt im Übrigen von den Umständen des Einzelfalls ab. Eine Hinweispflicht hat der *BGH* im Fall der Novation eines bereits langjährig bestehenden Mietvertrags verneint, in dem der Mieter die maßgeblichen Umstände kannte.[124]

24   (4) Das berechtigte Interesse des Vermieters muss im **Zeitpunkt** der Kündigung bestehen. Eine Vorratskündigung ist unzulässig.[125] Die den Eigenbedarf begründenden Umstände dürfen nicht schon bei Vertragsabschluss vorgelegen haben.[126] Nach dieser Maßgabe ist eine Kündigung nicht rechtsmissbräuchlich, wenn der Eigenbedarf bei Abschluss des Mietvertrages noch nicht absehbar war, aber kurze Zeit nach Abschluss des Mietvertrages entstanden ist.[127]

Der nachträgliche Wegfall des Eigenbedarfs ist – von besonders gelagerten Ausnahmefällen abgesehen (§ 242 BGB)[128] – nur dann zu berücksichtigen, wenn der Grund

---

[112] BVerfGE 79, 292, 305 f. = NJW 1989, 970, 971.
[113] Staudinger/*Rolfs*, § 573 Rn. 112.
[114] *BVerfG* NJW 1993, 1637 (weit überhöhter Eigenbedarf); BVerfGE 89, 237 = NJW 1989, 308 (Teilbedarf); zur Aufgabe einer früheren Wohnung: *LG Frankfurt/M.* WuM 2007, 635.
[115] MünchKommBGB/*Häublein*, § 573 Rn. 79; *Heinrichsmeier*, JuS 2010, 998.
[116] BVerfGE 83, 82 = NJW 1991, 157; *BVerfG* NJW 1991, 2273; einschränkend *BVerfG* NJW 1994, 995.
[117] *BGH* NJW 2003, 2604 – Alternativwohnung I; *BGH* WuM 2005, 741.
[118] *BGH* NJW 2010, 3775 Rn. 15.
[119] *BGH* NJW 2003, 2604 – Alternativwohnung II; Staudinger/*Rolfs*, § 573 Rn. 124.
[120] *BGH* NJW 2009, 1141 – Alternativwohnung III.
[121] BVerfGE 81, 29 = NJW 1990, 309 (Ferienwohnung).
[122] *BVerfG* NJW 1994, 435; siehe auch *BerlVerfGH* NZM 2001, 847.
[123] BVerfGE 79, 292, 308 f.; *BVerfG* NJW-RR 1993, 1357; *BGH* NJW 2009, 1139 Rn. 17; MünchKommBGB/*Häublein*, § 573 Rn. 72 f.
[124] *BGH* NJW 2009, 1139 Rn. 19.
[125] *BVerfG* ZMR 2002, 181.
[126] BVerfGE 79, 292, 308 ff. = NJW 1989, 970, 972.
[127] *BGH* WuM 2013, 363.
[128] *Lützenkirchen*, WuM 2006, 63, 81.

der Eigenbedarfskündigung vor Ablauf der Kündigungsfrist entfallen ist. In diesem Fall ist der Vermieter zu einer entsprechenden Mitteilung an den Wohnraummieter verpflichtet.[129] Das *BVerfG* hat diese Maßstäbe verfassungsrechtlich gebilligt.[130]

(5) Ferner sind folgende Einschränkungen der Eigenbedarfskündigung zu berück- **25** sichtigen:

– Kann der Vermieter unter mehreren Mietern auswählen, darf er nicht gegen das zivilrechtliche Benachteiligungsverbot des § 19 AGG verstoßen.[131]
– Eingeschränkt ist die Eigenbedarfskündigung durch Kündigungssperrfristen bei Umwandlung von Wohnungseigentum (§ 577a I, II BGB). Die Vorschrift ist entsprechend auf die Realteilung eines Gesamtgrundstücks anzuwenden.[132] Das *BVerfG* hat das gebilligt, weil gleichheitswidrige Schutzlücken im Mietrecht zu verhindern sind.[133] Von der Ermächtigung des § 577a II BGB zum Erlass von Sperrfristverordnungen haben mehrere Landesregierungen Gebrauch gemacht.[134]

Erwirbt eine BGB-Gesellschaft das Grundstück als solches zu dem Zweck, vorhandene Wohnungen später in Wohnungseigentum der Gesellschafter umzuwandeln, kommt die Kündigungsbeschränkung aufgrund § 577a Ia 1 BGB des zum 1.5.2013 in Kraft getretenen Mietrechtsänderungsgesetzes ebenfalls zum Tragen. Dies hatte der *BGH* unter Geltung der Vorgängerregelung in seiner Rechtsprechung zum sogenannten „Münchener Modell" anders beurteilt.[135]

(6) Die individuellen Belange des Mieters werden nicht im Rahmen der Prüfung des Eigenbedarfs berücksichtigt, sondern – bei begründetem Eigenbedarf – in einem gesonderten Prüfungsabschnitt im Rahmen eines etwaigen Widerspruchs des Mieters gegen die Kündigung (§§ 574, 574a BGB).[136]

(7) Ein etwaiger Verzicht des Vermieters auf eine Eigenbedarfskündigung bedarf der Schriftform (§ 550 BGB).[137]

cc) Verwertungskündigung

Will der Vermieter das Gebäude ersatzlos abreißen, gilt § 573 I 1 BGB.[138] Einen **26** anderen Anwendungsbereich hat § 573 II Nr. 3 BGB. Der Vermieter kann das Mietverhältnis gemäß § 573 II Nr. 3 Hs. 1 BGB kündigen, wenn er durch dessen Fortsetzung an einer angemessenen wirtschaftlichen Verwertung des Grundstücks gehindert und dadurch erhebliche Nachteile erleiden würde. Dafür reicht die Möglichkeit nicht aus, im Falle einer anderweitigen Vermietung als Wohnraum eine höhere Miete zu erzielen (§ 573 II Nr. 3 Hs. 2 BGB). Die Gründe für die erschwerte oder verhinderte Verwertung müssen nach Beginn des Mietverhältnisses eingetreten sein.[139]

Die **Absicht wirtschaftlicher Verwertung** richtet sich vornehmlich auf die Veräuße- **27** rung des Grundstücks.[140] Eine wirtschaftliche Verwertung liegt auch dann vor, wenn

[129] BGHZ 165, 75 = NJW 2006, 220 = JuS 2006, 369 *(Emmerich)*; BGH NJW 2007, 2844 Rn. 22; BeckRS 2012, 16127; *Timme*, NZM 2006, 249.
[130] *BVerfG* NJW 2006, 2033.
[131] *Rolfs*, NJW 2007, 1489, 1492; *Derleder*, NZM 2009, 310; Schmidt-Futterer/*Blank*, Vor § 535 Rn. 177 ff.
[132] *BGH*, WuM 2008, 415.
[133] *BVerfG* NZM 2011, 479.
[134] MünchKommBGB/*Häublein*, § 577a Rn. 12; siehe auch *Schumacher*, WuM 2007, 664, 665.
[135] *BGH* NJW 2009, 2738 Rn. 17 ff.; *BGH* NJW 2009, 1808 Rn. 16; vgl. *Emmerich*, WuM 2013, 327.
[136] BGHZ 103, 91, 100 f. = NJW 1988, 904, 905 f.
[137] *BGH* NJW 2007, 1742; *Schumacher*, WuM 2007, 664, 665.
[138] *BGH* NJW 2004, 1736, 1737.
[139] Schmidt-Futterer/*Blank*, § 573 Rn. 176.
[140] BVerfGE 79, 283, 290 = NJW 1989, 972, 973; *BVerfG* NJW 1998, 2662.

ein auf dem Grundstück stehendes Gebäude mit Mietwohnungen abgerissen und durch einen Neubau ersetzt wird.[141] In bestimmten Gebieten ist eine Zweckentfremdungsgenehmigung notwendig.[142]

Die Verwertung ist **angemessen,** wenn sie von vernünftigen und nachvollziehbaren Erwägungen getragen wird.[143] Die Berufung auf eine angemessene Verwertung ist ausgeschlossen, wenn diese durch Umwandlung in Wohnungseigentum erfolgen soll (§ 573 II Nr. 3 Hs. 3 BGB).[144] Auf den Fall des Abrisses eines sanierungsbedürftigen Gebäudes diese Bestimmung mangels planwidriger Regelungslücke nicht analog anzuwenden.[145]

Ein **erheblicher Nachteil** liegt vor, wenn die Einbußen einen Umfang annehmen, der die Nachteile weit übersteigt, die dem Mieter im Fall eines Verlustes der Wohnung erwachsen.[146] Es ist nicht erforderlich, dass der Eigentümer ohne den Verkauf in Existenznot gerät.[147] Bei der Beurteilung, ob erhebliche Nachteile anzunehmen sind, ist eine Abwägung des Bestandsinteresses des Mieters und seines Besitzrechts auf der einen Seiten und des Eigentumsrechts (Art. 14 GG) und Verwertungsinteresses des Vermieters auf der anderen Seite unter Berücksichtigung der Umstände des Einzelfalls vorzunehmen. Die dem Vermieter entstehenden Nachteile dürfen keinen Umfang annehmen, der die Nachteile weit übersteigt, die dem Mieter im Falle des Verlustes der Wohnung erwachsen.[148] Ein wesentlicher Gesichtspunkt ist die Frage, ob der Kaufpreis für die Immobilie im vermieteten Zustand deutlich unter dem Kaufpreis im unvermieteten Zustand liegt.[149]

Der *BGH* prüft insoweit nur, ob das Berufungsgericht die Wertungsgrenzen erkannt, die tatsächliche Wertungsgrundlage ausgeschöpft und die Denk- und Erfahrungssätze beachtet hat.[150] Der *BGH* hat die Beendigung von Mietverhältnissen in einem Fall gebilligt, in dem der schlechte Gebäudezustand eine Vollsanierung des Gebäudes bzw. einen Abriss nebst Neubau gebot. Der Aufwand einer Minimalsanierung stand in keinem Verhältnis zur Restlebensdauer, die durch diese Maßnahmen nicht erhöht wurde.[151] Die Kündigung war auch nicht rechtsmissbräuchlich, da das Berufungsgericht nicht festgestellt hatte, dass der Eigentümer bzw. Voreigentümer das Gebäude bewusst heruntergewirtschaftet hatte.[152]

c) Generalklausel

28 Aus der beispielhaften Aufzählung von Kündigungsgründen in § 573 II BGB folgt, dass nach der Generalklausel des § 573 I 1 BGB auch andere Gründe für eine Kündigung in Frage kommen, wenn der Vermieter ein berechtigtes Interesse an der Kündigung des Mietverhältnisses hat. Es muss sich um Gründe handeln, die den in § 573 II BGB behandelten Fällen nach Schwere und Bedeutung **gleichgewichtig** sind.[153] In Betracht kommen folgende Fallgestaltungen:

---

[141] *BGH* NJW 2011, 1135.
[142] Dazu Schmidt-Futterer/*Blank,* § 573 Rn. 153, 168.
[143] BGHZ 179, 289 = NJW 2009, 1200 Rn. 12; *BGH* NJW 2011, 1135 Rn. 17.
[144] Näher Schmidt-Futterer/*Blank,* § 573 Rn. 179.
[145] BGHZ 179, 289 = NJW 2009, 1200 Rn. 24.
[146] BVerfGE 79, 283, 289 f. = NJW 1989, 972, 973; *BVerfG* NJW-RR 2004, 371; MünchKommBGB/*Häublein,* § 573 Rn. 89.
[147] BVerfGE 79, 283, 290 f. = NJW 1989, 972, 973.
[148] *BGH* NJW-RR 2011, 1517 Rn. 11.
[149] *BVerfG* NZM 2004, 134; *Rolfs,* LMK 2011 321487.
[150] *BGH* WuM 2011, 690 Rn. 10.
[151] BGHZ 179, 289 = NJW 2009, 1200; *Rolfs/Schlüter,* LMK 2009, 279105.
[152] BGHZ 179, 289 = NJW 2009, 1200 Rn. 22.
[153] *BVerfG* NJW 1992, 105, 106 zu § 564b BGB a. F.; MünchKommBGB/*Häublein,* § 573 Rn. 34.

- Ein berechtigtes Interesse eines Unternehmens an der Beendigung des mit einem   **29**
  Betriebsfremden abgeschlossenen Mietverhältnisses zugunsten eines Mitarbeiters
  (Betriebsbedarf) besteht dann, wenn das Wohnen des Mitarbeiters gerade in dieser
  Wohnung nach seiner betrieblichen Funktion und Aufgabe für den Betriebsablauf
  von nennenswertem Vorteil ist.[154]
- Der begünstigte Dritte kann auch eine juristische Person sein, wie der *BGH* für
  eine vereinsmäßig betriebene kirchliche Beratungsstelle entschieden hat.[155]
- Der Wunsch des Vermieters, die Wohnung nur teilweise zu Wohnzwecken, über-
  wiegend aber für eigene berufliche Zwecke zu nutzen (Berufsbedarf), ist wegen
  Art. 12 I GG nicht geringer zu werten als Eigenbedarf zu Wohnzwecken.[156] Das
  gilt auch dann, wenn der Vermieter die Wohnung ausschließlich für seine berufliche
  Tätigkeit nutzen will.[157]
- Auch eine Abrisskündigung kann die Anwendung des § 573 I 1 BGB rechtfer-
  tigen.[158]
- Zu billigen ist eine auch Kündigung, wenn der in der Nachbarwohnung lebende
  Vermieter die Wohnung zur Unterbringung einer Betreuungs- und Pflegeperson
  („Au-Pair-Mädchen") für minderjährige Kinder und die ebenfalls im Haushalt
  lebende Schwiegermutter benötigt. Eine solche Kündigung ist – insoweit anders als
  eine Kündigung zugunsten der Kinder oder Eltern des Vermieters – nicht durch die
  Sperrfristen des § 577a BGB ausgeschlossen.[159]
- Der Vermieter muss gewerbliche Aktivitäten des Wohnungsmieters, die nach außen
  hin in Erscheinung treten – zum Beispiel durch Angabe der Wohnung als Ge-
  schäftsadresse oder Kundenempfang – mangels entsprechender Vereinbarung nicht
  in der Wohnung dulden. Eines ausdrücklichen Vorbehalts bedarf es nicht.[160]

Der Vermieter kann allerdings im Einzelfall nach Treu und Glauben (§ 242 BGB) verpflichtet
sein, eine Erlaubnis zu einer teilgewerblichen Nutzung zu erteilen, insbesondere, wenn es sich
nach Art und Umfang um eine Tätigkeit handelt, von der auch bei einem etwaigen Publikums-
verkehr keine weitergehenden Einwirkungen auf die Mietsache oder auf Mitmieter ausgehen als
bei einer üblichen Wohnungsnutzung. Dies hat der Mieter darzulegen. Beschäftigt der Mieter
für seine geschäftliche Tätigkeit Mitarbeiter in der Wohnung, besteht regelmäßig kein Anspruch
auf Gestattung.[161]

d) Kündigungsfrist

Die Regelfrist für die Kündigung durch den Vermieter beträgt nach § 573c I 1 BGB   **30**
drei Monate abzüglich dreier Karenztage bei Fristbeginn.[162] Gemäß § 573c I 2 BGB
verlängert sich die Frist für den Vermieter – anders als bei der Kündigung durch den
Mieter – nach einer Dauer von fünf und acht Jahren um jeweils drei Monate. Aus-
nahmeregelungen finden sich in § 549 II, § 573c III, § 576 BGB. Bei der Berechnung
der Karenzzeit von drei Werktagen, die den Parteien eines Wohnraummietvertrags

---

[154] *BGH* NZM 2007, 639; NZM 2007, 681; zum Betriebsbedarf siehe bereits *BVerfG* WuM
1991, 465; *OLG Stuttgart* NJW-RR 1991, 1294; NJW-RR 1993, 1102; *LG Berlin* NJW-RR 1996,
907.
[155] *BGH* NJW 2012, 2342.
[156] *BGH* NJW 2005, 3782.
[157] *BGH* NJW 2013, 225 (Anwaltskanzlei); *Wiek,* WuM 2013, 271.
[158] *BGH* NJW 2004, 1736, 1737; zur Abrisskündigung: *Hinz,* NZM 2005, 321; *Drasdo,* NZM
2007, 305.
[159] *BGH* NJW 2009, 1808; *Blank* WuM 2009, 390; *LG Potsdam* WuM 2006, 44; *LG Koblenz*
WuM 2007, 637.
[160] *BGH* NJW 2009, 3157 (Immobilienmakler).
[161] *BGH* NJW 2009, 3157; siehe auch *BGH* WuM 2013, 349 (Musikschule).
[162] Zur Fristberechnung im BGB: *Schroeter,* JuS 2007, 29.

zur Wahrung der Kündigungsfrist zusteht, ist der Sonnabend als Werktag mitzuzählen, wenn nicht der letzte Tag der Karenzfrist auf diesen Tag fällt.[163]

Besonderheiten sind bei alten Zeitmietverträgen mit Verlängerungsklausel zu beachten. Ein solches Mietverhältnis kann auch nach der Mietrechtsreform vom 1.9.2001 zu dem im Vertrag vereinbarten Ablauftermin gekündigt werden (Art. 229 § 3 III EGBGB, § 565a BGB a. F.).[164] Für den Vermieter gilt unverändert die vereinbarte Kündigungsfrist, mag diese auch länger sein als nach § 573c I 2 BGB.[165]

Wird in einer Kündigungserklärung ein Kündigungstermin angegeben, der vor dem vertraglichen oder gesetzlichen Zeitpunkt liegt, ist die Kündigung zu dem letzteren Zeitpunkt wirksam, wenn zu erkennen ist, dass der Vermieter den Vertrag jedenfalls zu diesem Zeitpunkt beenden will (§ 140 BGB).[166] Läuft die Kündigungsfrist erst im Lauf des Rechtsstreits ab, ist dies zu berücksichtigen, auch in der Revisionsinstanz.[167]

e) Kündigungserklärung

31 Aus der Kündigungserklärung muss der Wille des Vermieters hervorgehen, das Mietverhältnis zu beenden.[168] Sie bedarf gemäß § 568 I BGB der Schriftform. Eine eigenhändige Unterschrift ist notwendig (§ 126 I BGB). Eine elektronische Form im Sinne der § 126 III, § 126a BGB reicht aus. E-Mail, SMS oder Telefax genügen hingegen nicht.[169] Bei einer Mehrheit von Vertragsparteien muss die Erklärung auf Vermieterseite von allen erklärt werden bzw. auf Mieterseite an alle gerichtet sein.[170] Eine gegenseitige Bevollmächtigung in einem Formularvertrag zur Abgabe bzw. Entgegennahme der Kündigungserklärung ist nicht zulässig.[171]

32 Mit Rücksicht auf § 545 BGB sollte der Vermieter bereits bei Abgabe der Kündigungserklärung jetzt einer Verlängerung des Mietverhältnisses widersprechen. Der Vermieter soll den Mieter zudem über sein Widerspruchsrecht belehren (§ 568 II BGB; Ausnahme: § 549 II BGB). Der Hinweis kann auch nach Abgabe der Kündigungserklärung erfolgen, muss jedoch so rechtzeitig sein, dass der Mieter der in § 574b II 1 BGB normierten Frist (zwei Monate vor Beendigung des Mietverhältnisses) nachkommen kann. Ist die Belehrung unterblieben bzw. nicht rechtzeitig erfolgt, kann der Mieter den Widerspruch noch bis zum ersten Termin im Räumungsrechtsstreit erheben (§ 574b II 2 BGB).[172]

Weiter ist zu beachten, dass eine Kündigungserklärung unter Umständen nach § 174 BGB zurückgewiesen werden kann. Daher sollte eine Vollmachtsurkunde im Original beigefügt werden.

f) Angabe des Kündigungsgrunds

33 Nach § 573 III 1 BGB (Ausnahme: § 549 II BGB) ist der für die Kündigung wesentliche Lebenssachverhalt im Kündigungsschreiben anzugeben. Andernfalls ist die

---

[163] *BGH* NJW 2005, 1354; *Schreiber*, WuM 2005, 564; Schmidt-Futterer/*Blank*, § 573c Rn. 8.

[164] *BGH* NJW 2007, 2760; *Blank*, WuM 2007, 514.

[165] *BGH* NJW 2008, 1661 Rn. 17 ff.; zum befristeten Mietvertrag: *Hinz*, WuM 2009, 79.

[166] *BGH* NJW-RR 1996, 144; *OLG Hamm* MDR 1994, 56; MünchKommBGB/*Busche*, § 140 Rn. 33.

[167] *BGH* NJW 2008, 1661 Rn. 25.

[168] *OLG Hamm* NJW-RR 1993, 273.

[169] Schmidt-Futterer/*Blank*, § 542 Rn. 67 ff., § 568 Rn. 13; anders bei vereinbarter Schriftform gemäß § 127 BGB: *BGH* NJW 2004, 1320.

[170] BGHZ 96, 302 = NJW 1986, 918 zur Anfechtungserklärung.

[171] *OLG Frankfurt/M.* NJW-RR 1992, 396, 400; *OLG Koblenz* WuM 1999, 694; Schmidt-Futterer/*Blank*, § 542 Rn. 58.

[172] Bamberger/Roth/*Wöstmann*, § 568 Rn. 13, 15.

Kündigung unwirksam.[173] Der Zweck der Vorschrift, deren Anforderungen nicht zu Lasten des Vermieters überspannt werden dürfen,[174] besteht darin, dem Mieter so früh wie möglich Klarheit über seine Rechtsposition zu verschaffen und ihn dadurch in die Lage zu versetzen, rechtzeitig alles Erforderliche zur Wahrung seiner Interessen zu veranlassen. Dem wird im Allgemeinen Genüge getan, wenn das Kündigungsschreiben den Kündigungsgrund so genau bezeichnet, dass er identifiziert und von anderen Gründen unterschieden werden kann.[175] Eine Bezugnahme auf ein dem Mieter früher zugegangenes Schreiben genügt.[176]

Bei einer Eigenbedarfskündigung sind zum Beispiel grundsätzlich die Angabe der Person, für die die Wohnung benötigt wird, und die Darlegung des Interesses, das diese Person an der Erlangung der Wohnung hat, erforderlich.[177]

Bei einem Verstoß gegen diese Anforderungen kann der Vermieter zur Darlegung **34** seines berechtigten Interesses keine Gründe nachschieben, es sei denn, dass es sich um nachträglich entstandene Gründe handelt (§ 573 III 2, § 574 III BGB). Eine von Anfang an unwirksame Kündigung kann nicht durch nachgeschobene Gründe geheilt werden.[178]

Tatsachen, die nur der näheren Erläuterung, Ergänzung und Ausfüllung sowie dem Beweis des geltend gemachten Kündigungsgrundes dienen, können hingegen grundsätzlich auch im Prozess nachgeschoben werden. Derartige Tatsachen müssen jedenfalls dann nicht im Kündigungsschreiben erwähnt werden, wenn sie dem Mieter bereits bekannt sind.[179]

f) Widerspruch des Mieters

Nach § 574 BGB steht dem Mieter gegen ordentliche Kündigungen des Vermieters **35** ein Widerspruchsrecht zu (Sozialklausel). Im Rahmen einer Abwägung der beiderseitigen Interessen kann der Mieter unter Umständen Fortsetzung des Mietverhältnisses verlangen (§ 574a BGB).

aa) Formelle Anforderungen

Ein Widerspruch des Mieters gegen die Kündigung bedarf der Schriftform (§ 574b I 1 **36** BGB). Die Erklärung muss innerhalb von zwei Monaten vor der Beendigung des Mietverhältnisses erklärt werden (§ 574b II BGB; zu § 568 II BGB siehe oben).

bb) Materielle Anforderungen

Hat das Amtsgericht bzw. das Landgericht als Berufungsgericht die Voraussetzungen **37** für eine Kündigung nach § 573 BGB bejaht, muss es in einem weiteren Schritt eine **Interessenabwägung** unter Einbeziehung der Interessen des Mieters vornehmen.[180] Nach Feststellung einer besonderen Härte für den Mieter und seine Familie sind die Interessen des Vermieters erneut zu berücksichtigen. Gemäß § 574 III BGB werden dabei nur diejenigen Interessen zugunsten des Vermieters erwogen, die er im Kündigungsschreiben angegeben hat, es sei denn, es handelt sich um nachträglich entstandene Gründe.

---

[173] *BGH* NJW 2009, 2059 Rn. 13.
[174] *BVerfG* NJW-RR 2003, 1164; NJW-RR 2000, 673; NJW 1998, 2662.
[175] *BGH* NJW 2011, 1135 Rn. 13 ff.; NJW 2010, 757 Rn. 10; NJW 2007, 2845 Rn. 23.
[176] *BGH* NJW 2011, 1065 Rn. 14.
[177] *BGH* NJW 2007, 2844 Rn. 23; NJW-RR 2010, 809 Rn. 8; NZM 2011, 706 Rn. 8; *Fleindl* NZM 2013, 7.
[178] Staudinger/*Rolfs,* § 542 Rn. 79 und § 573 Rn. 211; Schmidt-Futterer/*Blank,* § 573 Rn. 264.
[179] *BGH* NJW 2007, 2844 Rn. 25.
[180] MünchKommBGB/*Häublein,* § 574 Rn. 22 ff.

Beispielhaft sind Schwierigkeiten des Mieters bei der Beschaffung von Ersatzwohnraum zu nennen (§ 574 II BGB). Diesen Schwierigkeiten ist nicht erst bei der Gewährung einer Räumungsfrist nach § 721 ZPO Rechnung zu tragen.[181] In Betracht kommt auch eine nachhaltige Behinderung durch Autismus eines Angehörigen des Mieters,[182] aber nicht unbedingt eine bestehende Suizidgefahr.[183]

cc) Rechtsfolge

38 Nach einem Widerspruch kann der Mieter Fortsetzung des Mietverhältnisses verlangen (§ 574a I BGB). Kommt keine Einigung zustande, kann das Gericht im Räumungsrechtsstreit – nach Anhörung der Parteien – eine Bestimmung im Urteil treffen (§ 574a II BGB), ohne dass es eines besonderen Antrags des Mieters bedarf (§ 308a I 1 und 2 ZPO).

In Frage kommt in erster Linie eine befristete Fortsetzung des Mietverhältnisses, nur ausnahmsweise eine Fortsetzung auf unbestimmte Zeit (§ 574a II 2 BGB). Bei einer Mieterhöhung müssen die Voraussetzungen der §§ 558 ff. BGB nicht eingehalten werden.[184]

h) Sonderfälle
aa) Zweifamilienhaus

39 Eine Mietwohnung in einem Zweifamilienhaus (§ 573a I 1 BGB) kann der Vermieter ohne Vorliegen eines berechtigten Interesses kündigen.[185] Freilich verlängert sich die Kündigungsfrist (§ 573a I 2 BGB). Die Regelung gilt auch, wenn außer den beiden Wohnungen weitere Räume gewerblich vermietet sind.[186] Der Begriff der Wohnung richtet sich nach der Verkehrsanschauung.[187]

Ob es für die Anzahl der Wohnungen auf den Zeitpunkt der Kündigungserklärung ankommt, weil die Vorschrift auf der Erwägung beruht, dass dem Vermieter bei einem so engen Zusammenleben mit dem Mieter die Kündigung erleichtert werden soll,[188] oder auf den Zeitpunkt der Begründung des Mietverhältnisses, weil der Mieter bei Abschluss des Mietvertrages erkennen soll, dass es sich um ein weniger geschütztes Mietverhältnis handelt,[189] hat der *BGH* offen lassen können.[190]

bb) Teilkündigung von Nebenräumen

40 Die Vermietung eines nicht zum Wohnen bestimmten Nebenraumes, z. B. eines Kellers oder einer Garage auf demselben Grundstück, kann Bestandteils eines Mietvertrags über Wohnraum sein. Dann ist eine Teilkündigung des Mietverhältnisses über den Nebenraum unzulässig.[191] Der Vermieter kann das Mietverhältnis aber gemäß § 573b BGB teilweise kündigen, wenn er nicht zum Wohnen bestimmte Nebenräume (wie Garagen oder Kellerräume[192]) oder Teile eines Grundstücks (etwa mitvermietetes Gartenland[193]) dazu verwenden will, entweder Wohnraum zum Zwecke der Vermie-

---

[181] *Blank,* WuM 2008, 14.
[182] *LG Aachen* WuM 2006, 692.
[183] *LG Bonn* NJW-RR 2000, 7 f.; zu einzelnen Härtegründen Schmidt-Futterer/*Blank,* § 574 Rn. 28 ff.
[184] Schmidt-Futterer/*Blank,* § 574a Rn. 15; MünchKommBGB/*Häublein,* § 574a Rn. 7.
[185] *BayObLG* NJW-RR 1991, 1036; *OLG Karlsruhe* NJW-RR 1992, 336; *LG Köln* WuM 2003, 278; *LG Köln* NZM 1999, 1136; *Sonnenschein,* NZM 2000, 1.
[186] *BGH* WuM 2008, 564.
[187] *BGH* NJW-RR 2011, 77 Rn. 8 (Einliegerwohnung im Keller); *BGH* WuM 2008, 564 Rn. 20.
[188] Staudinger/*Rolfs,* § 573a Rn. 16.
[189] *Börstinghaus,* jurisPR-BGHZivilR 10/2011.
[190] *BGH* NJW-RR 2011, 77 Rn. 12
[191] *BGH* NJW 2012, 224.
[192] *BGH* WuM 2006, 45.
[193] *LG Berlin* NZM 1998, 328; zur freien Widerrufbarkeit „schlichter" Gartennutzung: *KG* NZM 2007, 515.

tung zu schaffen oder den neu zu schaffenden und den vorhandenen Wohnraum mit Nebenräumen und Grundstückteilen auszustatten. Die Teilkündigung ist nur zur Weitervermietung zulässig, nicht zur Selbstnutzung durch den Vermieter.[194] Die Vorschrift ist mit Art. 14 GG vereinbar.[195] Sie gilt nicht bei zwei rechtlich selbständigen Verträgen.[196]

3. Sonstige Beendigungsgründe

a) Zeitablauf (§ 542 II BGB)

Zeitmietverträge sind nach § 575 BGB nur zulässig, wenn ein besonderes Interesse 41 des Vermieters im Sinne von § 575 I 1 Nr. 1 bis 3 BGB besteht und dem Mieter dies bei Vertragsschluss schriftlich mitgeteilt worden ist (qualifizierte Zeitmietverträge; Ausnahme: § 549 II, III BGB). In allen anderen Fällen gilt das Mietverhältnis als auf unbestimmte Zeit abgeschlossen (§ 575 I 2 BGB).

b) Aufhebungsvertrag

Mietaufhebungsverträge sind jederzeit und formlos möglich (§ 311 I BGB). Nach 42 überwiegender Ansicht bedarf der Aufhebungsvertrag mit einem Mieter auch der Zustimmung eines in der Wohnung verbleibenden anderen Mieters.[197] Eine wiederholte Räumungsaufforderung kann ein konkludentes Angebot auf Abschluss eines Aufhebungsvertrags enthalten.[198]

c) Arglistanfechtung

Eine Arglistanfechtung des Mietvertrages (§ 123 I BGB) wird nur in seltenen Fällen 43 in Frage kommen. Die Anfechtung eines Mietvertrages wegen arglistiger Täuschung ist aber auch nach Überlassung der Mieträume und Beendigung des Mietvertrages neben der Kündigung zulässig und wirkt gemäß § 142 I BGB auf den Zeitpunkt des Vertragsabschlusses zurück.[199]

4. Erfüllung des Räumungsanspruchs

Der Rückgabeanspruch des Vermieters aus § 546 I BGB umfasst außer der Verschaf- 44 fung der tatsächlichen Gewalt auch die (vollständige) Räumung. Dazu gehört auch die Übergabe aller Haus- und Wohnungsschlüssel.[200] In welchem Zustand sich die Sache bei Rückgabe befindet, ist für die Rückgabe selbst ohne Belang.[201] Ohne Bedeutung ist daher, ob der Mieter von ihm vorzunehmende Schönheitsreparaturen erledigt hat. Überlässt der Mieter dem Vermieter zwar den unmittelbaren Besitz, entfernt aber die in die Wohnung geschafften Sachen nicht, so gibt er die Mietsache nicht zurück, sondern enthält sie dem Vermieter vor.[202] Der Begriff der Vorenthaltung besagt, dass der Mieter die Mietsache nicht zurückgibt und das Unterlassen der Herausgabe dem Willen des Vermieters widerspricht.[203]

---

[194] *BVerfG* NJW 1992, 494.
[195] *BVerfG* NJW 1992, 1498.
[196] Zur Abgrenzung: *OLG Düsseldorf* NZM 2007, 799 (Garage).
[197] Schmidt-Futterer/*Blank*, Nach § 542 Rn. 4; Staudinger/*Rolfs,* § 542 Rn. 157; offen gelassen: *BGH* NJW 2004, 1797 f.; NJW 2005, 1715.
[198] Einschränkend *KG* WuM 2006, 193.
[199] BGHZ 178, 16 = NJW 2009, 1266 (Geschäftsraummiete); *Sternel*, Rn. XII 1b.
[200] Schmidt-Futterer/*Blank*, § 546 Rn. 31 ff.; siehe auch *OLG Düsseldorf* OLGR 2008, 727.
[201] BGHZ 86, 204, 209 f. = NJW 1983, 1049, 1050.
[202] BGHZ 104, 285, 288 = NJW 1988, 2665, 2666; BGHZ 127, 156, 165 = NJW 1994, 3232, 3233 f.
[203] *BGH* NJW-RR 2004, 558, 559.

45 Eine unzulässige Teilräumung durch den Mieter ist anzunehmen, wenn er einen nicht unerheblichen Teil der Möbel zurücklässt.[204] Auch der Verstoß gegen eine Verpflichtung zum Rückbau kann eine Vorenthaltung der Mietsache sein.[205] Sofern der Mieter die Rückgabepflicht nicht vollständig erfüllt, kann der Vermieter die vereinbarte Miete weiterhin verlangen, und zwar taggenau bis zur Rückgabe (§ 546a I BGB).[206] Für den restlichen Monat steht dem Vermieter unter Umständen ein Schadensersatzanspruch zu (§ 546a II, § 571 BGB).[207]

II. Prozessuale Besonderheiten

1. Zuständigkeit

46 Für Ansprüche aus einem Mietverhältnis über Wohnraum und Streitigkeiten über den Bestand eines solchen Mietverhältnisses sind sachlich ausschließlich die Amtsgerichte zuständig (§ 23 I Nr. 2a GVG). Bei Mischmietverhältnissen kommt es darauf an, ob der Wohnraum nach Zweck, Bedeutung und Wert überwiegt (Übergewichtstheorie).[208] Maßgeblich ist der Sachvortrag des Klägers.[209] Das Amtsgericht soll auch dann sachlich zuständig sein, wenn sich die beklagte Partei gegenüber einem nicht auf wohnraummietrechtliche Grundlagen gestützten Anspruch mit Gegenrechten aus dem Wohnraummietrecht verteidigt, weil auch dann geprüft werden muss, ob ein Wohnraummietverhältnis besteht.[210] Auch für einen Schadensersatzanspruch des Mieters anlässlich der Räumung ist das Amtsgericht sachlich zuständig.[211]

Der **Zuständigkeitsstreitwert** richtet sich nach § 8 ZPO.[212] Das spielt bei der Wohnraummiete wegen der ausschließlichen Zuständigkeit der Amtsgerichte (§ 23 Nr. 2a GVG) aber keine Rolle.

Örtlich ist ausschließlich das Amtsgericht zuständig, in dessen Bezirk sich die herausverlangten Räume befinden (§ 29a I ZPO; Ausnahme: § 29a II ZPO).

2. Parteien

47 Eine präzise Kenntnis und Bezeichnung der Parteien des Mietvertrages ist für den Anwalt im Räumungsprozess zur Vermeidung von Regressgefahren besonders wichtig.[213]

a) Aktivlegitimation

Maßgeblich ist die sich aus dem Mietvertrag ergebende Vermieterstellung. Sind danach mehrere Personen Vermieter, so müssen diese in der Regel gemeinsam klagen (Gesamthand). Eine BGB-Außengesellschaft ist partei- und prozessfähig,[214] nicht aber eine Erbengemeinschaft.[215]

---

[204] BGHZ 104, 285, 289 = NJW 1998, 2665, 2666; Staudinger/*Rolfs*, § 546 Rn. 29; zur Abwicklung eines beendeten Mietverhältnisses: *Horst*, NZM 1998, 139.
[205] *OLG Düsseldorf* OLGR 2009, 533.
[206] *BGH* NZM 2006, 52 Rn. 6.
[207] *Börstinghaus*, NZM 2006, 721, 730.
[208] *BGH* NJW-RR 1986, 877, 878; *OLG Düsseldorf* OLGR 2006, 562.
[209] *KG* NZM 2008, 837.
[210] *OLG Düsseldorf* WuM 2007, 712.
[211] *OLG Köln* WuM 2010, 95.
[212] *BGH* NJW-RR 2006, 1004; NZM 2009, 50 (negative Feststellungsklage).
[213] Zahlreiche Beispiele bei *Horst* DWW 2009, 53.
[214] BGHZ 146, 341 = NJW 2001, 1056; *BGH* NJW 2007, 2844 Rn. 11; zur Rubrumsberichtigung *BGH* WuM 2008, 49; NZM 2005, 942 = JuS 2006, 268 *(K. Schmidt);* zur Grundrechtsfähigkeit *BVerfG* NJW 2002, 3533.
[215] *BGH* NJW 2006, 3715 = JuS 2007, 288 *(Wellenhofer).*

Der Erwerber eines Grundstücks tritt mit der Vollendung des Eigentumserwerbs in die Vermieterstellung ein (§ 566 BGB). Es handelt sich nicht um einen Fall der Rechtsnachfolge.[216] Der Eintritt erfolgt in der Regel auch in ein bereits gekündigtes Mietverhältnis.[217] Gewillkürte Prozessstandschaft ist nicht zulässig.[218] Gesetzliche Prozessstandschaft ist jedoch möglich, zum Beispiel bei Miterben (§ 2039 BGB). Einen bereits vom Zwangsverwalter erwirkten Räumungstitel kann der Ersteher eines Grundstücks nicht auf sich umschreiben lassen, weil er nicht Rechtsnachfolger der Zwangsverwalters ist (§ 727 ZPO), sondern das Eigentum durch Zuschlag in der Zwangsversteigerung originär erwirkt.[219]

b) Passivlegitimation

Es ist darauf abzustellen, wer laut Mietvertrag als Mieter anzusehen ist. Sämtliche im Mietvertrag genannten Personen müssen verklagt werden, ebenso die dem Mietvertrag konkludent beigetretenen Personen[220]. Das gilt auch dann, wenn eine Person bereits ausgezogen ist.[221] Wird nur der in der Wohnung verbleibende Mieter verklagt, kann er sich unter Umständen nach Treu und Glauben (§ 242 BGB) nicht auf den Auszug des Mitmieters berufen.[222] Im Insolvenzverfahren des Mieters ist die Räumungsklage gegen den Insolvenzverwalter zu richten, wenn dieser die Wohnung in Besitz genommen hat oder daran ein Recht für die Masse beansprucht.[223]   **48**

Vormalige Ehepartner oder Lebensgefährten können sich gegenseitig auf Zustimmung zur Kündigung eines Mietverhältnisses in Anspruch nehmen.[224]

Ehegatten steht selbständiger Gewahrsam zu, auch wenn sie nicht Vertragspartner sind.[225] Wird kein Räumungstitel erwirkt, könnte der Ehegatte später Vollstreckungserinnerung (§ 766 ZPO) einlegen, weil er nicht Vollstreckungsschuldner ist (§ 750 ZPO). Die Zwangsvollstreckung darf nur gegen eine Person begonnen werden, die im Titel oder in der ihm beigefügten Vollstreckungsklausel als Schuldner bezeichnet ist. Die bezeichnete Person muss diejenige sein, gegen die der Gerichtsvollzieher als Vollstreckungsorgan auf Grund des Vollstreckungsantrags Zwangsmaßnahmen ergreifen soll.[226] Der Gerichtsvollzieher hat eine Prüfungspflicht.[227]   **49**

Falls im Räumungsverfahren überraschend ein Mitbewohner auftaucht, gegen den kein Räumungstitel vorliegt, so kann der Vermieter einen solchen Titel im Wege der einstweiligen Verfügung erwirken (§ 940a II ZPO). Diese Neuregelung beruht auf dem am 1.5.2013 in Kraft getretenen Mietrechtsänderungsgesetz.[228]

Beim nichtehelichen Lebenspartner kommt es darauf an, ob dieser Mitbesitzer oder Besitzdiener ist. Das beurteilt sich nach den tatsächlichen Umständen des Einzelfalls, die vom Vollstreckungsorgan zu prüfen sind. Ein wichtiges Anzeichen ist etwa eine entsprechende Anzeige des Mieters an den Vermieter über die Aufnahme des Lebens-   **50**

---

[216] *BGH* NJW 2005, 1187; *Gsell*, WuM 2012, 411.
[217] MünchKommBGB/*Häublein*, § 566 Rn. 35
[218] *Zimmermann* in: Mietprozess, 1. Kap. Rn. 96, 119.
[219] *BGH* BeckRS 2012, 15722 und 15723.
[220] *BGH* NJW 2005, 2620: konkludenter Eintritt eines Ehegatten in den Mietvertrag; *Paschke*, WuM 2008, 59.
[221] BGHZ 131, 176, 182 = NJW 1996, 515, 516; *KG* WuM 2006, 529; *OLG Düsseldorf* ZMR 2002, 511 (konkludente vorzeitige Entlassung des Mieters aus dem Mietvertrag); zu § 426 BGB: *OLG Brandenburg* NJW-RR 2007, 887.
[222] *BGH* NJW 2005, 1715; *Börstinghaus*, NZM 2005, 761, 773.
[223] *BGH* NJW 2008, 2580; *LG Mannheim* NZM 2007, 443.
[224] *OLG Düsseldorf* WuM 2007, 567; *Paschke*, WuM 2008, 59, 61.
[225] BGHZ 159, 383 = NJW 2004, 3041; Musielak/*Lackmann*, § 885 Rn. 8.
[226] BGHZ 177, 12 = NJW-RR 2008, 1443 Rn. 14.
[227] *Schuschke*, JuS 2008, 977, 978.
[228] BGBl. I S. 434; näher: *Fischer*, NZM 2013, 249 ff.

partners.[229] Das Rechtsschutzbedürfnis für ein Räumungsverlangen entfällt auch dann nicht, wenn der Mitbesitzer erklärt, er werde ausziehen, wenn der Mieter zum Auszug verpflichtet sei.[230]

Minderjährige Kinder, die mit den Eltern zusammenleben, haben grundsätzlich keinen Mitbesitz und müssen nicht mitverklagt werden.[231] Das ändert sich nach Erreichen der Volljährigkeit im Regelfall nicht, sofern nichts anderes eindeutig erkennbar ist.[232]

3. Klageschrift

a) Klageantrag

51 Im Klageantrag sind die herausverlangten Räume mit Rücksicht auf das Bestimmtheitserfordernis des § 253 II Nr. 2 ZPO nach Anzahl und Lage genau zu bezeichnen, so dass der Titel in der Zwangsvollstreckung vom Gerichtsvollzieher vollstreckt werden kann.[233] Ein einstweiliges Verfügungsverfahren ist – mit Ausnahme verbotener Eigenmacht und konkreter Gefahr für Leib und Leben – grundsätzlich nicht statthaft (§ 940a I ZPO).

b) Künftige Räumung

52 Im Regelfall muss der Räumungsanspruch im Zeitpunkt der (letzten) mündlichen Verhandlung gegeben sein. Eine auf künftige Räumung gerichtete Klage bzw. Verurteilung ist nicht nach § 257 ZPO, sondern nur unter den Voraussetzungen des § 259 ZPO zulässig.[234] Ein „Sich-Entziehen" im Sinne des § 259 ZPO ist stets anzunehmen, wenn der Schuldner die Forderung des Gläubigers ernstlich bestreitet.[235] Das ist der Fall, wenn der Mieter die Wirksamkeit der Kündigung in Abrede stellt und nicht bereit ist, die Wohnung fristgerecht zu räumen.[236]

c) Anspruchshäufung

53 Die Räumungsklage kann mit der Geltendmachung anderer Ansprüche verbunden werden, z. B. rückständige Miete oder Schadensersatz (§ 260 ZPO). Sind Miete und Mietnebenkosten in einer die Bruttomiete mehrfach übersteigenden Höhe aufgelaufen, kann der Vermieter die Zahlungsklage gemäß § 259 ZPO auch auf künftige Leistung richten. Dies ist noch mit dem Wortlaut („sich entziehen") vereinbar.[237] Bei einer Kündigung wegen Zahlungsverzugs hat der Vermieter Anspruch auf Ersatz des Mietausfallschadens für drei Monate.[238] Da der Vermieter seinen Anspruch auf Zahlung der Miete auch im Urkundenprozess verfolgen kann,[239] wird er dies aber häufig vorziehen.

Verlangt der Vermieter die Herausgabe von Schlüsseln, müssen diese besonders bezeichnet werden. Gleiches gilt für die – nach § 887 ZPO zu vollstreckende – Beseitigung von Ein- oder Umbauten.[240] Der Vermieter kann unter Umständen

[229] *BGH* NZM 2008, 682 Rn. 14; NZM 2008, 400 Rn. 14 ff.; *Schuschke*, NJW 2008, 1960.
[230] *BGH* NZM 2008, 682 Rn. 15.
[231] *BGH* NZM 2008, 400 Rn. 20.
[232] *BGH* NZM 2008, 400 Rn. 21.
[233] *OLG Brandenburg* WuM 2006, 456; Beispiel bei *Koch* in: Beierlein u. a., Mietprozess, Kap. 2 Rn. 24.
[234] *BGH* NJW 2008, 1661 Rn. 24.
[235] *BGH* NJW 2003, 1395; *Beierlein* in: Mietprozess, Kap. 9 Rn. 67.
[236] Staudinger/*Rolfs*, § 546 Rn. 47; MünchKommZPO/*Becker-Eberhard*, § 259 Rn. 11.
[237] *BGH* NJW 2011, 2886; vgl. *Peter*, JuS 2011, 322.
[238] *BGH* NJW 1998, 372, 374; *BerlVerfGH* NZM 2007, 480.
[239] *BGH* NJW 2005, 2701.
[240] *Schuschke*, JuS 2008, 977, 979.

zugleich die künftig fällig werdende Nutzungsentschädigung (§ 546a I BGB) bis zur
Herausgabe der Wohnung einklagen.[241] Der Vermieter ist aber nicht gehalten, einen
etwaigen Zahlungsanspruch vor der Kündigung oder gleichzeitig damit geltend zu
machen.[242]

Außergerichtliche Anwaltskosten als Nebenforderungen (§ 4 I Hs. 2 ZPO) können –   **54**
unter den Gesichtspunkten der Vertragsverletzung oder des Schuldnerverzuges – eine
Schadensposition des Vermieters bilden (§ 249 I BGB). Ist bereits die vorgerichtliche
Kündigung durch denselben Anwalt ausgesprochen worden, entsteht eine Geschäftsgebühr (Nr. 2300 VV RVG), die ungekürzt eingeklagt werden kann.

Auch bei einer fristlosen Kündigung wegen Zahlungsverzugs, darf der Vermieter grundsätzlich
anwaltliche Hilfe in Anspruch nehmen (§ 280 I, II, § 286 BGB). Ausnahmsweise können
Anwaltskosten des Vermieters gemäß § 249 I BGB aber nicht auf den Mieter übergewälzt
werden. Ist der Vermieter ein gewerblicher Großvermieter, bedarf er z. B. für die Abfassung
einer einfachen, auf Zahlungsverzug gestützten Räumungsklage keines anwaltlichen Beistands.
Dessen Kosten sind zur Wahrung und Durchsetzung der Rechte des Vermieters nicht erforderlich und zweckmäßig.[243]

d) Kündigungserklärung im Prozess

Mit der Klageschrift und in weiteren Schriftsätzen können auch materiellrechtliche   **55**
Willenserklärungen abgeben werden. Insbesondere kommt die (erneute) Abgabe
einer Kündigungserklärung in Betracht. Eine solche Willenserklärung muss für den
beklagten Mieter eindeutig erkennbar sein.[244] Eine ausdrückliche Bezeichnung als
Kündigung ist nicht erforderlich.[245] Die notwendige Form (§ 568 I BGB) muss aber
gewahrt sein.

4. Verfahrensablauf

a) Benachrichtigung des Sozialamts

Gemäß § 36 II SGB XII sowie nach der Anordnung über Mitteilungen in Zivilsachen   **56**
(MiZi; Zweiter Teil, 2. Abschnitt, Nr. IV 1) hat das Gericht den örtlichen Träger der
Sozialhilfe von einer auf Zahlung von Mietrückständen gerichteten Räumungsklage
zu unterrichten, damit dieser gegebenenfalls von seinem Befriedigungsrecht nach
§ 569 III Nr. 2 BGB Gebrauch machen kann. Die Mitteilung unterbleibt allerdings,
wenn die Nichtzahlung der Miete nach dem Inhalt der Klageschrift offensichtlich
nicht auf Zahlungsunfähigkeit des Mieters beruht (§ 36 II 3 SGB XII).

b) Verfahrensarten

Die Wahl zwischen einem frühen ersten Termin oder einem schriftlichen Vorverfah-   **57**
ren (§ 272 II ZPO) steht grundsätzlich im Ermessen des Amtsgerichts. Räumungs-
sachen sind allerdings vorrangig und beschleunigt zu bearbeiten (§ 272 IV ZPO n. F.).
Das Beschleunigungsgebot wurde durch das am 1.5.2013 in Kraft getretene Mietrechtsänderungsgesetz eingeführt. Für den Amtsrichter bedeutet dies, dass er Räu-
mungsklagen vorrangig terminieren und Fristen zur Stellungnahme auf das unbedingt
Notwendige beschränken muss. Sofern eine Güteverhandlung anberaumt wird (§ 278
ZPO), sollte diese drei Wochen nach Klageerhebung stattfinden.[246]

---

[241] *BGH* NJW 2003, 1395; zum Streitwert: *LG Landau/Pfalz* WuM 2009, 415 (Jahresbetrag).
[242] BVerfGE 80, 48 = NJW 1989, 1917.
[243] *BGH* NJW 2011, 296.
[244] *BGH* NJW-RR 1997, 203; NJW 2003, 3265, 3267.
[245] *OLG Rostock* NZM 2003, 25, 26; *Koch* in: Beierlein u. a., Mietprozess, Kap. 2 Rn. 97.
[246] *Börstinghaus,* NZM 2012, 697, 698.

Es spricht daher alles für die Anberaumung eines frühen ersten Termins, um in der Güteverhandlung nach § 278 II BGB den Sachverhalt durch Anhörung der Parteien aufzuklären (§ 141 ZPO) und vergleichsweise Regelungsmöglichkeiten aufzuklären (§ 278 I ZPO). Das Gericht kann bei dieser Gelegenheit das Verfahren durch weitere Hinweise fördern (§ 139 ZPO). Unter Umständen ist eine Fortsetzung des Mietverhältnisses nach § 308a I 2 ZPO zu erörtern. Ferner wird die Präklusionswirkung des § 574b II 2 BGB ausgelöst.

Ausnahmsweise kann es mit Rücksicht auf Art. 6 I GG geboten sein, das Verfahren gemäß § 148 ZPO auszusetzen, wenn ein Wohnungszuweisungsverfahren (§ 1568a BGB, § 200 FamFG) anhängig ist.[247]

c) Beweisaufnahme

58 Tatsachenfeststellung und Beweisaufnahme richten sich – im Rahmen der stets bestehenden Pflicht des Gerichts, den Streitgegenstand in tatsächlicher und rechtlicher Hinsicht umfassend zu prüfen[248] – nach allgemeinen Regeln.

So hat der Vermieter den Zugang der Kündigungserklärung zu beweisen. Zuverlässig ist die Übermittlung durch Boten oder ein Empfangsbekenntnis. Ein Einwurfeinschreiben genügt nicht.[249] Ein Einwurfeinschreiben mit Rückschein ist jedoch geeignet.[250]

Bei einer Kündigung wegen Zahlungsverzugs muss der Vermieter diesen schlüssig darlegen. Dann obliegt es dem Mieter zu beweisen, dass er die geschuldete Miete pünktlich und vollständig entrichtet hat.[251] Ebenso trägt der Mieter die Beweislast für von ihm behauptete Zahlungen innerhalb der Schonfrist des § 569 III Nr. 2 BGB.

5. Urteil

a) Hauptsachetenor

59 Sofern kein Anerkenntnisurteil (§ 307 ZPO) oder Versäumnisurteil (§ 331 ZPO) ergeht, ist durch streitiges Endurteil zu entscheiden (§ 300 I ZPO). Bei einer Verurteilung des beklagten Mieters ist die Wohnung nach Lage und Umfang (einschließlich der Nebenräume) genau zu bezeichnen,[252] zum Beispiel:

„Der Beklagte wird verurteilt, die im zweiten Obergeschoss links im Haus <Straße und Ort> gelegene Wohnung, bestehend aus drei Zimmern, Küche, Diele, Bad, den Kellerraum Nr. … sowie die im Hof des gleichen Grundstücks gelegene Garage Nr. … zu räumen und an die Klägerin herauszugeben.“

Hat der Vermieter gleichzeitig einen Zahlungsantrag aufgrund von Mietrückständen gestellt, darf das Gericht über den Räumungsantrag nicht durch Teilurteil (§ 301 ZPO) entscheiden. Andernfalls besteht die Gefahr widersprechender Entscheidungen, weil das Gericht bei der späteren Entscheidung über den Zahlungsanspruch nicht an sein Teilurteil über den Räumungsanspruch gebunden ist.[253]

b) Kostenentscheidung

60 Die Kostenentscheidung richtet sich nach allgemeinen Grundsätzen (§§ 91, 92 ZPO). Ein Teilunterliegen (§ 92 I ZPO) liegt vor, wenn das Gericht den Räumungsanspruch

---

[247] *BVerfG* NJW-RR 2007, 721; *Götz/Brudermüller*, NJW 2010, 5; *Götz*, NZM 2010, 383.
[248] *BVerfG* NJW 1993, 2165 (Eigenbedarfskündigung).
[249] BGHZ 24, 308, 312 = NJW 1957, 1230, 1231; Schmidt-Futterer/*Blank*, § 542 Rn. 86.
[250] *BGH* NJW-RR 2007, 1567 Rn. 23 ff.
[251] Bamberger/Roth/*Wöstmann*, § 569 Rn. 31.
[252] Beispiele bei *Schuschke*, JuS 2008, 977, 978 f.
[253] *BGH* NJW-RR 2008, 460; NZM 2009, 239; einschränkend *OLG Düsseldorf* OLGR 2009, 686.

nicht antragsgemäß sofort, sondern erst zu einem späteren Zeitpunkt zuerkennt.[254] Erkennt der Mieter, der zur Klageerhebung keine Veranlassung gegeben hat, den Klageanspruch sofort an, kann er eine Kostenentscheidung zu Lasten des klagenden Vermieters erreichen (§ 93 ZPO).[255] Gleiches gilt unter den Voraussetzungen des § 93b III ZPO.[256]

c) Vorläufige Vollstreckbarkeit

Ein Räumungsurteil ist nach § 708 Nr. 7 ZPO ohne Sicherheitsleistung für vorläufig **61** vollstreckbar zu erklären, auch bei Klageabweisung.[257] Der Gegenseite ist stets Vollstreckungsschutz nach § 711 ZPO zu gewähren. Die Sicherheitsleistung beträgt 110–120 % der Jahresmiete. Die Sicherheit soll nicht nur die Räumung gewährleisten, sondern soll auch Schäden abdecken, z. B. Verzögerungsschäden.[258]

d) Räumungsfrist

Im Fall der Verurteilung hat das Gericht dem Mieter auf Antrag oder von Amts **62** wegen eine den Umständen nach angemessene Räumungsfrist zu gewähren (§ 721 I 1 ZPO). Das gilt auch bei Anerkenntnis- und Versäumnisurteilen. Die Räumungsfrist darf insgesamt nicht mehr als ein Jahr betragen (§ 721 V ZPO). Im Übrigen richtet sie sich nach den Umständen des Einzelfalls unter Abwägung der beiderseitigen Interessen.[259]

Zu beachten sind unter anderem der Anlass der Räumungspflicht (zum Beispiel erhebliche, noch offene Mietrückstände), die Gewährleistung einer Nutzungsentschädigung während der Räumungsfrist[260] und die Dringlichkeit der Wiedererlangung der Wohnräume durch den Vermieter. Vor allem ist zu berücksichtigen, welche Zeit der Mieter zur Beschaffung einer Ersatzwohnung braucht. Von der Rechtskraft des Räumungsurteils darf die Räumungsfrist nicht abhängig gemacht werden.[261]

e) Zulassung der Berufung bzw. Revision

In bestimmten Fällen hat das Amtsgericht zu prüfen, ob es die Berufung zulässt **63** (§ 511 IV ZPO). Auch die Berufungszivilkammer wird ggf. zu prüfen haben, ob sie die Revision zulässt.[262] Dies richtet sich gemäß § 543 ZPO nach subsumtionsfähigen Maßstäben; es handelt sich nicht um eine Ermessensentscheidung.[263]

Grundsätzliche Bedeutung kommt einer Rechtssache zu, wenn sie eine entscheidungserhebliche, klärungsbedürftige und klärungsfähige Rechtsfrage aufwirft, die sich in einer unbestimmten Vielzahl von Fällen stellen kann und deshalb das abstrakte Interesse der Allgemeinheit an der einheitlichen Entwicklung und Handhabung des Rechts berührt.[264] Klärungsbedürftig ist eine Rechtsfrage, wenn ihre Beantwortung

---

[254] *Thomas/Putzo*, § 92 Rn. 4; Hk-ZPO/*Gierl*, § 92 Rn. 5.
[255] Zu den Kostenvorteilen eines sofortigen Anerkenntnisses: *Kapitza/Kammer*, JuS 2008, 882; zum sofortigen Anerkenntnis im schriftlichen Vorverfahren: BGHZ 168, 57 = NJW 2006, 2490; *Deubner*, JuS 2006, 1073.
[256] *AG Saarburg* WuM 2008, 34; *Tempel/Theimer*, § 4 Rn. 16.
[257] Musielak/*Lackmann*, § 708 Rn. 7.
[258] *KG* NJW-RR 2010, 1020.
[259] *LG Hannover* WuM 2007, 201, 202; Schmidt-Futterer/*Lehmann-Richter*, § 721 ZPO Rn. 16 ff.; Musielak/*Lackmann*, § 721 Rn. 4 ff.
[260] *OLG Stuttgart* NJW-RR 2007, 15.
[261] *LG Berlin* GE 2007, 1637.
[262] Näher: *Milger*, NZM 2011, 177.
[263] *Milger*, NZM 2011, 177 f.
[264] Grundlegend: BGHZ 151, 221 = NJW 2002, 3029; NJW-RR 2010, 1047 Rn. 3; siehe auch *BVerfG* WM 2013, 15, 16.

zweifelhaft ist oder wenn zu ihr unterschiedliche Auffassungen vertreten werden und die Frage höchstrichterlich noch nicht geklärt ist.[265]

Der Zulassungsgrund der Fortbildung des Rechts ist gegeben, wenn der Einzelfall Veranlassung gibt, Leitsätze für die Auslegung von Gesetzesbestimmungen des materiellen oder formellen Rechts aufzustellen oder Gesetzeslücken auszufüllen. Hierzu besteht (nur) dann Anlass, wenn es für die rechtliche Beurteilung typischer oder verallgemeinerungsfähiger Lebenssachverhalte an einer richtungweisenden Orientierungshilfe ganz oder teilweise fehlt.[266]

Die Revision ist wegen Divergenz zur Sicherung einer einheitlichen Rechtsprechung zuzulassen, wenn die Entscheidung einen tragenden Rechtssatz aufstellt, der von einem ebenfalls tragenden Rechtssatz der Vergleichsentscheidung abweicht.[267]

6. Sonstige Beendigungsgründe

a) Übereinstimmende Erledigungserklärung

64 Hat sich der Rechtsstreit während des Verfahrens durch Räumung des Wohnraums erledigt, so ist nach übereinstimmender Erledigungserklärung der Parteien – ohne weitere Beweisaufnahme – über die Kosten des Rechtsstreits nach dem bisherigen Sach- und Streitstand nach billigem Ermessen zu entscheiden (§ 91a I ZPO). Die Entscheidungsformel beschränkt sich auf die Kostenentscheidung.[268] Die Entscheidung hängt maßgeblich davon ab, wer bei Fortgang des Rechtsstreits obsiegt hätte.[269] Außerdem sind die in §§ 93, 93b III ZPO genannten Grundsätze zu beachten.[270] Ein (stillschweigender) Rechtsmittelverzicht ergibt sich nicht allein aus einem Verzicht auf Begründung der Kostenentscheidung.[271]

b) Räumungsvergleich

65 Der Mieter kann sich in einem Prozessvergleich (§ 794 I Nr. 1 ZPO) zur Räumung der Wohnung verpflichten. An die Bestimmtheit der Vergleichsformulierungen sind die gleichen Anforderungen wie an den Urteilstenor zu richten.[272] Im Vergleichswege können auch Vereinbarungen über andere Punkte getroffen werden, zum Beispiel die Vereinbarung eines bestimmten Räumungstermins, Zahlung einer Umzugskostenbeihilfe[273] oder der Verbleib bzw. die Mitnahme von eingebauten Sachen des Mieters.

Zahlt der Vermieter dem Mieter im Rahmen eines Räumungsvergleichs eine Abfindung, entsteht gebührenrechtlich kein Vergleichswert, wenn keine über den Räumungsanspruch hinausgehende Forderung abgegolten wird.[274]

7. Streitwert

66 Der Gebührenstreitwert der Räumungsklage ist nach § 41 II 1 GKG zu beurteilen. Maßgebend ist der Jahresbetrag der zu entrichtenden Miete, bei geringerer Restlauf-

---

[265] *BVerfG* NJW 2009, 572 Rn. 19; *BGH* Beschluss vom 20.4.2010 – VIII ZR 254/09 Rn. 2.
[266] Grundlegend: BGHZ 151, 221 = NJW 2002, 3029; siehe auch *BGH* Beschluss vom 5.3.2013 – VIII ZR 310/12 Rn. 2.
[267] BGHZ 151, 42; NJW 2002, 2473; Hk-ZPO/*Kayser/Koch,* § 543 Rn. 17.
[268] Hk-ZPO/*Gierl,* § 91a Rn. 40.
[269] Thomas/Putzo/*Hüßtege,* § 91a Rn. 47; instruktiv *Wallisch/Spinner,* JuS 2006, 883, 884; zu § 269 III 3 ZPO: *OLG Frankfurt/M.* NZM 2007, 340.
[270] *KG* WuM 2006, 46; *LG Baden-Baden* WuM 2007, 75.
[271] *BGH* NJW 2006, 3498.
[272] *Schuschke,* JuS 2008, 977, 980; *Blank,* NZM 2010, 31.
[273] Vgl. *OLG Düsseldorf* WuM 2009, 543 und *OLG Karlsruhe* NJW-RR 2009, 445, wonach sich der Vergleichswert dadurch nicht erhöht.
[274] *OLG Hamm* NJW-RR 2011, 1224.

zeit der auf diese Zeit entfallende Betrag.[275] Eine vereinbarte, nicht gesondert abzurechnende Nebenkostenpauschale erhöht den Streitwert (§ 41 I 2 GKG),[276] die Gewährung einer Räumungsfrist (§ 721 ZPO) hingegen nicht. Auch eine vorprozessual entstandene Geschäftsgebühr wirkt sich als Nebenforderung auf den Streitwert nicht aus (§ 4 ZPO).[277]

Der Rechtsmittelwert (Beschwer) richtet sich nach §§ 8, 9 ZPO. Insoweit kommt es **67** auf die 3,5-fache Jahresnettomiete an. Dieser Wert ist maßgeblich für die Berufung (§ 511 II Nr. 1 ZPO) und die Nichtzulassungsbeschwerde (Art. 26 Nr. 8 S. 1 EGZPO).[278] Der Beschwerdewert ist erreicht, wenn die vereinbarte Nettomiete monatlich 476,20 EUR erreicht oder übersteigt.[279]

Mitunter gibt es keine hinreichend konkreten Anhaltspunkte für die streitige Zeit im Sinne von § 8 ZPO; dann gilt § 9 ZPO analog.[280]

8. Besonderheiten der Rechtskraft

Die Rechtskraft eines klageabweisenden Räumungsurteils hindert den Vermieter nicht **68** daran, das Mietverhältnis durch eine erneute Kündigung nunmehr zu beenden (§ 322 I ZPO).[281] Hat das Gericht eine auf eine außerordentliche Kündigung gestützte Räumungsklage rechtskräftig abgewiesen, ist der Vermieter nicht gehindert, eine erneute Kündigung und Räumungsklage darauf zu stützen, dass der Mieter das beanstandete Verhalten nach der letzten mündlichen Verhandlung des Vorprozesses fortgesetzt hat. Der Vermieter kann die erneute Kündigung nach § 543 I BGB auch auf Gründe stützen, die im Zeitpunkt der letzten mündlichen Verhandlung des Vorprozesses zwar schon objektiv vorlagen, ihm aber erst nach diesem Zeitpunkt bekannt geworden sind.[282]

Wird eine unter dem Gesichtspunkt von Eigenbedarf (§ 573 II Nr. 2 BGB) erhobene Räumungsklage als zur Zeit unbegründet abgewiesen, kann der Vermieter eine neue Räumungsklage erneut auf denselben Eigenbedarf stützen.[283] Eine neue Eigenbedarfskündigung ist auch dann möglich, wenn sich die Sachlage dahingehend verändert hat, dass der Eigenbedarf nunmehr dringender geworden ist.[284]

Die Rechtskraft eines der Räumungsklage stattgegeben Räumungsurteils entfaltet keine Bindungswirkung für eine Räumungsklage gegenüber Dritten.[285] Dagegen spricht bereits, dass zwischen dem Vermieter und dem Dritten keine vertraglichen Beziehungen bestehen.

9. Sicherungsanordnung

Verbindet der Vermieter eine Räumungsklage mit einer Zahlungsklage, kann er einen **69** Antrag auf Sicherungsanordnung stellen (§ 283a ZPO n. F.). Das soll verhindern, dass der Mieter den Räumungsprozess verschleppt. Das Prozessgericht ordnet dann unter

---

[275] Zum Entgeltbegriff *OLG Düsseldorf* OLGR 2006, 665; zur Staffelmiete: *N. Schneider,* NJW-Spezial 2008, 763.
[276] *BGH* NZM 2007, 935.
[277] *BGH* VersR 2007, 1713.
[278] *BGH* WuM 2006, 45.
[279] *Milger,* NZM 2011, 177, 180.
[280] *BVerfG* NZM 2006, 578; *BGH* WuM 2007, 283; NJW-RR 2005, 867; *N. Schneider,* NZM 2007, 512.
[281] *BVerfG* NJW 2003, 3759.
[282] *BGH* NJW 1998, 374.
[283] *BGH* NJW 2009, 1139; siehe auch *BGH* WuM 2012, 152.
[284] *Blank,* LMK 2009, 278107.
[285] *BGH* NJW-RR 2006, 1385; NJW 2010, 2208.

bestimmten Voraussetzungen an, dass der Mieter wegen der nach Klageerhebung fälligen Geldforderungen Sicherheit zu leisten hat. Dies ist an zwei Voraussetzungen geknüpft, die nur schwierig umzusetzen sind und falsche Erwartungen wecken könnten.[286]

Voraussetzungen ist erstens, dass die auf Erfüllung dieser Forderungen gerichtete Klage hohe Aussicht auf Erfolg hat (§ 283a S. 1 Nr. 1 ZPO). Nach den Gesetzesmaterialien soll es darauf ankommen, dass die Einwendungen des Mieters wenig werthaltig sind.[287] Hohe Erfolgsaussichten hat eine schlüssige Räumungsklage somit dann, wenn die Verteidigung des Mieters relationstechnisch unerheblich ist. Dann ist die Verteidigung des Mieters haltlos. In diesem Fällen könnte das Gericht aber auch die Hauptsache zügig entscheiden.[288]

Problematisch sind Fallgestaltungen, in denen der Mieter den Sachvortrag des Vermieters bestreitet. Ist eine Beweiserhebung notwendig, lässt sich eine hohe Erfolgsaussicht nicht feststellen.[289] Deswegen wird der Prüfungsmaßstab für untauglich gehalten. Gegenstand politischer Diskussion ist die Frage, ob die Vorschrift wieder aufgehoben werden soll.[290]

70 Zweite Voraussetzung ist, dass die Anordnung unter Abwägung der beiderseitigen Interessen zur Abwendung besonderer Nachteile für den Vermieter gerechtfertigt ist (§ 283a S. 1 Nr. 2 ZPO). Über das Risiko des Zahlungsausfalls und das allgemeine Insolvenzrisiko des Mieters muss der Vermieter weitere Gesichtspunkte darlegen und glaubhaft machen (§ 283a S. 1 ZPO), z. B. drohende wirtschaftliche Schwierigkeiten in eigener Sache.[291]

Leistet der Beklagte der Sicherungsanordnung nicht Folge, kann die Räumung durch einstweilige Verfügung angeordnet werden (§ 940a III ZPO). Freilich ist der Beklagte zuvor vom Gericht anzuhören (§ 940a IV ZPO).

10. Räumungsvollstreckung

a) „Berliner Räumung"

71 Um die Kosten der Räumungsvollstreckung (§ 885 ZPO) zu begrenzen, kann der Gläubiger den Schuldner aus der Wohnung setzen, während die eingebrachten Gegenstände dort verbleiben. Der Vermieter muss insbesondere kein Speditionsunternehmen einschalten. Dieses Verfahren findet seine Rechtsgrundlage in der am 1.5.2013 in Kraft getretenen Bestimmung des § 885a ZPO n. F.[292]

Bereits zuvor war in der Rechtsprechung anerkannt, dass der Vermieter die Zwangsvollstreckung auf die Herausgabe der Wohnung beschränken konnte, wenn er an sämtlichen in der Wohnung befindlichen Gegenständen ein Vermieterpfandrecht geltend macht.

b) Vollstreckungsschutz

72 Nach Erschöpfung der Räumungsfrist kann Vollstreckungsschutz nach § 765a ZPO in Frage kommen. Zuständig ist das Vollstreckungsgericht (§ 764 ZPO). Die Eröffnung eines Insolvenzverfahrens ändert an der Antragsbefugnis des Schuldners nichts.[293] Die im Fall einer Zwangsräumung bestehende Suizidgefahr oder sonstige

[286] *Börstinghaus*, NZM 2012, 687, 698.
[287] BT-Drs. 17/10485, S. 53; kritisch *Zehelein*, WuM 2013, 135, 137.
[288] *Fischer*, NZM 2013, 249, 256.
[289] *Börstinghaus*, jurisPR-MietR 10/2013; siehe auch Schmidt-Futterer/*Lehmann-Richter*, § 283a ZPO Rn. 24.
[290] BR-Drs. 459/13.
[291] *Flatow*, NJW 2013, 1185, 1190.
[292] Mietrechtsänderungsgesetz, BGBl. I 434.
[293] *BGH* NJW 2009, 1283.

gesundheitliche Gefährdung des Lebens des Schuldners oder eines nahen Angehörigen kann eine unbillige Härte bedeuten, die der Vollstreckung entgegensteht.[294] In die Beurteilung sind auch andere schwerwiegende gesundheitliche Risiken einzubeziehen, die durch einen Wechsel der gewohnten Umgebung verursacht werden.[295] Das Interesse des Gläubigers an der Vollstreckung darf dennoch nicht unberücksichtigt bleiben. Kann der Gefahr auf andere Weise als durch Einstellung der Zwangsvollstreckung begegnet werden, etwa durch stationäre Behandlung oder medizinische Vorbereitung des Räumungstermins, darf die Räumung stattfinden.[296]

11. Sonderfall: Eigenmächtige Räumung

Ist die Räumung der Wohnung nicht durch einen Titel gedeckt, sondern wird vom Vermieter eigenmächtig veranlasst, handelt es sich um verbotene Eigenmacht (§ 229 BGB; „kalte Räumung"). Für deren Folgen haftet der Vermieter gemäß § 231 BGB ohne Rücksicht auf Verschulden auf Schadensersatz. Es macht keinen Unterschied, wenn das Besitzrecht des Mieters durch eine rechtmäßige Kündigung weggefallen ist. Auch eine etwaige monatelange Abwesenheit des Mieters ändert nichts; in einem solchen Fall kann eine Räumungsklage öffentlich zugestellt werden.[297]   **73**

---

[294] *BVerfG* NZM 2001, 951; *BGH* NJW 2006, 508; Schmidt-Futterer/*Lehmann-Richter*, § 765a ZPO Rn. 17; *Schuschke*, JuS 2008, 977, 982; weitere Beispiele bei Musielak/*Lackmann*, § 765a Rn. 15.

[295] *BGH* NJW 2009, 3440 Rn. 12.

[296] *BVerfG* NZM 2007, 87; *BGH* NJW 2005, 1859; WuM 2005, 735; WuM 2008, 36.

[297] *BGH* NJW 2010, 3434.

Teil 3. Ansprüche aus Finanzierungsleasing

§ 11. Erscheinungsformen

I. Allgemeines

Unter dem Begriff des Finanzierungsleasings ist die Beschaffung und Überlassung 1
eines Investitionsgutes durch den Leasinggeber zum Gebrauch und zur Nutzung
durch den Leasingnehmer für eine fest bestimmte Zeit zu verstehen, wobei dem
Leasinggeber ein Entgelt für die Gebrauchsüberlassung und Finanzierung des Leasinggutes zusteht. Dabei verbleibt das Eigentum beim Leasinggeber. Eine umfassende
gesetzliche Regelung fehlt, weshalb der Ausformung des Leasingrechts durch die
Rechtsprechung besondere Bedeutung zukommt. Diese versteht den Leasingvertrag
als „atypischen Mietvertrag".[1] Dabei gibt die Freizeichnung des Leasinggebers von
der Gewährleistung dem Vertrag sein besonderes Gepräge.[2] Das Mietrechtssystem
des BGB ist deshalb nicht allein ausschlaggebend; der BGH spricht aus diesem Grund
auch von dem „Leitbild des Leasingvertrages"[3] unter Betonung der mietrechtlichen
Kardinalpflicht des Leasinggebers zur Gebrauchsüberlassung.[4]

Typischerweise sind beim Leasing drei Parteien beteiligt: Der Leasinggeber erwirbt
den Gegenstand bei dem Lieferanten auf Grund eines Kaufvertrages. Der Leasingnehmer least die Sache vom Leasinggeber mittels eines Leasingvertrages. Zwischen
dem Lieferanten und dem Leasingnehmer bestehen keine direkten vertraglichen
Beziehungen.[5] Der Leasinggeber schließt im Verhältnis zum Leasingnehmer im Leasingvertrag eine eigene (mietrechtliche) Haftung für Sachmängel des Leasinggutes aus
und tritt dafür die ihm zustehenden kaufrechtlichen Sachmängelansprüche gegen den
Verkäufer/Lieferanten an den Leasingnehmer ab (sog. **leasingtypisches Dreiecksverhältnis**).[6] In der Praxis nicht unüblich ist auch das sog. **Eintrittsmodell.** Dabei
schließt der Leasingnehmer zunächst den Kaufvertrag mit dem Lieferanten ab, der
Leasinggeber tritt anschließend in diesen Vertrag ein bzw. übernimmt ihn.

II. Vollamortisationsvertrag

Beim so genannten Vollamortisationsvertrag sind die Leasingraten so angelegt, dass 2
nach Ablauf der festen Grundmietzeit sämtliche Kosten des Leasinggebers[7] abgegolten sind. Der Leasingnehmer zahlt hier gleichbleibende Monatsraten, ohne dass

---

[1] *BGH* NJW 1989, 460; NJW 1995, 1019.
[2] BGHZ 81, 298 = NJW 1982, 105; BGHZ 95, 39 = NJW 1985, 2253.
[3] *BGH* NJW 1982, 1747; BGHZ 112, 65 = NJW 1990, 2253.
[4] § 13 Rn. 1.
[5] *Gitter,* S. 290; *Martinek,* § I 38 – dies ist im neueren Schrifttum allerdings nicht unstreitig,
vgl. die Nachweise bei MünchKommBGB/*Koch,* Leasing Rn. 41 f. Zur direkten Haftung des
Lieferanten gegenüber dem Leasingnehmer aus culpa in contrahendo *BGH* NJW 1984, 2938.
[6] Vgl. dazu näher § 14 Rn. 6.
[7] Rn. 6.

weitere Kosten wie eine Abschlusszahlung oder dergleichen auf ihn zukommen, die Amortisation erfolgt allein durch die monatlichen Leasingraten.

Eine Zuweisung des wirtschaftlichen Eigentums an den Leasinggeber setzt voraus, dass die Grundmietzeit mindestens 40 %, höchstens jedoch 90 % der betriebsgewöhnlichen Nutzungsdauer beträgt.[8] Die betriebsgewöhnliche Nutzungsdauer richtet sich nach den amtlichen AfA-Tabellen.[9] Vollamortisationsverträge kommen beim Kraftfahrzeugleasing in der Praxis kaum mehr vor.

III. Teilamortisationsvertrag

2a   Anders gestaltet sich das Entgelt für den Leasinggeber beim so genannten Teilamortisationsvertrag. Die Bezeichnung „Teilamortisation" ist irreführend. Auch bei diesen Vertragsarten findet eine Vollamortisation des Aufwandes des Leasinggebers selbstverständlich statt (Ausnahme: Kilometerabrechnungsvertrag[10]). Die Vollamortisation wird lediglich nicht allein durch die Leasingraten für die erforderliche Grundmietzeit erreicht. Die monatlichen Leasingraten werden geringer gehalten; im Gegenzug wird der Leasingnehmer in anderer Form finanziell belastet (non full-pay-out). Zur Absicherung des „Restwertes"[11] sind dabei verschiedene, im Folgenden näher ausgeführte Konstruktionen entwickelt worden.[12]

1. Andienungsrecht des Leasinggebers

3   Der Leasingnehmer ist bei einer entsprechenden Vereinbarung verpflichtet, nach Ablauf der Grundmietzeit auf Verlangen des Leasinggebers das Leasinggut zu dem im Vertrag vereinbaren Preis zu übernehmen. Der Kaufvertrag kommt mit dem Zugang der Ausübungserklärung des Leasinggebers beim Leasingnehmer zustande.[13] Der Erwerbspreis besteht in der Differenz zwischen der Vollamortisation und der durch die Leasingraten bereits erfolgten Teilamortisation (kalkulierter Restwert).[14] Bei einem Vollamortisationsvertrag erzielt der Leasinggeber einen über die Amortisation hinausgehenden Erlös.[15] Der Leasinggeber wird von seinem einseitigen Andienungsrecht allerdings keinen Gebrauch machen, wenn bei dem Ablauf der Grundmietzeit der voraussichtliche Verkaufserlös des Leasinggutes über dem vereinbarten Erwerbspreis liegt. Das Risiko der Wertminderung trägt damit der Leasingnehmer, der durch pflegliche Behandlung des Leasinggutes dieses Risiko aber beschränken kann. Die Chance der Wertsteigerung bleibt dagegen beim Leasinggeber. Die Vereinbarung des Andienungsrechts wird trotz einiger aus § 308 Nr. 1 BGB hergeleiteten Bedenken für AGB-konform gehalten.[16]

Umgekehrt darf aber dem Leasingnehmer aus steuerlichen Gründen bei Vertragsschluss ein Erwerbsrecht nicht eingeräumt werden.[17]

4   Dieses Modell wird jedoch neuerdings teilweise als problematisch angesehen: ein Verkauf an den Leasingnehmer nach Ablauf der Grundmietzeit zu dem kalkulierten

---

[8] *Martinek,* § 3 IV a; *Gitter,* S. 296.
[9] Zur betriebsgewöhnlichen Nutzungsdauer bei Kraftfahrzeugen *BFH* DB 1991, 2633; *BMF* DB 1992, 2592.
[10] Dazu näher Rn. 6 ff.
[11] BGHZ 95, 39 = NJW 1985, 2253.
[12] Zu Verträgen mit Wahlrecht des Leasingnehmers s. *Martinek,* § 3 VI 1; *Gitter,* S. 338.
[13] *OLG Düsseldorf* OLGR 2006, 217.
[14] *Martinek,* § 3 IV 2c, § 8 III 2 b.
[15] *Graf von Westphalen,* Rn. B 80.
[16] *Gitter,* S. 334, 336; *Martinek,* § 8 III 2 b.
[17] *OLG Düsseldorf* NJW-RR 2011, 357; *Reinking,* DAR 2002, 145, 146.

Restwert kommt für den Leasinggeber dann in Betracht, wenn das Fahrzeug beispielsweise durch eine hohe Laufleistung, eingetretene Schäden oder Mängel einen tatsächlich geringeren Restwert hat. Gerade in diesen Fällen hat der Leasinggeber allerdings auch ein Interesse daran, die Sachmängelhaftung auszuschließen. Ist der Leasingnehmer jedoch Verbraucher, ist ein derartiger Ausschluss nicht zulässig (§ 475 I BGB). Abhilfe kann dadurch geschaffen werden, dass der Leasinggeber eine entsprechende Versicherung abschließt.[18]

2. Aufteilung des Mehrerlöses

Bei dieser Vertragsgestaltung ist der Leasinggeber nach Vertragsbeendigung zur Rücknahme und Verwertung des Leasinggutes in Form der Veräußerung auf dem freien Markt verpflichtet. Bei Vertragsschluss wird zwischen den Parteien ein garantierter oder kalkulierter Restwert des Fahrzeugs festgelegt. Je höher die monatlichen Leasingraten sind, desto geringer wird der kalkulierte Restwert ausfallen. Bei dieser „Restwertgarantie" handelt es sich entgegen landläufiger Vorstellung nicht um einen tatsächlichen Restwert, den etwa eine der Parteien garantiert. Vielmehr stellt die Vereinbarung einer Restwertgarantie im Prinzip eine Zahlungsgarantie des Leasingnehmers dar. Erzielt der Leasinggeber bei einem Verkauf weniger als den garantierten Restwert, so ist der Leasingnehmer zum Ausgleich der Differenz in voller Höhe verpflichtet.[19] Ein Mehrerlös wird auf die Parteien verteilt, wobei nach dem von der Finanzverwaltung herausgegebenen Leasingerlass[20] dem Leasinggeber mindestens 25 % zustehen müssen, so dass der Leasingnehmer höchstens 75 % des Mehrerlöses erhält. **5**

3. Kilometerabrechnungsvertrag

Beim Leasing von Kraftfahrzeugen[21] wird im Leasingvertrag häufig (bei Verbraucherleasingnehmern fast immer) eine bestimmte Laufleistung für die vorgesehene Vertragsdauer vereinbart, an der sich die Kalkulation der Leasingraten ausrichtet. Bei Vertragsende ist sodann jeder Mehr- oder Minderkilometer auszugleichen. Dabei ist in der Regel für den Mehrkilometer eine höhere Vergütung vorgesehen als umgekehrt der Abzug für den Minderkilometer beträgt. Daneben kommt ein zusätzlicher Ausgleich wegen übermäßiger Abnutzung in Frage. Bei dem Kilometerabrechnungsvertrag findet grundsätzlich keine Vollamortisierung statt.[22] Das Restwertrisiko (welches auf Grund des üblicherweise niedrig kalkulierten Restwertes faktisch kein großes Risiko ist) trägt grundsätzlich der Leasinggeber.[23] Dieser sichert sich häufig dadurch ab, dass er mit dem Lieferanten eine Rückkaufverpflichtung vereinbart. **6**

4. Null-Leasing

Bei dieser Vertragsart erwirbt der Kunde gegen eine Sonderzahlung ein Neufahrzeug und hat zusätzlich monatlich festgelegte Leasingraten zu zahlen. Nach Ablauf der **7**

---

[18] Weitere Möglichkeiten: antizipierter Gefahrübergang zum Zeitpunkt der anfänglichen Gebrauchsüberlassung (so *Reinking*, ZGS 2002, 229 – fraglich) oder Anwendung des § 442 BGB (der aber nicht in allen Fällen helfen wird).
[19] Zur Verwertung im Einzelnen s. § 13 Rn. 45 ff.
[20] Leasingerlass vom 22.12.1975 (BB 1976, 72).
[21] Dazu *Engel*, ZAP 2006, 917; *dies.*, § 3 Rn. 21 ff.
[22] *Graf von Westphalen*, Rn. M 39; vgl. aber auch *BGH* NJW 1998, 1637 (jedenfalls keine Amortisationslücke – so auch *Engel*, § 3 Rn. 29); *Groß*, DAR 1996, 438, 440.
[23] *Engel*, § 3 Rn. 22 (eine Festlegung eines kalkulierten Restwertes ist deshalb nicht erforderlich)

vereinbarten Vertragszeit kann der Kunde das Fahrzeug zu einem vorher festgelegten häufig recht günstigen Restwert erwerben. Einen besonderen Leasing-Zins hat der Leasingnehmer nicht zu entrichten. Im Ergebnis erhält der Kunde wirtschaftlich gesehen eine zinslose Stundung des Neuanschaffungspreises.[24] Die dem Leasingvertrag typische Finanzierungsfunktion entfällt.[25] Ob unter diesen Umständen noch von einem Finanzierungsleasing gesprochen werden kann, erscheint fraglich.[26]

5. Operating-Leasing

8 Außerhalb der Finanzierungsfunktion steht das sog. Operating-Leasing.

Bei ihm handelt es sich um Leasingverträge mit kürzerer Laufzeit, nach deren Ablauf der Leasinggeber das Leasinggut anderweitig durch erneute Vermietung verwerten kann. Es fehlt hier die dem Teilamortisationsvertrag typische Absicherung des Restwerts zu Lasten des Leasingnehmers.[27] Im Prinzip handelt es sich hier um einen normalen Mietvertrag, das Investitionsrisiko trägt der Leasinggeber.[28] Gleichwohl wird versucht, auch das Operating-Leasing in den Bereich des Finanzierungsleasings einzubeziehen[29], zumal sich die verschiedenen Formen in der Praxis oft kaum unterscheiden lassen.

6. Sonderformen der Beschaffung des Leasinggutes

a) Hersteller/Händler-Leasing

9 Bei diesem Vorgang tritt der Leasinggeber selbst (direktes Leasing) oder ein mit ihm wirtschaftlich verbundenes Unternehmen (indirektes Leasing) als Beschaffer (Lieferant) auf. Das betrifft vor allem das Kraftfahrzeugleasing,[30] selbst wenn es auch in diesem Bereich keine größere Bedeutung hat. Damit schrumpft das Dreiecksverhältnis entweder völlig oder auf ein Minimum zusammen.

Gleichwohl ist entgegen früherer Ansicht auch in diesem Bereich grundsätzlich von einem Finanzierungsleasing auszugehen.[31] Entscheidend dafür ist, dass auch bei einem derartigen Geschäft sowohl die Finanzierungsfunktion als auch die Verpflichtung des Leasingnehmers zur Vollamortisation in vollem Umfang besteht. Besonderheiten ergeben sich beim direkten Hersteller/Händler-Leasing nur insofern, als eine Abtretung der Sachmängelansprüche des Leasinggebers gegen den Händler an den Leasingnehmer auf Grund der Personenidentität nicht mehr in Betracht kommt. In diesem Fall verbleibt es bei der mietrechtlichen originären Gewährleistung des Leasinggebers.[32]

b) Sale-and-lease-back

10 Hier erwirbt ausnahmsweise der Leasinggeber das Leasinggut vom Leasingnehmer, um es diesem mittels Leasing direkt wieder zu überlassen. Ein solches Gebaren

---

[24] MünchKommBGB/*Koch*, Leasing Rn. 15.
[25] *Paschke*, BB 1987, 1193; *Gitter*, S. 284; *Martinek*, § V 3.
[26] Dafür Staudinger/*Stoffels*, Leasing Rn. 34; dagegen MünchKommBGB/*Koch*, Leasing Rn. 15 (Mietkauf) und *Paschke*, BB 1987, 1193 (Kaufvertrag).
[27] *Graf von Westphalen*, Rn. A 13; MünchKommBGB/*Koch*, Leasing Rn. 4; *Gitter*, S. 282, 352; *Martinek*, § 3 V 2.
[28] MünchKommBGB/*Koch*, Leasing Rn. 4.
[29] BGHZ 111, 84, 96 = NJW 1990, 1785.
[30] *Graf von Westphalen*, Rn. B 73.
[31] *BGH* NJW 1998, 1637; NJW 2003, 505; *OLG Stuttgart* DAR 2005, 687; MünchKommBGB/*Koch*, Leasing Rn. 8; Staudinger/*Stoffels*, Leasing Rn. 27; aber nach wie vor streitig – vgl. die Meinungsübersicht bei MünchKommBGB/*Koch*, Leasing Rn. 8.
[32] MünchKommBGB/*Koch*, Leasing Rn. 113.

spricht häufig für einen finanziellen Engpass des Leasingnehmers, zumal dann, wenn das Leasinggut bereits an einen Dritten sicherungsübereignet ist.[33]

Nach herrschender Meinung kann auch bei einer derartigen Vertragsgestaltung ein Finanzierungsleasing vorliegen.[34] Genau wie beim Hersteller/Händler-Leasing kommt hier im Verhältnis zwischen den Vertragsparteien die mietrechtliche originäre Gewährleistung des Leasinggebers zum Tragen.[35]

---

[33] Zu den dabei auftretenden Problemen vgl. Staudinger/*Stoffels*, Leasing Rn. 32.
[34] BGHZ 109, 250, 257 = NJW 1990, 829; Staudinger/*Stoffels*, Leasing Rn. 31 m. w. N.
[35] Rn. 9.

§ 12. Abschluss des Leasingvertrages

I. Verbraucherleasing

1. Anwendungsbereich

1 Die Vorschriften über den Verbraucherkredit sind zum 11.6.2010 durch die Umsetzung der Verbraucherkredit-Richtlinie[1] neu gefasst worden.[2] § 506 II 1 Nr. 2 und 3 BGB regeln Leasingverträge zwischen einem Unternehmer und einem Verbraucher.[3]

Dies führt zu der Konsequenz, dass Finanzierungsleasingverträge mit Kaufleuten nicht erfasst sind.[4] Dies könnte zu einer differenzierten Behandlung des Finanzierungsleasings führen, die von der Sache her jedoch nicht in jedem Fall zu begründen ist. Es ist jedoch zu erwarten, dass die Rechtsprechung einem „Auseinanderdriften" in vielen Fällen entgegenwirken wird.

2 Die Vorschrift des § 506 BGB gilt auch bei einem Schuldbeitritt eines Verbrauchers[5], bei einer Vertragsübernahme durch einen Verbraucher[6] sowie für den Fall, dass mehrere Leasingnehmer vorhanden sind, von denen lediglich einer Verbraucher ist.[7] Keine Anwendung findet die Vorschrift dann, wenn ein Verbraucher lediglich als Bürge für einen gewerblichen Leasingnehmer auftritt.[8]

3 Vom sachlichen Anwendungsbereich her fallen unter den Begriff des Finanzierungsleasingvertrages sämtliche oben unter § 11 Rn. 2 ff. erwähnten Vertragsgestaltungen. Streitig ist, ob dies auch für Pkw-Leasingverträge mit Kilometerabrechnung gilt, da der Wortlaut des § 506 II BGB derartige Verträge nicht umfasst.[9]

2. Angaben

4 Nach § 500 BGB ist der Leasingvertrag **schriftlich** abzuschließen (§ 492 I BGB). Hierfür genügt es, wenn Angebot und Annahme schriftlich getrennt erklärt werden (§ 492 I 3 BGB).[10] Die Erklärung der Annahme kann der Leasinggeber mittels einer automatischen Einrichtung erstellen (§ 492 I 3 BGB).[11] Neuerdings ist auch ein Vertragsschluss in elektronischer Form möglich. Die Einbeziehung von Allgemeinen Geschäftsbedingungen des Leasinggebers muss in einer Weise erfolgen, die zweifelsfrei eine Zusammengehörigkeit erkennbar machen; eine Einbeziehung nach §§ 305 II,

---

[1] Richtlinie 2008/48/EG des Europäischen Parlaments und des Rates vom 23. April 2008 über Verbraucherkreditverträge und zur Aufhebung der Richtlinie 87/102/EWG des Rates, ABlEU Nr. L 133. S. 66.
[2] Vgl. zur Neuregelung generell *Derleder*, NJW 2009, 3195, 3198 ff. („monströses Labyrinth"); *Reinking*, DAR 2010, 252 („Informationsflut"); *Omlor*, JuS 2011, 305, 307; *ders.*, NJW 2010, 2694.
[3] Im Einzelnen streitig, vgl. *Skusa*, NJW 2011, 2993; zum Begriff des Verbrauchers und des Unternehmers s. § 1 Rn. 152 f.; *Eggert*, DAR-Extra 2012, 750.
[4] Ausnahme: Existenzgründung (§ 512 BGB) – vgl. dazu *OLG Düsseldorf* ZGS 2006, 119.
[5] BGHZ 133, 71 = NJW 1996, 2156; *BGH* NJW 1997, 3196.
[6] BGHZ 142, 23 = NJW 1999, 2664; *OLG Brandenburg* NJW 2006, 159.
[7] BGHZ 144, 371 = NJW 2000, 3133; *BGH* NJW 2002, 2030.
[8] BGHZ 138, 321 = NJW 1998, 1939; *EuGH* WM 2000, 713.
[9] Zur Neuregelung in § 506 II Nr. 3 BGB bejahend *OLG Düsseldorf* DAR 2012, 700 mit überzeugender Begründung (Revision zugelassen); *Reinking*, DAR 2010, 252, 254; *ders.*, DAR 2012, 703; *ders.*, DAR-Extra 2012, 738; a. A. *Schattenkirchner*, NJW 2012, 197 m. w. N. (FN 2); *Skusa*, NJW 2011, 2993, 2997; Überblick bei *Andreae*, DAR-Extra 2012, 768, 770.
[10] Zu einer verspäteten Annahmeerklärung durch den Leasinggeber *OLG Rostock* NJW-RR 2006, 341; zur Schriftform generell *Peters*, WM 2006, 1183, 1186.
[11] Vgl. dazu *OLG Rostock* OLGR 2005, 889.

305c II BGB genügt nicht.[12] In die Vertragsurkunde sind alle wesentlichen Bedingungen des Vertrages aufzunehmen. Dazu gehören: Bezeichnung des Leasinggutes, Vertragslaufzeit, Bezeichnung der Art des Vertrages (Vollamortisation, Teilamortisation unter Angabe der Art der Restwertabsicherung), Betrag, Zahl und Fälligkeit der Leasingraten. Für die „leasingtypischen Klauseln" gilt das Gleiche, wobei § 305 II BGB zu beachten ist. Fraglich ist, ob auch die Klauseln des Liefervertrags des Lieferanten der Schriftform genügen müssen.

Darüber hinaus muss der Leasingvertrag die Angaben nach Art. 247 §§ 6 bis 13   5
EGBGB enthalten (§ 506 I BGB i. V. mit § 492 II BGB). Hierzu gehört unter anderem:

– Nennung des effektiven Jahreszinses (Art. 247 § 6 Nr. 1 EGBGB i. V. mit Art. 247 § 3 I Nr. 3 EGBGB, Art. 247 § 6 III EGBGB);
– Aushändigung einer Abschrift der Vertragserklärungen an den Verbraucher (§ 506 I BGB i. V. mit § 492 III BGB);
– Widerrufsrecht des Verbrauchers (§ 495 II BGB, Art. 247 § 6 II BGB);[13]
– Anspruch des Verbrauchers auf Ausstellung eines Tilgungsplans (Art. 247 § 6 I Nr. 4 EGBGB);
– Behandlung der Verzugszinsen, Anrechnung von Teilleistungen (§ 497 BGB);
– Gesamtfälligstellung bei Zahlungsverzug (§ 498 BGB);
– Regelungen über verbundene Verträge (Art. 247 § 12 EGBGB): da der Leasingnehmer nur einen Vertrag schließt, macht diese Verweisung wenig Sinn und hat kaum praktische Bedeutung.[14]

Rechtsfolgen: Bei Formmängeln ist der Vertrag im Rahmen des § 494 I BGB nichtig   6
(§ 125 BGB). Jedoch wird der Vertrag nach § 494 II BGB durch Übergabe der Sache und Erbringung der Leistung geheilt. In diesem Fall kommt im Rahmen des § 494 II BGB eine Reduzierung des Sollzinssatzes in Betracht.

3. Widerrufsrecht

Nach §§ 506 I, 495 I, 355 BGB kann der Leasingnehmer als Verbraucher den Abschluss des Leasingvertrages gegenüber dem Leasinggeber binnen zwei Wochen   7
widerrufen, sofern er ordnungsgemäß über sein Widerrufsrecht belehrt worden ist;[15] ansonsten ist der Widerruf unbefristet möglich (§ 355 IV 3 BGB),[16] solange die fehlenden Angaben nicht nachgeholt werden (§ 492 VI BGB). Die Unterrichtung über das Widerrufsrecht ist gemäß § 492 II BGB i. V. mit Art. 247 § 6 II EGBGB Pflicht. Eine Verwirkung des Widerrufsrechts wird nur in Ausnahmefällen in Betracht kommen.[17] Wird die (ordnungsgemäße) Belehrung erst nach Vertragsschluss mitgeteilt, beträgt die Frist einen Monat (§ 355 II 3 BGB). Eine Widerrufsbelehrung vor Abgabe der vertragsgemäßen Verbrauchererklärung ist unzulässig.[18]

Bis zur Ausübung des Widerrufs ist der Vertrag zunächst schwebend wirksam und wandelt sich durch den Widerruf ex-nunc in ein Rückabwicklungsverhältnis um.

---

[12] MünchKommBGB/*Schürnbrand*, § 492 Rn. 19.
[13] Die Widerrufsbelehrung muss den Voraussetzungen des § 360 I BGB entsprechen, die bloße Angabe eines Postfaches genügt nicht – *OLG Koblenz* NJW 2006, 919.
[14] *Engel*, ZAP 2008, 133, 140: Redaktionsversehen.
[15] Die frühere amtliche Widerrufsbelehrung als Muster zu § 14 BGB-Info-VO war unwirksam – vgl. *OLG Koblenz* NJW 2005, 3430; jetzt neu gefasst: § 495 II BGB i. V. m. Art. 247 § 6 II und Anlage 6 EGBGB – zu Übergangsproblemen *Bülow*, NJW 2010, 1713.
[16] Rechtsprechungsübersicht bei *Schattenkirchner*, NJW 2012, 197, 199.
[17] *OLG Frankfurt/M.* NJW-RR 2001, 1279.
[18] *BGH* NJW 2002, 3397.

II. Allgemeine Geschäftsbedingungen

1. Bedeutung

8 Sowohl der Leasingvertrag selbst als auch der Liefervertrag zwischen Lieferant und Leasinggeber beruhen in wesentlichen Teilen auf Allgemeinen Geschäftsbedingungen und Formularverträgen. Dies betrifft beim Leasingvertrag die Allgemeinen Geschäftsbedingungen des Leasinggebers[19] und beim Liefervertrag die Allgemeinen Geschäftsbedingungen des Lieferanten und des Leasinggebers.

2. Einbeziehung der Allgemeinen Geschäftsbedingungen

9 Für die Einbeziehung der AGB in den Leasingvertrag gilt § 305 BGB. Der Leasinggeber steht dabei häufig vor folgendem Problem: ist der Leasingnehmer ein Verbraucher, so unterliegen die Klauseln des Leasinggebers auch der Inhaltskontrolle nach §§ 308, 309 BGB. Hingegen unterfallen die Allgemeinen Geschäftsbedingungen des Lieferanten aus dem Liefervertrag in aller Regel nur der allgemeinen Inhaltskontrolle nach § 307 BGB. Der Leasinggeber ist deshalb, um eine **„AGB-rechtliche Deckungslücke"**[20] zu vermeiden, häufig bestrebt, die AGB des Lieferanten, die dieser im Kaufvertrag dem Leasinggeber auferlegt hat, durch eine Weiterverweisung im Leasingvertrag an den Leasingnehmer weiterzugeben. Das gilt vor allem hinsichtlich der dem Leasinggeber nach Handelsrecht treffenden Rügepflichten[21] und den unter Kaufleuten zulässigen Ausschluss der Sachmängelhaftung. Eine solche Einbeziehung wird bei Verbrauchern als Leasingnehmern nur dann dem Erfordernis des § 305 II BGB standhalten, wenn im Leasingvertrag ausdrücklich auf die Lieferanten-AGB verwiesen und diese dem Vertrag beigefügt werden; bei Kaufleuten dürfte dagegen der bloße Hinweis auf die Lieferanten-AGB genügen.[22]

Gleichstellen kann man dem eine vorherige Aushändigung der AGB durch den Lieferanten an den Leasingnehmer im Rahmen der von ihm geführten Vorgespräche.[23]

Von der Einbeziehung unabhängig ist die Frage zu beurteilen, inwieweit die möglicherweise kundenfeindlicheren AGB des Lieferanten im Verhältnis zum Leasingnehmer als Verbraucher wirksam sind.[24]

3. Überraschende Klauseln

10 Einzelne Klauseln können – besonders bei Verträgen mit Verbrauchern – im Sinne von § 305c BGB überraschend sein.

Das gilt einmal bei Teilamortisationsverträgen hinsichtlich der Ausgleichung des Restwertes[25] und bei Umstellung eines Kilometerabrechnungsvertrages bei vorzeitiger Kündigung auf eine Abrechnung nach kalkuliertem Restwert wegen des damit verbundenen Systemwechsels.[26] Wird der Leasingvertrag einvernehmlich von einem Dritten übernommen, so ist eine Klausel überraschend, nach der der ursprüngliche Leasingnehmer neben dem Dritten weiterhin für die

---

[19] Zur erlasskonformen Vertragsgestaltung vgl. *Rickmers,* ZGS 2011, 14.
[20] MünchKommBGB/*Koch,* Leasing Rn. 72.
[21] Vgl. § 13 Rn. 4.
[22] *Schmid-Burgk/Schölermann,* DB 1991, 1968; *Michalski/Schmitt,* Rn. 107, 108.
[23] Zur Einbeziehung der Lieferanten-AGB generell *Graf von Westphalen,* Rn. C 37 ff.; *Peters,* WM 1992, 1197, 1198.
[24] Dazu § 14 Rn. 9.
[25] BGHZ 97, 65, 73 = NJW 1986, 1335; *BGH* NJW 1986, 1746.
[26] *BGH* NJW 1987, 377; *OLG Celle* NJW-RR 1994, 743; *OLG Köln* NJW 1995, 2044; vgl. auch *BGH* NJW 2004, 2823 (dort allerdings kein Verbraucher) und § 11 Rn. 6.

Zahlung der Leasingraten haften soll.[27] Einigen sich die Parteien auf eine bestimmte Vertrags-laufzeit, soll eine automatische Vertragsverlängerungsklausel überraschend sein.[28]

4. Inhaltskontrolle

Eine unangemessene Benachteiligung im Sinne des § 307 I 1 und II BGB wird im **11** Allgemeinen dann angenommen, wenn die Klausel von dem gesetzlichen Leitbild des jeweiligen Vertrages abweicht. Dies begegnet beim Leasingvertrag deshalb Schwierig-keiten, da ein gesetzliches Leitbild nicht existiert, sondern allenfalls ein von der Praxis und der Rechtsprechung herausgearbeitetes Leitbild besteht.[29] Gleichwohl wird als Leitbild von den leasingtypischen Leistungspflichten ausgegangen.[30] Dem Trans-parenzgebot des § 307 I 2 BGB kommt eine besondere Bedeutung zu. Klauseln, die die Abrechnung bei vorzeitiger Kündigung des Leasingvertrages regeln, sind gerade im Privatleasinggeschäft oft nur schwer verständlich. Die Rechtsprechung betont jedoch auch, dass die Verpflichtung zur Transparenz nur im Rahmen des Möglichen zu erfolgen hat.[31]

Wirksam und unter Beachtung des Leitbildes des Leasingvertrages als mit § 307 **12** BGB vereinbar sind folgende Klauseln anzusehen:

– Abwälzung der Sach- und Preisgefahr für die Zeit nach Überlassung des Leasing-gutes (§ 446 BGB).[32] Der Leasingnehmer wird dadurch schon deshalb nicht un-angemessen benachteiligt, da dieses Risiko in aller Regel durch eine entsprechende Sachversicherung aufgefangen wird. Dem Leasingnehmer ist aber für den Fall des Untergangs oder der erheblichen Beschädigung des Leasinggutes ein fristloses – eventuell auch ein kurzfristiges – Kündigungsrecht oder gleichwertiges Lösungs-recht gegen volle Amortisation der aufgewandten Kosten einzuräumen.[33] Entgegen der Auffassung des *BGH*[34] kann dies nach herrschender Lehre nicht nur für das Kfz-Leasing gelten, sondern muss allgemeine Bedeutung haben.[35] Auch ein Wahl-recht des Leasingnehmers auf Reparatur, Gestellung einer Ersatzsache oder auf Kündigung sollte zugelassen werden.[36]
– Ausschluss der mietrechtlichen Gewährleistung des Leasinggebers, wenn dessen Ansprüche auf Sachmängelhaftung gegen den Lieferanten an den Leasingnehmer abgetreten werden.[37]
– Verbot der Gebrauchsüberlassung an Dritte und der Untervermietung.[38]

---

[27] *Graf von Westphalen,* NJW 1997, 2906.
[28] *OLG Saarbrücken* OLGR 2008, 749.
[29] Vgl. zur Kritik im Einzelnen Staudinger/*Stoffels,* Leasing, Rn. 123 ff.
[30] Einzelfragen bei *Michalski/Schmitt,* Rn. 97 ff.; *Hartleb,* NZM 1996, 295; *Wolf/Eckert/Ball,* Rn. 1676 ff.
[31] BGHZ 95, 39, 48 = NJW 1985, 2253; BGHZ 97, 65, 74 = NJW 1986, 1335; *BGH* NJW 1998, 3114; NJW 2001, 2165; Staudinger/*Stoffels,* Leasing, Rn. 127.
[32] Trotz der gravierenden Abweichung vom mietvertraglichen Modell ganz h. M.: *BGH* NJW 1987, 377; NJW 1988, 198; NJW 1990, 2546; NJW 2004, 1041; MünchKommBGB/*Koch,* Leasing Rn. 88 mit weiteren Nachweisen aus dem Schrifttum; kritisch *Detering,* ZAP 2011, 401, 407.
[33] BGHZ 116, 278 = NJW 1992, 553; *BGH* NJW 1996, 1888; NJW 1998, 2248 – vgl. auch § 13 Rn. 21.
[34] BGHZ 116, 278 = NJW 1992, 553; *Groß,* DAR 1996, 438, 443.
[35] *Wolf/Eckert/Ball,* Rn. 1786, 2000; Staudinger/*Stoffels,* Leasing Rn. 206; MünchKommBGB/*Koch,* Leasing Rn. 90.
[36] Vgl. den Fall BGHZ 116, 22 = NJW 1992, 553.
[37] § 14 Rn. 6 ff.
[38] *BGH* NJW 1990, 3016.

    – Instandhaltungspflichten einschließlich der Pflicht zum Abschluss eines Wartungs-
      vertrages sowie Instandsetzung durch den Leasingnehmer.[39]
    – Versicherungsklauseln mit der Maßgabe, die Versicherung im eigenen Namen, aber
      zugunsten des Leasinggebers abzuschließen (Versicherung für fremde Rechnung
      nach § 43 VVG).[40]
    – Anzeigepflichten bei Unfall.[41]
    – Informationspflichten hinsichtlich der Auseinandersetzungen mit dem Lieferanten
      wegen der Sachmängelgewährleistung.[42]

13 **Unwirksam** sind dagegen folgende Klauseln:
    – Abwälzung des Insolvenzrisikos des Lieferanten für den Fall der Rückabwicklung
      des Kaufvertrages.[43]
    – Ausschluss der Haftung des Leasinggebers für nicht rechtzeitige Lieferung des
      Leasinggutes durch den Lieferanten;[44] das gilt auch dann, wenn der Leasing-
      geber dem Leasingnehmer seine eigenen Ansprüche gegen den Lieferanten ab-
      tritt.[45]
    – Ausschluss der Eigenschaft des Lieferanten als Erfüllungsgehilfe des Leasing-
      gebers.[46]
    – Berücksichtigung von lediglich 90 % des Gebrauchtwagenerlöses als Schadenspau-
      schale bei Teilamortisationsvertrag mit Mehrerlösbeteiligung bei vorzeitiger Kündi-
      gung im Gegensatz zur regulären Beendigung.[47]
    – Nutzungsentschädigung bei nicht rechtzeitiger Rückgabe (da § 546a I BGB die
      Vorenthaltung der Mietsache, die mehr als die bloße Nichtrückgabe ist, voraus-
      setzt).[48]
    – Kündigungsrecht des Leasinggebers ohne Kündigungsgrund beim Projektleasing.[49]
    – Überwälzung des Beschaffungsrisikos beim gescheiterten Projektleasing.[50]

III. Vertragsinhalt

14 In der Praxis ist es üblich, dass sich der Leasinggeber aktiv in die Vertragsverhandlungen zwischen Leasingnehmer und Lieferanten einschaltet, um mittels seiner Allgemeinen Geschäftsbedingungen eine für ihn möglichst günstige Vertragsgestaltung
zu erreichen. Überlässt er hingegen auch den Abschluss des Leasingvertrages den
Verhandlungen zwischen Lieferanten und Leasingnehmer, muss er auch alle zwischen
Leasingnehmer und Lieferanten im Zusammenhang mit dem Erwerb des Leasing-

---

[39] Staudinger/*Stoffels,* Leasing Rn. 211 ff. – auch hier wieder deutliche Abweichung vom
Mietvertrag.
[40] Staudinger/*Stoffels,* Leasing Rn. 207 f.; anders aber für einen Sonderfall *OLG Düsseldorf*
NJW 2005, 1289 (Abschluss einer Versicherung mit Einstandspflicht des Versicherers auch bei
Vorsatz und grober Fahrlässigkeit des Leasingnehmers).
[41] Staudinger/*Stoffels,* Leasing Rn. 96.
[42] Staudinger/*Stoffels,* Leasing Rn. 96.
[43] *BGH* NJW 1990, 314; NJW 1991, 1746; a. A. *Lieb,* DB 1988, 2495, 2500; *Canaris,* NJW
1982, 305, 309 (mit Ausnahme des Hersteller/Händler-Leasing) und AcP 190, 421; Staudinger/
Stoffels, Leasing Rn. 256 unter Hinweis darauf, dass der Leasinggeber das Insolvenzrisiko des
Lieferanten in keiner Weise beherrschen kann.
[44] *OLG Hamm* DB 1980, 393; *OLG Koblenz* WM 1984, 1259; *Martinek,* § 6 III 2; *Reinking/
Eggert,* Rn. L 94 ; a. A. Staudinger/*Stoffels,* Leasing Rn. 83.
[45] MünchKommBGB/*Koch,* Leasing Rn. 86.
[46] § 13 Rn. 1 ff.
[47] BGHZ 151, 188 = NJW 2002, 2713; *Graf von Westphalen,* NJW 2003, 1981, 1987.
[48] *BGH* NJW-RR 2004, 558.
[49] BGHZ 178, 227 = NJW 2009, 575; *Koch,* LMK 2009, 273510.
[50] BGHZ 178, 227 = NJW 2009, 575.

gutes ausgehandelten Modalitäten gegen sich gelten lassen.[51] Dies gilt auch dann, wenn der Leasinggeber in einen Vertrag eintritt, der leasinguntypische Klauseln enthält wie etwa ein unbedingtes Erwerbsrecht des Leasingnehmers nach Vertragsablauf. Der Eintritt des Leasinggebers ist in diesem Fall als Genehmigung der Erklärungen des Lieferanten als Vertreter ohne Vertretungsmacht zu werten.[52] Der Leasinggeber wird in diesem Fall jedoch seine Erklärung nach § 119 I BGB wegen Irrtums anfechten können.[53]

Bisweilen verpflichtet sich der Lieferant gegenüber dem Leasingnehmer, die Leasing-**14a** raten teilweise zu übernehmen oder sonstige Zuschüsse zu übernehmen. Derartige Zusagen binden dann jedoch nur den Lieferanten. Der Leasingnehmer kann solche Vereinbarungen nicht dem Zahlungsanspruch des Leasinggebers entgegenhalten.[54]

IV. Sittenwidrigkeit

Nach ganz herrschender Meinung kann auch ein Leasingvertrag in Anlehnung an die **15** zum Verbraucherdarlehen entwickelten Grundsätze über wucherähnliche Geschäfte nichtig sein.[55]

Als Vergleichsmaßstab für das marktübliche Entgelt will der *BGH* in erster Linie auf vergleichbare Leasingraten abstellen. Danach ist ein auffälliges Missverhältnis gegeben, wenn die vereinbarte Leasingrate um 100 % über der marktüblichen Rate liegt.[56] Soweit sich ein übliches Entgelt nicht feststellen lasse, seien die vom *BGH* entwickelten Prüfungskriterien zur Sittenwidrigkeit von Ratenkrediten entsprechend anzuwenden.[57] Demzufolge ist eine Sittenwidrigkeit zu bejahen, wenn der effektive Vertragszins den marktüblichen Effektivzins um 100 % oder um zwölf Prozentpunkte übersteigt.[58]

Bei der Vollamortisation seien dabei die Leasingraten mit dem von der Bundesbank ermittelten Schwerpunktzins zu vergleichen, wobei allerdings konkret dargelegten höheren Aufwendungen des Leasinggebers durch einen über 2,5 % hinausgehenden Bearbeitungssatz Rechnung zu tragen sei. Bei Teilamortisationsverträgen verweist der *BGH* auf die von *Schmidt/Schumm*[59] vorgeschlagene Formel.

Hinsichtlich des subjektiven Elements bejaht der *BGH* die von ihm praktizierte **16** Vermutung bei Verträgen mit privaten Endverbrauchern, während er die Vermutung bei Verträgen mit vollkaufmännischen Leasingnehmern und selbständigen Freiberuflern verneinen will.[60]

Die Sittenwidrigkeit kann sich im Übrigen auch aus folgenden Umständen ergeben: **17**

– Besondere Vertragsgestaltung mit nachteiligen Klauseln zu Lasten des Leasingnehmers;[61]

---

[51] *OLG Köln* DAR 2002, 513.
[52] *OLG Düsseldorf* BB 2006, 1246; *Weber,* NJW 2007, 2525, 2526.
[53] Offen gelassen in *OLG Düsseldorf* BB 2006, 1246.
[54] *OLG Düsseldorf* NJW-RR 2011, 275 m. w. N.; *Eggert,* DAR-Extra 2012, 750 f.; vgl. auch Rn. 20.
[55] BGHZ 128, 255 = NJW 1995, 1019; ebenso *BGH* NJW 1995, 1146; vgl. auch *OLG Dresden* NJW-RR 2000, 1305 (Einbeziehung des kalkulierten Restwertes); MünchKommBGB/ *Koch,* Leasing Rn. 45.
[56] Grundlegend für den Konsumentenkredit *BGH* NJW 1979, 805; ferner BGHZ 104, 102 = NJW 1988, 1659; BGHZ 110, 336 = NJW 1990, 1595.
[57] Hierzu krit. *Krebs,* NJW 1996, 1177; Einzelfragen bei *Wolf/Eckert/Ball,* Rn. 1755 ff.
[58] BGHZ 128, 255 = NJW 1995, 1019.
[59] *Schmidt/Schumm,* DB 1989, 2109, 2112.
[60] BGHZ 128, 255 = NJW 1995, 1019.
[61] *OLG Köln* NJW-RR 1987, 371.

– Sittenwidrigkeit des Liefervertrages, sofern Leasinggeber und Lieferant im kollusiven Zusammenwirken gehandelt haben;[62]
– Verträge unter Beteiligung der öffentlichen Hand, die in besonders krasser Weise
gegen das Gemeinwohl verstoßen.[63]

18 Bei einem Vollamortisationsvertrag ist für die Frage der Sittenwidrigkeit ein zu
erwartender Restwert bei Vertragsende mit einzubeziehen.[64]

V. Anfechtung

19 Der Leasingvertrag kann nach § 123 I BGB wegen arglistiger Täuschung angefochten
werden. Dies gilt für beide Vertragsteile, wenn in der Praxis auch der Leasingnehmer
weit häufiger eine Anfechtung erklärt als der Leasinggeber.[65]

20 Soweit der Lieferant Erfüllungsgehilfe des Leasinggebers ist,[66] muss sich der Leasinggeber ein arglistiges Verhalten des Lieferanten ohne Rücksicht auf eigenes Verschulden anrechnen lassen.[67] Dies setzt jedoch stets voraus, dass der Lieferant mit Wissen
und Wollen des Leasinggebers in die Verhandlungen eingeschaltet ist[68] und zwischen
der aufgetragenen Verrichtung und der Täuschungshandlung ein innerer, sachlicher
Zusammenhang besteht.

Dies ist etwa dann nicht mehr der Fall, wenn der Lieferant oder ein mit ihm verbundenes drittes
Unternehmen ohne Kenntnis des Leasinggebers dem Leasingnehmer wahrheitswidrig „Werbe-
kostenzuschüsse" oder ähnliches verspricht, sodass die abzuschließenden Leasingverträge für
den Leasingnehmer kostenneutral seien.[69]

Ist der Lieferant Erfüllungsgehilfe, dann ist er kein Dritter im Sinne des § 123 II
BGB.[70] Anfechtungsgegner ist bei einer Vertragsübernahme im Rahmen des Ein-
trittsmodells ausnahmsweise nicht nur der Leasinggeber, sondern auch der Lieferant.[71]

---

[62] MünchKommBGB/*Koch*, Leasing Rn. 45 m. w. N.
[63] *BGH* WM 2006, 1110 (Immobilienleasing).
[64] *OLG Dresden* BB 2000, 480; *Kuhnert*, DAR 2007, 155, 156; a. A. *OLG München* DAR
2007, 155.
[65] Vgl. aber auch *OLG Düsseldorf* NJW-RR 1989, 116 (Täuschung durch Leasingnehmer);
allgemein *Wolf/Eckert/Ball*, Rn. 1743.
[66] Dazu näher § 13 Rn. 1 ff.
[67] *BGH* NJW 1989, 287; NJW 2011, 2874 Tz. 15.
[68] *BGH* NJW 1989, 287.
[69] *BGH* NJW 2011, 2874 Tz. 15; ausführlich *Meyer*, MDR 2012, 688; vgl. auch *Moseschus*,
EWiR 2011, 697.
[70] MünchKommBGB/*Koch*, Leasing Rn. 53.
[71] MünchKommBGB/*Koch*, Leasing Rn. 53.

§ 13. Ansprüche des Leasinggebers

I. Ansprüche aus der Übernahmebestätigung

1. Gebrauchsüberlassung

Durch die Gebrauchsüberlassung wird der Leasingvertrag in Vollzug gesetzt.[1] Die **1** Auslieferung des Leasinggutes erfolgt meist direkt vom Lieferanten an den Leasingnehmer. Insoweit ist der Lieferant als Erfüllungsgehilfe des Leasinggebers hinsichtlich der Erfüllung seiner Gebrauchsüberlassungspflicht[2] anzusehen.[3] Jedoch ist der Leasingnehmer auch Erfüllungsgehilfe des Leasinggebers hinsichtlich dessen Pflicht zur Abnahme des Leasinggutes gegenüber dem Lieferanten.[4]

Der Zeitpunkt der Gebrauchsüberlassung ist von grundlegender Bedeutung, weil damit die Sach- und Preisgefahr auf den Leasingnehmer übergeht[5] und der Leasingnehmer von da ab zur Zahlung der Leasingraten verpflichtet ist.[6]

2. Übernahmebestätigung

Bei der Auslieferung des Leasinggutes an den Leasingnehmer erteilt der Letztere **2** gegenüber dem Lieferanten meist eine schriftliche Übernahmebestätigung. Diese hat eine **doppelte Funktion:** Zum einen soll sie die Übernahme des Leasinggutes gegenüber dem Leasinggeber dokumentieren und damit die Invollzugsetzung diesem zur Kenntnis geben.[7] Zum anderen stellt sie eine Erklärung des Leasingnehmers gegenüber dem Lieferanten dar, dass das Leasinggut überhaupt und in vollem Umfang ausgeliefert wurde.[8] Von dieser Erklärung macht der Lieferant gegenüber dem Leasinggeber Gebrauch, um diesen zur Kaufpreiszahlung zu veranlassen.[9] Auf die vorgenannten Bedeutungen der Übernahmebestätigung muss der Leasinggeber den Leasingnehmer im kaufmännischen Geschäftsverkehr nicht hinweisen.[10]

Dabei ist umstritten, ob in der Übernahmebestätigung auch eine Erklärung des Leasingnehmers über den funktionsfähigen Zustand des Leasinggutes liegt, was richtiger Ansicht nach zu verneinen ist.[11]

Rechtsnatur: Die Übernahmebestätigung hat keine konstitutive Bedeutung; ihr **3** kommt als Quittung im Sinne des § 368 BGB nur eine Beweisfunktion mit der Folge einer Umkehr der Darlegungs- und Beweislast zu,[12] sofern der Leasingnehmer diese Last nicht ohnehin – wie bei der Mangelhaftigkeit des Leasinggutes – trägt.[13] Eine

---

[1] MünchKommBGB/*Koch,* Leasing Rn. 73.

[2] Dazu § 11 Rn. 1.

[3] *BGH* NJW 1988, 198; NJW 1989, 3222, 3224; *OLG Düsseldorf* MDR 2005, 24; Staudinger/*Stoffels,* Leasing Rn. 193 m. w. N.; a. A. *Flume,* DB 1991, 269.

[4] BGHZ 90, 302, 309 = NJW 1984, 2034; *BGH* NJW 1990, 1290; Staudinger/*Stoffels,* Leasing Rn. 175; a. A. *Knops,* JuS 1994, 106, 109.

[5] § 12 Rn. 12.

[6] *BGH* NJW 1993, 1381, 1383.

[7] *BGH* NJW 1989, 3222; *Martinek,* § 6 II 122.

[8] *BGH* ZIP 1989, 1133; *Reinking/Eggert,* Rn. L 336.

[9] *BGH* NJW 1988, 204; NJW 1993, 1381; *Reinking/Eggert,* Rn. L 340.

[10] *BGH* NJW-RR 2010, 1436; *Beckmann,* WuB I J 2.-1.10; *Ball,* DAR 2011, 497, 501 – streitig.

[11] *BGH* NJW 1988, 204; NJW-RR 1990, 1462; *OLG Karlsruhe* ZGS 2007, 277; a. A. *Martinek,* § 6 II 123.

[12] *BGH* NJW 1988, 204; NJW 1989, 3222; NJW 1993, 1381; NJW 2005, 365 Tz. 19.

[13] MünchKommBGB/*Koch,* Leasing Rn. 75.

entsprechende Formularklausel, die die Darlegungs- und Beweislast dem Leasingnehmer auferlegt, ist nicht zu beanstanden,[14] wohl aber dann, wenn an die Übernahmebestätigung eine unbedingte Zahlungspflicht geknüpft wird.[15]

4   Handelsrechtliche Rügeobliegenheit: Der Leasinggeber hat als Kaufmann in aller Regel gegenüber dem Lieferanten eine handelrechtliche Rügeobliegenheit nach § 377 HGB. Der Leasingnehmer wird insofern bei der Abnahme als Erfüllungsgehilfe des Leasinggebers tätig. Nach der Rechtsprechung des *BGH* ist er, auch wenn er Verbraucher und kein Kaufmann ist, gehalten, erkennbare Mängel anzuzeigen, um die Rechtsfolge des § 377 II HGB im Verhältnis zwischen Leasinggeber und Lieferant zu vermeiden.[16] Dieses Ergebnis wird in der Literatur überwiegend als unbefriedigend empfunden. Die herrschende Meinung nimmt eine teleologische Reduktion des § 377 HGB für den Fall vor, dass der Leasingnehmer kein Kaufmann ist und der Lieferant den Kaufvertrag in Kenntnis des Leasingvertrages abschließt.[17] Die Rechtsprechung des *BGH* wiederum hat zur Konsequenz, dass bei einer fehlenden Rüge die Abtretung der kaufrechtlichen Ansprüche des Leasinggebers gegen den Lieferanten an den Leasingnehmer ins Leere geht, soweit unter § 377 II HGB fallende Mängel betroffen sind. In diesem Fall lebt die eigentlich ausgeschlossene mietrechtliche Haftung des Leasinggebers wieder auf.[18] Anderer Ansicht zufolge kommt in diesem Fall eine eigene kaufrechtliche Haftung des Leasinggebers gegenüber dem Leasingnehmer zum Tragen.[19]

Eine eigene, gegenüber dem Leasinggeber bestehende Rügeobliegenheit trifft den Leasingnehmer ohne besondere Abrede nicht.[20] Eine Klausel im Leasingvertrag, die dem Leasingnehmer eine entsprechende Pflicht zur Rüge gegenüber dem Lieferanten bei gleichzeitiger Benachrichtigung des Leasinggebers auferlegt, ist jedenfalls dann wirksam, wenn der Leasingnehmer Kaufmann ist.[21] Darüber hinaus muss der Leasingnehmer Mängel dem Leasinggeber jedoch analog § 536c BGB unverzüglich anzeigen.[22]

3. Unrichtige Übernahmebestätigung

5   Der Leasinggeber hat gegen den Leasingnehmer nach § 368 BGB einen Anspruch auf schriftliche Bestätigung der Übernahme.[23] Stellt der Leasingnehmer schuldhaft auf Veranlassung des Lieferanten, der in diesen Fällen häufig mit Liquiditätsproblemen zu kämpfen haben wird, eine unrichtige Übernahmebestätigung aus, so haftet er dem Leasinggeber wegen Pflichtverletzung nach § 280 BGB auf Schadensersatz.[24] Der Schaden kann darin bestehen, dass der Leasinggeber im Vertrauen auf die Richtigkeit der Bestätigung den Kaufpreis an den Lieferanten zahlt und später – nachdem sich die Übernahmebestätigung als unrichtig erwiesen hat – einen Rückzahlungsanspruch

[14] So wohl *Graf von Westphalen,* Rn. E 11.
[15] *BGH* NJW 1988, 204; *Reinking/Eggert,* Rn. L 337.
[16] BGHZ 110, 130, 140 = NJW 1990, 1290; im Ergebnis auch MünchKommBGB/*Koch,* Leasing Rn. 75; *Eggert,* DAR-Extra 2012, 750, 752
[17] Ausführlich Staudinger/*Stoffels,* Leasing Rn. 181.
[18] So bei Unwirksamkeit der Abtretung *BGH* NJW 2003, 51; NJW 2006, 1068 – vgl. dazu näher § 14 Rn. 26.
[19] Dafür MünchKommBGB/*Koch,* Leasing Rn. 123.
[20] BGHZ 110, 130 = NJW 1990, 1290.
[21] *Graf von Westphalen,* BB 1990, 1.
[22] BGHZ 110, 130 = NJW 1990, 1290.
[23] *BGH* NJW 1995, 187: dabei muss der Leasingnehmer allerdings nicht das ihm vom Leasinggeber überlassene Formular benutzen.
[24] *BGH* NJW 1988, 204; NJW 2005, 365 Tz. 13; NJW-RR 2010, 1436; entsprechender Fall bei *OLG Düsseldorf* BB 1997, 544, vgl. auch *Schattenkirchner,* NJW 2012, 197, 198.

gegen den inzwischen insolventen Lieferanten nicht mehr realisieren kann. Gleiches gilt, wenn der Leasingnehmer die Übernahmebestätigung verspätet erteilt und der Lieferant einen Verzugsschaden gegen den Leasinggeber geltend macht. Eine unrichtige Bestätigung kann auch eine außerordentliche fristlose Kündigung aus wichtigem Grund rechtfertigen.[25]

Stellt der Lieferant eine unzutreffende Übernahmebestätigung aus, kann der Leasinggeber vom Kaufvertrag mit dem Lieferanten gemäß § 323 I, II Nr. 3 BGB sofort zurücktreten.[26]

Bei der Abgabe der Übernahmebestätigung ist der Lieferant nicht Erfüllungsgehilfe **6** des Leasinggebers,[27] denn die Überprüfung der Lieferung des Leasinggutes stellt eine eigene Pflicht des Leasingnehmers dar. Zwar wird die Übernahmebestätigung in erster Linie im Interesse des Leasinggebers erteilt. Gleichwohl ist sie dem Pflichtenkreis des Leasingnehmers zuzurechnen.[28] Daraus folgt, dass sich der Leasinggeber bei seinem Schadensersatzanspruch gegen den Leasingnehmer ein Mitverschulden des Lieferanten – weil dieser es etwa unterlassen hat, den Leasingnehmer auf die Unvollständigkeit der Lieferung hinzuweisen – nach § 278 BGB nicht anrechnen lassen muss.[29] Ein etwaiges Wissen des Lieferanten um die Unrichtigkeit[30] muss sich der Leasinggeber auch nicht entsprechend § 166 BGB zurechnen lassen, da der Lieferant auch nicht Wissensvertreter des Leasinggebers ist.[31] Der Leasingnehmer muss sich im Gegenteil ein etwa weisungswidriges Verhalten des Lieferanten bei der Weiterleitung der Abnahmeerklärung nach § 278 BGB zurechnen lassen.[32]

II. Ansprüche bei Zahlungsverzug des Leasingnehmers

1. Kündigung

a) Verbraucherleasing

Der Leasinggeber kann den Leasingvertrag mit einem Verbraucher wegen Zahlungs- **7** verzugs unter den Voraussetzungen der §§ 506, 498 BGB kündigen.[33]

Danach muss der Leasingnehmer zum einen mit mindestens zwei aufeinanderfolgenden Teilzahlungen ganz oder teilweise in Verzug sein. Es genügt, dass der Leasingnehmer nur mit geringfügigen Teilen der jeweiligen Raten im Rückstand ist. Fraglich ist, ob der Leasingnehmer die Kündigungsvoraussetzungen dadurch umgehen kann, dass er gemäß seinem Bestimmungsrecht nach § 366 I BGB nur auf jede zweite Rate zahlt. Dies wird teilweise bejaht, teilweise unter dem Gesichtspunkt des Rechtsmissbrauches verneint.[34] Der Leasinggeber kann aber dieser Gefahr dadurch begegnen, dass er formularmäßig die Tilgungsreihenfolge festlegt.[35] Teilweise wird auch ver-

[25] *OLG Karlsruhe* ZGS 2007, 277.
[26] *BGH* NJW 2010, 2503.
[27] Der Lieferant ist nur Erfüllungsgehilfe des Leasinggebers im Hinblick auf die Übergabe der Leasingsache selbst.
[28] *OLG Hamm* FLF 2013, 66 (Abredewidriges Ausfüllen eines Blanko-Leasing-Antrags).
[29] *BGH* NJW 2005, 365 Tz. 14 ff. unter Aufgabe der früheren Rechtsprechung; *Graf von Westphalen*, Rn. E 21.
[30] Zu einem kollusiven Zusammenwirken von Leasingnehmer und Lieferant zum Nachteil des Leasinggebers (FlowTex) vgl. BGHZ 161, 90 = NJW 2005, 359 Tz. 40 ff.; *Beckmann*, WuB I J 2.-1.10; *ders.*, FLF 2010, 268, 272.
[31] *BGH* NJW 2005, 365 Tz. 21.
[32] *OLG Karlsruhe* ZGS 2007, 277.
[33] Überblick bei *Andreae*, DAR-Extra 2012, 768, 770.
[34] MünchKommBGB/*Schürnbrand*, § 498 Rn. 12 m. w. N.
[35] MünchKommBGB/*Schürnbrand*, § 498 Rn. 12 m. w. N.

treten, dass bereits in der Teilzahlungsabrede konkludent eine Verrechnungsabrede dergestalt liegt, dass Zahlungen auf die jeweils älteste offene Schuld geleistet werden.[36]

8   Zum anderen muss der Leasingnehmer zusätzlich mit mindestens zehn Prozent (bei Verträgen mit einer Laufzeit von mehr als drei Jahren mit fünf Prozent) des „Nennbetrages des Darlehens" im Rückstand sein (**Rückstandsquote**). Die Rückstandsquote ist anhand der Summe sämtlicher Brutto-Leasingraten einschließlich Zinsen und laufzeitabhängiger Kosten zu berechnen.[37] Sonderzahlungen des Leasingnehmers oder ein kalkulierter Restwert bleiben außer Betracht. Würde man den kalkulierten Restwert berücksichtigen, so würde dies zu dem für den Leasinggeber untragbaren Ergebnis führen, dass er bei einem hohen kalkulierten Restwert und dementsprechend niedrigen monatlichen Raten eine lange Wartezeit in Kauf nehmen müsste, bevor die offenen niedrigen Monatsraten den Rückstand von fünf bzw. zehn Prozent erreicht hätten. Dies wäre angesichts der zunehmenden Entwertung des Leasinggutes, welches oft die einzige Sicherheit darstellt, für den Leasinggeber nicht zumutbar.[38]

9   Zu demselben Ergebnis gelangt man, wenn man eventuelle Sonderzahlungen und kalkulierten Restwert gleichmäßig auf die Vertragslaufzeit verteilt und daraus eine fiktive monatliche Leasingrate bildet, die maßgeblich für die Rückstandsquote ist. Die dann ausgebliebenen Leasingraten in fiktiver Höhe würden die Rückstandsquote in derselben Zeit erreichen wie nach der obigen Berechnung.[39]

10   Schließlich muss der Leasinggeber die Kündigung dem Leasingnehmer androhen und ihm eine zweiwöchige **Frist** zur Zahlung setzen (§ 498 I 1 Nr. 2 BGB). Zahlt der Leasingnehmer vor Ausspruch der Kündigung einen gewissen Teilbetrag, wodurch der Rückstand nicht ausgeglichen, aber unter zehn bzw. fünf Prozent der Brutto-Leasingraten gedrückt wird, bleibt die Kündigung möglich. Die Androhung der Kündigung kann der Leasingnehmer nur dahingehend verstehen, dass er den gesamten rückständigen Betrag zu zahlen habe.[40]

Fordert der Leasinggeber mit seiner Kündigungsandrohung einen höheren als den tatsächlich geschuldeten Betrag, so ist die Kündigung auch dann unwirksam, wenn sich die Zuvielforderung nur auf Nebenforderungen bezieht.[41]

b) Sonstige Leasingverträge

11   Ist der Leasingnehmer kein Verbraucher, kann der Leasinggeber den Vertrag bei Zahlungsverzug entsprechend § 543 II 1 Nr. 3 BGB kündigen. Zum Nachteil des Leasingnehmers abweichende Klauseln sind in der Regel unzulässig.[42]

2. Rechtsfolgen

a) Verzugszinsen

12   Ist der Leasingnehmer ein Verbraucher, gilt die Vorschrift der §§ 506, 497 BGB. Der Zinssatz beträgt durch die Verweisung auf § 288 BGB fünf Prozentpunkte über dem Basiszinssatz. Zahlungen des Leasingnehmers werden zu seinen Gunsten abweichend

---

[36] Palandt/*Weidenkaff*, § 498 Rn. 3.
[37] BGHZ 147, 7 = NJW 2001, 1349.
[38] BGHZ 147, 7 = NJW 2001, 1349.
[39] BGHZ 147, 7 = NJW 2001, 1349.
[40] *BGH* NJW-RR 2005, 1410, Tz. 17 ff.
[41] *BGH* NJW-RR 2005, 1410, Tz. 23 ff.
[42] MünchKommBGB/*Koch,* Leasing Rn. 138.

von § 367 I BGB zuletzt auf die Zinsen angerechnet (§ 497 III 1 BGB). Ist der Leasingnehmer kein Verbraucher, gilt § 288 BGB direkt.

b) Sicherungsrecht

Eine AGB-Klausel im Leasingvertrag, nach der bei Zahlungsverzug des Leasingnehmers der Leasinggeber auch ohne Kündigung berechtigt ist, das Leasinggut vorläufig zurückzuverlangen, ist unwirksam.[43]   **13**

Eine unbefugte Rücknahme löst nicht die Folgen eines fiktiven Rücktritts nach § 508 II 5 BGB aus, da diese Vorschrift auf das Finanzierungsleasing keine Anwendung findet (§ 506 BGB).[44] Der Leasinggeber verliert jedoch den Anspruch auf die Leasingraten, wenn er dem Leasingnehmer zum Beispiel auf Grund einer unwirksamen Kündigung den Gebrauch des Leasinggutes vertragswidrig entzieht.[45]

c) Gesamtfälligstellung

Nach §§ 506, 498 BGB schuldet der Leasingnehmer – sofern er Verbraucher ist – nach erfolgter Kündigung keine Zahlung der laufenden Leasingraten mehr. Vielmehr wird die gesamte Restschuld abzüglich der Zinsen und sonstigen laufzeitabhängigen Kosten des Vertrags fällig, die auf die Zeit nach Wirksamwerden der Kündigung entfallen. Dies bedeutet, dass Zinsen und Kosten entsprechend abzuzinsen sind. Dabei handelt es sich um einen Schadensersatzanspruch eigener Art, der keiner Nachfristsetzung bedarf.[46] Dies erklärt sich daraus, dass bereits die Kündigung selbst eine erfolglos verstrichene Nachfristsetzung erfordert (§ 498 1 Nr. 2 BGB).   **14**

Der Leasingnehmer hat jedoch nur diejenigen Zahlungen zu erbringen, die bis zum Zeitpunkt einer nach dem Vertrag zulässigen ordentlichen Kündigung angefallen wären.[47] Bei Teilamortisationsverträgen ist eine für den Fall der ordentlichen Kündigung vorgesehene Ausgleichszahlung zu Lasten des Leasingnehmers zu berücksichtigen; für eine ergänzende Vertragsauslegung ist in der Regel kein Raum.[48] Auf jeden Fall ist die Höhe des Schadens durch das Erfüllungsinteresse begrenzt.[49] Auf den Ersatzanspruch des Leasinggebers ist ein Erlös aus der Verwertung des Leasinggutes anzurechnen.[50]   **15**

AGB-Klauseln, die eine Berechnung des Schadens vorsehen, sind nur bei einer konkreten Ausgestaltung der Berechnungsfaktoren zulässig.[51] Da dies aber kaum möglich ist, muss der Leasinggeber in aller Regel den Schaden der Höhe nach konkret darlegen. Möglich bleibt im Rahmen der einzelnen Positionen eine Schätzung nach § 287 ZPO.[52]   **16**

Bei der außerordentlichen Kündigung eines Kilometerabrechnungsvertrages[53] spielt der intern kalkulierte Restwert des Fahrzeuges bei der konkreten Berechnung des   **17**

---

[43] *OLG Celle* NdsRpfl 1994, 185.
[44] Dazu auch *BGH* NJW 2002, 133, 135.
[45] BGHZ 144, 371 = NJW 2000, 3133.
[46] *BGH* NJW 1984, 2687; BGHZ 95, 39 = NJW 1985, 2253; Überblick bei *Andreae,* DAR-Extra 2012, 768, 771.
[47] BGHZ 95, 39 = NJW 1985, 2253; *BGH* NJW 1991, 221.
[48] BGHZ 95, 39 = NJW 1985, 2253 (unter Aufgabe der früheren Rechtsprechung *BGH* WM 1982, 666).
[49] BGHZ 95, 39 = NJW 1985, 2253; *BGH* NJW 1991, 221; *Groß,* DAR 1996, 445.
[50] Dazu näher Rn. 50 ff.
[51] BGHZ 95, 39 = NJW 1985, 2253.
[52] Beispielsweise zu den ersparten Aufwendungen: *OLG Frankfurt/M.* VersR 1995, 53; *OLG Naumburg* DAR 1998, 393.
[53] Zum Begriff vgl. § 11 Rn. 6.

Kündigungsschadens als Rechnungsposten für den hypothetischen Fahrzeugwert bei Vertragsende keine Rolle.[54]

Ist der Leasingnehmer kein Verbraucher, hat der Leasinggeber einen Anspruch auf Schadensersatz statt der Leistung nach §§ 280, 281 BGB, der im wesentlichen die obigen Positionen umfasst, darüber hinaus aber auch einen weitergehenden entgangenen Gewinn des Leasinggebers oder eine von diesem an den Refinanzierer zu zahlende Vorfälligkeitsentschädigung beinhalten kann.

III. Ansprüche bei Verkehrsunfall (Kfz-Leasing)

1. Ansprüche gegen den Leasingnehmer

18   Ist die Sach- und Preisgefahr durch Allgemeine Geschäftsbedingungen wirksam auf den Leasingnehmer abgewälzt, muss dieser grundsätzlich die geschuldeten Leasingraten weiterzahlen, wenn das Leasingfahrzeug durch einen Verkehrsunfall mit einem Dritten zerstört oder beschädigt wird.[55] Anderweitigen Ersatz etwa durch eine Kaskoversicherung, die neben dem Leasingnehmer als Gesamtschuldner haftet, muss sich der Leasinggeber jedoch anrechnen lassen.[56] Daneben hat der Leasinggeber keinen Schadensersatzanspruch gegen den Leasingnehmer wegen der Beschädigung des Fahrzeugs. Zwar ist der Leasinggeber nach wie vor Eigentümer des Fahrzeugs, sodass ein Deliktsanspruch aus § 823 I BGB oder § 823 II BGB in Verbindung mit dem jeweiligen Schutzgesetz in Frage kommen könnte. Aufgrund seines Vollamortisationsanspruchs gegen den Leasingnehmer fehlt es aber an einem ersatzfähigen Schaden. Auch ein Anspruch aus § 7 I StVG scheidet aus, da sich die Halterhaftung nach dem Schutzzweck der Vorschrift nicht auf das gehaltene Fahrzeug selbst erstreckt.[57]

19   Ist das Fahrzeug noch reparaturfähig, hat der Leasinggeber einen Anspruch gegen den Leasingnehmer auf Durchführung der Reparatur auf dessen Kosten.[58] Anspruchsgrundlage ist sowohl § 823 I BGB als auch der Leasingvertrag.[59]

20   In der Regel ist der Leasingnehmer nach den Vertragsbedingungen verpflichtet, eine Vollkaskoversicherung abzuschließen. Dabei handelt es sich um eine Versicherung für fremde Rechnung (§ 44 VVG), sodass die Rechte aus dem Versicherungsvertrag dem Leasinggeber zustehen. Umsatzsteuer auf die Wiederbeschaffungs- oder Reparaturkosten hat der Versicherer auch dann nicht zu leisten, wenn der Leasingnehmer nicht vorsteuerabzugsberechtigt ist, da es insofern auf die Vorsteuerabzugsberechtigung des Leasinggebers ankommt.[60] Erbrachte Versicherungsleistungen muss der Leasinggeber dem Leasingnehmer zur Durchführung der Reparatur zur Verfügung stellen.[61] Dies gilt auch beim Totalschaden. Die Versicherungsleistungen müssen dem Leasingnehmer zugute kommen, da er seinerseits die Sach- und Preisgefahr trägt und der Leasinggeber weiterhin seinen Anspruch auf Vollamortisation besitzt. Dies setzt aber voraus, dass der Leasingnehmer das Fahrzeug auch tatsäch-

---

[54] *BGH* NJW 2004, 2823; *OLG Düsseldorf* OLGR 2006, 347; a. A. *Müller-Sarnowski*, DAR 2004, 368, 370.
[55] *BGH* NJW-RR 1991, 280; vgl. im Einzelnen *Engel*, ZAP 2006, 917; *dies.*, ZAP 2007, 649 ff.; *Detering*, ZAP 2011, 401, 410; *Riedmeyer*, DAR-Extra 2012, 742.
[56] *Reinking/Eggert*, Rn. L 536; *Groß*, DAR 1996, 444.
[57] BGHZ 187, 379 = NJW 2011, 996; *Riedmeyer*, DAR-Extra 2012, 742, 743.
[58] *Graf von Westphalen*, Rn. I 52; *Engel*, ZAP 2007, 649, 650.
[59] *Groß*, DAR 1996, 444.
[60] *BGH* NJW 1988, 2803; NJW 1993, 2870; bei Teilschaden streitig – vgl. die Nachweise bei *Engel*, ZAP 2007, 649, 651.
[61] BGHZ 93, 391 = NJW 1985, 1537; BGHZ 116, 278 = NJW 1992, 683.

lich repariert.[62] Es ist nicht erforderlich, dass Leistungen aus der Kaskoversicherung ausdrücklich im Leasingvertrag dem Leasingnehmer zugewiesen werden. Auch ohne ausdrückliche Regelung ergibt sich dies aus dem Leasingvertrag und steht einer wirksamen Abwälzung der Sach- und Preisgefahr auf den Leasingnehmer nicht entgegen.[63] Ein „Übererlös" aus den Versicherungsleistungen, der über die zur Reparatur oder Wiederbeschaffung erforderlichen Beträge hinausgeht, steht jedoch dem Leasinggeber auch dann zu, wenn sein Amortisationsinteresse schon vollständig befriedigt ist.[64]

Bei einem wirtschaftlichen Totalschaden oder einer erheblichen Beschädigung des Fahrzeugs steht sowohl dem Leasinggeber als auch dem Leasingnehmer ein **außerordentliches Kündigungsrecht** bzw. ein gleichwertiges Lösungsrecht zu.[65] Eine erhebliche Beschädigung in dem vorgenannten Sinn liegt auf jeden Fall vor, wenn der Reparaturkostenaufwand 80 % des Zeitwertes beträgt;[66] auch bei 66 % ist die Grenze schon überschritten.[67] Ein derartiges Kündigungsrecht wird in den Allgemeinen Geschäftsbedingungen in der Regel vereinbart,[68] da ansonsten die Sach- und Preisgefahr nicht wirksam auf den Leasingnehmer abgewälzt werden kann.[69] Fraglich ist, ob sich ein solches Recht des Leasinggebers auch ohne eine gesonderte Vereinbarung direkt aus dem Gesetz – etwa aus § 314 BGB – ergibt.[70] Die Ansprüche des Leasinggebers nach einer außerordentlichen Kündigung sind nach den unter Rn. 56 ff. dargestellten Grundsätzen zu berechnen.

21

2. Ansprüche gegen den Unfallgegner

Ist der Unfallgegner für den Eintritt des Schadens am Leasinggut (mit-)verantwortlich, hat der Leasinggeber als Eigentümer Schadensersatzansprüche wegen Eigentumsverletzung aus § 823 I BGB bzw. § 823 II BGB in Verbindung mit einem Schutzgesetz bzw. § 7 StVG. Zu beachten ist, dass der Leasinggeber nur den eingetretenen **Substanzschaden** geltend machen kann; den eingetretenen **Nutzungsschaden** kann der Leasingnehmer liquidieren.[71] Der Substanzschaden kann in den Reparaturkosten zuzüglich Wertminderung bzw. bei Totalschaden in dem Wiederbeschaffungswert bestehen.[72] Ein Ersatz auf volle Amortisation in Höhe der Leasingraten steht dem Leasinggeber gegen den Unfallgegner dagegen nicht zu.[73]

22

Sofern eine Überschneidung der Ansprüche von Leasinggeber und Leasingnehmer vorliegt, sind beide als Gesamtgläubiger (§ 428 BGB) oder gemeinschaftliche Gläubiger (§ 432 BGB) anzusehen.[74]

---

[62] *BGH* NJW 2011, 3709 (vorzeitige Beendigung eines Leasingvertrags mit Andienungsrecht und ohne Mehrerlösbeteiligung); *Moseschus,* EWiR 2012, 133.

[63] *BGH* NJW 2004, 1041.

[64] *BGH* NJW 2008, 989; NJW 2011, 3709; zustimmend *Weber,* NJW 2008, 992; *Nitsch,* NZV 2011, 14; a. A. *Müller-Sarnowski,* DAR 2008, 147 (kein Surrogat, soweit die Versicherungsleistung über den Wiederbeschaffungswert hinausgeht); kritisch auch *Reinking,* DAR 2011, 125, 128 (nur teilweise Berücksichtigung der Sonderzahlung); *ders.,* DAR 2009, 502, 507.

[65] Ob dies auch für Leasingverträge über andere Wirtschaftsgüter gilt, ist streitig – vgl. *BGH* NJW 1988, 198 (dagegen) und Staudinger/*Stoffels,* Leasing Rn. 206 (dafür) m. w. N.

[66] *BGH* NJW 1998, 3270; NJW 2004, 1041.

[67] *BGH* NJW 1996, 3338.

[68] Nach einer Mindermeinung ist dies wegen Verstoßes gegen § 307 I BGB nicht zulässig – vgl. den Meinungsüberblick bei *Dötsch,* WM 2009, 1349, 1350.

[69] BGHZ 116, 278 = NJW 1992, 683.

[70] Dagegen *Dötsch,* WM 2009, 1349, 1350 mit Überblick über den Meinungsstand.

[71] Zu letzterem Rn. 25 ff.

[72] *BGH* NJW-RR 1991, 280.

[73] *BGH* NJW-RR 1991, 280.

[74] Hierzu *Schnauder,* JuS 1992, 825.

23 In den Allgemeinen Geschäftsbedingungen ist in der Regel vorgesehen, dass der Leasingnehmer für sämtliche Ansprüche aus einem Verkehrsunfall gegen den Schädiger und die gegnerische Haftpflichtversicherung aktivlegitimiert ist. In diesem Fall kann und muss der Leasingnehmer im Wege der gewillkürten Prozessstandschaft klagen und Zahlung an den Leasinggeber verlangen.[75]

24 **Mitverschulden:** Haben der Dritte und der Leasingnehmer beide die Zerstörung bzw. Beschädigung des Leasinggutes herbeigeführt, so haften sie gegenüber dem Leasinggeber als Gesamtschuldner.[76] Ein Mitverschulden des Leasingnehmers sowie die Betriebsgefahr des Leasingfahrzeugs ist dem Leasinggeber nach § 9 StVG, § 254 BGB und auch im Rahmen einer Haftung aus § 823 BGB nicht zuzurechnen.[77] Gleiches gilt für die Abwägung der gegenseitigen Verursachung nach § 17 StVG. Der Leasinggeber ist nicht Halter des Fahrzeugs (dies ist der Leasingnehmer), sondern nicht haltender Eigentümer. Dieser aber ist – mit Ausnahme der Bestimmung des § 17 III 3 StVG – in den Anwendungsbereich des § 17 StVG nicht einbezogen.[78] Die Vorschrift des § 9 StVG ist nicht anwendbar, wenn kein Anspruch aus Gefährdungshaftung geltend gemacht wird; § 254 BGB ist unanwendbar, weil der Leasingnehmer nicht Erfüllungsgehilfe des Leasinggebers ist. Der Dritte kann seinerseits den Leasingnehmer über § 426 I BGB in Anspruch nehmen.

Streitig ist jedoch, ob dem Leasinggeber nicht die Betriebsgefahr des Leasingnehmers zuzurechnen ist, wenn er den Dritten nur unter dem Gesichtspunkt der Betriebsgefahr in Anspruch nimmt.[79] In diesem Falle würde nämlich ein Regress des Dritten gegen den Leasingnehmer daran scheitern, dass letzterer im Verhältnis zum Leasinggeber nicht als Gesamtschuldner angesehen werden kann (durch die Gefährdungshaftung wird nicht der Eigentümer geschützt, von dem die haftungsbegründende Betriebsgefahr ausgeht[80]).

3. Exkurs: Ansprüche des Leasingnehmers gegen den Unfallgegner

25 Der Anspruch des Leasingnehmers aus § 823 I BGB (Verletzung des Besitzrechts) und aus § 7 I StVG (als Halter des Kraftfahrzeugs) ist auf Ersatz des Nutzungsschadens gerichtet. Dagegen hat er keinen Anspruch auf Ersatz des Substanzschadens, der dem Leasinggeber zusteht.[81]

26 Der Nutzungsschaden umfasst folgende Positionen:[82]
– Ersatz für die Wiederbeschaffung eines gleichwertigen Fahrzeugs einschließlich der Umsatzsteuer, sofern der Leasingnehmer nicht vorsteuerabzugsberechtigt ist[83]
– zusätzliche Kreditkosten
– Ersatz steuerlicher Nachteile
– Verlust von Zinsvorteilen

[75] *Engel,* ZAP 2007, 249, 250.
[76] *Martinek,* § 8 III 2, 214.
[77] BGHZ 173, 182 = NJW 2007, 3120 Tz. 11 ff.; vgl. dazu *Nugel,* NZV 2009, 313; *Reinking,* DAR 2011, 125; *Riedmeyer,* DAR-Extra 2012, 742, 744; kritisch dazu *Becker,* ZGS 2008, 415.
[78] BGHZ 173, 182 Tz. 8 ff. = NJW 2007, 3120 – sehr streitig.
[79] Vgl. den Meinungsüberblick bei *Nugel,* jurisPR-VerkR 22/2008 Anm. 1.; *Becker,* ZGS 2008, 415, 422; *Reinking,* DAR 2011, 125.
[80] *Geyer,* NZV 2005, 565, 568.
[81] Vgl. Rn. 22; anders für einen Ausnahmefall *OLG Düsseldorf* NJW-RR 2003, 775.
[82] BGHZ 116, 22 = NJW 1992, 553.
[83] *OLG Hamm* MDR 2001, 213; NJW-RR 2003, 774; a. A. *OLG Köln* ZfS 2005, 248.

– vorübergehender Gebrauchsentzug (entgangene Nutzung, Mietwagenkosten, eventuell entgangener Gewinn)[84]
– Rechtsverfolgungskosten.[85]

Dagegen kann der Leasingnehmer keinen Ersatz für folgende Positionen verlangen: 27
– Zahlung nutzloser Leasingraten[86]
– Zahlung des Restwerts der Amortisation
– Kosten eines ersatzweise abgeschlossenen Leasingvertrages.

IV. Schadensersatzansprüche bei Verlust oder Beschädigung des Leasinggutes

Schäden am Leasinggut, die nicht unter eine der unter Rn. 18 ff. beschriebenen Fallgruppen fallen, aber über eine normale Abnutzung im Rahmen des Gebrauchs hinausgehen (Analogie zu § 538 BGB),[87] sind von dem Leasingnehmer auszugleichen.[88]   28

Dieser Ausgleich erfolgt im Wege eines Schadensersatzanspruchs bei dem Vollamortisationsvertrag, bei dem Teilamortisationsvertrag mit Andienungsrecht des Leasinggebers, wenn dieses Recht nicht ausgeübt wird, sowie bei den Kilometerabrechnungsverträgen.

In den anderen Fällen – Teilamortisation mit Mehrerlösbeteiligung oder mit Abschlusszahlung, Pkw-Leasing mit kalkuliertem Restwert – findet der Ausgleich nicht durch die Zubilligung eines gesonderten Schadensersatzanspruchs statt, da die übermäßige Beschädigung bzw. der Verlust bereits in die Höhe des durch Verwertung erzielten Erlöses einfließt.

Zwecks Feststellung der Schäden und des notwendigen Verschuldens des Leasingnehmers trifft den Leasinggeber bei der Rückgabe eine Pflicht zur Beweissicherung.[89]   29

In diesen Fällen ist die Anfertigung eines Protokolls angezeigt, in dem die festgestellten Abnutzungen – eventuell unter Beifügung von Fotos – festzuhalten sind und von beiden Vertragsteilen durch Unterschrift anerkannt werden. Bei größeren Schäden ist die Einschaltung eines Sachverständigen geboten, dem ein klarer Auftrag zur Feststellung des Schadens zu erteilen ist[90] und der beide Vertragspartner zu der von ihm vorzunehmenden Besichtigung hinzuzuziehen hat.[91]

Die Höhe des Schadens besteht in dem Ersatz der notwendigen Reparaturkosten,   30
wobei dem Leasinggeber eine Pflicht zur Schadensminderung obliegt. Im Falle des Totalschadens besteht eine Pflicht zum Ausgleich der Verkehrswertdifferenz.

Ein **Verlust** des Leasinggutes beim Leasingnehmer löst ein außerordentliches Kündigungsrecht des Leasinggebers aus.[92]   31

---

[84] *BGH* NJW-RR 1991, 280.
[85] *Reinking/Eggert,* Rn. L 559.
[86] BGHZ 116, 22 = NJW 1992, 553; *BGH* NJW-RR 1991, 280.
[87] Zur Abgrenzung vgl. *OLG Düsseldorf* OLGR 2006, 217.
[88] *LG Gießen* NJW-RR 1995, 687; *LG Frankfurt/M.* NJW-RR 1998, 349 (einschr. AGB-Klausel).
[89] *LG Frankfurt/M.* NJW-RR 1988, 1134; *LG Hamburg* NJW-RR 1989, 883.
[90] *BGH* NJW-RR 1992, 502, 504.
[91] Rn. 54, 55.
[92] Vgl. Rn. 32 ff.; zur Klauselgestaltung in diesen Fällen vgl. *BGH* NJW 2007, 290.

V. Ansprüche bei Beendigung des Leasingvertrages

1. Fallgruppen

a) Kündigung durch Leasinggeber

32 Eine vorzeitige Kündigung des Leasingvertrages durch den Leasinggeber kommt in erster Linie in Betracht bei Zahlungsverzug des Leasingnehmers[93] und der erheblichen Beschädigung des Leasingfahrzeuges beim Kfz-Leasing in Betracht.[94]

Daneben ist eine außerordentliche Kündigung des Leasinggebers möglich, wenn sich die Vermögensverhältnisse des Leasingnehmers wesentlich verschlechtern (§ 314 BGB) und die Zahlung der Leasingraten hierdurch konkret und gravierend gefährdet ist.[95] Fraglich ist jedoch, ob dies auch beim Verbraucherleasing gilt, da § 498 BGB eine gewisse Sperrwirkung entfaltet.[96]

Sonstige wichtige Gründe wie vertragswidriger Gebrauch des Leasinggutes nach Abmahnung (Analogie zu § 543 II BGB),[97] unbefugte Untervermietung[98], dauerhafter Verstoß gegen die Pflicht zur Versicherung des Leasinggutes[99] oder unbefugter Austausch des Leasinggutes[100] berechtigen ebenfalls zur außerordentlichen Kündigung.

b) Kündigung durch Leasingnehmer

33 Der Leasingnehmer kann den Vertrag außerordentlich kündigen, wenn beim Kfz-Leasing das Fahrzeug erheblich beschädigt wird.[101]

Weiterhin kann eine außerordentliche Kündigung in Betracht kommen, wenn das Leasinggut endgültig[102] nicht geliefert wird,[103] der Leasinggeber dem Leasingnehmer den Gebrauch des Leasinggutes wieder entzieht (Analogie zu § 543 BGB)[104] oder der Leasinggeber sonstige Pflichten in so erheblichem Maße verletzt, dass dem Leasingnehmer eine Fortsetzung des Vertrages nicht zugemutet werden kann (Analogie zu §§ 543, 569 II, IV BGB).[105]

c) Einvernehmliche Vertragsaufhebung

34 Der Leasingvertrag kann jederzeit vorzeitig durch Vereinbarung zwischen Leasinggeber und Leasingnehmer aufgehoben werden. In Frage kommt auch eine Aufhebung in Form der Vereinbarung zwischen Leasingnehmer und Lieferant über die Lieferung einer neuen Leasingsache, der aber der Leasinggeber zustimmen muss.[106]

---

[93] Dazu Rn. 7 ff.
[94] Dazu Rn. 21.
[95] *BGH* NJW 1991, 102; *Andreae,* DAR-Extra 2012, 768, 770.
[96] So jedenfalls Staudinger/*Stoffels,* Leasing Rn. 319 m. w. N.
[97] Staudinger/*Stoffels,* Leasing Rn. 320; vgl. jedoch auch *OLG Düsseldorf* OLGZ 1991, 383.
[98] *BGH* NJW 1990, 3016; *Andreae,* DAR-Extra 2012, 768, 769.
[99] *OLG Koblenz* MDR 2002, 694.
[100] *Graf von Westphalen,* Rn. K 25 f.
[101] Vgl. dazu Rn. 21 ff.
[102] Der Leasingnehmer muss natürlich zunächst gegen den Lieferanten vorgehen – Staudinger/*Stoffels,* Leasing Rn. 190.
[103] Kündigung nach § 543 BGB – *BGH* NJW 1993, 122; Kündigung nach § 313 III 2 BGB – Konsequenz aus *BGH* NJW 1986, 179.
[104] *BGH* NJW 1993, 122.
[105] *BGH* NJW 1986, 204, 206; NJW-RR 1992, 502, 503; Überblick bei *Andreae,* DAR-Extra 2012, 768.
[106] Hierzu *OLG Frankfurt/M.* NJW-RR 1989, 885; anders bei Bevollmächtigung des Lieferanten durch den Leasinggeber, *OLG Dresden* DAR 2002, 505.

Hat der Leasinggeber den Anspruch auf Zahlung der Leasingraten an eine Bank im   35
Wege der Forfaitierung abgetreten, kann er nicht mehr mit dem Leasinggeber die
vorzeitige Aufhebung des Leasingvertrages vereinbaren und damit die abgetretenen
Ansprüche der Bank zum Erlöschen bringen. Dem gutgläubigen Leasingnehmer
bleibt allerdings der Schutz aus § 407 BGB erhalten.[107] Ob der Leasingvertrag vom
Leasingnehmer erfüllt ist, wenn dieser mit einem Dritten eine Vertragsablösung durch
eine Einmalzahlung (hier: 60 % des Bruttoneuwagenpreises) vereinbart und diese
Zahlung auch erbringt, ist Auslegungsfrage im Einzelfall.[108]

d) Fristablauf

Eine automatische Beendigung des Leasingvertrages durch Fristablauf kommt nur in   36
Frage, wenn eine solche Befristung aus dem Vertragstext klar ersichtlich ist.

Fehlt eine solche Regelung, kann auch bei einem Vollamortisationsvertrag nicht durch   37
Auslegung auf eine automatische Beendigung durch Ablauf der Grundmietzeit geschlossen werden; vielmehr ist auch dann eine Kündigung erforderlich.[109] Gleiches
muss auch beim Teilamortisationsvertrag gelten.

Eine Anwendung des § 545 BGB – stillschweigende Verlängerung des Vertragsver-   38
hältnisses durch Weiterbenutzung – ist abzulehnen, da eine Weiterzahlung der bisherigen Leasingraten nach Ablauf der Grundmietzeit nicht gerechtfertigt ist und sonst
eine steuerrechtliche Aktivierungspflicht bei dem Leasingnehmer entstünde.[110] Gleiches muss auch für den Teilamortisationsvertrag gelten, da dort die Ausgleichung des
Restwertes auf andere Weise geregelt ist.[111] Eine AGB-Klausel, die den § 545 BGB
vorsorglich abbedingt, ist wirksam.[112]

2. Anspruch auf Rückgabe des Leasinggutes

Bei Beendigung des Vertrages hat der Leasinggeber gegen den Leasingnehmer einen   39
Anspruch auf Rückgabe des Leasinggutes sowohl aus § 546 BGB als auch aus § 985
BGB. Ausnahmen bestehen bei dem Teilamortisationsvertrag mit Andienungsrecht
des Leasinggebers, wenn der Leasinggeber dieses ausübt, ferner beim Null-Leasing,
wenn der Leasingnehmer sein Erwerbsrecht ausübt. Auf eine Vereinbarung mit dem
Lieferanten, nach der dieser die Leasingsache nach Ablauf des Leasingvertrages vom
Leasinggeber kauft und sodann an den Leasingnehmer weiterverkauft, kann sich der
Leasingnehmer gegenüber dem Leasinggeber nicht berufen, wenn letzterer von dieser
Vereinbarung keine Kenntnis hatte.[113]

Nach herrschender Meinung ist handelt es sich bei der Rückgabeverpflichtung des   40
Leasingnehmers um eine **Bringschuld;** der Leasingnehmer muss dem Leasinggeber
an dessen Sitz auf eigene Kosten und Gefahr den unmittelbaren Besitz verschaffen.[114]
In der Regel ist vereinbart, dass das Fahrzeug beim Leasinggeber oder beim Händler
zurückgegeben wird. Über die Rückgabe wird ein Protokoll angefertigt. Gibt der
Leasingnehmer in diesem Protokoll einzelne detaillierte Erklärungen über den Zu-

---

[107] BGHZ 111, 84 = NJW 1990, 1785; *Deubner,* JuS 1992, 19; vgl. auch *Michalski/Schmitt,*
Rn. 261.
[108] *BGH* NJW 2003, 2382 – sog. Flens-Modell.
[109] *BGH* NJW 1990, 247.
[110] *OLG Düsseldorf* BB 1989, 173 mit Anm. *Friedrich/Gölzenleuchter; LG Hamburg* NJW-
RR 1986, 473.
[111] Vgl. § 11 Rn. 2 ff.
[112] *Michalski/Schmitt,* Rn. 259.
[113] *BGH* NJW-RR 2005, 1421.
[114] *BGH* NJW 1985, 2665.

stand des Fahrzeugs ab, so muss er sich hieran auch festhalten lassen. Dies gilt jedenfalls dann, wenn der Leasingnehmer Kaufmann ist.[115]

41 Bei **nicht fristgerechter Rückgabe** muss der Leasinggeber auf Rückgabe klagen und seine Ansprüche tunlichst im Eilverfahren durchsetzen. Mit einem normalen Klageverfahren ist dem Leasinggeber in der Regel wenig gedient, wenn der Leasingnehmer keine Zahlungen mehr erbringt und das Leasinggut – die einzige Sicherung des Leasinggebers – ständig an Wert verliert.[116]

42 Ob der Leasinggeber bei nicht fristgerechter Rückgabe einen **Anspruch auf Weiterzahlung** der vereinbarten Leasingraten hat, ist streitig. Die Rechtsprechung[117] und Teile der Literatur[118] gewähren dem Leasinggeber einen entsprechenden Anspruch aus § 546a I BGB. Nach der Gegenansicht[119] hat der Leasinggeber in diesem Fall lediglich einen Anspruch auf Zahlung des üblichen Nutzungswertes nach Bereicherungsrecht. Für die letztere Ansicht spricht, dass die Höhe der vereinbarten Leasingraten – anders als die Konzeption des § 546a I BGB – jedenfalls nicht nur durch den aktuellen Nutzwert des Leasinggutes bestimmt wird, sondern ganz wesentlich durch die für den Leasinggeber erforderliche Amortisation. Hat sich der Vertrag für den Leasinggeber amortisiert, so ist kein Grund ersichtlich, warum der Leasingnehmer bei zunehmender Entwertung des Leasinggutes eine weit über dem Nutzwert liegende Entschädigung nach Vertragsbeendigung zahlen soll.

43 Kann das Leasinggut wegen behauptetem übermäßigem Verschleiß und anschließender Verschrottung nicht zurückgegeben werden, kann der Leasinggeber solange monatliche Nutzungsentschädigungen verlangen, als sein Verhalten nicht als unzulässige Rechtsausübung anzusehen ist. Dies ist dann der Fall, wenn der Zeitwert des Leasinggutes alters- oder gebrauchsbedingt soweit abgesunken ist, dass die Höhe der monatlichen Nutzungsentschädigung völlig außer Verhältnis zu dem Zeitwert des Leasinggutes stehen würde.[120]

44 Stets setzt ein Zahlungsanspruch des Leasinggebers jedoch voraus, dass dieser seinen Rückgabeanspruch auch geltend macht. Ein bloßes Unterlassen der Herausgabe stellt noch kein nach § 546a I BGB erforderliches Vorenthalten dar. Dies ist nur dann gegeben, wenn das Unterlassen der Herausgabe auch dem Willen des Leasinggebers widerspricht.[121]

3. Anspruch auf Verwertung des Leasinggutes

45 Nach Beendigung des Leasingvertrages hat der Leasinggeber als Eigentümer einen Anspruch auf Verwertung des Leasinggutes, zu dessen Vorbereitung der Herausgabeanspruch[122] dient. Die Verwertung des Leasinggutes erfolgt im beiderseitigen Interesse, da der Verwertungserlös bei der Abrechnung des Vertrages beispielsweise beim Teilamortisationsvertrag mit Aufteilung des Mehrerlöses anzurechnen ist. Die Vertragsparteien können jedoch auch anderweitige Vereinbarungen treffen. Bei einem Andienungsrecht des Leasinggebers spielt die Verwertung keine Rolle, wenn der Leasingnehmer das Leasinggut aufgrund der Andienung erwirbt. Ebenfalls ist es möglich, die Verwertung dem Leasingnehmer zu überlassen.

---

[115] A. A. *Reinking/Eggert*, Rn. L 637.
[116] Vgl. dazu im Einzelnen *Bornhorst*, WM 1998, 1671.
[117] BGHZ 107, 123 = NJW 1989, 1730; *BGH* NJW-RR 2005, 1081.
[118] Überblick bei Staudinger/*Stoffels*, Leasing Rn. 285.
[119] Staudinger/*Stoffels*, Leasing Rn. 286 m. w. N.
[120] *BGH* NJW-RR 2005, 1081; *OLG Köln* NJW-RR 1993, 121.
[121] *BGH* NJW-RR 2004, 558.
[122] Dazu Rn. 39 ff.

4. Erfüllungsansprüche bei ordnungsgemäßer Beendigung des Vertrages

a) Grundsätze

Erfüllungsansprüche nach ordnungsgemäßer Beendigung des Vertrages sind auf die 46
Ausgleichung des Restwertes gerichtet. Dabei ist zwischen den einzelnen Vertragstypen zu unterscheiden.

Bei regulärem Ablauf eines Vollamortisationsvertrages scheidet ein Restwertanspruch 47
des Leasinggebers in der Regel aus, da die Amortisation mit dem Ablauf der Grundmietzeit durch die Leasingraten getilgt ist.

Etwas anderes muss aber gelten, wenn der Vollamortisationsvertrag ausnahmsweise vorzeitig
beendet wird.[123] Hier muss, da die Vollamortisation nicht voll durchgeführt ist, dem Leasinggeber ein Anspruch auf Ausgleich des Restwertes zustehen, wie er im Fall des vorzeitig künd-
baren Teilamortisationsvertrags mit Abschlusszahlung entsteht.[124]

Beim Teilamortisationsvertrag mit Andienungsrecht des Leasinggebers bedarf es einer 48
Erklärung, ob er von diesem Recht auf Verkauf des Leasinggutes an den Leasingnehmer Gebrauch macht.

Übt der Leasinggeber bei einem Pkw-Kilometer-Vertrag ein vereinbartes Andienungsrecht aus, so
kann er nicht zusätzlich wegen gefahrener Mehrkilometer eine Ausgleichszahlung verlangen.[125]

Beim Teilamortisationsvertrag mit Aufteilung des Mehrerlöses findet die vereinbarte 49
Abrechnung statt, wenn der Leasinggeber das Leasinggut durch Veräußerung verwertet hat.

b) Abrechnung bei Aufteilung des Mehrerlöses

Haben die Parteien einen Teilamortisationsvertrag mit Aufteilung des Mehrerlöses[126] 50
vereinbart, ist der erzielte Veräußerungserlös in voller Höhe auf den vom Leasingnehmer noch geschuldeten Restwert (Gesamtkosten des Leasinggebers abzüglich
geleisteter Leasingraten) anzurechnen.[127] Übersteigt der Verwertungserlös den Restwert, wird dieser Überschuss nach dem Leasingerlass vom 22.12.1975 mit 25 %
zugunsten des Leasinggebers und mit 75 % zugunsten des Leasingnehmers aufgeteilt.
Bleibt der Verwertungserlös hinter dem Restwert zurück, ist der Leasingnehmer zum
vollen Ausgleich verpflichtet; eine entsprechende AGB-Klausel verstößt nicht gegen
§ 307 BGB, wenn sie transparent gestaltet ist.[128]

Der Leasinggeber ist nach § 242 BGB zu einer **bestmöglichen Verwertung** des Lea- 51
singguts verpflichtet.[129] Der genaue Umfang dieser Pflicht ist von den Umständen des
Einzelfalls abhängig.[130] Die angemessene Verwertung unterliegt der gerichtlichen
Nachprüfung, wobei insbesondere dann eine kritische Überprüfung angezeigt ist,
wenn der Leasinggeber das Leasinggut an den früheren Lieferanten[131] oder an eine
Person weiterveräußert, zu der er in ständiger Geschäftsverbindung steht; das gilt vor
allem beim Hersteller/Händler-Leasing bei Veräußerung durch die Leasinggesellschaft

---

[123] Rn. 56 ff.
[124] Rn. 52.
[125] *OLG Düsseldorf* NJW-RR 1994, 1337.
[126] Dazu § 11 Rn. 5.
[127] BGHZ 95, 39 = NJW 1985, 2253; *BGH* NJW 1986, 1746.
[128] *Graf von Westphalen*, Rn. M 72 ff.
[129] BGHZ 95, 39 = NJW 1985, 2253; *BGH* NJW 1991, 221; NJW 1996, 455.
[130] *Engel*, § 9 Rn. 74 ff. (Marktgängigkeit, eigene Vertriebsorganisation, Werteinbuße bei weiterem Zuwarten etc.).
[131] Zu dementsprechenden Rückkaufverpflichtungen der Lieferanten vgl. *von Westphalen*, BB
2009, 2378.

an den eigenen Markenhersteller.[132] Eine AGB-Klausel, wonach die Abrechnung auf der Basis des Händlereinkaufspreises erfolgen soll, ist unwirksam.[133] Hat der Leasinggeber die Pflicht zur bestmöglichen Verwertung verletzt, ist er dem Leasingnehmer zum Schadensersatz verpflichtet; er muss dann in die Abrechnung einen entsprechend höheren angemessenen Verkaufserlös einstellen.[134] Der *BGH* hat allerdings eine Toleranzgrenze gezogen: Abweichungen des erzielten Erlöses von weniger als 10 % von dem Verkehrswert sollen außer Betracht bleiben.[135] Außerdem soll in der Veräußerung zum Händlereinkaufspreis dann keine Pflichtverletzung liegen, wenn er das Leasingobjekt zuvor dem Leasingnehmer zu den gleichen Bedingungen zum Erwerb anbietet.[136] Entsprechend ist eine formularmäßige Festlegung auf den Händlereinkaufspreis dann nicht zu beanstanden, wenn der Leasinggeber dem Leasingnehmer ein **Drittkäuferbenennungsrecht** einräumt,[137] welches allerdings mit einer angemessenen, die Umstände des Einzelfalls berücksichtigenden (Fahrzeugtyp, Jahreszeit, vom Leasinggeber akzeptierte Zahlungsart) Frist für die Benennung einhergehen muss.[138] Eine Frist von zwei Wochen ab Zugang dürfte angemessen sein.[139] Hat der Leasinggeber seiner Pflicht zur bestmöglichen Verwertung Genüge getan, so trägt das weitere Verwertungsrisiko (zum Beispiel niedrige Preise im Gebrauchtwagenmarkt) der Leasingnehmer.[140]

51a   Hat der Leasinggeber eine Verwertung noch nicht vorgenommen, genügt es für einen schlüssigen Klagevortrag, wenn vorgetragen wird, man habe sich um die Verwertung bemüht. Bei der Anrechnung handelt es sich nämlich um einen Fall der Vorteilsausgleichung, für deren tatsächliche Voraussetzungen nicht der Leasinggeber, sondern der Leasingnehmer darlegungs- und beweispflichtig ist.[141]

c) Abrechnung bei vereinbarter Abschlusszahlung

52   Haben die Parteien einen Teilamortisationsvertrag mit Abschlusszahlung vereinbart,[142] ist die Höhe der Abschlusszahlung an der im Vertrag vereinbarten **Abrechnungsklausel** zu errechnen.

Die Abrechnungsklauseln sind nach herrschender Meinung[143] der **Inhaltskontrolle** nach §§ 305 ff. BGB zugänglich. Nach der Mindermeinung stellen sich Abrechnungsklauseln als reine Preisvereinbarung dar mit der Folge, dass eine Überprüfung an § 307 III BGB scheitert.[144] Folgt man der herrschenden Meinung, so muss die Klausel auch dem Transparenzgebot des § 307 I 2 BGB genügen. Dieses erfordert zwar nicht die Offenlegung der internen Kalkulation,[145] allerdings muss der Leasingnehmer in die Lage versetzt sein, die Berechnung nachzuvollziehen. Dies ist bei der Verwendung

---

[132] *LG Bochum* NJW-RR 1987, 123; *LG Frankfurt/M.* NJW-RR 1988, 1132.

[133] *OLG Koblenz* NJW 1995, 1227; *OLG Celle* NJW-RR 1997, 1008; *OLG Dresden* NJW-RR 1999, 103; *Engel*, § 9 Rn. 80; abw. *OLG Frankfurt/M.* DAR 1995, 444; weitergehend für einen Sonderfall *OLG Düsseldorf* NJW-RR 1991, 1661.

[134] *LG Halle* NJW-RR 2003, 121.

[135] *BGH* NJW 1991, 221; *OLG Dresden* NJW-RR 1999, 103.

[136] *BGH* NJW 1997, 3166.

[137] *BGH* NJW 1997, 3166; *Engel*, § 9 Rn. 79 f.; kritisch dazu *Reinking*, DAR 2010, 622, 623 (Verlagerung der Pflicht zur Fahrzeugverwertung auf den Leasingnehmer).

[138] *OLG Düsseldorf* NJW-RR 2004, 1208.

[139] *OLG Düsseldorf* NJW-RR 2004, 1208; *OLG Dresden* FLF 2006, 212.

[140] kritisch dazu *Dornis*, ZGS 2010, 109.

[141] BGHZ 94, 195, Tz. 66 = NJW 1985, 1539; anders für einen Sonderfall *OLG Dresden*, NJW-RR 2003, 194.

[142] § 11 Rn. 5.

[143] BGHZ 97, 65 = NJW 1986, 1335; *BGH* NJW-RR 2004, 628; Staudinger/*Stoffels*, Leasing Rn. 119 m. w. N.

[144] *Lieb*, DB 1988, 953; *Gitter*, S. 342 f.

[145] *BGH* NJW 1997, 3166.

des Begriffs „vorschüssige Rentenbarwertformel" nicht der Fall.[146] In letzter Zeit sieht die Rechtsprechung jedoch zunehmend die Grenzen des Transparenzgebots; eine Verpflichtung zur verständlichen Formulierung besteht nur im Rahmen des Möglichen.[147]

Ist die vertragliche Abrechnungsklausel nach den vorstehenden Ausführungen unwirksam, kann der Leasinggeber den Ausgleichsanspruch konkret berechnen. Wegen der Einzelheiten der Berechnung wird auf Rn. 58 verwiesen.

d) Abrechnung bei kalkuliertem Restwert

Grundsätzlich ist der Leasinggeber auch bei einer Restwertgarantie zur bestmöglichen Verwertung des Leasinggutes verpflichtet.[148] Der Leasingnehmer muss, wenn der tatsächliche Erlös hinter dem garantierten Restwert zurückbleibt, die Differenz ausgleichen. Übersteigt der Erlös den vereinbarten Restwert, erhält der Leasinggeber – damit der Vertrag erlasskonform bleibt – 25 %, der Leasingnehmer 75 %.

53

Verbreitet wird klauselmäßig vereinbart, dass der effektive Restwert durch Schätzung eines Sachverständigen bestimmt wird. Dies ist dann unzulässig, wenn der Sachverständige allein vom Leasinggeber bestimmt wird und der Leasingnehmer an das Schätzergebnis gebunden ist.[149] Auch ist zu fordern, dass der Leasingnehmer in den Schätzvorgang eingebunden und ihm entsprechendes Gehör gewährt wird.[150] Im Übrigen ist die Festsetzung des Sachverständigen vom Gericht im Rahmen des § 319 BGB nachprüfbar.[151] Eine einseitige Bindung des Leasingnehmers an das Schätzergebnis (in der Regel der Händlereinkaufspreis) ist jedoch dann zulässig, wenn ihm ein entsprechendes Erwerbsrecht eingeräumt wird, da er dann selber die Möglichkeit hat, das Leasinggut anderweitig gewinnbringend zu veräußern.[152] Die Kosten der Begutachtung werden nach der vertraglichen Praxis in der Regel geteilt, eine formularmäßige ausschließliche Verlagerung auf den Leasingnehmer ist unzulässig.[153]

54

e) Abrechnung bei Kilometerabrechnungsvertrag

Beim Pkw-Leasing mit Kilometerabrechnung[154] ist die bei Rückgabe festgestellte Mehr- oder Minderleistung[155] nach Maßgabe des Vertrages zum Ausgleich zu bringen.[156] In der Regel bleibt dabei eine bestimmte Anzahl von Kilometern (etwa 2.500 km) außer Betracht, um Abrechnungen in geringer Höhe zu vermeiden. Das Verwertungsrisiko trägt der Leasinggeber, da der Verwertungserlös unberücksichtigt bleibt.[157] Wird das Leasingfahrzeug in nicht vertragsgemäßem Zustand zurückgegeben, kann der Leasinggeber darüber hinaus Ersatz des Minderwertes verlangen.[158] Ob die Minderwertklausel in der momentanen Fassung überhaupt wirksam ist, ist umstritten, denn der Leasingnehmer hat keine Möglichkeit, die bei Rückgabe fest-

55

---

[146] *BGH* NJW 1996, 455.
[147] *BGH* NJW 1998, 3114; NJW-RR 2004, 628.
[148] Rn. 51.; *OLG Oldenburg* DAR 2013, 156; vgl. auch *Reinking,* zfs 2010, 367, 368.
[149] *BGH* NJW 1996, 455.
[150] *LG Frankfurt/M.* NJW-RR 1988, 1132.
[151] *BGH* NJW-RR 1988, 506.
[152] *BGH* NJW 1997, 3166.
[153] A. A. *OLG Düsseldorf* OLGR 1999, 46.
[154] Dazu § 11 Rn. 6.
[155] Über den km-Stand bei Rückgabe sollte ein Protokoll angefertigt werden.
[156] *BGH* WM 1987, 38; *Müller-Sarnowski,* DAR 2004, 368, 373 f. (zu Einzelproblemen).
[157] *BGH* DB 2012, 2865, Tz. 24; VIII ZR 265/12; gleiches gilt auch für den intern kalkulierten Restwert (anders noch BGHZ 97, 65 = NJW 1986, 1335).
[158] *BGH* NJW 2004, 2823 Tz. 20.; teils kritisch hierzu *Reinking,* DAR 2010, 622, 624.

gestellten Schäden selber oder durch Dritte beseitigen zu lassen.[159] Zu berücksichtigen ist, dass der Anspruch auf Wertersatz gerichtet und der Höhe nach nicht identisch mit den durchzuführenden Reparaturen und deren voraussichtlichen Kosten ist.[160] Dieser Schadensersatzanspruch ist nicht umsatzsteuerpflichtig.[161] Der normale Verschleiß hingegen ist nicht ausgleichspflichtig. Der durch eine größere Fahrleistung eingetretene Verschleiß ist bereits durch den Ausgleich der Mehr-Kilometer abgedeckt. Die Abgrenzung ist in der Praxis häufig schwierig.[162] Können sich die Parteien bei der Rücknahme des Fahrzeugs nicht auf einen Minderwert einigen, sehen die Allgemeinen Geschäftsbedingungen des Leasinggebers in der Regel die Einholung eines Sachverständigengutachtens vor. Ob es sich dabei um einen Schiedsgutachtenvertrag handelt, ist jedenfalls fraglich.[163] Die dabei vereinbarte hälftige Beteiligung des Leasingnehmers für die Kosten des Sachverständigen ist nicht zu beanstanden.[164]

5. Schadensersatzansprüche bei außerordentlicher Kündigung des Vertrages

a) Grundsätze

56 Kündigt der Leasinggeber den Vertrag vorzeitig aus wichtigem Grund,[165] hat er bei einem entsprechenden Verschulden des Leasingnehmers einen Anspruch auf Schadensersatz statt der Leistung nach §§ 280 I, III, 281 BGB. Dieser Anspruch ist auf Ersatz des Erfüllungsinteresses gerichtet. Der Leasinggeber kann verlangen, so gestellt zu werden, als wäre der Leasingvertrag ordnungsgemäß erfüllt; er soll andererseits aber auch nicht besser gestellt werden. Generell hat der Leasinggeber einen Anspruch auf Zahlung des Betrages, den der Leasingnehmer bei ordnungsgemäßer Durchführung des Vertrages bis zum Ablauf der unkündbaren Grundmietzeit hätte aufbringen können abzüglich der dem Leasinggeber durch die frühere Zahlung erwachsenen Vorteile.[166] Die Kosten der Kraftfahrzeugabmeldung kann der Leasinggeber nicht verlangen.[167] Hinsichtlich der Ermittlung des Fahrzeugswertes durch einen Sachverständigen gelten die in Rn. 54, 55 angestellten Erwägungen.

57 AGB-Klauseln des Leasinggebers, die die Berechnung des Schadensersatzes abstrakt bestimmen sollen, halten in der Regel den Anforderungen der Rechtsprechung nicht stand.[168] Der Leasingnehmer kann allerdings in diesen Fällen den eingetretenen Schaden konkret berechnen.[169]

Schadensersatzleistungen des Leasingnehmers sind ohne Umsatzsteuer zu berechnen, da ihnen eine steuerbare Leistung (§ 1 I Nr. 1 UStG) nicht gegenübersteht.[170]

---

[159] Im Einzelnen *Reinking,* DAR 2013, 126 m. w. N.
[160] *Reinking,* zfs 2010, 367, 370.
[161] *BGH* NJW-RR 2011, 1625.
[162] Vgl. dazu auch *Reinking,* zfs 2010, 367, 369; sehr detailliert *Burger,* DAR-Extra 2012, 762 ff.
[163] *LG Kassel* DAR 1998, 477 (Zulässigkeitsvoraussetzung); *Reinking,* zfs 2010, 367, 372.
[164] Zu Sicherstellungskosten vgl. *Detering,* ZAP 2011, 451, 460: vgl. im Übrigen Rn. 54
[165] In der Praxis überwiegt eindeutig der Zahlungsverzug des Leasingnehmers – vgl. dazu Rn. 7 ff.
[166] *BGH* NJW 1985, 1539; instruktiver Musterfall bei *Detering,* ZAP 2011, 451.
[167] *OLG Düsseldorf* OLGR 2006, 781, a. A. *Detering,* ZAP 2011, 451, 460.
[168] BGHZ 82, 121 = NJW 1982, 870; BGHZ 95, 39 = NJW 1985, 2253; BGHZ 97, 65, 73 = NJW 1986, 1335; *BGH* NJW 1986, 1746; BGHZ 151, 188, 195 = NJW 2002, 2713.
[169] BGHZ 151, 188, 195 = NJW 2002, 2713.
[170] *BGH* NJW-RR 2007, 1066.

b) Einzelheiten

In aller Regel ist die (konkrete) Schadensberechnung nach der Rechtsprechung wie **58** folgt vorzunehmen:

- Gesamtkosten des Leasinggebers einschließlich Gewinnspanne[171]
- eine vom Leasinggeber mit der Refinanzierungsbank vereinbarte und gezahlte Vorfälligkeitsentschädigung[172]
- konkret dargelegte Abwicklungs- und Verwaltungskosten.[173]

Abzusetzen sind: **59**

- Summe aller gezahlten Leasingraten
- Abzinsung der noch offenen Leasingraten[174]
- Teile des infolge der Kündigung nicht realisierten Aufwandes[175]
- Teile des in den offenen Leasingraten enthaltenen Risikozuschlages und der laufenden Verwaltungskosten.[176]

Ist der Verwertungserlös zu berücksichtigen, sind 90 % des vom Leasinggeber erziel- **60** ten Erlöses bzw. des bei optimaler Verwertung zu erzielenden Erlöses anzurechnen. Eine zu Vertragsbeginn vom Leasingnehmer geleistete Sonderzahlung ist nicht zeitanteilig anzusetzen. Handelt es sich um einen Vertrag mit garantiertem Restwert, so ist auch dieser auf den Zeitpunkt der Vertragsbeendigung abzuzinsen.[177] Bei einer Mehrerlösbeteiligung ist die Bezugsgröße des tatsächlichen Verwertungserlöses (kalkulierter Restwert oder kalkulierter Zeitwert) fraglich.[178] Bei einem Kilometerabrechnungsvertrag ist eine Klausel, die sich am intern kalkulierten Restwert orientiert, unwirksam.[179] Auch eine konkrete Schadensberechnung darf sich hieran nicht orientieren. Vielmehr kann der Leasinggeber in einem solchen Fall nur Ersatz der abgezinsten restlichen Leasingraten abzüglich der ersparten laufzeitabhängigen Kosten, des höheren Wertes des Leasingfahrzeugs und des Zinsvorteils, den der Leasinggeber durch die vorzeitige Möglichkeit zur Verwertung des Fahrzeugs hat, verlangen.[180] Ob dies auch dann gilt, wenn der Restwert nicht nur intern kalkuliert, sondern mit dem Leasingnehmer vereinbart wurde, ist bislang höchstrichterlich noch nicht entschieden. Auch in diesem Fall dürfte der garantierte Restwert keine Berücksichtigung finden.[181]

VI. Weitere Ansprüche des Leasinggebers

1. Ansprüche bei Zwangsvollstreckung in das Leasinggut

Vollstrecken Gläubiger des Leasingnehmers in das Leasinggut, so kann und muss der **61** Gerichtsvollzieher zwar das Leasinggut pfänden (§ 808 ZPO). Der Leasinggeber hat

---

[171] *BGH* NJW 1991, 221.

[172] BGHZ 111, 237 = NJW 1990, 2377; *OLG Köln* NJW-RR 1993, 1016; *OLG Celle* NJW-RR 1994, 1334.

[173] *OLG Celle* NJW-RR 1994, 1334; *OLG Köln* ZIP 1995, 46.

[174] *BGH* NJW 1991, 221; Überblick bei *Detering*, ZAP 2011, 401, 408 f.

[175] *Graf von Westphalen*, Rn. K 49.

[176] *BGH* NJW 1986, 1747.

[177] *BGH* NJW 1995, 1541; *OLG Celle* NJW-RR 1994, 743; *Groß*, DAR 1996, 438, 445; einschr. *OLG Celle* NJW-RR 1998, 704.

[178] Dazu BGHZ 151, 188 = NJW 2002, 2713.

[179] *BGH* NJW 2004, 2823; *OLG Oldenburg* DAR 2003, 460; *Groß*, DAR 1996, 438, 445; etwas vorsichtiger *OLG Dresden* MDR 2007, 1069; – a. A. *Müller-Sarnowski*, DAR 2004, 368, 370; zur Abrechnung beim Kilometerabrechnungsvertrag generell *OLG Düsseldorf* OLGR 2006, 347.

[180] *BGH* NJW 2004, 2823, Tz. 20; *Andreae*, DAR-Extra 2012, 768, 772.

[181] MünchKommBGB/*Koch*, Leasing, Rn. 135, Fn 719; *Zahn/Bahmann*, Kfz-Leasingvertrag, Rn. 359; *Moseschus*, EWiR 2004, 1019; *Gölz*, WuB I J 2 Leasing 4.05.

jedoch im Hinblick auf sein Eigentum das Recht zur Drittwiderspruchsklage (§ 771 ZPO) bzw. bei durchgeführter Vollstreckung den Anspruch auf Herausgabe des Erlöses gegen den betreibenden Gläubiger (§ 812 BGB).[182] Ob der Vollstreckungsgläubiger das Widerspruchsrecht des Leasinggebers durch Anbieten der restlichen Leasingraten (bei Teilamortisation zuzüglich des Restwertes) beseitigen kann, ist umstritten.[183]

Im Übrigen ist der Leasingnehmer verpflichtet, den Leasinggeber auf eine bevorstehende Pfändung hinzuweisen, damit letzterer rechtzeitig eine Drittwiderspruchsklage erheben kann. Unterbleibt dies, hat der Leasinggeber einen Anspruch auf Schadensersatz, wenn er seine Bereicherungsansprüche ganz oder teilweise nicht realisieren kann.[184]

2. Ansprüche bei Insolvenz des Leasingnehmers

62 Im Falle der Insolvenz des Leasingnehmers kann der Leasinggeber nicht wegen Verzugs des Leasingnehmers mit der Entrichtung der Leasingraten, die in der Zeit vor der Eröffnung fällig waren, und ebenso wenig wegen der Verschlechterung der Vermögensverhältnisse des Leasingnehmers den Leasingvertrag kündigen (Kündigungssperre nach § 112 InsO). Kündigungsrechte wegen später eingetretenem Verzug oder sonstiger Vertragsverletzungen bleiben unberührt.[185]

63 Dem Insolvenzverwalter des Leasingnehmers steht das Wahlrecht aus § 103 InsO zu, wobei es nicht darauf ankommt, ob das Leasinggut im Zeitpunkt der Eröffnung des Insolvenzverfahrens bereits überlassen war.[186] Wählt der Verwalter nicht die Erfüllung, ist er zur Herausgabe des Leasinggutes verpflichtet. Der Anspruch des Vermieters auf Zahlung einer Nutzungsentschädigung für die Zeit von der Eröffnung des Insolvenzverfahrens bis zur Rückgabe der Mietsache ist eine einfache Insolvenzforderung, wenn das Vertragsverhältnis schon vor Eröffnung des Insolvenzverfahrens aufgelöst worden ist.[187] Benutzt der Verwalter das Leasinggut nach der Eröffnung des Insolvenzverfahrens jedoch ausdrücklich weiter, ohne die Erfüllung des Mietvertrages zu erlangen, ist der Anspruch des Leasinggebers auf Nutzungsentschädigung eine Masseforderung im Sinne des § 55 I Nr. 2 InsO.

64 Zu beachten ist, dass das Insolvenzgericht vor Entscheidung über die Eröffnung des Verfahrens nach § 21 II 1 Nr. 5 InsO die Möglichkeit hat anzuordnen, dass das Leasinggut von den Gläubigern nicht verwertet oder eingezogen werden darf, wenn das Leasinggut für die Fortführung des Unternehmens des Leasingnehmers von erheblicher Bedeutung ist.

VII. Verjährung

65 Ansprüche des Leasinggebers auf Zahlung der vereinbarten Leasingraten verjähren gemäß § 195 BGB nach drei Jahren.[188] Gleiches gilt für den Ausgleichsanspruch bei einem Vertrag mit Restwertabrechnung und für den Minderwertausgleich beim Lea-

---

[182] BGHZ 100, 95 = NJW 1987, 1881.
[183] Hierzu *Walz,* WM 1985, Sonderbeilage 10, 13 m. w. N.
[184] MünchKommBGB/*Koch,* Leasing Rn. 145.
[185] BGHZ 151, 353 = NJW 2002, 3326.
[186] *Graf von Westphalen,* Rn. P 59.
[187] *BGH* NJW 2007, 1591 Tz. 11 ff.; NJW 2007, 1594 Tz. 21.; vgl. auch *Eckert,* EWiR § 55 InsO, 9/10, 721.
[188] Zu Altfällen *OLG Koblenz* NJW-RR 2010, 778.

singvertrag mit Kilometerabrechnung.[189] Letzterer umfasst auch den Ausgleich von Mängeln und Schäden, die während der Besitzzeit aufgetreten sind.[190] Der Anspruch auf Minderwertausgleich ist wirtschaftlich und rechtlich als vertraglicher Erfüllungsanspruch anzusehen. Die sechsmonatige Verjährungsfrist des § 548 I BGB ist nicht anwendbar. Bei den erwähnten Ansprüchen des Leasinggebers handelt es sich nicht um Ersatzansprüche, sondern um Erfüllungsansprüche.[191] Auch der Ausgleich der Mehr- oder Minderkilometer unterliegt der Regelverjährung des § 195 BGB.

---

[189] *Reinking/Eggert*, Rn. L 825 ff.
[190] *BGH* DAR 2013, 143 (gegen den Wortlaut der Klausel).
[191] *BGH* NJW-RR 2000, 1303.

§ 14. Ansprüche des Leasingnehmers

I. Lieferstörungen

1. Unmöglichkeit

1   Der Leasinggeber ist verpflichtet, das Leasinggut zu beschaffen und es dem Leasingnehmer rechtzeitig und vollständig zum Gebrauch zu überlassen.[1] Die Sach- und Preisgefahr obliegt dem Leasinggeber bis zu dieser Übergabe (§ 446 BGB analog),[2] und zwar einschließlich der Insolvenz des Lieferanten.[3]

2   Wird der Leasinggeber nach Maßgabe des § 275 I bis III BGB von der Leistungspflicht frei, verliert er den Anspruch auf Zahlung der Leasingraten nach § 326 I BGB. Von dieser Pflicht zur Gebrauchsüberlassung kann sich der Leasinggeber nicht klauselmäßig freizeichnen oder durch Verweisung auf Ansprüche gegen den Lieferanten entziehen.[4] Auch Klauseln, die dem Leasinggeber einen Aufwendungsersatzanspruch (betr. Bereitstellungsprovision, Nichtabnahmeentschädigung gegenüber dem Lieferanten) zubilligen, sind nach § 307 BGB unwirksam.[5]

3   Hat der Leasingnehmer bereits Raten gezahlt, kann er diese nach § 326 IV BGB i. V. mit §§ 346 ff. BGB zurückfordern. Er kann außerdem unter den Voraussetzungen des § 323 BGB bzw. § 326 V BGB vom Vertrag zurücktreten.[6] Hat der Leasinggeber die Unmöglichkeit zu vertreten, stehen dem Leasingnehmer Schadensersatzansprüche nach § 311a II BGB und/oder § 280 I, III BGB zu. Dabei muss sich der Leasinggeber ein Verschulden seines Lieferanten nach § 278 BGB zurechnen lassen.[7]

2. Verzug

4   Liefert der Leasinggeber nicht, kann der Leasingnehmer zunächst die Einrede des nichterfüllten Vertrages erheben (§ 320 BGB) und somit die Zahlung der Leasingraten bis zur Übergabe des Leasinggutes verweigern.[8] Ferner kann der Leasingnehmer Ersatz des Verzögerungsschadens nach § 286 BGB verlangen und bei Vorliegen der Voraussetzungen des § 323 BGB vom Vertrag zurücktreten. Schließlich können dem Leasingnehmer weitere Schadensersatzansprüche zustehen.[9]

3. Teilleistungen

5   Nimmt der Leasingnehmer eine Teilleistung des Leasinggebers an (obwohl er hierzu nach § 266 BGB nicht verpflichtet ist), kann er die Einrede des nichterfüllten Vertrages nach § 320 BGB erheben, sofern nicht ein Ausnahmefall nach § 320 II BGB

---

[1] § 11 Rn. 1; § 13 Rn. 1.

[2] § 12 Rn. 12; § 13 Rn. 1.

[3] *Martinek,* § 6 III 9, 141; a. A. *Lieb,* DB 1988, 2495, 2500.

[4] Hierzu bereits § 13 Rn. 13; BGHZ 81, 198 = NJW 1982, 105; BGHZ 96, 103 = NJW 1986, 179; *Reinking/Eggert,* Rn. L 316; *Engel,* § 5 Rn. 6; a. A. *Canaris,* AcP 190, 432; *Flume,* DB 1991, 270.

[5] BGHZ 96, 103 = NJW 1982, 179; a. A. *Canaris,* AcP 190, 190, 439; *ders.,* NJW 1982, 305, 309.

[6] *OLG Köln* CR 1992, 157; Einzelheiten bei *Martinek,* § 6 III 128 ff.

[7] *BGH* NJW 1988, 198; NJW 1988, 204; MünchKommBGB/*Koch,* Leasing Rn. 82; *Graf von Westphalen,* Rn. G 6; a. A. Staudinger/*Stoffels,* Leasing Rn. 198 ff.; *Flume,* DB 1991, 265.

[8] *BGH* NJW 1991, 2135.

[9] Im Einzelnen MünchKommBGB/*Koch,* Leasing Rn. 83 f.; zu zulässigen Haftungsbeschränkungen *Engel,* § 5 Rn. 17 f.

vorliegt. Ebenfalls können Schadensersatzansprüche des Leasingnehmers in Betracht kommen.[10]

II. Sachmängelhaftung

1. Grundsätze

In der Praxis schließt der Leasinggeber klauselmäßig eine eigene (in erster Linie   **6** mietrechtliche) Haftung für Sachmängel des Leasinggutes aus und tritt die ihm zustehenden kaufrechtlichen Sachmängelansprüche gegen den Verkäufer/Lieferanten an den Leasingnehmer ab.[11] Der generelle Umfang der Gewährleistung des Leasinggebers hängt eng von der rechtlichen Einordnung des Leasingvertrages im Allgemeinen ab.[12] Unabhängig von den dazu im Einzelnen vertretenen Theorien besteht jedoch in der Praxis weitgehend Einigkeit über die Zulässigkeit der auch allgemein üblichen und sachgerechten Abtretungskonstruktion. Zwar sind Rücktritt und Minderung als Gestaltungsrechte, deren Abtretbarkeit im Allgemeinen fraglich ist, ausgestaltet. Gleichwohl sieht die ganz überwiegende Meinung hierin kein ernsteres Problem.[13] Auch bei einem markengebundenen Leasinggeber ist die Abtretungskonstruktion wirksam.[14]

Nicht erfasst werden von der Abtretung bzw. Ermächtigung Schadensersatzansprü-   **7** che des Leasinggebers im Falle der Nichtlieferung oder des Verzugs nach §§ 280 ff. BGB.[15] Dazu bedarf es einer zusätzlichen Abtretung; ob der Leasingnehmer in diesem Fall nur den Schaden des Leasinggebers (Zedenten) oder aber auch den Eigenschaden liquidieren darf, ist fraglich.[16]

2. Voraussetzungen des Haftungsausschlusses

Die **Drittverweisung** muss unwiderruflich[17] und unbedingt erfolgen; ein Vorbehalt   **8** des Leasinggebers, die Ansprüche auch selbst im eigenen Namen geltend machen zu dürfen, führt zur Unwirksamkeit des Gewährleistungsausschlusses.[18] Gleiches gilt für eine Abtretung der Gewährleistungsrechte Zug um Zug gegen Zahlung noch ausstehender Verbindlichkeiten des Leasingnehmers.[19] Sind die Ansprüche gegen den Lieferanten wegen dessen Insolvenz nicht durchsetzbar, lebt die direkte Gewährleistungspflicht des Leasinggebers wieder auf.[20] Dieses Ergebnis ist beim Eintrittsmodell nicht unumstritten, da der Leasingnehmer sich selbst den Lieferanten aussucht. In diesem Fall könnte es gerechtfertigt sein, den Leasingnehmer endgültig mit dem Insolvenzrisiko des Lieferanten zu belasten.[21]

---

[10] Näher MünchKomm/*Koch,* Leasing Rn. 85.

[11] Überblick bei *Detering,* ZAP 2011, 401, 404 f.

[12] § 11 Rn. 1.

[13] *Wolf/Eckert/Ball,* Rn. 1822 ff.; *Zahn,* DB 2002, 985; *Reinking,* ZGS 2002, 229, 230; MünchKommBGB/*Koch,* Leasing Rn. 101; Staudinger/*Stoffels,* Leasing Rn. 215.

[14] *OLG Stuttgart* BB 2005, 2375, 2376.

[15] *BGH* NJW-RR 1990, 1462; *OLG Köln* NJW-RR 1991, 1463; *OLG Düsseldorf* NJW-RR 1992, 821; vgl. auch *Beckmann,* MDR 2005, 1207, 1208.

[16] Im ersten Sinne: *Martinek* § 6 III 6, 136; im zweiten Sinne: *Canaris,* Rn. 1794.

[17] Zu den Grenzen vgl. *OLG Rostock* NJW-RR 2002, 1712.

[18] *BGH* NJW 1987, 1072; CR 1993, 685; *BGH* NJW 2006, 1066 Tz. 17; vgl. auch *BGH* DB 2003, 2529.

[19] *BGH* NJW 1984, 2687.

[20] *BGH* NJW 1985, 314; BGHZ 114, 57 = NJW 1991, 1746; *OLG Hamm* CR 1995, 535; zu Einzelheiten vgl. *Beckmann,* MDR 2005, 1207, 1209; *Reinking,* DAR 2009, 503.

[21] Nachweise bei *Beckmann,* MDR 2005, 1207, 1208.

9   Voraussetzung für die Wirksamkeit der Drittverweisung ist, dass der Leasinggeber dem Leasingnehmer durchsetzbare **Gewährleistungsansprüche gegen den Lieferanten** verschafft. Oft hat der Lieferant seinerseits im Verhältnis zum Leasinggeber seine kaufrechtlichen Gewährleistungsansprüche beschränkt oder sogar ausgeschlossen. Dies ist auch gegenüber einem Verbraucher-Leasingnehmer grundsätzlich zulässig, da die Vorschrift des § 475 BGB in diesem Verhältnis nicht gilt. Nach herrschender Meinung ist eine Drittverweisung auch dann zulässig, wenn der Lieferant den gegnerischen Nacherfüllungsanspruch auf die Möglichkeit der Nachbesserung beschränkt hat, auch wenn der Leasingnehmer Verbraucher ist.[22] Als Mindeststandard wird vorgeschlagen, dass die abgetretenen Rechte jedenfalls den Anforderungen des § 309 Nr. 8 lit. b BGB genügen müssen.[23] Allerdings wird die Problematik in der Praxis dadurch entschärft, dass zum einen die meisten Leasingnehmer ohnehin nicht als Verbraucher anzusehen sind und zum anderen oftmals Leasinggeber mit den Lieferanten die Geltung der Verbraucherrechte vereinbaren.[24] Anders stellt sich die Situation beim Eintrittsmodell[25] dar: hat ein Leasingnehmer als Verbraucher zunächst den Kaufvertrag selbst mit dem Lieferanten geschlossen und tritt der Leasinggeber erst danach in den Vertrag ein, so kann der Lieferant die Mängelansprüche nicht einschränken (§ 475 BGB) mit der Folge, dass der Leasinggeber unbeschränkte Sachmängelansprüche überträgt.[26]

10   Eine Drittverweisung gegenüber einem Verbraucher stellt, wenn der Lieferant seine Gewährleistungsansprüche ausschließt, keine **Umgehung** im Sinne des § 475 I 2 BGB dar. Der Lieferant kann sich auch gegenüber dem Leasingnehmer mit Verbrauchereigenschaft auf den Gewährleistungsausschluss berufen mit der Folge, dass dem Leasingnehmer dann wiederum die ursprünglichen mietrechtlichen Gewährleistungsansprüche gegen den Leasinggeber zustehen. Der entsprechende Gewährleistungsausschluss des Leasinggebers ist unwirksam. Die mietrechtlichen Gewährleistungsansprüche stellen eine hinreichende Kompensation der kaufrechtlichen Gewährleistungsansprüche dar.[27] Der Leasinggeber seinerseits hat – jedenfalls bei neu hergestellten Sachen – die Möglichkeit, den eigentlich verantwortlichen Lieferanten nach § 478 BGB in Anspruch zu nehmen. Im Unterschied zur Ansicht des *BGH* wird in der Literatur zum Teil vertreten, dass ein Lieferant, der mit einer Leasinggesellschaft im Privatleasinggeschäft zusammenarbeitet, seine Gewährleistungsbedingungen am Verbraucher-Leasingnehmer ausrichten muss, anderenfalls sei eine Umgehung im Sinne des § 475 I 2 BGB anzunehmen.[28] Neuerdings finden sich im Hinblick auf die erwähnten Schwierigkeiten auch Stimmen, die dem Leasingnehmer ohne Umweg über die Abtretungskonstruktion direkte Ansprüche gegen den Lieferanten einräumen.[29] Es ist zu konzedieren, dass damit viele Schwierigkeiten vermieden werden könnten.

11   Eine gegenüber dem Leasingnehmer wirksame Beschränkung der Gewährleistungsansprüche setzt voraus, dass die Allgemeinen Geschäftsbedingungen des Lieferanten,

---

[22] Streitig – vgl. MünchKommBGB/*Koch,* Leasing Rn. 69; *Graf von Westphalen,* ZGS 2007, 219 ff. jeweils mit umfassendem Meinungsüberblick; kritisch *Omlor,* JuS 2011, 305, 310.

[23] MünchKommBGB/*Koch,* Leasing Rn. 69 m. w. N.

[24] *Engel,* ZAP 2008, 133, 134 m. w. N.

[25] Dazu § 11 Rn. 1.

[26] Krit. dazu *Omlor,* ZGS 2008, 220, 223 („Gefahr der Zufälligkeit von Verbraucherrechten") – es besteht allerdings die Möglichkeit einer nachträglichen Vertragsänderung durch Leasinggeber und Lieferanten – vgl. MünchKommBGB/*Koch,* Leasing Rn. 70 m. w. N.

[27] *BGH* NJW 2006, 1006 Tz. 17 f.

[28] MünchKommBGB/*Koch,* Leasing Rn. 72; Staudinger/*Stoffels,* Leasing Rn. 225.

[29] So etwa *Stagl,* ZIP 2009, 846, 847 ff. mit Überblick über die verschiedenen Konstruktionen.

mit dem dieser seine Verpflichtung beschränken will, wirksam in den Leasingvertrag einbezogen wurden.

Dazu ist jedenfalls, wenn der Leasingnehmer Verbraucher ist, ein Hinweis auf diese AGB und Kenntnisverschaffung im Sinne des § 305 II BGB notwendig, während bei Kaufleuten als Leasingnehmer der Hinweis auf die Lieferanten-AGB ausreichend sein dürfte.[30] In letzterem Fall ist der Leasinggeber aber bei Auftreten von Mängeln verpflichtet, die Lieferanten-AGB nachträglich zur Verfügung zu stellen.

Zur handelsrechtlichen Rügepflicht nach § 377 HGB vgl. § 13 Rn. 4.   **12**

Entstehen Mängel erst nach Ablauf der kaufrechtlichen Verjährungsfrist (§ 438 BGB),   **13**
lebt die mietrechtliche Haftung des Leasinggebers für derartige „Spätmängel" nicht
wieder auf.[31]

3. Einzelne Sachmängelansprüche

a) Nacherfüllung

Der Leasingnehmer ist nicht allein schon durch das Bestehen oder Behaupten eines   **14**
Sachmangels zur Einrede des nichterfüllten Vertrages nach § 320 BGB gegenüber
dem Leasinggeber berechtigt. Zwar wird der Sachmangel dogmatisch in § 433 I 2
BGB als Nichterfüllung angesehen. Solange jedoch Nacherfüllung vom Lieferanten
verlangt werden kann, scheidet nach dem Rechtsgedanken des § 359 S. 3 BGB ein
Aussetzen der Leasingraten aus.[32] Dies ist jedoch insofern nicht unproblematisch, als
der Leasingnehmer zur Fortzahlung der Leasingraten verpflichtet ist, das Leasinggut
aber nicht nutzen kann. Ob und wieweit dem Leasingnehmer ein auch gegen den
Leasinggeber entgegenzusetzender Nutzungsausfallschaden zusteht, ist fraglich.[33]
Die Nachlieferung hat der Lieferant gegenüber dem Leasinggeber zu erbringen. In
der Praxis wird der Leasinggeber den Lieferanten allerdings anweisen, direkt an den
Leasingnehmer zu liefern.[34]

Zulässig ist eine Klausel, die den Leasingnehmer verpflichtet, nach fehlgeschlagener   **15**
Nacherfüllung zunächst den Leasinggeber zur Nacherfüllung aufzufordern, bevor
der Leasingnehmer gegenüber dem Lieferanten seine sekundären Gewährleistungsansprüche geltend machen darf.[35]

Fraglich ist, ob der Lieferant bei Nachlieferung einen Anspruch gegen den Leasing-   **16**
geber auf Ersatz der durch den Gebrauch der ursprünglich gelieferten Sache gezogenen Nutzungen nach §§ 439 IV, 346 I, II BGB hat.[36] Bejaht man dies jedenfalls für
den Fall, dass der Leasingnehmer Unternehmer ist, so ist fraglich, ob der Leasinggeber diese Kosten auf den Leasingnehmer abwälzen kann. Eine formularmäßige
Auferlegung dieser Kosten auf den Leasingnehmer allein ist nicht zulässig.[37] Die
Verpflichtung des Leasinggebers kann jedoch angesichts der langen zweijährigen Verjährungsfrist des § 438 I Nr. 3 BGB zu höheren Vermögenseinbußen führen, zumal
die ursprüngliche Laufzeit des Leasingvertrages durch den Austausch unberührt

---

[30] *Graf von Westphalen*, Rn. C 37.
[31] BGHZ 68, 118 = NJW 1977, 848; *BGH* NJW 1985, 798; NJW 1993, 122.
[32] *Reinking*, ZGS 2002, 229, 232; *Reinking/Eggert*, Rn. L 400; *Schmalenbach/Sester*, WM 2002, 2184, 2187; *Zahn*, DB 2002, 985, 986; a. A. *Graf von Westphalen*, DB 2001, 1291, 1292; *ders.*, DAR 2006, 626.
[33] Dafür *von Hall*, ZGS 2010, 541.
[34] MünchKommBGB/*Koch*, Leasing Rn. 106.
[35] *OLG Schleswig* OLGR 1998, 410; *Engel*, ZAP 2008, 133, 135.
[36] Vgl. dazu § 1 Rn. 42 – kein Anspruch, wenn der Leasingnehmer Verbraucher ist; vgl. auch *Omlor*, ZGS 2008, 220, 222.
[37] *Graf von Westphalen*, ZGS 2007, 219, 223; vgl. aber auch *Beckmann*, § 2 Rn. 350 (formu-larmäßige Übertragung der Verpflichtung mit Kompensation bei der Verwertung).

bleibt und nicht etwa verlängert wird. Ein Ausweg könnte darin gesehen werden, dass der Anspruch auf Nachlieferung in den Allgemeinen Geschäftsbedingungen wirksam ausgeschlossen werden kann;[38] bei der bloßen Nachbesserung stellt sich dieses Problem nicht. Teilweise wird in dieser Fallkonstellation auch vertreten, den Anspruch auf Mängelbeseitigung generell als vorrangig gegenüber dem Anspruch auf Nachlieferung anzusehen.[39] Daneben wird diskutiert, das Tatbestandsmerkmal der „unverhältnismäßigen Kosten" in § 439 III 1 BGB großzügiger auszulegen.[40] Denkbar ist auch, die finanziellen Einbußen des Leasinggebers dadurch auszugleichen, dass dieser am höheren Verwertungserlös des ersatzweise gelieferten und insofern jüngeren und weniger abgenutzten Ersatzgutes in größerem Umfang beteiligt wird.[41]

b) Minderung

17   Der Leasingnehmer kann bei Vorliegen der Voraussetzungen Minderung des Kaufpreises gegenüber dem Lieferanten verlangen. Die Rückzahlung des Betrages, um den der Kaufpreis gemindert ist, erfolgt jedoch an den Leasinggeber, der an das Ergebnis der Auseinandersetzung gebunden ist. Der Leasingnehmer hat seinerseits einen Anspruch gegen den Leasinggeber auf Anpassung der geschuldeten Leasingraten nach § 313 I BGB.[42]

c) Rücktritt

18   **Kaufvertrag:** Mit der gegebenenfalls gerichtlich festzustellenden Wirksamkeit der Rücktrittserklärung wird der Kaufvertrag nach §§ 346 ff. BGB im Verhältnis zwischen Leasinggeber und Lieferanten rückabgewickelt. Die Rückgabe des Leasinggutes erfolgt in der Praxis durch den Leasingnehmer als Erfüllungsgehilfe des Leasinggebers. Hat der Leasinggeber zur Refinanzierung das Leasinggut sicherungsübereignet, muss er sich um die Zustimmung des Sicherungseigentümers bemühen.[43]

19   **Leasingvertrag:** Welche Auswirkungen der Rücktritt vom Kaufvertrag auf den Leasingvertrag hat, ist weitgehend streitig bzw. ungeklärt. Nach der Ansicht des *BGH* (vor der Schuldrechtsreform) wird dem Leasingvertrag dadurch die Geschäftsgrundlage entzogen mit der Folge, dass dadurch der Rechtsgrund für die gezahlten Leasingraten ex-tunc entfällt und eine Abwicklung ausschließlich über Bereicherungsrecht zu erfolgen hat.[44] Das Insolvenzrisiko des Lieferanten trägt nach dieser Lösung ausschließlich der Leasinggeber, eine formularmäßige Abwälzung dieses Risikos auf den Leasingnehmer ist unzulässig.[45] Dies hat der BGH zum neuen Schuldrecht bestätigt.[46]

---

[38] Dazu Rn. 9.
[39] *Zahn*, DB 2002, 985, 992; Überblick bei *Reinking/Eggert*, Rn. L 422 ff.
[40] *Engel*, § 6 Rn. 32 (fraglich).
[41] *Wolf/Eckert/Ball*, Rn. 1821; ähnlich *Engel*, § 6 Rn. 29; krit. dazu MünchKommBGB/*Koch*, Leasing Rn. 107; *Reinking/Eggert*, Rn. L 426; differenzierend *Graf von Westphalen*, ZGS 2007, 219, 227.
[42] Abw. *Canaris*, Rn. 1745 (Leasingnehmer erhält den vom Lieferanten gezahlten Minderungsbetrag und zahlt die vollen Leasingraten weiter).
[43] MünchKommBGB/*Koch*, Leasing Rn. 108.
[44] BGHZ 68, 118 = NJW 1977, 848; BGHZ 81, 298 = NJW 1982, 105; BGHZ 109, 139 = NJW 1990, 314; *BGH* NJW 1994, 576; der Rechtsprechung zustimmend *Gitter*, S. 328 ff.; *Martinek*, § 7 III 2, 175 ff.; *Graf von Westphalen*, Rn. H 149; *Arnold*, DStR 2002, 1049, 1053.
[45] *BGH* NJW 1991, 1746, 1749.
[46] *BGH* NJW 2010, 2798 Tz. 21; dazu *Greiner*, NJW 2012, 961.

Stimmen in der Literatur wollen dem Leasingnehmer dagegen ein außerordentliches Kündigungsrecht (§ 314 BGB) gewähren mit der Folge, dass der Leasingvertrag nur ex nunc entfällt.[47] Dies wiederum würde bedeuten, dass die in der Vergangenheit gewährten Leistungen beim jeweiligen Empfänger verbleiben. Darüber hinaus hat der Leasinggeber noch seinen – in der Vergangenheit begründeten – leasingtypischen Amortisationsanspruch. Auf diesen muss sich jedoch der Leasinggeber anrechnen lassen, was er seinerseits vom Lieferanten zurückerhalten hat. Konsequenz dieser Auffassung ist, dass hiermit letztlich der Leasingnehmer das Insolvenzrisiko des Lieferanten tragen würde. Ob mit der Regelung in § 313 III 2 BGB, der bei Störung der Geschäftsgrundlage eine Kündigung mit ex nunc Folge vorsieht, eine Annäherung dieser beiden Standpunkte verbunden ist, erscheint fraglich.[48]

Darüber hinaus hat der Leasingnehmer gegen den Leasinggeber einen Anspruch **20** auf Erstattung der im Gewährleistungsprozess gegen den Lieferanten aufgewendeten **Prozesskosten,** soweit sie von dem Lieferanten nicht beigetrieben werden können, nach § 670 BGB. Der *BGH* hat dies für den Fall unwirksamer Freizeichnung bejaht.[49] Dies muss aber allgemein gelten,[50] da der Leasingnehmer den Gewährleistungsprozess infolge der Drittverweisung stets im Auftrag des Leasinggebers führt und das Insolvenzrisiko grundsätzlich der Leasinggeber zu tragen hat.[51]

4. Geltendmachung der Ansprüche

Der Leasingnehmer hat bei Auftreten von Mängeln den Leasinggeber zu informie- **21** ren[52] sowie den Sachmangelanspruch zunächst außerprozessual gegen den Lieferanten geltend zu machen, muss aber bei Weigerung diesen verklagen.

Der Leasingnehmer ist verpflichtet, den Lieferanten auf Rückzahlung des Kaufpreises **22** (bzw. der Minderung) an den Leasinggeber zu verklagen, wobei er insoweit als Prozessstandschafter ermächtigt ist.[53] Wegen des bei Rücktritt entstehenden Gegenanspruchs des Lieferanten auf Rückgabe des Leasinggutes sollte der Klageantrag auf Zahlung Zug um Zug gegen Rückgabe des Leasinggutes lauten.[54]

Der Leasingnehmer ist nach erfolgtem Rücktritt[55] nach herrschender Meinung ab **23** Erhebung der Klage berechtigt, die Leasingraten (bei Minderung teilweise) einzustellen, bis die Gewährleistungsfrage geklärt ist.[56] Die Gegenmeinung gibt dem Leasingnehmer im Hinblick auf den Rücktritt als Gestaltungsrecht bereits mit Rücktrittserklärung ein derartiges Leistungsverweigerungsrecht.[57] Ein etwaiger Prozess des

---

[47] *Canaris,* NJW 1982, 309; *Lieb,* DB 1988, 2499; Staudinger/*Stoffels,* Leasing Rn. 247; andere Lösung bei *Finkenauer/Brand,* JZ 2013, 273 (Einwendungsdurchgriff nach §§ 506, 359 S. 1 BGB).

[48] Vgl. MünchKommBGB/*Koch,* Leasing Rn. 109 ff. (teleologische Reduktion des § 313 III 2 BGB).

[49] *BGH* NJW 1994, 576.

[50] So wohl auch MünchKommBGB/*Koch,* Leasing Rn. 112; a. A. *OLG Köln* NJW-RR 2005, 210.

[51] Rn. 22.

[52] *BGH* NJW 1987, 1072.

[53] BGHZ 81, 298, 301 = NJW 1982, 105; *OLG Düsseldorf* NJW-RR 1992, 821.

[54] *Beckmann,* WiB 1996, 962, 964.

[55] Zur Rechtslage bei Nacherfüllung vgl. Rn. 14.

[56] BGHZ 97, 135 = NJW 1986, 1744; *BGH* NJW 2010, 2798; *OLG Karlsruhe* ZGS 2007, 277; *Tavakoli,* NJW 2010, 2768; *Detering,* ZAP 2011, 401, 405; *Beckmann,* EWiR § 535 BGB 1/11, 73; *Omlor,* JuS 2011, 305, 306; *Greiner,* NJW 2012, 961, 963; weitere Nachweise bei MünchKommBGB/*Koch,* Leasing Rn. 114 f.; *Eggert,* DAR-Extra 2012, 750, 753.

[57] *Schmalenbach/Sester,* WM 2002, 2184, 2185; *Graf von Westphalen,* ZIP 2006, 1653.

Leasinggebers gegen den Leasingnehmer auf Zahlung der Leasingraten ist nach § 148 ZPO auszusetzen.[58]

24 **Bindung des Leasinggebers:** Ein im Gewährleistungsprozess zugunsten des Leasingnehmers ergehendes Urteil muss der Leasinggeber gegen sich gelten lassen.[59] Dies gilt auch im Falle eines rechtskräftigen Versäumnisurteils[60] und der Feststellung des Anspruchs auf Rückzahlung des Kaufpreises zur Tabelle im Insolvenzverfahren.[61] Gleiches gilt aber auch bei einer rechtskräftigen Abweisung der Klage des Leasingnehmers,[62] es sei denn, die Klageabweisung beruht darauf, dass die Abtretung der Ansprüche des Leasinggebers an den Leasingnehmer unwirksam war. Seine Rechtsposition kann der Leasinggeber durch Beitritt als Nebenintervenient (§ 66 ZPO) wahrnehmen.

25 Auch eine Rücktrittsvereinbarung zwischen Lieferant und Leasingnehmer bindet den Leasinggeber.[63] Von dieser Bindung kann sich der Leasinggeber nicht formularmäßig freizeichnen.[64] Der Leasinggeber ist nur dann nicht gebunden, wenn Leasingnehmer und Lieferant kollusiv zusammengewirkt haben.[65] Dagegen ist der Leasingnehmer im Prozess nicht befugt, mit dem Lieferanten einen Prozessvergleich abzuschließen, in welchem über den Rückzahlungsanspruch des Leasinggebers betreffend den Kaufpreis verfügt wird,[66] eine notwendige Konsequenz aus dem Umstand, dass die Ansprüche aus dem Rücktritt dem Leasinggeber trotz Abtretung der Gewährleistungsansprüche verblieben sind.

5. Unwirksamer Haftungsausschluss

26 Ist der Haftungsausschluss des Leasinggebers mit gleichzeitiger Drittverweisung unwirksam, lebt die eigene Haftung des Leasinggebers wieder auf (§ 306 II BGB). Der Leasinggeber haftet damit nach Mietrecht.[67] Die mietrechtliche Gewährleistung ist für den Leasinggeber ungünstiger als die kaufrechtliche.[68] Der Leasinggeber haftet nach Mietrecht auch für Mängel, die erst nach Übergabe während der Laufzeit des Leasingvertrages auftreten, während der maßgebliche Zeitpunkt im Kaufrecht der des Gefahrenüberganges (in der Regel die Übergabe) ist. Deshalb stehen Teile der Literatur auf dem Standpunkt, dass auch der Leasinggeber in einem derartigen Fall nur eine kaufrechtliche Einstandpflicht besitzt.[69] Diskutiert wird ferner, ob nicht der Leasinggeber gegen den Lieferanten einen Anspruch auf Freistellung von seiner mietvertraglichen Haftung gegenüber dem Leasingnehmer hat.[70]

---

[58] BGHZ 97, 135 = NJW 1986, 1744; *Wolf/Eckert/Ball,* Rn. 1859.
[59] BGHZ 68, 118 = NJW 1977, 848; BGHZ 81, 298 = NJW 1982, 105; BGHZ 94, 44 = NJW 1985, 1535.
[60] BGHZ 114, 57, 62 = NJW 1991, 1746.
[61] BGHZ 109, 139, 143 = NJW 1990, 31.
[62] *OLG München* NJW-RR 1993, 123.
[63] BGHZ 94, 44 = NJW 1985, 1535; *OLG Hamm* CR 1992, 272.
[64] BGHZ 114, 57, 64 = NJW 1991, 1746.
[65] BGHZ 94, 44 = NJW 1985, 1535; BGHZ 114, 57 = NJW 1991, 176; vgl. zu entsprechenden Verdachtsmomenten MünchKommBGB/*Koch,* Leasing Rn. 118.
[66] *BGH* CR 1993, 685; krit. *Beckmann,* CR 1993, 671; a. A. *OLG Hamm* CR 1992, 272.
[67] *BGH* WM 1987, 349; NJW 2006, 1066 Tz. 17 f.; kritisch *Omlor,* JuS 2011, 305, 310 (unmittelbare Haftung des Lieferanten im Umfang der §§ 474 ff. BGB).
[68] Anders *Müller-Sarnowski,* DAR 2007, 72, 73.
[69] MünchKommBGB/*Koch,* Leasing Rn. 123, 37 m. w. N.
[70] *Müller-Sarnowski,* DAR 2007, 72, 74.

III. Weitere Ansprüche

1. Schadensersatzansprüche

Der Leasingnehmer kann gegen den Leasinggeber Ansprüche aus Verschulden bei 27
Vertragsschluss wegen Verletzung von Sorgfalts-, Aufklärungs- und Hinweispflichten
haben.[71]

Auch hier muss sich der Leasinggeber nach § 278 BGB – ebenso wie im Falle der 28
arglistigen Täuschung[72] – ein schuldhaftes Verhalten des Lieferanten anrechnen lassen, soweit dieser mit Wissen und Wollen des Leasinggebers in die Vertragsverhandlungen eingeschaltet ist und den Leasingvertrag betreffende Aufklärungs- und Hinweispflichten verletzt.[73] Eine Freizeichnung des Leasinggebers von dieser gesetzlichen Zurechnung ist nach § 307 BGB unwirksam.[74] Dagegen scheidet eine Zurechnung des Lieferantenverschuldens in der Regel aus, wenn der Leasinggeber erst nach
Abschluss der Vorverhandlungen über den Kaufvertrag eingeschaltet wird[75] oder
wenn Lieferant und Leasingnehmer kollusiv zusammenwirken.[76]

In Betracht kommen ferner Schadensersatzansprüche des Leasingnehmers, wenn der 29
Leasinggeber nach Beendigung des Leasingvertrages das Leasinggut nicht optimal
verwertet hat.[77]

2. Ansprüche bei Insolvenz des Leasinggebers

Im Falle der Insolvenz des Leasinggebers hat der Insolvenzverwalter das Wahlrecht 30
aus § 103 InsO. Dies wird allerdings durch § 108 I 2 InsO für refinanzierte Leasingverträge eingeschränkt.[78] Die Sicherungsabtretungen an Finanzierer sind insolvenz-
fest.

In den übrigen Fällen kann der Leasingnehmer den Insolvenzverwalter auffordern,
sein Wahlrecht nach § 103 InsO auszuüben. Ein Kündigungsrecht wegen der Insolvenz des Leasinggebers steht ihm nicht zu. Entscheidet sich der Insolvenzverwalter
für Vertragserfüllung, hat der Leasingnehmer weiter die Leasingraten zu entrichten.
Lehnt der Insolvenzverwalter die Erfüllung ab, muss der Leasingnehmer das Leasinggut herausgeben und kann Schadensersatz wegen der Nichterfüllung nur als Insol-
venzgläubiger geltend machen (§ 103 II 1 InsO).

---

[71] *Beckmann*, CR 1994, 600; *Engel*, § 8 R. 4 ff.

[72] § 12 Rn. 19 ff.

[73] BGHZ 95, 170 = NJW 1985, 2258; NJW 2011, 2877; *OLG Düsseldorf* BB 1990, 167.

[74] BGHZ 95, 170 = NJW 1985, 2258; *BGH* NJW-RR 1988, 241; *OLG Hamburg* NJW-RR
1988, 438.

[75] *BGH* NJW-RR 1989, 1140; *BGH* NJW 2011, 2877; *Lieb*, DB 1988, 2502; *Schattenkirchner*,
NJW 2012, 197, 200.

[76] *OLG Frankfurt/M.* NJW 1987, 2447.

[77] Näher § 13 Rn. 51.

[78] Zur Anwendung des § 108 I 2 InsO auf das sog. „Doppelstock-Leasing" *Primozic*, NZI
2008, 465 ff.

Teil 4. Der Bauprozess

§ 15. Der Bauprozess – Allgemeine Grundlagen

I. Inhalt des Bauvertrags

Durch den Bauvertrag verpflichtet sich der Bauunternehmer (Auftragnehmer) gegen **1** eine Vergütung, für den Bauherrn (Auftraggeber) bestimmte Bauleistungen zu erbringen. Bauleistungen sind nach § 1 VOB/A Arbeiten jeder Art, durch die eine bauliche Anlage hergestellt, instandgesetzt, geändert oder beseitigt wird.[1]

1. Bauvertrag als Werkvertrag

Der Bauvertrag ist als Werkvertrag einzuordnen. Der Auftragnehmer verpflichtet **2** sich, ein bestimmtes Werk herzustellen oder eine bestimmte Bauleistung zu erbringen. Neben den Vorschriften des Werkvertragsrechts des BGB (§§ 631 ff. BGB) sind die Vorschriften des BGB über Verträge (§§ 320 ff. BGB) und über Leistungsstörungen (§§ 280 ff. BGB) sowie die Vorschriften des Allgemeinen Teils des BGB, insbesondere über den Vertragsschluss und die Inhaltskontrolle Allgemeiner Geschäftsbedingungen (§§ 305 ff. BGB), zu beachten.

Verträge über die Lieferung von Material, das der Auftragnehmer bei der Erbringung der Bauleistung verwendet, sind nach § 651 BGB nach Kaufvertragsrecht zu beurteilen.[2] Verträge über die Errichtung von Fertighäusern sind als Werkvertrag anzusehen, wenn die Herstellung des Bauwerks wesentliche Vertragspflicht ist.[3]

Bauverträge sind, je nach der Art der geschuldeten Leistung, über einen längeren **3** Zeitraum gestreckte Schuldverhältnisse. Das Werkvertragsrecht enthält kaum Regelungen darüber, wie Störungen in solchen langfristigen Bauverträgen zu lösen sind.

Die Rechtsprechung hat für das Zusammenwirken der Parteien bei Bauverträgen eine Verpflichtung zur Kooperation als eine die Parteien nach dem Vertrag treffende Nebenpflicht geschaffen.[4] Welche Pflichten sich für den Auftragnehmer und Auftraggeber daraus ergeben, ist im jeweiligen Einzelfall festzustellen.

a) Wesentlicher Vertragsinhalt

Die Parteien haben bei Abschluss eines Bauvertrags i. S. der §§ 631 ff. BGB eine **4** Vereinbarung über Art, Umfang und Ort der zu erbringenden Bauleistungen zu treffen. Was im Einzelnen zur Leistungspflicht des Auftragnehmers gehört, ergibt sich im Bauvertrag regelmäßig aus der Leistungsbeschreibung. Zur Ermittlung des Inhalts der vertraglichen Leistungspflichten sind daneben auch sonstige zum Inhalt der Vertragsverhandlungen gemachte Unterlagen, Erklärungen der Parteien und sons-

---

[1] *BGH* NJW 1973, 368.
[2] BGHZ 182,140 = NJW 2009, 2877.
[3] BGHZ 87, 112 = NJW 1983, 1489; *BGH* NJW 1985, 632; NJW 2006, 2551.
[4] BGHZ 133, 44 = NJW 1996, 2158; BGHZ 143, 89 = NJW 2000, 807; *OLG Köln* NJW-RR 2002, 15; vgl. *Nicklisch,* Der komplexe Langzeitvertrag (1987); *ders.,* JZ 1984, 757.

tige Umstände heranzuziehen, die für den Vertragsschluss von Bedeutung gewesen sind.[5]

Die Vertragsauslegung ist von entscheidender Bedeutung, weil erst nach Ermittlung des Inhalts des vom Auftragnehmer übernommenen Leistungsprogramms die Fragen geklärt werden können, ob dem Auftragnehmer für bestimmte Leistungen eine zusätzliche Vergütung zusteht oder ob bestimmte Mängel der Leistung des Auftragnehmers zuzuordnen sind. Auf die Vertragsauslegung ist daher besondere Sorgfalt zu verwenden.

b) Nebenabreden

5   Üblicherweise findet sich in Bauverträgen ein Verweis auf die VOB/B. Teilweise werden bestimmte technische Bestimmungen oder Regelungen, die die Bauausführung betreffen, zum Vertragsbestandteil gemacht. Zu unterscheiden ist zwischen Bestimmungen, die die Art der technischen Ausführung der Bauleistung und daher den eigentlichen Leistungsinhalt näher beschreiben, und Bestimmungen über die Voraussetzungen und den Umfang der Rechte und Pflichten der Vertragsparteien. Letztere unterliegen der Inhaltskontrolle nach §§ 307 ff. BGB. Gehen diese Bestimmungen den Regelungen der VOB/B vor, ist weiter zu prüfen, ob die VOB/B mit diesem geänderten Inhalt der Inhaltskontrolle standhält.[6]

2. Besondere Vertragstypen

a) Einheitspreisvertrag

6   Als Einheitspreisvertrag wird ein Bauvertrag bezeichnet, bei dem die Vergütung für technisch und wirtschaftlich einheitliche Teilleistungen, deren Menge nach Maß, Gewicht oder Stückzahl angegeben wird, nach den im Vertrag festgelegten Einheitspreisen zu berechnen ist (§ 4 I Nr. 1 VOB/A). Die Vergütung berechnet sich nach dem Umfang der tatsächlich ausgeführten Leistung, indem die erbrachten Mengen und Massen mit den vereinbarten Einheitspreisen multipliziert werden.

b) Pauschalpreisvertrag

7   Beim Pauschalpreisvertrag verpflichtet sich der Auftragnehmer, die zur Herstellung des vereinbarten Leistungserfolgs erforderlichen Arbeiten gegen Zahlung einer bestimmten Summe auszuführen. Der Umfang der vom Auftragnehmer geschuldeten Leistung kann sich nach einer an funktionellen Gesichtspunkten orientierten Leistungsbeschreibung oder einem zuvor erstellten detaillierten Leistungsverzeichnis ergeben.[7]

c) Generalunternehmer-, Generalübernehmer- und Subunternehmervertrag

8   Die Entwicklung zur Spezialisierung, die Tendenz zur Entstehung von Großbetrieben und die Abwicklung von Großprojekten haben zu einer erheblichen Umgestaltung und Differenzierung der Vertragstypen geführt. Zu unterscheiden sind:

aa) Generalunternehmervertrag

9   Dieser ist dadurch gekennzeichnet, dass der Generalunternehmer die Erbringung sämtlicher Bauleistungen im Verhältnis zum Auftraggeber übernimmt und diese dann entweder selbst oder durch Beauftragung von Subunternehmern ausführt.

---

[5] *BGH* BauR 2003, 388; NJW 1999, 2432.
[6] Vgl. zur Auslegung *Kapellmann*, NJW 2008, 257
[7] *OLG Celle* BauR 1996, 723; zu verschiedenen Vertragstypen: *Werner/Pastor*, Rn. 1314a ff.

bb) Generalübernehmervertrag

Der Generalübernehmer verpflichtet sich ebenso wie der Generalunternehmer zur   10
Erbringung sämtlicher Bauleistungen gegenüber dem Auftraggeber. Im Unterschied
zum Generalunternehmer führt er die Arbeiten nicht selbst aus, sondern beauftragt
mit den Arbeiten Subunternehmer.

cc) Subunternehmervertrag

Subunternehmer wird der Auftragnehmer genannt, der von einem ebenfalls mit Bau-   11
leistungen beauftragten Auftragnehmer (Hauptunternehmer) mit der Ausführung
bestimmter Bauleistungen beauftragt wird. Der Auftraggeber kann die ordnungsgemäße Erbringung der Bauleistungen lediglich vom Hauptunternehmer fordern.
Dieser hat jedoch nach § 278 BGB für das Verschulden der von ihm beauftragten
Subunternehmer einzustehen, da er sich ihrer zur Erfüllung seiner Leistungspflichten
gegenüber dem Auftraggeber bedient.

Rechtliche Probleme können innerhalb einer mehrstufigen Leistungskette insbesondere dadurch auftreten, dass Inhalt und Umfang der Sachmängelansprüche in den
einzelnen Leistungsverhältnissen auseinanderfallen.

d) Bauherrengemeinschaft und Arbeitsgemeinschaft (ARGE)

Bauverträge können auch durch eine Mehrheit von Personen abgeschlossen werden.   12
In Betracht kommt die Auftragsvergabe durch Bauherrengemeinschaften oder die
Übernahme von Bauleistungen durch Arbeitsgemeinschaften (ARGE).[8] Es handelt
sich in der Regel um Gesellschaften bürgerlichen Rechts zwischen verschiedenen
Bauunternehmern, deren Zweck die Realisierung eines bestimmten Bauvorhabens ist.

II. Abschluss des Bauvertrags

1. Allgemeines

a) Wesentlicher Vertragsinhalt

Der Abschluss des Bauvertrages richtet sich nach §§ 145 ff. BGB. Zum wesentlichen   13
Vertragsinhalt, über den die Vertragsparteien eine Einigung erzielen müssen, gehören
die Art und der Umfang der vom Auftragnehmer zu erbringenden Werkleistung und
die Verpflichtung des Auftraggebers, an den Auftragnehmer eine Vergütung zu
entrichten.

b) Vergütungsvereinbarung

Nach der Auslegungsregel des § 632 I BGB gilt eine Vergütung als stillschweigend   14
vereinbart, wenn die Herstellung des Werks den Umständen nach nur gegen eine
Vergütung zu erwarten ist. Ist die Höhe der Vergütung nicht bestimmt, ist bei dem
Bestehen einer Taxe die taxmäßige Vergütung, in Ermangelung einer Taxe die übliche
Vergütung als vereinbart anzusehen, § 632 II BGB.

Der Auftragnehmer trägt die Beweislast für das Bestehen der Vergütungspflicht und
die Höhe der vereinbarten Vergütung; der Auftraggeber hat, wenn die Leistung den
Umständen nach nur gegen eine Vergütung zu erwarten ist, eine Abrede zu beweisen,
wonach der Auftragnehmer unentgeltlich tätig werden sollte.[9] Behauptet der Auftrag-

---

[8] Vgl. hierzu *Thierau/Messerschmidt*, NZBau 2007, 129, 205.
[9] *BGH* NJW 1987, 2742; NJW 1979, 2202.

geber die Vereinbarung eines Pauschalpreises, hat der Auftragnehmer dies zu widerlegen, wenn er eine davon abweichende höhere Vergütung verlangt.[10]

c) Umsatzsteuer

15 Grundsätzlich ist davon auszugehen, dass der vereinbarte Preis die Umsatzsteuer einschließt.[11] Eine hiervon abweichende Vereinbarung hat der Auftragnehmer zu beweisen.[12]

Umsatzsteuer ist nicht zu entrichten, soweit es um Verzugszinsen oder den Vergütungsanspruch des Auftraggebers gemäß § 649 S. 2 BGB wegen nicht erbrachter Leistungen nach Beendigung des Vertrages geht.[13]

2. Allgemeine Geschäftsbedingungen

16 Da das Werkvertragsrecht des BGB nicht speziell auf Werkverträge zugeschnitten ist, die die Erbringung von Bauleistungen zum Gegenstand haben, bedienen sich die Vertragsparteien in der Praxis häufig Allgemeiner Geschäftsbedingungen. Besondere Bedeutung kommt dabei der VOB/B zu. In Betracht kommt auch die Vereinbarung spezieller auf bestimmte Bauvorhaben zugeschnittener Regelungen, die die technische und rechtliche Abwicklung des Vertrages näher regeln.

Allgemeine Geschäftsbedingungen sind gemäß § 305 I 1 BGB alle für eine Vielzahl von Verträgen vorformulierte Vertragsbedingungen, die eine Vertragspartei der anderen Vertragspartei bei Abschluss eines Vertrages stellt. Die danach geforderte Mehrfachverwendungsabsicht ist jedenfalls anzunehmen, wenn eine dreimalige Verwendung beabsichtigt ist.[14]
Allgemeine Geschäftsbedingungen liegen auch dann vor, wenn es sich um Vertragsbedingungen handelt, die von einem Dritten für eine Vielzahl von Verträgen vorformuliert sind und von der Vertragspartei, die die Vertragsbedingungen stellt, nur in einem Vertrag verwendet werden sollen.[15] Aus dem Inhalt und der Gestaltung der in einem Bauvertrag verwendeten Bedingungen kann sich zudem ein tatsächlicher Anschein ergeben, dass es sich um für eine Vielzahl von Verträgen vorformulierte Vertragsbedingungen handelt.[16] Diesen Anschein hat der Verwender im Zweifelsfall zu widerlegen.[17]

17 Der Verwender trägt die Beweislast dafür, dass nach § 305 I 3 BGB ausnahmsweise keine Allgemeinen Geschäftsbedingungen vorliegen, weil die Vertragsbedingungen zwischen den Vertragsparteien im Einzelnen ausgehandelt worden sind. Ein Aushandeln setzt voraus, dass der Verwender den in der vorformulierten Klausel enthaltenen gesetzesfremden Kerngehalt inhaltlich ernsthaft zur Disposition stellt und dem Vertragspartner die Möglichkeit einräumt, die inhaltliche Ausgestaltung der Vertragsbedingungen zu beeinflussen.[18]

Indizien für ein Aushandeln sind z. B. nachträglich in den Text der Klausel eingefügte, von den Parteien abgezeichnete Ergänzungen oder die Vorlage von Alternativangeboten. Im Einzelfall kann auch die gründliche Erörterung eines später unverändert übernommenen Vertragsent-

---

[10] BGHZ 80, 257 = NJW 1981, 1442; *BGH* NJW-RR 2002, 661; NJW-RR 1992, 848; *OLG Hamm* NJW-RR 1996, 86; *OLG Düsseldorf* BauR 2000, 269; BauR 2001, 406.
[11] *BGH* NJW 2001, 2464; NJW 2002, 2312.
[12] *BGH* NJW 2001, 2464.
[13] *BGH* BauR 2008, 506; NJW 1999, 3261; BGHZ 101, 130 = NJW 1987, 3123; *BGH* NJW-RR 1986, 1026.
[14] *BGH* NJW 2002, 138; NJW 2004, 1454.
[15] *BGH* BauR 2006, 106; BauR 2006, 514; NJW 1997, 135; krit. *Schwenker/Thode*, ZfIR 2005, 635.
[16] BGHZ 157, 102 = NJW 2004, 502; BGHZ 118, 229 = NJW 1992, 2160.
[17] *BGH* BauR 2006, 106; BauR 2006, 514; BGHZ 157, 102 = NJW 2004, 502; *BGH* BauR 1992, 622.
[18] *BGH* NJW 1998, 3488; BGHZ 153, 311 = NJW 2003, 1805; BGHZ 143, 104 = NJW 2000, 1110.

wurfs genügen, wenn der Verwender die vertraglichen Regelungen ernsthaft zur Disposition gestellt hat.[19]

Der Inhaltskontrolle nach §§ 307 ff. BGB unterliegen nur diejenigen Bestimmungen, die gegenüber dem dispositiven Vertragsrecht abweichende oder ergänzende Regelungen vorsehen. Preis- und Leistungsbestimmungen sind dagegen der Inhaltskontrolle entzogen. Vor der Überprüfung der als AGB vereinbarten Vertragsbedingungen nach §§ 307 ff. BGB ist ihr Inhalt durch Auslegung zu ermitteln. Zweifel bei der Auslegung von AGB gehen nach § 305c II BGB zu Lasten des Verwenders. Dies bedeutet, dass im Zweifel die für den Verwender ungünstigere Auslegung zugrunde zu legen ist. **18**

Eine unangemessene Benachteiligung des Vertragspartners i. S. des § 307 I BGB kann vorliegen, wenn eine Bestimmung in AGB nicht klar und verständlich ist.[20] Das in § 307 I BGB niedergelegte Transparenzgebot gilt auch für Preis- und Leistungsbestimmungen.[21] Dies hat zur Folge, dass unklare Leistungsbeschreibungen in Bauverträgen nach § 307 I BGB unwirksam sein können. **19**

a) Die Vergabe und Vertragsordnung für Bauleistungen (VOB)

Die VOB besteht aus drei Teilen. Es handelt sich um eine im Auftrag des Deutschen Vergabe- und Vertragsausschusses herausgegebenes Vergabe- und Vertragsordnung, deren Regelungen die Parteien ergänzend als Vertragsinhalt vereinbaren können. **20**

aa) VOB/A

Der VOB/A vorgehende gesetzliche Vergabevorschriften finden sich in §§ 97 ff. GWB. Die Einhaltung des Vergabeverfahrens nach dem GWB unterliegt dem Nachprüfungsverfahren bei den Bezirksregierungen oder bei speziellen Landgerichten eingerichteten Vergabekammern, gegen deren Entscheidungen Beschwerde zum Oberlandesgericht eingelegt werden kann. Im Vergabeverfahren ist ferner die Vergabeordnung vom 1.9.2001 und die Nachprüfungsverordnung vom 22.2.1994 zu beachten sowie europarechtliche Vorgaben.[22] **21**

Die Bestimmungen der VOB/A sind für das Bauvertragsrecht ebenfalls von Bedeutung. Verstöße gegen Vergabevorschriften der VOB/A können im Einzelfall vertragliche Schadensersatzansprüche auslösen.[23]

bb) VOB/B

Teil B der VOB enthält besondere Regelungen für den Inhalt von Bauverträgen und ergänzt und gestaltet inhaltlich die den Vertragsparteien zustehenden Rechte und Pflichten. Es handelt sich um Allgemeine Geschäftsbedingungen.[24] **22**

Es wird angenommen, dass die VOB/B, sofern Vertragspartner ein Unternehmer ist, als geschlossenes Regelwerk einen gerechten Ausgleich der Interessen des Auftraggebers und Auftragnehmers bewirken kann und als Ganzes der Inhaltskontrolle nach

---

[19] Vgl. *BGH* BauR 2006, 106; BGHZ 150, 299 = NJW 2002, 2388; BGHZ 143, 104 = NJW 2000, 1110.
[20] Vgl. *Thode*, NZBau 2002, 363.
[21] BGHZ 147, 354 = NJW 2001, 2014; BGHZ 147, 373 = NJW 2001, 2012.
[22] Überblick bei *Braun*, NZBau 2002, 378.
[23] *BGH* NJW-RR 1988, 785; BGHZ 139, 259 = NJW 1998, 3636; *BGH* BauR 2003, 240; NZBau 2006, 797; vgl. auch BGHZ 167, 75 = NJW 2006, 2555.
[24] BGHZ 86, 135 = NJW 1983, 816; *BGH* NJW-RR 1998, 235; BGHZ 178, 1 = NZBau 2008, 640.

den §§ 305 ff. BGB standhält.[25] Wird die VOB/B gegenüber einem Verbraucher verwendet, unterliegen ihre einzelnen Klauseln auch dann der Inhaltskontrolle, wenn sie als Ganzes vereinbart ist.[26] An einem ausgewogenen Interessenausgleich fehlt es in jedem Fall, wenn die Parteien nur Teile der VOB/B zum Gegenstand des Vertrages machen oder die Bestimmungen der VOB/B durch ergänzende Allgemeine Vertragsbedingungen modifizieren. Sofern die Regelungen der VOB/B nicht als Ganzes vereinbart worden sind, unterliegen sie uneingeschränkt der Inhaltskontrolle nach §§ 305 ff. BGB.[27]

cc) VOB/C

23 Teil C enthält die allgemeinen technischen Vorschriften über Bauleistungen. Sie werden den DIN-Normen entnommen, die von den Verbänden der Bauwirtschaft entwickelt worden sind.[28]

Die DIN 18299 enthält zusätzlich zu § 7 VOB/A allgemeine Anforderungen an eine Leistungsbeschreibung. Ihr schließen sich die einzelnen DIN-Normen für bestimmte Arbeitsbereiche an. Sie enthalten Hinweise für die üblicherweise zu verwendenden Stoffe und Bauteile, die Ausführung der Arbeiten entsprechend den allgemein anerkannten Regeln der Technik, eine Aufzählung der nicht besonders zu vergütenden Nebenleistungen sowie Richtlinien für die Abrechnung. Die Vorschriften des Teils C werden entsprechend dem jeweiligen Stand der Technik fortgeschrieben und an die technische Entwicklung angepasst.

24 Die Abrechnungsregeln der VOB/C haben vertraglichen Charakter und sind rechtlich als Allgemeine Geschäftsbedingungen zu qualifizieren, die der Inhaltskontrolle nach §§ 305 BGB unterliegen.[29]

b) Verwendereigenschaft

25 Die Frage, wer Verwender der VOB/B ist, ist im Rahmen der Inhaltskontrolle von zentraler Bedeutung. Auf die Unwirksamkeit einer Klausel kann sich nur diejenige Vertragspartei berufen, die die VOB/B nicht als Vertragsbedingung gestellt hat. Der Verwender muss sich an einer ihm ungünstigen Vertragsregelung festhalten lassen.[30]

Wer Verwender der VOB/B im Sinne des § 305 I BGB ist, richtet sich danach, wer die Regelung in das Vertragswerk einführt.[31] Nach § 310 III Nr. 1 BGB gelten Allgemeine Geschäftsbedingungen in mit Verbrauchern geschlossenen Verträgen im Zweifelsfall als von dem Unternehmer gestellt. Insoweit handelt es sich um eine gesetzliche Auslegungsregel.

c) Geltungsvereinbarung
aa) Allgemeines

26 Die für die Geltung der VOB/B notwendige Parteivereinbarung ist in den §§ 305 I und 310 I BGB geregelt. Für Verbraucher und Unternehmer gelten unterschiedliche Anforderungen. Diese sind darin begründet, dass Verbraucher eines besonderen Schutzes bedürfen, da sie in der Regel mit den Gegebenheiten des Baugewerbes nicht genügend vertraut sind.

---

[25] BGHZ 86, 135 = NJW 1983, 816; *BGH* NJW-RR 1991, 727; BGHZ 157, 346 = NJW 2004, 1597; *BGH* NJW-RR 2007, 1317.
[26] BGHZ 178, 1 = NZBau 2008, 640.
[27] *BGH* NJW-RR 2007, 1317; BGHZ 157, 346 = NJW 2004, 1597.
[28] Hierzu *Motzke*, Beck-VOB-Kommentar, Teil C, Syst III, Rn. 11; Syst IV, Rn. 18.
[29] *BGH* NJW-RR 2004, 1248.
[30] *BGH* NJW-RR 2006, 740; BGHZ 99, 160 = NJW 1987, 837.
[31] *BGH* NJW-RR 2006, 740; NJW 1997, 2043; *OLG Köln* NJW 1994, 59.

Nach § 13 BGB ist Verbraucher jede natürliche Person, die ein Rechtsgeschäft zu einem Zweck abschließt, der weder ihrer gewerblichen noch ihrer selbständigen beruflichen Tätigkeit zugerechnet werden kann. Nach § 14 BGB ist derjenige Unternehmer, der das Rechtsgeschäft in Ausübung seiner gewerblichen oder beruflichen Tätigkeit schließt.

bb) Geltungsvereinbarung bei Verbrauchern

Die Voraussetzungen für die Geltungsvereinbarung gegenüber einem Verbraucher ergeben sich aus § 305 II BGB. Erforderlich ist ein ausdrücklicher Hinweis auf die VOB/B sowie die zumutbare Möglichkeit, von ihrem Inhalt Kenntnis zu nehmen.   **27**

Der ausdrückliche Hinweis muss spätestens bei Vertragsschluss erfolgen. In der Regel geschieht dies bei schriftlichen Verträgen schon durch Aufnahme in das Vertragsangebot. Bei den (selten vorkommenden) mündlichen Verträgen sind an diesen Hinweis strenge Anforderungen zu stellen.

Die Möglichkeit zur Kenntnisnahme setzt voraus, dass der Vertragspartner Gelegenheit erhält, sich bei Vertragsschluss mit dem Inhalt der VOB/B vertraut zu machen, damit er die Rechtsfolgen und die Risiken eines Vertragsschlusses abschätzen kann.[32]   **28**

Der Verwender soll seinen Vertragspartner in die Lage versetzen, sich in geeigneter Weise von dem Inhalt der VOB/B Kenntnis zu verschaffen und seine Informationsmöglichkeiten zu nutzen. Dies kann im Regelfall nur durch Aushändigung des Textes der VOB/B geschehen.[33] Der Hinweis auf die Möglichkeit, sich den Text der VOB/B im Buchhandel zu verschaffen, genügt nicht.[34] Die Möglichkeit der Einsichtnahme dürfte im Hinblick auf das für einen nicht selbst sachkundigen Vertragspartner komplexe Regelwerk ebenfalls nicht ausreichen.

Die Aushändigung des VOB/B-Textes ist allerdings entbehrlich, wenn der Auftraggeber bei Abschluss des Vertrages von einem Architekten vertreten wird, der über ausreichende Sachkunde verfügt.[35]

cc) Geltungsvereinbarung bei Unternehmern

Bei Bauverträgen mit Unternehmern (§ 14 BGB) gelten nach § 310 I 1 BGB erleichterte Voraussetzungen. § 305 II BGB findet keine Anwendung. Es bedarf danach weder eines ausdrücklichen Hinweises auf die VOB/B noch ist es erforderlich, dem Unternehmer die Möglichkeit zur zumutbaren Kenntnisnahme von ihrem Inhalt zu verschaffen. Eine Bezugnahme auf die Regelungen der VOB/B im Vertragstext genügt.[36]   **29**

Gleiches gilt nach § 310 I 1 BGB für Bauverträge mit einem öffentlichen Auftraggeber, bei dem wegen der Üblichkeit der Einbeziehung der VOB/B vorausgesetzt werden kann, dass sie ihrem Inhalt nach hinreichend bekannt ist. Allerdings wird man bei Bauverträgen mit kleineren Gemeinden, die kein eigenes Baudezernat besitzen und nur gelegentlich Bauverträge abschließen, nach §§ 133, 157 BGB strengere Anforderungen an den Hinweis auf die Geltung der VOB/B stellen müssen.[37]

---

[32] BGHZ 109, 192 = NJW 1990, 715; BGHZ 86, 135 = NJW 1983, 816; *BGH* NJW-RR 1991, 727; *OLG Hamm* NJW-RR 1988, 1366.
[33] *BGH* NJW-RR 2002, 160; *Tempel*, NZBau 2003, 465.
[34] Vgl. *Werner/Pastor*, Rn. 1246 ff. m. w. N.
[35] Vgl. BGHZ 109, 192 = NJW 1990, 715; BGHZ 86, 135 = NJW 1983, 816; *OLG Hamm* NZBau 2004, 332; NJW-RR 1996, 593; *OLG Düsseldorf* BauR 1997, 647; *Werner/Pastor*, Rn. 1247.
[36] Vgl. *OLG Hamm* NZBau 2004, 332.
[37] *Tempel*, NZBau 2003, 465.

d) Inhaltskontrolle

30 Die VOB/B unterliegt hinsichtlich ihrer einzelnen Klauseln unterliegt uneingeschränkt der Inhaltskontrolle nach §§ 307 ff. BGB, wenn sie gegenüber einem Verbraucher verwendet wird.[38]

Nach der bisherigen Rechtsprechung des *BGH* hält die VOB/B im Verkehr mit Unternehmern als Ganzes der gesetzlichen Inhaltskontrolle stand.[39] Die VOB/B bewirke in ihrer Gesamtheit einen ausgewogenen Ausgleich der beiderseitigen Interessen von Auftragnehmer und Auftraggeber. Die von der Rechtsprechung entwickelte Privilegierung, mit der die Inhaltskontrolle einzelner Regelungen entfällt, wenn die VOB Teil B als Ganzes vereinbart ist, ist jedoch nur gerechtfertigt, solange gewährleistet ist, dass die Vertragspartner, denen gegenüber die VOB/B verwendet wird, durch ihre Interessenvertretungen im Vergabe- und Vertragsausschuss vertreten sind und ausreichend Gelegenheit haben, sich in eine ausgewogene, den Bedürfnissen der Bauvertragsparteien entsprechende Gestaltung der VOB/B einzubringen. Voraussetzung ist allerdings stets, dass das Klauselwerk in diesem Sinne tatsächlich ausgewogen ist, was für jede neue Fassung der VOB/B von den Gerichten zu überprüfen ist.[40]

Die Inhaltskontrolle nach den §§ 307 ff. BGB ist eröffnet, wenn durch vertragliche Regelungen von den Regelungen der VOB/B abgewichen wird.[41] Haben die Vertragsparteien eine Vertragsklausel übereinstimmend in einem bestimmten Sinne verstanden, so ist dieser übereinstimmende Wille maßgebend.[42] Der *BGH* hat seine bisherige Rechtsprechung aufgegeben, die als Voraussetzung für die Inhaltskontrolle einen Eingriff in den Kernbereich der Regelungen der VOB/B gefordert hatte.[43]

Die vom Bundesgerichtshof entwickelten Grundsätze sind auch unter der Geltung des Schuldrechtsmodernisierungsgesetzes zu beachten.[44]

e) Widersprüchliche Vertragsbedingungen

31 Häufig vereinbaren die Vertragsparteien neben der VOB weitere Vertragsbedingungen in Form von Besonderen Vertragsbedingungen, zusätzlichen vertraglichen Bedingungen oder zusätzlichen technischen Vertragsbedingungen. Bauverträge enthalten außerdem häufig umfangreiche Leistungsbeschreibungen, Pläne, Zeichnungen und Berechnungen. Sofern die verschiedenen Vertragsbedingungen widersprüchliche Regelungen enthalten, ist zu klären, welche vertragliche Regelung vorrangig gelten soll. Dies ist durch Auslegung des Vertrags gemäß §§ 133, 157 BGB zu ermitteln.

Soweit die Parteien keine ausdrückliche Regelung über die Rangfolge der vereinbarten Regelwerke getroffen haben, ist, wenn die VOB/B vereinbart worden ist, von der in § 1 II VOB/B enthaltenen Auslegungsregel auszugehen. Danach sind bei Widersprüchen im Vertrag die Leistungsbeschreibung und nachrangig die Besonderen Vertragsbedingungen, etwaige Zusätzliche Vertragsbedingungen, etwaige Zusätzliche Technische Vertragsbedingungen, die Allgemeinen Technischen Vertragsbedingungen für Bauleistungen (VOB/C) und die Allgemeinen Vertragsbedingungen für die Ausführung von Bauleistungen zur Ermittlung des Vertragsinhalts heranzuziehen. Bei Widersprüchen und Unklarheiten sind die Unklarheitenregel des § 305c II BGB

---

[38] BGHZ 178, 1 = NZBau 2008, 640.
[39] BGHZ 86, 135 = NJW 1983, 816; *BGH* NJW-RR 1998, 235.
[40] BGHZ 178, 1 = NZBau 2008, 640.
[41] BGHZ 157, 346 = NJW 2004, 1597.
[42] *BGH* NZBau 2013, 364; BGHZ 181, 278 = NJW 2009, 3422.
[43] Vgl. BGHZ 86, 135 = NJW 1983, 816.
[44] Vgl. BGHZ 178, 1 = NZBau 2008, 640; *BGH* NJW 2006, 2551. – Zur Diskussion vgl. *Lang,* NJW 1995, 2063; *Tempel,* NZBau 2003, 465; *Bunte,* FS Korbion (1986), S. 17.

und das von der Rechtsprechung[45] entwickelte, nun in § 307 I 2 BGB gesetzlich normierte Transparenzgebot zu beachten.[46]

3. Form des Bauvertrages

a) Grundsatz der Formfreiheit

Eine besondere Form des Bauvertrages ist nach dem Gesetz nicht vorgeschrieben. **32** Die Komplexität des Bauvertrages führt in der Praxis jedoch in aller Regel dazu, dass der Vertragsinhalt schriftlich niedergelegt wird.

b) Schriftformklauseln

Die Parteien können die Schriftform als konstitutives Erfordernis vereinbaren, § 127 **33** BGB. Die Schriftform für die dem Vertrag beigefügten Anlagen, wie z. B. Baubeschreibung, Leistungsverzeichnis und Zeichnungen, ist gewahrt, wenn die Parteien auf diese Bezug nehmen.[47] Schriftformklauseln, die vorsehen, dass mündliche Nebenabreden nur gültig sind, wenn sie schriftlich bestätigt werden, sind in AGB unwirksam.[48]

c) Notarielle Beurkundung

Der Bauvertrag bedarf nach §§ 311b I, 125 BGB der notariellen Beurkundung, wenn **34** er nach dem Willen der Parteien eine rechtliche Einheit mit einem Grundstückserwerb bildet.[49]

d) Vertretung öffentlich-rechtlicher Körperschaften

Die für den Abschluss von Verträgen mit einer Gemeinde bestehenden kommunal- **35** rechtlichen Formvorschriften bewirken im Außenverhältnis eine Beschränkung der Vertretungsmacht der gemeindlichen Vertreter.[50] Ist der Bauvertrag wegen Nichtbeachtung der Schriftform unwirksam, kann die Gemeinde sich auf die Formunwirksamkeit nach § 242 BGB ausnahmsweise nicht berufen, wenn der Vertrag vom Gemeinderat genehmigt worden war.[51]

Kommt der Vertrag nicht wirksam zustande, weil die kommunalen Form- und Ver- **36** tretungsregeln nicht eingehalten worden sind, steht dem Vertragspartner ein auf das Vertrauensinteresse gerichteter Schadensersatzanspruch zu, wenn die Gemeinde schuldhaft den Anschein einer wirksamen Vertragserklärung gesetzt hat.[52] Daneben kann der Vertragspartner Schadensersatz unter dem Gesichtspunkt der Amtshaftung verlangen.[53]

In Ausnahmefällen kann der Vertragspartner bei pflichtwidrigem Verhalten der Gemeinde als Schadensersatz das positive Interesse verlangen, das den Ersatz von Aufwendungen und einen entgangenen Gewinn umfassen kann.[54] Zieht der Bieter ein auf eine öffentliche Ausschreibung hin abgegebenes Angebot, das der Bieter aufgrund fehlerhafter Berechnungen zu günstig kalkuliert hatte, zurück, kann der Vertragspartner im Einzelfall auch Schadensersatz in Höhe der

---

[45] *BGH* NJW 1986, 924; BGHZ 111, 388 = NJW 1990, 3197.
[46] *LG Hamburg* NJW-RR 1988, 917; *OLG Hamm* NJW-RR 1988, 726.
[47] BGHZ 136, 357 = NJW 1998, 58; *BGH* NJW 2003, 1248.
[48] BGHZ 157, 102 = NJW 2004, 502.
[49] BGHZ 186, 345; *BGH* NJW 1994, 721; NJW 2000, 951; NJW 2002, 2559; NJW-RR 2009, 953; *LG Berlin* BauR 2005, 1329.
[50] *BGH* NJW 1980, 117; NJW 1994, 1528; *OLG Frankfurt/M.* NJW-RR 1989, 1425.
[51] *BGH* NJW 1994, 1528; BGHZ 147, 381 = NJW 2001, 2626.
[52] BGHZ 92, 164 = NJW 1985, 1778.
[53] BGHZ 147, 381 = NJW 2001, 2626.
[54] BGHZ 164, 166 = NJW 2006, 60; BGHZ 142, 51 = NJW 1999, 3335.

Differenz zu dem weniger günstigen Angebot des ersatzweise beauftragten Unternehmers erstattet verlangen.[55]

4. Vollmacht des Architekten und Bauleiters zum Vertragsschluss

37   Die Wirksamkeit eines von einem Architekten abgeschlossenen Bauvertrags richtet sich nach § 164 BGB. Der Architekt muss im Namen des Bauherrn und aufgrund einer wirksamen Vollmacht gehandelt haben. Das Handeln im Namen des Bauherrn kann ausdrücklich erklärt werden oder sich aus den Umständen des Vertragsschlusses ergeben.

Der Architekt bedarf zum Vertragsschluss in jedem Fall einer besonderen Vollmacht des Auftraggebers. Die Befugnis des Architekten oder Bauleiters, Anordnungen zur Ausführung des Bauvorhabens zu erteilen, umfasst nicht die Befugnis zum Abschluss eines Nachtragsauftrags oder zu einer Vertragsänderung.[56]

Die Anordnungsbefugnis kann durch AGB wirksam ausgeschlossen werden.[57] Eine Klausel in Allgemeinen Geschäftsbedingungen eines Bauvertrags, die den Generalunternehmer berechtigt, Aufträge im Namen des Auftraggebers zu vergeben, ist als überraschende Klausel nach § 305c I BGB unwirksam.[58]

38   Der vom Architekt im Namen des Auftraggebers geschlossene Vertrag wirkt nach den Grundsätzen der Duldungsvollmacht für und gegen den Auftraggeber, wenn der Architekt nach außen als Vertreter des Auftraggebers aufgetreten ist und dieser in Kenntnis dieses Verhaltens dagegen nicht einschreitet. Der Architekt gilt dann als vom Auftraggeber stillschweigend bevollmächtigt.[59]

Eine rechtsgeschäftliche Verpflichtung des Auftraggebers wird nach den Grundsätzen der Anscheinsvollmacht begründet, wenn der Architekt für den Auftraggeber als Vertreter auftritt und der Auftraggeber dies bei gehöriger Sorgfalt hätte erkennen und verhindern können.[60] Diese Voraussetzungen sind z. B. erfüllt, wenn der Auftraggeber dem Architekten allein die Vertragsverhandlungen überlässt.[61]

Die Beauftragung des Architekten mit der Einholung von Angeboten berechtigt ihn dagegen nicht auch zum Vertragsschluss.[62] Ist der Architekt zum Abschluss des Bauvertrags bevollmächtigt, ergibt sich daraus nicht notwendig auch die Vollmacht für den Abschluss von Zusatzaufträgen.[63]

Ob der Bauvertrag, der von einem Ehegatten unterzeichnet worden ist, auch im Namen des anderen Ehegatten geschlossen sein soll und ob insoweit eine Bevollmächtigung vorlag, ist nach den Umständen des Einzelfalls zu beurteilen. Für eine Bevollmächtigung des Ehegatten kann sprechen, dass beide Ehegatten an den Vertragsverhandlungen teilgenommen haben und die Bauleistung beiden Ehegatten zugute kommen soll.[64]

---

[55] *BGH* BauR 2006, 514.

[56] *BGH* NJW-RR 2005, 167; BGHZ 157, 102 = NJW 2004, 502; *OLG Düsseldorf* BauR 2000, 891; BauR 2000, 1198.

[57] *BGH* NJW-RR 1995, 80; *OLG Köln* ZfBR 2001, 42.

[58] *BGH* BauR 2003, 1544.

[59] *OLG Brandenburg* NJW-RR 2002, 1099; *Werner/Pastor*, Rn. 1353.

[60] BGHZ 157, 102 = NJW 2004, 502; *BGH* NJW-RR 1995, 80; *OLG Düsseldorf* BauR 2007, 1754; *OLG Köln* NJW-RR 1992, 915; *Werner/Pastor*, Rn. 1354 ff.

[61] BGHZ 86, 135 = NJW 1983, 816; *OLG Hamburg* BauR 1996, 256.

[62] *OLG Köln* NJW-RR 1992, 915.

[63] *OLG Düsseldorf* BauR 2000, 891.

[64] *OLG Düsseldorf* NJW-RR 2001, 1084.

5. Unwirksamkeitsgründe

a) Verstoß gegen § 1 II SchwArbG

Haben beide Parteien bewusst gegen § 1 II SchwArbG verstoßen, ist der Bauvertrag   39
wegen Verstoßes gegen ein gesetzliches Verbot gemäß § 134 BGB unwirksam.[65] Der
Unternehmer kann lediglich Wertersatz für die erbrachten Leistungen nach Bereicherungsrecht verlangen.[66] Der Bauvertrag ist auch dann unwirksam, wenn der Auftraggeber nicht verbotswidrig handelt, aber den Gesetzesverstoß des Vertragspartners
kannte und ihn bewusst zum eigenen Vorteil ausnutzte.[67]

Der Bauvertrag ist nicht deshalb unwirksam, weil der Bauunternehmer nicht in die Handwerks-
rolle eingetragen ist[68] oder die Baugenehmigung für das Bauvorhaben fehlt.[69] Vereinbaren die
Parteien, dass für die Leistung keine Umsatzsteuer berechnet wird oder eine Rechnungstellung
unterbleiben soll, ist der Vertrag wegen Verstoßes gegen § 1 Abs. 2 Nr. 2 SchwArbG unwirksam.[70] Mängelansprüche des Auftraggebers sind grundsätzlich von vornherein ausgeschlossen.
Der Auftragnehmer kann sich nur ausnahmsweise nach Treu und Glauben nicht auf die Nichtigkeit des Vertrags berufen.[71]

b) Widerrufsrechte

Schließt der Auftraggeber den Bauvertrag als Verbraucher in seiner Privatwohnung,   40
kann der Vertrag binnen einer Frist von zwei Wochen widerrufen werden (§§ 312,
355 BGB). Ein Widerrufsrecht besteht allerdings nicht, wenn der Besuch des Vertreters des Bauunternehmers auf eine vorhergehende Bestellung des Verbrauchers
zurückzuführen ist.[72] Verträge, die auf sog. Verbrauchermessen geschlossen werden,
können vom Verbraucher nicht widerrufen werden.[73]

Dem Verbraucher steht bei einem Vertrag über die Errichtung eines Fertighauses, bei dem die
Vergütung in Teilzahlungen zu erbringen ist, weder nach §§ 505 I Nr. 1, 355 I BGB noch nach
§§ 501 S. 1, 499 II, 495 I, 355 I BGB ein Recht zum Widerruf des Vertrages zu.[74]

III. Abnahme der Bauleistung

1. Begriff der Abnahme

a) Abnahmevoraussetzungen

Unter Abnahme im Sinne der §§ 640 BGB, 12 VOB/B ist die körperliche Entgegen-   41
nahme der Bauleistung und deren Billigung durch den Auftraggeber als eine in der
Hauptsache vertragsgemäße Leistung zu verstehen. Der aus der körperlichen Hin-
nahme (Realakt) und der Billigung (Willenserklärung) zusammengesetzte Tatbestand[75]
kann vom Auftraggeber grundsätzlich nicht angefochten werden; eine Ausnahme gilt

---

[65] *BGH* NJW 2013, 3167; BGHZ 85, 39 = NJW 1983, 109; BGHZ 111, 308 = NJW 1990,
2542; *BGH* NJW-RR 2001, 380; *OLG Düsseldorf* NJW-RR 1998, 1710.
[66] BGHZ 111, 308 = NJW 1990, 2542; *Werner/Pastor*, Rn. 2430; a. A. *OLG Köln* NJW-RR
1990, 251.
[67] *BGH* NJW 2013, 3167; BGHZ 89, 369 = NJW 1984, 1175; BGH *NJW* 1985, 2403.
[68] BGHZ 88, 240 = NJW 1984, 230; *OLG Hamm* NJW-RR 1990, 523.
[69] *BGH* NJW 2001, 1642; *OLG Köln* NJW 1961, 1023.
[70] *BGH* NJW 2013, 3167.
[71] *BGH* NJW 2013, 3167; NJW-RR 2008, 1051.
[72] BGHZ 109, 127 = NJW 1990, 181; BGHZ 110, 308 = NJW 1990, 1732; *BGH* NJW 1999,
575; BGHZ 144, 133 = NJW 2000, 3498; s. zu Ausnahmen *BGH* NJW 1994, 3351.
[73] *BGH* NJW 2002, 3100; *KG* NJW-RR 1990, 1338.
[74] BGHZ 165, 325 = NJW 2006, 904; zum Vertrag über ein sog. Mobilheim vgl. *BGH* NJW-
RR 2004, 1205.
[75] BGHZ 48, 257 = NJW 1967, 2259; BGHZ 50, 160 = NJW 1968, 1524; BGHZ 97, 224 =
NJW 1986, 1758; *BGH* NJW 1994, 942.

für den Fall, dass der Auftraggeber durch widerrechtliche Drohung zur Abnahme bestimmt worden ist.[76]

42 Die Verpflichtung zur Abnahme ist an zwei Voraussetzungen geknüpft:

aa) Vollendung des Werks

Ist das Werk noch nicht vollendet, scheidet eine Abnahme der Werkleistung aus, es sei denn, es handelt sich um geringfügige Restarbeiten, die für den Leistungserfolg nicht von Bedeutung sind.[77] Eine Abnahme der Werkleistung ist auch erforderlich, wenn der Auftraggeber den Vertrag gekündigt hat.[78] Eine Abnahme von Teilleistungen kommt in Betracht, wenn die Parteien dies vertraglich vereinbart haben.[79]

43 Im VOB-Vertrag kann der Auftragnehmer verlangen, dass in sich abgeschlossene Teile der Bauleistung gesondert abgenommen werden (§ 12 II VOB/B).[80] Voraussetzung ist, dass die Teilleistung in sich funktionsfähig und nach dem Vertrag selbständig bewertet werden kann.[81]

In § 4 X VOB/B ist dagegen die technische Abnahme der Bauleistung geregelt, die keine rechtsgeschäftlichen Wirkungen auslöst.[82] Die technische Abnahme kann jedoch zur Folge haben, dass der Auftraggeber beweisen muss, dass die Bauleistung in diesem Zeitpunkt mangelhaft war.[83]

bb) Mangelfreiheit der Bauleistungen

44 Weitere Voraussetzung für die Abnahme ist, dass die Bauleistung im Wesentlichen mangelfrei erbracht worden ist (§ 640 I 1 BGB). Der Auftraggeber kann die Abnahme im BGB-Vertrag nicht wegen unwesentlicher Mängel verweigern (§ 640 I 2 BGB).

Ein Mangel ist als unwesentlich anzusehen, wenn er an Bedeutung so weit zurücktritt, dass es unter Abwägung der beiderseitigen Interessen für den Auftraggeber zumutbar ist, eine zügige Abwicklung des Vertragsverhältnisses zu ermöglichen.[84] Beim VOB-Vertrag darf die Abnahme nur wegen wesentlicher Mängel verweigert werden (§ 12 III VOB/B). Es gelten die gleichen Kriterien wie beim BGB-Vertrag.[85]

b) AGB-Klauseln

45 Klauseln in AGB des Auftraggebers, die den Zeitpunkt der Abnahme abweichend von der gesetzlichen Regelung hinausschieben, sind gemäß § 307 II BGB unwirksam, weil dadurch die Fälligkeit des Vergütungsanspruchs des Auftragnehmers und der Lauf der Verjährung der Mängelansprüche zu Lasten des Auftragnehmers verschoben werden.[86] Unwirksam sind insbesondere Klauseln, die die Abnahmewirkungen bei Ingebrauchnahme des Werks ausschließen oder den Zeitpunkt der Abnahme in das Belieben des Auftraggebers stellen.

---

[76] BGHZ 85, 240 = NJW 1983, 384.
[77] *BGH* NJW 1996, 1280; NJW 1992, 2481; NJW 1981, 1448; *OLG Köln* NJW-RR 2004, 1693.
[78] BGHZ 167, 345 = NJW 2006, 2475; vgl. *Kniffka*, ZfBR 1998, 113; *Thode*, ZfBR 1999, 116.
[79] BGHZ 125, 111 = NJW 1994, 1276; *BGH* NJW-RR 2006, 1248.
[80] BGHZ 50, 160 = NJW 1968, 1524; BGHZ 73, 140 = NJW 1979, 650.
[81] *BGH* NJW 2009, 3717; BauR 1975, 423; *Werner/Pastor*, Rn. 1851; *Thode*, ZfBR 1999, 116.
[82] BGHZ 50, 160 = NJW 1968, 1524.
[83] *OLG Düsseldorf* NJW-RR 1992, 1373.
[84] *BGH* NJW 1981, 1448; NJW 1996, 1280; *OLG Hamm* NJW-RR 1988, 147; NJW-RR 1990, 917.
[85] *OLG Düsseldorf* NJW-RR 1997, 1178; *Werner/Pastor*, Rn. 1852; a. A. *Motzke*, NZBau 2000, 489.
[86] BGHZ 107, 75 = NJW 1989, 1602; BGHZ 131, 392 = NJW 1996, 1346; *BGH* NJW 1997, 394; NJW-RR 2001, 519; *OLG Naumburg* BauR 2007, 551.

Eine Ausnahme lässt die Rechtsprechung in engen Grenzen bei Subunternehmerverträgen zu, um die Gewährleistungsfristen in Haupt- und Subunternehmervertrag anzugleichen.[87]

2. Formen der Abnahme

a) Abnahmeerklärung

Die rechtsgeschäftliche Abnahme kann ausdrücklich oder durch schlüssiges Handeln **46**

erklärt werden. Eine konkludente Abnahme setzt ein Verhalten des Auftraggebers voraus, das seinen Willen zum Ausdruck bringt, das hergestellte Werk als im Wesentlichen vertragsgerecht entgegenzunehmen.[88] Besondere Absprachen über die Art der Durchführung der Abnahme sind vorrangig zu beachten.

Beispiele für eine konkludente Abnahme sind:
– die vorbehaltlose Zahlung des Werklohns,[89] auch wenn ein geringfügiger Restbetrag zur Beseitigung unwesentlicher Mängel einbehalten wird;[90]
– die Auszahlung eines Sicherheitseinbehalts;[91]
– die bestimmungsgemäße Ingebrauchnahme des Werks,[92] die im Bezug eines Hauses liegen kann.[93]

Diese Verhaltensweisen rechtfertigen die Annahme einer konkludenten Abnahme **47** nicht, wenn der Auftraggeber Mängelrügen erhoben hat oder das Werk mit erheblichen Mängeln behaftet ist.[94] Die Ankündigung einer Ersatzvornahme ist nicht als konkludente Abnahme anzusehen.[95] Die Abnahme der vom Drittunternehmer erbrachten Werkleistung führt dagegen die Abnahmewirkungen auch im Verhältnis zum Auftragnehmer herbei.[96]

b) Förmliche Abnahme

Im BGB-Vertrag findet eine förmliche Abnahme nur statt, wenn die Parteien dies **48** ausdrücklich vereinbart haben.[97] Beim VOB-Vertrag kann jede Partei eine förmliche Abnahme der Werkleistung verlangen (§ 12 IV Nr. 1 S. 1 VOB/B).[98]

Die förmliche Abnahme besteht in einer gemeinsamen Verhandlung und Prüfung der **49** Bauleistungen einschließlich einer Begehung der Baustelle unter Aufnahme des Befundes in einer mit den Unterschriften beider Parteien versehenen Niederschrift (§ 12 IV VOB/B).

In die Niederschrift sind etwaige Vorbehalte wegen bekannter Mängel und wegen Vertragsstrafen sowie wegen etwaiger Einwendungen des Auftraggebers aufzunehmen (§ 12 IV Nr. 1 S. 3 VOB/B).[99]

---

[87] BGHZ 86, 135 = NJW 1983, 816; BGHZ 107, 75 = NJW 1989, 1602; *Werner/Pastor*, Rn. 1850; *Schlünder*, NJW 1995, 1057.
[88] *BGH* NJW-RR 1999, 1246; BGHZ 48, 257 = NJW 1967, 2259; *Werner/Pastor*, Rn. 1823 ff.
[89] *BGH* NJW 1970, 421; BGHZ 72, 257 = NJW 1979, 214; *BGH* NJW-RR 1994, 373.
[90] *OLG Köln* NJW-RR 1994, 786.
[91] *BGH* NJW 1963, 806.
[92] *BGH* NJW-RR 1999, 1246; NJW 1985, 731; differenzierend *Werner/Pastor*, Rn. 1826.
[93] *BGH* NJW-RR 2010, 748; NJW 1975, 1701; *OLG Hamm* BauR 1993, 604.
[94] *BGH* NJW-RR 1999, 1246; BGHZ 146, 250 = NJW 2001, 818; *OLG Koblenz* NJW-RR 2002, 807.
[95] *BGH* NJW 1994, 942; BGHZ 132, 96 = NJW 1996, 1749.
[96] *Thode*, ZfBR 1999, 116; *Kniffka*, ZfBR 1998, 113.
[97] BGHZ 132, 96 = NJW 1996, 1749; BGHZ 146, 250 = NJW 2001, 818; *BGH* NJW-RR 1999, 1246; Einzelfragen bei *Kniffka*, ZfBR 1998, 113.
[98] Zur Zulässigkeit einer AGB-Klausel: BGHZ 131, 392 = NJW 1996, 1346.
[99] *BGH* BauR 1974, 206; Einzelfragen bei *Ingenstau/Korbion*, § 12 IV VOB/B, Rn. 15 ff.

50 Erscheint der Auftragnehmer zum vereinbarten Termin nicht, ist der Auftraggeber berechtigt, eine einseitige Begehung der Baustelle durchzuführen (§ 12 IV Nr. 2 VOB/B).

Das Ergebnis der einseitigen Abnahme ist dem Auftragnehmer alsbald mitzuteilen (§ 12 IV Nr. 2 S. 2 VOB/B). War er unverschuldet verhindert, den Abnahmetermin wahrzunehmen, kann er einen neuen gemeinsamen Abnahmetermin verlangen.

51 Haben die Parteien eine förmliche Abnahme vereinbart, kommt eine konkludente Abnahme nur in Betracht, wenn anzunehmen ist, dass die Parteien auf die förmliche Abnahme verzichtet haben.[100] Ein solcher Verzicht kann vorliegen, wenn keine der Parteien auf das Erfordernis einer förmlichen Abnahme zurückkommt und das Werk seit längerer Zeit genutzt wird.[101] Das verspätete Verlangen einer förmlichen Abnahme oder der Einwand, eine solche sei entgegen der vertraglichen Vereinbarung unterblieben, kann im Einzelfall treuwidrig sein.[102]

c) Fiktive Abnahme
aa) BGB-Vertrag

52 Nach § 640 I 3 BGB steht es der Abnahme gleich, wenn der Besteller das Werk nicht innerhalb einer vom Unternehmer gesetzten angemessenen Frist abnimmt, obwohl er dazu verpflichtet ist. Die Regelung kommt nicht zum Zuge, wenn im Bauvertrag eine förmliche Abnahme vereinbart worden ist.[103]

Die in § 641a I BGB geregelte Abnahmefiktion bei Erteilung einer von einem Gutachter ausgestellten Fertigstellungsbescheinigung hat der Gesetzgeber inzwischen wieder aufgehoben.

bb) VOB-Vertrag

53 Beim VOB-Vertrag wird in zwei Fällen ohne Rücksicht auf das Vorliegen eines rechtsgeschäftlichen Abnahmewillens des Auftraggebers die Abnahme nach § 12 V VOB/B fingiert.

Die fertiggestellte Leistung gilt als abgenommen, wenn der Auftragnehmer die Fertigstellung der Leistung dem Auftraggeber schriftlich mitteilt und der Auftraggeber nicht binnen 12 Werktagen eine Abnahme verlangt oder widerspricht (§ 12 V Nr. 1 VOB/B).[104] Die Mitteilung der Fertigstellung kann auch in der Zusendung der Schlussrechnung liegen.[105] Die Leistung gilt auch als abgenommen, wenn der Auftraggeber die Leistung oder einen Teil der Leistung in Benutzung genommen hat und 6 Werktage seit Beginn der Benutzung verstrichen sind (§ 12 V Nr. 2 VOB/B).

Eine Abnahmefiktion ist ausgeschlossen, wenn im Bauvertrag eine förmliche Abnahme vorgesehen ist und eine Partei die Abnahme verlangt[106] oder der Auftraggeber die Abnahme vor Ablauf der in § 12 V VOB/B vorgesehenen Fristen verweigert.[107] Die Abnahme kann nicht fingiert werden, wenn die Werkleistung noch nicht vollständig erbracht ist oder erhebliche Mängel aufweist.[108]

---

[100] *OLG Karlsruhe* NJW-RR 2004, 745.
[101] *BGH* NJW 1993, 1063; BGHZ 146, 250 = NJW 2001, 818; s. auch *OLG Düsseldorf* NJW-RR 1999, 529.
[102] *BGH* NJW 1990, 43; NJW 1993, 1063.
[103] *Kiesel,* NJW 2000, 1673.
[104] BGHZ 55, 354 = NJW 1971, 839; *BGH* NJW-RR 1989, 979.
[105] *BGH* NJW 1993, 1916; NJW-RR 1989, 979.
[106] *KG* BauR 1988, 230; *OLG Celle* BauR 1997, 1049.
[107] *BGH* NJW-RR 1999, 1246.
[108] BGHZ 153, 244 = NJW 2003, 1450; *OLG Düsseldorf* NJW-RR 1994, 408; *OLG Koblenz* NJW-RR 2002, 807.

Zweifelhaft ist, inwieweit diese fiktiven Abnahmen nach Inkrafttreten des § 640 I 3 BGB noch ihre Bedeutung behalten.[109]

Zu beachten ist, dass die Tatbestände einer Abnahmefiktion in § 12 V VOB/B nach   **54** bisheriger Rechtsprechung bei isolierter Inhaltskontrolle gegen § 308 Nr. 5 BGB verstoßen.[110]

3. Die Befugnis des Architekten zur Abnahme

Der mit der Objektüberwachung beauftragte Architekt ist nicht befugt, die rechts-   **55** geschäftliche Abnahme für den Auftraggeber zu erklären. Die in Anlage 11 zu § 33 Nr. 8 HOAI erwähnte Abnahme der Bauleistungen betrifft lediglich die technische Abnahme.

4. Der Zeitpunkt der Abnahme

Die Abnahme hat unverzüglich zu erfolgen, wenn ihre Voraussetzungen vorliegen.   **56** Für den VOB-Vertrag sieht § 12 I VOB/B eine Frist von 12 Tagen ab Verlangen des Auftragnehmers vor. Diese Frist kann als Richtlinie auch für den BGB-Vertrag übernommen werden.

AGB-Klauseln, die den Zeitpunkt der Abnahme hinausschieben, sind wegen Verstoßes gegen § 307 II BGB unwirksam.[111] Unzulässig ist ferner, die Abnahme von der Vorlage einer Mängelfreiheitsbescheinigung der Mieter oder Erwerber des Objekts abhängig zu machen[112] oder bis zur Gebrauchsabnahme durch die Bauaufsichtsbehörde hinauszuschieben.[113] Eine zeitliche Vorverlagerung der Abnahme ist nur bei einer zulässigen Teilabnahme möglich.

5. Die Verweigerung der Abnahme

a) Berechtigte Abnahmeverweigerung

Wird die Abnahme zu Recht verweigert, treten die Abnahmewirkungen nicht ein.   **57** Der Auftragnehmer muss dann durch die Beseitigung bestehender wesentlicher Mängel die Voraussetzungen für die Abnahme schaffen.

b) Unberechtigte Abnahmeverweigerung

Wird die Abnahme zu Unrecht vom Auftraggeber verweigert, kann der Auftragneh-   **58** mer auf verschiedene Weise vorgehen:

Der Auftragnehmer kann dem Auftraggeber eine Frist zur Abnahme setzen mit der Folge, dass die Abnahme nach § 640 I 3 BGB fingiert wird, wenn der Auftraggeber dieser Aufforderung ohne zureichenden Grund nicht nachkommt.

Der Auftragnehmer kann außerdem auf Abnahme der Werkleistung klagen.[114] In dem Prozess ist dann zu klären, ob der Auftraggeber die Abnahme zu Recht verweigert hat.

Der Auftragnehmer kann die Klage auf Abnahme der Werkleistung mit der Klage auf Zahlung der vereinbarten Vergütung verbinden. In der Klage auf Zahlung der Vergütung ist regelmäßig zugleich die Forderung an den Auftraggeber enthalten, die Abnahme hinsichtlich der erbrachten Leistungen zu erklären.

---

[109] Bejahend *Motzke*, NZBau 2000, 495; verneinend *Kniffka*, ZfBR 2000, 227.
[110] BGHZ 86, 135 = NJW 1983, 816.
[111] Vgl. oben Rn. 45.
[112] BGHZ 107, 75 = NJW 1989, 1602.
[113] *LG Frankfurt* NJW-RR 1988, 917; *OLG Düsseldorf* BauR 2002, 482.
[114] *BGH* NJW 1981, 1448; BGHZ 132, 96 = NJW 1996, 1749.

Nach der bisherigen Rechtsprechung sollten die Wirkungen der Abnahme auch bei unberechtigter Verweigerung der Abnahme eintreten.[115] Zweifelhaft ist, ob diese Ansicht auch im Hinblick auf die Abnahmefiktion in § 640 I 3 BGB aufrechtzuerhalten ist.[116]

6. Rechtsfolgen der Abnahme

59   Die Abnahme ist im Bauvertrag von zentraler Bedeutung. An sie knüpfen sich folgende Rechtswirkungen:

a) Fälligkeit der Vergütung

Mit der Abnahme wird die Vergütung des Auftragnehmers fällig (§ 641 BGB). Bei Vorliegen von Mängeln ist eine auf Zahlung der Vergütung gerichtete Klage vor Abnahme der Werkleistung mangels Fälligkeit al derzeit unbegründet abzuweisen. Ist die Werkleistung bereits abgenommen, ist der Auftraggeber, der die Mangelhaftigkeit der Leistung einwendet, zur Zahlung der Vergütung Zug um Zug gegen Beseitigung der Mängel zu verurteilen.

b) Konkretisierung der Leistungspflicht

60   Mit der Abnahme konkretisiert sich der auf die Herstellung des Werks gerichtete Erfüllungsanspruch des Auftraggebers auf das von ihm abgenommene Werk. Der Auftraggeber kann im Grundsatz nicht mehr die Herstellung des Werks, sondern nur noch die Beseitigung bestehender Mängel verlangen.

Die frühere Streitfrage, inwieweit nach Abnahme noch ein Anspruch auf Neuherstellung besteht, ist durch § 635 I BGB nunmehr dahin entschieden, dass dem Auftragnehmer ohne Rücksicht auf den Zeitpunkt der Abnahme im Rahmen der Mängelbeseitigung ein Wahlrecht zwischen Nachbesserung und Neuherstellung zusteht.

c) Notwendigkeit von Vorbehalten

61   Der Auftraggeber verliert sein Recht, die Beseitigung von Mängeln zu verlangen, wenn er sich seine Mängelrechte nicht bei der Abnahme vorbehält (§ 640 II BGB, § 12 Nr. 5 III VOB/B). Bei isolierter Inhaltskontrolle ergeben sich Bedenken unter dem Gesichtspunkt der Transparenz, weil dem Auftraggeber der Zeitraum, innerhalb dessen der Vorbehalt erklärt werden muss, nicht mitgeteilt wird.

Zweifelhaft ist, ob die Notwendigkeit des Vorbehalts bei Mängelansprüchen auch in den Fällen einer fiktiven Abnahme besteht. Dies ist im Hinblick darauf, dass § 640 II BGB nur auf die Abnahme nach § 640 I BGB verweist, eher abzulehnen.

62   Den Anspruch auf Zahlung einer Vertragsstrafe muss sich der Auftraggeber bei der Abnahme ebenfalls vorbehalten (§ 341 III BGB, § 11 IV § 12 V Nr. 3 VOB/B).

Auch hier besteht das Problem, ob dies auch für die fiktive Abnahme gilt. Schadensersatzansprüche des Auftraggebers werden von dem Erfordernis eines Vorbehalts bei der Abnahme allerdings nicht erfasst.[117]

d) Beweislast für Mängel

63   Die Beweislast für Mängel kehrt sich mit der Abnahme der Leistung um. Bis zur Abnahme hat der Auftragnehmer die Mangelfreiheit der von ihm erbrachten Werkleistung zu beweisen. Von der Abnahme an ist der Auftraggeber für das Vorliegen von Mängeln darlegungs- und beweispflichtig.

---

[115] *BGH* NJW 1990, 3008; NJW 1996, 1280; NJW-RR 1998, 1027; *OLG Hamm* BauR 2002, 641; *Werner/Pastor*, Rn. 1835 m. w. N.
[116] Vgl. dazu *Thode*, ZfBR 1999, 116.
[117] BGHZ 77, 134; BGHZ 127, 378.

Diese Umkehr der Beweislast gilt auch für die bei der Abnahme vorbehaltenen Mängel.[118] Die Beweislastumkehr tritt auch bei der fiktiven Abnahme ein.[119]

e) Beginn der Verjährungsfrist für Mängelansprüche

Die Verjährungsfrist für die Mängelansprüche beginnt mit der Abnahme zu laufen (§ 634a II BGB, § 13 IV Nr. 3 VOB/B).   **64**

f) Gefahrübergang

Mit der Abnahme der Bauleistung geht die Gefahr auf den Auftraggeber über (§ 644 BGB, § 12 VI VOB/B).   **65**

Eine abweichende Regelung zu Lasten des Auftraggebers findet sich in § 7 VOB/B.

IV. Vorzeitige Beendigung des Bauvertrags

Die Beendigung des Bauvertrages durch Rücktritt ist in §§ 634 Nr. 3, 636 BGB ausdrücklich vorgesehen.[120] Ein Ausschluss des Rücktrittsrechts in AGB ist wegen Verstoßes gegen § 307 I 1 BGB unwirksam. AGB des Auftraggebers können wegen Verstoßes gegen § 308 Nr. 7 BGB unwirksam sein, wenn der Wertersatzanspruch gemäß § 346 II BGB vollständig ausgeschlossen wird, da der Auftragnehmer hierdurch unangemessen benachteiligt wird.   **66**

1. Beendigung durch den Auftraggeber

a) Rücktritt

Der Auftraggeber kann gemäß § 323 BGB vom Vertrag zurücktreten, wenn der Auftragnehmer mit der Beseitigung der Mängel oder der Bauausführung in Verzug ist.   **67**

Zudem steht ihm nach § 324 BGB das Recht zu, vom Vertrag zurückzutreten, wenn der Auftragnehmer seiner Pflicht zur Rücksichtnahme auf die Rechte, Rechtsgüter und Interessen des Auftraggebers nach § 241 II BGB nicht nachkommt.

Der Auftraggeber ist ferner zum Rücktritt berechtigt, wenn die Geschäftsgrundlage des Vertrags nachträglich wegfällt oder die Vorstellungen der Parteien, die zur Grundlage des Vertrages gemacht worden sind, sich als falsch erweisen (§ 313 BGB).

In Betracht kommt zudem ein vertraglich besonders vereinbartes Rücktrittsrecht.

b) Kündigung
aa) Freie Kündigung

Der Auftraggeber kann den Bauvertrag nach § 649 S. 1 BGB jederzeit ohne Vorliegen von Gründen gegenüber dem Auftragnehmer kündigen. Dies gilt nach § 8 I VOB/B auch für den VOB-Vertrag. Eine Beschränkung der Kündigung auf in sich abgeschlossene Teile der Bauleistung im Sinne des § 12 II VOB/B ist gemäß § 8 III Nr. 1 S. 2 VOB/B zulässig.[121] Nach Abnahme des Werks kommt eine Kündigung nicht mehr in Betracht.[122]   **68**

---

[118] BGHZ 48, 310 = NJW 1968, 43; *BGH* NJW-RR 1998, 1268; *Mundt,* NZBau 2003, 73.
[119] *BGH* NJW-RR 1997, 339; *Groß,* BauR 1995, 456.
[120] Zu den Rechtsfolgen vgl. § 18.
[121] *BGH* NJW 2009, 3717.
[122] Vgl. *Kniffka/Koeble,* 9. Teil, Rn. 5.

Die Kündigung bedarf beim VOB-Vertrag der Schriftform (§ 8 V VOB/B). Beim BGB-Vertrag ist auch eine formlose Kündigung möglich.

69   Das freie Kündigungsrecht kann durch Individualvereinbarung abbedungen werden, nicht jedoch in AGB.[123]

bb) Außerordentliche Kündigung

70   Der Auftraggeber kann dem Auftragnehmer bei Überschreitung der Ausführungsfrist (§ 5 IV VOB/B) und bei unterlassener Mängelbeseitigung trotz Fristsetzung (§ 4 VII VOB/B) den Auftrag entziehen, was einer Kündigung des Auftrags gleichkommt. Diese Regelung tritt an die Stelle der gesetzlichen Rücktrittsrechte nach § 323 BGB und § 634 Nr. 3 BGB.

71   Dem Auftraggeber steht nach § 650 BGB außerdem ein Recht auf Kündigung des Bauvertrages wegen Überschreitung des Kostenanschlags zu.[124]

Sieht man den Bauvertrag als Dauerschuldverhältnis an, kann der Auftraggeber den Vertrag nach § 314 BGB aus wichtigem Grund kündigen.[125] Die Vorschrift enthält eine allgemeine Generalklausel, die entsprechend der bisherigen Rechtsprechung zu § 626 I BGB a. F. und § 242 BGB auszulegen ist.[126]

Die VOB/B enthält in § 8 II, IV weitere Einzeltatbestände, die nicht als abschließend aufzufassen sind.[127] AGB-Klauseln des Auftragnehmers, die das Recht des Auftraggebers zur außerordentlichen Kündigung einschränken, sind nach § 307 I BGB unwirksam.[128]

2. Beendigung durch den Auftragnehmer

72   Ein allgemeines Kündigungsrecht des Auftragnehmers als Gegenstück zu § 649 S. 1 BGB besteht nicht.[129]

Dieser kann sich in den folgenden Fällen einseitig vom Vertrag lösen:

a) Rücktritt

73   Der Auftragnehmer kann vom Vertrag zurücktreten, wenn der Auftraggeber die fällige Vergütung nicht zahlt (§ 323 BGB, § 9 I Nr. 2 VOB/B). Die VOB/B verlangt im Gegensatz zur Regelung im BGB eine Fristsetzung mit Androhung der Kündigung (§ 9 II 2 VOB/B). Der Auftragnehmer ist zudem bei Gefährdung des Vergütungsanspruchs nach § 321 BGB zum Rücktritt berechtigt.

b) Kündigung
aa) Kündigung wegen unterlassener Mitwirkung

74   Der Auftragnehmer ist nach §§ 642, 643 BGB zur Kündigung des Vertrages berechtigt, wenn der Auftraggeber eine für die Durchführung des Vertrages notwendige Mitwirkungshandlung nicht vornimmt. Eine vergleichbare Regelung findet sich in § 9 I Nr. 1 VOB/B. Während nach § 643 BGB der Vertrag nach erfolglosem Ablauf der dem Auftraggeber gesetzten Frist als aufgehoben gilt, ist nach § 9 I Nr. 1 VOB/B eine ausdrückliche Kündigung des Auftragnehmers erforderlich.

---

[123] *BGH* NJW 1999, 3261; *Werner/Pastor*, Rn. 1739.
[124] *OLG Köln* NJW-RR 2000, 389; zur Kündigung vor Arbeitsaufnahme: BGHZ 159, 161 = NJW 2004, 2373.
[125] Einzelheiten bei *Werner/Pastor*, Rn. 1752 ff.
[126] Vgl. dazu *Voit*, BauR 2002, 1776; *Boldt*, NZBau 2002, 655.
[127] Einzelheiten bei *Werner/Pastor*, Rn. 1761 ff.
[128] *BGH* NJW 1999, 3261; *OLG Düsseldorf* NJW-RR 2000, 166.
[129] *BGH* NJW-RR 1990, 156.

bb) Kündigung wegen Bauzeitunterbrechung

Der Auftragnehmer kann wie der Auftraggeber den Vertrag nach § 6 VII VOB/B   **75**
kündigen, wenn die Unterbrechung der Bauausführung länger als drei Monate an-
dauert.

cc) Außerordentliche Kündigung

Der Auftragnehmer kann den Bauvertrag nach § 314 BGB aus wichtigem Grund   **76**
vorzeitig und fristlos kündigen.

3. Einvernehmliche Vertragsaufhebung

Die Parteien können den Bauvertrag durch eine entsprechende Vereinbarung einver-   **77**
nehmlich vorzeitig auflösen. Kündigt eine Vertragspartei, ohne dass ihr ein Kündigungsrecht zusteht, ist zu prüfen, ob die Parteien den Vertrag nachträglich stillschweigend aufgehoben haben. Dies kann anzunehmen sein, wenn zwischen den
Parteien Einigkeit darüber besteht, dass der Auftragnehmer die Vertragsleistung nicht
mehr erbringen soll.

§ 16. Der Vergütungsanspruch des Auftragnehmers

I. Die Berechnungsarten

1 Eine Vergütung des Auftragnehmers kann auf verschiedene Weise vereinbart werden. Die VOB/A sieht in § 4 VOB/A verschiedene Berechnungsarten für den Vergütungsanspruch vor.

1. Einheitspreisvertrag

a) Inhalt

aa) Nebenleistungen

2 Mit dem vereinbarten Einheitspreis für bestimmte Leistungspositionen werden auch alle Nebenleistungen abgegolten, die nach der Leistungsbeschreibung sowie dem gesamten Vertragsinhalt und der gewerblichen Verkehrssitte zur vertraglichen Leistung gehören (§ 2 I VOB/B).[1] Für den Inhalt und Umfang des erteilten Auftrags ist zunächst die Leistungsbeschreibung heranzuziehen und auszulegen.[2] Ergänzend ist zu prüfen, ob Nebenleistungen nach der Verkehrsüblichkeit vom Auftragnehmer unentgeltlich zu erbringen sind.

Zur Ermittlung einer bestehenden Verkehrssitte können die DIN-Normen der VOB/C herangezogen werden. Eine AGB-Klausel des Auftragnehmers, die danach unentgeltliche Nebenleistungen für vergütungspflichtig erklärt, ist nach § 307 I BGB unwirksam.[3]

bb) Zusatzleistungen

3 Zusatzleistungen, die der Auftragnehmer nach dem Vertrag nicht schuldet, sind, soweit der Auftraggeber diese in Auftrag gibt, besonders zu vergüten. Eine zusätzliche Vergütung kann stillschweigend ausgeschlossen sein, wenn mit den vereinbarten Einheitspreisen erkennbar die vollständige, fertige Arbeit einschließlich aller Neben- und Zusatzleistungen abgegolten sein sollen.[4]

b) Bedeutung

4 Die Berechnung der Vergütung nach Einheitspreisen führt zu einer leistungsabhängigen Vergütung. Die Angabe von Einheitspreisen im Vertrag soll dem Auftraggeber den Vergleich von Angeboten verschiedener Unternehmer ermöglichen, da hierdurch für ihn ohne weiteres erkennbar ist, welche Preise für die im Einzelnen erforderlichen Leistungen kalkuliert werden.

Ob eine Berechnung der Vergütung nach Einheitspreisen von den Parteien gewollt ist, richtet sich nach der vertraglichen Vereinbarung. Eine Auslegungsregel dahin, dass im Zweifel eine Abrechnung nach Einheitspreisen erfolgen soll, existiert nicht.[5]

---

[1] *Werner/Pastor,* Rn. 1492 ff.; s. o. § 15 Rn. 6.
[2] BGHZ 168, 368 = NJW 2006, 3413; *BGH* NJW 2002, 1954; NJW-RR 1994, 1108; NJW-RR 1993, 1109.
[3] *OLG München* NJW-RR 1987, 661.
[4] *OLG Düsseldorf* BauR 2002, 1103.
[5] BGHZ 80, 257 = NJW 1981, 1442; *BGH* NJW 1983, 1782; *OLG Düsseldorf* BauR 2001, 406.

c) Abrechnung

Für die vertragsgemäße Abrechnung der erbrachten Leistungen ist der Umfang der 5
tatsächlich ausgeführten Arbeiten durch ein Aufmaß festzustellen. § 14 II VOB/B
sieht vor, dass ein gemeinsames Aufmaß erstellt wird. Dies soll dazu dienen, späteren
Streit zwischen den Parteien über den Umfang der erbrachten Leistungen zu vermeiden.[6] Beim BGB-Vertrag besteht eine Verpflichtung zu einem gemeinsamen Aufmaß im Grundsatz nicht; sie kann jedoch aufgrund der Art und des Umfangs der
erbrachten Leistungen eine Nebenpflicht darstellen.[7]

Ein gemeinsames Aufmaß ist als deklaratorisches Anerkenntnis für die weitere Ab- 6
rechnung bindend.[8] Die Vertragspartei, die ein gemeinsames Aufmaß nicht gegen sich
gelten lassen will, hat dessen Unrichtigkeit zu beweisen und darzulegen, dass sie die
Unrichtigkeit bei Erstellung des Aufmaßes nicht erkennen konnte.[9]

Der vom Bauherrn beauftragte Architekt ist in der Regel befugt, ein Aufmaß für den
Bauherrn mit dem Auftragnehmer zu erstellen.[10] Hat der Auftraggeber die Erstellung
eines gemeinsamen Aufmaßes unberechtigt verweigert, trägt er im Prozess die Darle-
gungs- und Beweislast dafür, dass die vom Auftragnehmer einseitig angesetzten
Mengen und Massen unzutreffend sind, nur dann, wenn das Aufmaß nachträglich
nicht mehr überprüft oder nachgeholt werden kann.[11]

Dies gilt auch für den Fall, wenn der vom Auftraggeber beauftragte Architekt die abgerechneten
Massen im Rahmen der Rechnungsprüfung mit einem Prüfvermerk bestätigt hat, der Auftrag-
geber sie im Prozess anschließend jedoch bestreitet und die Überprüfung des einseitig genommenen Aufmaßes oder ein nachträgliches Aufmaß nicht möglich ist.[12]
Im Übrigen bleibt es bei der Beweislast des Auftragnehmers. Der Auftragnehmer genügt seiner
Darlegungslast für den Umfang der von ihm erbrachten Leistungen, wenn der Auftraggeber die
Erstellung eines gemeinsamen Aufmaßes vereitelt hat, dadurch, dass er Tatsachen vorträgt, die
dem Gericht die Möglichkeit eröffnen, ggf. mit Hilfe eines Sachverständigen den Mindestauf-
wand zu schätzen, der zur Errichtung des Bauvorhabens erforderlich war.[13]

Der Auftragnehmer hat nach § 14 I VOB/B eine prüfbare Schlussrechnung zu 7
erstellen und darin die Vergütung für die erbrachten Leistungen unter Einhaltung der
Reihenfolge der Positionen des Leistungsverzeichnisses und der in den Vertrags-
bestandteilen enthaltenen Bezeichnungen unter Beifügung der Nachweise über Art
und Umfang der erbrachten Leistungen, der Mengenberechnungen, Zeichnungen
und Belege abzurechnen.

Im BGB-Vertrag besteht grundsätzlich keine Pflicht zur Vorlage einer in dieser Weise
prüfbaren Abrechnung. Eine solche Pflicht des Unternehmers können die Vertragsparteien jedoch vertraglich vereinbaren.[14]

2. Pauschalpreisvertrag

a) Inhalt

Beim Pauschalpreisvertrag verpflichtet sich der Auftragnehmer gegen Zahlung einer 8
bestimmten Geldsumme, die zur Herstellung des geschuldeten Werks erforderlichen

---

[6] *BGH* NJW 2003, 2678; *OLG Celle* NJW-RR 2002, 1675.
[7] *OLG Köln* NJW 1973, 2111.
[8] *BGH* NJW 1974, 646.
[9] *BGH* NJW-RR 2004, 92; NJW 2003, 2678; *OLG Hamm* NJW-RR 1991, 1496.
[10] *BGH* NJW 1960, 859; NJW-RR 2004, 1384.
[11] *BGH* NJW 2003, 2678; *OLG Celle* NJW-RR 2002, 1675.
[12] *BGH* NJW-RR 2004, 92; NJW 2003, 2678.
[13] *BGH* NJW-RR 2004, 1384; NJW-RR 2004, 1385.
[14] *OLG Köln* NJW 1973, 2111.

Arbeiten durchzuführen.[15] Der Auftragnehmer stellt dem Auftraggeber bei vollständiger Leistungserbringung den vereinbarten Pauschalpreis in Rechnung. Eine Überprüfung, ob der Umfang der erbrachten Leistungen die vereinbarte Vergütung rechtfertigt, findet nicht statt.

9 Von der Pauschalpreisabrede werden später erforderlich werdende, im Leistungsverzeichnis nicht erfasste Zusatzarbeiten, soweit sie die Herbeiführung eines zusätzlichen Leistungserfolgs betreffen, nicht erfasst.[16] Die dem Pauschalpreis zugrunde liegende Preisbildung kann für die Höhe der hierfür zu beanspruchenden Vergütung eine Rolle spielen.[17] Die Vergütungspflicht für solche, von dem Pauschalauftrag nicht erfasste Zusatzarbeiten kann nicht durch eine in den AGB des Auftraggebers enthaltene Klausel ausgeschlossen werden.[18]

Durch eine AGB-Klausel des Auftragnehmers kann die Grundstruktur des Pauschalpreisvertrages nicht aufgehoben werden.[19] Die Vertragsparteien können jedoch nachträglich durch Individualabrede die gesamte Pauschalpreisabrede aufheben[20] oder bestimmte Vertragsleistungen aus der Pauschalpreisabrede herausnehmen und insoweit eine andere Abrechnungsart vereinbaren.[21]

b) Vor- und Nachteile des Pauschalpreisvertrages

10 Der Vorteil des Pauschalpreisvertrages besteht für beide Vertragsteile darin, dass die Höhe der Vergütung von vornherein feststeht und die Abrechnung nach vollständiger Leistungserbringung vereinfacht wird. Die Vereinbarung eines Pauschalpreises birgt für den Auftragnehmer allerdings das Risiko, dass bei einer Fehlkalkulation der Mengen und Massen die Höhe der Vergütung im Falle einer Massensteigerung nicht angepasst werden kann.[22] Der Auftragnehmer trägt zudem das Risiko von Materialpreiserhöhungen, Lohnsteigerungen oder einer Erhöhung öffentlicher Lasten.[23]

Der Auftraggeber hat bei der Vereinbarung eines Pauschalpreises genau zu prüfen, welche Leistungen der Auftragnehmer für den vereinbarten Preis erbringen will. Bei einer rein funktionalen Umschreibung der vom Auftragnehmer zu erbringenden Leistung kann der Auftraggeber Angebote verschiedener Auftragnehmer hinsichtlich Qualität und Umfang in der Regel nicht zuverlässig vergleichen. Für ihn besteht die Gefahr, dass der Pauschalpreisvertrag bestimmte Leistungen nicht abdeckt, die dann nachträglich gesondert zu vergüten sind.

§ 4 I Nr. 2 VOB/A sieht für die öffentliche Vergabe von Bauaufträgen vor, dass Pauschalaufträge nur vergeben werden sollen, wenn die Leistungen nach Ausführungsart und Umfang genau bestimmt sind und mit einer Änderung nicht zu rechnen ist.

c) Ausnahmen von der Abrechnung des Pauschalpreises

11 Wird der Leistungsumfang durch eine Änderung des Bauentwurfs oder eine andere Anordnung des Auftraggebers geändert, ist der Pauschalpreis nach § 2 V VOB/B anzupassen.[24] Dies gilt gemäß § 242 BGB auch im BGB-Vertrag.[25]

---

[15] S. o. § 15 Rn. 7.

[16] *BGH* NJW 1974, 1241; BGHZ 90, 344 = NJW 1984, 1676; *BGH* NJW 1999, 2270; NJW-RR 2002, 740.

[17] *OLG Celle* BauR 1996, 723.

[18] *BGH* NJW-RR 2005, 246; BGHZ 157, 102 = NJW 2004, 502; *OLG München* BauR 1990, 776.

[19] *BGH* NJW 1984, 171; *OLG Celle* NJW 1989, 2267.

[20] *BGH* NJW 1999, 2661; NJW 2000, 3277; *OLG Brandenburg* NJW-RR 2000, 1338.

[21] *BGH* NJW-RR 1995, 722.

[22] Zur Beweislast *OLG Nürnberg* NJW-RR 2002, 1099.

[23] *Werner/Pastor,* Rn. 1523.

[24] *BGH* NJW 1974, 1864; NJW-RR 2002, 740; *OLG Düsseldorf* NJW-RR 1999, 1466; *OLG Hamm* NZBau 2006, 180.

[25] *Werner/Pastor,* Rn. 1544 ff.

Ist die Abweichung der tatsächlich ausgeführten von den ursprünglich vorgesehenen **12** Massen erheblich oder tritt eine unvorhergesehene Erschwerung in der Art der Ausführung der Arbeiten ein, kann das Festhalten am vereinbarten Pauschalpreis eine unzulässige Rechtsausübung darstellen. Die Vergütung des Auftragnehmers ist in diesem Fall nach den Grundsätzen über den Wegfall der Geschäftsgrundlage anzupassen (§ 313 BGB, § 2 VII Nr. 1 S. 2 VOB/B).[26]

Streitig ist, wann im Einzelfall die „Opfergrenze" überschritten ist. Nach der Rechtsprechung des Bundesgerichtshofs ist auf die Umstände des Einzelfalls abzustellen,[27] während die Rechtsprechung im Übrigen bestimmte Prozentsätze heranzieht.[28]

AGB-Klauseln des Auftragnehmers, die eine Änderung des Pauschalpreises auch ohne Überschreitung der „Opfergrenze" vorsehen, sind nach § 305c I BGB überraschend.[29] Bei der Anpassung der Vergütung ist nach § 2 VII Nr. 1 S. 3 VOB/B von den Grundlagen der bisherigen Preiskalkulation des Auftragnehmers auszugehen. Das kann zu einer Änderung der Pauschalpreissumme oder zu einer Abrechnung nach Einheitspreisen führen.[30]

3. Stundenlohnvertrag

a) Begriff

Beim Stundenlohnvertrag wird die Vergütung nicht nach dem Umfang der im Leis- **13** tungsverzeichnis genannten und tatsächlich ausgeführten Arbeiten ausgerichtet, sondern nach dem tatsächlichen Aufwand (§ 4 II VOB/A).

Maßgebend sind die geleisteten Arbeitsstunden sowie die Kosten für die vorgehaltenen Geräte, die Einrichtung der Baustelle und ein angemessener Zuschlag für Gemeinkosten und Gewinn (§ 15 I Nr. 2 S. 2 VOB/B). Hinzu kommt der erforderliche Materialaufwand (§ 15 III S. 2 VOB/B).

Die Abrechnung nach Stundenlohn bedarf einer ausdrücklichen Vereinbarung (§ 2 X **14** VOB/B).[31] Auch eine nachträgliche Einigung ist möglich. In der Abzeichnung von Stundenlohnzetteln kann eine Vereinbarung, nunmehr nach Stundenlohn abzurechnen, allerdings regelmäßig nicht gesehen werden.[32]

b) Gefahren des Stundenlohnvertrages

Die Berechnung der Vergütung beim Stundenlohnvertrag birgt besonders für den **15** Auftragnehmer Gefahren, weil die Höhe der Vergütung bei Abschluss des Vertrages nicht feststeht. In der Praxis entsteht häufig Streit zwischen den Parteien darüber, ob die in den vom Auftraggeber unterschriebenen Stundenlohnzetteln aufgeführten Leistungen zur Herbeiführung des Erfolgs erforderlich waren. § 4 II VOB/A schreibt für Vergaben der öffentlichen Hand deshalb vor, dass nur Bauleistungen geringen Umfangs, die überwiegend Lohnkosten verursachen, im Stundenlohn vergeben werden sollen.

Der Stundenlohnvertrag kann auch mit einem Einheitspreisvertrag derart gekoppelt werden, dass bestimmte Positionen des Leistungsverzeichnisses nach Stundenlohn und der Rest nach Einheitspreisen abzurechnen sind.

---

[26] *BGH* NJW 1969, 233; NJW 1974, 1864; NJW-RR 2004, 305; abw. *Vogel/Vogel,* BauR 1997, 556 (kein Fall der Geschäftsgrundlage).
[27] *BGH* NJW 2011, 3287; NJW-RR 1996, 401.
[28] Vgl. den Überblick bei *Werner/Pastor,* Rn. 2967 f.
[29] *OLG Frankfurt/M.* NJW-RR 1998, 311.
[30] *BGH* BauR 1972, 118; NJW 1974, 1864; NJW-RR 2000, 1331; NJW-RR 2002, 740.
[31] *BGH* NJW-RR 1995, 80; *OLG Düsseldorf* NJW-RR 2003, 455.
[32] *BGH* NJW-RR 1995, 80; NJW-RR 2004, 92; a. A. *OLG Hamburg* BauR 2000, 1491.

c) Abrechnung

16   Die Abrechnung erfolgt nach der Anzahl der geleisteten Stunden unter Einsetzung
der ortsüblichen Preise. Der Auftragnehmer hat lediglich darzulegen, wie viele
Stunden für die Erbringung der Leistung angefallen sind. Die schlüssige Abrechnung
eines Stundenlohnvertrags setzt nicht voraus, dass die abgerechneten Arbeitsstunden
einzelnen Tätigkeiten zugeordnet werden.[33] Eine detaillierte und nach einzelnen
Tätigkeiten differenzierende Abrechnung ist nur erforderlich, wenn dies vertraglich
vereinbart worden ist.[34] Die Vereinbarung einer Stundenlohnvergütung für Werk-
leistungen begründet jedoch eine vertragliche Nebenpflicht zur wirtschaftlichen
Betriebsführung; der Auftraggeber, der die Unwirtschaftlichkeit des abgerechneten
Zeitaufwands beanstandet, trägt für diesen Umstand die Beweislast.[35]

17   Die unterschriebenen Stundenlohnzettel enthalten ein deklaratorisches Anerkenntnis
des Auftraggebers. Dieser muss im Streitfall beweisen, dass die bescheinigten Stunden
nicht geleistet wurden und er die Unrichtigkeit der bescheinigten Stundenzahl bei der
Unterzeichnung nicht kannte.[36] Mit der Abzeichnung der Stundenlohnzettel erkennt
der Auftraggeber dagegen nicht an, dass die geleisteten Stunden zur Herbeiführung
des geschuldeten werkvertraglichen Erfolgs erforderlich waren.[37]

18   Nach § 15 III S. 5 VOB/B gelten nicht fristgerecht zurückgegebene Stundenlohnzettel als anerkannt.

Es handelt sich um eine Fiktion, die bei isolierter Inhaltskontrolle gegen § 308 Nr. 5 BGB verstößt.
Der Auftraggeber kann auch bei nicht fristgerechter Rückgabe der Stundenlohnzettel einwenden,
die abgerechneten Leistungen seien zur Ausführung des Auftrags nicht erforderlich gewesen.[38]

19   Werden Stundenlohnzettel nicht vorgelegt oder nicht abgezeichnet, kann der Auftragnehmer nach § 15 V VOB/B eine Vergütung für die nachweisbar ausgeführten
Leistungen unter Zugrundelegung eines wirtschaftlich vertretbaren Aufwands beanspruchen.[39]

4. Der Selbstkostenerstattungsvertrag

20   Beim Selbstkostenerstattungsvertrag besteht die Vergütung in der Erstattung der
Selbstkosten einschließlich der Gemeinkosten und zuzüglich eines Gewinns.

Er ist in der Praxis selten. Wegen seiner Risiken ist die Bestimmung in § 5 Nr. 3 I VOB/A a. F.,
wonach er bei einer öffentlichen Vergabe nur abgeschlossen werden darf, wenn Bauleistungen
größeren Umfangs vor der Vergabe nicht eindeutig und erschöpfend bestimmt werden können,
bei der Neufassung der VOB 2009 gestrichen worden.

5. Fehlen einer Vereinbarung

a) Übliche Vergütung

21   Ist keine ausdrückliche Vereinbarung über die Höhe der Vergütung getroffen worden, hat der Auftraggeber nach § 632 II BGB die übliche Vergütung zu entrichten.[40]

---

[33] *BGH* NJW 2009, 3426; BGHZ 180, 235 = NJW 2009, 2199.
[34] *BGH* NJW 2009, 3426.
[35] Vgl. zu Einzelheiten: *BGH* NJW 2009, 3426.
[36] *BGH* NJW-RR 1995, 80; NJW 1970, 2295; *OLG Bamberg* BauR 2004, 1623; *KG* BauR
2003, 726.
[37] Vgl. hierzu *BGH* NJW 2000, 1107; NJW-RR 1995, 80; *OLG Frankfurt/M.* NJW-RR 2000,
1470; *KG* NJW-RR 2000, 1690.
[38] *BGH* NJW 1958, 1535.
[39] *LG Mannheim* BauR 1982, 71; zur Beweislast: *OLG Celle* NJW-RR 2003, 1243; *OLG
Hamm* BauR 2002, 319.
[40] S. o. § 15 Rn. 14.

b) Beweislast

Behauptet der Auftraggeber eine abweichende Vergütungsvereinbarung, nach der sich   **22** eine geringere Vergütung ergeben würde, muss der Auftragnehmer, der die übliche Vergütung verlangt, das Fehlen der behaupteten Vergütungsvereinbarung beweisen.[41] Da der Auftragnehmer insoweit die Beweislast für eine nicht bestehende Tatsache trägt, hat der Auftraggeber die Umstände der Vereinbarung einer niedrigeren Festpreisvereinbarung substantiiert darzulegen.[42]

Den Auftraggeber trifft dagegen die Beweislast, wenn er sich darauf beruft, dass die   **23** vereinbarte Bauleistung unentgeltlich zu erbringen war.[43]

Diese Grundsätze gelten nicht, wenn der Auftragnehmer eine Vergütung für Vorarbeiten verlangt. Der Auftraggeber schuldet für sie nur dann eine Vergütung, wenn sie in Auftrag gegeben worden sind oder der Auftraggeber sie mit Verpflichtungswillen entgegengenommen hat.[44] Eine dem widersprechende Klausel in AGB des Auftraggebers ist nach § 307 I BGB unwirksam.[45]

II. Nachtragsforderungen und Preisanpassung beim Einheitspreisvertrag

Da die vertragliche Vereinbarung für beide Vertragsparteien grundsätzlich bindend   **24** ist, bedürfen spätere Änderungen der Vergütungshöhe einer besonderen Rechtfertigung.[46]

Entsprechend den verschiedenen Ursachen einer abweichenden Vertragsabwicklung lassen sich für den Einheitspreisvertrag folgende Fälle unterscheiden:

1. Kalkulationsfehler

Der Auftragnehmer trägt grundsätzlich das Risiko für Fehler seiner Preiskalkulati-   **25** on.[47] Davon gibt es folgende Ausnahmen:

a) Anfechtung

Während interne Kalkulationsirrtümer als bloßer Motivirrtum nicht zur Anfechtung   **26** nach § 119 II BGB berechtigen, kann dies bei einem externen Kalkulationsirrtum, bei dem die Kalkulation Gegenstand des Vertrages geworden ist, anders sein.[48] Ein etwaiges Anfechtungsrecht des Auftragnehmers kann nicht durch eine AGB-Klausel des Auftraggebers ausgeschlossen werden.[49]

b) Geschäftsgrundlage

Unter engen Voraussetzungen kann ein gemeinsamer Irrtum beider Parteien über die   **27** Preiskalkulation zu einem Wegfall der Geschäftsgrundlage führen (§ 313 BGB).[50] Zu beachten ist, dass vorsehbare Leistungserschwernisse in den Risikobereich des

---

[41] BGHZ 80, 257 = NJW 1982, 1442; *BGH* NJW 1983, 1782; NJW-RR 2002, 661; vgl. zum Meinungsstand: *Werner/Pastor*, Rn. 1433.
[42] *BGH* NJW-RR 1992, 848; *OLG Hamm* NJW-RR 1993, 1490; *OLG Köln* NJW-RR 1994, 1109.
[43] *BGH* NJW 1987, 2742; NJW 1981, 1444; *OLG Köln* NJW-RR 1994, 1239.
[44] *BGH* NJW 1979, 2202.
[45] *BGH* NJW 1982, 765; *OLG Nürnberg* NJW-RR 1993, 760.
[46] Vgl. auch den Überblick bei *Peters,* NJW 2008, 2949.
[47] BGHZ 168, 96 = NJW 2006, 2978; *BGH* NJW 1980, 180; NJW-RR 1986, 569; NJW-RR 1997, 661.
[48] *Werner/Pastor,* Rn. 2812; zurückhaltend: *BGH* NJW-RR 1995, 1360; BGHZ 139, 177 = NJW 1998, 3192; *BGH* NJW 2001, 284.
[49] *BGH* NJW 1983, 1671.
[50] *BGH* NJW-RR 1995, 1360; BGHZ 121, 378 = NJW 1993, 1856; *BGH* NJW 1981, 1551.

Auftragnehmers fallen.[51] Der Auftragnehmer muss bei der Neuverhandlung der Vergütung die frühere Preiskalkulation offen legen.[52] Auch insoweit kann eine AGB-Klausel des Auftraggebers die Anpassung der Vergütung nicht ausschließen.[53]

c) Verschulden bei Vertragsschluss

28 Kalkulationsfehler, die auf einem Verschulden des Auftraggebers, z. B. unrichtigen Angaben im Leistungsverzeichnis, beruhen, können einen Anspruch des Auftragnehmers aus Verschulden bei Vertragsschluss begründen (§§ 241 II, 282 BGB).[54] Zu berücksichtigen ist, dass den Auftragnehmer eine Prüfungs- und Hinweispflicht treffen kann.[55]

2. Änderungen des Preisniveaus

a) Geschäftsgrundlage

29 Der Auftragnehmer kalkuliert in seinem Angebot die Vergütung sowohl nach dem Umfang der angebotenen Leistung als auch nach der bestehenden Marktlage. An die so ermittelte Vergütung ist er im Grundsatz gebunden. Eine Anpassung der vereinbarten Vergütung unter dem Gesichtspunkt des Wegfalls der Geschäftsgrundlage kommt im Hinblick auf eine spätere Änderung des allgemeinen Preisniveaus nicht in Betracht.[56] Etwas anderes kann jedoch anzunehmen sein, wenn die Preiserhöhung Folge eines vom Auftraggeber zu vertretenden verzögerten Baubeginns ist.[57]

b) Preisgleitklauseln

30 Die Parteien des Bauvertrages können der Gefahr von Preissteigerungen durch Preisgleitklauseln Rechnung tragen. Sie unterliegen der Inhaltskontrolle nach §§ 307, 309 Nr. 1 BGB.[58] Danach sind allgemeine Preisgleitklauseln unzulässig.[59] Lohn- und Materialpreisgleitklauseln müssen zu ihrer Wirksamkeit die Voraussetzungen für die Anpassung der Vergütung klar umschreiben und eine angemessene Erhöhung der Vergütung vorsehen.[60]

3. Änderungen des Bauentwurfs

31 Einen Sonderfall des Wegfalls der Geschäftsgrundlage behandelt § 2 V VOB/B. Werden durch Änderungen des Bauentwurfs nach § 1 III VOB/B oder andere Anordnungen des Auftraggebers[61] die Grundlagen des Preises für eine im Vertrag vorgesehene Leistung verändert, so ist ein neuer Preis unter Berücksichtigung der Mehr-

---

[51] *OLG Düsseldorf* NJW-RR 1999, 894; *OLG München* NJW-RR 1998, 883.
[52] *OLG Dresden* NJW-RR 1998, 672.
[53] *BGH* NJW 1983, 1671.
[54] *BGH* NJW-RR 1987, 1306; NJW-RR 1988, 785; NJW-RR 1991, 1339.
[55] *BGH* NJW-RR 1988, 785; NJW-RR 1987, 1306; NJW-RR 1991, 276; kritisch dazu: *Bühl*, BauR 1992, 26.
[56] *BGH* NJW-RR 1986, 569; *OLG München* BauR 1985, 330; *LG Mainz* NJW 1971, 51.
[57] *BGH* BauR 1979, 245; *OLG Düsseldorf* NJW 1995, 3323; NJW-RR 1996, 730; *OLG Frankfurt/M.* NJW-RR 1997, 84.
[58] BGHZ 168, 96 = NJW 2006, 2978; *BGH* NJW 1985, 855.
[59] BGHZ 82, 21 = NJW 1982, 331; BGHZ 94, 335 = NJW 1985, 2270; *BGH* NJW 1990, 115; *LG Bonn* NJW-RR 1992, 917.
[60] *BGH* NJW 1980, 2518; NJW 1990, 115; *OLG Köln* NJW-RR 1994, 1109; *OLG Düsseldorf* BauR 1995, 861; zur Pfennigklausel: BGHZ 168, 96 = NJW 2006, 2978; *OLG München* NZBau 2000, 515.
[61] BGHZ 50, 25 = NJW 1968, 1234; *OLG Düsseldorf* NJW-RR 1996, 730; NJW-RR 1999, 1326; *OLG Koblenz* NJW-RR 2001, 1671.

oder Minderkosten zu vereinbaren.[62] Zuvor ist durch Auslegung des Bauvertrages, insbesondere der Leistungsbeschreibung, zu ermitteln, ob nicht die veränderte Leistung vom ursprünglichen Vertragsinhalt erfasst ist.[63]

Einigen sich die Parteien nicht, wozu sie nach dem Vertrag verpflichtet sind,[64] wird die neue Vergütung vom Gericht festgesetzt.[65] Fallen wegen einer Änderung des Bauentwurfs einzelne Leistungspositionen ganz weg, kann hierin eine Teilkündigung des Vertrages i. S. von § 8 I Nr. 1 VOB/B zu sehen sein mit der Folge, dass der Auftragnehmer seinen Vergütungsanspruch behält, sich aber ersparte Aufwendungen oder einen anderweitigen Erwerb anrechnen lassen muss.[66] Beim BGB-Vertrag gelangt man über §§ 313, 242 BGB zum gleichen Ergebnis. AGB-Klauseln des Auftraggebers, die eine Vergütung zu Lasten des Auftragnehmers ausschließen, sind nach § 307 I BGB unwirksam.[67]

4. Änderungen des Leistungsumfangs

a) Grundsatz

Änderungen des Leistungsumfangs werden beim Einheitspreisvertrag dadurch berücksichtigt, dass sich die geschuldete Vergütung nach dem Umfang der ausgeführten Arbeiten richtet. Daneben ist aber auch die Kalkulation des Auftragnehmers betroffen, der den Einheitspreis unter Berücksichtigung der angegebenen Massen berechnet hat. Dies kann im BGB-Vertrag im Einzelfall bei erheblichen Abweichungen zu einer Anpassung des Einheitspreises nach den Grundsätzen des Wegfalls der Geschäftsgrundlage führen.[68]   **32**

b) VOB-Vertrag

Ist die VOB/B vereinbart, ist bei einer über 10 % hinausgehende Überschreitung des Mengenansatzes auf Verlangen ein neuer Preis unter Berücksichtigung der Mehr- und Minderkosten zu vereinbaren (§ 2 III Nr. 2 VOB/B). Die Überschreitung des Mengenansatzes ist für jede Position des Leistungsverzeichnisses gesondert zu prüfen.[69] Der neue Einheitspreis ist unter Berücksichtigung der zugrundeliegenden Preiskalkulation, die der Auftragnehmer offen zu legen hat, zu bilden.[70] Ausgangspunkt der Preisfortschreibung ist die Auftragskalkulation der Leistungsposition, die von der Änderung betroffen ist, wobei reine Massenmehrungen dem Grundsatz nach entsprechend § 2 III VOB/B zu erfassen sind. Eine Bezugsposition ist heranzuziehen, wenn die Auftragskalkulation die Kostenelemente nicht enthält, die auf Grund der Änderung der Leistung nunmehr für die Preisbildung maßgebend sind. In diesen Fällen kann, soweit das mit dem sonstigen Kalkulationssystem in Einklang zu bringen ist, nach einer vergleichbaren Position in der Auftragskalkulation des gesamten Vertrags gesucht werden und anhand dieser Position die Kalkulation analog fortgeschrieben werden. Die Heranziehung einer Bezugsposition dient im Grundsatz lediglich dazu, das Vertragspreisniveau zu sichern.[71]   **33**

---

[62] BGHZ 179, 213 = NJW 2009, 835; *BGH* NJW-RR 2005, 1041; BGHZ 133, 44 = NJW 1996, 2158; *BGH* WM 1969, 1019.

[63] *BGH* NJW-RR 2002, 740; NJW 1999, 2270.

[64] Zur Kooperationspflicht: BGHZ 143, 89 = NJW 2000, 807.

[65] BGHZ 50, 25 = NJW 1968, 1234; *OLG Frankfurt/M.* NJW-RR 1986, 1449.

[66] *OLG Oldenburg* NZBau 2000, 520.

[67] *BGH* NJW-RR 1991, 534.

[68] *Werner/Pastor*, Rn. 1507, 2976.

[69] *BGH* NJW-RR 2002, 740.

[70] *BGH* NZBau 2013, 364; BGHZ 179, 213 = NJW 2009, 835; BGHZ 182, 158 = NJW 2010, 227; *OLG Bamberg* NZBau 2004, 100; *OLG München* BauR 1993, 726; *KG* BauR 2000, 575; Einzelheiten bei *Werner/Pastor*, Rn. 1501 ff.

[71] *BGH* NZBau 2013, 384; *Kandel*, NZBau 2013, 356.

c) AGB-Klauseln

34　Klauseln, die in Abweichung von § 2 III VOB/B eine Änderung der Vergütung zu Lasten der anderen Vertragspartei ausschließen, sind nach § 307 BGB unwirksam.[72]

5. Zusätzliche Leistungen

35　Zusätzliche Leistungen, die der Auftragnehmer unter den Voraussetzungen des § 1 IV VOB/B zu übernehmen hat, werden nicht durch die im Vertrag vorgesehene Vergütung abgegolten.[73] Es ist im Einzelfall zu klären, ob eine zusätzliche Leistung vorliegt, für die der Auftragnehmer eine gesonderte Vergütung beanspruchen kann.[74] Dazu ist der Vertrag unter Heranziehung insbesondere der Leistungsbeschreibung und der weiteren Umstände des Vertrags einschließlich der Bestimmungen der VOB/C auszulegen.[75]

a) BGB-Vertrag

36　Der Auftragnehmer kann eine zusätzliche Vergütung immer dann beanspruchen, wenn die Parteien die Notwendigkeit der Zusatzleistung erkennen und daraufhin ein ausdrücklicher Zusatzauftrag erteilt wird.[76]

37　Ein Zusatzauftrag kann als stillschweigend erteilt angesehen werden, wenn der für die bestimmte Ausführungsart vereinbarte Werklohn nicht allein auf den Vorschlägen des Auftragnehmers beruht und sich im Nachhinein herausstellt, dass für die Herbeiführung des geschuldeten Erfolgs zusätzliche Leistungen erforderlich werden.[77]

Die Erteilung eines Zusatzauftrages kann anzunehmen sein, wenn der Auftraggeber die Ausführung einer Zusatzleistung fordert und der Auftragnehmer die geforderte Leistung ohne ausdrücklichen Vertragsschluss einfach ausführt.[78] Eine AGB-Klausel, die für die Vereinbarung einer Zusatzleistung die Schriftform verlangt, ist nach § 307 BGB unwirksam.[79]

38　Wird ein Zusatzauftrag weder ausdrücklich noch stillschweigend erteilt, kann der Auftragnehmer eine Vergütung nach den Vorschriften der Geschäftsführung ohne Auftrag verlangen (§§ 677, 683 BGB), wenn die ergänzende Leistung notwendig ist und dem mutmaßlichen Willen des Auftraggebers entspricht.[80]

Eine besondere Ankündigung der Leistung durch den Auftragnehmer ist nicht erforderlich.[81] Der Auftragnehmer kann für eine zusätzliche Leistung ferner dann eine Vergütung verlangen, wenn der Auftraggeber die Leistung als vergütungspflichtige anerkennt.

b) VOB-Vertrag

39　Die VOB/B enthält für die Vergütung von Zusatzleistungen eine Sonderregelung, die die Anforderungen gegenüber der Regelung des BGB-Vertrags zu Lasten des Auftragnehmers verschärft. Sowohl für den stillschweigenden Abschluss eines Zusatz-

---

[72] *BGH* NJW-RR 1997, 1513; *OLG Düsseldorf* NJW-RR 1992, 216; *Werner/Pastor*, Rn. 1505; zu Ausnahmen: *BGH* NJW 1993, 2738.

[73] BGHZ 157, 102 = NJW 2004, 502; BGHZ 113, 315 = NJW 1991, 1812.

[74] *Werner/Pastor*, Rn. 1475 ff.; zur Abgrenzung gegenüber Anschlussaufträgen *OLG Düsseldorf* BauR 1996, 875; BauR 1997, 647; *Motzke* NZBau 2002, 641.

[75] BGHZ 168, 368 = NJW 2006, 3413; *BGH* NJW-RR 1994, 1108; NJW 2002, 1954; NJW-RR 2002, 1096; *OLG Düsseldorf* NJW-RR 1999, 1326.

[76] *OLG Düsseldorf* NJW-RR 1996, 592.

[77] BGHZ 168, 368 = NJW 2006, 3413; BGHZ 139, 244 = NJW 1998, 3707.

[78] Zurückhaltend *BGH* NJW 1997, 1982.

[79] BGHZ 157, 102 = NJW 2004, 502; *OLG Karlsruhe* NJW-RR 1993, 1435; *OLG Düsseldorf* BauR 1998, 1023.

[80] *BGH* NJW 1993, 3196; NJW 1974, 1241; *OLG Köln* NJW-RR 1999, 526.

[81] *OLG Köln* NJW-RR 1999, 526.

auftrags als auch für den Anspruch aus Geschäftsführung ohne Auftrag wird der Vergütungsanspruch des Auftragnehmers von einer zusätzlichen Ankündigung des Auftragnehmers vor Beginn der Arbeiten abhängig gemacht (§ 2 VI, VIII VOB/B). Dies hält einer isolierten Inhaltskontrolle nicht stand.[82]

§ 2 VIII VOB/B enthält daneben den Grundsatz, dass Leistungen, die der Auftragnehmer eigenmächtig oder unter eigenmächtiger Abweichung vom Auftrag ausführt, nicht vergütet werden und auf Verlangen des Auftraggebers binnen angemessener Frist wieder zu beseitigen sind. Eine Vergütung steht dem Auftragnehmer nach § 2 VIII Nr. 2 VOB/B nur zu, wenn der Auftraggeber die Leistungen nachträglich anerkennt oder sie notwendig waren, seinem mutmaßlichen Willen entsprachen und ihm unverzüglich angezeigt wurden.

Von dem Erfordernis einer vorherigen Ankündigung der zusätzlichen Leistung be- **40** stehen folgende Ausnahmen: Eine Ankündigung ist entbehrlich, wenn die zusätzliche Leistung für die ordnungsgemäße Herstellung des Werks erforderlich ist[83], wenn der Auftraggeber bei Forderung der Leistung selbst von der Entgeltlichkeit der Zusatzleistung ausging oder ausgehen musste oder wenn der Auftragnehmer die vorherige Ankündigung ohne Verschulden versäumt hat.[84]

Seit der Fassung der VOB/B 1996 ist in § 2 VIII Nr. 3 VOB/B bestimmt, dass die **41** Vorschriften des BGB über die Geschäftsführung ohne Auftrag (§§ 677 ff. BGB) unberührt bleiben. Damit ist die Rechtslage dem BGB-Vertrag angeglichen.

Hinsichtlich der Berechnung der Vergütung für die zusätzliche Leistung bestimmt **42** § 2 VI Nr. 2 VOB/B, dass sich diese nach den Grundlagen der Preisermittlung für die vertragliche Leistung und den besonderen Kosten der geforderten Leistung richtet.[85]

Die Vergütung soll möglichst vor Beginn der Arbeiten vereinbart werden (§ 2 VI Nr. 2 S. 2 VOB/B).[86] Die Vergütung und Abschlagszahlungen auf die Vergütung[87] kann der Auftragnehmer auch dann verlangen, wenn eine Vereinbarung nicht getroffen worden ist.

6. Ersatz von Mehrkosten nach Anordnung des Auftraggebers (§ 4 I Nr. 4 S. 2 VOB/B)

Hat der Auftraggeber eine bestimmte Anordnung zur Durchführung der Leistung **43** getroffen und besteht er trotz vom Auftragnehmer geäußerter Bedenken auf der Ausführung, hat der Auftragnehmer einen Anspruch auf Erstattung der durch die ungerechtfertigte Erschwerung verursachten Mehrkosten (§ 4 I Nr. 4 S. 2 VOB/B).

Es handelt sich um eine selbständige Anspruchsgrundlage, die von § 2 V und VI VOB/B unabhängig ist, insbesondere keine besondere Anzeige erfordert. Der Umfang der Kosten richtet sich nach der Differenz zwischen den Kosten der ausgeführten Leistungen und den Kosten, die ohne die Anordnung bei bisher vereinbarter Durchführung entstanden wären.

7. Ersatz von Mehrkosten wegen Behinderung der Ausführung

a) BGB-Vertrag

Beim BGB-Vertrag kommen drei Anspruchsgrundlagen in Betracht: **44**

Dem Auftragnehmer kann, wenn der Auftraggeber eine vertragliche Mitwirkungs- **45** pflicht verletzt, ein Schadensersatzanspruch gemäß §§ 241 II, 282 BGB zustehen.

---

[82] BGHZ 113, 315 = NJW 1991, 1812.
[83] BGHZ 133, 44 = NJW 1996, 2158; *BGH* NJW 2002, 750; *Werner/Pastor*, Rn. 1477.
[84] BGHZ 133, 44 = NJW 1996, 2158.
[85] Einzelfragen bei *Werner/Pastor*, Rn. 1480 ff. m. w. N; zur Sittenwidrigkeit einer Vergütungsvereinbarung vgl. *BGH* NZBau 2013, 366; NZBau 2013, 369; BGHZ 179, 213 = NJW 2009, 835.
[86] BGHZ 143, 89 = NJW 2000, 807.
[87] *BGH* NJW-RR 2012, 981.

Der Auftraggeber ist im Rahmen der sich aus § 242 BGB ergebenden Mitwirkungspflichten gehalten, gegenüber dem Auftragnehmer die Voraussetzungen zu schaffen, dass dieser seine Arbeiten ungehindert ausführen kann. Voraussehbare Erschwerungen hat er dem Auftragnehmer mitzuteilen.[88] Der Schadensersatzanspruch des Auftragnehmers setzt voraus, dass der Auftraggeber die ihm obliegenden Pflichten schuldhaft verletzt hat (§ 276 I, II BGB).

Der mit der Planung und Koordinierung der Bauleistungen beauftragte Architekt ist als Erfüllungsgehilfe des Auftraggebers anzusehen, für dessen Pflichtverletzungen er nach § 278 BGB einzustehen hat.[89] Umstritten ist, in welchem Umfang sich der Auftraggeber das Verschulden von Vorunternehmern zurechnen lassen muss. Während der *BGH* dies früher im Grundsatz verneint hat,[90] hat er in einer neueren Entscheidung eine differenzierte Auffassung vertreten.[91]

Der Ersatzanspruch kann ausgeschlossen oder gemindert sein, wenn den Auftragnehmer ein Mitverschulden trifft, etwa weil er eine nach § 242 BGB gebotene Behinderungsanzeige unterlassen hat.[92] Hierbei ist auch das Verschulden der Erfüllungsgehilfen des Auftragnehmers zu berücksichtigen (§ 254 II 2 BGB).

46 Daneben kommt bei unterlassener Mitwirkung ein Anspruch auf Entschädigung wegen Gläubigerverzugs nach § 642 BGB in Betracht. Die unterlassene Mitwirkung kann auch in einer mangelhaften Vorunternehmerleistung liegen.[93] Im Gegensatz zum Schadensersatzanspruch umfasst die Entschädigung nach § 642 BGB nicht den entgangenen Gewinn.[94]

47 Soweit weder ein Verschulden des Auftraggebers noch eine fehlende Mitwirkung vorliegt, können Vergütungsansprüche des Auftragnehmers in Betracht kommen, wenn das Risiko der Behinderung nach dem Vertrag dem Verantwortungsbereich des Auftraggebers zuzurechnen ist.[95]

b) VOB-Vertrag

48 Es sind ebenfalls drei Anspruchsgrundlagen zu prüfen:

Der Auftragnehmer kann vom Auftraggeber nach § 6 VI VOB/B Schadensersatz verlangen, wenn der Auftraggeber die Behinderung schuldhaft verursacht hat. Nach § 6 I VOB/B ist der Auftragnehmer verpflichtet, dem Auftraggeber die Behinderung anzuzeigen.

49 Der Auftragnehmer hat daneben einen Entschädigungsanspruch nach § 642 BGB. § 6 VI VOB/B stellt für den VOB-Vertrag keine abschließende Regelung dar.[96]

50 Schließlich kann auch hier wie beim BGB-Vertrag ein Vergütungsanspruch im Hinblick auf die vertraglich vereinbarte Risikoverteilung in Frage kommen.

c) Höhe des Schadensersatzanspruchs

51 Die Berechnung der behinderungsbedingten Mehrkosten, die der Auftragnehmer als Schaden erstattet verlangen kann, ist schwierig und umstritten.[97] Erforderlich ist eine konkrete Schadensberechnung. Der Auftragnehmer hat eine bauablaufbezogene Darstellung der konkreten Behinderung vorzulegen. Lediglich hinsichtlich der haftungs-

[88] *OLG Hamm* NJW-RR 1994, 406 (Bodenverhältnisse).
[89] BGHZ 95, 128 = NJW 1985, 2475; s. auch BGHZ 143, 32 = NJW 2000, 1336.
[90] BGHZ 95, 128 = NJW 1985, 2475; BGHZ 137, 35 = NJW 1998, 456; ablehnend: *Kapellmann*, BauR 1992, 433; *Kraus*, BauR 1986, 17; *Grieger*, BauR 1990, 406.
[91] BGHZ 143, 32 = NJW 2000, 1336.
[92] *Werner/Pastor*, Rn. 2035 m. w. N.
[93] BGHZ 143, 32 = NJW 2000, 1336.
[94] BGHZ 143, 32 = NJW 2000, 1336.
[95] Vgl. *OLG Hamm* NZBau 2004, 439.
[96] BGHZ 143, 32 = NJW 2000, 1336.
[97] Übersicht bei *Werner/Pastor*, Rn. 2332 ff.

ausfüllenden Kausalität kommt eine Schätzung nach § 287 ZPO in Betracht.[98] Den
Auftragnehmer trifft nach § 254 II BGB die Pflicht zur Schadensminderung.[99]

Der Schadensersatzanspruch wird nicht dadurch ausgeschlossen, dass die Parteien eine Verschiebung der Bauzeit vertraglich vereinbart haben.[100] Eine Ausnahme hiervon besteht, wenn
dem Auftragnehmer dafür eine zusätzliche Vergütung zusteht.[101]

8. Überschreitung eines Kostenvoranschlags

Der Auftragnehmer kann, wenn er eine wesentliche Überschreitung eines Kosten-   52
anschlags dem Auftraggeber nicht rechtzeitig angezeigt hat (§ 650 II BGB), keine
zusätzliche Vergütung verlangen.

Die Vergütung beschränkt sich auf den Werklohn, der bei rechtzeitiger Mitteilung
und Kündigung des Bauvertrags zu zahlen gewesen wäre.[102] Daneben kann der
Auftragnehmer eine Vergütung für diejenigen Leistungen verlangen, die der Auftraggeber behält, soweit sie für ihn von Nutzen sind.[103] Dem Auftraggeber steht insoweit
ein Schadensersatzanspruch wegen Verletzung einer vertraglichen Nebenpflicht nach
§§ 241 II, 282 BGB zu.[104]

Wann eine solche wesentliche Überschreitung vorliegt,[105] hängt vor allem davon ab, ob der
Auftraggeber bei Kenntnis der Überschreitung Anlass zu einer anderweitigen Disposition
gehabt hätte.[106]

9. Geschäftsführung ohne Auftrag und Bereicherung

a) BGB-Vertrag

Erbringt der Auftragnehmer Leistungen, zu denen er nach dem Vertrag nicht ver-   53
pflichtet ist, steht ihm kein vertraglicher Vergütungsanspruch zu. In Betracht kommen lediglich Ansprüche nach den Bestimmungen über die Geschäftsführung ohne
Auftrag (§§ 677 ff. BGB) oder nach Bereicherungsrecht (§§ 812 ff. BGB), wenn die
Leistung zur Herbeiführung des vertraglich geschuldeten Erfolgs notwendig war.[107]

b) VOB-Vertrag

Leistungen des Auftragnehmers, die dieser ohne einen entsprechenden Auftrag er-   54
bringt, sind nach § 2 VIII Nr. 2 S. 1 VOB/B vom Auftraggeber zu vergüten, wenn er
sie nachträglich anerkennt.[108] Eine Vergütung steht dem Auftragnehmer nach § 2 VIII
Nr. 2 S. 2 VOB/B auch zu, wenn die Leistungen für die Erfüllung des Vertrags
notwendig waren, dem mutmaßlichen Willen des Auftraggebers entsprachen und ihm
unverzüglich angezeigt wurden. Der Vergütungsanspruch des Auftragnehmers richtet
sich nach § 2 V oder VI VOB/B (§ 2 VIII Nr. 2 S. 3 VOB/B).

---

[98] BGHZ 97, 163 = NJW 1986, 1684; *BGH* NJW-RR 2000, 1186; NJW 2002, 2716; BGHZ
162, 259 = NJW 2005 1653; NJW 2005, 1650; Einzelheiten bei *Werner/Pastor*, Rn. 2342.
[99] BGHZ 137, 35 = NJW 1998, 456.
[100] *OLG Köln* NJW 1986, 71; *BGH* NJW-RR 1990, 403.
[101] *Jagenburg*, NJW 1994, 2870.
[102] *Werner/Pastor*, Rn. 1748.
[103] *OLG Celle* NJW-RR 2003, 1243; *OLG Frankfurt/M.* NJW-RR 1989, 209; *LG Köln* NJW-
RR 1990, 1498; a. A. *Werner/Pastor*, Rn. 1749 f. (Anrechnung bis zur Höhe der Wesentlichkeits-
grenze).
[104] *OLG Köln* NJW-RR 1998, 1429.
[105] Vgl. hierzu *Werner/Pastor*, Rn. 1745 m. w. N.
[106] *Köhler*, NJW 1983, 1633.
[107] BGHZ 113, 315 = NJW 1991, 1812.
[108] *BGH* NJW 2000, 3277.

Der Auftragnehmer hat die zusätzlich erforderlich werdenden Leistungen so frühzeitig wie möglich anzuzeigen.[109] Die Anzeige ist dem Auftraggeber gegenüber zu machen. Sie ist ausnahmsweise entbehrlich, wenn der Auftraggeber oder sein Vertreter von der Notwendigkeit der weiteren Arbeiten Kenntnis hat.

55 Die Vorschriften über die Geschäftsführung ohne Auftrag bleiben nach § 2 VIII Nr. 3 VOB/B unberührt. Dies bedeutet, dass dem Auftragnehmer ein Aufwendungsersatzanspruch nach §§ 677 ff. BGB zustehen kann, auch wenn er dem Auftraggeber die zusätzlichen Leistungen nicht angekündigt hat.[110]

Der Subunternehmer kann dagegen nicht nach den Grundsätzen der Geschäftsführung ohne Auftrag, einen Aufwendungsersatzanspruch gegen den Auftraggeber des Hauptunternehmers geltend machen.[111]

10. Ausschluss von Nachforderungen

a) Bindungswirkung der Schlussrechnung

56 Der Auftragnehmer ist im Grundsatz an seine Schlussrechnung nicht gebunden, sondern kann Nachforderungen erheben.[112] Das gilt auch dann, wenn der Auftragnehmer die Schlussrechnung in Kenntnis der maßgebenden Umstände aufgestellt hat.[113]

Abweichende Auffassungen,[114] die sich auf die Rechtsprechung des Bundesgerichtshofs zur Bindung des Architekten an die von ihm erstellte Schlussrechnung berufen, sind abzulehnen. Entsprechende Verzichtsklauseln in AGB sind nach § 307 I BGB unwirksam.[115]

b) Vorbehaltlose Annahme der Schlusszahlung

57 Im VOB-Vertrag schließt die vorbehaltlose Annahme der Schlusszahlung Nachforderungen aus, soweit sie bei der Schlusszahlung fällig waren (§ 16 III Nr. 2 bis 6 VOB/B). Zweck der Regelung ist es, die Abrechnung des Bauvorhabens beschleunigt durchzuführen und so schnell wie möglich Rechtsfrieden zu schaffen.[116] Der Ausschluss erfasst sämtliche fälligen Forderungen des Auftragnehmers, auch wenn sie in der Schlussrechnung nicht erwähnt waren.[117]

Der Ausschluss erstreckt sich auch auf früher gestellte, noch nicht erfüllte Forderungen, wenn sie nicht nochmals vorbehalten werden (§ 16 III Nr. 4 VOB/B), Ansprüche aus Zusatzaufträgen[118] sowie Schadensersatzansprüche mit Ausnahme rechtshängiger oder titulierter Ansprüche.[119] Der Ausschluss von Rest- und Nachforderungsansprüchen hat eine der Verjährung vergleichbare Wirkung.[120]

58 Der Auftragnehmer muss über die Schlusszahlung und die daraus folgende Ausschlusswirkung sowie über die zur Abwendung erforderlichen Maßnahmen und

---

[109] *BGH* NJW-RR 2004, 449; NJW-RR 1994, 1108.
[110] *OLG Düsseldorf* NJW-RR 2001, 14.
[111] *BGH* NJW-RR 2004, 956.
[112] BGHZ 102, 392 = NJW 1988, 910; *OLG München* NJW-RR 1987, 598.
[113] BGHZ 102, 392 = NJW 1988, 910; *OLG Hamm* OLGR 1997, 117; *Werner/Pastor,* Rn. 1843.
[114] *OLG Frankfurt/M.* NJW-RR 1993, 340.
[115] BGHZ 107, 205 = NJW 1989, 2124; *BGH* NJW-RR 1997, 1513; *OLG München* NJW-RR 1990, 1358.
[116] BGHZ 86, 135 = NJW 1983, 816; BGHZ 101, 357 = NJW 1988, 55.
[117] *OLG Hamm* NJW-RR 1987, 599; *Werner/Pastor,* Rn. 2751.
[118] *OLG München* NJW-RR 1987, 598.
[119] BGHZ 68, 38 = NJW 1977, 531; *BGH* NJW 1981, 1040; NJW-RR 1987, 978; weitergehend *OLG Hamm* NJW-RR 1987, 599 (jede anderweitige Forderung).
[120] BGHZ 62, 15 = NJW 1974, 236; BGHZ 75, 307 = NJW 1980, 455; zur Zulässigkeit der Aufrechnung: *BGH* NJW 1981, 1784; NJW 1982, 2250.

Fristen schriftlich unterrichtet werden (§ 16 III Nr. 2 VOB/B).[121] Im Hinblick auf diese Belehrungspflicht ist die Bedeutung der Regelung stark zurückgegangen.[122]

§ 16 III VOB/B hält der isolierten Inhaltskontrolle nicht stand.[123] Dies gilt nicht, **59** wenn der Auftragnehmer die VOB/B als Verwender in den Vertrag eingeführt hat.[124]

III. Nebenforderungen und Abzüge

1. Nebenforderungen

a) Umlageklauseln

In Bauverträgen finden sich häufig „Umlageklauseln", nach denen der Auftraggeber **60** berechtigt ist, allgemeine Unkosten der Baustelle (Bauleistungsversicherung, Wegräumen von Bauschutt etc.) entsprechend einem bestimmten Schlüssel auf die einzelnen Bauhandwerker umzulegen. Sofern durch diese Klauseln die vertraglichen Leistungspflichten näher ausgestaltet werden, unterliegen sie nicht der Inhaltskontrolle nach §§ 307 ff. BGB. Anderes gilt für Preisnebenabreden, an deren Stelle das dispositive Gesetzesrecht treten kann.[125]

b) Umsatzsteuer

Im Grundsatz hat der Auftragnehmer bei der Berechnung seiner Vergütung die **61** Umsatzsteuer mit einzurechnen. Er kann sie nur dann zusätzlich verlangen, wenn dies ausdrücklich vereinbart ist.[126]

Eine Verpflichtung des Auftragnehmers, die Umsatzsteuer in der Rechnung aus- **62** zuweisen, besteht nicht bereits dann, wenn die Parteien dies vereinbart haben, sondern erfordert grundsätzlich, dass der Auftragnehmer eine steuerpflichtige Leistung erbracht hat.[127] Die Vereinbarung, dass die Vergütung zuzüglich der gesetzlichen Umsatzsteuer zu zahlen ist, begründet eine Nebenpflicht des Auftragnehmers, dem Auftraggeber die Durchsetzung eines berechtigten Vorsteuerabzugs nach § 15 I Nr. 1 S. 1 UStG zu ermöglichen.[128] Eine Verpflichtung zur Erstellung einer Rechnung, die die Umsatzsteuer ausweist, besteht nur, wenn die erbrachte Leistung gemäß § 14 I UStG objektiv der Umsatzsteuer unterliegt oder die Besteuerung der Leistung bestandskräftig festgestellt ist.[129]

c) Zinsen
aa) BGB-Vertrag

Beim BGB-Vertrag kann der Auftragnehmer Fälligkeitszinsen vom Zeitpunkt der Abnahme an **63** verlangen (§ 641 IV BGB). Gleichgestellt ist die fiktive Abnahme nach § 640 I 3 BGB. Die Höhe des Zinses beträgt 4 % (§ 246 BGB) und bei Kaufleuten 5 % (§ 352 HGB).

Kommt der Auftraggeber mit der Zahlung der Vergütung in Verzug (§ 286 BGB), kann der Auftragnehmer Zinsen in Höhe von 5 Prozentpunkten über dem Basiszinssatz verlangen

---

[121] BGHZ 140, 248 = NJW 1999, 944; *OLG Köln* NJW-RR 1997, 213.
[122] *Werner/Pastor*, Rn. 2750.
[123] BGHZ 101, 357 = NJW 1988, 55; BGHZ 111, 394 = NJW 1990, 2384; BGHZ 138, 176 = NJW 1998, 2053; *BGH* BauR 2002, 775.
[124] BGHZ 99, 160 = NJW 1987, 837.
[125] *BGH* NJW 2000, 3348; BGHZ 142, 46 = NJW 1999, 3260; *OLG Hamm* NJW-RR 1997, 1042; Überblick bei *Werner/Pastor*, Rn. 1448 f.; *Kniffka/Koeble*, 5. Teil, Rn. 142.
[126] *Werner/Pastor*, Rn. 1678 m. w. N.
[127] *BGH* NJW-RR 2002, 376; NJW 1989, 302.
[128] *Kniffka/Koeble*, 5. Teil, Rn. 145.
[129] *BGH* NJW-RR 2002, 376.

(§§ 288 I S. 2, 247 BGB). Die Vergütungsforderung ist ab Klageerhebung mit diesem Zinssatz zu verzinsen (§ 291 BGB). Bei Rechtsgeschäften, an denen ein Verbraucher nicht beteiligt ist, beträgt der Zinssatz für Entgeltforderungen 8 Prozentpunkten über dem Basiszinssatz (§ 288 II BGB). Dem Gläubiger bleibt vorbehalten, einen höheren Zinsschaden nachzuweisen (§ 288 IV BGB).

bb) VOB-Vertrag

64 Die Fälligkeit der Werklohnforderung setzt im VOB-Vertrag neben der Abnahme der Werkleistung die Erteilung einer prüfbaren Schlussrechnung voraus. Die Verzugszinsregelung findet sich in § 16 V Nr. 3 VOB/B. Verzug tritt im Regelfall erst nach Ablauf der nach § 16 V Nr. 3 VOB/B erforderlichen angemessenen Nachfrist ein. Hinsichtlich der Höhe der Verzugszinsen verweist die VOB/B auf die Regelung in § 288 BGB. Dies ist bedenklich, weil die nach § 286 III BGB vorgesehene Belehrung bei Verträgen mit Verbrauchern nicht von der Verweisung erfasst ist.[130]

2. Abzüge

a) Sicherheitseinbehalte

aa) Allgemeines

65 Die Fälligkeit der Vergütungsforderung wird in der Praxis häufig hinsichtlich eines Teils der Vergütung durch die Vereinbarung eines Sicherheitseinbehalts für etwaige Gewährleistungsansprüche des Auftraggebers hinausgeschoben. Die Vereinbarung kann im Bauvertrag und in gewissen Grenzen auch in zusätzlichen Vertragsbedingungen erfolgen.[131]

bb) Höhe des Einbehalts

66 Die Parteien können vereinbaren, dass der Auftraggeber in Höhe eines bestimmten Prozentsatzes der Vergütung zu einem Einbehalt berechtigt sein soll. § 9 VIII S. 2 VOB/A sieht für die Vertragsgestaltung als Richtlinie 5 % der Auftragssumme vor. Bei der Inhaltskontrolle entsprechender AGB ist zu prüfen, ob die dem Auftraggeber gewährte Sicherung angemessen ist.[132] § 17 VI Nr. 1 VOB/B sieht vor, dass bei Vereinbarung einer Sicherheit in Teilbeträgen die einzelnen Zahlungen jeweils höchstens um 10 % gekürzt werden dürfen.[133]

cc) Vornahme des Einbehalts

67 Der Auftraggeber hat den einbehaltenen Betrag auf ein Sperrkonto bei einem im Vertrag zu bestimmenden Geldinstitut einzuzahlen (§ 17 V VOB/B). Er darf den Geldbetrag nicht in seinem Betriebsvermögen belassen und mit ihm arbeiten.

Diese Pflicht kann in einem VOB-Vertrag nicht durch AGB des Auftraggebers abbedungen werden.[134]

Der Auftragnehmer kann durch Stellung einer Bankbürgschaft die vorzeitige Auszahlung des Sicherheitseinbehalts erreichen.[135] In AGB des Auftraggebers enthaltene Klauseln, die den Auftragnehmer zur Stellung einer Bürgschaft auf erstes Anfordern verpflichten, sind unwirksam.[136] Ein entsprechendes Verbot findet sich auch in § 17

---

[130] *Tempel,* NZBau 2002, 533.
[131] *Werner/Pastor,* Rn. 1626.
[132] BGHZ 157, 29 = NJW 2004, 443; BGHZ 136, 27 = NJW 1997, 2598; *OLG Hamm* NJW-RR 1988, 726; *OLG München* NJW-RR 1996, 534.
[133] *OLG Hamm* NJW-RR 1988, 726.
[134] *KG* NJW-RR 1988, 1365.
[135] *BGH* NJW 2006, 442; BGHZ 148, 151 = NJW 2001, 3629; *BGH* NJW 1998, 2057.
[136] *BGH* NJW-RR 2005, 1040; BauR 2006, 106; BGHZ 136, 27 = NJW 1997, 2598.

IV 3 VOB/B. Eine ergänzende Vertragsauslegung mit dem Ziel, die nach der VOB zulässige Regelung zu erreichen, ist nicht möglich.[137]

dd) Dauer des Einbehalts

Die Dauer des Einbehalts ist üblicherweise an die jeweils geltenden Gewährleistungs- 68 fristen geknüpft. Dagegen sieht die VOB/B seit der Neufassung 2002 als Regelfall vor, dass der Einbehalt bereits nach zwei Jahren auszuzahlen ist, § 17 VIII Nr. 2 VOB/B. Da hiermit die nunmehr auf 4 Jahre verlängerte Verjährungsfrist für Gewährleistungsansprüche (§ 13 IV Nr. 1 VOB/B) entwertet wird, verstößt die Neufassung gegen § 307 I BGB sowie gegen das Einbeziehungsverbot für überraschende Klauseln (§ 305c I BGB).[138]

ee) Rückgabe der Sicherheit

Der einbehaltene Betrag ist nach Ablauf der vereinbarten Frist, spätestens nach 69 Abnahme und Stellung der Sicherheit für Mängelansprüche an den Auftragnehmer auszuzahlen (§ 17 VIII Nr. 1 VOB/B). Dies gilt nicht, wenn zu diesem Zeitpunkt infolge aufgetretener Mängel noch Gewährleistungsansprüche des Auftraggebers bestehen. Durch AGB-Klauseln des Auftraggebers darf die Rückzahlung nicht von Voraussetzungen abhängig gemacht werden, die der Auftragnehmer nicht aus eigenem Recht durchsetzen kann.[139]

b) Bauabzugssteuer

Der Auftraggeber ist nach § 48 I EStG[140] in der Regel verpflichtet, 15 % der Ver- 70 gütung abzuziehen und an das für den Auftragnehmer zuständige Finanzamt abzuführen, wenn nicht der Auftragnehmer eine Freistellungsbescheinigung des Finanzamts vorlegt (§ 48a EStG). Der Auftraggeber hat den entsprechenden Abzug in der jeweiligen Rechnung vorzunehmen.[141]

c) Skonto
aa) Zulässigkeit

Ein Skontoabzug ist nur bei einer entsprechenden Vereinbarung der Parteien zuläs- 71 sig;[142] dies ist in § 16 V Nr. 2 VOB/B klargestellt. Erforderlich ist, dass die Parteien die Voraussetzungen für die Gewährung eines Skontos genau festlegen.[143] Ist nichts Abweichendes vereinbart, kann ein Skonto bei der Schlusszahlung abgezogen werden.[144]

Abweichende AGB-Klauseln des Auftraggebers sind am Transparenzgebot des § 307 I 2 BGB zu messen.[145] Ist die Zulässigkeit eines Skontos wirksam auch für Abschlagszahlungen vereinbart worden, bleibt dem Auftraggeber diese Befugnis erhalten, auch wenn er andere Abschlagszahlungen oder die Schlusszahlung verspätet leistet.[146]

---

[137] *BGH* NJW-RR 2006, 389; NJW-RR 2005, 458; NJW-RR 2005, 1040.
[138] *Tempel*, NZBau 2002, 532.
[139] *BGH* BauR 2006, 106.
[140] Gesetz vom 30.8.2001 (BGBl. I S. 2267).
[141] Zu den rechtlichen Folgen des Abzugs: BGHZ 163, 103 = NJW-RR 2005, 1261.
[142] *BGH* NJW 1983, 2944; *Werner/Pastor*, Rn. 1685.
[143] *OLG Stuttgart* BauR 1998, 798; *LG Aachen* NJW-RR 1986, 645.
[144] *OLG Brandenburg* BauR 2007, 1940; *OLG Celle* BauR 2004, 860; *OLG Stuttgart* BauR 1990, 386.
[145] BGHZ 131, 392 = NJW 1996, 1346; *OLG Saarbrücken*, NJW 2010, 880.
[146] *BGH* NJW 2000, 3277; *OLG Köln* NJW-RR 1990, 525; *OLG Karlsruhe* NJW-RR 1999, 1033.

bb) Wahrung der Skontofrist

72 Für die Rechtzeitigkeit der Zahlung genügt es, wenn der Auftraggeber die Zahlung innerhalb der Skontofrist auf den Weg gebracht hat.[147]

Streitig ist, ob Skonto nur bei Barzahlung (bzw. Überweisung) oder auch bei anderen Zahlungsarten abgezogen werden darf.[148]

cc) Vollständige Zahlung

73 Der Skontoabzug ist in jedem Fall nur gerechtfertigt, wenn die jeweils fällige Forderung voll bezahlt wird.[149]

IV. Fälligkeit und Verzug

1. BGB-Vertrag

a) Fälligkeit

aa) Abnahme

74 Die Fälligkeit des Vergütungsanspruchs setzt nach § 641 I BGB die Abnahme der Bauleistungen voraus. Der rechtsgeschäftlichen Abnahme steht die fiktive Abnahme nach § 640 I 3 BGB gleich. In Betracht kommt auch die Möglichkeit einer Teilabnahme (§ 641 I 2 BGB).

Die Fälligkeit tritt ausnahmsweise auch ohne Abnahme ein, wenn der Auftraggeber die Abnahme grundlos und endgültig verweigert[150] oder wenn der Auftraggeber nicht mehr die Erfüllung des Vertrages, sondern nur noch Minderung oder Schadensersatz geltend macht.[151]

Wird der Bauvertrag durch eine Kündigung des Auftraggebers vorzeitig beendet, tritt die Fälligkeit des Vergütungsanspruchs für die bereits erbrachten Leistungen ebenfalls erst mit der Abnahme ein.[152]

Die Vergütung des Auftragnehmers für ein Werk, dessen Herstellung der Auftraggeber einem Dritten versprochen hat, wird nach § 641 II BGB spätestens fällig, wenn und soweit der Auftraggeber von dem Dritten für das versprochene Werk wegen dessen Herstellung seine Vergütung oder Teile davon erhalten hat, der Auftraggeber gegenüber dem Dritten das Werk abgenommen hat oder es als abgenommen gilt oder wenn der Unternehmer dem Auftraggeber erfolglos eine angemessene Frist zur Auskunft über die vorbezeichneten Umstände bestimmt hat. Sofern der Auftraggeber dem Dritten wegen möglicher Mängel der Werkleistung Sicherheit geleistet hat, tritt die Fälligkeit nur ein, wenn auch der Auftragnehmer dem Auftraggeber in entsprechender Höhe Sicherheit leistet.[153] Die Frage des Vorliegens von Mängeln und eventueller Mängeleinbehalte ist für jeden Vertrag gesondert zu beurteilen.[154]

---

[147] *BGH* NJW 1998, 1302; *OLG Köln* NJW-RR 1990, 284; *OLG Düsseldorf* NJW-RR 2000, 545; a. A. *OLG Karlsruhe* NJW-RR 1999, 1033 (Eingang beim Auftragnehmer).
[148] *OLG Hamm* DB 1986, 2428 (Wechsel genügt nicht); *BGH* NJW 1998, 1302 (Verrechnungsscheck genügt).
[149] *BGH* NJW-RR 2006, 29; *OLG Düsseldorf* NJW-RR 2000, 545; NJW-RR 2000, 1691.
[150] BGHZ 167, 345 = NJW 2006, 2475; NJW-RR 1998, 1027; *OLG Hamm* BauR 2002, 641; *Werner/Pastor,* Rn. 1787.
[151] *BGH* NJW 2002, 3019; NJW-RR 2002, 160; NJW 2003, 288; BGHZ 164, 159 = NJW 2005, 3574; *OLG Koblenz* NJW-RR 2003, 1671.
[152] BGHZ 167, 345 = NJW 2006, 2474; anders noch *BGH* NJW 1987, 382; NJW 1993, 1972.
[153] Zu Einzelheiten: *Kiesel,* NJW 2000, 1673; *Fabis,* ZIP 2000, 865; *Heinze,* NZBau 2001, 301; krit. *Peters,* NZBau 2000, 169.
[154] Vgl. *Leinemann,* NJW 2008, 3745.

bb) Rechnungsstellung

Die Vorlage einer Rechnung ist im BGB-Vertrag nicht Voraussetzung für die Fälligkeit der   75
Vergütungsforderung.[155]

b) Verzug

Der Verzug setzt nach § 286 I BGB neben der Fälligkeit und dem Verschulden des   76
Auftraggebers (§ 286 IV BGB) im Regelfall eine Mahnung voraus. Der Mahnung
bedarf es zur Herbeiführung des Verzugs des Auftraggebers nicht, wenn für die
Leistung eine Zeit nach dem Kalender bestimmt ist oder der Auftraggeber die Leistung ernsthaft und endgültig verweigert (vgl. i. E. § 286 II BGB).

Der Schuldner einer Entgeltforderung kommt gemäß § 286 III BGB spätestens in
Verzug, wenn er nicht innerhalb von 30 Tagen nach Fälligkeit und Zugang einer
Rechnung oder gleichwertigen Zahlungsaufstellung leistet. Handelt es sich bei dem
Schuldner um einen Verbraucher, gilt dies nur, wenn er auf diese Folgen in der
Rechnung oder der Zahlungsaufstellung hingewiesen worden ist.

2. VOB/B-Vertrag

a) Fälligkeit
aa) Abnahme

Die Fälligkeit des Vergütungsanspruchs setzt auch im VOB/B-Vertrag regelmäßig die   77
Abnahme der Leistung voraus.[156] Gleichgestellt ist die fiktive Abnahme nach § 640
I 3 BGB. Diese Vorschrift gilt auch für den VOB/B-Vertrag.[157] Die in § 12 V VOB/B
geregelten Tatbestände einer fiktiven Abnahme sind zu beachten, wenn die VOB/B
allerdings einer isolierten Inhaltskontrolle nicht stand. Unter den gleichen Voraussetzungen wie beim BGB-Vertrag kann die Abnahme ausnahmsweise entbehrlich
sein.

bb) Schlussrechnung

§ 16 III Nr. 1 VOB/B verlangt für die Fälligkeit der Vergütungsforderung darüber   78
hinaus die Vorlage einer Schlussrechnung, deren Prüfung und Feststellung. Der
Auftragnehmer muss nach § 14 I VOB/B eine prüfbare Schlussrechnung vorlegen.
Die Regelung bezeichnet außerdem einzelne Erfordernisse hinsichtlich des Inhalts
der Rechnung und der ihr beizufügenden Nachweise.

Die Vorlage einer prüfbaren Schlussrechnung ist jedoch, wie der Bundesgerichtshof
mehrfach betont hat, kein Selbstzweck. Der Auftraggeber kann sich auf die fehlende
Prüfbarkeit der Schlussrechnung nicht berufen, wenn sie trotz fehlender Prüfbarkeit
seinem Kontroll- und Informationsinteresse genügt, er oder der von ihm beauftragte
Architekt sie zu prüfen vermag oder er die sachliche oder rechnerische Richtigkeit
der abgerechneten Rechnungsposten nicht bestreitet.[158] Eine gesonderte Schlussrechnung kann entbehrlich sein, wenn die vorgelegten Abschlagsrechnungen in ihrer
Gesamtheit die Voraussetzungen des § 14 I VOB/B erfüllen.[159]

---

[155] Vgl. *BGH* NJW-RR 1989, 148; BGHZ 79, 176 = NJW 1981, 814; str. s. den Überblick bei
Werner/Pastor, Rn. 1837 ff.
[156] BGHZ 73, 140 = NJW 1979, 650; BGHZ 79, 180 = NJW 1981, 822; BGHZ 105, 290 =
NJW 1989, 836.
[157] *Kiesel,* NJW 2000, 1673; *Motzke,* NZBau 2000, 489; a. A. *Kniffka,* ZfBR 2000, 237.
[158] *BGH* NJW-RR 1999, 1180; BGHZ 136, 342 = NJW 1998, 135; *BGH* NJW 2000, 206;
NJW 2000, 808; NJW 2002, 676.
[159] *BGH* NJW-RR 1999, 1180; *OLG Hamm* NJW-RR 1996, 593.

79 Die Forderung des Auftragnehmers wird auch ohne Vorlage einer prüfbaren Schlussrechnung fällig, wenn der Auftraggeber die fehlende Prüfbarkeit nicht binnen einer Frist von zwei Monaten beanstandet. Der Auftraggeber ist mit diesem Einwand nach Treu und Glauben dann ausgeschlossen.[160] Die Vorlage einer prüfbaren Schlussrechnung nach Ablauf der 2-Monats-Frist führt nicht dazu, dass die Vergütung erst im Zeitpunkt der Vorlage der prüfbaren Schlussrechnung fällig wird.[161] Auf die fehlende Prüfbarkeit der vom Auftragnehmer vorgelegten Schlussrechnung kann sich der Auftraggeber auch dann nicht berufen, wenn er nach Erstellung einer eigenen Abrechnung einen Rückzahlungsanspruch gegen den Auftragnehmer wegen einer erfolgten Überzahlung erhebt.[162]

Hat der Auftraggeber danach das Recht verloren, sich auf die fehlende Prüfbarkeit der Schlussrechnung zu berufen, hat das Gericht den Vergütungsanspruch des Auftragnehmers unabhängig von der Prüfbarkeit der Schlussrechnung in der Sache zu prüfen.[163]

80 Legt der Auftragnehmer keine prüfbare Schlussrechnung vor, kann ihm der Auftraggeber eine angemessene Nachfrist setzen und nach deren Ablauf eine eigene Abrechnung erstellen. Diese tritt dann an die Stelle der vom Auftragnehmer zu erstellenden Schlussrechnung.[164]

Die Fälligkeit tritt in diesem Fall erst ein, wenn dem Auftragnehmer die vom Auftraggeber erstellte Schlussrechnung zugeht.[165]

b) Verzug

81 Die Voraussetzungen des Verzugs sind in § 16 V VOB/B teilweise abweichend von § 286 BGB geregelt. Vorausgesetzt wird wie im BGB-Vertrag die Fälligkeit des Vergütungsanspruchs. Anstelle der nach § 286 I BGB notwendigen Mahnung ist im Regelfall eine Nachfristsetzung nach § 16 V Nr. 3 VOB/B erforderlich.

82 Die Frist für die Prüfung und Feststellung der Schlussrechnung wurde in der Neufassung der VOB/B auf der Grundlage der EU-Zahlungsverzugsrichtlinie[166] auf 30 Tage verkürzt (§ 16 III Nr. 1 VOB/B). Der Auftraggeber kommt nach § 16 V Nr. 3 S. 3, 4 VOB/B, ohne dass es der Setzung einer Nachfrist bedarf, spätestens 30 Tage nach Zugang der Rechnung oder der Aufstellung bei Abschlagszahlungen in Zahlungsverzug, wenn der Auftragnehmer seine vertraglichen und gesetzlichen Verpflichtungen erfüllt und den fälligen Entgeltbetrag nicht rechtzeitig erhalten hat, es sei denn, der Auftraggeber ist für den Zahlungsverzug nicht verantwortlich. Diese Bestimmung dürfte einer isolierten Inhaltskontrolle nach den §§ 307 ff. BGB standhalten.[167] Bedenken bestehen im Rahmen der Inhaltskontrolle lediglich insoweit, als § 16 V Nr. 3 VOB/B abweichend von § 286 III BGB eine Belehrung des Verbrauchers über die Folgen der Fristsetzung nicht vorsieht.[168]

---

[160] *BGH* NJW 2011, 918; BGHZ 157, 118 = NJW-RR 2004, 445; *BGH* NJW-RR 2005, 167; 2007, 1393; BauR 2005, 1951.

[161] *BGH* NJW 2011, 918.

[162] BGHZ 165, 382 = NJW-RR 2006, 667.

[163] *BGH* NJW-RR 2006, 454; NJW-RR 2006, 455; NJW-RR 2004, 1385.

[164] *BGH* NJW 1984, 1757; NJW-RR 2000, 386; NJW-RR 1990, 1170; *OLG Düsseldorf* NJW-RR 1995, 535.

[165] BGHZ 83, 382 = NJW 1982, 1815; *BGH* NJW-RR 1990, 1170; NJW 2002, 676.

[166] Richtlinie 2011/7/EU des Europäischen Parlamentes und des Rates vom 16.2.2011 zur Bekämpfung von Zahlungsverzug im Geschäftsverkehr, ABl. v. 23.2.2011, L 48/1.

[167] *Ingenstau/Korbion*, § 16 V VOB/B, Rn. 21.

[168] *Tempel*, NZBau 2002, 532.

3. Abweichende Vereinbarungen

Die Parteien können abweichende Vereinbarungen über die Fälligkeit der Vergütung **83**
treffen. Die Vereinbarung eines gemeinsamen Aufmaßes stellt keinen Verzicht auf die
Erteilung einer Schlussrechnung dar.[169] Vereinbarungen in AGB-Klauseln, die die
Fälligkeit beschränken, sind in jedem Fall an §§ 307 ff. BGB zu messen.

a) Klauseln des Auftragnehmers

Abweichende Vereinbarungen in den AGB des Auftragnehmers, wonach der Ver- **84**
gütungsanspruch vor Abnahme fällig wird, sind nach § 307 I BGB unwirksam.[170] Die
Vereinbarung von Voraus- oder Abschlagszahlungen ist dagegen zulässig.

b) Klauseln des Auftraggebers

Klauseln in AGB des Auftraggebers, die die Fälligkeit des Vergütungsanspruchs über **85**
die Zeit nach der Abnahme hinausschieben, sind ebenfalls nach § 307 I BGB unwirksam.[171]

c) Abschlagszahlungen, Vorauszahlungen, Teilabschlusszahlungen
aa) Abschlagszahlungen

Da die Herstellung des Bauvorhabens längere Zeit in Anspruch nehmen kann, ist es **86**
notwendig, dass der Auftragnehmer einen Teil der Vergütung bereits vor Eintritt der
Fälligkeit erhält, damit er die zur Herstellung erforderlichen Materialkosten sowie die
anfallenden Lohnkosten decken kann. Üblicherweise enthalten Bauverträge Vereinbarungen über die Leistung von Abschlagszahlungen.

Nach § 632a I 1 BGB[172] ist der Unternehmer im BGB-Vertrag auch ohne eine ent- **87**
sprechende vertragliche Abrede berechtigt, von dem Besteller für eine vertragsgemäß
erbrachte Leistung eine Abschlagszahlung in der Höhe verlangen, in der der Besteller
durch die Leistung einen Wertzuwachs erlangt hat. Die Leistung eines in sich abgeschlossenen Teils, wie in § 12 II VOB/B für die Teilabnahme gefordert, ist nicht mehr
erforderlich. In § 632a I 5 BGB ist nunmehr klargestellt, dass die Regelung auch für die
Lieferung erforderlicher Stoffe oder Bauteile gilt, die angeliefert oder eigens angefertigt
und bereitgestellt sind, wenn dem Besteller nach seiner Wahl Eigentum an den Stoffen
oder Bauteilen übertragen oder entsprechende Sicherheit hierfür geleistet wird.

Wie im VOB-Vertrag hat der Unternehmer die erbrachten Leistungen durch eine prüfbare
Aufstellung nachzuweisen, § 632a I 3 BGB. Der Besteller kann im Falle mangelhafter Leistung
die Zahlung eines angemessenen Teils der Vergütung verweigern.[173] Zusätzlich darf ein Druck-
zuschlag einbehalten werden.[174]

Im VOB-Vertrag kann der Auftragnehmer nach § 16 I Nr. 1 VOB/B Abschlagszah- **88**
lungen für die durch eine prüfbare Aufstellung nachgewiesenen vertragsgemäßen
Leistungen einschließlich des ausgewiesenen, darauf entfallenden Umsatzsteuer-
betrags beanspruchen. Erforderlich ist, dass die Leistungen nicht mit Mängeln behaftet
sind.[175] Als Leistungen gelten nach § 16 I Nr. 1 S. 3 VOB/B auch Bauteile und Stoffe.

---

[169] *BGH* NJW-RR 1999, 1180.
[170] *OLG Köln* NJW-RR 1992, 1047.
[171] *OLG Hamm* NJW-RR 1988, 726; *OLG Karlsruhe* NJW-RR 1993, 1435.
[172] Eingeführt durch das Gesetz zur Sicherung von Werkunternehmeransprüchen und zur
verbesserten Durchsetzung von Forderungen – Forderungssicherungsgesetz – vom 23.10.2008
(BGBl. I 2022), vgl. hierzu: *Leinemann,* NJW 2008, 3745.
[173] Vgl. *OLG Brandenburg* NJW-RR 2009, 233 (Ausschluss bei erheblichen Mängeln).
[174] Vgl. *Leinemann,* NJW 2008, 3745; *Kniffka,* ZfBR 2000, 227.
[175] BGHZ 73, 140 = NJW 1979, 650.

89 **Gemeinsame Grundsätze:** Die Forderung einer Abschlagszahlung setzt nicht voraus, dass die erbrachte Leistung vom Auftraggeber abgenommen ist. Der Auftragnehmer hat die Ausführung der Bauleistungen lediglich durch eine prüfbare Aufstellung nachzuweisen.[176] Abschlagszahlungen kann der Auftragnehmer nicht mehr verlangen, wenn die Leistungen abgenommen worden sind, eine Schlussrechnung erteilt worden ist oder der Bauvertrag beendet ist.[177] Über die erhaltenen Abschlagszahlungen hat der Auftragnehmer in der Schlussrechnung abzurechnen; etwaige Überschüsse sind auszuzahlen.[178]

Vereinbarungen über Abschlagszahlungen in AGB sind grundsätzlich zulässig. Solche Vereinbarungen können allerdings dann unwirksam sein, wenn die Höhe der Abschlagszahlungen nicht mit dem zugrunde liegenden Baufortschritt im Einklang steht[179], Gegenansprüche des Auftraggebers wegen Mängeln ausgeschlossen werden[180] oder die gesetzlich geschuldete Sicherheitsleistung des Auftragnehmers nach § 632a III BGB nicht erwähnt wird.[181]

bb) Vorauszahlungen

90 Im Gegensatz zu Abschlagszahlungen bedürfen Vorauszahlungen auf noch nicht erbrachte Leistungen sowohl im BGB- als auch im VOB-Vertrag einer besonderen Vereinbarung. Eine Vereinbarung von Vorauszahlungen in AGB des Auftragnehmers abweichend von § 320 BGB dürfte wegen Verstoßes gegen §§ 307, 309 Nr. 2 BGB unwirksam sein.[182]

§ 16 II Nr. 1 VOB/B enthält Bestimmungen über eine vom Auftragnehmer zu leistende Sicherheit,[183] die Verzinsung der Vorauszahlung sowie über die Anrechnung auf die nächst fällige Zahlung. Sie sind entsprechend ihrem Wortlaut nur für die nach Vertragsschluss vereinbarten Vorauszahlungen anzuwenden.[184]

cc) Teilschlusszahlungen

91 § 16 IV VOB/B sieht vor, dass in sich abgeschlossene Teile der Leistung nach Teilabnahme ohne Rücksicht auf die Vollendung der übrigen Leistungen endgültig festgestellt und bezahlt werden. Es ist umstritten, ob diese Bestimmung dem Auftragnehmer unmittelbar einen Anspruch auf Feststellung und Teilzahlung gewährt oder ob hierfür eine besondere Vereinbarung erforderlich ist.[185]

V. Einwendungen des Auftraggebers

1. Erfüllung und Erfüllungssurrogate

92 Zahlungen des Auftraggebers in Form von Teil- oder Abschlagszahlungen sind auf die Vergütung anzurechnen. Im Gegensatz zum BGB-Vertrag[186] gibt § 16 VI VOB/B dem Auftraggeber das Recht, zu Lasten des Auftragnehmers auch an dessen Gläubiger (Subunternehmer) zu zahlen, soweit diese an der Ausführung der vertraglichen

---

[176] *BGH* NJW 2002, 1567; NJW 1991, 565.
[177] *BGH* NJW-RR 2004, 957; BGHZ 182, 158 = NJW 2010, 227.
[178] *BGH* BauR 2008, 540; NJW-RR 2005, 129; NJW-RR 2002, 1097; NJW 2002, 1567; BGHZ 140, 365 = NJW 1999, 1867.
[179] *BGH* NJW 1986, 3199; NJW 1992, 1107; *OLG Hamm* NJW-RR 1989, 274.
[180] BGHZ 73, 140 = NJW 1979, 650.
[181] *BGH* NJW 2013, 219.
[182] Palandt/*Grüneberg,* § 320 Rn. 3.
[183] *BGH* NJW 1986, 1681.
[184] Krit. *Bergmann,* ZfBR 1998, 59.
[185] Dazu *Bergmann,* ZfBR 1998, 59.
[186] S. aber *BGH* NJW-RR 1994, 1044.

Leistung auf Grund eines mit diesem abgeschlossenen Dienst- oder Werkvertrags beteiligt sind und der Auftragnehmer ihnen gegenüber in Verzug gekommen ist.

Die Direktzahlung muss nach § 16 VI VOB/B dazu dienen, die Fortsetzung der Leistung des Subunternehmers sicherzustellen.

Die Regelung dient dem Interesse des Auftraggebers, bei Zahlungsschwierigkeiten des beauftragten Hauptunternehmers die Subunternehmer zur Fortsetzung der ihnen übertragenen Arbeiten zu veranlassen. Diese Befugnis endet mit der Insolvenz des Auftragnehmers, da die Werklohnforderung dann dessen Gläubigern zur Verfügung steht (§§ 35, 82 InsO).[187]

Die Bestimmung hält wegen des Eingriffs in die Rechtsstellung des Auftragnehmers einer isolierten Inhaltskontrolle nicht stand.[188] Ob die einschränkende Neufassung der VOB/B daran etwas ändert, bleibt abzuwarten. § 16 VI VOB/B verstößt bei isolierter Betrachtung jedenfalls gegen das Transparenzgebot des § 307 I S. 2 BGB, da der Ausnahmefall einer Insolvenz des Auftragnehmers nicht erwähnt wird.[189]

2. Gegenansprüche

a) Aufrechnung

Der Auftraggeber kann mit Gegenansprüchen, die auf Geld gerichtet sind, unter den Voraussetzungen des § 387 BGB grundsätzlich aufrechnen.[190] Dies gilt auch für verjährte Ansprüche, wenn diese in dem Zeitpunkt noch nicht verjährt waren, in dem erstmals aufgerechnet werden oder die Leistung verweigert werden konnte (§ 215 BGB). Eine Anzeige des Anspruchs vor Verjährungseintritt ist nicht erforderlich. **93**

Die Aufrechnung kann im Einzelfall durch vertragliche Aufrechnungsverbote ausgeschlossen sein. **94**

Individualvereinbarungen über den Ausschluss der Aufrechnung sind im Grundsatz zulässig; die Berufung auf ein solches Aufrechnungsverbot kann aber im Einzelfall gegen Treu und Glauben verstoßen.[191] Aufrechnungsverbote in AGB des Auftragnehmers sind bei unbestrittenen und rechtskräftig festgestellten Forderungen unwirksam (§ 309 Nr. 3 BGB),[192] können darüber hinaus im Einzelfall auch gegen § 307 BGB verstoßen.[193]

Verteidigt sich der Auftraggeber gegenüber dem Werklohnanspruch des Auftragnehmers mit einem Kostenerstattungs- oder Schadensersatzanspruch auf Ersatz der zur Mängelbeseitigung erforderlichen Kosten, handelt es sich nicht um eine „Verrechnung", sondern eine Aufrechnung.[194] Bestehende vertragliche oder gesetzliche Aufrechnungsverbote sind daher zu beachten. **95**

b) Zurückbehaltungsrechte

Der Auftraggeber kann gegenüber dem Vergütungsanspruch des Auftragnehmers die Einrede des nicht erfüllten Vertrags (§ 320 BGB) erheben oder ein Zurückbehaltungsrecht (§ 273 BGB) geltend machen, solange er Gegenansprüche auf Nacherfüllung **96**

---

[187] *BGH* NJW 1986, 2761; BGHZ 142, 72 = NJW 1999, 2969.
[188] BGHZ 111, 394 = NJW 1990, 2384; *Ingenstau/Korbion,* § 16 VI VOB/B, Rn. 3 m. w. N.
[189] *Tempel,* NZBau 2002, 532.
[190] Vgl. zu einem Ausnahmefall *OLG Düsseldorf* NJW-RR 2008, 38.
[191] *Werner/Pastor,* Rn. 3046.
[192] BGHZ 163, 274 = NJW 2005, 2771; *BGH* NJW-RR 2005, 919; NJW-RR 1987, 883; *OLG Hamm* NJW-RR 1993, 1082; *OLG Düsseldorf* NJW-RR 1997, 757 (entscheidungsreife Forderung).
[193] BGHZ 92, 312 = NJW 1985, 319; *Werner/Pastor,* Rn. 3047.
[194] BGHZ 163, 274 = NJW 2005, 2771; BGHZ 165, 134 = NJW 2006, 698; zum Ganzen: *Kessen,* BauR 2005, 1691.

(§ 634 Nr. 1 BGB) hat.[195] Ein Ausschluss dieser Einreden in AGB ist nach § 309 Nr. 2 BGB unwirksam.[196]

3. Ausschluss von Einwendungen

a) Abschlagszahlungen und Prüfvermerk des Architekten

97 Sie stellen kein Anerkenntnis der verlangten Vergütung dar.[197]

Der Prüfvermerk des Architekten auf der Schlussrechnung stellt ebenfalls kein Anerkenntnis des Auftraggebers gegenüber dem Auftragnehmer dar. Es handelt sich um eine Wissenserklärung des Architekten, dass die Rechnung fachlich und rechnerisch richtig ist.[198]

b) Versäumung der Prüfungsfrist

98 Durch die Versäumung der zweimonatigen Prüfungsfrist für die Erhebung der Rüge der fehlenden Prüfbarkeit der Schlussrechnung wird der Auftraggeber nicht mit Einwendungen ausgeschlossen, die die sachliche Berechtigung der Vergütungsforderung betreffen.[199]

c) Schweigen auf die Schlussrechnung

99 Ebenso wenig kann in dem Schweigen des Auftraggebers auf die übersandte Schlussrechnung ein Anerkenntnis gesehen werden, das Einwendungen des Auftraggebers ausschließt.[200]

4. Einwand fehlender Prüfbarkeit der Schlussrechnung

100 Der Auftraggeber kann sich gegenüber dem Vergütungsanspruch des Auftragnehmers mit dem Einwand verteidigen, dass die vorgelegte Schlussrechnung nicht den Anforderungen der § 16 III, § 14 I VOB/B entspricht. Er ist allerdings nach Treu und Glauben (§ 242 BGB) mit diesem Einwand ausgeschlossen, wenn er die fehlende Prüfbarkeit nicht binnen einer Frist von zwei Monaten nach Erhalt der Schlussrechnung erhebt.

101 Der Auftragnehmer trägt die Beweislast für den Zugang der Schlussrechnung beim Auftraggeber. Dieser hat darzulegen und zu beweisen, dass er die fehlende Prüfbarkeit innerhalb der zweimonatigen Frist erhoben hat.

VI. Verjährung

1. Verjährungsfristen

102 Die regelmäßige Verjährungsfrist beträgt drei Jahre (§ 195 BGB).

Unterschiedliche Fristen je nachdem, ob die Leistungen des Auftragnehmers für den Gewerbebetrieb des Auftraggebers oder dessen Privatbereich erfolgen, bestehen nicht mehr.

103 Die Regelfrist von drei Jahren betrifft alle Vergütungsansprüche sowie sonstige vergütungsähnliche Ansprüche des Auftragnehmers aus dem Bauvertrag, wie z. B. den

---

[195] *Werner/Pastor,* Rn. 2978 ff.
[196] Vgl. *Graf von Westphalen,* NJW 2002, 12; *Werner/Pastor,* Rn. 2988.
[197] *Werner/Pastor,* Rn. 2539.
[198] *BGH* NJW-RR 2005, 246; 2002, 661; *OLG Düsseldorf* NJW-RR 2003, 455.
[199] *BGH* NJW 2001, 1649 = NJW-RR 2001, 805; *OLG Brandenburg* NJW-RR 2000, 1338; a. A. *OLG Düsseldorf* NJW-RR 1998, 376.
[200] A. A. *OLG Düsseldorf* NJW-RR 1998, 376.

Anspruch auf Ersatz von Mehrkosten und Ansprüche auf Schadensersatz und Entschädigung, die auch nach der bisherigen Rechtsprechung einbezogen wurden.[201]

Ansprüche auf Abschlagszahlungen unterliegen einer eigenständigen Verjährung.[202] Der Auftragnehmer ist jedoch berechtigt, die sich nach Schlussrechnungslegung ergebende Vergütungsforderung gegenüber dem Auftraggeber geltend zu machen, auch wenn die Forderungen auf Abschlagszahlungen verjährt sind.[203]

Die Vergütungsforderung aus der Schlussrechnung unterliegt ebenfalls einer eigenen Verjährung.

Die Verjährungsfrist kann durch eine Vereinbarung der Vertragsparteien verlängert **104** werden (§ 202 I BGB). Inwieweit eine Verlängerung der Verjährungsfrist in AGB möglich ist, ist in der Rechtsprechung noch weitgehend ungeklärt. Eine Abkürzung der Verjährungsfrist für den Werklohnanspruch des Auftragnehmers in AGB des Auftraggebers ist unwirksam, weil sie den Auftragnehmer entgegen den Geboten von Treu und Glauben unangemessen benachteiligt.[204]

2. Beginn der Verjährung

Die Verjährung beginnt nach § 199 I BGB mit dem Schluss des Jahres, in dem der **105** Anspruch entstanden ist und der Gläubiger von den den Anspruch begründenden Umständen und der Person des Schuldners Kenntnis erlangt hat oder ohne grobe Fahrlässigkeit hätte erlangen müssen. Der Anspruch entsteht mit der Fälligkeit.[205]

a) VOB-Vertrag

Beim VOB-Vertrag beginnt die Verjährung erst, wenn der Auftragnehmer eine prüf- **106** bare Schlussrechnung erteilt hat oder der Auftraggeber nach Treu und Glauben den Einwand der fehlenden Prüfbarkeit nicht mehr erheben kann und dies für den Auftragnehmer erkennbar wird.[206] Ist die Prüfung der Schlussrechnung durch den Auftraggeber vor Ablauf der Zweimonatsfrist beendet, ist die Mitteilung des Ergebnisses der Prüfung[207], bei Fristverlängerung der entsprechend spätere Zeitpunkt[208] maßgeblich.

Erstellt der Auftragnehmer keine Schlussrechnung, muss der Auftraggeber nach § 14 IV VOB/B vorgehen und die Schlussrechnung selbst erstellen; die Fälligkeit tritt dann erst mit dem Zugang dieser Schlussrechnung beim Auftragnehmer ein.[209]

Zu Nachforderungen ist der Auftragnehmer nach Verjährung der Schlussrechnungsforderung nicht berechtigt.[210]

b) BGB-Vertrag

Beim BGB-Vertrag beginnt die Verjährung ohne Rücksicht auf die Erteilung einer Schlussrech- **107** nung mit dem Schluss des Jahres, in dem die Abnahme erfolgt ist.[211]

---

[201] BGHZ 50, 25 = NJW 1968, 1234; *BGH* NJW 1995, 2547.
[202] *BGH* NJW 1999, 713.
[203] *BGH* NJW 1999, 713.
[204] *BGH* NJW 2013, 525.
[205] *BGH* NJW 2001, 1724; Palandt/*Ellenberger,* § 199 Rn. 3.
[206] BGHZ 157, 118 = NJW-RR 2004, 445.
[207] BGHZ 83, 382 = NJW 1982, 1815.
[208] Vgl. *BGH* NJW 1969, 428.
[209] Vgl. *BGH* NJW 1984, 1757.
[210] Vgl. BGHZ 53, 222 = NJW 1970, 938; BGHZ 83, 382 = NJW 1982, 815; *BGH* NJW 1987, 382.
[211] BGHZ 79, 176 = NJW 1981, 814; *OLG Düsseldorf* JurBüro 1983, 1901.

3. Hemmung der Verjährung

108 Bei den Gründen, die zu einer Hemmung der Verjährung führen, sind zwei Fallgruppen zu unterscheiden:

a) Hemmung durch Verhandlungen

Die Verjährung ist gehemmt, wenn zwischen dem Schuldner und dem Gläubiger Verhandlungen über den Anspruch oder die den Anspruch begründenden Umstände schweben, bis der eine oder andere Teil die Fortsetzung der Verhandlungen verweigert; die Verjährung tritt frühestens drei Monate nach dem Ende der Hemmung ein (§ 203 BGB).

Mit der Mitteilung des Ergebnisses der Schlussrechnungsprüfung beginnt nicht ohne weiteres eine Verhandlung über die Vergütungsforderung. Dies ist nur der Fall, wenn der Auftraggeber beim Auftragnehmer den Eindruck erweckt, er werde die Zahlung der Schlussrechnungssumme nicht endgültig ablehnen.[212]

b) Hemmung durch Rechtsverfolgung

109 Maßnahmen der Rechtsverfolgung des Gläubigers, die zu einer Hemmung der Verjährung führen, sind in dem Katalog des § 204 I BGB zusammengefasst. Hinsichtlich der Verjährung des Vergütungsanspruchs sind folgende Fälle hervorzuheben:

110 **Klageerhebung (§ 204 I Nr. 1 BGB).** Maßgebender Zeitpunkt für den Beginn der Hemmung ist die Zustellung der Klage (§ 253 I ZPO). Zu beachten ist, dass auf den Zeitpunkt der Einreichung der Klage bei Gericht abzustellen ist, wenn die Klage demnächst zugestellt wird (§ 167 ZPO).[213]

Die Hemmung erfasst lediglich die mit der Klage geltend gemachte Vergütungsforderung.[214] Eine nachträgliche Erläuterung und Aufgliederung der eingeklagten Positionen führt nicht dazu, dass die Verjährung erst zu diesem Zeitpunkt gehemmt wird.[215]

111 **Mahnverfahren (§ 204 I Nr. 3 BGB).** Die Hemmung tritt mit Zustellung des Mahnbescheids ein. Zu beachten ist, dass nach § 691 II ZPO unter den genannten Voraussetzungen ebenfalls die Rückwirkung auf den Zeitpunkt der Antragstellung in Betracht kommt. Voraussetzung einer Hemmung ist, dass der Anspruch im Antrag auf Erlass des Mahnbescheids hinreichend bestimmt bezeichnet ist.[216]

112 **Selbständiges Beweisverfahren (§ 204 Nr. 7 BGB).** Die Verjährung des Vergütungsanspruchs wird zudem durch die Zustellung eines Antrags im selbständigen Beweisverfahren gehemmt.

Erforderlich ist, dass der Beweisantrag vom Auftragnehmer gestellt wird.[217] Die Einleitung eines selbständigen Beweisverfahrens durch den Auftraggeber wegen Mängeln der Werkleistung hemmt die Verjährung des Vergütungsanspruchs des Auftragnehmers nicht.

113 **Antrag auf Gewährung von Prozesskostenhilfe (§ 204 Nr. 14 BGB).** Die Hemmung beginnt mit dem Zeitpunkt, in dem der Antrag dem Gegner bekannt gegeben wird.

[212] *Kniffka/Koeble*, 5. Teil, Rn. 206.
[213] *BGH* NJW 2000, 2282.
[214] *BGH* NJW 1992, 1111; BGHZ 135, 178 = NJW 1997, 1990; BGHZ 151, 1 = NJW 2002, 2167.
[215] *BGH* NJW-RR 1988, 692; NJW-RR 1996, 885.
[216] BGHZ 172, 42 = NJW 2007, 1952; *BGH* NJW 1995, 2230; NJW 1993, 862; NJW 1992, 1111.
[217] *BGH* NJW 2012, 1140; *Werner/Pastor*, Rn. 100, 2901.

4. Neubeginn der Verjährung

Der Neubeginn der Verjährung entspricht der Unterbrechung der Verjährung nach **114**
altem Recht. Er kommt nur in zwei Fällen in Betracht:

a) Anerkenntnis (§ 212 I Nr. 1 BGB)

Die Verjährung beginnt erneut, wenn der Schuldner dem Gläubiger gegenüber den **115**
Anspruch durch Abschlagszahlung, Zinszahlung, Sicherheitsleistung oder in anderer
Weise anerkennt. Ein Anerkenntnis liegt vor, wenn sich aus dem Verhalten des
Schuldners klar und unzweideutig das Bewusstsein vom Bestehen des Anspruchs
dem Grunde nach ergibt.[218]

Beispiel: Die Erklärung des Auftraggebers, er werde die restliche Vergütung zahlen, falls die
erhobenen Mängel beseitigt werden, ist kein Anerkenntnis i. S. des § 212 I Nr. 1 BGB, weil die
Forderung dem Grunde nach in Frage gestellt wird.[219]

Ob die Aufrechnung des Auftraggebers gegenüber dem Vergütungsanspruch mit **116**
Gegenforderungen ein Anerkenntnis darstellt,[220] richtet sich nach den Umständen
des Einzelfalls.

Dies kann anzunehmen sein, wenn der Auftraggeber gegen die Vergütungsforderung des Auftragnehmers keine Einwendungen erhebt, sondern sich lediglich mit einer Gegenforderung
verteidigt.

b) Gerichtliche oder behördliche Vollstreckungsmaßnahmen (§ 212 I Nr. 2 BGB)

Die Verjährung beginnt erneut, wenn eine gerichtliche oder behördliche Vollstreckungshandlung **117**
vorgenommen wird. Zu den Vollstreckungshandlungen gehören auch die hierzu gestellten
Anträge.[221]

5. Einrede des Rechtsmissbrauchs

Die Erhebung der Einrede der Verjährung durch den Auftraggeber kann gegen Treu **118**
und Glauben (§ 242 BGB) verstoßen. Dies kann der Fall sein, wenn der Auftraggeber
den Auftragnehmer von der rechtzeitigen Erhebung einer Klage abgehalten hat.[222]

Der Auftragnehmer muss nach Wegfall der sein Vertrauen begründenden Umstände binnen
kurzer Frist Klage erheben. Gleiches gilt, wenn der Auftraggeber sich nachträglich im Prozess
auf die Einrede der Verjährung beruft.[223]

6. Verwirkung

Neben der Verjährung kann ausnahmsweise eine Verwirkung des Vergütungs- **119**
anspruchs in Betracht kommen.

Für die Annahme einer Verwirkung genügt allein nicht, dass der Auftragnehmer den Vergütungsanspruch über einen längeren Zeitraum nicht geltend macht; es müssen weitere Umstände hinzutreten, die die verspätete Geltendmachung des Rechts als treuwidrig erscheinen lassen.[224]

---

[218] *BGH* NJW 1988, 1259 = NJW-RR 1988, 684; NJW-RR 1994, 373.
[219] *BGH* NJW 1969, 1108; *OLG Hamm* NJW 1966, 1659.
[220] Die Gesetzesbegründung hat diese Frage ausdrücklich offen gelassen, BR-Drs. 338/01,
S. 271.
[221] Vgl. zu Einzelheiten: Palandt/*Ellenberger*, § 212 Rn. 9 ff.
[222] *BGH* NJW 2002, 3110; NJW-RR 1991, 1033; *OLG Köln* BauR 2000, 134; *Werner/Pastor*,
Rn. 2819.
[223] *OLG Koblenz* NJW-RR 2000, 467.
[224] BGHZ 84, 280 = NJW 1982, 1999; BGHZ 105, 290 = NJW 1989, 836; *BGH* NJW 2006,
219.

7. Übergangsregelung

120 Nach Art. 229 § 6 EGBGB unterliegen Ansprüche aus vor dem 1.1.2002 geschlossenen Verträgen der Verjährung nach neuem Recht, wenn der Anspruch zu diesem Zeitpunkt noch nicht verjährt ist. Die nach altem Recht laufende Verjährung ist weiter maßgeblich, wenn die Verjährungsfrist gegenüber der sich nach neuem Recht ergebenden Frist kürzer ist.

VII. Die Sicherung des Vergütungsanspruchs

1. Vertraglich vereinbarte Sicherheiten

a) Grundsatz

121 Vertragliche Sicherheiten bedürfen der besonderen Vereinbarung. Das gilt auch für den VOB-Vertrag, da § 17 VOB/B nur die Rechtsfolgen einer vertraglich vereinbarten Sicherheitsleistung des Auftragnehmers regelt.

Die Verpflichtung zur Stellung einer Sicherheit entfällt weder mit der Vollendung des Bauwerks[225] noch mit der Kündigung des Bauvorhabens.[226]

b) Arten der Sicherheitsleistung

122 Es können folgende Sicherheiten vereinbart werden:
– Voraus- und Abschlagszahlungen;
– Bestellung von Grundpfandrechten;
– Stellung einer Bankgarantie;
– Schuldbeitritt;
– Stellung einer Bürgschaft.

123 Die Stellung einer Bürgschaft (§ 765 BGB) ist in der Praxis das am häufigsten vereinbarte Sicherheitsmittel. Üblich ist die Stellung einer selbstschuldnerischen Bürgschaft (§ 773 I Nr. 1 BGB), die auch in AGB zulässig vereinbart werden kann.[227]

Die Vereinbarung einer Sicherheit in Form einer Bürgschaft auf erstes Anfordern, die den Bürgen zur Zahlung ohne Nachweis des Bestehens der Hauptforderung verpflichtet,[228] kann in AGB dagegen nicht wirksam vereinbart werden.[229] Hat der Auftragnehmer die Bürgschaft auf erstes Anfordern gestellt, ist der Auftraggeber nicht zur Rückgabe der Bürgschaft verpflichtet.[230] Ist der Bürge aus der Bürgschaft auf Zahlung in Anspruch genommen worden, kann er die Zahlung nicht allein deswegen zurückfordern, weil die Stellung einer Bürgschaft auf erstes Anfordern nicht geschuldet war.[231]

c) Durchsetzung des Anspruchs

124 Leistet der Auftraggeber die vereinbarte Sicherheit nicht, kann der Auftragnehmer auf die Bestellung der Sicherheit klagen. Stellt der Auftraggeber die vereinbarte Sicherheit nicht, kann der Auftragnehmer sich auf ein Zurückbehaltungsrecht (§ 273 I BGB) oder die Einrede des nicht erfüllten Vertrags (§ 320 BGB) berufen.

---

[225] *OLG Nürnberg* NJW-RR 1989, 1296.
[226] Vgl. *Kniffka*, ZfBR 1998, 113.
[227] BGHZ 95, 350 = NJW 1986, 43.
[228] *BGH* NJW 1994, 380; NJW 1996, 717; NJW 2002, 1493; NJW-RR 2003, 14; Ausnahme: offensichtlich begründete Einwendungen, BGHZ 143, 381 = NJW 2000, 1563.
[229] BGHZ 150, 299 = NJW 2002, 2388; BGHZ 151, 229 = NJW 2002, 3098; *BGH* BauR 2004, 500; NJW-RR 2004, 880; NJW-RR 2005, 458; NJW-RR 2006, 389.
[230] BGHZ 154, 378 = NJW 2003, 2605; *BGH* BauR 2004, 500.
[231] BGHZ 153, 311 = NJW 2003, 1805; *OLG Düsseldorf* NJW 2003, 3716.

2. Gesetzliche Sicherheiten

a) Der Anspruch auf Sicherheitsleistung nach § 648a BGB

Nach § 648a I BGB[232] kann der Unternehmer eines Bauwerks vom Besteller die   **125**
Bestellung einer Sicherheit für die vereinbarte und noch nicht gezahlte Vergütung
einschließlich von Nebenforderungen sowie für Ansprüche verlangen, die an die
Stelle der vereinbarten Vergütung treten. Die Regelung kann von den Parteien nicht
abbedungen werden (§ 648a VII BGB). Der Unternehmer kann alternativ seine
Arbeiten einstellen, wenn der Besteller die geforderte Sicherheit nicht leistet (§ 648a
V 1 BGB).

aa) Anwendungsbereich

Der Auftragnehmer, der nach dem Vertrag zur Errichtung eines Bauwerks, einer   **126**
Außenanlage oder eines Teils davon verpflichtet ist, kann nach § 648a I BGB vom
Auftraggeber eine Sicherheitsleistung für die von ihm zu erbringenden Vorleistungen
verlangen.[233] Die Sicherheit deckt auch Schadensersatzansprüche des Unternehmers
ab.[234]

Zu den Arbeiten an einem Bauwerk gehören solche Arbeiten, die zur Herstellung eines Gebäudes dienen oder für dessen Bestand oder Erneuerung von wesentlicher Bedeutung sind. Nicht
erfasst werden Verträge über den Abbruch von Gebäuden oder die Beseitigung von Altlasten.[235]

Nach § 648a VI BGB findet die Vorschrift keine Anwendung, wenn Auftraggeber   **127**
eine juristische Person des öffentlichen Rechts oder eine natürliche Person ist und der
Vertrag Bauarbeiten zur Herstellung oder Instandsetzung eines Einfamilienhauses
zum Gegenstand hat.

Der Auftragnehmer kann Sicherheitsleistung gemäß § 648a I 3 BGB auch nach   **128**
Abnahme oder Kündigung des Auftrags durch den Auftraggeber verlangen.[236] Ein
Anspruch auf Leistung der Sicherheit steht dem Auftragnehmer nicht zu, wenn er
unabhängig von der fehlenden Sicherheitsleistung die weitere Erfüllung des Vertrags
verweigert.[237]

bb) Arten der Sicherheitsleistung

Es gilt zunächst § 232 BGB. In der Praxis steht die Stellung einer Bürgschaft mit   **129**
Verzicht auf die Einrede der Vorausklage (§§ 232 II, 239 BGB) im Vordergrund.[238]
Nach § 648a II BGB kommt auch die Stellung einer Bankgarantie oder eines sons-
tigen Zahlungsversprechens eines Kreditinstituts als Sicherheit in Betracht.[239]

cc) Höhe der Sicherheitsleistung

Die Höhe der Sicherheitsleistung ist durch die Höhe des Vergütungsanspruchs be-   **130**
grenzt, wie er sich aus dem Vertrag und etwaigen Zusatzaufträgen ergibt,[240] zuzüglich

---

[232] In der Fassung durch das Forderungssicherungsgesetz vom 23.10.2008, BGBl. I S. 2022.
[233] Vgl. den Überblick bei *Schmidt*, NJW 2013, 497.
[234] *Leinemann*, NJW 2008, 3745.
[235] *BGH* NJW-RR 2005, 750.
[236] BGHZ 157, 335 = NJW 2004, 1525; *BGH* NJW-RR 2004, 740; BauR 2004, 1453; NJW-RR 2005, 609; NJW-RR 2009, 892 (VOB-Vertrag); *OLG Hamm* NJW-RR 2003, 520.
[237] BGHZ 146, 24 = NJW 2001, 822.
[238] Vgl. auch *BGH* NJW-RR 2006, 28 (Abtretung eines durch Bürgschaft gesicherten Anspruchs genügt nicht.).
[239] BGHZ 146, 24 = NJW 2001, 822.
[240] BGHZ 146, 24 = NJW 2001, 822.

einer Pauschale von 10 % der Hauptforderung zur Absicherung von Nebenforderungen des Auftragnehmers (§ 648a I 2 BGB).

Vergütungsansprüche für bereits geleistete Arbeiten sind einzubeziehen;[241] bereits geleistete Abschlagszahlungen sind in Abzug zu bringen. Ein Abzug wegen bestehender und nachbesserungsfähiger Mängel findet nur statt, soweit die Forderung des Bestellers unstreitig oder rechtskräftig festgestellt ist (§ 648a I 4 BGB).[242] Streitige Schadensersatzansprüche ebenso wie Ansprüche nach § 649 BGB oder § 8 I Nr. 2 VOB/B werden nicht in die Höhe der Sicherheitsleistung eingerechnet.[243]

dd) Wirkung des Sicherungsverlangens

131 Der Auftragnehmer hat nunmehr einen durchsetzbaren Anspruch auf Vornahme der Sicherheitsleistung.[244] Leistet der Auftraggeber die geforderte Sicherheit nicht, kann der Auftragnehmer die Fortführung der Arbeiten einschließlich der Beseitigung etwaiger Mängel verweigern. Ansprüche des Auftraggebers auf Erstattung der Kosten der Mängelbeseitigung nach §§ 634 Nr. 2, 637 BGB sind ausgeschlossen.[245]

132 Hat der Unternehmer dem Besteller nach § 648a V 1 i. V. mit § 643 BGB erfolglos eine angemessene Frist zur Stellung der Sicherheit gesetzt, kann der Unternehmer die Leistung verweigern oder den Vertrag kündigen. Die Setzung einer Nachfrist ist nicht mehr erforderlich.[246] Kündigt der Unternehmer, wird gemäß § 648a V 3 BGB, dass dem Unternehmer 5 % der auf den nicht erbrachten Teil der Leistung entfallenden vereinbarten Vergütung zustehen.

Der Auftragnehmer kann eine Vergütung für den ausgeführten Teil der Leistungen verlangen. Ist die Leistung nicht mangelfrei erbracht, ist sie um die Kosten zu kürzen, die zur Beseitigung der Mängel erforderlich sind.[247] Dies gilt nicht, wenn die Beseitigung der Mängel nicht möglich ist oder sie wegen unverhältnismäßiger Kosten vom Auftragnehmer nach § 635 III BGB verweigert werden darf.[248] Der Auftragnehmer wird nach fruchtlosem Fristablauf von der Verpflichtung zur Mängelbeseitigung insgesamt frei.[249]

Der Auftragnehmer hat nach § 648a V BGB auch einen Anspruch auf Ersatz der in der Vergütung nicht inbegriffenen Auslagen und des negativen Interesses. Dabei wird nach § 648a V 3 BGB vermutet, dass dieser Schaden 5 % der Vergütung beträgt.[250] Der Auftragnehmer hat dem Auftraggeber die üblichen Kosten der Sicherheitsleistung bis zu einem Höchstsatz von 2 % p. a. zu erstatten (§ 648a III BGB).

b) Sicherheitsleistung des Unternehmers nach § 623a III BGB

133 Nach § 632a III BGB in der durch das Forderungssicherungsgesetz[251] geänderten Fassung hat der Unternehmer, ohne dass es eines Verlangens des Bestellers bedarf, mit der ersten Abschlagszahlung für die Ausführung der Werkleistung eine Sicherheit in Höhe von 5 % des Vergütungsanspruchs zu leisten, wenn der Besteller Verbrau-

[241] BGHZ 146, 24 = NJW 2001, 822; *OLG Karlsruhe* NJW 1997, 263; *OLG Hamm* NJW-RR 2004, 377.
[242] Vgl. *OLG München* NZBau 2003, 676; *OLG Düsseldorf* BauR 1999, 47.
[243] *Werner/Pastor,* Rn. 330 m. w. N.; *OLG Düsseldorf* BauR 2000, 919.
[244] *Leinemann,* NJW 2008, 3745.
[245] *BGH* NJW-RR 2009, 892.
[246] Zur Bemessung der Frist vgl. *BGH* NJW 2005, 1939.
[247] BGHZ 157, 335 = NJW 2004, 1525; *BGH* NJW-RR 2004, 740.
[248] BGHZ 153, 279 = NJW 2003, 1188.
[249] BGHZ 169, 261 = NJW 2007, 60; BGHZ 157, 335 = NJW 2004, 1525.
[250] Einzelheiten zum Vertrauensschaden bei *Eick/Busz,* NZBau 2004, 10.
[251] BGBl. I 2008, 2022, in Kraft seit dem 1.1.2009.

cher ist und der Vertrag die Errichtung oder den Umbau eines Hauses zum Gegenstand hat.

Auf Verlangen des Unternehmers kann die Sicherheit durch die Einbehaltung von Abschlagszahlungen erfolgen, § 632a III 3 BGB.

c) Anspruch auf Bestellung einer Bauhandwerkersicherungshypothek (§ 648 BGB)

Der Auftraggeber kann zur Sicherung seines Vergütungsanspruchs nach § 648 BGB **134** vom Auftraggeber die Bestellung einer Bauhandwerkersicherungshypothek an dem Grundstück des Auftraggebers verlangen.

Die Problematik dieser Sicherheit liegt zum einen in dem Umstand, dass der Anspruch die Identität von Auftraggeber und Eigentümer des zur Sicherheit dienenden Baugrundstücks erfordert, und zum anderen in der Tatsache, dass andere Gläubiger des Auftraggebers, insbesondere Banken, eine im Rang vorgehende Sicherheit erlangt haben können.

aa) Materielle Voraussetzungen des Anspruchs

Der Anspruch steht nur dem Auftragnehmer eines Bauwerks oder eines Teils eines **135** Bauwerks, nicht dagegen den Lieferanten von Geräten oder Materialien zu.[252]

Ein Anspruch auf Eintragung einer Sicherungshypothek besteht auch, wenn der Auftraggeber eine juristische Person des öffentlichen Rechts ist.[253] Da der Werkvertrag zwischen Bauunternehmer und Bauherr bestehen muss, können Sub- und Zwischenunternehmer, die nicht in direkten Vertragsbeziehungen zum Bauherrn stehen, die Einräumung einer Sicherungshypothek nicht verlangen.[254]

Durch die Leistung des Auftragnehmers muss der Wert des Grundstücks erhöht **136** worden sein.[255]

Auch Vorarbeiten können werterhöhend sein,[256] nicht aber bloße Reparatur- oder Instandsetzungsarbeiten.[257] Bei Arbeiten auf mehreren Grundstücken kann der Auftragnehmer auf jedem dem Auftraggeber gehörenden Grundstück für seine Forderung in voller Höhe die Einräumung einer Gesamthypothek (§ 1132 BGB) verlangen, ohne dass es auf die Wertsteigerung des einzelnen Grundstücks ankommt.[258]

Der Sicherungsanspruch besteht nur hinsichtlich der Vergütung für ausgeführte **137** Arbeiten (§ 648 I 2 BGB).

Nicht erforderlich ist, dass der Anspruch bereits fällig ist.[259] Neben der Vergütung sind alle Ansprüche einzubeziehen, die zu einer Wertsteigerung des Grundstücks geführt haben, ebenso wie Schadensersatzansprüche.[260]

---

[252] *BGH* NJW-RR 2005, 750; *LG Düsseldorf* NJW-RR 1999, 383; Überblick bei *Werner/Pastor*, Rn. 197.
[253] Vgl. *LG Ravensburg* BauR 2004, 1793; zur Eintragung einer Vormerkung: *OLG Zweibrücken* NJW-RR 2008, 469.
[254] *OLG Dresden* NJW-RR 2000, 1412; *Werner/Pastor*, Rn. 201.
[255] BGHZ 51, 190 = NJW 1969, 419; *OLG Jena* NJW-RR 1999, 384.
[256] *BGH* NJW 1984, 168 (Ausschachtung der Baugrube).
[257] *BGH* NJW-RR 2005, 750; *OLG Hamburg* BauR 1994, 123.
[258] BGHZ 144, 138 = NJW 2000, 1861; *OLG Hamm* NJW-RR 1999, 383 (Wohnungseigentum).
[259] *OLG Hamm* NJW-RR 1999, 383; *OLG Koblenz* NJW-RR 1994, 786; *OLG Stuttgart* BauR 2005, 1047; zum Anspruch nach Abnahme: *OLG Hamm* NJW-RR 2003, 520. – Zum Anspruch nach Kündigung: *OLG Düsseldorf* NJW-RR 2004, 18.
[260] BGHZ 51, 190 = NJW 1969, 419; BGHZ 102, 95 = NJW 1988, 255; *OLG Jena* NJW-RR 1999, 384; Einzelheiten bei *Werner/Pastor*, Rn. 228.

138 Der Anspruch richtet sich gegen den Auftraggeber, der Eigentümer oder Miteigentümer des Grundstücks ist.[261]

Maßgebender Zeitpunkt ist der Abschluss des Bauvertrages oder der Stellung des Antrags auf Eintragung einer Vormerkung (§§ 873, 878 BGB). Sind Auftraggeber und Eigentümer nicht identisch, scheidet ein Anspruch auf Bestellung der Hypothek im Grundsatz aus. Nur in Ausnahmefällen ist nach § 242 BGB eine Durchgriffshaftung anzuerkennen.[262] An der Zulassung solcher Ausnahmen hat sich nach Einführung des § 648a BGB nichts geändert.[263]

139 Eine Durchgriffshaftung wird in Erwägung gezogen bei Vorliegen zusätzlicher Haftungstatbestände wie Verschulden bei Vertragsverhandlungen, Schuldübernahme, Bürgschaft oder einer Mithaftung nach §§ 128, 164 II HGB,[264] bei der Ermächtigung zum Abschluss eines Werkvertrags[265] oder bei Vorliegen der Voraussetzungen für eine Rechtscheinshaftung.[266]

140 Der Auftragnehmer darf nicht bereits eine andere Sicherheit erlangt haben,[267] z. B. eine solche nach § 648a BGB.[268]

141 Der Auftragnehmer darf nicht auf den Sicherheitsanspruch verzichtet haben.

Einen fiktiven Verzicht enthält § 648a IV BGB für den Fall, dass der Auftragnehmer eine Sicherheit nach § 648a I, II BGB erlangt hat. Der Ausschluss der Sicherheit nach § 648 BGB kann nicht in AGB des Auftraggebers vereinbart werden, es sei denn, dem Auftragnehmer wird gleichzeitig eine andere angemessene Sicherheit angeboten.[269]

bb) Durchsetzung des Anspruchs

142 Der Auftragnehmer kann auf Bestellung der Sicherheit klagen. Die zur Eintragung im Grundbuch erforderliche Bewilligung des Auftraggebers gilt mit Rechtskraft des Urteils als abgegeben (§ 894 ZPO). Bei einem für vorläufig für vollstreckbar erklärten Urteil gilt vor Eintritt der Rechtskraft die Eintragung einer Vormerkung als bewilligt (§ 896 ZPO). Bei Eilbedürftigkeit kann nach § 885 BGB die Eintragung einer Vormerkung im Wege der einstweiligen Verfügung beansprucht werden.[270]

Der Auftragnehmer muss die Voraussetzungen seines Anspruchs glaubhaft machen.[271] Die Gefährdung des Anspruchs wird nach § 885 I 2 BGB widerleglich vermutet.[272]

Der Auftraggeber kann über § 939 ZPO erreichen, dass bei Hinterlegung eines Geldbetrags oder bei Stellung einer Bankbürgschaft die einstweilige Verfügung wieder aufgehoben und damit die Vormerkung im Grundbuch gelöscht wird.[273] Der Auftraggeber kann den Auftragnehmer nach § 926 I ZPO zur Erhebung der Hauptklage auf Bestellung der Hypothek[274] zwingen.[275]

---

[261] BGHZ 102, 95 = NJW 1988, 255; *OLG Hamm* NJW-RR 1999, 383; NZBau 2008, 118.
[262] BGHZ 102, 95 = NJW 1988, 255; *OLG Düsseldorf* NJW-RR 1993, 851; *OLG Celle* NJW-RR 2003, 236; NJW-RR 2005, 460; *OLG Hamm* BauR 2007, 721.
[263] *KG* NJW-RR 1999, 1247; a. A. *Raabe,* BauR 1997, 757; vermittelnd *OLG Celle* NJW-RR 2000, 387.
[264] *Werner/Pastor,* Rn. 254.
[265] *Fehl,* BB 1987, 2039; BB 1988, 1000; *Werner/Pastor,* Rn. 256; dagegen *OLG Hamm* NJW-RR 1986, 570.
[266] *Werner/Pastor,* Rn. 255.
[267] *OLG Hamburg* NJW-RR 1986, 1467; *Werner/Pastor,* Rn. 194.
[268] *OLG Düsseldorf* NJW-RR 2004, 18; *OLG Naumburg* NJW-RR 2004, 743.
[269] BGHZ 91, 139 = NJW 1984, 2100; *OLG Karlsruhe* NJW-RR 1997, 658.
[270] Einzelfragen bei *Werner/Pastor,* Rn. 268 ff.
[271] Zur Glaubhaftmachung der Mangelfreiheit des Werks vor Abnahme *OLG Bremen* NJW-RR 1999, 963.
[272] BGHZ 68, 180 = NJW 1977, 947; *OLG Koblenz* NJW-RR 1994, 786; *KG* MDR 1994, 1011; *OLG Hamm* NJW-RR 2004, 379.
[273] *LG Aachen* VersR 1992, 338; *OLG Saarbrücken* BauR 1993, 348.
[274] *OLG Celle* NJW-RR 2003, 1529; *OLG Düsseldorf* NJW-RR 1986, 322; a. A. *OLG Frankfurt/M.* NZBau 2002, 456 (Zahlungsklage genügt).
[275] Einzelheiten bei *Werner/Pastor,* Rn. 292 ff.

d) Das Gesetz über die Sicherung von Bauforderungen (BauFordSiG)

Das Gesetz über die Sicherung von Bauforderungen i. d. F. vom 23.10.2008[276] ver-   **143** pflichtet den Empfänger von Baugeld,[277] dieses nur zur Befriedigung solcher Personen zu verwenden, die an der Herstellung des Bauwerks beteiligt sind (§ 1 BauFordSiG).[278] Voraussetzung ist, dass zur Sicherung des Anspruchs des Geldgebers entweder eine Hypothek oder eine Grundschuld an dem zu bebauenden Grundstück eingetragen werden soll (§ 1 III 1 Nr. 1 BauFordSiG)[279] oder der Empfänger das Geld für eine im Zusammenhang mit der Herstellung eines Baus oder Umbaus stehenden Leistung erhalten hat und an der Leistung andere Unternehmer auf Grund eines Werk-, Dienst- oder Kaufvertrags beteiligt waren (§ 1 III 1 Nr. 2 BauFordSiG).

Dem Bauhandwerker steht bei zweckwidriger Verwendung des Baugelds ein Schadensersatzanspruch nach § 1 BauFordSiG i. V. mit § 823 II BGB gegen den Baugeldempfänger zu.[280] Der Anspruch kann auch gegen die vertretungsberechtigten Mitglieder einer juristischen Person des Privatrechts gerichtet sein.[281]

---

[276] BGBl. I S. 2022, in Kraft seit 1.1.2009.

[277] Vgl. BGHZ 143, 301 = NJW 2000, 956; *BGH* NJW-RR 1991, 141; *Leinemann,* NJW 2008, 3745.

[278] Überblick bei *Werner/Pastor,* Rn. 1865 ff.; *Stammkötter,* BauR 1998, 954.

[279] *BGH* NJW-RR 1991, 728.

[280] *BGH* NJW 1982, 1037; NJW-RR 1990, 342; *OLG Dresden* BauR 2007, 1067; *OLG Brandenburg* OLG-NL 1999, 241; *OLG Jena* BauR 1999, 1465; *OLG München* NJW-RR 2005, 390; zum Vorsatz vgl. BGHSt 46, 373 = NJW 2001, 2484.

[281] *OLG Karlsruhe* BauR 1992, 791; *OLG Frankfurt/M.* BauR 1992, 813; *OLG Düsseldorf* NJW-RR 1996, 1363; *OLG Dresden* BauR 2000, 585.

§ 17. Ansprüche des Auftraggebers wegen Leistungsstörungen

I. Ansprüche des Auftraggebers wegen Mängeln der Werkleistung

1. Grundlagen

1   Der Auftragnehmer schuldet nach § 631 I BGB die Herstellung des versprochenen Werks. Er hat dem Auftraggeber das Werk frei von Sach- und Rechtsmängeln zu verschaffen (§ 633 I BGB). Den Auftragnehmer trifft danach eine verschuldensunabhängige Erfolgshaftung hinsichtlich der Herstellung des Werks. Für Schäden, die durch Mängel des Werks entstehen, hat er nur dann einzustehen, wenn er diese schuldhaft verursacht hat.

a) Der Begriff des Sachmangels

2   Nach § 633 II 1 BGB ist das Werk frei von Sachmängeln, wenn es die vereinbarte Beschaffenheit hat. Was Gegenstand der vertraglich geschuldeten Leistung ist, ist durch Auslegung des Vertrags zu ermitteln.[1] Dabei sind insbesondere das Leistungsverzeichnis und die Baubeschreibung zu berücksichtigen. Auch die Planung des Architekten[2] sowie sämtliche Umstände des Vertragsschlusses sind zur Auslegung heranzuziehen.

3   Soweit die Beschaffenheit nicht vereinbart ist, ist das Werk frei von Mängeln, wenn es sich für die nach dem Vertrag vorausgesetzte oder die gewöhnliche Verwendung eignet und eine Beschaffenheit aufweist, die bei Werken der gleichen Art üblich ist und die der Auftraggeber nach der Art des Werks erwarten kann (§ 633 II 2 BGB).

Die Vorschrift konkretisiert den Sachmangelbegriff für den Fall, dass die Parteien eine Beschaffenheit nicht ausdrücklich vereinbart haben. Dies entspricht der bisherigen Rechtsprechung, wonach es für den Sollzustand des Werks auf die vorgesehene Funktionsfähigkeit des Werks ankommt.[3] Der Auftragnehmer trägt die Beweislast dafür, dass ein geringerer Standard vereinbart worden ist.[4] Die Neufassung des § 633 II BGB dient zudem der Umsetzung der Verbrauchsgüterkaufrichtlinie, die verlangt, dass sowohl die Beschaffenheit als auch die Verwendung vertragsgerecht ist.[5]

Im Gegensatz zu § 633 BGB a. F. ist nicht mehr erforderlich, dass die Abweichung von der vertraglich vereinbarten oder vorausgesetzten Beschaffenheit zu einer Beeinträchtigung des Werts oder der Gebrauchstauglichkeit führt. In der Praxis werden sich durch diese formale Haftungserweiterung keine grundlegenden Änderungen ergeben. Der Auftragnehmer kann sich, wenn die Abweichung von der vertraglich vereinbarten Beschaffenheit den Wert oder die Gebrauchstauglichkeit nicht mindert, häufig darauf berufen können, die Mängelbeseitigung erfordere einen unverhältnismäßigen Aufwand. Minderung und Rücktritt können bei fehlender Gebrauchseinschränkung ebenfalls ausgeschlossen sein.[6]

b) Beschaffenheitsgarantie

4   Die Gewährleistung wegen Fehlens einer zugesicherten Eigenschaft (vgl. § 633 I BGB a. F.) ist als selbständiger Sachmangeltatbestand entfallen. Das Fehlen einer

---

[1] BGHZ 173, 346 = NJW 2007, 2983; BGHZ 168, 368 = NJW 2006, 3413; BGHZ 139, 16 = NJW 1998, 2414; *BGH* NJW 1999, 2432; *OLG Düsseldorf* BauR 2007, 1254.

[2] *BGH* NJW 2001, 1642.

[3] *BGH* NJW 2011, 3780; BGHZ 174, 110 = NJW 2008, 511; BGHZ 168, 368 = NJW 2006, 3413; BGHZ 139, 244 = NJW 1998, 3707; *BGH* NJW-RR 2000, 465; NJW 2001, 3476; *OLG Düsseldorf* NJW-RR 1998, 810; vgl. *Lucenti*, NJW 2008, 962.

[4] *BGH* NJW 2011, 3780, 1442; BGHZ 174, 110 = NJW 2008, 511.

[5] Art. 2 und Erwägungsgründe Nr. 8.

[6] Zu Einzelheiten: *Kniffka/Koeble*, 6. Teil Rn. 22 ff.

zugesicherten Eigenschaft löst nunmehr die Sachmängelhaftung nach § 633 I BGB aus, wenn vertragliche Zusicherungen ausnahmsweise die Bedeutung einer Beschaffenheitsgarantie haben.

Dies setzt voraus, dass der Auftragnehmer für die Folgen des Fehlens der vereinbarten Beschaffenheit des Werks unabhängig von einem Verschulden einstehen will.[7] Ist nach Auslegung der Vertragserklärung des Auftragnehmers eine Beschaffenheitsgarantie anzunehmen, kann der Auftragnehmer seine Haftung für Mängel nicht wirksam beschränken (§ 639 BGB).

c) Die anerkannten Regeln der Technik

Nach § 4 II, § 13 I 2 VOB/B muss die Bauleistung den anerkannten Regeln der   5
Technik entsprechen.[8] Das BGB enthält dieses Erfordernis nicht. Gleichwohl gilt das Gleiche auch für den BGB-Vertrag.[9]

Die anerkannten Regeln der Technik sind keine Rechtsnormen, sondern technische   6
Regeln mit Empfehlungscharakter.[10]

Sie ergeben sich im Regelfall aus den vom Deutschen Institut für Normung e. V. erlassenen DIN-Vorschriften.[11] Die in Teil C der VOB enthaltenen technischen Vorschriften bauen hierauf auf, sind aber nicht mit ihnen identisch.[12] Künftig ist auch mit europäischen Normen zu rechnen.[13]

Anerkannte Regeln der Technik liegen vor, wenn zwei Voraussetzungen gegeben   7
sind: allgemeine Anerkennung der Regeln in der Wissenschaft und Bewährung in der Baupraxis.[14]

Die in den schriftlich niedergelegten DIN-Normen enthaltenen Regeln geben in der Regel den Stand der anerkannten Regeln der Technik wieder.[15] Zu beachten ist, dass die technische Entwicklung und neue wissenschaftliche Erkenntnisse zu einer ständigen Fortentwicklung der anerkannten Regeln führen. Die Vermutung, dass technische Regelwerke die anerkannten Regeln der Technik zutreffend beschreiben, ist daher widerlegbar.[16]

Technische Vorschriften können bereits dann zu den anerkannten Regeln der Technik gehören, bevor sie in entsprechenden DIN-Normen niedergelegt oder in Kraft gesetzt sind.[17] Umgekehrt können DIN-Normen ihren Charakter als anerkannte Regeln der Technik verlieren, wenn die technische Entwicklung über sie hinweggegangen ist.[18]

Schließlich kann eine anerkannte Regel der Technik für die Gewährleistung des Auftragnehmers dann von Bedeutung sein, wenn die DIN-Norm zwar abgeändert wird, die dort niedergelegte Bauausführung in der Ausbildungsliteratur aber weiter gefordert und in der Praxis entsprechend gehandhabt wird.[19]

Die Nichteinhaltung der anerkannten Regeln der Technik bildet zugleich einen   8
Mangel der Werkleistung. Denn der Auftragnehmer übernimmt in der Regel mit der

---

[7] *BGH* NJW-RR 1996, 783; BGHZ 96, 111 = NJW 1986, 711.

[8] BGHZ 168, 368 = NJW 2006, 3413.

[9] *Werner/Pastor,* Rn. 2030; *Thode,* NZBau 2002, 297; *OLG Hamm* NJW-RR 1995, 17.

[10] BGHZ 139, 16 = NJW 1998, 2814; *Werner/Pastor,* Rn. 1968.

[11] *Werner/Pastor,* Rn. 1968 ff. m. w. N. zur Rechtsprechung.

[12] *Tempel,* NZBau 2003, 465.

[13] *Werner/Pastor,* Rn. 1978 – Beispiel: Bauproduktion, RL 89/106.

[14] *Werner/Pastor,* Rn. 1966; *OLG Düsseldorf* NJW-RR 1998, 1710.

[15] *BGH* NJW-RR 1995, 472; *OLG Hamm* NJW-RR 1995, 17; *OLG München* NJW-RR 1992, 1523.

[16] Vgl. BGHZ 90, 354 = NJW 1984, 1679 (Schallschutz); zur Änderung der Beweislast: BGHZ 48, 310 = NJW 1968, 43; *OLG München* NJW-RR 1992, 1523.

[17] *Parmentier,* BauR 1998, 207; *Werner/Pastor,* Rn. 1967 m. w. N.

[18] *OLG Hamm* NJW-RR 1991, 731; *Werner/Pastor,* Rn. 1970.

[19] *OLG Hamm* NJW-RR 1998, 668.

Ausführung der Werkleistung die stillschweigende Gewähr dafür, dass das Werk entsprechend den anerkannten Regeln der Technik ausgeführt wird.[20]

Eine Abweichung von den anerkannten Regeln der Technik ist allerdings dann kein Mangel, wenn die Parteien im Vertrag eine entsprechende Vereinbarung getroffen haben, wonach die anerkannten Regeln der Technik nicht oder in bestimmtem Umfang nicht maßgebend sein sollen.[21]

9   Umgekehrt kann trotz Einhaltung der anerkannten Regeln der Technik ein Mangel vorliegen, für den der Auftragnehmer einstandspflichtig ist. Dies setzt voraus, dass das Werk für den nach dem Vertrag vorausgesetzten oder den gewöhnlichen Verwendungszweck nicht geeignet ist.[22]

So kann beispielsweise ein Mangel gegeben sein, wenn es keine anerkannte Regel der Technik für die versprochene Leistung gibt, aber ein technischer Unsicherheitsfaktor in Form eines bestimmten Risikos gegeben ist.[23] Auch eine höherwertigen Anforderungen nicht entsprechende Ausführung kann einen Mangel darstellen.[24]

d) Maßgeblicher Zeitpunkt

10   Für die Frage, ob das Werk mit einem Mangel behaftet ist, ist der Zeitpunkt der Abnahme maßgeblich.[25] Hat der Auftragnehmer das Werk entsprechend den anerkannten Regeln der Technik hergestellt und ist dieses dennoch mangelhaft, weil es sich für die vertraglich vorausgesetzte oder gewöhnliche Verwendung nicht eignet, hat der Auftragnehmer für die Beseitigung des Mangels einzustehen.[26] Da den Auftragnehmer in einem solchen Fall kein Verschulden trifft, hat der Auftraggeber keinen Anspruch auf Schadensersatz.[27]

e) Zurechenbarkeit des Mangels

11   Der festgestellte Mangel des Werks führt nur dann zu einer Einstandspflicht des Auftragnehmers, wenn er auf einer Vertragswidrigkeit beruht. Der Mangel muss also seine Ursache im Verantwortungsbereich des Auftragnehmers haben.

12   Die Einstandspflicht entfällt daher, wenn der Mangel seine Ursache im Verantwortungsbereich des Auftraggebers oder ausschließlich im Verhalten Dritter hat.[28] § 13 III VOB/B trifft hierzu eine Regelung, die Ausdruck der in der Baupraxis allgemein herrschenden Auffassung ist und daher gemäß § 242 BGB auch auf den BGB-Vertrag anzuwenden ist.[29] Danach ist die Einstandspflicht des Auftragnehmers ausgeschlossen, wenn der Mangel zurückzuführen ist auf

– die Leistungsbeschreibung;
– eine (eindeutige, zwingende) Anweisung des Auftraggebers, die mehr ist als die bloße Beschreibung der Werkausführung;[30]

---

[20] BGHZ 139, 16 = NJW 1998, 2814; NJW-RR 2000, 309; NJW 2013, 1226.
[21] *OLG Hamm* NJW-RR 1995, 17; *OLG Köln* NJW-RR 1994, 1431; *OLG Düsseldorf* NJW-RR 1999, 1731.
[22] BGHZ 173, 346 = NJW 2007, 2983; *BGH* NJW 2003, 200; NJW-RR 1997, 688; NJW-RR 1995, 472; BGHZ 139, 16 = NJW 1998, 2814; *OLG Hamm* NJW 2013, 545.
[23] *BGH* NJW-RR 2006, 453; *OLG Köln* NJW-RR 1991, 1077.
[24] BGHZ 173, 346 = NJW 2007, 2983.
[25] BGHZ 139, 16 = NJW 1998, 2814; *BGH* NJW 1994, 1659.
[26] BGHZ 139, 244 = NJW 1998, 3707; *OLG Köln* NJW-RR 1991, 1077.
[27] BGHZ 139, 244 = NJW 1998, 3707; *BGH* NJW 2006, 3413.
[28] Vgl. bei unklarer Verantwortlichkeit des Auftragnehmers *BGH* NJW 2010, 3649.
[29] *BGH* NJW 1987, 643; *OLG Düsseldorf* NJW-RR 1993, 405; NJW-RR 1997, 1450; *OLG Bremen* NJW-RR 2001, 1463.
[30] BGHZ 132, 189 = NJW 1996, 2372.

– vom Auftraggeber gelieferte oder von diesem (zwingend) vorgeschriebene Stoffe oder Bauteile;[31]
– die Beschaffenheit der Vorleistung eines anderen Unternehmers.[32]

Daneben bleibt die Einstandspflicht für Mängel bestehen, die auf eine verzögerte Fertigstellung des Bauwerks zurückzuführen sind, die weder vom Auftraggeber noch vom Auftragnehmer zu vertreten ist.[33]

Die unter Rn. 12 dargestellte Haftungsfreistellung greift nicht ein, wenn der Auftrag-   **13** nehmer seiner Hinweispflicht nach § 4 III VOB/B nicht nachgekommen ist. Dieser Hinweispflicht, die als vertragliche Nebenpflicht einzuordnen ist,[34] ist eine entsprechende Prüfungspflicht des Auftragnehmers vorgelagert.[35]

Vom Auftragnehmer können im Regelfall allerdings Spezialkenntnisse, wie eine entsprechende Fachplanung sie voraussetzt, nicht verlangt werden.[36] Der Auftragnehmer darf jedoch eine Fachplanung nicht zugrunde legen, die für ihn erkennbar Lücken hat oder mangelhaft ist.[37]

Hat der Auftragnehmer Bedenken gegen die vorgeschriebenen Baustoffe oder gegen   **14** die von einem Vorunternehmer erbrachte Leistung oder hätte er sie bei pflichtgemäßer Wahrnehmung seiner Aufgaben haben müssen, so hat er diese Bedenken dem Auftraggeber mitzuteilen. Unterlässt er dies, bleibt seine Einstandspflicht bestehen.

Die Prüfungs- und Hinweispflicht erstreckt sich auf die oben unter Rn. 12 erwähnten Ausnahmetatbestände[38] und die Pläne des Architekten (§ 3 III 2 VOB/B) jedoch nur, soweit die eigenen Leistungen des Auftragnehmers berührt sind.[39] Den Auftragnehmer trifft keine allgemeine Kontrollpflicht für das Bauvorhaben.[40] Der Auftragnehmer muss auf Gefahren für Leistungen nachfolgender Unternehmer, die auf seine Leistung aufbauen, nur ausnahmsweise hinweisen, wenn diese für die nachfolgenden Unternehmer nicht erkennbar sind.[41]

Der Umfang der Prüfungs- und Hinweispflicht hängt im Übrigen von den Umständen des Einzelfalls ab, nämlich von Art und Umfang der Leistungsverpflichtung des Auftragnehmers, seiner Sachkunde, der Person des Auftraggebers, dessen Sachkunde und der von ihm mit der Bauleitung beauftragten Vertreter.[42]

Der Hinweis muss verständlich, richtig und erschöpfend sein, wobei es bei diesen   **15** Anforderungen auf die Person des Adressaten (sachkundiger Architekt, laienhafter Bauherr) ankommt.[43]

---

[31] *OLG Hamm* NJW-RR 1990, 523 (neue Werkstoffe); BGHZ 132, 189 = NJW 1996, 2372 (einschränkend für Ausreißer). – Zur Prüfungspflicht der vom Auftraggeber selbst gestellten Baustoffe: *BGH* NJW 2000, 280.
[32] *BGH* NJW 1987, 643; *OLG Düsseldorf* NJW-RR 1993, 405; *OLG Bremen* NJW-RR 2001, 1463; *OLG Celle* NJW-RR 2002, 594.
[33] *BGH* NJW 1977, 1966.
[34] *BGH* BauR 2003, 1898; *OLG Karlsruhe* NJW-RR 2003, 963; a. A. *Werner/Pastor,* Rn. 2037.
[35] *BGH* NJW-RR 1989, 721; NJW 2000, 280; NJW 1977, 1966; *OLG Düsseldorf* NJW-RR 1993, 1433 *OLG Brandenburg* NJW-RR 2000, 1620; BauR 2002, 1709; *OLG Koblenz* NJW-RR 2002, 807.
[36] *OLG Hamm* NJW-RR 1994, 1111; *OLG Köln* NJW-RR 1994, 1110; *OLG Celle* BauR 1996, 259; *OLG Düsseldorf* BauR 2001, 638.
[37] *OLG Stuttgart* BauR 1995, 850; *OLG Celle* NJW-RR 2002, 594.
[38] Leistung der Vorunternehmer: *OLG Düsseldorf* BauR 1997, 840; *OLG Hamm* BauR 1997, 309; Eigenleistung des Bauherrn: *OLG Hamm* NJW 2011, 237.
[39] *BGH* NJW 1983, 875; *OLG Düsseldorf* NJW-RR 1993, 405; *OLG Rostock* OLG-NL 1997, 74; *Werner/Pastor,* Rn. 2039.
[40] *BGH* NJW 1974, 747; NJW 1983, 875.
[41] *BGH* NJW 1983, 875; *OLG Köln* NJW-RR 1994, 1045.
[42] *BGH* NJW-RR 2001, 520; *OLG Düsseldorf* NJW-RR 1998, 20; *OLG Celle* NJW-RR 2002, 594.
[43] *BGH* NJW 1975, 1217; *OLG Düsseldorf* BauR 1996, 260; *OLG Hamm* BauR 1995, 852; *OLG Köln* BauR 1996, 549.

Der Hinweis kann sowohl dem Auftraggeber selbst als auch seinem Architekten gegenüber erteilt werden.[44] Der Architekt scheidet als Adressat des Hinweises aus, wenn sich die Bedenken des Auftragnehmers gegen dessen Planung oder sonstige Anordnungen richten oder jener sich den berechtigten Einwendungen des Auftragnehmers verschließt. In diesen Fällen hat der Auftragnehmer unmittelbar dem Auftraggeber seine Bedenken mitzuteilen.[45]

§ 4 III VOB/B verlangt, dass der Hinweis schriftlich erteilt wird, um die Eindeutigkeit der Erklärung sicherzustellen und dem Auftraggeber die Bedeutung des Hinweises vor Augen zu führen. Ein nur mündlich erteilter Hinweis kann aber im Rahmen des § 254 I BGB zu einer Minderung der Einstandspflicht oder auch zu ihrem Wegfall führen.[46]

Die Hinweispflicht entfällt ausnahmsweise, wenn sich beide Parteien des Risikos einer bestimmten Bauausführung bewusst sind und einen etwaigen Misserfolg bei der Vertragsgestaltung bereits einkalkuliert haben.[47]

16   Der Auftragnehmer trägt die Beweislast dafür, dass er der Bedenkenhinweispflicht nachgekommen ist. Ist ein notwendiger Hinweis unterblieben, bleibt dem Auftragnehmer der – in der Praxis selten zu führende – Entlastungsbeweis dahin offen, dass der Auftraggeber auch bei erfolgtem Hinweis nicht anders gehandelt hätte.[48]

f) Wegfall der „zugesicherten Eigenschaft"

17   Das Kriterium des „Fehlens einer zugesicherten Eigenschaft" ist als Tatbestand der Gewährleistung entfallen. Darin liegt keine sachliche Änderung der Rechtslage, weil diese Fälle nunmehr über die Abweichung von der vertraglichen Beschaffenheitsvereinbarung (§ 633 II BGB) erfasst werden.

Die Neuregelung im Kaufrecht (§ 434 I 3 BGB) betreffend die Einbeziehung von Werbeaussagen in den Mangelbegriff wurde nicht in das Werkvertragsrecht übernommen; auch insoweit kommt es auf das Vorliegen einer Beschaffenheitsvereinbarung an.

g) Unselbständige Garantie

18   Die bisherige Rechtslage zu den Voraussetzungen einer Garantieübernahme des Auftragnehmers ist weiterhin zu beachten. Eine so genannte unselbständige Garantie liegt vor, wenn der Auftragnehmer für den Fall, dass das Werk eine bestimmte Eigenschaft nicht aufweist, unabhängig von einem gegebenen Verschulden einzustehen verspricht.[49]

Die Parteien können auch eine selbständige Garantie in der Weise vereinbaren, dass sich der Auftragnehmer verpflichtet, einen über die Vertragsmäßigkeit des Werks hinausgehenden Erfolg herbeizuführen.[50]

2. Arten der Ansprüche

a) BGB-Vertrag

aa) Nacherfüllung

19   Der Anspruch auf Nacherfüllung hat seine Rechtsgrundlage in §§ 634 Nr. 1, 635 BGB. Es handelt sich um einen Erfüllungsanspruch aus dem Bauvertrag auf Herstellung des vertragsmäßigen Zustands.[51] Kommt nur eine Möglichkeit der Mängel-

---

[44] *OLG Frankfurt/M.* NJW-RR 1999, 461; *Werner/Pastor,* Rn. 2046.
[45] *BGH* NJW 1975, 1217; NJW-RR 1989, 721; BauR 1997, 301; NJW-RR 2001, 520; *OLG Düsseldorf* BauR 2001, 638; *Werner/Pastor,* Rn. 2046 m. w. N.
[46] *BGH* BauR 2008, 396; NJW 1975, 1217; *OLG Düsseldorf* NJW-RR 1996, 401; *OLG Hamm* NJW-RR 1996, 273; *OLG Koblenz* NJW-RR 2003, 1671.
[47] BGHZ 91, 206 = NJW 1984, 2457; *KG* NZBau 2006, 241; *Werner/Pastor,* Rn. 2042.
[48] BGHZ 61, 118 = NJW 1973, 1688; vgl. *BGH* NJW 1990, 2127.
[49] *Werner/Pastor,* Rn. 1943.
[50] *BGH* ZfBR 2000, 98; *Werner/Pastor,* Rn. 1942.
[51] Zum bisherigen Recht: *BGH* NJW 1996, 3269; NJW 1999, 1105; *Werner/Pastor,* Rn. 2077 ff.

beseitigung in Betracht, darf der Auftraggeber eine vom Auftragnehmer beabsichtigte anderweitige und damit untaugliche Mängelbeseitigung von vornherein zurückweisen.[52] Der Auftragnehmer kann nach seiner Wahl den Mangel beseitigen oder ein neues Werk herstellen (§ 635 I BGB). Bei der Ausübung seines Wahlrechts hat der Auftragnehmer den berechtigten Interessen des Auftraggebers Rechnung zu tragen (§ 242 BGB).[53]

Im Rahmen der Mängelbeseitigung hat der Auftragnehmer gegebenenfalls erst die Arbeiten anderer Unternehmer zu beseitigen, um sich Zugang zu seiner eigenen Leistung zu verschaffen, und nach Beseitigung des Mangels die geöffneten Bauwerksteile wieder zu verschließen.[54]

Der Anspruch auf Mangelbeseitigung entfällt, wenn diese objektiv oder subjektiv unmöglich ist[55] oder einen unverhältnismäßigen Kostenaufwand erfordern würde. Dies ist nur dann der Fall, wenn sich das Verlangen nach Beseitigung der Mängel unter Berücksichtigung des objektiven Interesses des Auftraggebers an der ordnungsgemäßen Erfüllung des Vertrags im Hinblick auf den hierfür erforderlichen Kostenaufwand unter Abwägung sämtlicher Umstände als treuwidrig darstellen würde.[56] Bei der Abwägung kommt dem Interesse des Auftraggebers an der ordnungsgemäßen Vertragserfüllung ein besonderes Gewicht zu. Zu berücksichtigen ist außerdem, ob und in welchem Umfang die vorliegenden Mängel vom Auftragnehmer schuldhaft verursacht worden sind.[57] Der Anspruch entfällt ferner bei vorbehaltloser Abnahme des Bauwerks in Kenntnis des Mangels (§ 640 II BGB). **20**

Die Geltendmachung des Anspruchs auf Nacherfüllung erfolgt durch eine Erklärung des Auftraggebers, in der er den konkreten Mangel anzugeben hat. Es genügt, wenn die äußerlich zu Tage tretenden Symptome bezeichnet werden; zu den Ursachen des Mangels braucht sich der Auftraggeber nicht zu äußern.[58] **21**

Die Kosten der Nacherfüllung hat grundsätzlich der Auftragnehmer zu tragen (§ 635 II BGB).[59] Eine Pflicht zur Beteiligung des Auftraggebers an den Kosten besteht in zwei Fällen: zum einen bei einem Mitverschulden des Auftraggebers an der Entstehung des Mangels,[60] zum anderen unter dem Gesichtspunkt der Vorteilsausgleichung an den Kosten für diejenigen Arbeiten, die dem Auftragnehmer nicht übertragen wurden, die der Auftraggeber aber bei ordnungsgemäßer Ausführung von vornherein zu tragen gehabt hätte (sog. „Sowieso-Kosten").[61] **22**

Im Übrigen sind Vereinbarungen der Vertragsparteien zu beachten, die die Art der Nacherfüllung und die Kostentragung regeln.[62]

---

[52] *BGH* NJW 2011, 1872; BGHZ 149, 289 = NJW 2002, 1262; *BGH* NJW-RR 1997, 1106.
[53] *Werner/Pastor*, Rn. 2079.
[54] *BGH* NJW 1979, 2095; *Werner/Pastor*, Rn. 1569.
[55] *Werner/Pastor*, Rn. 2087.
[56] *BGH* NJW 2006, 2912; BGHZ 154, 301 = NJW-RR 2003, 1021; *BGH* NJW-RR 1997, 1106; NJW 1996, 3269; NJW 1995, 1836; *Werner/Pastor*, Rn. 2080.
[57] *BGH* ZIP 2003, 1203; BauR 2002, 613; BauR 1996, 858.
[58] *BGH* BGHR 2004, 1067; NJW-RR 2001, 380; NJW 1999, 1330; BauR 1998, 62; NJW-RR 1997, 1376.
[59] Einschließlich der erwähnten Nebenarbeiten: *BGH* NJW 1979, 2095.
[60] BGHZ 90, 354, = NJW 1984, 1679; *BGH* NJW 1999, 416; *Werner/Pastor*, Rn. 2088.
[61] BGHZ 91, 206 = NJW 1984, 2457; BGHZ 139, 244 = NJW 1998, 3707; *BGH* NJW 2002, 141; *OLG Karlsruhe* BauR 2006, 2066; NJW-RR 1999, 1694; *Werner/Pastor*, Rn. 2089, 2952 ff.
[62] *BGH* NJW 1999, 416; *OLG Düsseldorf* NJW-RR 1999, 1249.

bb) Selbstvornahme

23   Kommt der Auftragnehmer dem Verlangen des Auftraggebers auf Nacherfüllung nicht nach, so kann der Auftraggeber nach Setzen einer angemessenen Nachfrist[63] den Mangel selbst beseitigen und Ersatz der erforderlichen Aufwendungen verlangen (§§ 634 Nr. 2, 637 BGB).

24   Das Erfordernis einer Fristsetzung entfällt, wenn der Auftragnehmer die Nacherfüllung ernsthaft und endgültig verweigert[64] oder wenn dem Auftraggeber aus besonderen Gründen, etwa weil er das Vertrauen in eine ordnungsgemäße Vertragserfüllung durch den Auftragnehmer verloren hat, die Mangelbeseitigung durch diesen nicht mehr zugemutet werden kann.[65] Eine Fristsetzung ist zudem dann entbehrlich, wenn der Auftraggeber ein Interesse an einer sofortigen Beseitigung des Mangels hat.[66]

25   Der Anspruch auf Kostenersatz umfasst alle Arbeiten, die zur Beseitigung des Mangels erforderlich sind.[67] Der Auftragnehmer hat dem sachkundig beratenen Auftraggeber die entstandenen Fremdnachbesserungskosten selbst dann zu erstatten, wenn sich die zur Mängelbeseitigung ergriffenen Maßnahmen im Nachhinein als nicht erforderlich erweisen.[68] § 637 III BGB billigt dem Auftraggeber einen Anspruch auf Kostenvorschuss zu. Die von der Rechtsprechung hinsichtlich eines solchen Anspruchs entwickelten Grundsätze gelten fort.[69] Der Auftraggeber hat über den vom Auftragnehmer gezahlten Vorschuss nach Abschluss der Mängelbeseitigung abzurechnen.[70]

cc) Rücktritt

26   Das Rücktrittsrecht nach §§ 634 Nr. 3, 636, 323, 326 V BGB setzt einen Sachmangel im Sinne des § 633 BGB voraus. Es ist in zweierlei Hinsicht beschränkt. Es muss sich um einen erheblichen Mangel handeln (§§ 636, 323 VI 2 BGB). Der Rücktritt ist ferner ausgeschlossen, wenn der Auftraggeber für den Eintritt des Mangels überwiegend selbst verantwortlich ist.[71]

27   Der Rücktritt ist erst zulässig, nachdem dem Auftragnehmer eine angemessene Frist zur Beseitigung des Mangels gesetzt worden ist (§§ 634 Nr. 3, 323 I BGB). Die Frist zur Leistung kann nicht wirksam vor Fälligkeit der Leistung gesetzt werden. Ein auf eine Fristsetzung vor Fälligkeit gestützter Rücktritt ist unwirksam.[72]

Eine Fristsetzung ist ausnahmsweise nicht erforderlich, wenn der Auftragnehmer die Mängelbeseitigung ernsthaft und endgültig verweigert, der Auftragnehmer die Leistung zu einem im Vertrag bestimmten Termin zu erbringen hat, besondere Umstände vorliegen, die unter Abwägung der beiderseitigen Interessen den sofortigen Rücktritt rechtfertigen (§ 323 II BGB), oder die Pflicht des Auftragnehmers zur Nacherfüllung

---

[63] *Werner/Pastor*, Rn. 2108. – Zur doppelten Fristsetzung: *Werner/Pastor*, Rn. 2109; *Knütel*, BauR 2002, 689.

[64] *BGH* NJW 2006, 2254; NJW 2003, 580; NJW-RR 1990, 786; *OLG Düsseldorf* NJW-RR 1998, 1030.

[65] BGHZ 46, 242 = NJW 1967, 388; *BGH* NJW-RR 1998, 1268; *OLG Düsseldorf* NJW-RR 1996, 401; NJW-RR 1997, 20.

[66] *BGH* NJW-RR 2003, 13; *OLG Düsseldorf* NJW-RR 1993, 477.

[67] *BGH* NJW-RR 1991, 789; NJW-RR 1997, 339; NJW 2002, 141; *OLG Hamm* NJW-RR 1994, 473; *OLG Frankfurt* NJW-RR 1997, 340; *Werner/Pastor*, Rn. 2114.

[68] Vgl. *BGH* NJW 2013, 1528.

[69] Vgl. *BGH* NJW 2007, 3275; NJW-RR 2006, 669; BGHZ 110, 205 = NJW 1990, 1475; BGHZ 105, 103 = NJW 1988, 2728; BGHZ 47, 272 = NJW 1967, 1366; *OLG Frankfurt/M.* NJW-RR 1997, 340.

[70] *Werner/Pastor*, Rn. 2132 ff.

[71] *Werner/Pastor*, Rn. 2189.

[72] *BGH* NJW 2012, 3714.

nach §§ 326 V, 275 BGB wegen Unmöglichkeit, unverhältnismäßiger Kosten oder Unzumutbarkeit ausgeschlossen ist.

Das Rücktrittsrecht ist ein einseitiges Gestaltungsrecht (§ 349 BGB). Nach Erklärung des Rücktritts sind die beiderseitigen Leistungen zurückzugewähren (§ 346 I BGB). Für bereits erbrachte Bauleistungen ist Wertersatz zu leisten unter Berücksichtigung der im Vertrag vereinbarten Vergütung (§ 346 II BB).[73] Vorhandene Mängel der Bauleistung sind durch Abzug einer Wertminderung oder durch Verrechnung mit den Kosten einer Eigennachbesserung zu berücksichtigen.[74]

In den in § 346 III BGB genannten Fällen entfällt die Verpflichtung zum Wertersatz. Eine Bereicherung ist nach § 346 III 2 BGB herauszugeben. Zu beachten ist, dass der Auftraggeber trotz des Rücktritts Schadensersatz verlangen kann (§ 325 BGB). In AGB des Auftragnehmers kann das Rücktrittsrecht des Auftraggebers nicht wirksam ausgeschlossen werden.[75] Der Auftraggeber darf auch nicht auf eine Minderung verwiesen werden.

dd) Minderung

Der Auftraggeber kann bei Vorliegen von Mängeln die Vergütung nach §§ 634 Nr. 3, 638 BGB mindern. Nicht erforderlich ist, dass es sich um erhebliche Mängel handelt. Der Auftraggeber ist zur Minderung nur berechtigt, wenn er dem Auftragnehmer eine angemessene Frist zur Beseitigung der Mängel gesetzt hat (§ 638 I BGB). Die Nachfristsetzung ist in den gleichen Fällen wie beim Rücktritt entbehrlich.   28

Die Minderung ist ebenso wie der Rücktritt ein einseitiges Gestaltungsrecht. Die Minderung besteht darin, dass die Vergütung in dem Verhältnis herabgesetzt wird, in welchem zur Zeit des Vertragsschlusses der Wert des Werks in mangelfreiem Zustand zu dem wirklichen Wert gestanden haben würde (§ 638 III 1 BGB).   29

Nach alter Rechtslage war der Zeitpunkt der Abnahme maßgebend.[76] Zum Teil wird die Auffassung vertreten, dass § 638 III BGB im Wege der teleologischen Reduktion dahingehend auszulegen ist, dass weiterhin der Zeitpunkt der Abnahme maßgeblich ist.[77]

Das Gesetz lässt nunmehr ausdrücklich eine Schätzung des Minderungsbetrags zu (§ 638 III 2 BGB). Der Minderungsbetrag ist unter Berücksichtigung der voraussichtlichen Kosten der Mängelbeseitigung und eines gegebenenfalls verbleibenden Minderwerts zu ermitteln. Im Einzelfall kann die Vergütung auf Null zu mindern sein, wenn das Werk vollständig unbrauchbar ist.[78]   30

ee) Schadensersatz

Dem Auftraggeber steht ein Schadensersatzanspruch gemäß §§ 634 Nr. 4, 636, 280, 281, 283, 311a BGB zu, wenn der Auftragnehmer den Mangel schuldhaft herbeigeführt hat oder dem Auftraggeber durch die schuldhafte Verletzung einer vertraglichen Nebenpflicht des Auftragnehmers ein Schaden entstanden ist.   31

Der Auftraggeber hat darzulegen und zu beweisen, dass ihm durch eine Pflichtverletzung des Auftragnehmers ein Schaden entstanden ist. Der Auftragnehmer hat den Entlastungsbeweis zu führen, dass ihn kein Verschulden trifft (§ 280 I 2 BGB). Er muss sich das Verschulden der von ihm eingeschalteten Erfüllungsgehilfen nach § 278 BGB zurechnen lassen.

---

[73] *BGH* NJW 2011, 3085; BGHZ 178, 355 = NJW 2009, 1068; *Voit*, BauR 2002, 145.
[74] *BGH* NJW 2011, 3085; *Gaier*, WM 2002, 1; *Werner/Pastor*, Rn. 2190.
[75] *BGH* NJW-RR 2007, 59; *Werner/Pastor*, Rn. 2188.
[76] BGHZ 58, 181 = NJW 1972, 821.
[77] *Teichmann*, JuS 2002, 421; dagegen *Palandt/Sprau*, § 638 Rn. 5; weitere Nachweise bei *Werner/Pastor*, Rn. 2193.
[78] BGHZ 155, 265 = NJW 2003, 2980; BGHZ 42, 232 = NJW 1965, 152; *OLG Saarbrücken* NJW-RR 1987, 470; *OLG Köln* NJW-RR 1993, 666.

Voraussetzung des Schadensersatzanspruchs ist, dass der Auftragnehmer den Mangel binnen einer vom Auftraggeber gesetzten Frist nicht beseitigt hat (§§ 280 III, 281 I 1 BGB).[79] Die Setzung einer Nachfrist ist in Ausnahmefällen entbehrlich (§§ 281 II, 636 BGB).[80] Der Schadensersatzanspruch bleibt nach § 640 II BGB bestehen, auch wenn der Auftraggeber ihn sich bei der Abnahme nicht vorbehält.[81]

32 Inhaltlich ist der Schadensersatz auf Zahlung eines Geldbetrags gerichtet. Dem Auftraggeber steht der Schadensersatzbetrag unabhängig davon zu, ob er den Mangel beseitigen lässt oder nicht.[82] Ob dies auch für die ab dem 1.1.2002 geltende Rechtslage gilt, ist derzeit höchstrichterlich noch nicht entschieden.[83] Ein vor Mängelbeseitigung geltend gemachter Schadensersatzanspruch statt der Leistung umfasst jedoch nicht die auf die voraussichtlichen Mängelbeseitigungskosten entfallende Umsatzsteuer.[84] Die Verwendung des Geldbetrags unterliegt der Dispositionsfreiheit des Auftraggebers. Zu unterscheiden ist der Anspruch auf Schadensersatz wegen Pflichtverletzung (§ 280 BGB, „kleiner" Schadensersatz) und der Anspruch auf Schadensersatz statt der Leistung wegen nicht oder nicht wie geschuldet erbrachter Leistung (§ 281 BGB, „großer" Schadensersatz).[85]

b) VOB/B-Vertrag
aa) Mangelbeseitigung

33 Sofern die Vertragsparteien die Geltung der VOB/B vereinbaren, ist für den Anspruch auf Beseitigung des Mangels zwischen dem Zeitpunkt vor und nach Abnahme zu unterscheiden.

Für die Zeit vor Abnahme ist der Beseitigungsanspruch, der dem Nacherfüllungsanspruch aus §§ 634 Nr. 1, 635 BGB entspricht, in § 4 VII VOB/B geregelt.

Der Auftragnehmer kann, auch wenn eine dem § 635 III BGB entsprechende Regelung fehlt, einwenden, dass er nicht zur Mängelbeseitigung verpflichtet ist, weil diese mit unverhältnismäßigen Kosten verbunden ist.[86] Die Beseitigung des Mangels kann wie bei § 635 I BGB auch durch Neuherstellung des Werks erfolgen. Der Anspruch aus § 4 VII 1 VOB/B wandelt sich nach Abnahme in einen solchen aus § 13 Nr. 5 VOB/B um.[87]

34 Für die Zeit nach Abnahme ergibt sich der Anspruch auf Beseitigung des Mangels aus § 13 I und V VOB/B.

Inhaltlich entspricht der Anspruch dem Nacherfüllungsanspruch der §§ 634 Nr. 1, 635 BGB. Der Einwand der Unverhältnismäßigkeit des Aufwandes wird in § 13 V VOB/B nicht ausdrücklich erwähnt, ergibt sich jedoch mittelbar aus § 13 VI VOB/B (Minderung). Die Regelung über eine Mängelbeseitigung durch Neuherstellung des Werks ist nicht in die VOB/B übernommen worden. Diese dürfte jedoch auch für den VOB/B-Vertrag gelten.

bb) Selbstvornahme

35 Das Recht des Auftraggebers, den Mangel auf Kosten des Auftragnehmers selbst zu beseitigen, ist ebenfalls für die Zeiträume vor und nach Abnahme selbständig geregelt.

---

[79] Vgl. *BGH* NJW 2010, 2200.
[80] Vgl. *BGH* MDR 2012, 1404; NJW-RR 2003, 13; *Oechsler,* NJW 2004, 1825.
[81] BGHZ 77, 134 = NJW 1980, 1952.
[82] Vgl. BGHZ 186, 330 = NJW 2010, 3085; *BGH* NJW 2007, 2697; NJW-RR 2003, 878; BGHZ 61, 28 = NJW 1973, 1457.
[83] Vgl. zum Streitstand *Weyer,* NZBau 2013, 269; *Halfmeier,* BauR 2013, 320.
[84] BGHZ 186, 330 = NJW 2010, 3085.
[85] Vgl. näher *BGH* NJW 2009, 1870; BGHZ 167, 108 = NJW 2006, 1582; BGHZ 164, 235 = NJW 2006, 53; *BGH* NJW-RR 2006, 890.
[86] *OLG Hamm* NJW-RR 1989, 1180.
[87] *BGH* NJW 1982, 1524; NJW 2003, 1450.

Vor Abnahme der Bauleistung folgt dieser Anspruch aus § 4 VII VOB/B. Anders als die Regelung in § 637 BGB ist Voraussetzung, dass der Auftraggeber dem Auftragnehmer den Auftrag zuvor entzogen hat, § 4 VII 3 VOB/B. Das bedeutet, dass der Auftraggeber ein Recht zur Ersatzvornahme erst hat, wenn er den Vertrag kündigt.[88]

Für die Zeit nach Abnahme folgt der Anspruch auf Selbstvornahme aus § 13 V Nr. 2 **36** VOB/B. Erforderlich ist, dass der Auftraggeber dem Auftragnehmer erfolglos eine angemessene Frist zur Beseitigung der Mängel gesetzt hat. Nach Ablauf der Frist kann der Auftraggeber die Mängel selbst beseitigen und vom Auftragnehmer Ersatz der erforderlichen Kosten der Mängelbeseitigung verlangen. Der Auftragnehmer kann auch hier geltend machen, die Mängelbeseitigung erfordere einen unverhältnismäßigen Aufwand.

cc) Kostenvorschuss

Der Auftraggeber hat auch im VOB/B-Vertrag einen Anspruch auf Zahlung eines **37** Vorschusses zu den Mängelbeseitigungskosten.[89]

dd) Rücktritt

Die VOB/B regelt nicht das Recht des Auftraggebers, von dem Vertrag zurück- **38** zutreten. Insoweit gelten subsidiär die Bestimmungen des BGB.

ee) Minderung

§ 13 VI VOB/B regelt den Anspruch des Auftraggebers, die Vergütung zu mindern. **39** Voraussetzung der Minderung ist, dass die Beseitigung des Mangels für den Auftraggeber unzumutbar oder unmöglich ist oder der Auftragnehmer sie verweigert, weil sie einen unverhältnismäßigen Aufwand erfordern würde.

ff) Schadensersatz

Für den Anspruch des Auftraggebers auf Schadensersatz ist wieder zwischen dem **40** Zeitpunkt vor und nach Abnahme zu unterscheiden.

Für die Zeit vor Abnahme gilt § 4 VII 2 VOB/B. Der Anspruch ist nicht auf die Kosten der Mangelbeseitigung beschränkt, sondern umfasst sämtliche Schäden, auch Folgeschäden, die durch den Mangel entstanden sind.[90] Erfasst sind auch Verzugsschäden, die auf einer mangelbedingten verzögerten Herstellung des Werks beruhen.[91] Die Haftungsbeschränkung des § 6 VI VOB/B ist nicht anwendbar.[92]

Schadensersatz statt der Leistung kann im VOB-Vertrag nur nach schriftlicher Kündigung des Vertrages verlangt werden. Die Kündigung ist gemäß § 4 VII 3 VOB/B davon abhängig, dass der Auftragnehmer eine ihm gesetzte Frist zur Mängelbeseitigung verstreichen lässt.

Nach der Abnahme kann der Auftraggeber vom Auftragnehmer nach § 13 VII VOB/ **41** B Schadensersatz verlangen.

Der Anspruch aus § 13 VII VOB/B steht neben dem Anspruch auf Beseitigung des Mangels oder auf Erstattung der Kosten nach erfolgter Selbstvornahme. Erfasst sind neben Mangelfolge-

---

[88] *BGH* NJW 2000, 2997; NJW-RR 1998, 235; *OLG Düsseldorf* NJW-RR 1996, 1422; NJW-RR 2001, 1387; *Werner/Pastor*, Rn. 2146.

[89] *BGH* NJW 2007, 3275; NJW-RR 2006, 669; BGHZ 94, 330 = NJW 1985, 2325; *BGH* NJW 1983, 2191; BGHZ 47, 272 = NJW 1967, 1366; zu den Voraussetzungen der Rückforderung des Vorschusses vgl. *BGH* NJW 2010, 1192.

[90] BGHZ 50, 160 = NJW 1968, 1524; BGHZ 72, 31 = NJW 1978, 1626; *BGH* NJW 2000, 2997.

[91] *BGH* BauR 2001, 1577; NJW-RR 2000, 1260.

[92] *BGH* NJW-RR 2000, 1260.

schäden auch die für die Mängelbeseitigung erforderlichen Kosten.[93] Wenn der Auftraggeber Erstattung der Mängelbeseitigungskosten verlangt, müssen auch die Voraussetzungen des § 13 V VOB/B vorliegen.[94]

42 Der Auftragnehmer haftet für sämtliche Schäden, wenn er den Mangel vorsätzlich oder grob fahrlässig herbeigeführt hat (§ 13 VII Nr. 2 VOB/B). Im übrigen hat der Auftragnehmer den Schaden an der baulichen Anlage zu ersetzen, zu deren Herstellung oder Änderung die Leistung dient, wenn ein wesentlicher Mangel vorliegt, der die Gebrauchsfähigkeit erheblich beeinträchtigt und auf ein Verschulden des Auftragnehmers zurückzuführen ist (§ 13 VII Nr. 3 S. 1 VOB/B). Einen darüber hinausgehenden Schaden hat der Auftragnehmer nur in den folgenden Fällen zu ersetzen:
– wenn der Mangel auf einem Verstoß gegen die anerkannten Regeln der Technik beruht,
– wenn der Mangel in dem Fehlen einer vertraglich vereinbarten Beschaffenheit besteht oder
– soweit der Auftragnehmer den Schaden durch Versicherung seiner gesetzlichen Haftpflicht gedeckt hat oder durch eine solche zu tarifmäßigen, nicht auf außergewöhnliche Verhältnisse abgestellten Prämien und Prämienzuschlägen bei einem im Inland zum Geschäftsbetrieb zugelassenen Versicherer hätte decken können (§ 13 VII Nr. 3 S. 2 VOB/B).

43 Die Haftungsbeschränkungen des § 13 VII VOB/B gelten nicht für die auf einen schuldhaft verursachten Mangel zurückzuführenden Schäden aus der Verletzung des Lebens, des Körpers oder der Gesundheit (§ 13 VII Nr. 1 VOB/B).

3. Einwendungen

a) Verzicht

44 Der Auftraggeber kann auf Mängelrechte verzichten. Bei der Annahme eines Verzichts ist jedoch Zurückhaltung geboten.

So stellt das Einverständnis des Auftraggebers mit einer vom Auftragnehmer vorgeschlagenen Art der Nachbesserung keinen Verzicht auf weitere Mängelrechte dar, wenn die Nachbesserung fehlschlägt.[95] Anders liegt es, wenn der Auftraggeber bei Streit über die Nachbesserung einen entgeltlichen Auftrag erteilt.[96]

b) Fehlende Verursachung des Mangels durch den Auftragnehmer

45 Der Auftragnehmer kann einwenden, dass der Mangel nicht auf seiner Werkleistung beruht, sondern auf eine andere Ursache zurückzuführen ist.

Dem Auftraggeber, der die Verursachung des Mangels durch den Auftragnehmer zu beweisen hat, kommen insofern Beweiserleichterungen zugute. Zu seinen Gunsten spricht eine tatsächliche Vermutung, dass Mängel, die in örtlichem und zeitlichem Zusammenhang mit einem Verstoß gegen anerkannte Regeln der Technik aufgetreten sind, auf diesem Verstoß beruhen.[97] Ausreichend ist zudem, dass der Auftraggeber beweist, dass eine Pflichtverletzung des Auftragnehmers für den Mangel mitursächlich gewesen ist.[98]

46 Hinsichtlich des Verschuldens des Auftragnehmers hat der Auftraggeber lediglich darzulegen und zu beweisen, dass der Mangel auf eine Leistung des Auftragnehmers

[93] *BGH* NJW 2007, 2697.
[94] BGHZ 96, 221 = NJW 1986, 922.
[95] *BGH* NJW-RR 1997, 148; NJW 2002, 748.
[96] *BGH* NJW-RR 2005, 1179; *OLG Düsseldorf* NJW-RR 1995, 402.
[97] BGHZ 114, 273 = NJW 1991, 2021.
[98] *BGH* NJW 2002, 2708.

zurückzuführen ist. Dieser hat dann darzulegen und zu beweisen, dass ihn an der Entstehung des Mangels kein Verschulden trifft.[99]

c) Mitverschulden des Auftraggebers
aa) Anwendungsbereich

Der Auftragnehmer kann dem Schadensersatzanspruch des Auftraggebers gemäß   47 § 254 I BGB den Einwand des Mitverschuldens entgegensetzen. Hinsichtlich der übrigen Mängelansprüche ist ein entsprechender Einwand auf § 242 BGB zu stützen.

bb) Die Zurechnung des Mitverschuldens Dritter

Das Verschulden von Erfüllungsgehilfen ist dem Auftraggeber nach § 278 BGB   48 zuzurechnen (§ 254 II 2 BGB). Voraussetzung für die Eigenschaft als Erfüllungs- gehilfe ist, dass sich der Auftraggeber des Dritten zur Erfüllung einer gegenüber dem Auftragnehmer obliegenden Nebenpflicht bedient hat.[100]

Das Verschulden eines vom Auftraggeber beauftragten Vorunternehmers ist dem Auftraggeber im Rahmen des § 278 BGB grundsätzlich nicht zuzurechnen.[101] Eine Zurechnung kommt nur im Ausnahmefall in Betracht, wenn auf Grund besonderer Umstände anzunehmen ist, dass der Auftraggeber dem Nachfolgeunternehmer für die mangelfreie Erfüllung der Vorleistung ein- stehen will.[102]

Das Verschulden des Architekten (und der von ihm hinzugezogenen Hilfspersonen) ist dem Auftraggeber nach § 278 BGB zuzurechnen, wenn es sich um Planungs- oder Koordinierungs- fehler handelt, weil der Auftraggeber dem Auftragnehmer die Zurverfügungstellung einer ein- wandfreien Planung schuldet.[103] Der Auftragnehmer hat den Auftraggeber aber auf offensicht- liche Planungsmängel hinzuweisen. Unterlässt er dies pflichtwidrig, hat er auch für die durch die fehlerhafte Planung entstehenden Mängel einzustehen.[104]

Dagegen kann der Auftragnehmer dem Auftraggeber nicht entgegenhalten, die Mängel beruhten auf einer unzureichenden Bauaufsicht (Objektüberwachung) durch den vom Auftraggeber eingeschalteten Architekten.[105] Der Auftraggeber schuldet dem Auftragnehmer nicht eine Über- wachung der Bauarbeiten. Eine Haftung des Auftraggebers für eine fehlerhafte Bauüber- wachung kann auch nicht durch eine Klausel in AGB des Auftragnehmers wirksam vereinbart werden.[106]

cc) Rechtsfolgen

Ein hiernach beachtliches Mitverschulden führt bei dem Schadensersatzanspruch in   49 Geld zu einer Quotelung des Anspruchs.[107] Gleiches gilt für den Kostenerstattungs- anspruch bei Selbstvornahme der Mangelbeseitigung durch den Auftraggeber.

Verlangt der Auftraggeber vom Auftragnehmer Nachbesserung bestehender Mängel des Werks, kann der Auftragnehmer verlangen, dass sich der Auftraggeber entsprechend seinem Verschul- densanteil an den Kosten der Nachbesserung in Form eines Zuschusses beteiligt.[108] Dessen Höhe richtet sich nach den beim Unternehmer tatsächlich angefallenen Kosten der Mängel- beseitigung, soweit sie sich im Rahmen des Erforderlichen halten.[109] Vor einem Prozess braucht

---

[99] BGHZ 48, 310 = NJW 1968, 43; BGHZ 62, 323 = NJW 1974, 1322.
[100] *OLG Frankfurt/M.* NJW-RR 1990, 1496; *Werner/Pastor,* Rn. 2933 f.
[101] BGHZ 95, 128 = NJW 1985, 2475.
[102] BGHZ 143, 32 = NJW 2000, 1336; BGHZ 159, 161 = NJW 2004, 2373.
[103] BGHZ 90, 344 = NJW 1984, 1676; *OLG Düsseldorf* NJW-RR 1997, 975; *OLG Hamm* NZBau 2001, 691.
[104] *BGH* NJW-RR 1991, 276; *OLG Oldenburg* BauR 2004, 1972; *Werner/Pastor,* Rn. 2043.
[105] *BGH* NJW-RR 1989, 86; NJW-RR 2002, 1175.
[106] *OLG Karlsruhe* BB 1983, 725.
[107] Zu Einzelfällen aus der Rechtsprechung vgl. *Werner/Pastor,* Rn. 2945.
[108] BGHZ 90, 344 = NJW 1984, 1676.
[109] *BGH* NJW 2010, 2571.

der Auftraggeber den Zuschuss nicht in bar an den Auftragnehmer zu leisten; eine Sicherheitsleistung in angemessener Höhe genügt.[110]

Macht der Auftragnehmer seine Vergütung gerichtlich geltend und wendet der Auftraggeber ein, dass der Auftragnehmer zur Beseitigung von Mängeln verpflichtet ist, kann der Auftragnehmer einwenden, dass er nur Zug um Zug gegen Zahlung eines dem Mitverschulden des Auftraggebers entsprechenden Kostenanteils zur Mängelbeseitigung verpflichtet ist (doppelte Zug um Zug Verurteilung).

d) Haftungsausschluss
aa) Individualvereinbarung

50 Im Grundsatz ist die Vereinbarung eines Haftungsausschlusses für Mängel des vom Auftragnehmer herzustellenden Werks zulässig.[111]

Wann eine solche Individualvereinbarung vorliegt, ist nach den §§ 305 I, 305b, 310 III BGB zu entscheiden.[112] Die Haftungsfreizeichnung unterliegt allerdings den allgemeinen Einschränkungen der Vertragsfreiheit, insbesondere den §§ 138 I, 276 III, 639 BGB.

bb) AGB

51 Bei AGB des Auftragnehmers unterliegen Haftungsausschlüsse und Haftungsbeschränkungen der Inhaltskontrolle nach §§ 307 ff. BGB.[113]

e) Haftungserweiterung
aa) Individualvereinbarung

52 Durch Individualvereinbarung kann die Haftung des Auftragnehmers erweitert werden; diese unterliegt den allgemeinen Schranken des § 138 I BGB.

In Betracht kommt die Vereinbarung einer selbständigen Garantie und die Verlängerung der Verjährungsfrist in den Grenzen des § 202 II BGB.

bb) AGB

53 AGB-Klauseln des Auftraggebers, die die Haftung des Auftragnehmers über das gesetzliche Maß hinaus erweitern, unterliegen den Grenzen der §§ 305 ff. BGB. Zu beachten ist das Verbot überraschender Klauseln (§ 305c I BGB) und die Verbote der Inhaltskontrolle nach §§ 307 ff. BGB.

Beispiele: Hinausschieben des Beginns der Gewährleistungsfrist;[114] Ausschluss des Einwands der Unverhältnismäßigkeit; Vereinbarung einer Schadensersatzpflicht des Auftragnehmers unabhängig vom Vorliegen eines Verschuldens;[115] unzulässige Pauschalierung von Schadensersatzansprüchen; Einführung einer subsidiären Haftung.[116]

f) Vorteilsausgleichung

54 Der Auftragnehmer kann dem Auftraggeber den Einwand der Vorteilsausgleichung entgegenhalten. Der Auftragnehmer trägt grundsätzlich die Beweislast für den anzurechnenden Vorteil.

Nach den Grundsätzen der Vorteilsausgleichung sind auch Steuervorteile des Auftraggebers zu berücksichtigen, die dieser aufgrund des eingetretenen Schadens erspart. Ein Steuervorteil des

---

[110] BGHZ 90, 344 = NJW 1984, 1676; *OLG Nürnberg* NJW-RR 2000, 99; *OLG Hamm* NJW-RR 1996, 272; *Werner/Pastor,* Rn. 3210.
[111] *Werner/Pastor,* Rn. 2651.
[112] Überblick bei *Werner/Pastor,* Rn. 2655 ff.
[113] Überblick bei *Werner/Pastor,* Rn. 2693 ff.
[114] OLG Düsseldorf BauR 1987, 481; *LG Frankfurt* NJW-RR 1988, 917.
[115] *OLG München* NJW-RR 1989, 276.
[116] BGHZ 150, 226 = NJW 2002, 2470.

Auftraggebers ist dann nicht zu berücksichtigen, wenn dieser den Schadensersatzanspruch ebenfalls versteuern muss. Fehlt eine finanzbehördliche Steuerfestsetzung, sind entstandene Steuervorteile im Wege der Schätzung (§ 287 ZPO) zu ermitteln.[117]

Bei der Rückabwicklung eines Bauvertrags im Wege des Schadensersatzes statt der Leistung hat sich der Auftraggeber die gezogenen Nutzungsvorteile anrechnen zu lassen.[118]   **55**

In einer Leistungskette kann der Auftragnehmer einwenden, dass der Auftraggeber dem Hauptauftraggeber gegenüber nicht mehr zur Gewährleistung verpflichtet ist.[119] Zu beachten ist der Einwand des Auftragnehmers, die im Wege des Schadensersatzes geforderten Kosten seien auch bei ordnungsgemäßer Leistungserbringung angefallen („Sowieso-Kosten").

4. Verjährung

a) BGB-Vertrag
aa) Verjährungsfrist

Nach § 634a I Nr. 2 BGB beträgt die Verjährungsfrist bei Bauwerken fünf Jahre. Dazu zählen nicht nur die Errichtung des Bauwerks, sondern auch spätere Arbeiten, die für die Erneuerung und den Bestand des Bauwerks von wesentlicher Bedeutung sind.[120] Dagegen gilt für Reparaturarbeiten die Zweijahresfrist des § 634a I Nr. 1 BGB.[121] Für die Abgrenzung kann auf die bisherige Rechtsprechung zu § 638 I BGB a. F. zurückgegriffen werden.[122]   **56**

Eine Verlängerung der Verjährungsfrist von fünf Jahren durch eine Klausel in AGB des Auftraggebers ist nur ausnahmsweise zulässig, wenn bei bestimmten Arbeiten Ausführungs- und Planungsmängel in der Regel erst nach Ablauf von fünf Jahren hervortreten.[123]

Die Verjährungsfrist gilt für die in § 634 I Nr. 1, 2 und 4 BGB genannten Mängelrechte. Das Recht, vom Vertrag zurückzutreten oder die Vergütung zu mindern, § 634 I Nr. 3 BGB, kann gemäß §§ 634 IV, V, 218 BGB nicht mehr wirksam ausgeübt werden, wenn der Anspruch auf die Leistung oder der Nacherfüllungsanspruch verjährt ist.   **57**

Der Auftraggeber kann jedoch trotz einer Unwirksamkeit des Rücktritts nach § 218 I BGB die Zahlung der Vergütung insoweit verweigern, als er auf Grund des Rücktritts dazu berechtigt sein würde (§ 634a IV 2 BGB). Gleiches gilt für das Recht auf Minderung (§ 634a V BGB).

Hat der Auftragnehmer den Mangel arglistig verschwiegen, beträgt die Verjährungsfrist drei Jahre (§ 634a III 1 BGB), die bei Bauwerken allerdings nicht vor Ablauf der Fünfjahresfrist endet (§ 634a III 2 BGB).   **58**

Arglistig handelt, wer einen schweren, äußerlich nicht erkennbaren Mangel gegenüber dem Auftraggeber verschweigt, sich hierbei bewusst ist, dass dieser Umstand für die Entschließung des Vertragsgegners zur Abnahme von Erheblichkeit ist und er deshalb den Mangel nach Treu und Glauben offenbaren müsste.[124]   **59**

---

[117] *BGH* NJW-RR 2005, 318.
[118] *BGH* NJW-RR 2006, 890; BGHZ 164, 235 = NJW 2006, 53; vgl. auch BGHZ 167, 108 = NJW 2006, 1582.
[119] BGHZ 173, 83 = NJW 2007, 2695; *BGH* NJW 2007, 2697.
[120] *Werner/Pastor*, Rn. 2849 f.
[121] *Werner/Pastor*, Rn. 2849; Palandt/*Sprau*, § 634a Rn. 17.
[122] Überblick bei *Werner/Pastor*, Rn. 2849 f.
[123] BGHZ 132, 383 = NJW 1996, 2155; BGHZ 107, 75 = NJW 1989, 1602.
[124] BGHZ 62, 63 = NJW 1974, 553; BGHZ 117, 318 = NJW 1992, 1754; *BGH* NJW 2008, 145; *OLG München* NJW-RR 1998, 529; *OLG Düsseldorf* NJW-RR 1998, 1315; *OLG Hamm* NJW-RR 1999, 171.

Hinsichtlich dieser subjektiven Voraussetzungen muss sich der Auftragnehmer die Kenntnis und das Verhalten gewisser von ihm mit der Abnahme beauftragter Hilfspersonen zurechnen lassen.[125] Der Auftragnehmer handelt auch dann arglistig, wenn er schuldhaft nicht die Voraussetzungen geschaffen hat, um sachgerecht beurteilen zu können, ob das Bauwerk bei Ablieferung mangelfrei ist.[126]

Ein solches „Organisationsverschulden" stellt nicht die Verletzung einer vertraglichen Nebenpflicht dar. Die Verletzung dieser Obliegenheit zur ordnungsgemäßen Organisation des Betriebs, durch die vermieden wird, dass Mängel unentdeckt bleiben, führt vielmehr dazu, dass eine längere Verjährungsfrist greift[127]. Kann der Auftragnehmer bestimmte Arbeiten mangels eigener Sachkunde nicht selbst ausführen, haftet er bei der Vergabe der Arbeiten an einen Subunternehmer jedoch nur für dessen sorgfältige Auswahl.[128]

bb) Fristbeginn

60 Die Verjährungsfrist beginnt mit der Abnahme zu laufen (§ 634a II BGB). Dies gilt auch für vor Abnahme entstandene Ansprüche des Auftraggebers auf Mängelbeseitigung.[129] Der Abnahme ist der Fall gleichzustellen, dass die Abnahme zu Unrecht verweigert wird.[130]

cc) Hemmung der Verjährung

61 Die Hemmung der Verjährung tritt ein, wenn zwischen den Parteien Verhandlungen über den Anspruch oder die den Anspruch begründenden Umstände schweben (§ 203 BGB) sowie in den in § 204 I BGB aufgelisteten Fällen der gerichtlichen Geltendmachung des Anspruchs.

Im Baurecht ist insbesondere der Antrag auf Durchführung eines selbständigen Beweisverfahrens von Bedeutung (§ 204 I Nr. 7 BGB).

62 Der Zeitraum, während dessen die Verjährung gehemmt ist, wird in die Verjährungsfrist nicht eingerechnet (§ 209 BGB).

dd) Neubeginn der Verjährung

63 Ein Neubeginn der Verjährung tritt ein, wenn der Auftragnehmer den Anspruch anerkennt (§ 212 I Nr. 1 BGB).[131] Nicht jede Nachbesserung ist als solches Anerkenntnis zu werten.[132] Ein Anerkenntnis liegt insbesondere nicht vor, wenn der Auftragnehmer zu erkennen gibt, dass er meint, zur Nachbesserung nicht verpflichtet zu sein.[133]

ee) Umfang von Hemmung und Neubeginn der Verjährung

64 Die Hemmung, die Ablaufhemmung und der erneute Beginn der Verjährung gelten auch für Ansprüche, die aus demselben Grunde wahlweise neben dem Anspruch oder an seiner Stelle gegeben sind (§ 213 BGB). Die Tatbestände der Verjährungshemmung

---

[125] BGHZ 117, 318 = NJW 1992, 1754; BGHZ 66, 43 = NJW 1976, 516; BGHZ 174, 32 = NJW 2008, 145; *OLG München* NJW-RR 1998, 529; vgl. hierzu auch *Knipp*, BauR 2007, 944.
[126] BGHZ 169, 255 = NJW 2007, 366; BGHZ 117, 318 = NJW 1992, 1754; *OLG Frankfurt/ M.* NJW-RR 1999, 24.
[127] Zu einem Ausnahmefall: *OLG München* NJW 2011, 2524 (vorzeitige Vertragsbeendigung wegen mangelhafter Leistung).
[128] *BGH* NJW 2008, 145.
[129] *BGH* NJW 2012, 1137.
[130] *BGH* NJW-RR 1998, 1027.
[131] Überblick bei *Werner/Pastor*, Rn. 2909 ff.
[132] *OLG Düsseldorf* BauR 1999, 497; *Werner/Pastor*, Rn. 2911.
[133] *BGH* NJW 2012, 3229.

und des Verjährungsneubeginns erfassen alle dem Mängelanspruch zugrunde liegenden Ursachen[134] sowie die anderen Anspruchsinhalte wie Minderung, Rücktritt,
Schadensersatz.[135] Wird dem Auftraggeber ein Vorschuss auf Mängelbeseitigung zugesprochen, liegt darin zugleich die Feststellung, dass der Auftragnehmer verpflichtet
ist, die gesamten Mängelbeseitigungskosten zu tragen. Einer gesonderten Feststellungsklage bedarf es hierfür nicht.[136]

ff) Rechtsfolgen der Verjährung

Nach Vollendung der Verjährung kann der Auftragnehmer die Erfüllung der Mängel- **65**
ansprüche des Auftraggebers unter Erhebung der Einrede der Verjährung verweigern
(§ 214 I BGB).

Der auf Zahlung der Vergütung in Anspruch genommene Auftraggeber kann aber noch nach
diesem Zeitpunkt die Mängelansprüche durch Einrede nach § 320 BGB oder durch Aufrechnung geltend machen, wenn diese in dem Zeitpunkt noch nicht verjährt waren, in dem erstmals
aufgerechnet oder die Einrede erhoben werden konnte (§ 215 BGB). Eine Anzeige des Mangels
in unverjährter Zeit ist nicht mehr erforderlich.

b) VOB/B-Vertrag
aa) Verjährungsfrist

Haben die Parteien die Geltung der VOB/B vereinbart, beträgt die Verjährungsfrist **66**
für Gewährleistungsansprüche bei Bauwerken vier Jahre, bei Arbeiten an einem
Grundstück zwei Jahre (§ 13 IV Nr. 1 VOB/B).

Die Fassung der VOB/B 2002 hat die allzu kurze Verjährungsfrist von zwei Jahren bei Bauwerken nunmehr auf vier Jahre angehoben. Sie bleibt aber immerhin um ein Jahr gegenüber der
BGB-Regelung (§ 634a I Nr. 2 BGB) zurück. Im Übrigen ist auch hier die besondere Verjährungsfrist bei arglistigem Verschweigen eines Mangels zu beachten.[137]

Die Verjährungsfristen gelten für alle in § 13 VOB/B genannte Mängelansprüche.[138] **67**

bb) Beginn der Verjährungsfrist

Die Verjährungsfrist beginnt mit der Abnahme zu laufen (§ 13 IV Nr. 3 VOB/B). **68**

cc) Hemmung der Verjährung

Es gelten die gleichen Vorschriften wie beim BGB-Vertrag, da die VOB/B keine **69**
eigenen Hemmungstatbestände enthält.

dd) Neubeginn der Verjährung

Es finden ebenfalls die Regelungen des BGB Anwendung. Einen zusätzlichen Tat- **70**
bestand des Neubeginns der Verjährung enthält § 13 V Nr. 1 S. 3 VOB/B. Danach
läuft ab dem schriftlichen Beseitigungsverlangen nach Abnahme nochmals eine zweijährige Verjährungsfrist, die jedoch nicht vor Ablauf der Regelfristen des § 13 IV
VOB/B endet. Nach Abnahme der Mängelbeseitigungsarbeiten beginnt ebenfalls eine

---

[134] BGHZ 108, 65 = NJW 1989, 2753; BGHZ 110, 99 = NJW 1990, 1472; *BGH* NJW-RR
1997, 1376; NJW-RR 1989, 667; NJW-RR 1989, 979.
[135] BGHZ 62, 293 = NJW 1974, 1188; BGHZ 66, 138 = NJW 1976, 956; BGHZ 108, 65 =
NJW 1989, 2753; *OLG Köln* NJW-RR 1998, 128.
[136] *BGH* NJW 2009, 60; NJW-RR 1989, 208; NJW-RR 2005, 1037; NJW-RR 1986, 1026;
BGHZ 66, 138 = NJW 1976, 956;
[137] *OLG Koblenz* NJW-RR 1997, 1179.
[138] BGHZ 58, 332 = NJW 1972, 1280; BGHZ 59, 328 = NJW 1973, 46; BGHZ 62, 293 =
NJW 1974, 1188; BGHZ 66, 138 = NJW 1976, 956.

neue zweijährige Verjährungsfrist, die ebenfalls nicht vor Ablauf der Regelfristen
nach § 13 IV VOB/B endet.[139]

ee) AGB-Kontrolle

71   Die Verjährungsfrist von zwei Jahren hält der isolierten Inhaltskontrolle nach den
§§ 307 ff. BGB nicht stand. Gleiches dürfte auch für die Vierjahresfrist gelten.[140]

5. Deliktische Ansprüche

72   Grundsätzlich können dem Auftraggeber neben den vertraglichen Mängelansprüchen
Ansprüche aus Delikt zustehen. Zu beachten ist jedoch, dass deliktische Ansprüche
nicht das Interesse des Auftraggebers an einer ordnungsgemäßen Erfüllung des Vertrags absichern.

73   Zu unterscheiden sind folgende Fallgruppen:

a) Schäden an der durch die Vertragsausführung betroffenen Bausubstanz

Dem Auftraggeber stehen wegen der Beschädigung von Bauteilen im Zusammenhang
mit der Ausführung von Bauarbeiten lediglich vertragliche, nicht jedoch deliktische
Schadensersatzansprüche gegen den Auftragnehmer zu. Maßgeblich ist, ob sich der
Schaden mit dem Unwert der mangelhaften Leistung des Auftragnehmers deckt.[141]

b) Schäden an beweglichen Sachen oder Bauteilen der durch die Vertragsausfüh-
rung nicht betroffenen Bausubstanz

74   Deliktische Ansprüche des Auftraggebers kommen dagegen in Betracht, wenn durch
die Baumaßnahme Sachen des Auftraggebers oder ein Bauteil beschädigt werden, die
von der Baumaßnahme nicht betroffen waren.[142]

c) Verletzung anderer Rechtsgüter

75   Dem Auftraggeber steht gegenüber dem Auftragnehmer nach deliktischen Grundsätzen auch dann ein Schadensersatzanspruch zu, wenn im Rahmen einer mangelhaften Bauwerkserrichtung Schäden an Leben, Körper oder Gesundheit entstehen.[143]
Insoweit besteht Anspruchskonkurrenz zwischen vertraglichen Ansprüchen und
Deliktsrecht (vgl. § 13 VII Nr. 1 VOB/B).

II. Ansprüche des Auftraggebers wegen verzögerter Bauausführung

1. BGB-Vertrag

a) Voraussetzungen

76   Gemeinsame Voraussetzung für alle Ansprüche ist die Überschreitung der nach dem
Bauvertrag einzuhaltenden Fristen der Bauausführung. Der Auftragnehmer ist verpflichtet, das Werk innerhalb der im Bauvertrag vereinbarten Fristen zu erstellen oder
die nach dem Bauvertrag geschuldete Leistung zu erbringen. Maßgeblich sind die
vereinbarten Endfristen, zu denen die Bauleistung beendet sein muss.[144]

---

[139] Vgl. hierzu BGHZ 178, 123 = NJW 2009, 985.
[140] *Kniffka/Koeble*, 6. Teil Rn. 98; *Tempel*, NZBau 2002, 535.
[141] BGHZ 162, 86 = NJW 2005, 1423.
[142] BGHZ 61, 203 = NJW 1973, 1752; BGHZ 117, 183 = NJW 1992, 1225; BGHZ 146, 144 =
NJW 2001, 1346 m. w. N. – weitere Nachweise bei *Werner/Pastor*, Rn. 2351.
[143] *BGH* MDR 1972, 316.
[144] *BGH* NJW 2001, 2167.

Die Nichteinhaltung sog. Einzelfristen reicht nicht aus.[145] Gleiches gilt für eine Frist zur Aufnahme der Bauarbeiten. In diesen Fällen stehen dem Auftraggeber im Falle einer Fristüberschreitung Ansprüche gegen den Auftragnehmer nur zu, wenn dies ausdrücklich vereinbart ist.
Ist im Bauvertrag überhaupt keine verbindliche Frist für die Fertigstellung vereinbart, hat der
Auftragnehmer seine Arbeiten im Zweifel alsbald nach Vertragsschluss zu beginnen und innerhalb einer nach den Umständen angemessenen Ausführungszeit zu beenden.[146]

Bei unvorhergesehenen Entwicklungen hat der Auftragnehmer im Rahmen des § 242   77
BGB ein Recht auf Verlängerung der Frist, so vor allem bei Behinderungen und bei
nach Vertragsschluss erteilten Sonderwünschen des Auftraggebers.

Eine in den AGB des Auftragnehmers enthaltene Klausel, wonach dieser seine Leistung über
den konkret im Bauvertrag vereinbarten Termin auch später erbringen kann, ist nach § 308 Nr. 1
BGB und § 307 I 1 BGB unwirksam.[147]

Eine relevante Fristüberschreitung liegt vor, wenn die geschuldete Bauleistung nicht   78
innerhalb der vereinbarten Leistungszeit erbracht wird.[148] Steht fest, dass die Leistung
innerhalb der vereinbarten Frist nicht mehr vollständig erbracht werden kann, stehen
dem Auftraggeber die Rechte wegen verzögerter Bauausführung auch vor Ablauf der
vereinbarten Frist zu.[149]

Fehlen lediglich noch geringfügige Nebenleistungen, z. B. das Räumen der Baustelle, ist eine
Fristüberschreitung nach § 242 BGB zu verneinen. Anders kann es liegen, wenn sich durch
unterbliebene Nebenarbeiten die Aufnahme der Arbeiten durch einen Nachunternehmer verzögert. Ist der Bauvertrag auf die Erstellung eines Gebäudes gerichtet, ist für den Zeitpunkt der
fristgerechten Erstellung die Bezugsfertigkeit des Gebäudes maßgeblich. Geringfügige Restarbeiten im Innern des Hauses stehen der fristgerechten Fertigstellung nicht entgegen.

Auf eine Fristüberschreitung kann sich der Auftraggeber nicht berufen, wenn dem   79
Auftragnehmer nach § 320 BGB ein Recht auf vorübergehende Einstellung der Arbeiten wegen nicht fristgerechter Zahlung der Vergütung seitens des Auftraggebers zusteht.[150] Gleiches gilt, wenn der Auftraggeber in Vermögensverfall gerät (§ 321 BGB).

b) Die einzelnen Rechte des Auftraggebers
aa) Ersatz des Verzugsschadens bei Aufrechterhaltung des Vertrags
Grundlage des Anspruchs sind die §§ 280 I, II, 286 BGB. Neben der Fristüberschrei-   80
tung setzt der Anspruch ein Verschulden des Auftragnehmers voraus, wobei er
darlegen und beweisen muss, dass ihn kein Verschulden an der verzögerten Ausführung der Leistung trifft (§§ 280 I 2, 286 IV BGB). Erforderlich ist grundsätzlich
zudem eine Mahnung (§ 286 I BGB), von der in den Ausnahmefällen des § 286 II
BGB abgesehen werden kann.[151]

Der Verzugsschaden kann bestehen in Schäden am Bauwerk,[152] höheren Baupreisen, den Kosten   81
einer nutzlosen Baustellenunterhaltung durch den Auftraggeber,[153] Gutachterkosten,[154] zusätzlichen Aufwendungen für Architekten oder Bauleiter, entgangenem Gewinn, etwa in Form von
Zinsverlusten oder entgangenen Mieteinnahmen,[155] in der Belastung mit Schadensersatzansprü-

---

[145] Zur Auslegung: *BGH* NJW 1999, 1108; NJW-RR 2001, 738.
[146] *BGH* NJW-RR 2001, 806; *OLG Frankfurt/M.* NJW-RR 1994, 1361.
[147] BGHZ 92, 24 = NJW 1984, 2468; *OLG Köln* NJW-RR 1988, 654.
[148] *BGH* WM 1996, 1598.
[149] Vgl. *BGH* NJW-RR 2003, 13; NJW 1983, 989.
[150] *BGH* NJW-RR 1996, 853.
[151] Zu Einzelfällen vgl. *Palandt/Grüneberg*, § 286 Rn. 22 ff.
[152] BGHZ 48, 78 = NJW 1967, 2262; BGHZ 54, 352 = NJW 1971, 99; BGHZ 62, 90 = NJW
1974, 646.
[153] OLG Düsseldorf BauR 1988, 487.
[154] BGHZ 54, 352 = NJW 1971, 99.
[155] *OLG Köln* NZBau 2000, 78.

chen gegenüber Mietern oder Erwerbern oder einer von dem Hauptunternehmer dem Bauherrn zu zahlenden Vertragsstrafe.[156] Erstattungsfähig sind ferner die Kosten einer zweckentsprechenden Rechtsverfolgung.

82 Zu dem infolge des Verzugs ersatzfähigen Schaden gehören nicht die Kosten für die Einschaltung von Drittunternehmen, die mit der Fertigstellung der Bauarbeiten beauftragt sind. Insoweit handelt es sich um das Erfüllungsinteresse, für das der Auftragnehmer nur bei Verletzung des fortbestehenden Vertragserfüllungsanspruchs einzustehen hat.

bb) Schadensersatz statt der Leistung

83 Der Auftraggeber kann nach §§ 280 I, III, 281 BGB Schadensersatz statt der Leistung verlangen. Voraussetzung ist, dass der Auftragnehmer die Fristüberschreitung zu vertreten hat. Das Verschulden von Erfüllungsgehilfen ist dem Auftragnehmer nach § 278 BGB zuzurechnen. Trifft den Auftraggeber ein Mitverschulden, kann dies zum Ausschluss oder zur Verminderung des Anspruchs führen (§ 254 I BGB).

Der Auftraggeber muss dem Auftragnehmer zuvor eine angemessene Nachfrist gesetzt haben (§ 281 I 1 BGB), die in den in § 281 II BGB genannten Fällen entbehrlich ist.

Inhaltlich steht dem Auftraggeber ein Wahlrecht zu. Er kann den Schadensersatz auf die noch ausstehende Leistung beschränken und Ersatz der zur Fertigstellung erforderlichen Kosten fordern („kleiner Schadensersatz"). Er kann aber auch, wenn er an den bereits erbrachten Teilleistungen kein Interesse hat, Schadensersatz statt der ganzen Leistung verlangen (§ 281 I 2 BGB – „großer Schadensersatz"). Der Auftragnehmer ist dann berechtigt, das Geleistete nach den für den Rücktritt geltenden Vorschriften zurückzufordern (§ 281 V BGB).

cc) Rücktritt

84 Der Auftraggeber kann schließlich nach § 323 BGB von dem Bauvertrag zurücktreten.

Voraussetzung des Rücktritts ist das Vorliegen einer Fristüberschreitung.

Nach § 323 IV BGB braucht der Ablauf der Frist nicht abgewartet zu werden, wenn es offensichtlich ist, dass die Frist nicht gewahrt werden kann. Erforderlich ist ferner die Setzung einer angemessenen Nachfrist, die in den Fällen des § 323 II BGB entbehrlich ist. Ein Verschulden des Auftragnehmers ist dagegen nicht erforderlich. Ausgeschlossen ist der Rücktritt, wenn die Verzögerung ganz oder überwiegend von dem Auftraggeber zu vertreten ist (§ 323 VI BGB).

85 Inhaltlich unterscheidet § 323 BGB einen Rücktritt vom gesamten Vertrag und einen Teilrücktritt, ähnlich der Unterscheidung zwischen kleinem und großem Schadensersatz.

Ein Rücktritt vom gesamten Vertrag wird dem Auftraggeber nur zugestanden, wenn er an der erbrachten Bauleistung kein Interesse hat (§ 323 V 1 BGB). Wird der Rücktritt erklärt, ist der Vertrag – ganz oder teilweise – nach den §§ 346 ff. BGB rückabzuwickeln. Für erbrachte Bauleistungen hat der Auftraggeber nach § 346 II Nr. 1 BGB Wertersatz zu leisten.

Die Erklärung des Rücktritts schließt die Geltendmachung eines Schadensersatzanspruchs nicht aus (§ 325 BGB). So kann der Auftraggeber trotz des Rücktritts einen Anspruch auf Ersatz des Verzugsschadens geltend machen.[157]

---

[156] *BGH* NJW 1998, 1493; NJW-RR 2000, 684.
[157] *Werner/Pastor*, Rn. 2179.

2. VOB/B-Vertrag

Im Folgenden sollen die Abweichungen der Regelung von Verzugsschäden beim **86** VOB/B-Vertrag gegenüber der gesetzlichen Regelung des BGB skizziert werden.

a) Fristenüberschreitung

Nach § 5 I VOB/B sind auch Fristen für die Ausführung einzelner Teile einer Baumaßnahme verbindlich. Dies bedeutet grundsätzlich, dass der Auftragnehmer in Verzug gerät, wenn er die im Vertrag vereinbarten Einzelfristen nicht einhält. Allerdings sind die in einem Bauzeitenplan enthaltenen Fristen nur dann Vertragsfristen in diesem Sinne, wenn dies ausdrücklich vereinbart ist.

Ist in einem Bauvertrag keine Ausführungsfrist vereinbart, so hat der Auftragnehmer binnen einer Frist von 12 Werktagen nach Aufforderung des Auftraggebers mit der Ausführung zu beginnen (§ 5 II VOB/B).[158]

Dem Auftraggeber stehen gegen den Auftragnehmer die in der VOB/B bestimmten Rechte für den Fall des Verzugs auch dann zu, wenn dieser die Frist für den Baubeginn nicht einhält (§ 5 IV VOB/B).[159]

b) Die einzelnen Rechte des Auftraggebers
aa) Ersatz des Verzugsschadens bei Aufrechterhaltung des Vertrags

Der Anspruch auf Ersatz von Verzugsschäden ergibt sich aus § 5 IV VOB/B. Der **87** Anspruch setzt wie beim BGB-Vertrag ein Verschulden des Auftragnehmers voraus. Hinsichtlich der Höhe des zu ersetzenden Schadens wird auf § 6 VI VOB/B verwiesen. Danach steht dem Auftraggeber ein Anspruch auf Ersatz des entgangenen Gewinns nur dann zu, wenn dem Auftragnehmer Vorsatz oder grobe Fahrlässigkeit zur Last fällt.

bb) Entziehung des Auftrags und Ersatzvornahme

Nach § 5 IV VOB/B kann der Auftraggeber, wenn der Auftragnehmer den Beginn **88** der Bauarbeiten verzögert[160] oder mit der Vollendung der Arbeiten in Verzug kommt, dem Auftragnehmer eine angemessene Frist zur Erfüllung des Vertrags setzen und erklären, dass er nach fruchtlosem Ablauf den Auftrag nach § 8 III Nr. 1 VOB/B entziehen werde. Kommt der Auftragnehmer dieser Aufforderung nicht fristgerecht nach, kann der Auftraggeber den Vertrag kündigen und nach § 8 III Nr. 2 VOB/B den nicht vollendeten Teil der Leistung zu Lasten des Auftragnehmers durch einen Dritten ausführen lassen. Eine Entziehung des Auftrags ist entbehrlich, wenn der Auftragnehmer die Mängelbeseitigung endgültig verweigert.[161]

Zu beachten ist, dass bei mangelbedingter Verzögerung vor Abnahme der Bauleistung § 4 VII 3 VOB/B einschlägig ist, während auf Verzögerungen bei der Mangelbeseitigung für die Zeit nach der Abnahme § 13 V Nr. 2 VOB/B anzuwenden ist. Inhaltlich entspricht der Anspruch dem Recht des Auftraggebers auf Selbstvornahme nach § 637 I BGB. Ein Anspruch auf Ersatz eines weiteren Schadens bleibt dem Auftraggeber nach § 8 III Nr. 2 S. 1 Hs. 2 VOB/B erhalten.

cc) Entziehung des Auftrags und Schadensersatz

Nach § 8 III Nr. 2 S. 2 VOB/B kann der Auftraggeber nach der Entziehung des **89** Auftrags auf die weitere Ausführung des Auftrags verzichten und Schadensersatz

---

[158] *BGH* NJW 1983, 989.
[159] Zu unzulässigen AGB-Klauseln: BGHZ 92, 24 = NJW 1984, 2468; *BGH* NJW 1985, 855.
[160] *OLG Koblenz* NJW-RR 1989, 1503.
[161] *BGH* NJW 2009, 354.

wegen Nichterfüllung verlangen, wenn die Ausführung aus den Gründen, die zur Entziehung des Auftrags geführt haben, für ihn kein Interesse mehr hat.

III. Anspruch auf Zahlung einer Vertragsstrafe

1. Begriff

90 Häufig vereinbaren die Parteien die Zahlung einer Vertragsstrafe durch den Auftragnehmer, falls dieser die Bauleistungen nicht innerhalb einer bestimmten Frist fertigstellt.[162] Die Vertragsstrafe soll den Auftragnehmer zur fristgerechten Erfüllung des Bauvertrags anhalten. Außerdem soll dem Auftraggeber der Nachweis eines konkreten Verzugsschadens erspart werden.

Der Anspruch auf Zahlung der Vertragsstrafe setzt eine wirksame und durchsetzbare Hauptforderung auf Erbringung der Bauleistung voraus.

Die Abgrenzung zu einer vereinbarten Schadenspauschale, bei der die Beschränkungen des § 307 BGB zu beachten sind, ist im Einzelfall durch Auslegung zu bestimmen. Maßgeblich ist, welches Ziel die Parteien mit der Absprache verfolgen.[163] Die Vertragsstrafe ist außerdem von dem selbständigen Strafversprechen abzugrenzen, das eine erzwingbare Hauptverpflichtung nicht voraussetzt.[164]

2. Vereinbarung der Vertragsstrafe

91 Die Vertragsstrafe bedarf einer besonderen Vereinbarung. Das gilt auch für den VOB-Vertrag (vgl. § 11 VOB/B). In der Vereinbarung ist festzulegen, unter welchen Voraussetzungen die Verwirkung der Vertragsstrafe eintreten soll und wie sie im Einzelnen zu berechnen ist.

Eine Vertragsstrafe kann auch für den Verzug des Auftragnehmers bei Überschreitung von Fristen für einzelne Teilleistungen auch neben einer Vertragsstrafe für die Überschreitung des Gesamtfertigstellungstermins vereinbart werden.[165] Die Vereinbarung über die Zahlung einer Vertragsstrafe muss hinsichtlich ihrer Voraussetzungen und Rechtsfolgen stets klar und unmissverständlich sein.[166]

92 Die Vereinbarung einer Vertragsstrafe in AGB des Auftraggebers wird grundsätzlich als zulässig angesehen; eine solche Klausel ist wegen der Häufigkeit von Vertragsstrafenabreden nicht als überraschend gemäß § 305c I BGB anzusehen.[167] Im Rahmen der Inhaltskontrolle nach § 307 BGB sind der Vertragsfreiheit im Interesse des Auftragnehmers jedoch erhebliche Grenzen gesetzt:

93 Eine Vereinbarung, dass die Vertragsstrafe unabhängig von einem Verschulden des Auftragnehmers verwirkt wird, ist unzulässig. Ist die VOB/B vereinbart, ergibt sich das Verschuldenserfordernis aus § 11 II VOB/B, der die vertragliche Vertragsstrafenregelung insoweit ergänzt.[168]

94 Ein Verzicht auf die Mahnung als Verzugsvoraussetzung ist unzulässig.[169]

---

[162] Überblick bei *Schlünder* ZfBR 1995, 281; *Bschorr/Zanner*, Die Vertragsstrafe im Bauwesen (2003).

[163] *BGH* NJW 1983, 1542; *Werner/Pastor*, Rn. 2555.

[164] *Werner/Pastor*, Rn. 2555.

[165] *BGH* NJW 1999, 1108; NJW 2000, 2106; NJW 2001, 1346; NJW-RR 2002, 806.

[166] *Werner/Pastor*, Rn. 2557.

[167] BGHZ 85, 305 = NJW 1983, 385; *BGH* NJW 1998, 3488.

[168] BGHZ 149, 283 = NJW 2002, 1274; *BGH* NJW-RR 2004, 1537; BGHZ 167, 75 = NJW 2006, 2555.

[169] *OLG Düsseldorf* OLGR 1992, 185.

Die Vereinbarung muss die Grundlagen zur Berechnung der Vertragsstrafe enthalten. Anzuge- **95** ben ist entweder ein bestimmter Prozentsatz der Auftragssumme oder ein bestimmter Tagessatz. Die Vertragsstrafe muss zeitlich begrenzt sein.[170]

Die Höhe der Vertragsstrafe muss eine Begrenzung der Sätze nach oben aufweisen.[171] Dies gilt **96** sowohl für den einzelnen Tagessatz[172] als auch für die Gesamtobergrenze, die 5 % der Auftragssumme nicht überschreiten darf.[173] Dies gilt auch bei Überschreitung von vereinbarten Zwischenfristen.[174] Die Vereinbarung mehrerer als solche nicht zu beanstandende Vertragsstrafen kann unzulässig sein, wenn die Vertragsstrafe aufgrund der Kumulation insgesamt unangemessen hoch ist.[175] Wegen der weiteren Einzelheiten wird auf die Zusammenstellung bei *Werner/ Pastor*[176] verwiesen.

Der nach § 341 II BGB erforderliche Vorbehalt darf nicht vollständig abbedungen werden.[177] **97** Zulässig ist allerdings eine Verschiebung des Vorbehalts auf den Zeitpunkt der Schlusszahlung.[178]

Eine AGB-Klausel, wonach die Vertragsstrafe einfach von der Schlussrechnungssumme abge- **98** zogen wird, ist unwirksam.[179]

Die nach §§ 341 II, 340 II BGB vorgeschriebene Anrechnung der Vertragsstrafe auf den Ersatz **99** des Verzugsschadens kann nicht abbedungen werden.[180]

3. Verwirkung der Vertragsstrafe

Die Verwirkung der Vertragsstrafe setzt voraus, dass die Bauleistung nicht innerhalb **100** der vereinbarten Frist erbracht wird. Die Fristüberschreitung muss vom Auftragnehmer zu vertreten sein (§ 339 BGB, § 11 II VOB/B). Für das Verschulden von Erfüllungsgehilfen hat der Auftragnehmer einzustehen. Der Auftragnehmer kann auch dann einwenden, dass die Fristüberschreitung von ihm nicht zu vertreten ist, wenn er die nach § 6 VI VOB/B erforderliche Behinderungsanzeige unterlassen hat.[181]

Den Auftragnehmer trifft die Darlegungs- und Beweislast dafür, dass ihn kein Verschulden trifft.[182] Im Hinblick auf die Akzessorietät zum Hauptanspruch darf dieser nicht mit Einreden behaftet sein.

Für Änderungen im Ablauf des Bauvorhabens gilt folgendes: **101**

Voraussehbare Verzögerungen im Bauablauf muss der Auftragnehmer bei Vereinbarung der Vertragsstrafe mit einkalkulieren; sie entlasten ihn nicht.[183]

Änderungen im Rahmen des Bauablaufs, die im Risikobereich des Auftraggebers liegen, führen zu einer angemessenen Verlängerung der Leistungsfrist (§ 6 II und IV VOB/B).[184]

---

[170] BGHZ 85, 305 = NJW 1983, 385.
[171] *BGH* NJW 2000, 2106; NJW 2001, 1346; *OLG Saarbrücken* NJW-RR 2001, 1030.
[172] *BGH* NJW 1981, 1509; NJW-RR 2002, 806; NJW 2002, 2322, BauR 2008, 508.
[173] BGHZ 153, 311 = NJW 2003, 1805; zum Vertrauensschutz für vor dieser Entscheidung vereinbarte Vertragsstrafenklauseln: *BGH* NJW-RR 2004, 1463.
[174] *BGH* NZBau 2013, 222.
[175] *OLG Bremen* NJW-RR 1987, 468; *OLG Hamm* BauR 2000, 1202; *OLG Koblenz* NJW-RR 2000, 1042.
[176] *Werner/Pastor*, Rn. 2580 ff.
[177] BGHZ 85, 305 = NJW 1983, 385; *BGH* BauR 1984, 643; *OLG Düsseldorf* BauR 1994, 414.
[178] BGHZ 72, 222 = NJW 1979, 212; BGHZ 85, 305 = NJW 1983, 385; *BGH* NJW-RR 2000, 1468; BGHZ 153, 311 = NJW 2003, 1805.
[179] *BGH* BauR 1984, 643.
[180] BGHZ 63, 256 = NJW 1975, 163; *OLG Düsseldorf* NJW-RR 2001, 1387.
[181] *BGH* NJW 1999, 1108.
[182] *BGH* NJW 1999, 1108; *LG Leipzig* NJW-RR 1999, 1183.
[183] BGH BauR 1973, 78.
[184] *OLG Düsseldorf* NJW-RR 1997, 1516; *Werner/Pastor*, Rn. 2589.

Bei einer vom Auftraggeber verursachten Unterbrechung der Bauarbeiten ist dieser verpflichtet, den Wegfall der Unterbrechungsgründe dem Auftragnehmer mitzuteilen; diesem ist ein angemessener Zeitaufschlag für die Wiederaufnahme der Arbeiten zuzubilligen.[185]

Wird nachträglich durch Umstände, die von dem Auftragnehmer nicht zu vertreten sind, der von ihm zu beachtende Zeitplan umgeworfen und einer durchgreifenden Neuordnung unterzogen, so entfällt das vereinbarte Vertragsstrafenversprechen insgesamt.[186]

4. Vorbehalt bei Abnahme

102　Eine einmal verwirkte Vertragsstrafe entfällt, wenn sich der Auftraggeber sie nicht bei der Abnahme der Bauleistung vorbehält (§ 341 III BGB, § 11 IV VOB/B).[187] Grundgedanke der Regelung ist, dass bei der Abnahme der Bauleistungen Klarheit zwischen den Parteien geschaffen werden soll, ob der Auftraggeber den Anspruch auf Zahlung der Vertragsstrafe geltend machen will.[188] Das Erfordernis eines Vorbehalts entspricht dem Mängelvorbehalt nach § 640 II BGB. Der Vorbehalt ist deshalb auch in den Fällen der fiktiven Abnahme erforderlich.[189]

103　Umgekehrt folgt aus dem Zweck des Vorbehalts, dass er in einer Reihe von Fällen nicht erforderlich ist. Dies ist der Fall, wenn es nicht zu einer Abnahme kommt, weil der Auftraggeber die Abnahme der Bauleistung zu Recht oder zu Unrecht verweigert.[190] Auch die Ankündigung und Durchführung einer Ersatzvornahme steht der Abnahme nicht gleich.[191] Außerdem ist ein Vorbehalt nicht erforderlich, wenn der Anspruch auf Zahlung der Vertragsstrafe bereits gerichtlich geltend gemacht worden ist.[192] Dagegen ist der Vorbehalt erforderlich, wenn der Auftraggeber vorher mit ihm die Aufrechnung gegenüber dem Vergütungsanspruch erklärt hat.[193]

104　Die Befugnis, den Vorbehalt zu erklären, steht, abgesehen von den Vertragsparteien selbst, den von ihnen hierzu bevollmächtigten Personen zu.[194] Eine stillschweigende Bevollmächtigung ist anzunehmen, wenn die Vertragspartei einen Dritten mit der rechtsgeschäftlichen Abnahme beauftragt hat.[195] Die Bevollmächtigung für die technische Abnahme reicht dagegen nicht aus. Dies bedeutet, dass der vom Auftraggeber eingeschaltete Architekt nur dann befugt ist, einen Vorbehalt bei der Abnahme zu erklären, wenn er hierzu ausdrücklich bevollmächtigt oder mit der rechtsgeschäftlichen Abnahme der Bauleistungen beauftragt ist.[196] Die Erklärung des Vorbehalts kann außer gegenüber dem Auftragnehmer nur gegenüber den von ihm mit der förmlichen Abnahme beauftragten Personen erfolgen.[197]

105　Der Vorbehalt ist bei der Abnahme zu erklären; eine frühere oder spätere Erklärung des Vorbehalts genügt nicht.[198] Ist eine förmliche Abnahme im Sinne des § 12 IV VOB/B vorgesehen, so muss der Vorbehalt in das Abnahmeprotokoll aufgenommen werden (§ 12 IV Nr. 1 S. 4 VOB/B).[199] Ein formularmäßiger Vorbehalt genügt.[200] Wird das Protokoll nicht an Ort und Stelle gefertigt und unterschrieben, ist bei einem engen zeitlichen und örtlichen Zusammenhang

185 *OLG Düsseldorf* NJW-RR 1997, 1516; *OLG Dresden* BauR 2000, 1881; *Werner/Pastor,* Rn. 2592.
186 *BGH* NJW 1966, 971; NJW 1999, 1108; *OLG Hamm* NJW-RR 1996, 1364; *OLG Köln* BauR 2001, 1105.
187 BGHZ 33, 236 = NJW 1961, 115; *Werner/Pastor,* Rn. 2570.
188 BGHZ 72, 222 = NJW 1979, 212. – Zum Vorbehalt bei der Teilabnahme s. *Werner/Pastor,* Rn. 2570.
189 *OLG Düsseldorf* NJW-RR 1994, 408; *Werner/Pastor,* Rn. 2572.
190 *BGH* NJW 1997, 1982; *Kniffka,* ZfBR 1998, 113; *Werner/Pastor,* Rn. 2577.
191 *BGH* NJW 1994, 942; NJW 1997, 1982.
192 BGHZ 68, 38 = NJW 1977, 531.
193 BGHZ 85, 240 = NJW 1983, 384; *OLG Celle* BauR 2000, 278.
194 *BGH* NJW 1987, 380; *LG Leipzig* NJW-RR 1999, 1183.
195 *BGH* NJW 1987, 380; *Werner/Pastor,* Rn. 2571.
196 *BGH* BauR 1973, 48; NJW 1987, 380; *LG Leipzig* NJW-RR 1999, 1183.
197 *BGH* NJW 1987, 380.
198 BGHZ 33, 236 = NJW 1961, 115; *BGH* NJW 1977, 897; BGHZ 85, 305 = NJW 1983, 385.
199 *BGH* BauR 1973, 192; *KG* BauR 1988, 230.
200 *BGH* NJW 1987, 380.

zwischen der Baustellenbesichtigung und der Erstellung des Protokolls die Nachholung des Vorbehalts noch bei der Unterschriftsleistung möglich.[201]

Das Erfordernis des Vorbehalts kann in AGB nicht abbedungen werden.[202] Zulässig ist allerdings, den Zeitpunkt zur Erklärung des Vorbehalts bis zur Schlusszahlung hinauszuschieben.[203]   **106**

Greift die Ausschlusswirkung des fehlenden Vorbehalts durch, so ist der Auftraggeber nicht gehindert, einen Anspruch auf Ersatz des Verzugsschadens geltend zu machen; den Verzögerungsschaden muss er in diesem Fall konkret nachweisen.[204]   **107**

5. Berechnung der Vertragsstrafe

Zur Berechnung des Zeitraums, für den die Vertragsstrafe verlangt werden kann, ist § 191 BGB zu beachten, wonach Sonn- und Feiertage sowie der arbeitsfreie Samstag mitgerechnet werden. § 11 III VOB/B stellt dagegen lediglich auf Werktage ab, wozu auch der Samstag zählt.[205]   **108**

Nach § 8 VII VOB/B endet die Frist für die Bemessung der Vertragsstrafe mit der Kündigung des Bauvertrags, da der Auftragnehmer von diesem Zeitpunkt an nicht mehr mit der Verpflichtung zur Erfüllung belastet ist. Nach dem Grundsatz der Akzessorietät der Vertragsstrafe muss Gleiches auch für den BGB-Vertrag gelten.   **109**

6. Herabsetzung der Vertragsstrafe

Eine unverhältnismäßig hohe Vertragsstrafe kann auf Antrag des Auftragnehmers herabgesetzt werden.   **110**

Ein formeller Antrag ist ebenso wenig Voraussetzung wie eine Bezifferung des Verlangens.[206] Die Herabsetzung steht im Ermessen des Gerichts; es hat hierbei die Ursachen der Verzögerung, insbesondere ein etwaiges Mitverschulden des Auftraggebers an der Verzögerung, sowie die überschlägige Höhe des Verzögerungsschadens zu berücksichtigen.[207] Die Anwendung des § 343 BGB kann durch eine Klausel in AGB nicht ausgeschlossen werden.[208] Ist der Auftragnehmer Kaufmann, findet eine Herabsetzung nicht statt (§ 348 HGB).

7. Anrechnung der Vertragsstrafe

Eine nach den vorangegangenen Ausführungen geschuldete Vertragsstrafe ist auf den Verzögerungsschaden, der vom Auftraggeber zusätzlich verlangt wird, anzurechnen (§§ 341 II, 340 II BGB, § 11 I VOB/B).[209]   **111**

Diese gesetzliche Regelung kann nicht durch AGB des Auftraggebers abbedungen werden.[210]

8. Verjährung

Der Anspruch auf Zahlung der Vertragsstrafe verjährt in der regelmäßigen Verjährungsfrist von drei Jahren (§ 199 BGB). Die Verjährungsfrist beginnt mit dem Zeitpunkt, in dem die Vertragsstrafe geltend gemacht wird, oder dem Zeitpunkt der Erklärung des Vorbehalts der Vertragsstrafe zu laufen. Die absolute Verjährungsfrist   **112**

---

[201] *BGH* BauR 1974, 206; BauR 1992, 232; *OLG Düsseldorf* BauR 1982, 582.
[202] BGHZ 85, 305 = NJW 1983, 385; *KG* BauR 1988, 230.
[203] BGHZ 85, 305 = NJW 1983, 385; *BGH* NJW-RR 2000, 1468; *LG Leipzig* NJW-RR 1999, 1183; *OLG Düsseldorf* NJW-RR 2001, 1387.
[204] Vgl. zur Berechnung des Verzögerungsschadens: *Werner/Pastor*, Rn. 2341 ff.
[205] *BGH* NJW 1978, 2594.
[206] *BGH* NJW 1968, 1625.
[207] *BGH* NJW 1984, 919; *OLG Frankfurt/M.* NJW 1975, 1519.
[208] *BGH* NJW 1968, 1625; *Werner/Pastor*, Rn. 2584.
[209] BGHZ 63, 256 = NJW 1975, 163.
[210] *OLG Düsseldorf* NJW-RR 2001, 1387.

tritt dagegen nach Ablauf von zehn Jahren (§ 199 IV BGB) nach Vorliegen der Voraussetzungen für die Geltendmachung der Vertragsstrafe ein.

IV. Ansprüche des Auftraggebers auf Sicherheitsleistung

1. Vereinbarung

113   Ein gesetzlicher Anspruch des Auftraggebers auf Stellung einer Sicherheit besteht nicht. Durch die Vereinbarung der VOB/B wird ein Anspruch auf Sicherheitsleistung ebenfalls nicht begründet; diese regelt lediglich die Rechte und Pflichten der Parteien für den Fall, dass die Stellung einer Sicherheit vertraglich vereinbart worden ist.[211] Es bedarf daher stets einer vertraglichen Vereinbarung über die Stellung einer Sicherheit, die zudem klar und eindeutig sein muss.[212]

Individualvertragliche Vereinbarungen unterliegen lediglich den Beschränkungen der §§ 134, 138, 242, 826 BGB. Vereinbarungen in AGB unterliegen der Inhaltskontrolle nach §§ 307 ff. BGB.[213]

2. Arten der Sicherheiten

114   Sie ergeben sich für den BGB-Vertrag aus §§ 232 bis 240 BGB, für den VOB-Vertrag aus § 17 III VOB/B. Eine Parteivereinbarung hat Vorrang. Sonst steht dem Auftragnehmer ein Wahlrecht zu.

115   Als Sicherheitsleistung kommen in Betracht: Hinterlegung von Geld; Einbehalten eines Teils der Vergütung. Branchenüblich sind 5 % der Bruttoauftragssumme.[214]

116   Beim VOB-Vertrag ist der Auftraggeber verpflichtet, den einbehaltenen Betrag auf ein Sperrkonto einzuzahlen (§ 17 V VOB/B). Von dieser Verpflichtung kann sich der Auftraggeber nicht durch eine Klausel in AGB befreien.[215] Zahlt der Auftraggeber den einbehaltenen Betrag nicht auf ein Sperrkonto ein, kann der Auftragnehmer nach Setzen einer angemessenen Nachfrist die Auszahlung des Sicherheitseinbehalts verlangen (§ 17 VI Nr. 3 VOB/B).

117   Beim BGB-Vertrag kann durch AGB des Auftraggebers die Stellung einer Sicherheit vereinbart werden. Eine solche Klausel ist jedoch nur dann wirksam, wenn dem Auftragnehmer ein angemessener Ausgleich gewährt wird.[216] Die Vereinbarung in AGB des Auftraggebers, dass der Auftragsnehmer einen Sicherheitseinbehalt in Höhe von 5 % der Auftragssumme für die ordnungsgemäße Vertragsabwicklung nach Abnahme insbesondere Gewährleistung nur durch eine Bürgschaft unter Verzicht auf die Einrede der Vorausklage ablösen kann, ist nach § 307 Abs. 1 BGB unwirksam.[217]

118   Die Stellung einer Bürgschaft. Nach § 239 I BGB muss der Bürge tauglich sein, d. h. ein angemessenes Vermögen besitzen. Die Stellung einer Bürgschaft auf erstes Anfordern kann durch eine Klausel in AGB des Auftraggebers nicht verlangt werden.[218]

---

[211] *Werner/Pastor,* Rn. 1624.
[212] *Werner/Pastor,* Rn. 1625.
[213] BGHZ 136, 27 = NJW 1997, 2598; *OLG München* NJW-RR 1992, 218.
[214] *Werner/Pastor,* Rn. 1642.
[215] *BGH* NJW-RR 2002, 1311; *KG* NJW-RR 1988, 1365.
[216] BGHZ 136, 27 = NJW 1997, 2598; *BGH* NJW-RR 2002, 1311; BGHZ 157, 29 = NJW 2004, 443.
[217] *BGH* NJW-RR 2011, 1526; BGHZ 181, 278 = NJW 2009, 3422.
[218] *BGH* BauR 2006, 106; NJW-RR 2005, 1040; BGHZ 150, 299 = NJW 2002, 2388; BGHZ 151, 229 = NJW 2002, 3098; *BGH* NJW-RR 2004, 880; *OLG München* NJW-RR 1992, 218; *BGH* NJW-RR 1990, 1265.

Die Stellung einer Bürgschaft im Rahmen einer Individualvereinbarung ist zulässig. Es besteht jedoch eine Aufklärungspflicht über die Bedeutung dieser Art der Bürgschaft gegenüber geschäftsunerfahrenen Personen.[219] Wird die Geltung der VOB/B und daneben die Stellung einer Bürgschaft auf erstes Anfordern durch Individualabrede vereinbart, unterliegt der Vertrag einschließlich der VOB/B-Regelungen der Inhaltskontrolle nach den §§ 307 ff. BGB.[220]

Hat der Auftragnehmer aufgrund einer entsprechenden vertraglichen Vereinbarung eine Bürgschaft auf erstes Anfordern gestellt, kann er diese nicht vom Auftraggeber zurückfordern. Er kann vom Auftraggeber lediglich verlangen, sich zu verpflichten, von dem Recht einer Zahlung auf erstes Anfordern keinen Gebrauch zu machen.[221]

Hinsichtlich des Umfangs der Bürgschaft ist zunächst die Parteivereinbarung maßgeblich. Zu unterscheiden sind Erfüllungs- und Gewährleistungsbürgschaften. **119**

Die Erfüllungsbürgschaft sichert den Anspruch auf rechtzeitige und vollständige Erfüllung der Werkleistung.[222] Sie deckt alle Ansprüche des Auftraggebers bis zur Abnahme der Werkleistung ab, also Ansprüche auf Beseitigung der während der Bauausführung auftretenden Mängel, aber auch Schadensersatzansprüche wegen Verzugs und auf Zahlung von Vertragsstrafen.

Die Gewährleistungsbürgschaft sichert die Ansprüche auf Beseitigung der nach Abnahme aufgetretenen Mängel, das Recht zur Minderung und die dem Auftraggeber aufgrund der mangelhaften Leistung des Auftragnehmers entstehenden Schadensersatzansprüche. Der Umfang der zu leistenden Sicherheit ist durch Auslegung der vertraglichen Vereinbarung zu bestimmen. **120**

In zeitlicher Hinsicht gilt die Erfüllungsbürgschaft mangels besonderer Abrede bis zum Zeitpunkt der Abnahme der Werkleistung, die Gewährleistungsbürgschaft bis zum Ablauf der Gewährleistungsfrist. Vor Ablauf der Gewährleistungsfrist angezeigte Mängel werden von der Bürgschaft erfasst (§ 17 VIII Nr. 2 S. 2 VOB/B).[223] Dem Auftraggeber steht wegen der zu diesem Zeitpunkt noch bestehenden Ansprüche ein Zurückbehaltungsrecht an der gestellten Sicherheit in Höhe des Dreifachen des für die Mängelbeseitigung erforderlichen Betrags zu.[224] **121**

Der Anspruch des Auftraggebers aus einer Gewährleistungsbürgschaft entsteht, nach § 13 V Nr. 2 VOB/B ebenso wie nach den §§ 634 Nr. 2, 637 BGB mit fruchtlosem Fristablauf, ohne dass zusätzlich der Auftraggeber dem Auftragnehmer gegenüber einen auf Gewährleistung gestützten Zahlungsanspruch geltend machen muss.[225] Da der Auftraggeber zu diesem Zeitpunkt regelmäßig auch Kenntnis von den den Anspruch begründenden Umständen und der Person des Schuldners hat, beginnt die Verjährung der Forderung aus einer Gewährleistungsbürgschaft mit Ablauf der Frist zur Mängelbeseitigung zu laufen.[226] **122**

3. Austausch von Sicherheiten

Der Auftragnehmer ist berechtigt, eine von ihm geleistete Sicherheit gegen eine andere auszutauschen (§ 235 BGB, § 17 III VOB/B). Dieses Recht des Auftragneh- **123**

---

[219] *BGH* NJW 1992, 1446.

[220] *BGH* NJW-RR 2007, 1317.

[221] BGHZ 154, 378 = NJW 2003, 2605.

[222] *BGH* NJW 1988, 907; NJW 1989, 1856; NJW-RR 1990, 811; *OLG Karlsruhe* NJW-RR 1998, 533.

[223] BGHZ 121, 168 = NJW 1993, 1131; BGHZ 121, 173 = NJW 1993, 1132.

[224] BGHZ 121, 168 = NJW 1993, 1131; BGHZ 121, 173 = NJW 1993, 1132; *BGH* MDR 2008, 199.

[225] *BGH* NZBau 2013, 30.

[226] Vgl. hierzu *Bräuer,* NZBau 2013, 148.

mers kann nicht durch eine Klausel in AGB des Auftraggebers ausgeschlossen oder
eingeschränkt werden.[227]

Beispiel: Der Auftragnehmer kann durch Stellung einer Bürgschaft erreichen, dass die von dem
Auftraggeber einbehaltene Vergütung an ihn ausbezahlt wird.[228]

124 Wenn der Auftraggeber nach Stellung einer Bürgschaft des Auftragnehmers den zur
Sicherheit einbehaltenen Betrag nicht an den Auftragnehmer zahlt, ist er zur Rückgabe der Bürgschaft an den Auftragnehmer verpflichtet. Die Stellung der Bürgschaft
steht unter der auflösenden Bedingung, der Auftraggeber werde seiner Verpflichtung
zur Auszahlung des einbehaltenen Betrags alsbald nachkommen.[229]

Ein Anspruch des Auftragnehmers auf Auszahlung des einbehaltenen Betrags besteht
bei Stellung einer Bürgschaft, solange der Sicherungsfall noch nicht eingetreten ist[230]
oder wenn der Auftraggeber die Bürgschaft verwertet.[231]

Ist der Sicherungsfall bei Stellung der Austauschbürgschaft bereits eingetreten, so
steht es im Belieben des Auftraggebers, ob er die Austauschbürgschaft annimmt oder
auf den einbehaltenen Betrag zurückgreift. Äußert sich der Auftraggeber trotz Aufforderung des Auftragnehmers nicht, verbleibt es bei dem Austauschrecht des Auftragnehmers.[232]

4. Rückgabe der Sicherheit

125 Der Auftraggeber hat die Sicherheit nach Ablauf der vereinbarten Frist zurückzugeben. Bei Stellung einer Bürgschaft hat der Auftragnehmer einen Anspruch auf
Herausgabe der Bürgschaftsurkunde an ihn selbst.[233]

5. Sicherheit und Einrede nach §§ 273, 320 BGB

126 Die Stellung einer Sicherheit schließt das Recht des Auftraggebers nicht aus, die
Einrede des nicht erfüllten Vertrags (§ 320 BGB) zu erheben oder ein Zurückbehaltungsrecht geltend zu machen (§ 273 I BGB).[234] Bei der Bemessung des Druckzuschlags ist die Höhe der geleisteten Sicherheit jedoch einzubeziehen.[235]

V. Ansprüche wegen zweckwidriger Verwendung von Baugeld nach dem Gesetz über die Sicherung von Bauforderungen (BauFordSiG)

127 Dem Subunternehmer oder dem Lieferanten können gegen den Auftragnehmer zudem Schadensersatzansprüche nach dem Gesetz über die Sicherung der Bauforderungen – Bauforderungssicherungsgesetz – i. d. F. vom 23.10.2008[236] (BauFordSiG) zustehen. Das BauFordSiG in der seit dem 1.1.2009 geltenden Fassung ist auf die nach
dem 31.12.2008 begangenen pflichtwidrigen Tathandlungen anwendbar.[237] Das Bau-

---

[227] *BGH* NJW-RR 2002, 1311; NJW 2000, 1863.
[228] Vgl. zur Abtretung einbehaltenen Werklohns *BGH* NJW 2011, 443.
[229] BGHZ 136, 195 = NJW 1997, 2958; *Werner/Pastor,* Rn. 1242.
[230] BGHZ 148, 151 = NJW 2001, 3629.
[231] *BGH* NJW-RR 2000, 1259.
[232] BGHZ 148, 151 = NJW 2001, 3629.
[233] *BGH* NJW 2009, 218.
[234] *BGH* NJW 1981, 2801; NJW 1982, 2494; *OLG Dresden* NJW-RR 2001, 1598.
[235] *OLG Dresden* NJW-RR 2001, 1598; *Werner/Pastor,* Rn. 1245.
[236] BGBl. I S. 2022, in Kraft seit dem 1.1.2009.
[237] Vgl. *BGH* NJW-RR 2013, 393.

FordSiG ist für den Subunternehmer oder Lieferanten deswegen von Bedeutung, weil ihm bei einer schuldhaften Verletzung der darin geregelten Pflichten über die ordnungsgemäße Verwendung von Baugeld (§ 1 BauFordSiG) Schadensersatzansprüche nicht lediglich gegen den Auftragnehmer[238], sondern, soweit es sich um eine juristische Person des Privatrechts handelt, auch gegen die zur Geschäftsführung berufenen Vertreter erwachsen können. Die Bestimmung des § 1 BauFordSiG ist Schutzgesetz im Sinne des § 823 II BGB.

Den Empfänger von Baugeld trifft nach §§ 1 I BauFordSiG, 823 II BGB eine Schadensersatzpflicht, wenn er schuldhaft Baugeld nicht zur Befriedigung solcher Personen verwendet, die an der Herstellung des Baues auf Grund eines Werk-, Dienst- oder Lieferungsvertrags beteiligt sind. Eine anderweitige Verwendung des Baugeldes ist statthaft, soweit der Empfänger mit anderen Mitteln, etwa aus eigenen Mitteln, Gläubiger der bezeichneten Art befriedigt hat. Der lediglich mit einem Teil des Baus beauftragte Unternehmer oder Subunternehmer ist dagegen nicht als Empfänger von Baugeld anzusehen.[239]

Nach § 1 III 1 Nr. 1 BauFordSiG sind Baugeld Geldbeträge, die zum Zweck der **128** Bestreitung der Kosten eines Baues oder Umbaues in der Weise gewährt werden, dass zur Sicherung der Ansprüche des Geldgebers eine Hypothek oder Grundschuld an dem zu bebauenden Grundstück dient oder die Übertragung eines Eigentums an dem Grundstück erst nach gänzlicher oder teilweiser Herstellung des Baues oder Umbaues erfolgen soll. Als Geldbeträge, die zum Zweck der Bestreitung der Kosten eines Baues gewährt werden, gelten insbesondere solche, deren Auszahlung ohne nähere Bestimmung des Zwecks der Verwendung nach Maßgabe des Fortschreitens des Baues erfolgen soll (§ 1 III 2 BauFordSiG). Unerheblich ist, ob die Hypothek oder die Grundschuld vor oder nach Auszahlung des Darlehens im Grundbuch eingetragen wird.[240] Nicht vom Baugeld erfasst werden öffentliche Fördermittel.[241] Bei modifizierten Baugelddarlehen, die teilweise auch anderen Zwecken dienen, liegt Baugeld nur insoweit vor, als das Darlehen nach der vertraglichen Zweckbestimmung dazu dienen soll, die Verbindlichkeiten des Empfängers gegenüber den an der Herstellung des Baus aufgrund eines Werk-, Dienst- oder Werklieferungsvertrags beteiligten Personen zu tilgen.[242] In Erweiterung des bisherigen Anwendungsbereichs sind Baugeld gemäß § 1 III 1 Nr. 2 BauFordSiG auch solche Beträge, die der Empfänger von einem Dritten für eine im Zusammenhang mit der Herstellung eines Baues oder Umbaues stehenden Leistung, die der Empfänger dem Dritten versprochen hat, erhalten hat, wenn an dieser Leistung andere Unternehmer auf Grund eines Werk-, Dienst- oder Kaufvertrags beteiligt waren. Mit dem Begriff Bau i. S. des § 1 BauFordSiG werden nicht nur Gebäude, sondern Bauwerke im Allgemeinen erfasst.[243]

Der Lieferant hat zur Begründung des Schadensersatzanspruchs darzulegen, in wel- **129** cher Höhe der Auftragnehmer oder einer zur Geschäftsführung berufener Vertreter Baugeld erhalten hat und dass dieser Kenntnis von der Baugeldeigenschaft der empfangenen Gelder hatte.[244]

---

[238] *BGH* NJW 2010, 3365 (Generalunternehmer).
[239] BGHZ 143, 301 = NJW 2000, 956; *OLG München* NJW-RR 2013, 212; *Hochstadt,* NJW 2013, 1712.
[240] *BGH* NJW 1988, 263.
[241] *BGH* NJW-RR 2000, 1261.
[242] *BGH* NJW-RR 2013, 340.
[243] *BGH* NJW-RR 2013, 393.
[244] *BGH* NJW 1987, 1196; NJW-RR 1996, 976; *OLG Dresden* NJW-RR 1999, 1469.

130 Dem Lieferanten kommen dabei Beweiserleichterungen zugute:

Der am Bau Beteiligte hat nur die zweckwidrige Verwendung des Baugeldes darzulegen; es kommt nicht darauf an, ob seine Forderung bei ordnungsgemäßer Verwendung befriedigt worden wäre. Ausreichend für das Vorliegen eines Verstoßes gegen die Verwendungspflicht nach § 1 BauFordSiG, wenn der Nachweis erbracht wird, dass der Baugeldempfänger Baugeld in mindestens der Höhe der Forderung des Baugeldgläubigers erhalten hat und dass von dem Baugeld nichts mehr vorhanden ist, ohne dass eine Forderung des Baugläubigers erfüllt worden wäre.[245] Der Empfänger von Baugeld wird von seiner Schadenersatzpflicht nur in dem Umfang frei, in dem er andere Baugläubiger aus dem empfangenen Baugeld oder aus anderen Mitteln befriedigt hat; insoweit trifft den Baugeldempfänger die Darlegungs- und Beweislast.[246]

131 Bei Vorliegen dieser Voraussetzungen steht dem am Bau Beteiligten ein Schadensersatzanspruch in dem Umfang zu, in dem das Baugeld zweckwidrig verwendet worden ist und er mit seiner Werklohnvergütung ausgefallen ist. Ersatzfähig sind daneben auch die aufgewendeten Kosten eines gegen den Auftragnehmer wegen der Werklohnforderung geführten Rechtsstreits.[247]

---

[245] *BGH* NJW-RR 2013, 340; NJW-RR 2002, 740.
[246] *BGH* NJW 2010, 3365; NJW 1985, 134; *OLG Jena* NJW-RR 2012, 1107; *OLG Düsseldorf* NJW-RR 1996, 1363.
[247] *BGH* NJW-RR 1990, 280; *OLG Düsseldorf* BauR 1989, 234.

§ 18. Die Abwicklung des vorzeitig beendeten Bauvertrags

Wird der Bauvertrag durch Kündigung oder den Abschluss eines Aufhebungsvertrags 1
einvernehmlich vorzeitig beendet, ist zu unterscheiden zwischen dem Vergütungsanspruch des Auftragnehmers für die bereits erbrachten Leistungen und die noch
nicht erbrachten Leistungen.[1] Für die Abwicklung sind nachfolgende Besonderheiten
zu beachten.

I. Abnahme und Fälligkeit

Die Vergütung des Auftragnehmers für die erbrachten Leistungen wird auch im Fall 2
einer vorzeitigen Beendigung des Bauvertrags nach Kündigung oder einvernehmli-
cher Vertragsaufhebung erst mit Abnahme der ausgeführten Arbeiten fällig, soweit
nicht eine Abnahme, etwa wegen ernsthafter und endgültiger Verweigerung des
Auftraggebers, entbehrlich ist.[2] Haben die Parteien die VOB/B vereinbart, ist außerdem die Erteilung einer prüfbaren Schlussrechnung erforderlich.[3]

Die Abnahme ist maßgeblich für die Verteilung der Beweislast hinsichtlich der Mangelfreiheit
der Bauleistungen.[4]

Der Auftragnehmer kann zudem Aufmaß und Abnahme der von ihm ausgeführten 3
Leistungen verlangen (§ 8 VI VOB/B).

Diese Abnahme dient der beweismäßigen Feststellung des Umfangs der von dem Auftragnehmer ausgeführten Leistungen. Eine fiktive Abnahme nach § 12 V VOB/B ist ausgeschlossen.[5]

II. Abrechnung nach freier Kündigung des Auftraggebers

Kündigt der Auftraggeber den Vertrag ohne wichtigen Grund nach § 649 S. 1 BGB, 4
§ 8 I Nr. 1 VOB/B, behält der Auftragnehmer den Anspruch auf die volle Vergütung; er muss sich jedoch die durch die Nichtausführung entstandenen Ersparnisse
und den durch das Freiwerden seiner Arbeitskraft nunmehr anderweitig erzielten
oder jedenfalls erzielbaren Gewinn anrechnen lassen (§ 649 S. 2 BGB, § 8 I Nr. 2
VOB/B).

1. Prüfbare Abrechnung

Der Auftragnehmer hat beim VOB-Vertrag unverzüglich eine prüfbare Abrechnung 5
vorzulegen (§ 8 VI VOB/B).[6] Der Abrechnung ist das gemeinsame Aufmaß zugrunde
zu legen.

Erforderlich ist, dass der Auftragnehmer die Vergütung für die erbrachten und nicht 6
erbrachten Leistungen berechnet, da sich der Abzug ersparter Aufwendungen oder
eines anderweit erzielten Gewinns nur auf die Vergütung für die nicht erbrachten

---

[1] BGHZ 36, 316 = NJW 1962, 907; *BGH* NJW 1996, 3270.
[2] BGHZ 167, 345 = NJW 2006, 2475.
[3] BGHZ 143, 79 = NJW 2000, 653; *OLG Brandenburg* BauR 2007, 1106; *OLG Köln* BauR
2008, 129.
[4] *BGH* NJW 1993, 1972; BGHZ 136, 33 = NJW 1997, 3017.
[5] BGHZ 80, 252 = NJW 1981, 1839; BGHZ 153, 244 = NJW 2003, 1450.
[6] *BGH* NJW-RR 1988, 208.

Leistungen auswirken kann.[7] Das gilt auch für den Pauschalpreisvertrag.[8] Die auf die nicht erbrachten Leistungen entfallende Vergütung ist die Bemessungsgrundlage für die Pauschale der Vermutungsregel in § 649 S. 3 BGB.[9]

Beim Einheitspreisvertrag hat die Abrechnung entsprechend der vereinbarten Einheitspreise zu erfolgen.[10] Beim Pauschalpreisvertrag, dem ein nach Einheitspreisen aufgeschlüsseltes Angebot vorausgegangen ist, kann dieses Angebot eine geeignete Grundlage für die Ermittlung der vom Auftragnehmer für die erbrachten Leistungen zu beanspruchenden Vergütung sein.[11] Der Auftragnehmer hat die von ihm erbrachten Leistungen darzulegen und von den nicht erbrachten Leistungen abzugrenzen und anschließend ist der Wert der erbrachten Leistungen nach dem Verhältnis des Werts der erbrachten Teilleistungen zum Wert der nach dem Pauschalpreisvertrag geschuldeten Gesamtleistung zu bestimmen.[12]

Der Auftragnehmer muss insoweit die Grundlagen seiner Kalkulation offen legen, da er verpflichtet ist, die Vergütung auf der Grundlage der ursprünglich getroffenen Vereinbarung zu ermitteln.[13] Gegenansprüche des Auftraggebers wegen Mängeln der Bauleistung werden durch die Abrechnung nicht berührt.[14]

2. Ersparnis und entgangener Gewinn

a) Ersparte Aufwendungen

7   Ersparte Aufwendungen sind solche Aufwendungen, die der Auftragnehmer bei Ausführung des Vertrages hätte machen müssen, infolge der Beendigung des Vertrages jedoch nicht mehr machen muss.[15] Abzustellen ist auf die Aufwendungen, die sich nach den Vertragsgrundlagen unter Berücksichtigung der Kalkulation des im konkreten Fall nicht ausgeführten Vertrags ergeben.[16]

Zu den ersparten Aufwendungen gehören in der Regel die Herstellungskosten, nicht dagegen die allgemeinen Geschäftsunkosten.[17]

b) Anderweitige Erwerbsmöglichkeit

8   Gewinn aus anderweitig erzieltem oder böswillig unterlassenem Erwerb kann nur angerechnet werden, wenn er auf den Wegfall des Auftrags zurückgeführt werden kann.[18]

c) Umsatzsteuer

9   Für nicht ausgeführte Leistungen kann der Auftragnehmer keine Umsatzsteuer verlangen.[19]

---

[7] *BGH* NJW 1996, 3270; NJW 1997, 733; BGHZ 144, 242 = NJW 2000, 2988; NJW 2002, 2780.
[8] *BGH* NJW 1997, 733; NJW 1999, 2036; NJW-RR 1998, 234; NJW-RR 1998, 236.
[9] *BGH* NJW-RR 2011, 1588.
[10] BGHZ 131, 362 = NJW 1996, 1282; NJW-RR 1999, 1464; BGHZ 140, 263 = NJW 1999, 1253.
[11] *BGH* NJW 1996, 3270; NJW 2000, 1257; NJW-RR 1998, 236.
[12] *BGH* NJW 1996, 3270; NJW 2001, 521; NJW-RR 2002, 1177.
[13] *BGH* NJW 1995, 2712; NJW 1997, 733; NJW-RR 1998, 234; NJW-RR 1998, 236; NJW-RR 1999, 960; *OLG Düsseldorf* NJW-RR 1998, 670; *OLG Celle* NJW-RR 1998, 1170; *OLG Oldenburg* NJW-RR 1999, 1575.
[14] *BGH* NJW 1993, 1972; NJW-RR 1988, 208.
[15] *Palandt/Sprau*, § 649 Rn. 5.
[16] BGHZ 131, 362 = NJW 1996, 1282.
[17] *BGH* NJW-RR 2006, 29; BGHZ 107, 67 = NJW 1989, 1669; BGHZ 131, 362 = NJW 1996, 1282; *BGH* NJW 1996, 3270; NJW-RR 1999, 1464.
[18] BGHZ 131, 362 = NJW 1996, 1282; *OLG Koblenz* NJW-RR 1992, 850; zu Füllaufträgen vgl. *OLG Saarbrücken* BauR 2006, 854; *OLG Hamm* BauR 2006, 1310.
[19] *BGH* NJW 1996, 3270; *BGH* DB 2008, 230.

d) Beweislast

Der Auftragnehmer hat die Höhe der Ersparnis darzulegen, weil nur er dazu in der   10
Lage ist.[20] Gleiches gilt für einen etwaigen anderweitigen Erwerb. Den Auftraggeber
trifft dagegen die Beweislast für die Höhe der auf die Vergütung anzurechnenden
ersparten Aufwendungen und des anderweit zu erzielenden Gewinns.[21]

e) AGB-Klauseln

AGB-Klauseln des Auftragnehmers, die eine pauschale Abgeltung seiner nicht er-   11
brachten Leistungen vorsehen, sind grundsätzlich zulässig. Zu beachten ist, dass
Klauseln in AGB des Auftragsnehmers nicht am Maßstab der Pauschale in § 649 S. 3
BGB zu messen sind, weil es sich insoweit um eine Erleichterung der Darlegungslast
des Auftragnehmers handelt.[22] Dem Auftraggeber muss jedoch der Nachweis offen
stehen, dass der Auftragnehmer höhere Aufwendungen erspart hat oder anderweit
einen höheren Gewinn erzielt hat.[23]

Dagegen sind Klauseln des Auftragnehmers, die eine Anrechnung von Ersparnissen völlig
ausschließen, nach § 307 BGB unwirksam.[24] Das Gleiche gilt für eine Klausel in AGB des
Auftragnehmers, die die Anrechnung der ersparten Aufwendungen auf einen bestimmten Prozentsatz beschränkt.[25]

Umgekehrt darf auch der Auftraggeber in seinen AGB den Vergütungsanspruch für   12
erbrachte Leistungen nicht ausschließen[26] oder die anzurechnenden Ersparnisse mit
einem bestimmten Prozentsatz festlegen.[27] Unwirksam ist ferner eine Klausel in AGB
des Auftraggebers, wonach der Vergütungsanspruch auf die bisher erbrachten Leistungen beschränkt sein soll.[28]

III. Abrechnung bei Kündigung des Auftraggebers aus wichtigem Grund

Hat der Auftragnehmer bei einer Kündigung des Bauvertrags aus wichtigem Grund   13
durch den Auftraggeber den Kündigungsgrund zu vertreten, so beschränkt sich seine
Vergütung auf die erbrachten Leistungen.[29] Für die nicht erbrachten Leistungen steht
ihm keine Vergütung zu.[30]

Beim VOB-Vertrag kann er nach § 8 III Nr. 3 VOB/B eine Vergütung verlangen, wenn der
Auftraggeber bei Weiterführung der Arbeiten Geräte, Gerüste, auf der Baustelle vorhandene
Einrichtungen und angelieferte Stoffe und Bauteile in Anspruch nimmt.

---

[20] BGHZ 131, 262 = NJW 1996, 1282; BGHZ 140, 263 = NJW 1999, 1253; *BGH* NJW-RR
1999, 1464.
[21] *BGH* NJW-RR 2001, 385; NJW-RR 1986, 1026.
[22] *BGH* NJW 2011, 1954.
[23] *BGH* NJW 2011, 3030, BGHZ 165, 325 = NJW 2006, 904; BGHZ 144, 133 = NJW 2000,
3498; BGHZ 87, 112 = NJW 1983, 1489; *BGH* NJW 1983, 1491; *OLG Hamm* NJW-RR 1992,
22; Einzelheiten bei *Werner/Pastor*, Rn. 1741.
[24] BGHZ 54, 106 = NJW 1970, 1596; BGHZ 60, 353 = NJW 1973, 1190; BGHZ 92, 244 =
NJW 1985, 631; *BGH* NJW-RR 1990, 156; NJW-RR 1998, 1391.
[25] *BGH* NJW 1996, 1751; BGHZ 131, 362 = NJW 1996, 1282.
[26] BGHZ 92, 244 = NJW 1985, 631; *BGH* NJW-RR 1990, 156; NJW 2007, 3423; *OLG
München* NJW-RR 1987, 661; zur Teilkündigung: *OLG Düsseldorf* NJW-RR 1992, 216; *OLG
Frankfurt/M.* NJW-RR 1986, 245.
[27] *Werner/Pastor*, Rn. 1740.
[28] *BGH* NJW 2007, 3423.
[29] BGHZ 31, 224 = NJW 1960, 431; BGHZ 136, 33 = NJW 1997, 3017; *BGH* NJW 1993,
1972; NJW 1995, 1837; NZBau 2001, 621.
[30] *BGH* NJW 1995, 1837.

1. Einwendungen des Auftraggebers gegen den Vergütungsanspruch beim BGB-Vertrag

14   Der Auftraggeber kann dem Vergütungsanspruch des Auftragnehmers für die ausgeführten Leistungen in den folgenden Fällen eine Gegenforderung entgegenhalten:

15   Der Auftraggeber kann gegebenenfalls mit einem Gegenanspruch auf Ersatz seines Verzugsschadens (§§ 280 II, 286 BGB) aufrechnen.

16   Dem Auftraggeber kann ein Schadensersatzanspruch wegen vorzeitiger Auflösung des Vertrages wegen der Verletzung einer vertraglichen Nebenpflicht (§§ 241 II, 282 BGB) zustehen. Hinsichtlich der erbrachten Leistungen kann der Auftraggeber möglicherweise auch Schadensersatz in der Weise verlangen, dass die Vergütung für die erbrachte Teilleistung entfällt, weil sie für den Auftraggeber ohne Wert ist.[31]

17   Der Auftraggeber kann die nicht vollständig erbrachte Leistung durch eine Drittfirma fertigstellen lassen und dem Auftragnehmer die Kosten hierfür in Rechnung stellen.

2. Einwendungen gegen den Vergütungsanspruch beim VOB/B-Vertrag

18   Dem Auftraggeber stehen die gleichen Gegenrechte zu wie beim BGB-Vertrag. Sonderregeln bestehen, soweit der Auftraggeber Schadensersatz wegen Verzugs mit der Beseitigung eines Mangels verlangen (§ 4 VII 3 VOB/B) oder Schadensersatz wegen verzögerter Bauausführung beanspruchen will (§§ 5 IV, 6 VI VOB/B). Im Übrigen ist danach zu differenzieren, aus welchem Grund der Auftraggeber gekündigt hat:

19   Kündigt der Auftraggeber wegen Vermögensverfalls des Auftragnehmers, besteht ein Ersatzanspruch des Auftraggebers nach § 8 II Nr. 2 VOB/B.

20   Entzieht der Auftraggeber dem Auftragnehmer den Auftrag nach § 8 III VOB/B i. V. mit § 4 VII oder § 5 IV VOB/B, hat der Auftraggeber einen vom Verschulden des Auftragnehmers unabhängigen Anspruch auf Ersatz der Mehraufwendungen, die zur Fertigstellung der Arbeiten durch eine Drittfirma erforderlich sind (§ 8 III Nr. 2 S. 1 VOB/B).[32] Außerdem steht ihm ein Schadensersatzanspruch wegen Nichterfüllung des gesamten Vertrages zu, wenn die weitere Ausführung des Vertrages aus Gründen, die zur Entziehung des Auftrags geführt haben, für ihn ohne Interesse ist.[33] Der Auftraggeber hat dem Auftragnehmer eine Aufstellung über die entstandenen Mehrkosten und über seine anderen Ansprüche spätestens binnen 12 Werktagen nach Abrechnung mit dem Dritten zuzusenden (§ 8 III Nr. 4 VOB/B).

3. AGB-Klauseln

21   AGB-Klauseln des Auftraggebers, die den Anspruch des Auftragnehmers hinsichtlich der ausgeführten Leistungen einschränken, sind unwirksam.[34]

---

[31] *BGH* NJW 1975, 825; BGHZ 136, 33 = NJW 1997, 3017; BGHZ 83, 181 = NJW 1982, 1387.
[32] *BGH* NJW 2000, 1116. – Zum Vorschussanspruch s. *BGH* NJW-RR 1989, 849.
[33] BGHZ 62, 90 = NJW 1974, 646; *Werner/Pastor,* Rn. 1764.
[34] *BGH* NJW-RR 1990, 156 m. w. N.; *Werner/Pastor,* Rn. 1739.

IV. Abrechnung bei Kündigung des Auftragnehmers

Dem Auftragnehmer stehen, wenn er ausnahmsweise zur vorzeitigen Beendigung des   22
Bauvertrags berechtigt ist, die folgenden Rechte zu:

1. BGB-Vertrag

Tritt der Auftragnehmer wegen Nichterbringung einer fälligen Zahlung durch den   23
Auftraggeber vom Vertrag zurück, richtet sich die Rückabwicklung nach § 346 BGB.

Der Auftragnehmer hat Anspruch auf Wertersatz der erbrachten Leistungen, der sich nach der
im Vertrag vereinbarten Gegenleistung bestimmt (§ 346 II 2 BGB). Für die Höhe des Wertersatzes trägt der Auftragnehmer die Darlegungs- und Beweislast.[35]
Daneben kann der Auftragnehmer einen Schadensersatzanspruch gegen den Auftraggeber haben
(§ 325 BGB). In Betracht kommen Ansprüche auf Ersatz des Verzugsschadens (§§ 280 II, 286
BGB), auf Schadensersatz wegen Nichterfüllung (§§ 280, 281 BGB) und auf Schadensersatz wegen
einer schuldhaften Verweigerung einer erforderlichen Mitwirkungshandlung (§§ 241 II, 282 BGB).

Ist die Mitwirkung des Auftraggebers ohne Verschulden unterblieben, steht dem   24
Auftragnehmer ein Anspruch auf Entschädigung gemäß § 642 BGB zu.[36]

2. VOB/B-Vertrag

Im Ergebnis besteht die gleiche Rechtslage wie beim BGB-Vertrag.   25

Nach § 9 III VOB/B hat der Auftragnehmer Anspruch auf Zahlung einer Vergütung
für die von ihm erbrachten Leistungen, die nach den Vertragspreisen abzurechnen sind.
Die Klausel verweist im Übrigen auf die Vorschrift des § 642 BGB und lässt weitergehende Ansprüche, etwa Schadensersatzansprüche des Auftragnehmers, unberührt.

V. Abrechnung bei Kündigung wegen langfristiger Unterbrechung

Wird der Bauvertrag von einer der Vertragsparteien wegen einer Unterbrechung   26
gekündigt, die länger als drei Monate dauert (§ 6 VII VOB/B), richtet sich die
Abrechnung nach § 6 V, VI VOB/B. Die ausgeführten Leistungen sind nach den
vereinbarten Vertragspreisen abzurechnen. Der Auftraggeber hat dem Auftragnehmer
die Kosten zu vergüten, die bereits entstanden und in den Vertragspreisen des nicht
ausgeführten Teils der Leistungen enthalten sind (z. B. Kosten für die Baustellen-
einrichtung). Daneben besteht ein Schadensersatzanspruch gegen den Vertragsteil,
der die hindernden Umstände zu vertreten hat (§ 6 VI VOB/B).

VI. Abrechnung bei einvernehmlicher Vertragsaufhebung

Vereinbaren die Parteien einvernehmlich, dass der Bauvertrag nicht fortgeführt wer-   27
den soll, richtet sich die Abrechnung, sofern die Parteien nichts Abweichendes vereinbart haben, nach den Regeln, die für eine Kündigung des Vertrags durch den
Auftraggeber gelten.

Danach hängt es davon ab, wer die vorzeitige Vertragsauflösung zu vertreten hat. Der Auftraggeber kann Gründe dafür, dass die Vertragsaufhebung vom Auftragnehmer zu vertreten ist, noch
nach Abschluss der Vereinbarung über die Aufhebung des Vertrags nachschieben.[37]

---

[35] *BGH* NJW 1996, 3270; NJW 2000, 1257.
[36] *OLG Celle* NJW-RR 2000, 234; *Werner/Pastor,* Rn. 1778.
[37] *BGH* NJW-RR 2005, 325; BauR 1999, 1303; BGHZ 65, 391 = NJW 1976, 518; BGHZ 62,
208 = NJW 1974, 945; *Werner/Pastor,* Rn. 1782.

§ 19. Prozessuale Fragen

I. Allgemeines

1. Schlüssigkeitsprüfung

1   Bei der Bearbeitung eines Bauprozesses ist es zunächst erforderlich, die Schlüssigkeit des Klagevorbringens und im Anschluss daran die Erheblichkeit der dagegen vorgebrachten Einwendungen zu überprüfen.

Was von den Parteien im Prozess vorzutragen und im Falle des Bestreitens durch den Gegner zu beweisen ist, richtet sich nach den Regeln zur Verteilung der Darlegungs- und Beweislast. Grundsätzlich gilt, dass die Partei die Tatsachen vorzutragen und zu beweisen hat, die der Begründung der von ihr geltend gemachten Ansprüche dienen. Erforderlich und ausreichend ist ein Sachvortrag, wenn die Partei Tatsachen vorträgt, die in Verbindung mit einem Rechtssatz geeignet und erforderlich sind, das geltend gemachte Recht als in ihrer Person entstanden erscheinen zu lassen.[1] An das Bestreiten sind keine hohen Anforderungen zu stellen.[2]

a) Substantiierungslast

2   Die Anforderungen an den Sachvortrag dürfen dabei nicht überspannt werden. Der Richter sollte der Versuchung widerstehen, eine Beweisaufnahme bei komplexen Sachverhalten unter Hinweis auf einen nicht ausreichend substantiierten Vortrag einer Partei zu vermeiden. Auf Unklarheiten oder Widersprüche im Vortrag ist die Partei hinzuweisen.[3]

Beispiele: Zur Darlegung von Mängeln genügt es, wenn die konkrete Erscheinung des Mangels dargelegt wird (sog. „Symptomtheorie"). Nicht erforderlich ist, dass zu den Ursachen des Mangels oder zu technischen Fragen Ausführungen gemacht werden.[4] Die Bezugnahme auf ein in einem selbständigen Beweisverfahren erstattetes Gutachten genügt.[5] Einzelheiten zu dem genauen Zeitpunkt eines Vorgangs sind nur erforderlich, wenn dies für die Rechtsfolgen von Bedeutung ist, wie z.B. bei nicht eingehaltenen Fertigstellungsfristen, oder wenn aufgrund näherer Darlegungen der Gegenseite der Vortrag durch Darlegung der näheren Umständen eines Geschehens zu konkretisieren ist.

Zum Sachvortrag der Partei gehören auch die in Bezug genommenen Anlagen, wie etwa Leistungsbeschreibung, Planungsunterlagen, Stundenlohnzettel, Bauablaufpläne, Aufmaße und Rechnungen, die vom Gericht ebenfalls ausgewertet werden müssen.[6] Bei Unklarheiten ist auf eine Erläuterung der Unterlagen durch die Parteien hinzuwirken. Privatgutachten, auf die eine Partei im Prozess Bezug nimmt, sind als qualifizierter Sachvortrag zu bewerten.[7] Der von der Partei beauftragte Gutachter ist, sofern die Partei dies beantragt, zu den Beweisfragen als sachverständiger Zeuge zu hören.

---

[1] BGHZ 172, 237 = NJW 2007, 3712; BGHZ 162, 259 = NJW 2005, 1653; *BGH* NJW-RR 2003, 69; NJW 2007, 1874.
[2] Vgl. *BGH* NJW-RR 2008, 112 zum Bestreiten einer Pauschalpreisabrede.
[3] S. u. Rn. 6 ff.
[4] *BGH* BauR 1999, 899; BauR 1998, 632; NJW-RR 1997, 1376; BGHZ 90, 99 = NJW 1990, 1442; zum Ganzen *Zahn*, BauR 2006, 1823.
[5] *BGH* NJW 2009, 354.
[6] Vgl. *BGH* NJW-RR 2007, 1170 (Rechnung).
[7] BGHZ 136, 342 = NJW 1998, 135; *BGH* NJW 2001, 77; NJW-RR 2003, 69; NJW 2005, 1650.

b) Beweiserleichterungen

In bestimmten Fällen sind die Anforderungen an die Darlegung des Anspruchs **3** herabgesetzt. Der Grund dafür kann darin liegen, dass der Beweis bestimmter Umstände typischerweise mit Schwierigkeiten verbunden ist (z. B. der Beweis eines Ursachenzusammenhangs) oder die Partei die maßgeblichen Umstände nicht kennt oder selbst ermitteln kann (z. B. die Kalkulationsgrundlage des vereinbarten Pauschalpreises).

Beweiserleichterungen gibt es im Wesentlichen in zwei Formen:

aa) Anscheinsbeweis

Der Anscheinsbeweis (prima-facie-Beweis) ist gewohnheitsrechtlich anerkannt. Er **4** ermöglicht bei bestimmten typischen Geschehensabläufen aufgrund allgemeiner Erfahrungssätze den Schluss auf einen ursächlichen Zusammenhang oder ein schuldhaftes Verhalten eines Beteiligten.[8]

Die Tatsachen, die nach den Grundsätzen des Anscheinsbeweises den Schluss auf eine bestimmte zu beweisende Tatsache zulassen, müssen unstreitig sein oder von der Partei bewiesen werden, für die diese Tatsachen günstig sind. Der Gegner kann den Anscheinsbeweis dadurch entkräften, dass er darlegt und beweist, dass ein atypischer Geschehensablauf zugrunde liegt.

Es genügt insoweit, dass er die Tatsachen erschüttert, auf denen der Anscheinsbeweis aufbaut. Die Beweislast für die zu beweisende Tatsache trägt dann weiterhin die Partei, für die die durch den Anscheinsbeweis zu beweisende Tatsache günstig ist.

Beispiele: Eintritt eines Schadens bei Verletzung von Verkehrssicherungs- oder Unfallverhütungsvorschriften;[9] Auftreten von Mängeln bei Verstoß gegen DIN-Normen;[10] Vermutung der Vollständigkeit und Richtigkeit einer schriftlichen Urkunde.[11]

bb) Umkehr der Beweislast

Eine Umkehr der Beweislast kommt lediglich in Ausnahmefällen, z. B. in Fällen **5** einer Beweisvereitelung,[12] in Betracht. Hat eine Partei Umstände vorzutragen, von denen sie keine sichere Kenntnis haben kann, weil sie zu dem ihrem Einblick entzogenen Geschäftsbereich des Prozessgegners gehören, ist der Gegner gehalten, im Rahmen seiner Erklärungslast gemäß § 138 II ZPO über die seiner Wahrnehmung unterliegenden Umstände nähere Angaben zu machen (sog. „sekundäre Behauptungslast").[13]

Die Beweislastverteilung bleibt in diesem Fall jedoch unverändert. Kommt der Prozessgegner dieser erweiterten Darlegungslast nicht nach, kann die Behauptung des Beweispflichtigen nach § 138 III ZPO als zugestanden anzusehen sein.

Beispiele: Ersparnis von Aufwendungen;[14] Darlegung des entgangenen Gewinns (§ 252 BGB); Umfang der auf eine Schadensersatzforderung anzurechnenden Steuervorteile.

---

[8] Vgl. *Zöller/Greger,* Vor § 284 Rn. 29 ff.; *OLG Saarbrücken* BauR 2007, 1918.
[9] *BGH* NJW 1994, 945; NJW-RR 1986, 1350; VersR 1984, 775.
[10] BGHZ 114, 273 = NJW 1991, 2021; *OLG Saarbrücken* NJW 1993, 3077.
[11] *BGH* NJW 2002, 3164; NJW 2002, 1500; NJW 1999, 1702.
[12] Vgl. hierzu *BGH* NJW 2009, 360.
[13] Vgl. *Zöller/Greger,* Vor § 284 Rn. 34 ff.
[14] *BGH* NJW-RR 2004, 989; BGHZ 143, 79 = NJW 2000, 653; BGHZ 140, 263 = NJW 1999, 1253.

2. Richterliche Hinweispflicht

6 Grundlage der richterlichen Hinweispflicht ist § 139 ZPO. Der Richter hat nach § 139 ZPO durch entsprechende Auflagen auf einen erschöpfenden und übersichtlichen Parteivortrag hinzuwirken und den Parteien Gelegenheit zu geben, zu der vom Gericht vertretenen rechtlichen Bewertung des Sachverhalts Stellung zu nehmen.

a) Umfang

7 Das Gericht hat darauf hinzuwirken, dass die Parteien die Vertragsunterlagen vollständig vorlegen und sich zu den für die Begründetheit des Anspruchs maßgeblichen Tatsachen äußern. Hierzu gehört in Bauprozessen insbesondere die Klärung, ob die VOB/B in den Vertrag einbezogen und die Bauleistung abgenommen worden ist.

Es genügt insoweit nicht, dass beide Parteien im Prozess von der Geltung der VOB/B ausgehen, solange sich deren Einbeziehung nicht aus den Vertragsunterlagen ergibt.[15] Die Beweislast für die Geltung der VOB/B hat die Partei, die sich darauf beruft.

8 Hält das Gericht den Vortrag einer Partei für widersprüchlich oder nicht für ausreichend substantiiert, hat es die Partei darauf hinzuweisen und Gelegenheit zu geben, den Vortrag zu ergänzen. Diese Verpflichtung des Gerichts besteht unabhängig davon, ob die Partei einen Antrag auf Gewährung eines Schriftsatznachlasses stellt.[16]

Der Hinweis muss unmissverständlich sein und erkennen lassen, welche Umstände nach Auffassung des Gerichts für die Entscheidung erheblich sind.[17] Die Hinweispflicht gilt auch in Prozessen, in denen die Partei durch einen Rechtsanwalt vertreten ist, wenn dieser einen rechtlichen Gesichtspunkt erkennbar übersehen oder für unerheblich gehalten hat.[18]

Auf fehlende Beweisantritte ist hinzuweisen, wenn anzunehmen ist, dass die Benennung eines Beweismittels versehentlich oder aufgrund einer fehlerhaften rechtlichen Bewertung des Sachverhalts unterblieben ist.[19] Das Gericht kann die Parteien ebenfalls dazu anhalten, den streitigen Vortrag nach einer einheitlichen Bezifferung der einzelnen Mangelpositionen zu gliedern.

9 Das Gericht hat auf die von ihm für erheblich gehaltenen rechtlichen Gesichtspunkte und die von ihm vertretene Rechtsauffassung hinzuweisen. Hierzu gehört auch die Frage, wie ein von den Parteien vorgelegter Vertrag auszulegen ist. Das Gericht darf den Parteien dagegen nicht nahelegen, von bestimmten Verteidigungsmitteln (etwa der Erhebung der Verjährungseinrede) Gebrauch zu machen, die Klage hinsichtlich eines anderen Streitgegenstands zu erweitern oder eine Widerklage zu erheben, weil es hierdurch die ihm gegenüber den Parteien obliegende Neutralitätspflicht verletzen würde.

b) Dokumentation

10 Der gerichtliche Hinweis ist aktenkundig zu machen.[20] Erforderlich ist in der Regel die Aufnahme des Hinweises in das Sitzungsprotokoll oder die Erteilung eines schriftlichen Hinweises etwa im Rahmen eines Beweis-, Hinweis- oder Auflagenbeschlusses.

---

[15] *BGH* NJW 1999, 3261; *OLG Hamm* NJW-RR 1998, 885.
[16] Vgl. dazu *BGH* BauR 2008, 1029.
[17] BGHZ 127, 254 = NJW 1995, 399; *BGH* NJW 2001, 2548; NJW 2002, 3317; NJW 2007, 17; NJW-RR 2006, 524.
[18] *BGH* NJW-RR 2007, 17; NJW-RR 2006, 524; BGHZ 127, 254 = NJW 1995, 399.
[19] *BGH* NJW 1998, 155; NJW 1982, 581.
[20] BGHZ 164, 166 = NJW 2006, 60.

In den Urteilsgründen kann ein Hinweis nur dann nachgeholt werden, wenn seine anderweitige Dokumentation versehentlich unterblieben ist. Dass dies der Fall ist, muss im Urteil näher ausgeführt werden.[21]

3. Beweisaufnahme

Bevor entschieden wird, in welchem Umfang und über welche Fragen eine Beweis- 11 aufnahme anzuordnen ist und welche Beweismittel in Betracht kommen, ist es notwendig, den von den Parteien vorgetragenen Sachverhalt vollständig zu erfassen und zu ordnen. Die Parteien sind auf Unklarheiten ihres Vortrags oder auf das Fehlen von Beweisantritten zu den vom Gericht für erheblich erachteten Tatsachenbehauptungen nach § 139 ZPO hinzuweisen.[22]

Zunächst ist zu klären, ob die darlegungsverpflichtete Partei ihren Anspruch bzw. die 12 geltend gemachte Einwendung schlüssig vorgetragen hat.

Sodann ist zu klären, wie die Gegenpartei auf diesen Vortrag reagiert hat, d. h. ob sie 13 ihn beachtlich und erheblich bestritten hat.

Meist ist es zweckmäßig, dass die darlegungsverpflichtete Partei auf den vom Gegner 14 herausgestellten Streitpunkt eingeht und ihr Vorbringen noch ergänzt oder Beweis anbietet.

Bei Unklarheiten des Vortrags ist in der Regel eine Erörterung mit den Parteien und 15 eine persönliche Anhörung der Parteien gemäß § 141 ZPO erforderlich oder jedenfalls zweckmäßig.

Erst daran schließt sich die Beweisaufnahme über die Punkte an, die sich als streitig 16 und erheblich herausgestellt haben. Bei den Beweismitteln sind Urkunden (Abnahmeprotokollen, Bautagebüchern, Plänen) und der Inaugenscheinnahme (unmittelbare Besichtigung vorhandener Mängel, Fotos) der Vorzug vor Zeugen und Sachverständigen zu geben.

Sachverständigengutachten, die im Rahmen eines selbständigen Beweisverfahrens 17 gemäß § 485 ff. ZPO erstattet werden, sind wie Gutachten zu behandeln, die im Hauptverfahren erstattet werden (§ 493 ZPO). Die Parteien können beantragen, dass der Sachverständige das Gutachten aus dem Beweisverfahren nach § 411 III ZPO mündlich erläutert,[23] sofern sie dieses Recht nicht nach § 411 IV i. V. mit § 296 I, IV ZPO verloren haben.

Zu berücksichtigen sind ferner auch von den Parteien vorgelegte Privatgutachten, die als substantiierter Parteivortrag anzusehen sind.[24] Der Privatgutachter kann, sofern die Partei dies beantragt, als sachverständiger Zeuge vernommen werden.

a) Auswahl und Leitung des Sachverständigen

Soweit ein Sachverständiger einzuschalten ist, hängt der Erfolg dieses Beweismittels 18 von zwei Faktoren ab: der Auswahl eines geeigneten, qualifizierten Sachverständigen und seiner Leitung durch das Gericht bei Erstattung des Gutachtens.

Dem Richter obliegt zunächst die Aufgabe, einen geeigneten und zur Beantwortung 19 der Beweisfrage ausreichend qualifizierten Sachverständigen auszuwählen.

Dieser muss die notwendigen Fachkenntnisse auf dem einschlägigen Gebiet besitzen und in der Lage sein, diese in einer auch für Laien verständlichen Form schriftlich

---

[21] BGHZ 164, 166 = NJW 2006, 60.
[22] S. o. Rn. 6 ff.
[23] Vgl. dazu *Kamphausen*, BauR 2007, 807.
[24] *BGH* NJW-RR 1991, 254; NJW 1992, 1459.

niederzulegen. Schließlich muss der Sachverständige auch bereit und in der Lage sein, das Gutachten in absehbarer Zeit zu erstatten. Die Entscheidung, örtliche Institutionen, die Industrie- und Handelskammer, die Handwerkskammer oder die Architektenkammer, um Benennung eines geeigneten Sachverständigen zu bitten oder den Sachverständigen aus einer Sachverständigenliste zu entnehmen, birgt die Gefahr, dass sich der Richter nicht selbst ein Bild von der Arbeitsweise und Qualität des Sachverständigen verschafft hat, sondern die Auswahl auf Dritte delegiert. Sinnvoll ist es, im Kollegenkreis nachzufragen, mit welchen Sachverständigen bislang gute Erfahrungen gemacht worden sind und in welchem Zeitraum mit einer Erstellung der Gutachten gerechnet werden kann. Es empfiehlt sich auch, mit Sachverständigen, die nicht persönlich bekannt sind, vorab Kontakt aufzunehmen und die Anforderungen, die an das Gutachten zu stellen sind, in einem persönlichen Gespräch zu erörtern. Die Bestellung von Sachverständigen, die von einer Partei benannt werden, ist in der Regel nicht zweckmäßig, weil die Partei möglicherweise in Beziehung zu diesem Sachverständigen steht und damit seine Neutralität gefährdet ist.

20	Bei der Erstattung des Gutachtens hat das Gericht den Sachverständigen zu leiten.

Es hat im Beweisbeschluss konkrete Beweisthemen anzugeben und dem Sachverständigen durch besondere Richtlinien und Fragestellungen klar zu machen, worauf es nach der von ihm als maßgebend erachteten Rechtslage ankommt (§ 404a ZPO). Keinesfalls darf der Beweisbeschluss so gefasst sein, dass die Beantwortung der Beweisfrage eine rechtliche Beurteilung des Sachverhalts erfordert oder der Sachverständige aufgefordert wird, eine Rechtsfrage anstelle des Gerichts zu entscheiden. Der Sachverständige ist auf die Notwendigkeit einer Ortsbesichtigung und die etwa notwendige Einschaltung von Sonderfachleuten (z. B. Materialprüfungsanstalt) hinzuweisen.[25] Bei Unklarheiten des schriftlichen Gutachtens oder auf Antrag einer Partei[26] hat das Gericht den Sachverständigen zu einer mündlichen Erläuterung seines Gutachtens zu laden (§ 411 III ZPO).[27] Das Gericht braucht diesem Antrag nur dann nicht zu entsprechen, wenn dieser missbräuchlich gestellt wird. Nicht ausreichend ist, dass das Gericht das Gutachten für überzeugend hält.[28]

b) Formulieren der Beweisfragen

21	Bei der Beauftragung des Sachverständigen hat das Gericht im Beweisbeschluss klar und deutlich zu sagen, zu welchen Fragen sich der Sachverständige im Einzelnen äußern soll. Nichtssagende Beweisbeschlüsse dahin, der Sachverständige solle ein Gutachten zu den streitigen Fragen erstatten oder sich dazu äußern, ob Mängel vorliegen, sind zu vermeiden

Als Beispiele für konkrete Formulierungen können die folgenden Vorschläge dienen:

aa) Mängel

22	Der Sachverständige soll sich dazu äußern,
	– *ob folgende Mängel der Bauleistung vorliegen: … ;*
	– *dazu Stellung nehmen, wie die Leistung des Auftragnehmers nach der vertraglichen Vereinbarung (s. Leistungsverzeichnis Pos. 1, 2 …, Pläne … etc.) hätte ausgeführt werden müssen;*
	– *ob die anerkannten Regeln der Technik eingehalten worden sind;*

---

[25] Zur Einschaltung von Zusatzgutachtern *Werner/Pastor*, Rn. 3109 ff.
[26] *BGH* NJW 2007, 129; VersR 2006, 950; NJW 1998, 162.
[27] *BGH* NJW-RR 2008, 303; NJW-RR 2006, 428; NJW-RR 2001, 1431, NJW 1998, 162.
[28] Vgl. *Zöller/Greger,* § 411 Rn. 5a m. w. N.

- *wie die Leistung des Auftragnehmers nach den eigenen Feststellungen des Sachverständigen tatsächlich beschaffen ist;*
- *ob sich das ausgeführte Werk für die gewöhnliche Verwendung eignet und eine Beschaffenheit aufweist, die bei Werken der gleichen Art üblich ist und der Besteller nach der Art des Werks erwarten kann.*

bb) Kausalität

Der Sachverständige soll sich dazu äußern, 23

ob ... (genaue Bezeichnung des Mangels) zurückzuführen ist auf
- *eine nicht fachgerechte Ausführung der Arbeiten durch den Auftragnehmer,*
- *eine nicht fachgerechte Ausführung der Arbeiten durch den Bauunternehmer X,*
- *einen Planungsfehler des Architekten Y,*
- *einen Planungsfehler des Statikers Z,*
- *mangelhafte Koordination der Arbeit des Auftragnehmers mit den Arbeiten der Baufirma X,*
- *sonstige Ursachen.*

Soweit verschiedene Ursachen in Betracht kommen, soll sich der Sachverständige dazu äußern,
- *ob nach den festgestellten Umständen Erfahrungssätze der Wissenschaft für einen bestimmten Ursachenzusammenhang sprechen, ggf. mit welchem Wahrscheinlichkeitsgrad;*
- *ob für die von dem Auftragnehmer geltend gemachte weitere Ursache ... konkrete Anhaltspunkte sprechen und ob dieser Ursachenzusammenhang ernsthaft in Betracht zu ziehen ist.*

cc) Verschulden

Der Sachverständige soll sich dazu äußern, 24
- *ob die Arbeiten des Auftragnehmers den anerkannten Regeln der Technik, insbesondere den DIN-Vorschriften ... entsprechen;*
- *welche sonstigen Anforderungen bei dem vorliegenden Auftrag auf Grund seiner Besonderheit zu stellen waren und ob ihnen der Auftragnehmer genügt hat;*
- *ob die vom Auftragnehmer geltend gemachten Tatsachen ... dafür sprechen, dass er den Anforderungen an einen sachkundigen und sorgfältig verfahrenden Bauhandwerker nachgekommen ist.*

dd) Hinweispflichten

Der Sachverständige soll sich zu folgenden Fragen äußern: 25
- *Ist der Mangel (Schaden) zurückzuführen auf eine fehlerhafte Beschreibung der Leistung durch den Auftraggeber?*
- *War die Anordnung des Auftraggebers bzw. seines Architekten ... fehlerhaft und ist der Mangel (Schaden) hierauf zurückzuführen?*
- *Beruht der Mangel (Schaden) auf den vom Auftraggeber gelieferten bzw. vorgeschriebenen Stoffen oder Bauteilen ... ?*
- *Ist der Mangel (Schaden) zurückzuführen auf die Beschaffenheit der Vorleistung des Unternehmers X? Musste sich der Auftragnehmer bei der Ausführung seiner Leistung an die Vorarbeiten des Unternehmers X anpassen?*
- *War der Auftragnehmer auf Grund der bei ihm vorauszusetzenden Sachkunde in der Lage, die fehlenden Voraussetzungen für eine fachgerechte Ausführung seiner*

Arbeit zu erkennen, und bedurfte es eines Hinweises an den Auftraggeber bzw. seines Architekten?

– *Mussten dem Auftragnehmer Bedenken kommen, dass die Arbeiten des Vorunternehmers X für die Ausführung der eigenen Arbeiten keine geeignete Grundlage waren?*

– *Musste der Auftragnehmer ausnahmsweise den Unternehmer Y (Nachfolgeunternehmer) auf besondere Umstände hinweisen, die er im Hinblick auf die Arbeiten des Auftragnehmers zu berücksichtigen hatte?*

ee) Mitverschulden

26 Zur Klärung der Verletzung der Koordinationspflicht sollte sich der Sachverständige dazu äußern,

– *inwieweit der Architekt X bei Anwendung der erforderlichen Sorgfalt die einzelnen Leistungen der Unternehmer, insbesondere zwischen Y und Z durch konkrete Hinweise aufeinander abzustimmen hatte;*

– *ob bei richtiger Koordination der Mangel (Schaden) nicht eingetreten wäre.*

ff) Beseitigungsaufwand

27 Der Sachverständige soll sich zu folgenden Fragen äußern:

– *Welche Arbeiten sind im Einzelnen notwendig, um die festgestellten und von dem Auftragnehmer zu verantwortenden Mängel (Schäden) zu beseitigen? Die notwendigen Arbeiten und die erforderlichen Kosten sind in einer Einzelaufstellung darzulegen und mit den ortsüblichen Preisen zu bewerten;*

– *Sind die in dem Kostenvoranschlag der Firma ... angegebenen Arbeiten zur Beseitigung der von dem Auftragnehmer zu verantwortenden Mängel notwendig und die angesetzten Preise angemessen?*

– *Sind die in der Rechnung der Firma ... in Rechnung gestellten Preise zur Beseitigung der von dem Auftragnehmer zu verantwortenden Mängel notwendig und die dort angesetzten Preise angemessen?*

– *Tritt bei der Durchführung der Arbeiten gegenüber den vertraglich vereinbarten Arbeiten eine Wertverbesserung ein, ggf. in welchem Umfang?*

– *Verbleibt nach Durchführung der Arbeiten ein merkantiler oder technischer Minderwert, ggf. in welcher Höhe?*

gg) Minderung

28 Der Sachverständige soll folgende Werte feststellen:

– *den Wert der Bauleistung in mangelfreiem Zustand;*
– *den Wert des Bauwerks in mangelhaftem Zustand;*
– *den Wert der Leistung für die mangelhafte Position ... ;*
– *die Kosten der Beseitigung des Mangels;*
– *ein etwa nach Beseitigung des Mangels verbleibender Minderwert.*

hh) Arglist

29 Zur Klärung des arglistigen Verschweigens von Mängeln kann es angebracht sein, den Sachverständigen zu befragen,

– *ob es sich bei den von ihm festgestellten Mängeln um äußerlich erkennbare oder um versteckte Mängel handelt;*

– ob es sich bei den versteckten Mängeln um solche handelt, von denen der Auftragnehmer oder sein Bauleiter bei Fertigstellung der Arbeiten bzw. bei der Abnahme der Leistungen Kenntnis hatte bzw. gehabt haben müsste;
– ob die Mängel bei ordnungsgemäßer Organisation der Arbeiten und des Bauablaufs bei der Abnahme hätten erkannt werden können.

ii) Sonstige Einzelanweisungen an den Sachverständigen

Der Sachverständige soll   30
– eine Ortsbesichtigung durchführen und hierzu die Parteien und ihre Prozessbevollmächtigten rechtzeitig laden;
– sich mit den Ausführungen
– des Klägers/Beklagten im Schriftsatz vom ... (Bl. ...)
– im Privatgutachten des Sachverständigen vom ... (Bl. ...)
– im Beweissicherungsgutachten des Sachverständigen ... (Beiakten ... Bl. ...)
– auseinandersetzen;
– sich zu der Frage äußern, welche DIN-Normen und sonstige in der Baupraxis anerkannten Regeln der Technik im Zeitpunkt der Ausführung des Bauvorhabens bestanden;
– sich zu der Frage äußern, ob der vom Auftragnehmer verwendete Baustoff ... im Zeitpunkt der Ausführung der Arbeiten schon erprobt und als geeignet für die ihm hier zukommende Aufgabe anzusehen war;
– die von ihm festgestellten Mängel in Fotos erfassen und dem Gutachten beifügen;
– soweit Materialprüfungen, z. B. ... oder Freilegungsarbeiten notwendig werden, diese vor Vornahme dem Gericht unter Angabe der voraussichtlich anfallenden Kosten mitteilen.

c) Streitverkündung gegen gerichtlich bestellte Sachverständige

Die Streitverkündung gegenüber einem gerichtlich bestellten Sachverständigen ist   31
unzulässig.[29] Das Gericht darf daher eine Streitverkündungsschrift nicht an den Sachverständigen zustellen.

Geschieht dies dennoch und tritt der Sachverständige dem Rechtsstreit auf Seiten einer Partei bei, kann dieser wegen der Besorgnis der Befangenheit für das weitere Verfahren abgelehnt werden. Das von ihm bis zur Streitverkündung erstattete Gutachten bleibt in diesem Fall in der Regel jedoch uneingeschränkt verwertbar.[30]

d) Verfahren nach Eingang des Gutachtens

Nach Eingang des Gutachtens ist den Parteien Gelegenheit zu geben, zu dem Ergeb-   32
nis des Gutachtens und der Begründung des Sachverständigen Stellung zu nehmen. Hierfür ist den Parteien eine angemessene Frist einzuräumen, deren Dauer sich an dem Umfang und der Komplexität des Gutachtens orientieren sollte.

Es empfiehlt sich, den Parteien gemäß § 411 IV ZPO eine Frist zur Stellungnahme zu setzen, binnen derer Anträge auf eine Ergänzung oder eine Erläuterung des Gutachtens zu stellen sind. Die Fristsetzung dient der Straffung des Verfahrens. Die Fristsetzung muss Inhalt eines Gerichtsbeschlusses sein. Nach Ablauf der Frist können Anträge auf Erläuterung oder auf Ergänzung des Gutachtens zurückgewiesen werden, wenn sie auf einer von der Partei verschuldeten Verfahrensverzögerung beruhen (§ 411 IV i. V. mit § 296 I, IV ZPO).

---

[29] BGHZ 168, 380 = NJW 2006, 3214; *BGH* NJW-RR 2006, 1454.
[30] *BGH* BauR 2007, 1605.

II. Zuständigkeit

1. Gerichtsstandsvereinbarungen

33   Eine Gerichtsstandsvereinbarung zwischen den Parteien ist vorrangig zu beachten. Sie ist zulässig, wenn es sich um Kaufleute oder juristische Personen des öffentlichen Rechts handelt (§ 38 I ZPO). Liegen die Voraussetzungen für eine Gerichtsstandsvereinbarung nach § 38 I ZPO vor, richtet sich der Gerichtsstand für Streitigkeiten aus dem Vertrag, wenn die Parteien die VOB/B vereinbart haben, nach dem Sitz der für die Prozessvertretung des Auftraggebers zuständigen Stelle, sofern die Parteien nichts Abweichendes vereinbaren (§ 18 Nr. 1 VOB/B).

Liegt keine Gerichtsstandsvereinbarung vor, gelten die gesetzlichen Vorschriften der §§ 12 ff. ZPO.

2. Gesetzliche Regelungen

a) Allgemeiner Gerichtsstand §§ 12 ff. ZPO

34   Der allgemeine Gerichtsstand einer natürlichen Person für alle gegen sie zu erhebenden Klagen wird durch den Wohnsitz bestimmt (§§ 12 f. ZPO).

Wohnsitz ist im Gegensatz zum Aufenthalt einer Person der Ort, an dem sich jemand ständig niederlässt in der Absicht, ihn zum Mittelpunkt seiner wirtschaftlichen und gesellschaftlichen Tätigkeit zu machen (§ 7 I BGB).

35   Der allgemeine Gerichtsstand juristischer Personen wird durch den Sitz bestimmt. Als Sitz gilt, wenn sich nichts anderes ergibt, der Ort, wo die Verwaltung geführt wird (§ 17 I ZPO). Der allgemeine Gerichtsstand des Fiskus wird durch den Sitz der Behörde bestimmt, die berufen ist, den Fiskus zu vertreten (§ 18 ZPO). Welche Behörde zur Vertretung befugt ist, richtet sich nach den verfassungs- und verwaltungsrechtlichen Organisationsnormen des Bundes- und Landesrechts.

b) Besonderer Gerichtsstand
aa) Besonderer Gerichtsstand der Niederlassung § 21 ZPO

36   Hat jemand zum Betrieb eines Gewerbes eine Niederlassung, von der aus unmittelbar Geschäfte geschlossen werden, so können gegen ihn Klagen, die sich auf den Geschäftsbetrieb der Niederlassung beziehen, auch bei dem Gericht des Ortes erhoben werden, an dem sich die Niederlassung befindet (§ 21 I ZPO). Unter Niederlassung ist die für eine gewisse Dauer im Namen und auf Rechnung des Inhabers betriebene selbständig handelnde Geschäftsstelle zu verstehen.[31]

§ 21 I ZPO gilt für juristische Personen, Einzelkaufleute und freiberuflich Tätige.[32] Unternehmen mit Sitz im Ausland können vor dem Gericht am Ort einer inländischen Niederlassung verklagt werden.[33]

bb) Besonderer Gerichtsstand des Erfüllungsorts § 29 ZPO

37   Für Streitigkeiten aus einem Vertragsverhältnis und über dessen Bestehen ist das Gericht des Ortes zuständig, an dem die streitige Verpflichtung zu erfüllen ist (§ 29 I ZPO). In Bausachen ist, soweit sich aus den Umständen nichts anderes ergibt, der Ort für die Erfüllung der wechselseitigen Verpflichtungen der Ort, an dem sich das Bauwerk befindet.[34] Entsprechendes gilt für die wechselseitigen Verpflichtungen auf-

---

[31] *BGH* NJW 1987, 3081; *OLG Düsseldorf* NJW-RR 1989, 432.
[32] BGHZ 88, 331 = NJW 1984, 739.
[33] *BGH* NJW 1987, 3081.
[34] *BGH* NJW 1986, 935; NJW 2001, 1936; *OLG Frankfurt/M.* OLGR 1993, 225.

grund eines Vertrags über die Erbringung von Planungs- oder Überwachungsleistungen.[35]

Eine Vereinbarung über den Erfüllungsort begründet die Zuständigkeit des Gerichts an diesem Ort nur, wenn die Vertragsparteien Kaufleute oder juristische Personen des öffentlichen Rechts sind (§ 29 II ZPO).

cc) Dinglicher Gerichtsstand § 26 ZPO

Die Klage gegen den Auftraggeber auf Eintragung einer Bauhandwerkersicherungs-   **38**
hypothek kann auch am Ort des belegenen Grundstücks (dinglicher Gerichtsstand) erhoben werden.[36]

dd) Besonderer Gerichtsstand bei Wohnungseigentum § 29b ZPO

Für Klagen Dritter, die sich gegen Mitglieder oder frühere Mitglieder einer Woh-   **39**
nungseigentümergemeinschaft richten und sich auf das gemeinschaftliche Eigentum, seine Verwaltung oder auf das Sondereigentum beziehen, ist das Gericht zuständig, in dessen Bezirk das Grundstück liegt (§ 29b ZPO). Erfasst werden auch Klagen eines Bauunternehmers oder Architekten aus Verträgen über die Errichtung oder Sanierung des Wohnungseigentums.[37]

ee) Internationale Zuständigkeit

Für Klagen gegen Personen, die ihren Wohnsitz in einem anderen Mitgliedstaat der   **40**
Europäischen Union haben, enthält die EuGVVO[38] besondere Zuständigkeitsvorschriften, die in ihrem Anwendungsbereich den Regeln des nationalen Rechts vorgehen. Die EuGVVO enthält in Art. 23 ff. EuGVVO besondere Vorschriften über die Anforderungen von Gerichtsstandsvereinbarungen.

Die wichtigsten Gerichtsstandsbestimmungen finden sich in Art. 5 ff. EuGVVO (Gerichtsstand des Erfüllungsorts) und Art. 15 ff. EuGVVO (Gerichtsstand in Verbrauchersachen).

III. Tenorierungsfragen

Es kommen folgende Fallkonstellationen in Betracht: **41**

1. Abweisung der Klage

Sie kommt in zwei Varianten vor: **42**

Die Klage ist als „zur Zeit unbegründet" abzuweisen, wenn der Vergütungsanspruch noch nicht fällig ist. Das betrifft den Fall, dass der Auftraggeber wegen bestehender Mängel nicht zur Abnahme verpflichtet ist, sowie die Fälle der fehlenden Prüfbarkeit der Schlussrechnung,[39] soweit sich der Auftraggeber nach Treu und Glauben darauf berufen kann, und des vereinbarten Sicherheitseinbehalts.

Diesen Urteilen kommt dann lediglich eine beschränkte Rechtskraftwirkung zu.[40] Treten die Voraussetzungen der Fälligkeit später ein, kann erneut geklagt werden.

---

[35] *Kniffka/Koeble*, 12. Teil Rn. 352.
[36] *Zöller/Vollkommer*, § 26 Rn. 2 m. w. N.
[37] Vgl. Nachweise bei *Zöller/Vollkommer*, § 29b Rn. 5.
[38] Verordnung (EG) Nr. 44/2001 v. 22.12.2000 des Rates über die gerichtliche Zuständigkeit und die Anerkennung und Vollstreckung von Entscheidungen in Zivil- und Handelssachen (ABlEG Nr. L 12 v. 16.1.2001, S. 1).
[39] BGHZ 127, 254 = NJW 1995, 399; BGHZ 140, 365 = NJW 1999, 1867.
[40] Vgl. hierzu *BGH* NJW-RR 2011, 1528.

Etwas anderes gilt bei der auf Leistung von Abschlagszahlungen gerichteten Klage, die keine Abnahme voraussetzt. Hier erfolgt die Verurteilung Zug um Zug.[41]

43   Mit der endgültigen Abweisung der Klage, die darauf beruhen kann, dass der Anspruch nicht schlüssig dargelegt ist oder dem Beklagten Gegenrechte, Schadensersatz- oder Minderungsansprüche oder ein Rücktrittsrecht zusteht, wird der Anspruch endgültig aberkannt.

2. Der Klage stattgebende Urteile

a) Uneingeschränkte Verurteilung

44   Die Verurteilung kann auf Zahlung, Feststellung oder Vornahme einer Handlung oder Abgabe einer Willenserklärung lauten. Eine auf Abnahme gerichtete Klage ist nach körperlicher Entgegennahme des Bauwerks nur noch auf eine Billigungserklärung gerichtet, die nach den Vorschriften über die Abgabe einer Willenserklärung vollstreckt wird.[42]

b) Verurteilung Zug um Zug

45   Ist die Abnahme des Werks erfolgt und macht der beklagte Auftraggeber einen Anspruch auf Nachbesserung (Nacherfüllung) geltend, so wird er zur Zahlung der Vergütung Zug um Zug gegen Beseitigung der konkret zu bezeichnenden Mängel verurteilt.[43]

Im Vollstreckungsverfahren ist dann durch den Gerichtsvollzieher zu prüfen, ob der Auftragnehmer die Mängel beseitigt hat. Entsteht Streit darüber, ob die Mängelbeseitigung erfolgt ist, ist gegebenenfalls Feststellungsklage zu erheben.[44] Sofern die Voraussetzungen vorliegen, kann bereits im Zahlungsprozess die Feststellung beantragt werden, dass sich der Auftraggeber mit der Entgegennahme der Mängelbeseitigung in Annahmeverzug befindet. In diesem Fall bedarf es im Rahmen der Vollstreckung keines Nachweises darüber, dass die Mängelbeseitigung erfolgt ist.[45]

Bei einer Zug um Zug Verurteilung kann das Zurückbehaltungsrecht auch auf einen Teil der Vergütungsforderung beschränkt werden, wenn die Mängel geringfügig sind und sich die Verweigerung der Vergütung insgesamt als Verstoß gegen Treu und Glauben darstellen wird.[46] Die Höhe des Zurückbehaltungsrechts bemisst sich gemäß § 641 III BGB nunmehr nach dem Doppelten der zur Mängelbeseitigung erforderlichen Kosten.[47]

c) Doppelte Zug um Zug Verurteilung

46   Muss sich der Auftraggeber an den Kosten der Mängelbeseitigung beteiligen, weil er den Mangel mit zu vertreten hat oder zusätzliche Kosten entstehen, die auch bei ordnungsgemäßer Erfüllung vom Auftraggeber zu tragen wären ("Sowieso-Kosten"), ist der Auftraggeber zur Zahlung der Werklohnvergütung Zug um Zug gegen Besei-

---

[41] BGHZ 73, 140 = NJW 1979, 650; *BGH* NJW 1981, 2801; NJW 1984, 725.

[42] *OLG Stuttgart* NJW 2011, 3172.

[43] BGHZ 90, 354 = NJW 1984, 1679; *BGH* NJW 1999, 416; *OLG Düsseldorf* NJW-RR 1998, 1549; NJW-RR 1999, 793; *Werner/Pastor*, Rn. 2926; s. auch *OLG Düsseldorf* NJW-RR 1995, 155.

[44] BGHZ 61, 42 = NJW 1973, 1792.

[45] Hierzu *BGH* NJW 2005, 1954; WM 1976, 1195.

[46] BGHZ 54, 244 = NJW 1970, 2019; *BGH* NJW 1981, 1448; NJW 1982, 2494; NJW-RR 1997, 18.

[47] Vgl. zur alten Rechtslage vor dem 1.1.2009: *BGH* NJW 1981, 2801; NJW 1981, 1448; NJW-RR 2008, 401. – Zur Neuregelung vgl. *Werner/Pastor*, Rn. 3003 ff.

tigung der konkret zu bezeichnenden Mängel und hierzu wiederum Zug um Zug gegen Zahlung eines Zuschusses zu verurteilen.[48]

IV. Grund-, Teil- und Vorbehaltsurteil

Der Abschichtung des Streitstoffs dienen die besonderen Urteilsformen des Grund-, **47** Teil- und Vorbehaltsurteils, die insbesondere im Bauprozess von Bedeutung sind. Da der Tatsachenvortrag der Parteien in der Regel sehr umfangreich ist, empfiehlt es sich zu prüfen, ob durch ein Grund-, Teil- oder Vorbehaltsurteil über Teile des Streitgegenstands vorab entschieden werden kann. Eine solche Vorgehensweise ist insbesondere bei umfangreichen Bauprozessen angezeigt. Es ist jedoch immer zu prüfen, ob die Aufspaltung des Prozessstoffes aus prozessökonomischen Gründen sinnvoll ist.

1. Grundurteil

a) Zulässigkeitsvoraussetzungen

Ein Grundurteil nach § 304 ZPO darf nur ergehen, wenn ein Anspruch dem Grund **48** und der Höhe nach streitig ist, der Streit über den Grund entscheidungsreif ist und nach dem Sach- und Streitstand jedenfalls wahrscheinlich ist, dass der Anspruch in irgendeiner Höhe besteht.[49] Die Entscheidung im Wege eines Grundurteils setzt einen bezifferten Klageanspruch voraus.[50] Der Anspruch muss Gegenstand einer Klage oder Widerklage sein.[51] Es genügt nicht, dass er im Wege der Aufrechnung prozessual geltend gemacht wird.

Das Grundurteil muss den Prozessstoff zum Grund des Anspruchs in vollem Um- **49** fang erledigen. Werden in einer Klage mehrere Ansprüche nebeneinander geltend gemacht, muss für den Erlass eines Grundurteils der Grund jedes Anspruchs geprüft und festgestellt werden.[52]

Zum Grund des Anspruchs gehören: **50**
- alle anspruchsbegründenden Tatsachen (z. B. haftungsbegründende und haftungs- ausfüllende Kausalität,[53] Bestehen des Hauptanspruchs bei Inanspruchnahme des Bürgen[54]);
- Einwendungen (z. B. Erfüllung, Anfechtung, Aufrechnung, Vorteilsausgleichung, **51** Mitverursachung, mitwirkendes Verschulden);
- Einreden (z. B. Verjährung). **52**

Ein Grundurteil kann nicht ergehen über:
- einzelne Elemente der Begründetheit des Klageanspruchs (z. B. unselbständige Rechnungsposten,[55] präjudizielle Rechtsverhältnisse[56]);
- einzelne Verteidigungsmittel (z. B. Nichtbestehen einer Aufrechnungsforderung).

---

[48] BGHZ 90, 354 = NJW 1984, 1679; *BGH* NJW 1999, 416; *OLG Hamm* NJW-RR 1996, 272; *Werner/Pastor*, Rn. 3209 ff.
[49] BGHZ 126, 217 = NJW 1994, 3295; *BGH* NJW 2001, 224; BGH-Report 2003, 349; NJW-RR 2005, 928.
[50] *BGH* NJW 1991, 1896; NJW-RR 1994, 319 (Zahlungsklage); *BGH* NJW 2001, 155; NJW 1990, 1366 (Befreiung von Verbindlichkeit).
[51] Vgl. *BGH* NJW 2002, 302; NJW 2002, 3559; NJW 2001, 155; NJW 1997, 3176 (Feststellungsklage genügt nicht).
[52] *BGH* NJW-RR 2007, 305; NJW-RR 2005, 928.
[53] BGHZ 89, 388 = NJW 1984, 1226; *BGH* NJW-RR 1997, 188.
[54] *BGH* NJW 1990, 1366.
[55] *BGH* NJW 1991, 1048.
[56] *BGH* NJW 1990, 1366.

53 Der Erlass eines Grundurteils steht im Ermessen des Gerichts.[57] Das Gericht ist an das von ihm erlassene Grundurteil gebunden.[58] Das Grundurteil ist selbständig anfechtbar (§ 304 II ZPO). Über die Kosten ist jedoch erst im abschließenden Urteil im Betragsverfahren zu entscheiden. Das Grundurteil ist für vorläufig vollstreckbar zu erklären.

Ist ein Grundurteil ergangen, ohne dass die Voraussetzungen für seinen Erlass vorgelegen haben, kann das Berufungsgericht den in erster Instanz anhängigen Teil des Rechtsstreits „heraufziehen" und über den Anspruch abschließend entscheiden.[59]

b) Betragsverfahren

54 Ist das Grundurteil rechtskräftig, ist der Rechtsstreit von Amts wegen im Betragsverfahren fortzusetzen.

Das Gericht kann nach § 304 II Hs. 2 ZPO auf Antrag bereits vor Rechtskraft des Grundurteils anordnen, dass über den Betrag zu verhandeln ist. Dies dürfte nur selten in Betracht kommen.[60]

55 Im Betragsverfahren ist die Höhe des Anspruchs zu klären. Einwendungen, die den Grund des Anspruchs betreffen, sind im Betragsverfahren grundsätzlich ausgeschlossen.[61] Eine Ausnahme gilt nur für Tatsachen, die erst nach dem Schluss der mündlichen Verhandlung über den Grund des Anspruchs entstanden sind. Die Klage ist jedoch insgesamt abzuweisen, wenn sich im Betragsverfahren herausstellt, dass kein Schaden entstanden oder zu erwarten ist.[62]

2. Teilurteil

a) Zulässigkeitsvoraussetzungen

56 Ist einer von mehreren in einer Klage geltend gemachten Ansprüchen oder ein Teil eines Anspruchs oder bei erhobener Widerklage nur die Klage oder die Widerklage zur Entscheidung reif, kann das Gericht im Wege des Teilurteils entscheiden (§ 301 I ZPO).

Voraussetzung eines Teilurteils ist, dass der Streitgegenstand teilbar ist, also aus mehreren selbständigen prozessualen Ansprüchen besteht, nur ein Teil des Streitgegenstands entscheidungsreif ist und die Entscheidung über den Teil der Klage von der Entscheidung über den übrigen Teil der Klage unabhängig ist.[63]

Ist ein abgrenzbarer Teil eines einheitlichen Anspruchs dem Grund und der Höhe nach streitig, darf ein Teilurteil nur ergehen, wenn zugleich ein Grundurteil über den restlichen Anspruch ergeht (§ 301 I 2 ZPO).

b) Verfahren

57 Der Erlass eines Teilurteils steht im Ermessen des Gerichts (§ 301 II ZPO). Anträge der Parteien sind als Anregungen gegenüber dem Gericht anzusehen.

Ein Teilurteil muss ergehen bei einer Stufenklage gemäß § 254 ZPO.[64]

[57] *BGH* NJW-RR 2003, 68.
[58] *BGH* NJW-RR 1987, 1196; NJW 1995, 1549.
[59] *BGH* NJW-RR 1994, 379; NJW 1992, 511; *OLG Frankfurt/M.* OLGR 2002, 324.
[60] Vgl. *OLG Celle* NJW-RR 2003, 787.
[61] *BGH* NJW 2011, 3242; NJW 1965, 1763; *OLG Hamm* NJW-RR 1993, 693.
[62] Vgl. *BGH* NJW 1986, 2508.
[63] *BGH* NJW-RR 2012, 849; BauR 2005, 588; NJW 2004, 1243; NJW 2004, 1452; NJW-RR 2003, 303; NJW 2002, 302; BGHZ 108, 256 = NJW 1989, 2745; *OLG Köln* NZBau 2007, 788; vgl. auch die Übersicht bei *Kniffka/Koeble*, 20. Teil Rn. 56.
[64] Vgl. BGHZ 141, 79 = NJW 1999, 1706.

Ein Teilurteil enthält keine Kostenentscheidung.[65] Über die Kosten ist im Schlussur- **58** teil zu befinden. Im Übrigen ist das Teilurteil als Endurteil für vorläufig vollstreckbar zu erklären und selbständig mit Rechtsmitteln anfechtbar.

Ein Verstoß gegen § 301 ZPO ist vom Rechtsmittelgericht von Amts wegen zu prüfen und führt zur Aufhebung des Teilurteils.[66]

3. Vorbehaltsurteil

a) Zulässigkeitsvoraussetzungen

Ein Vorbehaltsurteil über den geltend gemachten Anspruch kann ergehen, wenn der **59** Beklagte die Aufrechnung mit einer Gegenforderung geltend macht und nur die Klageforderung zur Entscheidung reif ist (§ 302 I ZPO). Der Erlass eines Vorbehaltsurteils kommt jedoch nur ausnahmsweise in Betracht, wenn der Auftragnehmer auf Zahlung des vereinbarten Werklohns klagt und der Auftraggeber mit einem Anspruch auf Ersatz von Mängelbeseitigungskosten aufrechnet.[67]

Das Urteil ergeht unter Vorbehalt der Entscheidung über die zur Aufrechnung **60** gestellte Gegenforderung. Das Gericht soll durch Vorbehaltsurteil entscheiden, wenn die Voraussetzungen für seinen Erlass gegeben sind. Das Gericht ist an seine Entscheidung im Vorbehaltsurteil gebunden.[68] Das Vorbehaltsurteil ist als Endurteil selbständig anfechtbar. Im Vorbehaltsurteil ist über die Kosten zu entscheiden. Es ist wie andere Endurteile für vorläufig vollstreckbar zu erklären.

b) Nachverfahren

Wegen der vorbehaltenen Aufrechnung bleibt der Rechtsstreit in der Instanz anhän- **61** gig. Neues Vorbringen in Bezug auf die Klageforderung ist ausgeschlossen. Im Nachverfahren wird durch Endurteil entschieden, ob das Vorbehaltsurteil aufrechterhalten oder die Klage unter Aufhebung des Vorbehaltsurteils abgewiesen werden muss.

Das Vorbehaltsurteil ist durch die Entscheidung im Nachverfahren auflösend bedingt. Im Endurteil, das das Nachverfahren abschließt, ist insgesamt über die Kosten des Rechtsstreits zu entscheiden. Die Kostenentscheidung des Vorbehaltsurteils wird durch die Entscheidung im Nachverfahren ohne weiteres hinfällig.[69]

V. Beweissicherung

Das in §§ 485 ff. ZPO geregelte selbständige Beweisverfahren bietet den Parteien **62** eines Bauvertrags die Möglichkeit, bestimmte Fragen, etwa zu Mängeln der ausgeführten Bauleistungen und der Verantwortlichkeit des Auftragnehmers für die Verursachung dieser Mängel, vorab in einem gerichtlichen Verfahren klären zu lassen.

Das selbständige Beweisverfahren ermöglicht es, eine Beweisaufnahme vor Durchführung des Hauptprozesses zu veranlassen. Dies empfiehlt sich immer dann, wenn zu besorgen ist, dass durch das Fortschreiten des Baues der bestehende Zustand verändert wird und dadurch Feststellungen hinsichtlich bestehender Mängel erschwert werden. Die Beweisaufnahme im selbständigen Beweisverfahren steht der Beweisaufnahme im Hauptprozess gleich (§ 493 ZPO).

---

[65] Zu Ausnahmen: *Zöller/Vollkommer*, § 301 Rn. 4 m. w. N.
[66] *BGH* NJW 2001, 155; NJW 2002, 302.
[67] Vgl. hierzu *BGH* NJW-RR 2008, 31; BGHZ 165, 134 = NJW 2006, 698; *Kessen*, BauR 2005, 1691.
[68] BGHZ 35, 248 = NJW 1961, 1721.
[69] Zu Einzelheiten vgl. *Zöller/Vollkommer*, § 302 Rn. 15.

1. Voraussetzungen

63   Das selbständige Beweisverfahren kann vom Gericht auf Antrag einer Partei gemäß § 485 ZPO angeordnet werden, wenn der Gegner zustimmt oder zu besorgen ist, dass das vom Antragsteller zu bezeichnende Beweismittel verloren geht oder seine Benutzung erschwert wird. Als Beweismittel kommen die Vernehmung von Zeugen, die Einnahme des Augenscheins oder die Einholung eines Sachverständigengutachtens in Betracht.

Im zuletzt genannten Fall ist ferner erforderlich, dass zwischen den Parteien noch kein Rechtsstreit anhängig ist und der Antragsteller an der Durchführung der Beweisaufnahme ein rechtliches Interesse hat. Dieses ist bereits dann gegeben, wenn dem Antragsteller für den Fall, dass sein Vortrag zutrifft, ein Anspruch gegen den Antragsgegner zustehen und durch das selbständige Beweisverfahren ein Streitpunkt zwischen den Parteien und damit ein Rechtsstreit vermieden werden kann.

Ein Gegenantrag durch den Antragsgegner ist zulässig.[70]

64   Die Erheblichkeit der angeführten Beweistatsachen und die rechtliche Erfolgsaussicht der beabsichtigten Klage sind im selbständigen Beweisverfahren nicht zu prüfen.[71]

Der Antrag ist allerdings abzulehnen, wenn ein Anspruch des Antragstellers gegen den Antragsgegner von vornherein nicht bestehen kann oder das Beweismittel offensichtlich zum Beweis der behaupteten Tatsache ungeeignet ist.[72]

65   Der Antrag auf Durchführung eines selbständigen Beweisverfahrens ist, sofern ein Rechtsstreit anhängig ist, bei dem Prozessgericht zu stellen (§ 486 I ZPO). Ist ein Rechtsstreit noch nicht anhängig, ist der Antrag bei dem Gericht zu stellen, das nach dem Vortrag des Antragstellers zur Entscheidung in der Hauptsache berufen wäre (§ 486 II ZPO).

In Eilfällen ist die Zuständigkeit des Amtsgerichts des Ortes gegeben, an dem sich die zu vernehmende Person, die in Augenschein zu nehmende oder zu begutachtende Sache befindet (§ 486 III ZPO). Der Antragsteller hat die Tatsachen, die die Zuständigkeit des Gerichts begründen, glaubhaft zu machen.[73]

2. Umfang der Beweisaufnahme

66   Gegenstand des selbständigen Beweisverfahrens können gemäß § 485 II ZPO Fragen sein, die den Zustand oder Wert einer Sache, die Ursache eines Personenschadens, Sachschadens oder Sachmangels oder den Aufwand für die Beseitigung eines Personenschadens, Sachschadens oder Sachmangels betreffen. Im Antrag sind die Beweismittel zu bezeichnen, die hinsichtlich der gestellten Beweisfragen erhoben werden sollen.

Die Beweisaufnahme richtet sich nach den allgemeinen prozessualen Regeln über die Beweisaufnahme. Der Antragsteller hat für die Einholung eines Sachverständigengutachtens oder die Ladung von Zeugen einen Auslagenvorschuss zu leisten. Die Parteien des selbständigen Beweisverfahrens haben gemäß § 411 ZPO das Recht, einen Antrag auf mündliche Erläuterung des Gutachtens zu stellen oder nach § 412 ZPO eine Ergänzung des Gutachtens bzw. eine Neubegutachtung zu beantragen.

---

[70] Einzelheiten bei *Zöller/Herget*, § 485 Rn. 3.
[71] Vgl. *Kniffka/Koeble*, 13. Teil Rn. 37 f. m. w. N.
[72] Vgl. *Zöller/Herget*, § 485 Rn. 4.
[73] S. dazu *Kniffka/Koeble*, 13. Teil Rn. 29 ff.

3. Wirkungen

Mit Zustellung des Antrags auf Durchführung eines selbständigen Beweisverfahrens   **67**
wird gemäß § 204 I Nr. 7 BGB die Verjährung wegen der dem Antragsteller gegen
den Antragsgegner zustehenden Ansprüche gehemmt. Die Beweisaufnahme im selbständigen Beweisverfahren steht der Beweisaufnahme im Hauptprozess gleich (§ 493
ZPO).

4. Kosten

Die Kosten des selbständigen Beweisverfahrens gehören zu den Kosten des nach-   **68**
folgenden Hauptverfahrens.[74] Dies bedeutet, dass im selbständigen Beweisverfahren
keine Entscheidung über die Kosten ergeht.

Der Antragsgegner kann jedoch für den Fall, dass die Beweisaufnahme einen Mangel
der zu begutachtenden Sache oder eine für die Entstehung des Mangels ursächliche
Pflichtverletzung des Antragsgegners nicht ergeben hat, beantragen, dem Antragsteller gemäß § 494a I ZPO eine Frist zur Klageerhebung zu setzen. Kommt der
Antragsteller dieser Anordnung nicht nach, hat das Gericht auf Antrag des Antragsgegners die diesem entstandenen Kosten dem Antragsteller aufzuerlegen (§ 494a II
ZPO).

Voraussetzung ist, dass der Streitgegenstand und die Parteien des Hauptverfahrens
mit dem Gegenstand des selbständigen Beweisverfahrens identisch sind.[75] Die Geltendmachung des Anspruchs im Wege der Aufrechnung genügt.[76] Dem Antrag nach
§ 494a II ZPO kann ausnahmsweise das Rechtsschutzinteresse fehlen, wenn der
Antragsgegner die im selbständigen Beweisverfahren festgestellten Mängel nachträglich beseitigt.[77] Eine Erledigungserklärung ist im selbständigen Beweisverfahren unzulässig.[78]

---

[74] *BGH* NJW-RR 1989, 980; NJW-RR 2004, 1651; BauR 2004, 1487; NJW 2004, 3121.
[75] *BGH* NJW-RR 2004, 1651; BauR 2004, 1487; NJW 2004, 3121; NJW-RR 2003, 1240;
NJW-RR 2006, 810.
[76] *BGH* NJW-RR 2005, 1688.
[77] *BGH* NJW-RR 2003, 454.
[78] Vgl. zu den Folgen einer solchen Erklärung: *BGH* BauR 2005, 133 ; NJW-RR 2005, 1015.

Teil 5. Der Architektenvertrag

§ 20. Der Architektenvertrag über Planungsleistungen für Gebäude

I. Allgemeine Grundlagen

1. Inhalt des Architektenvertrags

Der Architektenvertrag ist ein gegenseitiger Vertrag, in dem sich der Architekt gegen- 1
über dem Auftraggeber gegen Zahlung einer Vergütung zur Erbringung von Architektenleistungen verpflichtet. Der Architektenvertrag ist ein Werkvertrag.[1] Der Architekt schuldet als vertraglichen Erfolg, dass das Bauwerk entsprechend der ordnungsgemäß erstellten Planung hergestellt wird.[2]

a) Umfang der Leistungspflicht

Der Inhalt der vom Architekten übernommenen Leistungsverpflichtung ist durch 2
Auslegung des Vertrages unter Beachtung aller Umstände des Einzelfalls gemäß
§§ 133, 157 BGB zu ermitteln. Die in der HOAI[3] beschriebenen Leistungen sind
keine normativen Leitbilder für den Inhalt von Architekten- und Ingenieurverträgen,
sondern lediglich preisrechtliche Vorschriften, nach denen das vom Architekten zu
beanspruchende Honorar zu berechnen ist.[4] Das Preisrecht der HOAI gilt gemäß § 1
HOAI nur für im Inland ansässige Architekten, sofern die Leistung vom Inland aus
erbracht wird.

Die Parteien können jedoch durch die Bezugnahme auf die Leistungsbilder der
HOAI die darin beschriebenen Leistungen zum Gegenstand des Vertrags machen.[5]
Beim sog. Vollauftrag wird der Architekt mit sämtlichen Grundleistungen eines
Leistungsbildes der HOAI beauftragt. Die Parteien können vereinbaren, dass der
Architekt nach dem Vertrag nur einzelne Leistungen der in der HOAI beschriebenen
Leistungsbilder zu erbringen hat.

Die Partei, die aus der behaupteten Auftragserteilung hinsichtlich einer bestimmten Leistung
Rechte herleiten will, hat eine entsprechende Auftragserteilung darzulegen und zu beweisen.
Der Architekt kann den Beweis nicht allein durch die widerspruchslose Entgegennahme oder
Verwertung der Leistung durch den Auftraggeber, der Auftraggeber diesen Beweis nicht allein
durch den Nachweis einer entsprechenden Tätigkeit des Architekten führen.[6]

---

[1] BGHZ 31, 224 = NJW 1960, 431; BGHZ 62, 204 = WM 1974, 546; zur drittschützenden
Wirkung eines Architektenvertrags vgl. *BGH* NJW 2009, 217.
[2] BGHZ 31, 224 = NJW 1960, 431; BGHZ 42, 16 = NJW 1964, 1719.
[3] In der Fassung vom 18.8.2009 (BGBl. I, 2732). Vgl. hierzu *Scholtissek,* NJW 2009, 3057. Die
Vorschriften der Neufassung finden auf Verträge Anwendung, die ab dem 18.8.2009 geschlossen
werden, § 55 HOAI. Insoweit bleiben die Vorschriften der bisher geltenden HOAI auf vor
diesem Zeitpunkt geschlossene Verträge anwendbar.
[4] BGHZ 133, 399 = NJW 1997, 586; *BGH* NJW 1999, 427; NJW-RR 2000, 1333.
[5] BGHZ 133, 399 = NJW 1997, 586; *BGH* NJW 1999, 427.
[6] BGHZ 136, 33 = NJW 1997, 3017; Einzelheiten bei *Locher/Koeble/Frik,* Einl. Rn. 54 ff.;
Werner/Pastor, Rn. 834 ff.

b) Vergütungsvereinbarung

3 In der Regel enthält der Architektenvertrag eine Vereinbarung über die vom Auftraggeber zu entrichtende Vergütung. Sofern die Parteien eine Vergütungsvereinbarung nicht getroffen haben, ist nach § 632 I BGB zu prüfen, ob die vom Architekten geschuldete Leistung nach den Umständen nur gegen eine Vergütung zu erwarten ist. Die Höhe der Vergütung richtet sich im Anwendungsbereich der HOAI nach deren Honorarvorschriften.[7]

Die Parteien können eine Vergütungsvereinbarung gemäß § 7 I, VII HOAI grundsätzlich nur innerhalb der durch die HOAI festgelegten Mindest- und Höchstsätze und nur schriftlich bei Auftragserteilung treffen. Die in der HOAI festgelegten Mindestsätze haben zwingenden Charakter, soweit nicht Ausnahmen vom Verbot der Mindestsatzunterschreitung eingreifen, § 7 I HOAI. Im Gegensatz zur früheren HOAI ist die dem Honorar zugrunde liegende Vereinbarung durch schriftliche Vereinbarung anzupassen, wenn sich der beauftragte Leistungsumfang auf Veranlassung des Auftraggebers während der Laufzeit des Vertrags ändert mit der Folge von Änderungen der anrechenbaren Kosten, Werte und/oder Verrechnungseinheiten, § 7 V HOAI.

c) Vertragsparteien

4 Zu klären ist stets, welche Personen durch den Vertrag berechtigt und verpflichtet werden sollen. Dies ist bei unklarer Parteibezeichnung durch Auslegung des Vertrages unter Berücksichtigung sämtlicher Umstände des Vertragsschlusses zu ermitteln. Der Abschluss des Architektenvertrages durch nur einen Ehegatten kann dahin auszulegen sein, dass beide Ehegatten berechtigt und verpflichtet sein sollen, etwa wenn sich die Planungsleistungen auf ein im gemeinsamen Eigentum der Ehegatten stehendes Grundstück beziehen und die Vertragskorrespondenz mit beiden Ehegatten geführt worden ist. Auf Auftragnehmerseite kann ein Einzelarchitekt oder ein Zusammenschluss mehrerer Architekten als Gesellschaft bürgerlichen Rechts (§ 705 BGB) stehen.

2. Abschluss des Architektenvertrags
a) Form des Architektenvertrags

5 Der Abschluss des Architektenvertrags unterliegt keinem Formzwang. Die Vereinbarung eines von den Mindestsätzen abweichenden Honorars bedarf dagegen nach § 7 III, VII HOAI einer schriftlichen Vereinbarung bei Auftragserteilung. Für Besondere Leistungen, die in der Anlage 2 zur HOAI nicht abschließend aufgeführt sind, kann ein Honorar frei vereinbart werden, § 3 III 2 HOAI.

Die für eine wirksame Honorarvereinbarung nach § 7 VII HOAI erforderliche Schriftform wird durch das Schweigen auf ein kaufmännisches Bestätigungsschreiben nicht gewahrt.[8] Die Schriftform ist nach § 126 BGB nur gegeben, wenn die Vertragsurkunde von beiden Parteien unterzeichnet ist. Dazu reicht die Unterzeichnung des Angebots durch die eine Partei und der Annahme durch die andere Partei in einer weiteren Urkunde nicht aus, da keine der beiden Urkunden die ganze, von beiden Parteien unterschriftlich vollzogene Vereinbarung enthält.[9]

6 Schließt ein Kaufmann im Rahmen seiner gewerblichen Tätigkeit einen Architektenvertrag, kann der Vertrag nach den Grundsätzen des kaufmännischen Bestätigungsschreibens dadurch wirksam zustande kommen, dass der Empfänger nach geführten Verhandlungen einem Schreiben der einen Vertragspartei, welches das Ergebnis der

---

[7] Das verbindliche Preisrecht der HOAI umfasst die Bereiche Flächenplanung, Objektplanung und Fachplanung. Beratungsleistungen und Besondere Leistungen unterliegen nach der Neufassung vom 18.8.2009 nicht mehr dem verbindlichen Preisrecht.
[8] *BGH* BauR 1989, 222.
[9] *BGH* BauR 1994, 131.

Verhandlungen zutreffend wiedergibt, nicht widerspricht.[10] Der Architekt kann Adressat oder Absender des kaufmännischen Bestätigungsschreibens sein.[11] Die Grundsätze des Vertragsschlusses aufgrund eines kaufmännischen Bestätigungsschreibens finden auf Architekten Anwendung, da sie zu den Personen gehören, die, ohne Kaufmann zu sein, in gleicher Weise in erheblichem Umfang am Geschäftsleben teilnehmen.[12]

b) Vertragsschluss durch konkludentes Verhalten

Ein Architektenvertrag kann konkludent dadurch geschlossen werden, dass der Auf- 7 traggeber Leistungen des Architekten entgegennimmt und für seine Zwecke verwendet (z. B. Einreichen von Plänen bei der Baugenehmigungsbehörde oder zur Erlangung von Fördermitteln).[13] Es ist jedoch stets zu prüfen, ob die Parteien eine Vertragsbindung gewollt haben.[14] Nimmt der Auftraggeber Leistungen des Architekten entgegen, ohne sie zu verwerten, müssen die Leistungen von einigem Gewicht sein, um die Annahme eines Rechtsbindungswillens zu rechtfertigen.

Ein Vertragsschluss durch konkludentes Verhalten liegt in der Regel nicht vor, wenn die Parteien übereinstimmend davon ausgehen, dass ein schriftlicher Vertrag geschlossen werden soll.[15] Eine tatsächliche Vermutung des Inhalts, dass nach dem Willen der Parteien im Zweifel ein Vollauftrag erteilt werden soll, besteht nicht.[16]

Die Parteien können auch vereinbaren, dass dem Architekten nicht von vornherein alle Leistungsphasen der Gebäudeplanung übertragen werden sollen. Soll der Architekt mit einzelnen Planungsleistungen stufenweise beauftragt werden, muss sich dies aus der Vereinbarung eindeutig ergeben. Mit der weiteren Auftragserteilung kommt dann jeweils ein selbständiger Vertrag zustande.

c) Vorvertrag, Rahmenvertrag

Der Architekt kann mit dem Auftraggeber einen Vorvertrag über ein bestimmtes 8 Bauvorhaben schließen, etwa wenn die Bauausführung noch nicht sicher feststeht. Die Annahme eines Vorvertrags setzt einen vertraglichen Bindungswillen des Auftraggebers voraus, dem Architekten den Planungsauftrag zu erteilen.

Weigert sich der Auftraggeber, seinen Verpflichtungen aus dem Vorvertrag nachzukommen, kann der Architekt auf Abschluss des Hauptvertrages klagen,[17] Schadensersatz wegen Nichterfüllung statt der Leistung (§§ 280, 281 BGB) oder entsprechend § 649 S. 2 BGB die Vergütung abzüglich ersparter Aufwendungen und eines anderweitigen Erwerbs verlangen.[18] Ein Schadensersatz- oder Vergütungsanspruch ist nicht gegeben, wenn der Auftraggeber den Abschluss des Hauptvertrags aus einem vom Architekten zu vertretenden wichtigen Grund verweigert oder von der Durchführung des Objekts insgesamt Abstand nimmt.[19]

Ein Rahmenvertrag liegt vor, wenn ein Wohnungsbauunternehmen oder ein Bau- 9 unternehmer mit einem Architekten eine Vereinbarung für mehrere Bauvorhaben

---

[10] Vgl. zum kaufmännischen Bestätigungsschreiben: BGHZ 40, 42 = NJW 1963, 1922; *OLG Koblenz* NZBau 2007, 727.

[11] *BGH* WM 1973, 1376; BauR 1975, 68; *OLG Düsseldorf* NJW-RR 1995, 501.

[12] BGHZ 40, 42 = NJW 1963, 1922.

[13] Vgl. *BGH* NJW-RR 1986, 18; *OLG München* NJW-RR 1996, 341; *OLG Saarbrücken* NJW-RR 1999, 1035; *OLG Düsseldorf* BauR 2002, 1726.

[14] BGHZ 136, 33 = NJW 1997, 3017; NJW 1987, 2742; NJW 1985, 2830.

[15] Vgl. BGHZ 136, 33 = NJW 1997, 3017.

[16] *BGH* NJW 1980, 122.

[17] *BGH* NJW 1984, 479; NJW 2001, 1272.

[18] BGHZ 102, 384 = NJW 1988, 1261.

[19] BGHZ 102, 384 = NJW 1988, 1261.

trifft. Wird vereinbart, dass der Architekt den Auftrag für die erforderlichen Planungsleistungen erhalten soll, ist dies bindend. Der Auftraggeber ist zum Schadensersatz verpflichtet, wenn er den Abschluss des Architektenvertrags ohne wichtigen Grund ablehnt.[20]

d) Unwirksamkeitsgründe
aa) Unerlaubte Rechtsberatung

10 Der Architektenvertrag kann wegen Verstoßes gegen § 3 RDG[21] i. V. mit § 134 BGB nichtig sein, wenn der Architekt im Vertrag die Besorgung von Rechtsangelegenheiten übernimmt, die über seine eigentliche berufliche Aufgabe hinausgehen.[22] Nach § 5 Abs. 1 RDG sind dem Architekten solche Tätigkeiten erlaubt, die Nebenpflichten im Rahmen seiner Berufsausübung darstellen. Hierzu gehören z. B. die Beratung und Mitwirkung bei der Vergabe der Unternehmerleistungen, die Mitwirkung bei der Rüge von Baumängeln und der Hinweis auf steuerliche Vergünstigungen.[23]

11 Der Verstoß gegen § 3 RDG hat zur Folge, dass die vertragliche Vereinbarung nichtig ist. Dem Architekten steht für die Erbringung der Leistung kein Honoraranspruch zu. Im Zweifel ist nicht von der Nichtigkeit der Vereinbarung im Übrigen auszugehen.[24] Durch Auslegung der vertraglichen Vereinbarung ist zu ermitteln, ob die Parteien den Vertrag im Übrigen aufrechterhalten hätten, wenn sie die Nichtigkeit der auf die Erbringung einer bestimmten Leistung gerichteten Vertragsvereinbarung gekannt hätten.

bb) Koppelungsverbot nach Art. 10 § 3 MRVerbG

12 Nach Art. 10 § 3 MRVerbG ist eine Koppelung von Grundstückskaufverträgen mit Ingenieur- und Architektenverträgen unzulässig. Zweck des gesetzlichen Verbots ist es, den Erwerber davor zu schützen, einen bestimmten Architekten in Anspruch zu nehmen.[25]

Geschützt ist nur der Erwerber des Grundstücks, nicht dagegen ein Dritter, der an den Veräußerer in der Erwartung, mit Planungsleistungen beauftragt zu werden, eine Honorarzahlung leistet.[26] Erfasst werden alle Verpflichtungsgeschäfte, die zum Erwerb des Grundstücks führen können.[27] Ausnahmen bestehen beim Erwerb von Wohnungseigentum.[28] Dagegen fällt der Erwerb eines Gesellschaftsanteils einer BGB-Gesellschaft oder GmbH, die ihrerseits einen Vertrag mit einem Architekten abgeschlossen haben, oder die gegenüber den Mitgesellschaftern übernommene Verpflichtung, einen solchen Vertrag zu schließen, nicht unter das Koppelungsverbot des Art. 10 § 3 MRVerbG.[29]

13 Ferner ist erforderlich, dass ein Zusammenhang mit dem Erwerb eines Grundstücks besteht. Dies ist immer dann der Fall, wenn der Veräußerer den Erwerb des Grundstücks von dem Abschluss eines Architektenvertrags abhängig macht. Erforderlich ist, dass die Initiative zur Vertragsbindung vom Veräußerer oder vom Architekten ausgeht. Tritt der Bauwillige selbst an einen Architekten heran mit der Bitte, ihm ein passendes Grundstück zu vermitteln und stellt er für diesen Fall die Beauftragung des

[20] *BGH* NJW-RR 1992, 977.
[21] Gesetz über außergerichtliche Rechtsdienstleistungen – Rechtsdienstleistungsgesetz vom 12.12.2007, BGBl. I 2840; in Kraft seit dem 1.7.2008.
[22] BGHZ 70, 12 = NJW 1978, 322; NJW 1998, 1228; *Kniffka,* ZfBR 1994, 253; *Bruns,* NZBau 2007, 737.
[23] BGHZ 60, 1 = NJW 1973, 237; BGHZ 68, 169 = NJW 1977, 898; *BGH* NJW 2007, 842; vgl. zum Projektsteuerungsvertrag *OLG Köln* BauR 2005, 741.
[24] *Kniffka,* ZfBR 1995, 10.
[25] BGHZ 186, 314 = NJW 2010, 3154; *BGH* NJW 1986, 1811; NJW 1983, 227.
[26] *BGH* NJW-RR 2006, 1249.
[27] Vgl. *Kniffka/Koeble,* 12. Teil Rn. 51.
[28] *BGH* NJW 1986, 1811.
[29] *Locher/Koeble/Frik,* § 3 MRVerbG Rn. 8.

Architekten mit der Planung des Baues zu beauftragen, greift Art. 10 § 3 MRVerbG nicht ein. Dies gilt selbst dann, wenn der Architekt im Nachhinein die Vermittlung des Grundstücks davon abhängig macht, dass ihm der Auftrag erteilt wird.[30]

Eine verbotene Koppelung liegt auch vor, wenn der Erwerber für den Fall, dass er dem vom Veräußerer vorgeschlagenen Architekten keinen Auftrag erteilt, eine Abstandssumme zu zahlen hat.[31] Gleiches gilt, wenn der Erwerber den Veräußerer von möglichen, bereits entstandenen Honorarforderungen eines Architekten im Vertrag freistellt.[32] Das Koppelungsverbot ist auch bei der Vergabe von Aufträgen durch die öffentliche Hand zu beachten.[33]

Der Verstoß gegen Art. 10 § 3 MRVerbG führt zur Nichtigkeit des Architektenvertrages, während der Grundstückskaufvertrag im Zweifel wirksam bleibt. Der Architektenvertrag ist dann nach Bereicherungsrecht rückabzuwickeln.[34]   **14**

cc) Schwarzarbeit

Ein Architektenvertrag mit der Abrede, dass das Architektenhonorar ohne Rechnung   **15** und ohne Umsatzsteuer bezahlt werden soll, ist nach § 134 BGB i. V. mit § 1 II SchwArbG nichtig.[35] Mängelansprüche des Auftraggebers sind grundsätzlich von vornherein ausgeschlossen. Der Auftragnehmer kann sich nur ausnahmsweise nach Treu und Glauben nicht auf die Nichtigkeit des Vertrags berufen.[36]

3. Abnahme der Architektenleistung

Die Architektenleistung ist vom Auftraggeber nach § 640 I BGB abzunehmen. Mit   **16** der Abnahme beginnt die Verjährungsfrist für Mängel des Architektenwerks zu laufen. Gegenstand der Abnahme ist das „geistige" Architektenwerk.[37]

a) Abnahmevoraussetzungen

Voraussetzung der Abnahme ist, dass das Architektenwerk abnahmefähig hergestellt   **17** ist, d. h. der Architekt die Architektenleistung vollständig und mangelfrei erbracht hat. Die Abnahme durch den Auftraggeber besteht darin, dass er die Architektenleistung als vertragsgemäß anerkennt.[38] Die Abnahme des Architektenwerks kann sich aus den Umständen, insbesondere dem Verhalten des Auftraggebers ergeben.

Für einen Abnahmewillen des Auftraggebers genügt in der Regel die bloße Ingebrauchnahme des Objekts nicht, wenn nicht weitere Anhaltspunkte vorliegen. Diese können in der Bezahlung des Honorars zu sehen sein oder darin, dass der Auftraggeber das Objekt über einen längeren Zeitraum hinweg nutzt, ohne Beanstandungen zu erheben. Der Gebrauchsüberlassung an Dritte, etwa einen Mieter, ist dagegen nicht ohne weiteres ein Abnahmewille des Auftraggebers zu entnehmen.[39]

Beim Vollauftrag ist die Abnahmefähigkeit zeitlich weit hinausgeschoben, weil der   **18** Architekt mit der Leistungsphase 9 (§ 33 HOAI, Anlage 11) die Objektbetreuung schuldet, die die Überwachung der Beseitigung von Mängeln, die innerhalb der Verjährungsfrist für Mängelansprüche, längstens jedoch bis zum Ablauf von vier

---

[30] BGHZ 178, 130 = NJW 2008, 3633.

[31] *BGH* NJW 1983, 227; *OLG Frankfurt/M.* NJW-RR 2010, 1394.

[32] *BGH* NJW 2000, 2354.

[33] *BGH* NJW 1982, 2189; NJW-RR 1998, 952.

[34] *BGH* NJW 1982, 879.

[35] Vgl. *BGH* NJW 2013, 3167 (zum Bauvertrag).

[36] *BGH* NJW 2013, 3167; NJW-RR 2008, 1051.

[37] BGHZ 37, 341 = NJW 1962, 1764; BGHZ 48, 257 = NJW 1967, 2259; BGHZ 125, 111 = NJW 1994, 1276; *BGH* NJW 2000, 133.

[38] BGHZ 72, 257 = NJW 1979, 214; *BGH* NJW 1970, 421.

[39] *BGH* NJW-RR 2000, 164.

Jahren seit Abnahme der Bauleistungen auftreten, umfasst. Das bedeutet, dass die Werkleistung des Architekten vor Ablauf dieser Frist nicht erbracht und daher vorbehaltlich einer vereinbarten Teilabnahme nicht abnahmefähig ist.[40]

b) Teilabnahme

19   Eine Teilabnahme kann der Architekt nur verlangen, wenn dies vertraglich vereinbart ist.[41] Die Vereinbarung einer solchen Teilabnahme in AGB des Architekten ist grundsätzlich zulässig.[42] Sie muss jedoch eindeutig und für den Auftraggeber transparent sein.

Hierfür genügt nicht bereits eine Klausel, die an eine Teilabnahme bestimmte Folgen knüpft, ohne die Verpflichtung des Auftraggebers zu einer Teilabnahme ausdrücklich zu regeln.[43]

4. Vorzeitige Beendigung des Architektenvertrags

a) Kündigung

aa) Rechte des Auftraggebers

20   Der Auftraggeber kann den Architektenvertrag gemäß § 649 S. 1 BGB jederzeit kündigen. Dieses Kündigungsrecht kann in AGB nicht ausgeschlossen werden.[44] Kündigt der Auftraggeber, ist der Architekt nach § 649 S. 2 BGB berechtigt, die vereinbarte Vergütung zu verlangen; er muss sich jedoch dasjenige anrechnen lassen, was er infolge der Aufhebung des Vertrags an Aufwendungen erspart oder durch anderweitige Verwendung seiner Arbeitskraft erwirbt oder zu erwerben böswillig unterlässt.

Der Architekt hat nach Kündigung durch den Auftraggeber in der Schlussrechnung sein Honorar für erbrachte und nicht erbrachte Leistungen abzurechnen. Der Architekt ist für den Umfang der erbrachten und nicht erbrachten Leistungen darlegungs- und beweispflichtig.[45] Der Architekt hat zudem konkret darzulegen, welche Ersparnis und welchen anderweitigen Erwerb er von seiner Vergütungsforderung in Abzug bringt. Der Auftraggeber trägt die Beweislast dafür, dass der Architekt in höherem Umfang Aufwendungen erspart oder durch anderweitige Verwendung seiner Arbeitskraft Einkünfte erzielt hat oder hätte erzielen können.[46]

21   Der Architekt hat im Einzelnen darzulegen, wie der Vertrag ohne die eingetretene Störung abgewickelt worden wäre.

   – Zu den in Abzug zu bringenden Ersparnissen gehören projektbezogene Sachkosten, wie z. B. Fahrtkosten, die Kosten für die Herstellung von Plänen, sowie Personalkosten für Mitarbeiter, die infolge des Wegfalls eines Projekts bei anderen laufenden Projekten zum Einsatz kommen können, und infolge der Kündigung ersparte Kosten für die Beauftragung von Subplanern. Eine Verpflichtung des Architekten, seinen Mitarbeitern wegen des geringeren Arbeitsanfalls zu kündigen, besteht jedoch nicht.[47]

---

[40] BGHZ 125, 111 = NJW 1994, 1276.
[41] BGHZ 125, 111 = NJW 1994, 1276; zur Abgrenzung vgl. *BGH* NJW-RR 2006, 1248.
[42] *BGH* BauR 2001, 1928.
[43] *BGH* NJW-RR 2006, 1248.
[44] *BGH* NJW 1999, 3261; *OLG Düsseldorf* NJW-RR 2000, 166; *Werner/Pastor,* Rn. 1120; *Locher/Koeble/Frik*, Einl. Rn. 255; *Löffelmann/Fleischmann*, Rn. 1679.
[45] *BGH* NJW-RR 1994, 1238.
[46] BGHZ 140, 263 = NJW 1999, 1253; *BGH* NJW 1997, 259; NJW-RR 2001, 385; *OLG Düsseldorf* NZBau 2002, 686.
[47] BGHZ 143, 79 = NJW 2000, 653.

– Nicht zu den ersparten Aufwendungen gehören die zur Unterhaltung des Büros aufzuwendenden allgemeinen Sachkosten, wie z. B. Miet-, Strom-, Telefon- oder Versicherungskosten. Etwas anderes kann gelten, wenn zur Ausführung des Auftrags Zusatzräume angemietet oder Objektversicherungen abgeschlossen worden sind, die der Architekt aufgrund der Vertragsaufhebung kündigen kann.

– Als anderweitigen Erwerb hat sich der Architekt Einkünfte anrechnen zu lassen, die er aufgrund eines anderen Auftrags erlangt, den er infolge des gekündigten Auftrags übernimmt. Es reicht aus, wenn sich der Architekt dazu nachvollziehbar und ohne Widerspruch zu den Vertragsumständen ausdrücklich oder auch konkludent erklärt und im Einzelnen darlegt, um welche Ersatzaufträge er sich vergeblich bemüht hat.[48] Zu dem anrechenbaren anderweitigen Erwerb gehört auch die Vergütung für Arbeiten, die infolge der Kündigung vorgezogen werden können.[49]

Eine vertragliche Regelung in AGB des Architekten, die die Höhe der Ersparnis mit einem festen Prozentsatz, in der Regel 40 %, festlegt, ist wegen Verstoßes gegen § 309 Nr. 5b BGB unwirksam, wenn dem Auftraggeber nicht die Möglichkeit des Nachweises eröffnet wird, dass der Architekt im Einzelfall eine höhere Ersparnis erzielt hat.[50]   **22**

Ist der Auftraggeber als Verwender der AGB anzusehen, kann er sich auf die Unwirksamkeit einer solchen Klausel nicht berufen.[51] Ist der Architekt Verwender der Klausel, kann er sich nicht darauf berufen, dass seine ersparten Aufwendungen unter dem festgesetzten Prozentsatz liegen.[52]

Dem Auftraggeber steht daneben das Recht zur Kündigung des Architektenvertrags zu, wenn ein wichtiger Grund vorliegt, durch den ihm unter Berücksichtigung aller Umstände des Einzelfalls und unter Abwägung der beiderseitigen Interessen die Fortsetzung des Vertragsverhältnisses bis zur vereinbarten Beendigung nicht zugemutet werden kann, § 314 BGB. Der Architekt kann in diesem Fall lediglich eine Vergütung für die von ihm erbrachten Leistungen verlangen. Ein Honoraranspruch für die noch ausstehenden Leistungen entfällt.[53]   **23**

Der Architekt hat darzulegen und zu beweisen, dass die erbrachte Leistung frei von Mängeln ist. Ein Anspruch auf Vergütung der erbrachten Leistungen besteht nicht, wenn der Auftraggeber darlegt und beweist, dass die erbrachten Leistungen trotz ihrer Mangelfreiheit für ihn nicht verwertbar sind oder eine Verwertung unzumutbar ist.[54]

bb) Rechte des Architekten

Dem Architekten steht demgegenüber kein allgemeines Kündigungsrecht zu. Er kann sich vom Architektenvertrag nur unter den Voraussetzungen der §§ 643, 642 BGB vorzeitig lösen, wenn der Auftraggeber bestimmte Mitwirkungspflichten verletzt. Auch dem Architekten steht das Kündigungsrecht aus wichtigem Grund (§ 314 BGB) zu.[55]   **24**

---

[48] *OLG Saarbrücken* BauR 2006, 854; *OLG Hamm* BauR 2006, 1310
[49] BGHZ 131, 362 = NJW 1996, 1282; BGHZ 143, 79 = NJW 2000, 653.
[50] *BGH* NJW 1996, 1751; 1997, 259; *BGH* NJW-RR 1998, 1391; NJW 2000, 205.
[51] *Werner/Pastor*, Rn. 1137.
[52] *BGH* NJW-RR 1998, 594; NJW 2000, 205.
[53] BGHZ 31, 224 = NJW 1960, 431; BGHZ 136, 33 = NJW 1997, 3017; *Locher/Koeble/Frik*, Einl. Rn. 223 ff.; *Werner/Pastor*, Rn. 1145; *Löffelmann/Fleischmann*, Rn. 1699.
[54] BGHZ 136, 33 = NJW 1997, 3017; *BGH* NJW 1997, 259; *Löffelmann/Fleischmann*, Rn. 1697 f.
[55] *BGH* NJW-RR 1989, 1248; *OLG Düsseldorf* BauR 1995, 247; *Werner/Pastor*, Rn. 1148; *Löffelmann/Fleischmann*, Rn. 1700 ff.

Kündigt der Architekt den Vertrag nach §§ 642, 643 BGB, so kann er nach § 645 BGB das Honorar für die geleisteten Arbeiten verlangen.[56] Eine Vergütung für die noch nicht erbrachten Leistungen kann der Architekt unter dem Gesichtspunkt des Schadensersatzes wegen entgangenen Gewinns nach § 645 II BGB verlangen, wenn der Auftraggeber die zur Kündigung berechtigenden Umstände zu vertreten hat.[57]

b) Rücktritt

25 Der Auftraggeber ist nach § 323 I BGB berechtigt, vom Vertrag zurückzutreten, wenn der Architekt das versprochene Werk ganz oder zum Teil nicht rechtzeitig herstellt. In welcher Frist der Architekt seine Leistung zu erbringen hat, ist den vertraglichen Vereinbarungen der Parteien zu entnehmen. Haben die Parteien eine Frist zur Ausführung der Leistungen nicht vereinbart, hat der Architekt unverzüglich nach Vertragsschluss mit den Arbeiten zu beginnen und sie innerhalb einer angemessen Frist zu Ende zu führen.[58]

26 Der Rücktritt des Auftraggebers ist erst zulässig, wenn dieser dem Architekten erfolglos eine Frist zur Bewirkung der Leistung gemäß § 323 I BGB gesetzt hat oder eine solche Fristsetzung nach § 323 II BGB ausnahmsweise entbehrlich ist. Das Rücktrittsrecht ist ausgeschlossen, wenn der Auftraggeber die Verzögerung, etwa durch nachträgliche Sonderwünsche, selbst herbeigeführt hat oder dem Architekten wegen Zahlungsverzugs des Auftraggebers mit Abschlagszahlungen ein Leistungsverweigerungsrecht zusteht.

Der Architekt kann gemäß § 323 I BGB vom Vertrag zurücktreten, wenn der Auftraggeber seinen Zahlungsverpflichtungen nicht nachkommt. Erforderlich ist ebenfalls eine Fristsetzung, sofern eine Fristsetzung nicht nach § 323 II BGB entbehrlich ist.

c) Einverständliche Vertragsaufhebung

27 Die Parteien können den Architektenvertrag jederzeit im gegenseitigen Einvernehmen beenden. Sofern Streit darüber besteht, ob die Erklärung einer Vertragspartei als Kündigung des Vertrags auszulegen ist, ist zu prüfen, ob der Vertrag dadurch beendet worden ist, dass beide Parteien ihn übereinstimmend nicht fortführen und damit beenden wollen. Die Vergütung des Architekten richtet sich in diesem Fall ebenfalls nach der vereinbarten Vergütung unter Anrechnung ersparter Aufwendungen und eines anderweit durch Einsatz seiner Arbeitskraft zu erzielenden Erwerbs.[59]

d) Tod eines Vertragspartners

28 Der Tod des Architekten beendet das Vertragsverhältnis, da die vom Architekten geschuldeten Leistungen höchstpersönlicher Natur sind. Es handelt sich um einen Fall der subjektiven Unmöglichkeit.[60] Dies gilt nicht ohne weiteres, wenn der Architektenvertrag mit einer in einer Gesellschaft bürgerlichen Rechts zusammengeschlossenen Mehrheit von Architekten oder einer juristischen Person geschlossen worden ist. In Betracht kommt eine Kündigung aus wichtigem Grund, wenn der verstorbene Architekt die federführende Rolle bei der Abwicklung des Vertragsverhältnisses gehabt hat.

---

[56] *BGH* NJW 1999, 2036.

[57] *Löffelmann/Fleischmann,* Rn. 1705 f.; *Locher/Koeble/Frik,* Einl. Rn. 226; *Werner/Pastor,* Rn. 1770.

[58] *OLG Frankfurt/M.* NJW-RR 1994, 1361.

[59] BGHZ 62, 208 = NJW 1974, 945; BGHZ 65, 391 = NJW 1976, 518; *OLG Karlsruhe* NJW-RR 1993, 1368.

[60] Vgl. *Kniffka/Koeble,* 12. Teil Rn. 134.

Der Tod des Auftraggebers führt nicht zu einer Beendigung des Vertrags. Seine Erben   29
sind jedoch berechtigt, den Vertrag aus wichtigem Grund zu kündigen.

II. Der Vergütungsanspruch des Architekten

1. Allgemeine Grundlagen

Ob der Architekt eine Vergütung für seine Leistungen verlangen kann, richtet sich   30
nach der vertraglichen Vereinbarung. Auf dieser Grundlage ist zu beurteilen, ob eine
Vergütungspflicht des Auftraggebers besteht. Dies ist nicht zweifelhaft, wenn die
Parteien eine Honorarvereinbarung getroffen haben. Fehlt eine solche, ist gemäß
§ 632 I BGB zu prüfen, ob die Architektenleistung nach den Umständen nur gegen
Vergütung zu erwarten ist. Dies ist in der Regel der Fall, wenn die Leistungen von
einiger wirtschaftlicher Bedeutung für den Auftraggeber sind oder der Architekt ein
erhebliches Haftungsrisiko übernimmt.[61]

Vergütungspflichtige Leistungen sind von der Akquisitionstätigkeit des Architekten   31
abzugrenzen, die dieser zu Werbungszwecken in der Regel unentgeltlich erbringt.
Hierzu können vorbereitende Leistungen gehören, wie sie etwa in den Leistungsbildern 1 und 2 beschrieben sind.

Die Grenze für die Annahme vergütungspflichtiger Leistungen dürfte überschritten sein, wenn
der Architekt die Entwurfsplanung vornimmt oder zur Beantragung öffentlicher Fördergelder
eine Kostenschätzung vorlegt.[62]

Haben die Parteien die Höhe der Vergütung nicht bestimmt, ist gemäß § 632 II BGB   32
die taxmäßige Vergütung geschuldet. Die Berechnung der Vergütung richtet sich nach
der HOAI, soweit diese einschlägig ist. Die HOAI stellt öffentliches Preisrecht dar,
das von den Parteien bei der Vereinbarung und Berechnung des Honorars zu beachten ist.

a) Anwendungsbereich der HOAI
aa) Sachlicher Anwendungsbereich

Die HOAI regelt nach § 1 HOAI die Berechnung der Entgelte für Leistungen der   33
Architekten mit Sitz im Inland, soweit sie durch die Leistungsbilder dieser Verordnung erfasst und vom Inland aus erbracht werden. Das Leistungsbild Objektplanung
für Gebäude und raumbildende Ausbauten umfasst gemäß § 33 HOAI die Leistungen der Auftragnehmer für Neubauten, Neuanlagen, Wiederaufbauten, Erweite-
rungsbauten, Umbauten, Modernisierungen, raumbildende Ausbauten, Instandhaltungen und Instandsetzungen. Der Gebäudebegriff wird in § 2 Nr. 2 HOAI dahin
definiert, dass Gebäude selbständig benutzbare, überdeckte bauliche Anlagen sind,
die von Menschen betreten werden können und geeignet oder bestimmt sind, dem
Schutz von Menschen, Tieren oder Sachen zu dienen.

Die HOAI gilt nur für Bauvorhaben. Nicht erfasst werden nicht mit dem Erdboden   33a
fest verbundene bauliche Anlagen wie Zelte, Kioske oder Messestände.[63] Zudem
werden nicht sämtliche zur Errichtung eines Baus erforderlichen Architekten- und
Ingenieurleistungen von der HOAI erfasst.

---

[61] BGHZ 136, 33 = NJW 1997, 3017; *OLG Hamm* NJW-RR 1996, 83; *OLG Koblenz* NJW-
RR 1996, 1045; *OLG Saarbrücken* NJW-RR 1999, 1035.
[62] *KG* NJW-RR 1988, 21.
[63] Vgl. *Kniffka/Koeble,* 12. Teil Rn. 146; *Locher/Koeble/Frik,* § 2 Rn. 5.

Für die Tätigkeit des Prüfstatikers, des hoheitlich tätigen Vermessungsingenieurs und für Leistungen eines Projektentwicklers finden sich in der HOAI keine Honorarvorschriften.[64]

Außerdem richtet sich die Honorarberechnung dann nicht nach der HOAI, wenn die anrechenbaren Kosten des zu errichtenden Objekts einen Betrag von 25.564.594 EUR übersteigen, § 34 I HOAI. Für Objekte mit einem solchen Bauvolumen kann das Honorar zwischen den Parteien frei vereinbart werden.

bb) Persönlicher Anwendungsbereich

34 Maßgeblich für die Anwendbarkeit der HOAI ist die sachliche Natur der geschuldeten Architektenleistungen. Unerheblich ist, ob diese Leistungen von einem Architekten oder anderen Personen erbracht werden.[65] Das bedeutet, dass die HOAI auch für Vergütungsansprüche juristischer Personen gilt, soweit es sich um von der HOAI erfasste Architektenleistungen handelt.[66]

Erbringt ein Architekt Architektenleistungen im Rahmen eines abhängigen Beschäftigungsverhältnisses, ist die HOAI nicht anwendbar.[67] Die HOAI gilt auch nicht für Leistungen von Bauträgern und anderen Anbietern, wenn sie zusammen mit Bauleistungen auch Architektenleistungen erbringen.[68]

Die fehlende Qualifikation des Auftragnehmers als Architekt berechtigt den Auftraggeber nicht, den Vertrag wegen des Fehlens einer verkehrswesentlichen Eigenschaft des Vertragspartners gemäß § 119 II BGB anzufechten oder die Vergütung zu mindern, wenn der Auftraggeber nicht aus besonderen Gründen Wert auf die Architekteneigenschaften gelegt hat, etwa wegen der Größe oder der Schwierigkeit des Bauvorhabens.[69]

cc) Räumlicher und internationaler Anwendungsbereich

35 Das Preisrecht der HOAI gilt zwingend für Architektenverträge über im Inland belegene Bauvorhaben zwischen deutschen Staatsangehörigen. Die Mindestsatzregelung des § 7 III HOAI ist eine Eingriffsnorm i. S. des Art. 9 Rom I-Verordnung.[70] Auf grenzüberschreitende Verträge finden die Regelungen der HOAI gemäß § 1 HOAI Anwendung, wenn die Leistungen vom Inland aus erbracht werden (vgl. auch Art. 4 II Rom I-Verordnung).[71]

dd) Zeitlicher Geltungsbereich

36 Die am 1.1.1977 in Kraft getretene HOAI ist seither durch 6 Novellen geändert worden. Die letzte Novelle trat am 18.8.2009 in Kraft. Welche Fassung der HOAI anwendbar ist, richtet sich nach dem Zeitpunkt des Vertragsschlusses, § 55 HOAI.

Als Vertragsschluss gilt auch die stufenweise Beauftragung des Architekten. Dies kann zur Folge haben, dass sich das Honorar für später beauftragte Leistungen nach einer anderen Fassung der HOAI richten kann als dasjenige für die zunächst beauftragten Architektenleistungen.

[64] Vgl. zum Projektentwicklungsvertrag, *BGH* NJW 1998, 1228; NJW-RR 2007, 596.
[65] BGHZ 136, 1 = NJW 1997, 2329; *BGH* NJW 1998, 1228; *Werner/Pastor*, Rn. 612.
[66] BGHZ 136, 1 = NJW 1997, 2329; *OLG Frankfurt/M.* NJW-RR 1992, 1321.
[67] *OLG Frankfurt/M.* BauR 2002, 1874; *Werner/Pastor*, Rn. 616 m. w. N.
[68] BGHZ 136, 1 = NJW 1997, 2329; *BGH* NJW 1998, 1228; *OLG Stuttgart* NJW-RR 1989, 917.
[69] *Löffelmann/Fleischmann*, Rn. 23; *OLG Hamburg* OLGR 1996, 306; *OLG Stuttgart* BauR 1997, 681; *Werner/Pastor*, Rn. 681.
[70] Vgl. zu Art. 34 EGBGB a. F.: BGHZ 154, 110 = NJW 2003, 2020.
[71] Zur Europarechtskonformität der HOAI vgl. *Vogelheim/Naujork,* NZBau 2007, 265; Fetsch, NZBau 2005, 71; *OLG Hamm* NZBau 2009, 48.

b) Höchst- und Mindestsätze
aa) Grundsatz

Durch die HOAI wird die Vertragsfreiheit der Parteien in der Weise beschränkt, dass **37** sie bei Auftragserteilung das Honorar nur innerhalb der durch die Honorartafel (vgl. § 34 I HOAI) niedergelegten Mindest- und Höchstsätze wirksam festlegen können, § 7 I HOAI. Sofern bei Auftragserteilung nicht schriftlich etwas anderes vereinbart ist, gelten die Mindestsätze als vereinbart (§ 7 VII HOAI).[72]

Die Mindestsätze stellen die übliche Vergütung im Sinne des § 632 II BGB dar. Der Architekt trägt die Darlegungs- und Beweislast dafür, dass ein über den Mindestsätzen liegendes Honorar vereinbart worden ist.

Die Mindestsätze gelten nicht für Bauvorhaben mit anrechenbaren Kosten, die über 25.564,594 EUR hinausgehen oder unterhalb eines Betrages von 25.565 EUR liegen (§§ 7 II, 34 I HOAI: freie Honorarvereinbarung).

bb) Anhebung der Mindestsätze

Die Parteien können das Honorar innerhalb der Spanne zwischen Mindest- und **38** Höchstsätzen frei festlegen. Die Vergütungsvereinbarung kann sich auf die zur Ermittlung des Honorars notwendigen Angaben, z.B. die Angabe einer bestimmten Honorarzone und eines bestimmten die Mindestsätze überschreitenden Prozentsatzes beschränken.

Die Parteien können auch einen Pauschalpreis festlegen. Für Architektenleistungen kann auch dann ein Stundensatz vereinbart werden, wenn die Leistungen vom Preisrecht der HOAI erfasst werden.[73] Die zulässige Spanne zwischen Mindest- und Höchstsätzen ist immer dann überschritten, wenn bei Zugrundelegung einer Honorarberechnung nach der HOAI das vereinbarte Honorar außerhalb dieser Spanne liegt.[74]

Die Vereinbarung eines über den Mindestsätzen der HOAI liegenden Honorars muss **39** gemäß § 7 VII HOAI schriftlich bei Auftragserteilung getroffen werden.[75]

Für die Schriftform ist gemäß § 126 II BGB erforderlich, dass die Vertragsurkunde von beiden Parteien oder die für den einen Vertragspartner bestimmte Urkunde von dem jeweils anderen Vertragspartner unterschrieben wird. Eine einseitige, schriftliche Auftragsbestätigung genügt nicht.[76] Gleiches gilt für wechselseitige Bestätigungsschreiben.[77] Eine schriftliche Vereinbarung per Telefax ist in der Weise möglich, dass das unterschriebene Telefaxschreiben vom Empfänger gegengezeichnet und zurückgesandt wird.[78]

Das Erfordernis, dass die Honorarvereinbarung bei Auftragserteilung zu treffen ist, **40** ist eng auszulegen. Eine Vereinbarung, die in unmittelbarem zeitlichem Zusammenhang mit der Auftragserteilung getroffen wird, genügt nicht.[79] Eine neue Honorarvereinbarung ist möglich, wenn sich das Leistungsziel ändert, etwa weil zusätzliche

---

[72] Zur Berechnung vgl. *BGH* NJW 2012, 1792.

[73] BGHZ 180, 235 = NJW 2009, 2199; *Locher/Koeble/Frik*, § 7 Rn. 24; *Werner/Pastor*, Rn. 1081.

[74] BGHZ 136,1 = NJW 1997, 2329; *BGH* NJW-RR 2004, 233; *OLG Hamm* NJW-RR 1994, 984; *Werner/Pastor*, Rn. 775.

[75] Vgl. hierzu *BGH* NJW-RR 2009, 598; NJW-RR 2009, 447 (Honorarvereinbarung auch vor Auftragserteilung möglich).

[76] *BGH* NJW-RR 1989, 786.

[77] *BGH* NJW-RR 1994, 280; *Korbion/Mantscheff/Vygen*, § 4 Rn. 13; a. A. *Locher/Koeble/Frik*, § 7 Rn. 48.

[78] *KG* NJW-RR 1994, 1298; *Korbion/Mantscheff/Vygen*, § 4 Rn. 11; *Locher/Koeble/Frik*, § 7 Rn. 49.

[79] *BGH* NJW-RR 1986, 18; NJW-RR 1987, 13; *OLG Schleswig* NJW-RR 1987, 535.

Leistungen in Auftrag gegeben werden oder weil ein anderes als das ursprünglich beabsichtigte Objekt geplant werden soll.[80]

Haben die Parteien zunächst einen Vorvertrag geschlossen, können sie eine wirksame Honorarvereinbarung auch noch später bei Abschluss eines schriftlichen Hauptvertrages treffen.[81] Eine neue Honorarvereinbarung ist ferner zulässig, wenn sämtliche geschuldete Architektenleistungen erbracht sind.[82]

41 Der Architekt hat zum Zeitpunkt einer über den Mindestsätzen liegenden Honorarvereinbarung substantiiert vorzutragen. Beruft sich der Auftraggeber auf eine zuvor mündlich geschlossene Vereinbarung, genügt es nicht, wenn er die spätere Auftragserteilung bestreitet; er hat vielmehr einen früheren mündlichen Vertragsschluss im Einzelnen darzulegen.[83] Der Architekt hat diesen Vortrag dann zu widerlegen.[84]

cc) Überschreitung der Höchstsätze

42 Eine Überschreitung der Höchstsätze kommt nach § 7 IV HOAI nur bei außergewöhnlichen oder ungewöhnlich lange dauernden Leistungen aufgrund schriftlicher Vereinbarung der Parteien in Betracht. Es muss sich um Aufgaben handeln, die weit über den Durchschnitt der von der HOAI zugrunde gelegten Schwierigkeitsgrade und Bauzeiten hinausgehen.[85] Umstände, soweit sie bereits für die Einordnung in Honorarzonen oder für die Einordnung in den Rahmen der Mindest- und Höchstsätze mitbestimmend gewesen sind, haben dabei außer Betracht zu bleiben, § 7 IV 2 HOAI.

dd) Unterschreitung der Mindestsätze

43 Eine Unterschreitung der Mindestsätze ist nach § 7 III HOAI nur in Ausnahmefällen möglich. Der Ausnahmefall muss in konkreten Umständen des Auftrags begründet sein. Erforderlich ist, dass sich die Abrechnung nach Mindestsätzen als Verstoß gegen Treu und Glauben darstellt, weil der Auftraggeber auf die Wirksamkeit der Vereinbarung eines unter den Mindestsätzen liegenden Honorars vertraut hat und vertrauen durfte und er sich darauf in einer Weise eingerichtet hat, dass ihm die Zahlung des Differenzbetrags zwischen der Honorarvereinbarung und den Mindestsätzen nach Treu und Glauben nicht zuzumuten ist.[86] Persönliche Beziehungen zwischen den Vertragsparteien rechtfertigen die Annahme eines solchen Ausnahmefalls allein nicht.[87]

ee) Rechtsfolgen unzulässiger Vereinbarungen

44 Haben die Parteien bei Auftragserteilung keine schriftliche Vergütungsvereinbarung getroffen, gelten die Mindestsätze der HOAI gemäß § 7 VII 1 HOAI als vereinbart, wenn die geschuldete Leistung einem Leistungsbild der HOAI zuzurechnen ist. Ist die Vergütungsvereinbarung wegen Unterschreitung der Mindestsätze unwirksam, kann der Architekt grundsätzlich nach den Mindestsätzen abrechnen.

---

[80] *BGH* NJW-RR 1988, 725; NJW-RR 1986, 18.
[81] BGHZ 102, 384 = NJW 1988, 1261.
[82] BGHZ 154, 110 = NJW 2003, 2020; NJW-RR 1987, 13; NJW-RR 1987, 1374; NJW-RR 2001, 1384; *OLG Düsseldorf* NJW-RR 1998, 1099; *Werner/Pastor*, Rn. 809.
[83] *OLG Düsseldorf*, BauR 2001, 1137.
[84] *Locher/Koeble/Frik*, § 7 Rn. 79.
[85] Vgl. *Kroppen*, FS Korbion (1986), S. 322; *Löffelmann/Fleischmann*, Rn. 992 f.
[86] *BGH* NJW 2012, 848; NJW-RR 2010, 1176; BGHZ 136, 1 = NJW 1997, 2329; *OLG Hamm* NJW-RR 1988, 466.
[87] *BGH* NJW-RR 1999, 1108.

Der Auftraggeber kann gegenüber der Abrechnung nach den Mindestsätzen den Einwand des Rechtsmissbrauchs (§ 242 BGB) nur dann mit Erfolg erheben, wenn er auf die Wirksamkeit der Vergütungsvereinbarung vertraut hat, sein Vertrauen schutzwürdig ist und er sich auf die vereinbarte Vergütung in einer Weise eingerichtet hat, dass ihm die Zahlung der Differenz zwischen der vereinbarten und der nach den Mindestsätzen berechneten Vergütung nicht zuzumuten ist.[88]

Der Architekt kann sich auch mit dem vereinbarten geringeren Honorar zu begnügen.[89] Das Verlangen der Mindestsätze kann im Einzelfall einen Anspruch des Auftraggebers aus culpa in contrahendo auslösen, wenn der Architekt ihn nicht über das Formerfordernis des § 7 III HOAI aufgeklärt hat.[90]

Sofern die Vereinbarung eines über den Mindestsätzen liegenden Honorars unwirksam ist, etwa wenn die Vereinbarung nicht in schriftlicher Form bei Auftragserteilung getroffen worden ist, hat der Architekt Anspruch auf ein den Mindestsätzen entsprechendes Honorar.[91] Bei einer unzulässigen Überschreitung der Höchstsätze wird das Honorar auf die zulässigen Höchstsätze gekürzt.[92]   **45**

c) Leistungsbilder und sonstige Leistungen des Architekten

Leistungen, die zur ordnungsgemäßen Erfüllung eines Auftrags im Allgemeinen erforderlich sind, sind in Leistungsbildern erfasst, § 3 II 1 HOAI. Andere Leistungen, die durch eine Änderung des Leistungsziels, des Leistungsumfangs, einer Änderung des Leistungsablaufs oder anderer Anordnungen des Auftraggebers erforderlich werden, sind von den Leistungsbildern nicht erfasst und gesondert frei zu vereinbaren und zu vergüten, § 3 II 2 HOAI. Besondere Leistungen sind nicht abschließend in der Anlage 2 aufgeführt; das Honorar hierfür kann zwischen dem Architekten und dem Auftraggeber frei vereinbart werden.   **46**

aa) Leistungsbilder

Leistungen, die zur ordnungsgemäßen Erfüllung eines Auftrags im Allgemeinen erforderlich sind, sind in den Leistungsbildern der jeweiligen Architektenleistung erfasst. Sachlich zusammengehörige Grundleistungen sind zu jeweils in sich abgeschlossenen Leistungsphasen zusammengefasst, § 3 IV HOAI. Für sie kann der Architekt, dem die dort beschriebenen Aufgaben übertragen werden, in der Regel die entsprechende Vergütung verlangen.   **47**

bb) Sonstige Leistungen

Zu den sonstigen Leistungen des Architekten gehören Beratungsleistungen (Anlage 1 zu § 3 HOAI) und Besondere Leistungen (Anlage 2 zu § 3 HOAI). Besondere Leistungen können zu den in den Leistungsbildern beschriebenen Leistungen hinzutreten oder an ihre Stelle treten, wenn besondere Anforderungen an die Ausführung gestellt werden, die über die allgemeinen Leistungen hinausgehen. Typische Fälle der Besonderen Leistungen sind in der Anlage 2 zu § 3 HOAI aufgeführt, wobei die Aufzählung nicht abschließend ist, § 3 III 1 HOAI.   **48**

---

[88] BGHZ 136, 1 = NJW 1997, 2329; BGHZ 120, 133 = NJW 1993, 659.
[89] *BGH* NJW-RR 2005, 749; NJW-RR 2002, 159.
[90] BGHZ 136, 1 = NJW 1997, 2329.
[91] *BGH* NJW 1998, 2672; NJW-RR 2000, 1333.
[92] *BGH* NJW-RR 1990, 276; *KG* NJW-RR 1990, 91; zur Verjährung des Rückzahlungsanspruchs des Auftraggebers vgl. *BGH* NJW 2012, 3569.

49 *(1) Besondere Leistungen*

Die Unterscheidung in Besondere Leistungen, die zu Grundleistungen hinzutreten, Besondere Leistungen, die ganz oder teilweise an die Stelle von Grundleistungen treten, und isolierten Besonderen Leistungen[93] ist entfallen. Für Besondere Leistungen darf ein Honorar nun frei vereinbart werden. Die Honorarvorschriften der HOAI gelten für diese Leistungen nicht.

50 *(2) Leistungen zur Kostensenkung*

Für Kostenunterschreitungen, die unter Ausschöpfung technisch-wirtschaftlicher oder umweltverträglicher Lösungsmöglichkeiten zu einer wesentlichen Kostensenkung ohne Verminderung des vertraglich festgelegten Standards führen, kann nach § 7 VIII 1 HOAI ein Erfolgshonorar zuvor schriftlich vereinbart werden, das bis zu 20 Prozent des vereinbarten Honorars betragen kann (Bonus-Regelung). Dies setzt voraus, dass die Vertragsparteien eindeutige vertragliche Regelungen unter Bezugnahme auf die Leistungsinhaltsbestimmung und die konkrete Beschreibung des Objekts treffen.[94] Eine Überschreitung des Prozentsatzes von 20 % ist wegen Verstoßes gegen das zwingende Preisrecht der HOAI jedoch unzulässig.[95]

51 *(3) Malus-Regelung*

Werden die einvernehmlich festgelegten anrechenbaren Kosten überschritten, kann nach § 7 VIII 2 HOAI ein Malus-Honorar in Höhe von bis zu 5 Prozent des Honorars vereinbart werden. Diese Quasi-Vertragsstrafenregelung bedarf anders als die Bonus-Regelung nicht der Schriftform. Die infolge der Malus-Regelung mögliche Unterschreitung der Mindestsätze ist als unbedenklich zu bewerten, weil es sich um einen als Vertragsstrafe ausgestalteten Anspruch handelt.[96]

d) Nebenkosten
aa) Auslagen

52 Die bei der Ausführung des Auftrags entstehenden Auslagen (Nebenkosten) des Architekten können nach § 14 I 1 HOAI, soweit sie erforderlich sind, abzüglich der nach § 15 I UStG abziehbaren Vorsteuern neben den Honoraren der HOAI berechnet werden. Soweit die Erstattung von Nebenkosten ausgeschlossen sein soll, müssen die Parteien dies bei Auftragserteilung schriftlich vereinbaren, § 14 I 2 HOAI.

Zu den zu erstattenden Nebenkosten gehören z. B. Versandkosten, Kosten für Datenübertragungen, Kosten für Vervielfältigungen von Zeichnungen und schriftlichen Unterlagen sowie für die Anfertigung von Filmen und Fotos, Kosten für ein Baustellenbüro, Fahrtkosten und Trennungsentschädigungen (vgl. § 14 II HOAI). Die Nebenkosten sind grundsätzlich im Einzelnen nachzuweisen. Eine pauschale Abrechnung ist nur zulässig, wenn die Parteien dies schriftlich bei Auftragserteilung vereinbart haben (§ 14 III HOAI).[97] Die vereinbarte Pauschale darf nicht übersetzt sein.[98]

bb) Umsatzsteuer

53 Der Architekt hat nach § 16 I HOAI Anspruch auf Ersatz der Umsatzsteuer, die auf sein nach der HOAI berechnetes Honorar und auf die nach § 14 HOAI berechneten

---

[93] Vgl. hierzu: *BGH* NJW-RR 1997, 1448; BGHZ 136, 33 = NJW 1997, 3017; *Werner/Pastor,* Rn. 897 (12. Aufl.).

[94] Vgl. *Scholtissek,* NJW 2009, 3057.

[95] *KG* BauR 2010, 642.

[96] Vgl. *Scholtissek,* a. a. O.

[97] *BGH* NJW-RR 2004, 166; BauR 1994, 131.

[98] *BGH* NJW-RR 2004, 166; *OLG Düsseldorf* NJW-RR 1991, 345.

Nebenkosten entfällt, sofern sie nicht nach § 19 I UStG unerhoben bleibt; dies gilt auch für Abschlagszahlungen gemäß § 15 II HOAI.

2. Grundlagen der Honorarberechnung

Die Berechnungsfaktoren zur Honorarermittlung ergeben sich aus § 6 I HOAI. Das **54** Honorar für die Leistungsbilder der Objektplanung richtet sich nach den anrechenbaren Kosten des Objekts auf der Grundlage der Kostenberechnung oder, soweit diese nicht vorliegt, nach der Kostenschätzung, nach dem Leistungsbild, nach der Honorarzone und nach der dazugehörigen Honorartafel. Die Höhe des Honorars ergibt sich aus der Honorartafel in § 34 HOAI. Honorare, die innerhalb der dort ausgewiesenen Honorarspanne liegen, sind durch Interpolation zu ermitteln (§ 13 HOAI).

a) Das Leistungsbild

Die Honorartafel des § 34 HOAI enthält die Sätze für die Leistungen bei Gebäuden **55** und raumbildenden Ausbauten. Der Umfang des Leistungsbildes wird in den einzelnen Leistungsphasen umschrieben, Anlage 11 zu § 33 HOAI, denen bestimmte Prozentsätze des in § 34 HOAI bestimmten Gesamthonorars zugeordnet sind. Das Ergebnis jeder Leistungsphase ist mit dem Auftraggeber zu erörtern, § 3 VIII HOAI. Es handelt sich um folgende Leistungsphasen:

aa) Grundlagenermittlung (§ 33 Nr. 1 HOAI)

Diese Leistungsphase umfasst die Feststellung der zu lösenden Planungsaufgabe.[99] **56** Der Architekt hat zu klären, wie das vom Auftraggeber gewünschte Bauvorhaben beschaffen sein soll. Er hat dabei den Auftraggeber hinsichtlich der Notwendigkeit, Sonderfachleute einzuschalten, zu beraten und diese auszuwählen. Er hat außerdem, soweit erforderlich, dafür Sorge zu tragen, dass die Boden- und Grundwasserverhältnisse geklärt werden.[100] Kostenvorstellungen des Auftraggebers muss er grundsätzlich im Rahmen der Grundlagenermittlung erfragen. Denn der Architekt ist bereits in diesem Planungsstadium gehalten, den wirtschaftlichen Rahmen für ein Bauvorhaben abzustecken.[101]

An Besonderen Leistungen ist in dieser Leistungsphase an eine Betriebsplanung, die **57** Aufstellung eines Raum- oder Funktionsprogramms oder an eine Umweltverträglichkeitsprüfung zu denken.

Bei öffentlichen Aufträgen wird die Grundlagenermittlung meist von der öffentlichen Bauverwaltung erbracht und dem Architekten mitgeteilt, so dass Leistungen für diese Leistungsphase entfallen.

bb) Vorplanung (§ 33 Nr. 2 HOAI)

An die Grundlagenermittlung schließt sich die Vorplanung an. Der Architekt hat **58** nach Untersuchung alternativer Lösungsmöglichkeiten eine probeweise zeichnerische Lösung zu Papier zu bringen (Maßstab 1:100 oder 1:1000)[102], eine Schätzung der erforderlichen Kosten nach DIN 276 vorzunehmen und die Genehmigungsfähigkeit des geplanten Bauvorhabens durch eine Anfrage bei den Behörden zu

---

[99] Zu Einzelfragen vgl. *Locher/Koeble/Frik*, § 33 Rn 28 ff.; *Löffelmann/Fleischmann*, Rn. 99 ff.; zur Ermittlung des wirtschaftlichen Rahmens *BGH* NJW-RR 1991, 664.
[100] *OLG Hamm* NJW-RR 1997, 1310.
[101] *BGH* NJW 2013, 1593; NJW-RR 2005, 158; NJW-RR 1991, 664.
[102] Gegen das Erfordernis der maßstabsgerechten Darstellung *Löffelmann/Fleischmann*, Rn. 150.

klären.[103] Hinzu kommt ein Erläuterungsbericht.[104] Die Kostenschätzung ist in § 2 Nr. 13 HOAI näher definiert.

Zu dieser Leistungsphase zählen eine Reihe von Tätigkeiten, die als Basis für die weitere Planung erforderlich sind: Analyse der Grundlagen, Abstimmung der Zielvorstellungen und Aufstellen eines planungsbezogenen Zielkatalogs. Hinzu kommt die Klärung städtebaulicher, funktionaler, technischer, bauphysikalischer, wirtschaftlicher, energiewirtschaftlicher und ökologischer Aspekte.

59   Als Besondere Leistung kann die Untersuchung von Lösungsmöglichkeiten nach grundsätzlich verschiedenen Anforderungen vereinbart werden. Diese Leistung ist abzugrenzen gegenüber der Planung bloßer Varianten innerhalb derselben Planungsaufgabe mit gleichen Anforderungen, die zu den Grundleistungen gehört, und der Herstellung zweier völlig verschiedener Planungsentwürfe, für die § 11 HOAI gilt.[105]

Zu den Besonderen Leistungen gehören zudem das Aufstellen eines Finanzierungsplans, die Mitwirkung bei der Kreditbeschaffung[106] und eine baurechtliche Voranfrage, die eine verbindlichen Klärung der Genehmigungsfähigkeit des Bauvorhabens zum Ziel hat und damit über die unverbindliche Anfrage bei der Baubehörde hinausgeht.[107]

cc) Entwurfsplanung (§ 33 Nr. 3 HOAI)

60   Die Entwurfsplanung baut auf der Vorplanung auf. Sie umfasst eine inhaltliche Durcharbeitung des bisherigen Planungskonzepts im Einzelnen, insbesondere die zeichnerische Darstellung des Gesamtentwurfs.[108] Ferner gehören hierzu Verhandlungen mit Behörden und anderen fachlich Beteiligten über die Genehmigungsfähigkeit des Bauvorhabens hinsichtlich der Einzelfragen, die Kostenberechnung nach DIN 276 (vgl. § 2 Nr. 14 HOAI) und das Integrieren der Leistungen anderer Sonderplaner. Die Entwurfsplanung umfasst auch die Klärung der Bodenverhältnisse.[109]

61   Als Besondere Leistung sind die Wirtschaftlichkeitsberechnung und eine Kostenberechnung durch Aufstellen von Mengengerüsten und Bauelementekatalogen zu erwähnen.

dd) Genehmigungsplanung (§ 33 Nr. 4 HOAI)

62   Gegenstand der Genehmigungsplanung ist das Erarbeiten sämtlicher Planungsunterlagen einschließlich Einzelzeichnungen, die für die Genehmigung des Bauvorhabens nach den Vorschriften des öffentlichen Baurechts erforderlich sind (z.B. Entwässerungspläne, Dispenserteilungen, Anpassung an Auflagen).

Das in der vorangegangenen Leistungsphase bereits erarbeitete Planungskonzept ist in einen für die Baubehörde bestimmten Genehmigungsantrag umzusetzen. Der Bauantrag ist sodann bei der Baubehörde mit den nach Landesrecht vorgeschriebenen Anlagen einzureichen. Soweit lediglich ein Anzeigeverfahren erforderlich ist, erfüllt der Architekt die ihm mit dieser Leistungsphase übertragenen Aufgaben, wenn er dieses für den Auftraggeber durchführt. Der mit der Genehmigungsplanung beauf-

---

[103] Vgl. *Löffelmann/Fleischmann,* Rn. 160 ff.; *Locher/Koeble/Frik,* § 33 Rn. 52 ff.; vgl. auch *OLG Frankfurt/M.* NJW-RR 1987, 535.

[104] S. dazu *Locher/Koeble/Frik,* § 33 Rn 60 f.; *Löffelmann/Fleischmann,* Rn. 158 f.

[105] *OLG Düsseldorf* NJW-RR 1994, 858; zur Abgrenzung *Löffelmann/Fleischmann,* Rn. 1020 ff.; *Locher/Koeble/Frik,* § 11 Rn. 15 ff.

[106] *BGH* NJW 1996, 1889.

[107] Vgl. zur Bauvoranfrage *OLG Düsseldorf* NJW-RR 1995, 276.

[108] Vgl. *Locher/Koeble/Frik,* § 33 Rn. 91.

[109] *OLG Hamm* BauR 1997, 1069; *OLG Bamberg* NZBau 2004, 160; *OLG Celle* BauR 1983, 483.

tragte Architekt schuldet als Werkerfolg eine dauerhaft genehmigungsfähige Planung.[110]

Als Besondere Leistung erwähnt Anlage 2 der Verordnung das Mitwirken des Archi-   **63**
tekten bei der Beschaffung der nachbarrechtlichen Zustimmung sowie das Erarbeiten
von Unterlagen für besondere Prüfverfahren, z. B. nach dem Gewerbeaufsichtsrecht
und dem Immissionsschutzrecht. Ferner gehört dazu ein Planungsmehraufwand, der
durch die Änderung der Genehmigungsunterlagen notwendig wird, falls der Architekt die Änderung nicht zu vertreten hat, sowie die Unterstützung des Auftraggebers
in einem etwaigen Widerspruchs- und Klageverfahren.

ee) Ausführungsplanung (§ 33 Nr. 5 HOAI)

Die Ausführungsplanung umfasst die Herstellung der notwendigen Ausführungs-,   **64**
Detail- und Konstruktionszeichnungen im großen Maßstab (1:50 bis 1:1). Die Ausführungsplanung muss so ausführlich sein, dass die Bauhandwerker anhand der
Detailpläne und Erläuterungen ohne weiteres in der Lage sind, die ihnen übertragenen Aufgaben fachgerecht auszuführen. Der Architekt hat gleichzeitig die Leistungen
aller anderen an der Planung fachlich Beteiligten in die Gesamtplanung zu integrieren.

Die Ausführungsplanung ist während der Objektausführung fortzuschreiben. Das bedeutet,
dass der Architekt soweit erforderlich weitere Ergänzungen der Planung durch mündliche
Anweisungen oder Erläuterungen der Ausführungszeichnungen auf der Baustelle geben
muss.[111]

Als Besondere Leistung kann eine detaillierte Objektbeschreibung in Form eines   **65**
Baubuches oder Raumbuches sowie die Prüfung der von bauausführenden Unternehmen ausgearbeiteten Ausführungspläne auf ihre Übereinstimmung mit der Entwurfsplanung des Architekten vereinbart werden.[112]

ff) Vorbereitung der Vergabe (§ 33 Nr. 6 HOAI)

Diese Leistungsphase bereitet den Abschluss der erforderlichen Bauverträge vor. Sie   **66**
besteht in der Ermittlung und Zusammenstellung der Massen aufgrund der erstellten
Pläne und dem Aufstellen von Leistungsbeschreibungen und Leistungsverzeichnissen
(s. § 9 VOB/A). Der Architekt hat darauf zu achten, dass die notwendigen Leistungen vollständig beschrieben werden, um Nachtragsaufträge und damit höhere
Baukosten zu vermeiden.[113]

Als Besondere Leistungen kommen Leistungsbeschreibungen mit Leistungsprogram-   **67**
men unter Bezugnahme auf das in der Leistungsphase 5 erstellte Baubuch oder
Raumbuch in Betracht.

gg) Mitwirken bei der Vergabe (§ 33 Nr. 7 HOAI)

Sie umfasst das Zusammenstellen der Vergabe- und Vertragsunterlagen für alle Leis-   **68**
tungsbereiche, das Einholen von Angeboten,[114] das Prüfen und Bewerten der Angebote, die Verhandlungen mit den Bietern sowie die Mitwirkung bei der Auftragserteilung.

---

[110] *BGH* NJW 2011, 1442; NJW-RR 1999, 1105; NJW 1999, 2112; 2003, 287.
[111] Vgl. hierzu *OLG Köln* VersR 1993, 1229; *OLG Hamm* NJW-RR 1999, 96.
[112] Zu Einschränkungen vgl. *BGH* BauR 1985, 584.
[113] *BGH* NJW 1981, 2183.
[114] Bei öffentlichen Auftraggebern ist eine Ausschreibung nach VOB/A erforderlich, § 3 Nr. 2
VOB/A, vgl. hierzu *Löffelmann/Fleischmann*, Rn. 446 ff.; *Locher/Koeble/Frik*, § 33 Rn. 206 ff.

Der Architekt hat ferner einen Kostenanschlag nach DIN 276 zu erstellen, um die voraussichtlichen Baukosten zu erfassen. Er besteht in einer Zusammenfassung der Leistungen in Leistungspositionen, versehen mit den erforderlichen Baupreisen, die aus den Angeboten der bereits erteilten Aufträge zu entnehmen sind.[115] Außerdem ist eine Kostenkontrolle durch Vergleich des Kostenanschlags mit der Kostenberechnung durchzuführen.

hh) Objektüberwachung (§ 33 Nr. 8 HOAI)

69 Zur Objektüberwachung gehört wesentlich die Überwachung der Bauausführung mit dem Ziel, das Bauwerk fachgerecht und entsprechend der Planung, einschließlich etwaiger künstlerischer Vorgaben,[116] entstehen zu lassen.[117]

Die Objektüberwachung umfasst vier Tätigkeitsbereiche:

70 Zunächst hat der Architekt zu überwachen, dass das Objekt in Übereinstimmung mit der Baugenehmigung, den Ausführungsplänen und den Leistungsbeschreibungen errichtet wird und insgesamt den anerkannten Regeln der Technik und den einschlägigen technischen Vorschriften entspricht.[118] Den Architekten trifft die Pflicht zur Koordinierung der Leistungen sämtlicher am Bauvorhaben beteiligter Bauunternehmer und der an der Objektüberwachung sonst beteiligten Sonderfachleute.[119]

Der Architekt hat weiterhin durch Aufstellen und Überwachen eines Zeitplans (Balkendiagramm) für eine termingerechte Fertigstellung[120] und durch Führung eines Bautagebuches für die Sicherung der Beweise Sorge zu tragen.[121]

Die Leistungen der einzelnen Bauunternehmer sind im Rahmen des § 14 Nr. 2 VOB/B durch ein gemeinsames Aufmaß abzunehmen. Es handelt sich um eine technische Abnahme unter Feststellung etwaiger Mängel, nicht aber die rechtsgeschäftliche Abnahme im Sinne der §§ 640 BGB, 12 VOB/B.[122]

71 Der Architekt hat ferner für eine richtige Abrechnung der Leistungen der einzelnen Bauunternehmer zu sorgen. Der Umfang der erbrachten Leistungen ist durch ein gemeinsames Aufmaß mit den Bauunternehmern festzustellen. Daran schließt sich die Überprüfung der eingereichten Rechnungen nach Art und Umfang der ausgeführten Leistungen und ihrer Übereinstimmung mit den vertraglichen Vereinbarungen an. Der Architekt hat die geprüften Rechnungen mit einem Prüfvermerk an den Auftraggeber weiterzuleiten und diesem etwaige Unklarheiten zu erläutern.

Zur Kostenabrechnung gehört insoweit die Kostenfeststellung nach DIN 276, bei der die tatsächlich entstandenen Gesamtkosten des Bauwerks nach einer bestimmten Systematik zusammengefasst werden.

72 Der Architekt hat weiterhin die Anträge auf Vornahme der erforderlichen behördlichen Abnahme zu stellen und an den Abnahmeterminen teilzunehmen.[123] Er hat sodann das Bauwerk dem Auftraggeber zu übergeben. Mit der Übergabe des Gebäudes hat der Architekt dem Auftraggeber die technischen Bedienungsanleitungen und

---

[115] Hierzu: BGHZ 67, 210 = NJW 1976, 2347.

[116] Vgl. *OLG Schleswig* NJW-RR 1997, 723.

[117] BGHZ 68, 169 = NJW 1977, 898.

[118] BGHZ 82, 100 = NJW 1982, 438.

[119] BGHZ 68, 169 = NJW 1977, 898; BGHZ 70, 12 = NJW 1978, 322; vgl. *Olshausen*, BauR 1987, 365.

[120] *Löffelmann/Fleischmann*, Rn. 544 ff.; *Locher/Koeble/Frik*, § 33 Rn. 221.

[121] *BGH* NJW-RR 2011, 1463 (Bautagebuch); *Löffelmann/Fleischmann*, Rn. 547 ff.; *Locher/Koeble/Frik*, § 33 Rn. 222 ff.

[122] Vgl. BGHZ 74, 235 = NJW 1979, 1499.

[123] Rohbauabnahme, Gebrauchsabnahme und Schlussabnahme; vgl. *Locher/Koeble/Frik*, § 33 Rn. 225; *Löffelmann/Fleischmann*, Rn. 604 ff.

Prüfungsprotokolle auszuhändigen und diesen in die Benutzung der technischen Ausrüstung einzuweisen. Der Auftraggeber ist zudem auf den Ablauf der Gewährleistungsfristen gegen die am Bau beteiligten Unternehmer hinzuweisen.

Den Architekten trifft schließlich die Pflicht, den Auftraggeber bei der Beseitigung von Mängeln zu unterstützen. Bei der Abnahme der Leistungen der einzelnen Bauunternehmer hat er etwaige Mängel festzustellen und bei ihrer Beseitigung mitzuwirken.[124] Der Architekt hat die gegenüber den einzelnen Unternehmern laufenden Gewährleistungsfristen entsprechend den getroffenen vertraglichen Vereinbarungen zu berechnen und übersichtlich zu erfassen.[125]   73

Als Besondere Leistung kann im Rahmen der Objektüberwachung das Aufstellen, Überwachen und Fortschreiben eines Zahlungsplans sowie von differenzierten Zeit-, Kosten- oder Kapazitätsplänen vereinbart werden. Die Tätigkeit des Architekten als verantwortlicher Bauleiter im Sinne des öffentlichen Baurechts ist gesondert zu vergüten, soweit diese Tätigkeit nach den jeweiligen Bestimmungen des Landesbaurechts über die Grundleistungen der Leistungsphase 8 hinausgeht. Dies wird nur ausnahmsweise der Fall sein.[126]   74

ii) Objektbetreuung und Dokumentation (§ 33 Nr. 9 HOAI)

Diese Leistungsphase betrifft Tätigkeiten des Architekten nach Fertigstellung des Bauwerks. Drei Bereiche sind zu unterscheiden: 75

Der Architekt hat vor Ablauf der Gewährleistungsfristen durch eine Objektbegehung etwaige Mängel festzustellen und zu dokumentieren.   76

Der Architekt hat für die Beseitigung dieser nach Abnahme festgestellten Mängel zu sorgen und diese Arbeiten zu überwachen und abzunehmen.[127] Die Pflicht zur Mangelfeststellung ist auf den Zeitraum der Gewährleistungsfrist beschränkt. Der Architekt ist jedoch über diesen Zeitraum hinaus verpflichtet, an der Beseitigung der innerhalb dieser Frist aufgetretenen Mängel mitzuwirken. Dies hat zur Folge, dass bis zur vollständigen Leistungserbringung ein Zeitraum von mehreren Jahren vergehen kann.   77

Der Architekt hat darauf hinzuwirken, dass die zur Erhaltung der Gewährleistungsrechte notwendigen Erklärungen abgegeben und die hierzu erforderlichen gerichtlichen Schritte eingeleitet werden.[128] Ihn trifft zudem die Verpflichtung, bei der Freigabe von Sicherheiten mitzuwirken und festzustellen, ob die Voraussetzungen für eine Freigabe vorliegen.

Zu dieser Leistungsphase gehört außerdem die systematische Zusammenstellung der zeichnerischen Darstellungen und rechnerischen Ergebnisse des Objekts.   78

b) Die anrechenbaren Kosten
aa) Allgemeines

Die Höhe des vom Architekten zu beanspruchenden Honorars bestimmt sich gemäß § 6 I HOAI nach den anrechenbaren Kosten Objekts, d. h. dem Wert der zur Errichtung des Objekts erbrachten Leistungen. Dem liegt die Annahme zugrunde, dass in der Regel die Höhe der anrechenbaren Kosten den Wert der vom Architekten   79

---

124 BGHZ 71, 144 = NJW 1978, 1311; BGHZ 92, 251 = NJW 1985, 328.
125 *OLG München* BauR 2007, 1089.
126 BGHZ 68, 169 = NJW 1977, 898; *BGH* NJW 1980, 1101.
127 *BGH* NJW 1994, 1276; *OLG Köln* NJW-RR 1992, 1173.
128 BGHZ 61, 28 = NJW 1973, 1457; BGHZ 71, 144 = NJW 1978, 1311; BGHZ 74, 235 = NJW 1979, 1499.

zu erbringenden Planungsleistungen bestimmt.[129] Nach der Neufassung der HOAI ist die im Rahmen der Entwurfsplanung erstellte Kostenberechnung maßgebend.

Die anrechenbaren Kosten des gesamten Objekts sind auch zugrunde zu legen, wenn der Architektenvertrag vorzeitig beendet wird.[130] Der Architekt hat in diesem Fall einen Auskunftsanspruch über den Umfang der nach seinem Ausscheiden erbrachten Leistungen.[131]

bb) Arten der Kostenermittlung

80   Hinsichtlich der Arten der Kostenermittlungen verweist § 4 I HOAI auf die DIN 276[132]. Diese enthält vier Arten der Kostenermittlung, die entsprechend dem zeitlichen Ablauf der Architektenleistung in den einzelnen Leistungsphasen eine zunehmend genauere und zuverlässige Kostenübersicht ermöglichen.[133] Zu den Begriffen der Kostenschätzung und der Kostenberechnung enthält § 2 Nr. 13 und 14 HOAI jeweils Legaldefinitionen.

81   *(1) Kostenschätzung*

Die Kostenschätzung dient zur überschlägigen Ermittlung der Gesamtkosten und ist vorläufige Grundlage für die Finanzierungsüberlegungen. Ihre Erbringung gehört zur Leistungsphase 2 (Vorplanung).

82   *(2) Kostenberechnung*

Die Kostenberechnung dient zur Ermittlung der angenäherten Gesamtkosten und ist Voraussetzung für die Entscheidung, ob das Bauvorhaben, wie geplant, durchgeführt werden soll. Sie gehört zu den Grundleistungen der Leistungsphase 3 (Entwurfsplanung).

83   *(3) Kostenanschlag*

Der Kostenanschlag dient zur genauen Ermittlung der tatsächlich zu erwartenden Kosten durch Zusammenstellung von Auftragnehmerangeboten, Eigenberechnungen, Honorar- und Gebührenberechnungen, und anderer, für das Baugrundstück, die Erschließung und die vorangegangene Planung bereits entstanderner Kosten. Die Erstellung des Kostenanschlags gehört zu den Grundleistungen der Leistungsphase 7 (Mitwirkung bei der Vergabe).

84   *(4) Kostenfeststellung*

Die Kostenfeststellung dient zum Nachweis der tatsächlich entstandenen Kosten und ist Voraussetzung für Vergleiche und Dokumentationen. Sie wird im Rahmen der Leistungsphase 8 (Objektüberwachung) erbracht.

cc) Die maßgebende Kostenermittlung

85   Maßgeblich für die Honorarberechnung ist nach § 6 I HOAI lediglich die Kostenberechnung. Durch die Neufassung ist die Honorarermittlung von den tatsächlich anrechenbaren Kosten abgekoppelt worden. Die bisherige Aufteilung der Honorarermittlung ist durch die Neufassung der HOAI entfallen.

---

[129] *BGH* NJW-RR 2006, 667; NJW-RR 1999, 1107; NJW 1998, 2672; *OLG Celle* NZBau 2007, 794.
[130] *BGH* NJW 2000, 3587; *OLG Hamm* NJW-RR 1992, 979.
[131] BGHZ 127, 254 = NJW 1995, 399; *OLG Köln* NJW-RR 1991, 279; *OLG Frankfurt/M.* NJW-RR 1994, 405; *OLG Hamm* NJW-RR 1991, 1430.
[132] In der Fassung von Dezember 2008.
[133] BGHZ 81, 229 = NJW 1981, 2351.

dd) Umfang der anrechenbaren Kosten

Welche Kosten im Einzelnen zu den anrechenbaren Kosten gehören, ist in der DIN   **86**
276 näher geregelt. Auszugehen ist von dem Grundsatz, dass die anrechenbaren
Kosten die tatsächlich entstandenen Kosten umfassen.

Von dem genannten Grundsatz gibt es folgende wichtige Ausnahmen:

§ 4 II HOAI bestimmt, dass in bestimmten Fällen ortsübliche Preise anzusetzen sind,   **87**
obwohl der Auftraggeber aus bestimmten Gründen einen niedrigeren Kostenaufwand
hatte, z. B. wegen erbrachter Eigenleistungen, Eigenlieferungen oder sonstigen Vergünstigungen.

Nach § 32 II HOAI sind die Kosten für Technische Anlagen, die der Architekt   **88**
fachlich nicht plant und auch fachlich nicht überwacht, nur teilweise den anrechenbaren Kosten hinzuzurechnen sind.

§ 32 III HOAI klammert bestimmte Kostenpositionen aus, die auf den Umfang der   **89**
Leistung des Architekten und sein Haftungsrisiko keinen Einfluss haben, z. B.
Grundstückserwerbs- und Erschließungskosten.[134]

§ 6 II HOAI bestimmt, dass die Vertragsparteien, wenn seitens des Auftragnehmers   **90**
noch keine Planung als Voraussetzung für eine Kostenschätzung oder die Kostenberechnung vorliegt, abweichend von § 6 I HOAI schriftlich vereinbaren können, dass
das Honorar auf der Grundlage der anrechenbaren Kosten einer Baukostenvereinbarung nach den Vorschriften der HOAI berechnet wird. Dabei sind nachprüfbare
Baukosten zwischen den Vertragsparteien verbindlich festzulegen.

Für die Festlegung der nachprüfbaren Baukosten ist auf Referenzobjekte oder die
Grundlage der DIN 18205 zurückzugreifen. Die Ermittlung der Baukosten auf der
Grundlage der Bedarfsplanung im Bauwesen nach DIN 18205 ist dabei keine von der
HOAI erfasste Leistung mit der Folge, dass die Honorarvereinbarung nicht dem
zwingenden Preisrecht der HOAI unterfällt.[135]

Die zwischen dem Architekten und dem Auftraggeber nach § 6 II HOAI getroffene Vereinbarung hat dagegen keine Auswirkungen auf die Ermittlung der anrechenbaren Kosten für das
Honorar etwaiger vom Auftraggeber eingebundener Fachplaner.[136]

§ 35 HOAI enthält eine Sondervorschrift für das Bauen im Bestand. Honorare für   **91**
Leistungen bei Umbauten und Modernisierungen von Objekten im Sinne der § 2
Nr. 6 und 7 HOAI sind nach den anrechenbaren Kosten, der Honorarzone, den
Leistungsphasen und der Honorartafel, die dem Umbau oder der Modernisierung
sinngemäß zuzuordnen ist, zu ermitteln. Für Leistungen bei Umbauten und Moder-
nisierungen kann für Objekte ein Zuschlag bis zu 80 % schriftlich vereinbart werden.
Sofern kein Zuschlag schriftlich vereinbart ist, fällt für Leistungen ab der Honorarzo-
ne II ein Zuschlag von 20 % an.

Fraglich ist, ob die Miteinbeziehung der vorhandenen Bausubstanz dazu führt, dass nach § 4 II
Nr. 4 HOAI ortsübliche Preise als anrechenbare Kosten einzusetzen sind.[137]

Honorare für Leistungen bei Instandhaltungen und Instandsetzungen von Objekten   **92**
sind gemäß § 36 II HOAI nach den anrechenbaren Kosten, der Honorarzone, den
Leistungsphasen und der Honorartafel, der die Instandhaltungs- oder Instandset-
zungsmaßnahme zuzuordnen ist, zu ermitteln. Für Leistungen bei Instandhaltung

---

[134] *BGH* NJW-RR 1994, 1043.
[135] Vgl. *Scholtissek*, NJW 2009, 3057.
[136] Vgl. *Scholtissek*, NJW 2009, 3057.
[137] Vgl. zur Abgrenzung nach alter HOAI: *BGH* NJW-RR 1986, 1214.

und Instandsetzung von Objekten können die Vertragsparteien vereinbaren, dass der Prozentsatz für die Bauüberwachung um bis zu 50 % erhöht wird, § 36 I HOAI.

ee) DIN 276

93   Für die Berechnung der anrechenbaren Kosten sind die Formblätter der DIN 276 vorgeschrieben (§ 4 I HOAI). Ein vereinbartes Baukostenlimit ist zu beachten.[138] Maßgebend ist die DIN 276 in der Fassung von Dezember 2008. § 4 I HOAI enthält insoweit eine statische Verweisung.[139]

c) Honorarzone

94   Entsprechend den unterschiedlichen Arten der Bauwerke und den damit verbundenen verschiedenen Anforderungen an die planerische Leistung und das Haftungsrisiko des Architekten wird das Honorar für einzelne Honorarzonen unterschiedlich bemessen, § 34 II, V HOAI. Die einzelnen Honorarzonen ergeben sich entsprechend dem Schwierigkeitsgrad der Architektenleistung aus § 34 IV HOAI.

95   Die Einordnung des Objekts in eine bestimmte Honorarzone ist zunächst anhand der Objektliste der Anlage 3 zu § 5 IV 2 HOAI vorzunehmen. Diese Anlage 3 ermöglicht allerdings nur eine unverbindliche Vorauswahl für den Regelfall. Ob ein solcher vorliegt oder nicht, bedarf stets der nachfolgenden Überprüfung nach Maßgabe der in § 34 II HOAI genannten Merkmale.[140] Die Parteien können die Honorarzone im Grundsatz frei festlegen.

Eine Honorarvereinbarung ist jedoch wegen Verstoßes gegen § 7 HOAI unwirksam, wenn sich aufgrund der vereinbarten Honorarzone ein Honorar ergibt, das unterhalb der Mindestsätze liegt oder die in § 34 I HOAI genannten Honorarhöchstsätze überschreitet, ohne dass die Voraussetzungen für die Vereinbarung eines solchen Honorars vorliegen.

d) Teilleistungen

96   Bei Teilleistungen ist zu unterscheiden zwischen einem beschränkten Auftrag und der teilweisen Ausführung von in Auftrag gegebenen Leistungen.

aa) Beschränkte Auftragserteilung

97   Die Honorierung der Architektenleistung bei beschränkten Aufträgen ist in der HOAI wie folgt geregelt:

98   Werden nur einzelne Leistungsphasen des § 33 HOAI in Auftrag gegeben, so fallen nur die dem jeweiligen Leistungsbild zugeordneten Prozentsätze der Vergütung an (§ 8 I HOAI).

99   Werden aus einer Leistungsphase nicht alle Leistungen vergeben, so darf nicht der volle Prozentsatz dieser Leistungsphase berechnet werden, sondern nur das Honorar, das dem Anteil an der gesamten Leistungsphase entspricht (§ 8 II HOAI). Ein zusätzlicher Koordinierungsaufwand ist zu berücksichtigen (§ 8 II 3 HOAI). Die Parteien können hierfür ein Honorar vereinbaren. Beim Fehlen einer solchen Vereinbarung ist das Honorar vom Gericht nach § 287 ZPO zu schätzen.

bb) Teilweise Ausführung übertragener Leistungen

100 Welche Folgen sich aus der teilweisen Ausführung eines umfassend erteilten Planungsauftrags ergeben, ist in der HOAI nicht geregelt.

---

[138] *BGH* NJW-RR 2003, 593; *OLG München* NJW-RR 1996, 341.
[139] BGHZ 138, 87 = NJW 1998, 1064.
[140] *BGH* NJW-RR 2004, 233.

Wenn der Architekt die von ihm geschuldeten vertraglichen Leistungen nur teilweise   **101**
erbringt, entfällt der Honoraranspruch ganz oder teilweise, wenn zugleich die Voraussetzungen eines Gewährleistungs- oder Leistungsstörungsanspruchs gegeben
sind. Der vom Architekten nach dem Vertrag geschuldete Erfolg ist nicht darauf
beschränkt, die für die mangelfreie Errichtung des Bauwerks erforderlichen Aufgaben
wahrzunehmen. Durch Auslegung des Vertrages unter Berücksichtigung des Interesses des Auftraggebers an einer vertragsgemäßen Planung, der Überprüfbarkeit der
ordnungsgemäßen Ausführung des Auftrags und der zur Unterhaltung des Bauwerks
und seiner Bewirtschaftung erforderlichen Maßnahmen ist zu ermitteln, ob konkrete
Arbeitsschritte als Teilerfolge vereinbart sind.

Wenn sich die vertragliche Vereinbarung an den Leistungsphasen des § 33 HOAI
orientiert, sind die Vorlage von Kostenermittlungen, die Übergabe von Planzeichnungen und die Aushändigung der Bedienungsanleitungen im Regelfall als selbständige
Teilerfolge vereinbart. Erbringt der Architekt die geschuldeten Teilerfolge nicht, ist
die Leistung mangelhaft; der Auftraggeber kann die Vergütung bei Vorliegen der
gesetzlichen Voraussetzungen mindern.[141]

Sofern der Architekt einzelne Grundleistungen einer in Auftrag gegebenen Leistungs-   **102**
phase nicht erbringt, ist es zwar nicht erforderlich, jedoch naheliegend, die Abrechnung nach der Steinfort-Tabelle oder ähnlichen Berechnungswerken[142] vorzunehmen.
Eine Abrechnung kann im Einzelfall auch auf hiervon abweichenden Berechnungs-
maßstäben beruhen.[143]

e) Planung mehrerer Objekte

Wird dem Architekten die Planung für mehrere Gebäude übertragen, ist das Honorar   **103**
für jedes Objekt grundsätzlich getrennt zu berechnen, § 11 I HOAI.

In der Praxis kann es bei technischen Anlagen zu Abgrenzungsproblemen kommen,
ob es sich um ein oder mehrere Gebäude im Sinne des § 11 HOAI handelt und
demnach eine einheitliche oder getrennte Abrechnung erforderlich ist. Eine einheitliche Abrechnung ist erforderlich, wenn die der Abrechnung zugrunde liegenden
Bauteile nach funktionellen und technischen Kriterien zu einer Einheit zusammengefasst sind.[144]

Voraussetzung ist allerdings, dass die Bauteile gleichartige Leistungsbilder betreffen. Bauwerke,
die verschiedenen Leistungsbildern unterfallen, sind unabhängig von einem Funktionszusam-
menhang getrennt voneinander abzurechnen.[145]

3. Urheberrechtsvergütung

Dem Architekten kann für seine Planung ein Urheberrecht nach § 2 I Nr. 7 UrhG,   **104**
für das von ihm geschaffene Bauwerk ein solches nach § 2 I Nr. 4 UrhG erwachsen,
wenn es eine persönliche geistige Schöpfung darstellt.[146] Der Architekt kann das in
dem Urheberrecht enthaltene Nutzungsrecht (§§ 15, 31 UrhG) einem anderen gegen

---

[141] BGHZ 159, 376 = NJW 2004, 2588; *BGH* NJW-RR 2005, 318.
[142] Vgl. *Locher/Koeble/Frik,* Anh. 4; *Korbion/Mantscheff/Vygen,* § 5 Rn. 30 ff.; allgemein zu
Bewertungstabellen: *Siemon,* BauR 2006, 905.
[143] *BGH* BauR 2005, 588.
[144] *BGH* BauR 2002, 817; NJW-RR 2005, 669.
[145] BGHZ 160, 284 = NJW 2005, 63.
[146] BGHZ 18, 319 = NJW 1955, 1918; BGHZ 24, 55 = NJW 1957, 1108; *BGH* NJW
1985, 1631; NJW-RR 1988, 1204; NJW 1999, 790; vgl. *Neumeister/v.Gamm* NJW 2008,
2678.

Entgelt zur Verwertung überlassen.[147] Bei unbefugter Verwertung von Plänen kann ein Schadensersatzanspruch nach § 97 UrhG bestehen.[148]

a) Gesamtarchitektenvertrag

105 Hat der Architekt sämtliche Leistungsphasen im Auftrag des Auftraggebers ausgeführt, enthält die dem Architekten nach der HOAI zu zahlende Vergütung grundsätzlich auch die Abgeltung der Nutzung des Urheberrechts.[149]

b) Teilverträge

106 Ob dem Architekten eine Urheberrechtsvergütung zusteht, wenn er lediglich mit Teilen der Planung beauftragt worden ist, ist umstritten.[150]

Bei dem auf die Planung beschränkten Architektenvertrag erhält der Architekt die Vergütung der Leistungsphasen des § 33 Nr. 1 bis 5 HOAI. Der Auftraggeber ist berechtigt, einen anderen Architekten auf der Grundlage der erbrachten Planungsleistungen mit den weiteren Leistungsphasen zu beauftragen, ohne dass er dem Erstplaner eine zusätzliche Vergütung für die Nutzung der erstellten Planung zu leisten hat.[151]

Denn es muss dem Auftraggeber die Möglichkeit gegeben werden, einen anderen Architekten mit der Bauausführung zu beauftragen. Eine abweichende Vereinbarung in Allgemeinen Geschäftsbedingungen des Architekten verstößt gegen das Leitbild des Architektenteilauftrags.

Anders ist der Fall zu beurteilen, wenn der dem Architekten erteilte Auftrag auf die Erstellung der Vorplanung beschränkt ist. Aus der Übernahme eines Einzelauftrags zur Erstellung eines Vorentwurfs für ein Bauwerk durch einen Architekten kann regelmäßig noch nicht auf die Einräumung urheberrechtlicher Nutzungsbefugnisse, insbesondere des Nachbaurechts, geschlossen werden.[152]

c) Nachbau

107 Wenn der Bauherr nach Errichtung des Bauwerks die Planung des Architekten für die Errichtung eines weiteren Bauwerks verwenden will, kann der Architekt für die nochmalige Verwertung seiner Planung eine Urheberrechtsvergütung verlangen.[153]

4. Fälligkeit und Verjährung

a) Fälligkeit des Vergütungsanspruchs

108 Das Architektenhonorar wird in Abweichung von § 641 BGB nach § 15 I HOAI fällig, wenn die geschuldete Architektenleistung erbracht und dem Auftraggeber eine prüffähige Honorarschlussrechnung überreicht worden ist.[154] Die Regelung der Fälligkeit der Honorarforderung in § 15 I HOAI ist von der Ermächtigungsgrundlage in § 2 MRVerbG gedeckt.[155] Abweichend von § 15 I HOAI wird der Anspruch auf Erstattung von Nebenkosten bereits auf deren Nachweis fällig, § 15 III HOAI.

[147] Zur Berechnung des Entgelts vgl. *BGH* NJW-RR 1988, 1204.
[148] BGHZ 61, 88 = NJW 1973, 1696; *BGH* NJW 1984, 2818.
[149] BGHZ 64, 145 = NJW 1975, 1165; *OLG Nürnberg* NJW-RR 1989, 407; *OLG München* NJW-RR 1995, 474; *Werner/Pastor*, Rn. 2446, zum Urheberrecht des Architekten i. E. vgl. *Werner/Pastor*, Rn. 2435 ff.
[150] Vgl. *Schulze*, NZBau 2007, 537 u. 611; *Goldmann*, GRUR 2005, 639; *Schildt-Lutzenburger*, BTR 2004, 202.
[151] BGHZ 64, 145 = NJW 1975, 1165; *OLG Nürnberg* NJW-RR 1989, 407.
[152] BGHZ 24, 55 = NJW 1957, 1108; *BGH* NJW 1984, 2818.
[153] *BGH* BauR 1981, 298; *Werner/Pastor*, Rn. 2451.
[154] BGHZ 81, 229 = NJW 1981, 2351; *BGH* NJW-RR 2000, 386.
[155] BGHZ 81, 229 = NJW 1981, 2351.

aa) Vollendung des Architektenwerks

Die Fälligkeit der Vergütung setzt zunächst voraus, dass der Architekt alle nach dem   109
Vertrag geschuldeten Leistungen erbracht hat. Das Architektenwerk muss außerdem
vertragsgemäß, also frei von Mängeln sein. Für die Fälligkeit der Vergütung kommt
es dagegen nicht auf die Abnahme der Architektenleistung an. Die Abnahme der
Architektenleistung ist jedoch für den Beginn der Gewährleistungsfrist (§ 634a BGB),
die Beweislast für das Vorliegen von Mängeln und die Gefahr des zufälligen Untergangs der Leistung von Bedeutung.[156]

Geringfügige Mängel stehen der Fälligkeit nicht entgegen. Wesentliche Mängel hin-
dern den Eintritt der Fälligkeit und führen zur Abweisung der Klage als derzeit
unbegründet.[157] Soweit der Architekt im Rahmen der Bauüberwachung durch mangelhafte Planung oder Überwachung die Ausführung eines fehlerhaften Bauwerks
verursacht, liegt nicht lediglich eine mangelhafte Bauleistung, sondern auch eine
mangelhafte Architektenleistung vor, da der Architekt dafür zu sorgen hat, dass das
Werk frei von Mängeln entsteht.

Zu beachten ist jedoch, dass Mängel des Bauwerks dem Architekten nur insoweit als Mangel
seiner Leistung zuzurechnen sind, als diese auf einer mangelhaften Planung oder Überwachung
der Bauleistungen beruhen.[158]

Wird dem Architekten auch die Leistungsphase 9 (Objektbetreuung) übertragen,   110
kann dies wegen der Mitwirkungspflichten des Architekten bei der Beseitigung von
Mängeln des Bauwerks zu einem weitgehenden Hinausschieben der Fälligkeit führen. Dieser für den Architekten ungünstige Umstand kann durch die Vereinbarung
von Abschlagszahlungen (§ 15 II HOAI), die Vereinbarung besonderer Fälligkeits-
termine (§ 15 IV HOAI)[159] und die Vereinbarung von Teilabnahmen[160] entschärft
werden.

Von der Regelung des § 15 I HOAI abweichende Vereinbarungen in AGB des Auftraggebers,
die die Fälligkeit der Architektenvergütung noch weiter hinausschieben, sind nach § 307 I BGB
unwirksam.[161]

bb) Prüffähige Schlussrechnung

Die Honorarrechnung des Architekten muss prüffähig erstellt und dem Auftraggeber   111
überreicht worden sein. Die Anforderungen, die an eine prüffähige Schlussrechnung
zu stellen sind, richten sich nach dem Informations- und Kontrollinteresse des Auftraggebers. Dabei kann die Kenntnis des Auftraggebers von den tatsächlichen und
rechtlichen Umständen, auf denen die Berechnung des Honorars des Architekten
beruht, von Bedeutung sein.[162]

Gefordert wird die Angabe der Berechnungsfaktoren und die Aufschlüsselung der
erbrachten Leistungen nach den in § 33 HOAI beschriebenen Leistungsphasen sowie
das Aufführen von Besonderen Leistungen.[163] Die Ermittlung der anrechenbaren
Kosten hat unter Berücksichtigung der Vorgaben des § 6 I HOAI entsprechend der

---

[156] *Locher/Koeble/Frik*, Einl. Rn. 137; s. o. Rn. 16 ff.
[157] BGHZ 127, 254 = NJW 1995, 399; BGHZ 140, 365 = NJW 1999, 1867.
[158] Vgl. zur Haftungsverteilung *OLG Frankfurt/M.* NZBau 2004, 397.
[159] *OLG Düsseldorf* NJW-RR 1995, 1361.
[160] BGHZ 125, 111 = NJW 1994, 1276; *OLG Köln* NJW-RR 1992, 1173.
[161] BGHZ 81, 229 = NJW 1981, 2351.
[162] BGHZ 139, 111 = NJW 1998, 3123, *BGH* NJW-RR 1999, 95; NJW 2000, 206; BGHZ 157, 118 = NJW-RR 2004, 445.
[163] *BGH* NJW-RR 1994, 1238; NJW-RR 1999, 95.

DIN 276 zu erfolgen.[164] Eine inhaltlich fehlerhafte Abrechnung berührt die Prüffähigkeit der Schlussrechnung jedoch nicht.[165]

112 Den Einwand fehlender Prüffähigkeit muss der Auftraggeber nach Treu und Glauben innerhalb eines Zeitraums von zwei Monaten nach Zugang der Schlussrechnung erheben.[166] Innerhalb dieser Frist hat er dem Architekten Einwendungen gegen die Prüffähigkeit der Schlussrechnung unter Angabe der konkreten Gründe mitzuteilen. Unterlässt er dies, ist er später im Prozess mit Einwendungen ausgeschlossen, die die Prüffähigkeit berühren.

113 Diese Grundsätze gelten auch bei vorzeitiger Beendigung des Architektenvertrags.[167] Der Architekt muss über die erbrachten Leistungen eine Schlussrechnung erstellen, die eine Aufschlüsselung des Honorars für erbrachte und nicht erbrachte Leistungen enthält.[168]

cc) Abschlagszahlungen

114 Der Architekt kann nach § 15 II HOAI zu den vereinbarten Zeitpunkten oder in angemessenen zeitlichen Abständen Abschlagszahlungen für nachgewiesene Leistungen verlangen.[169] Das Erfordernis des zeitlich angemessenen Abstands ist an die Erbringung gewichtiger Teilleistungen geknüpft.[170] Voraussetzung für die Forderung eines Abschlags ist der Nachweis, dass Leistungen im abgerechneten Umfang erbracht worden sind. Die Vorlage einer prüffähigen Abrechnung ist ebenfalls erforderlich.[171]

Nach Beendigung des Vertragsverhältnisses kann der Architekt keine Abschlagszahlungen mehr verlangen. Er hat dann die Leistung insgesamt in einer Schlussrechnung abzurechnen. Der Übergang von der Abschlagsforderung auf die Schlusszahlungsforderung ist nicht als Klageänderung anzusehen.[172]

dd) Bindung an die Schlussrechnung

115 Für die Frage, ob der Architekt an die von ihm erteilte Schlussrechnung gebunden ist, kommt es auf eine umfassende Abwägung der beiderseitigen Interessen unter Berücksichtigung der gesamten Umstände an, die ein Vertrauen des Auftraggebers darauf begründen, die vorgelegte Schlussrechnung sei abschließend.[173] Ein Vertrauensschutz des Auftraggebers besteht nicht, wenn sich der Architekt eine Nachforderung ausdrücklich vorbehalten hat[174] oder der Auftraggeber selbst die mangelnde Prüffähigkeit der Schlussrechnung gerügt hat.[175]

[164] BGHZ 157, 118 = NJW-RR 2004, 445; *BGH* NJW-RR 1999, 1541; NJW 2000, 808; NJW-RR 2005, 749.
[165] *BGH* NJW-RR 2010, 1176; NJW 2000, 808; NJW-RR 1999, 95; BGHZ 136, 342 = NJW 1998, 135; *OLG Frankfurt/M.* NJW-RR 1994, 1502.
[166] BGHZ 157, 118 = NJW-RR 2004, 445; *BGH* NJW-RR 2005, 167; NJW-RR 2006, 454.
[167] *BGH* NJW-RR 1986, 1279; NJW-RR 2000, 386; *OLG Hamm* NJW-RR 1993, 1175; *OLG Düsseldorf* NJW-RR 1996, 1421.
[168] *BGH* NJW-RR 1994, 1238; NJW-RR 1999, 95; NJW 1996, 1751; s. u. Rn. 222.
[169] *BGH* NJW-RR2006, 597; BGHZ 81, 229 = NJW 1981, 2351; *OLG Köln* NJW-RR 1998, 955; *OLG Celle* NJW-RR 2000, 899.
[170] *OLG Köln* NJW-RR 1998, 955; *Werner/Pastor,* Rn. 1209.
[171] *BGH* NJW 1999, 713; *OLG Stuttgart* NJW-RR 1998, 1392; *OLG Köln* NJW-RR 1998, 955.
[172] *BGH* NJW-RR 2005, 318; *OLG Hamm* NJW-RR 1994, 1433.
[173] *BGH* NJW 2009, 435; BGHZ 120, 133 = NJW 1993, 659; *BGH* NJW 1993, 661.
[174] *BGH* NJW-RR 1990, 725.
[175] BGHZ 120, 133 = NJW 1993, 659; *BGH* NJW-RR 1998, 952.

Das Vertrauen des Auftraggebers auf die Endgültigkeit der Honorarabrechnung ist nicht allein deswegen ausgeschlossen, weil das abgerechnete Honorar unterhalb der Mindestsätze des § 7 III HOAI liegt.[176] Der Auftraggeber ist jedoch dann nicht schutzwürdig, wenn die Abrechnung auf von ihm mitgeteilten fehlerhaften Berechnungsdaten beruht.

b) Die Verjährung des Vergütungsanspruchs

Die Verjährung des Vergütungsanspruchs des Architekten beträgt gemäß § 195 BGB **116** drei Jahre. Die Verjährungsfrist beginnt mit dem Schluss des Jahres, in dem der Anspruch entstanden ist und der Architekt von den anspruchsbegründenden Umständen und der Person des Schuldners Kenntnis erhält, § 199 I BGB.

Die Entstehung des Anspruchs setzt seine Fälligkeit voraus. Die Verjährung des Vergütungsanspruchs bei vorzeitiger Beendigung des Vertrags beginnt daher erst dann, wenn der Architekt dem Auftraggeber eine prüffähige Abrechnung über die von ihm erbrachten Leistungen überreicht hat.

Verzögert der Architekt die Erstellung der Schlussrechnung, ist der Auftraggeber berechtigt, dem Architekten eine Frist zur Vorlage der Schlussrechnung zu setzen. Kommt der Architekt dieser Aufforderung nicht nach, muss er sich gemäß §§ 162 I, 242 BGB so behandeln lassen, als sei die Schlussrechnung innerhalb angemessener Frist erteilt worden.[177]

Fordert der Architekt gemäß § 15 II HOAI Abschlagszahlungen, so beginnt für diese **117** Teilforderungen jeweils eine gesonderte Verjährungsfrist nach den §§ 195, 199 BGB zu laufen. Unabhängig davon, ob die Verjährungsfrist für die Forderung von Abschlagszahlungen bereits abgelaufen ist, beginnt nach vollständiger Erbringung der Leistung und Überreichung einer prüffähigen Schlussrechnung die Verjährungsfrist für den Gesamtvergütungsanspruch neu.[178]

c) Bauabzugssteuer

Die Vergütung des Architekten unterliegt nicht der mit Wirkung vom 1.1.2002 einge- **118** führten Abzugspflicht nach § 48 I EStG. Die vom Architekten zu erbringenden Planungs- und Bauaufsichtsleistung sind nicht als Bauleistungen im Sinne dieser Vorschrift anzusehen.[179]

III. Ansprüche des Auftraggebers wegen Leistungsstörungen

1. Grundlagen

a) Allgemeines

Die Haftung des Architekten richtet sich nach Werkvertragsrecht. Der Architekt **119** schuldet als werkvertraglichen Erfolg nicht die Erstellung des Bauwerks als solches. Ausgangspunkt der Haftung ist das vom Architekten geschuldete geistige Architektenwerk. Der Architekt hat jedoch dafür Sorge zu tragen, dass das vom Auftraggeber in Auftrag gegebene Bauwerk in dem durch den Architektenvertrag vorgegebenen Rahmen richtig geplant und verwirklicht wird.

Ist das Bauwerk fehlerhaft, kann nicht ohne weiteres auf einen Fehler der Architektenleistung geschlossen werden. Die Leistung des Architekten ist in diesem Fall mangelhaft, wenn dies auf der Verletzung seiner vertraglichen Pflichten beruht.[180] Ist

---

[176] *BGH* NJW 1993, 661.
[177] *BGH* NJW-RR 1986, 1279; NJW-RR 2001, 1383.
[178] *BGH* NJW 1999, 713.
[179] *BGH* BauR 2005, 1658.
[180] Vgl. BGHZ 31, 224 = NJW 1960, 431; *BGH* NJW 1971, 92.

das Bauwerk noch nicht erstellt, ist die geschuldete Planung fehlerhaft, wenn sie notwendigerweise zu einem Mangel des Bauvorhabens führen muss.[181]

b) Bedeutung der HOAI

120 Die Leistungspflichten des Architekten ergeben sich aus der vertraglichen Vereinbarung. Die HOAI ist als Honorarordnung nicht Grundlage der Leistungspflichten des Architekten.[182] Die Parteien können jedoch die in der HOAI beschriebenen Leistungsphasen durch Bezugnahme zum Bestandteil des Architektenvertrages machen. Insofern ist die Auslegung der Vorschriften der HOAI für den Umfang der vereinbarten Leistungspflichten mit heranzuziehen.[183]

Welche Leistungen der Architekt als Teilerfolg schuldet, ist durch Auslegung des Vertrages zu ermitteln. Sofern der Vertrag auf die Leistungsphasen des § 33 HOAI Bezug nimmt, gehören hierzu in der Regel die Vorlage der Kostenermittlungen und Planzeichnungen sowie die Aushändigung der Bedienungsanleitungen für technische Anlagen.[184] Der Architekt hat für die Einschaltung der Sonderfachleute zu sorgen und die Leistungen der an der Planung und Ausführung Beteiligten zu koordinieren.

Seine Einstandspflicht beschränkt sich in diesem Fall darauf, eine sachgemäße Koordinierung mehrerer Spezialfirmen zu gewährleisten und eindeutig fehlerhafte Ausführungen zu erkennen und zu verhindern.[185] Der Architekt schuldet jedoch nicht die Spezialkenntnisse der einzelnen Fachplaner.[186] Der Architekt hat den Bauherren zudem über die Kostenentwicklung aufzuklären[187] und ihn bei der Durchsetzung von Mängelansprüchen gegen die am Bau beteiligten Unternehmer zu unterstützen.[188]

c) Anerkannte Regeln der Technik

121 Der Architekt hat bei Erbringung seiner Leistungen die anerkannten Regeln der Technik einzuhalten. Aus der vertraglichen Vereinbarung kann sich ergeben, dass er einen über diese hinausgehenden Standard schuldet.[189]

d) Die Vorschriften des öffentlichen Baurechts

122 Der Architekt hat bei der Objektplanung ferner die Vorschriften des öffentlichen Baurechts, einschließlich der dazu ergangenen Rechtsverordnungen und örtlichen Bauvorschriften, sowie die von der obersten Baubehörde durch öffentliche Bekanntmachung eingeführten technischen Bestimmungen zu beachten. Den Architekten trifft zudem die Pflicht, sich über die Entwicklung des Baurechts und der allgemeinen anerkannten der Regeln der Baukunst zu unterrichten.

e) Maßgebender Zeitpunkt

123 Maßgebender Zeitpunkt für die Frage, ob der Architekt die Leistung mangelhaft erbracht hat, ist der Zeitpunkt der Abnahme der Architektenleistung.[190] Nach diesem Zeitpunkt erzielte Erkenntnisse über die Art der technischen Bauausführung sind zu

---

[181] *BGH* NJW 1971, 92; NJW 2000, 133; vgl. zur stufenweisen Beauftragung BGHZ 136, 342 = NJW 1998, 135.

[182] BGHZ 133, 399 = NJW 1997, 586; *BGH* NJW 1999, 427.

[183] BGHZ 173, 314 = NJW 2008, 285; vgl. *Kniffka*, BauR 1996, 774.

[184] Vgl. BGHZ 159, 376 = NJW 2004, 2588; *BGH* NJW-RR 2005, 318.

[185] *BGH* NJW 1997, 2173; BGHZ 147, 1 = NJW 2001, 1276.

[186] *OLG Köln,* NJW-RR 1994, 1110; *OLG Düsseldorf* NJW-RR 2001, 739.

[187] BGH NJW-RR 2005, 318; BGHZ 159, 376 = NJW 2004, 2588.

[188] BGHZ 61, 28 = NJW 1973, 1457.

[189] BGHZ 172, 346 = NJW 2007, 2983; vgl. *BGH* NJW-RR 1995, 472; *OLG Hamm* NJW-RR 1991, 731; *OLG Celle* NJW-RR 1991, 1175.

[190] BGHZ 139, 16 = NJW 1998, 2814.

berücksichtigen, soweit es um die Beurteilung geht, ob das Werk im Zeitpunkt der Abnahme ordnungsgemäß und damit mangelfrei ausgeführt worden ist.[191]

Für verschuldensabhängige Mängelrechte hat der Architekt nur für das Fachwissen einzustehen, das er bei Ausführung des Werks im Zeitpunkt der Abnahme seiner Leistungen haben konnte.[192]

2. Pflichten im Rahmen der technischen Realisierung des Bauvorhabens

a) Planung

Die mangelfreie Planung des Bauwerks umfasst:

124

aa) Die Erstellung einer genehmigungsfähigen Planung

Der Architekt hat hierbei die maßgebenden Vorschriften des öffentlichen Baurechts einschließlich der Sondervorschriften zu beachten.[193] Eine Verlagerung dieses Risikos auf den Bauherrn bedarf einer ausdrücklichen vertraglichen Vereinbarung.[194]

125

Etwaige Zweifel hat der Architekt durch Rücksprache mit der Bauaufsichtsbehörde oder durch eine Bauvoranfrage zu klären.[195] Er hat auf die Erteilung einer rechtmäßigen und bestandskräftigen Baugenehmigung hinzuwirken.[196] Die von der Bauaufsichtsbehörde gemachten Auflagen sind zu beachten. Beanstandungen der Bauaufsichtsbehörde ist durch Änderung der Planung Rechnung zu tragen.

In einzelnen Bundesländern ist die Überwachung durch die Bauaufsichtsbehörde in einigen Fällen gelockert. Statt der Baugenehmigung ist die Errichtung des Bauwerks zulässig, wenn der Architekt versichert, dass das Bauvorhaben den öffentlich-rechtlichen Bauvorschriften entspricht.[197] Der Architekt haftet dem Auftraggeber in diesem Fall auf Schadensersatz, wenn sich im Nachhinein herausstellt, dass die Vorschriften des öffentlichen Baurechts nicht eingehalten worden sind.[198]

bb) Die Planung eines technisch einwandfreien Bauwerks

Eine fehlerhafte Planung liegt vor, wenn diese notwendig zu einem Mangel des Bauwerks führen muss[199] oder den anerkannten Regeln der Technik widerspricht.[200] In diesem Zusammenhang hat der Architekt für die Einholung einer Statik zu sorgen[201] und die Bodenverhältnisse einschließlich des Grundwasserstandes zu untersuchen oder durch Sonderfachleute untersuchen zu lassen.[202]

126

Bei Anlagen der Haustechnik (z. B. Heizung, sanitäre und elektrotechnische Anlagen, Klimatechnik) kann er zur Planung Fachingenieure hinzuziehen oder diese Leistungen den mit der Ausführung beauftragten Fachfirmen überlassen. Dies entlastet den Architekten jedoch nur dann, wenn diese Firmen durch besondere Vereinbarung die Planungsverantwortung hierfür übernehmen.

---

[191] BGHZ 48, 310 = NJW 1968, 43; BGHZ 139, 16 = NJW 1998, 2814; *KG* NJW-RR 2001, 1385; *OLG Hamm* BauR 2003, 567.
[192] Vgl. BGHZ 48, 310 = NJW 1968, 43; *OLG Hamm* NJW-RR 1991, 731.
[193] *BGH* NJW 1999, 2112; NJW-RR 1998, 952; NJW-RR 1999, 1105; NJW-RR 2001, 383; NJW 2003, 287; *OLG München* NJW-RR 1992, 788.
[194] *BGH* NJW 2003, 287.
[195] *OLG Düsseldorf* NJW-RR 1996, 403; *OLG Köln* BauR 1993, 358.
[196] *BGH* VersR 1983, 980; NJW 1999, 2112; *OLG München* NJW-RR 1992, 788.
[197] Vgl. *Ortloff/Rapp,* NJW 1996, 2346.
[198] *BGH* NJW 2002, 129.
[199] BGHZ 48, 310 = NJW 1968, 43; BGHZ 147, 1 = NJW 2001, 1276.
[200] *BGH* BauR 1981, 76; *KG* NJW-RR 2001, 1385; *OLG Celle* NJW-RR 1991, 1175.
[201] *OLG Hamm* NJW 2011, 316; *OLG Oldenburg* BauR 1981, 399.
[202] *BGH* NJW 1997, 2173; 2000, 2291; *OLG Köln* NJW-RR 1993, 1493; *OLG Düsseldorf* NJW-RR 2000, 1262; NZBau 2000, 474; *OLG Bamberg* NZBau 2004, 160.

Der Architekt ist verpflichtet, das Bauwerk gegen Einwirkung von Oberflächen- und Grundwasser zu schützen[203] und die Einhaltung der anerkannten Regeln der Technik[204], insbesondere die Vorschriften über Wärmeschutz[205] und Schallschutz[206] zu beachten. Besonders schadensträchtige Details hat er in einer für die Handwerker erkennbaren, jedes Risiko ausschließenden Weise zu verdeutlichen.[207] Ob er zur Erstellung von Detailplanungen verpflichtet ist oder den Handwerkern auf der Baustelle mündliche Detailanweisungen erteilen darf, richtet sich nach dem Inhalt der getroffenen Vereinbarung.

cc) Die Beachtung der vom Auftraggeber im Architektenvertrag oder durch spätere mündliche Weisung vorgeschriebenen Gestaltung

127   Dem Architekten steht zwar ein gewisses Planungsermessen zu.[208] Verlangt der Auftraggeber aber eine bestimmte Ausführung, ist diese vorrangig.[209] Widersprüche zwischen dem Weisungsrecht des Auftraggebers und der künstlerischen Gestaltungsfreiheit des Architekten sind bei technischen Zweckbauten zugunsten des Auftraggebers zu entscheiden.[210]

Wünscht der Auftraggeber eine ungeeignete oder mit den anerkannten Regeln der Technik nicht vereinbare Ausführung, hat der Architekt dem Auftraggeber seine Bedenken mitzuteilen und ihn über bestehende Risiken aufzuklären.[211] Das Weisungsrecht des Auftraggebers findet dort seine Grenze, wo sich der Architekt bei Befolgung der Anweisungen gegenüber Dritten haftbar oder gar strafbar machen würde.

b) Vergabe

128   Im Rahmen der Vergabe der Bauleistungen (vgl. § 33 Nr. 6 und 7 HOAI) ist der Architekt verpflichtet, die Massen sorgfältig zu ermitteln und zusammenzustellen, das richtige Material auszuwählen[212] und klare und vollständige Leistungsbeschreibungen zu erstellen[213]. Er hat geeignete Bauunternehmer auszuwählen, die den gestellten Aufgaben in technischer und personeller Hinsicht gewachsen sind[214], und darauf zu achten, dass die erforderliche Bauleistung in den Bauverträgen eindeutig und genau bezeichnet ist.[215]

c) Objektüberwachung

129   Bei dieser die technische Umsetzung der Planung auf der Baustelle betreffenden Leistungsphase treffen den Architekten weitgehende Pflichten:

130   Der Architekt hat durch eine Kontrolle der Bauarbeiten zu gewährleisten, dass diese entsprechend der Baugenehmigung, den planerischen Vorgaben und dem Inhalt der

---

[203] BGHZ 90, 344 = NJW 1984, 1676; *BGH* NJW 2000, 2991; *OLG Köln* NJW-RR 1993, 1493; *OLG Düsseldorf* NJW-RR 2000, 1262; NZBau 2000, 474.
[204] BGHZ 48, 310 = NJW 1968, 43.
[205] *BGH* BauR 1981, 395; *OLG Celle* NJW-RR 1991, 1175; *OLG Frankfurt/M.* BauR 1991, 785.
[206] *OLG Düsseldorf* NJW-RR 1994, 88.
[207] *BGH* NJW 2000, 2991.
[208] *OLG Hamm* NJW-RR 1989, 470.
[209] *BGH* NJW-RR 1998, 668.
[210] *BGH* NJW 1971, 556.
[211] *OLG Düsseldorf* NZBau 2006, 187; *OLG Hamm* NJW-RR 1989, 470; *OLG München* NJW-RR 1988, 336; *Werner/Pastor,* Rn. 1990.
[212] *OLG München* NJW-RR 1988, 85; *OLG Hamm* NJW-RR 1991, 731; *KG* NJW-RR 2001, 1385.
[213] *OLG Stuttgart* BauR 1977, 140; *OLG Dresden* BauR 2000, 1341.
[214] BGHZ 70, 12 = NJW 1978, 322.
[215] *BGH* NJW 1981, 2182; BauR 1982, 185.

Leistungsbeschreibungen sowie nach den Weisungen des Auftraggebers ausgeführt werden.[216] Der Architekt hat die gelieferten Materialien und die Arbeiten der einzelnen Bauunternehmer zu überprüfen.[217]

Der Umfang dieser Kontrolle richtet sich nach den Umständen des Einzelfalls. Als Richtschnur kann gelten, dass der Architekt keine „handwerklichen Selbstverständlichkeiten" überwachen muss,[218] ihn jedoch eine gesteigerte Überwachungspflicht für besonders wichtige Bauabschnitte mit typischen Gefahren,[219] bei besonderen Anhaltspunkten für drohende Mängel[220] und bei erkennbarer Unzuverlässigkeit der die Arbeiten ausführenden Handwerker trifft.[221] Sonderfachleute hat der Architekt in der Regel nicht zu überwachen.[222] Ihn trifft jedoch allgemein die Pflicht, die Leistungen der am Bau beteiligten Unternehmer zu koordinieren.[223]

Der Architekt hat im Rahmen der Objektüberwachung die technische Abnahme der Bauleistungen und die Feststellung etwa vorhandener Mängel vorzunehmen sowie an der Klärung der Ursachen der Mängel und ihrer Beseitigung mitzuwirken.[224] Erkennt der Architekt nachträglich, dass seine Planung fehlerhaft war, hat er dies dem Auftraggeber zu offenbaren.[225]   **131**

Er hat nach Klärung der Mängelursachen den für den Mangel verantwortlichen Bauunternehmer zur Beseitigung des Mangels aufzufordern, die notwendigen Fristen zu setzen und bei Unterbleiben der Mangelbeseitigung im Einvernehmen mit dem Auftraggeber einen anderen Unternehmer mit der Beseitigung des Mangels zu beauftragen.[226]

Der Architekt hat eine Liste der gegenüber den Bauunternehmern laufenden Gewährleistungsfristen zu erstellen und dem Auftraggeber bei drohendem Ablauf der Frist auf die Notwendigkeit der Hemmung mittels Mahnbescheid oder Klage hinzuweisen. Die Beseitigung der bei der Abnahme festgestellten Mängel hat der Architekt zu überwachen und nach Abschluss der Arbeiten erneut eine technische Abnahme vorzunehmen.[227]

Werden die Mängel, ihre Ursachen oder der Umfang der zu ihrer Beseitigung erforderlichen Kosten von dem Bauunternehmer bestritten, hat der Architekt die Beweise in technischer Hinsicht zu sichern und den Auftraggeber auf die Notwendigkeit der Beweissicherung durch Einleitung eines selbständigen Beweisverfahrens hinzuweisen.

d) Objektbetreuung

Im Anschluss an die Objektüberwachung ist der Architekt verpflichtet, bei der Erfassung und Beseitigung der während der Dauer der Gewährleistungsfrist auftretenden Mängel mitzuwirken.   **132**

Der Architekt ist verpflichtet, vor Ablauf der jeweiligen Gewährleistungsfristen das Objekt zu begehen, etwaige Mängel festzustellen und die jeweiligen Handwerker rechtzeitig zur Mängelbeseitigung aufzufordern. Er hat anschließend die Mängelbeseitigung zu überwachen.   **133**

---

[216] BGHZ 68, 169 = NJW 1977, 898; BGHZ 82, 100 = NJW 1982, 438; *BGH* NJW 1999, 427; *OLG München* NJW-RR 1988, 336.
[217] BGHZ 70, 12 = NJW 1978, 322.
[218] *BGH* NJW 1971, 1130; *OLG Hamm* BauR 1991, 788 ; *KG* NJW-RR 2001, 1167.
[219] BGHZ 68, 169 = NJW 1977, 898; *OLG Düsseldorf* NZBau 2002, 45; *OLG Rostock* BauR 2006, 2092 (Altbausanierung); Überblick bei *Werner/Pastor,* Rn. 2017.
[220] BGHZ 125, 111 = NJW 1994, 1276; *OLG Oldenburg* NJW-RR 1992, 409.
[221] BGHZ 70, 12 = NJW 1978, 322.
[222] Vgl. jedoch *OLG Frankfurt/M.* NJW-RR 1990, 1496.
[223] Nachweise bei *Werner/Pastor,* Rn. 2008 ff.
[224] *BGH* NJW-RR 1986, 182.
[225] BGHZ 92, 251 = NJW 1985, 328; BGHZ 71, 144 = NJW 1978, 1311.
[226] BGHZ 61, 28 = NJW 1973, 1457.
[227] *BGH* BauR 1971, 205.

134 Der Architekt haftet dem Auftraggeber auf Schadensersatz, wenn er vorhandene Mängel nicht feststellt oder diese dem Bauherrn verspätet erst nach Ablauf der Gewährleistungsfristen mitteilt. Der Architekt haftet auch, wenn er ohne hinreichende sachliche Klärung die Einleitung eines selbständigen Beweisverfahrens oder Klageverfahrens gegen einen bestimmten Bauunternehmer empfiehlt und sich herausstellt, dass die Mängel nicht auf dessen Leistungen beruhen.

e) Verpflichtung des Architekten zur Wahrung der wirtschaftlichen Interessen des Auftraggebers

135 Der Architekt ist nicht nur verpflichtet, ein den Erfordernissen der Technik und des öffentlichen Baurechts entsprechendes Bauwerk entstehen zu lassen. Die Durchführung des Bauvorhabens hat auch den finanziellen Interessen des Auftraggebers Rechnung zu tragen, § 3 VI 2 HOAI. Diese Verpflichtung ist eine Hauptpflicht, bei deren Verletzung ein Schadensersatzanspruch gegen den Architekten nach § 634 Nr. 4 BGB gegeben sein kann.[228]

aa) Planung und Wirtschaftlichkeit

136 Die Pflicht zur Berücksichtigung der wirtschaftlichen Interessen des Auftraggebers wirkt sich bereits bei der Planung des Bauvorhabens aus.[229]

137 Der Architekt hat ein für die wirtschaftlichen Zwecke des Auftraggebers geeignetes Bauwerk zu planen. Die Größe und Anlage der Räume muss der beabsichtigten Nutzung und dem Zweck des Gebäudes Rechnung tragen.[230]

Beispiele: Ein zum Verkauf oder zur Vermietung errichtetes Mehrfamilienhaus muss so geplant werden, dass die Wohnungen den Anforderungen des Wohnungsmarktes entsprechen und eine hohe Rendite abwerfen.[231] Der Architekt hat die Wohnflächen entsprechend den maßgeblichen Vorschriften zu planen und zu berechnen und dafür Sorge zu tragen, dass der Auftraggeber in die Lage versetzt wird, steuerliche Vorteile geltend zu machen.[232] Ist dem Architekten die Finanzierung des Bauvorhabens übertragen, so hat er die Planung so anzulegen, dass die Finanzierung gesichert ist.[233]

138 Der Architekt soll im Allgemeinen nicht verpflichtet sein, so kostengünstig wie möglich zu planen.[234] Dies gilt nicht, wenn es sich bei dem Auftraggeber um eine Privatperson handelt, bei der erkennbar nur ein geringes Eigenkapital vorhanden ist, und wenn die Finanzierung auf die Einkommensverhältnisse zugeschnitten sein muss. Der Architekt ist dann verpflichtet, die Planungsvorgaben des Auftraggebers zu den Herstellungskosten des Bauwerks zu beachten.[235]

---

[228] Vgl. *BGH* NJW-RR 2005, 318; *BGH* NJW 1981, 2182; *OLG Düsseldorf* NJW-RR 1994, 18.

[229] Vgl. BGHZ 138, 87 = NJW 1998, 1064; *BGH* NJW 2009, 2947; *OLG Düsseldorf* NZBau 2004, 453.

[230] BGHZ 37, 341 = NJW 1962, 1764 (Garage); *BGH* VersR 1956, 659 (Schalldämmung bei Bürohaus); *BGH* NJW-RR 1995, 591 (Tragfähigkeit einer Geschossdecke); BGHZ 138, 87 = NJW 1998, 1064 (Nutzflächen); *BGH* NJW 2009, 2947 (überdimensionierte Bodenplatte); *OLG Hamm* NJW-RR 1989, 470 (Repräsentation eines Bürohauses).

[231] *BGH* NJW 1975, 1657.

[232] *BGH* NJW-RR 2005, 318; BGHZ 60, 1 = NJW 1973, 237; *OLG Düsseldorf* NJW-RR 1991, 90; *OLG Köln* NJW-RR 1993, 1493.

[233] *BGH* BauR 1984, 420..

[234] BGHZ 60, 1 = NJW 1973, 237; *BGH* NJW-RR 1988, 1361

[235] *BGH* NJW 2013, 1593; NJW-RR 1991, 664; *OLG Düsseldorf* NZBau 2004, 453; *OLG Hamm* NJW-RR 1986, 1150.

bb) Vergabe und Wirtschaftlichkeit

Die Pflicht zum wirtschaftlichen Bauen zeigt sich in folgenden Punkten: **139**

Der Architekt hat die Leistungsverzeichnisse vollständig zu erstellen, damit nicht   **140** später Zusatzaufträge erforderlich werden, die für den Auftraggeber zu Mehrkosten führen.[236] Die Leistungsverzeichnisse sind so klar zu formulieren, dass möglichst Streit über den Inhalt der zu erbringenden Leistung und die Höhe der Vergütung vermieden wird.

Der Architekt hat in der Regel mehrere Angebote einzuholen, um sich von dem   **141** bestehenden Preisniveau und der Qualität der Leistung ein Bild machen zu können. Die Leistungsphase 7 umfasst daher nach § 33 Nr. 7 HOAI i. V. mit Anlage 11 als Grundleistungen das Prüfen und Werten der Angebote einschließlich der Aufstellung eines Preisspiegels.

Bei der Auswahl der Unternehmer hat der Architekt auf die wirtschaftliche Leis-   **142** tungsfähigkeit zu achten und solche von erkennbar zweifelhafter Bonität auszuschließen.

Die Verträge sind klar abzufassen[237]. Sie haben den konkreten Erfordernissen des   **143** Bauvorhabens Rechnung zu tragen. Dies gilt auch für die richtige Terminplanung.[238]

cc) Kostenkontrolle

Bei der Bauüberwachung hat der Architekt auf die Einhaltung der vertraglich ver-   **144** einbarten Fristen durch die Bauunternehmer zu achten und diese bei Überschreitung der Frist in Verzug zu setzen (vgl. Anlage 11 zu § 33 Nr. 8 HOAI).

Der Architekt hat die Rechnungen der Bauunternehmer auf ihre sachliche Richtigkeit zu überprüfen. Dies umfasst die Prüfung, ob die in Rechnung gestellten Arbeiten in dem berechneten Umfang und der vereinbarten Qualität ausgeführt worden sind und ob die Abrechnung den vertraglichen Vereinbarungen entspricht.[239]

Dazu hat der Architekt ein gemeinsames Aufmaß mit den bauausführenden Unternehmen aufzustellen und die Bauleistungen technisch abzunehmen. Die Pflicht zur laufenden Überprüfung der Rechnungen während der Bauausführung folgt aus der in der Leistungsphase des § 33 Nr. 8 HOAI erwähnten Pflicht, eine Kostenkontrolle vorzunehmen.[240] Der Architekt ist zudem verpflichtet, den Auftraggeber hinsichtlich der Geltendmachung der Mängelansprüche zu beraten.[241] Eine Beratungspflicht besteht nicht, wenn der Auftraggeber selbst sachkundig ist.[242]

dd) Bausummenüberschreitung

Wird die ursprüngliche Bausumme überschritten, kann dies Schadensersatzansprüche   **145** des Auftraggebers gegenüber dem Architekten auslösen.

Zu unterscheiden sind die folgenden Fallgruppen:

Unterlässt der Architekt die Kostenermittlungen und werden deshalb die erhöhten   **146** Baukosten nicht erkannt, so haftet er dem Auftraggeber auf Schadensersatz in Höhe der vermeidbaren Mehrkosten oder, sofern der Auftraggeber den Vertrag aus diesem Grund kündigt, auf Ersatz der dadurch nutzlos gewordenen Aufwendungen (§ 284

---

[236] *BGH* BauR1982, 185.
[237] *BGH* NJW 1983, 871; *OLG Brandenburg* NJW-RR 2003, 1323; krit. *Neuenfeld,* NZBau 2004, 633.
[238] Zur Einschaltung eines Spezialbüros für Bau-Controlling vgl. *Böggering,* BauR 1983, 402.
[239] *BGH* NJW-RR 1998, 1548; NJW-RR 2002, 1174; *OLG Köln* BauR 1997, 343.
[240] Vgl. *BGH* NJW-RR 2005, 318; NJW-RR 1997, 1376.
[241] BGHZ 74, 235 = NJW 1979, 1499.
[242] *OLG Düsseldorf* NJW-RR 2002, 1098; BGHZ 74, 235 = NJW 1979, 1499.

BGB). Gleiches gilt, wenn dem Architekten bei der Kostenermittlung Fehler unterlaufen, die die voraussichtlichen Baukosten geringer erscheinen lassen.[243]

147 Der Architekt haftet auf Schadensersatz, wenn er dem Auftraggeber eine erkennbare Überschreitung des zunächst zugrunde gelegten Baukostenrahmens nicht unverzüglich mitteilt, um diesen in die Lage zu versetzen, entsprechende Dispositionen zu treffen.[244] Zur Feststellung des jeweiligen Kostenstandes dienen die in Anlage 11 zu § 33 Nr. 3, 7 und 8 HOAI beschriebenen Kostenkontrollen.[245]

Zu beachten ist, dass eine Schadensersatzpflicht des Architekten nicht stets besteht, wenn der in den Kostenermittlungen angegebene Baukostenbetrag überschritten wird. Dem Architekten wird je nach Genauigkeit der in Rede stehenden Kostenermittlung ein Toleranzrahmen zugebilligt, der bei der Kostenschätzung etwa bei 30–40 %, der Kostenberechnung bei 20–25 % und im Rahmen des Kostenanschlags bei 10–15 % liegen kann.

Diese Prozentsätze sind nicht schematisch anzuwenden. Der Umfang der dem Architekten zuzubilligenden Toleranz für die Kostenermittlungen bestimmt sich nach den Umständen des jeweiligen Einzelfalls. Eine pflichtwidrige Überschreitung der Kosten liegt nicht vor, wenn die erhöhten Kosten auf eine Änderung der Planung, auf Sonderwünsche des Auftraggebers, auf unvorhersehbare Lohn- und Materialpreiserhöhungen oder auf unvorhersehbare technische Schwierigkeiten bei der Bauausführung zurückzuführen sind.[246] Der Architekt bleibt jedoch verpflichtet, den Auftraggeber rechtzeitig über die aus diesen Gründen zu erwartende Kostensteigerung zu informieren.

148 Hat der Architekt den Auftrag mit der Garantie übernommen, ein bestimmter Baukostenbetrag werde nicht überschritten, hat er für dessen Einhaltung ohne Verschulden einzustehen, wenn die Auslegung des Vertrags unter Berücksichtigung sämtlicher Umstände ergibt, dass eine Garantie hinsichtlich der Baukosten übernommen worden ist.[247] Dies setzt jedenfalls voraus, dass der Umfang der für die bestimmte Summe zu erbringenden Leistungen feststeht und eine konkrete Planung (zumindest eine Entwurfsplanung) vorliegt.[248]

ee) Pflichten im Rahmen der Beantragung von Zuschüssen

149 Der Architekt ist gegenüber dem Auftraggeber nur dann zur Erbringung von Leistungen zur Erlangung von finanziellen Zuschüssen verpflichtet, wenn dies im Vertrag ausdrücklich vereinbart worden ist.[249]

Der Architekt kann vom Auftraggeber z. B. damit beauftragt werden, Anträge auf Erlangung von Fördermitteln zu stellen, die dazu erforderlichen Unterlagen zu beschaffen und fristgerecht einzureichen. Verletzt er diese Pflichten schuldhaft, steht dem Auftraggeber gegenüber dem Architekten ebenfalls ein Anspruch auf Ersatz des ihm dadurch entstehenden Schadens zu.[250]

f) Einschränkungen der Einstandspflicht
aa) Weisungen des Auftraggebers

150 Der Architekt ist dem Auftraggeber nicht zum Schadensersatz verpflichtet, wenn er auf eine ausdrückliche Weisung des Auftraggebers hin tätig geworden ist. Dies ergibt

---

[243] Vgl. *BGH* NJW-RR 1997, 402; NJW-RR 1997, 856; *OLG Köln* NJW-RR 1994, 981; *OLG Düsseldorf* BauR 2003, 1604; *OLG Hamm* NZBau 2004, 560.

[244] *BGH* NJW-RR 1997, 850; NJW-RR 1997, 1376; *OLG Düsseldorf* NJW-RR 1993, 285; *OLG Naumburg* NJW-RR 1996, 1302; *OLG Frankfurt/M.* NJW 2012, 1739.

[245] *BGH* NJW-RR 2005, 318.

[246] *BGH* NJW-RR 1997, 850; *OLG Düsseldorf* NJW-RR 1995, 1361.

[247] *BGH* NJW-RR 1987, 337; *OLG Celle* BauR 1998, 1030; *OLG Düsseldorf* NJW-RR 1993, 285; NJW-RR 1995, 1361; BauR 2003, 1604; *OLG Hamm* NZBau 2004, 560.

[248] *BGH* NJW 1958, 1483; NJW 1960, 1567; zu Einzelheiten vgl. *Kniffka/Koeble*, 12. Teil Rn. 455 ff.

[249] *OLG Hamm* BauR 2003, 923; *OLG München* BauR 2001, 981.

[250] Vgl. dazu *BGH* NJW-RR 1988, 1361; NJW 1996, 1889; *OLG Hamm* BauR 2003, 923; *Stefan*, BauR 1997, 62.

sich aus dem in § 242 BGB verorteten Verbot eigenen widersprüchlichen Verhaltens („venire contra factum proprium").

Beispiele: Verwendung eines nicht genügend erprobten Baustoffes, Beauftragung eines in der Liquidität beschränkten Bauunternehmers; Bestehen auf Sonderwünschen, die eine Bausummenüberschreitung auslösen. Den Architekten kann eine Hinweis- und Belehrungspflicht treffen, wenn der Auftraggeber sich über die Folgen seiner Weisung nicht im Klaren ist.[251]

bb) Einwilligung des Auftraggebers

Eine Einwilligung des Auftraggebers in eine fehlerhafte Bauplanung dürfte regelmäßig ausscheiden.[252] Die Einwilligung ist im Einzelfall nur dann wirksam, wenn der Auftraggeber die Bedeutung und Tragweite der fehlerhaften Planung erkannt hat, insoweit also vom Architekten hinreichend belehrt worden ist.[253]   **151**

cc) Mitverschulden

Die Einstandspflicht des Architekten kann ganz oder teilweise entfallen, wenn den Auftraggeber an der Entstehung des Mangels oder Schadens ein Mitverschulden trifft. In Betracht kommt die Verletzung von vertraglichen Mitwirkungspflichten, etwa bei der Beschaffung von Unterlagen im Baugenehmigungsverfahren oder die Entscheidung des Auftraggebers für eine mit Risiken behaftete Planung trotz offen gelegter Bedenken.[254]   **152**

Der Auftraggeber hat für das Verschulden seiner Erfüllungsgehilfen einzustehen. Der Bauunternehmer ist allerdings nicht Erfüllungsgehilfe des Auftraggebers gegenüber dem Architekten. Architekt und Bauunternehmer haften für von ihnen verursachte Fehler dem Auftraggeber gegenüber grundsätzlich als Gesamtschuldner.[255]   **153**

Der Bauunternehmer kann jedoch einwenden, dass dem vom Auftraggeber mit der Planung beauftragten Architekten Planungsfehler unterlaufen sind mit der Folge, dass ihn lediglich eine anteilige Haftung trifft.[256] Im Verhältnis zwischen Architekt und Sonderplaner haftet der Architekt für Fehler des Sonderplaners nur, wenn sie auf seiner fehlerhaften Planung beruhen. Haften Architekt und Fachplaner für Planungsmängel, können sie dem Auftraggeber den Einwand des Mitverschuldens nicht mit Erfolg entgegensetzen, weil sie nicht Erfüllungsgehilfe des Auftraggebers im Verhältnis zum jeweils anderen Planer sind.[257]

3. Ansprüche des Auftraggebers wegen Mängeln des Architektenwerks

Der Architektenvertrag ist ein Werkvertrag. Für die Mängelhaftung finden daher die §§ 634 ff. BGB Anwendung.   **154**

a) Der Nacherfüllungsanspruch

Der in §§ 634 Nr. 1, 635 BGB geregelte Anspruch des Auftraggebers auf Nacherfüllung setzt voraus, dass das geschuldete Architektenwerk nachbesserungsfähig ist.[258]   **155**

---

[251] *OLG Düsseldorf* NJW-RR 1992, 156; NJW-RR 1996, 1234.
[252] *BGH* NJW-RR 1994, 916; zu einem Ausnahmefall: *BGH* NJW-RR 1999, 1105.
[253] *BGH* NJW 1996, 2370; *OLG Düsseldorf* NJW-RR 1996, 403; NZBau 2001, 35.
[254] *BGH* NJW 1996, 2370.
[255] BGHZ 43, 227 = NJW 1965, 1175; BGHZ 51, 275 = NJW 1969, 653; *BGH* NJW-RR 2004, 165.
[256] *BGH* NJW-RR 2002, 1175.
[257] *BGH* NJW-RR 2002, 1531; NJW-RR 2003, 1454.
[258] *BGH* NJW-RR 1989, 86; NJW-RR 2008, 260.

Bei dem Architektenwerk ist nach dem Umfang der Verträge und dem Stand der vom Architekten erbrachten Planungsleistung und des Baufortschritts wie folgt zu differenzieren:

156   Handelt es sich um einen auf die Planung beschränkten Teilarchitektenvertrag oder um einen Vollarchitektenvertrag, bei dem die Leistungen des Architekten nur bis zur Planung gediehen sind, also das Bauwerk noch nicht errichtet ist, kann eine Nachbesserung der fehlerhaften Planung durch die Veränderung der Pläne und Leistungsbeschreibungen erfolgen, um den vereinbarten Sollzustand herzustellen.[259]

Gegebenenfalls kommt nach § 635 BGB eine völlige Neuherstellung der Planung in Betracht. Der Architekt hat nach § 635 I BGB ein Wahlrecht zwischen den beiden Alternativen. Gleiches gilt, wenn der Architekt die von ihm im Rahmen der Objektüberwachung zu erbringende Rechnungsprüfung und die Auflistung der Gewährleistungsfristen unterlassen oder unvollständig durchgeführt hat.

157   Ist das Bauwerk dagegen bereits erstellt, ist bei fehlerhafter Planung oder Objektüberwachung im technischen Bereich eine Nachbesserung in Form einer Veränderung der Pläne oder Wiederholung der Objektüberwachung nicht möglich.

Die Nachbesserung besteht in diesem Fall nicht darin, dass Mängel des Bauwerks beseitigt werden, weil der Architekt nicht die Errichtung des Bauwerks schuldet, sondern im Rahmen des geistigen Architektenwerks an der Entstehung des Bauwerks mitwirkt.[260] Der Architekt ist nur insoweit zur Nachbesserung verpflichtet, als zur Beseitigung der Mängel des Bauwerks Architektenleistungen notwendig werden (Anlage 11 zu § 33 Nr. 8 HOAI).

158   Der Bauherr muss den Architekten zur Nacherfüllung auffordern. Die Erklärung erfordert die konkrete Angabe der zu beanstandenden Fehler des Architektenwerks.[261] Eine Fristsetzung ist nicht erforderlich, kann aber zur Vorbereitung des Anspruchs auf Selbstvornahme zweckmäßig sein. Eine Ablehnungsandrohung ist nicht erforderlich.

159   Der Nacherfüllungsanspruch erlischt nicht mit Ablauf einer etwa gesetzten Frist. Er erlischt erst, wenn der Auftraggeber von seinen Gestaltungsrechten auf Minderung oder Rücktritt Gebrauch macht oder Schadensersatz statt der Leistung nach § 281 I BGB verlangt (§ 281 IV BGB). Er erlischt ferner, wenn sich der Auftraggeber den Anspruch bei Abnahme des Architektenwerks nicht vorbehält (§ 640 II BGB).

b) Der Anspruch auf Selbstvornahme

160   Der Anspruch auf Selbstvornahme ergibt sich aus §§ 634 Nr. 2, 637 BGB.

aa) Voraussetzungen

161   Der Auftraggeber muss den Architekten unter Setzen einer angemessenen Frist vergeblich zur Nacherfüllung aufgefordert haben (§ 637 I BGB). Die Fristsetzung ist entbehrlich, wenn dem Architekten die Nachbesserung unmöglich oder dem Auftraggeber nicht zumutbar ist (§ 637 II 2 BGB), oder wenn der Architekt die Nacherfüllung endgültig und ernsthaft verweigert (§§ 637 I 1, 323 II Nr. 1 BGB).

bb) Inhalt

162   Die Selbstvornahme besteht in der Beauftragung eines anderen Architekten mit den erforderlichen Nacherfüllungsarbeiten. Inhaltlich ist der Anspruch auf den Ersatz der

---

[259] *BGH* NJW-RR 1989, 86; *OLG Düsseldorf* NJW-RR 1994, 18; *OLG Hamm* NJW-RR 1995, 724; vgl. zum Ganzen *Löffelmann/Ihle*, BauR 2008, 579.
[260] Palandt/*Sprau*, § 633 Rn. 11; *Werner/Pastor*, Rn. 2166 m. w. N.
[261] Palandt/*Sprau*, § 635 Rn. 3.

dafür erforderlichen Aufwendungen gerichtet. Der Auftraggeber kann das an den Dritten gezahlte Honorar für die Überarbeitung der Planung sowie für im Zusammenhang mit der Beseitigung von Mängeln oder der Nachbearbeitung der Rechnungsprüfung erforderlich werdende Architektenleistungen erstattet verlangen.

Sog. „Sowieso-Kosten", d.h. solche Kosten, die auch bei ordnungsgemäßer Planung und Objektüberwachung angefallen wären, sind abzuziehen.[262] Nach § 637 III BGB kann der Auftraggeber vom Architekten einen Vorschuss auf die Mängelbeseitigungskosten verlangen.

c) Das Rücktrittsrecht
aa) Voraussetzungen

Der Auftraggeber kann unter den Voraussetzungen der §§ 634 Nr. 3, 323 I, 636 BGB **163** von dem Vertrag zurücktreten. Das Rücktrittsrecht besteht nicht bei geringfügigen Mängeln des Architektenvertrags (§ 323 V 2 BGB). Es entfällt, wenn der Mangel des Architektenvertrags allein oder überwiegend vom Auftraggeber zu vertreten ist (§ 323 VI BGB), etwa weil die fehlerhafte Planung auf unvollständigen oder unzutreffenden Angaben des Auftraggebers beruht.

Der Auftraggeber hat dem Architekten nach §§ 634 Nr. 3, 323 I BGB eine Frist zur **164** Nacherfüllung zu setzen. Die Fristsetzung ist entbehrlich, wenn der Unternehmer die Nacherfüllung ernsthaft und endgültig oder wegen Unverhältnismäßigkeit der Nachbesserung nach § 635 III BGB verweigert, die Nacherfüllung fehlgeschlagen oder für den Auftraggeber unzumutbar ist (§§ 636, 323 II BGB).

bb) Rechtsfolgen

Der vom Auftraggeber erklärte Rücktritt führt zum Erlöschen der Leistungspflichten **165** aus dem Architektenvertrag und zur Rückabwicklung des Vertragsverhältnisses nach § 346 BGB. Die beiderseitigen Leistungen sind zurückzugewähren.

Eine Rückgewähr der vom Architekten erbrachten Leistungen kommt nur in Betracht, wenn das Bauwerk noch nicht errichtet worden ist. Der Auftraggeber hat dem **166** Architekten die erstellte Planung herauszugeben. Der Architekt verliert seinen Anspruch auf das vereinbarte Honorar; bereits erfolgte Zahlungen sind zu erstatten.

Ist die Planung schon im Bauwerk umgesetzt, scheidet eine Rückgewähr der Architektenleistung aus. Der Auftraggeber hat für die bisher erbrachten Leistungen des **167** Architekten nach § 346 II Nr. 1 BGB eine Nutzungsentschädigung zu zahlen, wenn er diese verwertet hat. Die Höhe bemisst sich nach den Mindestsätzen der HOAI, ist aber im Hinblick auf Mängel gemäß § 638 BGB zu mindern.[263] Der Sache nach führt dies dazu, dass die Vergütung des Architekten im Falle des Rücktritts gemindert wird.

d) Die Minderung
aa) Voraussetzungen

Statt des Rücktritts kann der Auftraggeber den Vergütungsanspruch mindern, wenn **168** die Architektenleistung Mängel aufweist (§§ 634 Nr. 3, 638 BGB). Das Recht zur Minderung besteht auch, wenn die Mängel nur geringfügig sind (§ 638 I 2 BGB). Hat der Architekt Einzelleistungen nicht oder nicht ordnungsgemäß erbracht, kann der Auftraggeber die Vergütung mindern, wenn die einzelnen Leistungsschritte als Teilerfolge vereinbart worden sind.[264] Ebenso wie beim Rücktritt hat der Auftraggeber

---

[262] *BGH* NJW-RR 1990, 728; NJW-RR 1994, 148; NJW-RR 2001, 383.
[263] *BGH* NJW 2011, 3085; BGHZ 178, 355 = NJW 2009, 1068; *Werner/Pastor*, Rn. 2190.
[264] BGHZ 159, 376 = NJW 2004, 2588; *BGH* NJW-RR 2005, 318.

dem Architekten eine Frist zur Nacherfüllung zu setzen, wenn diese nicht ausnahmsweise entbehrlich ist (vgl. § 636 BGB).

bb) Rechtsfolgen

169 Die vom Auftraggeber erklärte Minderung hat zur Folge, dass das Architektenhonorar gemäß § 638 III 1 BGB herabzusetzen ist. Bei der Berechnung ist die vereinbarte Vergütung entsprechend dem Verhältnis des Werts der mangelfreien Architektenleistung zu dem Wert der mangelhaften Architektenleistung herabzusetzen.

Der Wert der mangelfreien Architektenleistung ist in der Regel mit dem vereinbarten Honorar anzusetzen. Maßgeblicher Zeitpunkt für die Berechnung der mangelhaften Architektenleistung ist der Vertragsschluss (§ 638 III 1 BGB). Ist die vom Architekten erbrachte Planungsleistung völlig unbrauchbar, ist das Honorar auf Null zu reduzieren.[265]

Die Minderung kann auch nach den zur Beseitigung der Mängel des Architektenwerks erforderlichen Kosten berechnet werden, die von den die Mängel des Bauwerks betreffenden Mängelbeseitigungskosten zu unterscheiden sind.[266] Die Minderung kann gemäß § 638 III 2 BGB, soweit erforderlich, auch durch Schätzung ermittelt werden.

e) Der Anspruch auf Schadensersatz
aa) Voraussetzungen

170 Der Anspruch des Auftraggebers auf Schadensersatz (§§ 634 Nr. 4, 636 BGB) setzt neben einem Mangel des Architektenwerks voraus, dass der Architekt die Pflichtverletzung zu vertreten hat (§§ 280, 281 BGB). Der Architekt hat für das Verhalten eines gewissenhaften und sorgfältigen Angehörigen des Berufsstandes einzustehen. Er hat sich über die maßgeblichen technischen und rechtlichen Vorgaben zu informieren.[267] Für die Frage, ob der Architekt schuldhaft gehandelt hat, kommt es auf den Zeitpunkt der Leistungserbringung an.

171 Der Architekt hat für das Verschulden seiner Erfüllungsgehilfen einzustehen (§ 278 BGB). Sonderfachleute sind nur dann Erfüllungsgehilfen, wenn der Architekt sie im eigenen Namen beauftragt hat und die Erbringung der Fachplanung zu seinen vertraglich übernommenen Pflichten gehört.[268] Der Architekt haftet in diesem Fall nur für die Verletzung einer eigenen Pflicht, etwa für unzureichende Vorgaben[269] oder eine fehlerhafte Auswahl und Überprüfung des Fachplaners.[270]

Beauftragt der Architekt den Fachplaner im Namen des Auftraggebers, hat er nur für eigenes Verschulden bei der Auswahl und Überprüfung des Sonderfachmanns einzustehen.[271] Wenn der Auftraggeber ohne Einschaltung des Architekten selbst einen Sonderplaner beauftragt, besteht eine Haftung des Architekten nur, wenn er für ihn erkennbar fehlerhafte Pläne oder Gutachten übernimmt und seiner Planung zugrunde legt.[272]

172 Für die Beweislastverteilung gilt, dass der Auftraggeber den objektiven Mangel des Architektenwerks, die objektive Pflichtverletzung und die Kausalität der Pflichtverletzung für den Mangel darzulegen und zu beweisen hat. Für den Nachweis der

---

[265] *BGH* NJW 1965, 152.
[266] *Locher/Koeble/Frik*, Einl. Rn. 153; *Löffelmann/Fleischmann*, Rn. 841; *Werner/Pastor*, Rn. 2197.
[267] *OLG Zweibrücken* NJW-RR 1998, 1097 (schwierige Rechtsfragen).
[268] *BGH* NJW 1997, 2173.
[269] BGHZ 147, 1 = NJW 2001, 1276; *OLG Köln* NJW-RR 1994, 1110.
[270] BGHZ 147, 1 = NJW 2001, 1276.
[271] BGHZ 147, 1 = NJW 2001, 1276; *BGH* NJW 1997, 2173; *OLG Köln* NJW-RR 1998, 1476.
[272] *OLG Köln* NJW-RR 1992, 1500; NJW-RR 1998, 1476.

Kausalität bestehen für den Auftraggeber Beweiserleichterungen nach den Grundsätzen des Anscheinsbeweises.[273] Der Architekt muss darlegen und beweisen, dass ihn hinsichtlich der bestehenden Mängel kein Verschulden trifft (§ 280 I 2 BGB).

Der Anspruch auf Schadensersatz statt der Leistung setzt nach § 281 I 1 BGB voraus, **173** dass der Auftraggeber dem Architekten eine angemessene Frist zur Leistung oder Nacherfüllung gesetzt hat. Ausnahmen bestehen nach §§ 281 II, 636 BGB.

Dem Fehlschlagen der Nachbesserung ist der Fall gleichzusetzen, dass die Nachbesserung unmöglich ist. Die Nachbesserung ist regelmäßig unmöglich, wenn sich der Mangel der Planung bereits im Bauwerk realisiert hat. Eine Fristsetzung ist auch dann nicht erforderlich, wenn der Mangel und damit der Schaden durch eine Nachbesserung nicht hätten verhindert werden können.[274]

Der Auftraggeber ist nicht gehalten, bei der Abnahme einen Vorbehalt wegen des ihm **174** zustehenden Schadensersatzanspruchs zu erklären, um sich diesen Anspruch zu erhalten (§ 640 II BGB).

bb) Rechtsfolgen

Die durch das Schuldrechtsmodernisierungsgesetz geschaffene Rechtslage unterschei- **175** det nicht mehr zwischen Mangelschaden und Mangelfolgeschaden. Eine unterschiedliche Behandlung dieser Schadenspositionen ist daher nicht geboten.

Der zu ersetzende Schaden umfasst u. a. die Kosten der Nachbesserung von Pla- **176** nungsleistungen,[275] Kosten der Mängelbeseitigung am Bauwerk,[276] einschließlich der Kosten der Beseitigung von Schäden am sonstigen Eigentum des Auftraggebers, die im Zuge der Nachbesserungsarbeiten zwangsläufig entstehen,[277] Kosten von Sachverständigengutachten zur Feststellung der Schadenshöhe,[278] ein nach Beseitigung der Mängel verbleibender merkantiler Minderwert des Bauwerks,[279] im Zusammenhang mit der Nachbesserung entstehende zusätzliche Kosten für Bauüberwachungstätigkeit, Finanzierungskosten[280], den entgangenen Gewinn,[281] Schäden an persönlichen Rechtsgütern des Auftraggebers, die auf ein mangelbehaftetes Architektenwerk zurückzuführen sind, Kosten für die Beseitigung von Sachschäden außerhalb der baulichen Anlage,[282] Ersatzansprüche, die vor Abnahme entstanden sind,[283] sowie Freistellungsansprüche Dritter.[284]

Nicht unter § 281 BGB fallen Ansprüche wegen Verzögerungen der Leistung, Er- **177** satzansprüche, die auf einer sonstigen Nebenpflichtverletzung beruhen, und Schadensersatzansprüche Dritter.

Der Auftraggeber hat im Rahmen des § 281 BGB ein Wahlrecht. Er kann die gesamte **178** Leistung ablehnen und Ersatz des ihm durch den Mangel insgesamt entstandenen Schadens verlangen („großer" Schadensersatz). Die Architektenvergütung ist in die-

---

[273] *Werner/Pastor,* Rn. 2084.
[274] *BGH* NJW 2000, 2025; NJW-RR 2008, 260.
[275] BGHZ 37, 341 = NJW 1962, 1764.
[276] BGHZ 72, 257 = NJW 1979, 214.
[277] BGHZ 72, 31 = NJW 1978, 1626.
[278] BGHZ 54, 352 = NJW 1971, 99; *BGH* NJW 2002, 141.
[279] BGHZ 58, 225 = NJW 1972, 901.
[280] BGHZ 46, 238 = NJW 1967, 340.
[281] BGHZ 54, 352 = NJW 1971, 99; BGHZ 58, 225 = NJW 1972, 901; *BGH* NJW 2003, 3766; NJW-RR 1991, 523.
[282] BGHZ 115, 32 = NJW 1991, 2418 (Einbruchschaden).
[283] *BGH* NJW 1969, 838.
[284] *BGH* NJW 1994, 856; NJW-RR 2003, 1285; *OLG Celle* BauR 2007, 720.

sem Fall zurückzuerstatten. Zu beachten ist, dass die Zurückweisung der erbrachten Leistung nach § 281 I 3 BGB nur in Betracht kommt, wenn die Pflichtverletzung des Architekten nicht unerheblich ist.

Das Verlangen nach großem Schadensersatz stößt in der Abwicklung auf Schwierigkeiten, da die erbrachte Leistung zu bewerten ist. Im Vordergrund steht deshalb der Anspruch des Auftraggebers auf „kleinen" Schadensersatz, der nicht zu einer Rückabwicklung des Vertrages führt, sondern auf Ersatz des durch den Mangel entstandenen Schadens gerichtet ist.

179 Der Auftraggeber ist gemäß § 249 BGB so zu stellen, wie er ohne das zum Schaden führende Ereignis stehen würde. Wird der Schaden auf diese Weise ausgeglichen, behält der Architekt seinen Honoraranspruch.[285] Die Kosten der Beseitigung der Mängel sind grundsätzlich unabhängig davon zu ersetzen, ob der Auftraggeber die Mängel beseitigen lässt oder nicht.[286] Ein Vorschussanspruch besteht nicht.[287]

180 Nicht erstattungsfähig sind die Kosten, die auch dann angefallen wären, wenn der Architekt von vornherein eine mangelfreie Planung erbracht hätte (sog. „Sowieso-Kosten").[288] Ein Schadensersatzanspruch ist ferner insoweit ausgeschlossen, als der Auftraggeber infolge des Mangels nicht zur Zahlung des Honorars verpflichtet ist.[289]

181 Der Auftraggeber hat sich als Vorteil im Wege der Vorteilsanrechnung anrechnen zu lassen, wenn er wegen der Mängel von seinem Auftraggeber wegen Verjährung des Schadensersatzanspruchs nicht in Anspruch genommen werden kann.[290] Eine Vorteilsanrechnung kommt auch in Betracht, wenn der Auftraggeber aufgrund eines Vergleichs mit seinem Auftraggeber nur in geringerem Umfang zum Schadensersatz verpflichtet ist. Hierzu ist eine Abwägung der jeweiligen Interessen des Auftraggebers und des Architekten erforderlich.[291]

Anzurechnen sind im Wege des Vorteilsausgleichs außerdem etwaige Wertverbesserungen[292] sowie die Vorteile, die der Auftraggeber durch die steuerliche Absetzbarkeit der Herstellungskosten erlangt.[293]

Kann der Schaden am Bauwerk nicht beseitigt werden, schuldet der Architekt Ersatz des Minderwerts.[294] Ist die vom Architekten erbrachte Planungsleistung vollständig unbrauchbar, kann der Auftraggeber als Mindestschaden die Rückzahlung des bereits gezahlten Architektenhonorars oder die Befreiung von dieser Verbindlichkeit verlangen.[295]

182 Diese Grundsätze gelten auch für Schadensersatzansprüche wegen einer Pflichtverletzung des Architekten bei der Wahrnehmung der wirtschaftlichen Interessen des Auftraggebers. Bei einer Bausummenüberschreitung besteht der Schaden des Auftraggebers in Höhe der Mehraufwendungen, die über der angenommenen Toleranzgrenze liegen.[296]

---

[285] *BGH* NJW 1982, 1387.
[286] *BGH* NJW 2007, 2695; NJW-RR 2005, 1039; BGHZ 99, 81 = NJW 1987, 645; *OLG Koblenz* NJW-RR 1995, 655.
[287] BGHZ 61, 28 = NJW 1973, 1457.
[288] *BGH* NJW 1989, 717; NJW-RR 1990, 728; NJW-RR 2003, 1239.
[289] *BGH* NJW 1996, 2370.
[290] BGHZ 173, 83 = NJW 2007, 2695.
[291] *BGH* NJW 2007, 2697.
[292] *Werner/Pastor*, Rn. 2949.
[293] *BGH* NJW-RR 2005, 318, auch zur Darlegungslast.
[294] *BGH* NJW-RR 1995, 591; *OLG Celle* NJW-RR 1991, 1175.
[295] BGHZ 70, 240 = NJW 1978, 814.
[296] *BGH* NJW 1994, 856; *OLG Köln* NJW-RR 1993, 986.

Erstattungsfähig sind daneben die Kosten eines notwendigen Zusatzkredits, den der **183** Auftraggeber zur Finanzierung der Mehraufwendungen aufnehmen musste.[297] Im Rahmen der Vorteilsausgleichung sind die konkreten Vorteile[298] oder ein höherer Verkehrswert des Bauwerks auf den Schaden anzurechnen.[299]

Für die Berechnung des Mehrwerts ist bei gewerblichen Grundstücken auf den Ertragswert des Gebäudes, bei eigengenutzten Grundstücken auf den Sachwert abzustellen, wie er sich im Zeitpunkt der letzten mündlichen Verhandlung darstellt.[300] Zweifelhaft ist, ob der Auftraggeber dem Einwand der Vorteilsausgleichung mit dem Hinweis darauf entgegentreten kann, der Vorteil sei ihm aufgedrängt worden.[301]

Der Auftraggeber trägt für den Umfang des entstandenen Schadens die Beweislast. **184** Das Gericht kann den Schaden schätzen, wenn die Voraussetzungen des § 287 ZPO vorliegen. Der Architekt trägt die Beweislast dafür, dass sich der Auftraggeber Vorteile im Wege der Vorteilsausgleichung auf den Schadensersatzanspruch anrechnen lassen muss.

4. Haftungsbeschränkungen

a) Gesetzliche Haftungsbeschränkungen
aa) Schadensminderungspflicht

Den Auftraggeber trifft bei der Behebung des Schadens die Pflicht, den Schaden **185** möglichst gering zu halten (§ 254 BGB). Diese Verpflichtung besteht nicht nur bei Schadensersatzansprüchen nach §§ 280, 281 BGB, sondern auch bei Ansprüchen auf Selbstvornahme (§ 637 BGB).[302] Für das Verschulden seiner Erfüllungsgehilfen hat der Auftraggeber nach § 278 BGB einzustehen (§ 254 II 2 BGB).

Eine besondere Ausgestaltung der Schadensminderungspflicht stellt das von der Rechtsprechung entwickelte Nachbesserungsrecht des Architekten dar.[303] Dem Auftraggeber kann ein Verstoß gegen die Schadensminderungspflicht zur Last fallen, wenn er es unterlässt, dem Architekten auf dessen Verlangen hin die Beseitigung der von ihm zu vertretenden Mängel zu überlassen. Das gilt im Grundsatz auch bei vorzeitiger Beendigung des Architektenvertrages.[304]

bb) Unverhältnismäßigkeit des Kostenaufwands

Ein Anspruch auf Ersatz der zur Beseitigung der Mängel erforderlichen Kosten **186** besteht nicht, wenn die Beseitigung einen unverhältnismäßigen Aufwand erfordert (§§ 635 III, 251 II 1 BGB). Hierzu ist im Einzelfall das Interesse des Auftraggebers an einem mangelfreien Werk gegenüber dem für die Beseitigung erforderlichen Aufwand abzuwägen. Entscheidend ist nicht das Interesse des Auftraggebers an der Beseitigung der Mängel des Bauwerks, sondern des Architektenwerks.[305] Für die Frage der Unverhältnismäßigkeit kommt es dabei nicht auf das Verhältnis der Mängelbeseitigungskosten zu der vom Auftraggeber geschuldeten Gesamtvergütung an.

---

[297] *BGH* NJW 1994, 856; *OLG Köln* NJW-RR 1994, 981.
[298] *BGH* NJW 1996, 2370; NJW 1994, 856.
[299] *BGH* NJW 1994, 856; *OLG Köln* NJW-RR 1993, 986; NJW-RR 1994, 981; zu Ausnahmen vgl. *OLG Hamm* NJW-RR 1994, 211.
[300] *BGH* NJW-RR 1997, 402; *OLG Köln* NJW-RR 1993, 986; *OLG Hamm* NJW-RR 1994, 211.
[301] Vgl. dazu *Werner/Pastor,* Rn. 3057 ff.
[302] *Werner/Pastor,* Rn. 2113.
[303] BGHZ 43, 227 = NJW 1965, 1175; *BGH* NJW-RR 1996, 1044; *OLG Hamm* NJW-RR 1995, 724; 1996, 1233.
[304] *BGH* NJW 1988, 140; NJW-RR 2001, 383; *OLG Düsseldorf* NZBau 2002, 686.
[305] *BGH* NJW 2002, 3543.

Bei der Abwägung ist auch zu berücksichtigen, ob der Architekt den Mangel durch grob fahrlässiges Verhalten verursacht hat.[306] Ist die Beseitigung der Mängel unverhältnismäßig, steht dem Auftraggeber lediglich ein Anspruch auf Minderung der vereinbarten Vergütung zu.[307]

b) Vertragliche Haftungsbeschränkungen
aa) Allgemeines

187   Die Haftung des Architekten kann im Architektenvertrag durch individuelle Abreden beschränkt sein. Ihre Wirksamkeit ist anhand des § 138 BGB zu überprüfen. Die Haftung für Vorsatz, arglistiges Verschweigen von Mängeln und für die Haftung aus einer übernommenen Garantie kann durch eine vertragliche Vereinbarung nicht ausgeschlossen werden (§§ 276 I 1, III, 639 BGB).

bb) Einzelne Klauseln in AGB des Architekten

188   Ein vollständiger Haftungsausschluss für Mängel unabhängig davon, ob der Architekt sie zu vertreten hat oder nicht, ist wegen Verstoßes gegen § 307 I BGB und § 639 BGB unwirksam.

189   Eine Beschränkung der Haftung des Architekten auf von ihm zu vertretende Mängel, ist nach §§ 307 II Nr. 1, 309 Nr. 8b, bb BGB nichtig. Der Architekt kann die verschuldensunabhängigen Rechte des Auftraggebers bei mangelhafter Leistung nicht in eigenen Allgemeinen Geschäftsbedingungen abbedingen.

190   Ein Haftungsausschluss für leichte Fahrlässigkeit, der nicht unter das Klauselverbot nach § 309 Nr. 7b BGB fällt, dürfte unzulässig sein, wenn der Architekt entweder überhaupt keine Haftpflichtversicherung abgeschlossen hat oder die vereinbarte Deckungssumme so niedrig ist, dass der Auftraggeber praktisch schutzlos gestellt ist.

191   Eine Klausel, die in Abweichung von § 280 I 2 BGB dem Auftraggeber die Beweislast für das Verschulden des Architekten auferlegt, ist gemäß § 309 Nr. 12a BGB unwirksam.

192   Eine Klausel, nach der der Architekt nur für Schäden am Bauwerk oder auch sonst nur für den unmittelbaren Schaden haftet, ist gemäß § 309 Nr. 7b BGB unwirksam.

193   Unzulässig ist ferner eine Klausel, die den Auftraggeber bei Pflichtverletzungen des Architekten im Rahmen der Objektüberwachung verpflichtet, zunächst den Bauunternehmer in Anspruch zu nehmen. Dies gilt auch für das Erfordernis einer vorherigen außergerichtlichen Inanspruchnahme des Unternehmers.[308]

194   Eine zeitliche Begrenzung der Einstandspflicht, die von der gesetzlichen Regelung abweicht, ist ebenfalls unwirksam.

195   Nicht zu beanstanden ist dagegen eine Klausel, die dem Architekten ein Recht zur Nachbesserung entsprechend den von der Rechtsprechung entwickelten Vorgaben einräumt.[309]

---

[306] *BGH* NJW-RR 2002, 661; BGHZ 154, 301 = NJW-RR 2003, 1021.
[307] Zur Bemessung: *OLG München* OLGR 1992, 133.
[308] BGHZ 150, 226 = NJW 2002, 2470 (Bauträger).
[309] *OLG Hamm* NJW-RR 1992, 467; *Werner/Pastor,* Rn. 2711.

5. Die Verjährung der Mängelansprüche

a) Die Verjährungsfristen
aa) Grundsatz

Die Ansprüche des Auftraggebers auf Nacherfüllung, Selbstvornahme und Schadensersatz verjähren bei Planung und Überwachung der Errichtung eines Bauwerks nach § 634a I Nr. 2 BGB in fünf Jahren. Das gilt sowohl für den Vollarchitektenvertrag als auch den Teilarchitektenvertrag, der auf die Planung oder die Objektüberwachung beschränkt ist.   **196**

Zweifelhaft ist, was unter Ansprüchen bei einem Bauwerk i. S. des § 634a BGB zu verstehen ist. Unter Heranziehung der bisherigen Rechtsprechung dürften dazu neben Werkverträgen über die Errichtung eines Gebäudes auch Verträge über die Erbringung von Bauleistungen an einem Gebäude gehören, die für die Erneuerung oder den Bestand des Gebäudes von Bedeutung sind. Ob sämtliche Arbeiten an einem Gebäude erfasst werden, ist bislang höchstrichterlich nicht geklärt.

Die Rechte des Auftraggebers auf Minderung und Rücktritt unterliegen als Gestaltungsrechte nicht der Verjährung. Der Auftraggeber kann jedoch nicht wirksam vom Vertrag zurücktreten oder die Vergütung mindern, wenn sein Nacherfüllungsanspruch verjährt ist und der Architekt die Einrede der Verjährung erhebt (§§ 634a IV, V, 218 BGB). Dem Auftraggeber steht in diesem Fall gegenüber dem Vergütungsanspruch ein Leistungsverweigerungsrecht zu (§ 634a IV 2, V BGB). Zur Ausübung dieses Leistungsverweigerungsrechts ist es nicht erforderlich, dass der Auftraggeber dem Architekten seinen Anspruch innerhalb der Verjährungsfrist angezeigt hat.   **197**

bb) Besondere Verjährungsfristen

(1) Verjährung bei arglistigem Verhalten   **198**

Hat der Architekt den Mangel des Architektenwerks arglistig verschwiegen[310], verjähren Mängelansprüche des Auftraggebers in der Regelfrist des § 199 BGB (§ 634a II 1 BGB). Im Unterschied zur werkvertragsrechtlichen Verjährung beträgt die Frist lediglich drei Jahre. Sie beginnt erst zu laufen, nachdem der Auftraggeber von dem Anspruch und den ihn begründenden Umständen sowie der Person des Schuldners Kenntnis erlangt hat. Um eine Benachteiligung des Auftraggebers zu vermeiden, sieht § 634a III 2 BGB vor, dass diese Frist für Ansprüche wegen Mängeln eines Bauwerks nicht vor Ablauf der hierfür bestimmten Frist endet. Die Grundsätze zum Organisationsverschulden finden auch beim Architektenvertrag Anwendung, wenn der Architekt die Herbeiführung des geschuldeten Erfolgs arbeitsteilig organisiert hat.[311]

(2) Vertragliche Veränderungen der gesetzlichen Frist   **199**

Eine Verlängerung oder Abkürzung der gesetzlichen Fristen des § 634a I BGB ist in Individualverträgen im Rahmen des § 202 BGB zulässig. In vom Architekten gestellten AGB ist eine Verkürzung der fünf- oder zweijährigen Verjährungsfrist nach § 309 Nr. 8b, ff BGB unwirksam.

Eine Klausel in AGB, nach der die Verjährung mit der Abnahme des Bauwerks und nicht mit der Abnahme des geistigen Architektenwerks beginnen soll, ist ebenfalls unwirksam.[312]

---

[310] Hierzu *BGH* NJW-RR 2010, 1604.
[311] Vgl. BGHZ 179, 55 = NJW 2009, 582; BGHZ 169, 255 = NJW 2007, 366; *BGH* NJW 2005, 893; *Korbion/Mantscheff/Vygen/Wirth,* Einf. Rn. 335; *Locher/Koeble/Frik,* Einl. Rn. 211; *Werner/Pastor,* Rn. 2800; anders für Tragwerksplaner und andere Sonderfachleute: vgl. *BGH* NJW 2011, 3086.
[312] *BGH* NJW 1992, 2759.

b) Beginn der Verjährungsfrist

aa) Grundsatz

200   Die Verjährungsfrist beginnt **mit** der Abnahme des Architektenwerks zu laufen (§ 634a
      II BGB).[313] Bei einem Vollarchitektenvertrag, der neben der Planung des Bauwerks die
      Bauüberwachung einschließlich Objektbetreuung und Dokumentation entsprechend
      der Leistungsphase 9 des § 33 Nr. 9 HOAI umfasst, ist die Abnahme sämtlicher
      geschuldeter Leistungen erforderlich.[314] Der Architekt, dem die Objektbetreuung
      übertragen worden ist, ist verpflichtet, für die Beseitigung der während der Gewähr-
      leistungsfristen auftretenden Mängel Sorge zu tragen und nach Ablauf der Frist eine
      Abschlussbegehung vorzunehmen. Bei fehlender Abnahme beginnt die Verjährungs-
      frist, wenn feststeht, dass der Architektenvertrag nicht mehr erfüllt werden wird. Dies
      ist der Fall, wenn die Gewährleistungsfristen der Bauhandwerker verstrichen sind,
      deren Mängelbeseitigungsarbeiten der Architekt hätte überwachen müssen.[315]

      Der Architekt kann dem Umstand, dass die Abnahme weit hinausgeschoben ist, dadurch
      begegnen, dass er mit dem Auftraggeber vertraglich vereinbart, dass die bis zur Leistungsphase 8
      erbrachten Leistungen vorab abzunehmen sind. Eine solche Vereinbarung kann auch in AGB
      des Architekten getroffen werden.[316]

bb) Ausnahmen

201   Fehlt es an der Abnahme des Architektenwerks, beginnen die Verjährungsfristen
      nicht zu laufen. Die Verjährungsfrist beginnt ausnahmsweise ohne Abnahme zu
      laufen, wenn der Auftraggeber die Abnahme des Architektenwerks ernsthaft und
      endgültig verweigert.

      Verlangt der Auftraggeber eine Nachbesserung des Architektenwerks, ist in der Regel
      davon auszugehen, dass die Verjährung nach § 203 BGB gehemmt ist. Die Verjäh-
      rungsfrist beginnt frühestens mit dem Ende der Nachbesserungsarbeiten oder mit der
      Erklärung des Architekten wieder zu laufen, dass er die Nachbesserung ablehne.
      Dem steht es gleich, wenn der Architekt von seinem Nachbesserungsrecht Gebrauch
      macht. Die Verjährungsfrist beginnt in diesem Fall erst wieder zu laufen, wenn der
      Auftraggeber die Nachbesserungsarbeiten abnimmt oder diese ablehnt.

      Sofern dem Auftraggeber Mängelrechte gegenüber dem Architekten zustehen können, hat dieser
      den Auftraggeber darauf hinzuweisen (§ 241 II BGB). Unterlässt er dies, haftet er dem Auftrag-
      geber nach § 280 BGB auf Schadensersatz, der darauf gerichtet ist, dass der Auftraggeber so zu
      stellen ist, als wäre die Verjährungsfrist nicht in Lauf gesetzt.[317] Ein ordnungsgemäß erteilter
      Hinweis setzt demgegenüber die Regelverjährung des § 199 BGB in Lauf.

6. Zurückbehaltungsrecht und Aufrechnung

a) Das Zurückbehaltungsrecht

aa) Zurückbehaltungsrecht des Architekten

202   Der Architekt kann sich gegenüber dem Nachbesserungsanspruch des Auftraggebers
      nicht auf ein Zurückbehaltungsrecht wegen der ihm zustehenden Vergütung berufen.

---

[313] Vgl. BGHZ 72, 257 = NJW 1979, 214; *BGH* NJW 1992, 2759; *OLG Düsseldorf* NJW-RR
2000, 1262; zu abweichenden Vereinbarungen: *BGH* NJW-RR 2004, 954.
[314] BGHZ 125, 111 = NJW 1994, 1276; *BGH* NJW-RR 2000, 1468; NJW 1999, 2112.
[315] *BGH* NJW 2011, 1224; NZBau 2010, 768; *OLG Brandenburg* NJW 2012, 2594; *OLG
München* NJW 2012, 3188.
[316] *BGH* BauR 2001, 1928.
[317] Vgl. BGHZ 71, 144 = NJW 1978, 1311; BGHZ 92, 251 = NJW 1985, 328; *BGH* NJW
2009, 3360; NJW 2002, 288; *OLG Düsseldorf* NZBau 2001, 449.

Der Anspruch auf Zahlung von Architektenhonorar setzt voraus, dass die Leistung des Architekten vertragsgemäß erbracht worden ist (§ 15 I HOAI).

Davon abweichende Vereinbarungen in AGB des Architekten sind nach § 309 Nr. 8b, dd BGB unwirksam.

bb) Zurückbehaltungsrecht des Auftraggebers

Der Auftraggeber kann gegenüber dem Honoraranspruch des Architekten die Ein-   203
rede des nicht erfüllten Vertrags erheben, wenn der Architekt die Leistung noch nicht vollständig oder nicht vertragsgemäß erbracht hat (§ 320 I BGB). Die Höhe des zurückzubehaltenden Betrags richtet sich nach dem Beseitigungsaufwand zuzüglich eines Druckzuschlags (§ 320 II BGB).[318]

Das sich aus § 320 BGB ergebende Zurückbehaltungsrecht des Auftraggebers kann in AGB des Architekten nicht wirksam ausgeschlossen werden (§ 309 Nr. 2a BGB).[319] Eine Klausel, mit der der Architekt ein Zurückbehaltungsrecht des Auftraggebers davon abhängig machen will, dass er die Mängel anerkannt hat, ist ebenfalls unwirksam (§ 309 Nr. 2b BGB).[320]

Ist der Nachbesserungsanspruch verjährt, kann der Auftraggeber das Zurückbehal-   204
tungsrecht dennoch ausüben, wenn der Anspruch zu dem Zeitpunkt noch nicht verjährt war, in dem die Leistung verweigert werden konnte (§ 215 BGB). Eine Geltendmachung des Nachbesserungsanspruchs zu diesem Zeitpunkt ist nicht erforderlich.

Eine davon abweichende Vereinbarung in AGB des Architekten ist unwirksam.[321]

b) Die Aufrechnung

Der Architekt kann gegenüber dem auf Geld gerichteten Schadensersatzanspruch des   205
Auftraggebers mit seinem fälligen Vergütungsanspruch aufrechnen.

Die Möglichkeit des Auftraggebers, im Prozess über die Vergütungsforderung des Architekten mit einer Schadensersatzforderung aufzurechnen, kann durch AGB des Architekten nicht ausgeschlossen werden, wenn sie den Auftraggeber in einem Abrechnungsverhältnis zwingen würde, eine unvollständige oder mangelhafte Leistung zu vergüten.[322]

Der Auftraggeber kann sich bei Wirksamkeit des Aufrechnungsverbots wegen seiner Gegenforderung nicht auf ein Leistungsverweigerungsrecht berufen. Er muss seinen Anspruch im Prozess in diesem Fall mit der Widerklage geltend machen.

Unzulässig ist ein formularmäßiges Aufrechnungsverbot gegenüber unbestrittenen oder rechtskräftig festgestellten Forderungen des Auftraggebers oder wenn über die Forderung ohne weitere Beweisaufnahme entschieden werden kann.[323] Ein vertraglich vereinbartes Aufrechnungsverbot ist nicht anwendbar bei Insolvenz[324] oder Vermögensverfall einer Partei.[325] Ferner greift ein Aufrechnungsverbot nicht gegenüber einer vom Auftraggeber zu Recht geltend gemachten Minderung.[326]

---

[318] *BGH* NJW 1992, 1632.
[319] *BGH* NJW-RR 2005, 919; BGHZ 92, 312 = NJW 1985, 319.
[320] *BGH* NJW 1992, 1260; *Werner/Pastor*, Rn. 3009.
[321] *BGH* NJW-RR 2005, 247.
[322] *BGH* NJW 2011, 1729; BGHZ 163, 274 = NJW 2005, 2771; vgl. zu individualvertraglichen und gesetzlichen Aufrechnungsverboten *Kessen*, BauR 2005, 1691.
[323] Vgl. zu letzterem *OLG Düsseldorf* NJW-RR 1999, 244 .
[324] *BGH* NJW 1975, 442; vgl. auch *BGH* NJW-RR 2007, 1467; BGHZ 163, 274 = NJW 2005, 2771.
[325] *BGH* BauR 1980, 277.
[326] *BGH* BauR 1976, 285.

206 Ein zwischen den Parteien vereinbartes Aufrechnungsverbot findet grundsätzlich auch Anwendung, wenn sich der Auftraggeber gegenüber der Vergütungsforderung des Architekten auf einen Schadensersatzanspruch statt der Leistung in Form des großen Schadensersatzes beruft. Eine Verrechnung dieser Ansprüche findet nicht statt. Der Auftraggeber kann dem Architekten seinen Schadensersatzanspruch nur im Wege der Aufrechnung entgegenhalten.[327]

7. Haftung gegenüber Dritten

a) Auskunftsvertrag

207 Dritten können Schadensersatzansprüche gegen den Architekten aufgrund eines fehlerhaften Gutachtens des Architekten zustehen, wenn sie in den Schutzbereich des Vertrags einbezogen sind und der Personenkreis abgrenzbar ist.[328]

In Betracht kommt ferner die Haftung des Architekten wegen schuldhafter Verletzung der Pflichten aus einem Auskunftsvertrag. Mit der Erstellung von Prüfvermerken über den erreichten Bautenstand oder die Rechnungshöhe begründet der Architekt keinen Auskunftsvertrag mit dem Auftraggeber.[329] Der Architekt haftet dem Auftraggeber jedoch nach den Umständen des Einzelfalls aufgrund eines Vertrages mit Schutzwirkung zugunsten Dritter.[330]

b) Ansprüche Dritter wegen unerlaubter Handlungen

208 Dem Auftraggeber stehen gegenüber dem Architekten keine deliktischen Schadensersatzansprüche wegen der mit der Ausführung der Werkleistung notwendig verbundenen Eingriffe in sein Eigentum zu.

Vom Architekten zu vertretende Mängel oder Schäden an der von der Werkleistung betroffenen Bausubstanz stellen nicht zugleich eine Eigentumsverletzung dar.[331] Ein deliktischer Anspruch gegen den Architekten steht dem Auftraggeber neben einem vertraglichen Schadensersatzanspruch nur zu, wenn der Architekt durch seine Tätigkeit schuldhaft außerhalb des Vertrages stehende Rechtsgüter des Auftraggebers verletzt.

Der Architekt haftet aus unerlaubter Handlung auf Schadensersatz, wenn er im Rahmen seiner Tätigkeit Rechtsgüter Dritter schuldhaft verletzt. In Betracht kommen Schadensersatzansprüche des Grundstücksnachbarn oder Mieters wegen Verletzung ihres Eigentums oder Besitzrechts.[332]

IV. Prozessuale Fragen

209 Die bereits beim Bauvertrag angesprochenen Schwierigkeiten der Prozessabwicklung gelten in entsprechender Weise auch für den Architektenvertrag.

---

[327] *BGH* NJW-RR 2005, 2771; BGHZ 165, 134 = NJW 2006, 698.
[328] *BGH* NJW 1998, 1059; BGHZ 127, 378 = NJW 1995, 392.
[329] *BGH* NJW-RR 2005, 928; anders noch *OLG Hamm* NJW-RR 1987, 209; *OLG Köln* NJW-RR 1988, 335.
[330] Vgl. dazu *BGH* NJW 2002, 1196.
[331] BGHZ 162, 86 = NJW 2005, 1423.
[332] BGHZ 96, 221 = NJW 1986, 922; *BGH* NJW 1991, 562; *OLG Köln* NJW-RR 1994, 89.

1. Vorprüfung

a) Zulässigkeitsfragen
aa) Gerichtsstand

Die Zuständigkeit des angerufenen Gerichts ergibt sich nach den allgemeinen Regeln.[333] **210**

bb) Materielle Rechtskraft

Ist die Klage in einem Vorprozess als derzeit unbegründet abgewiesen worden, steht **211** die materielle Rechtskraft des klageabweisenden Urteils einer neuen Klage nicht entgegen. Ist die Honorarklage des Architekten dagegen endgültig abgewiesen worden, steht dies der erneuten Geltendmachung des Honoraranspruchs auch auf der Grundlage einer neuen Schlussrechnung entgegen.

b) Vertragsgrundlage

Zunächst ist zu prüfen, ob ein Architektenvertrag zwischen den Parteien zustande **212** gekommen ist, und ob und gegebenenfalls welche Vereinbarungen hinsichtlich des Auftragsumfangs und des Architektenhonorars getroffen worden sind. Der Architekt ist im Rahmen der Honorarklage für die Voraussetzungen des Honoraranspruchs darlegungs- und beweispflichtig.[334]

(1) Ein schriftlicher Architektenvertrag ist vorzulegen. Der Abschluss eines mündlichen Architektenvertrages ist vom Kläger darzulegen und bei Bestreiten nach Ort, Zeit und Umständen des Vertragsschlusses zu substantiieren.
(2) Im Rahmen der Beweiswürdigung zu der Frage, ob ein Vertrag konkludent geschlossen worden ist, kann als Indiz dienen, dass der Architekt mit Einverständnis des Bauherrn tätig geworden ist. Dabei ist der Vertragsschluss von einer unentgeltlichen Akquisitionstätigkeit abzugrenzen.[335]
(3) Zu prüfen ist, welche Allgemeinen Geschäftsbedingungen oder sonstigen Vertragsbestimmungen dem Vertrag zugrunde gelegt worden sind. Bei Streit über die Geltungsvereinbarung von AGB ist diejenige Vertragspartei darlegungs- und beweispflichtig, die sich auf die Vorschriften der §§ 305 ff. BGB beruft.[336] Der Verwender ist darlegungs- und beweispflichtig, wenn er sich darauf beruft, dass einzelne Klauseln individuell ausgehandelt worden sind (§ 305 I 3 BGB).[337]

c) Fälligkeit

Der klagende Architekt muss darlegen, dass er die nach dem Vertrag zu erbringenden **213** Leistungen vollständig erbracht und dem Auftraggeber eine prüffähige Schlussrechnung überreicht hat.

Zu klären ist in diesem Zusammenhang der Umfang der vom Architekten nach dem **214** Vertrag geschuldeten Leistungen.

Wenn der Auftraggeber die Fälligkeit unter Hinweis darauf in Abrede stellt, dass nicht sämtliche der geschuldeten Leistungen erbracht seien, ist es Aufgabe des Architekten, die Ausführung der Arbeiten substantiiert darzutun,[338] z.B. durch Vorlage der erstellten Planung, einer erwirkten Baugenehmigung, der erstellten Bauverträge, der Bautenstandsberichte; bei der Objektüberwachung durch Vorlage der Kostenberechnungen, Abnahmeprotokolle, Aufmaße und der sonstigen Korrespondenz.

---

[333] S. o. § 19 Rn. 33 ff.
[334] *BGH* NJW 1980, 122; NJW 2002, 2862; *OLG Düsseldorf* NZBau 2003, 442.
[335] Vgl. *OLG Celle* NZBau 2004, 683.
[336] BGHZ 118, 229 = NJW 1992, 2162; BGHZ 157, 102 = NJW 2004, 502; *Werner/Pastor*, Rn. 2689.
[337] *Löffelmann/Fleischmann*, Rn. 2084; *Werner/Pastor*, Rn. 2666.
[338] *OLG Hamm* NJW-RR 1994, 474.

215 Die Überreichung der Schlussrechnung an den Auftraggeber wird meistens un-streitig sein. Im Streitfall ist dieser Umstand vom Architekten zu beweisen.

Das Erfordernis der Vorlage einer prüffähigen Schlussrechnung gilt auch, wenn der Architektenvertrag vorzeitig beendet worden ist.[339]

216 Die Prüffähigkeit der Schlussrechnung braucht nicht mehr untersucht zu werden, wenn der Beklagte sich nicht auf diesen Einwand beruft oder wenn er mit diesem Einwand nach Treu und Glauben ausgeschlossen ist. Die Schlussrechnung ist dann in der Sache zu prüfen. Ist der Vergütungsanspruch nicht hinreichend dargelegt und bessert der Architekt auch auf Hinweis des Gerichts nicht nach, kann die Klage mangels schlüssiger Darlegung der Forderung endgültig als unbegründet abgewiesen werden.

d) Aktiv- und Passivlegitimation

217 Eine Prüfung der Frage, zwischen welchen Personen der Architektenvertrag geschlossen worden ist, ist lediglich dann erforderlich, wenn zwischen den Parteien darüber Streit besteht. Dies kann insbesondere dann der Fall sein, wenn auf Seiten des Auftraggebers oder des Architekten mehrere Personen beteiligt sind.

e) Bindung an die Schlussrechnung

218 Bei Nachforderungen, die über eine zuvor erteilte Schlussrechnung hinausgehen, ist die Frage der Bindungswirkung der Schlussrechnung zu prüfen. Der Auftraggeber muss die Voraussetzungen, aus denen sich ausnahmsweise eine Bindung des Architekten an eine früher erteilte Schlussrechnung ergibt, darlegen und beweisen.

f) Verjährung

219 Die Frage der Verjährung des Vergütungsanspruchs ist vor der sachlichen Begründetheit der Forderung zu prüfen, weil bei erfolgreicher Erhebung der Einrede der Anspruch insgesamt zurückzuweisen ist.

Nach Feststellung des Beginns der Verjährung (§ 199 BGB), die mit der Fälligkeit der Forderung zusammenfällt, bedarf es im Regelfall der Prüfung, ob die Verjährung durch rechtzeitige Klageerhebung gehemmt worden ist (§ 204 I Nr. 1 BGB).

2. Die Prüfung der Höhe des Vergütungsanspruchs

220 Die Prüfung der Höhe des verlangten Honorars erfolgt anhand der von dem Architekten vorgelegten Honorarschlussrechnung in den folgenden Abschnitten:

a) Vertraglich vereinbartes Honorar

221 Der Architekt kann Honorar für die vertraglich vereinbarten Leistungen verlangen.

Bestreitet der Auftraggeber den Umfang des erteilten Architektenauftrags in Verbindung mit der Behauptung, der Architekt habe über den Auftrag hinaus freiwillig Leistungen erbracht, so ist der Architekt für den behaupteten Umfang des Architektenauftrags darlegungs- und beweispflichtig.[340] Im Rahmen der Beweiswürdigung kann allerdings bei Kenntnis des Auftraggebers von entsprechenden Tätigkeiten des Architekten und im Hinblick auf einen unterbliebenen Widerspruch des Auftraggebers angenommen werden, dass der Architekt im Rahmen des erteilten Auftrags gehandelt hat.

---

[339] BGHZ 157 = NJW-RR 2004, 445; *BGH* NJW-RR 2000, 386; NJW-RR 1986, 1279; *Werner/Pastor*, Rn. 1162.
[340] Vgl. *Fuchs*, BauR 2006, 1978; *OLG Celle* NJW-RR 2013, 463 (auch zu den Anforderungen bei teilweiser Leistungserbringung).

Mehraufwendungen auf Grund einer besonderen Vereinbarung hat der Architekt im Einzelnen darzulegen.[341]

Der klagende Architekt braucht dagegen nicht darzulegen, dass die Honorarvereinbarung nicht gegen zwingendes Preisrecht verstößt.[342] Verlangt der Architekt ein Honorar, das über den Höchstsätzen der HOAI liegt, hat er darzulegen und zu beweisen, dass die Voraussetzungen für eine Überschreitung der Höchstsätze gegeben sind.[343] Der Auftraggeber ist darlegungs- und beweispflichtig, wenn er behauptet, es sei eine unterhalb der Mindestsätze liegende Pauschalvereinbarung getroffen worden.[344]

b) Erbrachte Leistungen

Für einen schlüssigen Klagevortrag ist es zunächst ausreichend, wenn der Architekt die Honorarschlussrechnung vorlegt und vorträgt, die in Rechnung gestellten Leistungen seien vollständig ausgeführt.   **222**

Bestreitet der Auftraggeber, dass der Architekt bestimmte Leistungspositionen erbracht hat, hat das Gericht nach Prüfung der Erheblichkeit dem Architekten aufzugeben, seinen Vortrag zu substantiieren und Beweis anzutreten.   **223**

Ausnahmsweise kann der Architekt bei vorzeitig beendetem Auftrag unter bestimmten Voraussetzungen eine Vergütung für nicht ausgeführte Leistungen verlangen. In diesem Fall hat der Architekt den Grund für die vorzeitige Beendigung des Architektenvertrags vorzutragen und seine Honorarrechnung in ausgeführte und nicht ausgeführte Leistungen zu unterteilen.   **224**

Hat der Auftraggeber den Vertrag gemäß § 649 S. 1 BGB gekündigt, behält der Architekt seinen Honoraranspruch für die nicht ausgeführten Leistungen; er muss sich jedoch ersparte Aufwendungen und einen anderweitig zu erzielenden Erwerb anrechnen lassen (§ 649 S. 2 BGB). Diese hat der Architekt konkret darzulegen.
Hat er dies in ausreichendem Umfang getan, so muss der Auftraggeber den Beweis dafür führen, dass der Architekt in höherem Umfang Aufwendungen erspart oder einen anderweitigen Erwerb, der ihm möglich gewesen wäre, nicht erzielt hat.[345] Das Gericht kann bei genügendem Sachvortrag des Architekten von der Möglichkeit einer Schätzung nach § 287 ZPO Gebrauch machen.

Umgekehrt kann das vereinbarte Architektenhonorar hinter dem vereinbarten Umfang zurückbleiben.   **225**

Hat der Architekt bei einer Kündigung aus wichtigem Grund die vorzeitige Beendigung des Auftrags zu vertreten, hat der Auftraggeber diesen Kündigungsgrund vorzutragen und gegebenenfalls zu beweisen.[346] Der Honoraranspruch des Architekten beschränkt sich auf die erbrachten Leistungen, deren Mangelfreiheit er zu beweisen hat.[347]

Der Auftraggeber hat den Einwand, dass die erbrachten Leistungen für ihn wertlos sind, zu beweisen.[348] Diesen Beweis kann er insbesondere dadurch führen, dass er nachweist, dass er einen weiteren Architekten mit der Nachholung der Planung beauftragt hat.

c) Die Berechnungsfaktoren

Eine Überprüfung der Berechnungsfaktoren findet im Grundsatz nicht statt, wenn der Auftraggeber diese nicht bestreitet.[349]   **226**

---

[341] *BGH* NJW-RR 1997, 1377.
[342] *BGH* NJW-RR 2002, 159.
[343] *OLG Köln* BauR 1986, 467.
[344] *BGH* NJW-RR 2002, 1597.
[345] BGHZ 140, 263 = NJW 1999, 1253; *BGH* NJW 1999, 2036; NJW-RR 2004, 1384; BGHZ 131, 362 = NJW 1996, 1282; *Löffelmann/Fleischmann,* Rn. 1721.
[346] *BGH* NJW-RR 1990, 1109; *Löffelmann/Fleischmann,* Rn. 1719.
[347] BGHZ 136, 33 = NJW 1997, 3017; *BGH* NJW 1993, 1972; *Löffelmann/Fleischmann,* Rn. 1718.
[348] BGHZ 136, 33 = NJW 1997, 3017; *Löffelmann/Fleischmann,* Rn. 1720.
[349] BGHZ 136, 342 = NJW 1998, 135.

Es bestehen folgende Ausnahmen:

Verlangt der Architekt ein über den Mindestsätzen liegendes Honorar, so hat das Gericht zu prüfen, ob die nach § 7 VII HOAI vorgeschriebene Schriftform eingehalten worden ist.
Bei den anrechenbaren Kosten ist vom Gericht zu überprüfen, ob die nach § 6 HOAI maßgebende Kostenermittlung zugrunde gelegt worden ist.[350]
Bei der zugrunde gelegten Honorarzone sind eklatante Fehleinschätzungen im Rahmen des § 5 HOAI i. V. m. Anlage 3 zu § 5 HOAI zu korrigieren, um eine unzulässige Überschreitung der Höchstsätze oder Unterschreitung der Mindestsätze zu vermeiden.

Eine eingehende Prüfung der Berechnungsfaktoren hat stattzufinden, wenn der Auftraggeber bestimmte Einzelpositionen substantiiert bestreitet.

Bestreitet der Auftraggeber die Höhe der anrechenbaren Kosten, muss der Architekt die maßgebenden Kostenermittlungen nach § 6 HOAI vorlegen.[351] Soweit der Auftraggeber dann einzelne Kostenpositionen bestreitet, ist der Architekt gehalten, diese durch Vorlage der Rechnungen der einzelnen Unternehmer zu belegen. Die Höhe der ortsüblichen Preise kann gegebenenfalls durch Sachverständigengutachten bewiesen werden.

d) Sachverständigengutachten

227 Aus den vorstehenden Ausführungen ergibt sich, dass dem Sachverständigen bei der Prüfung der Begründetheit des Honoraranspruchs nur eine untergeordnete Rolle zukommt.

228 Es ist sicher falsch und auch prozessual unzulässig, wenn das Gericht bei Bestreiten des Auftraggebers zur Höhe des Honorars ohne eigene Aufklärung die Einholung eines Sachverständigengutachtens anordnet.[352]

Das Gericht ist vielmehr gehalten, vorab zu klären, worin die einzelnen Streitpunkte bei der Berechnung des Honorars bestehen. Es hat die dabei auftauchenden Rechtsfragen in eigener Verantwortung zu entscheiden. Die Beweisaufnahme durch Zeugen oder Sachverständige darf lediglich dazu dienen, die tatsächlichen Voraussetzungen für die Anwendung der einschlägigen Vorschriften der HOAI festzustellen.

229 Ein Sachverständigengutachten kommt bei der Klärung bestimmter Detailfragen in Betracht:

– Bestimmung der Honorarzone gemäß § 5 HOAI unter Beachtung der Anlage 3 zu § 5 HOAI;
– Umfang der anrechenbaren Kosten einer Baukostenvereinbarung unter Einsetzung der ortsüblichen Preise nach § 6 II HOAI;
– Untersuchung von Lösungsmöglichkeiten nach grundsätzlich verschiedenen Anforderungen im Rahmen der Vorplanung (Leistungsphase 2);
– Anfertigung von Vor- und Entwurfsplanung nach grundsätzlich verschiedenen Anforderungen (§ 10 HOAI).

230 In komplizierten Fällen kann der Sachverständige ersucht werden, nach Klärung der einzelnen Streitpunkte eine ordnungsgemäße Honorarrechnung zu erstellen.

3. Die prozessuale Behandlung der Mängelansprüche

a) Vorprüfung

aa) Vertragsgrundlagen

231 Vorab ist zu klären, welche Leistungen der Architekt nach dem Inhalt des Architektenvertrags zu erbringen hat, da hiervon der Umfang der Pflichten des Architekten abhängt.

---

[350] BGHZ 139, 111 = NJW 1998, 3123; *OLG Celle* NZBau 2007, 794.
[351] *BGH* NJW-RR 2005, 318; *OLG Hamm* NJW-RR 1992, 979; *OLG Düsseldorf* NJW-RR 2000, 1550.
[352] Vgl. *OLG Stuttgart* NZBau 2005, 640.

Die Klärung erfolgt in erster Linie durch die Vorlage von Urkunden (Architektenvertrag, vorgerichtlicher Schriftwechsel), in zweiter Linie durch die Feststellung mündlicher Absprachen durch Anhörung der Parteien (§ 141 ZPO) und durch Vernehmung der von den Parteien benannten Zeugen. Im Einzelfall ist ein Rückschluss auf den Auftragsumfang auch aufgrund der Tätigkeit des Architekten möglich.[353]

Ist der Umfang der übertragenen Architektenaufgaben streitig, so muss sich das Gericht im Rahmen der Mängelprüfung klar werden, ob der von den Parteien vorgetragene unterschiedliche Auftragsumfang für die Haftungsfrage von Bedeutung ist. Teilweise wird dies erst im Zusammenhang mit der Feststellung der Mängel und deren Ursachen beantwortet werden können, z. B. ob es um Planungs- oder Aufsichtsverschulden geht. In diesen Fällen kann die Klärung des Auftragsumfangs zwar parallel mit der Haftungsfrage erfolgen, sie muss jedoch gleichzeitig mit ihr entschieden werden.

bb) Abnahme des Architektenwerks

Ob das Architektenwerk abgenommen worden ist, bedarf ebenfalls einer vorrangigen Klärung, weil von dieser Frage vor allem der Beginn der Verjährung und die Anwendung des § 640 II BGB abhängt.   **232**

Zu klären ist, ob die Architektenleistung vollendet ist, der Auftraggeber von der Vollendung Kenntnis hat und ob er die Arbeiten durch eine Erklärung oder ein nach außen zum Ausdruck gekommenes Verhalten als vertragsgemäß gebilligt hat. Dies kann im Regelfall lediglich aus den von den Parteien vorzutragenden Umständen geschlossen werden.

Soweit im Architektenvertrag die Abnahme an äußere Umstände geknüpft ist, muss das Gericht die Wirksamkeit einer solchen Absprache nach § 308 Nr. 5 BGB und § 309 Nr. 8b ff. BGB prüfen. Sieht der Vertrag eine Teilabnahme vor, ist deren Zulässigkeit ebenfalls zu überprüfen.

cc) Verjährung

Erhebt der Architekt die Einrede der Verjährung, ist vorrangig zu prüfen, ob die Einrede durchgreift, da in dem Fall ein Eingehen auf die Frage, ob die Leistung des Architekten mangelhaft ist, entbehrlich ist.   **233**

Die Klärung der Verjährungsfrage erfolgt in folgenden Teilabschnitten:

(1) Zunächst ist zu klären, ob die Parteien eine vom Gesetz (§ 634a I Nr. 2 BGB) abweichende Verjährungsfrist vereinbart haben und ob diese Vereinbarung wirksam ist.
(2) Anschließend ist zu untersuchen, wann die Verjährungsfrist zu laufen begonnen hat und ob sie bei Erhebung der Klage schon abgelaufen war (§ 204 I Nr. 1 BGB).
(3) War die Verjährungsfrist vor Erhebung der Klage bereits verstrichen, ist zu prüfen, ob die Verjährung aus anderen Gründen neu zu laufen begonnen hat.
(4) Ist der Anspruch verjährt, ist abschließend zu prüfen, ob die Erhebung der Einrede der Verjährung im Einzelfall treuwidrig ist.

dd) Art des geltend gemachten Anspruchs

Wegen der unterschiedlichen Voraussetzungen der einzelnen Mängelansprüche ist zudem zu klären, welche Art von Anspruch der Auftraggeber geltend macht (z. B. Nacherfüllung, Aufwendungsersatz nach Selbstvornahme, Minderung, Rückabwicklung nach Rücktritt, Schadensersatz) und welche der vom Architekten erbrachten Leistungen betroffen ist (technischer oder wirtschaftlicher Mangel). Von dieser Unterscheidung hängt die weitere Prüfung, insbesondere auch die Frage ab, für welche Umstände die jeweilige Partei die Darlegungs- und Beweislast trägt.   **234**

---

[353] Zu Grenzen vgl. BGHZ 173, 314 = NJW 2008, 285; *BGH* BauR 2008, 543; NJW-RR 2007, 378.

b) Prüfung von Mängeln im technischen Bereich

235 Das Vorgehen des Gerichts im Einzelnen hängt von der Art des geltend gemachten Mangels ab.

aa) Versagen der Baugenehmigung

236 Hat die Bauaufsichtsbehörde die Baugenehmigung für die vom Architekten gefertigte und vorgelegte Planung versagt, so wird dies meistens einfach festzustellen und im Regelfall zwischen den Parteien unstreitig sein.

Das Verschulden des Architekten liegt in diesen Fällen auf der Hand, da er verpflichtet ist, die öffentlichen Bauvorschriften zu kennen und seiner Planung zugrunde zu legen. Beruft sich der Architekt darauf, dass eine Genehmigung der erstellten Planung durch einen Dispens oder eine geringfügige und dem Auftraggeber zumutbare Abweichung von der Planung möglich ist, hat er dies vorzutragen und im Falle des Bestreitens zu beweisen.
Die Höhe des Schadens hat der Auftraggeber darzulegen. Das Gericht wird eine Entscheidung über die Versagung der Vergütung wegen Wertlosigkeit der Planung für den Auftraggeber auch ohne die Einschaltung eines Sachverständigen treffen können. Die Höhe der Mehrkosten, die der Auftraggeber für eine Abänderung der Planung aufwenden musste, wird im Regelfall erst nach Anhörung eines Sachverständigen geschätzt werden können.

237 Ist das Bauwerk errichtet und versagt die Bauaufsichtsbehörde mangels Baugenehmigung oder wegen planwidriger Ausführung die Abnahme und verlangt stattdessen den Abriss oder eine Änderung des Bauwerks, kann es sich empfehlen, die Bauakten beizuziehen.

Das Verschulden des Architekten, der ohne Baugenehmigung oder unter Abweichung von den genehmigten Plänen baut, liegt auf der Hand. Das Mitverschulden des Auftraggebers ist vom Architekten im Einzelnen darzulegen, z. B. dessen ausdrückliche Weisung für das Vorgehen des Architekten. Die Höhe der für die Beseitigung des baurechtswidrigen Zustandes erforderlichen Kosten kann das Gericht unter Hinzuziehung eines Sachverständigen nach § 287 ZPO schätzen.

bb) Technische Mängel des Bauwerks

238 Liegen lediglich Pläne des Architekten vor, ist das Bauwerk aber noch nicht errichtet, bedarf es der Prüfung, ob die Planung den technischen Erfordernissen entspricht. Mängel der Planung können sich daraus ergeben, dass die Erteilung einer Baugenehmigung abgelehnt worden ist. Ansonsten hat der Auftraggeber die Planungsmängel im Einzelnen gegebenenfalls unter Vorlage eines Privatgutachtens darzulegen.

Die Beweisaufnahme durch Sachverständigengutachten kann dann die Fragen betreffen,

– *ob die Planung den anerkannten Regeln der Baukunst widerspricht oder notwendig zu einem Mangel des Bauwerks führen wird;*
– *bejahendenfalls, ob die Planung durch Nachbesserung behoben werden kann und welche Kosten hierfür aufzuwenden sind.*

Ist das Bauwerk schon errichtet, ist zunächst zu klären, ob ein Mangel des Bauwerks vorliegt, welches die Ursachen des Mangels sind und wer für den Mangel einstandspflichtig ist.

239 *(1) Vorliegen eines Mangels*

Der Auftraggeber hat die Mängel im Einzelnen zu bezeichnen (z. B. Mauerrisse, Eindringen von Wasser, Lärmbelästigung durch unzureichenden Schallschutz).[354] Eine Zuordnung, inwieweit ein Planungs- oder Aufsichtsmangel vorliegt, ist zur Darlegung des Mangels nicht erforderlich. Der Auftraggeber kann hierzu auf den Inhalt eines von ihm eingeholten Sachverständigengutachtens Bezug nehmen. Dieses ist als qualifizierter Sachvortrag vom Gericht zu berücksichtigen.

---

[354] Es gilt die sog. „Symptomtheorie" vgl. BGHZ 136, 342 = NJW 1998, 135.

(2) Ursache des Mangels   240

Zu klären ist, in wessen Verantwortungsbereich der festgestellte Mangel bzw. Schaden fällt. In Betracht kommen neben dem Architekten auch Sonderfachleute und die bei der Bauausführung tätigen Bauhandwerker.

Das Gericht hat zu prüfen, ob die einzelnen Handwerker sich bei Ausführung der Arbeiten an die ihnen vorgelegten Pläne und die Leistungsbeschreibung gehalten haben oder nicht.

(3) Planungsverschulden   241

Ein Planungsverschulden des Architekten ist gegeben, wenn die von ihm entworfenen Pläne oder die den Bauhandwerkern überlassene Leistungsbeschreibung fehlerhaft oder unvollständig gewesen sind oder der Architekt auf der Baustelle fehlerhafte Anweisungen zur Ausführung der Arbeiten gegeben hat.

Zur Klärung der Frage, ob ein Planungsverschulden vorliegt, ist die Vorlage der Planungsunterlagen (einschließlich der Detailzeichnungen) notwendig. Mündliche Anweisungen des Architekten bedürfen der Aufklärung durch Anhörung des Architekten und durch Vernehmung von Zeugen. Der Auftraggeber hat die Kausalität zwischen Pflichtverletzung und Mangel des Bauwerks darzulegen, wobei zu seinen Gunsten im Einzelfall die Grundsätze des Anscheinsbeweises zur Anwendung kommen können.[355]

Anschließend ist durch Einholung eines Sachverständigengutachtens zu klären,

- *ob die vom Architekten gefertigten Pläne Fehler oder Lücken aufweisen, die zu dem Schaden an dem Bauwerk geführt haben;*
- *ob die von dem Architekten angefertigte Leistungsbeschreibung Fehler oder Lücken aufweist, die zu dem Schaden an dem Bauwerk geführt haben;*
- *ob die vom Architekten verwendeten Baustoffe für die Errichtung des Bauwerks geeignet oder aber für den eingetretenen Schaden ursächlich waren;*
- *ob der Architekt es unterlassen hat, Detailzeichnungen zu entwerfen und an die Handwerker zu übergeben und der Schaden des Bauwerks hierauf zurückzuführen ist;*
- *ob der Architekt fehlerhafte Anweisungen gegeben bzw. notwendige Anweisungen an die Handwerker unterlassen hat und der Schaden des Bauwerks darauf zurückzuführen ist;*
- *ob die Planungsunterlagen bestimmter Sonderfachleute Fehler bzw. Lücken aufweisen, die den Schaden am Bauwerk verursacht haben; bejahendenfalls ob der Architekt dies bei Anwendung der üblichen Sorgfalt hätte erkennen können.*

(4) Verschulden aufgrund fehlender oder fehlerhafter Koordination   242

Macht der Auftraggeber ein Koordinationsverschulden des Architekten geltend, hat er darzulegen und gegebenenfalls zu beweisen, welche erforderlichen Handlungen der Architekt nach dem Bauablauf nicht rechtzeitig erbracht hat.[356] Dabei ist darzulegen, welche einzelnen Handwerker bei einem bestimmten Arbeitsvorgang zusammenwirken müssen. Insoweit ist den Parteien aufzugeben, die Vertragsunterlagen nebst Leistungsbeschreibungen der Handwerker vorzulegen. Bei Unklarheiten über den Arbeitsablauf sind die beteiligten Handwerker als Zeugen zu hören.

Beweis durch Sachverständigengutachten kommt in Betracht zu den Fragen,

- *ob die Schadensursache auf einer unzureichenden Abstimmung der einzelnen Handwerkerleistungen beruht;*
- *ob diese fehlende Abstimmung auf Ausschreibungsunterlagen zurückzuführen ist, die den anerkannten Regeln der Technik widersprechen oder unklar gefasst sind;*
- *ob die fehlende Abstimmung auf das Fehlen einer nach der Praxis üblichen und notwendigen Überwachung bzw. mündlichen Einweisung der beteiligten Handwerker durch den Architekten zurückzuführen ist.*

---

[355] *BGH* NJW 2002, 2708; *Löffelmann/Fleischmann*, Rn. 696.
[356] BGHZ 143, 32 = NJW 2000, 1336; *Löffelmann/Fleischmann*, Rn. 699 ff.

243   *(5) Aufsichtsverschulden*

Ein Aufsichtsverschulden des Architekten setzt eine fehlerhafte Handwerkerleistung voraus. Der Auftraggeber genügt seiner Darlegungslast, wenn er die äußerlich erkennbaren Symptome der fehlerhaften Leistung vorträgt.[357] Zugunsten des Auftraggebers können zum Nachweis eines Aufsichtsverschuldens Beweiserleichterungen in Form des Anscheinsbeweises eingreifen.[358] Der Architekt hat dann zu seiner Entlastung vorzutragen, warum er Fehler während der Objektüberwachung nicht bemerkt hat.

Aus dem vom Architekten vorzulegenden Bautagebuch ist zu entnehmen, wann die fragliche Handwerkerleistung erbracht worden ist. Dem Architekten ist aufzugeben, sich dazu zu erklären, ob er bei der Ausführung dieser Arbeiten auf der Baustelle war, in welchen zeitlichen Abständen er die Baustelle überprüft hat und ob er unmittelbar nach Durchführung der Arbeiten diese auf ihre Korrektheit überprüft hat.

Im Hinblick auf die von der Rechtsprechung entwickelten Grundsätze ist bei streitigem Vorbringen Sachverständigenbeweis über folgende Fragen zu erheben,

– *ob die fehlerhafte Handwerkerleistung eine wichtige oder gefahrenträchtige Baumaßnahme gewesen ist;*
– *ob es bei der im Verkehr geforderten Sorgfalt üblich und notwendig ist, dass der Architekt diese Handwerkerleistung während ihrer Erbringung überwacht oder unmittelbar danach auf ihre ordnungsgemäße Erbringung untersucht;*
– *ob und wie lange nach der Erbringung der fehlerhaften Handwerkerleistung der Architekt die Fehlerhaftigkeit der Arbeitsweise noch hätte erkennen und für Abhilfe sorgen können.*

244   *(6) Schadenshöhe*

Steht die Verantwortlichkeit des Architekten fest, ist die Höhe des Schadens zu klären. Dabei ist zunächst festzustellen, ob der Auftraggeber den Schaden schon beseitigt hat oder nicht. Ist der Schaden schon beseitigt, ist dem Auftraggeber aufzugeben, die angefallenen Beseitigungskosten durch Vorlage von Rechnungen zu belegen.

Der Architekt hat sich dazu zu äußern, ob diese Beseitigungskosten als notwendig und angemessen anerkannt werden. Ein substantiiertes Bestreiten des Architekten erfordert, dass er angibt, ob andere billigere Maßnahmen in Betracht gekommen wären und ob die in Rechnung gestellten Arbeiten erforderlich gewesen sind. Die Voraussetzungen einer Vorteilsausgleichung hat der Architekt darzulegen und gegebenenfalls zu beweisen.[359]

Bei erheblichem Bestreiten ist der Sachverständige dazu zu befragen,

– *ob die von dem Bauherrn nach den vorgelegten Rechnungen durchgeführten Baumaßnahmen zur Beseitigung des vom Architekten zu verantwortenden Schadens notwendig waren und die angesetzten Preise angemessen sind.*

245   Ist der Mangel noch nicht beseitigt, ist dem Auftraggeber ebenfalls aufzugeben, die Höhe der notwendigen Beseitigungskosten substantiiert vorzutragen (z. B. durch Vorlage eines Kostenvoranschlags oder eines Privatgutachtens).

Alsdann ist der gerichtliche Sachverständige, wenn der Architekt die Höhe der Kosten bestreitet, zu befragen,

– *welche Maßnahmen im Einzelnen zur Beseitigung des von dem Architekten zu verantwortenden Schadens erforderlich sind;*
– *wie hoch die hierbei anfallenden Kosten für Bauhandwerker, eventuell auch für einen zu deren Überwachung zu beauftragenden Architekten, voraussichtlich sein werden.*

---

[357] *BGH* NJW-RR 2002, 661; NJW-RR 2000, 309; BauR 1999, 899.
[358] *BGH* NJW 2002, 2708.
[359] *BGH* WM 2008, 391; BGHZ 140, 156 = NJW 1999, 579; *Löffelmann/Fleischmann*, Rn. 2173; *Werner/Pastor*, Rn. 2955.

In beiden Fällen ist der Sachverständige zusätzlich dazu zu befragen,

– *ob durch die Beseitigungsarbeiten gegenüber der ursprünglich vorgesehenen Ausführungsart eine Wertverbesserung eintritt bzw. eingetreten ist, gegebenenfalls in welcher Höhe;*
– *ob nach der Durchführung der Beseitigungsarbeiten ein merkantiler Minderwert des Bauwerks verbleibt, gegebenenfalls in welcher Höhe.*

4. Prüfung von Mängeln im wirtschaftlichen Bereich

a) Wirtschaftliche Mängel des Bauwerks

In dieser Fallgruppe hat der Auftraggeber zunächst darzulegen und im Falle des Bestreitens zu beweisen, zu welchen wirtschaftlichen Zwecken das Bauwerk errichtet werden sollte und inwieweit der Architekt mit der Realisierung dieser Aufgabe beauftragt worden ist.   246

Sodann hat der Auftraggeber darzulegen, dass der angestrebte wirtschaftliche Zweck mit dem errichteten Bauwerk nicht oder nur mit Schwierigkeiten erreicht werden kann.   247

Soweit eine Korrektur der Planung nach Aufdeckung des Planungsfehlers noch möglich ist, hat der Auftraggeber darzulegen, dass er dem Architekten erfolglos eine angemessene Frist zur Nachbesserung gesetzt hat.

Bestreitet der Architekt das Vorbringen des Auftraggebers, kommt die Einholung eines Sachverständigengutachtens zu den Fragen in Betracht,

– *ob das Bauwerk in der jetzigen Ausführung zur Benutzung als … nicht geeignet ist bzw. ob und inwieweit die beabsichtigte Nutzung des Bauwerks in Frage gestellt ist;*
– *bejahendenfalls, welcher Teil der Bauplanung fehlerhaft war und dazu geführt hat, dass der angestrebte wirtschaftliche Zweck vereitelt oder erschwert worden ist.*

Der Auftraggeber hat zur Höhe des Schadens substantiiert vorzutragen. Er hat in diesem Zusammenhang insbesondere darzulegen, ob die angestrebte Nutzung durch zusätzliche Baumaßnahmen mit einem bestimmten Kostenaufwand ermöglicht werden kann, oder ob zusätzliche Aufwendungen erforderlich sind, um die der beabsichtigten Nutzung entgegenstehenden Hindernisse zu beseitigen.   248

Soweit der Architekt die Höhe der vom Auftraggeber durch Rechnungen oder Kostenvoranschläge belegten Kosten bestreitet, kann ein Sachverständigengutachten zu der Frage erforderlich sein,

– *in welchem Umfang dem Auftraggeber Mehraufwendungen durch die eingeschränkte Nutzbarkeit des Bauwerks entstehen;*
– *ob die eingeschränkte Nutzbarkeit durch zusätzliche Baumaßnahmen ausgeglichen werden kann; bejahendenfalls durch welche Maßnahmen und mit welchem Kostenaufwand;*
– *ob das Bauwerk bei einer Veräußerung im jetzigen Zustand gegenüber dem Zustand bei Verwirklichung der vereinbarten Zielsetzung einen merkantilen Minderwert aufweist, bejahendenfalls in welcher Höhe.*

b) Pflichtverletzung bei der Vergabe

Der Auftraggeber hat zunächst die Pflichtverletzung des Architekten im Einzelnen zu bezeichnen und im Bestreitensfall zu beweisen.   249

Eine etwaige Beweisaufnahme durch Einholung eines Sachverständigengutachtens kann die folgenden Fragen betreffen,

– *ob die vom Architekten erstellten Leistungsverzeichnisse und Ausschreibungen vollständig und klar abgefasst sind; gegebenenfalls ob sie die vom Auftraggeber vorgetragenen Beanstandungen aufweisen;*
– *ob die vom Architekten erteilten Aufträge zu angemessenen Vertragsbedingungen und ortsüblichen Preisen erteilt worden sind;*
– *ob die Baukosten bei ordnungsgemäßer Vergabe niedriger ausgefallen wären.*

c) Bausummenüberschreitung

250   In dieser Fallgruppe sind die in der Kostenfeststellung nach DIN 276 ermittelten endgültigen Baukosten mit dem vereinbarten Baukostenlimit zu vergleichen. Die weitere Prüfung hängt von den einzelnen Fallgestaltungen ab.

251   Macht der Auftraggeber geltend, der Architekt habe zu Beginn der Planung die Kosten falsch geschätzt, bedarf es der konkreten Feststellung, inwieweit der Architekt in der Kostenschätzung bestimmte notwendige Positionen vergessen oder solche falsch bewertet hat.

Diese Kostenschätzung hat der Auftraggeber vorzulegen und die konkreten Beanstandungen vorzutragen. Bestreitet der Architekt die Beanstandungen des Auftraggebers, wird das Gericht hierzu regelmäßig einen Sachverständigen hinzuziehen müssen.

252   Beruft sich der Auftraggeber darauf, der Architekt habe ihm eine später eingetretene Überschreitung der zunächst zugrunde gelegten Baukosten nicht oder nicht unverzüglich mitgeteilt, hat er darzulegen, ob und wann der Architekt ihm die Änderung tatsächlich mitgeteilt hat. Es bedarf dann der Klärung, wann die Baukostenüberschreitung für den Architekten erkennbar gewesen ist (z. B. durch Auflagen der Bauaufsichtsbehörde, den Abschluss einzelner Verträge, das Auftreten von Mehrkosten verursachenden Umständen).

Die Höhe des Schadens hat der Auftraggeber unter Beachtung der Differenzhypothese (§ 249 BGB) zu substantiieren. Er muss also darlegen, inwieweit sich die wirtschaftliche Situation für ihn bei früherer Mitteilung günstiger gestaltet hätte (z. B. durch einen günstigeren Kredit, durch Abänderung der Planung). Das Gericht hat bei hinreichender Tatsachengrundlage die Möglichkeit, den Schaden nach § 287 ZPO zu schätzen.

253   Verlangt der Auftraggeber Schadensersatz unter Berufung auf eine vereinbarte Bausummengarantie, ist zunächst zu klären, ob der Architekt eine solche Garantie im Vertrag verbindlich übernommen hat und welchen Umfang sie hat. Anschließend ist festzustellen, ob die von der Rechtsprechung entwickelten Toleranzgrenzen überschritten wurden. Entlastende Umstände hat der Architekt vorzutragen, z. B. mangelnde Vorhersehbarkeit, Sonderwünsche des Auftraggebers.

Bei Nachweis dieser Umstände, der dem Architekten obliegt, sind die in der Kostenermittlung enthaltenen tatsächlichen Kosten um die Mehrkosten zu kürzen, die nicht auf eine Pflichtverletzung des Architekten zurückzuführen sind, und anschließend erneut zu prüfen, ob die maßgebenden Toleranzgrenzen dann eingehalten sind oder nicht. Meist wird zu diesen Fragen die Einholung eines Sachverständigengutachtens erforderlich sein, wobei zu beachten ist, dass das Gericht dazu Vorgaben zu machen hat, in welchem Umfang Toleranzgrenzen bestehen.

Der Sachverständige ist gegebenenfalls dazu zu befragen,

– *ob die vom Architekten erstellte Kostenermittlung (Kostenschätzung, Kostenberechnung, Kostenanschlag, Kostenfeststellung) unter Beachtung einer Toleranzgrenze von … % unter Berücksichtigung der ihm im Zeitpunkt ihrer Erstellung vorliegenden Erkenntnisse fehlerhaft ist;*
– *worauf im Einzelnen die im Architektenvertrag angegebenen zu geringen Kosten beruhen (Fehlen notwendiger Leistungspositionen, falsche Massen, niedrige Preise, Sonderwünsche, erhöhte Lohn- oder Materialkosten, Schätzungs- und Rechenfehler)*
– *inwieweit der Architekt im Zeitpunkt der Kostenermittlung mit einer Steigerung der Lohn- und Materialkosten zu rechnen hatte;*
– *ob die Kostenermittlung der DIN 276 entspricht.*

Zur Ermittlung der Höhe des Schadens (Mehraufwendungen und Vorteilsausgleich) hat sich der Sachverständige bei erheblichem Bestreiten zu folgenden Fragen zu äußern,

– *welche Mehraufwendungen erforderlich sind, die über der angegebenen Toleranzgrenze von … % liegen;*
– *inwieweit der Auftraggeber durch die genannten Mehraufwendungen einen konkreten Vorteil erhalten hat oder der Verkehrswert des Grundstücks erhöht worden ist.*

d) Pflichtverletzung bei der Bauüberwachung

Eine Pflichtverletzung des Architekten kann darin bestehen, dass die Rechnungs-   **254**
prüfung nicht ordnungsgemäß erfolgt. In diesem Fall hat der Auftraggeber unter
Vorlage der vom Architekten geprüften Schlussrechnung konkret darzulegen, dass
der Architekt bestimmte Positionen der Schlussrechnung zu Unrecht anerkannt oder
eine berechtigte Minderung unterlassen hat, z. B. zu große Massen, vertragswidrig
berechnete Preise oder Positionen für nicht oder nicht ordnungsgemäß ausgeführte
Leistungen anerkannt hat.

Im Falle des Bestreitens hat eine Beweisaufnahme durch Einholung eines Sachverständigengut-
achten auf der Grundlage der vom Auftraggeber vorzulegenden Schlussrechnung, der jeweiligen
Vertragsunterlagen, Aufmaßunterlagen und des sonstigen Schriftverkehrs stattzufinden über die
Fragen,

– *ob und inwieweit der Architekt die Positionen ... der Schlussrechnung der Firma ... vom ...
  (Bl....) unter Berücksichtigung des vorgelegten Aufmaßes und der Vertragsunterlagen zu
  Unrecht anerkannt hat;*
– *gegebenenfalls, welche Beträge der Architekt hätte anerkennen dürfen;*
– *ob die vom Architekten anerkannten Zusatzarbeiten in dem ursprünglichen Bauauftrag enthalten waren und ob diese Zusatzarbeiten einem Mehraufwand des Bauunternehmers entsprechen.*

Hat der Architekt es unterlassen, den Auftraggeber auf den Ablauf einer Gewähr-   **255**
leistungsfrist hinzuweisen, hat der Auftraggeber zunächst die Pflichtverletzung und
den eingetretenen Schaden genau darzulegen. In diesem Zusammenhang ist darzulegen, dass ein Mangel des Bauwerks bestanden hat und der Auftraggeber es wegen des
fehlenden Hinweises des Architekten versäumt hat, die notwendigen Erklärungen
und Rechtshandlungen vorzunehmen, um seine Rechte zu wahren.

Außerdem hat der Auftraggeber vorzutragen, welcher Schaden aufgrund der bezeichneten Pflichtverletzung entstanden ist (z. B. Beseitigungskosten). Die Dauer der vereinbarten Gewährleistungs- und Verjährungsfristen ist durch Vorlage der Vertragsunterlagen mit den betreffenden Bauhandwerkern nachzuweisen. Hinsichtlich der
Höhe des Schadens gilt das gleiche wie für Mängel im technischen Bereich.

5. Tenorierung

Für die Frage der Tenorierung bei der Honorarklage des Architekten kann auf die   **256**
Ausführungen zum Bauvertrag verwiesen werden.[360]

a) Abweisung der Klage als „derzeit unbegründet"

Eine Abweisung der Klage mangels Fälligkeit als „derzeit unbegründet" kommt in   **257**
Betracht,

– wenn der Architekt keine prüffähige Schlussrechnung vorlegt und der Auftraggeber sich mit
  Erfolg auf die fehlende Prüffähigkeit berufen kann;
– wenn die Honorarklage wegen Unwirksamkeit der Pauschalvereinbarung an der fehlenden
  Schriftform (§ 7 VII HOAI) scheitert.[361]

b) Vorbehaltsurteil

Wendet der Auftraggeber gegenüber der Honorarforderung des Architekten ein, die   **258**
erbrachten Leistungen seien mangelhaft, kann nach § 302 ZPO ein Vorbehaltsurteil
nur in Ausnahmefällen ergehen.[362]

---

[360] Vgl. § 19 Rn. 41 ff.
[361] *BGH* NJW-RR 2001, 310.
[362] *BGH* NJW-RR 2008, 31; BGHZ 165, 134 = NJW 2006, 698; BGHZ 164, 159 = NJW
2005, 3574; BGHZ 163, 274 = NJW 2005, 2771.

Teil 6. Der Bauträgervertrag

§ 21. Der Bauträgervertrag

I. Begriff und Rechtsnatur

1. Begriff und Abgrenzung
a) Begriff

Der Bauträgervertrag ist ein Vertrag, durch den sich der Bauträger gegen Zahlung **1** einer Vergütung verpflichtet, auf einem Grundstück, das nicht im Eigentum des Bestellers steht, ein Gebäude (Eigenheim oder Eigentumswohnungen) zu errichten und dem Besteller nach Fertigstellung das Eigentum am Grundstück oder Wohnungseigentum zu übertragen.

Zwischen dem Besteller und den mit der Ausführung des Baues beauftragten Unternehmern bestehen keine unmittelbaren vertraglichen Beziehungen. Eine Klausel in AGB, die den Bauträger ermächtigt, im Namen des Erwerbers Verträge mit den Bauunternehmern zu schließen, ist unwirksam.[1] Ob der Bauträger als Bauunternehmer das Gebäude selbst erstellt oder Dritte hiermit beauftragt, ist für die Einordnung als Bauträgervertrag unerheblich.

b) Abgrenzung zu anderen Baumodellen
aa) Bauherrenmodell

Im Bauherrenmodell bevollmächtigen ein oder mehrere Bauherren einen Architekten **2** oder Baubetreuer, zur Ausführung des Bauvorhabens in ihrem Namen Werkverträge mit den einzelnen Werkunternehmern abzuschließen. Der Architekt ist gegenüber den Bauherren nicht zur Erbringung der Bauleistung verpflichtet.

Er übernimmt z.B. die Betreuung bei der Beschaffung eines geeigneten Grundstücks, die Finanzierung und wirtschaftliche Verwertung des Objekts. Im Unterschied zum Bauträgervertrag wird das Bauvorhaben auf einem im Eigentum des Bauherrn stehenden Grundstück ausgeführt. Dieser erwirbt das zu bebauende Grundstück nicht von dem Architekten oder Baubetreuer, sondern von einem Dritten. Beim Erwerb von Wohnungs- oder Teileigentum findet eine vorherige Aufteilung statt.

bb) Generalübernehmervertrag

Beim Generalübernehmervertrag bestehen Vertragsbeziehungen wie beim Bauträger- **3** vertrag lediglich zwischen dem Besteller und dem Generalübernehmer sowie zwischen dem Generalübernehmer und den mit der Bauausführung beauftragten Werkunternehmern.

Der Generalübernehmer ist gegenüber dem Besteller zur Herstellung des Bauwerks verpflichtet. Im Unterschied zum Bauträgervertrag wird dem Besteller nach Zahlung der ersten Rate lastenfreies Eigentum am Baugrundstück verschafft. Auf einen solchen Vertrag ist § 34c GewO nicht anwendbar.[2]

---

[1] *OLG Nürnberg* NJW 1982, 2326.
[2] Str., vgl. *Pause,* Rn. 1477 ff.; *Koeble,* NJW 1992, 1142.

4 Der Bauvertrag bedarf gemäß § 311b I BGB der notariellen Beurkundung, wenn er mit dem Kauf eines Grundstücks in einem solchen rechtlichen Zusammenhang steht, dass er mit dem Grundstückserwerb stehen und fallen soll.[3]

Die einseitige Abhängigkeit eines Rechtsgeschäfts von einem Grundstückskaufvertrag genügt nicht, eine rechtliche Einheit im Sinne des Formgebots zu begründen.[4]

c) Rechtsnatur

5 Beim Bauträgervertrag handelt es sich um einen einheitlichen Vertrag, der neben werk- und werklieferungsvertraglichen Elementen, soweit der Grundstückserwerb in Rede steht, auch kaufvertragliche Elemente enthält, sowie je nach den Umständen des Einzelfalls Pflichten eines Auftrags- und Geschäftsbesorgungsvertrags umfasst.[5] Im Bauträgervertrag verpflichtet sich der Bauträger zu einer Gesamtleistung. Grundstücksveräußerung und Bauwerkserrichtung sind in der Regel schon aus kalkulatorischen und bautechnischen Gründen untrennbar.[6]

aa) Neubau

6 Auf die Veräußerung neu errichteter Häuser oder Eigentumswohnungen ist Werkvertragsrecht anzuwenden.[7] Unerheblich ist, ob das Objekt im Zeitpunkt der Veräußerung bereits fertiggestellt ist. Entscheidend ist, ob der Bauträger nach dem Vertrag eine Herstellungspflicht übernimmt.[8]

Von einem Neubau ist auch noch auszugehen, wenn dieser für einen gewissen Zeitraum genutzt oder erst zu einem späteren Zeitpunkt veräußert wird.[9] Ein Objekt ist im Regelfall nicht mehr als „neu" anzusehen, wenn nach Abnahme des Baues 5 Jahre vergangen sind und damit die Gewährleistungsfrist für den Ersterwerber abgelaufen ist.[10]

bb) Altbau

7 Wird ein Altbau saniert und veräußert oder in Eigentumswohnungen aufgeteilt, richtet sich die Anwendbarkeit von Werkvertragsrecht danach, ob der Veräußerer Leistungen erbringt, die bei Neuerrichtung Arbeiten bei Bauwerken wären und nach Umfang und Bedeutung mit solchen Neubauarbeiten vergleichbar sind.[11]

Zur Auslegung der den Veräußerer treffenden Herstellungspflicht sind neben den Vertragserklärungen auch die sonstigen Umstände des Vertragsschlusses und die in dem Zusammenhang vom Veräußerer abgegebenen Erklärungen heranzuziehen.[12] Nicht ausreichend sind Renovierungsarbeiten, die die Bausubstanz unberührt lassen, wie etwa Maler- oder Fliesenarbeiten.

Sind die vom Veräußerer erbrachten Leistungen Neubauarbeiten nicht vergleichbar, findet Werkvertragsrecht nur insoweit Anwendung, als der Veräußerer eine Herstellungspflicht übernommen hat. Im Übrigen findet Kaufrecht Anwendung.[13] Erforderlich ist, dass im Vertrag der Umfang der übernommenen Herstellungspflicht eindeutig geregelt ist.[14]

---

[3] BGHZ 78, 346 = NJW 1981, 274; _BGH,_ NJW 1994, 721.
[4] _BGH_ NJW 2000, 951; NJW 2002, 2559.
[5] BGHZ 74, 204 = NJW 1979, 1406; BGHZ 92 ,123 = NJW 1984, 2573; BGHZ 96, 275 = NJW 1986, 925.
[6] BGHZ 96, 275 = NJW 1986, 925.
[7] _BGH_ NJW-RR 2007, 895; BGHZ 101, 350 = NJW 1988, 135; _BGH_ NJW 1982, 2243.
[8] BGHZ 68, 372 = NJW 1977, 1336; BGHZ 72, 229 = NJW 1979, 156; _BGH_ NJW 1981, 2344.
[9] _BGH_ NJW 1982, 2243; NJW 1985, 1551.
[10] Vgl. _Kniffka/Koeble,_ 11. Teil Rn. 114.
[11] _BGH_ NJW-RR 2007, 895; BGHZ 164, 225 = NJW 2006, 214; _BGH_ NJW 2005, 1115; BGHZ 100, 391 = NJW 1988, 490.
[12] BGHZ 164, 225 = NJW 2006, 214; _BGH_ NJW 1988, 1972; BGHZ 100, 391 = NJW 1988, 490.
[13] BGHZ 164, 225 = NJW 2006, 214.
[14] Vgl. _Kniffka/Koeble,_ 11. Teil Rn. 125.

2. Rechtsprobleme

Nachteile können dem Vertragspartner des Bauträgers dadurch entstehen, dass Ver- 8
tragsbeziehungen nur mit dem Bauträger, nicht jedoch mit den ausführenden Bauunternehmern oder Planern bestehen. Im Falle der Insolvenz des Bauträgers ist es
dem Erwerber verwehrt, die am Bau beteiligten Unternehmer auf mangelfreie Herstellung des Bauwerks in Anspruch zu nehmen. Die Durchsetzung der Gewährleistungsansprüche gegen den Bauträger kann auch erschwert sein, wenn dieser seine
Gewährleistungsansprüche gegen die am Bau beteiligten Unternehmer verloren hat.

Der Bauträgervertrag ist dadurch gekennzeichnet, dass der Erwerber durch den 9
Bauträger das Bauwerk auf einem nicht in seinem Eigentum stehenden Grundstück
errichten lässt. Die Eigentumsübertragung am Grundstück erfolgt nicht zu Beginn
der Baumaßnahme, sondern nach Fertigstellung des gesamten Objekts. Bei Abschluss
des Bauträgervertrags ist das Grundstück zugunsten der Bank, die die Finanzierung
des Bauträgers übernimmt, mit einer Grundschuld belastet, die aus den vom Erwerber zu zahlenden Raten abgelöst wird. Zugunsten des Erwerbers wird eine Auflassungsvormerkung ins Grundbuch eingetragen.

Sofern der Erwerber die Eigentumsübertragung gerichtlich durchsetzen muss, hat er den Nachteil zu tragen, dass sich diese verzögert, wenn es zum Streit über die Höhe der von ihm zu
zahlenden Vergütung kommt. Zum Streit kommt es häufig dann, wenn der Erwerber die
mangelhafte Herstellung des Bauwerks beanstandet und wegen der für die Beseitigung der
Mängel erforderlichen Kosten oder der dadurch verursachten Schäden Gegenrechte geltend
macht. Das den Erwerber wegen des hohen Streitwerts treffende Kostenrisiko, wenn er mit
seiner Klage nur teilweise Erfolg hat, kann erheblich sein.

Die Auflassungsvormerkung schützt den Erwerber nur, so lange er am Vertrag fest- 10
halten will und die Fertigstellung möglich ist. Erklärt der Erwerber wegen Mängeln
des Bauwerks den Rücktritt vom Vertrag oder macht er Schadensersatz statt der
Leistung geltend, entfällt der Anspruch auf Vertragserfüllung. Die diesen sichernde
Auflassungsvormerkung wird gegenstandslos und ist auf Antrag des Bauträgers im
Grundbuch zu löschen. Der Erwerber verliert in diesem Fall durch Ausübung der
ihm nach dem Gesetz zustehenden Sekundäransprüche seine Sicherheit.

Im Rahmen der Auseinandersetzung zwischen dem Erwerber und der Bank um die 11
Lastenfreistellung des Grundstücks muss geklärt werden, in welchem Umfang Zah-
lungspflichten des Erwerbers bestehen und welchen Wert die vom Bauträger erbrachte Leistung hat.

Das seitens der Bank vorbehaltene Wahlrecht, anstelle der Freistellung alle vom Erwerber
geleisteten Zahlungen bis zum anteiligen Wert des Vertragsobjekts zurückzuzahlen und das
Objekt selbst zu verwerten, lässt für den Erwerber bis zur Ausübung dieses Wahlrechts eine
Ungewissheit bestehen, auf welche Sachlage er sich einzustellen hat.

II. Abschluss des Bauträgervertrags

1. Formzwang

a) Umfang des Formzwangs

Da sich der Erwerber mit dem Bauträgervertrag zum Erwerb des Eigentums an einem 12
Grundstück oder einer Eigentumswohnung verpflichtet, bedarf der gesamte Vertrag
gemäß § 311b I BGB der notariellen Beurkundung.[15] Eine Trennung von Bauver-

---

[15] *BGH* NJW 1981, 273; NJW 1985, 730; BGHZ 97, 147 = NJW 1986, 1983; *OLG Hamm*
NJW-RR 1991, 89.

pflichtung und Grundstückserwerb ist nicht möglich, weil beide Teile einen Einheitswillen erkennen lassen.[16]

Die Beurkundungspflicht bezieht sich auf alle wesentlichen Vertragsinhalte. Zu beurkunden sind danach die Baubeschreibung, Baupläne sowie die Teilungserklärung und die Gemeinschaftsordnung beim Wohnungseigentum.[17] Ebenso unterliegen spätere Ergänzungen und Änderungen dem Formzwang.[18]

b) Beurkundungsfragen

13 Die in der Verhandlung fertiggestellte Niederschrift ist vom Notar oder in seiner Gegenwart von einem Dritten zu verlesen, § 13 BeurkG. Die Pflicht zur Verlesung bezieht sich auch auf die in Bezug genommenen Anlagen.[19]

Karten, Abbildungen oder Zeichnungen müssen den Beteiligten zur Durchsicht vorgelegt werden. Eine ergänzende Bezugnahme auf eine andere notarielle Urkunde gemäß § 13a BeurkG erfordert die Erklärung der Beteiligten, dass ihnen der Inhalt der in Bezug genommene Urkunde bekannt ist und sie auf das Verlesen der Urkunde verzichten.[20] Zulässig sind daneben erläuternde Bezugnahmen, wie z. B. die Verweisung auf öffentliche Pläne, Bücher, Gesetze, Verordnungen und DIN-Normen.

c) Vollmacht

14 Schaltet der Erwerber beim Erwerb des Objekts einen Treuhänder ein, ist der Treuhändervertrag und die dem Treuhänder erteilte Vollmacht gemäß § 311b I BGB notariell zu beurkunden.[21]

Die Vollmacht muss nicht die nach § 492 I 4 BGB vorgeschriebenen Mindestangaben über die Darlehensbedingungen enthalten.[22] Die Schutzvorschrift des § 312 BGB findet im Verhältnis zwischen Treuhänder und Erwerber, nicht jedoch zwischen Treuhänder und einem Dritten Anwendung.[23]

2. Unwirksamkeitsgründe

a) Fehlende Gewerbeerlaubnis nach § 34 I Nr. 2 GewO

15 Das Fehlen der nach § 34 I Nr. 2 GewO erforderlichen Erlaubnis des Bauträgers führt nicht zur Unwirksamkeit des Vertrags.[24] Für den Erwerber kann nach §§ 119 II, 123 BGB das Recht zur Anfechtung des Vertrags bestehen.[25]

b) Art. 10 § 3 MRVerbG

16 Das Verbot der Architektenbindung nach Art. 10 § 3 MRVerbG findet auf den Bauträgervertrag keine Anwendung.[26] Die Beschaffung von Grundstücken und ihre Bebauung zum Zwecke der Weiterveräußerung gehören zum typischen Berufsbild der Baubetreuung.[27]

---

[16] BGHZ 78, 346 = NJW 1981, 274.
[17] Baubeschreibung: BGHZ 63, 359 = NJW 1975, 536; BGHZ 69, 266 = NJW 1978, 102. – Baupläne: BGHZ 74, 346 = NJW 1979, 1496; NJW-RR 2001, 953. – Sonderwünsche: *Pause*, Rn. 524. – Teilungserklärung: *BGH* NJW 1979, 1495; NJW 1979, 1498; BGHZ 125, 235 = NJW 1994, 1347.
[18] *Pause*, Rn. 127 ff.; *OLG Hamm* NJW-RR 1994, 1296.
[19] BGHZ 74, 346 = NJW 1979, 1496; *BGH* NJW 1994, 1288.
[20] *BGH* NJW-RR 2003, 1432.
[21] *BGH* NJW 1997, 312; NJW 1994, 2095; NJW 1992, 3237.
[22] *BGH* NJW 2001, 2963; BGHZ 147, 262 = NJW 2001, 1931.
[23] *BGH* NJW 2000, 2270.
[24] *BGH* NJW 1984, 869; BGHZ 78, 263 = NJW 1981, 399; BGHZ 78, 269 = NJW 1981, 387.
[25] *Pause*, Rn. 58.
[26] *BGH* NJW 1993, 2240; BGHZ 89, 240 = NJW 1984, 732.
[27] *BGH* NJW-RR 1989, 147.

Das Kopplungsverbot greift dagegen ein, wenn ein Architekt oder Ingenieur als Bauträger auftritt.[28] Dies wird mit dem Zweck des Verbots begründet, jeglichen Wettbewerb unter Architekten und Ingenieuren durch die Koppelung von Architektenauftrag und Grundstückserwerb zu verhindern.

c) § 3 RDG

Der Bauträgervertrag ist nicht wegen Verstoßes gegen § 3 RDG unwirksam. Zugunsten des Bauträgers greift die Ausnahmevorschrift des § 5 Abs. 1 RDG.[29] Die vom Bauträger nach dem Vertrag zu regelnden rechtlichen Angelegenheiten sind als untergeordnete Hilfsgeschäfte anzusehen.[30] **17**

Die Tätigkeit des Treuhänders, dem der Erwerber Vollmacht zum Abschluss und zur inhaltlichen Gestaltung des Erwerbsvertrags einräumt, ist als erlaubnispflichtige Rechtsbesorgung im Sinne des § 3 RDG zu qualifizieren. Denn der Erwerber nimmt auf den Vertragsschluss keinen Einfluss mehr, sondern überlässt den Abschluss und die Vertragsgestaltung vollständig dem Treuhänder.[31]

d) §§ 3, 12 MaBV

Verstöße gegen § 3 MaBV führen nicht zur Nichtigkeit des gesamten Vertrages, sondern nur zur Unwirksamkeit der entgegen § 3 II MaBV geschlossenen Abzahlungsvereinbarung, § 12 MaBV.[32] **18**

Die Vorausabtretung der dem Bauträger gegen einen Erwerber zustehenden Vergütungsforderung aus dem Bauträgervertrag zur Sicherung eines von ihm in Anspruch genommenen Darlehens ist weder wegen Verstoßes gegen §§ 4 I Nr. 2, 12 MaBV noch gegen §§ 6 I, 12 MaBV i. V. mit § 134 BGB unwirksam.[33]

e) Rückabwicklung

Ist der Vertrag unwirksam, richtet sich die Rückabwicklung nach Bereicherungsrecht.[34] **19**

Dem Erwerber steht, wenn der Bauträgervertrag nichtig ist, ein Rückzahlungsanspruch auch gegen die das Bauvorhaben finanzierende Bank zu, wenn der Erwerber an diese Zahlungen geleistet hat, um gegen die Bank aus deren Freistellungserklärung einen Anspruch auf Lastenfreistellung zu erwerben.[35]

3. Vertragliche Inhaltskontrolle

a) Allgemeine Geschäftsbedingungen

Die Bestimmungen über die Inhaltskontrolle von Allgemeinen Geschäftsbedingungen gelten auch für einen notariellen Vertrag, wenn dieser vorformulierte Vertragsbedingungen enthält, die für eine Vielzahl von Verträgen verwendet werden sollen. **20**

---

[28] BGHZ 70, 55 = NJW 1978, 639; *BGH* NJW-RR 1991, 143; vgl. zu Ausnahmen *BGH* NJW-RR 2006, 1249.
[29] BGHZ 70, 12 = NJW 1978, 322; *BGH* NJW 1976, 1635.
[30] BGHZ 70, 12 = NJW 1978, 322.
[31] *BGH* BauR 2007, 1787; BGHZ 145, 265 = NJW 2001, 70; *Jagenburg/Weber,* NJW 2001, 3454; *Bruchner* ZfIR 2001, 128.
[32] BGHZ 171, 364 = NJW 2007, 1947; BGHZ 146, 250 = NJW 2001, 818; *Ullmann,* NJW 2002, 1073; *Drasdo,* NJW 2007, 2741.
[33] *BGH* NJW-RR 2008, 179.
[34] *BGH* NJW 1995, 454; BGHZ 116, 251 = NJW 1992, 1037.
[35] BGHZ 162, 157 = NJW 2005, 1356; vgl. hierzu auch *Bormann/Graßnack/Kessen,* BauR 2006, 446.

Ausreichend ist die Absicht des Verwenders, die vorformulierten Klauseln für mindestens drei Verträge verwenden zu wollen.[36] Wenn der Bauträger den Notar hinzuzieht, wird zugunsten des Erwerbers tatsächlich vermutet, dass der Bauträger die Vertragsklauseln zur Mehrfachverwendung gestellt hat.[37] Die Vertragsbedingungen des Bauträgervertrags gelten nach § 310 III BGB als vom Bauträger gestellt, wenn es sich bei dem Vertragspartner um einen Verbraucher handelt.

21   Die Bestimmungen über die Inhaltskontrolle von AGB finden auf Vertragsklauseln keine Anwendung, die zwischen dem Bauträger und dem Erwerber ausdrücklich ausgehandelt worden sind, § 305 II BGB. Das Aushandeln von Vertragsbedingungen setzt eine eingehende, vorherige Erörterung voraus, deren Inhalt im Vertrag niederzulegen ist.[38] Der Verwender muss hinsichtlich des gesetzesfremden Kerngehalts der AGB ernsthaft zur Abänderung der Vertragsbedingungen bereit sein und dem Vertragspartner insoweit die Möglichkeit zur Einflussnahme auf den Vertrag einräumen.[39]

Dass der Erwerber tatsächlich Einfluss nimmt, ist nicht erforderlich.[40] Nicht ausreichend ist, dass der Vertragsinhalt vorgelesen und erläutert und der Erwerber vom Notar anschließend belehrt wird.[41] Die Bestätigung des Notars, dass der Erwerber sichere Kenntnis von den Regelungen hatte und Fragen im gegenseitigen Einvernehmen geklärt worden seien, genügt nicht.[42] Der Inhalt der Erörterung ist vom Bauträger im Einzelnen vorzutragen.[43]

b) Individualverträge

22   Handelt es sich bei den vereinbarten Vertragsbedingungen nicht um Allgemeine Geschäftsbedingungen, unterliegen formelhafte Klauseln, die die Rechte des Erwerbers erheblich beschränken, einer Inhaltskontrolle nach § 242 BGB, wenn es sich um den Erwerb neu errichteter oder noch zu errichtender Eigentumswohnungen oder Häuser handelt.[44]

Als „neu errichtet" gilt auch eine Eigentumswohnung, die zwei Jahre nach der Fertigstellung leer stand,[45] und eine Eigentumswohnung, die der Veräußerer nach der Fertigstellung zunächst 8 Monate an den Erwerber vermietet hatte.[46]

23   Eine formelhafte Klausel liegt vor, wenn sie nicht auf den konkreten Vertrag zugeschnitten ist.[47] Solche Vertragsbedingungen, wie etwa ein genereller Haftungsausschluss für Mängel, sind nur wirksam, wenn sie mit dem Erwerber eingehend erörtert worden sind und dieser über die Tragweite und Bedeutung ihres Inhalts eingehend belehrt worden ist.[48] Die Anforderungen an die Erörterung und Belehrung des Erwerbers entsprechen denen, die für das Aushandeln von Vertragsbedingungen gelten.[49]

---

[36] *BGH* NJW 2004, 1454; NJW 2002, 138; NJW 1985, 852.
[37] *BGH* BauR 2006, 106; BauR 2006, 514; BGHZ 157, 102 = NJW 2004, 502; BGHZ 118, 229 = NJW 1992, 2160.
[38] *BGH* BauR 1987, 113; NJW 1982, 2243; NJW 1981, 2343; BGHZ 74, 204 = NJW 1979, 1406.
[39] *BGH* NJW 1981, 2343; BauR 1987, 113; NJW 1998, 3488; BGHZ 153, 311 = NJW 2003, 1805.
[40] Die Annahme, dass ein Aushandeln vorliegt, bedarf in diesem Fall jedoch besonderer Feststellungen: BGHZ 143, 104 = NJW 2000, 1110.
[41] *BGH* NJW 1982, 2243.
[42] *OLG Stuttgart* BauR 1985, 321.
[43] *BGH* NJW 1981, 2343.
[44] BGHZ 164, 225 = NJW 2006, 214; *BGH* NJW 2005, 1115.
[45] *BGH* NJW 1985, 1551.
[46] *BGH* NJW-RR 1986, 1026.
[47] *BGH* NJW-RR 2007, 895; BGHZ 101, 350 = NJW 1988, 135; *BGH* NJW 1984, 2094; NJW 1982, 2243; BGHZ 74, 204 = NJW 1979, 1406.
[48] BGHZ 164, 225 = NJW 2006, 214; *BGH* NJW 2005, 1115.
[49] Vgl. *Kniffka/Koeble,* 11. Teil Rn. 142 f.

Dass eine ausreichende Erörterung und Belehrung des Erwerbers stattgefunden hat, ist vom Bauträger vorzutragen und zu beweisen. Diese Grundsätze gelten nicht für Kaufverträge über Altbauten[50].

III. Der Vergütungsanspruch des Bauträgers

1. Umfang der Vergütung

a) Festpreis

Der Bauträger hat Anspruch auf Zahlung der im Bauträgervertrag vereinbarten Vergütung, die in der Regel als Festpreis vereinbart wird. Wird der Vertrag zwischen zwei Unternehmern geschlossen, hat der Erwerber einen Teil der Vergütung in Höhe von 15 % nach § 48 EStG als Bauabzugssteuer an das Finanzamt des Bauträgers abzuführen, wenn dieser keine Freistellungsbescheinigung nach § 48b EStG vorlegt.[51] Unklar ist, ob § 48 EStG im Hinblick auf einen Erlass des BMF vom 27.12.2002[52] einschränkend auszulegen ist.[53]   **24**

Eine Erhöhung des Festpreises kommt nur in Ausnahmefällen in Betracht, weil der Bauträger grundsätzlich das Risiko einer Erhöhung der Baukosten trägt. Die Regelungen über den Wegfall der Geschäftsgrundlage sind nicht anwendbar. Vertragsklauseln, die eine Erhöhung des Festpreises unter bestimmten Bedingungen vorsehen, sind nach § 307 BGB auf ihre Angemessenheit zu überprüfen.[54] Die Vereinbarung von Fälligkeitszinsen in AGB ist nach § 307 BGB unwirksam.[55]

b) Zusätzliche Kosten

Die Kosten für Abweichungen von der im Bauträgervertrag vereinbarten Standardausführung („Sonderwünsche") hat der Erwerber zu tragen.[56] Der Erwerber kann Zusatzaufträge sowohl dem Bauträger als auch unmittelbar den ausführenden Unternehmern erteilen.   **25**

Der Erwerber ist wegen eines Sonderwunsches zur Zahlung eines gesonderten Honorars an den Architekten des Bauträgers nur verpflichtet, wenn dies besonders vereinbart wird.[57] Eigenleistungen kann der Erwerber auf die dem Bauträger zustehende Vergütung nur dann anrechnen, wenn ihm dies nach dem Vertrag ausdrücklich gestattet ist.[58]

2. Fälligkeit

a) Abnahme

Das Bauwerk ist entsprechend den Vorschriften des Werkvertragsrechts abzunehmen. Der Bauträger hat einen Anspruch auf Abnahme (§ 641 I 1 BGB). Die Abnahme setzt voraus, dass das Bauwerk vollständig hergestellt ist und keine wesentlichen Mängel aufweist.   **26**

Sofern der Vertrag die Errichtung einer Eigentumswohnung zum Gegenstand hat, ist zwischen der Abnahme des Sondereigentums und des Gemeinschaftseigentums zu unterscheiden. Eine

---

[50] BGHZ 98, 100 = NJW 1986, 2824; *BGH* NJW 1991, 843.
[51] Vgl. *Pause*, Rn. 195; vgl. hierzu auch *Basty*, MittBayNot 2001, 535; *Blank*, NotBZ 2001, 415; *Diebold*, DStZ 2002, 252.
[52] NZBau 2003, 202.
[53] Vgl. *Pause*, Rn. 196 f.
[54] BGHZ 94, 335 = NJW 1985, 2270.
[55] *BGH* NJW 1998, 991; NJW 2001, 365.
[56] Vgl. *OLG München* BauR 1975, 739; *OLG Hamm* NJW-RR 1998, 371.
[57] Vgl. *Pause*, Rn. 543.
[58] Vgl. *Pause*, Rn. 558.

konkludente Abnahme des Sondereigentums kommt bei Bezug der Wohnung durch den Erwerber nicht in Betracht, wenn das Gesamtobjekt in diesem Zeitpunkt noch nicht fertiggestellt ist.[59]

b) Zahlungsvoraussetzungen nach § 3 I MaBV

27 Die Fälligkeit der Vergütung richtet sich im Bauträgervertrag nach der vertraglichen Vereinbarung. Diese ist nur dann wirksam, wenn sie nicht den in §§ 3 Abs. 1, 12 MaBV geregelten zwingenden Voraussetzungen zuwider läuft. Die Entgegennahme von Vermögenswerten des Auftraggebers ist für den Bauträger, der als Gewerbetreibender nach § 34c I 1 Nr. 2a GewO dem Auftraggeber nach dem Vertrag das Eigentum an einem Grundstück übertragen soll, von folgenden Voraussetzungen abhängig:

28 Der Vertrag zwischen dem Bauträger und dem Erwerber muss rechtswirksam sein.

Es müssen alle für den Vollzug erforderlichen Genehmigungen vorliegen. Der Notar muss diese Voraussetzungen durch schriftliche Mitteilung bestätigt haben. Dem Bauträger darf kein vertragliches Rücktrittsrecht eingeräumt sein (§ 3 I Nr. 1 MaBV). Zu den erforderlichen Genehmigungen gehören z. B. die Teilungsgenehmigung nach § 19 BauGB, das Negativattest nach § 24 BauGB, die Genehmigung nach § 22 BauGB, § 2 GrdStVG sowie vormundschafts- und nachlassgerichtliche Genehmigungen.

29 Zur Sicherung des Anspruchs des Auftraggebers auf Eigentumsübertragung an dem Vertragsobjekt ist eine Vormerkung an der vereinbarten Rangstelle im Grundbuch einzutragen.

Die Abtretung einer dem Bauträger zustehenden Auflassungsvormerkung genügt nicht, weil durch die Aufhebung oder Rückabwicklung des zwischen dem Bauträger und dem Eigentümer bestehenden Erwerbsvertrags die Auflassungsvormerkung entfallen kann.[60] Bezieht sich der Anspruch auf die Übertragung von Wohn- und Teileigentum, muss die Begründung dieses Rechts im Grundbuch vollzogen sein (§ 3 I 1 Nr. 2 MaBV).

30 Zugunsten des Erwerbers ist die Freistellung des Vertragsobjekts von allen Grundpfandrechten, die der Vormerkung im Range vorgehen oder gleichstehen und nicht übernommen werden sollen, zu sichern, und zwar auch für den Fall, dass das Bauvorhaben nicht vollendet wird (§ 3 I 1 Nr. 3 MaBV).

Mit der Freistellungserklärung erhält der Erwerber einen unmittelbaren Anspruch gegen die Bank auf Freigabe der auf dem Grundstück bestehenden, vorgehenden Grundpfandrechte. Für den Fall, dass das Bauvorhaben nicht vollendet wird, kann sich der Kreditgeber vorbehalten, an Stelle der Freistellung alle vom Auftraggeber vertragsgemäß im Rahmen des § 3 II MaBV geleisteten Zahlungen bis zum anteiligen Wert des Vertragsobjekts zurückzuzahlen.

31 Die zur Sicherung der Freistellung erforderlichen Erklärungen einschließlich der Erklärung über die Rückzahlung geleisteter Zahlungen im vorstehenden Sinn müssen dem Auftraggeber ausgehändigt worden sein (§ 3 I 3, 4 MaBV).

Liegen diese Erklärungen bei Abschluss des notariellen Vertrags vor, muss auf sie in dem Vertrag Bezug genommen werden; andernfalls muss der Vertrag einen ausdrücklichen Hinweis auf die Verpflichtung des Bauträgers über Aushändigung der Erklärungen und ihren notwendigen Inhalt enthalten (§ 3 I 5 MaBV).

32 Die Erklärung der Bank,[61] sie werde nach ihrer Wahl das Vertragsobjekt pfandfrei stellen oder den Kaufpreis zurückerstatten, ist als Wahlschuld gemäß § 262 BGB zulässig.

---

[59] *BGH* NJW-RR 2004, 949.
[60] Vgl. *Pause*, Rn. 232.
[61] Vgl. das Muster der Bundesnotarkammer zur Freistellungserklärung nach § 3 I 3 MaBV, DNotZ 2002, 402.

Die Verpflichtung der Bank zur Rückzahlung der vom Erwerber geleisteten Zahlungen besteht auch dann, wenn die Pfandfreistellungserklärung infolge eines mit dem Bauträger geschlossenen Aufhebungsvertrags und der anschließenden Löschung der Vormerkung gegenstandslos wird.[62]

Die Baugenehmigung muss erteilt worden sein oder die baurechtliche Zulässigkeit **33** des Vorhabens von der zuständigen Behörde bestätigt worden sein (vgl. § 3 I 1 Nr. 4 MaBV).

Entsprechendes gilt, wenn der Bauträger sich gegenüber dem Erwerber zur Bestellung oder Übertragung eines Erbbaurechts verpflichtet.

c) Abschlagszahlungen

Gemäß § 1 der auf der Grundlage des § 27a AGBG ergangenen sog. Bauträgerver- **34** ordnung[63] kann in einem Bauträgervertrag der Besteller zur Leistung von Abschlagszahlungen entsprechend § 3 II MaBV unter den Voraussetzungen von § 3 I MaBV verpflichtet werden. Die Bauträgerverordnung soll dem Bauträger ermöglichen, Abschlagszahlungen gemäß § 3 I, II MaBV zu vereinbaren und damit von der zum 1.5.2000 in Kraft getretenen Regelung des § 632a BGB abzuweichen.[64]

Nach der Übergangsregelung in § 2a BautrVO findet die Verordnung in ihrer seit dem 1.1.2009 geltenden Fassung nur auf Schuldverhältnisse Anwendung, die seit diesem Tag entstanden sind.

Nach § 3 II 1 MaBV, von der zum Nachteil des Erwerbers nicht abgewichen werden **35** darf, § 12 MaBV, kann eine Vergütung in bis zu sieben Teilen entsprechend dem Bauablauf vereinbart werden, wenn die Voraussetzungen des § 3 I MaBV vorliegen.

d) Ausnahmevorschrift: § 7 MaBV

Nach der Ausnahmevorschrift des § 7 MaBV kann ein Bauträger, der nach dem **36** Vertrag verpflichtet ist, dem Erwerber das Eigentum an einem Grundstück zu übertragen, abweichend von § 3 I, II MaBV Vorauszahlungen des Erwerbers entgegennehmen, sofern er Sicherheit für alle etwaigen Ansprüche des Auftraggebers auf Rückgewähr oder Auszahlung seiner Vermögenswerte im Sinne des § 2 I 1 MaBV leistet. In der Regel wird die Sicherheit in Form einer Bankbürgschaft erbracht.

Die Bürgschaft sichert Ansprüche des Auftraggebers auf Ersatz von Aufwendungen für die Beseitigung von Mängeln sowie auf Rückgewähr von Vorauszahlungen, die auf einem auf Mängel des Bauwerks gestützten Rücktritt, einer hierauf gestützten Minderung oder einem Schadensersatzanspruch wegen Nichterfüllung beruhen.[65] Eine nach § 7 MaBV erteilte Bürgschaft sichert sämtliche Geldansprüche aus mangelhafter oder unterlassener Erfüllung vor der Abnahme.[66] Die Bürgschaft erfasst auch einen Rückgewähranspruch nach Aufhebung des zwischen dem Bauträger und dem Erwerber geschlossenen Vertrags, sofern die Auslegung der Bürgschaftserklärung keine Einschränkung des Sicherungsumfangs ergibt.

Der Bürge kann sich gegenüber dem Erwerber nicht darauf berufen, es fehle an einer **37** wirksamen Sicherungsabrede für die Stellung einer Bürgschaft.

Der Bauträger ist mit dieser Einwendung nach § 242 BGB ausgeschlossen, wenn er Zahlungen des Auftraggebers entgegennimmt, die er nur bei Stellung einer Bürgschaft entgegennehmen durfte.[67]

---

[62] BGHZ 160, 277 = BauR 2005, 91.
[63] Verordnung über Abschlagszahlungen bei Bauträgerverträgen vom 23.5.2001, BGBl. I 981, i. d. Fassung v. 23.10.2008, BGBl. I 2022.
[64] Zur Wirksamkeit der Bauträgerverordnung im Hinblick auf europarechtliche Vorgaben, vgl. *Thode* ZNotP 2004, 210; *Ullmann*, NJW 2002, 1073.
[65] BGHZ 151, 147 = NJW 2002, 2563; *BGH* NJW-RR 2003, 452; NJW-RR 2003, 959; BGHZ 172, 63 = NJW 2007, 1957; beachte demgegenüber: BGHZ 188, 8 = NJW 2011, 1347.
[66] *BGH* BauR 2002, 1390; NZBau 2003, 100.
[67] BGHZ 160, 277 = BauR 2005, 91.

38 Nicht erfasst werden Ansprüche des Erwerbers wegen eines durch Verzug eingetretenen Schadens[68] sowie Ansprüche auf Ersatz entgangener Nutzungen und Steuervorteile.[69] Die Sicherheit ist nach § 7 I 3 MaBV aufrechtzuerhalten, bis die Voraussetzungen des § 3 I MaBV erfüllt sind und das Vertragsobjekt vollständig fertiggestellt worden ist.

Diese Voraussetzungen gelten nicht bei Verträgen des Bauträgers mit einem öffentlichen Auftraggeber oder einem in das Handelsregister eingetragenen Kaufmanns, § 7 II MaBV.

3. Verjährung

39 Der für die Herstellungspflicht und die Verpflichtung zur Übertragung des Eigentums am Grundstück begründete Vergütungsanspruch verjährt einheitlich in zehn Jahren, § 196 BGB.[70]

IV. Ansprüche des Erwerbers

1. Erfüllung

40 Der Umfang der vertraglichen Pflichten des Bauträgers ist durch Auslegung des Vertrags zu ermitteln. Neben der Übertragung des Eigentums an dem Grundstück verpflichtet sich der Bauträger im Vertrag zur Herstellung eines bestimmten Objekts.

Soweit sich nicht aus dem Inhalt des Vertrages oder den Umständen des Vertragsschlusses etwas anderes ergibt, hat der Bauträger auch die zur Herstellung des Objekts notwendigen Bau- und Planungsleistungen zu erbringen, die zur Herstellung des Objekts erforderlich sind.[71] Maßgebend ist der Inhalt der Leistungsbeschreibung. Dieser muss im Hinblick auf das in § 307 I 2 BGB geregelte Transparenzgebot klar und widerspruchsfrei sein.

Zur Bestimmung des Leistungsumfangs sind auch sonstige Unterlagen, Prospekte, Pläne oder Exposés, sowie Erklärungen der Vertragsparteien vor und im Zusammenhang mit dem Vertragsschluss heranzuziehen.[72] Neben den technischen Leistungspflichten kann den Bauträger nach dem Vertrag eine Beratungspflicht treffen, wenn die Parteien dies vereinbaren.

2. Mängelansprüche

a) Mängel des Bauwerks

41 Das vom Bauträger herzustellende Bauwerk ist mangelhaft, wenn es nicht die von den Parteien vereinbarte Beschaffenheit aufweist, § 633 II 1 BGB. Maßgeblich ist die Beschaffenheit, wie sie sich aus dem Vertrag sowie den in Bezug genommenen Urkunden, insbesondere der Baubeschreibung, und den im Zusammenhang mit dem Vertragsschluss abgegebenen Erklärungen ergibt.

Soweit eine Beschaffenheitsvereinbarung fehlt, ist das Werk frei von Sachmängeln, wenn es sich für die nach dem Vertrag vorausgesetzte, sonst für die gewöhnliche Verwendung eignet und eine Beschaffenheit aufweist, die bei Werken der gleichen Art üblich ist und die der Besteller nach der Art des Werks erwarten kann, § 633 II 2 BGB.[73]

---

[68] *BGH* NJW 2003, 285; NJW-RR 2003, 592; NJW-RR 2003, 959.
[69] BGHZ 151, 147 = NJW 2002, 2563; *BGH* NJW-RR 2003, 959.
[70] *Pause,* NZBau 2002, 648; zum alten Recht: BGHZ 72, 229 = NJW 1979, 156; BGHZ 74, 273 = NJW 1979, 1650; *BGH* NJW 1979, 2193; NJW 1981, 273 und 1665.
[71] Vgl. BGHZ 139, 244 = NJW 1998, 3707; *BGH* NJW-RR 2000, 465; BGHZ 168, 368 = NJW 2006, 3413.
[72] BGHZ 100, 391 = NJW 1988, 490; *BGH* NJW 1997, 2874; NJW-RR 2008, 258.
[73] Vgl. den Überblick bei *Derleder,* NZBau 2004, 237.

Ist das Werk mangelhaft, kann der Besteller nach § 635 BGB Nacherfüllung verlangen (§ 634 Nr. 1 BGB), nach § 637 BGB den Mangel selbst beseitigen und Ersatz der erforderlichen Aufwendungen verlangen (§ 634 Nr. 2 BGB), nach den §§ 636, 323 und 326 V BGB vom Vertrag zurücktreten oder die Vergütung nach § 638 BGB mindern (§ 634 Nr. 3 BGB) und nach §§ 636, 280, 281, 283 und 311a BGB Schadensersatz[74] oder nach § 284 BGB Ersatz vergeblicher Aufwendungen verlangen (§ 634 Nr. 4 BGB).[75] Das Rücktrittsrecht kann der Erwerber nur hinsichtlich des gesamten Vertrages ausüben.[76]

b) Mängel des Grundstücks

Für Mängel des Grundstücks bestehen Mängelansprüche nach den Vorschriften des Kaufvertragsrechts. Dem Erwerber stehen bei Mängeln des Grundstücks die in § 437 BGB bezeichneten Mängelansprüche auf Nacherfüllung, Minderung, Schadensersatz neben der Leistung sowie Ersatz vergeblicher Aufwendungen und das Recht zu, vom Vertrag zurücktreten oder Schadensersatz statt der Leistung zu verlangen. **42**

aa) Rechtsmängel

Der Bauträger hat dem Erwerber den aufzulassenden Grundstücksteil frei von Rechten Dritter zu verschaffen, § 435 BGB. **43**

Das bedeutet, dass, vorbehaltlich einer abweichenden Vereinbarung zwischen Bauträger und Erwerber, das auf der zu erwerbenden Grundstücksfläche lastende Grundpfandrecht der den Bauträger finanzierenden Bank bei Übertragung des Eigentums gelöscht werden muss.

bb) Sachmängel

Für Sachmängel hat der Bauträger nach § 434 BGB einzustehen. **44**

Ein Sachmangel liegt z. B. vor, wenn die Grundstücksfläche hinter der im Vertrag vereinbarten zurückbleibt oder die Nutzbarkeit des Grundstücks beeinträchtigt ist. Soweit sich die Nutzungseinschränkungen auf das Bauwerk selbst beziehen, greift die Sachmangelhaftung nach Werkvertragsrecht.

c) Verjährung

Rechte des Erwerbers wegen Mängeln am Bauwerk verjähren nach § 634a I Nr. 2 BGB in fünf Jahren ab Abnahme des Bauwerks. **45**

Die formularmäßige isolierte Vereinbarung der Gewährleistungsregelung der VOB/B in einem Bauträgervertrag ist wegen Verstoßes gegen § 309 Nr. 8b, ff BGB jedenfalls insoweit unwirksam, als damit die gesetzliche Gewährleistungsfrist nach dem BGB verkürzt wird.[77]

Die Mängelansprüche des Erwerbers wegen Sachmängeln des Grundstücks verjähren nach § 438 I Nr. 3 BGB in zwei Jahren beginnend mit der Übergabe des Grundstücks. Für Rechtsmängel des Grundstücks besteht eine dreißigjährige Verjährungsfrist, § 438 I Nr. 1 BGB. **46**

3. Kündigung

Dem Erwerber steht gegenüber dem Bauträger nicht das Recht zu, den die Errichtung des Baus betreffenden Teil des Bauträgervertrags nach § 649 BGB zu kündigen. Der Erwerber ist jedoch berechtigt, den auf die Bauleistung bezogenen Teil des Bauträgervertrages aus wichtigem Grund zu kündigen mit der Folge, dass der Erwerber den **47**

---

[74] Vgl. zur Berücksichtigung von Steuervorteilen: *BGH* NJW 2012, 1573; NJW 2008, 2773.
[75] Zur Berücksichtigung von Steuervorteilen vgl. *BGH* NJW 2008, 649, 2773; NJW 2010, 675.
[76] *BGH* NJW 1976, 1931.
[77] BGHZ 96, 129 = NJW 1986, 315; BGHZ 100, 391 = NJW 1988, 490 zu § 11 Nr. 10f AGBG.

Anspruch auf Übertragung des Grundstücks mit dem bis dahin errichteten Teil des Bauwerks behält.[78]

Ob ein wichtiger Grund vorliegt, der den Erwerber zu einer Kündigung des Vertrages berechtigt, ist unter Berücksichtigung der Umstände des Einzelfalls und der sich durch eine Kündigung ergebenden Folgen für die Fortführung des Bauvorhabens und mögliche weitere Erwerber zu beurteilen.[79]

4. Insolvenz

48 Im Falle der Insolvenz des Bauträgers hat der Insolvenzverwalter das Wahlrecht aus § 103 InsO. Wählt er die Erfüllung des Vertrages, ist der Bauträgervertrag entsprechend der getroffenen Vereinbarung abzuwickeln.

Lehnt der Insolvenzverwalter die Erfüllung des Vertrages ab, behält der Erwerber den Anspruch auf Eigentumsübertragung des Grundstücks, der durch die zu seinen Gunsten eingetragene Auflassungsvormerkung nach § 106 InsO geschützt ist, und den Anspruch auf Lastenfreistellung.[80] Der Erwerber ist zur Zahlung einer Teilvergütung für das Grundstück und den erbrachten Bautenstand verpflichtet. Die Höhe dieser Vergütung ist im Wege der ergänzenden Vertragsauslegung, ggf. nach §§ 315, 316 BGB zu ermitteln.[81] Hinsichtlich der vom Bauträger nicht erbrachten Bauleistung steht dem Erwerber ein Schadensersatzanspruch wegen Nichterfüllung als Insolvenzforderung zu.[82]

5. Sicherheiten

a) Sicherung des Bauträgers

49 Der Bauträger ist hinsichtlich seines Vergütungsanspruchs dadurch gesichert, dass er bis zur vollständigen Herstellung des Bauwerks Eigentümer des Grundstücks bleibt. Er kann die Auflassung und Eigentumsumschreibung gemäß § 320 BGB bis zur Zahlung der Bezugsfertigkeitsrate (§ 3 II Nr. 2 MaBV) verweigern.[83]

b) Sicherheiten des Erwerbers

50 Dem Erwerber ist nach § 7 MaBV Sicherheit für alle Ansprüche auf Rückgewähr oder Auszahlung seiner Vermögenswerte zu leisten, wenn der Bauträger Zahlungen des Erwerbers entgegennimmt, ohne dass die Voraussetzungen der §§ 2, 3 MaBV vorliegen.

Eine Vermischung der Sicherheiten nach § 7 MaBV und § 3 MaBV ist nicht zulässig.

51 Die Sicherheit ist so lange aufrecht zu erhalten, bis das Vertragsobjekt vollständig hergestellt ist.[84] Vertragliche Abreden, die eine Herabsetzung der Sicherheit mit Baufortschritt vorsehen, sind unwirksam.[85]

6. Prospekthaftung

a) Vertragliche Sachmängelhaftung bei fehlerhaften Prospektangaben (Prospekthaftung im weiteren Sinn)

52 Der Bauträger hat für fehlerhafte Prospektangaben nach allgemeinen Regeln einzustehen, wenn Angaben im Prospekt die Beschaffenheit der vom Bauträger geschuldeten

---

[78] BGHZ 96, 275 = NJW 1986, 925.
[79] BGHZ 96, 275 = NJW 1986, 925.
[80] BGHZ 79, 103 = NJW 1981, 1991.
[81] BGHZ 79, 103 = NJW 1981, 1991.
[82] BGHZ 68, 379 = NJW 1977, 1345.
[83] Vgl. *Pause*, NJW 2000, 769.
[84] Vgl. *Kniffka/Koeble*, 11. Teil, Rn. 392.
[85] BGHZ 162, 378 = NJW-RR 2005, 1101; *BGH* NJW-RR 2003, 1171.

Werkleistung näher beschreiben. Stellt sich heraus, dass die Werkleistung des Bauträgers die vereinbarte Beschaffenheit nicht aufweist, ist die Leistung des Bauträgers mangelhaft. Der Erwerber kann wegen des Mangels der Sache Schadensersatz gemäß §§ 241 II, 311 II BGB i. V. mit §§ 280 ff. BGB fordern.

Dieser Anspruch verjährt wie vertragliche Gewährleistungsrechte in 5 Jahren nach Abnahme oder 3 Jahren ab Kenntnis des anspruchsbegründenden Sachverhalts.[86]

b) Prospekthaftung im engeren Sinn

Die Prospekthaftung im engeren Sinn betrifft Ansprüche des Erwerbers gegen die an einem Anlagemodell beteiligten Personen, zu denen keine vertraglichen Beziehungen bestehen. Die von der Rechtsprechung zunächst zur Publikums-KG entwickelten Grundsätze gelten auch für Immobilienanlagen, u. a. für das Bauherrenmodell[87] und den Bauträgervertrag.[88] Nach § 311 III 2 BGB entsteht ein Schuldverhältnis gegenüber Personen, die nicht Vertragspartei werden sollen, die in besonderem Maße Vertrauen für sich in Anspruch nehmen und dadurch die Vertragsverhandlungen oder den Vertragsschluss erheblich beeinflussen. **53**

aa) Prospektverantwortliche Personen

Als Prospektverantwortliche kommen Personen in Betracht, die durch ihre nach außen in Erscheinung getretene Mitwirkung am Prospekt einen besonderen Vertrauenstatbestand geschaffen haben (z. B. Wirtschaftsprüfer, Planer oder Sachverständige).[89] **54**

Daneben haften die das Management bildenden Initiatoren und Gründer der Bauträgergesellschaft, die in der Gesellschaft einen besonderen Einfluss ausüben, für die mit ihrem Wissen in Verkehr gebrachten Werbeprospekte (z. B. Vertriebsgesellschaften und deren Geschäftsführer).[90] Schadensersatzansprüche können zudem gegenüber Vermittlern von Kapitalanlagen bestehen, die selbst Angaben über das Objekt machen oder entsprechende Prospekte in Verkehr bringen,[91] sowie Personen, die aufgrund ihrer beruflichen Stellung oder ihre besondere Sachkunde eine Garantenstellung gegenüber dem Erwerber einnehmen (z. B. Rechtsanwälte oder Steuerberater).[92]

bb) Prospektfehler

Die Prospektverantwortlichen haften dem Erwerber dafür, dass der Prospekt keine unrichtigen, unvollständigen oder irreführenden Angaben enthält. **55**

Über Umstände und Risiken, wie etwa Steuervorteile, Wohnfläche und Zahlungsverpflichtungen, die für die Anlageentscheidung des Erwerbers von wesentlicher Bedeutung sind, ist im Prospekt zutreffend zu informieren. Unter einem Prospekt ist eine Unterlage zu verstehen, die dazu bestimmt ist, den Erwerber über den Inhalt und die Bedeutung des Anlagemodells zu informieren, z. B. Objektbeschreibungen, Exposés. Nicht ausreichend sind Anzeigen in Werbebroschüren, die ihrer Art nach nicht dazu bestimmt sind, Informationen über die Kapitalanlage zu vermitteln.

---

[86] Vgl. *Kniffka/Koeble*, 11. Teil Rn. 357.
[87] BGHZ 111, 314 = NJW 1990, 2461.
[88] BGHZ 145, 121 = NJW 2001, 436.
[89] BGHZ 77, 172 = NJW 1980, 1840.
[90] BGHZ 71, 284 = NJW 1978, 1625; BGHZ 72, 382 = NJW 1979, 718; BGHZ 111, 314 = NJW 1990, 2461; NJW-RR 2006, 610.
[91] BGHZ 74, 103 = NJW 1979, 1449; *BGH* NJW 1982, 1095.
[92] *BGH* NJW 1984, 865.

cc) Verschulden

56 Der Prospektfehler muss von den Prospektverantwortlichen zu vertreten sein. Das Verschulden wird gemäß § 280 I 2 BGB vermutet.

dd) Schaden

57 Der Erwerber kann Ersatz des Schadens verlangen, der ihm infolge der fehlerhaften Prospektangaben entstanden ist. Wenn der Erwerber den Vertrag bei richtiger Information nicht geschlossen hätte, kann er den Vertrag rückabwickeln.

Er hat sich die ihm durch den Vertrag zugeflossenen Vorteile, z. B. Mieteinnahmen oder Steuervorteile auf den Schadensersatzanspruch anrechnen zu lassen. Er kann nach § 280 I BGB auch Ersatz der Kosten verlangen, die erforderlich sind, um die vertraglich vereinbarte Beschaffenheit herbeizuführen.

ee) Verjährung

58 Ansprüche wegen Prospektfehlern verjähren in der Regelverjährung von 3 Jahren, die gemäß § 199 I BGB mit dem Schluss des Jahres zu laufen beginnt, in dem der Anspruch entstanden ist und der Anspruchsberechtigte von den den Anspruch begründenden Umständen und der Person des Schuldners Kenntnis erlangt.

ff) Gerichtsstand

59 Gegen verschiedene Prospektverantwortliche können bei verschiedenen Wohn- oder Geschäftssitzen verschiedene Gerichtsstände begründet sein.

In Erweiterung des § 22 ZPO können Ansprüche gegen sämtliche Prospektverantwortliche am Sitz der Bauträgergesellschaft geltend gemacht werden.[93]

V. Besonderheiten bei der Errichtung von Wohnungseigentum

1. Ansprüche des Erwerbers bei Mängeln des Sondereigentums

60 Wegen Mängeln des Sondereigentums kann der einzelne Erwerber selbständig seine Rechte gegen den Bauträger verfolgen. Dies gilt auch für Mängel des Gemeinschaftseigentums, die sich ausschließlich auf das Sondereigentum eines Erwerbers auswirken, wie z. B. Geruchsbeeinträchtigungen und Schallschutzmängel,[94] und wenn durch sein Vorgehen gemeinschaftsbezogene Interessen der weiteren Erwerber und schützenswerte Interessen des Veräußerers nicht beeinträchtigt werden.[95]

Macht der einzelne Erwerber wegen der sich auf sein Sondereigentum auswirkenden Mängel Rücktritt oder großen Schadensersatz geltend, kommt es zu einer Rückabwicklung des Eigentumserwerbs mit der Folge, dass der Bauträger in die Eigentümergemeinschaft eintritt.

2. Ansprüche des Erwerbers bei Mängeln des Gemeinschaftseigentums

61 Dem einzelnen Erwerber stehen nach dem Bauträgervertrag Gewährleistungsansprüche auch wegen Mängeln des Gemeinschaftseigentums zu.[96] Für den Zeitpunkt der Abnahme kommt es auf die Abnahme des Gemeinschaftseigentums durch den einzel-

---

[93] BGHZ 76, 231 = NJW 1980, 1470.
[94] BGHZ 110, 258 = NJW 1990, 1663; BGHZ 114, 383 = NJW 1991, 2480.
[95] BGHZ 172, 42 = NJW 2007, 1952.
[96] BGHZ 172, 42 = NJW 2007, 1952; BGHZ 169, 1 = NJW 2006, 3275; *BGH* BauR 2005, 542; BauR 2004, 1148; NJW 1997, 2173; BGHZ 74, 258 = NJW 1979, 2207; zur Abnahme vgl. *Lotz,* BauR 2008, 740.

nen Erwerber an.[97] Neben Ansprüchen, die ausschließlich dem Erwerber selbst zustehen, wie die Rückabwicklung des Vertrags nach Rücktritt oder im Wege des
Schadensersatzes wegen Nichterfüllung gibt es gemeinschaftsbezogene Rechte des
Erwerbers, die er nicht ohne Mitwirkung der anderen Wohnungseigentümer durchsetzen kann, sowie Rechte, die er selbständig ausüben kann, solange die Wohnungseigentümergemeinschaft diese nicht durch Beschluss an sich gezogen hat.[98]

Die dem einzelnen Erwerber zustehende Berechtigung ist hinsichtlich der gemeinschaftsbezoge-
nen Rechte durch die Berechtigung der Miterwerber von vornherein beschränkt. Die Erwerber
sind als Mitgläubiger i. S. des § 432 BGB anzusehen.[99]

Hinsichtlich der einzelnen Gewährleistungsansprüche gilt folgendes:

a) Nacherfüllung

Der Erwerber ist berechtigt, die Erfüllung des Vertrags auch hinsichtlich des Gemein-   **62**
schaftseigentums zu fordern. Ihm steht gegen den Bauträger ein uneingeschränkter
Anspruch auf Nacherfüllung hinsichtlich der Mängel des Gemeinschaftseigentums
und nicht nur in Höhe seiner Miteigentumsquote zu.[100] Der Erwerber ist befugt,
wegen solcher Mängel ein selbständiges Beweisverfahren einzuleiten.[101] Die Wohnungseigentümergemeinschaft dürfte befugt sein, den Anspruch auf Nacherfüllung
durch Beschluss an sich zu ziehen.[102]

b) Fristsetzung zur Nacherfüllung

Der einzelne Erwerber kann dem Bauträger eine angemessene Frist zur Nacherfül-   **63**
lung setzen mit dem Ziel, die Beseitigung der Mängel selbst vorzunehmen.[103] Soweit
die Fristsetzung zur Geltendmachung des Anspruchs auf Minderung oder Schadensersatz erfolgt, setzt eine wirksame Fristsetzung einen Beschluss der Wohnungseigentümer voraus.[104]

c) Selbstvornahme

Der Erwerber kann vom Bauträger im Falle der Selbstvornahme Aufwendungsersatz   **64**
verlangen, wenn er den Mangel selbst beseitigt hat. Ein Beschluss der Wohnungseigentümer ist nicht erforderlich.[105] Ferner steht dem einzelnen Wohnungseigentümer
der Anspruch auf Vorschusszahlung nach dem Erwerbsvertrag in voller Höhe zu.

Wegen der Gemeinschaftsbezogenheit kann dieser Anspruch von dem Erwerber allerdings nur
in der Weise durchgesetzt werden, dass er Zahlung an die Gemeinschaft verlangt.[106]

Die Wohnungseigentümergemeinschaft kann den Anspruch auf Vorschusszahlung
oder Aufwendungsersatz durch Beschluss an sich ziehen, mit der Folge, dass der
einzelne Erwerber diesen Anspruch nicht mehr durchsetzen kann.[107]

---

[97] *BGH* NJW 1985, 1551; *Kniffka/Koeble,* 11. Teil Rn. 237.
[98] Vgl. *Kniffka/Koeble,* 11. Teil Rn. 251 ff.
[99] Vgl. *Kniffka/Koeble,* 11. Teil Rn. 259 f.; *Pause,* Rn. 917.
[100] *BGH* NJW 1984, 725; zu Ausnahmen *OLG Hamm* NJW-RR 2007, 897.
[101] BGHZ 114, 383 = NJW 1991, 2480; *BGH* BauR 1980, 69.
[102] Vgl. *Kniffka/Koeble,* 11. Teil Rn. 270.
[103] *OLG Stuttgart* BauR 2005, 1490.
[104] *BGH* NJW 1998, 2967.
[105] *BGH* NJW-RR 2005, 1472.
[106] *BGH* NJW-RR 2005, 1472; BGHZ 172, 42 = NJW 2007, 1952 m. w. N.
[107] BGHZ 172, 42 = NJW 2007, 1952; BGHZ 169, 1 = NJW 2006, 3275.

d) Minderung und Schadensersatz

65 Die Gemeinschaft der Wohnungseigentümer hat grundsätzlich darüber zu entscheiden, ob Minderung oder (kleiner) Schadensersatz geltend gemacht werden soll.[108] Der kleine Schadensersatz kann gemäß §§ 634 Nr. 4, 280 I BGB als Schadensersatz neben der Leistung und gemäß §§ 634 Nr. 4, 280 III, 281 BGB im Rahmen des Schadensersatzes statt der Leistung gefordert werden. Der Anspruch kann nur in der Weise geltend gemacht werden, dass die Leistung gegenüber allen Wohnungseigentümern erfolgt, weil nur so die zweckentsprechende Verwendung zugunsten des Gemeinschaftseigentums sichergestellt ist.[109] Der Erwerber von Wohnungseigentum ist berechtigt, seine individuellen Ansprüche aus dem Vertrag mit dem Veräußerer selbständig zu verfolgen, solange durch sein Vorgehen gemeinschaftsbezogene Interessen der Wohnungseigentümer oder schützenswerte Interessen des Veräußerers nicht beeinträchtigt sind.[110]

Erforderlich ist ein Beschluss der Wohnungseigentümer. Darin können ein oder mehrere Erwerber oder der Verwalter der Wohnungseigentümergemeinschaft ermächtigt werden, diese Ansprüche gegenüber dem Bauträger geltend zu machen.[111]

e) Aufrechnung und Zurückbehaltungsrecht

66 Zwischen dem Kaufpreisanspruch und dem Anspruch eines Erwerbers auf Vorschuss wegen Mängeln des Gemeinschaftseigentums besteht mangels Gegenseitigkeit keine Aufrechnungslage. Eine unwirksame Aufrechnungserklärung des Erwerbers ist als Geltendmachung eines Zurückbehaltungsrechts nach § 320 BGB zu behandeln.[112] Ein Zurückbehaltungsrecht oder einen auf die Aufrechnung mit einem auf Zahlung gerichteten Gewährleistungsanspruch wegen Mängeln kann der Erwerber dem Zahlungsanspruch des Bauträgers nur in Höhe der auf seinen Miteigentumsanteil entfallenden Quote entgegenhalten.[113]

VI. Prozessuale Fragen

1. Notarielle Unterwerfungserklärung

67 Die Erklärung des Erwerbers in einem notariellen Bauträgervertrag i. S. des § 1 MaBV, dass er sich ohne Nachweis der Fälligkeit wegen seiner vertraglichen Zahlungsverpflichtung der sofortigen Zwangsvollstreckung aus der Urkunde unterwerfe, ist wegen Verstoßes gegen §§ 3, 12 MaBV unwirksam.[114]

Denn durch den Verzicht auf den Nachweis der Fälligkeit könnte der Bauträger auf das Vermögen des Erwerbers zugreifen, ohne dass sichergestellt ist, dass der Erwerber die Gegenleistung erhalten hat. Sofern die Unterwerfungserklärung vom Nachweis der Fälligkeit abhängt, dürfen die im Vertrag gestellten Anforderungen der gesetzlichen Regelung des § 3 MaBV nicht zuwiderlaufen. Im Hinblick auf den zwingenden Charakter dieser Regelung (§ 12 MaBV) ist in jedem Fall sicherzustellen, dass Zahlungsansprüche gegen den Erwerber erst vollstreckbar sind, wenn die Voraussetzungen des § 3 I, II MaBV vorliegen.

---

[108] BGHZ 172, 42 = NJW 2007, 1952; BGHZ 169, 1 = NJW 2006, 3275; *BGH* BauR 2004, 1148; NJW 1983, 453; BGHZ 74, 258 = NJW 1979, 2207.

[109] BGHZ 172, 63 = NJW 2007, 1957; BGHZ 172, 42 = NJW 2007, 1952; BGHZ 169, 1 = NJW 2006, 3275; *BGH* BauR 2005, 1623.

[110] *BGH* NJW 2010, 3089; BGHZ 169, 1 = NJW 2006, 3275; *BGH* NJW-RR 2004, 949.

[111] BGHZ 172, 42 = NJW 2007, 1952; *BGH* BauR 2004, 1148; vgl. *Vogel*, NJW 2013, 656.

[112] *OLG Stuttgart* NJW 2013, 699.

[113] Vgl. *Kniffka/Koeble*, 11. Teil Rn. 260, 276; a. A.: Aufrechnung ausgeschlossen: *OLG Stuttgart* NZBau 2012, 771.

[114] BGHZ 139, 387 = NJW 1999, 51; *OLG Düsseldorf* BauR 2002, 515.

In anderen Fällen ist eine individuell vereinbarte Unterwerfungserklärung unter Verzicht auf den Nachweis der Fälligkeit der zugrunde liegenden Forderung wirksam. **68**

Ein Nachweisverzicht in AGB ist dagegen wegen Verstoßes gegen § 307 BGB unwirksam.[115] Dieser benachteiligt den Auftraggeber unangemessen, weil ihm die Rolle zufällt, sich gegen eine unberechtigte Vollstreckung zur Wehr setzen zu müssen.

2. Vollstreckungsgegenklage, § 767 ZPO

Die Vollstreckungsgegenklage ist darauf gerichtet, die Vollstreckbarkeit des titulierten **69** Anspruchs zu beseitigen. Nach § 767 I ZPO kann sie nur auf materielle Einwendungen gestützt werden, die den festgestellten Anspruch selbst betreffen. Einwendungen, die auf Gründen beruhen, die bereits bei Schluss der mündlichen Verhandlung vorlagen, in der Einwendungen spätestens hätten geltend gemacht werden können, sind nach § 767 II ZPO ausgeschlossen. Gleiches gilt für Einwendungen, die mit dem Einspruch gegen ein Versäumnisurteil hätten geltend gemacht werden können.

Die Beweislast für das Vorliegen einer Einwendung richtet sich nach allgemeinen Regeln.[116] Der Aufrechnungseinwand ist nach § 767 II ZPO ausgeschlossen, wenn die Aufrechnungslage bereits vor Schluss der mündlichen Verhandlung im Vorprozess entstanden ist.[117] Der Auftraggeber ist mit dem Aufrechnungseinwand nicht bereits dann ausgeschlossen, wenn er die Aufrechnungslage vor Schluss der mündlichen Verhandlung hätte herbeiführen können. Hierzu ist er nicht verpflichtet, weil ein berechtigtes Interesse bestehen kann, davon abzusehen, die Voraussetzungen für eine Aufrechnungslage gegenüber dem Auftragnehmer zu schaffen.[118]

Ist über eine Vollstreckungsgegenklage bereits entschieden worden, sind Einwendungen **70** gegen den titulierten Anspruch nach § 767 III ZPO ausgeschlossen, die nach objektivem Maßstab zeitlich in dem früheren Klageverfahren hätten erhoben werden können.[119]

3. Prozessuale Gestaltungsklage

Der Erwerber kann die Unwirksamkeit der Unterwerfungserklärung unter die sofor- **71** tige Zwangsvollstreckung nicht im Wege der Vollstreckungsgegenklage geltend machen. Dies kann lediglich im Rahmen einer prozessualen Gestaltungsklage in entsprechender Anwendung des § 767 ZPO geschehen, die mit der Vollstreckungsgegenklage verbunden werden kann.[120]

---

[115] *BGH* NJW 2002, 138.
[116] BGHZ 147, 203 = NJW 2001, 2096.
[117] BGHZ 155, 392 = NJW 2003, 3134 m. w. N.
[118] BGHZ 163, 339 = NJW 2005, 2926.
[119] *BGH* NJW 1991, 228.
[120] *BGH* NJW 2002, 138; BGHZ 118, 229 = NJW 1992, 2160.

Teil 7. Der Provisionsanspruch des Immobilienmaklers

§ 22. Inhalt des Maklervertrages

I. Gegenseitige Rechte und Pflichten

Der Maklervertrag ist bei einem Immobilienmakler auf die Leistung von Diensten des Maklers gerichtet, die den Abschluss eines Vertrages zwischen dem Auftraggeber und einem Dritten hinsichtlich eines Grundstücks oder einer Grundstücksbeteiligungsgesellschaft herbeiführen soll.[1] Dazu gehört neben dem Verkauf auch die Begründung von Nutzungsverhältnissen wie zum Beispiel die Miete von Wohn- oder Gewerberaum oder die Pacht von gewerblichen Grundstücken. Die Dienste des Maklers können bestehen in dem **Nachweis der Gelegenheit** oder der **Vermittlung** eines solchen Geschäfts.[2] Als Vergütung erhält der Makler eine Provision, die nach der gesetzlichen Regelung von dem wirksamen Abschluss des Geschäfts abhängig ist (§ 652 BGB). Außer der den Auftraggeber als Hauptpflicht treffenden Pflicht zur Provisionszahlung entstehen für beide Parteien gewisse Nebenpflichten hinsichtlich Rücksichtnahme, Aufklärung und Information des Vertragspartners.[3]

Die Tätigkeit des Maklers ist also **erfolgsbedingt:** dem Auftraggeber steht es frei, hinsichtlich des nachgewiesenen oder bei der Vermittlung anstehenden Objekts den Vertrag abzuschließen und damit die Provisionspflicht entstehen zu lassen oder aber aus irgendwelchen Gründen hiervon Abstand zu nehmen mit der Folge, dass der Makler trotz – möglicherweise erheblicher – Tätigkeit und Mühen keine Vergütung erhält (so genannte Abschlussfreiheit).[4]

Umgekehrt ist der Makler im Normalfall nicht zur Ausübung einer Tätigkeit verpflichtet; er wird nicht ersatzpflichtig, wenn er den Auftrag nicht oder nachlässig ausführt, zum Beispiel ein für den Auftraggeber interessantes Objekt einem anderen Auftraggeber anbietet.[5] Beide Parteien können den Vertrag jederzeit widerrufen.

Der Maklervertrag beinhaltet zwar ein Austauschverhältnis, kann aber wegen Fehlen des Synallagmas zwischen den beiden Leistungen nicht als gegenseitiger Vertrag angesehen werden,[6] ebenso wenig als Geschäftsbesorgungsvertrag.[7]

Nach der Rechtsprechung können die Parteien den Typus des Maklervertrages abweichend dahin regeln, dass der Makler zu einem Tätigwerden verpflichtet ist (Maklerdienstvertrag)[8] oder sogar die Herbeiführung eines Erfolges schuldet (Maklerwerkvertrag).[9] Dem wird zum Teil entgegengehalten, dass sich die Rechtsprechung zu weit

---

[1] Überblick über die Rechtsprechung bei *Morath,* DWW 2007, 68; DWW 2008, 127.
[2] Ausführlich *Fischer,* NJW 2007, 183 ff.
[3] § 24 Rn. 89 ff.; § 25 Rn. 4 ff.
[4] *BGH* NJW 1966, 1404; NJW 1975, 647; *Reuter,* NJW 1990, 1322; teilweise abw. *Pauly,* JR 1998, 353.
[5] *Reuter,* NJW 1990, 1322; anders beim Alleinauftrag, § 26 Rn. 4 ff.
[6] Staudinger/*Reuter,* Vorbem. zu § 652 Rn. 2, 10; *Dehner,* Rn. 13.
[7] Staudinger/*Reuter,* Vorbem. zu § 652 Rn. 4.
[8] *BGH* NJW-RR 1991, 627; NJW-RR 2000, 430; *Schwerdtner/Hamm,* Rn. 29 f.
[9] *BGH* NJW 1988, 967; *OLG Oldenburg* NJW-RR 2005, 1287; *Schwerdtner/Hamm,* Rn. 32 f.

vom Leitbild des Maklervertrages entfernt, da der Makler keine Vergütung für die geleisteten Dienste enthält, sondern für das Zustandekommen des Hauptvertrages.[10] Ebenso wenig hat er für einen bestimmten Erfolg einzustehen. Die von ihm geschuldeten Dienste können auch nicht genügend bestimmt werden.

II. Maßgebliche Vorschriften

3 Für den Immobilienmakler gelten die §§ 652 bis 655 BGB. Die Vorschriften des Handelsgesetzbuches über den Handelsmakler (§§ 93 ff. HGB) finden auf den Immobilienmakler keine Anwendung (§ 93 II HGB).

Während der Handelsmakler in Rechtsbeziehungen zu beiden Parteien tritt (§§ 98, 99 HGB), ist der Zivilmakler nach der Grundkonzeption des Gesetzes nur für eine Partei tätig; Doppeltätigkeit ist die Ausnahme und bedarf besonderer Erlaubnis.[11] Dagegen können die allgemeinen Vorschriften über Handelsgeschäfte zur Anwendung kommen, wenn der Makler als Kaufmann im Sinne der §§ 1, 2 HGB anzusehen sind.[12]

---

[10] *Reuter*, NJW 1990, 1321, 1327; Staudinger/*Reuter*, Vorbem. zu § 652 BGB, Rn. 14.
[11] § 24 Rn. 65 ff.
[12] *Schwerdtner/Hamm*, Rn. 10.

§ 23. Ansprüche des Maklers

I. Abschluss des Maklervertrages

1. Form

Eine besondere Form ist für den Immobilien-Maklervertrag – anders als nach § 655b **1**
BGB für die Kreditvermittlung – nicht vorgeschrieben. Dies gilt auch für den Mak-
ler-Alleinauftrag (anders nach § 34 GWB a. F. bis zum 31.12.1998). Im Hinblick auf
die geforderte Eindeutigkeit der Provisionsabrede[1] und die den Makler treffende
Beweislast für den Vertragsabschluss ist ein schriftlicher Abschluss sehr zu empfehlen.[2] Soweit die Schriftform angestrebt wird, gelten die allgemeinen Regeln (§§ 126 ff.
BGB). Nach § 11 MaBV muss der Makler den Auftraggeber – soweit der Anwendungsbereich der MaBV nach deren § 1 eröffnet ist – nach Abschluss des Vertrages
schriftlich über dessen Inhalt unterrichten.

Die Rechtsprechung hat bei Maklerverträgen, bei denen sich der Auftraggeber ver- **2**
pflichtet, einen Kaufvertrag über ein Grundstück abzuschließen, im Hinblick auf
§ 311b BGB notarielle Beurkundung des Maklervertrages gefordert,[3] wobei dann
Heilung der Unwirksamkeit gemäß § 311b I 2 BGB mit dem Abschluss des Grund-
stückskaufvertrages eintritt.[4] Diese sehr zweifelhafte Bejahung des § 311b BGB war
gedacht als Schutz des Auftraggebers gegen die Vereinbarung erfolgsunabhängiger
Provisionen. Dieses Problem lässt sich aber ebenso gut über die Inhaltskontrolle nach
§ 307 BGB lösen.[5]

2. Provisionsabrede

a) Stillschweigende Vereinbarung

Nach § 653 I BGB „gilt ein Mäklerlohn als stillschweigend vereinbart, wenn die dem **3**
Mäkler übertragene Leistung den Umständen nach nur gegen eine Vergütung zu
erwarten ist". An die Vereinbarung einer Provisionsabrede durch schlüssiges Verhalten sind **strenge Anforderungen** zu stellen.[6] Bei der Anwendung der Vorschrift
ist zu beachten, dass das Auftreten eines Maklers gegenüber einem Interessenten
mehrdeutig ist. Er kann beabsichtigen, mit einem Interessenten einen Maklervertrag
abzuschließen. Er kann aber auch lediglich beabsichtigen, einen geeigneten Vertragspartner für ein Objekt ausfindig zu machen, für das er von einem anderen Interessenten schon einen Auftrag hat.

Liegen gegenteilige Anhaltspunkte nicht vor, darf ein Kaufinteressent davon aus- **4**
gehen, dass der Makler das Objekt von dem Verkäufer an die Hand bekommen hat
und deshalb mit der angetragenen Weitergabe von Informationen eine Leistung an
den Anbieter erbringen will. Der Kaufinteressent braucht in einem solchen Fall nicht

---

[1] Rn. 3 ff.
[2] *Fischer*, NZM 2011, 529, 530.
[3] *BGH* NJW 1970, 1915; NJW 1980, 1622; NJW-RR 1994, 559; zustimmend Staudinger/
Reuter, § 652 Rn 21 ff.; *Zopfs*, Rn. 11; *Hamm*, Rn 7.
[4] *BGH* NJW 1987, 1628; NJW-RR 1990, 57; *Dehner*, NJW 1997, 19 – vgl. jedoch zur
Verwirkung der Provision unten Rn. 65 ff.
[5] Rn. 11 ff.
[6] Überblick bei *Fischer*, NJW 2007, 3107, 3108; *ders.*, NZM 2011, 529, 530; *Moraht*, DWW
2010, 162, 165; *Hogenschurz*, ZfIR 2011, 77; *Drasdo*, NJW-Spezial 2012, 353.

damit zu rechnen, dass der Makler auch von ihm eine Provision erwartet.[7] Dies gilt nicht nur, wenn die Initiative vom Makler ausgeht, sondern auch dann, wenn der Makler auf eine Anfrage des Interessenten hin diesem von sich aus weitere Objekte anbietet. Eine Provisionsabrede soll nach neuerer Rechtsprechung selbst dann nicht durch schlüssiges Verhalten vereinbart sein, wenn der Interessent ohne Bezugnahme auf ein Inserat oder ein sonstiges Einzelangebot des Maklers Kontakt zu diesem aufnimmt, um sich Objekte aus dessen Bestand benennen zu lassen.[8] Eine Provisionsabrede aufgrund stillschweigender Vereinbarung kommt nur noch dann in Betracht, wenn der Kunde dem Makler einen eigenen Suchauftrag erteilt.[9] Damit ist – abgesehen vom Suchauftrag – die stillschweigende Vereinbarung einer Provision im Prinzip nicht mehr möglich.

b) Konkludentes Verhalten

5   Der Makler muss dem Kunden klar und unmissverständlich deutlich machen, dass im konkreten Fall eine Maklerprovision im Erfolgsfall in Rechnung gestellt wird. Erforderlich ist ein **eindeutiger Hinweis**.[10] Ein ausdrückliches Provisionsverlangen kann auch in einer Zeitungsanzeige oder einem Internetinserat enthalten sein, sofern der Hinweis so gestaltet und geeignet ist, dem durchschnittlichen Interessenten die entstehende Provisionspflicht unzweideutig vor Augen zu führen.[11] Damit dürfte jedenfalls für die gängigen Internetportale höchstrichterlich geklärt sein, dass die Angabe eines bestimmten Provisionssatzes direkt unter der Angabe der Vermarktungsart und des Kaufpreises ein eindeutiger Hinweis auf die Provisionspflichtigkeit ist.[12] Entscheidend ist jedoch die Auslegung im Einzelfall. Die Angabe einer Provision in einer Zeitungsannonce kann vom Kaufinteressenten auch dahin verstanden werden, dass eine vom Verkäufer geschuldete Maklercourtage bei Zustandekommen des Kaufgeschäfts lediglich auf ihn abgewälzt werden soll.[13] Erst wenn der Interessent auf einen eindeutigen Hinweis hin weitere Maklerdienste in Anspruch nimmt, kann von einem provisionspflichtigen Vertragsschluss ausgegangen werden.[14] Der Auftraggeber muss diesen Hinweis positiv zur Kenntnis genommen haben, sodass beispielsweise die Überreichung eines Exposés, in dem der Hinweis enthalten ist, nicht ausreicht, solange der Interessent dieses mangels Durchlesen noch nicht zur Kenntnis genommen hat.[15] Erklärt der Interessent allerdings nach Durchlesen des Exposés, für

[7] *BGH* NJW-RR 2007, 400; *OLG Brandenburg* NJW-RR 2009, 1145; *OLG Naumburg* NJW-RR 2013, 564; vgl. dazu *Würdinger*, JZ 2009, 349, 350.
[8] *BGH* NJW 2005, 3779; krit. hierzu *Pauly*, MDR 2006, 549 mit Überblick über den Meinungsstand.
[9] *BGH* NJW 2005, 3779 mit weiteren Nachweisen; *OLG Köln* NJW-RR 2010, 780; Überblick bei *Schulz*, ZMR 2002, 11.
[10] Hierzu *BGH* NJW 2000, 282; NJW 2002, 1945; *OLG Celle* NJW-RR 2003, 418; *OLG Düsseldorf* NJW-RR 1996, 1466 (Hinweise in AGB sollen ausreichen – zweifelhaft), 1997, 368; *OLG Hamm* NJW-RR 1998, 842; *OLG Karlsruhe* NZM 1999, 231; *OLG Dresden* NZM 1998, 1016; Einzelfragen bei Staudinger/*Reuter*, § 652 Rn. 10, 11; *Morath*, jurisPR-MietR 20/2010 Anm. 6; *Fischer*, NJW 2011, 3277.
[11] *BGH* NJW 2012, 2268, Tz. 12; *OLG Hamm* NJW-RR 2013, 170; zustimmend *Roth*, LMK 2012, 334936; *Hogenschurz*, ZfIR 2012, 545.
[12] *OLG Hamm* NJW-RR 2013, 170 (für immobilienscout24); *Hogenschurz*, MDR 2013, 253.
[13] *OLG Hamm* NJW-RR 1995, 819; 1999, 127; *OLG Rostock* NJW-RR 2006, 857; *Morath*, jurisPR-MietR 9/2009 Anm. 5 – sehr weitgehend; etwas zurückhaltender *Fischer*, NJW 2009, 3210, 3211.
[14] BGHZ 95, 393, 397 = NJW 1986, 177; *BGH* NJW 1989, 1071; NJW-RR 1991, 371; NJW-RR 2007, 400; *Reuter*, NJW 1990, 1323; *Hamm*, Rn. 13; *Engel*, MDR 2009, 1090, 1092.
[15] *BGH* NJW-RR 1991, 371; *OLG Hamm* NJW-RR 1994, 1078; *OLG Düsseldorf* NJW-RR 1998, 564; *OLG Schleswig* NJW 2007, 1982; zu Informationsschreiben vgl. *OLG Düsseldorf* NJW-RR 1996, 1466.

derartige Objekte sei eine geringere Provision üblich, liegt hierin die Einigkeit über die Entgeltlichkeit.[16] Lehnt der Interessent die Zahlung einer Provision ab, so liegt in dem Gefallenlassen weiterer Dienste kein widersprüchliches Verhalten, da der Interessent nach wie vor davon ausgehen kann, der Makler werde für seinen bisherigen Auftraggeber tätig.[17] Dies gilt auch dann, wenn der Makler ein Provisionsverlangen an den Interessenten richtet, dieser darauf lediglich schweigt.[18] Der Interessent kann allerdings dem Makler auch noch nach Beendigung der Dienste eine Provision versprechen.[19] Ein gesondertes ausdrückliches Provisionsverlangen ist auch dann erforderlich, wenn dem Kunden ein (zwischenzeitlich verändertes) Grundstück Jahre zuvor schon einmal provisionspflichtig angeboten wurde.[20]

c) Fehlende Provisionsabrede

Ist nach den obigen Ausführungen keine Provision vereinbart, kann ein Anspruch 6 auf Zahlung einer Provision jedoch grundsätzlich nach **§ 354 HGB** entstehen, wenn dessen Voraussetzungen vorliegen. Die Vorschrift des § 354 HGB verhilft dem Makler, sofern er Kaufmann ist, dann zu einer Provision, wenn er „befugterweise" für den Interessenten tätig ist.[21] Ein Anspruch aus § 812 I BGB kommt bei dieser Konstellation von vorneherein nicht in Betracht, wenn zwischen den Parteien ein Vertrag vorliegt und es lediglich an einer Provisionsabrede fehlt.[22]

d) Selbständiges Provisionsversprechen

Die Verpflichtung zur Zahlung einer Provision kann – jedenfalls individualvertraglich 7 – auch unabhängig von dem Vorliegen einer echten Maklerleistung begründet werden. Eine derartige Vereinbarung ist kein selbständiger Vertragstyp, sondern stellt sich nach den jeweiligen Umständen des Einzelfalls als verschleierter Teil des Kaufpreises, als Vergütung für nicht unter § 652 BGB fallende Dienste oder in seltenen Fällen als Schenkungsversprechen dar.[23]

3. Abwälzung der Provision

Es kommt in der Praxis häufig vor, dass der Auftraggeber entsprechend den Gepflo- 8 genheiten des Marktes die von ihm gegenüber dem Makler zu leistende Provision nicht endgültig tragen soll, sondern diese dem Vertragsgegner (zum Beispiel dem Käufer des Grundstücks, dem Mieter der Wohnung) aufgebürdet wird. Diese Interessenlage führt zu Absprachen, die häufig nicht eindeutig sind und später zum Nachteil des Maklers interpretiert werden. In Frage kommen folgende Konstellationen:

Der „Auftraggeber" teilt dem Makler mit, dieser müsse sich die ihm zustehende 9 Provision von dem von ihm ausfindig zu machenden Interessenten holen. Das könnte einmal bedeuten, dass der „Auftraggeber" dem Makler nur die Gelegenheit zum Abschluss des Hauptvertrages mitteilt und überhaupt keinen Maklervertrag mit dem

---

[16] *OLG Frankfurt/M.* NJW-RR 2000, 58.
[17] BGHZ 95, 393 = NJW 1986, 177; *BGH* NJW-RR 1986, 1496; NJW-RR 1996, 114; *Dehner,* NJW 1997, 19; *Zopfs,* Rn. 8.
[18] *OLG Brandenburg* NJW-RR 2009, 1145.
[19] *BGH* NJW 1991, 490; NJW 1998, 62; NJW-RR 1991, 686; *OLG Düsseldorf* NJW-RR 1997, 370; NJW-RR 1998, 564; *OLG Brandenburg* NJW-RR 2009, 1145; *Zopfs,* Rn. 28.
[20] *OLG Frankfurt/M.* NJW-RR 2011, 1500.
[21] BGHZ 163, 332 = NJW-RR 2005, 1572 m. w. N.; vgl. auch *Hesse,* NJW 2002, 1835.
[22] Anders bei nichtigem Maklervertrag, vgl. dazu Rn. 14 f.
[23] *BGH* NJW-RR 2007, 55 Tz. 10; NJW 2000, 3781; NJW 2003, 1249, 1250; vgl. auch *Würdinger,* DB 2009, 349, 354.

Makler abschließen will; diesem bliebe es überlassen, mit dem Interessenten einen Maklervertrag abzuschließen.[24] Es kann aber auch bedeuten, dass der Auftraggeber die Provision zunächst schuldet, bis der Vertragspartner die Provision übernommen und gezahlt hat.[25] Um die Übernahme der Provision hat sich der Auftraggeber zu bemühen.[26]

10 Der Auftraggeber kann aber auch mit dem Makler einen Maklervertrag abschließen, wobei in Aussicht genommen wird, dass die von ihm geschuldete Provision auf den Vertragsgegner im Innenverhältnis abgewälzt wird. Diese Abwälzung kann aber auch im Hauptvertrag geschehen, indem im notariellen Kaufvertrag der Käufer die Zahlung der vom Verkäufer geschuldeten Maklerprovision übernimmt. Nach herrschender Meinung kann der Makler aus einer derartigen Vereinbarung direkt Rechte aus § 328 BGB herleiten.[27] Dieser Anspruch kann dem Makler ohne seine Zustimmung von den Vertragsparteien nicht mehr entzogen werden.[28]

10a In Zweifelsfällen empfiehlt es sich stets, eine ausdrückliche Vereinbarung, die auch im notariellen Kaufvertrag selbst niedergelegt werden kann,[29] zu treffen.

4. Geschäftsbedingungen des Maklers

11 Soweit Maklerverträge schriftlich abgeschlossen werden, werden regelmäßig von dem Makler aufgestellte Geschäftsbedingungen zum Vertragsinhalt gemacht.[30] Diese Handhabung beruht in erster Linie auf der unvollkommenen gesetzlichen Regelung.

Hinsichtlich des Begriffes der Allgemeinen Geschäftsbedingungen und deren Einbeziehung in den Vertrag nach § 305 BGB[31] gelten keine Besonderheiten; bei Verbraucherverträgen ist zusätzlich § 310 III BGB zu beachten.

12 **Überraschende Klauseln** werden nach § 305c BGB nicht Vertragsinhalt.

So braucht der Auftraggeber nicht damit zu rechnen, dass in einer mit „Objektnachweis" überschriebenen Erklärung eine Klausel enthalten ist, wonach der Unterzeichnende sich zur Zahlung einer Maklerprovision verpflichtet.[32] Ebenso ist eine AGB-Klausel, wonach der Auftraggeber einen Alleinauftrag erteilt, als überraschende Klausel anzusehen.[33]

13 Die nach § 307 BGB einsetzende **Inhaltskontrolle** hat sich am gesetzlichen Leitbild des Maklervertrages auszurichten.[34] Die Rechtsprechung hat hierbei vor allem folgende Regelungen für unabdingbar gehalten:
– Widerrufsfreiheit des Auftraggebers

---

[24] *BGH* WarnRspr. 1964, Nr. 259.
[25] *Schwerdtner/Hamm*, Rn. 804.
[26] *BGH* MDR 1987, 636.
[27] BGHZ 138, 170 = NJW 1998, 1552; zurückhaltender *BGH* NJW-RR 1990, 628; NJW-RR 1991, 820; *OLG Schleswig* NJW-RR 2002, 176; hierzu *Dehner*, NJW 2000, 1995; *Zopfs*, Rn. 10 – anders jedoch bei einer bloßen Reservierungsvereinbarung *OLG Frankfurt/M.* NJW-RR 2002, 181.
[28] *BGH* NJW-RR 1991, 820; *OLG Frankfurt/M.* MDR 2004, 679; zurückhaltender *OLG Schleswig* NJW-RR 2002, 176; a. A. *Dehner*, NJW 1991, 3256; *Schwerdtner/Hamm*, Rn. 826 ff. für den Fall des Rücktritts.
[29] Zu derartigen Maklerklauseln vgl. *Althammer*, ZfIR 2012, 765.
[30] Zu den derzeit gebräuchlichsten Klauseln vgl. den Überblick bei *Niebling*, ZMR 2008, 183; Formulierungsbeispiele bei *Frohne*, NotBZ 2008, 58.
[31] Beachte zusätzlich § 2 Abs. 1 Nr. 7 DL-InfoV.
[32] *OLG Hamm* NJW-RR 1988, 687; vgl. auch *BGH* NJW-RR 1991, 371.
[33] § 26 Rn. 8 ff.
[34] Hierzu *Reuter*, NJW 1990, 1327; *Schwerdtner/Hamm*, Rn. 898 ff.

– Abschlussfreiheit des Auftraggebers[35]
– Erfolgsbedingtheit der Provision[36]. Für den Bereich der Wohnungsvermittlung ist sie gesetzlich verankert (§ 2 I, V WoVermG).

Danach sind Klauseln unzulässig, die die Provision vom Abschluss des Hauptvertrages lösen,[37] das Erfordernis der Identität zwischen vereinbartem und abgeschlossenem Geschäft lockern,[38] auf das Erfordernis von Nachweis bzw. Vermittlung verzichten[39] und schließlich das Erfordernis der Kausalität zwischen Dienstleistung und Abschluss des Hauptvertrages abbedingen.[40] Auch als verkappte Provisionen anzusehende Aufwendungsersatzklauseln sind unzulässig,[41] ebenso entsprechende Vertragsstrafen und überhöhte Vergütungen für Reservierungsvereinbarungen.[42]

5. Nichtigkeit des Maklervertrages

Ein Maklervertrag kann nach § 142 I BGB nichtig sein, wenn er wirksam nach §§ 119, 123 BGB angefochten worden ist.[43] Im Einzelfall kommt eine Nichtigkeit auch wegen eines Verstoßes gegen ein gesetzliches Verbot (§ 134 BGB) oder wegen Sittenverstoßes oder Wucher (§ 138 BGB) in Betracht.[44]   **14**

Ob dem Makler in diesem Fall Bereicherungsansprüche zustehen, ist fraglich.[45] Der *BGH* hat diese Frage bislang offen gelassen, scheint derartige Ansprüche aber eher verneinen zu wollen.[46] Ein Anspruch aus § 354 HGB kommt nur in Betracht, wenn der Makler (sofern er Kaufmann ist) „befugterweise" für den Interessenten tätig geworden ist.[47]

Der Auftraggeber kann eine gezahlte Provision nach § 812 I BGB zurückfordern, sofern kein Fall des § 815 BGB vorliegt.[48]

Nichtigkeit des Maklervertrages wird angenommen bei einem Verstoß gegen § 2 II 1 Nr. 3 WoVermG, § 14 IV BNotO und das Rechtsdienstleistungsgesetz.[49]   **15**

Nicht zur Nichtigkeit führen dagegen nach herrschender Meinung die fehlende Gewerbeerlaubnis des Maklers,[50] der Verstoß gegen § 57 IV Nr. 1 StBerG,[51] die

---

[35] Eine Ausnahme besteht für den Alleinauftrag – *BGH* NJW 1987, 54; *Schwerdtner/Hamm*, Rn. 985 – Zur Unzulässigkeit einer „Heranziehungsklausel" s. BGHZ 88, 368 = NJW 1984, 360.
[36] *BGH* NJW 1985, 2477; NJW 1987, 1634; NJW-RR 1989, 760; NJW-RR 1992, 817; *LG München* NJW-RR 1998, 995; *Schwerdtner/Hamm*, Rn. 943; *Michalski*, NZM 1998, 209.
[37] *BGH* NJW 1975, 647; *Schwerdtner/Hamm*, Rn. 943; zur Unzulässigkeit der Vereinbarung einer Vorfälligkeit vgl. *OLG Hamm* NJW-RR 1996, 1526.
[38] Rn. 28 ff.
[39] Rn. 39 ff.; 42 ff.
[40] Rn. 45 ff.
[41] Rn. 80 ff.
[42] Rn. 84 ff.
[43] *BGH* NJW 1980, 2460; vgl. auch *OLG Hamm* NJW-RR 2013, 170.
[44] BGHZ 125, 135 = NJW 1994, 1475; BGHZ 144, 343 = NJW 2000, 2669; *Schwerdtner/Hamm*, Rn. 182.
[45] Dagegen *Schwerdtner/Hamm*, Rn. 192 ff.
[46] BGHZ 163, 332 = NJW-RR 2005, 1572, 1573.
[47] BGHZ 163, 332 = NJW-RR 2005, 1572, 1573.
[48] *OLG Koblenz* NJW-RR 2007, 1548.
[49] *BGH* NJW 2011, 929; NJW-RR 1990, 948; NJW 1998, 1955 (noch zum Rechtsberatungsgesetz); vgl. auch *Reithmann*, EWiR 2001, 721; a. A. *OLG Koblenz* ZfIR 2003, 104; das soll auch gelten, wenn Makler ein Rechtsanwalt ist, der mit Notaren assoziiert ist (BGHZ 147, 39 = NJW 2001, 39 – fraglich); vgl. auch *OLG Karlsruhe* NJW-RR 2011, 119 (kein Verstoß bei Hilfestellung aus Ausfüllen des Mietvertragsformulars).
[50] BGHZ 78, 269 = NJW 1981, 387.
[51] BGHZ 78, 263 = NJW 1981, 399; vgl. aber auch die bei Staudinger/*Reuter*, Vorb. zu §§ 652 ff. Rn. 61 aufgeführten Ausnahmen.

ständige Ausübung des Maklerberufs durch einen Rechtsanwalt[52] und der fehlende Auftrag des Eigentümers bzw. Vermieters zum Angebot der Vermietung von Wohnraum nach § 6 I WoVermG.[53]

II. Abschluss des Hauptvertrages

1. Grundsatz

16   Der Provisionsanspruch des Maklers setzt den Abschluss eines privatrechtlichen **Hauptvertrages** zwischen dem Auftraggeber des Maklers und der Vertragsgegenseite voraus. Dies bedeutet zweierlei:

Zum einen soll der Auftraggeber nur dann eine Provision zahlen, wenn er gegenüber dem Dritten eine unentziehbare Rechtsposition erworben hat (§ 652 I BGB); dieser Grundsatz der Erfolgsbedingtheit der Provision führt dazu, dass **Abschlussmängel** des Hauptvertrages die Provision nicht entstehen lassen, während das Risiko der **Durchführung** des Hauptvertrages nicht zu Lasten des Maklers geht.[54] Die Abgrenzung zwischen diesen beiden Risikobereichen ist im Einzelnen streitig und zunehmend unübersichtlich.[55]

Zum anderen folgt aus dem obigen Grundsatz, dass ein Erwerb im Wege der Zwangsversteigerung, der sich durch öffentlichrechtlichen Hoheitsakt vollzieht, kraft Gesetzes einen Provisionsanspruch nicht auslöst.[56] Allenfalls kann durch Individualvereinbarung eine Gleichstellung erreicht werden,[57] nicht jedoch durch Allgemeine Geschäftsbedingungen.[58]

2. Abschlussmängel

17   Jeder Umstand, der einen durchsetzbaren Anspruch des Auftraggebers gegen den Vertragspartner hindert, steht dem Provisionsanspruch des Maklers entgegen.

18   Hier sind insbesondere folgende Konstellationen wichtig:

Anfechtung: Wird der Hauptvertrag wirksam angefochten, entfällt rückwirkend (§ 142 I BGB) der Provisionsanspruch.[59] Keine Rolle spielt, wem das Anfechtungsrecht zusteht: der Provisionsanspruch entfällt auch dann, wenn der Auftraggeber den Willensmangel des Vertragspartners selbst verschuldet hat.[60]

Auflösende Bedingung: Nach der Rechtsprechung soll der Eintritt der auflösenden Bedingung den Provisionsanspruch nicht entfallen lassen.[61] Demgegenüber wird im Hinblick auf die mit der Anfechtung vergleichbare Rechts- und Interessenlage teilweise die Ansicht vertreten, der Eintritt der auflösenden Bedingung falle in den Risikobereich des Maklers, der die Provision in diesem Fall verliere.[62] Richtiger Ansicht nach muss auf die Umstände des Einzelfalles, insbesondere darauf abgestellt

---

[52] *BGH* NJW 2000, 3575; NJW 2004, 212; vgl. näher *Schwerdtner/Hamm*, Rn. 164 f.
[53] *BGH* NJW 1986, 50; BGHZ 152, 10 = NJW 2002, 3015; dazu *Fischer,* NZM 2005, 731.
[54] *BGH* NJW-RR 1991, 820; NJW-RR 1993, 248; NJW-RR 2005, 1506.
[55] Rn. 17 ff.
[56] BGHZ 112, 59, 60 = NJW 1990, 2744; *OLG Frankfurt/M.* NJW-RR 2009, 282; a. A. Staudinger/*Reuter*, § 652 Rn. 38 m. w. N.
[57] BGHZ 112, 59, 60 = NJW 1990, 2744; *BGH* NJW-RR 1992, 817.
[58] BGHZ 119, 32 = NJW 1992, 2568; *BGH* NJW-RR 1993, 504.
[59] *BGH* NJW 1979, 975; *OLG Hamm* NJW-RR 1991, 249 (Rückabwicklung wegen c. i. c.).
[60] *BGH* NJW 1979, 975; *Schwerdtner/Hamm*, Rn. 462; Staudinger/*Reuter*, § 652 Rn. 97.
[61] *BGH* WM 1982, 1098; *OLG Dresden* NJW-RR 1994, 885; so auch *Hamm,* Rn. 45.
[62] Staudinger/*Reuter*, § 652 Rn. 106 m. w. N.

werden, ob in der Laufzeit des Vertrages bis zum Eintritt der auflösenden Bedingung für den Auftraggeber ein wesentlicher wirtschaftlicher Nutzen vorgelegen hat.[63]

Aufschiebende Bedingung: Ein aufschiebend bedingter Vertragsschluss lässt nach § 652 I 2 BGB die Provisionspflicht nicht entstehen.[64] Gleichgestellt wird von der Rechtsprechung der Fall, dass ein zeitlich befristetes, an keine sonstigen Voraussetzungen geknüpftes Rücktrittsrecht ausgeübt wird.[65]

Genehmigung: Ist der Hauptvertrag von einer Genehmigung abhängig, so ist die Provision erst mit der Erteilung der Genehmigung verdient.[66] Das gilt auch dann, wenn sich die Genehmigung – wie etwa im Falle des § 22 IV BauGB – nur auf die Erfüllung des Vertrages bezieht, da bei Verweigerung der Genehmigung der Vertrag hinfällig wird.[67] Fraglich ist, ob der Auftraggeber die Provision zu zahlen hat, wenn er sich um die Beschaffung der Genehmigung nicht kümmert; stellt man auf die Abschlussfreiheit ab, so ist dies zu verneinen.[68]

Nichtigkeit: Nichtigkeit des Hauptvertrages (wegen Formmangels,[69] Sittenwidrigkeit, Gesetzesverstoßes[70] oder Geschäftsunfähigkeit eines Vertragsteils) lässt die Provisionspflicht nicht entstehen.[71] Das gilt nach der Rechtsprechung auch dann, wenn der Makler die Nichtigkeit weder kennt noch kennen musste, oder gar der Auftraggeber die Nichtigkeit selbst arglistig herbeigeführt hat (Beispiel: Schwarzkauf).[72]

Vorkaufsrecht: Bei Ausübung eines Vorkaufsrechts ist entscheidend, wer Auftraggeber des Maklers ist. Ist Auftraggeber der Verkäufer, so ist die Provision mit Abschluss des Hauptvertrages verdient, da der Verkäufer auf jeden Fall sein Grundstück verkauft hat, entweder an seinen Vertragspartner oder an den Vorkaufsberechtigten.[73] Ist Auftraggeber des Maklers der Käufer, so ist die Provision erst dann verdient, wenn der Dritte von dem Vorkaufsrecht keinen Gebrauch gemacht hat, während der Auftraggeber (Käufer) bei Ausübung des Vorkaufsrechts durch den Dritten von der Provisionspflicht befreit wird.[74] Streitig ist, ob der Vorkaufsberechtigte die Verkäuferprovision zu zahlen hat, wenn der ursprüngliche Käufer sie im Kaufvertrag gegenüber dem Verkäufer übernommen hat; das hängt von der Anwendung des § 464 II BGB ab.[75]

[63] Vgl. die bei Staudinger/*Reuter,* § 652 Rn. 105 zitierten weiteren Ansichten.

[64] *BGH* NJW-RR 1998, 1205 (Bebauungsfähigkeit des Grundstücks).

[65] *BGH* NJW-RR 1991, 248; NJW-RR 1991, 820; NJW 2000, 1302; *Dehner,* NJW 1997, 21; Staudinger/*Reuter,* § 652 Rn. 108 – zum Rücktritt im Übrigen Rn. 20.

[66] *BGH* NJW-RR 1992, 558; NJW 2000, 50; NJW-RR 2008, 564 Tz. 7 ff.; *Schwerdtner/Hamm,* Rn. 502; *Würdinger,* NZM 2009, 535, 538.

[67] BGHZ 37, 233 = NJW 1972, 1715; NJW-RR 1992, 558; – zur Nichterteilung der Abgeschlossenheitsbescheinigung nach § 7 IV Nr. 2 WEG vgl. *OLG Köln* VersR 1993, 315; krit. hierzu *Dehner,* NJW 1993, 3239.

[68] *BGH* NJW 1976, 1132; *Schwerdtner/Hamm,* Rn. 507; *Zopfs,* Rn. 61.

[69] *BGH* NJW-RR 2005, 1506; *OLG Stuttgart* NJW 2002, 832; *Schwerdtner/Hamm,* Rn. 453; *Morath,* jurisPR-MietR 10/2011 Anm. 6; – Zur nachträglichen Wirksamkeit durch Heilung nach § 311b I 2 BGB vgl. *BGH* NJW 1987, 1628; Staudinger/*Reuter,* § 652 Rn. 93; zur Verwirkung s. u. Rn. 65.

[70] BGHZ 70, 55 = NJW 1978, 639 (Verstoß gegen Art. 10, § 3 MRVerbG).

[71] Teilweise abw. *Schwerdtner/Hamm,* Rn. 457, der entsprechende Vereinbarungen für die Vermittlung oder den Nachweis eines formnichtigen Vertrages zulassen will.

[72] *BGH* NJW 1969, 1628; *OLG Koblenz* NJW-RR 2007, 1548; *Schwerdtner/Hamm,* Rn. 454.

[73] *BGH* WM 1982, 332; *Schwerdtner/Hamm,* Rn. 508; Staudinger/*Reuter,* § 652 Rn. 114; a. A. *OLG Celle,* NJW-RR 1996, 629; vgl. auch *Althammer,* JA 2006, 594, 595.

[74] *LG Wiesbaden* NZM 2000, 920; *Schwerdtner/Hamm,* Rn. 509; teilweise abw. Staudinger/*Reuter,* § 652 Rn. 115.

[75] Für Provisionspflicht BGHZ 131, 318 = NJW 1996, 654; *BGH* MDR 2007, 641 (so genannte „Fremdkörperrechtsprechung"); vgl. zu dieser Frage auch *Schwerdtner/Hamm,*

Vorvertrag: Ob der Abschluss eines Vorvertrages genügt, hängt von der Vereinbarung im Maklervertrag ab.[76] Durch eine AGB-Klausel kann die Entstehung des Provisionsanspruchs nicht auf den Abschluss des Vorvertrages vorverlegt werden.[77]

3. Durchführungsmängel

19   Mängel in der Durchführung des Hauptvertrages gehen grundsätzlich zu Lasten des Auftraggebers. Jedoch wird im Wege einer Billigkeitskorrektur des § 652 I 1 BGB zunehmend versucht, das Risiko anfänglicher Vertragsstörungen (anfängliche Unmöglichkeit der hauptvertraglichen Leistung, anfänglicher Sach- oder Rechtsmangel, anfängliche Störung der Geschäftsgrundlage) auf den Makler zu verlagern.[78] Dies soll jedoch dann wiederum nicht gelten, wenn der Auftraggeber des Maklers gegen seinen Vertragspartner aufgrund der Vertragsstörung einen der versprochenen Leistung gleichwertigen Schadensersatzanspruch erlangt.[79]

20   Hier sind zu nennen:

Aufhebung des Vertrages: Die nachträgliche Aufhebung des Hauptvertrages ist provisionsunschädlich,[80] solange nicht gleichzeitig ein Anfechtungsgrund vorliegt.[81] Letzteres ist jedoch nur der Fall, solange die Anfechtungsfrist des § 124 BGB noch nicht verstrichen ist.[82]

Auflösende Bedingung: Soweit diese gemäß Rn. 18 nicht als Abschlussmangel anzusehen ist.

Rücktritt kraft Gesetzes[83]

Rücktritt kraft Vertrages: Nach der neueren Rechtsprechung ist hier in erster Linie auf die Auslegung des Maklervertrages abzustellen.[84] Lassen sich hieraus Anhaltspunkte nicht gewinnen, ist zu untersuchen, ob der Rücktrittsvorbehalt als Mangel des Vertrages selbst oder nur als Mangel der Durchführung anzusehen ist.[85] Die Ausübung eines Rücktrittsrechts, welches vertraglich an keinerlei Voraussetzungen gebunden ist, beseitigt stets den Provisionsanspruch.[86]

Rücktritt bei Gewährleistung: Grundsätzlich wird dadurch der Provisionsanspruch nicht berührt, es sei denn, der Auftraggeber des Maklers hätte statt des Rücktritts auch die Anfechtung des Vertrages wegen arglistiger Täuschung erklären können.[87] Hingegen bleibt der Provisionsanspruch unberührt, wenn der Auftraggeber wegen arglistig verschwiegener Mängel den sogenannten großen Schadensersatzanspruch nach § 463 BGB a. F. geltend macht.[88] Mit der Geltendmachung des Schadensersatz-

---

Rn. 513; *Zopfs*, Rn. 10; *Lindemann/Mormann*, MDR 2007, 1113 (auch zur Umgehung durch Aufhebung der Maklerklausel); *Würdinger*, DB 349, 355.
[76] *BGH* NJW-RR 1991, 1073; *Schwerdtner/Hamm*, Rn. 459; *Hamm*, Rn. 35.
[77] *BGH* NJW 1975, 647.
[78] Ausführlich *Würdinger*, NZM 2005, 327; JZ 2009, 349, 351 f.; *Fischer*, NJW 2009, 3210, 3212.
[79] Grundlegend *Dehner*, NJW 2002, 3747.
[80] *BGH* NJW 1986, 1165; NJW-RR 1993, 248; NJW 2001, 966; *OLG Hamm* NJW-RR 2000, 1724; *OLG Koblenz* MDR 2011, 777.
[81] *BGH* NJW 2001, 966 m. Anm. *Keim*, NJW 2001, 3168; *OLG Köln* NJW-RR 1997, 693; *OLG Celle* NJW-RR 1998, 128; *Schwerdtner/Hamm*, Rn. 473; krit. *Dehner*, NJW 2003, 3751.
[82] *BGH* NJW 2005, 3778, 3779; NJW-RR 2008, 564 Tz. 7.
[83] *BGH* NJW 1974, 694; einschränkend *OLG Köln* NJW-RR 1997, 693.
[84] *BGH* NJW 1997, 1583; *OLG Düsseldorf* BB 1997, 2070; *OLG Koblenz* WM 1997, 544; *LG Berlin* ZMR 2005, 459; *Morath*, jurisPR-MietR 8/2010 Anm. 5.
[85] *Hamm*, Rn. 39; vgl. auch *OLG Schleswig* NZM 2010, 873.
[86] *BGH* NJW-RR 2000, 1302; *OLG Karlsruhe* NJW-RR 2005, 574.
[87] *BGH* NJW 2001, 966 (zur Wandlung nach altem Recht).
[88] *BGH* NJW 2009, 2810 Tz. 14 f.

anspruchs hat sich der Auftraggeber nämlich dafür entschieden, die wirtschaftlichen Vorteile, die sich aus der Durchführung des Kaufvertrags für ihn ergeben hätten, zu realisieren, sodass er sich hinsichtlich des Provisionsanspruchs nicht darauf berufen kann, vom Vertrag Abstand genommen zu haben.

Rücktritt auf Grund Verschuldens bei Vertragsschluss: Hat der Makler falsche Angaben gemacht, die über §§ 280, 249 I BGB einen Rücktritt vom Kaufvertrag erlauben, hat der Makler keinen Anspruch auf Provision.[89] Dies gilt auch, wenn die falsche Angabe eine arglistige Täuschung des Maklers und die Anfechtungsfrist des § 124 BGB schon verstrichen ist.[90]

Verzug

Unmöglichkeit: Der Vertrag zwischen dem Maklerkunden und der Gegenseite bleibt wirksam (§ 311a I BGB), sodass auch der Provisionsanspruch des Maklers grundsätzlich erhalten bleibt.[91] Der Maklerkunde kann jedoch für den Fall, dass der Gegenseite die Unmöglichkeit bekannt oder aufgrund von Fahrlässigkeit unbekannt geblieben war, einen Aufwendungsersatzanspruch nach §§ 311a II 1, 284 BGB geltend machen, zu dem auch die Maklerprovision gehört.[92]

Wegfall der Geschäftsgrundlage: Verlangt eine der Parteien die Anpassung oder Aufhebung des Vertrages, bleibt der Provisionsanspruch bestehen.[93]

Von der erwähnten Rechtslage abweichende **AGB-Klauseln** sind nach § 307 BGB unwirksam, da die Vereinbarung einer erfolgsunabhängigen Provision dem gesetzlichen Leitbild des Maklervertrages widerspricht.[94] Fraglich ist, ob abweichende Formularklauseln auch dann unzulässig sind, wenn der Auftraggeber die Unwirksamkeit bzw. Anfechtung des Vertrages selbst arglistig herbeigeführt hat. Hierzu existiert nur eine spärliche Rechtsprechung.[95]   **21**

III. Inhaltliche Anforderungen an den Hauptvertrag

1. Ausschluss von Eigengeschäften

Der Hauptvertrag muss mit einem Dritten abgeschlossen sein; Eigengeschäfte des Maklers führen nicht zur Provisionspflicht des Auftraggebers.[96]   **22**

Die Rechtsprechung hat den Eigengeschäften auch solche Verträge gleichgestellt, bei denen eine **wirtschaftliche Verflechtung** zwischen Makler und Vertragsgegner vorliegt.[97] Dies ist dann der Fall, wenn auf der Gegenseite eine Gesellschaft aufgetreten ist, an der der Makler in erheblichem Umfang beteiligt ist[98] oder der Wille beider von einem Dritten bestimmt wird.[99]   **23**

---

[89] Einschränkend *Würdinger,* NZM 2009, 535, 536 f.

[90] *BGH* NJW-RR 2008, 564 Tz. 8 ff.; vgl. dazu *Grziwotz,* ZfIR 2008, 417; *Würdinger,* NZM 2009, 535, 537.

[91] Streitig, vgl. die Nachweise bei *Würdinger,* ZMR 2005, 324; *ders.,* ZfIR 2006, 6.

[92] *Dehner,* NJW 2002, 3747.

[93] Anders unter Umständen, wenn der wirtschaftliche Zweck des Hauptvertrages verfehlt wird – *BGH* NJW-RR 2005, 1506; vgl. dazu auch *Würdinger,* NZM 2006, 167; *ders.,* ZfIR 2006, 6.

[94] BGHZ 60, 385 = NJW 1973, 1276 (fehlende Genehmigung); *OLG Koblenz* NJW-RR 2007, 1548 (Schwarzkauf); *Schwerdtner/Hamm,* Rn. 943.

[95] *BGH* DB 1976, 2252 (unzulässig); *OLG Celle* NJW-RR 1998, 128 (zulässig).

[96] *BGH* NJW 1971, 1839; NJW 1973, 651; *OLG Brandenburg* NJW-RR 1995, 695.

[97] Überblick bei *Drasdo,* NJW-Spezial 2007, 497; *Breiholdt,* ZMR 2009, 85.

[98] *BGH* NJW 1971, 1839; NJW 1974, 137; NJW 1974, 1130; NJW 1985, 2473; *Schwerdtner/Hamm,* Rn 648.

[99] *BGH* WM 1978, 708.

Dies ist etwa dann der Fall, wenn der Makler selbst, der Geschäftsführer der Maklerfirma oder deren persönlich haftender Gesellschafter identisch mit dem Verkäufer oder an diesem maßgeblich beteiligt ist.[100] Ist dagegen der Vertragsgegner an dem Unternehmen des Maklers beteiligt, kommt es auf den Einzelfall an.[101] Entscheidend sind dabei stets die wirklichen gesellschaftsrechtlichen und wirtschaftlichen Verhältnisse und nicht die jeweilige Eintragung im Handelsregister.[102]

24   Darüber hinaus kann ein Provisionsanspruch zu verneinen sein, wenn der Makler ohne eine derartige Verflechtung mit dem Vertragsgegner in einem sog. **institutionalisierten Interessenkonflikt** steht, sodass er als ungeeignet für die dem gesetzlichen Leitbild entsprechende Tätigkeit erscheinen muss (so genannte **unechte Verflechtung**).[103] Hierfür genügt jedoch nicht jeder wie auch immer geartete Interessenkonflikt.[104] Auch allein eine rein wirtschaftliche Abhängigkeit ist nicht ausreichend.[105]

Wirkt der Makler bei Abschluss des Hauptvertrages als Vertreter des Vertragsgegners mit, kann ebenfalls eine unerwünschte Interessenkollision vorliegen.[106] Dies gilt dann nicht, wenn die Entscheidung über den Abschluss des Hauptvertrages nicht vom Makler getroffen wird.[107]

25   Nach § 2 II Nr. 2 **WoVermG** ist der Provisionsanspruch ausgeschlossen, wenn der Mietvertrag über Wohnräume abgeschlossen wird, deren Eigentümer, Verwalter,[108] Vermieter oder Mieter[109] der Wohnungsmakler ist.[110] Der bloße WEG-Verwalter von Gemeinschaftseigentum ist hiervon jedoch nicht betroffen.[111] Eine Mitwirkung liegt aber vor, wenn der Verwalter durch Ausübung der Zustimmungsbefugnis nach § 12 WEG in den Abschluss des Hauptvertrages eingebunden ist.[112] Der Provisionsanspruch ist auch ausgeschlossen, wenn für den Makler als Mitarbeiter oder Gehilfe der bisherige Mieter der Wohnung tätig wird, der einen Nachmieter sucht.[113]

---

[100] Auflistung der einzelnen Fallgruppen bei *Hamm*, Rn. 75.

[101] Dafür *BGH* NJW 1985, 2473; VersR 1987, 1038; dagegen *OLG Karlsruhe* NJW-RR 1996, 629; vgl. auch *Breiholdt*, ZMR 2009, 85.

[102] *BGH* NJW 2009, 1809.

[103] BGHZ 112, 240 = NJW 1991, 168; *BGH* NJW 1992, 2818 (Handelsvertreter); BGHZ 138, 170 = NJW 1998, 552; *BGH* NJW-RR 1998, 992; NJW 2000, 3781; NJW-RR 2005, 1033 (ohne weitere Anhaltspunkte keine unechte Verflechtung des Käufermaklers, der zugleich Haus- bzw. Wohnungsverwalter des Grundstücks- bzw. Wohnungsverkäufers ist); *OLG Frankfurt/M.* NJW-RR 2003, 1428 (keine unechte Verflechtung bei sehr geringer mittelbarer wirtschaftlicher Beteiligung); teilweise abw. *OLG Karlsruhe* NJW-RR 1996, 629; *LG Hamburg* NJW-RR 2010, 1573 (keine unechte Verflechtung, wenn der Geschäftsführer der Maklerfirma und der Verkäufer andere Gebäude als das Kaufobjekt verwalten).

[104] *BGH* NJW 2009, 1809 Tz. 9 m. w. N.

[105] *OLG Hamburg* IMR 2012, 252 m. Anm. *von Rohr*.

[106] *BGH* NJW 1974, 137; NJW 1975, 1215; anders für einen Sonderfall *LG Berlin* NJW-RR 2000, 433.

[107] *BGH* NJW-RR 1998, 992.

[108] Vgl. näher *LG Hamburg* NJW-RR 2009, 1286; *Breiholdt*, ZMR 2009, 85.

[109] Die Stellung einer Mietgarantie durch den Makler genügt nicht – *BGH* NJW-RR 2006, 1439; zum Mitmieter *LG München II* ZMR 2004, 353 mit Anm. *Feddersen*.

[110] *BGH* NZM 2003, 984; weitergehend für den „Quasi-Verwalter" *AG Gotha* NJW-RR 2003, 370; *AG Charlottenburg* ZMR 2006, 52; vgl. aber auch *LG Düsseldorf* NJW-RR 2006, 235 (keine faktische Verwalterstellung, auch wenn der Makler Renovierungsarbeiten kleineren Umfangs organisiert).

[111] *BGH* NJW 2003, 1393; NJW-RR 2005, 1033 (auch kein Fall der unechten Verflechtung); *Zerres/Hauck*, ZfIR 2003, 139; *Langemaack*, NZM 2003, 446; a. A. *LG Ravensburg* NJW-RR 1998, 1070; *LG Kiel* WuM 2000, 312; Überblick bei *Schulz*, ZMR 2002, 106.

[112] BGHZ 112, 240 = NJW 1991, 168; *OLG Köln* ZMR 2003, 276; hierzu *Dehner*, NJW 1991, 3260.

[113] *BGH* NJW-RR 2006, 729.

Dagegen soll ein persönliches Verhältnis zwischen Makler und Vertragspartner nicht **26**
ausreichen, um den Provisionsanspruch zu verhindern.[114]

Abdingbarkeit: Liegt nach den obigen Ausführungen ein (provisionsloses) Eigen- **27**
geschäft vor, sind – außer im Rahmen der Wohnungsvermittlung (§ 2 V WoVermG) –
abweichende Vereinbarungen zulässig, soweit der Auftraggeber über die Tatsache der
wirtschaftlichen Verflechtung und ihre rechtliche Bedeutung eindeutig aufgeklärt worden ist.[115] Dabei wird allerdings auch die Frage diskutiert, ob es sich in diesen Fällen
überhaupt noch um einen Maklervertrag oder um einen selbständigen Vertragstyp
handelt.[116] Soweit der Auftraggeber in Kenntnis der tatsächlichen Sachlage (beispielsweise der wirtschaftlichen Verflechtung) die geforderte Provision gezahlt hat, soll die
Rückforderung nach § 814 BGB auch dann ausgeschlossen sein, wenn dem Auftraggeber die rechtliche Bedeutung der wirtschaftlichen Verflechtung nicht bekannt war.[117]

2. Identität zwischen vereinbartem und eingetretenem Erfolg

Das nachgewiesene Objekt als Vertragsgelegenheit[118] beziehungsweise das vermittelte **28**
Geschäft muss mit demjenigen übereinstimmen, mit dessen Herbeiführung der Makler
beauftragt war (Kongruenz). Die Parteien haben es durch entsprechend weite oder enge
Beschreibung der gesuchten Vertragsgelegenheit in der Hand, die Voraussetzungen der
Provisionspflicht zu bestimmen. Hierbei ist stets zu fragen, ob der von dem Auftrag-
geber mit dem Maklerauftrag bezweckte wirtschaftliche Erfolg eingetreten ist.[119]

Die Darlegungs- und Beweislast für die Kongruenz trifft den Makler.[120] Dabei kann dem **28a**
Auftraggeber jedoch je nach Fallgestaltung eine sekundäre Behauptungslast obliegen.[121]

a) Wirtschaftliche Identität

Wird der Hauptvertrag zu anderen Vertragsbedingungen abgeschlossen als dies im **29**
Maklervertrag vorgesehen war, ist zu prüfen, ob die im Maklervertrag genannten
Bedingungen echte Begrenzungen der Maklertätigkeit darstellen[122] oder aber nur
Hinweise als Verhandlungsbasis enthalten.[123]

Im Übrigen ist in folgenden Fällen wirtschaftliche Identität bejaht worden:[124]   **30**
– Kauf des Grundstücks zur ideellen Hälfte statt Kauf des gesamten Grundstücks[125]
– Mängel des Grundstücks[126]
– geringere Kaufpreisabweichungen[127]

---

[114] BVerfGE 76, 126 = NJW 1987, 2733; BVerfGE 78, 128 = NJW 1988, 2663 (Ehefrau); *BGH* NJW 1981, 2293.

[115] *BGH* NJW-RR 1987, 1075; BGHZ 112, 240 = NJW 1991, 168; *OLG Hamm* MDR 2000, 635; *OLG Naumburg* NJW-RR 2001, 1503; krit. *Schwerdtner/Hamm*, Rn. 699 ff.

[116] Hierzu *BGH* NJW-RR 1987, 1075; *Schwerdtner/Hamm*, Rn. 702 f.

[117] *BGH* NJW 2003, 1249.

[118] *Dehner*, NJW 1991, 3253.

[119] *BGH* NJW 1988, 967; NJW-RR 1998, 411.

[120] *BGH* NJW 1998, 2277, 2279; NJW-RR 1996, 113 (Versäumnisurteil); krit. hierzu *Dehner*, NJW 1997, 21.

[121] Vgl. näher *Fischer*, DB 2009, 887, 890.

[122] *BGH* NJW 1988, 967; *Schwerdtner/Hamm*, Rn. 385 ff.; *Morath*, jurisPR-MietR 5/2011 Anm. 6.

[123] *BGH* NJW-RR 1998, 411; NJW 1999, 1225; *OLG Hamm* NJW-RR 1998, 1070; *OLG Stuttgart* NZM 2000, 918; *Dehner*, NJW 2000, 1990; *Schulz*, ZMR 2000, 15; *Büchner*, ZfIR 2005, 310; *Stark*, NZM 2008, 832.

[124] Überblick bei *Hamm*, Rn. 53; *Fischer*, DB 2009, 887, 888; *Würdinger*, DB 2009, 349, 353.

[125] *BGH* NJW-RR 1996, 113; *BGH* NJW 2008, 651 Tz. 15 ff.

[126] *OLG Düsseldorf* NJW-RR 2000, 1724.

[127] *OLG Jena* MDR 2011, 970 m. w. N.

31   Wirtschaftliche Identität ist verneint worden:[128]
   – Abschluss eines Mietvertrags lediglich über die Hälfte des Ladenlokals[129]
   – Vertragspartner ist nicht Eigentümer des betreffenden Grundstücks, sondern muss dieses erst noch erwerben[130]
   – langfristige Miete statt Kauf[131]
   – Erwerb von Wohnungseigentum statt Alleineigentum an einer Doppelhaushälfte[132]
   – Folge- oder Verlängerungsaufträge[133]
   – Kaufpreisabweichung um 25 %[134]

32   Trotz fehlender sachlicher Identität zwischen ursprünglich beabsichtigtem und später abgeschlossenem Geschäft kann die Provision geschuldet sein, wenn der Auftraggeber sich die Dienste für das abgeschlossene Geschäft gefallen lässt und damit die Abweichung genehmigt.[135]

b) Personelle Identität

33   Eine personelle Identität ist gegeben, wenn die im Maklervertrag vorgesehenen Personen den Hauptvertrag abschließen.[136] Auch hier ist unter dem Gesichtspunkt der wirtschaftlichen Gleichwertigkeit eine gewisse Auflockerung notwendig. Dabei sind zwei Konstellationen zu unterscheiden. Zum einen kann nicht der Auftraggeber, sondern ein Dritter den Vertrag mit dem vorgesehenen Vertragspartner abschließen. Zum anderen kann der Vertrag zwischen dem Auftraggeber und einer anderen Person als der des vorgesehenen Vertragspartners zustande kommen. In beiden Fällen ist für eine wirtschaftliche Gleichwertigkeit und damit für das Entstehen des Provisionsanspruches erforderlich, dass der Dritte in einer besonders engen persönlichen oder wirtschaftlichen Beziehung zu einer der ursprünglich vorgesehenen Vertragsparteien, die an dem Vertragserfolg partizipiert, steht.[137]

Im persönlichen Bereich ist dies in erster Linie die Ehefrau[138], sonstige nahe Angehörige[139] oder die Lebensgefährtin.[140]

Im wirtschaftlichen Bereich kommen enge gesellschaftsrechtliche Verflechtungen in Betracht.[141] Eine lockere Geschäftsverbindung zwischen Auftraggeber und Dritten reicht nicht aus.[142] Problematisch sind Fälle, in denen sich der Erwerb durch eine gesondert dafür errichtete Pro-

---

[128] Überblick bei *Hamm*, Rn. 54.
[129] *BGH* NJW 1988, 967; *OLG Hamm* NJW-RR 1991, 1206; ähnlich *OLG Köln* MDR 2001, 500.
[130] *OLG Karlsruhe* NJW-RR 1994, 508.
[131] *OLG Karlsruhe* NJW-RR 1995, 753.
[132] *OLG Karlsruhe* NJW-RR 2003, 1695.
[133] *BGH* NJW 1986, 1036; NJW-RR 1991, 51.
[134] *OLG Dresden* NJW-RR 2009, 931; *OLG München* MDR 2010, 615, 616; allgemein zu Preisabweichungen *Pauly*, ZMR 2009, 662.
[135] *BGH* NJW 1986, 1036; NJW-RR 1991, 51.
[136] Vgl. näher *Stark*, NZM 2008, 832; *Fischer*, DB 2009, 887, 889.
[137] *BGH* NJW 1984, 358; *OLG Karlsruhe* NJW-RR 1988, 249; *OLG Frankfurt/M.* NJW-RR 2000, 434; a. A. *OLG Karlsruhe* NJW-RR 2008, 725 für Personenverschiedenheit auf Seiten des vom Makler nachgewiesenen Interessenten.
[138] *BGH* WM 1984, 1412; *OLG Koblenz* WuM 2004, 41; a. A. *OLG Hamm* NJW-RR 1988, 685 (die Gleichstellung mit den in BVerfGE 76, 126 = NJW 1987, 2733 und BVerfGE 78, 128 = NJW 1988, 2663 entschiedenen „umgekehrten" Fällen ist allerdings verfehlt).
[139] *BGH* NJW-RR 2004, 851 (Bruder und Vater); *OLG Frankfurt/M.* NJW-RR 2000, 434 (Bruder).
[140] *BGH* NJW 1991, 490; *OLG Koblenz* MDR 1986, 317; *OLG Jena*, MDR 2011, 970.
[141] *BGH* NJW 1995, 3311; NJW-RR 1998, 411; *OLG Koblenz* NJW-RR 1991, 881; MDR 1993, 122; *OLG München* NJW-RR 1995, 1525; *OLG Frankfurt/M.* ZMR 2005, 373; vgl. aber auch *OLG Düsseldorf* NJW-RR 2000, 1079; eingehend *Scheibe*, JuS 1999, 117.
[142] *BGH* NJW 1984, 358; *LG Freiburg* NJW-RR 1990, 373.

jektgesellschaft, an der sich der Auftraggeber erst später beteiligt, erfolgt. Möglicherweise können diese Fälle auch über die Frage der Zurechnung der Vorkenntnis gelöst werden.[143]

Liegt eine wirtschaftliche Gleichwertigkeit vor, richtet sich der Provisionsanspruch **34** nicht gegen den Dritten, sondern gegen den Auftraggeber.[144] Liegt keine wirtschaftliche Gleichwertigkeit vor, kann sich der Auftraggeber schadensersatzpflichtig machen, wenn er die Informationen des Maklers vertragswidrig[145] an den Dritten weitergibt.[146]

3. Abdingbarkeit durch Allgemeine Geschäftsbedingungen

In Allgemeinen Geschäftsbedingungen wird teilweise versucht, das Erfordernis der **35** Identität zwischen erstrebtem und abgeschlossenem Geschäft zugunsten des Maklers aufzulockern. Solche Klauseln sind am Maßstab des § 307 BGB zu messen.

Zulässig: Klauseln, wonach es für das Entstehen der Provisionspflicht auf die Herbei- **36** führung des wirtschaftlichen Erfolgs ankommt, da sie nur die oben wiedergegebene Rechtslage wiederholen.[147] Zulässig ist in gewissem Rahmen auch die Gleichstellung von Verträgen mit Dritten, an die der Auftraggeber die Maklerinformation weitergegeben hat.[148]

Unzulässig: Der zulässige Bereich der Bestimmung des wirtschaftlichen Erfolgs ist **37** überschritten, wenn die Provision nach den AGB auch anfallen soll für sogenannte Zusatzgeschäfte,[149] für zeitlich später liegende, das gleiche Objekt betreffende Geschäfte,[150] oder für Folgegeschäfte über andere, nicht nachgewiesene Objekte zwischen den gleichen Parteien.[151] Hier wird das gesetzliche Leitbild des Maklervertrages, der sich auf die Herbeiführung eines bestimmten wirtschaftlichen Erfolges durch den Makler bezieht und die hierbei anfallende Provision für den Auftraggeber kalkulierbar macht, verlassen.[152] Derartige Ausdehnungen sind nur im Rahmen einer Individualabrede möglich.

IV. Erforderliche Dienstleistung des Maklers

Der Makler erwirbt nur dann einen Anspruch auf die Provision, wenn er bei dem **38** zustande gekommenen Geschäft mitgewirkt hat. Die erforderliche Dienstleistung kann in einem Nachweis des Objektes (**Nachweismakler**) oder in einer Vermittlung bei dem Zustandekommen des Hauptvertrages (**Vermittlungsmakler**) bestehen. Entscheidend ist die Auslegung des Maklervertrages; ist nichts Konkretes vereinbart, so genügt im Zweifel eine Nachweistätigkeit.[153] Ist im Maklervertrag eine Provisionspflicht für Nachweis und Vermittlung vereinbart, genügt es, wenn der Makler eine

[143] Vgl. dazu *Grams*, GE 2012, 1213.
[144] *BGH* NJW-RR 1997, 1276; anders ausnahmsweise im Fall des § 826 BGB – *OLG Koblenz* NJW-RR 1991, 881.
[145] Dazu Rn. 89.
[146] *BGH* NJW 1987, 2431; *OLG München* NJW-RR 1995, 1525; *OLG Dresden* NJW-RR 1999, 847.
[147] *BGH* NJW-RR 1986, 50.
[148] *BGH* NJW 1987, 2431; *OLG Koblenz* NJW-RR 1991, 881.
[149] *OLG Koblenz* NJW-RR 1991, 881.
[150] *BGH* WM 1973, 611; *OLG Düsseldorf* NZM 1998, 272.
[151] BGHZ 60, 243 = NJW 1973, 990; *BGH* NJW 1986, 1036.
[152] Rn. 13.
[153] *Fischer*, NJW 2007, 183; *Schwerdtner/Hamm*, Rn. 274; vgl. zur Auslegung im konkreten Fall auch *OLG Dresden* NJW-RR 2009, 931.

der beiden Tätigkeiten erfolgreich entfaltet hat.[154] Eine Beschränkung auf eine reine Nachweistätigkeit ist in der Praxis eher selten anzutreffen. Immer aber ist erforderlich, dass ein Arbeitserfolg des Maklers vorliegt, der als wesentliche Maklerleistung anzusehen ist.[155] Völlig geringfügige Leistungen des Maklers sind nicht provisionswürdig.[156]

1. Nachweistätigkeit

39 Der Nachweismakler hat seine Provision verdient, wenn er dem Auftraggeber ausreichende Kenntnis von der konkreten Möglichkeit eines Vertragsschlusses bezüglich eines bestimmten Objekts verschafft[157] oder als Verkäufermakler seinem Geschäftsherrn einen Interessenten benennt und damit auf eine konkrete Vertragsgelegenheit hinweist.[158] Eine zusätzlich geleistete Vermittlungtätigkeit ist dann ohne rechtliche Bedeutung, während Vermittlungtätigkeit ohne Nachweis nicht ausreicht.[159]

a) Konkrete Benennung des Objekts

40 Der Käufermakler muss das Objekt dem Auftraggeber so benennen, dass dieser in der Lage ist, unverzüglich konkrete Verhandlungen mit dem benannten vorgesehenen Vertragspartner aufzunehmen.[160]

Dazu gehört in der Regel die Bekanntgabe von Name und Anschrift des Eigentümers/Vermieters oder seines Vertreters/Verwalters.[161] Die Übergabe einer Liste mit allen möglichen Objekten oder einer Namensliste von rund 500 Personen[162] genügt nicht, ebenso wenig wie die Verweisung an andere Mittelspersonen.[163] Die Rechtsprechung lässt von dem Erfordernis der Bekanntgabe von Name und Anschrift des Dritten jedoch Ausnahmen zu: einmal, wenn bei Mitteilung des Objekts keine weiteren Nachforschungen zur Feststellung des Verkäufers erforderlich sind,[164] zum andern, wenn es dem Kunden zunächst gar nicht auf die Person des Verkäufers ankommt und er später den Hauptvertrag „am Makler vorbei" abschließt.[165] Woher der Makler seine Kenntnis hatte, ist belanglos; auch eine durch Zeitungsanzeigen erlangte Kenntnis und Weitergabe derselben an den Auftraggeber ohne Zustimmung des Dritten steht dem Provisionsanspruch nicht entgegen.

Es genügt nicht, dass der Makler lediglich den Interessenten informiert, nicht aber seinen Auftraggeber.[166] Dies gilt auch und gerade bei dem Verkäufermakler.

b) Verkaufsbereitschaft

41 Das nachgewiesene Objekt muss zum Verkauf (Vermietung) anstehen,[167] wobei es unschädlich ist, dass der benannte Dritte im Zeitpunkt des Nachweises noch nicht

---

[154] *OLG Koblenz* NJW-RR 1994, 824.
[155] *BGH* NJW-RR 1988, 942; NJW-RR 1996, 691; NJW-RR 2007, 402 Tz. 13; NJW 2008, 651 Tz. 12.
[156] *Fischer*, NJW 2007, 183, 187 m. w. N.
[157] Vgl. auch BGHZ 161, 349, 355 = NJW 2005, 753.
[158] *BGH* NJW-RR 2009, 1282 Tz. 11 m. w. N.
[159] *OLG Frankfurt/M.* MDR 1984, 53.
[160] BGHZ 141, 40, 46 = NJW 1999, 1255; BGHZ 161, 349, 355 = NJW 2005, 753; *BGH* NJW-RR 2007, 402.
[161] BGHZ 141, 40, 46 = NJW 1999, 1255; *BGH* NJW 1987, 1628, 1629; *OLG Hamm* NJW-RR 1999, 632 (Miteigentümer); vgl. ausführlich *Fischer*, NJW 2007, 183, 184.
[162] *BGH* NJW-RR 2010, 1385 Tz. 10.
[163] *OLG München* BB 1973, 1551; *OLG Düsseldorf* NJW-RR 1997, 1282 (bloßes Verschaffen einer Ermittlungsmöglichkeit).
[164] *BGH* NJW 1987, 1628, 1629; NJW 2006, 3062; KG NZM 2000, 152.
[165] *BGH* NJW 2006, 3062; *OLG Düsseldorf* NJW-RR 2009, 487.
[166] *OLG Karlsruhe* NJW-RR 2008, 725.
[167] BGHZ 141, 40, 46 = NJW 1999, 1255; *OLG Frankfurt/M.* NJW-RR 2009, 642.

Eigentümer ist oder noch nicht die Verfügungsbefugnis hat, solange er fähig und willens ist, sich diese Stellung zu verschaffen.[168]

Liegt dagegen bei dem benannten Dritten keine Verkaufsbereitschaft vor, so ist eine provisionspflichtige Nachweistätigkeit des Maklers zu verneinen, selbst wenn sich der Dritte später zum Verkauf (Vermietung) entschließt und der Auftraggeber dann den Vertrag ohne Mitwirkung des Maklers abschließt.[169] Ebenso wenig ist ein provisionspflichtiger Nachweis gegeben, wenn der Eigentümer (Vermieter) seine Bereitschaft zum Vertragsschluss endgültig aufgibt und später eine neue Gelegenheit zum Vertragsschluss entsteht, die der Maklerkunde wahrnimmt.[170]

Im Einzelfall können die Anforderungen an das Merkmal der Vertragsbereitschaft im Vertrag herabgesetzt werden.[171]

c) Konkrete Benennung des Interessenten

Der Verkäufermakler muss seinem Auftraggeber als potentiellen Käufer eine Person benennen, die am Erwerb eines Hauses oder einer Wohnung interessiert ist, die dem angebotenen Objekt ähnelt. Nicht erforderlich ist, dass eine Person benannt wird, die bereits zum Kauf der jeweiligen Immobilie fest entschlossen ist.[172]

2. Vermittlungstätigkeit

Der Vermittlungsmakler verdient seine Provision durch Einwirken auf den Vertragsgegner des Auftraggebers, um dessen Abschlussbereitschaft herbeizuführen.[173] Einer Mitwirkung bei dem eigentlichen Vertragsschluss bedarf es dagegen nicht.[174] Die Nachweistätigkeit allein vermag die nach dem Maklervertrag geforderten Vermittlerdienste nicht zu ersetzen.[175] Auf seine Vorkenntnis kann sich der Auftraggeber bei einer Vermittlungstätigkeit nicht berufen.[176]   **42**

Die erforderliche Einwirkung auf den Vertragsgegner hat sich an den Umständen des Einzelfalls zu orientieren.[177] Dies kann in einem Herunterhandeln der Preisvorstellungen des Verkäufers bestehen, aber auch in der Erstellung von Vertragsentwürfen oder der Erteilung von Rechtsrat.[178] In der Regel muss der Makler auf den Vertragsgegner selbst einwirken. Eine mittelbare Einwirkung dergestalt, dass der Makler nur mit einem Dritten verhandelt, der seinerseits auf den Vertragspartner einwirkt, reicht nur bei besonders engen persönlichen oder wirtschaftlichen Beziehungen zwischen dem Dritten und dem Vertragspartner aus.[179]   **43**

Keine ausreichende Vermittlungstätigkeit ist gegeben, wenn der Makler nur auf den Auftraggeber selbst einwirkt, die Interessenten lediglich zusammenbringt, einen rei-   **44**

---

[168] *BGH* NJW-RR 1996, 113; NJW-RR 2001, 562; NJW-RR 2009, 1282.

[169] *BGH* NJW-RR 1992, 687; NJW-RR 1997, 884; *OLG Düsseldorf* NJW-RR 2000, 1504.

[170] *BGH* NJW-RR 1990, 1008; NJW-RR 1991, 950; *OLG Bamberg* NJW-RR 1998, 565; *OLG Frankfurt/M.* NJW-RR 1999, 635 – als alternative Begründung käme auch die Unterbrechung des Kausalzusammenhanges in Betracht; keine endgültige Aufgabe der Verkaufsbereitschaft in *BGH* NJW-RR 2007, 402.

[171] Grundsätzliches Interesse an Verhandlungen kann genügen – *OLG Karlsruhe* NJOZ 2006, 1164.

[172] *BGH* NJW-RR 2009, 1282 Tz. 12; *Fischer,* NJW 2009, 3210, 3211.

[173] *BGH* NJW 1976, 1844; NJW-RR 1991, 820; NJW-RR 1997, 884; NJW-RR 2009, 1232 Tz. 8.

[174] *OLG Hamm* MDR 1957, 36.

[175] *BGH* NJW 1981, 277; NJW-RR 1989, 1071; a. A. *OLG München* NJW-RR 1996, 239; eine abw. Auslegung des Maklervertrages durch das Berufungsgericht billigend *BGH* NJW-RR 1994, 1260.

[176] *OLG Hamburg* ZMR 2003, 274.

[177] *OLG Karlsruhe* VersR 2003, 592.

[178] *Fischer,* NJW 2007, 183, 185 m. w. N.

[179] *BGH* NJW 1984, 358 (Ehefrau).

nen Besichtigungstermin ermöglicht oder einen Notar für die Beurkundung des Kaufvertrages benennt.[180]

Ist der Vertragsgegner bereits zum Vertragsschluss bereit, so genügt die Feststellung dieses Entschlusses durch den Makler, um die Provision auszulösen.[181] War der Makler schließlich dazu eingeschaltet, einen höheren (bzw. niedrigeren) Kaufpreis auszuhandeln und scheitert dieser Versuch, so ist die Provision nicht verdient.

3. Kausalität

a) Grundsatz

45   Der Makler hat nach § 652 I BGB seine Provision nur verdient, wenn der Hauptvertrag „infolge" des Nachweises oder „infolge" der Vermittlung zustande kommt.

Einerseits genügt bei der hiernach erforderlichen Kausalität zwischen Maklertätigkeit und Erfolg nicht jede „conditio sine qua non". Vielmehr ist nur diejenige Tätigkeit des Maklers in den Kreis der Kausalitätsbetrachtung einzubeziehen, die auf den nach dem Vertrag herbeizuführenden Erfolg zielgerichtet war (so genannte vertragsadäquate Kausalität).[182] Das bedeutet auch die Eingrenzung der Kausalität auf das (die) im Maklervertrag umgrenzte(n) Objekt(e), woraus die fehlende Provisionspflicht für Folgegeschäfte hergeleitet werden kann.[183]

Andererseits genügt es, wenn die Maklerleistung mitursächlich für die Herbeiführung des Erfolges gewesen ist. Hauptsächliche Ursache braucht die Maklerleistung nicht zu sein.[184]

Die Darlegung eines hypothetischen Kausalverlaufs, der später ohne Einschaltung des Maklers zum Erfolg geführt hätte, schließt die Kausalität nicht aus.[185]

Der Kausalität zwischen den Maklerdiensten und dem Abschluss des Hauptvertrages steht schließlich auch nicht entgegen, dass der Hauptvertrag erst abgeschlossen wird, nachdem der Maklervertrag durch Kündigung oder Widerruf beendet worden ist.[186]

b) Kausalität bei Nachweistätigkeit

46   Ausgangspunkt ist der Nachweis der Gelegenheit des Vertragsschlusses, wie er im Maklervertrag vereinbart war.[187] Bei der erforderlichen Kausalität zwischen diesem Nachweis und dem Abschluss des Hauptvertrages ergeben sich für den beweisbelasteten Makler gewisse Schwierigkeiten, da er ja bei den Vertragsverhandlungen nicht zugegen sein musste und damit die einzelnen Zusammenhänge, wie es zur Aufnahme der Vertragsverhandlungen und zum Abschluss des Hauptvertrages gekommen ist, nicht kennt. Ein enger zeitlicher Zusammenhang zwischen der Nachweistätigkeit des Maklers und dem Abschluss des Hauptvertrages begründet die Vermutung dafür, dass die Maklerleistung kausal für den Vertragsschluss war.[188] Es ist dann Sache des

---

[180] Beispiele aus der Rechtsprechung nach *Fischer*, NJW 2007, 183, 185; vgl. auch *BGH* NJW 1976, 1844; NJW-RR 2009, 1282 Tz. 9.

[181] Streitig, vgl. Meinungsstand bei *Dehner*, Rn. 96 f.

[182] *BGH* NJW-RR 1988, 1397; NJW-RR 1990, 1008; NJW 1999, 1255; NJW-RR 2007, 402 Tz. 13 m. w. N.; *OLG Dresden* NJW-RR 1998, 994; *Zopfs*, Rn. 41.; Überblick bei *Fischer*, NZM 2011, 529, 534.

[183] Dazu Rn. 31.

[184] *BGH* WM 1974, 257, 258.

[185] *BGH* NJW 1983, 1849; *OLG Karlsruhe* NJW-RR 1996, 628; *OLG Stuttgart* NJW-RR 2002, 1482.

[186] *BGH* NJW 1965, 964.

[187] *BGH* NJW 1988, 942; NJW-RR 1991, 950; *Dehner*, NJW 1991, 3257.

[188] *BGH* NJW 2006, 667; Überblick bei *Hogenschurz*, ZfIR 2011, 77, 80.

Auftraggebers zu beweisen, dass eine ursächliche Verknüpfung zwischen Nachweis und Vertragsschluss nicht gegeben war.

Eine Unterbrechung des Kausalzusammenhangs kann bei längerem zeitlichem Zwi- **47** schenraum zwischen Nachweis und Vertragsschluss in Frage kommen, allerdings nur dann, wenn die Vertragsverhandlungen lange Zeit geruht haben und ein sachlicher Zusammenhang zwischen Nachweis und Neuaufnahme der Verhandlungen nicht mehr festgestellt werden kann.[189] Hierfür genügt das Verstreichenlassen von einem halben Jahr noch nicht, wohl aber ein Zeitraum von einem Jahr oder mehr.[190]

Weitere Indizien für die Unterbrechung des Kausalzusammenhangs sind die Rücknahme des Maklerauftrags[191] sowie eine neue Entscheidungsgrundlage.[192] Hier kann der Provisionsanspruch aber schon daran scheitern, dass zwischen dem im ursprünglichen Maklervertrag vorgesehenen Hauptvertrag und dem späterem Vertragsschluss keine Vertragsidentität mehr besteht[193] oder ein entsprechender Nachweis des Maklers nicht mehr bejaht werden kann.[194]

c) Kausalität bei Vermittlungstätigkeit

Bei der Vermittlungstätigkeit ist die Kausalität zu bejahen, wenn die Vermittlungs- **48** tätigkeit des Maklers zu dem Vertragsschluss beigetragen hat. Dies wird dann bejaht, wenn die Tätigkeit des Maklers die Abschlussbereitschaft der Gegenseite in nicht völlig unerheblicher Weise gefördert hat.[195]

Auch hier wird man entsprechend der oben unter Rn. 46 aufgestellten Beweisregel davon ausgehen müssen, dass bei festgestellter Vermittlungstätigkeit und anschließendem Vertragsschluss die Kausalität vermutet wird und der Auftraggeber somit Umstände dartun muss, die eine Kausalität ausschließen. Die Kausalität ist immer noch gegeben, wenn die von dem Makler geführten Verhandlungen zunächst scheiterten und abgebrochen wurden und der Vertrag dann später direkt zwischen den Parteien ausgehandelt wird. Auch hier kann eine Unterbrechung des Kausalzusammenhangs bei Ruhen der Verhandlungen nur bei langen Zeiträumen in Frage kommen. Auch für derartige, die Kausalität ausschließende Umstände ist der Auftraggeber beweispflichtig.[196]

d) Einwand der Vorkenntnis

Die Provision ist mangels Nachweis nicht verdient, wenn der Auftraggeber von dem **49** mitgeteilten Objekt und der Verkaufs-/Vermietungsbereitschaft schon vorher Kenntnis hatte. Eine Vorkenntnis des Kunden schließt nach der neueren Rechtsprechung die Kausalität der Maklerleistung aus.[197] Nach wohl herrschender Meinung muss der Makler die fehlende Vorkenntnis beweisen.[198] Um diese für den Makler schwierige

---

[189] *BGH* NJW 1983, 1849; NJW 1999, 1255; *OLG Koblenz* WuM 2004, 41; *OLG Hamburg* ZMR 2004, 45; *Döderlein,* ZMR 2010, 930.
[190] *BGH* NJW 2005, 3779; NJW 2006, 3062; anders bei besonderen Umständen: *OLG Frankfurt/M.* ZMR 2005, 373.
[191] *Lauer,* MDR 1986, 810.
[192] *BGH* NJW-RR 1988, 942 (Zwischenerwerb); NJW-RR 1991, 950 (zwischenzeitliches Aufgeben der Verkaufsbereitschaft der Gegenseite); ähnlich auch BGHZ 141, 40 = NJW 1999, 1257; *BGH* NJW 2008, 651 Tz. 10 ff.; vgl. dazu *Würdinger,* ZfIR 2008, 188; *Langemaack,* NZM 2008, 679.
[193] *BGH* NJW-RR 1991, 950 (vgl. dazu *Fischer,* NJW 2007, 183, 187); *OLG Bamberg* NJW-RR 1998, 565.
[194] *Dehner,* Rn. 149.
[195] *BGH* WM 1971, 1098, 1100; näher dazu *Fischer,* NJW 2007, 183, 187; *ders.,* NJW 2007, 3107, 3109.
[196] *BGH* WM 1977, 207.
[197] *BGH* NJW-RR 1998, 411, 412.
[198] *BGH* NJW 1971, 1133; NJW 1976, 2345; WM 1984, 62; Staudinger/*Reuter,* § 652 Rn. 33; a. A. *OLG Zweibrücken* NJW-RR 1999, 1502; *OLG Koblenz* WuM 2004, 44; Palandt/*Sprau,* § 652 Rn. 55.

Beweislage zu mildern, wird der Kausalzusammenhang – wie bereits ausgeführt[199] – zwischen Nachweistätigkeit und Abschluss des Hauptvertrages vermutet, wenn beide Vorgänge in einem gewissen zeitlichen Zusammenhang stehen. Liegen Nachweis und Abschluss des Hauptvertrages fest, so muss der Auftraggeber darlegen, dass er im Zeitpunkt des Nachweises schon von dritter Seite Kenntnis von der Vertragsgelegenheit hatte.[200] Hat der Auftraggeber diesen Beweis geführt, obliegt es wiederum dem Makler, den Beweis dafür zu führen, dass seine Tätigkeit für den Vertragsschluss gleichwohl ursächlich war,[201] zum Beispiel bei Lieferung zusätzlicher Informationen.

50   Erforderlich ist aber eine solche Kenntnis, die es dem Auftraggeber ermöglicht hätte, die Verhandlungen mit dem vorgesehenen Vertragspartner aufzunehmen.[202] Allein die Kenntnis des Objekts ist unbeachtlich. Der Kunde muss auch die Verkaufsbereitschaft des Eigentümers gekannt haben.[203] Vage Vermutungen über eine Gelegenheit zum Vertragsschluss genügen nicht, sodass zusätzliche Informationen des Maklers einen echten Nachweis darstellen können.[204] Dabei ist jedoch stets zu prüfen, ob und inwieweit die Tätigkeit des Maklers als eigenständige und wesentliche Leistung anzusehen war.[205] Ausreichend ist es, wenn die Tätigkeit des Maklers für den Kunden konkreter Anlass ist, sich um das bereits bekannte Objekt zu bemühen.[206] Eine frühere Kenntnis des Kunden genügt nicht, wenn diese ihm keinen Anstoß zu Verhandlungen gab und sozusagen „abgelegt" war.[207] Hingegen ist nicht erforderlich, dass der Kunde die Vorkenntnis bereits zu einem Zeitpunkt erlangt hat, in dem er noch kein Interesse am Abschluss eines Vertrages hatte.[208]

51   Grundsätzlich ist der Maklerkunde nicht gehalten, seine Vorkenntnis unverzüglich zu offenbaren.[209] Dieser Grundsatz ist jedoch praktisch umgekehrt worden. Wenn der Auftraggeber auf ausdrückliches Befragen des Maklers eine vorhandene Vorkenntnis verneint, soll eine spätere Berufung hierauf ausgeschlossen sein.[210] Auch in allen übrigen Fällen soll das Verschweigen der Vorkenntnis entweder der Provisionspflicht nicht entgegenstehen[211] oder jedenfalls zu einer Ersatzpflicht des Auftraggebers aus Pflichtverletzung führen, wenn der Makler in der Folgezeit nutzlosen Aufwand betreibt.[212] – Schließlich kann eine erstmals im Prozess behauptete Vorkenntnis im Falle ihres Bestreitens durch den Makler im Rahmen der Beweiswürdigung eine Rolle spielen.

52   Die in den Maklerbedingungen früher durchweg enthaltene „**Vorkenntnisklausel**", wonach der Auftraggeber die Obliegenheit hatte, diese Vorkenntnis unverzüglich bei einem nachgewiesenen Objekt zu offenbaren, andernfalls er sich auf eine solche Vorkenntnis nicht mehr berufen könne, hat der *BGH* im Hinblick auf die Ablehnung

---

[199] Vgl. Rn. 46.
[200] *BGH* WM 1984, 62, 63.
[201] *BGH* MDR 1969, 645.
[202] *BGH* NJW 1983, 1849; NJW-RR 1990, 1008; NJW-RR 1996, 691.
[203] *BGH* NJW-RR 1990, 1008; NJW-RR 1991, 950.
[204] *BGH* NJW-RR 1990, 1269.
[205] *BGH* NJW-RR 1996, 114, 115; *Morath,* jurisPR-MietR 16/2010 Anm. 6.
[206] *BGH* NJW-RR 1998, 411, 412.
[207] *BGH* NJW 1983, 1849.
[208] *BGH* NJW-RR 1990, 1269.
[209] *BGH* WM 1984, 62; *OLG Karlsruhe* NJW-RR 1994, 509; *Dehner,* NJW 1997, 20; *Fischer,* NJW 2007, 183, 186.
[210] *BGH* NJW-RR 1996, 114.
[211] *OLG Koblenz* NJW-RR 1989, 1210 (schlüssiger Verzicht); NJW-RR 1991, 248 (§ 242 BGB).
[212] *OLG Karlsruhe* NJW-RR 1994, 509; *Reuter,* NJW 1990, 1325.

einer solchen Offenbarungspflicht nicht anerkannt.[213] Nach dem Verdikt des *BGH* ist die Praxis auf konkrete Nachweisbestätigungen[214] ausgewichen. Im Übrigen ist bei Unwirksamkeit der Vorkenntnisklausel nunmehr im Prozess zu prüfen, ob eine solche Vorkenntnis vorlag, gegebenenfalls, ob trotz Vorkenntnis die zusätzliche Mitteilung des Maklers für den Abschluss des Hauptvertrages ursächlich war.

Vergleichbares gilt, wenn der Kunde gegenüber dem Makler bestätigt, dass dieser **53** ihm das Objekt angeboten habe. Ist diese Bestätigung als Klausel formuliert, so ist sie unwirksam. Handelt es sich dagegen um eine Individualvereinbarung, ist sie wirksam mit der Folge, dass sich der Kunde auf eine Vorkenntnis nicht mehr berufen kann.[215]

e) Kausalität bei Einschaltung mehrerer Makler

Eine erhebliche Bedeutung hat das Erfordernis der Kausalität bei Einschalten und **54** Tätigwerden mehrerer Makler. Im Hinblick darauf, dass eine mitursächliche Tätigkeit des Maklers genügt, besteht bei Beauftragung mehrerer Makler die Möglichkeit und Gefahr für den Auftraggeber, gegenüber mehreren Maklern provisionspflichtig zu werden.[216] Von den Berufsverbänden der Makler hierzu herausgegebene Richtlinien über „Gemeinschaftsgeschäfte" haben für das Außenverhältnis zwischen Makler und Kunden keine rechtliche Bedeutung.[217]

Zusammentreffen mehrerer Nachweismakler: die Gefahr ist gering. Auszugehen ist **55** davon, das der zunächst eingeschaltete Makler mit seinem Nachweis die Provision verdient hat und sich hieran bei weiteren Nachweisen durch andere Makler nichts ändert; die Tätigkeit des ersten Nachweismaklers bleibt selbst dann ursächlich, wenn nach Einschaltung des zweiten Maklers der Vertrag zu einem geringeren Preis als ursprünglich angeboten abgeschlossen wird.[218] Gegenüber den Ansprüchen der späteren Nachweismakler kann sich der Auftraggeber auf den Nachweis des ersten Maklers und die hierdurch eingetretene Vorkenntnis berufen.[219] Die späteren Nachweismakler können nur dann einen Provisionsanspruch erwerben, wenn sie beweisen, dass der erste Nachweis nicht ursächlich war, weil er bei dem Auftraggeber infolge Zeitablaufs in Vergessenheit geraten war[220] oder wenn der „Zweitnachweis" wirklich den Ausschlag für den Vertragsschluss gegeben hat.[221] Bei gleichzeitigem Nachweis erhält nur derjenige Makler eine Provision, der in Abweichung von der ansonsten geltenden Beweisregel nachweist, dass sein Nachweis für den Abschluss ursächlich war.[222]

Zusammentreffen von Nachweismakler und späterem Vermittlungsmakler: nach herr- **56** schender Meinung erhalten beide Makler ihre Provision, da jeder Makler die ihm obliegende Tätigkeit ausgeführt hat.[223] Ist zunächst ein Vermittlungsmakler einge-

---

[213] *BGH* NJW 1971, 1133; NJW 1976, 2346; krit. *Schwerdtner/Hamm,* Rn. 268; *Reuter,* NJW 1990, 1328.

[214] Hierin liegt ein deklaratorisches Schuldanerkenntnis, *Schwerdtner/Hamm,* Rn. 270; vgl. auch *OLG Naumburg* ZMR 2007, 283.

[215] *OLG Naumburg* ZMR 2007, 283.

[216] Zum Gesamtproblem vgl. *Schwerdtner/Hamm,* Rn. 548 ff.; *Schäfer,* MDR 1988, 354; *Pauly,* NZM 2006, 161.

[217] *Dehner,* S. 82 ff.; zum Innenverhältnis vgl. *BGH* NJW-RR 1987, 171; *OLG Karlsruhe* NJW-RR 1993, 762.

[218] *BGH* NJW 1980, 123; BGHZ 78, 269 = NJW 1981, 387.

[219] Staudinger/*Reuter,* § 652 Rn. 146.

[220] *BGH* NJW 1983, 1849; NJW-RR 1991, 950.

[221] *BGH* NJW 1996, 114.

[222] *BGH* NJW 1979, 869.

[223] *BGH* NJW 1977, 41; *Engel,* MDR 2009, 1090, 1092 – zu einem ausdrücklichen Provisionsverlangen in einem derartigen Fall vgl. *OLG Stuttgart* NJW-RR 2002, 1482.

schaltet, so kann ein späterer Nachweismakler keine Provision mehr fordern, da dem die Vorkenntnis entgegensteht.[224]

57   Zusammentreffen zweier Vermittlungsmakler: die Rechtsprechung neigt ebenfalls zu einer Häufung der Provisionsansprüche.[225] Etwas anderes gilt auch hier nur dann, wenn der Auftraggeber nachweist, dass die Vermittlungstätigkeit des einen Maklers nicht ursächlich für den Vertragsschluss war, weil die Verhandlungen auf der von ihm geschaffenen Basis erfolglos waren und abgebrochen wurden.[226] Überschneiden sich dagegen die Vermittlungstätigkeiten, so hat der Auftraggeber an jeden die volle Provision zu zahlen.[227] Etwas anderes kommt nur in Betracht, wenn die Makler in gegenseitigem Einvernehmen zugezogen wurden.[228]

58   Haben sowohl Käufer als auch Verkäufer unabhängig voneinander einen Makler beauftragt und kommt über diese der Kontakt zustande (sog. Gemeinschaftsgeschäft), zahlt jede Partei ihren Makler selbst.

f) Abweichende Vereinbarungen

59   Abweichende Vereinbarungen in Allgemeinen Geschäftsbedingungen, nach denen der Makler auch ohne den erforderlichen Kausalzusammenhang zwischen Maklertätigkeit und Vertragsschluss eine Provision fordern kann, sind nach § 307 BGB unwirksam; zulässig sind insoweit nur Individualklauseln.[229]

60   Unzulässig ist danach auch die sogenannte Rückfrageklausel, nach der der Auftraggeber verpflichtet ist, vor Abschluss des Vertrages bei dem Makler rückzufragen, ob die Zuführung des Vertragspartners auf seinen Nachweis zurückzuführen ist.[230]

61   Ferner sind Klauseln unwirksam, wonach bei Abschluss des Hauptvertrages binnen einer bestimmten Frist nach Nachweis oder Vermittlung der Kausalzusammenhang vermutet wird. Dem Interesse des Maklers ist schon durch die mehrfach erwähnte Beweislastregel[231] Rechnung getragen; starre Fristen, innerhalb derer der Kausalzusammenhang unwiderlegbar vermutet wird, widersprechen der oben dargestellten Rechtslage, wonach dem Auftraggeber im Einzelfall der Nachweis der Unterbrechung des Kausalzusammenhangs offen bleiben muss.

4. Erforderliche Kenntnis des Auftraggebers von der Maklertätigkeit

62   Nach herrschender Meinung ist der Provisionsanspruch des Maklers nur gegeben, wenn der Auftraggeber bei Abschluss des Hauptvertrages Kenntnis davon gehabt hat, dass der Makler zum Zustandekommen des Vertrages beigetragen hat.[232] Begründet wird dies mit der Erwägung, dass nur dann der Auftraggeber in der Lage sei, bei Festlegung des Kaufpreises oder einer sonstigen Vergütung und den sonstigen Vertragsbedingungen den von ihm geschuldeten Maklerlohn einzukalkulieren. Etwas anderes soll nur dann gelten, wenn feststehe, dass der Auftraggeber auch bei Kenntnis der Provisionsverpflichtung zum gleichen Preis abgeschlossen hätte.[233] Dieses – zu-

---

[224] *Schäfer*, MDR 1988, 537.
[225] Nachweise bei *Schwerdtner/Hamm*, Rn. 551.
[226] *Schwerdtner/Hamm*, Rn. 552.
[227] *BGH* NJW 1977, 41; NJW 1980, 123.
[228] *Schwerdtner/Hamm*, Rn. 554.
[229] BGHZ 88, 368 = NJW 1984, 360; *BGH* NJW-RR 1986, 347.
[230] *Schwerdtner/Hamm*, Rn. 929.
[231] Rn. 46.
[232] RGZ 83, 32, 34; *Dehner*, Rn. 158; Palandt/*Sprau,* § 652 Rn. 52.
[233] *BGH* NJW-RR 1994, 1260.

nehmend abgelehnte[234] – Erfordernis widerspricht dem Gesetz. Es legt dem Makler eine Verpflichtung auf, die er kaum erfüllen kann. Umgekehrt ist es dem Auftraggeber zuzumuten, sich bei dem von ihm beauftragten Makler zu erkundigen, ob ein Kaufinteressent von dem Makler zugeführt wurde.[235]

5. Zusätzliche vertraglich vereinbarte Erfordernisse

Die Parteien des Maklervertrages können im Einzelfall den Anfall der Provision von weiteren Voraussetzungen abhängig machen. So kann der Provisionsanspruch vor allem von der Durchführung des Hauptvertrages abhängig gemacht werden.[236] **63**

Es bedarf in diesem Fall der Prüfung, ob hierdurch nur die Fälligkeit des Provisionsanspruchs hinausgeschoben werden oder aber die Entstehung des Anspruchs durch die Vertragsausführung bedingt sein soll. Im ersten Fall wird der Provisionsanspruch trotz Nichtdurchführung des Hauptvertrages nach einer gemäß § 242 BGB zu bestimmenden Zeitspanne fällig,[237] bei der zweiten Alternative entsteht kein Provisionsanspruch – § 87a HGB ist nicht entsprechend anwendbar –, es sei denn, dass die Durchführung des Vertrags treuwidrig unterbleibt.[238] **64**

V. Verwirkung

1. Doppeltätigkeit des Maklers

Der Provisionsanspruch des Maklers ist ausgeschlossen, wenn er „dem Vertrag zuwider" auch für den Dritten tätig geworden ist (§ 654 BGB). Grundgedanke der **Verwirkung** ist, dass in diesem Fall die Neutralität des Maklers gegenüber dem Auftraggeber nicht gesichert ist. **65**

Bei der gesetzlichen Regelung bleibt offen, wann der Makler vertragswidrig für den Vertragsgegner tätig geworden ist. **66**

Vorrangig ist eine ausdrückliche Absprache zwischen den Parteien. Im Übrigen kommt es auf eine Auslegung des Vertrages nach Treu und Glauben an (§ 157 BGB). Die Rechtsprechung ist hierbei erstaunlich großzügig. Eine beiderseitige Nachweistätigkeit wird zugelassen,[239] ebenso dass der Makler für den einen Vertragsteil eine Nachweis-, für den anderen Teil eine Vermittlungstätigkeit ausübt.[240] Problematisch ist vor allem der Fall der beiderseitigen Vermittlungstätigkeit. Die Rechtsprechung will auch diese für den Regelfall zulassen, betont aber, dass sich der Makler dann „strengster Unparteilichkeit" gegenüber beiden Parteien befleißigen müsste.[241] Diese Ansicht wird unter anderem damit begründet, dass eine derartige Doppeltätigkeit bei Immobiliengeschäften weitgehend üblich und damit für den Kunden auch ohne besonderen Hinweis absehbar und erkennbar sei.[242] Andere fordern jedenfalls für den

---

[234] *Fischer,* NJW 2007, 183, 187 m. w. N.

[235] *OLG München* NJW 1968, 894.

[236] *BGH* WM 1977, 1049; zur Auslegung der Klausel „Zahlung bei notariellem Kaufabschluss" vgl. *BGH* NJW 1973, 1276.

[237] *BGH* WM 1980, 1071; WM 1985, 775.

[238] *BGH* NJW 1966, 1404.

[239] Teilweise wird Offenlegung verlangt: *OLG Frankfurt/M.* NJW-RR 1986, 600; MDR 1989, 65; *OLG Karlsruhe* NJW-RR 1995, 500; *OLG Naumburg* NJW-RR 1996, 1082; *OLG Hamm* MDR 2001, 1403.

[240] *BGH* NJW 1986, 2573; NJW-RR 2003, 991; NJW 2004, 154.

[241] *BGH* NJW-RR 2003, 991.

[242] *BGH* NJW-RR 2003, 991.

letzteren Fall ein Offenlegen der Doppeltätigkeit.[243] Nur dem so genannten „Vertrauensmakler" soll die doppelte Vermittlungstätigkeit untersagt sein.[244]

Diese Rechtsprechung ist bedenklich. Eine beiderseitige Vermittlungstätigkeit sollte grundsätzlich verboten und nur bei beiderseitiger Gestattung erlaubt sein, denn Interessenkonflikte des Maklers sind bei dieser Konstellation vorprogrammiert. Außerdem ist unklar, wann von einem „Vertrauensmakler" ausgegangen werden kann.[245] Selbst bei beiderseitiger Nachweistätigkeit bestehen Bedenken gegen die Doppeltätigkeit, da Nachweis und Vermittlung fließend ineinander übergehen und auch hier wegen der Nebenpflichten des Maklers Interessenkollisionen nicht auszuschließen sind.[246]

67 Die Vorschrift des § 654 BGB hat Strafcharakter.[247] Der Makler hat bei Vorliegen der Voraussetzungen seine Provision verwirkt, ohne dass es auf den Eintritt eines Schadens ankäme.[248] Ein etwaiges vertragswidriges Verhalten von Erfüllungsgehilfen muss sich der Makler nach § 278 BGB zurechnen lassen.[249] Die Darlegungs- und Beweislast für eine Verwirkung trägt der Auftraggeber.[250]

2. Sonstige Pflichtverletzungen

68 Nach herrschender Meinung kommt analog § 654 BGB eine Verwirkung des Provisionsanspruchs in Betracht, wenn der Makler wesentliche Vertragspflichten vorsätzlich oder grob fahrlässig verletzt.[251] Eine objektiv erhebliche Pflichtverletzung allein genügt nicht, vielmehr ist in erster Linie subjektiv eine schwerwiegende Treuepflichtverletzung zu fordern.[252] Die Analogie soll für alle Pflichtverletzungen des Maklers gelten, so auch für solche im vorvertraglichen Stadium.[253] Ein Schaden muss auch hier nicht entstanden sein.[254]

69 Einzelfälle:
– Vereinbarung formnichtiger Ankaufsverpflichtungen unter dem Gesichtspunkt der unzulässigen erfolgsunabhängigen Provision[255]
– Pflichtwidriges Verhalten bei vereinbarter Übererlösprovision[256]
– Unzulässiger Zwischenerwerb des Maklers mit Zwischengewinn[257]
– Falsche Angaben über das Objekt[258]
– Angebot an Dritte trotz Einräumen einer Option[259]

---

[243] *OLG Karlsruhe* ZMR 2005, 546.
[244] *BGH* NJW-RR 1998, 992; *OLG Dresden* NZM 1998, 1017.
[245] Ablehnend zu dieser Rspr. auch *Schwerdtner/Hamm*, Rn. 866.
[246] *Schwerdtner/Hamm*, Rn. 867; vgl. *OLG Hamm* NJW-RR 1998, 844.
[247] *BGH* NJW-RR 2003, 991; *OLG Hamm* NJW-RR 2013, 170.
[248] *BGH* NJW-RR 1990, 372.
[249] *Zopfs*, Rn. 79.
[250] *OLG Karlsruhe* VersR 2003, 592.
[251] Überblick bei *Fischer*, NJW 2011, 3277, 3280: *Schwerdtner/Hamm*, Rn. 725 ff.; generell krit. dazu *Döderlein*, NZM 2003, 808.
[252] *BGH* NJW 2012, 3718.
[253] *OLG Hamm* NJW-RR 1993, 506; offen gelassen in *BGH* NJW 1984, 232.
[254] *BGH* NJW-RR 1990, 57 (hierzu *Dehner*, NJW 1991, 3261, Fn. 84); NJW-RR 1990, 372; NJW 1986, 2573; a. A. *Schwerdtner/Hamm*, Rn. 735.
[255] *BGH* NJW 1981, 280; NJW-RR 1989, 760 (selbst bei Heilung nach § 311b I 2 BGB); NJW-RR 1990, 57; NJW-RR 1990, 372; NJW-RR 1992, 817.
[256] *BGH* NJW 1969, 1628, 1629 (Verheimlichung von Sonderabsprachen); *OLG Düsseldorf* NJW-RR 1997, 1278.
[257] *OLG Brandenburg* NJW-RR 1995, 695.
[258] *BGH* WM 1981, 590; NJW 1981, 2297; *OLG Frankfurt/M.* NJW-RR 1986, 601; OLGR 2008, 867; *OLG Hamm* NJW-RR 1995, 695; *OLG Koblenz* NJW-RR 1996, 1468; *KG* MDR 2012, 271.
[259] *OLG Hamm* NJW 1991, 360.

- Unredliches Erlangen einer Provisionserhöhung[260]
- Beleidigende Äußerungen über den Auftraggeber[261]
- Verletzung von Aufklärungspflichten über das Objekt[262] oder die Finanzierung[263]
- Hinhalten von Kaufinteressenten[264]

Keine Verwirkung des Provisionsanspruchs soll bei der Verwendung von unzulässi- **70** gen Allgemeinen Geschäftsbedingungen durch den Makler eintreten.[265] Gleiches soll für den Fall gelten, dass der Makler ein Verkehrswertgutachten über das Objekt seines Auftraggebers an den Kaufinteressenten weitergibt.[266] Bezeichnet der Makler in einem Exposé den Keller als bewohnt, ist diese Nutzung tatsächlich aber baurechtlich unzulässig, bleibt der Provisionsanspruch bestehen.[267] Auch eine fahrlässig falsche Mietertragsangabe führt nicht zur Verwirkung.[268]

Die Analogie begegnet Bedenken. Sie wird von dem Willen des Gesetzgebers nicht **71** gedeckt.[269] Zudem ist fraglich, ob überhaupt eine ausfüllungsbedürftige Regelungslücke vorliegt, da bei derartigen Pflichtverletzungen ein Ersatzanspruch des Auftraggebers bei Vorliegen eines Schadens aus §§ 280 ff. BGB in Betracht kommt.[270]

VI. Entstehung und Fälligkeit des Provisionsanspruchs

1. Entstehung des Anspruchs

Der Anspruch auf Provision entsteht regelmäßig erst mit dem Abschluss des Haupt- **72** vertrages; vorher besteht nach der Rechtsprechung des *BGH* eine rechtlich geschützte Anwartschaft.[271]

Daraus folgt: Hat der Makler zu seinen Lebzeiten eine Tätigkeit entfaltet, die ursächlich für das nach seinem Tod zustande gekommene Geschäft war, so steht den Erben des Maklers der Provisionsanspruch zu.[272] Die Rechtsprechung, dass der Provisionsanspruch des Maklers nicht in die Insolvenzmasse (§ 35 InsO) fallen soll, wenn der Maklervertrag vor, der Hauptvertrag nach Eröffnung des Insolvenzverfahrens abgeschlossen wird,[273] ist überholt. Mit Eröffnung des Insolvenzverfahrens über das Vermögen des Auftraggebers erlischt nach §§ 115, 116 InsO auch ein vom Schuldner erteilter Auftrag; hierzu gehört auch ein Maklervertrag.[274]

2. Fälligkeit des Anspruchs

Der Provisionsanspruch wird regelmäßig auch mit Abschluss des Hauptvertrages fällig. **73**

Vereinbarungen, die die Fälligkeit des Provisionsanspruchs auf die Zeit vor Abschluss des Hauptvertrages vorverlegen, sind als Allgemeine Geschäftsbedingungen unwirksam.[275] Hingegen dürften abweichende Individualabsprachen wirksam sein.

---

[260] *BGH* NJW 1986, 2574.
[261] *OLG Hamm* OLGR 2005, 666.
[262] *LG Heidelberg* MDR 2006, 859; vgl. auch *OLG Oldenburg* NJW-RR 2009, 885.
[263] *OLG Köln* ZMR 2005, 546 (bei sich aufdrängenden Zweifeln).
[264] *OLG Nürnberg* IMR 2012, 338.
[265] *BGH* NJW-RR 2005, 1423; a. A. *OLG Hamm* NZM 2000, 1073.
[266] *OLG Karlsruhe* VersR 2003, 592.
[267] *OLG Oldenburg* NJW-RR 2009, 1284.
[268] *KG* IMR 2012, 339 m. Anm. *Lehner.*
[269] *Reuter,* NJW 1990, 1325; *Schwerdtner/Hamm,* Rn. 721 ff.
[270] Zur Konkurrenz beider Ansprüche *OLG Hamm* NJW-RR 1997, 370.
[271] *BGH* NJW 1965, 864; BGHZ 65, 74 = WM 1974, 1166; a. A. *Schwerdtner/Hamm,* Rn. 615.
[272] *BGH* NJW 1965, 864; WM 1975, 503.
[273] BGHZ 65, 74 = WM 1974, 1166.
[274] *OLG Karlsruhe* ZIP 1990, 1143.
[275] *BGH* NJW 1975, 674; *OLG Hamm* NJW-RR 1996, 1526.

Abweichende Vereinbarungen, die die Fälligkeit zu Lasten des Maklers weiter hinausschieben, sind zulässig. Bleibt das Ereignis, an das die Fälligkeit geknüpft wurde, aus, so wird der Provisionsanspruch in dem Zeitpunkt fällig, in dem normalerweise mit dem Eintritt des Ereignisses gerechnet werden konnte;[276] spätestens jedoch, wenn feststeht, dass das Ereignis nicht eintreten wird.[277] Eine Anwendung des § 87a III 1 und 2 HGB auf derartige Vereinbarungen mit der Folge, dass der Auftraggeber teilweise mit dem Risiko der unterbliebenen Ausführung belastet wird, ist abzulehnen.[278]

VII. Höhe der Provision

1. Grundsatz

74 Die Höhe der Maklerprovision wird bei Grundstücksmaklern regelmäßig durch einen Prozentsatz der Vergütung aus dem nachgewiesenen beziehungsweise vermittelten Geschäft bestimmt. Von einem festen Satz kann bundeseinheitlich nicht ausgegangen werden. Als grober Anhaltspunkt können drei bis fünf Prozent angesehen werden, die bei (zulässiger) Doppeltätigkeit auch von beiden Auftraggebern erhoben werden können.[279] Ist die Höhe des Kaufpreises die maßgebliche Berechnungsgrundlage, so fallen hierunter im Zweifelsfall auch die übernommenen Belastungen.[280] Demgegenüber bleiben Erschließungskosten und öffentliche Abgaben[281] ebenso wie eine Minderung des Kaufpreises[282] außer Betracht.

75 Die Höhe der vereinbarten Provision unterliegt der Grenze des § 138 I BGB, wobei die Rechtsprechung in der Bejahung der **Sittenwidrigkeit** sehr zurückhaltend ist.[283] Maßgebend für das Missverhältnis von Leistung und Gegenleistung ist nämlich nicht der Umfang der geleisteten Dienste, sondern die Qualität der verschafften und in Anspruch genommenen Vertragsgelegenheit.[284] Darüber hinaus sollte die Höhe der vereinbarten Provision an der Üblichkeit der Provisionshöhe gemessen werden.[285]

76 Fehlt es an einer ausdrücklichen Vereinbarung, so gilt hinsichtlich der Entgeltlichkeit an sich § 653 I BGB, hinsichtlich der Höhe der Provision § 653 II BGB. Eine Taxe besteht nicht, sodass es auf die **Üblichkeit** der Provision ankommt. Das Gericht bestimmt im Streitfall die Höhe der Provision im Wege der ergänzenden Vertragsauslegung; für die Anwendung des § 316 BGB ist kein Raum.[286] Auch dabei wird das Gericht in aller Regel einen Satz zwischen drei und fünf Prozent als üblich bestimmen.[287] Bestehen

---

[276] *BGH* WM 1980, 1071; zur Auslegung *BGH* NJW 1986, 1035.
[277] *Schwerdtner/Hamm*, Rn. 630.
[278] *BGH* NJW 1966, 1404; a. A. *Schwerdtner/Hamm*, Rn. 632 ff.
[279] BGHZ 125, 135 = NJW 1994, 1475; *BGH* NJW 2003, 699; *Moraht*, DWW 2010, 162, 168; – zum Gelegenheitsmakler s. Staudinger/*Reuter*, § 652 Rn. 175 (gleich hohe Provision).
[280] *BGH* NJW 1998, 2277. – Zur Unzulässigkeit erweiternder AGB-Klauseln s. *OLG Düsseldorf* NJW-RR 1998, 1594.
[281] *BGH* NJW 1965, 1755.
[282] *BGH* WM 1977, 21.
[283] *BGH* DB 1976, 573; *Schwerdtner/Hamm*, Rn. 763; *Moraht*, jurisPR-MietR 10/2008 Anm. 6; bejaht von *OLG Frankfurt/M.* OLGR 2008, 754 bei 12 % und von *OLG Brandenburg* NJW-RR 2010, 635 bei 27,56 %.
[284] Staudinger/*Reuter*, § 652 Rn. 53.
[285] Bei einer Überschreitung der üblichen Provision um 100 % sollte ähnlich der Erwägungen im Bereich des Konsumentenkredits – vgl. grundlegend BGHZ 104, 102 = NJW 1988, 1659 – die Sittenwidrigkeit bejaht werden.
[286] Für den Regelfall ebenso BGHZ 94, 98 = NJW 1985, 1895; NJW-RR 1994, 1260; MünchKomm/*Roth*, § 653 Rn. 15.
[287] *OLG Brandenburg* NJW-RR 2010, 635 (3–5 %); *OLG Frankfurt/M.* NJW-RR 2000, 58 (5 %); NZM 1999, 231 (3 %); LG Stendal NZM 2001, 1089 (4 %).

Handelsbräuche, sind diese unter Kaufleuten nach § 346 HGB zu berücksichtigen.[288]

Bei Unkenntnis der die Höhe der Provision bestimmenden Umstände hat der Makler 77 einen **Auskunftsanspruch** gegen seinen Auftraggeber.[289] Danach kann der Makler zumindest Einsicht in die Urkunde betreffend den abgeschlossenen Hauptvertrag, eventuell – bei Unklarheiten – noch zusätzliche Auskünfte oder auch gemäß § 12 GBO Grundbucheinsicht[290] verlangen.

Ob eine **Herabsetzung** des Maklerlohns in analoger Anwendung des § 655 BGB in 77a Betracht kommen kann, ist bislang höchstrichterlich nicht entschieden. In der Literatur wird diese Frage kontrovers diskutiert.[291]

2. Übererlös

Gelegentlich wird in Maklerverträgen vereinbart, dass der Makler einen über eine 78 bestimmte Summe hinausgehenden Betrag (Übererlös) als Provision erhält. Grundsätzlich hält die herrschende Meinung derartige Vereinbarungen für zulässig.[292] Ein Übererlös von 27,7 % des Kaufpreises ist jedoch sittenwidrig.[293] Ebenso können entsprechende Klauseln wegen Verstoßes gegen das Transparenzgebot gemäß § 307 I 2 BGB unwirksam sein.[294]

3. Wohnungsvermittlung

Eine besondere Regelung der Provisionshöhe besteht auf dem Gebiet der Wohnungs- 79 vermittlung.[295] Nach § 3 I WoVermG bestimmt sich die Provision nach einem Bruchteil oder Vielfachen der Monatsmiete.[296] Die zulässige Höhe der Provision beträgt zwei Monatsmieten zuzüglich Umsatzsteuer (§ 3 II WoVermG). Eine Auslagenerstattung darf nur vereinbart werden, wenn die nachgewiesenen Auslagen eine Monatsmiete übersteigen (§ 3 III WoVermG).

VIII. Anspruch auf Aufwendungsersatz

1. Grundsatz

Ein Anspruch des Maklers auf Ersatz seiner Aufwendungen besteht nur bei besonde- 80 rer Vereinbarung (§ 652 II BGB). Der Gesetzgeber geht davon aus, dass der Makler seine Kosten aus der von ihm kassierten Provision abdeckt und bei Nichtzustandekommen des Hauptvertrages die ihm entstandenen Kosten aus anderen, von ihm erzielten Provisionen entnimmt. Damit wird die oft bestehende Diskrepanz zwischen der angefallenen Provision und dem oft geringen Umfang der Dienstleistung gerechtfertigt. Falls im Einzelfall besonders hohe Kosten entstehen, muss sich der Makler für

---

[288] MünchKommBGB/*Roth*, § 652 Rn. 199.

[289] *BGH* WM 1984, 62; NJW-RR 1987, 173; NJW-RR 1990, 1370.

[290] *Fischer*, NJW 2011, 3277, 3281 m. w. N.

[291] Überblick bei *Fischer*, NZM 2011, 529, 537.

[292] *BGH* NJW 1969, 1628; NJW 1970, 1705; vgl. jedoch *OLG Düsseldorf* NJW-RR 1996, 1012; zustimmend Staudinger/*Reuter*, § 652 Rn. 184; MünchKommBGB/*Roth*, § 652 Rn. 68, 200; zweifelnd *Schwerdtner/Hamm*, Rn. 769 ff.

[293] BGHZ 125, 135 = NJW 1994, 1475; hierzu *Martinek*, JZ 1994, 1048; *Dehner*, NJW 1997, 23.

[294] *OLG Frankfurt/M.* ZMR 2007, 462.

[295] Zur Auslegung des Begriffs *BGH* NJW-RR 2010, 1385.

[296] *OLG Frankfurt/M.* NJW-RR 1992, 1462 (Bruttomiete); vgl. jedoch *LG Dresden* NJW-RR 1997, 1481 (überhöter Mietzins).

den Fall, dass keine Provision anfällt, durch eine besondere Absprache über den Aufwendungsersatz absichern. Die Abrechnung erfolgt nach Auftragsrecht.[297]

2. Abweichende Vereinbarungen

a) Individualabrede

81 Eine Individualabrede über Aufwendungsersatz wird der Makler in Sonderfällen treffen, in denen besonders hohe Aufwendungen (zum Beispiel Reisekosten bei Auslandsreisen, Kosten für aufwändige Werbeprospekte oder sonstige Werbemaßnahmen) anfallen.

Die Vereinbarung kann zwar auch konkludent getroffen werden; es sind jedoch im Interesse des Auftraggebers strenge Anforderungen an die Erkennbarkeit einer solchen Abrede zu stellen. Die Tatsache allein, dass ein Vertrag mit dem nachgewiesenen Interessenten beziehungsweise trotz Vermittlungstätigkeit des Maklers nicht zustande kommt, reicht jedenfalls allein nicht aus. Eine Ausnahme kann bestehen bei Verletzung der den Auftraggeber treffenden Pflicht zur Mitteilung dahin, dass sich der Auftrag erledigt habe; dann besteht ein Schadensersatzanspruch des Maklers hinsichtlich der Aufwendungen, die bei pflichtgemäßer Information nicht mehr angefallen wären.

Eine Vereinbarung kann auch für den Fall getroffen werden, dass die Tätigkeit des Maklers erfolglos bleibt.[298] Diese bedarf einer notariellen Beurkundung, wenn die versprochene Vergütung so hoch ist, dass sie den Verkäufer in seiner Entscheidung beim Abschluss des Kaufvertrags beeinträchtigt.[299]

b) AGB-Klausel

82 Der Aufwendungsersatz kann auch in Allgemeinen Geschäftsbedingungen ausbedungen werden.[300] Dort finden sich demgemäß Klauseln, wonach der Makler bei Scheitern des Geschäftes einen bestimmten Prozentsatz der sonst angefallenen Provisionen als pauschalierten Aufwendungsersatz verlangen kann. Diese Klauseln sind in Anpassung an die strenger werdende Rechtsprechung betreffend die Unzulässigkeit einer erfolgsunabhängigen Provision[301] getreten.

83 Die Zulässigkeit solcher pauschalierten Aufwendungsersatzansprüche wird in der Rechtsprechung dem Grunde nach überwiegend bejaht,[302] jedoch der Höhe nach im Wege der Inhaltskontrolle nach § 307 BGB begrenzt: die Höhe des Aufwendungsersatzes darf nicht auf eine versteckte erfolgsunabhängige Provision hindeuten und muss so gestaltet sein, dass ein unstatthafter Druck auf die Entschlussfreiheit des Auftraggebers ausscheidet.[303] Verlangt werden kann nur ein mäßiger Höchstbetrag.[304] Zu beachten ist dabei zum einen § 308 Nr. 7b BGB (unangemessen hoher Ersatz von Aufwendungen bei Rücktritt oder Kündigung), zum anderen § 309 Nr. 5b BGB (Nachweis, dass ein geringerer Aufwand entstanden ist als die vereinbarte Pauschale abgelten soll).[305]

---

[297] *OLG Karlsruhe* NJW-RR 2003, 1426 (für Finanzmakler).
[298] *OLG Oldenburg* NJW-RR 2005, 1287.
[299] *OLG Köln* NJW-RR 2010, 780 (fraglich).
[300] BGHZ 99, 374 = NJW 1987, 1634; a. A. *Schwerdtner/Hamm*, Rn. 838.
[301] Rn. 13.
[302] Anders wohl *OLG Oldenburg* NJW-RR 2005, 1287 (nur konkrete Aufwendungen).
[303] *BGH* NJW 1980, 1622; BGHZ 99, 374 = NJW 1987, 1634.
[304] *AG Rendsburg* MDR 2004, 204 (Pauschale von 1.000 EUR unzulässig).
[305] BGHZ 99, 374 = NJW 1987, 1634.

3. Reservierungsvereinbarungen

Eine andere Form der Vergütung des Maklers bei gescheitertem Geschäft ist die **84** sogenannte Reservierungsvereinbarung. Darin verpflichtet sich der Makler, ein bestimmtes Objekt, für das sich der Kunde ernsthaft interessiert, für eine bestimmte Bedenkzeit zu reservieren und keinem anderen Interessenten anzubieten. Für diese Reservierung lässt sich der Makler eine Vergütung versprechen.[306]

Da der Makler wegen der Abschlussfreiheit seines Auftraggebers ohnehin dem Kun- **85** den keine echte „Reservierung" verschaffen kann, erscheint die rechtliche Bedeutung einer solchen Reservierungsvereinbarung zweifelhaft.[307] Dies gilt auch, wenn der Makler einen qualifizierten Alleinauftrag für das Objekt hat.[308] Zudem gerät der Makler in letzterem Fall, wenn er die Suche nach anderen Interessenten vorläufig einstellt, in Konflikt mit den Interessen seines Auftraggebers, der an baldiger und bestmöglicher Veräußerung des Objekts interessiert ist.[309]

Eine Reservierungsvereinbarung durch Individualabrede sollte zugelassen werden.[310] **86** Anderer Ansicht zufolge ist die Reservierungsvereinbarung per se bereits, da ohne Wert, sittenwidrig und damit nichtig.[311] Der Rechtsprechung zufolge ist die Vereinbarung nur sittenwidrig, wenn sie auf unbestimmte Dauer abgeschlossen wird[312] oder der Kunde nur zur Zahlung eines unangemessen niedrigen Kaufpreises bereit ist und dies den Parteien der Reservierungsvereinbarung bewusst war.[313] Die zulässige Dauer der Reservierung dürfte nur in einem kurzen Zeitraum anzuerkennen sein, die sich danach bemisst, wie lange der Kunde braucht, um sich über den endgültigen Entschluss zum Abschluss des Hauptvertrages klar zu werden.[314] Ist eine Frist für die Reservierung nicht bestimmt, so kommt es darauf an, ob unter Berücksichtigung dieses Gesichtspunktes durch Auslegung eine konkludente Vereinbarung über die Dauer festgestellt werden kann.[315] Eine Lösung des Maklers von der Reservierungspflicht müsste über § 323 BGB (Fristsetzung mit Ablehnungsandrohung) erfolgen.

Durch Allgemeine Geschäftsbedingungen kann eine Reservierungsvereinbarung nach **87** herrschender Meinung nicht wirksam vorgesehen werden.[316] Hinzukommt, dass eine Reservierungsvereinbarung, die durch ihre Höhe mittelbar Druck auf den Interessenten ausübt, das „reservierte" Grundstück auch tatsächlich zu erwerben, der notariellen Beurkundung bedürfte.[317]

Soweit man eine Reservierungsvereinbarung demnach überhaupt für zulässig hält, **88** wird man die Höhe der Vergütung ebenso wie bei dem pauschalen Aufwendungs-

---

[306] Aus einer zwischen dem Verkäufer und einem Kaufinteressenten abgeschlossenen Reservierungsvereinbarung kann der vom Verkäufer beauftragte Makler (auch bei einem Alleinauftrag) keine Ansprüche herleiten – *OLG Frankfurt/M.* NJW-RR 2002, 1062.

[307] Näher Staudinger/*Reuter*, § 652 Rn. 204.

[308] Staudinger/*Reuter*, § 652 Rn. 204.

[309] *LG Frankfurt/M.* NJW 1984, 2419; MünchKommBGB/*Roth*, § 652 Rn. 73.

[310] So auch MünchKommBGB/*Roth*, § 652 Rn. 73a m. w. N.

[311] Staudinger/*Reuter*, § 652 Rn. 204 m. w. N.

[312] BGHZ 103, 235 = NJW 1988, 1716.

[313] BGHZ 103, 235 = NJW 1988, 1716; krit. *Dehner*, NJW 1997, 26.

[314] Längere Zeiträume, die zur Klärung einer Planung und Finanzierung benötigt werden, dürften nicht in Betracht kommen.

[315] BGHZ 103, 235 = NJW 1988, 1716.

[316] *BGH* NJW 2010, 3568; *OLG Hamm* NJW-RR 1989, 1209; *LG Berlin* ZMR 2000, 393; *Morath*, jurisPR-MietR 1/2011 Anm. 6; *Fischer*, NJW 2011, 3277, 3280; *Würdinger*, NZM 2011, 539; einschränkend MünchKommBGB/*Roth*, § 652 Rn. 73 a.

[317] BGHZ 103, 235 = NJW 1988, 1716; Staudinger/*Reuter*, § 652 Rn. 196; offen gelassen von *BGH* NJW 2010, 3569 Tz. 18.

ersatz[318] begrenzen müssen. Die Vergütung kann nicht prozentual, sondern nur in einem mäßigen Festsatz vereinbart werden, bei dessen Fixierung die Dauer der Reservierungszeit und der Umfang etwaiger Aufwendungen des Maklers zu berücksichtigen sind.[319] Vor allen Dingen kann nicht wirksam vereinbart werden, dass die Vergütung bei Abschluss des „reservierten" Hauptvertrages neben dem dann anfallenden Maklerlohn – ohne Anrechnung – zu zahlen ist.

IX. Anspruch auf Schadensersatz

89	Schadensersatzansprüche des Maklers aus §§ 280, 281 BGB können sich ergeben, wenn der Auftraggeber Nebenpflichten aus dem Maklervertrag verletzt.[320]

Zu erwähnen ist die Pflicht des Auftraggebers, die ihm vom Makler zugeleiteten Informationen über die Objekte vertraulich zu behandeln. Verletzt der Auftraggeber diese Pflicht durch Weitergabe, so kann bei Abschluss durch einen Dritten eine Ersatzpflicht in Höhe der dem Makler entgangenen Provision gegeben sein.[321] Ferner besteht eine Nebenpflicht des Auftraggebers, den Makler von dem Wegfall der Geschäftsabsicht zu unterrichten; die Verletzung dieser Pflicht kann einen Ersatzanspruch des Maklers wegen nutzloser Aufwendungen auslösen.[322]

---

[318] Dazu Rn. 83.
[319] *OLG Stuttgart* NJW-RR 1996, 822; dort auch Ausführungen zur Zulassung des Gegenbeweises nach § 309 Nr. 5 lit. b BGB und zur Unzulässigkeit der Vorauskasse; vgl. ferner *Zopfs*, Rn. 14.
[320] *Schäfer*, BB 1990, 2275.
[321] *BGH* NJW 1987, 2431; NJW-RR 2001, 705.
[322] *Schwerdtner/Hamm*, Rn. 368; *Zopfs*, Rn. 65.

§ 24. Ansprüche des Auftraggebers

I. Grundsatz

Bei einer Verletzung von Nebenpflichten durch den Makler können dem Auftrag- 1
geber Gegenansprüche auf Schadensersatz nach § 280 I BGB zustehen.[1] Daneben
kann eine derartige Pflichtverletzung aber auch zu einer Verwirkung des Provisionsanspruchs führen. Dies kann jedoch nur bei einem gesteigerten Vorwurf gegenüber
dem Makler bejaht werden.[2] Die Rechtsprechung geht zum Teil jedoch auch schon
bei einfacher Verletzung der Aufklärungspflicht von einer Verwirkung der Provision
aus.[3]

Eine Pflichtverletzung des Maklers hat der Auftraggeber zu beweisen;[4] das Verschul- 2
den des Maklers wird nach § 280 I 2 BGB vermutet.

Der Schaden des Auftraggebers kann in der Rückzahlung der Provision bestehen, 3
wenn der Auftraggeber bei richtiger Beratung oder Auskunftserteilung das Geschäft
nicht abgeschlossen hätte.[5] Gegebenenfalls kommt ein Ausgleich weiterer Ver-
mögensnachteile in Betracht.[6] Im Übrigen müssen die allgemeinen Voraussetzungen
für die Geltendmachung von Schadensersatzansprüchen vorliegen.[7]

II. Nebenpflichten des Maklers

1. Aufklärungspflicht

Der Makler ist verpflichtet, den Auftraggeber über alle ihm bekannten und für den 4
Vertragsschluss bedeutsamen Umstände aufzuklären; dies selbst dann, wenn sie geeignet sind, den Auftraggeber von dem Vertragsschluss abzuhalten und damit den
Anfall der Provision zu gefährden.[8] Auch darf der Makler keine Informationen
erteilen, wenn er hierfür keine ausreichende Grundlage hat. Die Erklärungen des
Maklers dürfen bei dem Auftraggeber keine unzutreffenden Vorstellungen hervor-
rufen. Schließlich muss der Makler fehlerhafte Angaben richtig stellen.[9] Als „Angaben" des Maklers sind jedoch in dem Exposé enthaltene Aussagen über das Objekt
nicht zu verstehen, vielmehr handelt es sich dabei nur um Angaben der Verkäufersei-
te, für die der Makler gegenüber dem Kaufinteressenten – soweit die Angaben nicht
ersichtlich unrichtig oder unplausibel sind[10] – nicht einzustehen hat.[11]

Zu beachten ist jedoch, dass der Makler, der eigenständig Angaben im Exposé macht, unter
Umständen Schadensersatzansprüchen des Verkäufers ausgesetzt sein kann, da im Verhältnis

---

[1] Ausführlich *Grams,* GE 2012, 585.
[2] MünchKommBGB/*Roth,* § 652 Rn. 260.
[3] *OLG Köln* ZMR 2005, 546 (keine hier ausnahmsweise gebotene Aufklärung über die
äußerst fragliche Finanzierung des Objekts); *LG Heidelberg* MDR 2006, 859 (keine Aufklärung
darüber, dass das Grundstück in einem sozial problematischen Gebiet liegt).
[4] *BGH* WM 1982, 1147; in Ausnahmefällen anders: *BGH* NJW-RR 2000, 432.
[5] Vgl. auch BGHZ 92, 184 = NJW 1985, 45; *BGH* NJW-RR 1992, 110.
[6] *BGH* NJW-RR 1988, 1196.
[7] *OLG Celle* NJW-RR 2003, 347 (Kausalität).
[8] *BGH* WM 1982, 428; NJW 2000, 3642; *Schwerdtner/Hamm,* Rn. 315 ff.; *Langemaack,*
NZM 2011, 185.
[9] *BGH* NJW 2000, 3642.
[10] *Langemaack,* NZM 2011, 185.
[11] *BGH* NJW-RR 2007, 711.

zwischen Käufer und Verkäufer letzterem die Angaben des Maklers gemäß § 434 I 3 BGB zugerechnet werden können.[12]

Anderes gilt, wenn der Makler eine eigene Verpflichtung zur Klärung bestimmter Fragen übernommen hat.[13]

5   Unter die Aufklärungspflicht fallen vor allem die mangelnde Bonität des Vertragspartners[14] und Mängel des angebotenen Objekts,[15] ferner fehlende Sicherheit[16] und (als Käufermakler) anders lautende Angaben des Verkäufers über das Objekt in der Vergangenheit.[17] Allerdings braucht der Makler nur auf solche Umstände hinzuweisen, deren Bedeutung für den Auftraggeber ihm erkennbar ist.[18]

Der Makler ist verpflichtet, den Auftraggeber über alle ihm, dem Makler, bekannten Umstände aufzuklären,[19] wozu gegebenenfalls auch die Mitteilung bekannter Verdachtsgründe genügt.[20] Dagegen wird eine Erkundigungs- und Nachprüfungspflicht des Maklers für den Regelfall verneint.[21] Ausnahmsweise haftet der Makler für eine fahrlässige Verletzung der Aufklärungspflicht, wenn er bestimmte Zusicherungen gemacht hat („geprüfte Objekte"),[22] wenn er durch eine besonders intensive Werbung bei dem Auftraggeber das Vertrauen erweckt, dass er das Bauvorhaben in persönlicher und sachlicher Hinsicht auf seine Eignung und Solidität überprüft hat, schließlich, wenn es sich um besonders gefährliche Geschäfte handelt und der Auftraggeber offensichtlich unerfahren ist.

Den Makler trifft im Einzelfall eine Hinweispflicht hinsichtlich der Provision, wenn zum Beispiel für ihn erkennbar ist, dass der Auftraggeber im Hinblick auf einen bereits einem anderen Makler erteilten Alleinauftrag möglicherweise eine zweite Provisionspflicht eingeht.[23]

Sehr weitgehend: Hat der Makler Kenntnis davon, dass sein Kunde im Rahmen eines Gewährleistungsausschlusses unrichtige Angaben über den Zustand des Objekts gemacht hat, soll er zur Aufklärung verpflichtet sein.[24]

2. Beratungspflicht

6   Bei einer bloßen Nachweistätigkeit entsteht in der Regel nicht die Pflicht des Maklers, den Auftraggeber richtig zu beraten.[25] Hingegen besteht eine derartige Pflicht bei einer Vermittlungstätigkeit des Maklers; auch hier sind aber die Umstände des Einzelfalls entscheidend.

---

[12] *Grams,* GE 2012, 585.
[13] *BGH* WM 1982, 13.
[14] *BGH* WM 1970, 1270; *Schwerdtner/Hamm,* Rn. 322. – Weitergehend *OLG Hamburg* NJW-RR 1998, 1206 (mangelnde Bonität des Bauträgers).
[15] *BGH* NJW 1981, 2685; NJW 1982, 1145; *OLG Frankfurt/M.* NJW-RR 2005, 1721; *LG Heidelberg* MDR 2006, 859.
[16] *BGH* WM 1970, 1270.
[17] *OLG München* ZMR 2006, 213.
[18] *BGH* NJW 1981, 2685; *OLG Karlsruhe* NJW-RR 1993, 1273.
[19] *BGH* ZfIR 2003, 462; *OLG Celle* ZMR 2003, 273.
[20] *BGH* JZ 1968, 69.
[21] *BGH* NJW 1982, 1147; *OLG Düsseldorf* NJW-RR 1996, 1525; *OLG Köln* ZMR 2005, 546; *OLG Stuttgart* IMR 2012, 337 m. Anm. *Heiliger.*
[22] *BGH* DB 1956, 794.
[23] *OLG Hamm* NJW-RR 1988, 842.
[24] *BGH* NJW 2005, 3778; a. A. *Althammmer,* NZM 2006, 163, 165.
[25] *Staudinger/Reuter,* § 652 Rn. 210; *Reuter,* NJW 1990, 1326.

In Frage kommt die Erteilung von Rechtsauskünften einschließlich der steuerrecht- 7
lichen Fragen.[26] Der Makler kann hierbei auf den Rechtsanwalt oder Notar verweisen.[27] Berät er hingegen rechtlich selbst,[28] müssen seine Angaben zutreffen. Für
den Auftraggeber bedeutsame rechtliche Aspekte hat der Makler auch dann zu
berücksichtigen, wenn er dem Auftraggeber zu einer Kaufentscheidung rät.[29] Auf die
Formulierung des Vertragstextes braucht der Makler allerdings nicht Einfluss zu
nehmen, sondern kann dies dem Notar überlassen.[30]

Der Umfang der Beratungspflicht richtet sich zum einen nach der konkret getroffe- 8
nen Abrede, zum anderen nach der Person des Auftraggebers (unerfahrene Personen
bedürfen einer umfassenderen Beratung[31]) und schließlich nach der Gefährlichkeit
des vermittelten Geschäftes.[32] Bei der Bewertung des Objekts steht dem Makler ein
gewisser Beurteilungsspielraum zu;[33] der Makler muss auf eine realistische Preisgestaltung hinwirken.[34] Dies gilt jedoch dann nicht, wenn der Verkäufer als Auftraggeber seinem Makler einen bestimmten Preis vorgegeben hat.[35]

3. Unterlassungspflicht

Der Makler ist verpflichtet, jegliches Verhalten zu unterlassen, was den Abschluss 9
und die Durchführung des Vertrages gefährden könnte.

Der Makler darf mit dem Vertragsgegner keine heimlichen Sonderabreden treffen und damit den
Bestand des Vertrages wegen Formfehlers nach § 311b BGB gefährden.[36] Er darf den von ihm
selbst nachgewiesenen Interessenten nicht von dem Kaufabschluss durch die unrichtige Behauptung abhalten, sein Auftraggeber habe schon anderweitig abgeschlossen.[37] Er darf den Vertragsschluss nicht durch anstößige Mittel herbeiführen oder den Vertragszweck nach Abschluss des
Vertrages vereiteln. Ferner darf der Makler nicht durch Einschaltung eines Strohmannes, der als
Zwischenerwerber auftritt, den Kaufpreis künstlich hochtreiben.[38]

Jedoch hat der Makler, dessen Auftraggeber ein potentieller Verkäufer ist, die Befugnis, einem
Kaufinteressenten auch weitere verkaufswillige Auftraggeber zu benennen.[39] Auch ist der Makler nicht gehindert, ein ihm bekanntes Objekt mehreren Auftraggebern anzubieten. Schließlich
steht ihm die Bestimmung frei, welche Objekte aus seinem Angebot er dem Auftraggeber zur
Kenntnis bringt.[40]

4. Verschwiegenheitpflicht

Der Makler ist verpflichtet, über gewisse, seinen Auftraggeber betreffenden Umstän- 10
de, die ihm aus Anlass seiner Tätigkeit bekannt geworden sind, Stillschweigen zu
bewahren.[41] Das gilt vor allem für ihm bekanntgewordene Geschäfts- und Betriebs-
geheimnisse, aber auch für Umstände, die die Verhandlungsposition des Auftraggebers schwächen könnten (zum Beispiel Notverkauf).[42]

---

[26] *BGH* NJW 1981, 2685.
[27] *Zopfs,* Rn. 71; Staudinger/*Reuter*, § 652 Rn. 211.
[28] Kein Verstoß gegen das Rechtsdienstleistungsgesetz – vgl. § 5 Abs. 1 RDG.
[29] *BGH* NJW 1981, 2685; *OLG Frankfurt/M.* NJW-RR 1988, 1200.
[30] *BGH* VersR 1970, 316; *OLG Düsseldorf* NJW-RR 1997, 1280.
[31] *BGH* MDR 1964, 495.
[32] Staudinger/*Reuter,* § 652 Rn. 210.
[33] *OLG Schleswig* NJW-RR 2002, 419; vgl. aber auch *OLG Koblenz* NZM 2002, 178.
[34] *BGH* NJW-RR 2000, 432.
[35] MünchKommBGB/*Roth,* § 652 Rn. 262.
[36] *BGH* NJW 1969, 1628.
[37] *Schwerdtner/Hamm,* Rn. 329.
[38] *OLG Zweibrücken* NJW-RR 2002, 418.
[39] Staudinger/*Reuter,* § 652 Rn. 213.
[40] *OLG Hamm* NJW-RR 1998, 844.
[41] Staudinger/*Reuter,* § 652 Rn. 212.
[42] Staudinger/*Reuter,* § 652 Rn. 212.

5. Haftungsausschluss

11 Klauseln in Allgemeinen Geschäftsbedingungen, die die Haftung des Maklers für unrichtige Angaben des Verkäufers ausschließen, sind wirksam, da sie nur die dargestellte Rechtslage wiedergeben.[43] Das kann nicht gelten bei Vorsatz oder grober Fahrlässigkeit des Maklers (§ 309 Nr. 7 BGB) und im Falle bestimmter Zusicherungen (§ 309 Nr. 11 BGB).

---

[43] Rn. 4.

§ 25. Alleinauftrag

I. Grundsatz

Bei einem Alleinauftrag wird der Makler – im Unterschied zu einem normalen Mak- 1
lervertrag – zum Tätigwerden verpflichtet. Im Gegenzug dazu verzichtet der Auftraggeber für die Laufzeit des Vertrages auf das Einschalten weiterer Makler. Eigengeschäfte bleiben für den Auftraggeber nach herrschender Meinung möglich, es sei
denn, auch diese seien wirksam ausgeschlossen (sog. qualifizierter Alleinauftrag).[1]

Nach herrschender Meinung ist der Alleinauftrag ein besonderer Typ des Maklerver- 2
trages.[2] Dabei handelt es sich nach der Auffassung der Rechtsprechung um einen
Maklerdienstvertrag, die Tätigkeitspflicht des Maklers regelt sich nach Dienstver-
tragsrecht.[3] Nach anderer Ansicht soll es sich bei dem Alleinauftrag im Gegensatz zu
einem normalen Maklervertrag um einen gegenseitigen Vertrag handeln, bei dem die
Tätigkeitspflicht des Maklers und die Provisionszahlungspflicht des Auftraggebers in
einem Synallagma stehen.[4] Dies erscheint fraglich, da die Tätigkeitspflicht des Maklers
nicht unmittelbar auf die Provisionszahlungspflicht des Auftraggebers bezogen ist.
Auch wenn der Makler pflichtgemäß tätig wird, bleibt es immer noch die völlig freie
Entscheidung des Auftraggebers, ob er den Hauptvertrag abschließt und damit die
Zahlungsverbindlichkeit auslöst.

II. Gegenseitige Pflichten

1. Pflichten des Maklers

Beim Alleinauftrag ist der Makler verpflichtet, entsprechend dem erteilten Auftrag 3
tätig zu werden.[5] Der Makler übernimmt dabei eine intensivierte Treuepflicht.[6] Eine
Verpflichtung, den Erfolg herbeizürühren, besteht aber nicht.[7] Im Regelfall ist beim
Alleinauftrag eine Doppeltätigkeit des Maklers ausgeschlossen.[8]

2. Pflichten des Auftraggebers

Der Auftraggeber verpflichtet sich, keinen weiteren Makler einzuschalten. 4

Trotz dieser Pflicht bleibt die Abschlussfreiheit des Auftraggebers bestehen.[9] Die
Vereinbarung einer erfolgsunabhängigen Provision für den Fall des Scheiterns des
Geschäfts ist nur im Wege der Individualvereinbarung möglich.[10]

---

[1] Näher Rn. 5.
[2] BGHZ 60, 377 = NJW 1973, 1194; Staudinger/*Reuter,* Vorbem. zu §§ 652 ff. Rn. 11
m. w. N.
[3] *BGH* NJW-RR 1987, 944; NJW 1988, 967; a. A. Staudinger/*Reuter,* Vorbem. zu
§§ 652 ff. Rn. 11 m. w. N.
[4] MünchKommBGB/*Roth,* § 652 Rn. 7.
[5] *BGH* NJW-RR 1987, 944; Staudinger/*Reuter,* § 652 Rn. 230 ff.
[6] *OLG Frankfurt/M.* ZIP 2011, 1929.
[7] *BGH* NJW 1964, 1467.
[8] *BGH* NJW 1964, 1467; NJW 1968, 150; *OLG Bamberg* OLGR 2000, 251; Münch-
KommBGB/*Roth,* § 652 Rn. 229; teilweise abw. aber anscheinend *OLG München* WM 2001,
1562; *OLG Koblenz* ZMR 2002, 363.
[9] *BGH* NJW 1970, 1915; BGHZ 60, 377 = NJW 1973, 1194; *LG Braunschweig* ZMR 2004,
352.
[10] *KG* NJW 1965, 1277.

Verletzt der Auftraggeber seine Pflicht und schaltet er einen weiteren Makler ein, entsteht ein Anspruch des ersten Maklers auf Schadensersatz. Nach herrschender Meinung ist dieser im Regelfall nur auf Ersatz der vergeblichen Aufwendungen nach § 284 BGB gerichtet.[11] Richtiger Ansicht nach hat der Anspruch aber den Ersatz der entgangenen Provision zum Inhalt.[12]

5   Umstritten ist, ob der Auftraggeber zusätzlich verpflichtet ist, sog. **Direktgeschäfte** zu unterlassen, das heißt ohne Einschaltung des beauftragten Alleinmaklers mit einem Interessenten, den er ohne Einschaltung eines anderen Maklers gefunden hat, den Hauptvertrag abzuschließen. Nach herrschender Meinung bleiben derartige Direkt-geschäfte zulässig.[13] Konsequenterweise sind danach Klauseln, die Direktgeschäfte untersagen, unwirksam;[14] dies gilt auch für „Hinzuziehungs- oder Verweisungsklau-seln"[15] und sog. Bestätigungsklauseln.[16] Die Einbeziehung der Direktgeschäfte ist danach nur durch Individualabrede möglich **(qualifizierter Alleinauftrag).**[17] Nach der Gegenmeinung folgt bereits aus dem normalen Typus des Alleinauftrags, ins-besondere der Pflicht des Maklers zum Tätigwerden, bei einer an Treu und Glauben (§ 242 BGB) orientierten Vertragsauslegung (§ 157 BGB), dass der Auftraggeber Direktgeschäfte unterlassen muss.[18]

6   Ist ein Direktgeschäft nach den obigen Ausführungen verboten, hat der Makler im Falle des Verstoßes durch den Auftraggeber gegen diesen einen Schadensersatz-anspruch. Auch hier gibt die herrschende Meinung dem Makler für den Regelfall nur einen Anspruch auf Ersatz der vergeblichen Aufwendungen nach § 284 BGB und unter den Voraussetzungen des § 252 BGB auch Anspruch auf Ersatz des entgange-nen Gewinns.[19]

7   Begründet wird diese Auffassung mit dem Argument, es stehe im Hinblick auf die Abschlussfreiheit des Auftraggebers nicht mit hinreichender Sicherheit fest, ob der Auftraggeber den Hauptvertrag bei Einschaltung des Maklers in jedem Fall abge-schlossen hätte.[20] Dem kann – ebenso wie im Falle der Einschaltung eines anderen Maklers[21] – nicht gefolgt werden. Richtiger Ansicht nach besteht der Schaden des Maklers in der bei vertragsgerechtem Verhalten des Auftraggebers angefallenen Pro-vision.[22] Der Auftraggeber kann im Wege der Vorteilsausgleichung keine ersparten Aufwendungen abziehen. Dagegen ist es dem Makler verwehrt, als Schaden noch eine weitere entgangene Provision zu liquidieren, die er durch Doppeltätigkeit von dem Vertragsgegner erhalten hätte;[23] eine solche Doppeltätigkeit ist dem Makler bei dem Alleinauftrag nicht gestattet.[24]

---

[11] *BGH* NJW 1966, 2008; BGHZ 60, 377 = NJW 1973, 1194; Staudinger/*Reuter,* § 652 Rn. 237 f.
[12] *Schwerdtner/Hamm,* Rn. 992.
[13] *BGH* NJW 1967, 1125; BGHZ 60, 377 = NJW 1973, 1194; BGHZ 88, 368 = NJW 1984, 360; Staudinger/*Reuter,* § 652 Rn. 235.
[14] BGHZ 88, 368 = NJW 1984, 360.
[15] BGHZ 60, 377 = NJW 1973, 1194; *OLG Hamm* NJW-RR 2001, 567; *OLG Jena* OLGR 2005, 5; *Hülsmann,* WuM 2005, 753.
[16] *OLG Stuttgart* NJW-RR 1986, 275.
[17] BGHZ 88, 368 = NJW 1984, 360; *OLG Jena* OLGR 2005, 5.
[18] MünchKommBGB/*Roth,* § 652 Rn. 236; *Schwerdtner/Hamm,* Rn. 1001 f.
[19] *BGH* NJW 1966, 2008; NJW 1967, 1125; BGHZ 60, 377 = NJW 1973, 1194.
[20] BGHZ 60, 377 = NJW 1973, 1194.
[21] Rn. 5.
[22] Teilweise abw. *Schwerdtner/Hamm,* Rn. 1001 (primärer Leistungsanspruch oder Ersatz-anspruch bei Verletzung der Hinzuziehungs- und Verweisungsobliegenheit) – vgl. auch *BGH* NJW-RR 1996, 1276 (prozessuale Verschiedenheit beider Ansprüche); krit. *Dehner,* NJW 1997, 25.
[23] BGHZ 60, 377 = NJW 1974, 1194.
[24] Rn. 5.

III. Abschluss des Alleinauftrags

Soll ein Alleinauftrag per Individualvereinbarung abgeschlossen werden, gelten die **8** allgemeinen Vorschriften für den Vertragsschluss und die von der Rechtsprechung entwickelten Regeln für den Abschluss von Maklerverträgen.[25] Die Rechtsprechung verlangt aber im Hinblick auf die besonderen Pflichten der Parteien einen ausdrücklichen Abschluss.[26]

Der Gebrauch des Wortes „Alleinauftrag" ist nicht erforderlich; es genügen auch Ausdrücke wie „Festauftrag" oder „fest an die Hand geben".[27] Im Einzelfall kann den Makler unter dem Gesichtspunkt von Treu und Glauben eine Pflicht zur Aufklärung des unkundigen Auftraggebers treffen, deren Verletzung eine Ersatzpflicht des Maklers gemäß §§ 280, 311 II BGB nach sich zieht.[28]

Streitig ist, ob auch durch Allgemeine Geschäftsbedingungen ein Alleinauftrag begründet werden kann.[29] Jedenfalls beim qualifizierten Alleinauftrag handelt es sich um eine überraschende Klausel im Sinne von § 305c BGB, mit der der Auftraggeber nicht zu rechnen braucht.

IV. Beendigung des Alleinauftrags

1. Befristung

Der Alleinauftrag ist im Regelfall – im Hinblick auf die Tätigkeitspflicht des Maklers **9** und die damit verbundenen Aufwendungen einerseits, die Bindung des Auftraggebers an einen Makler andererseits – für eine bestimmte Laufzeit abgeschlossen.[30] Ein während der Befristung gleichwohl erfolgter Widerruf des Auftraggebers ist unwirksam.

Der Makler kann sich für diesen Fall durch Vereinbarung einer Vertragsstrafe absichern; jedoch nur im Wege einer Individualabrede, nicht durch eine Klausel in seinen Geschäftsbedingungen.[31]

Fehlt eine Befristung, so gilt eine angemessene Frist als vereinbart,[32] nach deren **10** Ablauf der Alleinauftrag dann gekündigt werden kann.[33]

Die Länge der Befristung unterliegt im Rahmen des § 307 BGB der Inhaltskontrolle. **11** § 309 Nr. 9 BGB findet keine Anwendung, weil der Alleinauftrag nicht auf die Erbringung regelmäßiger Dienstleistungen gerichtet ist.[34]

Die Länge der Befristung muss angemessen sein. Bei einem normalen Immobilienauftrag sollte sie bei sechs Monaten liegen, während bei einem Maklervertrag über Wohnraummiete eine kürzere Frist – etwa drei Monate – nicht überschritten werden sollte.[35] In Sonderfällen kann aber auch eine längere Befristung zulässig sein.[36]

---

[25] § 24 Rn. 1 ff.
[26] *BGH* NJW 1967, 198; NJW 1969, 1625.
[27] *BGH* NJW 1969, 1625.
[28] *BGH* NJW 1969, 1625.
[29] Dafür Staudinger/*Reuter*, § 652 BGB Rn. 230; dagegen BGHZ 88, 368 = NJW 1984, 360; *BGH* WM 1978, 791; *Schwerdtner/Hamm*, Rn. 957.
[30] Zur Unwirksamkeit unbefristeter Verträge vgl. *BGH* NZM 1998, 677; *Schwerdtner/Hamm*, Rn. 965.
[31] *BGH* NJW 1970, 1915; zur Wohnungsvermittlung vgl. § 4 WoVermG.
[32] *BGH* NJW-RR 1994, 559; Staudinger/*Reuter*, § 652 Rn. 67, 233.
[33] *Schwerdtner/Hamm*, Rn. 962.
[34] *BGH* WM 1981, 561.
[35] *Hättig*, Rn. 38.
[36] *BGH* WM 1974, 257; WM 1976, 533.

2. Kündigung

12 Nach Ablauf der Befristung kann der Alleinauftrag durch ordentliche Kündigung beendet werden.

Die Kündigungsfristen sind aber einer Kontrolle nach § 307 BGB unterworfen.[37] Eine formularmäßige Verlängerung der (angemessenen) Bindungsfrist für den Fall der Nichtkündigung ist zwar zulässig,[38] muss jedoch im Wege der Inhaltskontrolle beschränkt werden, m. E. – unter Heranziehung der in § 309 Nr. 9 lit. b BGB getroffenen Wertung – auf die Hälfte der ursprünglichen (angemessenen) Laufzeit, also bei Immobilienaufträgen in der Regel auf drei Monate.[39]

13 Auch vor Ablauf der Befristung ist eine außerordentliche Kündigung des Alleinauftrages aus wichtigem Grund zulässig.[40]

Die Ausschlussfrist von zwei Wochen (Analogie zu § 626 II BGB) kann hierbei nicht zum Zuge kommen.[41] Als wichtiger Grund für die vorzeitige Kündigung kommt vor allem die Verletzung der Tätigkeitspflicht des Maklers in Frage,[42] zum Beispiel eine verbotene Doppeltätigkeit oder die Zuführung eines unseriösen Interessenten.[43]

3. Rechtsmissbrauch

14 Bei einem „Einschlafen" der Tätigkeit des Maklers ohne formelle Kündigung kann die Geltendmachung einer Provision für einen späteren Verkaufsfall gegen Treu und Glauben verstoßen.[44]

---

[37] § 309 Nr. 9 lit. b BGB findet keine Anwendung: *BGH* WM 1981, 561.
[38] *Schwerdtner/Hamm*, Rn. 967.
[39] Hierzu *Hättig*, Rn. 39.
[40] *BGH* NJW 1969, 1626.
[41] Staudinger/*Reuter*, § 652 Rn. 68.
[42] *BGH* NJW 1969, 1626; *OLG Frankfurt/M.* ZIP 2011, 1929.
[43] *BGH* WM 1979, 1457.
[44] *BGH* NJW 1966, 1405; WM 1977, 871; krit. *Schwerdtner/Hamm*, Rn. 972.

Teil 8. Der Unfallhaftpflichtprozess

§ 26. Ansprüche des Geschädigten aus dem StVG

Die wichtigsten Anspruchsgrundlagen bei Schadensersatzansprüchen anlässlich von 1
Verkehrsunfällen sind die § 7 I, § 18 StVG, § 823 I BGB sowie der Direktanspruch
gegen den Kfz-Haftpflichtversicherer gemäß § 115 I 1 Nr. 1 VVG.

In Fallgestaltungen, bei denen die anwendbare Rechtsordnung zu ermitteln ist, ist bei 2
Unfällen im EU-Ausland ab dem 11.1.2009 die Rom II-Verordnung zu beachten
(Art. 3 Hs. 1 Nr. 1, Art. 32 EGBGB).[1] Die Rom II-VO enthält Kollisionsnormen für
die Anknüpfung deliktischer Ansprüche, auch solchen, die aus Straßenverkehrsunfällen hervorgegangen sind.[2] Ihre Regelungen gelten unmittelbar in jedem Mitgliedstaat
für schädigende Ereignisse nach ihrem Inkrafttreten (Art. 31 Rom II-VO).

– Zunächst ist, nach einer Rechtswahl der Beteiligten zu fragen (Art. 14 Rom II-VO).
  Dies wird im Rahmen der Unfallregulierung von Straßenverkehrsunfällen nur
  selten der Fall sein. Die Anwendbarkeit deutschen Deliktsrechts können die Parteien durch ihr Prozessverhalten aber auch konkludent vereinbaren.[3]
– Sofern der Geschädigte und der ersatzpflichtige Schädiger im Zeitpunkt des Schadenseintritts ihren gewöhnlichen Aufenthalt in demselben Staat haben, findet nach
  Art. 4 II Rom II-VO das Recht dieses Staates Anwendung.
– Gemäß Art. 4 I Rom II-VO ist im Übrigen das Recht des Staates anzuwenden, in
  welchem der Erfolg der unerlaubten Handlung, nämlich der Schaden, eintritt (Tatortregel).[4]

Vor dem 11.1.2009 waren die Regelungen in Art. 40 ff. EGBGB maßgeblich.[5] In erster Linie 3
kommt es auch danach auf das von den Parteien gewählte Recht an (Art. 42 S. 1 EGBGB). Im
Übrigen gilt das Recht des gemeinsamen gewöhnlichen Aufenthalts (Art. 40 II EGBGB), wenn der
Verletzte und der Ersatzpflichtige ihren gewöhnlichen Aufenthalt zur Zeit des Unfalls in Deutschland hatten.[6] Andernfalls ist der Erfolgsort maßgeblich (Art. 40 I 1, 2 EGBGB), sofern nicht eine
wesentlich engere Verbindung zum Recht eines anderen Staates besteht (Art. 41 EGBGB).[7]

---

[1] BGBl. I 2008, 2401; Verordnung (EG) Nr. 864/2007 des Europäischen Parlaments und des
Rates vom 11.7.2007 über das auf außervertragliche Schuldverhältnisse anzuwendende Recht,
ABl Nr. L 199, S. 40; zur Unfallregulierung innerhalb der EU: *Griebenow*, NZV 2009, 21;
Colin, zfs 2009, 242; *Backu*, DAR-Extra 2009, 742; *Wagner/Berentelg*, MDR 2010, 1353.
[2] *Junker*, NJW 2007, 3765; ders., JZ 2008, 169; *Thiede/Kellner*, VersR 2007, 1624; Geigel/
Haag, Kap. 43 Rn. 69; Prüfungsschema für Verkehrsunfälle mit Auslandsbezug bei *Heberlein/
Königer*, DAR-Extra 2009, 768; *Luckey*, SVR 2010, 415; Grundfälle zur Rom II-VO: *Lehmann*,
JuS 2012, 681.
[3] *BGH* NJW 1994, 1408, 1409.
[4] MünchKommBGB/*Junker*, Art. 4 Rom II-VO Rn. 96; Beispiele zum niederländischen
Recht: *AG Borken*, NZV 2010, 252; *AG Geldern* NJW 2011, 686 mit Anm. *Staudinger*, NJW
2011, 650
[5] In Kraft getreten zum 1.6.1999 durch Gesetz vom 21.5.1999 (BGBl. I 1999 S. 1026). Zuvor
war das deutsche Kollisionsrecht analog Art. 220 I EGBGB anzuwenden (BT-Drs. 14/343, S. 7;
BGH VersR 2010, 910 Rn. 12).
[6] *OLG Stuttgart* NJW 2007, 1367, 1368; VersR 2008, 934, 935; *LG Ravensburg* NZV 2008,
199, 200.
[7] *BGH* NJW 2013, 1302 Rn. 7; NJW 1983, 1972; *OLG Düsseldorf* NJOZ 2008, 256; Geigel/
Haag, Kap. 43 Rn. 58; *Nugel*, zfs 2008, 309.

I. Die Haftung des Halters

4 Bei Verkehrsunfällen ist aufgrund der Gefährdungshaftung des Halters vorrangig ein Schadensersatzanspruch aus § 7 I StVG zu prüfen. Diese Vorschrift beruht auf der gesetzgeberischen Erwägung, dass die mit dem Betrieb eines Kraftfahrzeugs verbundenen Gefahren eine vom Verschulden losgelöste Haftung erfordern. Charakteristisch für den Anspruch ist die Möglichkeit des Entlastungsbeweises, die dem ersatzpflichtigen Halter und dem Fahrer zugestanden wird, allerdings in unterschiedlichem Umfang. Der Schadensbegriff des § 7 StVG entspricht dem des Bürgerlichen Gesetzbuchs.[8] Die Haftung ist aber auf Höchstsummen beschränkt.

1. Begriff des Halters

5 Halter eines Kraftfahrzeugs (§ 1 II StVG)[9] ist, wer es für eigene Rechnung in Gebrauch hat und die Verfügungsgewalt besitzt, die ein solcher Gebrauch voraussetzt.[10] Das Eigentum ist ein sehr wichtiges, aber nicht stets entscheidendes Indiz.[11] Eigentum und Haltereigenschaft können auseinanderfallen.[12] Maßgebend ist eine wirtschaftliche Betrachtungsweise, bei der es vor allem auf die Intensität der tatsächlichen, in erster Linie wirtschaftlichen Beziehung zum Betrieb des Kraftfahrzeugs im Einzelfall ankommt.[13] Bei längerer Vertragsdauer kann etwa der Mieter eines Kraftfahrzeugs Mithalter sein.[14] Halter eines Leasingfahrzeugs ist bei üblicher Vertragsgestaltung der Leasingnehmer, nicht jedoch der Leasinggeber, auch wenn er Eigentümer bleibt.[15] Der Leasingnehmer haftet als Halter gemäß § 7 StVG aber nicht dem Leasinggeber. Die beschädigte Sache im Sinne von § 7 I StVG ist nicht das gehaltene Fahrzeug selbst.[16]

6 Die Haltereigenschaft endet, wenn der bisherige Halter die Verfügungsgewalt endgültig verloren hat.[17] Die Abmeldung bei der Zulassungsstelle reicht nicht aus.[18] Die Haftung des Pflichtversicherers nach § 115 I 1 Nr. 1 VVG besteht trotz Beendigung der Haltereigenschaft fort.[19]

2. Rechtsgutverletzung

7 Voraussetzung des Grundtatbestands ist, dass bei dem Betrieb eines Kraftfahrzeugs ein Mensch getötet, der Körper oder die Gesundheit eines Menschen verletzt oder eine Sache beschädigt wird. Das entspricht im Wesentlichen den Voraussetzungen des § 823 I BGB.

---

[8] *BGH* NJW-RR 2008, 406 Rn. 8.
[9] Zum Begriff des Kraftfahrzeugs: Wussow/*Baur,* Kap. 17 Rn. 16 ff.
[10] BGHZ 173, 182 = NJW 2007, 3120 Rn. 7; BGHZ 116, 200, 202 = NJW 1992, 900; BGHZ 87, 133, 135 = NJW 1983, 1492, 1493; *BGH* NJW 1997, 660.
[11] Geigel/*Kaufmann,* Kap. 25 Rn. 36.
[12] Ausführlich *Thomson,* NZV 2009, 577; *Geyer,* NZV 2005, 565; siehe das Beispiel bei *Garbe/Hagedorn,* JuS 2004, 287, 288.
[13] BGHZ 173, 182 = NJW 2007, 3120 Rn. 7.
[14] BGHZ 116, 200 = NJW 1992, 900; BGHZ 32, 331 = NJW 1960, 1572; Geigel/*Kaufmann,* Kap. 25 Rn. 37.
[15] BGHZ 173, 182 = NJW 2007, 3120 Rn. 7; BGHZ 87, 133 = NJW 1983, 1492;Geigel/ *Kaufmann,* Kap. 25 Rn. 38.
[16] BGHZ 187, 379 = NJW 2011, 996 = JuS 2011, 643 *(Faust); Wellner,* Kfz-Sachschaden, § 1 Rn. 164 ff.; *Diederichsen,* DAR 2011, 301, 305.
[17] *BGH* NJW 1997, 660 (Diebstahl).
[18] *OLG Düsseldorf* VersR 1996, 1550.
[19] *Lemcke,* zfS 2002, 318, 319.

Der Gefährdungshaftung unterfallen auch unentgeltlich sowie nicht geschäftsmäßig   **8**
beförderte Personen.[20] Dies dient dem verbesserten Schutz von Fahrzeuginsassen.
Das schädigende Ereignis muss nach dem 31.7.2002 eingetreten sein (Art. 229 § 8 I
EGBGB). Unter dem schädigendem Ereignis im Sinne der vorgenannten Bestimmung
ist nicht der Eintritt der Rechtsgutverletzung, sondern die zum Schadensersatz verpflichtende Handlung zu verstehen.[21] Außerhalb einer entgeltlichen, geschäftsmäßigen Personenbeförderung ist ein von den Parteien vereinbarter Haftungsausschluss
nach wie vor zulässig.[22] Im Fall einer entgeltlichen, geschäftsmäßigen Personenbeförderung darf der Halter seine Haftung für Personenschäden der Beförderten jedoch
nicht ausschließen (§ 8a S. 1 StVG). Daneben kommt eine Haftung aufgrund Beförderungsvertrags in Betracht (§ 280 I BGB).

3. Schaden „bei dem Betrieb"

Der Begriff des Betriebs ist mit Rücksicht auf den umfassenden Schutzzweck der   **9**
Vorschrift weit auszulegen.[23] Die Haftung nach § 7 I StVG umfasst alle durch den
Kraftfahrzeugverkehr beeinflussten Schadensabläufe. Ein Kraftfahrzeug befindet sich
in Betrieb, solange es aufgrund der Zweckbestimmung des Fahrers am Verkehr
teilnimmt und damit die hierdurch geschaffene Gefahrenlage besteht. Ob dies der Fall
ist, muss mittels einer am Schutzzweck der Haftungsnorm orientierten wertenden
Betrachtung beurteilt werden.[24] Erst wenn das Fahrzeug aus dem allgemeinen Verkehr gezogen und außerhalb der Fahrbahn aufgestellt wird, ist der Betrieb unterbrochen.[25]

Stehen- oder liegengebliebene Fahrzeuge, deren Motor ausgeschaltet ist, unterfallen   **10**
der Haftung aus § 7 I StVG, solange sie nicht aus dem Verkehrsraum entfernt und
ordnungsgemäß abgestellt worden sind.[26] Ein Fahrzeug ist auch in Betrieb, wenn ein
Insasse ein- oder aussteigt.[27] Kollidiert ein abgeschlepptes mit einem abschleppenden
Fahrzeug, so ereignet sich der Unfall bei dem Betrieb des abgeschleppten Fahrzeugs.[28]

Nach dem Unfall dauert die Betriebsgefahr nicht mehr an, wenn der Schädiger die
Polizei herbeigerufen und diese den Unfall aufgenommen hat.[29] Die Haftung nach
§ 7 I StVG entfällt auch, wo die Fortbewegungs- und Transportfunktion des Kraftfahrzeugs keine Rolle mehr spielt und es nur noch als Arbeitsmaschine eingesetzt
wird.[30] So ist das Befüllen eines Heizöltanks durch einen Tanklastzug nicht stets dem
Betrieb des Tanklastzuges zuzurechnen. Es gehört aber zum Gebrauch des Fahrzeugs
im Sinne der Allgemeinen Bedingungen für die Kfz-Versicherungen (AKB)[31] und löst
deswegen nach § 115 I Nr. 1 VVG den Direktanspruch des geschädigten Dritten

---

[20] BT-Drs. 14/7752, S. 17, 31; Geigel/*Kaufmann*, Kap. 25 Rn. 295.
[21] BGHZ 181, 253 = NJW 2009, 2952 Rn. 9.
[22] BT-Drs. 14/7752, S. 32.
[23] *BGH* NJW 2011, 292, Rn. 24; *Heß/Burmann*, NJW 2010, 915.
[24] *BGH* NJW 2011, 292, Rn. 24; zum Stoppen eines Fluchtwagens im Rahmen einer polizeilichen Verfolgungsfahrt: BGHZ 192, 261 = NJW 2012, 1951 Rn. 17 = JuS 2012, 1029 *(Mäsch)*.
[25] BGHZ 29, 163, 165 f. = NJW 1959, 627; *BGH* NJW 2006, 896 Rn. 33.
[26] *BGH* NJW 1996, 2023 (Schieben eines Fahrzeugs).
[27] *KG* KGR 2006, 215; *OLG Hamm* NZV 2000, 126; Geigel/*Kaufmann*, Kap. 25 Rn. 63.
[28] *OLG Hamm* NZV 2009, 456.
[29] *LG Dortmund* NJW-RR 2007, 1321.
[30] BGHZ 113, 164 = NJW 1991, 1171 (Mäharbeiten); ebenso *OLG Saarbrücken* NZV 2006,
418 und *OLG Celle* VersR 2007, 1006; *OLG Saarbrücken* NJW-RR 2007, 681, 682 f. (Beschädigung durch Abschleppunternehmen); *OLG Hamm* NJW 1996, 1354.
[31] Siehe dazu A. 1.1.1 AKB (§ 10 Abs. 1 AKB a. F.)

gegen den Haftpflichtversicherer des Schädigers aus.[32] Der Begriff des Gebrauchs schließt den Betrieb des Kfz ein, geht aber darüber hinaus.[33]

11 Der Schaden muss **bei dem** Betrieb des Kraftfahrzeugs eingetreten sein. Diese Voraussetzung ist mit Rücksicht auf den umfassenden Schutzzweck der Vorschrift weit auszulegen.[34] Die Haftung nach § 7 I StVG umfasst alle durch den Kraftfahrzeugverkehr beeinflussten Schadensabläufe. Sie setzt nicht voraus, dass sich der Führer des im Betrieb befindlichen Kraftfahrzeugs verkehrswidrig verhalten hat.[35] Es genügt, dass sich eine von dem Kraftfahrzeug ausgehende Gefahr ausgewirkt hat und das Schadensgeschehen in dieser Weise durch das Kraftfahrzeug mitgeprägt worden ist.[36] Für einen nicht in den öffentlichen Verkehrsraum hineinragenden Anhänger besteht danach keine Gefährdungshaftung.[37]

12 Die Beurteilung ist mittels einer am Schutzzweck der Haftungsnorm orientierten, wertenden Betrachtung vorzunehmen. Am erforderlichen Zurechnungszusammenhang fehlt es, wenn die Schädigung nicht mehr eine spezifische Auswirkung derjenigen Gefahren ist, für die die Haftungsvorschrift den Verkehr schadlos halten will.[38] Für die Zurechnung zur Betriebsgefahr kommt es maßgeblich darauf an, dass der Unfall in einem nahen örtlichen und zeitlichen Kausalzusammenhang mit einem bestimmten Betriebsvorgang oder einer bestimmten Betriebseinrichtung des Kraftfahrzeugs steht.[39] Erforderlich ist, dass die Fahrweise oder der Betrieb des Fahrzeugs zu dem Entstehen des Unfalls beigetragen hat.[40] Der Kläger hat zu beweisen, dass die beklagte Partei schadensursächlich an dem Unfall beteiligt war.[41]

13 Die Haftung gemäß § 7 StVG hängt nicht davon ab, ob sich der Führer des im Betrieb befindlichen Kraftfahrzeugs verkehrswidrig verhalten hat. Sie setzt auch nicht voraus, dass es zu einer Kollision oder Fahrzeugberührung gekommen ist.[42]

So ist eine Haftung nach § 7 I StVG beispielsweise bei Unfällen aufgrund Verschmutzung der Fahrbahn durch ein Fahrzeug zu bejahen,[43] beim Herabfallen von Ladung,[44] Hinauswerfen eines Glases,[45] beim Auswerfen von Streugut,[46] Steinschlagschaden durch ein Mähwerk[47] und Folgeunfällen.[48] Selbst eine Explosion beim Startversuch in einer Tiefgarage kann zur Halterhaftung

[32] BGHZ 75, 45 = NJW 1980, 189; *BGH* BeckRS 2008, 06942; zum Abpumpen von Heizöl: *BGH* NJW 1993, 2740; zu Umweltschäden durch Kraftfahrzeugunfälle: *Nugel,* NJW-Spezial 2009, 41; *Schwab,* DAR 2009, 186.
[33] BGHZ 192, 261 = NJW 2012, 1951 Rn. 7 = JuS 2012, 1029 *(Mäsch).*
[34] *G. Müller,* zfs 2009, 62, 66.
[35] *BGH* VersR 2005, 992, 993; NJW 2009, 2694 Rn. 12.
[36] *BGH* NJW 2013, 1679 Rn. 15; NJW-RR 2008, 764 Rn. 7; NJW 2005, 2081 f.; VersR 2005, 566, 567; BGHZ 107, 359, 366 = NJW 1989, 2616, 2618; BGHZ 115, 84, 86 = NJW 1991, 2568; *OLG Bamberg* NZV 2007, 241.
[37] *OLG Saarbrücken* NJW 2010, 945.
[38] BGHZ 107, 359, 367 = NJW 1989, 2616, 2618; BGHZ 115, 84, 86 = NJW 1991, 2568.
[39] *BGH* NJW 2005, 2081; NJW 2004, 1375, 1376 (Zweitunfall).
[40] *BGH* NJW 2005, 2081.
[41] *OLG Celle* OLGR 2005, 504; *OLG Saarbrücken* OLGR 2004, 329.
[42] *BGH* NJW 2010, 3713 Rn. 6; BeckRS 2010, 25143; NJW 2005, 2081; NJW 1988, 2802; NJW-RR 1987, 87; *OLG Karlsruhe* NJW 2011, 196; *OLG Brandenburg* NJW 2009, 2962; *OLG Naumburg* NZV 2008, 25, 26; *OLG Hamm* NJWE-VHR 1996, 213; NZV 1997, 78; Geigel/*Kaufmann,* Kap. 25 Rn. 66, 71; *Nugel,* NJW 2013, 193, 194.
[43] *BGH* NJW 1982, 2669; zur Beseitigung einer Ölspur: *BGH* NZV 2011, 595 = JA 2012, 66 *(Hager).*
[44] *LG Flensburg* NZV 1989, 397; Geigel/*Kaufmann,* Kap. 25 Rn. 75.
[45] *LG Bayreuth* NJW 1988, 1152; Geigel/*Kaufmann,* Kap. 25 Rn. 75.
[46] BGHZ 105, 65 = NJW 1988, 3019.
[47] *LG Kaiserslautern* NJW 2008, 2786.
[48] *BGH* NJW 2004, 1375; Geigel/*Kaufmann,* Kap. 25 Rn. 73, 81.

führen.[49] Verlässt der Fahrer sein Kraftfahrzeug und betritt die Autobahn, um dort z. B. verlorene Papiere einzusammeln, ist er für die Folgen des Ausweichmanövers eines anderen Pkw-Fahrers verantwortlich.[50] Wird ein Radfahrer durch einen herabfallenden Ast eines Baumes verletzt, unter dem vorher ein LKW gefahren ist, kann der Schaden ebenfalls bei dem Betrieb des Kraftfahrzeugs verursacht worden sein.[51] Entsprechendes gilt auch bei einer physisch oder psychisch vermittelten Reaktion eines Dritten.[52] Der Zurechnungszusammenhang zwischen einem Unfall und einer früheren Verkehrswidrigkeit des Kraftfahrers ist zu bejahen, wenn sich die durch die Verkehrswidrigkeit erhöhte Gefahrenlage als solche in dem Unfall aktualisiert hat.[53]

Auch bei § 7 I StVG muss der eingetretene Schaden im Schutzbereich der Norm liegen.[54] Das ist zu verneinen beim Schlaganfall des Fahrers im Zusammenhang mit einer im Anschluss an den Zusammenstoß erfolgenden Auseinandersetzung über die Schuldfrage.[55] Gleiches gilt bei Panikreaktionen von Tieren, die durch Unfall- oder Fahrgeräusche ausgelöst werden.[56]   **14**

4. Entlastungsbeweis

a) Höhere Gewalt

Nach § 7 II StVG[57] ist die Ersatzpflicht ausgeschlossen, wenn der Unfall durch höhere Gewalt verursacht wird. Auswirkungen auf die Beweislast und die Betriebsgefahr hat die Neufassung der Vorschrift nicht.[58] Der Begriff der höheren Gewalt bezeichnet ein betriebsfremdes, von außen durch elementare Naturkräfte oder durch Handlungen dritter Personen herbeigeführtes Ereignis, das nach menschlicher Einsicht und Erfahrung unvorhersehbar ist, mit wirtschaftlichen Mitteln auch durch die äußerste nach der Sachlage vernünftigerweise zu erwartende Sorgfalt nicht verhütet oder unschädlich gemacht werden kann und auch nicht wegen seiner Häufigkeit vom Betriebsinhaber hinzunehmen ist.[59] Dies kommt nur äußerst selten in Betracht.[60] Insbesondere der Fall, dass ein Kind auf die Straße läuft, ohne sich umzusehen, ist keine höhere Gewalt, sondern wird von der Gefährdungshaftung erfasst.[61]   **15**

b) Unabwendbares Ereignis

Im Verhältnis zweier Kraftfahrzeughalter ist die Haftung ausgeschlossen, wenn ein unabwendbares Ereignis vorliegt (§ 17 III 1 StVG). Ein solches ist (nur) dann anzunehmen, wenn sowohl der Halter als auch der Fahrer des schädigenden Fahrzeugs jede nach den Umständen des Falles gebotene Sorgfalt beobachtet haben (§ 17 III 2 StVG). Die Rechtsprechung zu § 7 II 2 StVG a. F. kann weiter herangezogen werden.[62]   **16**

---

[49] *OLG München* NJW-RR 2010, 1183.
[50] *OLG Hamm* NZV 2009, 187.
[51] *OLG Hamm* NZV 2009, 31.
[52] *BGH* NJW 2005, 2081; *OLG Hamm* NZV 1989, 274; *KG* KGR 2006, 746; *Armbrüster*, JuS 2007, 605, 607; *Geigel/Kaufmann*, Kap. 25 Rn. 66 ff.
[53] *BGH* NJW 1988, 58; zum Ausweichmanöver eines Motorrades *BGH* NJW 2010, 3713; BeckRS 2010, 25143 Rn. 6; *Diederichsen*, DAR 2011, 301.
[54] *Geigel/Kaufmann*, Kap. 25 Rn. 52, 77 f.
[55] BGHZ 107, 359, 364 = NJW 1989, 2616, 2617.
[56] BGHZ 115, 84 = NJW 1991, 2568; *OLG Hamm* NJWE-VHR 1997, 93.
[57] In der Fassung des seit dem 1.8.2002 geltenden Zweiten Gesetzes zur Änderung schadensrechtlicher Vorschriften vom 19.7.2002 (BGBl. I S. 2674); dazu *Wagner*, NJW 2002, 2049, 2060.
[58] *OLG Nürnberg* NZV 2005, 422.
[59] BGHZ 7, 338, 339 = NJW 1953, 184; *BGH* NJW-RR 1988, 986; NJW 1997, 1167, 1168; *OLG Celle* OLGR 2005, 390; BT-Drs. 14/7752, S. 30.
[60] *Wagner*, NJW 2002, 2049, 2061; *Geigel/Kaufmann*, Kap. 25 Rn. 96.
[61] *Wagner*, NJW 2002, 2049, 2061; *Garbe/Hagedorn*, JuS 2004, 287, 289.
[62] Überblick bei *Geigel/Kaufmann*, Kap. 25 Rn. 137 ff.

17   Der Begriff des unabwendbaren Ereignisses verlangt nicht absolute Unvermeidbarkeit des Unfalls, sondern meint ein schadensstiftendes Ereignis, das auch bei der äußersten möglichen Sorgfalt nicht abgewendet werden kann. Hierzu gehört ein sachgemäßes, geistesgegenwärtiges Handeln, welches erheblich über den Maßstab der im Verkehr erforderlichen Sorgfalt im Sinne von § 276 BGB hinausgeht.[63] Der Schädiger, der mit Erfolg die Unabwendbarkeit des Unfalls geltend machen will, muss sich wie ein Idealfahrer verhalten haben.[64]

18   Es kommt auf sachgemäßes Handeln im Augenblick der Gefahr im Rahmen des Menschenmöglichen an.[65] Dabei kommen dem Schädiger – mit gewissen Einschränkungen – der Vertrauensgrundsatz[66] sowie eine Reaktionszeit zugute,[67] eine davon zu unterscheidende Schrecksekunde in der Regel aber nicht.[68] Verneint hat der *BGH* ein unabwendbares Ereignis beim Überschreiten der Richtgeschwindigkeit von 130 km/h.[69] Die Beweislast für die das unabwendbare Ereignis begründenden tatsächlichen Umstände trägt der Halter.[70] Er muss (nur) diejenigen Unfallverläufe ausschließen, für die tatsächliche Anhaltspunkte bestehen.

Ausnahmsweise kann ein Unfallereignis auch aus rechtlichen Gründen unabwendbar sein kann, wenn Polizeibeamte zur Erfüllung ihrer hoheitlichen Aufgaben ein fliehendes Fahrzeug verfolgen und es bei der Verfolgungsfahrt zu einer Kollision zwischen den beteiligten Fahrzeugen kommt.[71]

c) Ausschluss des Entlastungsbeweises

19   Ein unabwendbares Ereignis oder höhere Gewalt entlasten den Halter nicht, wenn der Unfall auf einem Fehler in der Beschaffenheit des Fahrzeugs oder auf einem Versagen seiner Vorrichtungen beruht (§ 17 III 1 Hs. 2 StVG). Als Beispiel sind etwa das Blendwerk eines falsch eingestellten Scheinwerfers, das Versagen der Bremsen oder Mängel der Bereifung anzuführen.[72]

Nicht darunter fallen Verkehrsvorgänge, die mit einer gewissen Regelmäßigkeit auftreten und gerade Ausfluss der mit dem Verkehr verbundenen typischen Gefahren sind, wie das Schleudern oder Rutschen eines Fahrzeugs.[73] Einem technischen Versagen steht eine plötzlich bei dem Fahrer auftretende Ohnmacht gleich.[74]

5. Ausschluss der Gefährdungshaftung

20   Die Haftung des Halters nach dem StVG entfällt, wenn einer der Fälle des § 8 StVG gegeben ist.

– § 8 Nr. 1 StVG nimmt Fahrzeuge (und Anhänger) aus, die auf ebener Bahn keine höhere Geschwindigkeit als 20 km/h entfalten können. Auf sie trifft der Gesetzeszweck der gesteiger-

---

[63] BGHZ 117, 337, 340 = *BGH* NJW 1992, 1684, 1685; *BGH* NJW-RR 1987, 150; *OLG Koblenz* NJW-RR 2006, 94; dazu *Heß/Burmann,* NJW 2007, 488; Geigel/*Kaufmann,* Kap. 25 Rn. 126.
[64] *BGH* NJW 2006, 896 Rn. 21; NJW 1998, 2222, 2223 f.; *OLG Koblenz* OLGR 2006, 861.
[65] BGHZ 113, 164, 165 = NJW 1991, 1171.
[66] *BGH* NJW 1986, 183, 184; *OLG Celle* NZV 2005, 261 (Kinderunfall); Wussow/*Baur,* Kap. 17 Rn. 42; Geigel/*Kaufmann,* Kap. 25 Rn. 119.
[67] Geigel/*Kaufmann,* Kap. 25 Rn. 122.
[68] *BGH* NJW-RR 1987, 150, 151; NJW 1968, 450, 452; Geigel/*Kaufmann,* Kap. 25 Rn. 125.
[69] BGHZ 117, 37 = NJW 1992, 1684.
[70] *BGH* NJW 1982, 1149, 1150.
[71] BGHZ 192, 261 = NJW 2012, 1951 Rn. 19 = JuS 2012, 1029 *(Mäsch).*
[72] Übersicht bei Wussow/*Baur,* Kap. 17 Rn. 50 ff.; Geigel/*Kaufmann,* Kap. 25 Rn. 110.
[73] Geigel/*Kaufmann,* Kap. 25 Rn. 111.
[74] BGHZ 23, 90 = NJW 1957, 674; Geigel/*Kaufmann,* Kap. 25 Rn. 112, 161.

ten Betriebsgefahr nicht zu.[75] Hierbei kommt es nur auf die konstruktionsbedingte Beschaffenheit und nicht auf die Möglichkeit einer Veränderung an.[76]

– Ausgeschlossen ist die Haftung gegenüber Verletzten, die bei dem Betrieb des Kraftfahrzeugs (oder des Anhängers) tätig sind (§ 8 Nr. 2 StVG). Grund hierfür ist, dass der Verletzte sich selbst den von dem Kraftfahrzeug ausgehenden Gefahren ausgesetzt hat. Hierunter fallen vor allem Fahrer, Mit- und Beifahrer sowie sonstige Hilfspersonen.[77] Letztere müssen durch unmittelbare Beziehung ihrer Tätigkeit zu den Triebkräften des Fahrzeugs dessen typischer Betriebsgefahr mehr als die Allgemeinheit ausgesetzt sein. Die Tätigkeit muss in der Regel von einer gewissen Dauer sein; es genügt also nicht, dass ein Unfallhelfer lediglich das Warndreieck aus dem Kofferraum nimmt.[78]

– Eine Gefährdungshaftung für durch das Kraftfahrzeug beförderte Sachen ist grundsätzlich ausgeschlossen (§ 8 Nr. 3 Hs. 1 StVG; Ausnahme: Hs. 2). Das entspricht der Regelung des § 1 III Nr. 2 HPflG. Ein Schadensersatzanspruch aufgrund Beförderungsvertrags (§ 280 I BGB) oder nach allgemeinem Deliktsrecht (§§ 823 ff. BGB) bleibt bestehen.[79] Der Haftungsausschluss nach § 8 Nr. 3 StVG gilt nicht für Entsorgungskosten, die anlässlich eines Verkehrsunfalls dadurch entstehen, dass die beförderte Sache beseitigt werden muss, weil sie andere beeinträchtigt. Dies hat der *BGH* für die Entsorgung von Transportgut entschieden, welches nach einem Unfall die Fahrbahn blockierte.[80]

6. Haftung bei Schwarzfahrten

Bei einer Schwarzfahrt haftet auch der unbefugte Benutzer des Fahrzeugs aus Gefährdungshaftung (§ 7 III 1 Hs. 1 StVG). Dies gilt auch für den Halter, wenn er die Benutzung des Fahrzeugs schuldhaft ermöglicht hat (§ 7 III 1 Hs. 2 StVG).[81]   21

§ 7 III 2 StVG erfasst die Fälle, in denen der Halter das Fahrzeug einem anderen anvertraut hat. Danach kann der Halter aus Gefährdungshaftung in Anspruch genommen werden, wenn er den Benutzer zum Betrieb des Fahrzeugs angestellt hat (§ 7 III 2 Alt. 1 StVG) oder wenn er ihm das Fahrzeug überlassen hat (§ 7 III 2 Alt. 2 StVG). Der Halter kann sich nicht darauf berufen, dass der Benutzer das Fahrzeug zu einer nicht vom Willen des Halters gedeckten Schwarzfahrt verwendet hat.[82] Daneben kann eine Verschuldenshaftung des Halters aus § 16 StVG (oder des Fahrers aus § 18 II StVG) i. V. mit § 823 I BGB oder § 823 II BGB i. V. mit § 14 II 2 StVO treten.[83]

II. Die Haftung des Fahrers

Neben dem Halter ist auch der Fahrzeugführer für die bei dem Betrieb des Kraftfahrzeugs oder des Anhängers verursachten Unfälle verantwortlich (§ 18 I 1 StVG). Es handelt sich nicht um einen Fall der Gefährdungshaftung, sondern um Haftung für vermutetes Verschulden.   22

---

[75] BT-Drs. 14/7752, S. 31; *OLG Hamm* OLGR 1995, 17 (Gabelstapler).

[76] BGHZ 136, 69 = NJW 1997, 2517; *BGH* NJW-RR 1998, 96; *KG* KGR 2003, 64; *Brötel,* NZV 1997, 381; Geigel/*Kaufmann,* Kap. 25 Rn. 279.

[77] BGHZ 116, 200, 2005 = NJW 1992, 900, 901; *OLG Celle* OLGR 2002, 193 (Abladen von Ladegut).

[78] *BGH* NJW 2011, 292 Rn. 23; *Diederichsen,* DAR 2011, 302.

[79] BT-Drs. 14/7752, S. 31.

[80] *BGH* NJW-RR 2008, 406.

[81] *OLG Frankfurt/M.* OLGR 2002, 38; *OLG Oldenburg* OLGR 1999, 115 (jeweils zur unsicheren Aufbewahrung der KfZ-Schlüssel); *OLG Köln* OLGR 1995, 286 (Provokation eines Jugendlichen).

[82] *BGH* NJW 1997, 660.

[83] *BGH* NJW 1981, 113; NJW 1997, 600, 661; *OLG Frankfurt/M.* OLGR 2002, 38; Geigel/*Zieres,* Kap. 27 Rn. 387.

1. Begriff des Fahrzeugführers

23   Fahrzeugführer im Sinne von § 18 I 1 StVG ist derjenige, der es eigenverantwortlich in Betrieb setzt und während der Fahrt leitet.[84] Diese Eigenschaft entfällt nicht, wenn untergeordnete Aufgaben einem Dritten überlassen werden, solange der eigentliche Fahrer einen Entscheidungsspielraum hat, zum Beispiel Bewegung und Fahrtrichtung beeinflussen kann.[85] Bei Übungs- und Prüfungsfahrten gilt der Fahrlehrer als Führer des Fahrzeugs (§ 2 XV 2 StVG).[86]

2. Betrieb des Kraftfahrzeugs

24   Voraussetzung für die Einstandspflicht des Fahrzeugführers nach § 18 I StVG ist, dass ein Fall des § 7 I StVG gegeben ist, das heißt eines der dort genannten Rechtsgüter bei dem Betrieb eines Kraftfahrzeugs verletzt worden ist.[87] Insoweit ist auf die Ausführungen zu §§ 7, 8, 8a StVG zu verweisen.

3. Entlastungsbeweis

25   § 18 I 2 StVG erleichtert dem Fahrzeugführer den Entlastungsbeweis. Seine Ersatzpflicht ist ausgeschlossen, wenn der Schaden nicht durch ein Verschulden des Fahrzeugführers verursacht worden ist. Der Verschuldensbegriff entspricht demjenigen im Rahmen der Deliktshaftung. Den Fahrer trifft die Beweislast für fehlendes Verschulden.[88] Zu beachten ist in diesem Zusammenhang, dass sich der Fahrer eines Kraftfahrzeugs, der nicht zugleich dessen Halter ist, die einfache Betriebsgefahr des Fahrzeugs nicht zurechnen lassen muss.[89]

III. Mitwirkende Betriebsgefahr

26   Unter mehreren an einem Unfall beteiligten Fahrzeughaltern richtet sich die Abwägung der Betriebsgefahr nach § 17 I, II StVG. Die Bestimmung ist die maßgebliche Vorschrift für die Haftungsverteilung mehrerer Halter untereinander.[90] Für den Fahrzeugführer gilt dies gemäß § 18 III StVG ebenfalls. Ist der Schaden durch ein Kraftfahrzeug und ein Tier oder durch ein Kraftfahrzeug und eine Eisenbahn verursacht worden, gilt § 17 I-III StVG entsprechend (§ 17 IV StVG). Vergleichbare Bestimmungen finden sich in Sondergesetzen, zum Beispiel § 13 I HPflG.

1. Grundlagen

27   Der Unfallgeschädigte muss auch ohne eigenes Verschulden damit rechnen, dass sein Anspruch teilweise vermindert wird, denn die Betriebsgefahr seines Fahrzeugs ist dem Halter nach § 17 I, II StVG zuzurechnen. Die **Betriebsgefahr** ist die Gesamtheit der Umstände, die – begründet durch die Eigenart des Kraftfahrzeugs – Gefahr in den Verkehr tragen. Zu unterscheiden ist zwischen allgemeiner Betriebsgefahr, die notwendig mit Betrieb des Fahrzeugs verbunden ist, und einer durch besondere

---

[84] Geigel/*Kaufmann,* Kap. 25 Rn. 314; Wussow/*Baur,* Kap. 17 Rn. 94 ff.
[85] Geigel/*Kaufmann,* Kap. 25 Rn. 315; siehe auch *BGH* NJW 1977, 1056 Ls.
[86] Geigel/*Kaufmann,* Kap. 25 Rn. 317; *Blum/Weber,* NZV 2007, 288; zur Fahrlehrerhaftung: *OLG Hamm* NZV 2005, 637; OLGR 2004, 323; *KG* KGR 2004, 109; *LG Bonn* NJW-RR 2008, 1344; zur Segelprüfung: *OLG Hamm* OLGR 2008, 628.
[87] *BGH* NJW 1990, 2885.
[88] *BGH* NJW 1997, 2517, 2519; Geigel/*Kaufmann,* Kap. 25 Rn. 320.
[89] *BGH* NJW 2010, 927 Rn. 12 (Dienstkraftrad).
[90] *OLG Frankfurt/M.* NJW-RR 2013, 664.

Umstände erhöhten Betriebsgefahr.[91] Die allgemeine Betriebsgefahr eines Fahrzeugs wird vor allem durch die Schäden bestimmt, die dadurch Dritten drohen.[92] Sie kann in der Regel mit 20 % angesetzt werden.[93] Ein die Betriebsgefahr erhöhender Umstand kann bei einem Motorradunfall die Instabilität und die daraus resultierende Sturzgefahr des Motorrads sein, sofern sie sich auf das Unfallgeschehen ausgewirkt hat.[94]

Die Haftung ist nur dann ausgeschlossen, wenn der Halter den Unabwendbarkeits-   **28** beweis führt (§ 17 III 1 StVG). **Unabwendbarkeit** bedeutet nicht absolute Unvermeidbarkeit. Unabwendbar ist ein Unfall, wenn er durch äußerste mögliche Sorgfalt nicht abgewendet werden kann, wozu ein sachgemäßes, geistesgegenwärtiges Handeln über den gewöhnlichen und persönlichen Maßstab hinaus gehört.[95] Der Sorgfaltsmaßstab orientiert sich an den Verkehrsanforderungen, die an einen Idealfahrer gestellt werden, der vorausschauend und aufmerksam alle möglichen Gefahrenmomente berücksichtigt, mit erheblichen fremden Fahrfehlern der anderen Verkehrsteilnehmer rechnet und auf auftretende Gefahrenlagen angemessen und besonnen reagiert.[96] Die Frage der Unabwendbarkeit ist streng von der Haftungsverteilung zu trennen.[97]

Bei der Abwägung nach § 17 I, II StVG muss jeder Halter die Umstände beweisen, die zu Ungunsten des anderen Halters berücksichtigt werden sollen. Bei Unaufklärbarkeit des Unfallgeschehens hinsichtlich derselben Tatsache sind wechselnde Beweislastentscheidungen möglich, denn der Umstand, dass sich eine Partei nicht entlasten kann, beweist nicht das Gegenteil.[98]

Das Verschulden des Fahrers muss der Halter im Rahmen der eigenen Betriebsgefahr   **29** gegen sich gelten lassen (§ 17 III 2 StVG).[99] Gleiches gilt zu Lasten des Halters, wenn ein beim Betrieb des Kraftfahrzeugs beschäftigter Dritter unter Verletzung der ihm obliegenden äußersten Sorgfalt den Unfall mitverursacht hat.[100]

Ein geschädigter Leasinggeber, der zwar Eigentümer, aber nicht Halter des Leasingfahrzeugs ist, muss sich im Rahmen seines Schadensersatzanspruchs aus § 823 I BGB gegen den Drittschädiger weder ein Mitverschulden des Leasingnehmers oder des Fahrers des Leasingfahrzeugs noch dessen Betriebsgefahr anspruchsmindernd anrechnen lassen. Denn § 17 StVG findet nur dann Anwendung, wenn auch der Geschädigte nach den Bestimmungen des StVG haftet.[101]

Eigenes Mitverschulden (§ 254 I BGB) ist dem geschädigten Halter entgegenzuhalten,   **30** wenn er selbst eine unerlaubte Handlung begangen hat, zum Beispiel durch mangelhafte Wartung des Fahrzeugs oder ungenügende Beaufsichtigung des Fahrers.

Der Fahrer des Fahrzeugs muss sich eigenes Verschulden in jedem Fall nach § 254 I BGB entgegenhalten lassen. Die Betriebsgefahr des von ihm gesteuerten Fahrzeugs

[91] *Nugel*, DAR 2008, 548 f.; *ders.*, NJW 2013, 193, 194.
[92] *BGH* NJW-RR 2010, 830 Rn. 27; *Grüneberg* in: Berz/Burmann, Teil 4 Rn. A 125; *Schauseil*, MDR 2008, 360, 361.
[93] *Greger*, § 22 Rn. 153.
[94] *BGH* NJW-RR 2010, 839 Rn. 28; *Galke*, zfs 2011, 2.
[95] *OLG Koblenz* OLGR 2006, 714, 715; *OLG Naumburg* NZV 2008, 618, 619.
[96] *OLG Naumburg* NZV 2008, 25, 26 f.; OLG Nürnberg NJW 2011, 1154, 1155.
[97] *OLG München* BeckRS 2007, 13300.
[98] *OLG München* BeckRS 2007, 13300; zur Haftungsverteilung bei unaufklärbarem Unfallhergang siehe auch *OLG Frankfurt/M.* NJW-RR 2013, 664.
[99] Geigel/*Kaufmann*, Kap. 25 Rn. 201 ff.; *Nugel*, DAR 2008, 548.
[100] Geigel/*Kaufmann*, Kap. 25 Rn. 208.
[101] BGHZ 173, 182 = NJW 2007, 3120 Rn. 8; *Wellner*, Kfz-Sachschaden, § 1 Rn. 176 ff.; *Reinking*, DAR 2009, 502, 505 ff.; *Nugel*, zfS 2008, 4; *Becker* ZGS 2008, 415; zu Verkehrsunfällen mit Leasingfahrzeugen: *Nugel*, NZV 2009, 313; *Reinking*, DAR 2011, 125; *Nugel*, NJW 2013, 193.

muss er sich im Rahmen des § 18 III StVG ebenfalls entgegenhalten lassen, sofern er nicht den Entlastungsbeweis nach § 18 I 2 StVG führt.[102]

2. Die Quotierung

31 Bei der Haftungsverteilung ist in erster Linie das Maß der Verursachung von Belang, in dem die Beteiligten zur Schadensentstehung beigetragen haben; das beiderseitige Verschulden ist nur ein Faktor bei der Abwägung.[103] Maßgeblich sind in erster Linie die Beschaffenheit des Fahrzeugs und seine kinetische Energie, die konkrete Fahrweise des Fahrers, das Maß der von der StVO verlangten Vorsicht und der Grad berechtigten Vertrauens in verkehrsrichtiges Verhalten der Gegenseite.[104] Dabei werden nur unstreitige, zugestandene oder erwiesene (§ 286 I ZPO) Tatsachen berücksichtigt.[105] Die Verschuldensvermutung des § 18 I 2 StVG bleibt außer Betracht.[106] Die der Abwägung zugrunde liegenden Tatsachen müssen verfahrensfehlerfrei festgestellt werden.[107] Die solcherart festgestellten tatsächlichen Umstände müssen sich adäquat kausal auf das Unfallgeschehen ausgewirkt haben. Ist ein bestimmter Umstand für den konkreten Unfall ohne Bedeutung, bleibt er im Rahmen der Abwägung außer Betracht.[108] Einzelne Gesichtspunkte dürfen nicht summiert werden, wenn sie sich nur in demselben unfallursächlichen Umstand ausgewirkt haben.[109] Die Abwägung ist grundsätzlich Sache der Tatsacheninstanzen und im Revisionsverfahren nur darauf zu überprüfen, ob alle in Betracht kommenden Umstände vollständig und richtig berücksichtigt und der Abwägung rechtlich zulässige Erwägungen zu Grunde gelegt worden sind.[110]

32 Bei der Abwägung kommt es stets auf die Umstände des Einzelfalls an.[111] Auch bei der Anwendung von Quotentabellen darf das konkrete Unfallgeschehen nicht aus dem Blick geraten.[112] Als ein die allgemeine Betriebsgefahr erhöhender Umstand kommt namentlich eine fehlerhafte oder verkehrswidrige Fahrweise in Frage.[113] Zu berücksichtigen ist dabei insbesondere der Grad des Verschuldens.[114]

– Im Rahmen der Abwägung ist in der Regel davon auszugehen, dass der Verursachungsanteil desjenigen, der das Vorfahrtsrecht verletzt hat, denjenigen des Bevorrechtigten überwiegt. Das gilt auch bei unangepasster Geschwindigkeit des Vorfahrtberechtigten[115] und auch wenn, wenn dieser bei Gelb- oder sogar Rotlicht in eine Kreuzung einfährt.[116] Sofern ein Vorfahrtberechtigter davon ausgehen muss, dass die Vorfahrt von anderen Verkehrsteilnehmern aufgrund der örtlichen Gegebenheiten möglicherweise nicht erkannt wird, ist er zu besonderer Vorsicht und

[102] Geigel/*Kaufmann,* Kap. 25 Rn. 333 f.
[103] *BGH* NJW-R 2010, 839 Rn. 13; NJW 1998, 1137, 1138; NJW 2006, 896, 897; NJW-RR 2007, 680 Rn. 8; *Nugel,* NJW 2013, 193, 196.
[104] *Steffen,* zfs 2012, 184, 185.
[105] *BGH* NJW-RR 2010, 839 Rn. 13; NJW 2009, 3791 Rn. 14; NJW 2007, 506 Rn. 15, 18; NJW 2000, 3069, 3071.
[106] *BGH* NJW 1995, 1029.
[107] *BGH* NJW-RR 2007, 679 (zur Frage, ob sich der Verletzte in einer ländlichen Gegend auf eine verschmutzte Fahrbahn und besondere Rutschgefahr einstellen musste).
[108] *BGH* NJW-RR 2007, 903 Rn. 11 (Warnblinklicht); NJW 1995, 1029 (alkoholbedingte Fahruntüchtigkeit).
[109] *BGH* NJW 2007, 506 Rn. 15 (überhöhte Geschwindigkeit und fehlende Fahrerlaubnis).
[110] *BGH* NJW 2009, 3791 Rn. 9.
[111] Zahlreiche Beispiele bei *Grüneberg,* Haftungsquoten bei Verkehrsunfällen, 13. Aufl.; *Splitter/Kuhn,* Schadensverteilung bei Verkehrsunfällen, 6. Aufl.; *Greger,* § 22 Rn. 156 ff.; zu Kreuzungszusammenstößen *Nugel,* DAR 2008, 548, 551.
[112] *Steffen,* zfs 2012, 184, 186.
[113] *BGH* NJW 2000, 3069, 3070; NJW 2005, 1351, 1354.
[114] MünchKommBGB/*Oetker,* § 254 Rn. 110; *OLG Nürnberg* NZV 2007, 301, 302.
[115] *Nugel* DAR 2008, 548, 553.
[116] *BGH* NJW 2012, 1953; zu Kreuzungsunfällen: *Grüneberg,* SVR 2013, 136.

Rücksichtnahme verpflichtet. Er muss damit rechnen, dass sein Recht missachtet wird und seine Fahrweise entsprechend einstellen.[117]
– Ein Linksabbieger (§ 9 III StVO) hat zum Beispiel eine höhere Betriebsgefahr als ein Fahrzeug, welches geradeaus fährt.[118] Bei Kollisionen mit dem geradeaus fahrenden Gegenverkehr haftet der Linksabbieger daher grundsätzlich allein. Gleichwohl kommt im Einzelfall eine Mithaftung des Unfallgegners in Betracht, z. B. bei einem schlecht sichtbaren Motorrad.[119]

Die Abwägung kann ausnahmsweise dazu führen, dass einer der Beteiligten allein für   **33** den Schaden aufkommen muss.[120] In besonderen Fallgestaltungen können die Betriebsgefahr und unter Umständen selbst ein leichtes Verschulden des Verletzten ganz zurücktreten.[121] Umgekehrt kann auch der Beitrag des Schädigers so gering sein, dass der Verletzte den Schaden allein zu tragen hat.[122]

Letzteres kann etwa anzunehmen sein, wenn ein Fußgänger unter Verstoß gegen § 25 III StVO[123] oder bei Rotlicht die Fahrbahn betritt und mit einem Pkw kollidiert.[124] Bei einem nächtlichen Unfall trifft einen Fußgänger hingegen nicht schon deshalb ein Mitverschulden, weil er dunkel gekleidet ist.[125]

Soweit die Abwägung zu einer Schadensteilung führt, ist dies dem Urteil durch Fest-   **34** legung entsprechender Quoten zugrunde zu legen. Dabei sind Quoten von weniger als 20 % selten.[126] Geringere Quoten als 10 % sind wenig überzeugend.[127] In solchen Fällen wird viel dafür sprechen, den Schaden dem überwiegend Verantwortlichen allein aufzuerlegen. Bei ungeklärtem Unfallhergang und gleich großer Betriebsgefahr ergibt sich in der Regel eine Haftungsquote von 50 % für jeden der beiden Beteiligten.[128]

IV. Haftungshöchstbeträge

1. Grundlagen

Die von einem Verschulden unabhängigen Haftungssysteme der Gefährdungshaftung   **35** sehen – als Gegengewicht zur Verschuldensunabhängigkeit der Haftung und zwecks Versicherbarkeit des Risikos zu angemessenen Bedingungen – häufig betragsmäßige Haftungsbegrenzungen vor. Eine solche Bestimmung enthält auch § 9 HPflG.[129] Insbesondere die Haftung von Halter und Fahrer nach dem StVG wird durch die in § 12 StVG bestimmten Höchstbeträge begrenzt. Bei vielen Verkehrsunfällen kann nach dieser Maßgabe offen bleiben, ob Ansprüche aus Verschuldenshaftung bestehen; Ansprüche aus §§ 823 ff. BGB, für die keine Haftungshöchstgrenzen bestehen, sind nur bei weitergehenden Forderungen von Belang.

---

[117] *BGH* NJW 2008, 1305 Rn. 16.
[118] *BGH* NJW 2005, 1351, 1354.
[119] *OLG Brandenburg* NJW-RR 2009, 1623 (20 %).
[120] *BGH* NJW 2007, 3211 Rn. 7; siehe *OLG Naumburg* NZV 2008, 618; *OLG Jena* NJW-RR 2009, 1248 (Sturz eines Radfahrers nach unvorsichtigem Türöffnen entgegen § 14 StVO).
[121] *OLG Hamm* VersR 2001, 1169; *KG* NZV 2006, 369, 370; *KG* NZV 2007, 306 (Alleinhaftung des Wendenden bei Kollision mit einem Überholer); MünchKommBGB/*Oetker*, § 254 Rn. 115.
[122] *BGH* NJW-RR 2007, 903 Rn. 14 ff.; *KG* NZV 2007, 305.
[123] *OLG Hamm* NJW-RR 2008, 1349.
[124] *KG* VersR 2008, 797.
[125] *OLG München* VersR 2008, 799; zu Fußgängerunfällen: *Rebler*, NZV 2009, 223; *Nugel*, DAR 2010, 256.
[126] *Schauseil*, MDR 2008, 360, 364.
[127] Siehe *Greger*, § 22 Rn. 151; *Steffen*, zfs 2012, 184, 186.
[128] *OLG Hamm* NZV 2005, 411; *KG* NZV 2008, 197; *Greger*, § 22 Rn. 152; *Schauseil*, MDR 2008, 360, 361; *Garbe/Hagedorn*, JuS 2004, 287, 292.
[129] Dazu BT-Drs. 14/7752, S. 35 f.; *OLG Celle* VersR 2008, 80, 81.

Im Fall der Tötung oder Verletzung eines oder mehrerer Menschen haftet der Ersatzpflichtige bis zu einem Betrag von 5 Millionen Euro (§ 12 I 1 Nr. 1 Hs. 1 StVG).
Dies gilt für Schadensfälle ab dem 18.12.2007.[130] Die Regelung setzt eine Richtlinie
des Europäischen Parlaments um.[131] Im Fall einer entgeltlichen, geschäftsmäßigen
Personenbeförderung sieht § 12 I 1 Nr. 1 Hs. 2 StVG für den ersatzpflichtigen Halter
eine Sonderregel vor.

2. Überschreiten der Höchstbeträge

36 Bei mehreren Verletzten sind die Ansprüche zunächst zusammenzurechnen und festzustellen, ob sie die Höchstbeträge nach § 12 I 1 Nr. 1 StVG überschreiten. Ist dies
der Fall, so sind sie nach § 12 II StVG in dem Verhältnis zu kürzen, in welchem ihr
Gesamtbetrag zu dem Höchstbetrag steht. Werden die Höchstbeträge bereits bei
einem Geschädigten überschritten, zum Beispiel durch den Verdienstausfallschaden,
vermehrte Bedürfnisse oder durch Regressansprüche der Sozialversicherungsträger
bzw. Träger der Sozialhilfe, auf die Ersatzansprüche teilweise übergegangen sind, ist
§ 12 II StVG entsprechend anzuwenden.[132]

37 Die Höchstbeträge nach § 12 I 1 Nr. 1 StVG gelten auch für den Kapitalwert einer als Schadensersatz zu leistenden Rente (§ 12 I 2 StVG). Eine bereits auf den Kapitalhöchstbetrag geltend
gemachte Forderung ist bei der Berechnung der Höchstsumme für die Rente wie folgt zu
berücksichtigen: Die als Schadensersatz geschuldete Rente ist unter Zugrundelegung eines Zins-
satzes von 6 % zu kapitalisieren und mit dem Kapital zu einem Gesamtkapitalbetrag zusammenzurechnen.[133] Bei einer monatlichen Rentenforderung von 500 EUR beträgt der Kapitalbetrag
100.000 EUR (500 x 12 x 16,6666).[134] Jeder einzelne Schadensposten ist im Verhältnis des
Gesamtschadens zum gesetzlichen Höchstbetrag zu kürzen. Der gekürzte kapitalisierte Rentenbetrag ist wieder in eine Rente umzurechnen.[135]

Bei einem Anspruchsübergang auf Sozialversicherungsträger ist zu unterscheiden. Ist der Anspruch nur wegen der Höchstbeträge beschränkt, hat der Ersatzberechtigte das Quotenvorrecht
aus § 116 II SGB X. Kommen dagegen eine Kürzung des Anspruchs aus § 12 StVG und die
Minderung des Anspruchs wegen Mitverschuldens bzw. Betriebsgefahr zusammen, so gilt nach
der Rechtsprechung des *BGH* ausschließlich die in § 116 III SGB X normierte relative Theorie.[136]

3. Tenorierung

38 Es entspricht guter Übung, schon im Tenor eines Feststellungsurteils auszusprechen,
dass sich die Haftung des oder der Beklagten auf die Höchstbeträge des § 12 StVG
beschränkt, falls Ersatzansprüche nur auf der Grundlage der §§ 7, 18 StVG zugesprochen werden: „Es wird festgestellt, dass der Beklagte verpflichtet ist, dem Kläger allen
Schaden aus dem Unfall vom … zu ersetzen, und zwar im Rahmen der Höchstbeträge nach § 12 StVG.". Unter Umständen ist zu ergänzen: „Die weitere Feststellungsklage wird abgewiesen.". Wird die Aufnahme in den Tenor unterlassen, ist
dies unschädlich, wenn sich die Haftungsbeschränkung zweifelsfrei aus den Entscheidungsgründen ergibt.[137]

---

[130] Zweites Gesetz zur Änderung des Pflichtversicherungsgesetzes und anderer versicherungs-
rechtlicher Vorschriften vom 10.12.2007 (BGBl. I S. 2833); dazu *Bollweg*, NZV 2007, 599.
[131] 5. KH-Richtlinie (ABl. EG Nr. L 149 S. 14); dazu *Becker*, DAR 2008, 187; *Bollweg*, NZV
2007, 599, 600.
[132] BGHZ 146, 84, 87 = NJW 2001, 1214, 1215.
[133] *Greger*, § 20 Rn. 13.
[134] Beispiel nach Becker/*Böhme/Biela*, Q 38.
[135] Wussow/*Dressler*, Kap. 37 Rn. 3 im Anschluss an BGHZ 51, 226, 235 f. = NJW 1969, 656,
659 f.; Geigel/*Pardey*, Kap. 4 Rn. 162 ff.
[136] BGHZ 146, 84 = NJW 2001, 1215; Wussow/*Dressler*, Kap. 37 Rn. 7; Geigel/*Pardey*,
Kap. 4 Rn. 173.
[137] *BGH* NJW 1982, 447, 448; NZV 1996, 408 (zu § 321 ZPO); *OLG Saarbrücken* NJW
2007, 1888, 1890; *Greger*, § 15 Rn. 17.

§ 27. Deliktische Ansprüche

I. § 823 I BGB

1. Rechtsgutverletzung

a) Körper und Gesundheit

Ein Schadensersatzanspruch aus § 823 I BGB setzt die Verletzung eines der bezeichneten Rechtsgüter voraus. Unter einer Verletzung des Körpers versteht man einen unbefugten, von der Einwilligung des Rechtsträgers nicht gedeckten Eingriff in die Integrität der körperlichen Befindlichkeit.[1] Die Verletzung der Gesundheit erfasst die Störung der inneren Lebensvorgänge körperlicher, geistiger und auch seelischer Natur.[2] Eine nähere Abgrenzung zwischen Körper- und Gesundheitsschäden unterbleibt in der Regel, weil dies für die Praxis bedeutungslos ist.[3]   **1**

Eine Gesundheitsbeschädigung im Sinne des § 823 I BGB setzt keine physische Einwirkung auf den Körper des Verletzten voraus, sondern kann auch psychisch vermittelt werden.[4] Typisch hierfür ist ein so genannter Schockschaden, den jemand durch das Miterleben der Tötung oder der schweren Verletzung eines anderen Menschen erleidet.[5] Eine Ersatzpflicht kann in solchen Fallgestaltungen nur bejaht werden, wenn dadurch eine depressive Störung mit Krankheitswert verursacht wird, die nach Art und Schwere deutlich über die gesundheitlichen Beeinträchtigungen hinausgeht, denen insbesondere nahe Angehörige bei Todesnachrichten oder schweren Verletzungen erfahrungsgemäß ausgesetzt sind.[6] Erforderlich ist eine besondere personale Beziehung des mittelbar Geschädigten zu dem schwer verletzten bzw. getöteten Menschen.[7] Auch Lebensgefährten zählen zum geschützten Kreis.[8] Ganz unerhebliche psychische Folgeschäden bleiben außer Betracht (Bagatellfälle).[9] Der Schaden muss in einem angemessenen Verhältnis zum Anlass stehen; andernfalls fehlt es am Zurechnungszusammenhang.[10] „Normale" Trauer unterliegt dem allgemeinen Lebensrisiko.[11] Auch der psychische Schaden eines zufälligen Unfallzeugen, der auf das Miterleben eines schweren Unfalls ohne persönliche Bindung zum Unfallopfer zurückzuführen ist, ist dem allgemeinen Lebensrisiko zuzurechnen.[12] Bei Schockschäden ist im Blick zu behalten, dass dem Schockgeschädigten ein   **2**

---

[1] BGHZ 124, 52, 54 = NJW 1994, 127.

[2] Zu psychischen Schäden BGHZ 132, 341 = NJW 1996, 2425; *BGH* NJW 2000, 862; *OLG Koblenz* NJW 2004, 3567 (Drogenabhängigkeit als Unfallfolge).

[3] Wussow/*Baur*, Kap. 2 Rn. 13.

[4] BGHZ 173, 263 = NJW 2007, 2764 = JuS 2008, 375 *(Faust);* dazu: *Born* u.a, NZV 2008, 1; *Clemens* u. a., DAR 2008, 9; *Eilers*, zfs 2009, 248; *Dolff*, JuS 2009, 1007.

[5] *Diederichsen*, DAR 201, 122; NJW 2013, 641; 647; *Musielak,* JA 2013, 241, 244.

[6] BGHZ 56, 163 = NJW 1971, 1883; BGHZ 93, 351, BGHZ 93, 351, 355 = NJW 1985, 1390, 1391; *BGH* NJW-RR 2007, 1395 Rn. 6; NJW 1989, 2317; *OLG Hamm* OLGR 2003, 20, 21; MünchKommBGB/*Oetker*, § 249 Rn. 149 ff.; *Armbrüster*, JuS 2007, 605, 608; *Adelmann*, VersR 2009, 449.

[7] BGHZ 192, 298 = NJW 2012, 1730 Rn. 8.

[8] *OLG Köln* VersR 2011, 674.

[9] BGHZ 132, 341, 346 = NJW 1996, 2425, 2426; BGHZ 137, 142 = NJW 1998, 810; *LG Würzburg* NZV 2008, 35; *Bischoff*, zfs 2008, 121, 122.

[10] *OLG Nürnberg* r+s 2006, 395.

[11] *Bischoff*, zfs 2008, 122, 125.

[12] BGHZ 173, 263 = NJW 2007, 2764 Rn. 17 = JuS 2008, 375 *(Faust); G. Müller*, zfs 2009, 62, 66; zum allgemeinen Lebensrisiko: *Armbrüster*, JuS 2007, 605, 606 f.

Mitverschulden des unmittelbar Verletzten analog §§ 254, 242 BGB zuzurechnen ist.[13]

3 Psychisch vermittelte Schäden können sowohl als Primär- als auch als Sekundärschaden (Folgeschaden) auftreten. Ein psychisch vermittelter, haftungsbegründender Gesundheitsschaden als Primärschaden ist nur dann schuldhaft verursacht, wenn er vorhersehbar war. Ein nicht vorhersehbarer Gesundheitsschaden ist dem Schädiger hingegen nur zurechenbar, wenn er sich als schadensausfüllende Folgewirkung einer anderweitigen, ihrerseits verschuldeten Körperverletzung oder Gesundheitsbeschädigung darstellt.[14]

b) Eigentum

4 Das Eigentum ist insbesondere dann verletzt, wenn in die Sachsubstanz eingegriffen wird.[15] Dies gilt entsprechend für das Anwartschaftsrecht, welches ein sonstiges Recht im Sinne von § 823 I BGB darstellt.[16] Eine Eigentumsverletzung kann nicht nur durch eine Beeinträchtigung der Sachsubstanz, sondern auch durch eine sonstige, die Eigentümerbefugnisse treffende tatsächliche Einwirkung auf die Sache erfolgen, etwa wenn ein Fahrzeug jede Bewegungsmöglichkeit verliert und seinem bestimmungsgemäßen Gebrauch entzogen wird.[17]

Anders ist es, wenn das Fahrzeug unter grundsätzlicher Beibehaltung seiner Bewegungsmöglichkeit nur wenige Stunden an einer konkret geplanten Fahrt gehindert und dadurch lediglich seine wirtschaftliche Nutzung vorübergehend eingeengt wird.[18] Auch Staubablagerungen auf Autos stellen keine Eigentumsverletzung dar.[19]

2. Haftungsbegründende Kausalität

5 Zwischen dem pflichtwidrigen Verhalten und der Verletzung des Rechtsguts muss ein Kausalzusammenhag bestehen (haftungsbegründende Kausalität). Die Beweislast trifft nach allgemeinen Beweislastregeln grundsätzlich den Geschädigten. Die nach § 286 I ZPO erforderliche Überzeugung des Richters erfordert keine absolute oder unumstößliche Gewissheit und auch keine an Sicherheit grenzende Wahrscheinlichkeit, sondern einen für das praktische Leben brauchbaren Grad von Gewissheit, der Zweifeln Schweigen gebietet.[20]

a) Grundlagen

6 Grunderfordernis jeder Schadenszurechnung ist die Verursachung des Schadens im logisch-naturwissenschaftlichen Sinn. Nach der Äquivalenzformel ist jede Bedingung kausal, die nicht hinweggedacht werden kann, ohne dass der Erfolg entfiele (conditio sine qua non).[21] Zur Feststellung des Ursachenzusammenhangs darf nur die pflichtwidrige Handlung hinweggedacht werden; weitere Umstände dürfen nicht hinzugedacht werden.[22] Eine Unterlassung ist für den Erfolg kausal, wenn pflichtgemäßes

[13] BGHZ 56, 163 = NJW 1971, 1833; *BGH* NJW-RR 2007, 1395 Rn. 17; *OLG Düsseldorf* NZV 2013, 40; Geigel/*Knerr*, Kap. 2 Rn. 20; MünchKommBGB/*Wagner*, § 823 Rn. 83, § 846 Rn. 5.
[14] BGHZ 132, 341, 344 = NJW 1996, 2425; *OLG Köln* NJW 2007, 1757.
[15] MünchKommBGB/*Wagner*, § 823 Rn. 111; Geigel/*Knerr*, Kap. 1 Rn. 12; siehe auch *BGH* NJW 2004, 1032 (mangelhafte Bereifung).
[16] MünchKommBGB/*Wagner*, § 823 Rn. 157; *Bernhard*, Jura 2010, 62.
[17] *BGH* NJW-RR 2005, 673, 674.
[18] *BGH* NJW 2004, 356, 358; BGHZ 105, 346, 350 = NJW 1989, 707, 708.
[19] *LG Dortmund* NJW-RR 2008, 471.
[20] BGHZ 53, 245, 256 = NJW 1970, 946, 948; *BGH* NJW 2008, 1381 Rn. 9; NJW-RR 2008, 1380 Rn. 8; NJW 2008, 2845 Rn. 7; VersR 2013, 1045 Rn. 7 f.
[21] BGHZ 2, 138, 141 = NJW 1951, 711; BGHZ 95, 163, 170 = NJW 1986, 576, 579; *BGH* NJW 1995, 126, 127; *Musielak*, JA 2013, 241.
[22] BGHZ 96, 157, 172 = NJW 1986, 576, 579.

Handeln den Eintritt des Schadens mit an Sicherheit grenzender Wahrscheinlichkeit verhindert hätte.[23] Ein adäquater Zusammenhang ist grundsätzlich dann zu bejahen, wenn eine Tatsache im Allgemeinen und nicht nur unter besonders eigenartigen, ganz unwahrscheinlichen und nach dem gewöhnlichen Verlauf der Dinge außer Betracht zu lassenden Umständen geeignet ist, einen Erfolg dieser Art herbeizuführen.[24] Bei der Prüfung auf Adäquanz handelt es sich nicht eigentlich um eine Frage der Kausalität, sondern um die Ermittlung der Grenze, bis zu der demjenigen, der eine Bedingung gesetzt hat, eine Haftung für ihre Folgen billigerweise zugemutet werden kann. Die Haftungsgrenze muss im Wege wertender Beurteilung gefunden werden.[25]

Adäquate Folge eines Verkehrsunfalls ist zum Beispiel der Rückstufungsschaden in der Voll- **7** kaskoversicherung.[26] Rechtsverfolgungskosten können ersatzfähig sein, wenn sie adäquat kausal auf dem Schadensereignis beruhen und die Inanspruchnahme anwaltlicher Hilfe unter den Umständen des Falles erforderlich war.[27] Wird für ein bei einem Verkehrsunfall beschädigtes Kraftfahrzeug ein Ersatzfahrzeug angemietet und dabei Vollkaskoschutz vereinbart, sind die hierfür erforderlichen Mehraufwendungen in der Regel ebenfalls als adäquate Schadensfolge anzusehen.[28] Fehlfahrten eines Rettungswagens können ebenfalls zu ersetzen sein.[29] Auch Schäden an einem landenden Rettungshubschrauber können noch adäquat kausal durch einen zuvor geschehenen Verkehrsunfall verursacht worden sein; es kann aber am Zurechnungszusammenhang fehlen.[30]

b) Mitursächlichkeit

Ist ein bestimmter Schaden durch mehrere gleichzeitig wirkende Umstände ver- **8** ursacht worden und hätte jede dieser Ursachen für sich allein ausgereicht, um den ganzen Schaden herbeizuführen, sind sämtliche Umstände als ursächlich zu behandeln, obwohl keiner von ihnen als conditio sine qua non qualifiziert werden kann.[31] Das gilt grundsätzlich auch dann, wenn eine Ursache für sich allein den Schaden nicht herbeigeführt hat, es dazu vielmehr des Hinzutretens weiterer Ursachen im Sinne einer kumulativen Gesamtkausalität bedurfte.[32]

Die Kausalität entfällt nicht schon dann, wenn ein weiteres Ereignis mitursächlich für den endgültigen Schaden geworden ist.[33] Haftungsrechtlich kann die Mitverursachung einer Verschlechterung im Befinden bzw. die Vergrößerung des Schadens durch die weitere Ursache ausreichen, um die volle Haftung auszulösen.[34] Deshalb kommt es nicht darauf an, ob ein Ereignis die ausschließliche oder alleinige Ursache einer Gesundheitsbeeinträchtigung ist. Eine Mitursächlichkeit, sei sie auch nur Auslöser neben erheblichen anderen Umständen, steht einer Alleinursächlichkeit in vollem Umfang gleich.[35]

Eine psychisch vermittelte Verursachung ist ausreichend.[36] Eine bloße Mitverursa- **9** chung durch den Verkehrsunfall kann für eine Haftung des Schädigers grundsätzlich

---

[23] *BGH* NJW 2012, 850 Rn. 10; NJW 2005, 68, 71; NJW 2003, 295, 296; siehe auch BGHZ 7, 198 = NJW 1953, 700; Erman/*Ebert,* Vor §§ 249–253 Rn. 37.
[24] BGHZ 79, 259, 261 = NJW 1981, 983; *BGH* NJW 1995, 126, 127; NJW 2002, 2232, 2233; NJW-RR 2008, 406 Rn. 9; grundlegend: BGHZ 3, 261, 265 = NJW 1951, 141 (Schleusen-Fall).
[25] BGHZ 18, 286, 288 = NJW 1955, 1876; MünchKommBGB/*Oetker,* § 249 Rn. 109 f.
[26] *BGH* NJW 2006, 2397 Rn. 8, 9.
[27] *BGH* NJW 2006, 1065 Rn. 6.
[28] *BGH* NJW 2006, 360 Rn. 12.
[29] *AG Coesfeld* DAR 2009, 38.
[30] *OLG Köln* NZV 2007, 317.
[31] *BGH* NJW 2004, 2526, 2528; *OLG Schleswig* NJOZ 2008, 796; Wussow/*Baur,* Kap. 2 Rn. 100.
[32] BGHZ 174, 205 = NJW 2008, 1309 Rn. 11; *Musielak,* JA 2013, 241, 243.
[33] *BGH* NJW 2002, 504, 505; NJW 2005, 2073, 2074.
[34] *Bischoff,* zfs 2008, 122.
[35] *BGH* NJW-RR 2005, 897, 898.
[36] BGHZ 132, 341 = NJW 1996, 2425; *BGH* NJW 2000, 862.

selbst dann genügen, wenn eine psychische Fehlverarbeitung durch den Geschädigten hinzutritt.[37] Bei unfallunabhängiger psychischer Labilität kann allerdings der materielle bzw. immaterielle Schadensersatz geringer zu bemessen sein.[38]

10 Der Schädiger kann sich nicht darauf berufen, dass der Schaden nur deshalb eingetreten ist oder ein besonderes Ausmaß erlangt hat, weil der Verletzte infolge bereits vorhandener Beeinträchtigungen und Vorschäden besonders anfällig für eine erneute Beeinträchtigung gewesen sei. Wer einen gesundheitlich schon geschwächten Menschen verletzt hat, kann nicht verlangen, so gestellt zu werden, als wenn der Betroffene gesund gewesen wäre.[39] Eine lediglich in der Erhöhung der Verletzbarkeit liegende Fortwirkung des Erstunfalls kann aber nicht mehr als Mitursache den psychischen Folgen eines weiteren Unfalls zugerechnet werden.[40]

c) § 830 I 2 BGB

11 Auf der Grundlage der §§ 823 I und II BGB haftet, wer den Deliktstatbestand voll verwirklicht hat. Beweisschwierigkeiten können sich ergeben, wenn bei mehreren möglichen Schadensverursachern Urheber- oder Anteilszweifel bestehen. So kann zum Beispiel ein Unfallverletzter auf dem anschließenden Transport zum Krankenhaus erneut einen Verkehrsunfall erleiden. Unter Umständen lässt sich dabei nicht feststellen, inwieweit der Schaden von dem einen oder anderen Verantwortlichen verursacht worden ist.[41]

12 § 830 I 2 BGB will es dem Geschädigten ermöglichen, die Beweisschwierigkeiten hinsichtlich des Ursachenzusammenhangs zwischen dem erlittenen Schaden und den verletzungstauglichen rechtswidrigen Gefährdungshandlungen mehrerer Täter zu überwinden, die entstehen, wenn nicht zu ermitteln ist, wer von ihnen der Urheber des Schadens war (alternative Kausalität). Voraussetzung hierfür ist,
– dass bei jedem Beteiligten – vom Nachweis der Ursächlichkeit abgesehen – ein den klägerischen Anspruch begründendes Verhalten gegeben ist,
– eine der unter dem Begriff der Beteiligung zusammengefassten Personen den Schaden verursacht haben muss
– und nicht feststellbar ist, welcher Beteiligte den Schaden – ganz (Urheberzweifel) oder teilweise (Anteilszweifel) – verursacht hat.[42]

13 Eine Beteiligung im Sinne von § 830 I 2 BGB setzt voraus, dass die einzelnen Verursachungsbeiträge zu einem nach den Anschauungen des täglichen Lebens einheitlichen Vorgang verbunden sind.[43] Jeder Tatbeitrag muss zu einer rechtswidrigen Gefährdung der Schutzsphäre des Betroffenen geführt haben und zur Herbeiführung der Verletzung geeignet gewesen sein. An dieser Voraussetzung fehlt es, wenn ein haftungsbegründendes Verhalten nicht bewiesen ist.[44] § 830 I 2 BGB hat nicht die Aufgabe, die Unsicherheit zu beseitigen, ob einem auf Schadensersatz in Anspruch Genommenen überhaupt eine rechtswidrige Handlung zur Last fällt.[45]

---

[37] *BGH* NJW-RR 2005, 897, 899; *OLG Saarbrücken* OLGR 2006, 761; zur Grenze *BGH* NJW 2004, 1945; *Wussow/Baur,* Kap. 2 Rn. 120.

[38] *Bischoff,* zfs 2008, 122, 123 f.

[39] BGHZ 132, 341, 345 = NJW 1996, 2425, 2426; *BGH* NJW-RR 2005, 897, 898; *OLG Saarbrücken* OLGR 2005, 489, 490; *KG* KGR 2003 27.

[40] *OLG Bremen* OLGR 2003, 385.

[41] BGHZ 55, 86 = NJW 1971, 506.

[42] *BGH* NJW 2006, 2399 Rn. 9

[43] BGHZ 33, 286, 291 = NJW 1961, 1013; BGHZ 55, 86, 94 = NJW 1971, 506, 508.

[44] *OLG Oldenburg* VersR 2008, 830.

[45] *BGH* NJW 2006, 2399 Rn. 11; NJW 1996, 3205; BGHZ 142, 227, 239 = NJW 1999, 3633, 3635; *OLG Hamm* VersR 2000, 55, 57; *OLG Zweibrücken* OLGR 2004, 180, 181.

§ 830 I 2 BGB kommt nicht zur Anwendung, wenn einer der Beteiligten aus erwiese-   **14**
ner Verursachung haftet.[46] Die bloße Ungewissheit, ob zusätzlich ein anderer verantwortlich ist, reicht für ihre Anwendung nicht aus.[47] Ferner ist die Vorschrift nicht
anwendbar, wenn der Geschädigte den Schaden möglicherweise allein verursacht
hat.[48] § 830 I 2 BGB ist ebenfalls nicht anwendbar, wenn die Verursachungsanteile
der einzelnen Beteiligten, notfalls unter Zuhilfenahme von § 287 ZPO, voneinander
abgrenzbar sind.[49]

3. Zurechnungszusammenhang

Nachdem Feststellungen zur Kausalität getroffen sind, ist zu prüfen, ob ein haftungs-   **15**
rechtlicher Zurechnungszusammenhang besteht, denn nach allgemeiner Meinung
haftet der Schädiger nicht bereits für alle im naturwissenschaftlichen Sinn durch das
schadensbegründende Ereignis verursachten Folgen.

a) Hypothetische Kausalität

Bei der so genannten hypothetischen Kausalität – ebenso wie bei dem Einwand   **16**
rechtmäßigen Alternativverhaltens – handelt es sich nicht um ein Problem der Kausalität. Ein solcher Einwand setzt vielmehr die Feststellung voraus, dass das vom
Schädiger zu verantwortende Verhalten für den Schaden kausal geworden ist.[50] Es
handelt sich um eine Frage der Schadenszurechnung. Hypothetische Ereignisse, die
zu einem späteren Zeitpunkt aus anderem Anlass eingetreten wären, haben bei der
Haftungsbegründung grundsätzlich außer Betracht zu bleiben.[51] Dass der durch das
haftungsbegründende Ereignis real bewirkte Schaden später durch einen anderen
Umstand – die **Reserveursache** – ebenfalls herbeigeführt worden wäre, kann an der
realen Ursache nichts ändern. Reserveursachen sind grundsätzlich unbeachtlich. Ob
die Reserveursache ausnahmsweise beachtlich ist und zu einer Entlastung des Schädigers führt, ist eine Wertungsfrage, die für verschiedene Fallgruppen unterschiedlich
beantwortet wird.[52] Beachtlich sind etwa Fallgestaltungen, bei denen eine Schadensanlage zum gleichen Schaden geführt hat.[53] Der Schädiger hat gegebenenfalls zu
beweisen, dass sich ein hypothetischer Kausalverlauf bzw. eine Reserveursache ebenso ausgewirkt haben würden wie der tatsächliche Geschehensablauf.[54]

Um Fehler bei der Zuweisung der Beweislast zu vermeiden, sollte beachtet werden, dass der
Einwand des Beklagten, der Schaden wäre auch ohne sein angeblich pflichtwidriges Verhalten
eingetreten, als qualifiziertes Bestreiten der Schadensentstehung zu werten ist, nicht aber als
Einwand rechtmäßigen Alternativverhaltens, für das der beklagte Schädiger darlegungs- und
beweisbelastet ist.[55]

---

[46] BGHZ 67, 14 = NJW 1976, 1934; *BGH* NJW 1999, 2895.
[47] BGHZ 72, 355, 360 = NJW 1979, 544, 545.
[48] BGHZ 60, 177 = NJW 1973, 201; Geigel/*Hübinger,* Kap. 10 Rn. 11.
[49] *BGH* NJW 1987, 2810, 2811; NJW 2002, 504, mit Anm. *Müller,* NJW 2002, 2841; *OLG Saarbrücken* OLGR 2004, 329
[50] *BGH* NJW 2012, 850 Rn. 13; *Musielak,* JA 2013, 241, 246.
[51] BGHZ 125, 56, 61 f. = NJW 1994, 999, 1000; anders bei Folgeschäden; siehe Wussow/*Baur,* Kap. 2 Rn. 108.
[52] BGHZ 104, 355, 359 f. = NJW 1988, 3265; *BGH* NJW 2006, 2767 Rn. 22; *Armbrüster,* JuS 2007, 605.
[53] BGHZ 78, 209, 214 = NJW 1981, 628, 630; BGHZ 125, 56, 62 = NJW 1994, 999, 1000.
[54] *BGH* NJW 2005, 2072, 2073; *OLG Schleswig* OLGR 2005, 86, 88; *OLG Bamberg* NZV 2007, 241, 242.
[55] *BGH* Urteil vom 4.12.2012 – VI ZR 379/11 Rn. 14.

b) Einwand rechtmäßigen Alternativverhaltens

17 Der Begriff des rechtmäßigen Alternativverhaltens umschreibt Fälle, in denen der Schuldner geltend macht, der durch sein rechtswidriges Verhalten verursachte Schaden wäre auch dann eingetreten, wenn er eine von der verletzten Pflicht verschiedene, selbständige Pflicht erfüllt hätte. Dies kommt erst zum Tragen, wenn das vom Schädiger zu verantwortende Verhalten für den Schaden kausal geworden ist. Der Einwand betrifft die erst nach Feststellung der Kausalität auftretende Frage, ob dem Schädiger die auf die Pflichtverletzung ursächlich zurückzuführenden Folgen billigerweise zugerechnet werden können.[56]

Um einen hypothetischen Kausalverlauf im Falle des rechtmäßigen Alternativverhaltens geht es zum Beispiel bei der Frage, ob die Vornahme einer pflichtwidrig unterlassenen Operation zu einem besseren Ergebnis geführt hätte. Dafür ist der Schädiger beweispflichtig.[57]

c) Eingreifen des Geschädigten bzw. Dritter

18 Der Kausalzusammenhang wird durch das – auch bewusste – Eingreifen Dritter grundsätzlich nicht unterbrochen.[58] Auch die Zurechenbarkeit fehlt in derartigen Fällen nur ausnahmsweise. Stammt die Zweithandlung von einem Dritten, wird der haftungsrechtliche Zusammenhang zwischen der Ersthandlung und dem Schaden nur dann in Frage gestellt, wenn die Ursächlichkeit des ersten Umstands für das Eintreten des zweiten Ereignisses nach dem Schutzzweck der Norm gänzlich bedeutungslos ist, das schädigende erste Verhalten also nur noch den äußeren Anlass für ein völlig ungewöhnliches und unsachgemäßes Eingreifen des Dritten gebildet hat, das dann den Schaden endgültig herbeigeführt hat.[59]

19 Entsprechendes gilt für das Eingreifen des Geschädigten. Ein adäquater Zusammenhang fehlt, wenn der Geschädigte in völlig ungewöhnlicher oder unsachgemäßer Weise in den schadensträchtigen Geschehensablauf eingreift und eine weitere Ursache setzt, die den Schaden endgültig herbeiführt; dann gilt das Prinzip der Eigenverantwortlichkeit.[60] In der Rechtsprechung ist allerdings anerkannt, dass jemand, der durch vorwerfbares Tun einen anderen zu selbstgefährdendem Verhalten **herausfordert,** diesem anderen dann, wenn dessen Willensentschluss auf einer mindestens im Ansatz billigenswerten Motivation beruht, aus unerlaubter Handlung zum Ersatz des Schadens verpflichtet sein kann, der infolge des durch die Herausforderung gesteigerten Risikos entstanden ist.[61]

d) Schutzzweck der Norm

20 Nicht jede Übertretung eines Verkehrsverbots führt zu einem Schadensersatzanspruch. Die Schadensersatzpflicht wird durch den Schutzzweck der Norm be-

---

[56] *BGH* NJW 2003, 295, 296; NJW 1996, 311, 312; BGHZ 96, 157, 172 = NJW 1986, 576, 579; *Armbrüster,* JuS 2007, 605, 606; *Musielak,* JA 2013, 241, 247.

[57] *BGH* NJW 2005, 1718, 1719.

[58] *BGH* NJW 2000, 947, 948; *OLG Celle* OLGR 2004, 483, 485 (Folgeschäden durch medizinische Behandlungsfehler nach einem Verkehrsunfall); Wussow/*Baur,* Kap. 2 Rn. 101.

[59] *BGH* NJW 2006, 2557 Rn. 18; BGHZ 106, 313, 316 = NJW 1989, 2127; BGHZ 58, 162, 165 f. = NJW 1972, 904, 905 f.; *OLG Jena* NZV 2009, 455; zur Normzwecklehre: *Musielak,* JA 2013, 241, 242.

[60] BGHZ 103, 113, 119 = NJW 1988, 1141, 1142; *OLG Hamm* OLGR 2004, 323, 325; *OLG Koblenz* NZV 2006, 198, 199; *OLG Bamberg* NZV 2007, 241 (Herbeiführen eines künstlichen Staus durch Polizeifahrzeuge); dazu *Robrecht,* NZV 2008, 441.

[61] BGHZ 192, 261 = NJW 2012, 1951 Rn. 8 ff. = JuS 2012, 1029 *(Mäsch),* zur Herbeiführung einer Kollision durch die Polizei, um ein Fluchtfahrzeug zum Stehen zu bringen; *BGH* NJW 1990, 2885 (Unfall eines verfolgenden Polizeifahrzeugs); NJW 2002, 2232, 233 (Flucht vor drohender Gewalt durch Sprung aus dem Fenster); siehe auch *BGH* NJW 2005, 1420, 1421.

grenzt. Zuzurechnen ist dem Schädiger nur derjenige Schaden, der im Schutzbereich der verletzten Norm oder Pflicht liegt.[62] Die Lehre vom Schutzbereich der Norm besagt, dass eine Schadensersatzpflicht nur besteht, wenn der geltend gemachte Schaden aus dem Bereich der Gefahren stammt, zu deren Abwendung die verletzte Norm erlassen oder die verletzte vertragliche oder vorvertragliche Pflicht übernommen worden ist.[63] Das gilt für Schadensersatzansprüche aller Art.[64] Der geltend gemachte Schaden muss in einem inneren Zusammenhang mit der durch den Schädiger geschaffenen Gefahrenlage stehen. Ein äußerlicher, gleichsam zufälliger Zusammenhang genügt nicht. Insoweit ist eine haftungsrechtlich-wertende Betrachtung geboten.[65]

Die Schadensersatzpflicht hängt somit erstens davon ab, ob das übertretene Gesetz den Schutz Einzelner nicht nur als Reflex erreicht, sondern auch bezweckt und der Verletzte gegebenenfalls zu dem geschützten Personenkreis gehört. Der Kreis der geschützten Personen muss deutlich erkennbar sein. Zweitens muss geprüft werden, ob die Verbotsnorm das verletzte Rechtsgut schützen soll. Drittens muss die Verbotsnorm den Schutz des Rechtsguts gerade gegen die vorliegende Schädigungsart bezwecken; der geltend gemachte Schaden muss also auch nach Art und Entstehungsweise unter den Schutzzweck der verletzten Norm fallen.[66] **21**

e) Typische Fallgestaltungen

– Der Zurechnungszusammenhang zwischen einem Unfall und einer **früheren Verkehrswidrigkeit** des Kraftfahrers ist (nur) dann zu bejahen, wenn sich die durch die Verkehrswidrigkeit erhöhte Gefahrenlage als solche in dem Unfall aktualisiert hat. Eine Zurechnung ist zu verneinen, wenn der Unfall nur darauf zurückzuführen ist, dass der Schädiger einige Zeit zuvor zu schnell gefahren und deshalb an der Unfallstelle früher als bei Einhaltung der zulässigen Geschwindigkeit angekommen ist.[67] **22**
– Bei einem **Folgeunfall** haftet der Verursacher der ersten Auffahrkollision auch für die im Rahmen einer Kettenreaktion folgenden, in einem inneren Zusammenhang stehenden Auffahrunfälle. Dies gilt aber nicht mehr, wenn sich nach Bildung einer längeren Kolonne ein weiterer Auffahrunfall ereignet.[68]
– Steigt der Geschädigte nach einem Verkehrsunfall aus, kommt infolge von Eisglätte zu Fall und zieht sich einen Knochenbruch zu, besteht ein innerer Zusammenhang mit dem Verkehrsunfall.[69]
– Für **Rettungsfälle** gilt: Schäden bei Rettungsaktionen, die in einem engen sachlichen Zusammenhang mit dem Erstunfall stehen (zum Beispiel bei Eingreifen des Retters nach § 323c StGB), sind von dem für den Erstunfall Verantwortlichen zu ersetzen.[70] Dies gilt nicht für Schäden aus Bergungsaktionen, die ein nach Abschluss des Unfallgeschehens ausdrücklich hierzu Beauftragter erleidet.
– Auch Schäden, die ein Dritter bei der Verfolgung eines der Verkehrsunfallflucht (§ 142 StGB) oder einer sonstigen strafbaren Handlung schuldigen Täters erleidet,

[62] BGHZ 107, 359, 364 = NJW 1989, 2616, 2617; BGHZ 169, 187 = NJW 2007, 58 Rn. 18.
[63] St. Rspr.; BGHZ 107, 359, 364 = NJW 1989, 2616, 2617; *BGH* NJW 2006, 3137 Rn. 21; NJW 2010, 2873 Rn. 24; NJW 2012, 2024 Rn. 14.
[64] *BGH* NJW 2002, 2459, 2460; für vertragliche Pflichten: *BGH* NJW 2009, 1589 Rn. 9; NJW 2009, 3025 Rn. 12 = Jus 2010, 69 *(Faust)*.
[65] *BGH* NJW 2013, 1679 Rn. 12; NJW 2012, 2024 Rn. 14; NJW 1989, 767, 768.
[66] *BGH* NJW-RR 2006, 965 Rn. 9.
[67] *BGH* NJW 1988, 58; *OLG Koblenz* OLGR 2006, 861, 862; Geigel/*Knerr*, Kap. 1 Rn. 22.
[68] *BGH* NJW 2004, 1375; *OLG Köln* OLGR 2006, 598 (beschädigter Rettungshubschrauber); Wussow/*Baur*, Kap. 2 Rn. 114; Geigel/*Knerr*, Kap. 1 Rn. 36.
[69] *BGH* NJW 2013, 1679 Rn. 13.
[70] *OLG Düsseldorf* NJW-RR 1995, 1365; Geigel/*Knerr*, Kap. 1 Rn. 35; zu Schadensabwendungsfällen: *Musielak*, JA 2013, 241, 244.

stehen noch in dem erforderlichen inneren Zusammenhang **(Verfolgungsfälle)**.[71] Das gilt aber nicht für Schäden, die ein Dritter, wie zum Beispiel ein Polizeibeamter, bei einer späteren Festnahme des Täters erleidet.[72]

23   – Werden nach einem Unfall am Unfallort wertvolle Gegenstände aus dem beschädigten Fahrzeug entwendet, liegt dies noch im Rahmen der haftungsrechtlichen Schuldzuweisung zu Lasten des Unfallverursachers **(Diebstahlsfälle)**. Anders ist es, wenn die Gegenstände aus dem Unfallfahrzeug entwendet werden, nachdem es in polizeilichen Gewahrsam gelangt ist.[73]

  – Dem für einen Verkehrsunfall Verantwortlichen sind die Schäden, die nachfolgende Kraftfahrer anrichten, indem sie zur Umgehung der Unfallstelle über den Rad- und Fußweg der unfallbedingt gesperrten Straße fahren, nicht zuzurechnen, weil diese Folgen des haftungsbegründenden Tuns nicht mehr in den Bereich der Gefahren fallen, zu deren Abwehr die Haftungsnormen erlassen worden sind **(Grünstreifenfälle)**.[74]

  – Nicht mehr in den Haftungszusammenhang einzubeziehen sind Gesundheitsschäden des am Unfall beteiligten Fahrers, die nach dem Unfall aufgrund einer psychischen Belastung im Rahmen der Auseinandersetzung der Unfallbeteiligten eintreten.[75]

4. Rechtswidrigkeit

24   Die Beeinträchtigung der von § 823 I BGB geschützten Rechtgüter indiziert grundsätzlich die Rechtswidrigkeit des Eingriffs. Das entspricht der Rechtsprechung, wonach die Rechtswidrigkeit in der Regel aus dem verursachten Erfolg herzuleiten ist (Theorie vom Erfolgsunrecht).[76]

25   Dieser Grundsatz hat Einschränkungen im Bereich der so genannten offenen Verletzungstatbestände erfahren. Dazu gehören der Eingriff in den eingerichteten und ausgeübten Gewerbebetrieb[77] und die Verletzung des Persönlichkeitsrechts.[78] Hier steht die Rechtswidrigkeit zur Beweislast des Klägers.[79]

26   Bei verkehrsrichtigem Verhalten eines Teilnehmers am Straßenverkehr liegt nach dem Beschluss des *Großen Senats für Zivilsachen* vom 4.3.1957 keine rechtswidrige Schädigung vor.[80] Dies ist beeinflusst von der Lehre von der Sozialadäquanz, wonach ein bestimmtes schädigendes Verhalten, welches noch sozialadäquat ist, die Rechtswidrigkeit nicht ohne weiteres indiziert.

---

[71] BGHZ 63, 189 = NJW 1975, 168; BGHZ 101, 215, 220 = NJW 1987, 2925, 2926; BGHZ 132, 164 = NJW 1996, 1533; *G. Müller,* zfs 2009, 62, 65.

[72] BGHZ 132, 164 = NJW 1996, 1533; Geigel/*Knerr,* Kap. 1 Rn. 34.

[73] *BGH* NJW 1997, 865; *OLG Köln* OLGR 2005, 334; *KG* KGR 2001, 382; Geigel/*Knerr,* Kap. 1 Rn. 37.

[74] BGHZ 58, 162, 167 = NJW 1972, 904, 906; *BGH* NJW 1989, 2127, 2128; *Musielak,* JA 2013, 241, 243.

[75] Zum Schlaganfall: BGHZ 107, 359 = NJW 1989, 2616; *OLG Nürnberg* NZV 2008, 38.

[76] Großer Senat für Zivilsachen, BGHZ 24, 21 = NJW 1957, 785; *BGH* NJW 1996, 3205, 3207.

[77] *BGH* NJW-RR 2006, 832 Rn. 23.

[78] *BGH* NJW 2005, 2766, 2770.

[79] BGHZ 74, 9, 14 = NJW 1979, 1351, 1352.

[80] Großer Senat für Zivilsachen, BGHZ 24, 21, 26 = NJW 1957, 785, 786; *OLG Hamm* NJW-RR 1998, 1402.

a) Verletzung der Verkehrssicherungspflicht

Der Schädiger hat nur dann für die Verletzung des Rechtsguts einzustehen, wenn er 27
objektiv pflichtwidrig gehandelt hat.[81] Derjenige, der eine Gefahrenlage – gleich
welcher Art – schafft, ist grundsätzlich verpflichtet, die notwendigen und zumutbaren
Vorkehrungen zu treffen, um eine Schädigung anderer möglichst zu verhindern.[82] Die
sich daraus ergebende Verkehrssicherungspflicht umfasst diejenigen Maßnahmen, die
ein umsichtiger und verständiger, in vernünftigen Grenzen vorsichtiger Mensch für
notwendig und ausreichend hält, um andere tunlichst vor Schäden zu bewahren.[83]
Eine Verkehrssicherung, die jede Schädigung ausschließt, ist im praktischen Leben
jedoch nicht erreichbar. Haftungsbegründend wird eine Gefahr daher erst dann, wenn
sich für ein sachkundiges Urteil die nahe liegende Möglichkeit ergibt, dass Rechtsgüter anderer verletzt werden.[84] Inhaltlich entsprechen Verkehrssicherungspflichten
vertraglichen Schutzpflichten.[85]

Verkehrssicherungspflichtig ist jeder, der die Sachherrschaft über eine Gefahrenquelle 28
hat.[86] Eine Haftung kann auch den Geschäftsleiter bzw. das Organ einer juristischen
Person treffen.[87] Grundlage ist nicht allein das Eigentum an einer Sache; auch ein
schuldrechtlicher, zum Besitz berechtigender Vertrag, zum Beispiel ein Mietvertrag
über ein Grundstück, kann genügen.[88] Insoweit kommt auch ein vertraglicher Schadensersatzanspruch aus § 280 I BGB in Betracht, unter Umständen aufgrund eines
Vertrags mit Schutzwirkung für Dritte.[89]

Verkehrssicherungspflichten können mit der Folge eigener Entlastung delegiert werden. Die
Verkehrssicherungspflicht des ursprünglich Verantwortlichen verkürzt sich dann auf Kontroll-
und Überwachungspflichten. Wer sie übernimmt, wird seinerseits deliktisch verantwortlich.
Voraussetzung hierfür ist, dass die Übertragung klar und eindeutig vereinbart wird.[90]

Der Umfang einer Verkehrssicherungspflicht hängt zum einen von der Größe des
drohenden Schadens und von der Wahrscheinlichkeit seines Eintritts ab, aber auch
davon, mit welchem Aufwand ein solcher Schaden verhindert werden kann. Schutz-
maßnahmen müssen umso eher getroffen werden, je wahrscheinlicher die Verwirklichung einer Gefahr ist, je größer ein möglicher drohender Schaden und je einfacher
seine Verhütung ist.[91]

Die Verkehrssicherungspflicht kann sich auch auf Gefahren erstrecken, die erst durch 29
den unerlaubten und schuldhaften Eingriff eines Dritten entstehen.[92] Indessen kann
nicht jeder abstrakten Gefahr vorbeugend begegnet werden. Haftungsbegründend wird
eine Gefahr erst dann, wenn sich für ein sachkundiges Urteil die nahe liegende Möglich-

---

[81] BGH NJW 2007, 1683 Rn. 12; zum Prüfungsaufbau: Raab, JuS 2002, 1041, 1048.
[82] BGH NJW 2006, 610 Rn. 9; NJW-RR 2003, 1459, 1460; NJW-RR 2002, 525, 526; OLG
Stuttgart NJW 2007, 1367, 1369; Geigel/Wellner, Kap. 14 Rn. 28.
[83] BGH NJW 2008, 3775 Rn. 9; NJW 2007, 1683 Rn. 14; NJW 2004, 1449, 1450; Duhme,
NJW 2013, 17.
[84] BGH NJW-RR 2011, 888 Rn. 9 (Reitunfall durch Schussgeräusche).
[85] BGH NJW 2008, 3778 Rn. 9; OLG Hamm NJW 2010, 2591.
[86] Zur sekundären Verkehrssicherungspflicht: BGH NJW-RR 2007, 1027 Rn. 12.
[87] OLG Stuttgart NJW 2008, 2514.
[88] OLG Hamm NZV 2006, 35; zur Verkehrssicherungspflicht in Mietobjekten: Schmid,
VersR 2009, 906.
[89] BGH NJW 2008, 1440 Rn. 11 = JuS 2008, 556 (Faust); zum Vertrag mit Schutzwirkung für
Dritte: Zenner, NJW 2009, 1030.
[90] BGH NJW 2008, 1440 Rn. 9; zum Winterdienst: OLG Hamm NJW 2013, 1375; zur
Übertragung auf den Wohnraummieter siehe auch Schmid, VersR 2011, 731.
[91] OLG Hamm NZV 2005, 366.
[92] BGH NJW 1990, 1236.

keit eines Fehlverhaltens zeigt.[93] Deshalb muss nicht für alle denkbaren Möglichkeiten eines Schadenseintritts Vorsorge getroffen werden. Es sind vielmehr nur die Vorkehrungen zu treffen, die geeignet sind, eine Schädigung anderer tunlichst abzuwenden.[94]

30 Der im Verkehr erforderlichen Sorgfalt (§ 276 II BGB) ist genügt, wenn im Ergebnis derjenige Sicherheitsgrad erreicht ist, den die in dem entsprechenden Bereich herrschende Verkehrsauffassung für erforderlich hält.[95] Daher reicht es anerkanntermaßen aus, diejenigen Sicherheitsvorkehrungen zu treffen, die ein verständiger, umsichtiger, vorsichtiger und gewissenhafter Angehöriger der betroffenen Verkehrskreise – zum Beispiel der Teilnehmer am Straßenverkehr – für ausreichend halten darf, um andere Personen vor Schäden zu bewahren, und die ihm den Umständen nach zuzumuten sind.[96] Die Einhaltung von DIN-Normen oder sonstiger gesetzlicher Vorgaben befreit nicht ohne weiteres von der Haftung. Welche Maßnahmen zur Wahrung der Verkehrssicherungspflicht erforderlich sind, hängt vielmehr stets von den tatsächlichen Umständen des Einzelfalls ab.[97] In schwierigen Situationen ist auch der Verkehrsteilnehmer zu gesteigerter Aufmerksamkeit verpflichtet.[98]

31 Die Rechtsprechung ist sehr vielfältig. Verkehrssicherungspflichten mit Bezug zum Straßenverkehr beschäftigen die Gerichte häufig.[99]

– Bereits das Abstellen eines Kraftfahrzeugs kann unter Umständen gegen eine Verkehrssicherungspflicht verstoßen.[100]
– Der Halter eines Kraftfahrzeugs kann seine Verkehrssicherungspflicht verletzen, wenn er es unzuverlässigen Personen überlässt.[101]
– Der Inhaber einer Reparaturwerkstatt, der durch falsche Einstellung der Handbremse eines Kraftfahrzeugs einen Verkehrsunfall (mit-)verursacht, kann wegen Verletzung einer Verkehrssicherungspflicht haftbar sein.[102]
– Eine Verkehrssicherungspflicht trifft den Veranstalter eines Radrennens,[103] den Bauunternehmer für die Sicherheit einer Straßenbaustelle[104] und den Inhaber eines nahe der Autobahn gelegenen Pferdestalls.[105]
– Bei verbotswidriger Nutzung eines Platzes durch Fahrradfahrer kann eine Verkehrssicherungspflicht zu verneinen sein.[106]
– Eine Gemeinde ist nicht verpflichtet, das Niveau des an eine Parktasche angrenzenden Bordsteins anzugleichen.[107]

32 Die **Darlegungs- und Beweislast** für eine schuldhafte Verletzung der Verkehrssicherungspflicht trifft den Geschädigten.[108] Für die Kausalität zwischen der objektiven

---

[93] *BGH* NJW 2007, 1683 Rn. 15; NJW 2006, 610 Rn. 10; *OLG Karlsruhe* NZV 2006, 34; *OLG Celle* VersR 2008, 80, 81; *OLG Hamm* VersR 2008, 1273.
[94] *BGH* NJW 2010, 1967 Rn. 6; NJW 2006, 610 Rn. 10; NJW-RR 2003, 1459, 1460.
[95] *BGH* NJW 2006, 610 Rn. 10; NJW-RR 2003, 1459, 1460.
[96] *BGH* NJW 2008, 3775 Rn. 9; NJW 2007, 1683 Rn. 15; *OLG Köln* VersR 2009, 233 (Gurkenscheibe auf dem Fußboden eines Ladenlokals).
[97] *BGH* NJW 2008, 3775 Rn. 18 (Trampolin); NJW 2008, 3778 Rn. 16 (Quad).
[98] *OLG Saarbrücken* NZV 2009, 293 (Parkplatz).
[99] Näher *Greger,* § 13 Rn. 54 ff.; Geigel/*Wellner,* Kap. 14 Rn. 188.
[100] *BGH* NJW-RR 1995, 215.
[101] *BGH* NJW 1979, 2309 (Verkauf eines Autos an Minderjährigen ohne Fahrerlaubnis).
[102] *BGH* NJW 1993, 655.
[103] *OLG Frankfurt/M.* NZV 2005, 41; zur Verkehrssicherungspflicht bei Sonderveranstaltungen: *Wussow,* VersR 2005, 903.
[104] *BGH* NJW-RR 1989, 918; *OLG Jena* NZV 2006, 248; zum Straßenbau Geigel/*Wellner,* Kap. 14 Rn. 176.
[105] *BGH* NJW-RR 1990, 789.
[106] *OLG Jena* NZV 2005, 192.
[107] *LG Wiesbaden* NJW-RR 2013, 663.
[108] *Greger,* § 13 Rn. 10.

Pflichtverletzung und der Rechtsgutverletzung kann ein Anscheinsbeweis sprechen. Bei der Verletzung von Verkehrssicherungspflichten, die typischen Gefährdungen entgegenwirken sollen, ist der Beweis des ersten Anscheins gegeben, wenn sich in dem Schadensfall gerade diejenige Gefahr verwirklicht, der durch die Auferlegung bestimmter Verhaltenspflichten begegnet werden soll.[109] Die Verletzung der äußeren Sorgfalt indiziert das Verschulden.[110]

b) Rechtfertigungsgründe

Die Rechtfertigungsgründe der Notwehr (§ 227 BGB, § 32 StGB), des rechtfertigen- **33** den Notstands (§§ 228, 904 BGB, § 34 StGB) und der Einwilligung spielen im Straßenverkehr nur eine geringe Rolle. Prozessual ist es dabei stets Sache des Schädigers, die Voraussetzungen eines Rechtfertigungsgrundes darzulegen und zu beweisen.[111]

– **Notwehr** gegen eine Nötigung im Verkehr ist im Allgemeinen nicht zulässig, weil die Sicherheit und Ordnung des Straßenverkehrs kein Rechtsgut ist, das der einzelne Verkehrsteilnehmer verteidigen dürfte.[112] Im Hinblick auf eine tätliche Auseinandersetzung hat der *BGH* eine Entscheidung zur Beweislast getroffen, wenn streitig ist, welche Schadensfolgen die einzelnen Verletzungshandlungen nach sich gezogen haben und nur zum Teil durch Notwehr gerechtfertigt sind. Der Geschädigte muss dann beweisen, dass diejenige Verletzungshandlung für den geltend gemachten Schaden ursächlich ist, wegen der kein Notwehrrecht besteht.[113]
– Der Gesichtspunkt des **Notstands** mag im Straßenverkehr zwar im Einzelfall die Rechtswidrigkeit einer Übertretung der StVO ausschließen (zum Beispiel eine Geschwindigkeitsüberschreitung durch einen Arzt im Eilfall), jedoch keine Trunkenheitsfahrt.[114] Auch die Verletzung der in § 823 I BGB genannten Rechte und Rechtsgüter wird kaum zu rechtfertigen sein. Abgesehen davon könnte dies an einem Schadensausgleich nach dem Grundgedanken des § 904 S. 2 BGB nichts ändern.[115]
– Eine **Einwilligung** des Verletzten in die Rechtsgutverletzung, nicht nur in das gefährliche Verhalten,[116] kommt als Rechtfertigungsgrund nur in Ausnahmefällen in Betracht. Insbesondere die Fälle des Anvertrauens an einen als fahruntüchtig erkannten Fahrer sind nicht mit einer Einwilligung des Verletzten zu bewältigen, sondern mit der Rechtsfigur des **Handelns auf eigene Gefahr,** die unter dem Gesichtspunkt des Mitverschuldens im Sinne von § 254 I BGB zu prüfen ist.[117]

5. Deliktsfähigkeit

a) Ausschluss der Verantwortlichkeit

Der Schädiger ist für den Schaden nicht verantwortlich, den er einem anderen im **34** Zustand der Bewusstlosigkeit oder in einem die freie Willensbestimmung ausschließenden Zustand krankhafter Störung der Geistestätigkeit zugefügt hat (§ 827 S. 1 BGB).[118] Für die Voraussetzungen des Ausnahmetatbestands ist der Schädiger be-

---

[109] BGHZ 114, 273, 276 = NJW 1991, 2021, 2022; *BGH* NJW 2001, 2019, 2020; NJW 2006, 3268 Rn. 32; NJW 2008, 3778 Rn. 20; NJW 2008, 3775 Rn. 17 (Beachtung eines Warnhinweises); NJW 2008, 3761; *OLG Köln* OLGR 2007, 330, 332; OLGR 2007, 362, 364; *OLG Hamm* OLGR 2008, 46.

[110] *BGH* NJW 1994, 2232, 2233.

[111] Großer Senat für Zivilsachen, BGHZ 24, 21 = NJW 1957, 785.

[112] BGHSt 18, 389, 393; *BGH* VRS 40, 104, 107; Wussow/*Baur*, Kap. 2 Rn. 51; zur Flucht mit einem PKW siehe *OLG Zweibrücken* VersR 2007, 1088; zum Erlaubnistatbestandsirrtum: *LG Traunstein* NJW-RR 2007, 1324; zur Beweislast: *BGH* NJW 2008, 571.

[113] *BGH* NJW 2008, 571; *G. Müller,* zfs 2009, 62, 67.

[114] *OLG Köln* NJW 1988, 2316; *OLG Koblenz* NZV 2008, 367.

[115] MünchKommBGB/*Säcker*, § 904 Rn. 24.

[116] *BGH* NJW-RR 2006, 672 Rn. 11; Geigel/*Kaufmann*, Kap. 25 Rn. 8.

[117] BGHZ 34, 355 = NJW 1961, 655; *BGH* NJW-RR 2005, 1183, 1185; NJW-RR 2006, 813 Rn. 14; NJW 2013, 2661 Rn. 11 (zur Tierhalterhaftung).

[118] Zu den Begriffsdefinitionen Geigel/*Haag*, Kap. 16 Rn. 1.

weispflichtig.[119] Ein alkoholbedingter Ausschluss der freien Willensbestimmung kommt erst bei einem Blutalkoholgehalt von 3,0 Promille und Vorliegen besonderer Umstände in Frage.[120] In diesen Fällen ist der Schädiger aber wegen eines zeitlich vorgelagerten Verschuldens verantwortlich (§ 827 S. 2 Hs. 1 BGB).[121] Ähnliche Probleme treten bei Bewusstseinsstörungen infolge Drogenkonsums auf.[122]

b) Minderjährige

35 Kinder bis zum vollendeten siebten Lebensjahr sind für einen von ihnen zugefügten Schaden nicht verantwortlich (§ 828 I BGB). Für solche Schäden haften Eltern und sonstige Aufsichtspflichtige (§§ 823, 832 BGB).

36 Kinder, die das siebte, aber nicht das zehnte Lebensjahr vollendet haben, hat der Gesetzgeber gemäß § 828 II 1 BGB bei Unfällen im motorisierten Verkehr privilegiert.[123] Sie haften nicht, wenn ihr Verhalten zu einem Unfall mit einem Kraftfahrzeug geführt hat. Da § 828 II 1 BGB auch für die Frage des Mitverschuldens nach § 254 BGB maßgeblich ist, hat die Haftungsfreistellung Minderjähriger zur Folge, dass Kinder dieses Alters sich ihren eigenen Ansprüchen, gleichviel ob sie aus allgemeinem Deliktsrecht oder aus den Gefährdungshaftungstatbeständen des StVG oder des HPflG hergeleitet werden, ein Mitverschulden bei der Schadensverursachung nicht entgegenhalten lassen müssen.[124]

37 Mit der Haftungsfreistellung des § 828 II 1 BGB soll den Erkenntnissen der Entwicklungspsychologie Rechnung getragen werden, wonach Kinder auf Grund ihrer physischen und psychischen Fähigkeiten regelmäßig frühestens ab Vollendung des zehnten Lebensjahres imstande sind, die besonderen Gefahren des motorisierten Straßenverkehrs zu erkennen und sich den erkannten Gefahren entsprechend zu verhalten.[125] Das Fahren mit einem Fahrrad ohne hinreichende Bremsvorrichtung ist zum Beispiel ein typisches leichtsinniges Verhalten eines neunjährigen Kindes.[126] Eine Ausnahme gilt, wenn das Kind vorsätzlich gehandelt hat (§ 828 II 2 BGB). Damit soll klargestellt werden, dass der Haftungsausschluss solche Fälle nicht erfassen soll, in denen zum Beispiel ein Neunjähriger von einer Autobahnbrücke Steine auf fahrende Autos wirft.[127]

38 Nicht einbezogen in die Privilegierung sind Unfälle außerhalb des motorisierten Verkehrs, zum Beispiel mit Rad- oder Skateboardfahrern.[128] Das Haftungsprivileg des § 828 II 1 BGB greift nach dem Sinn und Zweck der Vorschrift nur ein, wenn sich eine **typische Überforderungssituation** des Kindes durch die spezifischen Gefahren des motorisierten Verkehrs realisiert hat (teleologische Reduktion).[129] Das

---

[119] BGHZ 98, 135 = NJW 1987, 121; *BGH* NJW-RR 2004, 173; NJW 2012, 222 Rn. 7.
[120] *OLG Köln* VersR 1995, 205; *Wussow/Baur,* Kap. 5 Rn. 4.
[121] *BGH* NJW 1989, 1612, 1613; *OLG Zweibrücken* VersR 2000, 608; *OLG Hamm* NJWE-VHR 1996, 39, 40.
[122] Zu verkehrsrelevanten Auswirkungen des Drogenkonsums: *OLG Saarbrücken* NJW 2007, 1373; NJW 2007, 1888, 1889; *OLG Hamm* NZV 2007, 248; *OLG Karlsruhe* NZV 2007, 248; *Kannheisser,* NZV 2000, 57.
[123] In der Fassung des Zweiten Gesetzes zur Änderung schadensrechtlicher Vorschriften vom 19.7.2002 (BGBl. I S. 2674); dazu *Wagner,* NJW 2002, 2049; 2060. Das schädigende Ereignis muss nach dem 31.7.2002 eingetreten sein (Art. 229 § 8 I EGBGB), siehe *BGH* NJW-RR 2005, 1263.
[124] BGHZ 161, 180, 186 = NJW 2005, 354, 355; BGHZ 181, 368 = NJW 2009, 3231 Rn. 14.
[125] BT-Drs. 14/7752, S. 16, 26.
[126] *OLG Köln* NJOZ 2008, 276.
[127] BT-Drs. 14/7752, S. 27.
[128] BT-Drs. 14/7752, S. 27.
[129] BGHZ 181, 368 = NJW 2009, 3231 Rn. 7; *Oechsler,* NJW 2009, 3185; *Dahm,* NZV 2009, 378.

Privileg gilt grundsätzlich nicht im ruhenden Verkehr, wenn zum Beispiel ein Neunjähriger mit dem Fahrrad gegen ein ordnungsgemäß parkendes Auto fährt.[130]

Eine typische Gefahr des motorisierten Verkehrs kann auch von einem Kraftfahrzeug **39** ausgehen, das im fließenden Verkehr anhält. Es kommt nicht darauf an, ob sich die Überforderungssituation konkret ausgewirkt hat.[131] Das gilt auch, wenn ein achtjähriges Kind auf dem Bürgersteig sein Fahrrad loslässt, damit es von alleine weiterrollt, und das führungslose Fahrrad auf die Fahrbahn rollt und mit einem vorbeifahrenden Kraftfahrzeug kollidiert.[132]

Die **Darlegungs- und Beweislast** für die nach dem Gesetzeswortlaut erforderlichen tatsächlichen Voraussetzungen für das Eingreifen von § 828 II 1 BGB läge nach den allgemeinen beweisrechtlichen Grundsätzen beim Schädiger, hier also bei dem Kind. Hingegen handelt es sich um eine Ausnahme vom Regelfall, wenn die nach dem Normzweck erforderliche besondere Überforderungssituation fehlt und deshalb die Haftungsfreistellung nicht zur Anwendung kommt. Der Geschädigte, der sich darauf beruft, hat deshalb darzulegen und erforderlichenfalls zu beweisen, dass sich nach den Umständen des Falles die typische Überforderungssituation des Kindes durch die spezifischen Gefahren des motorisierten Verkehrs bei einem Unfall nicht realisiert hat.[133]

In Fällen, die von § 828 I, II BGB nicht erfasst werden, kommt es gemäß § 828 III **40** BGB auf die **Einsichtsfähigkeit** des Minderjährigen an. Die zur Erkenntnis seiner Verantwortlichkeit erforderliche Einsicht besitzt derjenige, der nach seiner individuellen Verstandesentwicklung fähig ist, das Gefährliche seines Tuns zu erkennen und sich der Verantwortung für dessen Folgen bewusst zu sein. Auf die individuelle Fähigkeit, sich dieser Einsicht gemäß zu verhalten, kommt es insoweit nicht an. Die Darlegungs- und Beweislast für das Fehlen der Einsichtsfähigkeit trägt der in Anspruch genommene Minderjährige. Ab dem Alter von sieben Jahren wird deren Vorliegen vom Gesetz widerlegbar vermutet.[134]

Neunjährige Kinder wissen zum Beispiel, dass sie beim Spielen parkende Autos nicht **41** beschädigen dürfen. Von einem elf Jahre alten Kind kann erwartet werden, dass es sich durch Blicke nach links und rechts vor dem Betreten der Fahrbahn vergewissert, dass kein Fahrzeug naht.[135] Einen Zwölfjährigen, der mit dem Fahrrad mit hoher Geschwindigkeit eine nicht einsehbare Kurve schneidet und auf der Gegenfahrbahn einbiegt, kann die alleinige Verantwortung für einen dadurch verursachten Verkehrsunfall treffen.[136]

c) Billigkeitshaftung

Eine Ausnahme von der eingeschränkten Deliktsfähigkeit stellt die Billigkeitshaftung **42** nach § 829 BGB dar. Diese Norm ist nur zu prüfen, wenn der Geschädigte sich auf deren Voraussetzungen beruft; eine Hinweispflicht des Gerichts nach § 139 ZPO besteht nicht.[137] Nach § 829 BGB haftet ausnahmsweise derjenige, der aufgrund der §§ 827, 828 BGB nicht für den Schaden verantwortlich ist, sofern Schadensersatz nicht – zum Beispiel nach § 831 BGB oder § 832 BGB – von einem aufsichtspflichti-

[130] BGHZ 161, 180 = NJW 2005, 354 = JuS 2005, 374 (*Emmerich*); *BGH* NJW 2005, 356; NJW-RR 2005, 327.
[131] BGHZ 181, 368 = NJW 2009, 3231 Rn. 7; BGHZ 172, 83 = NJW 2007, 2113 Rn. 10 f.; *OLG Köln* OLGR 2007, 645.
[132] *BGH* NJW 2008, 147; siehe auch *LG Saarbrücken* NJW 2010, 944.
[133] BGHZ 181, 368 = NJW 2009, 3231 Rn. 10 f.; vgl. Geigel/*Haag*, Kap. 16 Rn. 8.
[134] BGHZ 161, 180, 187 = NJW 2005, 354, 355; *OLG Nürnberg* OLGR 2006, 506.
[135] *OLG Hamm* NZV 2006, 151.
[136] *OLG Nürnberg* NZV 2007, 205; ähnlich *OLG Hamm* NZV 2010, 464.
[137] *BGH* VersR 1965, 572, 574; Bamberger/Roth/*Spindler*, § 829 Rn. 13.

gen Dritten erlangt werden kann, wenn die Billigkeit dies erfordert und dem Schädiger nicht die Mittel zu einem angemessenen Unterhalt entzogen werden.[138]

43 Bei der Abwägung ist in erster Linie den wirtschaftlichen Verhältnissen der Beteiligten Rechnung zu tragen.[139] Besteht – wie bei Kraftfahrzeugunfällen – eine Haftpflichtversicherung des Schädigers, kann das Bestehen des Versicherungsschutzes als Abwägungsfaktor schon für das Ob der Haftung herangezogen werden.[140] Die Billigkeitshaftung ist zwar nicht allein deshalb zu bejahen, wenn für ein Kind eine Privathaftpflichtversicherung besteht; dies kann aber bei der Bemessung des Anspruchs eine Rolle spielen.[141] Die Billigkeitshaftung kann im Einzelfall auch erst später einsetzen, wenn sich die wirtschaftlichen Verhältnisse des Schädigers gebessert haben. Aus diesem Grund kann zunächst Feststellungsklage erhoben werden (§ 256 I ZPO).[142]

6. Verschulden

44 Der Schadensersatzanspruch aus § 823 I BGB setzt Vorsatz oder Fahrlässigkeit des Schädigers voraus. Im Rahmen deliktischer Ansprüche wird Verschulden nicht gemäß § 280 I 2 BGB vermutet.[143] Es obliegt in der Regel dem Geschädigten, das Verschulden darzulegen und zu gegebenenfalls beweisen.[144] Das Verschulden muss sich auf die Rechtsgutverletzung und die haftungsbegründende, nicht aber auf die haftungsausfüllende Kausalität beziehen, auch wenn die Ersatzpflicht regelmäßig Folgeschäden erfasst, sofern diese mit dem schädigenden Ereignis in einem adäquaten Ursachenzusammenhang stehen und in den Schutzbereich der verletzten Norm fallen.[145] Vorsatztaten haben die Rechtsprechung beim Abdrängen von der Straße oder absichtlichem Bremsen beschäftigt.[146] In Verkehrsunfallsachen kommt gleichwohl fast ausschließlich der Fahrlässigkeit Bedeutung zu.

a) Fahrlässigkeit

45 Fahrlässiges Verhalten setzt voraus, dass die im Verkehr erforderliche Sorgfalt außer Acht gelassen (§ 276 I 2 BGB) und dabei die Möglichkeit eines Schadenseintritts erkannt oder sorgfaltswidrig verkannt wurde sowie ein die Gefahr vermeidendes Verhalten möglich und zumutbar war.[147]

46 Grob fahrlässig handelt, wer die im Verkehr erforderliche Sorgfalt nach den gesamten Umständen in ungewöhnlich hohem Maße verletzt und unbeachtet lässt, was im gegebenen Fall jedem hätte einleuchten müssen.[148] Im Gegensatz zur einfachen Fahrlässigkeit muss es sich bei einem grob fahrlässigen Verhalten um ein auch in subjektiver Hinsicht unentschuldbares Fehlverhalten handeln, das ein gewöhnliches Maß erheblich übersteigt. Der Geschädigte ist darlegungs- und beweispflichtig für alle Umstände, die den Schluss auf grobe Fahrlässigkeit in objektiver und subjektiver Hinsicht rechtfertigen. Der Schädiger muss aber aufgrund einer ihn treffenden sekun-

---

138 BGHZ 127, 186 = NJW 1995, 452; Geigel/_Haag,_ Kap. 16 Rn. 15.
139 MünchKommBGB/_Wagner,_ § 829 Rn. 14; _OLG Stuttgart_ OLGR 2004, 521, 523.
140 BGHZ 127, 186 = NJW 1995, 452.
141 _BGH_ NJW 1979, 2096, 2097; MünchKommBGB/_Wagner,_ § 829 Rn. 19 ff.
142 _BGH_ NJW 1979, 2096, 2097.
143 _BGH_ VersR 2010, 910 Rn. 38.
144 _Lorenz,_ JuS 2007, 611, 612.
145 _BGH_ NJW-RR 1993, 345; NJW 1992, 1381, 1382; Wussow/_Baur,_ Kap. 2 Rn. 66, 68.
146 _OLG Saarbrücken_ NJW 2008, 1166; _OLG München_ BeckRS 2008, 07240; zur Abgrenzung bedingten Vorsatzes von bewusster Fahrlässigkeit: _BGH_ NJW 2009, 681 Rn. 30.
147 BGHZ 161, 180, 188 = NJW 2005, 354, 356.
148 _BGH_ NJW 2012, 2644 Rn. 18; NJW 2009, 681 Rn. 35.

dären Darlegungslast die Umstände vortragen, die ihn vom Vorwurf der groben Fahrlässigkeit entlasten.[149]

Ob die Fahrlässigkeit im Einzelfall als einfach oder grob zu werten ist, ist Sache tatrichterlicher Würdigung. Dies erfordert eine Abwägung aller objektiven und subjektiven Tatumstände und entzieht sich deshalb weitgehend einer Anwendung fester Regeln.[150] Der revisionsgerichtlichen Nachprüfung unterliegt dabei, ob der Tatrichter den Begriff der groben Fahrlässigkeit verkannt oder bei der Beurteilung des Verschuldensgrades wesentliche Umstände außer Betracht gelassen hat.[151]

Als Anspruchsvoraussetzung spielt grobe Fahrlässigkeit im Verkehrshaftpflichtrecht **47** keine bedeutende Rolle. Die §§ 708, 1359, 1664 BGB, die für Gesellschafter, Ehegatten und Eltern (im Bereich der Sorge für die Kinder[152]) eine Haftungsreduzierung auf die Sorgfalt in eigenen Angelegenheiten (diligentia quam in suis; § 277 BGB) vorsehen, sind für den Bereich des Straßenverkehrs nicht anwendbar.[153] Der Haftungsmaßstab des § 1359 BGB findet auch dann keine Anwendung, wenn die Verletzungshandlung in einer dem Straßenverkehr vergleichbaren Weise geregelt ist, zum Beispiel bei einem Unfall mit einem Motorboot.[154] Unter dem Gesichtspunkt des Mitverschuldens (§ 254 I BGB) kann grobe Fahrlässigkeit aber zum Anspruchsausschluss führen, zum Beispiel wenn ein Fußgänger in der Rotphase plötzlich auf die Fahrbahn läuft, ohne sich über den herannahenden Verkehr zu vergewissern.[155]

Fahrlässigkeit besteht aus zwei Komponenten: Pflichtwidrigkeit und Voraussehbarkeit **48** des Erfolgs (in Gestalt der Rechtsgutverletzung).[156] Das Haftungsrecht stellt auf einen objektiven Maßstab der Pflichtwidrigkeit ab. Im Gegensatz zum Strafrecht kommt es nicht auf die individuellen Fähigkeiten des Schädigers an.[157] Niemand kann sich zu seiner Entschuldigung auf subjektive Besonderheiten berufen. In bestimmten Fällen richten sich die Sorgfaltserwartungen allerdings nach typischen Gruppen von Verkehrsteilnehmern. So wird bei Minderjährigen, Behinderten und hochbetagten Menschen auf die Entwicklung bzw. den durchschnittlichen Stand der Bezugsgruppe abgestellt.[158]

Konkrete Umstände können die im Einzelfall gebotene Sorgfaltspflicht verschär- **49** fen.[159] Auch die StVO stellt für typische Gefahrenlagen gesteigerte Sorgfaltspflichten auf: Beschränkte Sichtweite (§ 2 III lit. a StVO), Verminderung der Fahrgeschwindigkeit (§ 3 II lit. a StVO), Fahrstreifenwechsel (§ 7 V StVO),[160] Einfahren und Anfahren (§ 10 StVO), Vorbeifahren an haltenden Omnibussen (§ 20 StVO).[161] Es kommt darauf an, ob sich die Pflichtverletzung im konkreten Fall unfallursächlich ausgewirkt

---

[149] *BGH* NJW 2003, 1118, 1119; *OLG Düsseldorf* VersR 2009, 509, 510.
[150] *BGH* NJW 2003, 1118, 1119; NJW 2007, 2988 Rn. 15; *OLG Frankfurt/M.* VersR 2008, 649, 650.
[151] *BGH* NJW-RR 2011, 1055 Rn. 9.
[152] *OLG Karlsruhe* DAR 2009, 202.
[153] BGHZ 46, 313 = NJW 1967, 558 zu § 708 BGB; BGHZ 63, 51 = NJW 1974, 2124 zu § 1359 BGB; BGHZ 103, 338 = NJW 1988, 2667; BGHZ 159, 318, 323 = NJW 2004, 2892, 2893, jeweils zu § 1664 BGB; siehe auch *OLG Celle* NJW-RR 2008, 2353; *OLG Karlsruhe* NJW 2008, 925, 927.
[154] Zur Verletzung der Ehefrau beim Wasserski: *BGH* NJW 2009, 1875 = Jus 2009, 763 (*Wellenhofer*); *Figgener*, NZV 2009, 382.
[155] *KG* VersR 2008, 797, 798.
[156] Geigel/*Knerr*, Kap. 1 Rn. 68.
[157] BGHZ 80, 186, 193 = NJW 1981, 1603, 1604; *BGH* NJW-RR 1997, 1110, 1111; *Lorenz*, JuS 2007, 611, 612.
[158] Geigel/*Knerr*, Kap. 1 Rn. 75.
[159] *BGH* NJW 1987, 1479.
[160] *Nugel*, NJW 2013, 193, 197.
[161] Näher Geigel/*Zieres*, Kap. 27 Rn. 510.

hat. Das gilt auch für Cannabis- und Alkoholkonsum; insoweit greift aber ein Anscheinsbeweis ein.[162]

50   Die **Vorhersehbarkeit** braucht sich nicht darauf zu erstrecken, wie sich der Schadenshergang im Einzelnen abspielt und in welcher Weise sich der Schaden verwirklicht. Es genügt vielmehr, dass der Schädiger die Möglichkeit des Eintritts eines schädigenden Erfolgs im Allgemeinen hätte voraussehen können.[163] Bei der Frage der **Vermeidbarkeit** ist darauf abzustellen, dass dem Schädiger ein sorgfältiges Verhalten möglich und zumutbar gewesen sein muss.[164] Bei einem Verkehrsunfall kommt es deshalb darauf an, ob dieser bei genügender Aufmerksamkeit **räumlich und zeitlich** vermieden worden wäre.[165]

Eine Fehlreaktion eines Verkehrsteilnehmers stellt ausnahmsweise kein Verschulden dar, wenn er in einer ohne sein Verschulden eingetretenen, für ihn **nicht voraussehbaren Gefahrenlage** keine Zeit zu ruhiger Überlegung hat und deshalb nicht das Richtige und Sachgerechte unternimmt, um den Unfall zu verhüten, sondern aus verständlicher Bestürzung objektiv falsch reagiert.[166]

b) Besonderheiten im Straßenverkehr

51   Für das Straßenverkehrsrecht hat die Rechtsprechung weitere Grundsätze zur Beurteilung fahrlässigen Verhaltens entwickelt, insbesondere den **Vertrauensgrundsatz.** Er besagt, dass sich ein Kraftfahrer in gewissem Umfang darauf verlassen darf, dass andere Verkehrsteilnehmer sich sachgerecht verhalten, solange keine besonderen Umstände vorliegen, die geeignet sind, dieses Vertrauen zu erschüttern.[167] Ein Kraftfahrer kann etwa darauf vertrauen, dass ein Fußgänger bei Rotlicht nicht unvermittelt die Fahrbahn betritt.[168] Der Vertrauensgrundsatz setzt eigenes verkehrsgerechtes Verhalten voraus.[169] Eingeschränkt wird der Vertrauensgrundsatz, wenn das verkehrswidrige Verhalten des anderen Verkehrsteilnehmers erkennbar wird und findet keine Anwendung, wenn mit verkehrswidrigen oder unüberlegten Handlungen zu rechnen ist.[170]

52   Auch gegenüber Kindern gilt grundsätzlich der Vertrauensgrundsatz.[171] Zeigt das Verhalten eines Kindes oder die Situation, in der es sich befindet, jedoch Auffälligkeiten, die zu Gefährdungen führen könnten, hat der Kraftfahrer besondere Vorkehrungen zur Abwendung der Gefahr zu treffen, zum Beispiel Verringerung der Fahrgeschwindigkeit oder Einnehmen von Bremsbereitschaft.[172] Die erhöhte Sorgfaltpflicht greift erst ein, wenn das Kind für den Fahrer sichtbar ist.[173] Davon wiederum bestehen Ausnahmen bei Gefahren- und Hinweiszonen betreffend Kindergärten, Schulen und verkehrsberuhigten Zonen.[174]

---

[162] *OLG Saarbrücken* NJW 2007, 1888, 1889 f.
[163] *BGH* NJW-RR 1993, 345, 346.
[164] *BGH* NJW 1992, 2291; Geigel/*Knerr,* Kap. 1 Rn. 82.
[165] *BGH* NJW 2000, 3069; NJW 2002, 2324; NJW 2004, 772, 773; NJW 2005, 1940, 1942; Wussow/*Baur,* Kap. 2 Rn. 75; Kap. 17 Rn. 49.
[166] *BGH* VersR 1976, 734 (Platzen eines Reifens während der Fahrt); siehe auch *BGH* NJW-RR 2009, 239 Rn. 10.
[167] *BGH* NJW 1986, 183, 184.
[168] *KG* VersR 2008, 797, 798 f.
[169] *BGH* NJW 2003, 1929, 1930 f.; NJW 2005, 1351, 1353.
[170] Siehe *BGH* NJW 2000, 1040, 1041.
[171] *OLG Hamm* OLGR 2008, 378, 379.
[172] *BGH* NJW 2001, 152; NJW 1997, 2756, 2757; *OLG Hamm* NZV 2008, 409.
[173] *BGH* NJW 1997, 2756.
[174] *BGH* NJW 1994, 941.

Der Vertrauensgrundsatz gilt zudem nicht in Verkehrssituationen, in denen typischer- **53**
weise häufig Verkehrswidrigkeiten auftreten.[175] Dies leitet über zu den von der
Rechtsprechung entwickelten Pflichten bei unklarer Verkehrslage. In derartigen
Zweifelsfällen muss der Kraftfahrer allen Eventualitäten Rechnung tragen. Er darf
nicht eine bestimmte Verkehrsregel als richtig unterstellen oder darauf vertrauen, dass
die Verkehrssituation einen bestimmten Verlauf nimmt.[176]

II. § 823 II BGB

Der deliktische Schadensersatzanspruch wegen Verletzung eines Schutzgesetzes spielt **54**
im Verkehrsunfallhaftpflichtrecht eine geringere Rolle, denn insoweit deckt sich der
Anwendungsbereich des § 823 II BGB im Wesentlichen mit den Voraussetzungen des
§ 823 I BGB. Die Darlegungs- und Beweislast für die Verwirklichung der einzelnen
Tatbestandsmerkmale des Schutzgesetzes trägt der Geschädigte.[177] Gewisse Abweichungen zugunsten des Geschädigten ergeben sich aus einer unterschiedlichen Beweislast hinsichtlich des Verschuldens.

1. Verletzung eines Schutzgesetzes

Eine Rechtsnorm ist ein Schutzgesetz i. S. des § 823 II BGB, wenn sie zumindest **55**
auch dazu dienen soll, den Einzelnen oder einzelne Personenkreise gegen die Verletzung eines bestimmten Rechtsgutes zu schützen. Dafür kommt es auf Inhalt,
Zweck und Entstehungsgeschichte des Gesetzes an, also darauf, ob der Gesetzgeber
bei Erlass des Gesetzes gerade einen Rechtsschutz zu Gunsten von Einzelpersonen
oder bestimmten Personenkreisen gewollt oder doch mitgewollt hat. Es genügt, dass
die Norm auch das in Frage stehende Interesse des Einzelnen schützen soll, mag sie
auch in erster Linie das Interesse der Allgemeinheit im Auge haben.[178]

Der Anwendungsbereich von Schutzgesetzen soll allerdings nicht ausufern. Es reicht **56**
deshalb nicht aus, dass der Individualschutz durch Befolgung der Norm als ihr Reflex
objektiv erreicht werden kann; er muss vielmehr in ihrem Aufgabenbereich liegen.[179]
Für die Beurteilung, ob einer Vorschrift Schutzgesetzcharakter zukommt, ist in
umfassender Würdigung des gesamten Regelungszusammenhangs, in den die Norm
gestellt ist, auch zu prüfen, ob es in der Tendenz des Gesetzgebers liegen konnte, an
die Verletzung des geschützten Interesses die Haftung gemäß § 823 II BGB mit allen
damit zu Gunsten des Geschädigten gegebenen Haftungs- und Beweiserleichterungen
zu knüpfen.[180]

a) StVO

Die Straßenverkehrsordnung soll insbesondere die Sicherheit und Leichtigkeit des **57**
Straßenverkehrs gewährleisten. Einzelne Vorschriften der StVO sind Schutzgesetze,
weil sie dabei dem Schutz von Individualinteressen dienen, insbesondere der Gesundheit, der körperlichen Unversehrtheit und des Eigentums.[181]

---

[175] Geigel/*Zieres*, Kap. 27 Rn. 14; *OLG Hamm* OLGR 2002, 247.
[176] *BGH* NJW 2006, 896 Rn. 22; NJW 2001, 152, 153; NJW 1996, 60.
[177] *BGH* NJW-RR 2011, 1661 Rn. 13; NJW 1987, 2008, 2009; NJW 1987, 1694, 1695; NJW 1987, 2008, 2009.
[178] *BGH* NJW 2010, 3651 Rn. 26 = JA 2010, 899 *(Hager)*.
[179] St. Rspr.; *BGH* NJW 2006, 2110 Rn. 17; NJW 2005, 2923, 2924; NJW 2004, 356, 357; BGHZ 122, 1, 3 f. = NJW 1993, 1580.
[180] BGHZ 84, 312, 314 = NJW 1982, 2780.
[181] *BGH* NJW 2006, 2110 Rn. 18; NJW 2005, 2923, 2924; NJW 2004, 356, 357.

– Zu nennen ist etwa das Gebot, mit einer den Verkehrsverhältnissen angemessenen Geschwindigkeit zu fahren (§ 3 I 2 StVO).[182]
– § 3 II lit. a StVO fordert gegenüber Kindern, Hilfsbedürftigen und älteren Menschen ein äußerstes Maß an Sorgfalt, wenn diese ins Blickfeld eines Fahrzeugführers geraten. Es kann sich jedoch nur dieser Personenkreis auf den Schutz der Vorschrift berufen.[183]
– § 20 StVO schützt die Fahrbahn überquerende Fußgänger unabhängig davon, ob sie in den an der Haltestelle haltenden Linienomnibus, in die Straßenbahn oder in den Schulbus einsteigen wollen bzw. aus diesem ausgestiegen sind oder nicht.[184]
– Das Verbot, die Straße zu befahren, wenn die höchstzulässige Durchfahrtshöhe überschritten wird (§ 41 II Nr. 39 – Zeichen 265 StVO), ist ein Schutzgesetz im Sinne des § 823 II BGB. Es dient jedenfalls auch dem Schutz des Eigentums der wegen einer Missachtung der Höchstdurchfahrtshöhe geschädigten Verkehrsteilnehmer.[185]
– § 1 StVO ist nicht als Schutzgesetz anzusehen, weil die Vorschrift nicht bestimmt genug ist.[186] Ein Verstoß gegen das Rücksichtnahmegebot kann freilich auch im Rahmen von § 823 I BGB haftungsbegründend wirken oder im Rahmen von § 254 I BGB zur Annahme von Mitverschulden führen.[187]

b) StGB

58   Die §§ 223, 230, 222 StGB sind Schutzgesetze zugunsten der Verkehrsteilnehmer, ebenso § 315c I Nr. 1a, III Nr. 1 StGB.[188] Der darin liegende Schutz geht jedoch nicht weiter als § 823 I BGB. § 142 StGB ist ein Schutzgesetz zugunsten des geschädigten Verkehrsopfers.[189] Die neuere Rechtsprechung misst auch § 323c StGB Schutzcharakter zu.[190]

c) Andere verkehrsrelevante Schutzgesetze

59   Als Schutzgesetze kommen weiterhin die Vorschriften über den Haftpflichtversicherungsschutz in Frage (§ 115 I 1 VVG, § 1 PflVG),[191] Den Halter trifft gemäß § 31 II Alt. 2 StVZO die Verpflichtung, dafür zu sorgen, dass sich sein Pkw in einem verkehrssicheren Zustand befindet.[192] Auch eine kommunale Hundeanleinverordnung ist ein Schutzgesetz im Sinne von § 823 II BGB.[193]

2. Kausalität

60   Es ist stets zu prüfen, ob der Verstoß gegen das Schutzgesetz ursächlich für den eingetretenen Schaden war. Auch hier ist zwischen haftungsbegründender und -ausfüllender Kausalität zu unterscheiden. Wie bei § 823 I BGB unterliegt der Zusammenhang zwischen der Verletzung des Schutzgesetzes und dem eingetretenen Scha-

---

[182] *BGH* NJW 1985, 1950; NZV 2007, 517 Rn. 13.
[183] *BGH* NJW 2006, 2110 Rn. 22; NJW 1991, 292.
[184] *BGH* NJW 2006, 2110 Rn. 15, 22.
[185] *BGH* NJW 2005, 2923, 2925.
[186] Geigel/*Zieres,* Kap. 27 Rn. 19.
[187] *BGH* NJW-RR 2009, 239 Rn. 14.
[188] *BGH* NZV 2007, 517; zu strafrechtlichen Schutzgesetzen: *Deutsch,* VersR 2004, 137.
[189] *BGH* NJW 1981, 750; Palandt/*Sprau,* § 823 Rn. 69.
[190] *BGH* VersR 2013, 1060, für BGHZ bestimmt; *OLG Düsseldorf* NJW 2004, 3640; *OLG Hamm* NZV 2005, 427; verneinend *OLG Frankfurt/M.* NJW-RR 1989, 794.
[191] Palandt/*Sprau,* § 823 Rn. 67.
[192] *BGH* NJW 1998, 311 (Reifenüberprüfung); *OLG Düsseldorf* NZV 1996, 120 (überladenes Fahrzeug).
[193] *OLG Hamm* OLGR 2008, 730.

den dem strengen Beweismaßstab des § 286 I ZPO, der Zusammenhang mit den Folgeschäden der freieren Würdigung nach § 287 I ZPO.

Der (haftungsbegründende) Kausalzusammenhang zwischen der Verletzung des Schutzgesetzes und dem eingetretenen Schaden ist nach allgemeinen Beweislastregeln vom Verletzten zu beweisen. Dabei kann ihm ein Anscheinsbeweis zugute kommen. Voraussetzung ist, dass das Schutzgesetz typischen Gefährdungsmöglichkeiten entgegenwirken soll und sich die von ihm bekämpfte Gefahr tatsächlich verwirklicht hat.[194]

3. Rechtswidrigkeit

Die Rechtswidrigkeit des Verhaltens des Schädigers wird durch die Schutzgesetzverletzung indiziert.[195] Rechtfertigungsgründe bedürfen deshalb besonderer Darlegung. **61**

4. Verschulden

Eine Haftung nach § 823 II BGB kommt nur in Betracht, wenn die Schuldform vorliegt, die das Schutzgesetz selbst zu seiner Anwendung erfordert.[196] Das Verschulden braucht sich nur auf die Verletzung des Schutzgesetzes zu beziehen, nicht auf den eingetretenen Schaden.[197] Im Fall der objektiven Verletzung eines Schutzgesetzes muss der Schädiger in der Regel Umstände darlegen und beweisen, die geeignet sind, die Annahme eines Verschuldens auszuräumen.[198] Das gilt aber nur, wenn das Schutzgesetz das geforderte Verhalten bereits so konkret umschreibt, dass mit der Verwirklichung des objektiven Tatbestands der Schluss auf einen subjektiven Schuldvorwurf naheliegt. Beschränkt sich das Schutzgesetz dagegen darauf, einen bestimmten Verletzungserfolg zu verbieten, so löst die bloße Verwirklichung einer solchen Verbotsnorm keine Indizwirkung in Bezug auf das Verschulden aus.[199] **62**

Verlangt das Schutzgesetz Vorsatz, ist zu beachten, dass die Tatsacheninstanzen die Anforderungen an die Darlegung innerer Tatsachen nicht überspannen.[200] Vorsatz enthält ein Wissens- und ein Wollenselement. Der Handelnde muss die Umstände, auf die sich der Vorsatz beziehen muss, gekannt oder vorhergesehen und in seinen Willen aufgenommen haben. Die Annahme bedingten Vorsatzes setzt voraus, dass der Handelnde die relevanten Umstände jedenfalls für möglich gehalten und billigend in Kauf genommen hat.[201] Fahrlässigkeit ist hingegen anzunehmen, wenn die relevanten Tatumstände lediglich objektiv erkennbar waren und der Handelnde sie hätte kennen können oder kennen müssen.[202] **63**

III. § 831 BGB

Die Vorschrift ist Grundlage eines selbständigen Anspruchs gegen den Geschäftsherrn wegen vermuteten Auswahl- und Überwachungsverschuldens. Die Bestimmung greift nicht ein, wenn ein verfassungsmäßig berufener Vertreter i. S. des § 31 BGB gehandelt hat, denn über diese Norm wird fremdes Verschulden zugerechnet.[203] **64**

---

[194] *BGH* NJW 2008, 3778; Rn. 20; NJW 1987, 1694, 1695; Geigel/*Freymann,* Kap. 15 Rn. 12.
[195] *BGH* NJW 2005, 2923, 2925; BGHZ 122, 1, 6 = NJW 1993, 1580, 1581.
[196] St. Rspr.; BGHZ 46, 17, 21 = NJW 1966, 2014, 2016; *BGH* NZV 2007, 517 Rn. 12; *Maier-Reimer,* NJW 2007, 3157, 3159 f.
[197] BGHZ 103, 197, 200 = NJW 1988, 1383, 1384.
[198] BGHZ 51, 91, 104 = NJW 1969, 269, 274; Wussow/*Kürschner,* Kap. 4 Rn. 24.
[199] BGHZ 116, 104, 114 f. = NJW 1992, 1039, 1042.
[200] *BGH* NJW-RR 2010, 1683 Rn. 19.
[201] BGHSt 48, 331, 346 = NJW 2004, 375, 379 f.; *BGH* NJW-RR 2012, 404 Rn. 10 ff.
[202] *BGH* NJW-RR 2012, 404 Rn. 10.
[203] *BGH* NJW 1996, 3205, 3207.

1. Voraussetzungen

Eine Haftung nach § 831 I 1 BGB setzt ein tatbestandsmäßiges Verhalten des Verrichtungsgehilfen im Sinne der § 823 I oder II BGB voraus. Beweisbelastet ist der Geschädigte. Ihm obliegt auch der Beweis für die tatsächlichen Voraussetzungen, dass ihm der geltend gemachte Schaden von einem Verrichtungsgehilfen des Anspruchsgegners zugefügt worden ist.[204]

65 **Verrichtungsgehilfe** ist, wer von Weisungen seines Geschäftsherrn abhängig ist.[205] Das erforderliche Weisungsrecht setzt voraus, dass der Geschäftsherr die Tätigkeit des Handelnden jederzeit beschränken, untersagen oder nach Zeit und Umfang bestimmen kann.[206]

Nach dieser Definition sind selbständige Unternehmer in der Regel keine Verrichtungsgehilfen.[207] Das beauftragte Beförderungsunternehmen ist nicht Verrichtungsgehilfe des Reiseveranstalters.[208] Einer Gesellschaft bürgerlichen Rechts steht im Allgemeinen kein Weisungsrecht gegenüber ihren Gesellschaftern zu.[209] Verrichtungsgehilfen sind aber zum Beispiel der angestellte Kraftfahrer[210] und der angestellte Fahrlehrer.[211]

66 Der Schaden muss dem Geschädigten **in Ausführung** der Verrichtung, zu der der Gehilfe bestellt worden ist, und nicht nur gelegentlich der Verrichtung zugefügt worden sein. In Ausführung der Verrichtung geschieht eine Handlung, die in den Kreis der Maßnahmen fällt, welche die Ausführung der dem Gehilfen zustehenden Verrichtungen darstellen. Es muss ein enger objektiver Zusammenhang mit diesen Maßnahmen bestehen.[212]

67 Eine Überschreitung des Auftrags und ein Missbrauch der Vollmacht schließen die Haftung nicht aus. Auch eine vorsätzliche unerlaubte Handlung kann noch in einem engen und objektiven Zusammenhang mit den zugewiesenen Verrichtungen stehen; das gilt namentlich dann, wenn sie gerade die übertragenen besonderen Pflichten verletzt.[213]

68 Positive Feststellungen zum **Verschulden** des Verrichtungsgehilfen müssen grundsätzlich nicht getroffen werden.[214] Bei fehlendem Verschulden des Verrichtungsgehilfen haftet der Geschäftsherr allerdings nicht.[215] Das gilt auch auf der Grundlage des die Rechtsprechung beherrschenden erfolgsbezogenen Rechtswidrigkeitskonzepts.[216] Denn nach dem Schutzzweck der Norm sind solche Schadensfälle auszuscheiden, bei denen feststeht, dass der Gehilfe sich so verhalten hat, wie jede

[204] *BGH* NJW 1994, 2756.
[205] BGHZ 155, 205, 210 = NJW 2003, 2984, 2985; BGHZ 103, 298, 303 = NJW 1988, 1380, 1381; BGHZ 45, 311, 313 = NJW 1966, 1807, 1808;
[206] *BGH* NJW 2013, 1002 Rn. 15; NJW 2009, 1740 Rn. 11.
[207] *BGH* NJW 1994, 2756; *OLG Koblenz* NZV 2007, 463, 465; MünchKommBGB/*Wagner*, § 831 Rn. 14; Geigel/*Haag,* Kap. 17 Rn. 5.
[208] *LG Frankfurt/M.* NJW 1990, 520; siehe auch *OLG Frankfurt/M.* OLGR 1993, 202.
[209] BGHZ 155, 205, 210 = NJW 2003, 2984, 2985.
[210] *OLG Köln* OLGR 2004, 185.
[211] *OLG Hamm* OLGR 2004, 323, 325; weitere Beispiele bei Geigel/*Haag,* Kap. 17 Rn. 2
[212] BGHZ 49, 19, 23 = NJW 1968, 391, 392; *BGH* NJW-RR 1989, 723, 725; *OLG Naumburg* NJW-RR 2009, 1032; siehe auch *OLG Köln* OLGR 1995, 128, 129 (Gefälligkeit des Verrichtungsgehilfen).
[213] BGHZ 49, 19, 23 = NJW 1968, 391, 392; anders für eine vorsätzliche Straftat: *OLG Frankfurt/M.* OLGR 1997, 78, 81.
[214] *BGH* NJW-RR 1991, 347, 348; NJW 1996, 3205, 3207; *KG* KGR 2003, 22, 24; *OLG Köln* NJW 2010, 1676, 1677.
[215] *OLG Hamm* NJW 2009, 2865.
[216] Siehe BGHZ 74, 9, 14 = NJW 1979, 1351, 1352; Großer Senat für Zivilsachen, BGHZ 24, 21, 27 ff. = NJW 1957, 785, 786 ff.

mit Sorgfalt ausgewählte und überwachte Person sich sachgerecht verhalten hätte. Bei objektiv fehlerfreiem Verhalten bestünde gegen den Geschäftsherrn auch im Falle eigenen Handelns kein Schadensersatzanspruch.[217] Der Geschäftsherr hat gegebenenfalls zu beweisen, dass sich der Verrichtungsgehilfe verkehrsrichtig verhalten hat.[218]

2. Entlastungsbeweis

Der Geschäftsherr haftet für die von seinem Verrichtungsgehilfen herbeigeführte **69** Schädigung, wenn er sich nicht exkulpiert (§ 831 I 2 BGB). Dabei lässt sich das Maß und der Umfang der Pflicht des Geschäftsherrn zur Auswahl, Überwachung und Leitung des Verrichtungsgehilfen nicht nach starren Regeln beurteilen, sondern richtet sich nach der Verkehrsanschauung und den Besonderheiten des Einzelfalls.[219] Strenge Maßstäbe sind anzulegen, wenn die Tätigkeit, die dem Gehilfen übertragen wird, mit Gefahren für die öffentliche Sicherheit oder mit gravierenden Risiken für Leben, Gesundheit oder Eigentum Dritter verbunden ist.[220]

Wird der für den Unfall verantwortliche Verrichtungsgehilfe nicht einwandfrei ermittelt, ist der Entlastungsbeweis für alle in Betracht kommenden Verrichtungsgehilfen zu führen.[221]

Im Einzelnen hat der Entlastungsbeweis hinsichtlich des vermuteten Verschuldens **70** (§ 831 I 2 Hs. 1 BGB) in vierfacher Hinsicht zu erfolgen. Zunächst hat der Geschäftsherr darzulegen, dass er den Verrichtungsgehilfen mit der erforderlichen Sorgfalt **ausgewählt** hat. Der Geschäftsherr darf dem Verrichtungsgehilfen nur solche Tätigkeiten übertragen, deren gefahrlose Durchführung er von ihnen erwarten kann und die hierfür die gesetzlichen Anforderungen erfüllen. Er muss sich insoweit von ihren Fähigkeiten, ihrer Eignung und ihrer Zuverlässigkeit überzeugen. Dazu gehört eine Überprüfung der Fahrerlaubnis, der technischen Fähigkeit, der körperlichen Gesundheit und der notwendigen charakterlichen Eigenschaften.[222]

Während der Dauer der Anstellung ist das Vorliegen dieser Eigenschaften zu **über- 71 wachen.** Der Geschäftsherr hat sich laufend von der ordnungsgemäßen Dienstausübung durch den Verrichtungsgehilfen zu überzeugen. Art und Ausmaß der Überwachung richten sich nach den Umständen des Einzelfalls. Insbesondere sind folgende Umstände zu berücksichtigen: die Gefährlichkeit der übertragenen Tätigkeit, die Persönlichkeit des Gehilfen, sein Alter, seine Vorbildung und Erfahrung sowie seine bisherige Bewährung im Verhältnis zu der von ihm zu erfüllenden Aufgabe. Eine sorgfältige Handhabung der Überwachungspflicht für den Gehilfen kann nicht vorhersehbare und unauffällige Kontrollen gebieten.[223] An den Beweis der ausreichenden Überwachung eines angestellten Kraftfahrers sind im Interesse der Verkehrssicherheit strenge Anforderungen zu stellen. Der Arbeitgeber hat den Fahrer grundsätzlich auch in seiner Fahrweise zu überwachen. Hierzu können Kontrollfahrten geboten sein, um

[217] *BGH* NJW 1996, 3205, 3207; *OLG Düsseldorf* OLGR 2002, 389.
[218] *BGH* NJW-RR 1991, 347, 348; *OLG Köln* OLGR 2004, 185, 186; *OLG Hamm* OLGR 2002, 407, 408.
[219] *BGH* NJW-RR 1996, 867, 868; *OLG Hamm* NJW 2009, 2865 (Lenkzeitüberschreitung).
[220] *BGH* NJW 2003, 288, 289 f.
[221] *BGH* VersR 1971, 1020.
[222] *BGH* NJW 2003, 288, 290; *OLG Saarbrücken* VersR 2000, 1427, 1428 f.; *OLG Düsseldorf* VersR 2002, 585, 586; Geigel/*Haag*, Kap. 17 Rn. 15.
[223] *BGH* NJW 2003, 288, 290; NJW 1997, 2756, 2757; NJW-RR 1996, 867, 868; *OLG Düsseldorf* VersR 2002, 585, 586; *OLG Karlsruhe* VersR 2000, 863; *OLG Hamm* NJW-RR 1998, 1403, 1404.

die Fahrweise des Verrichtungsgehilfen aus einem anderen Fahrzeug zu beobachten.[224]

72 Der Geschäftsherr muss drittens darlegen und gegebenenfalls beweisen, dass er bei der **Leitung der Verrichtung** die erforderliche Sorgfalt beobachtet hat. Das betrifft etwa die Einteilung der Arbeitszeit, um der Ermüdung von Fernfahrern vorzubeugen,[225] ferner die Einhaltung besonderer Verladevorschriften.[226] Schließlich hat sich der Entlastungsbeweis auf die **Beschaffenheit einwandfreier Gerätschaften** zu richten. Der Geschäftsherr muss sich um die Verkehrssicherheit seiner Fahrzeuge kümmern.[227]

73 Soweit der Geschäftsherr mit der Wahrnehmung dieser Aufgaben einen Angestellten beauftragt, muss er den Entlastungsbeweis dahin führen, dass er einen bewährten und zuverlässigen Mitarbeiter mit der Wahrnehmung der konkreten Aufgabe beauftragt und er diesen auf Einhaltung der übertragenen Tätigkeit überwacht hat (dezentralisierter Entlastungsbeweis).[228]

74 Hinsichtlich der vermuteten Kausalität (§ 831 I 2 Hs. 2 BGB) hat der Geschäftsherr den Entlastungsbeweis zu führen, dass der Schaden auch bei Anwendung der notwendigen Sorgfalt entstanden wäre.[229]

75 Das Innenverhältnis des Geschäftsherrn zum Verrichtungsgehilfen richtet sich nach § 840 II BGB. Ist neben demjenigen, welcher nach § 831 BGB zum Ersatz des von einem anderen verursachten Schadens verpflichtet ist, auch der andere für den Schaden verantwortlich, so ist in ihrem Verhältnis zueinander nach § 840 II BGB der andere allein verpflichtet. Insoweit ist „ein anderes" im Sinne des § 426 I 1 BGB bestimmt.[230]

IV. § 832 BGB

1. Voraussetzungen

76 Nach § 832 I 1 BGB haften insbesondere die nach § 1626 I, II, § 1631 I BGB aufsichtspflichtigen Eltern für Schäden, die ihr minderjähriges Kind einem Dritten infolge mangelhafter Aufsicht zugefügt hat. Es genügt eine widerrechtliche, den Tatbestand der §§ 823 ff. BGB erfüllende Handlung des Kindes. Ebenso haften diejenigen, die durch Vertrag eine Aufsichtspflicht übernommen haben (§ 832 II BGB). Der Vertrag kann auch stillschweigend geschlossen werden.[231] Der Inhalt der Aufsichtspflicht richtet sich stets nach den Umständen des Einzelfalls, namentlich Alter, Eigenart und Charakter des Aufsichtsbedürftigen, nach dem örtlichen Umfeld, dem Ausmaß der drohenden Gefahr, der Vorhersehbarkeit des schädigenden Verhaltens und der Zumutbarkeit von Maßnahmen des Aufsichtspflichtigen.[232] Ein Geschädigter

---

[224] *BGH* NJW 1997, 2756, 2757; *OLG Köln* OLGR 2004, 185, 186; *KG* KGR 2003, 22, 25; *OLG Düsseldorf* OLGR 2002, 389 f.

[225] *BayObLG* NZV 1996, 465; zur Kontrolle von Lenk- und Ruhezeiten: *Langer,* DAR 2002, 97.

[226] *BGH* NJW-RR 1996, 867 (Gefahrgut); *OLG Düsseldorf* NZV 1996, 120 (Überladung).

[227] *OLG Köln* NZV 1992, 279, 281.

[228] *BGH* NJW-RR 1996, 867, 868 (Überwachung des Gefahrgutbeauftragten); Palandt/*Sprau,* § 831 Rn. 15.

[229] *BGH* NJW-RR 1990, 1050, 1051; Geigel/*Haag,* Kap. 17 Rn. 1; Palandt/*Sprau,* § 831 Rn. 16.

[230] BGHZ 157, 9, 15 = NJW 2004, 951, 953.

[231] *BGH* NJW 1985, 677, 678; *OLG Saarbrücken* VersR 2008, 408, 409; *OLG Frankfurt/M.* NJW-RR 2008, 975; näher: *Brand,* JuS 2012, 673.

[232] *BGH* NJW 2013, 1233 Rn. 13, für BGHZ bestimmt.

muss sich gemäß § 254 BGB den Mitverursachungs- bzw. Mitverschuldensanteil der ihm gegenüber aufsichtspflichtigen Personen anrechnen lassen.[233]

2. Entlastungsbeweis

Die Ersatzpflicht entsteht nicht, wenn die Eltern nachweisen, dass sie ihre Aufsichts- 77 pflicht erfüllt haben (§ 832 I 2 Alt. 1 BGB) oder der Schaden auch bei gehöriger Aufsichtsführung entstanden wäre (§ 832 I 2 Alt. 2 BGB).[234] Für die Voraussetzungen des Entlastungsbeweises sind die Eltern darlegungs- und beweispflichtig (§ 832 I 2 BGB).[235] Der Umfang der gebotenen Aufsicht richtet sich nach Alter, Eigenart und Charakter des Minderjährigen.[236] Zu berücksichtigen ist, was nach den jeweiligen Verhältnissen und objektiven Umständen geboten ist und den Eltern zugemutet werden kann. Entscheidend ist, was verständige Eltern im Lichte vernünftiger Anforderungen unternehmen müssen, um die Schädigung Dritter durch ihr Kind abzuwenden. Stets kommt es darauf an, ob der Aufsichtspflicht nach den besonderen Gegebenheiten des konkreten Falles genügt ist.[237] Der *BGH* hat nunmehr entschieden, dass die Beweislastregel auch im Rahmen eines Amtshaftungsanspruchs zum Tragen kommt.[238]

Je gefahrenträchtiger die objektiven Umstände sind, desto größere Anforderungen 78 sind an die Eigenschaften und Fähigkeiten des Kindes zu stellen, um es unbeaufsichtigt lassen zu können. So sind strenge Anforderungen an die Belehrung über die Gefahren von Feuer und an die Überwachung eines möglichen Umgangs von Kindern mit Zündmitteln zu stellen.[239] Umgekehrt müssen subjektive Defizite des Kindes zu größeren Anforderungen an die Aufsichtspflicht führen, und zwar unter Umständen selbst dann, wenn sich das Kind in einem objektiv überschaubaren und vertrauten Bereich bewegt.[240]

Im Straßenverkehr sind hinsichtlich des Entlastungsbeweises folgende Beispiele hervorzuheben:[241] Bei einem zwei- bis dreijährigen Kind muss nicht stets damit gerechnet werden, dass es sich unvermittelt losreißt und plötzlich auf die Fahrbahn läuft.[242] Die elterliche Aufsichtspflicht ist aber verletzt, wenn ein vierjähriges Kind mit dem Roller auf dem Fußgängerüberweg mit einem Fußgänger kollidiert.[243] Das gilt auch, wenn ein vierjähriges Kind, das auf einer öffentlichen Straße spielt und den Lack eines geparkten Fahrzeugs mit einem Stein zerkratzt, nur aus der Wohnung heraus und teilweise mit Unterbrechungen beobachtet wird.[244] Bereits Kinder in einem Alter von fünf Jahren dürfen ohne ständige Überwachung im Freien spielen, etwa auf einem Spielplatz oder Sportgelände oder in einer verkehrsarmen Straße auf dem Bürgersteig.

---

[233] *OLG Karlsruhe* NJW-RR 2008, 184, 185; MünchKommBGB/*Wagner*, § 832 Rn. 38.
[234] Zur Kausalität: *OLG Frankfurt/M.* NJW-RR 2002, 236; *Brand*, Jus 2012, 673.
[235] Zur Belehrung über die Gefahren des Umgangs mit Feuer *BGH* NJW 1990, 2553, 2554, insoweit nicht in BGHZ 111, 282 abgedruckt; *Bernau*, zfs 2008, 482.
[236] *BGH* NJW 1997, 2047, 2048 (Milieuschädigung); NJW 1996, 1404 (Zündneigung); NJW 1993, 1003 (normal entwickeltes, zwölfjähriges Kind); NJW 1984, 2574, 2575; *OLG Frankfurt/M.* NZV 2006, 152; *OLG Saarbrücken* VersR 2008, 408, 409; *OLG Stuttgart* NZV 2009, 191.
[237] *BGH* NJW 2009, 1954 Rn. 8; NJW-RR 1987, 1430; 1431; *OLG Hamm* OLGR 2000, 266, 267.
[238] *BGH* NJW 2013, 1233, für BGHZ bestimmt.
[239] *BGH* NJW-RR 1987, 13; NJW 1984, 2574; *OLG Zweibrücken* NZV 2007, 207; *OLG Düsseldorf* OLGR 2001, 22.
[240] *OLG Hamm* OLGR 2000, 266, 267.
[241] Weitere Einzelheiten bei *Bernau*, DAR 2008, 286; *Fuchs*, NZV 1998, 7.
[242] *LG Köln* NJW 2007, 2465; siehe aber *OLG Düsseldorf* VersR 1992, 1233.
[243] *OLG Hamm* NZV 1995, 112.
[244] *LG Lüneburg* VersR 1999, 102.

Sie müssen nur gelegentlich beobachtet werden. Dabei ist regelmäßig ein Kontroll-
abstand von höchstens 30 Minuten ausreichend, um das Spiel von bisher unauffälligen
fünfjährigen Kindern außerhalb der Wohnung bzw. des elterlichen Hauses zu überwachen.[245]

80 Eltern verletzen ihre Aufsichtspflicht nicht, wenn sie ein fast sieben Jahre altes Kind
in einer Spielstraße Fahrrad fahren lassen.[246] Bei normal entwickelten Kindern im
Alter von sieben bis acht Jahren genügt es, wenn der Aufsichtspflichtige sich über
deren Tun in großen Zügen einen Überblick verschafft.[247] Auch § 828 II BGB hat die
Verantwortung der Eltern eines noch nicht zehn Jahre alten Kindes für Schäden aus
einem Unfall mit einem Kraftfahrzeug nicht erweitert, weil es dem Gesetzgeber nicht
darum ging, die Haftung der Eltern wegen einer Aufsichtspflichtverletzung aus-
zudehnen.[248]

V. § 833 BGB

81 Wenn Tiere Unfälle verursachen bzw. mitverursachen, kommt eine Haftung des
Tierhalters gemäß § 833 Satz 1 BGB in Betracht. Es handelt sich um eine Form der
Gefährdungshaftung; die Verschuldenshaftung gemäß § 823 I oder II BGB i. V. mit
§ 28 StVO hat demgegenüber kaum Bedeutung. Gem. § 834 BG haftet der Tieraufseher; das ist derjenige, der sich gegenüber dem Tierhalter oder Eigentümer vertraglich verpflichtet hat.[249]

1. Voraussetzungen

Tierhalter ist, wem die Bestimmungsmacht über das Tier zusteht und wer aus
eigenem Interesse für die Kosten des Tieres aufkommt und das wirtschaftliche Risiko
seines Verlustes trägt. Das Eigentum ist ein gewichtiges Indiz für die Haltereigenschaft, vor allem dann, wenn der Eigentümer das Tier für eigene Zwecke nutzt.
Entscheidend ist, in wessen Gesamtinteresse das Tier gehalten wird und wessen Wirt-
schaftsbetrieb oder Haushalt es dient.[250] Mehrere Personen können unter Umständen
Mithalter sein.[251]

82 Da der Schaden **durch ein Tier** verursacht worden sein muss, muss er auf ein will-
kürliches Verhalten des Tieres zurückzuführen sein, welches Ausfluss der typischen
Tiergefahr ist. Eine solche Gefahr äußert sich in einem der tierischen Natur entsprechenden unberechenbaren und selbstständigen Verhalten des Tieres.[252] Der Be-

---

[245] *BGH* NJW 2009 1952 Rn. 14 (Zerkratzen geparkter Autos).
[246] *OLG Hamm* OLGR 2000, 266; zu Fahrradunfällen siehe auch *BGH* NJW-RR 1987, 1430
(Radwanderfahrt); *OLG Hamm* VersR 2001, 386; *OLG Zweibrücken* NJW-RR 2000, 1191,
1192.
[247] *BGH* NJW 2009, 1954 (Zerkratzen parkender Autos).
[248] *OLG Oldenburg* VersR 2005, 807; *Friedrich,* VersR 2005, 1660; *Buschbell,* SVR 2006, 241,
243.
[249] *BGH* NJW-RR 1994, 90; NJW 1987, 949; *OLG Hamm* OLGR 2007, 44; *Geigel/Haag,*
Kap. 18 Rn. 37.
[250] *BGH* NJW-RR 1988, 655, 656; *OLG Frankfurt/M.* NJW-RR 2009, 894, 895; *OLG
Saarbrücken* OLGR 2006, 288, 289; *OLG Zweibrücken* OLGR 2005, 247, 248; ausführlich:
OLG Schleswig OLGR 2004, 485.
[251] *OLG Düsseldorf* VersR 1992, 1148; *MünchKommBGB/Wagner,* § 833 Rn. 30.
[252] *BGH* NJW 2007, 2544; dazu *Felsch,* r+s 2008, 265, 270 (Öffnen einer unzulänglich
geschlossenen Pferdebox durch ein Pony); NJW-RR 2006, 813 Rn. 7; NJW 1999, 3119; BGHZ
67, 129, 132 f. = NJW 1976, 2130; *Geigel/Haag,* Kap. 18 Rn. 8.

weis, dass der Schaden auf die tierische Natur zurückzuführen ist, obliegt dem Geschädigten.[253]

Das tierische Verhalten muss nicht die einzige Ursache des eingetretenen Unfalles sein. Es genügt vielmehr, wenn das Verhalten des Tieres für die Entstehung des Schadens adäquat mitursächlich geworden ist.[254] Wirken die Verursachungsbeiträge mehrerer Tierhalter zusammen, hat eine Abwägung entsprechend § 254 I BGB zu erfolgen.[255] Erleidet jemand einen Unfall mit einem ihm im Rahmen eines Gefälligkeitsverhältnisses überlassenen Pferd, kommen die Beweislastregeln des § 834 BGB zum Tragen.[256] Gehorcht das Tier menschlicher Leitung, kommt ein Anspruch aus § 823 I BGB in Betracht.[257]

2. Entlastungsbeweis

Bei Haustieren, die **Nutztiere** im Sinne von § 833 S. 2 BGB sind, ist die Haftung **83** durch die Möglichkeit des Entlastungsbeweises gemildert.[258] Dies gilt nicht für Tiere, die lediglich der Freizeitgestaltung dienen.[259] Auch Reitpferde eines Idealvereins zur Förderung therapeutischen Reitens, sind keine Nutztiere.[260] Die Haftungsprivilegierung des Nutztierhalters verstößt nicht gegen den allgemeinen Gleichheitssatz des Art. 3 I GG.[261]

Der Beweis für die Eigenschaft als Nutztier obliegt dem beklagten Halter.[262] Ferner muss der Tierhalter entweder beweisen, dass er bei der Beaufsichtigung die im Verkehr erforderliche Sorgfalt gewahrt hat (§ 833 S. 2 Alt. 1 BGB) oder dass der Schaden auch bei Verletzung der erforderlichen Sorgfalt entstanden wäre (§ 833 S. 2 Alt. 2 BGB). An den Entlastungsbeweis sind strenge Anforderungen zu stellen.[263] Das gilt insbesondere für die Beaufsichtigung von Hunden.[264] Mit der Hütesicherheit von Tieren auf Weiden oder in Ställen ist die Rechtsprechung ebenfalls oft befasst.[265]

3. Mitverschulden

Ein Haftungsausschluss nach den Grundsätzen des Handelns auf eigene Gefahr **84** kommt nur in eng begrenzten Ausnahmefällen in Betracht. In solchen Fallgestaltungen ist § 254 I BGB in Betracht zu ziehen.[266] Das gilt regelmäßig auch dann, wenn

---

[253] *BGH* NJW-RR 1990, 789, 791.

[254] *BGH* NJW-RR 2006, 813 Rn. 7; *OLG Hamm* r+s 2013, 357 (Sturz über schlafenden Hund); *OLG Brandenburg* DAR 2008, 647; *OLG Celle* VersR 2007, 1661, 1662; *OLG Saarbrücken* NZV 2006, 424; *OLG Oldenburg* VersR 2002, 1166.

[255] *BGH* NJW 1985, 2416; *OLG Frankfurt/M.* NJW-RR 2007, 748; zur Kollision PKW/ Pferd: *OLG Schleswig* OLGR 2005, 717; *OLG Celle* OLGR 2004, 413; 2003, 103; *OLG Hamm* OLGR 2003, 131; siehe auch *OLG Hamm* OLGR 2004, 206 (Brieftaube vs. Flugzeug).

[256] *OLG Celle* VersR 2007, 1661, 1664.

[257] MünchKommBGB/*Wagner*, § 833 Rn. 12.

[258] Zu Hunden: *BGH* NJW-RR 2005, 1183; *OLG Frankfurt/M.* OLGR 2004, 398; zu Pferden *BGH* NJW 1986, 2501; NJW-RR 1986, 572; NJW 1982, 1589; *OLG Nürnberg* NJW-RR 2010, 1248.

[259] *OLG Düsseldorf* NZV 2006, 153, 154.

[260] *BGH* NJW 2011, 1961; *Werner* NJW 2012, 1048.

[261] *BGH* NJW 2009, 3233.

[262] *BGH* NJW-RR 2005, 1183, 1184.

[263] *BGH* NJW 2009, 3233 Rn. 8.

[264] *BGH* NJW-RR 2005, 1183; NJW 1983, 1311; *OLG Bamberg* NJW-RR 1990, 735; Geigel/ *Haag*, Kap. 18 Rn. 30.

[265] *BGH* NJW 2009, 3233; NJW 2007, 2544 (Pony-Fall); NJW-RR 1992, 981; NJW-RR 1990, 789; *OLG Hamm* NZV 2006, 155; *OLG Schleswig* OLGR 2005, 717; *OLG Düsseldorf* VersR 2001, 1038; *OLG Celle* NJW-RR 2000, 1194; *OLG Köln* VersR 2000, 860; Geigel/*Haag*, Kap. 18 Rn. 34 ff.

[266] *OLG Celle* VersR 2007, 1661, 1663; *LG Neuruppin* NJOZ 2008, 284, 288.

der Verletzte der Tierarzt ist, der das Tier vertragsgemäß untersucht.[267] Ist der Verletzte Tieraufseher (§ 834 BGB) hat er gegenüber dem Vorwurf des Mitverschuldens den Entlastungsbeweis nach § 834 BGB zu erbringen.[268]

VI. § 839 BGB, Art. 34 GG

1. Anwendungsbereich

85 Verursacht ein Amtsträger in Ausübung eines öffentlichen Amtes einen Unfall, richtet sich die Deliktshaftung nach § 839 BGB, Art. 34 GG. Erstinstanzlich ist das Landgericht streitwertunabhängig zuständig (§ 71 II Nr. 2 GVG). Die §§ 823 ff. BGB sind nicht anwendbar,[269] ebenso wenig die Fahrerhaftung gemäß § 18 StVG.[270] Jedoch wird der Anspruch aus § 7 StVG durch § 839 BGB nicht verdrängt.[271]

86 Kraftwagenfahrten eines Beamten im Rahmen hoheitlicher Tätigkeit sind Ausübung öffentlicher Gewalt.[272] Ob sich das Handeln einer Person als Ausübung eines öffentlichen Amtes darstellt, bestimmt sich danach, ob die eigentliche Zielsetzung, in deren Sinn der Betreffende tätig wird, hoheitlicher Tätigkeit zuzurechnen ist und ob zwischen dieser Zielsetzung und der schädigenden Handlung ein so enger äußerer und innerer Zusammenhang besteht, dass die Handlung ebenfalls als noch dem Bereich hoheitlicher Betätigung angehörend angesehen werden muss. Dabei ist nicht auf die Person des Handelnden, sondern auf seine Funktion, d. h. auf die Aufgabe, deren Wahrnehmung die im konkreten Fall auszuübende Tätigkeit dient, abzustellen.[273]

87 Amtspflichtverletzungen mit Verkehrsbezug können sich auch in folgenden Fallgestaltungen ergeben:
- Inhalt und Umfang der Räum- und Streupflicht auf öffentlichen Straßen;[274]
- die Straßenverkehrssicherungspflicht der Gebietskörperschaften, soweit sie öffentlich-rechtlich ausgestaltet ist und von der Straße und ihrem Zustand ausgehende Gefahren betrifft;[275] häufig handelt es sich um Gefahren durch Straßenbäume;[276]

---

[267] *BGH* r+s 2009, 295; *Lehmann/Auer,* VersR 2011, 846.
[268] *BGH* NJW 1992, 2474; *OLG Karlsruhe* NJW-RR 2009, 453, 454.
[269] BGHZ 121, 161, 163 = NJW 1993, 1258.
[270] BGHZ 121, 161, 168 = NJW 1993, 1258, 1259; BGHZ 118, 304, 311 = NJW 1992, 2882, 2284.
[271] BGHZ 113, 164 = NJW 1991, 1171; BGHZ 50, 271, 273 = NJW 1968, 1962, 1963; *OLG Saarbrücken* NJW-RR 2007, 681, 682; *OLG Hamm* NJW-RR 2009, 1183 f.
[272] BGHZ 118, 304 = NJW 1992, 2882; *BGH* NJW 1992, 1227; *OLG Frankfurt/M.* NJOZ 2009, 4718 (Straßenmeisterei).
[273] BGHZ 181, 65 = NJW-RR 2009, 1398 Rn. 10; *BGH* NVwZ-RR 2010, 485 Rn. 7.
[274] *BGH* NJW 2003, 3622; NJW 1993, 2802; *OLG Frankfurt/M.* NZV 2005, 638; *OLG Jena* NZV 2005, 578; Geigel/*Wellner,* Kap. 14 Rn. 183.
[275] *Herber,* NZV 2011, 161; aus der mannigfachen Rechtsprechung: *BGH* NJW 2002, 1265 (Treppe einer Fußgängerunterführung); *BGH* NJW-RR 1990, 1500 (zu § 836 BGB); *BGH* NZV 2005, 255 (Straßenbankett); *BGH* VersR 2009, 682 (Winterdienst); *OLG Hamm* NZV 2006, 197 (scharfkantige Spurrille); NZV 2006, 251 (Risse in der Fahrbahndecke); *OLG Hamm* NZV 2006, 550 (Herbstlaub); *OLG Hamm* OLGR 2007, 2 (Loch im Asphalt des Bürgersteigs); *OLG Hamm* OLGR 2008, 410 (Parkflächenbegrenzung); *OLG Celle* NJW-RR 2007, 972 (Schlagloch); *OLG Hamm* OLGR 2009, 390 (unzureichend erkennbare Absperrkette einer Fußgängerzone); *OLG Hamm* OLGR 2009, 467 (Winterwartung); *OLG Hamm* NJW-RR 2010, 33 (Pfostenkette in der Fußgängerzone); *OLG Hamm* NZV 2010, 353 (versenkbare Poller).
[276] *BGH* NJW 2004, 1381 (Ursächlichkeit einer unterlassenen Baumüberprüfung für einen durch das Abbrechen eines Astes verursachten Verkehrsunfall); *OLG Hamm* NZV 2005, 371; *OLG Hamm* NZV 2005, 372; *OLG Köln* NZV 2006, 250; *OLG Köln* VersR 2010, 1328; *OLG Karlsruhe* DAR 2011, 30; zur Verkehrssicherheit von Straßenbäumen siehe auch Geigel/*Wellner,*

– die Verkehrssicherungspflicht der Straßenverkehrsbehörden für ordnungsgemäßes Anbringen vorschriftsmäßiger Verkehrszeichen (§§ 44, 45 StVO);[277]
– Pflichtverletzungen von Bediensteten der Straßenverkehrszulassungsbehörden;[278] dies gilt nicht für die wiederkehrende Prüfung von Kranen durch einen Sachkundigen nach berufsgenossenschaftlichen Unfallverhütungsvorschriften;[279]
– unzulängliche Verkehrsregelung der Polizei während eines Straßenradrennens;[280]
– Bergungsfälle; hier kann sich die öffentliche Hand der Amtshaftung grundsätzlich nicht dadurch entziehen, dass sie die Durchführung einer von ihr angeordneten Maßnahme durch einen privatrechtlichen Vertrag auf einen privaten Unternehmer überträgt.[281]

2. Voraussetzungen

Nach Art. 34 S. 1 GG trifft die Haftung grundsätzlich diejenige Körperschaft, in deren **88** Dienst der pflichtwidrig handelnde Amtsträger steht. Es haftet im Regelfall die Körperschaft, die den Amtsträger **angestellt** und ihm damit die Möglichkeit zur Amtsausübung eröffnet hat. Wenn die Anknüpfung an die Anstellung versagt, weil kein oder mehrere Dienstherren vorhanden sind, ist darauf abzustellen, wer dem Amtsträger die Aufgabe anvertraut hat.[282] Bei der Verletzung von Straßenverkehrssicherungspflichten trifft die Haftung denjenigen, der den gefährlichen Zustand geschaffen hat.[283]

Ein Beamter hat unter anderem die Amtspflicht, Straßenverkehrsvorschriften zu **89** beachten.[284] Jedes Verhalten im Straßenverkehr, das § 823 I oder II BGB unterfällt, erfüllt zugleich den Tatbestand der Amtshaftung.[285] Auch die Kausalität ist nach den gleichen Grundsätzen zu beurteilen.[286] Die Ersatzpflicht der beklagten Körperschaft wird ferner durch den Schutzbereich der verletzten Amtspflicht begrenzt.[287]

Wie jeder andere Deliktstatbestand setzt der Amtshaftungsanspruch Verschulden **90** voraus (§ 276 BGB). Im Verkehrshaftpflichtrecht ergeben sich insoweit keine Besonderheiten.[288] Die Feststellung der konkreten Schuldform – Vorsatz oder Fahrlässigkeit – ist hier grundsätzlich von Belang, weil davon die Anwendung der Subsidiaritätsklausel abhängt, § 839 I 2 BGB.[289]

Kap. 14 Rn. 48; *Staab*, VersR 2003, 689; *Schneider*, VersR 2007, 743; *Bauer/Braun/Hünnekes*, DAR 2008, 109; zu Wäldern: *Duhme*, NJW 2013, 17.
[277] *BGH* NVwZ 2000, 1209; *OLG Hamm* NZV 2005, 256.
[278] BGHZ 111, 272 = NJW 1990, 2615; BGHZ 99, 326 = NJW 1987, 2737; *OLG Hamm* DAR 2010, 138; *Skauradszun*, VersR 2009, 330.
[279] BGHZ 181, 65 = NJW-RR 2009, 1398.
[280] *OLG Hamm* NJW 2008, 3795.
[281] BGHZ 121, 161, 165 = NJW 1993, 1258, 1259; *OLG Saarbrücken* NJW-RR 2007, 681; siehe auch *BGH* NJW 2006, 1121 Rn. 14.
[282] BGHZ 150, 172, 179 = NJW 2002, 1793, 1795; BGHZ 99, 326, 330 = NJW 1987, 2737 f.; BGHZ 87, 202, 205 = NJW 1984, 228; BGHZ 53, 217, 218 = NJW 1970, 750; *BGH* NJW-RR 2006, 966 Rn. 6; NZV 2000, 503; NJW 1997, 2109, 2110; *Rinne*, NJW 2008, 127, 128; Geigel/*Kapsa*, Kap. 20 Rn. 24.
[283] *BGH* NVwZ 2006, 1084; *Rinne*, NJW 2008, 127, 128.
[284] BGHZ 96, 50, 57 = NJW 1986, 848, 849; *KG* NZV 2006, 307 (Blaulicht ohne Einsatzhorn).
[285] BGHZ 68, 217, 222 = NJW 1977, 1238; *BGH* NJW 1985, 1950; Geigel/*Kapsa*, Kap. 20 Rn. 128.
[286] *Rinne*, NJW 2008, 126, 131; Geigel/*Kapsa*, Kap. 20 Rn. 192; MünchKommBGB/*Papier*, § 839 Rn. 276.
[287] BGHZ 68, 217, 222 = NJW 1977, 1238, 1239; BGHZ 144, 394, 396 = NJW 2000, 2996; Geigel/*Kapsa*, Kap. 20 Rn. 155.
[288] BGHZ 73, 161, 165, insoweit in NJW 1979, 653 nicht abgedruckt.
[289] MünchKommBGB/*Papier*, § 839 Rn. 287.

91 Sofern dem Amtsträger Fahrlässigkeit zur Last zu legen ist, setzt der Amtshaftungsanspruch voraus, dass der Verletzte nicht auf andere Weise Ersatz zu erlangen vermag (§ 839 I 2 BGB; **Subsidiaritätsklausel**). Dieses Haftungsprivileg hat im Verkehrshaftpflichtrecht aber nur wenig Bedeutung. Wegen der Gleichheit der Rechte und Pflichten im Straßenverkehr ist die Vorschrift einschränkend dahin auszulegen, dass die haftende Körperschaft sich nicht auf sie berufen kann, wenn ein Amtsträger bei der dienstlichen Teilnahme am allgemeinen Straßenverkehr schuldhaft einen Verkehrsunfall verursacht, soweit er nicht Sonderrechte nach § 35 StVO in Anspruch nimmt.[290] Gleiches gilt für eine Verletzung der dem Amtsträger als hoheitliche Aufgabe obliegenden Verkehrssicherungspflicht. Denn die öffentlich-rechtlich gestaltete Verkehrssicherungspflicht entspricht inhaltlich der allgemeinen Verkehrssicherungspflicht und steht in engem Zusammenhang mit den Pflichten, die einem Amtsträger als Teilnehmer am allgemeinen Straßenverkehr obliegen.[291]

Anwendbar ist § 839 I 2 BGB aber bei der Inanspruchnahme von Sonderrechten nach § 35 StVO[292] sowie bei der Verletzung der Straßenverkehrsregelungspflicht nach den §§ 44, 45 III StVO.[293]

92 Wird der von einem Amtsträger verursachte Schaden von einem Nichtamtsträger mitverursacht, verringert sich – unter Beachtung des § 839 I 2 BGB – aufgrund einer Gesamtabwägung aller Unfallbeiträge der dem Verletzten zuzuerkennende Betrag. Dabei sind die von der Rechtsprechung entwickelten Grundsätze zur kombinierten Einzelabwägung und Gesamtschau anzuwenden.[294]

93 Mit Rücksicht auf § 839 III BGB, wonach die Ersatzpflicht bei schuldhafter Rechtsmittelversäumung nicht eintritt, hat das Gericht, welches über den Amtshaftungsanspruch zu entscheiden hat, ggf. hypothetisch zu prüfen, ob das Rechmittel Aussicht auf Erfolg gehabt hätte (Vorrang des Primärrechtsschutzes).[295] Beweispflichtig ist der Schädiger. Lässt sich ein Erfolg des Rechtsmittels nicht feststellen, kann die Ersatzpflicht somit nicht verneint werden.[296] Die Bestimmung wird bei Unfallschäden aus tatsächlichen Gründen nicht zum Tragen kommen.

3. Rechtsfolgen

94 Die Rechtsfolgen des Amtshaftungsanspruchs decken sich mit denen der Ansprüche aus §§ 823 ff. BGB. Art und Umfang des Schadensersatzes bestimmen sich nach den §§ 249–255, §§ 842–846 BGB.[297] Es kann jedoch nur Schadensersatz in Geld, nicht aber Naturalrestitution in Gestalt der Vornahme oder Unterlassung einer Amtshandlung gefordert werden.[298]

---

[290] BGHZ 68, 217 = NJW 1977, 1238; BGHZ 85, 225 = NJW 1983, 1667; BGHZ 113, 164 = NJW 1991, 1171; *BGH* VersR 2008, 410 Rn. 24; Geigel/*Kapsa*, Kap. 20 Rn. 204, 336; *Beck*, NZV 2009, 324; *Nimis*, NZV 2009, 582.

[291] Grundlegend BGHZ 75, 134 = NJW 1979, 2043; BGHZ 113, 168 = NJW 1992, 2476; *KG* NZV 2007, 358, 359.

[292] BGHZ 113, 164 = NJW 1991, 1171 (Grasmäharbeiten); MünchKommBGB/*Papier*, § 839 Rn. 313; zweifelnd: Geigel/*Kapsa*, Kap. 20 Rn. 205; zum Gebot der Rücksichtnahme bei Sonderrechtsfahrten: *KG* NZV 2005, 636.

[293] BGHZ 91, 48 = NJW 1984, 2097; *OLG Koblenz* OLGR 2006, 758; *OLG Jena* zfs 2009, 376 (unzureichende Beschilderung einer Baustelle); Geigel/*Kapsa*, Kap. 20 Rn. 137.

[294] *OLG Hamm* NJW 2008, 3795 (Straßenradrennen).

[295] *BGH* NJW 1986, 1924; MünchKommBGB/*Papier*, § 839 Rn. 333.

[296] *BGH* NJW 2004, 1241, 1242.

[297] MünchKommBGB/*Papier*, § 839 Rn. 295.

[298] Geigel/*Kapsa*, Kap. 20 Rn. 187; Wussow/*Schwerdt*, Kap. 13 Rn. 67.

4. Besondere Rechtsgrundlagen

Die Abgabe einander widersprechender Lichtzeichen durch eine Lichtzeichenanlage 95
(feindliches Grün) kann landesgesetzlich zu einer Haftung für rechtswidriges Behördenhandeln führen.[299] Fehlt es an solchen Regelungen, kommt eine Haftung aus
enteignungsgleichem Eingriff in Frage.[300]

---

[299] BGHZ 99, 249 = NJW 1987, 1945, zu § 39 I lit. b OBG NW; siehe auch *KG* zfs 2009, 449.
[300] *OLG Karlsruhe* NJW 1993, 1402; *LG Dresden* VersR 2007, 1385.

§ 28. Weitere Ansprüche gegen den Schädiger

I. Gefährdungshaftung des Bahnbetriebsunternehmers

1 Eine Gefährdungshaftung besteht gemäß § 1 I HPflG auch für Eisen- und Straßenbahnen.[1]

1. Grundtatbestand

Die Haftung des Bahnbetriebsunternehmers tritt nach § 1 I HPflG ein, wenn bei dem Betrieb der Bahn ein Mensch getötet, der Körper oder die Gesundheit eines Menschen verletzt oder eine Sache beschädigt wird. **Betriebsunternehmer** ist derjenige, der eine Schienenbahn für eigene Rechnung betreibt und dem die Verfügung über deren Betrieb zusteht.[2] Ein **Betriebsunfall** im Sinne des § 1 I HPflG liegt vor, wenn ein unmittelbarer äußerer örtlicher und zeitlicher Zusammenhang zwischen dem Unfall und einem bestimmten Betriebsvorgang oder einer bestimmten Betriebseinrichtung der Bahn besteht oder wenn der Unfall durch eine dem Bahnbetrieb eigentümliche Gefahr verursacht worden ist.[3]

2 Im Zusammenhang mit Kraftfahrzeugunfällen können insbesondere in folgenden Fallgestaltungen relevant werden:
- der Zusammenstoß eines Kraftfahrzeugs und einer Eisenbahn auf einem Bahnübergang,[4] wobei die beiderseitige Verursachung nach § 17 StVG abzuwägen ist;[5]
- der Zusammenstoß eines Kraftfahrzeugs und einer Straßenbahn im öffentlichen Verkehrsraum;[6]
- der Unfall eines Kraftfahrers, der einem entgegenkommenden Kraftfahrzeug ausweicht und dadurch auf ein neben der Bundesstraße gelegenes Gleis gerät, wo er von einem Triebwagen erfasst wird.[7]

2. Ausschluss der Haftung

3 Die Ersatzpflicht des Bahnbetriebsunternehmers ist ausgeschlossen, wenn der Unfall durch **höhere Gewalt** verursacht worden ist (§ 1 II HPflG). Unter höherer Gewalt ist ein betriebsfremdes, von außen durch elementare Naturkräfte oder durch Handlungen dritter Personen herbeigeführtes Ereignis, das nach menschlicher Einsicht und Erfahrung unvorhersehbar ist, mit wirtschaftlich erträglichen Mitteln auch durch äußerste, nach der Sachlage vernünftigerweise zu erwartende Sorgfalt nicht verhütet oder unschädlich gemacht werden kann und auch nicht wegen seiner Häufigkeit vom

---

[1] Überblick bei *Filthaut*, NZV 2008, 599; NZV 2011, 217; *Rebler*, MDR 2010, 300; MDR 2011, 457.
[2] BGHZ 158, 130, 133 = NJW-RR 2004, 959; *BGH* NJW-RR 2008, 335 Rn. 10; *OLG Köln* OLGR 2003, 4; *LG Lübeck* NJW-RR 2007, 1665; Geigel/*Kaufmann*, Kap. 26 Rn. 7 ff.
[3] BGHZ 158, 130, 132 = NJW-RR 2004, 959; *BGH* NJW 1987, 2445; NJW-RR 2008, 335 Rn. 12; *OLG Köln* OLGR 1998, 83 (Flucht eines Schwarzfahrers aus der Straßenbahn); Geigel/*Kaufmann*, Kap. 26 Rn. 16 ff.; ablehnend für feindliches Grün: *OLG Köln* OLGR 2003, 4.
[4] *BGH* NJW 1963, 1107; *OLG Celle* OLGR 2003, 21; *Filthaut*, NZV 1992, 395.
[5] *BGH* NJW-RR 1988, 986, 987.
[6] *OLG Celle* OLGR 2006, 274; *KG* NZV 2005, 416; *KG* NZV 1997, 477; *OLG Hamm* OLGR 1997, 28.
[7] *BGH* NJW-RR 1988, 986.

Betriebsunternehmen in Kauf zu nehmen ist.[8] Bei Zusammenstößen auf Bahnübergängen kommt höhere Gewalt nur selten zum Tragen. Beispiele sind Selbsttötungen,[9] Sabotageakte und Attentate.[10] Versagen des Bahnpersonals oder betrieblicher Einrichtungen des Bahnbetriebs beruht hingegen nicht auf höherer Gewalt.[11]

Einen Haftungsausschluss für aufbewahrte und beförderte Sachen regelt § 1 III HPflG; dem entspricht § 8 Nr. 3 StVG.

Gemäß § 13 I, II HPflG sind die beiderseitigen Verursachungs- und Verantwortungs-   4
anteile abzuwägen. Die Abwägung ist auf Grund aller festgestellten Umstände des Einzelfalls vorzunehmen. In erster Linie ist hierbei das Maß der Verursachung von Belang, in dem die Beteiligten zur Schadensentstehung beigetragen haben; das beiderseitige Verschulden ist nur ein Faktor der Abwägung.[12]

Das Gesetz sieht den Unabwendbarkeitsnachweis nicht mehr vor.[13] Dieser hat aber   5
gleichwohl noch Bedeutung, nicht nur im Rahmen von § 13 III HPflG.[14] Auch wenn die etwaige Unabwendbarkeit des Unfallereignisses keinen gesetzlichen Haftungsausschlusstatbestand zugunsten der beklagten Partei darstellt, ist die Berücksichtigung dieses Gesichtspunkts bei der nach § 13 I, II HPflG vorzunehmenden Abwägung nicht ausgeschlossen.[15]

Eine Enthaftung kommt unter Umständen über den Mitverschuldenseinwand (§ 4   6
HPflG, § 254 BGB) in Betracht, im Einzelfall sogar auf Null.[16] Das ist jedoch in aller Regel nicht der Fall.[17] Selbst bei einem grob fahrlässigen Fehlverhalten des Verletzten tritt der Verursachungs- und Verschuldensbeitrag des Betriebsunternehmers nicht ohne weiteres zurück.[18]

II. Vertragliche Ansprüche

Bei Personen, die entgeltlich in einem Kraftfahrzeug, zum Beispiel einem Bus oder   7
Taxi befördert werden und hierdurch infolge schuldhafter Pflichtverletzung einen Schaden erleiden, kommen Schadensersatzansprüche aus dem Beförderungsvertrag in Betracht (§ 280 I BGB).[19] Unter Umständen kommen die Grundsätze des Vertrags mit Schutzwirkung für Dritte zum Tragen.[20] Der vertragliche Ersatzanspruch bietet dem Geschädigten den Vorteil, dass der Beförderungsunternehmer sich hinsichtlich des Verschuldens entlasten muss (§ 280 I 2 BGB) und für das Verschulden von Erfüllungsgehilfen gemäß § 278 BGB einzustehen hat. Nach § 253 II BGB ist auch

---

[8] *BGH* NJW-RR 2008, 335 Rn. 14; NJW-RR 2004, 959, 962 (Steinschlag; insoweit nicht in BGHZ 158, 130 abgedruckt); NJW-RR 1988, 986; NJW 1986, 2313, 2314; *OLG Hamm* NZV 2005, 41; *LG Erfurt* NJW-RR 2010, 37; siehe auch BT-Drs. 14/7752, S. 30.
[9] *BGH* NJW 1987, 2245; *OLG Hamm* NZV 2005, 41; *OLG Celle* VersR 2008, 80, 81.
[10] BGHZ 105, 135, 136 = NJW 1988, 2733; *BGH* VersR 1976, 963, 964.
[11] Geigel/*Kaufmann*, Kap. 26 Rn. 32, 35.
[12] *BGH* NJW-RR 2008, 335 Rn. 16.
[13] BT-Drs. 14/7752, S. 30, 35.
[14] Geigel/*Kaufmann*, Kap. 26 Rn. 40 ff.; vgl. *OLG Hamm* NZV 2005, 414, 415; *OLG Jena* DAR 2008, 705.
[15] *BGH* NJW-RR 2008, 335 Rn. 25.
[16] *OLG Düsseldorf* OLGR 2007, 339, 340; *OLG Hamm* NZV 2005, 414; *OLG Nürnberg* OLGR 2002, 127; *OLG Düsseldorf* OLGR 2007, 339, 340.
[17] *BGH* NJW-RR 1993, 480 (Sturz eines Kindes aus dem fahrenden Zug); *OLG Koblenz* OLGR 2003, 285 (Trampelpfad über die Gleise).
[18] *OLG Celle* VersR 2008, 80, 82; siehe aber *OLG Dresden* NZV 2010, 518.
[19] Zum Beförderungsvertrag: Geigel/*Abele*, Kap. 28 Rn. 182 ff.; zur Haftung des Omnibusunternehmers und -fahrers: *Filthaut*, NZV 2008, 226 ff.
[20] *OLG Köln* OLGR 2009, 614, 615.

der Ersatz immateriellen Schadens in die Vertragshaftung einbezogen, wenn sich der Unfall nach dem 31.7.2002 ereignet hat (Art. 228 § 8 I EGBGB).

Der Beförderungsunternehmer ist aus dem Beförderungsvertrag verpflichtet, die notwendige Sorgfalt bei der Beförderung zu beachten. Nach der Grundregel des § 7 der Verordnung über den Betrieb von Kraftfahrtunternehmen im Personenverkehr (BOKraft)[21] hat das im Fahrdienst eingesetzte Betriebspersonal die besondere Sorgfalt anzuwenden, die sich daraus ergibt, dass ihm Personen zur Beförderung anvertraut sind. An Haltestellen muss der Busfahrer zum Beispiel so nahe an den Bordstein heranfahren, dass die Fahrgäste ohne Gefahr auf den Bürgersteig steigen können. Behinderten Fahrgästen muss der Busfahrer gegebenenfalls Ausstiegshilfe leisten.[22] Ein Busfahrer ist aber nur ausnahmsweise gehalten, die Fahrgäste in Auge behalten, um beim Anfahren Unfälle von Personen zu vermeiden, die keinen festen Halt gefunden haben.[23]

III. Geschäftsführung ohne Auftrag

8 Ansprüche aus Geschäftsführung ohne Auftrag (§§ 677 ff. BGB) erlangen bei Verkehrsunfällen mitunter Bedeutung. Die Vorschriften über die Geschäftsführung ohne Auftrag bilden einen Auffangtatbestand, der zur Anwendung kommt, solange und soweit Vertrag oder Gesetz nichts anderes bestimmen.[24] Zu beachten ist insbesondere, dass ein Dritter, dem ein Geschäft (auch) zugute kommt, nicht auf Aufwendungsersatz nach dem Bestimmungen über die Geschäftsführung ohne Auftrag in Anspruch genommen werden kann, wenn die Verpflichtung des Geschäftsführers auf einem wirksam geschlossenen Vertrag beruht, der insbesondere die Entgeltfrage regelt.[25]

– Ein Anspruch aus §§ 670, 677, 683 BGB kommt zum Beispiel beim Bergen und Abschleppen verunfallter Fahrzeuge in Betracht.[26] § 254 BGB findet Anwendung.[27]
– Leistet jemand einem Unfallverletzten Hilfe und erleidet hierbei einen Schaden, besteht ein Anspruch aus Geschäftsführung ohne Auftrag auf Ersatz der Schäden, die der Hilfeleistende durch einen hierbei eintretenden Verkehrsunfall erleidet.[28] Auch unfreiwillige Vermögensschäden sind ersatzfähige Aufwendungen.[29]
– Wer sein Fahrzeug auf dunkler Straße anhält, um den Fahrer eines anderen Fahrzeugs auf das Fehlen der Rückbeleuchtung und die Gefahr eines Auffahrunfalls aufmerksam zu machen, führt ein Geschäft des Fahrers und der unfallbedrohten nachfolgenden Verkehrsteilnehmer.[30]
– Wer als Kraftfahrer zur Rettung eines anderen Verkehrsteilnehmers einen Unfall mit Selbstschädigung herbeiführt, kann von der geretteten oder zu rettenden Person grundsätzlich nach §§ 683, 670 BGB Ersatz seiner Schäden verlangen (Selbstaufopferung).[31] Wird ein Ausweichunfall allerdings durch Kinder verursacht, kommt ein Anspruch aus Geschäftsführung ohne Auftrag kaum in Betracht, weil der Kfz-

---

[21] BGBl. I 1975, 1573.
[22] *OLG Köln* OLGR 2009, 614.
[23] *LG Lübeck* NJW 2007, 2564.
[24] *BGH* NJW-RR 2010, 1467 Rn. 21; *Hey*, JuS 2009, 400.
[25] *BGH* NJW-RR 2011, 925 Rn. 9 = JA 2012, 66 *(Hager)*.
[26] *OLG Hamm* OLGR 2001, 276, 277.
[27] *OLG Hamm* OLGR 2009, 425, 426.
[28] Geigel/*Pardey*, Kap. 4 Rn. 15 f.; siehe auch BGHZ 33, 351 = NJW 1961, 359.
[29] BGHZ 33, 251, 257 = NJW 1961, 359, 360; BGHZ 38, 270, 277 = NJW 1963, 390, 392.
[30] BGHZ 43, 188 = NJW 1965, 1271.
[31] BGHZ 38, 270 = NJW 1963, 390; *OLG Köln* OLGR 1993, 289; *OLG Düsseldorf* NZV 2011, 393; *LG Köln* NJW 2007, 2563, 2564; *Drygala*, JuS 2009, 1021.

Halter sich ihnen gegenüber gemäß § 7 II StVG nur bei höherer Gewalt entlasten kann.[32]

IV. Produkthaftung

Unfälle im Straßenverkehr können unter Umständen auf Produktfehler zurückzuführen sein.[33] Dies kann sowohl bei der Lieferung von Neuwagen bzw. beim Einsatz fahrzeugtechnischer Systeme vorkommen oder auf fehlerhaften Ersatzteilen beruhen.[34] Ansprüche gegen den Produzenten können sich in erster Linie auf das Produkthaftungsgesetz (ProdHaftG), aber auch auf Deliktsrecht stützen.   9

1. ProdHaftG

In Umsetzung der Produkthaftungsrichtlinie[35] hat der Gesetzgeber das Produkthaftungsgesetz vom 15.12.1989 erlassen.[36] § 1 I 1 ProdHaftG ordnet die Haftung für bestimmte Schäden an, die auf Fehler (§ 3 ProdHaftG)[37] eines Produkts (§ 2 ProdHaftG) im Zeitpunkt seines Inverkehrbringens zurückzuführen sind. Es handelt sich um eine Form der Gefährdungshaftung mit beschränktem Entlastungsbeweis (§ 1 II ProdHaftG).[38]   10

Wesentliches Merkmal eines Produktfehlers ist, dass das Produkt nicht die berechtigterweise zu erwartende Sicherheit bietet.[39] Gemäß § 3 I ProdHaftG hat ein Produkt einen Fehler, wenn es nicht die Sicherheit bietet, die unter Berücksichtigung aller Umstände, insbesondere seiner Darbietung, des Gebrauchs, mit dem billigerweise gerechnet werden kann, sowie des Zeitpunkts, in dem es in den Verkehr gebracht wurde (§ 3 I lit. c, II ProdHaftG), berechtigterweise erwartet werden kann. Abzustellen ist dabei nicht auf die subjektive Sicherheitserwartung des jeweiligen Benutzers, sondern objektiv darauf, ob das Produkt diejenige Sicherheit bietet, welche die im entsprechenden Bereich herrschende Verkehrsauffassung für erforderlich hält.[40] Allerdings kann vom Hersteller nicht verlangt werden, für sämtliche Fälle des unsorgfältigen Umgangs mit dem Produkt Vorsorge zu treffen. Die berechtigte Sicherheitserwartung geht nur dahin, dass bei vorhersehbarer und üblicher Verwendung keine erheblichen Gefahren für Leib oder Leben der Nutzer des Produkts und unbeteiligter Dritter entstehen.[41]   11

---

[32] *OLG Oldenburg* VersR 2005, 807; *Greger,* § 17 Rn. 9; Geigel/*Kaufmann,* Kap. 25 Rn. 98.
[33] Rechtsprechungsübersichten zur Produkthaftung bei *Kullmann,* NJW 2005, 1907; *Molitoris/Klindt,* NJW 2008, 1203; NJW 2010, 1569.
[34] BGHZ 181, 253 = NJW 2009, 2952 (Fehlauslösung von Airbags); *BGH* NJW 2004, 1032 (Ferrari-Hinterreifen); NJW 1992, 1678 (Weiterfresser-Schaden); *Heßeler/Kleinhenz,* JuS 2007, 706); *OLG Stuttgart* OLGR 2005, 1 (Kolbenringe); *OLG München* NZV 2005, 145 (Motorrad-Vorderreifen); siehe auch *LG Frankfurt/M.* NJW-RR 1989, 1193 (Kinderfahrrad); *OLG Köln* OLGR 2002, 439 (Mountainbike).
[35] RL 85/374/EWG des Rates vom 25.7.1985 zur Angleichung der Rechts- und Verwaltungsvorschriften der Mitgliedstaaten über die Haftung für fehlerhafte Produkte, ABlEG Nr. L 210/29
[36] Zum EU-Recht: *Kadner Graziano,* VersR 2004, 1205.
[37] Abgelehnt für Alkohol (*OLG Hamm* OLGR 2001, 88), Schokoladenriegel (*OLG Düsseldorf* VersR 2003, 912, 916), Zigaretten (*OLG Hamm* NJW 2005, 295), Erdnussschokolade (*OLG Köln* VersR 2007, 1003), bejaht für Zahnschäden durch Partikel in Fruchtgummi (*OLG Hamm* Urteil vom 23.5.2013 – 21 U 64/12).
[38] *OLG München* OLGR 2003, 4 (Brand eines alten Wäschetrockners).
[39] *OLG Düsseldorf* NJW-RR 2008, 411; *Greger,* § 6 Rn. 3.
[40] *BGH* NJW 2009, 1669 Rn. 6 (Kirschtaler) = JuS 2009, 666 *(Faust); OLG Hamm* VersR 2011, 637.
[41] *BGH* NJW 2013, 1302 (Heißwasser-Untertischgerät).

Der Sicherheitsstandard ist eine Fachfrage, deren Beantwortung Sachkunde erfordern kann. Der Tatrichter muss in diesen Fällen einen Sachverständigen beauftragen.[42]

12 Es wird zwischen mehreren Arten von Produktfehlern unterschieden. Ein **Fabrikationsfehler** ist gegeben, wenn im Fertigungsprozess eine planwidrige Abweichung von der Sollbeschaffenheit eintritt.[43] Ein **Konstruktionsfehler** liegt vor, wenn das Produkt schon seiner Konzeption nach unter dem gebotenen Sicherheitsstandard bleibt.[44]

Lassen sich mit der Verwendung eines Produkts verbundene Gefahren nach dem Stand von Wissenschaft und Technik durch konstruktive Maßnahmen nicht vermeiden oder sind konstruktive Gefahrvermeidungsmaßnahmen dem Hersteller nicht zumutbar und darf das Produkt trotz der von ihm ausgehenden Gefahren in den Verkehr gebracht werden, so ist der Hersteller grundsätzlich verpflichtet, die Verwender des Produkts vor denjenigen Gefahren zu warnen, die bei bestimmungsgemäßem Gebrauch oder nahe liegendem Fehlgebrauch drohen und die nicht zum allgemeinen Gefahrenwissen des Benutzerkreises gehören; andernfalls liegt ein **Instruktionsfehler** vor.[45] Bei solchen Fehlern kann eine tatsächliche Vermutung dafür bestehen, dass ein deutlicher und plausibler Hinweis auf das bestehende Risiko von dem Adressaten der Warnung beachtet worden wäre.[46]

Die Ersatzpflicht des Herstellers ist allerdings ausgeschlossen, wenn der den Schaden verursachende Fehler des Produkts im Zeitpunkt seiner Inverkehrgabe nach dem damaligen Stand von Wissenschaft und Technik nicht erkennbar war (**Entwicklungsfehler**).[47]

13 Die Haftung trifft den Hersteller (§ 4 I 1 ProdHaftG), auch den Hersteller eines Grundstoffs oder Teilprodukts, den Quasi-Hersteller (§ 4 I 2 ProdHaftG)[48] und den Importeur (§ 4 II ProdHaftG). Den Importeur kann bei besonderem Anlass eine Untersuchungspflicht auf gefahrenfreie Beschaffenheit treffen.[49] Subsidiär haftet der Lieferant, wenn der Hersteller nicht festgestellt werden kann (§ 4 III ProdHaftG).[50] Vermögensschäden, die nicht Folge eines Sach- oder Personenschadens sind, fallen nicht unter die Ersatzpflicht. Schmerzensgeld wird indessen geschuldet (§ 8 S. 2 ProdHaftG). Die Höhe der Ersatzansprüche ist durch §§ 10, 11 ProdHaftG beschränkt. Deliktische Ansprüche bleiben unberührt (§ 15 II ProdHaftG).

2. Deliktische Produzentenhaftung

14 Trotz des ProdHaftG hat die deliktische, verschuldensabhängige Produzentenhaftung noch Bedeutung.[51] Sie kann namentlich wegen der Beschränkung des Ersatzes von Sachschäden (§ 1 I 2 ProdHaftG) und wegen des Haftungshöchstbetrags (§ 10 ProdHaftG), aber auch wegen der Selbstbeteiligung (§ 11 ProdHaftG) relevant werden.

---

[42] *BGH* NJW 2013, 1302 Rn. 16.
[43] *Fuchs/Baumgärtner*, JuS 2011, 1057, 1058.
[44] BGHZ 181, 253 = NJW 2009, 2952 Rn. 15.
[45] BGHZ 181, 253 = NJW 2009, 2952 Rn. 23; *OLG Bamberg* NJW-RR 2010, 902.
[46] BGHZ 181, 253 = NJW 2009, 2952 Rn. 33.
[47] BGHZ 181, 253 = NJW 2009, 2952 Rn. 27; NJW 2013, 1302 Rn. 9.
[48] *BGH* NJW 1987, 372, 373; NJW 2005, 2695.
[49] *OLG Hamm* NJW-RR 2012, 355 (Kabinenroller aus China).
[50] *BGH* NJW 2005, 2695, 2697.
[51] Grundlegend: BGHZ 51, 91 = NJW 1969, 269 (Hühnerpest).

Der Hersteller haftet deliktisch für Konstruktions- und Fabrikationsfehler.[52] Ihn treffen ferner Pflichten zur Instruktion[53] sowie Produktbeobachtungs- und Prüfungspflichten,[54] ebenso Warnpflichten.[55] Eine Warnpflicht kann sich auf naheliegenden Fehlgebrauch erstrecken. Sie entfällt, wenn der Hersteller erwarten kann, dass das Produkt nur in die Hände von Personen gelangt, die mit den davon ausgehenden Gefahren vertraut sind.[56] Neben dem Hersteller kommen Zulieferer[57] und inländische Vertriebsgesellschaften[58] als deliktische Haftungsschuldner in Frage.

Ein deliktischer Schadensausgleich setzt voraus, dass das Integritätsinteresse des Geschädigten und nicht nur das Äquivalenz- oder Nutzungsinteresse verletzt ist.[59] Weiter muss der Geschädigte darlegen und beweisen, dass der Schaden durch einen Produktfehler aus dem Verantwortungsbereich des Herstellers stammt.[60] Die Rechtsprechung gewährt bestimmte **Beweiserleichterungen.** Steht fest, dass der Hersteller ein fehlerhaftes Produkt in den Verkehr gebracht hat, so muss er beweisen, dass ihm hinsichtlich des Mangels keine objektive Pflichtwidrigkeit und kein Verschulden zur Last fallen.[61]   **15**

3. Andere Fallgestaltungen

Hat ein Produktmangel zu keiner Verletzung eines geschützten Rechtsguts geführt, stellt sich die Frage, ob der Hersteller eines Produkts, das sich nach dem Inverkehrbringen als gefährlich erweist, nicht nur vor dieser Gefahr warnen, sondern das Produkt zurückrufen und gegebenenfalls nachrüsten muss. Grundlage für einen Anspruch auf Erstattung von Nachrüstungskosten kann Geschäftsführung ohne Auftrag (§§ 670, 683 S. 1 BGB oder §§ 812 ff., 684 S. 1 BGB) sein.[62] Eine Pflicht des Herstellers, das Sicherheitsrisiko durch Nachrüstung zu beseitigen, setzt voraus, dass eine Nachrüstung erforderlich ist, um die Produktgefahren (für Benutzer oder Dritte) effektiv abzuwehren. Wie weit die Gefahrabwendungspflichten des Herstellers gehen, ist unter Berücksichtigung aller Umstände des Einzelfalls entscheiden.[63]   **16**

Im Pflegebetten-Fall hat der *BGH* darauf abgestellt, dass der Hersteller dem Erwerber oder Nutzer kein fehlerfreies, in jeder Hinsicht gebrauchstaugliches Produkt zur Verfügung zu stellen hat und so sein Interesse an dessen ungestörter Nutzung und dessen Wert oder die darauf gerichtete Erwartung des Erwerbers (Nutzungs- und Äquivalenzinteresse) schützen muss. Der Schutz solcher Interessen bleibt grundsätzlich dem Vertragsrecht vorbehalten, im betreffenden Fall dem Sachmängelrecht des Kaufrechts.[64]

---

[52] BGHZ 129, 353 = NJW 1995, 2162 (Mehrweg-Glasflaschen); *OLG Celle* VersR 2007, 253 (Lederschleifmaschine); *OLG Hamm* NJW-RR 2011, 893 (Grillpaste); *Fuchs/Baumgärtner*, JuS 2011, 1057.

[53] *BGH* NJW 1987, 372; NJW 1994, 932 (Kindertee); NJW 1995, 1286 (Kindertee/Fruchtsaft); NJW 1996, 2224 (Maschinenöl); NJW 1999, 2273 (Kindertee); NJW 1999, 2815 (Papierreißwolf); *OLG Düsseldorf* OLGR 2009, 349 (Gebrauchtwagen).

[54] BGHZ 99, 167 = NJW 1987, 1009 (Lenkerverkleidung); BGHZ 104, 323 = NJW 1989, 2611 (Mehrweg-Limonadenflaschen); BGHZ 106, 273, 283 = NJW 1989, 1542, 1544 f. (Arzneimittel).

[55] BGHZ 139, 79 = NJW 1998, 2905 (Feuerwerkskörper).

[56] BGHZ 116, 60, 65 ff. = NJW 1992, 560, 561; *BGH* NJW 1999, 2815, 2816; *OLG Koblenz* NJW-RR 2006, 169.

[57] *BGH* NJW 1996, 2224.

[58] *BGH* NJW 1994, 517.

[59] BGHZ 86, 256 = NJW 1983, 810; *OLG Düsseldorf* OLGR 2008, 444.

[60] BGHZ 51, 91, 102 ff. = NJW 1969, 269, 274 ff.; MünchKommBGB/*Wagner*, § 823 Rn. 663; *Greger*, § 6 Rn. 18.

[61] BGHZ 116, 60 = NJW 1992, 560 (Kindertee); *BGH* NJW 1992, 1039 (Herstellung salmonellenverseuchter Speisen); NJW 1999, 1028 (Torfsubstrat).

[62] Zu Regressansprüchen aufgrund einer Rückrufaktion zur Vermeidung von Produkthaftungsansprüchen: *OLG Hamm* OLGR 2008, 176; *OLG Stuttgart* OLGR 2006, 452; *LG Frankfurt/M.* VersR 2007, 1575; *Burckhardt*, VersR 2007, 1601; Palandt/*Sprau*, § 823 Rn. 173 ff.

[63] BGHZ 179, 157 = NJW 2009, 1080 Rn. 12 f. = JuS 2009, 377 (*Faust*).

[64] BGHZ 179, 157 = NJW 2009, 1080 Rn. 19 = JuS 2009, 377 (*Faust*).

§ 29. Der Direktanspruch gegen den Kfz-Haftpflichtversicherer

1 Zur Stärkung der Rechtsstellung des durch einen Unfall mit Kraftfahrzeugbeteiligung Geschädigten sieht das Gesetz einen Direktanspruch gegen den Haftpflichtversicherer vor. Dieser ist in § 115 I 1 Nr. 1 VVG geregelt (§ 3 Nr. 1 S. 1 PflVG a. F.). Die früher maßgeblichen Bestimmungen sind im Wesentlichen unverändert in das neu gefasste VVG in den Abschnitt über die Pflichtversicherung übernommen worden (§§ 113 bis 124 des Gesetzes zur Reform des Versicherungsvertragsrechts vom 23.11.2007),[1] allerdings auf zahlreiche Einzelbestimmungen verteilt.[2] Die Allgemeinen Bedingungen für die Kfz-Versicherung (AKB) wurden im Zuge der VVG-Reform erheblich überarbeitet.[3]

Das reformierte VVG gilt im Grundsatz ab dem 1.1.2008; für Altverträge gibt es eine Übergangsvorschrift für Versicherungsfälle zum 31.12.2008 (Art. 1 I, II EGVVG).[4]

2 § 115 I 3 VVG stellt klar, dass der Direktanspruch des Geschädigten – in Abweichung von § 249 I BGB – auf Geldersatz gerichtet ist. Neben dem Versicherungsnehmer hat der Versicherer als Gesamtschuldner für den Schaden einzustehen (§ 115 I 4 VVG i. V. mit § 421 BGB). Im Prozess ist der Versicherer passiv legitimiert. Schädiger und Versicherer sind aber keine notwendigen Streitgenossen.[5] Im Verhältnis zu seinem Versicherungsnehmer obliegt dem Versicherer das Prozessführungsrecht (E.2.5 AKB).[6] Diese Bestimmung ist aber nicht anwendbar, wenn der Versicherungsnehmer eigene Schadensersatzansprüche aus dem Verkehrsunfall erhebt, zum Beispiel im Wege der Widerklage.[7]

Wird die Klage gegen den Versicherer rechtskräftig abgewiesen, wirkt das Urteil im Wege der Rechtskrafterstreckung auch im Verhältnis zum Versicherungsnehmer (§ 124 I VVG). Zahlt der Versicherer hingegen, so bleibt ihm bei Leistungsfreiheit im Innenverhältnis der Rückgriff gegen seinen Versicherungsnehmer vorbehalten (§ 116 I VVG).[8] Das gilt zum Beispiel bei Unfallflucht des Fahrers des versicherten Fahrzeugs.[9]

I. Voraussetzungen

3 Der Direktanspruch aus § 115 I 1 Nr. 1 VVG folgt aus der Versicherungspflicht für Kraftfahrzeughalter (§ 1 PflVG).[10] Der Direktanspruch ist nicht auf Ansprüche aus Delikt oder Gefährdungshaftung beschränkt.[11]

---

[1] BGBl. I 2631; BT-Drs. 16/3945, S. 123; BT-Drs. 16/5862, S. 37 ff.

[2] Synopsen: NJW-Spezial 2008, 139; *Braun*, zfs 2009, 187.

[3] Synopse bei *Braun*, zfs 2009, 187, 189; näher: *Stahl* in: Das neue VVG im Straßenverkehrsrecht, Rn. 524 ff.

[4] Zum Übergangrecht: *LG Karlsruhe* VersR 2009, 1387; *LG Saarbrücken* r+s 2013, 275; *Neuhaus*, r+s 2007, 441; *Schirmer*, DAR 2008, 319, 327; *Brand*, VersR 2011, 557.

[5] BGHZ 63, 51 = NJW 1974, 2124; Geigel/*Münkel*, Kap. 13 Rn. 25; *Greger*, § 15 Rn. 33.

[6] *Greger*, § 15 Rn. 29.

[7] *LG Mönchengladbach* NJW-RR 2008, 1096.

[8] Näher *Greger*, § 35 Rn. 17 f.; zum Rückgriff gegen den KfZ-Diebstahlsgehilfen: *BGH* NJW 2007, 1208.

[9] *AG Gelnhausen* NZV 2007, 366.

[10] *Greger*, § 15 Rn. 4 ff.; zu Schadensfällen mit nicht pflichtversicherten Kraftfahrzeugen *Skauradszun*, VersR 2009, 330

[11] *Greger*, § 15 Rn. 6; zur Geschäftsführung ohne Auftrag: *BGH* NJW-RR 2008, 406 Rn. 13; VersR 1978, 962.

1. Akzessorietät

Der Geschädigte muss alle Anspruchsvoraussetzungen gegen einen bestimmten Schädiger darlegen. Die Verteilung der Beweislast folgt derjenigen zwischen dem Versicherungsnehmer und dem Versicherer aus dem Versicherungsverhältnis.[12]

2. Anzeigeobliegenheit

Der Geschädigte muss seine Ansprüche dem Versicherer binnen zwei Wochen nach 4
dem Unfall anzeigen (§ 119 I VVG).[13] Die Nichteinhaltung der Frist führt zwar nicht
zum Verlust der Ansprüche.[14] Ihre Einhaltung hemmt jedoch die Verjährung (§ 115
II 3 VVG).[15]

II. Einwendungen des Versicherers

1. Grundlagen

Der Versicherer kann gegenüber dem Anspruch des Geschädigten alle Einwendungen 5
erheben, die dem Versicherungsnehmer zustehen, zum Beispiel Mitverschulden oder
mitwirkende Betriebsgefahr. Bei einem Anspruchsübergang auf Dritte kann der Versicherer diese Einwendungen auch gegenüber dem Rechtsnachfolger geltend machen
(§§ 404, 412 BGB). Mit einem dem Versicherungsnehmer zustehenden Gegenanspruch, zum Beispiel auf Ersatz des Schadens an dessen PKW, kann der Versicherer
dagegen nicht aufrechnen (§ 422 II BGB).

2. Verjährung

Der Anspruch gegen den Versicherer unterliegt der gleichen Verjährung wie der 6
Ersatzanspruch gegen den ersatzpflichtigen Versicherungsnehmer (§ 115 II 1 VVG).[16]
Die Verjährung wird durch die Anmeldung der Ansprüche nach § 115 II 3 VVG
gehemmt.[17] Die Verjährung endet spätestens in zehn Jahren von dem Schadensereignis an (§ 115 II 2 Hs. 2 VVG). Der Ablauf dieser Frist kommt allerdings dem
Schädiger nicht zugute, auch nicht in entsprechender Anwendung von § 124 I
VVG.[18]

III. Einwendungen aus dem Versicherungsverhältnis

Gemäß § 117 I VVG kann dem Anspruch des Geschädigten grundsätzlich nicht 7
entgegengehalten werden, dass der Versicherer dem ersatzpflichtigen Versicherungsnehmer nicht oder nur teilweise zur Leistung verpflichtet ist. Der Direktanspruch des
Geschädigten ist aber durch das versicherte Risiko und die vereinbarte Versicherungssumme nach Maßgabe des jeweiligen Versicherungsvertrags begrenzt (§ 117 III
VVG).[19]

---

[12] BGHZ 111, 372, 374 = NJW 1990, 2387 zu § 827 S. 1 BGB.
[13] Zum Umfang der Anmeldung: BGHZ 74, 393 = NJW 1979, 2155.
[14] *BGH* NJW 1975, 260; Geigel/*Münkel*, Kap. 13 Rn. 69.
[15] BGHZ 152, 298 = NJW 2003, 895; *BGH* NJW 2002, 1878; *OLG Celle* NJOZ 2008, 4000.
[16] Einzelfragen bei *Greger*, § 15 Rn. 21.
[17] *OLG Naumburg* VersR 2008, 775.
[18] *BGH* NJW-RR 2007, 467; *OLG Hamm* NJOZ 2007, 2805; *Diederichsen*, DAR 2007, 301,
305; *Müller/Matlach*, zfs 2007, 366.
[19] *BGH* NJW 2007, 370 Rn. 6; NJW 2007, 1205; NJW-RR 2006, 1462 Rn. 11; BGHZ 154,
316 = NJW 2003, 2018 (Autorennen); *Terno*, DAR 2007, 316 ff.

8 Der Versicherer kann den Einwand erheben, der Unfall sei von dem Versicherungsnehmer vorsätzlich – unter Umständen in Manipulation mit dem Geschädigten –
herbeigeführt worden (§ 103 VVG).[20] Die vorgenannte Bestimmung stellt klar, dass
sich der Vorsatz hier – anders als bei § 823 BGB – nicht nur auf die Handlung,
sondern auch auf die Schadensfolgen beziehen muss, damit der Haftungsausschluss
zu Gunsten des Versicherers greift.[21]

9 Weitere Beispiele für fehlenden Deckungsschutz enthält A.1.5 AKB. Ausgeschlossen
sind etwa Ansprüche wegen Beschädigung oder Abhandenkommens des Fahrzeugs,
auf das sich die Versicherung bezieht (§ 4 Nr. 2 KfzPflVV; A.1.5.3 AKB).[22] Ansprüche
wegen Beschädigung, Zerstörung oder Abhandenkommen der mit dem Fahrzeug
beförderten Sachen sind ebenfalls ausgeschlossen (§ 4 Nr. 3 KfzPflVV; A.1.5.5 AKB).[23]

10 Der Versicherer kann sich auch darauf berufen, es liege kein Schaden im Sinne von
A.1.1 AKB vor, der durch den Gebrauch des Kraftfahrzeugs entstanden sei. Der
Begriff des Gebrauchs erfordert, dass der Schadensfall mit dem Gefahrenbereich, für
den der Haftpflichtversicherer deckungspflichtig ist, in einem haftungsrechtlich rele-
vanten Zusammenhang steht.[24] Das reicht über den Betrieb des Kraftfahrzeugs im
Sinne von § 7 I StVG hinaus.

11 Der Versicherer kann schließlich einwenden, der Versicherungsschutz sei bereits bis
zur Deckungssumme erschöpft.[25] Maßgebend ist nicht die vorgeschriebene Mindest-
versicherungssumme, sondern die vertraglich vereinbarte Deckungssumme (A.1.3.1
AKB).[26] Bei mehreren Geschädigten ist die Versicherungssumme verhältnismäßig zu
teilen (§ 109 VVG).[27]

IV. Obliegenheitsverletzungen des Versicherungsnehmers

1. Trunkenheitsfahrt

12 Eine Trunkenheitsfahrt des Schädigers ändert an der Leistungspflicht des Kraftfahr-
zeughaftpflichtversicherers gegenüber dem Geschädigten nach § 115 I 1 Nr. 1, § 117
I VVG nichts.

Im Innenverhältnis zum Versicherer liegt aber eine Obliegenheitsverletzung des Versicherungsnehmers (Schädiger) vor Eintritt des Versicherungsfalls vor. Der Versicherungsnehmer hat gegen
die Fahrtüchtigkeitsklausel unter D.2.1 AKB verstoßen, so dass der Versicherer leistungsfrei ist.
Er kann seinen Versicherungsnehmer in Regress nehmen (§ 116 I VVG i. V. mit § 426 BGBF),
ebenso den Fahrer des Fahrzeugs.[28] § 28 II 2 Hs. 1 VVG macht den Regress von besonderen
Voraussetzungen abhängig. Der Versicherungsnehmer muss die Obliegenheit grob fahrlässig
verletzt haben.[29] Dies wird zu Lasten des Versicherungsnehmers vermutet (§ 28 II 2 Hs. 2 VVG;
D.3.1 AKB).[30] Ohnehin ist daran bei einer Trunkenheitsfahrt kaum zu zweifeln; für Schadens-

---

[20] *OLG Bamberg* NZV 2007, 237; *OLG Frankfurt/M.* NZV 2007, 313; *OLG Karlsruhe*
NJW-RR 2007, 1172; *Greger,* § 17 Rn. 13, 41; zum Fahrzeug als Waffe: *OLG Hamm* NZV
2006, 253; NZV 2006, 303.
[21] BT-Drs. 16/3945, S. 85.
[22] Dazu *BGH* NJW 1978, 2502, 2504.
[23] Dazu *BGH* NJW-RR 1994, 1302; NJW-RR 1995, 276;
[24] BGHZ 75, 45 = NJW 1979, 2408; NJW-RR 1995, 215; *Greger,* § 15 Rn. 5.
[25] BGHZ 84, 151 = NJW 1982, 2321; *BGH* NJW 1980, 2524; NJW 2007, 370 Rn. 15.
[26] BGHZ 87, 121 = NJW 1983, 2197; *Greger,* § 15 Rn. 15; zur Erhöhung der Mindestver-
sicherungssumme: BT-Drs. 16/5551.
[27] *BGH* NJW 2007, 370.
[28] *BGH* NZV 2008, 241 Rn. 9; *Höld,* VersR 2012, 284.
[29] Näher *LG Saarbrücken* r+s 2013, 275; *Stahl,* NZV 2009, 265; *Heß/Burmann* NZV 2009, 7.
[30] BT-Drs. 16/3945, S. 69; *Nugel,* NZV 2008, 11, 12; *Mergner,* NZV 2007, 385, 388; *Rixecker,*
zfs 2007, 73.

kausalität spricht überdies der Anschein.[31] § 5 I Nr. 5, III 1 KfzPflVV begrenzt den Regress auf 5.000 EUR.

2. Unfallflucht

Im Außenverhältnis gegenüber dem Geschädigten besteht auch bei Unfallflucht ohne **13** weiteres ein Direktanspruch gegen den Kfz-Haftpflichtversicherer nach § 115 I 1 Nr. 1, § 117 I VVG.

Im Innenverhältnis zum Kfz-Haftpflichtversicherer verstößt der Versicherungsnehmer durch das unerlaubte Entfernen vom Unfallort gegen seine Aufklärungsobliegenheit nach Eintritt des Versicherungsfalls (E.1.3 AKB).[32] Dies berechtigt den Versicherer zum Regress (§ 116 VVG i. V. mit § 426 BGB). Der Versicherungsnehmer kann gemäß § 28 III 1 VVG, D.3.2 AKB den Kausalitätsgegenbeweis führen, wenn die Unfallflucht für die Ersatzpflicht weder dem Grunde noch der Höhe nach hinweggedacht werden kann. Das wird nur schwerlich gelingen.[33] § 6 KfzPflVV begrenzt den Regress der Höhe nach auf 2.500 EUR, in schwerwiegenden Fällen auf 5.000 EUR.[34]

3. Anerkenntnis

§ 105 VVG betrifft das Anerkenntnis des Versicherungsnehmers. Die Vorschrift sieht **14** keine Leistungsbefreiung des Versicherers als Sanktion eines Anerkenntnisses durch Versicherungsnehmer vor.[35] Sie erklärt vielmehr Klauseln in den vom Versicherer verwendeten Allgemeinen Versicherungsbedingungen für unwirksam, nach welchen er bei einem Anerkenntnis des Anspruchs oder bei Befriedigung des Anspruchs durch den Versicherungsnehmer leistungsfrei ist.[36] Der Versicherer muss den Versicherungsnehmer aber nur nach der Sach- und Rechtslage freistellen.[37] Auch der Haftungsumfang bestimmt sich nach der Begründetheit der Haftpflichtforderung. Verspricht der Versicherungsnehmer dem Dritten mehr als diesem zusteht, geht der Mehrbetrag zu Lasten des Versicherungsnehmers.[38]

Betrügerische Anerkenntnisse sind nach wie vor unbeachtlich.[39] Ist der Versicherungsnehmer nicht Partei, sondern lediglich Zeuge, kann das Gericht die Klage bei Zweifeln an der Glaubhaftigkeit seiner Aussage bzw. seiner persönlichen Glaubwürdigkeit abweisen (§ 286 I ZPO).[40]

---

[31] *Schirmer*, DAR 2008, 319, 320.
[32] *Halm*, DAR 2007, 617; *Nugel*, zfs 2009, 307, 311; vgl. auch *LG Dortmund* NJOZ 2009, 138.
[33] *Nugel*, NZV 2008, 11, 12.
[34] Näher *LG Saarbrücken* r+s 2013, 275; *Halm*, DAR 2007, 617, 618.
[35] BT-Drs. 16/3945, S. 86, 90.
[36] BT-Drs. 16/3945, S. 86.
[37] *Schirmer*, DAR 2008, 319, 326.
[38] BT-Drs. 16/3945, S. 86.
[39] *Mergner*, NZV 2007, 385, 390; *Stahl* in: Das neue VVG im Straßenverkehrsrecht, Rn. 333.
[40] *Langheid*, NJW 2007, 3745, 3747.

§ 30. Einwendungen des Schädigers

1 Unter den Einwendungen des Schädigers im Unfallhaftpflichtprozess ist außer der bereits erörterten mitwirkenden Betriebsgefahr des Fahrzeugs des Geschädigten (§ 17 StVG) namentlich das Mitverschulden des Verletzten (§ 254 BGB) von großer Bedeutung, weil die Haftungsverteilung in vielen Fällen eine bedeutsame Rolle spielt (unten I.). Schwierig sind Fallgestaltungen, bei denen die im SGB VII geregelten gesetzlichen Haftungsbeschränkungen bei Arbeitsunfällen zu untersuchen sind (II.). In Zusammenhang damit steht nicht selten eine etwaige Haftungsfreistellung bei gestörtem Gesamtschuldverhältnis (III.). Eine weitere Gruppe von Einwendungen beruht auf Vereinbarungen der Parteien; das betrifft vertragliche Haftungsausschlüsse, Erlassverträge, außergerichtliche Anerkenntnisse und Vergleiche (IV. bis VII.). Oft ist schließlich die vom Schädiger erhobene Einrede der Verjährung zu prüfen (VIII.).

I. Mitverschulden des Geschädigten

2 Der Schadensersatzanspruch des Verletzten ist gemindert oder kann unter Umständen ganz ausgeschlossen sein, wenn der Unfallschaden von dem Verletzten selbst mitverursacht oder sogar ganz überwiegend verursacht wurde. Rechtsgrundlage für die Zurechnung eines Mitverschuldens des Geschädigten ist § 254 I, II BGB, gegebenenfalls i. V. mit § 9 StVG, § 4 HPflG oder § 6 ProdHaftG.

1. § 254 I BGB

3 Der Geschädigte, der die nach der Sachlage erforderliche Sorgfalt außer Acht lässt, um sich selbst vor Schaden zu schützen, muss den Verlust oder die Kürzung seiner Ansprüche hinnehmen. Die Anwendung des § 254 I BGB setzt einen haftungsbegründenden Tatbestand auf Seiten des Geschädigten voraus.[1] Beim Verschuldensbegriff im Rahmen von § 254 I BGB geht es nicht um die rechtswidrige Verletzung einer gegenüber einem anderen oder der Allgemeinheit bestehenden Rechtspflicht, sondern um die Verletzung der im eigenen Interesse bestehenden Obliegenheit, sich vor Schaden zu bewahren (Verschulden gegen sich selbst).[2]

4 Prozessual ist der Einwand des Mitverschuldens keine Einrede, sondern eine von Amts wegen zu beachtende Einwendung, sofern sich die maßgeblichen Tatsachen aus dem Vortrag auch nur einer Partei ergeben.[3] Die Frage des mitwirkenden Verschuldens ist daher von Amts wegen zu prüfen, selbst in der Revisionsinstanz.[4] Mitverschulden setzt pflichtwidriges Verhalten, Kausalität und Deliktsfähigkeit voraus.[5] Steht also etwa in Frage, ob der Geschädigte wegen Nichtanlegens des Sicherheitsgurtes mithaftet, ist festzustellen, ob und inwieweit das Nichtanlegen des Gurtes für die entstandenen Verletzungen ursächlich war.[6] Die Behauptungs- und Beweislast für die zur Anwendung des § 254 I BGB führenden Umstände trägt

---

[1] *BGH* NJW 2010, 930 (Rhein in Flammen); dazu *Galke*, zfs 2011, 2.
[2] BGHZ 135, 235 = NJW 1997, 2234, 2235; BGHZ 160, 18, 24 = NJW 2004, 3328, 3330; MünchKommBGB/*Oetker*, § 254 Rn. 3; *Stöhr*, zfs 2010, 62.
[3] *BGH* NJW 2000, 217, 219; VersR 2011, 132 Rn. 13.
[4] *BGH* VersR 2011, 132 Rn. 13.
[5] *BGH* NJW 2000, 3067, 3069; NJW 2003, 1929 (Überschreitung der zulässigen Höchstgeschwindigkeit); NJW-RR 2006, 965; MünchKommBGB/*Oetker*, § 254 Rn. 32 ff.
[6] *BGH* NJW 2012, 2027; *OLG Naumburg* NJOZ 2008, 4032; *OLG Karlsruhe* NZV 2010, 26.

grundsätzlich der Schädiger, der seine Ersatzpflicht mindern oder beseitigen will.[7] Es sind nur festgestellte Umstände zu berücksichtigen; bloß vermutetes (Mit-)Verschulden des Geschädigten genügt nicht.[8] Die Abwägung darf nicht schematisch erfolgen, sondern muss alle Umstände des Einzelfalls berücksichtigen.[9] Bei der Feststellung der bei der Abwägung zu berücksichtigenden tatsächlichen Umstände gilt der Beweismaßstab des § 286 ZPO, bei der Gewichtung dieser Umstände der Maßstab des § 287 ZPO.[10]

Bei der gebotenen Abwägung im Rahmen des § 254 I BGB ist in erster Linie das Maß der Verursachung maßgeblich, in dem die Beteiligten zur Schadensentstehung beigetragen haben. Das beiderseitige Verschulden ist nur ein Faktor der Abwägung. Es kommt danach für die Haftungsverteilung entscheidend darauf an, ob das Verhalten des Schädigers oder das des Geschädigten den Eintritt des Schadens in wesentlich höherem Maße verursacht hat. Die unter diesem Gesichtspunkt vorzunehmende Abwägung kann ausnahmsweise zu dem Ergebnis führen, dass einer der Beteiligten allein für den Schaden aufkommen muss.[11]   5

Ein Kraftfahrer, der sich in den Straßenverkehr begibt, muss sich zu seinem eigenen Schutz verkehrsrichtig verhalten. Das bestimmt sich nicht nur nach den geschriebenen Regeln der Straßenverkehrsordnung, sondern nach den konkreten Umständen und Gefahren des Verkehrs, sowie nach dem, was den Verkehrsteilnehmern zumutbar ist, um diese Gefahr möglichst gering zu halten.[12]

Im Straßenverkehr gilt § 254 I BGB wegen der Sonderregel des § 17 III StVG unmittelbar nur für nicht motorisierte Verkehrsteilnehmer, wie Fußgänger,[13] und Radfahrer,[14] ebenso für Fahrgäste eines Linienbusses.[15] Ein Kind trifft beim Fahrradfahren etwa nicht die Obliegenheit zum Tragen eines Schutzhelms.[16] Auch bei erwachsenen Radfahrern wird ein Mitverschulden nach der bisher herrschenden Rechtsprechung grundsätzlich verneint, weil Schutzhelme für Radfahrer nicht vorgeschrieben sind.[17] Sportliche Radfahrer kann indes ein Mitverschulden treffen.[18] Für den Kausalzusammenhang zwischen Fahren ohne Schutzhelm und Kopfverletzungen spricht der Beweis des ersten Anscheins.[19]   6

Für **Kinder** scheidet eine Mithaftung bis zur Vollendung des zehnten Lebensjahres bei Unfällen im motorisierten Verkehr völlig aus (§ 828 II BGB). Außerhalb von § 828 II BGB muss sich ein verletztes Kind eigenes Verschulden bei der Entstehung des Unfalls im Rahmen seiner Delikts- und Einsichtsfähigkeit zurechnen lassen.[20] Für das Verschulden der aufsichtspflichtigen Eltern hat das Kind einzustehen, wenn es   7

---

[7] *BGH* VersR 2006, 286; NJW 2007, 1063 Rn. 14; VersR 2011, 132 Rn. 17.
[8] *BGH* NJW 2012, 2425 Rn. 12; *BGH* NJW 2013, 2018 Rn. 34.
[9] *BGH* NJW-RR 2007, 1282 Rn. 32; NJW-RR 2009, 46 Rn. 24.
[10] MünchKommBGB/*Oetker,* § 254 Rn. 145; *BGH* NJW-RR 1988, 1373.
[11] *BGH* NJW-RR 2009, 239 Rn. 15.
[12] BGHZ 74, 25, 28 = NJW 1979, 1363, 1364.
[13] *KG* NZV 2007, 80, *OLG Hamm* zfs 2008, 375, jeweils zum plötzlichen Betreten der Fahrbahn; zum Fußgängerunfall: *Greger* NZV 1990, 409.
[14] *BGH* NJW-RR 2009, 239; zu Fahrrädern im öffentlichen Straßenverkehr: *Rebler,* DAR 2009, 14.
[15] *OLG München* NZV 2006, 477.
[16] *OLG Düsseldorf* NZV 2007, 38; MünchKommBGB/*Oetker,* § 254 Rn. 42; *Greger,* § 22 Rn. 61 ff.; zum Tragen eines Helms im Straßenverkehr: *Scholten,* NJW 2012, 2993; zum Tragen von Motorradschutzkleidung: *OLG Brandenburg* NJW-RR 2010, 539.
[17] *BGH* NJW-RR 2009, 239 Rn. 8; *Kettler,* NZV 2007, 603; *Stöhr,* zfs 2010, 62, 65.
[18] *OLG Düsseldorf* NJW 2007, 3075; *OLG Saarbrücken* NJW-RR 2008, 266.
[19] *BGH* NJW 2008, 3778 Rn. 20.
[20] Geigel/*Knerr,* Kap. 2 Rn. 11; *Stöhr,* zfs 2010, 62, 63.

selbst deliktisch verantwortlich ist und ihm das Verhalten seines gesetzlichen Vertreters (oder eines anderen Aufsichtspflichtigen) zur Last fällt.[21]

8   Hinterbliebene müssen sich bei der Geltendmachung von in der Person des getöteten Erblassers entstandenen Ansprüchen dessen Mitverschulden (§ 254 I BGB) nach §§ 1922, 412, 404 BGB entgegenhalten lassen. Bei originär in ihrer Person entstandenen Ansprüchen (§§ 844, 845 BGB) ordnet § 846 BGB diese Rechtsfolge an.[22]

2. § 254 II 1 BGB

9   Der Geschädigte ist zur Geringhaltung des Schadens verpflichtet (§ 254 II 1 BGB). Verstößt er dagegen, muss er sich gegebenenfalls eine Kürzung seines Schadensersatzanspruchs gefallen lassen. Dies kann anzunehmen sein, wenn der Geschädigte es unterlässt, die ihm nach einer Schädigung verbliebene Arbeitskraft so nutzbringend wie möglich zu verwerten.[23] Der Verletzte muss Rahmen seiner prozessualen Mitwirkungspflichten darlegen, was er zur Erlangung einer ihm zumutbaren Arbeitsstelle unternommen hat.[24] Gegebenenfalls sind die erzielbaren (fiktiven) Einkünfte auf den Schaden anzurechnen. Eine quotenmäßige Anspruchskürzung kommt grundsätzlich nicht in Betracht.[25]

10   Eine Tätigkeit in der Registratur des gegnerischen Haftpflichtversicherers kann zumutbar sein.[26] Ein Verstoß gegen die Schadensminderungspflicht kann auch vorliegen, wenn der Geschädigte es unterlässt, sich einer zumutbaren Operation zur Beseitigung oder Verminderung seiner körperlichen Beeinträchtigung zu unterziehen. Zumutbar in diesem Sinne ist eine solche Operation, wenn sie einfach und gefahrlos und nicht mit besonderen Schmerzen verbunden ist sowie die sichere Aussicht auf Heilung oder wesentliche Besserung bietet. Dem Sozialversicherungsträger, der einen übergegangenen Anspruch geltend macht, kann entgegen gehalten werden, dass er es unterlassen hat, geeignete Rehabilitationsmaßnahmen zu veranlassen.[27] Die Darlegungs- und Beweislast hinsichtlich dieser Voraussetzungen obliegt dem Schädiger.[28]

Bei gleichzeitiger Verletzung des § 254 I BGB und der Schadensminderungspflicht (§ 254 II BGB) ist zunächst der Anspruch auf das gebotene Maß zu kürzen und daraus die Quote nach § 254 I BGB, § 17 StVG zu bilden.[29]

3. § 254 II 2 BGB

11   Die Zurechnung des Verhaltens Dritter richtet sich nach § 254 II 2, § 278 BGB. Der Geschädigte muss sich das Verhalten seines gesetzlichen Vertreters oder eines Erfüllungsgehilfen (§ 278 BGB) bei der Entstehung des Schadens nur zurechnen lassen, wenn bei dem haftungsbegründenden Vorgang zwischen ihm und dem Geschädigten bereits eine vertragliche Sonderbeziehung bestanden hat. Gleichgestellt werden sonstige rechtliche Sonderverbindungen.[30]

Hierfür kann auch das durch eine unerlaubte Handlung begründete Schuldverhältnis genügen.[31] Das Mitverschulden muss sich dann jedoch auf eine Phase beziehen, in welcher der Verletzungs-

---

[21] *BGH* NJW 1978, 2392; Geigel/*Knerr,* Kap. 2 Rn. 35; siehe auch BGHZ 103, 338, 344 = NJW 1988, 2667, 2668.
[22] Dazu Geigel/*Münkel,* Kap. 8 Rn. 102 ff.
[23] BGHZ 91, 357 = NJW 1984, 2520; *G. Müller,* zfs 2009, 124, 125.
[24] *OLG Hamm* OLGR 2005, 305, 306; *Stöhr,* zfs 2010, 62, 68.
[25] *BGH* NJW 2007, 64.
[26] *BGH* NJW 1998, 3706.
[27] *Dahm,* NZV 2010, 434.
[28] *BGH* NJW 1989, 2332.
[29] *BGH* NJW-RR 1992, 1050.
[30] *BGH* NJW 1992, 1095; MünchKommBGB/*Oetker,* § 254 Rn. 128.
[31] BGHZ 103, 338, 342 f. = NJW 1988, 2667, 2668.

tatbestand bereits verwirklicht ist.[32] Außerhalb dieses Rahmens kommt nur eine Zurechnung des Verhaltens von Verrichtungsgehilfen mit der Möglichkeit des Entlastungsbeweises in Frage (§ 831 BGB).

4. Haftungs- und Zurechnungseinheit

Besonderheiten gelten bei Mehrpersonenunfällen. Im Rahmen der Abwägung der Verursachungsanteile unter mehreren Unfallbeteiligten bilden diejenigen für die Feststellung der auf sie entfallenden Quote eine Einheit, deren Verhalten sich im Wesentlichen in ein und demselben zum Unfall führenden Ursachenbeitrag ausgewirkt hat. Dies ist zum einen dann der Fall, wenn die Verhaltensweisen mehrerer Schädiger zu einem einheitlichen unfallursächlichen Umstand geführt haben (**Haftungseinheit**).[33] Zum andern können aus entsprechenden Gründen auch der Geschädigte und einer der Schädiger als Einheit einem anderen Schädiger gegenüberstehen (**Zurechnungseinheit**)[34] Letzteres ist der Fall, wenn die Kausalbeiträge des Erstschädigers und des Geschädigten im Wesentlichen deckungsgleich erscheinen, weil sie gemeinsam eine bereits gefahrbringende Verkehrslage geschaffen haben, zu der dann erst der weitere Schadensbeitrag des zweiten Schädigers hinzugetreten ist. Durch die Rechtsfigur der Haftungs- bzw. Zurechnungseinheit soll vermieden werden, dass im Wesentlichen identische Verursachungsfaktoren zum Nachteil eines der Beteiligten doppelt zum Ansatz kommen.[35]   **12**

Haben mehrere einen Unfall herbeigeführt (Nebentäter), ohne eine Haftungseinheit zu bilden, tritt neben die **Einzelabwägung** zwischen Geschädigtem und jedem Nebentäter eine **Gesamtabwägung,** wonach alle Nebentäter zusammen nicht mehr als den Betrag aufzubringen haben, der bei einer Gesamtschau dem Anteil ihrer Gesamtverantwortlichkeit entspricht.[36]   **13**

Beispiel: Haben die Nebentäter A und B einen Gesamtschaden von 3.000 EUR verursacht, für den sie und der Geschädigte jeweils in gleichem Umfang – also zu je 1/3 – verantwortlich sind, so kann der Geschädigte sowohl von A oder B 1.500 EUR verlangen (Separatquote). Insgesamt kann der Geschädigte aber nicht mehr als 2.000 EUR beanspruchen (Solidarquote). Zahlt einer der beiden Schädiger 1.500 EUR, kann der Geschädigte von dem anderen daher noch 500 EUR verlangen.[37]

II. Haftungsbeschränkungen aufgrund gesetzlicher Unfallversicherung

Ein Verkehrsunfall kann gleichzeitig ein Arbeits- bzw. Wegeunfall mit sozialversicherungsrechtlichen Folgen sein. Die Haftung des Schädigers wird bei Arbeitsunfällen vielfach durch Leistungen der gesetzlichen Unfallversicherung ersetzt. Maßgeblich sind die §§ 104 ff. SGB VII, die das Zivil- mit dem Sozialrecht verzahnen und einen umfassenden Haftungsausschluss des Schädigers vorsehen.[38]   **14**

---

[32] BGHZ 116, 60, 74 = NJW 1992, 560, 563.

[33] BGHZ 54, 283, 285 = NJW 1971, 33; *BGH* NJW-RR 1989, 918; NJW 1995, 1150; NJW 1996, 2023, 2024; NJW 2010, 1592 Rn. 23; *OLG Hamm* OLGR 2009, 195, 196; *OLG Hamm* OLGR 2009, 500, 501; *OLG Hamm* NJW-RR 2010, 755; MünchKommBGB/*Oetker*, § 254 Rn. 123; Geigel/*Knerr*, Kap. 2. Rn. 30.

[34] BGHZ 61, 213, 218 = NJW 1973, 2022; *BGH* NJW 1978, 2392; NJW 1983, 623; *Greger*, § 22 Rn. 142.

[35] *BGH* NJW 1996, 2023, 2024.

[36] *BGH* NJW 2006, 896; *Lemcke*, r+s 2006, 172; BGHZ 30, 203, 211 f. = NJW 1959, 1772, 1775; Geigel/*Knerr*, Kap. 2 Rn. 25 ff.; MünchKommBGB/*Oetker*, § 254 Rn. 120; *Figgener*, NJW-Spezial 2007, 543.

[37] MünchKommBGB/*Wagner*, § 840 Rn. 22, 23; Erman/*Ebert*, § 254 Rn. 103; Geigel/*Knerr*, Kap. 2 Rn. 28; weiteres Beispiel bei *OLG Hamm* NJW 2008, 3795, 3796.

[38] *BGH* VersR 2008, 410 Rn. 17; Überblick bei *Waltermann*, NJW 2004, 901.

Für Schadensfälle vor dem 1.1.1997 gelten die §§ 539, 636, 637, 640 RVO.[39] Hat der Geschädigte seinen Wohnsitz in einem anderen Mitgliedstaat der EU, richtet sich die Frage des anwendbaren Rechts nach der EWG-VO 1408/71.[40] Selbst wenn der Arbeitnehmer zum Beispiel in Deutschland wohnt und sich der Arbeitsunfall in Deutschland ereignet, kann niederländisches Sozialrecht anwendbar sein, wenn der Arbeitnehmer in den Niederlanden abhängig beschäftigt ist (Wanderarbeitnehmer).[41] Das einschlägige Recht ist gemäß § 293 ZPO von Amts wegen zu ermitteln.[42]

15 Nach § 104 I 1 SGB VII, dessen Verfassungsmäßigkeit das *BVerfG* bestätigt hat,[43] sind Unternehmer den Versicherten, die für ihre Unternehmen tätig sind oder zu ihren Unternehmen in einer sonstigen die Versicherung begründenden Beziehung stehen, sowie deren Angehörigen oder Hinterbliebenen zum Ersatz des Personenschadens, den ein Versicherungsfall verursacht hat, nur verpflichtet, wenn sie den Versicherungsfall vorsätzlich oder auf einem nach § 8 II Nr. 1–4 SGB VII versicherten Weg herbeigeführt haben. Gleiches gilt nach § 105 I 1 SGB VII für Personen, die durch eine betriebliche Tätigkeit einen Versicherungsfall von Versicherten desselben Betriebs verursacht haben.

16 Das Haftungsprivileg der §§ 104 ff. SGB VII bezweckt, mit der verschuldensunabhängigen Unfallfürsorge, die sich aus den Beiträgen der Unternehmer finanziert (§ 150 I 1 SGB VII), die zivilrechtliche, auf Verschulden gestützte Haftung der Unternehmer abzulösen, indem sie über die Berufsgenossenschaften von allen dazugehörigen Unternehmen gemeinschaftlich getragen und damit für den jeweils betroffenen Unternehmer kalkulierbar wird. Sie dient dem Unternehmer als Ausgleich für die allein von ihm getragene Beitragslast. Ferner soll der Betriebsfrieden zwischen dem Unternehmer und den Beschäftigten sowie den Beschäftigten untereinander gewahrt werden.[44]

Die **Darlegungs- und Beweislast** für die Voraussetzungen einer Haftungsfreistellung nach den §§ 104 ff. SGB VII trägt nach allgemeinen beweisrechtlichen Grundsätzen der Haftpflichtschuldner, denn es handelt sich um eine für ihn günstige Einwendung gegen den Haftungsanspruch.[45]

1. Arbeitsunfälle

a) Haftung des Unternehmers (§ 104 SGB VII)

17 Der Haftungsausschluss umfasst diejenigen Schäden, die durch die Verletzung oder Tötung des Versicherten verursacht worden sind. Zum Personenschaden zählt jeder Schaden, der seine tatsächliche Grundlage in einem Gesundheitsschaden hat.[46] Dazu gehören auch Verdienstausfall[47] und Ansprüche aus §§ 844, 845 BGB.[48] Gleiches gilt für Schmerzensgeld, obwohl der Geschädigte von der Unfallversicherung kein Schmerzensgeld erhält.[49] Diese Regelung ist verfassungsrechtlich nicht zu bestan-

---

[39] *Greger,* § 19 Rn. 114 ff.
[40] *BGH* NJW 2007, 1754; *Diederichsen,* DAR 2007, 301, 303; *Wellner,* NJW-Spezial 2009, 473.
[41] BGHZ 177, 237 = NJW 2009, 916 Rn. 10 ff.
[42] BGHZ 177, 237 = NJW 2009, 916 Rn. 7 ff.
[43] Beschluss vom 27.2.2009 – 1 BvR 3505/08 = BVerfGK 15, 156; siehe auch *BGH* NJW 2009, 2956 Rn. 13 ff. und *BGH* VersR 2012, 724 Rn. 10 ff.
[44] BGHZ 168, 161 = NJW 2006, 3563 Rn. 8; zur Interessenlage *BAG* NJW 2004, 3360, 3361; Geigel/*Wellner,* Kap. 31 Rn. 6.
[45] *BGH* NJW 2007, 1754 Rn. 11.
[46] *BGH* VersR 2007, 1131 Rn. 11.
[47] *BGH* VersR 2007, 1131 Rn. 11
[48] *BGH* NJW-RR 2007, 1395 Rn. 8.
[49] Näher Geigel/*Wellner,* Kap. 31 Rn. 17.

den.[50] Es spielt keine Rolle, ob für den Unternehmer Haftpflichtversicherungsschutz besteht.[51]

Ansprüche gegen den Unternehmer auf Ersatz des Sachschadens werden nicht berührt.[52] Nicht erfasst werden auch Schmerzensgeldansprüche von Angehörigen oder Hinterbliebenen des Versicherten aufgrund von Schockschäden. Insoweit sieht die gesetzliche Unfallversicherung keine Leistungen vor.[53] Ein solcher Anspruch kann aber durch ein Mitverschulden des Versicherten gemindert sein (§§ 242, 254 BGB).[54] **18**

Der Begriff des durch § 104 I SGB VII privilegierten Unternehmers ist in § 136 III SGB VII definiert. **Unternehmer** ist insbesondere derjenige, dem das Ergebnis des Unternehmens unmittelbar zum Vor- oder Nachteil gereicht (§ 136 III Nr. 1 SGB VII).[55] **19**

Von zivilrechtlichen Ansprüchen ausgeschlossen sind gemäß § 104 I 1 SGB VII in erster Linie **Beschäftigte** des gleichen Unternehmens. Diese sind gemäß § 2 I Nr. 1 SGB VII unfallversichert. **20**

Unfallversichert sich auch Personen, die wie Versicherte tätig werden (§ 2 II 1 SGB VII; Hilfeleistende).[56] Das betrifft zum Beispiel das Ab- und Beladen eines Kraftfahrzeugs[57] sowie Pannen- oder Unfallhilfe.[58] Ist der Geschädigte für einen anderen Betrieb tätig, aber auf einer gemeinsamen Betriebsstätte, greift § 106 III Alt. 3 SGB VII ein (dazu unten).

Die Haftungsbeschränkung setzt einen Versicherungsfall voraus; darunter ist namentlich ein **Arbeitsunfall** zu verstehen (§ 7 I, § 8 I SGB VII). Dabei handelt es sich um einen Unfall des Versicherten infolge einer versicherten Tätigkeit (§ 8 I 1 SGB VII). Unfälle sind nach § 8 I 2 SGB VII zeitlich begrenzte, von außen auf den Körper einwirkende Ereignisse, die zu einem Gesundheitsschaden oder zum Tod führen. Ob Unfälle unter den sozialrechtlichen Versicherungsschutz fallen, hängt in der Regel davon ab, ob zwischen der Verrichtung und der versicherten Tätigkeit im Zeitpunkt des Unfalls ein sachlicher Zusammenhang besteht.[59] Ein rein örtlicher oder zeitlicher Zusammenhang genügt nicht. Der sachliche Zusammenhang zwischen der versicherten Tätigkeit und der den Unfall verursachenden Verrichtung ist wertend zu ermitteln. Maßgebliches Kriterium ist die Handlungstendenz des Versicherten.[60] Ein Unfall ist danach z. B. auch im Rahmen der Schadenssuche bei einer Fahrzeugpanne in der Mittagspause zu bejahen.[61] **21**

Besteht Streit über die Frage, ob der Geschädigte Versicherter in der gesetzlichen Unfallversicherung ist oder ob ein Arbeitsunfall vorliegt, so entscheiden hierüber die Sozialversicherungsträger bzw. die Sozialgerichte mit Bindungswirkung gegenüber den Zivilgerichten (§ 108 I SGB VII).[62] Diese haben keine eigenen Feststellungen zu **22**

[50] *BVerfG* NJW 1995, 1607; BVerfGE 34, 118 = NJW 1973, 502.
[51] *BGH* NJW 1973, 1326, 1327; Geigel/*Wellner*, Kap. 31 Rn. 5; *Greger*, § 19 Rn. 88.
[52] Geigel/*Wellner*, Kap. 31 Rn. 18.
[53] *BGH* NJW-RR 2007, 1395 Rn. 14; *Dahm*, NZV 2008, 187.
[54] *BGH* NJW-RR 2007, 1395 Rn. 17.
[55] Näher BGHZ 157, 9, 12 = NJW 2004, 951, 952 = JuS 2004, 454 *(Ruland)*.
[56] *OLG Brandenburg* NZM 2007, 129; *OLG Jena* NJOZ 2008, 5109; Geigel/*Wellner*, Kap. 31 Rn. 41 ff.
[57] Geigel/*Wellner*, Kap. 31 Rn. 47.
[58] *BGH* NJW 1996, 2023 (Schieben eines defekten Fahrzeugs); *OLG Jena* NZV 2004, 466; anders *Stöber*, NZV 2007, 57.
[59] *BSG* NJW 2010, 1692; Geigel/*Wellner*, Kap. 31 Rn. 27; *Plagemann/Radtke-Schwenzer*, NJW 2010, 201, 203; siehe auch BT-Drs. 13/2204, S. 77.
[60] BGHZ 181, 160 = NJW 2009, 3235 Rn. 13; *BSG* NZS 2006, 100 f.
[61] *BSG* DAR 2008, 352; NJW 2009, 937.
[62] BGHZ 177, 97 = NJW 2008, 2916 Rn. 9; BGHZ 129, 195 = NJW 1995, 2038; *Horst/Katzenstein*, VersR 2009, 165; *Kampen*, NJW 2010, 2311; *Dahm* NZV 2011, 118; vgl. *OLG Celle* r+s 2011, 270.

treffen, sondern ihr Verfahren gegebenenfalls auszusetzen (§ 108 II 1 SGB VII). Dies ist nur ausnahmsweise in Fällen bloßer Förmelei entbehrlich.[63]

Ein bestandskräftig gewordener Bescheid des Unfallversicherungsträgers ist zu beachten, auch noch im Revisionsverfahren.[64] Die – von Amts wegen zu berücksichtigende – Bindungswirkung erstreckt sich auch auf die Entscheidung darüber, ob der Geschädigte den Unfall als Versicherter auf Grund eines Beschäftigungsverhältnisses im Sinne des § 2 I Nr. 1 oder § 2 II 1 SGB VII bzw. als Hilfeleistender nach § 2 I Nr. 13 lit. a SGB VII erlitten hat.[65] Das Zivilgericht darf den Haftungsfall keinem weiteren Unternehmer nach § 2 II 1 SGB VII zuordnen; dies hat der *BGH* für die Verletzung einer Zahntechnikerin auf dem Spielplatz eines Kindergartens während einer Umschulung zur Erzieherin entschieden.[66]

23　Entnimmt das Zivilgericht den beigezogenen Akten der Berufsgenossenschaft, dass diese wegen des Unfalls ein Verfahren durchgeführt hat, muss es wegen der von § 108 SGB VII angeordneten Bindungswirkung von Amts wegen Feststellungen treffen, ob und gegebenenfalls in welchem Umfang in diesem Verfahren eine bindende Entscheidung des Sozialversicherungsträgers über das Vorliegen eines Versicherungsfalls getroffen worden ist.[67] Der Eintritt der Bindungswirkung nach § 108 I SGB VII setzt voraus, dass die Entscheidung für die Betroffenen unanfechtbar ist. Dies ist der Fall, wenn der Bescheid gemäß § 77 SGG bestandskräftig geworden oder das Sozialgerichtsverfahren rechtskräftig abgeschlossen ist.[68] Voraussetzung der Bindungswirkung ist, dass der betroffene Dritte in Kenntnis des sozialrechtlichen Verfahrens und dessen Auswirkungen auf seine eigene rechtliche Position über seine Teilnahme daran entscheiden konnte.[69] Zu beachten ist, dass eine Bindung nicht besteht, wenn nur um die Frage gestritten wird, ob eine gemeinsame Betriebsstätte vorliegt.[70]

24　Liegen die Tatbestandsvoraussetzungen des § 104 SGB VII vor, besteht ein Anspruch gegen den Schädiger nur in den Ausnahmefällen vorsätzlicher Schädigung oder bei einem Wegeunfall.

– Der Unternehmer haftet, wenn er den Versicherungsfall **vorsätzlich** herbeigeführt hat (§ 104 I 1 Hs. 2 Alt. 1 SGB VII). Der Vorsatz darf sich nicht nur auf die Herbeiführung des Unfalls beziehen; auch der eingetretene Schaden muss vom Vorsatz umfasst gewesen sein.[71]

– Auch bei einem nicht versicherten **Wegeunfall** wird die Haftung des Unternehmers entsperrt (§ 104 I 1 Hs. 2 Alt. 2, § 8 II Nr. 1–4 SGB VII).[72]

– Etwas anderes gilt allerdings für gemäß § 8 I SGB VII versicherte Betriebswege (Transporte, Kundenbesuche, Dienstreisen). Ein Wegeunfall ist daher von einem Betriebswegeunfall zu unterscheiden. Ein **Betriebswegeunfall** steht der Betriebsarbeit gleich, so dass das Haftungsprivileg greift.[73] Ein Betriebsweg ist gegeben, wenn die Fahrt maßgeblich durch die betriebliche Organisation geprägt wird und sich als Teil des innerbetrieblichen Organisations- und Funktionsbereichs darstellt.[74] Das Verlassen des Arbeitsplatzes einschließlich des Wegs auf dem Werksgelände zum Werkstor ist noch eine betriebliche Tätigkeit (innerbetrieblicher Ver-

---

[63] *BGH* NJW 2013, 2031 Rn. 11.
[64] *BGH* NJW 2009, 2956 Rn. 12.
[65] BGHZ 166, 42 = NJW 2006, 1592; *BGH* VersR 2007, 1131 Rn. 15.
[66] BGHZ 181, 160 = NJW 2009, 3235.
[67] *BGH* VersR 2007, 1131 Rn. 13 ff.; NJW 2008, 1877 Rn. 9.
[68] *BGH* VersR 2008, 820 Rn. 10.
[69] *BGH* NJW 2008, 1877.
[70] *BGH* NZV 2013, 280 Rn. 14.
[71] BGHZ 154, 11 = NJW 2003, 1605.
[72] *Küppersbusch/Höher*, Rn. 536 ff.; *Plagemann/Radtke-Schwenzer*, NJW 2008, 2150, 2153.
[73] BGHZ 157, 159, 162 = NJW 2004, 949, 950; BGHZ 145, 311 = NJW 2001, 442; *Geigel/Wellner*, Kap. 31 Rn. 55 ff.; *Ricke*, VersR 2003, 540; *Greger*, § 19 Rn. 119.
[74] *BGH* VersR 2007, 64 Rn. 21.

kehr).[75] Die Rückfahrt von einer betrieblichen Weihnachtsfeier ist jedoch kein Betriebsweg,[76] ebenso wenig eine Fahrtunterbrechung, um ein Kind abzuholen.[77]

– Der Unfallort kann auch außerhalb des Firmengeländes liegen, wenn der Versicherte ständig seinen Arbeitsplatz dort hat. Das hat der *BGH* im Fall einer Reinigungskraft entschieden, die außerhalb des Firmensitzes Hotels reinigte und beim Antritt der Heimfahrt von einer Arbeitskollegin auf dem Hotelparkplatz angefahren wurde.[78]

b) Haftung anderer im Betrieb tätiger Personen (§ 105 SGB VII)

Das Haftungsprivileg des Unternehmers gilt auch im Verhältnis der Mitarbeiter **25** untereinander. Gemäß § 105 I 1 SGB VII sind Personen, die durch eine betriebliche Tätigkeit einen Versicherungsfall von Versicherten desselben Betriebs verursachen, diesen (sowie deren Angehörigen und Hinterbliebenen) nach anderen gesetzlichen Vorschriften zum Ersatz des Personenschadens nur verpflichtet, wenn sie den Versicherungsfall vorsätzlich oder auf einem nach § 8 I 2 Nr. 1–4 SGB VII versicherten Weg herbeigeführt haben.

Im Hinblick auf die erfassten Ansprüche gelten die Ausführungen zu § 104 SGB VII. **26** Gemäß § 105 I 1 SGB VII muss ein Versicherungsfall (§ 7 I SGB VII), also insbesondere ein Arbeitsunfall des Verletzten (§ 8 I SGB VII), eingetreten sein. Dieser muss **durch eine betriebliche Tätigkeit** des Schädigers verursacht worden sein. Darunter ist jede gegen Arbeitsunfall versicherte Tätigkeit zu verstehen.[79] Entscheidend für das Vorliegen einer betrieblichen Tätigkeit ist die Verursachung des Schadensereignisses durch eine Tätigkeit des Schädigers, die ihm von dem Betrieb oder für den Betrieb, in dem sich der Unfall ereignet hat, übertragen war oder die von ihm im Betriebsinteresse erbracht wurde.[80]

Diente die Tätigkeit des Schädigers sowohl dem Interesse des Unfallbetriebs als auch dem seines eigenen bzw. seines Stammunternehmens, kann sie dem Unfallbetrieb nur dann zugeordnet werden, wenn sie der Sache nach für diesen und nicht für das eigene Unternehmen geleistet wurde. Für die unfallversicherungsrechtliche Zuordnung der Tätigkeit kommt es darauf an, ob ihr Aufgaben des fremden oder solche des eigenen Unternehmens das Gepräge gegeben haben.[81]

– Das Haftungsprivileg betrifft in erster Linie Arbeitskollegen, die in demselben Betrieb tätig sind (§ 2 I Nr. 1 SGB VII). Sind sie für einen anderen Betrieb tätig, aber auf einer gemeinsamen Betriebsstätte, greift § 106 III Alt. 3 SGB VII ein (dazu unten).

– Der Begriff der betrieblichen Tätigkeit ist nicht eng auszulegen. Er umfasst auch Tätigkeiten, die in nahem Zusammenhang mit dem Betrieb und seinem Wirkungskreis stehen.[82]

– Der Schädiger muss kein Betriebsangehöriger des Unfallbetriebs sein; er kann auch ein **Wie-Beschäftigter** sein (§ 2 II 1 i. V. mit § 2 I Nr. 1 SGB VII). Es genügt, wenn der Schädiger den Arbeitsunfall bei einer versicherten Tätigkeit verursacht hat.[83] Etwas anderes gilt allerdings für den **Nothelfer.** Dieser ist nach § 2 I Nr. 13 lit. a

---

[75] *BGH* VersR 2006, 221; *BAG* NJW 2001, 2039, 2040.
[76] *OLG Dresden* NZV 2009, 87; *Dahm,* NZV 2009, 70; *Heß/Burmann,* NJW 2009, 899, 901.
[77] *BSG* NJW 2011, 105.
[78] *BGH* VersR 2006, 221; dazu *Heß/Burmann,* NJW 2007, 486, 489.
[79] *BAG* NJW 2001, 2039; *Greger,* § 19 Rn. 124 ff.
[80] *BGH* NJW 2013, 2031 Rn. 13.
[81] *BGH* NJW 2013, 2031 Rn. 13.
[82] *BAG* NJW 2004, 3360, 3362 (Stoß vor die Brust bei einem Streit unter Arbeitskollegen).
[83] *BGH* NJW-RR 2004, 884, 886; *OLG Brandenburg* VersR 2007, 1133; *LG Saarbrücken* NZV 2007, 472; *Plagemann/Radtke-Schwenzer,* NJW 2008, 2150, 2151.

SGB VII unfallversichert und ist deshalb kein Wie-Beschäftigter. Der Versicherungsschutz für eine Hilfeleistung gemäß § 2 I Nr. 13 lit. a SGB VII führt grundsätzlich nicht zu einem Haftungsausschluss nach §§ 104 ff. SGB VII.[84]
- Der Schädiger darf den Versicherungsfall nicht vorsätzlich herbeigeführt haben (§ 105 I 1 Hs. 2 Alt. 1 SGB VII).
- Es darf sich auch nicht um einen Wegeunfall handeln (§ 105 I 1 Hs. 2 Alt. 2, § 8 II Nr. 1–4 SGB VII).

c) Haftung anderer Personen (§ 106 SGB VII)

27 § 106 SGB VII erweitert den Anwendungsbereich der §§ 104, 105 SGB VII.[85] § 106 III Alt. 1 SGB VII betrifft Unternehmen, die bei Unglücksfällen zusammenwirken; das können zum Beispiel Freiwillige Feuerwehren sein.[86] Praktisch besonders wichtig ist die Regelung für Versicherte mehrerer Unternehmen (§ 106 III Alt. 3 SGB VII). Wenn Versicherte mehrerer Unternehmen vorübergehend betriebliche Tätigkeiten auf einer gemeinsamen Betriebsstätte verrichten, gilt die Haftungsbeschränkung der §§ 104, 105 SGB VII auch für die in den beteiligten Unternehmen tätigen Personen untereinander. Dabei sind folgende Voraussetzungen maßgeblich:

28 Es muss sich um Versicherte mehrerer Unternehmen handeln. Geschädigter kann auch ein anderer versicherter Unternehmer sein.[87]
- Beide – Schädiger und Geschädigter – müssen nach dem Wortlaut der Vorschrift unfallversichert sein.
- Der Schädiger muss eine betriebliche Tätigkeit ausgeübt haben.
- Eine **gemeinsame Betriebsstätte** ist gegeben, wenn eine Arbeitsgemeinschaft vorliegt oder wenn sonst betriebliche Aktivitäten von Versicherten mehrerer Unternehmen, die bewusst und gewollt bei einzelnen Maßnahmen ineinandergreifen, miteinander verknüpft sind, sich ergänzen oder unterstützen, wobei es ausreicht, dass die gegenseitige Verständigung stillschweigend durch bloßes Tun erfolgt.[88] Erforderlich ist eine gewisse Verbindung zwischen den Tätigkeiten als solchen in der konkreten Unfallsituation.[89]

Das Haftungsprivileg greift nicht ein, wenn die Tätigkeiten von Angehörigen fremder Unternehmen beziehungslos nebeneinander ablaufen und nur rein zufällig aufeinandertreffen (Arbeitsberührung statt Arbeitsverknüpfung). Das ist etwa dann der Fall, wenn sich die beteiligten Unternehmen vor dem Schadensereignis in keiner Weise – auch nicht stillschweigend oder durch bloßes Tun – verständigt haben.[90]

---

[84] BGHZ 166, 42 = NJW 2006, 1592 (Unfall des Nothelfers beim Einfangen einer entwichenen Kuh); *Leube*, NZV 2010, 277.

[85] Zu § 106 I Nr. 3 SGB VII im Zusammenhang mit Schulunfällen: *BGH* NJW 2003, 1121; *OLG München* NJW-RR 2007, 746.

[86] *BGH* VersR 2008, 410 Rn. 7.

[87] BGHZ 155, 205 = NJW 2003, 2984 = JuS 2004, 158 *(K. Schmidt)*; BGHZ 177, 97 = NJW 2008, 2916 Rn. 11; *Waltermann*, NJW 2004, 901, 904; *ders.*, NJW 2008, 2895.

[88] *BGH* NJW 2013, 2031 Rn. 16 (Aussteigen aus einem Werksbus); NJW 2012, 223 Rn. 9; NJW 2011, 3296 Rn. 7; NJW 2011, 449 Rn. 14; NJW 2008, 2116 Rn. 13 (Sicherungstätigkeit bei Bauarbeiten im Gleisbereich); BGHZ 177, 97 = NJW 2008, 2916 Rn. 19 (Beladung eines LKW); *BGH* NJW 2005, 288 (Hengstkörung); NJW-RR 2003, 1104 (Gerüst); BGHZ 145, 331, 336 = NJW 2001, 443; BGHZ 148, 209, 211 = NJW 2001, 3127 (Reitstall); BGHZ 148, 214, 216 = NJW 2001, 3125 (Baustelle); BGHZ 151, 198 = NJW 2002, 3096 = JuS 2003, 203 *(Ruland)* zur Verletzung durch eine Infusionsnadel bei Reinigungsarbeiten; siehe auch *Stöhr*, VersR 2004, 869; *Berg*, VersR 2011, 1495; *Kampen*, NJW 2012, 2234.

[89] *BGH* NZV 2013, 280 Rn. 10 (verneint in einem Fall von Straßenbauarbeiten).

[90] *BGH* NJW 2011, 3298 (Baumarkt); VersR 2008, 410 Rn. 10.

– Die Verletzung muss gerade die Folge der Zusammenarbeit auf der Betriebstätte sein. Die Vorschrift ist nicht anwendbar, wenn die Schädigung auf einer ganz andersartigen Pflichtverletzung beruht.[91]

Beispiel 1: Die Arbeitgeberin des Klägers war damit betraut, Reisezugwagen zu reinigen. Der **29** Kläger hatte die Reinigung eines Zuges abgeschlossen. Auf dem Weg zur Müllsammelstelle wollte er einen zuvor am Gleis abgelegten Müllsack aufheben. Dabei wurde er von einer Rangierlok erfasst. Er nahm den Lokomotivführer und den Rangierleiter auf Schmerzensgeld in Anspruch. Der *BGH* hat entschieden, dass die Haftungsfreistellung aus § 106 III Alt. 3, § 105 SGB VII dem Anspruch nicht entgegensteht, weil der Kläger seine Verletzungen nicht bei der Tätigkeit auf einer gemeinsamen Betriebsstätte erlitten hat, denn die beiden Tätigkeiten vollzogen sich beziehungslos nebeneinander; sie trafen rein zufällig aufeinander.[92]

Beispiel 2: Der Kläger lieferte Gasflaschen mit dem Fahrzeug seines Arbeitgebers auf den **30** Betriebshof eines anderen Unternehmens an. Beim Abladen wurde er von dem Lkw eines weiteren Lieferanten erfasst und schwer verletzt. Der Kläger nahm Fahrer, Halter und Kfz-Haftpflichtversicherer des Lastwagens auf Schmerzensgeld in Anspruch. Auch hier hat der *BGH* eine gemeinsame Betriebsstätte verneint. Da ein bewusstes und gewolltes Ineinandergreifen der beiden Tätigkeiten nicht gegeben war, kann der Kläger Schmerzensgeldansprüche geltend machen.[93] Etwas anderes gilt allerdings bei einer gemeinsamen Tätigkeit im Rahmen eines koordinierten Abladevorgangs.[94]

d) Haftung gegenüber Sozialversicherungsträgern (§§ 110, 111 SGB VII)

Der Rückgriff des Sozialversicherungsträgers nach § 116 SGB X ist für die Fälle der **31** Haftungsprivilegierung ausgeschlossen (§ 104 I 2, § 105 I 2 SGB VII). Die §§ 110, 111 SGB VII gewähren dem Sozialversicherungsträger, der Leistungen erbracht hat, jedoch einen originären Anspruch.[95] Dabei ist folgendes zu beachten:

– Für den Anspruch aus § 110 I 1 SGB VII ist der Rechtsweg zu den Zivilgerichten gegeben.[96]
– Ersatzpflichtig ist auch der Kfz-Haftpflichtversicherer nach § 115 I 1 VVG.[97]
– Das Verschulden (Vorsatz und grobe Fahrlässigkeit) braucht sich nur auf den Versicherungsfall zu beziehen (§ 110 I 3 SGB VII).[98] Grobe Fahrlässigkeit kann sich insbesondere aus einem Verstoß gegen Unfallverhütungsvorschriften ergeben.[99]
– Die Haftung setzt keine sachliche Kongruenz voraus.[100] Der Sozialversicherungsträger kann somit auch auf den fiktiven Schmerzensgeldanspruch des Geschädigten gegen den haftungsprivilegierten Schädiger zurückgreifen.[101] Der Anspruch ist aber der Höhe nach auf die (ausgeschlossenen) zivilrechtlichen Schadensersatzansprüche beschränkt (§ 110 I 1 Hs. 2 SGB VII).[102]
– Ein zum Ausschluss des Anspruchs führendes Familienangehörigenprivileg besteht nicht.[103]

[91] *OLG Koblenz* VersR 2008, 1263, 1264; *OLG Hamm* VersR 2003, 905, jeweils zu einer mangelhaft abgesicherten Leiter.
[92] BGHZ 145, 331 = NJW 2001, 443.
[93] *BGH* NJW-RR 2001, 741.
[94] *OLG Karlsruhe* VersR 2003, 506; *Greger*, § 19 Rn. 133.
[95] Dazu *Vatter*, NZV 2011, 537; *Lemcke/Heß*, r+s 2007, 221; *Küppersbusch*, NZV 2005, 393; zu § 111 SGB VII: *OLG Naumburg* VersR 2008, 704, 705.
[96] *BGH* NJW 1968, 251; NJW 1968, 1429, jeweils zu § 640 RVO.
[97] *BGH* NJW 1969, 1065; Geigel/*Wellner*, Kap. 32 Rn. 4.
[98] BGHZ 154, 11, 17 = NJW 2003, 1605, 1606; *OLG Hamm* OLGR 2008, 8.
[99] *OLG Naumburg* VersR 2008, 704; *OLG Bamberg* VersR 2009, 132; *OLG Hamburg* VersR 2010, 1620.
[100] BGHZ 168, 161 = NJW 2006, 3563; *Diederichsen*, DAR 2007, 301, 304.
[101] BGHZ 168, 161 = NJW 2006, 3563; *OLG Karlsruhe* NZV 2007, 299.
[102] Dazu Geigel/*Wellner*, Kap. 32 Rn. 29.
[103] BGHZ 69, 354 = NJW 1978, 218; Geigel/*Wellner*, Kap. 32 Rn. 7.

– Mitwirkendes Verschulden des Geschädigten (§ 254 BGB) ist zu berücksichtigen, weil die Haftung des Schädigers bei einem Regress des Sozialversicherungsträgers der Höhe nach – auch im Hinblick auf ein etwaiges Mitverschulden – an die fiktive zivilrechtliche Haftung gegenüber dem Geschädigten angeglichen werden sollte.[104]

– Für die Verjährung des Anspruchs gelten die §§ 195, 199 I, II, § 203 BGB entsprechend (§ 113 S. 1 SGB VII).

– Für die Höhe des zivilrechtlichen Anspruchs des Verletzten gegen den Schädiger trifft den Sozialversicherungsträger die primäre Darlegungs- und Beweislast.[105]

– Billiges Ermessen kann es im Einzelfall gebieten, dass der Sozialversicherungsträger auf seinen Ersatzanspruch ganz oder teilweise verzichtet (§ 110 II SGB VII).[106] Dafür ist aber regelmäßig kein Raum, solange sich der Rechtsstreit noch im Stadium der Grundentscheidung befindet.[107]

2. Schulunfälle

32   Auch hier gelten die §§ 104 ff. SGB VII, so dass Schüler untereinander haftungsprivilegiert sind (§ 106 I Nr. 1 SGB VII). Die Einbeziehung von Schülern in die gesetzliche Unfallversicherung (§ 2 I Nr. 8 lit. b SGB VII) soll zum einen den verletzten Schüler schützen, zum anderen aber auch den an der Verletzung schuldigen Mitschüler – von den Fällen vorsätzlichen Handelns abgesehen – von seiner zivilrechtlichen Haftung freistellen, um ihn vor unter Umständen langzeitigen finanziellen Belastungen zu bewahren.[108] Entsprechendes gilt für Kindertageseinrichtungen (§ 2 I Nr. 8 lit. a SGB VII).[109]

33   – Der Unternehmerbegriff richtet sich nach § 136 III Nr. 3 SGB VII (Sachkostenträger).[110]

– Eine betriebliche Tätigkeit liegt vor, wenn die Verletzungshandlung **schulbezogen** ist, also auf der typischen Gefährdung durch den engen schulischen Kontakt beruht und nicht nur bei Gelegenheit des Schulbesuchs erfolgt.[111] Ein schulbezogener Unfall kann sich auch außerhalb des Schulgeländes ereignen, wenn die Schädigung auf die Vor- oder Nachwirkungen des Schulbetriebs zurückzuführen ist.[112] Dies gilt auch für die Fahrt zur Schule, sofern ein enger innerer Bezug zum Schulbetrieb vorliegt.[113] Reibereien nach Schulschluss nach dem Aussteigen aus dem Schulbus haben hingegen keinen Schulbezug mehr.[114]

– Die Haftungsbeschränkung kommt nicht zum Tragen, wenn der Versicherungsfall **vorsätzlich** herbeigeführt worden ist. Zu beachten ist, dass der Vorsatz des Schädigers sich nicht nur auf die schädigende Handlung beziehen darf. Er muss sich insbesondere auch darauf erstrecken, dass bei dem geschädigten Mitschüler ernst-

---

[104] BGHZ 168, 161 = NJW 2006, 3563 Rn. 15; *OLG Naumburg* VersR 2008, 704, 705; siehe aber *BGH* NJW 1973, 1497, 1498; VersR 1973, 818; *OLG Hamm* OLGR 2008, 8, 11; Geigel/ *Wellner*, Kap. 32 Rn. 24.

[105] BGHZ 175, 152 = VersR 2008, 659 Rn. 8 ff.

[106] Geigel/*Wellner*, Kap. 32 Rn. 36.

[107] *OLG Hamm* OLGR 2008, 8, 12.

[108] BGHZ 154, 11, 19 = NJW 2003, 1605, 1607; *Leube*, VersR 2000, 948; *ders.*, VersR 2010, 1561.

[109] *BGH* NJW 2009, 2956 Rn. 10.

[110] *OLG Celle* OLGR 2006, 742, 743.

[111] *BGH* NJW-RR 2004, 882 und *OLG Hamm* VersR 2005, 369, jeweils zum Werfen von Feuerwerkskörpern auf Mitschüler; *Greger*, § 19 Rn. 148.

[112] *BGH* NJW 2009, 681 Rn. 21 (Schneeballwürfe an der Bushaltestelle).

[113] *OLG Koblenz* NJW-RR 2006, 1174 (keine Haftung von Mitschülern für Folgen einer Schubserei auf einer Busfahrt zur Schule), dazu *Heß/Burmann*, NJW 2007, 486, 489.

[114] *BGH* NJW 1992, 2032.

hafte Verletzungsfolgen eintreten. Andernfalls wird die Haftung des Schädigers nicht entsperrt.[115]

3. Dienstunfälle

Das öffentliche Dienstrecht enthält den vorgenannten Grundsätzen ähnliche Haftungsausschlüsse für Dienstunfälle (§ 46 BeamtVG; § 91a SVG).[116] Aus Anlass eines Dienstunfalls hat der Beamte gegen den Dienstherrn grundsätzlich nur die in den §§ 30 bis 43a BeamtVG geregelten Ansprüche (§ 46 I BeamtVG). Weitergehende Ansprüche auf Grund allgemeiner gesetzlicher Vorschriften können gegen den Dienstherrn oder gegen die in seinem Dienst stehenden Personen nur dann geltend gemacht werden,   **34**

– wenn der Dienstunfall durch eine vorsätzliche unerlaubte Handlung einer solchen Person verursacht worden ist (§ 46 II 1 Nr. 1 BeamtVG),
– oder wenn sich der Unfall bei der Teilnahme am allgemeinen Verkehr ereignet hat (§ 46 II 1 Nr. 2, II 2 BeamtVG).[117]

III. Gestörter Gesamtschuldnerausgleich

Ansprüche des Geschädigten können unter dem Gesichtspunkt des gestörten Innenausgleichs unter als Gesamtschuldner haftenden Schädigern ausgeschlossen oder jedenfalls zu kürzen sein.[118]   **35**

1. Grundlagen

In Fällen, in denen zwischen mehreren Schädigern ein Gesamtschuldverhältnis besteht, können Ansprüche des Geschädigten gegen einen Gesamtschuldner (Zweitschädiger) auf den Betrag beschränkt sein, der auf diesen im Innenverhältnis zu dem anderen Gesamtschuldner (Erstschädiger) endgültig entfiele, wenn die Schadensverteilung nach § 426 BGB nicht durch eine Haftungsprivilegierung des Erstschädigers gestört wäre.[119] Die Beschränkung der Haftung des Zweitschädigers beruht auf dem Gedanken, dass einerseits die haftungsrechtliche Privilegierung nicht durch eine Heranziehung im Wege des Gesamtschuldnerausgleichs unterlaufen werden soll, es aber andererseits bei Mitberücksichtigung des Grundes der Haftungsprivilegierung, zum Beispiel der anderweitigen Absicherung des Geschädigten durch eine gesetzliche Unfallversicherung, nicht gerechtfertigt wäre, den Zweitschädiger den Schaden alleine tragen zu lassen.[120]

Bereits die Ansprüche des Geschädigten gegen den Zweitschädiger sind auf den Betrag zu beschränken, der auf diesen im Innenverhältnis zu dem anderen Gesamtschuldner (Erstschädiger) endgültig entfiele, wenn die Schadensverteilung nach § 426 BGB nicht durch eine Haftungsprivilegierung des Erstschädigers gestört wäre.[121] Ist der Erstschädiger im Innenverhältnis zum Zweitschädiger für 1/4 des Schadens ver-   **36**

---

[115] *BGH* VersR 2012, 724 Rn. 14; BGHZ 154, 11 = NJW 2003, 1605; zur Abgrenzung des bedingten Vorsatzes von bewusster Fahrlässigkeit: *BGH* NJW 2009, 681 Rn. 30.
[116] Näher *Greger*, § 19 Rn. 156 ff.
[117] *BGH* NJW-RR 2004, 234.
[118] Instruktiv: *Lemcke*, r+s 2006, 52; *Horlach*, JuS 2009, 242, 245.
[119] *BGH* NJW 2011, 449 Rn. 12; NJW 2008, 2116 Rn. 11.
[120] *BGH* VersR 2008, 410 Rn. 26; NJW 2008, 2116 Rn. 11
[121] BGHZ 157, 9, 14 = NJW 2004, 951, 952 = JuS 2004, 454 *(Ruland)*; *BGH* NJW 2005, 3144, 3145; NJW 2005, 2309, 2310; *OLG Koblenz* NJW-RR 2006, 1174; MünchKommBGB/*Wagner*, § 840 Rn. 30.

antwortlich, so haftet der Zweitschädiger dem Verletzten gegenüber nur für 3/4 des Schadens. Dieser Grundsatz kommt aber nicht zur Anwendung, wenn im Innenverhältnis von Erst- und Zweitschädiger eine Gesamtschuld ausgeschlossen ist.[122] Das kann sich zum Beispiel aus § 840 II BGB und § 106 III Alt. 3 SGB VII ergeben.[123]

37 Ein im Innenverhältnis zwischen dem Verrichtungsgehilfen und dem Geschäftsherrn etwa bestehender arbeitsrechtlicher Freistellungsanspruch bleibt dabei außer Betracht. Diese Besonderheit des innerbetrieblichen Schadensausgleichs gilt grundsätzlich nur im Innenverhältnis zwischen Arbeitgeber und Arbeitnehmer.[124]

2. Typische Fallgestaltungen

a) Gesetzlicher Haftungsausschluss

38 Die dargestellten Grundsätze finden Anwendung beim Haftungsausschluss zugunsten des Unternehmers nach § 104 SGB VII und des Mitbeschäftigten nach § 105 SGB VII aufgrund eines Arbeitsunfalls[125] sowie beim Haftungsausschluss zugunsten des Dienstherrn nach § 46 II BeamtVG.[126] Ein weiterer Fall ist die Beschränkung der Arbeitnehmerhaftung bei Schädigung des Arbeitgebers durch einen aufgrund schadensgeneigter Arbeit freigestellten Arbeitnehmer (Erstschädiger) und einen nicht privilegierten Zweitschädiger.[127]

Ferner ist dem Familienprivileg des § 116 VI SGB X Rechnung zu tragen. Ist der Verletzte durch einen Familienangehörigen (Erstschädiger) und einen nichtprivilegierten Zweitschädiger geschädigt worden, kann der Sozialversicherungsträger aufgrund des Familienprivilegs keinen Rückgriff beim Familienangehörigen nehmen. Dem Sozialversicherungsträger stehen auch keine Ansprüche gegen den Zweitschädiger zu, soweit der Schaden nach § 426 BGB den privilegierten Familienangehörigen (Erstschädiger) treffen würde.[128] Diese Grundsätze gelten auch für § 86 III VVG.

Der Anspruch des Verletzten gegen den Zweitschädiger ist auch dann ausgeschlossen, wenn die Haftung des privilegierten Erstschädigers so weit überwiegt, dass die Haftung des Zweitschädigers dahinter zurücktritt. Umgekehrt ist der Anspruch des Verletzten nicht zu kürzen, wenn der Haftungsanteil des privilegierten Erstschädigers zurücktritt (§ 254 I BGB, § 17 StVG).[129]

39 Bei Haftungsbeschränkungen nach §§ 1359, 1664 BGB verneint der *BGH* ein Gesamtschuldverhältnis und nimmt eine volle Haftung des Zweitschädigers an.[130] Ist zum Beispiel die Haftung von Eltern (Erstschädiger) gegenüber ihrem Kind wegen auf die Sorgfalt in eigenen Angelegenheiten geminderter Verantwortlichkeit ausgeschlossen (§ 1664 BGB), entsteht von vornherein keine Gesamtschuld. Der Zweit-

---

[122] BGHZ 163, 209, 222 = NJW 2005, 2614, 2618; *OLG Hamm* OLGR 2006, 683, 685.
[123] BGHZ 157, 9, 15 = NJW 2004, 951, 953 = JuS 2004, 454 *(Ruland)* zur Verletzung einer Reinigungskraft durch eine infizierte Injektionsnadel; Verfahrensfortgang: *OLG Hamm* OLGR 2005, 338; siehe auch *BGH* NJW 2005, 2309, 2310; *OLG Jena* OLGR 2004, 437.
[124] BGHZ 154, 9, 15 = NJW 2004, 951, 953 = JuS 2004, 454 *(Ruland); BGH* NJW 2005, 3144, 3146; NJW 2005, 2309, 2310; *OLG Frankfurt/M.* VersR 2008, 131, 132.
[125] *BGH* NJW 2005, 3144; VersR 2008, 410 Rn. 26.
[126] MünchKommBGB/*Bydlinski*, § 426 Rn. 63.
[127] MünchKommBGB/*Bydlinski*, § 426 Rn. 64.
[128] BGHZ 73, 190, 195 = NJW 1979, 973, 974; BGHZ 54, 256 = NJW 1970, 1844; MünchKommBGB/*Bydlinski*, § 426 Rn. 68; *Jahnke*, NZV 1995, 377, 381.
[129] *OLG Düsseldorf* VersR 1989, 1158; Wussow/*Schwerdt*, Kap. 14 Rn. 20.
[130] BGHZ 159, 318, 323 = NJW 2004, 2892, 2893; BGHZ 103, 338 , 344 ff. = NJW 1988, 2667, 2668 f. (Haftung der Gemeinde wegen unzureichender Absturzsicherung einer Spielplatzrutsche); *OLG Hamm* NJW-RR 1994, 415; *OLG Düsseldorf* NJW-RR 1999, 1042.

schädiger haftet im Außenverhältnis allein und hat keine Rückgriffsmöglichkeit gegen die Eltern. Im Straßenverkehr gelten die §§ 1359, 1664 BGB freilich nicht,[131] so dass nach allgemeinen Grundsätzen Ausgleichsansprüche des Zweitschädigers gegen Eltern oder Ehegatten bestehen.

b) Vertragliche Haftungsfreistellung

Der (später) Verletzte und der Erstschädiger können vor der Schädigung einen Haftungsausschluss vereinbart haben. Eine im Voraus getroffene Abrede über einen Haftungsverzicht oder eine Haftungsbeschränkung hat in der Regel nur Wirkung im Verhältnis der an der Absprache Beteiligten, sofern es sich nicht um einen Vertrag zugunsten Dritter handelt.[132] In solchen Fällen wird für den Ausgleich ein Gesamtschuldverhältnis mit der Folge fingiert, dass der nicht privilegierte Schuldner (Zweitschuldner) im Außenverhältnis zum Geschädigten auf das Ganze haftet und der privilegierte Erstschädiger dem Zweitschädiger im Innenverhältnis Ausgleich schuldet.[133] **40**

IV. Haftungsausschluss kraft Vereinbarung

Ausdrücklich oder konkludent vereinbarte Haftungsausschlüsse können in engen Grenzen zum Tragen kommen. **41**

1. Gesetzliche Grenzen

Gesetzliche Grenzen für vereinbarte Haftungsausschlüsse bestehen in folgenden Fällen:
- Gemäß § 276 III BGB kann dem Schädiger die Haftung für Vorsatz nicht im Voraus erlassen werden.
- Die Ansprüche aus § 7 StVG auf Ersatz von Personenschäden können im Fall einer entgeltlichen, geschäftsmäßigen Personenbeförderung weder ausgeschlossen noch beschränkt werden (§ 8a StVG).
- Bei Formularverträgen, in die der Verwender seine Allgemeinen Geschäftsbedingungen einbezogen hat (§ 305 BGB), ist insbesondere das Klauselverbot des § 309 Nr. 7 lit. a, b BGB im Blick zu behalten,[134] sofern sich der Haftungsausschluss auf deliktische Ansprüche erstreckt.[135] Dieses Klauselverbot kommt auch im unternehmerischen Verkehr zum Tragen (§ 307 I 1, § 310 I BGB).[136] Es gilt auch für die formularmäßige Verkürzung der Verjährung.[137]

Ein formularmäßiger Haftungsausschluss kann auch in anderen Fällen wegen unangemessener Benachteiligung des Vertragspartners des Verwenders unwirksam sein (§ 307 I, II BGB). Das gilt zum Beispiel für eine Klausel in Allgemeinen Reisebedingungen eines Reiseveranstalters, die bestimmt, dass auch Ansprüche aus unerlaubter Handlung innerhalb der für reisevertragliche

[131] BGHZ 63, 51 = NJW 1974, 2124 zu § 1359 BGB; BGHZ 103, 338 = NJW 1988, 2667; BGHZ 159, 318, 323 = NJW 2004, 2892, 2893, jeweils zu § 1664 BGB.
[132] BGHZ 58, 216, 219 = NJW 1972, 942, 943.
[133] BGHZ 58, 216, 220 ff. = NJW 1972, 942, 943; *BGH* NJW 1989, 2386, 2387; MünchKommBGB/*Bydlinski*, § 426 Rn. 55.
[134] BGHZ 170, 31 = NJW 2007, 674 Rn. 19 = JuS 2007, 284 *(Faust)*; Urteil vom 29.5.2013 – VIII ZR 174/12; *OLG Karlsruhe* NJW-RR 2009, 132 (Fahrsicherheitstraining); *Nugel*, NZV 2011, 1.
[135] MünchKommBGB/*Wurmnest*, § 309 Nr. 7 Rn. 9.
[136] BGHZ 174, 1 = NJW 2007, 3774.
[137] *BGH* NJW-RR 2009, 1416.

Ansprüche geltenden Monatsfrist (§ 651g BGB) anzumelden sind.[138] Auch eine formularmäßige Haftungsfreizeichnung für jedes Verschulden zugunsten des Veranstalters eines Fahrerlehrgangs zur besseren Beherrschung des Kraftfahrzeugs in Gefahrensituationen ist unwirksam.[139]

2. Typische Fallgestaltungen

42   Die Grundsätze der ergänzenden Vertragsauslegung (§§ 133, 157 BGB) können unter Umständen zu einer Haftungsbeschränkung führen. Bei der Annahme einer Haftungsbeschränkung auf einfache Fahrlässigkeit oder gar eines stillschweigend vereinbarten Haftungsausschlusses ist aber Zurückhaltung geboten. Wegen der in aller Regel bestehenden Kfz-Haftpflichtversicherung gilt dies namentlich bei Verkehrsunfällen. Die Unentgeltlichkeit einer **Gefälligkeitsfahrt** reicht nicht aus.[140] Vielmehr müssen besondere Gesichtspunkte hinzukommen, zum Beispiel die Durchführung der Fahrt ausschließlich im Interesse des Verletzten, eine bewusste Eigengefährdung oder der Umstand, dass sich der Verletzte vor Fahrantritt redlicherweise einem Haftungsausschluss oder einer -beschränkung nicht hätte entziehen können.[141]

43   Ein **Handeln auf eigene Gefahr** führt regelmäßig nicht zu einer völligen Enthaftung, sondern zu einer Schadensverteilung (§ 254 I BGB). Ein wichtiger Fall ist das Mitverschulden des Beifahrers, der bei einem alkoholisierten oder übermüdeten Fahrer mitfährt.[142] In Betracht kommen auch das Mitfahren in einem übersetzten oder verkehrsunsicheren Fahrzeug oder das Nichtanlegen des Sicherheitsgurts durch den Fahrzeuginsassen.[143]

44   Ein Haftungsausschluss ist diesen Fällen nur ausnahmsweise anzunehmen. Ausgangspunkt ist der Grundsatz von Treu und Glauben (§ 242 BGB) und das sich hieraus ergebende Verbot widersprüchlichen Verhaltens (venire contra factum proprium). Hiernach ist es nicht zulässig, dass der Geschädigte den Schädiger in Anspruch nimmt, wenn er sich bewusst in eine Situation drohender Eigengefährdung begeben hat. Nur bei derartiger Gefahrexponierung kann von einer bewussten Risikoübernahme mit der Folge eines vollständigen Haftungsausschlusses für den Schädiger ausgegangen werden.[144]

45   Bei Rennveranstaltungen (und allgemein bei Sportwettkämpfen mit nicht unerheblichem Gefahrenpotential) kann die Inanspruchnahme eines Mitbewerbers treuwidrig sein, § 242 BGB. Hier besteht schon bei geringfügigen Regelverletzungen und selbst bei Einhaltung der Wettkampfregeln stets die Gefahr gegenseitiger Schadenszufügung. Jeder Teilnehmer des Wettkampfs darf daher darauf vertrauen, nicht wegen solcher, einem Mitbewerber zugefügter Schäden in Anspruch genommen zu werden, die er ohne nennenswerte Regelverletzung aufgrund der typischen Risiken des Wett-

---

[138] *BGH* NJW 2004, 2965; *Schmid/Hopperdietzel,* NJW 2009, 2025; zu § 651g BGB und § 116 SGB X siehe auch *BGH* NJW 2009, 2811.
[139] BGHZ 96, 18, 23 = NJW 184, 1610, 1611 f.; siehe auch *BGH* NJW-RR 2009, 812 Rn. 6.
[140] *BGH* NJW 1992, 2474, 2475; NJW 1993, 3067, 3068; *Hirte/Heber,* JuS 2002, 241.
[141] Zu einem Unfall zweier deutscher Studenten in Südafrika: *BGH* NJW 2009, 1428 = JA 2009, 646 (Hager); siehe *OLG Hamm* NJW-RR 2007, 1517; *OLG Frankfurt/M.* MDR 2006, 330; *OLG Koblenz* NZV 2005, 635 (Urlaubsort mit Linksverkehr); *OLG Stuttgart* NJW-RR 2009, 384 (Nachbarschaftshilfe).
[142] BGHZ 34, 355, 363 = NJW 1961, 655, 657; *BGH* NJW 1988, 2365, 2366; *OLG Celle* NJW-RR 2005, 752; *OLG Hamm* NZV 2006, 85; *OLG Koblenz* OLGR 2006, 530; *OLG Frankfurt/M.* NZV 2007, 525; *OLG Karlsruhe* NJW 2009, 2608; MünchKommBGB/*Oetker,* § 254 Rn. 66.
[143] BGHZ 74, 25 = NJW 1979, 1363; *Pauge,* r+s Beil. 2011, 89; *Landscheidt,* NZV 1988, 7; Geigel/*Knerr,* Kap. 2 Rn. 58.
[144] *BGH* NJW-RR 2006, 813 Rn. 11 (Unfall eines Schiedsrichters bei einem Geländefahrturnier); *OLG Brandenburg* DAR 2008, 148 (im Pulk fahrende Motorräder).

bewerbs verursacht. Die Geltendmachung solcher Schäden stünde damit erkennbar in Widerspruch.[145] Dies gilt aber nicht, soweit Versicherungsschutz besteht, denn es ist nicht treuwidrig, dass der Geschädigte den durch die Versicherung gedeckten Schaden geltend macht.[146]

Diese Grundsätze hat die Rechtsprechung auf eine organisierte Radtouristikfahrt erstreckt.[147] Vereinzeltes Schießen mit Soft-Air-Waffen ist allerdings noch nicht als Wettkampfteilnahme zu qualifizieren.[148]

V. Vorprozessuales Anerkenntnis

1. Erklärungen an der Unfallstelle

Äußert ein Unfallbeteiligter an der Unfallstelle, er erkenne die Schuld an oder habe Schuld an dem Unfall, stellt sich die Frage, welche Bedeutung dem zukommt. Ein konstitutives Schuldanerkenntnis (§ 781 BGB) scheidet in aller Regel nicht nur deshalb aus, weil es meist an der notwendigen Schriftform fehlt. Es ist insbesondere nicht anzunehmen, dass das Schuldanerkenntnis unabhängig vom Schuldgrund bestehen soll.[149] **46**

In Betracht kommt unter Umständen ein deklaratorisches (bestätigendes) Schuldanerkenntnis, ein im BGB nicht geregelter Vertragstypus. Darunter ist ein Vertrag zu verstehen, der im Unterschied zum konstitutiven Schuldanerkenntnis den in Frage stehenden Anspruch nicht auf eine neue Anspruchsgrundlage hebt, sondern diesen Anspruch unter Beibehaltung des Anspruchsgrundes dadurch verstärkt, dass er ihn Einwänden des Anspruchsgegners gegen den Grund des Anspruchs entzieht.[150] Entzogen werden dem Anspruchsgegner solche Einwendungen und Einreden, die bei Abgabe der Erklärung bestanden und ihm bekannt waren oder mit denen er zumindest rechnete.[151] Zweck eines solchen Vertrags ist es, das Schuldverhältnis insgesamt oder zumindest in bestimmten Beziehungen dem Streit oder der Ungewissheit zu entziehen und es (insoweit) endgültig festzulegen. **47**

Die Annahme eines solchen Vertrags ist nur dann gerechtfertigt, wenn die Beteiligten unter den konkreten Umständen einen besonderen Anlass für seinen Abschluss hatten. Ein solcher Anlass bestand nur, wenn zuvor **Streit** oder zumindest eine (subjektive) **Ungewissheit** über das Bestehen der Schuld oder über einzelne rechtlich erhebliche Punkte geherrscht haben.[152] Erforderlich ist, dass die Vertragsparteien das Schuldverhältnis ganz oder teilweise dem Streit oder der Ungewissheit der Parteien entziehen wollen und sich dahingehend einigen.[153] Wichtig ist etwa die Feststellung **48**

[145] BGHZ 154, 316, 322 ff. = NJW 2003, 2018 = JuS 2003, 1026 (*Emmerich*) – Autorennen; *OLG Hamm* NZV 2005, 582 (*Blutgrätsche*); *LG Duisburg* NZV 2005, 262 (illegales Straßenrennen); *OLG Saarbrücken* NJW-RR 2011, 109 (*Fußball*) OLG Stuttgart NJW 2007, 1367, 1369 f. (verneinend für Bergwanderung); MünchKommBGB/*Oetker*, § 254 Rn. 67; *Behrens/Rühle*, NJW 2007, 2079.
[146] *BGH* NJW 2008, 1591 Rn. 10 = JuS 2008, 839 (*Faust*) – Sicherheitstraining in Hockenheim; *Jäckel*, JuS 2008, 1101 siehe auch *OLG Celle* VersR 2009, 1236; *Seybold/Wendt*, VersR 2009, 455
[147] *OLG Stuttgart* NJW-RR 2007, 1251.
[148] *OLG Dresden* NJW-RR 2009, 1321.
[149] Zu diesem Erfordernis: Palandt/*Sprau*, § 780 Rn. 1, § 781 Rn. 2.
[150] *BGH* NJW 1984, 799.
[151] *BGH* NJW 2006, 903 Rn. 15 = JuS 2006, 650 (*Emmerich*).
[152] *BGH* NJW 1984, 799; NJW 2008, 3425.
[153] *BGH* NJW-RR 2007, 530 Rn. 8.

des Gerichts, dass der Erklärung ein Gespräch der Beteiligten über Haftpflicht-
ansprüche vorausgegangen ist.

49 Selbst eine schriftlich abgegebene Erklärung – etwa: „Ich erkläre mich hiermit zum
Alleinschuldigen" – muss nicht zwingend einen rechtsgeschäftlichen Bindungswillen
enthalten. Sie kann sich vielmehr als eine Äußerung darstellen, mit der der Erklärende
unter Verwendung eines (einfachen) Rechtsbegriffs zusammenfassend zum Unfallhergang Stellung nimmt.[154] Daran ändert es nichts, wenn das Schriftstück gerade den
Zweck hatte, den Geschädigten davon abzuhalten, den Unfall polizeilich aufnehmen
zu lassen. Allein dies zwingt nicht zu der Annahme eines deklaratorischen Schuld-
anerkenntnisses. Vielmehr kann dem Interesse des Geschädigten, befürchtete Beweisschwierigkeiten zu vermeiden, schon eine zu Beweiszwecken verwendbare schriftliche Erklärung zum Unfallhergang genügen.[155] Das gilt auch dann, wenn der Schädiger sich in einer schriftlichen Notiz als Verursacher bezeichnet.[156]

50 Meist lässt sich eine Erklärung an der Unfallstelle nicht als deklaratorisches Schuldanerkenntnis werten, weil sie ohne Rechtsbindungswillen abgegeben worden ist.
Dennoch kommt ihr als Schuldbekenntnis im Schadensersatzprozess nachhaltige
Bedeutung zu, denn auch bloße Bekenntnisse der Schuld, die keinen besonderen
rechtsgeschäftlichen Verpflichtungswillen des Erklärenden verkörpern, können im
Rahmen der Beweiswürdigung die Beweislage des Erklärungsempfängers verbessern
(§ 286 ZPO).[157]

51 Dies ist ein Äquivalent dafür, dass der Erklärungsempfänger von der Wahrnehmung
seiner Aufklärungsmöglichkeiten absieht. Der *BGH* hat offen gelassen, ob diese
Wirkung als Umkehr der Beweislast zu umschreiben ist oder ob in der Erklärung des
seine Schuld Bekennenden nur ein Zeugnis gegen sich selbst mit entsprechender
Indizwirkung liegt.[158] Entscheidend ist jedenfalls, dass der Erklärungsempfänger
Beweisanforderungen zunächst enthoben ist. Die Notwendigkeit, die ihm günstigen
Behauptungen zu beweisen, trifft ihn erst dann, wenn dem Erklärenden der Nachweis
der Unrichtigkeit des Anerkannten gelingt.[159]

52 Sollte es zum Nachweis der behaupteten Äußerungen auf den Inhalt eines Vier-Augen-Ge-
sprächs angekommen, ist ein Beweisantrag auf Heranziehung der eigenen Partei nach § 448
ZPO nicht unzulässig.[160] Gleiches gilt bei einem Sechs-Augen-Gespräch, wenn der allein zur
Verfügung stehende Zeuge im Lager des Prozessgegners steht.[161] Soweit es dabei auf den Nachweis innerer Tatsachen ankommt, ist zu beachten, dass ein substantiierter Beweisantrag zur
Vernehmung eines Zeugen zwar grundsätzlich nicht voraussetzt, dass der Beweisführer sich
auch darüber äußert, welche Anhaltspunkte er für die Richtigkeit der in das Wissen des Zeugen
gestellten Behauptungen hat. Eine Ausnahme von diesem Grundsatz besteht allerdings, wenn
ein Zeuge über innere Vorgänge einer anderen Person vernommen werden soll, da solche
Tatsachen einer direkten Wahrnehmung durch Dritte entzogen sind. In einem solchen Fall kann
der Zeuge nur äußere Umstände bekunden, die einen Rückschluss auf den zu beweisenden

---

[154] *BGH* NJW 1984, 799; *OLG Hamm* OLGR 2000, 316, 318; zum tatsächlichen Anerkenntnis siehe auch *BGH* NJW 2009, 580 Rn. 9.

[155] *BGH* NJW 1982, 996, 998; *OLG Düsseldorf* NJW 1990, 2560 („Ich fühle mich für den
entstandenen Schaden voll verantwortlich."); *OLG Dresden* NZV 2010, 256 (gemeinsamer
Unfallbericht).

[156] *OLG Düsseldorf* DAR 2008, 523.

[157] BGHZ 66, 250, 254 f. = NJW 1976, 1259, 1260; *BGH* NJW 1982, 996; NJW-RR 2003,
1196, 1197; *OLG Saarbrücken* NJW 2011, 1820; *Greger*, § 16 Rn. 55; MünchKommBGB/
Habersack § 781 Rn. 7.

[158] *BGH* NJW 1984, 799; zum Zeugnis gegen sich selbst siehe auch *BGH* NJW 2009, 580
Rn. 9.

[159] BGHZ 66, 250, 254 f. = NJW 1976, 1259, 1260.

[160] *BVerfG* NJW 2001, 2531; siehe bereits *EGMR* 1995, 1413.

[161] *BGH* NJW 2013, 2601 Rn. 10.

inneren Vorgang zulassen. Es handelt sich deshalb um einen Indizienbeweis, bei dem der Richter vor der Beweiserhebung prüfen darf und muss, ob der Beweisantritt schlüssig ist.[162]

2. Erklärungen im Rahmen der Schadensregulierung

Zahlungen bzw. Teilzahlungen des Versicherers stellen nicht ohne Weiteres ein deklaratorisches Schuldanerkenntnis dar.[163] Erklärungen des Haftpflichtversicherers, dass der Schaden ersetzt und Einwendungen nicht erhoben werden, sind jedoch unter bestimmten Umständen, insbesondere nach Prüfung der Sach- und Rechtslage durch ihn, als deklaratorisches Anerkenntnis zu werten.[164]   53

Dieses kann auf den Grund des Anspruchs beschränkt sein (volle Haftung oder Anerkenntnis einer Haftungsquote).[165] Es kann auch einzelne Schadenspositionen zum Inhalt haben (generelle Einsatzfähigkeit oder betragsgemäße Festlegung). Es verbleibt bei der Verjährungsfrist des § 195 BGB, die jedoch neu beginnt (§ 212 I Nr. 1 BGB).[166] Auch eine Abschlagszahlung des Versicherers kann die Wirkung des § 212 I Nr. 1 BGB haben.[167]   54

VI. Erlassvertrag

Ein Erlassvertrag kommt selten in Betracht. An die Feststellung eines Verzichtswillens im Sinne von § 397 I BGB sind strenge Anforderungen zu stellen.[168] Das gilt auch für eine Abrechnung nach dem DAV-Abkommen. Stellt ein Rechtsanwalt nach teilweiser Regulierung eines Schadens gegenüber dem gegnerischen Haftpflichtversicherer eine Gebührenrechnung nach Maßgabe des DAV-Abkommens, rechtfertigt das nicht den Schluss, er verzichte namens seines Mandanten auf die Geltendmachung weiterer Ansprüche.[169]   55

VII. Abfindungsvergleich

1. Grundlagen

Kfz-Haftpflichtversicherer und Geschädigte regulieren Verkehrsunfallsachen überwiegend außergerichtlich.[170] Das kann im Wege eines Vergleichs über den Anspruchsgrund oder eines Teilvergleichs über bestimmte Schadenspositionen geschehen.[171] Im Vordergrund steht der Abfindungsvergleich durch Zahlung eines Gesamtbetrags.   56

Bei einem Abfindungsvergleich verzichtet der Geschädigte auf die Berücksichtigung zukünftiger, ungewisser Veränderungen, um alsbald einen Kapitalbetrag zur Verfügung zu haben. Der Schädiger nimmt die bestehende Unsicherheit bei der Berech-

---

162 *BGH* VersR 2010, 112 Rn. 20; NJW 1992, 2849.

163 *OLG Schleswig* OLGR 2004, 464, 465; *LG Saarbrücken* NJW 2013, 87; zur Übernahmebestätigung der Reparaturkosten: *OLG Hamm* NZV 1997, 42; *Greger*, § 16 Rn. 51.

164 *BGH* NJW 2007, 69 Rn. 17; NJW-RR 2004, 109; *OLG Karlsruhe* VersR 1994, 937; *KG* KGR 1999, 44, enger Geigel/*Bacher*, Kap. 38 Rn. 12.

165 *BGH* NJW 1973, 620; *OLG Hamm* OLGR 2001, 319, 320.

166 Siehe *BGH* NJW 1992, 2228.

167 *BGH* NJW-RR 2004, 1475.

168 *BGH* NJW 2007, 368 Rn. 9; NJW 2002, 1044; NJW 2001, 2325 (Erlassfalle).

169 *BGH* NJW 2007, 368; NJW 2006, 1511; *OLG Celle* NZV 2006, 659; MünchKommBGB/*Schlüter*, § 397 Rn. 5.

170 Zur vergleichsweisen Bereinigung von Schadensfällen: *Jahnke*, VersR 1995, 1145.

171 Formulierungsbeispiele bei Tempel/*Theimer*, § 16 Muster 239; *Engelbrecht*, DAR 2009, 447, 451.

nung des zu zahlenden Betrags in Kauf, um die Gewissheit zu haben, dass die Angelegenheit mit der Bezahlung der Abfindung ein für allemal erledigt ist. Das so gefundene Ergebnis kann nachträglich nicht mehr in Frage gestellt werden, wenn eine der Vergleichsparteien auf Grund künftiger, nicht voraussehbarer Entwicklungen feststellt, dass ihre Beurteilung und die Einschätzung der möglichen künftigen Änderungen nicht zutreffend waren.[172] In der Sache schließt ein Abfindungsvergleich einen Teilerlass der Forderung ein. Der Abfindungsvergleich eines von mehreren Gesamtgläubigern kann daher beschränkte Gesamtwirkung haben.[173]

57 Zur Vermeidung von Haftungsrisiken darf ein Rechtsanwalt einen umfassenden und vorbehaltlosen Abfindungsvergleich regelmäßig nur schließen, wenn er seinen Mandanten hierüber belehrt und dieser zugestimmt hat.[174] Eigenverantwortlich kann der Mandant die Entscheidung nur treffen, wenn ihm die Chancen und Risiken einer Prozessführung – insbesondere das Erlöschen weitergehender Ansprüche – verdeutlicht werden. Wie stets beim Vergleichsabschluss muss der Mandant sodann über Inhalt und Tragweite des beabsichtigten Vergleichs informiert werden.[175] Besonders bei jungen Mandanten ist Vorsicht geboten; unter Umständen ist ein folgenschwerer Abfindungsvergleich nicht ratsam.[176]

2. Vergleichsabschluss

58 Die Wirksamkeit des Vergleichsabschlusses hängt von den allgemeinen Regeln über den Vertragsschluss ab (§§ 104 ff., 123, 138 BGB). Insbesondere ist § 779 BGB zu beachten.[177] Die irrige Vorstellung der Parteien, ob es sich um einen Arbeitsunfall handelt, ist (auch) tatsächlicher Natur.[178] Rechenfehler eines Sachverständigen führen jedoch nicht zu Unwirksamkeit nach § 779 BGB.[179]

Soweit der Haftpflichtversicherer formularmäßige Abfindungserklärungen verwendet, gelten die §§ 305 ff. BGB. Eine Klausel, wonach sich der Verzicht des Geschädigten auf beliebige weitere Dritten erstreckt, ist gemäß § 305c I, § 307 BGB unwirksam.[180]

59 Für Abfindungserklärungen gelten besondere Anordnungen der Bundesanstalt für Finanzdienstleistungsaufsicht (BaFin). Das Formular ist als Abfindungserklärung zu bezeichnen. Im Übrigen muss der Formulartext den Geschädigten darauf hinweisen, dass er an die Abfindungserklärung nicht mehr gebunden ist, wenn die Zahlung des Versicherers nicht innerhalb einer bestimmten Frist von höchstens vier Wochen erfolgt.[181]

3. Bindungswirkung

60 Einbezogen in den Vergleich sind die vom Haftpflichtversicherer vertretenen Versicherungsnehmer einschließlich der mitversicherten Personen. Auch Zessionare, auf die der Anspruch erst nach Abschluss des Vergleichs übergeht (Kaskoversicherer, Arbeitgeber) sind gebunden. Bei der Auslegung des Vergleichs ist aber zu prüfen, ob

---

[172] *BGH* NJW 1984, 115; *OLG Koblenz* OLGR 2006, 620, 621.
[173] *BGH* NJW-RR 2009, 1534 Rn. 23 f.
[174] Zur Anwaltshaftung beim Abschluss eines Abfindungsvergleichs: *BGH* NJW 2005, 3275; NJW 2002, 292; *OLG Koblenz* OLGR 2006, 847; *OLG Hamm* Urteil vom 4.6.2009 – 28 U 66/07; *Burghart*, NZV 2005, 441; *Schah Sedi/Schah Sedi*, zfs 2008, 491.
[175] *BGH* NJW 2009, 1589 Rn. 10.
[176] *OLG Köln* NJW-RR 1995, 1529.
[177] BGHZ 155, 342 = NJW 2003, 3193; NJW 2007, 838.
[178] BGHZ 155, 342, 351 f. = NJW 2003, 3193, 3195.
[179] *OLG Hamm* OLGR 2006, 60.
[180] *BGH* NJW 1985, 970; *OLG Frankfurt/M.* VersR 2003, 204; *OLG Koblenz* OLGR 2006, 620, 621; *Geigel/Bacher*, Kap. 40 Rn. 23.
[181] *Küppersbusch/Höher*, Rn. 829 f.; *Becker/Böhme/Biela*, I Rn. 6 ff.

er überhaupt Ansprüche umfasst, die nicht schon im Unfallzeitpunkt entstehen, sondern erst später auf Dritte übergehen.[182]

Sozialversicherungsträger, auf die der Anspruch im Zeitpunkt des Unfalls direkt übergeht, sind in der Regel nicht gebunden. Nur in seltenen Fällen besteht Gutglaubensschutz gemäß § 407 BGB. Mittelbar Geschädigte, die eigene Ansprüche haben, sind ebenfalls nicht gebunden.[183]

4. Nachforderungen

Entsprechend seinem Zweck, die Ansprüche des Verletzten endgültig zu bereinigen, sind beim Abfindungsvergleich Nachforderungen ausgeschlossen. Für einen außergerichtlichen Vergleich steht die Abänderungsklage des § 323 ZPO nicht zur Verfügung, sofern die Parteien dies nicht vereinbart haben.[184] Der Schädiger darf sich darauf verlassen, dass mit der Bezahlung einer Kapitalabfindung, die gerade auch zukünftige Schäden einschließen soll, die Sache für ihn erledigt ist.[185] Das gilt nicht nur für bei Vergleichsabschluss erkennbare,[186] sondern auch für nicht erkennbare Spätfolgen.[187] **61**

Die Auslegung des Vergleichs (§§ 133, 157 BGB) kann ergeben, dass bestimmte Spätfolgen von der Abfindung nicht erfasst werden sollen.[188] Dabei ist ein strenger Maßstab angebracht.[189] Ein Vorbehalt in der Abfindungserklärung ist zu beachten. Maßgeblich ist, wie er auszulegen ist. Sofern keine besonderen Umstände gegeben sind, kommt es darauf an, ob bestimmte Verletzungsfolgen für einen Sachkundigen objektiv vorhersehbar waren.[190] Maßgebend ist, ob sich die später zur Entscheidung stehende Verletzungsfolge bereits im Ausgangsverfahren als derart naheliegend darstellte, dass sie schon damals bei der Bemessung des Schmerzensgeldes berücksichtigt werden konnte.[191] Ein weiteres Schmerzensgeld kann für Verletzungsfolgen verlangt werden, mit deren Eintritt bei der Bemessung des ursprünglich zuerkannten Schmerzensgeldes nicht oder nicht ernstlich zu rechnen war.[192] Das gilt auch für einen gerichtlichen Abfindungsvergleich.[193] Allerdings kann die Auslegung eines Vergleichs ergeben, dass nicht nur vorhersehbare, sondern alle Verschlimmerungen ausgenommen sind, so dass auch solche Verletzungsfolgen ein weiteres Schmerzensgeld rechtfertigen, die sich bei Vergleichsabschluss bereits abzeichneten.[194] **62**

In dem Vorbehalt liegt ein verjährungshemmendes Anerkenntnis im Sinne von § 212 I Nr. 1 BGB. Für Ansprüche aufgrund des Vorbehalts gilt die Regelverjährung.[195] Sofern der Versicherer nicht auf die Einrede der Verjährung verzichtet, unterliegen auf Spätfolgen gestützte Schadensersatzansprüche der Verjährung. Der Anwalt des Geschädigten muss dem Mandanten dies vor Vergleichsabschluss klar machen, um das Risiko einer eigenen Regresspflicht zu vermeiden.[196] **63**

---

182 *OLG Karlsruhe* OLGR 2006, 47, 48.
183 Geigel/*Bacher*, Kap. 40 Rn. 86.
184 MünchKommBGB/*Wagner*, § 843 Rn. 96; Geigel/*Bacher*, Kap. 40 Rn. 61.
185 BGHZ 79, 187, 193 = NJW 1981, 818, 820; *BGH* NJW 1984, 115; *OLG Oldenburg* NJW 2006, 3152, 3153.
186 *OLG Hamm* OLGR 2002, 67; *OLG Düsseldorf* VersR 1996, 642.
187 *BGH* NJW 1991, 1535; *OLG Koblenz* VersR 1996, 232.
188 *BGH* NJW-RR 2008, 1716 Rn. 15; NJW 1955, 1025 Ls; *OLG Hamm* NZV 1994, 435; *OLG Düsseldorf* zfs 2008, 140, 141.
189 Siehe *BGH* NJW-RR 1994, 434; NJW 1957, 1395; *OLG Saarbrücken* NZV 1997, 271.
190 *BGH* NJW-RR 2006, 712 Rn. 18; VersR 2008, 376; NJW 1980, 2754, 2755.
191 *BGH* NJW-RR 2006, 712 Rn. 8; NJW 1995, 1614, 1615.
192 *BGH* NJW 1976, 1149.
193 *OLG Hamm* r+s 2001, 505.
194 *OLG Hamm* NJW 1995, 790.
195 *BGH* NJW 2003, 1524.
196 *OLG Hamm* VersR 1999, 1495; *Diehl*, zfS 2007, 10, 14.

64 Im Einzelfall können die Grundsätze über die **Störung der Geschäftsgrundlage** (§ 313 I BGB) zu einer Anpassung des Vergleichs führen.[197] Der Wegfall einer sozialstaatlichen Leistung, wie zum Beispiel die Streichung des Landesblindengeldes, gehört dabei zum Risikobereich des Geschädigten, weil nicht davon ausgegangen werden kann, dass sie auf Dauer in voller Höhe gewährt wird.[198] Aus Sicht des Geschädigten ist es deshalb sinnvoll, einen Abfindungsvergleich so zu gestalten, dass der Wegfall einer Sozialleistung den Haftpflichtversicherer nicht entlasten soll.[199]

65 Es können sich auch wesentliche Umstände, die zur Grundlage des Vertrags geworden sind, als falsch herausstellen (§ 313 II BGB). Das gilt etwa bei einem gemeinsamen Irrtum der Beteiligten von erheblicher wirtschaftlicher Tragweite über bestimmte Rechnungspositionen.[200] Eine vereinbarte Rente kann nach Eintritt von Kaufkraftverlusten nur unter engen Voraussetzungen anpasst werden. Die Rechtsprechung nimmt eine wesentliche Änderungen der Verhältnisse im Sinne von § 313 BGB nur zurückhaltend an.[201] Das Festhalten am Vergleich kann unter eng begrenzten Voraussetzungen als unzulässige Rechtsausübung (§ 242 BGB) zu werten sein. Besteht zwischen gezahlter Abfindungssumme und Gesamtschaden ein krasses Missverhältnis, können der Schädiger bzw. sein Versicherer gegen Treu und Glauben verstoßen, wenn sie am Vergleich festhalten.[202]

VIII. Die Einrede der Verjährung

66 § 214 I BGB gibt dem Schuldner das Recht, nach Eintritt der Verjährung die Leistung zu verweigern.[203] Der Verjährungseintritt wird nicht von Amts wegen beachtet; ein richterlicher Hinweis kann die Besorgnis der Befangenheit des Richters begründen.[204] Aus anwaltlicher Sicht wird es sich vorgerichtlich häufig empfehlen, einen zumindest temporären Verjährungsverzicht der Gegenseite herbeiführen; Schadenshaftpflichtversicherer gehen darauf häufig ein.

Für Ansprüche, die vor dem 1.1.2002 entstanden, und Schäden, die vor diesem Datum eingetreten sind, ist die Übergangsbestimmung des Art. 229 § 6 EGBGB zu beachten, sofern diese Ansprüche am 1.1.2002 noch nicht verjährt waren.[205]

1. Verjährungsfrist

67 Die regelmäßige Verjährungsfrist beträgt drei Jahre (§ 195 BGB). Vorbild für die heutige Regelung war der bis zum Inkrafttreten der Schuldrechtsreform am 1.1.2002 geltende § 852 BGB (a. F.).[206] Die dreijährige Regelverjährung gilt auch für Ansprüche aus wichtigen Sondergesetzen (§ 14 StVG, § 11 HPflG, § 12 ProdHaftG).

---

[197] *BGH* NJW 1991, 1535; NJW 1984, 115; *OLG Celle* NZV 2000, 505; *Greger*, § 16 Rn. 65.
[198] *BGH* NJW-RR 2008, 649 Rn. 15 ff.
[199] *Huber*, NZV 2008, 431, 436.
[200] *BGH* NJW-RR 2008, 1716 Rn. 18 ff.; *Diehl*, zfs 2009, 145.
[201] BGHZ 105, 243 = NJW 1989, 289 (verneinend bei Anstieg der Lebenshaltungskosten um 36 % seit Vergleichsabschluss).
[202] *BGH* NJW 1991, 1535; NJW 1984, 115; *OLG Celle* NZV 2000, 505; *OLG Schleswig* VersR 2001, 983; *OLG Koblenz* NJW 2004, 782; *OLG München* NZV 2007, 423; *OLG Düsseldorf* NZV 2008, 151.
[203] Zur Verjährung im Verkehrsrecht: *Heß*, NZV 2002, 65.
[204] BGHZ 165, 269 = NJW 2004, 164; *OLG Hamm* Beschluss vom 27.3.2013 – 1 W 17/13; anders Zöller/*Vollkommer*, § 42 Rn. 27.
[205] Dazu *Schulte-Nölke/Hawxwell*, NJW 2005, 2117; *Greger*, § 21 Rn. 90 ff.
[206] MünchKommBGB/*Grothe*, § 195 Rn. 7.

Rechtskräftig festgestellte Ansprüche verjähren in dreißig Jahren (§ 197 I Nr. 3 BGB). Eine Ausnahme stellen Ansprüche auf künftig fällig werdende Leistungen dar, wie zum Beispiel Renten aufgrund von Personendauerschäden.[207] Diese unterfallen der kenntnisabhängigen Regelverjährung (§ 197 II BGB). In Altfällen ist zu beachten, dass die Verjährung eines Rentenanspruchs auch ohne Kenntnis von Schaden und Schädiger begann, § 197 BGB a. F.[208]

2. Fristbeginn

Die Verjährung beginnt mit dem Schluss des Kalenderjahrs, in dem die vorgenannten Voraussetzungen eingetreten sind (§ 199 I BGB). Diese Regelung ist gemäß Art. 229 § 6 I 1 und 2 EGBGB anwendbar, wenn die bestehenden Schadensersatzansprüche am 1.1.2002 wegen fehlender Kenntnis im Sinne von § 852 Abs. 1 BGB a. F. noch nicht verjährt waren.[209] Der Verjährungsbeginn ist grundsätzlich an folgende Voraussetzungen geknüpft: Der Anspruch muss entstanden, fällig[210] und auch im Übrigen durchsetzbar sein (§ 199 I Nr. 1 BGB).[211] Der Gläubiger muss Kenntnis der den Anspruch begründenden Umstände und der Person des Schuldners erlangt haben; dem steht grobfahrlässige Unkenntnis gleich (§ 199 I Nr. 2 BGB). § 199 II, III BGB setzt allerdings kenntnisunabhängig bestimmte Höchstfristen fest.   68

a) Anspruchsentstehung

Ein Anspruch ist im Sinne von § 199 I BGB entstanden, sobald er im Wege der Klage geltend gemacht werden kann, wobei bei Schadensersatzansprüchen grundsätzlich die Möglichkeit einer Feststellungsklage ausreicht.[212] Bei Schadensforderungen ist es – anders als sonst[213] – zur Anspruchsentstehung nicht erforderlich, dass der Anspruch fällig ist.[214] Nach dem **Grundsatz der Schadenseinheit** beginnt die Verjährungsfrist zudem bereits, sobald irgendein Teilschaden entstanden ist. Das gilt auch für nachträglich auftretende, zunächst also nur drohende Folgen, die überhaupt als möglich vorhersehbar sind.[215] Die Ungewissheit über die Höhe und dem Umfang des Schadens hindert die Verjährung nicht.[216]   69

b) Kenntnis

Kenntnis im Sinne von § 199 I BGB ist vorhanden, wenn dem Geschädigten die Erhebung einer Schadensersatzklage – und sei es auch nur in Form einer Feststellungsklage – Erfolg versprechend, wenn auch nicht risikolos möglich ist. Erforderlich ist, dass der Geschädigte über einen Kenntnisstand verfügt, der ihn in die Lage versetzt, eine auf eine deliktische Anspruchsgrundlage gestützte Schadensersatzklage schlüssig zu begründen.[217]   70

Nur eingeschränkter Überprüfung durch das Revisionsgericht unterliegt die tatrichterliche Feststellung, ob und wann der Gläubiger Kenntnis von bestimmten Umständen hatte oder ob seine Unkenntnis auf grober Fahrlässigkeit beruht. Die Frage, wann eine für den Beginn der Verjährung hinreichende Kenntnis vorhanden ist, ist aber nicht ausschließlich Tatfrage, sondern

---

[207] *BGH* NJW-RR 2006, 191, zu § 843 BGB.
[208] *BGH* VersR 2012, 372; *Lemcke*, r+s 2012, 155.
[209] *BGH* NJW-RR 2009, 1471 Rn. 6.
[210] Siehe *OLG Karlsruhe* VersR 2009, 407 (Bio-Tattoo).
[211] BGHZ 113, 188, 193 = NJW 1991, 836; MünchKommBGB/*Grothe*, § 199 Rn. 4.
[212] *BGH* NJW-RR 2009, 1471 Rn. 9, zu § 852 BGB a. F.
[213] BGHZ 113, 188, 193 = NJW 1991, 836.
[214] Palandt/*Ellenberger*, § 199 Rn. 3, 14.
[215] *BGH* NJW-RR 2006, 694 Rn. 23; NVwZ 2007, 362 Rn. 34; NJOZ 2009, 2599 Rn. 27.
[216] *BGH* NJW 2011, 1799 Rn. 8; NJW 2012, 3639 Rn. 19.
[217] *BGH* NJW-RR 2009, 1471 Rn. 17; VersR 2008, 129 Rn. 22; NJW 1999, 2734, 2735.

wird maßgeblich durch den der Beurteilung des Revisionsgerichts unterliegenden Begriff der Zumutbarkeit der Klageerhebung geprägt.[218]

71   Positive Kenntnis von der Person des Ersatzpflichtigen hat der Verletzte nur dann, wenn ihm dessen Name und Anschrift bekannt sind.[219] Es kommt auf die Kenntnis der anspruchsbegründenden Tatsachen an, nicht jedoch auf deren zutreffende rechtliche Würdigung.[220] Fehlen dem Geschädigten die hierfür erforderlichen Kenntnisse, muss er versuchen, sich insoweit rechtskundig zu machen.[221] Der Verletzte und sein Prozessbevollmächtigter sind aber nicht verpflichtet, sich im Hinblick auf einen Haftungsprozess medizinisches Fachwissen anzueignen.[222] Bei erst zukünftig entstehenden Schäden kommt es darauf an, ob sie im Rahmen des Voraussehbaren liegen.[223] Bei Spätschäden, die aus Sicht medizinischer Fachkreise nicht voraussehbar waren, läuft eine gesonderte Verjährung.[224]

72   Ausnahmsweise beginnt die Verjährungsfrist auch dann zu laufen, wenn der Geschädigte den gebotenen Kenntnisstand nicht positiv besessen hat, es ihm jedoch möglich war, sich die erforderlichen Kenntnisse in zumutbarer Weise ohne nennenswerte Mühe und ohne besondere Kosten zu beschaffen. Damit soll dem Geschädigten die sonst bestehende Möglichkeit genommen werden, die Verjährungsfrist missbräuchlich dadurch zu verlängern, dass er die Augen vor einer sich aufdrängenden Kenntnis verschließt (Rechtsgedanke des § 162 BGB).[225]

Die subjektiven Voraussetzungen des § 199 I BGB hat grundsätzlich der Schuldner darzulegen. Soweit es sich jedoch um Umstände aus der Sphäre des Gläubigers handelt, hat dieser an der Aufklärung des Sachverhalts mitzuwirken.[226]

c) Sonderfälle der Kenntnis

73   – Bei **Behörden** und öffentlichen Körperschaften beginnt die Verjährungsfrist für zivilrechtliche Schadensersatzansprüche nach § 199 I BGB zu laufen, wenn der zuständige Bedienstete der verfügungsberechtigten Behörde Kenntnis von dem Schaden und der Person des Ersatzpflichtigen erlangt. Verfügungsberechtigt sind solche Behörden, denen die Entscheidungskompetenz für die zivilrechtliche Verfolgung von Schadensersatzansprüchen zukommt; die behördliche Zuständigkeitsverteilung ist zu beachten.[227] Grobe Fahrlässigkeit (§ 199 I Nr. 2 BGB) liegt nicht schon dann vor, wenn die Mitarbeiter der Leistungsabteilung keine Initiative entfaltet haben.[228] Da sich die entsprechenden Vorgänge im behördlichen Wahrnehmungsbereich abspielen, sind die Grundsätze der sekundären Darlegungslast anwendbar.[229]

    – Bei Minderjährigen ist die Kenntnis des gesetzlichen Vertreters maßgeblich (§ 166 I BGB).[230]

---

218 *BGH* NZG 2010, 951 Rn. 13; BeckRS 2012, 21994 Rn. 44.
219 *BGH* NJW 2001, 1721, 1722; *OLG Nürnberg* NJW 2008, 1453, 1455.
220 *BGH* NJW-RR 2008, 1237 (Verstoß gegen das RBerG); NJW 2011, 2570 Rn. 23.
221 *BGH* NJW 2007, 217 Rn. 23.
222 *BGH* NJW 2007, 217 Rn. 24.
223 *BGH* NJW 2011, 1799 Rn. 8; NJW 1997, 2448; *OLG Hamm* NJW 1999, 252.
224 *BGH* NJW 2000, 861; *Greger*, § 21 Rn. 19.
225 *BGH* NJW 2001, 1721, 1722.
226 Palandt/*Ellenberger*, § 199 Rn. 50.
227 BGHZ 133, 129, 138 f. = NJW 1996, 2508; BGHZ 134, 343, 346 = NJW 1997, 1584; *BGH* NJW 2007, 834 Rn. 5; NZV 2007, 187 Rn. 13; NJW-RR 2009, 1471 Rn. 12; NJW 2011, 1799 Rn. 11; NJW 2012, 1789 Rn. 9; *Peters,* NJW 2011, 3195.
228 *BGH* NJW 2012, 1789 Rn. 11 ff.
229 BGHZ 193, 67 = NJW 2012, 2644 Rn. 23.
230 *BGH* NJW 2012, 3639 Rn. 20; NJW 2007, 217 Rn. 21; NJW-RR 2005, 69.

– Bei rechtsgeschäftlicher Vertretung kommt es auf die Person des Vertreters an (§ 166 I BGB; Wissensvertreter).[231]
– Bei Miterben kommt es auf die Kenntnis aller Miterben an, sofern nicht bereits der Erblasser Kenntnis hatte.[232] Überlassen sie hingegen einem einzelnen Miterben die Wahrnehmung ihrer Angelegenheiten, ist ihnen dessen Kenntnis analog § 166 BGB zuzurechnen.[233]
– In den Fällen der Legalzession, etwa nach § 116 SGB X oder § 76 BBG, kommt es mit Rücksicht auf den sofortigen Übergang der Ansprüche im Zeitpunkt des Unfalls auf die Kenntnis des Zessionars an (Sozialversicherungsträger, Dienstherr).[234] Bei späterem Übergang (§ 86 VVG, § 6 EFZG) muss der Erwerber der Forderung die Kenntnis des Verletzten gegen sich gelten lassen (§§ 412, 404 BGB).

d) Grob fahrlässige Unkenntnis

Grob fahrlässige Unkenntnis liegt vor, wenn dem Gläubiger die Kenntnis deshalb 74 fehlt, weil er die im Verkehr erforderliche Sorgfalt in ungewöhnlich grobem Maße verletzt und auch ganz nahe liegende Überlegungen nicht angestellt oder das nicht beachtet hat, was jedem hätte einleuchten müssen.[235] Eine besonders schwere Verletzung der im Verkehr erforderlichen Sorgfalt ist unter anderem gegeben, wenn der Geschädigte auf der Hand liegende Erkenntnismöglichkeiten nicht nutzt und sich auf diese Weise dem gebotenen Kenntnisstand verschließt.[236] Hierbei trifft den Gläubiger aber generell keine Obliegenheit, im Interesse des Schuldners an einem möglichst frühzeitigen Beginn der Verjährungsfrist Nachforschungen zu betreiben. Vielmehr muss das Unterlassen von Ermittlungen nach Lage des Falls als geradezu unverständlich erscheinen, um ein grob fahrlässiges Verschulden des Gläubigers bejahen zu können.[237] Für den Gläubiger müssen nach den Umständen des Einzelfalls konkrete Anhaltspunkte für das Bestehen eines Anspruchs ersichtlich sein, so dass er aus verständiger Sicht gehalten ist, die Voraussetzungen des Anspruchs aufzuklären, soweit sie ihm nicht ohnehin bekannt sind.[238]

3. Neubeginn der Verjährung

Ein Neubeginn der Verjährung findet statt, wenn der Schuldner oder der für ihn 75 handelnde Kfz-Haftpflichtversicherer eine Erklärung abgeben oder ein Verhalten an den Tag legen, das vom Gläubiger als Anerkenntnis ausgelegt werden kann (§ 212 I Nr. 1 BGB). Das gilt zum Beispiel für einen Abfindungsvergleich.[239] Für ein **An-erkenntnis** im Sinne von § 212 I Nr. 1 BGB genügt ein tatsächliches Verhalten des Schuldners gegenüber dem Gläubiger, aus dem sich das Bewusstsein vom Bestehen der Forderung unzweideutig entnehmen lässt und angesichts dessen der Gläubiger darauf vertrauen darf, dass sich der Schuldner nicht auf den Ablauf der Verjährung berufen wird.[240] Der Schuldner muss dabei sein Wissen, zu etwas verpflichtet zu sein,

---

[231] *BGH* NJW 2001, 885, 886; NJW 2000, 1411, 1412; NJW 1997, 1584; zum Prozessbevollmächtigten: *BGH* NJW 2007, 217 Rn. 21.
[232] MünchKommBGB/*Grothe*, § 199 Rn. 36.
[233] Erman/*Schmidt-Räntsch*, § 199 Rn. 16.
[234] BGHZ 132, 39, 44 = NJW 1996, 1674; MünchKommBGB/*Grothe*, § 199 Rn. 37.
[235] *BGH* NJW 2009, 587 Rn. 14; NJW-RR 2009, 544 Rn. 34; NJW-RR 2009, 547 Rn. 16.
[236] *BGH* NJW-RR 2009, 547 Rn. 16; NJW-RR 2010, 681 Rn. 13.
[237] *BGH* NJW-RR 2010, 1623 Rn. 12
[238] *BGH* NJW 2012, 3569 Rn. 16.
[239] *BGH* NJW 2002, 1878, 1880.
[240] BGHZ 142, 172, 182 = NJW 1999, 3332; *BGH* NJW-RR 2005, 1044, 1047; NJW 2007, 69 Rn. 17; MünchKommBGB/*Grothe*, § 212 Rn. 6.

klar zum Ausdruck bringen, wobei ein Anerkenntnis auch in einem schlüssigen Verhalten und sogar in einem bloßen Stillschweigen liegen kann.[241]

76   Wie das Verhalten des Schuldners zu verstehen ist, beurteilt sich maßgebend nach dem objektiven Empfängerhorizont des Gläubigers.[242] Ein tatsächliches Anerkenntnis ist insbesondere anzunehmen, wenn der Schädiger oder der für ihn handelnde Haftpflichtversicherer dem Geschädigten auf dessen Verlangen Abschlagszahlungen erbringt.[243]

77   Da der gesamte einer unerlaubten Handlung entspringende Schaden eine Einheit darstellt, liegt ein den Anspruch auf Ersatz dieses Schadens insgesamt umfassendes Anerkenntnis regelmäßig auch dann vor, wenn sich der Schaden aus mehreren Schadensarten (zum Beispiel Heilungskosten, Erwerbsschaden, Mehrbedarf) zusammensetzt, der Geschädigte nur einzelne Schadensteile geltend macht und der Schädiger allein hierauf zahlt.[244] Allerdings kann auch in derartigen Fällen das Anerkenntnis auf die Ersatzpflicht für einen abgrenzbaren Teil des Schadens beschränkt werden. In Frage kommt auch ein Anerkenntnis dem Grunde nach.[245] Solche Begrenzungen müssen in eindeutiger Weise zum Ausdruck gebracht werden.[246] Ein Anerkenntnis bezüglich des ganzen Schadens ist zum Beispiel nicht gegeben, wenn der Haftpflichtversicherer einen bestimmten Schmerzensgeldbetrag zahlt, aber gleichzeitig erklärt, er betrachte die Schadenssache damit als abgeschlossen.[247]

4. Hemmung der Verjährung

78   Hierunter fallen die Tatbestände, bei denen der Lauf der Verjährungsfrist angehalten und nach Beendigung des Hemmungstatbestandes die alte Verjährungsfrist weiter läuft (§ 209 BGB). Im Unfallhaftpflichtrecht sind besonders folgende Fälle hervorzuheben:

a) Verhandlungen

79   Der Begriff der Verhandlungen im Sinne von § 203 S. 1 BGB ist weit auszulegen. Es genügt jeder Meinungsaustausch über den Schadensfall zwischen dem Berechtigten und dem Verpflichteten, sofern nicht sofort und eindeutig jeder Ersatz abgelehnt wird. Verhandlungen schweben schon dann, wenn der in Anspruch Genommene Erklärungen abgibt, die dem Geschädigten die Annahme gestatten, der Verpflichtete lasse sich auf Erörterungen über die Berechtigung von Schadensersatzansprüchen ein. Nicht erforderlich ist, dass Vergleichsbereitschaft oder Bereitschaft zum Entgegenkommen signalisiert wird.[248]

Obgleich eine nur formularmäßige Eingangsbestätigung nicht ausreicht, ist eine Stellungnahme des in Anspruch genommenen Schädigers zur Sache selbst nicht Voraussetzung für die Annahme eines Verhandelns über den geltend gemachten Anspruch. Es genügt, dass der angeblich ersatzpflichtige Schädiger erkennen lässt, er werde die Berechtigung des Anspruchs jedenfalls prüfen.[249]

---

[241] BGH NJW 1999 1101; NJW-RR 2002, 1433, 1434.
[242] *BGH* NJW-RR 2004, 1475; NJW-RR 2005, 1044, 1047.
[243] *BGH* NJW-RR 1986, 324; *Greger*, § 21 Rn. 32, 37; MünchKommBGB/*Grothe*, § 212 Rn. 14.
[244] *BGH* NZV 2009, 131.
[245] *BGH* VersR 1974, 571; *Greger*, § 21 Rn. 36.
[246] *BGH* NJW-RR 1986, 324 f.
[247] *OLG Koblenz* NZV 2007, 198.
[248] *BGH* NJW 2007, 587 Rn. 10; *BGH* NJW 2007, 64 Rn. 5; NJW 2004, 1654; MünchKommBGB/*Grothe*, § 203 Rn. 5; *Diederichsen*, DAR 2007, 301, 304 f.
[249] *BGH* NJW 2007, 64 Rn. 5; *OLG Düsseldorf* OLGR 2006, 227, 230.

Die Hemmung endet, wenn einer der Beteiligten die Fortsetzung der Verhandlungen 80
verweigert.[250] Sie endet auch durch Einschlafen der Verhandlungen.[251] Dies ist typischerweise anzunehmen, wenn der Ersatzberechtigte den Zeitpunkt versäumt, zu
dem eine Antwort auf eine letzte Anfrage des Ersatzpflichtigen zu erwarten gewesen
wäre.[252] Das gilt etwa dann, wenn der Ersatzberechtigte auf ein Schreiben des Haftpflichtversicherers einen Monat nicht antwortet.[253] Gemäß § 203 S. 2 BGB tritt die
Verjährung frühestens drei Monate nach dem Ende der Hemmung ein; in dieser Zeit
kann der Geschädigte Klage erheben.

Bei Verhandlungen über einen **Abfindungsvergleich** wird die Regelverjährungsfrist 81
durch die Vergleichsverhandlungen gehemmt. Die Hemmung endet mit Abschluss
der Abfindungsvereinbarung und Zahlung des Abfindungsbetrags.[254] Der Abfindungsvergleich kann aber einen Verjährungsverzicht enthalten, der sich im Einzelfall
auch im Wege ergänzender Vertragsauslegung ergeben kann.[255]

b) Rechtsverfolgung

§ 204 BGB enthält einen umfangreichen Katalog von Hemmungstatbeständen. Be- 82
sonders wichtig sind folgende Fälle:

aa) Klageerhebung

Die Erhebung der Klage (§ 204 I Nr. 1 BGB) erfolgt nach § 253 I ZPO durch
Zustellung der Klageschrift. Gemäß § 167 ZPO genügt deren fristgerechte Einreichung bei Gericht, wenn die Zustellung demnächst erfolgt, das heißt nicht durch
schuldhaftes Verhalten des Klägers verzögert wird.[256] Die Verjährungshemmung betrifft nur Ansprüche in der Gestalt und in dem Umfang, wie sie mit der Klage geltend
gemacht werden, also nur den streitgegenständlichen prozessualen Anspruch. Maßgebend ist daher der Streitgegenstand, der bestimmt wird durch den Klageantrag, in
dem sich die vom Kläger beanspruchte Rechtsfolge konkretisiert, und den Lebenssachverhalt, aus dem die begehrte Rechtsfolge hergeleitet wird.[257]

Die Klage hat nur dann verjährungshemmende Wirkung, wenn sie vom Berechtigten 83
erhoben wird. Berechtigt kann außer dem Forderungsinhaber auch eine zur Prozessführung befugte Person sein.[258] Als gerichtliche Geltendmachung genügt hilfsweises
Vorbringen.[259] Eine unbezifferte Schmerzensgeldklage ist ausreichend.[260] Eine Teilklage führt zur Hemmung nur hinsichtlich des geltend gemachten Betrages.[261] Der
Klageabweisungsantrag des Gläubigers gegenüber der negativen Feststellungsklage
des Schuldners genügt hingegen nicht.[262] Auch eine unzulässige Klage hemmt die
Verjährung, nicht aber eine unzulässige Streitverkündung.[263]

---

[250] *BGH* NJW 2005, 2004 (Vergleichswiderruf).
[251] BGHZ 152, 298, 303 = NJW 2003, 895, 896; *BGH* NJW-RR 2005, 1044, 1047; *Jänig*, ZGS
2009, 350.
[252] BGHZ 152, 298, 303 = NJW 2003, 895, 897; *Greger*, § 21 Rn. 57.
[253] *OLG Koblenz* ZGS 2006, 117, 119; MünchKommBGB/*Grothe*, § 203 Rn. 8.
[254] *OLG Karlsruhe* NJW-RR 1997, 1318; Palandt/*Heinrichs*, § 203 Rn. 4.
[255] *OLG Hamm* VersR 1996, 78.
[256] BGHZ 168, 306 = NJW 2006, 3206; Zöller/*Greger*, § 167 Rn. 10.
[257] *BGH* NJW-RR 2010, 1683 Rn. 29; NJW 2005, 2004, 2005.
[258] BGHZ 78, 1 = NJW 1980, 1050; MünchKommBGB/*Grothe*, § 204 Rn. 17; *Greger*, § 21
Rn. 69.
[259] *BGH* NJW 1968, 692; MünchKommBGB/*Grothe*, § 204 Rn. 6.
[260] *BGH* NJW 2002, 3769.
[261] BGHZ 151, 1 = NJW 2002, 2167; *BGH* NJW 2009, 1950; MünchKommBGB/*Grothe*,
§ 204 Rn. 15.
[262] *BGH* NJW 2012, 3633; BGHZ 72, 23 = NJW 1978, 1975.
[263] BGHZ 175, 1 = NJW 2008, 519 Rn. 24 ff.

bb) Zustellung eines Mahnbescheids

84 Ein Mahnbescheid ist die einfachste Methode zur Hemmung der Verjährung, vor allem am Jahresende.[264] Voraussetzung für die Verjährungshemmung durch Zustellung eines Mahnbescheids (§ 204 I Nr. 3 BGB) ist, dass der geltend gemachte Anspruch im Mahnbescheid so bezeichnet ist (§ 692 I Nr. 1, § 690 ZPO), dass er Grundlage eines Vollstreckungsbescheids sein und der Schuldner erkennen kann, welcher Anspruch gegen ihn erhoben wird. Die Forderung muss hinreichend individualisiert sein.[265] Dazu ist erforderlich, dass der Anspruch durch seine Kennzeichnung von anderen Ansprüchen so unterschieden und abgegrenzt wird, dass er Grundlage eines der materiellen Rechtskraft fähigen Vollstreckungstitels sein kann und dem Schuldner die Beurteilung ermöglicht, ob er sich gegen den Anspruch zur Wehr setzen will.[266] Voraussetzung für die verjährungshemmende Wirkung ist nicht, dass aus dem Mahnbescheid für einen außenstehenden Dritten ersichtlich ist, welche konkreten Ansprüche mit dem Mahnbescheid geltend gemacht werden; Erkennbarkeit für den Antragsgegner genügt.[267]

85 Rechtsfehlerhaft erlassene, nicht individualisierte Mahnbescheide hemmen die Verjährung nicht, auch dann nicht, wenn die Individualisierung nach Ablauf der Verjährungsfrist im anschließenden Streitverfahren nachgeholt wird.[268] Die Einreichung bei einem unzuständigen Gericht schadet allerdings nicht.[269] Bei rechtzeitiger Einreichung des Antrags auf Erlass des Mahnbescheids wirkt die Hemmung – ebenso wie bei Klageerhebung – zurück, wenn der Mahnbescheid demnächst zugestellt wird (§ 167 ZPO).[270]

cc) Prozesskostenhilfeantrag

86 Die Einreichung eines Prozesskostenhilfeantrags bewirkt nur dann eine Verjährungshemmung, wenn das Gericht die Bekanntgabe an den Gegner veranlasst (§ 204 I Nr. 14 BGB). Die bloße Antragstellung genügt nicht.[271]

c) Anmeldung

87 Einen zusätzlichen Hemmungstatbestand schafft § 115 II 3 VVG (§ 3 Nr. 3 S. 3 PflVG a. F.). Danach ist Verjährung von der Anmeldung der Ansprüche bei dem Haftpflichtversicherer bis zum Eingang seiner Entscheidung gehemmt. Die Vorschrift macht die Verjährungshemmung weder von Regulierungsverhandlungen noch von sonstigen Erklärungen des Haftpflichtversicherers abhängig. Im Allgemeinen genügt die (formlose) Unterrichtung des Haftpflichtversicherers vom Schadensereignis und die Vermittlung einer ungefähren Vorstellung vom Umfang seiner Eintrittspflicht.[272]

---

[264] Zum Online-Verfahren: *Becker*, JuS 2008, 1080; *Degen*, NJW 2009, 199.
[265] BGHZ 172, 42 = NJW 2007, 1952 Rn. 39; *BGH* NJW 2000, 1420; NJW 2008, 1220 Rn. 13; MünchKommBGB/*Grothe*, § 204 Rn. 32; Zöller/*Vollkommer*, § 690 Rn. 14, § 693 Rn. 3b.
[266] *BGH* NJW-RR 2010, 1455 Rn. 11.
[267] BGHZ 172, 42 = NJW 2007, 1952 Rn. 46; *BGH* NJW 2009, 685 Rn. 19; NJW 2011, 613 Rn. 11.
[268] *BGH* NJW 2008, 3498 Rn. 16.
[269] BGHZ 86, 313 = NJW 1983, 1050; *BGH* NJW 1990, 1368.
[270] BGHZ 150, 221 = NJW 2002, 2794; Zöller/*Vollkommer*, § 691 Rn. 5; MünchKommBGB/*Grothe*, § 204 Rn. 34.
[271] *BGH* VersR 2008, 1119 Rn. 10 f.
[272] BGHZ 83, 162, 165 = NJW 1982, 1761, 1762; *BGH* NJW-RR 1987, 916.

Die Entscheidung des Versicherers muss in Textform zugehen. Sie erfordert eine **88** eindeutige und endgültige Stellungnahme des Versicherers.[273] Nicht nur die unzweideutige Ablehnung, auch ein positiver Bescheid beendet die Hemmung.[274] Dies gilt aber nur dann, wenn der Geschädigte aufgrund dieser Entscheidung sicher sein kann, dass der Versicherer auch alle künftigen, angesichts der Verletzungen des Geschädigten noch in Betracht kommenden Schadenspositionen, die bisher nicht Gegenstand der Abrechnung waren, zu ersetzen bereit sein wird, wenn der Geschädigte sie belegt.[275]

d) Stillhalteabkommen

Ein verjährungshemmendes Stillhalteabkommen ist (nur) anzunehmen, wenn der **89** Schuldner aufgrund einer rechtsgeschäftlichen Vereinbarung berechtigt sein soll, vorübergehend die Leistung zu verweigern, und der Gläubiger sich umgekehrt der Möglichkeit begeben hat, seine Ansprüche jederzeit weiterzuverfolgen.[276] Eine solche Vereinbarung kann auch stillschweigend durch schlüssiges Verhalten getroffen werden.[277] Hierfür muss ein äußeres Verhalten festgestellt werden, welches als Ausdruck einer solchen einvernehmlichen Entschließung ausgelegt werden kann.[278]

5. Rechtsmissbrauch

Die Erhebung der Verjährungseinrede kann ausnahmsweise treuwidrig (§ 242 BGB) **90** sein, wenn der Verletzte nach dem Verhalten des Schädigers (oder seines Versicherers) davon ausgehen konnte, die Verjährungseinrede werde nicht erhoben. Das gilt namentlich dann, wenn der Schädiger oder sein Versicherer den Verletzten von einer rechtzeitigen Klageerhebung abgehalten haben, sei es auch unabsichtlich.[279] In diesen Fällen muss der Verletzte nach Aufdecken der Absichten des Schädigers (bzw. seines Versicherers) binnen einer kurz zu bemessenden Frist Klage erheben.[280] Für die Mehrzahl der Durchschnittsfälle erachtet der *BGH* eine Frist von einem Monat als ausreichend.[281]

---

[273] *BGH* NJW-RR 1991, 470, 471 f.; *Heß/Burmann*, NJW-Spezial 2009, 233.
[274] *BGH* NJW-RR 1996, 474; *OLG Düsseldorf* OLGR 2005, 503.
[275] *KG* KGR 2006, 937; *OLG Hamm* VersR 2002, 563.
[276] *BGH* NJW 1999, 1022, 1023; NJW 1998, 2274, 2277.
[277] *BGH* NJW 2000, 2661, 2662.
[278] *BGH* NJW-RR 2011, 208 Rn. 15.
[279] *BGH* NJW 2008, 2776 Rn. 31; NJW-RR 2011, 208 Rn. 19.
[280] *BGH* NJW 1998, 902, 903; *OLG Stuttgart* OLGR 2005, 191, 192; *Greger*, § 21 Rn. 100.
[281] *BGH* NJW 1998, 902, 903.

§ 31. Anspruchsübergänge

I. Private Schadensversicherer

1 Soweit der Geschädigte aufgrund eines Versicherungsvertrags von seinem privaten Schadensversicherer Ersatz erhält, geht der Ersatzanspruch gemäß § 86 I 1 VVG (§ 67 I 1 VVG a. F.) auf den Versicherer über. Die Legalzession soll eine Doppelentschädigung des Verletzten verhindern und dem Versicherer die Möglichkeit zum Rückgriff gegen den Schädiger geben. Die Regelung des § 86 I 1 VVG stimmt mit § 67 I 1 VVG a. F. überein.[1]

1. Anwendungsbereich

2 Erfasst sind nur Forderungsübergänge bei einer Schadensversicherung, nicht bei einer Summenversicherung.[2] Bei Verkehrsunfällen kommen als Gegenstand somit in Frage: die Kaskoversicherung für das unfallgeschädigte Fahrzeug, die private Krankenversicherung[3] und die private Unfallversicherung, soweit eine konkrete Schadensdeckung vereinbart ist.[4] Etwas anderes gilt für die Krankenhaustagegeldversicherung, bei der es sich um eine Summenversicherung handelt.[5]

Vom Anspruchsübergang nach § 86 I 1 VVG werden auch vertragliche Ansprüche erfasst,[6] ebenso ein Ausgleichsanspruch aus § 426 BGB des Versicherungsnehmers gegen einen Dritten als Mitverursacher des Unfalls.[7] Das gilt aber nicht, wenn kein Gesamtschuldverhältnis besteht.[8]

2. Zeitpunkt des Übergangs

3 Der Anspruch geht mit der Leistung des Versicherers über. Das gilt auch dann, wenn kein Anspruch auf Deckung bestand.[9] § 86 II 1 VVG sieht eine Obliegenheit des Versicherungsnehmers vor, den ihm zustehenden Ersatzanspruch zu wahren und gegebenenfalls bei dessen Durchsetzung mitzuwirken.[10] § 67 I 3 VVG a. F. enthielt demgegenüber lediglich ein Aufgabeverbot. Danach konnte der Geschädigte (Versicherungsnehmer) vor dem Übergang über den Anspruch verfügen, allerdings mit der Konsequenz der Leistungsfreiheit des Versicherers. Nachdem der Anspruch übergegangen ist, kann der Schädiger nach §§ 412, 407 BGB von seiner Ersatzpflicht frei werden, wenn er in Unkenntnis der Zahlung des Versicherers gleichwohl an den Geschädigten leistet.[11]

3. Sachliche Kongruenz

4 Der Übergang vollzieht sich im Rahmen sachlicher Kongruenz der Versicherungsleistung mit den ihr entsprechenden Schadenspositionen.[12] So geht beispielsweise bei

---

[1] BT-Drs. 16/3945, S. 81.
[2] *BGH* NJW-RR 2001, 1467; *Küppersbusch/Höher*, Rn. 759.
[3] BGHZ 52, 350 = NJW 1969, 2284.
[4] BGHZ 25, 330, 338 = NJW 1957, 1874, 1875.
[5] *BGH* NJW-RR 2001, 1467; *Küppersbusch/Höher*, Rn. 759.
[6] *BGH* NJW-RR 1992, 283.
[7] *OLG Celle* OLGR 2003, 499; *Greger*, § 37 Rn. 15.
[8] *BGH* NJW 2007, 1208 (Diebesgehilfe); *Diederichsen*, DAR 2007, 301, 302.
[9] *Greger*, § 35 Rn. 3.
[10] BT-Drs. 16/3945, S. 81 f.
[11] *Küppersbusch/Höher*, Rn. 761; *OLG Düsseldorf* VersR 1995, 528 (Vergleichsabschluss).
[12] BGHZ 82, 338, 340 = NJW 1982, 827; *OLG Hamm* NZV 1993, 477, 478; *Greger*, § 35 Rn. 5; *Becker/Böhme/Biela*, F 147 f.; *Bost*, VersR 2007, 1199, 1204.

der Kaskoversicherung nur der Anspruch auf Ersatz der **unmittelbaren Sachschä-**
den über. Dazu gehören Reparatur- bzw. Wiederbeschaffungskosten,[13] die Wertminderung,[14] Abschleppkosten[15] sowie Sachverständigenkosten.[16] Anders ist es bei Ansprüchen auf Ersatz der **Sachfolgeschäden,**[17] insbesondere bei Nutzungsausfall[18]
bzw. Mietwagenkosten[19] und Verdienstausfall[20], ebenso bei Rückstufungsschäden in
der Vollkaskoversicherung.[21]

4. Quotenvorrecht des Versicherungsnehmers

Soweit Ansprüche übergehen, steht dem Geschädigten gegenüber seinem Versicherer   5
gemäß § 86 I 2 VVG ein Quotenvorrecht (Befriedigungsvorrecht) zu. Es kommt
namentlich dann zum Tragen, wenn eine Mithaftung des Geschädigten besteht, zum
Beispiel wegen Mitverschuldens oder wegen Anrechnung der Betriebsgefahr, und er
gleichzeitig eine Kaskoversicherung unterhält. Der Geschädigte bekommt seinen
Schaden aus der Versicherungsleistung des eigenen Kaskoversicherers und dem Ersatzanspruch gegen den zahlungspflichtigen Gegner (Schädiger und dessen Kfz-
Haftpflichtversicherer) ersetzt. Nur der Anspruch auf einen überschießenden Betrag
geht auf den Kaskoversicherer über, und zwar als Einzelgläubiger.[22] Der kaskover-
sicherte Geschädigte kann seinen Schaden mithin über sein Quotenvorrecht minimieren.

Beispiel: Der Geschädigte muss sich eine Mithaftung von 50 % anrechnen lassen. Sein Gesamt-   6
schaden beträgt 11.000 EUR (Fahrzeugschaden: 7.500 EUR, Sachverständigenkosten: 500 EUR,
Wertminderung: 2.500 EUR, Nutzungsausfall: 475 EUR, Auslagenpauschale: 25 EUR).

– Vertragsgemäß ersetzt der Kaskoversicherer den Fahrzeugschaden abzüglich einer Selbstbeteiligung von 1.000 EUR, mithin 6.500 EUR.
– Dem Geschädigten verbleibt ein Schaden von 4.500 EUR (11.000 EUR abzüglich
  6.500 EUR), den er nunmehr minimieren kann, indem er den Gegner in Anspruch nimmt.
  Der Gegner muss insgesamt nicht mehr als 5.500,EUR ausgleichen (50 % von 11.000 EUR).
– Der Geschädigte und sein Kaskoversicherer können beide auf den Gegner Zugriff nehmen,[23]
  aber nicht beide in vollem Umfang. Um dem Sinn der Kaskoversicherung Rechnung zu
  tragen, kann sich der Geschädigte bevorrechtigt befriedigen:
– Die quotenbevorrechtigten Positionen (unmittelbarer Sachschaden/kongruente Schäden) muss
  der Gegner in vollem Umfang ausgleichen (1.000 EUR Selbstbeteiligung, 500 EUR Sachverständigenkosten, 2.500 EUR Wertminderung), hier insgesamt 4.000 EUR.
– Die nicht quotenbevorrechtigten Positionen (inkongruente Schäden) muss der Gegner nur
  nach einer Haftungsquote von 50 % ausgleichen, hier also 250 EUR (50 % des Nutzungsausfalls und der Schadenspauschale).
– Nur die verbleibende Restforderung geht auf den Kaskoversicherer des Geschädigten über.[24]

---

[13] *Sanden/Völtz*, Rn. 96.
[14] BGHZ 82, 228 = NJW 1982, 827; *OLG Celle* OLGR 2006, 705.
[15] *BGH* NJW 1982, 829.
[16] *BGH* NJW 1982, 829; VersR 1985, 441; *OLG Frankfurt/M.* NJW-RR 2013, 664.
[17] BGHZ 25, 340 = NJW 1958, 180.
[18] BGHZ 25, 340 = NJW 1958, 180.
[19] *BGH* NJW 1982, 827.
[20] *Greger,* § 35 Rn. 6.
[21] *BGH* NJW 2006, 2397.
[22] BGHZ 13, 28 = NJW 1954, 1113; BGHZ 82, 338 = NJW 1982, 827; *BGH* NJW 1982, 829;
NJW 2010, 677; Geigel/*Münkel*, Kap. 13 Rn. 11 f.
[23] BGHZ 44, 382 = NJW 1966, 654.
[24] Rechenbeispiele bei *OLG Celle* OLGR 2006, 705, 706; *OLG Saarbrücken* OLGR 1999,
222; *OLG Hamm* OLGR 2000, 371, 372; OLGR 1993, 197, 199; *Sanden/Völtz*, Rn. 364;
Greger, § 35 Rn. 8 ff.; *Lemcke/Heß*, NJW-Spezial 2007, 63; *Bost,* VersR 2007, 1199.

5. Regressbeschränkungen

a) Haushaltsangehörige

7   Um den Versicherungsschutz nicht wirtschaftlich zu entwerten, ist der Rückgriff gegen eine mit dem Geschädigten bei Schadenseintritt in häuslicher Gemeinschaft lebende Person ausgeschlossen, es sei denn, diese habe den Schaden vorsätzlich herbeigeführt (§ 86 III VVG). Diese Regelung unterscheidet sich von dem früher geltenden § 67 II VVG a. F., indem anstelle des Ausschlusses des Anspruchsübergangs ein Regressausschluss eingeführt worden ist. Der Versicherungsnehmer verliert zwar den Ersatzanspruch gegen den Schädiger, wenn er die Versicherungsleistung in Anspruch nimmt, der Versicherer kann aber den übergegangenen Anspruch nicht gegen den Schädiger geltend machen.[25]

Die Regelung ist zwingend (§ 87 VVG), kann also nicht durch Abtretung umgangen werden.[26] Keine Rolle spielt, ob die begünstigte Person selbst Haftpflichtversicherungsschutz genießt.[27]

8   § 86 III VVG beschränkt den Regressausschlusses nicht auf Familienangehörige, weil dies nicht mehr den gesellschaftlichen Verhältnissen entspricht. Der Regressausschluss gilt für alle Personen, die mit dem Versicherungsnehmer in häuslicher Gemeinschaft leben. Danach kommt ein Regress gegen einen nichtehelichen, mit dem Versicherungsnehmer in häuslicher Gemeinschaft lebenden Lebenspartner nicht in Betracht. Um Missbrauch zu verhindern, stellt die Vorschrift darauf ab, dass die häusliche Gemeinschaft zum Zeitpunkt des schadensverursachenden Ereignisses bereits bestand.[28] Die Beweislast für die tatsächlichen Voraussetzungen des Regressverbots trägt der privilegierte Schädiger.[29]

In einem Altfall hat der *BGH* für die frühere Regelung des § 67 II VVG a. F. entschieden, dass diese zumindest analog auf Partner einer nichtehelichen Lebensgemeinschaft anwendbar ist; die Schutzwürdigkeit sei als vergleichbar zu erachten. Dem lag eine Fallgestaltung zugrunde, in der Versicherungsnehmer und seine Lebensgefährten ein gemeinsames Kind hatten und auch das Sorgerecht gemeinsam ausübten. Zudem finanzierten sie gemeinsam ein Eigenheim.[30] Diese Entscheidung hat zwar keine Auswirkungen auf § 86 III VVG, aber auf § 116 VI SGB X.

9   Geht der Schadensersatzanspruch einer Einmann-GmbH gegen die grobfahrlässig mit einem Pkw der Gesellschaft einen Unfall verursachende Tochter des Alleingesellschafters, die mit ihrem Vater in häuslicher Gemeinschaft lebt, auf den Versicherer der Gesellschaft über, dann ist dieser nicht gehindert, den Anspruch gegen die Tochter geltend zu machen. Denn der Gesellschafter einer GmbH ist nicht Versicherter im Sinne von § 86 VVG.[31]

Das gilt im Ansatz auch für den Regress gegen den Angehörigen eines kaskoversicherten Gesellschafters einer Personengesellschaft. Allerdings ist das Sachinteresse des Gesellschafters als mitversichert anzusehen, wenn er gesellschaftsintern dazu berufen ist, das versicherte Fahrzeug zu nutzen, so dass der Vater im Beispielsfall als Mitversicherter anzusehen ist und ein Anspruchsübergang nach § 86 II Hs. 1 VVG ausscheidet. Das hat der *BGH* am Beispiel einer GmbH & Co. KG entschieden.[32]

---

[25] BT-Drs. 16/3945, S. 82.
[26] BGHZ 52, 350 = NJW 1969, 2284.
[27] *BGH* NJW 1979, 983; zweifelnd: *Greger*, § 32 Rn. 77, § 35 Rn. 4.
[28] BT-Drs. 16/3945, S. 82.
[29] *Burmann/Heß* in: Das neue VVG im Straßenverkehrsrecht, Rn. 452; *Schirmer*, DAR 2008, 319, 325.
[30] BGHZ 180, 272 = NJW 2009, 2062.
[31] *BGH* NJW 1994, 585 = JuS 1994, 802 *(K. Schmidt)*.
[32] BGHZ 175, 374 = NJW 2008, 1737 = JuS 2008, 655 *(K. Schmidt)*; *Terno*, DAR 2008, 313, 315; *Brand*, VersR 2009, 306.

b) Weitere Regressbeschränkungen

Der Rückgriff ist – ganz oder teilweise – ausgeschlossen, wenn der in Anspruch **10** Genommene einen internen Ausgleichsanspruch (§ 426 BGB) gegen den Versicherungsnehmer, einen Mitversicherten oder einen Familienangehörigen hätte.[33]

Ein Regressverzicht kann sich aufgrund ergänzender Vertragsauslegung ergeben. Bei der Gebäudefeuerversicherung ist auf diese Weise ein konkludenter Regressverzicht des Versicherers in Fällen anzunehmen, in denen der Wohnungsmieter einen Brandschaden durch lediglich einfache Fahrlässigkeit verursacht hat.[34] In dieser Fallgestaltung wird es deshalb häufig auf die Abgrenzung zur groben Fahrlässigkeit ankommen.

II. Sozialversicherungsträger

§ 116 SGB X bestimmt einen gesetzlichen Anspruchsübergang auf den Sozialver- **11** sicherungsträger (Krankenversicherung – SGB V, Rentenversicherung – SGB VI, Unfallversicherung – SGB VII, Pflegeversicherung – SGB XI[35]). Dies kommt in nahezu jedem Verkehrsunfall mit Personenschaden zum Tragen. Der Anspruchsübergang soll Doppelentschädigungen vermeiden und dem Sozialversicherungsträger einen Rückgriff auf den Schädiger ermöglichen.[36]

Bei Schadensfällen vor dem 1.7.1983, die die Praxis vereinzelt noch beschäftigen, richtet sich der Anspruchsübergang nach § 1542 RVO (§ 120 SGB X).[37]

1. Übergangsfähige Ansprüche

Die Anwendung der Vorschrift setzt Ansprüche des Geschädigten im Außenverhält- **12** nis voraus. Es besteht kein Regressanspruch des Sozialversicherungsträgers auf Ersatz von Leistungen, die im Außenverhältnis nicht erstattungsfähig sind. Übergangsfähig sind auf anderen gesetzlichen Vorschriften beruhende Ansprüche, also alle Ansprüche aus Delikt (einschließlich Amtshaftung) und Gefährdungshaftung, ebenso vertragliche Schadensersatzansprüche, zum Beispiel aus § 280 I BGB, die mit der unerlaubten Handlung in Zusammenhang stehen.[38] Nicht übergangsfähig sind Ansprüche aus Selbstaufopferung und Rettungshilfe im Straßenverkehr; bei ihnen soll der Sozialversicherungsträger endgültig für den Schaden eintreten (§ 2 I Nr. 13 SGB VII).[39]

Der Schädiger und sein Haftpflichtversicherer können dem Sozialversicherungsträger gemäß §§ 412, 404 BGB alle Einwendungen entgegenhalten, die ihnen gegen den Geschädigten vor dem Anspruchsübergang zustanden.[40] Zusätzlich können sie sich gegenüber dem Sozialversicherungsträger auf die Obliegenheit zur Geringhaltung des Schadens (§ 254 II BGB) berufen, wenn dieser zum Beispiel Rehabilitationsmaßnahmen nicht oder nicht rechtzeitig getroffen hat.[41]

---

[33] BGHZ 54, 256 = NJW 1970, 1844; BGHZ 117, 151 = NJW 1992, 1507; *Greger*, § 15 Rn. 37.

[34] BGHZ 145, 393, 395 ff. = NJW 2001, 1335; BGHZ 169, 86 = NJW 2006, 3707 Rn. 8 ff.; *BGH* NJW-RR 2007, 684; NJW-RR 2011, 1055.

[35] Zum Regress der Pflegekasse *Küppersbusch/Höher*, Rn. 671 ff.

[36] BGHZ 155, 342, 349 = NJW 2003, 3193, 3194 f.; Geigel/*Plagemann*, Kap. 30 Rn. 1; MünchKommBGB/*Oetker*, § 249 Rn. 516; *Marburger*, NZV 2011, 477.

[37] *BGH* r+s 2011, 40 Rn. 11; NJW-RR 2007, 467 Rn. 12, *BGH* NJW 2008, 2776 Rn. 12; *OLG Bamberg* NZV 2007, 629; *Jahnke*, NZV 2008, 57.

[38] BGHZ 26, 365, 368 f. = NJW 1958, 710; Geigel/*Plagemann*, Kap. 30 Rn. 10.

[39] BGHZ 92, 270 = NJW 1985, 492; *OLG Rostock* NZV 2005, 206; Geigel/*Plagemann*, Kap. 30 Rn. 14 f.; MünchKommBGB/*Oetker*, § 249 Rn. 476.

[40] BGHZ 159, 350 = NJW 2004, 3178 zu § 651g BGB; *BGH* NJW 1979, 2142.

[41] *BGH* NJW 1981, 1099.

13   Die Verjährung der übergegangenen Ansprüche entwickelt sich selbständig. Hinsichtlich des Beginns der Verjährung der Ansprüche des Sozialversicherungsträgers kommt es allein auf dessen Kenntnis oder grob fahrlässige Unkenntnis (§ 199 I Nr. 2 BGB) an, nicht auf die des Geschädigten. Maßgebend ist die Kenntnis des zuständigen Bediensteten der Regressabteilung des Sozialversicherungsträgers.[42] Bei grobfahrlässiger Unkenntnis sind Organisationspflichten der Behörde einzubeziehen.[43]

14   Eine Ausnahme von dem Grundsatz der Abhängigkeit des Rückgriffs von den Ansprüchen im Außenverhältnis stellen **Teilungsabkommen** dar, in denen Sozialversicherungsträger und Haftpflichtversicherer vereinbart haben, eine bestimmte Quote des nachgewiesenen Umfangs der vom Leistungsträger erbrachten Leistungen ohne Rücksicht auf das Bestehen des Anspruchsgrunds oder einer Mithaftung des Geschädigten zu erstatten.[44] Offensichtlich inadäquate Groteskfälle scheiden aus.[45] Eine weitere Ausnahme stellt die in § 116 VIII SGB X vorgesehene Pauschalierung von Heilungskosten dar.[46] Dies erleichtert die Darlegungslast des Sozialversicherungsträgers.

2. Zeitpunkt des Anspruchsübergangs

15   Anders als bei § 86 VVG findet der in § 116 I SGB X normierte Anspruchsübergang bei einem Träger der Sozialversicherung in aller Regel bereits im **Zeitpunkt des schadenstiftenden Ereignisses** statt, da aufgrund des zwischen dem Geschädigten und dem Sozialversicherungsträger bestehenden Sozialversicherungsverhältnisses von vornherein eine Leistungspflicht in Betracht kommt.[47]

Knüpfen hingegen Sozialleistungen nicht an das Bestehen eines Sozialversicherungsverhältnisses an, wie dies nicht nur beim Sozialhilfeträger, sondern zum Beispiel auch bei der Bundesagentur für Arbeit insbesondere bei Rehabilitationsleistungen der Fall ist, ist für den Rechtsübergang erforderlich, dass nach den konkreten Umständen des jeweiligen Einzelfalls eine Leistungspflicht ernsthaft in Betracht zu ziehen ist, die sachlich und zeitlich mit den Schadensersatzansprüchen des Geschädigten kongruent ist.[48] Je nach Sachlage kann sich der Anspruchsübergang auf den Sozialhilfeträger bereits im Unfallzeitpunkt, unter Umständen aber auch erst **erheblich später** vollziehen. Eine solche Lage kann entstehen, wenn die Bedrohung des Arbeitsplatzes durch die Behinderung des Verletzten infolge einer zunächst nicht voraussehbaren Verschlimmerung der Unfallfolgen erst zu einem späteren Zeitpunkt eintritt.[49]

Der Forderungsübergang bereits im Zeitpunkt des schädigenden Ereignisses kommt auch dann zum Tragen, wenn die Leistungen des Sozialversicherungsträgers erst nach dem Unfallzeitpunkt erbracht oder später erhöht werden.[50] Von diesen Grundsätzen hat die Rechtsprechung Ausnahmen zugelassen, wenn zukünftig neue sozialversiche-

[42] BGHZ 134, 343, 346 = NJW 1997, 1584; BGHZ 133, 129, 138 f. = NJW 1996, 2508; *BGH* NJW 2000, 1411; NJW 2001, 2535, 2536; NJW 2007, 834; MünchKommBGB/*Grothe,* § 199 Rn. 37.
[43] Palandt/*Ellenberger,* § 199 Rn. 25; MünchKommBGB/*Wagner,* § 823 Rn. 427.
[44] *Giesen,* NJW 2012, 3609; *Engelbrecht,* DAR 2011, 684, 690; Geigel/*Plagemann,* Kap. 30 Rn. 95 ff.; *Greger,* § 32 Rn. 55; zur Anwendbarkeit von Teilungsabkommen: *Kunte,* VersR 2011, 307; zur Auslegung eines Teilungsabkommens: *BGH* NJW-RR 2012, 605.
[45] *BGH* NJW 1984, 41; *KG* NJOZ 2003, 3160; Geigel/*Plagemann,* Kap. 30 Rn. 97.
[46] Geigel/*Plagemann,* Kap. 30 Rn. 90.
[47] *BGH* NJW-RR 2009, 1534 Rn. 6; BGHZ 19, 177, 178 = NJW 1956, 182; BGHZ 48, 181, 186 f. = NJW 1967, 2199; *Engelbrecht,* DAR 2011, 684.
[48] *BGH* NJW-RR 2012, 3639; NJW-RR 2009, 1534 Rn. 6; NJW 2008, 2776 Rn. 12, 14; NJW 2008, 1162 Rn. 8; BGHZ 150, 94, 98 f. = NJW 2002, 1877; BGHZ 133, 129, 134 = NJW 1996, 2508, 2509; BGHZ 131, 274, 279 f. = NJW 1996, 726, 727; BGHZ 127, 120, 125 f. = NJW 1994, 3097; Geigel/*Plagemann,* Kap. 30 Rn. 31 ff.
[49] *BGH* NJW-RR 2009, 1534 Rn. 6; BGHZ 127, 120, 126 f. = NJW 1994, 3097.
[50] *BGH* NJW 1990, 2933; NJW-RR 1990, 344, 345.

rungsrechtliche Leistungen geschaffen werden (Systemänderung bzw. Systemwechsel). Ein Forderungsübergang findet dann erst mit Inkrafttreten der Neuregelung statt.[51] Im Übrigen steht der Rechtsübergang unter der auflösenden Bedingung eines späteren Wegfalls der Leistungspflicht des Sozialversicherungsträgers.[52]

Der Zeitpunkt des Anspruchsübergangs hat wichtige Konsequenzen: 16

– Der Geschädigte ist nicht mehr aktivlegitimiert. Er kann von nun an nicht mehr über die Ansprüche verfügen. Das macht sich unter anderem bei Abfindungsvergleichen zwischen dem Geschädigten und dem Schädiger (bzw. dessen Kfz-Haftpflichtversicherer) bemerkbar. Der über § 412 BGB geltende § 407 I BGB hat nur geringe Bedeutung, weil an die Kenntnis des Schädigers oder seines Versicherers von dem Anspruchsübergang nur maßvolle Anforderungen zu stellen sind. Als Kenntnis genügt das Wissen, dass der Verletzte sozialversicherungspflichtig ist. Maßgeblich ist das Wissen um die tatsächlichen Umstände, die die Versicherungspflicht begründen oder nach denen die Inanspruchnahme von Sozialleistungen in Betracht zu ziehen ist.[53]
– Soweit die Befriedigungswirkung ausnahmsweise eintreten sollte, billigt § 116 VII 1 SGB X dem Sozialversicherungsträger einen Erstattungsanspruch gegen dem Sozialversicherten zu.[54]
– In der Praxis wird der Geschädigte seine Ansprüche nur insoweit einklagen, als sie nicht auf den Sozialversicherungsträger übergegangen sind. Auch eine Schadensfeststellungsklage (§ 256 I ZPO) ist auf Ansprüche zu beschränken, die nicht auf Sozialversicherungsträger übergegangen sind.[55] Ein von dem Verletzten gleichwohl erstrittenes weitergehendes Urteil bewirkt keine Rechtskraft für oder gegen den Sozialversicherungsträger, weil die Ansprüche schon vor Prozessbeginn auf ihn übergegangen sind (§ 325 I ZPO).[56] Eine Ausnahme gilt gemäß §§ 412, 407 BGB nur dann, wenn der Ersatzpflichtige im Zeitpunkt der Klageerhebung von dem Anspruchsübergang keine Kenntnis hatte.[57]

3. Sachliche und zeitliche Kongruenz

Ein Forderungsübergang nach § 116 I 1 SGB X setzt voraus, dass der Sozialversicherungsträger dem Geschädigten Sozialleistungen zu erbringen hat, die der Behebung eines Schadens der gleichen Art dienen (**sachliche Kongruenz**) und sich auf denselben Zeitraum wie der vom Schädiger zu leistende Schadensersatz beziehen (**zeitliche Kongruenz**). Andere Schadenspositionen verbleiben dem Geschädigten. Kongruenz bedeutet, dass die Leistung, deretwegen das Gesetz einen Rechtsübergang anordnet, einen Schaden des Geschädigten, wenn auch nur zum Teil, deckt und nichts anderes ausgleicht.[58]

Sachliche Kongruenz ist anzunehmen, wenn sich die Ersatzpflicht des Schädigers und   18
die Leistungsverpflichtung des Sozialversicherungsträgers ihrer Bestimmung nach decken. Die Leistung des Sozialversicherungsträgers und der vom Schädiger zu leis-

17

[51] BGHZ 189, 158 = NJW 2011, 2357 Rn. 9; *BGH* NJW 2006, 3565 Rn. 19; NJW 1990, 2933, 2934; NJW 1984, 607; *OLG Celle* NZV 1998, 250.
[52] *BGH* NJW 2008, 2776 Rn. 15.
[53] BGHZ 127, 120, 128 = NJW 1994, 3097, 3099; MünchKommBGB/*Roth,* § 407 Rn. 15; Geigel/*Plagemann,* Kap. 30 Rn. 42.
[54] Zum Rechtsweg: *OLG Frankfurt/M.* NJW-RR 1997, 1087; MünchKommBGB/*Oetker,* § 249 Rn. 545.
[55] *Greger,* § 32 Rn. 89.
[56] Hk-ZPO/*Saenger,* § 325 Rn. 8.
[57] Zöller/*Vollkommer,* § 325 Rn. 27.
[58] BGHZ 74, 227, 230 = NJW 1979, 1708, 1709.

tende Ersatz müssen zum Ausgleich derselben Einbuße des Geschädigten dienen.[59] Bei der Beurteilung der sachlichen Kongruenz werden üblicherweise folgende Schadenspositionen unterschieden: Sachleistungen, Heilbehandlungskosten, Erwerbsschäden, vermehrte Bedürfnisse, Unterhaltsschäden, Beerdigungskosten und Schadensersatz wegen entgangener Dienste.[60] Gegenstand des Forderungsübergangs ist nur der Schadensersatzanspruch des Verletzten. Der Sozialversicherungsträger muss im Streitfall also etwa den entgangenen Gewinn des Verletzten darlegen; auf die aufgewendeten Sozialleistungen kommt es nicht an.[61]

Die Krankenhausbehandlung ist sachlich kongruent mit der Pflicht des Schädigers zum Ersatz der Heilungskosten. Zur Krankenhausbehandlung gehört aber auch ein Investitionszuschlag, den die Krankenkasse dem Krankenhausträger zahlt.[62] Eine Verletztenrente der gesetzlichen Unfallversicherung ist kongruent zum Verdienstausfallschaden; maßgeblich ist dabei der Erwerbsschaden des Versicherten.[63] Leistungen zur Pflegehilfe (§§ 14 ff. SGB XI) sind kongruent mit Ansprüchen auf Erstattung vermehrter Bedürfnisse.[64] Die gesetzliche Witwenrente ist sachlich kongruent zum Barunterhaltsschaden einer Witwe gemäß § 844 II BGB.[65] Der Haushaltsführungsschaden ist mit einer Erwerbsunfähigkeitsrente kongruent, soweit er Erwerbsschaden ist, nicht aber soweit der Versicherungsnehmer Mithilfe im Haushalt zur eigenen Versorgung leistet.[66]

Der Anspruch auf Schmerzensgeld geht niemals auf den Sozialversicherungsträger über, weil dieser keinen Ersatz für immateriellen Schaden gewährt.[67] Gleiches gilt für Anwaltshonorare und Kosten für ärztliche Gutachten.[68]

19 Der Grundsatz der zeitlichen Kongruenz erfordert eine genaue Feststellung, für welche Zeiträume der Sozialversicherungsträger Leistungen erbracht hat und welche Ansprüche der Geschädigte in dem gleichen Zeitraum gegen den Schädiger gehabt hat. Wenn der durch die Verletzung bedingte Verdienstausfall zum Beispiel zwei Wochen dauert, die Unfallrente aber länger gezahlt wird, geht der Anspruch nur für zwei Wochen über.[69]

20 Aus dem Grundsatz der Kongruenz folgt auch, dass die Ansprüche jeweils auf denjenigen Sozialversicherungsträger übergehen, der für die Regulierung der maßgebenden Schadensposition zuständig ist.[70] Leistet ein unzuständiger Sozialversicherungsträger, geht die Forderung nicht auf ihn über.[71] Haben mehrere Sozialversicherungsträger Leistungen auf die gleiche Schadensposition erbracht, so sind sie im Außenverhältnis zum Schädiger (und zur Kfz-Haftpflichtversicherung) Gesamtgläubiger im Sinne von § 428 BGB (§ 117 S. 1 SGB X).[72] Die Aufteilung hat im Innenverhältnis der Sozialversicherungsträger zu erfolgen (§ 117 S. 2 SGB X).[73]

---

[59] *BGH* VersR 2010, 270 Rn. 24; r+s 2011, 40 Rn. 15; NJW 2011, 2583 Rn. 14.
[60] Geigel/*Plagemann,* Kap. 30 Rn. 23 ff.; MünchKommBGB/*Oetker,* § 249 Rn. 521 ff.
[61] *BGH* NJW 2010, 1532.
[62] *BGH* NJW 2011, 2583 Rn. 15.
[63] *BGH* NJW 2010, 1532 Rn. 8; *OLG Zweibrücken* VersR 2007, 272, mit Anm. *Wellner.*
[64] *BGH* NJW 2006, 3535 Rn. 7.
[65] *BGH* NJW-RR 2010, 839 Rn. 29.
[66] *LG Braunschweig* VersR 2007, 1584, 1585; *LG Frankfurt (Oder)* DAR 2008, 29, 30.
[67] BGHZ 153, 113, 121 = NJW 2003, 1871, 1873; Geigel/*Plagemann,* Kap. 30 Rn. 17.
[68] *BGH* NJW 1962, 202; *Jahnke,* r+s 2003, 89, 97.
[69] MünchKommBGB/*Oetker,* § 249 Rn. 533.
[70] BGHZ 155, 342 = NJW 2003, 3193.
[71] *OLG Rostock* OLGR 2005, 177.
[72] BGHZ 153, 113 = NJW 2003, 1871 = JuS 2003, 1245 *(Ruland); BGH* NJW 1989, 2622, 2623.
[73] Berechnungsformel bei Geigel/*Plagemann,* Kap. 30 Rn. 123; *Küppersbusch/Höher,* Rn. 660.

4. Aufteilung bei gekürzten Ansprüchen

Bei Mithaftung des Geschädigten (§ 254 BGB, § 17 StVG) oder bei Anspruchs- **21**
begrenzung auf Haftungshöchstsummen (§ 12 StVG, § 9 HPflG) hat der Schädiger
nicht den gesamten Schaden zu ersetzen. § 116 SGB X sieht eine differenzierende
Lösung vor. Bei einer Mithaftung des Verletzten gilt die in § 116 III 1 SGB X niedergelegte **relative Theorie**.[74] Es geht der Anteil des Ersatzanspruchs über, der dem
Vomhundertsatz entspricht, für den der Schädiger verantwortlich ist. Praktisch bedeutet dies, dass sich der Geschädigter und der Sozialversicherungsträger in gleicher
Weise an der Kürzung der Ansprüche zu beteiligen haben.[75]

Beispiel: Den Geschädigten trifft eine hälftige Mithaftung. Sein Erwerbsschaden beträgt
3.000 EUR. Der Sozialversicherungsträger leistet 1.400 EUR. Auf den Sozialversicherungsträger geht ein Anspruch in Höhe von 700 EUR über. Der Geschädigte behält einen nicht übergegangenen Schadensersatzanspruch von 800 EUR.[76]

Das Gesetz sieht hiervon zwei Ausnahmen vor: **22**

– Der Anspruchsübergang ist ausgeschlossen, soweit der Geschädigte oder seine
 Hinterbliebenen dadurch hilfsbedürftig im Sinne des SGB XII werden (§ 116 III 3
 SGB X).[77] Kausalität ist erforderlich.[78]
– Hat der Sozialversicherungsträger vor dem Schadensereignis bereits Sozialleistun-
 gen erbracht und werden diese durch den Schadensfall nicht erhöht, sondern nur
 umdeklariert (zum Beispiel bisher Altersrente, jetzt Witwenrente), so besteht ein
 Befriedigungsvorrecht des Geschädigten. Der Ersatzanspruch geht nach § 116 V
 SGB X nur insoweit über, als der geschuldete Schadensersatz nicht zur vollen
 Deckung des eigenen Schadens des Geschädigten bzw. seiner Hinterbliebenen
 erforderlich ist.[79]

Ein **Quotenvorrecht** zugunsten des Geschädigten besteht bei Überschreitung der **23**
Höchsthaftungssumme. Der Geschädigte kann aus dem Anspruch zunächst seinen
Schaden abdecken (§ 116 II SGB X). Das gilt auch für nicht kongruente Schäden.[80]
Nur in dem darüber hinausgehenden Umfang geht der Anspruch auf den Sozial-
versicherungsträger über.

Trifft die Haftungshöchstsumme mit einer nur teilweisen Haftung (Mitverschulden, Betriebsgefahr) zusammen, so tritt § 116 II SGB X zugunsten § 116 III SGB X zurück. Es gilt dann für
den gesamten Anspruch die relative Theorie (§ 116 III 2 SGB X).[81]

§ 116 IV SGB X gewährt dem Geschädigten ein Befriedigungsvorrecht vor dem **24**
Sozialversicherungsträger, wenn der Schadensersatzanspruch gegen den Schädiger aus
tatsächlichen Gründen – zum Beispiel wegen mangelnder Leistungsfähigkeit – nicht
realisiert werden kann. Der Schmerzensgeldanspruch des Geschädigten geht somit
vor.[82]

---

[74] BGHZ 146, 84, 89 = NJW 2001, 1214, 1215; *BGH* NJW 2006, 3565 Rn. 5; NJW-RR 2010,
839 Rn. 31.
[75] Instruktiv Becker/*Böhme*/*Biela*, F 48 ff.
[76] Nach MünchKommBGB/*Oetker*, § 249 Rn. 538; siehe auch *Küppersbusch/Höher*, Rn. 650;
OLG Hamm NJW-RR 2004, 317.
[77] BGHZ 133, 129 = NJW 1996, 2508; Geigel/*Plagemann*, Kap. 30 Rn. 67 ff.
[78] *BGH* NJW 2006, 3565 Rn. 22, 23.
[79] *Küppersbusch/Höher*, Rn. 655 f., mit Berechnungsbeispiel Rn. 444.
[80] Vgl. MünchKommBGB/*Oetker*, § 249 Rn. 539.
[81] BGHZ 146, 84 = NJW 2001, 1214; BGHZ 135, 170 = NJW 1997, 1785, mit Anm. *Greger/
Otto*, NZV 1997, 292; Geigel/*Plagemann*, Kap. 30 Rn. 65.
[82] MünchKommBGB/*Oetker*, § 249 Rn. 540; zum Kürzungs- und Verteilungsverfahren gemäß § 109 VVG: *Konradi*, VersR 2009, 321; zu §§ 155, 156 III VVG a. F.: *BGH* NJW-RR 2003,
1461.

5. Ausschluss des Anspruchsübergangs

25 Im Rahmen des **Familienprivilegs** findet kein Anspruchsübergang statt (§ 116 VI 1 SGB X). Die Legalzession unterbleibt bei nicht vorsätzlichen Schädigungen, wenn der Schädiger ein Familienangehöriger des Geschädigten ist, der mit diesem in häuslicher Gemeinschaft lebt. Ausgangspunkt der Regelung ist der Schutz der Familiengemeinschaft. In erster Linie werden Ehegatten, Verwandte und Verschwägerte erfasst (§§ 1589, 1590 BGB). Eine häusliche Gemeinschaft im Sinne von § 116 VI SGB X besteht, wenn die Angehörigen für eine gewisse Dauer ihren Lebensmittelpunkt in einer gemeinsamen Wohnung haben und eine gemeinsame Wirtschaftsführung betreiben.[83] Danach besteht eine häusliche Gemeinschaft auch zwischen einem getrennt lebenden Ehegatten und einem regelmäßig bei ihm lebenden Kind.[84] Zu beachten ist weiterhin, dass der Schadensersatzanspruch nur übergeht, wenn der Schädiger vorsätzlich in Bezug auf die Schadensfolge handelt.[85]

Der *BGH* hat entschieden, dass das Familienprivileg des § 116 VI SGB X analog auf **nichteheliche Lebensgemeinschaften** anzuwenden ist. Sie stehen Familienangehörigen im Sinne dieser Bestimmung gleich. Der *BGH* setzt damit konsequent die Rechtsprechung zu der inhaltsgleichen Bestimmung des § 67 II VVG a. F. fort. Das Familienprivileg wandelt sich daher zu einem Haushaltsangehörigenprivileg.[86]

26 Der Anspruchsübergang ist auch im Fall eines gestörten Gesamtschuldnerausgleichs ausgeschlossen, das heißt, wenn dem Zweitschädiger aus internen Gründen gegen den Erstschädiger kein Ausgleichsanspruch zusteht.[87] § 116 VI SGB X steht auch dem Übergang des Direktanspruchs des Geschädigten gegen den Haftpflichtversicherer des Schädigers gemäß § 115 I 1 VVG auf den Sozialversicherungsträger entgegen.[88]

6. Regress von Rentenversicherungsbeiträgen

27 Eine § 116 I 2 Nr. 1 und 2 SGB X ergänzende Regelung für den Beitragsregress sieht § 119 SGB X vor.[89] Er gilt für Schadensfälle ab dem 1.7.1983. Im Grundsatz besteht eine ähnliche Regelung wie in § 116 SGB X. Es findet eine Legalzession im Zeitpunkt des Unfalls hinsichtlich des Schadensersatzanspruchs des Verletzten statt, wenn dieser sozialversicherungspflichtig war oder dies nach dem Unfall wird (§ 119 I 1 Hs. 1 SGB X).[90] Der Übergang setzt keine kongruente Leistung voraus.[91] Es ist auch nicht erforderlich, dass das Pflichtversicherungsverhältnis nach dem Unfall weiterbesteht.[92]

Der Regress besteht gemäß § 119 I 1 Hs. 1 SGB X für Rentenversicherungsbeträge. Der Rentenversicherungsträger muss darlegen und beweisen, dass der Verletzte durch den Unfall Erwerbseinbußen hinnehmen muss und dadurch Rentenversicherungs-

---

[83] BGHZ 190, 131 = NJW 2011, 3715 Rn. 26.
[84] BVerfGE 127, 263 = NJW 2011, 1793.
[85] BGHZ 190, 131 = NJW 2011, 3715 Rn. 30.
[86] *BGH* VersR 2013, 520, für BGHZ bestimmt; siehe bereits *OLG Rostock* NJW-RR 2008, 694.
[87] BGHZ 51, 37 = NJW 1969, 236; BGHZ 55, 11 = NJW 1971, 194; BGHZ 58, 355 = NJW 1972, 1577; BGHZ 61, 51 = NJW 1973, 1648; *OLG Hamm* NJW-RR 1998, 1181.
[88] BGHZ 146, 108, 112 = NJW 2001, 754, 755; *Halfmeier/Schnitzler*, VersR 2002, 11; *Greger*, § 32 Rn. 77.
[89] Dazu Geigel/*Plagemann*, Kap. 30 Rn. 131 ff.; *Hänlein*, NJW 1998, 105.
[90] BGHZ 129, 366 = NJW 1995, 1968; *Nixdorf*, NZV 1995, 337.
[91] *Küppersbusch/Höher*, Rn. 763.
[92] *BGH* NJW 2008, 1961 Rn. 15.

beiträge ausgefallen sind.[93] Der Geschädigte ist nicht aktivlegitimiert und auch nicht prozessführungsbefugt.[94]

Bei der Abwicklung gilt nicht das Familienprivileg des § 116 VI SGB X.[95] Jedoch ist der Haftungsausschluss des Arbeitgebers bei Arbeitsunfällen zu beachten (§§ 104 ff. SGB VII),[96] ebenso die in § 116 III 1 SGB X geordnete relative Theorie bei Mitverschulden des Geschädigten[97] und das Befriedigungsvorrecht bei Überschreitung der Versicherungssumme (§ 116 IV SGB X).[98]

III. Andere Anspruchsübergänge

1. Bundesagentur für Arbeit

a) Arbeitslosengeld I

Sofern der Geschädigte arbeitslosenversichert ist und aufgrund des Unfalls von der Bundesagentur für Arbeit Arbeitslosengeld I (§§ 136 ff. SGB III) erhält, geht der Ersatzanspruch gemäß § 116 X SGB X auf die Bundesagentur über. Der Übergang findet bereits im Zeitpunkt des Unfalls statt.[99] Auch der Ersatzanspruch eines nicht sozialversicherten Verletzten geht im Umfang kongruenter Rehabilitationsleistungen schon im Zeitpunkt des Schadenseintritts auf die Bundesagentur für Arbeit über, wenn bereits zu dieser Zeit mit solchen Leistungen ernsthaft zu rechnen war.[100]

28

War der Geschädigte zur Zeit des Unfalls bereits arbeitslos, zahlt die Bundesagentur für Arbeit das Arbeitslosengeld noch sechs Wochen weiter (§ 146 I 1 SGB III). Danach entrichtet die Krankenkasse Krankengeld (§ 126 III SGB III, § 47b SGB V), mit der Folge, dass nunmehr sie regressberechtigt ist.[101]

b) Arbeitslosengeld II

Auch für das ALG II, welches ab dem 1.1.2005 an die Stelle der bisherigen Arbeitslosenhilfe getreten ist, gilt § 116 SGB X (§ 33 V SGB II, § 116 X SGB X).[102] Bis zum 31.12.2004 wurde Arbeitslosenhilfe gewährt (§§ 190 ff. SGB III a. F.).[103] Rechtsgrundlage für ALG II ist das SGB II – Grundsicherung für Arbeitsuchende.[104] Es bezieht die bisherigen Sozialhilfeempfänger ein, soweit sie erwerbsfähig und hilfebedürftig sind (§ 7 I 1 Nr. 2 und 3 SGB II). Erwerbsfähige Hilfebedürftige erhalten als Arbeitslosengeld II Leistungen zur Sicherung des Lebensunterhalts einschließlich der angemessenen Kosten für Unterkunft und Heizung (§ 19 S. 1, 3 SGB II).

29

---

[93] *OLG Hamm* VersR 2002, 732; *Küppersbusch/Höher*, Rn. 764, 769.
[94] *BGH* NJW-RR 2004, 595.
[95] BGHZ 106, 284 = NJW 1989, 1217.
[96] Geigel/*Plagemann*, Kap. 30 Rn. 138.
[97] Geigel/*Plagemann*, Kap. 30 Rn. 143.
[98] *Küppersbusch/Höher*, Rn. 778.
[99] *Greger*, § 32 Rn. 47.
[100] *OLG Celle* OLGR 2006, 630; *Küppersbusch/Höher*, Rn. 709; siehe bereits BGHZ 127, 120 = NJW 1994, 3097.
[101] *Küppersbusch/Höher*, Rn. 165, 707; *Greger*, § 29 Rn. 160.
[102] *Greger*, § 33 Rn. 12; *Küppersbusch/Höher*, Rn. 708.
[103] Zu Schadensfällen, die bis zum 31.12.2004 eingetreten sind: *Küppersbusch*, 8. Aufl., Rn. 708.
[104] Artikel 1 des Gesetzes vom 24.12.2003 (BGBl. I S. 2954, 2955); dazu *Münder*, NJW 2004, 3209.

2. Sozialhilfeträger

30   Soweit nicht erwerbsfähige Personen Leistungen nach dem SGB XII erhalten, findet gemäß § 93 IV SGB XII der Anspruchsübergang auf den Träger der Sozialhilfe (§ 3 SGB XII) nach § 116 SGB X statt.[105]

Das BSHG wurde mit Wirkung zum 1.1.2005 aufgehoben. Vor dem 1.7.1983 galt § 90 BSHG a. F., der eine Überleitungsanzeige des Sozialhilfeträgers verlangte. Diese Vorschrift kann für Spätfolgen von Unfällen aus der Zeit davor noch von Bedeutung sein.[106]

Der Anspruchsübergang erfolgt in dem Zeitpunkt, in dem ernsthaft aufgrund konkreter Anhaltspunkte, zu denen auch die Bedürftigkeit des Geschädigten gehört, mit der Leistungspflicht des Sozialhilfeträgers zu rechnen ist.[107] Der Anspruch kann daher bereits im Unfallzeitpunkt, möglicherweise aber auch erst später übergehen.[108] Der Geschädigte bleibt im Hinblick auf den Grundsatz des Nachrangs der Sozialhilfe (§ 2 SGB XII) ermächtigt, die Ersatzleistung für die Zukunft im eigenen Namen einzufordern, nicht aber für die Vergangenheit.[109] Auch dieser Anspruchsübergang setzt sachliche und zeitliche Kongruenz voraus.[110] Im Fall der Mithaftung des Geschädigten gilt auch hier die relative Theorie des § 116 III SGB X.[111] Das Familienprivileg des § 116 VI SGB X findet wegen des Nachrangs der Sozialhilfe keine Anwendung.[112]

3. Dienstherr

31   Gemäß § 76 S. 1 BBG[113] (§ 87a S. 1 BBG a. F.) bzw. den entsprechenden, dem Beamtenstatusgesetz[114] anzugleichenden Vorschriften der Landesbeamtengesetze, zum Beispiel § 82 LBG NW, findet ein Übergang der Ansprüche des verletzten Beamten, seiner Angehörigen oder der Hinterbliebenen eines getöteten Beamten insoweit auf den Dienstherrn statt, als dieser während einer auf der Körperverletzung beruhenden Aufhebung der Dienstfähigkeit zur Gewährung von Dienstbezügen bzw. infolge Körperverletzung oder Tötung des Beamten zur Gewährung einer Versorgung oder einer anderen Leistung verpflichtet ist.[115] § 76 BBG gilt im Anwendungsbereich des Soldatengesetzes entsprechend (§ 30 III SG). Eine ähnliche Bestimmung wie § 76 BBG sieht § 81a des Gesetzes über die Versorgung der Opfer des Krieges (BVG) vor.[116]

32   Ebenso wie bei § 116 SGB X findet der Anspruchsübergang im Zeitpunkt des Schadensfalls statt.[117] Der Rückgriff besteht nur bei übergangsfähigen Ansprüchen des Beamten bzw. seiner Angehörigen und Hinterbliebenen. Einen eigenen Schaden

---

[105] *Greger,* § 33 Rn. 12.
[106] Siehe *Greger,* § 33 Rn. 5, 8
[107] BGHZ 131, 274 = NJW 1996, 726; *OLG Hamm* VersR 2010, 1058.
[108] *BGH* NJW 2006, 3565 Rn. 11.
[109] *BGH* NJW 2006, 3565 Rn. 13 ff.; BGHZ 150, 94, 99 = NJW 2002, 1877; *Greger,* § 33 Rn. 29.
[110] *BGH* NJW 1997, 256; *Greger,* § 33 Rn. 15.
[111] *Küppersbusch/Höher,* Rn. 713, 725.
[112] BGHZ 133, 192 = NJW 1996, 2933; *Küppersbusch/Höher,* Rn. 729.
[113] Grundlage dieser Vorschrift ist das Dienstrechtsneuordnungsgesetz (DNeuG) vom 5.2.2009 (BGBl. I 160); dazu *Battis,* NVwZ 2009, 409.
[114] BeamtStG vom 17.6.2008, in Kraft getreten am 1.4.2009 (BGBl. I 2008, 1010); dazu *Dillenburger,* NJW 2009, 1115.
[115] Einzelfragen bei Geigel/*Plagemann,* Kap. 30 Rn. 159 ff.
[116] Dazu *OLG Hamm* NJW-RR 2002, 1322; Geigel/*Plagemann,* Kap. 30 Rn. 155 ff.
[117] *BGH* NJW 1960, 381; VersR 1988, 614; Geigel/*Plagemann,* Kap. 30 Rn. 166; zu § 5 OEG, § 81a BVG: *BGH* NJW 2008, 1162; BGHZ 190, 131 = NJW 2011, 3715.

kann der Dienstherr nicht geltend machen.[118] Es geht hier vor allem um die Fortzahlung von Dienstbezügen bei Dienstunfähigkeit,[119] Beihilfe zu unfallbedingten
Heilmaßnahmen[120] und das Ruhegehalt nach vorzeitiger Pensionierung.[121] Der Erwerbsschaden des Beamten ist nach dem Bruttogehalt zu berechnen.[122] Sachliche und
zeitliche Kongruenz sind notwendig.[123] Das Zivilgericht hat im Grundsatz nicht
nachzuprüfen, ob der Dienstherr eine Versetzung in den Ruhestand zu Recht verfügt
hat.[124] Gegen eine Pensionierung aus erkennbar sachfremden Erwägungen kann der
Schädiger aber den Einwand der unzulässigen Rechtsausübung erheben (§ 242
BGB).[125]

§ 116 VI SGB X, der den Rechtsübergang gegen Familien- bzw. Haushaltsangehörige **33**
ausschließt, ist analog anzuwenden.[126] Ferner gelten auch hier die oben erörterten
Einschränkungen gegen einen Zweitschädiger.[127] Hat der Dienstherr Ansprüche des
Beamten wegen eines Unfalls bei Teilnahme am allgemeinen Verkehr reguliert (§ 46
II 1 Nr. 2 BeamtVG), so ist der Rückgriff gegen einen anderen öffentlich-rechtlichen
Dienstherrn im Bundesgebiet ausgeschlossen.[128]

Dem übergegangenen Anspruch kann der Schädiger gemäß §§ 412, 404 BGB Mitverschulden des Beamten entgegenhalten (§ 254 BGB).[129] Das gilt auch für Mitverschulden des Dienstherrn, soweit dieser dem Beamten aus der Verletzung einer
beamtenrechtlichen Fürsorgepflicht haftet.[130]

4. Arbeitgeber

Soweit ein verletzter Arbeitnehmer aufgrund des Entgeltfortzahlungsgesetzes (EFZG), **34**
welches seit dem 1.6.1994 in Kraft ist, für die Zeit von sechs Wochen nach Eintritt des
Arbeitsunfalls seinen Lohn vom Arbeitgeber weiter erhält (§ 3 I 1 EFZG), geht sein
Anspruch auf Ersatz des Verdienstausfalls nach § 6 I EFZG auf den Arbeitgeber
über.[131] Der Arbeitgeber kann – bis zu einer bestimmten Betriebsgröße – seinerseits
Erstattung von 80 % seiner Aufwendungen von der Krankenkasse verlangen, wenn er
den übergegangenen Anspruch an die Krankenkasse abtritt (§§ 1, 5 des Gesetzes über
den Ausgleich der Arbeitgeberaufwendungen für Entgeltfortzahlung – AAG).[132]

– Der Anspruchsübergang nach § 6 I EFZG gilt für alle Arbeitnehmer, auch für **35**
Angestellte, jedoch nicht für Geschäftsführer, die keine Arbeitnehmer sind. Hier ist

---

[118] BGHZ 151, 210 = NJW 2002, 3175; *Küppersbusch/Höher,* Rn. 733.
[119] *Küppersbusch/Höher,* Rn. 736.
[120] BGHZ 153, 223 = VersR 2003, 330; BGHZ 74, 227, 229 = NJW 1979, 1708, 1709; *OLG Frankfurt/M.* VersR 1997, 1297; *OLG Hamm* NJW-RR 1994, 536.
[121] *Küppersbusch/Höher,* Rn. 744 ff.
[122] *Küppersbusch/Höher,* Rn. 737.
[123] *OLG Celle* OLGR 2000, 298; OLGR 2001, 227, 228; *Küppersbusch/Höher,* Rn. 734.
[124] *BGH* VersR 1972, 975.
[125] *OLG München* NZV 1997, 518; *OLG Koblenz* NJW-RR 1997, 1455; *Greger,* § 34 Rn. 35.
[126] BGHZ 190, 131 = NJW 2011, 3715 Rn. 13; BGHZ 106, 284, 289 = NJW 1989, 1217, 1218; BGHZ 43, 72, 78 = NJW 1965, 907, 908; *OLG Hamm* NJW-RR 1994, 536, 537.
[127] BGHZ 94, 173 = NJW 1985, 2261.
[128] *BGH* Urteil vom 19.3.2013 – VI ZR 174/12 Rn. 21 ff.; *BGH* NJW 1973, 896; BGHZ 43, 115 = NJW 1965, 753; *Greger,* § 34 Rn. 41.
[129] *BGH* NJW 1984, 354.
[130] BGHZ 43, 178 = NJW 1965, 1177.
[131] Überblick bei Palandt/*Weidenkaff,* § 616 Rn. 17 ff.; *Diehl,* zfS 2007, 543; *Jahnke,* NZV 1996, 169.
[132] Aufwendungsausgleichsgesetz vom 22.12.2005 (BGBl. I S. 3686); dazu *Hufnagel,* NJW 2008, 1626.

eine Abtretung der Ansprüche an den Arbeitgeber erforderlich (§§ 398, 255 BGB).[133]

- Der Anspruch geht erst mit den Leistungen des Arbeitgebers über.[134] Die notwendige Folge ist, dass der Arbeitnehmer bis zum Anspruchsübergang über die Ansprüche verfügen kann und es hinsichtlich des Beginns der Verjährung auf seine Kenntnis ankommt.[135]
- Ist das ärztliche Attest, durch welches der Arbeitnehmer krankgeschrieben wird, falsch, darf der Arbeitgeber sich darauf verlassen, sofern er keine Kenntnis von der Unrichtigkeit hat oder nicht tatsächliche Umstände ernsthafte Zweifel an der Richtigkeit des Attests begründen.[136]
- Übergangsfähig sind – im Rahmen zeitlicher Kongruenz – alle den maßgebenden Zeitraum der Arbeitsunfähigkeit betreffenden Ansprüche auf Arbeitslohn. Es kommt auf den Bruttoarbeitslohn an.[137] Somit sind auch die Beiträge zur Kranken- und Rentenversicherung (einschließlich des Arbeitgeberanteils)[138] und sonstige soziale Leistungen des Arbeitgebers zu erstatten.[139] Auch der Anspruch auf das zeitanteilige Weihnachts- und Urlaubsentgelt geht über.[140] Der Arbeitgeber kann aber nicht Aufwendungen ersetzt verlangen, die er in eigenem Interesse oder aufgrund gesetzlicher Verpflichtungen zugunsten eines allgemeinen sozialen Ausgleichs macht, zum Beispiel Beiträge zur Berufsgenossenschaft.[141]

Eine Verletztenrente aus der Unfallversicherung ist infolge der Kongruenz mit dem Erwerbsschaden des Verletzten auf den Anspruch des Arbeitgebers auf Ersatz wegen unfallbedingter Arbeitsunfähigkeit geleisteter Lohnfortzahlungen anzurechnen.[142]

36   – Einschränkungen des Anspruchsübergangs ergeben sich aus dem auch hier anwendbaren Familienprivileg[143] und bei gestörtem Gesamtschuldnerausgleich.[144]
- Nach § 6 III EFZG besteht ein Quotenvorrecht des Arbeitnehmers. Sind deshalb die Ansprüche des Arbeitnehmers durch Mitverschulden oder Betriebsgefahr (§ 254 I BGB, § 17 StVG) eingeschränkt, geht der Anspruch erst auf den Arbeitgeber über, wenn der Schaden des Arbeitnehmers voll gedeckt ist.[145]
- Dagegen gehen Ansprüche des Sozialversicherungsträgers wegen des früheren zeitlichen Anspruchsübergangs dem Rückgriff des Arbeitgebers vor.[146] Das bedeutet, dass bei stationärem Krankenhausaufenthalt ersparte Verpflegungskosten, die beim Erwerbsschaden im Wege der Vorteilsausgleichung anzurechnen sind, von dem Rückgriffsanspruch des Arbeitgebers abgezogen werden müssen.[147]

---

[133] Siehe BGHZ 149, 63, 67 = NJW 2002, 128; zu § 4 LFZG siehe BGHZ 107, 325, 329 = NJW 1989, 2062
[134] *BGH* VersR 1978, 660, 62; *Greger*, § 29 Rn. 180.
[135] *OLG Koblenz* VersR 1981, 465.
[136] BGHZ 149, 63 = NJW 2002, 128; *Küppersbusch/Höher*, Rn. 106.
[137] *BGH* VersR 1973,1028; *Küppersbusch/Höher*, Rn. 112.
[138] BGHZ 43, 378 = NJW 1965, 1430.
[139] *BGH* NJW-RR 1986, 512 (Beiträge zur Urlaubs- und Lohnausgleichskasse); *Jahnke*, NZV 1996, 169, 176.
[140] BGHZ 133, 1 = NJW 1996, 2296; BGHZ 59, 109 = NJW 1972, 1703; zur Berechnung *Küppersbusch/Höher*, Rn. 113.
[141] *BGH* NJW 1976, 326; NJW-RR 1986, 512 (Winterbauumlage); *Greger*, § 29 Rn. 178; zu den Anwaltskosten des Arbeitgebers: *N. Schneider*, DAR 2009, 236.
[142] *BGH* NJW 2009, 131.
[143] BGHZ 66, 104 = NJW 1976, 1208; *OLG Dresden* VersR 2001, 1035; MünchKommBGB/ *Müller-Glöge*, § 6 EFZG Rn. 4.
[144] *Jahnke*, NZV 1996, 169, 173.
[145] *Küppersbusch/Höher*, Rn. 111 mit Rechenbeispiel.
[146] MünchKommBGB/*Müller-Glöge*, § 6 EFZG Rn. 16.
[147] *OLG Hamm* NJW-RR 2001, 456, 457 unter Hinweis auf *BGH* NJW 1984, 2628; *Küppersbusch/Höher*, Rn. 116.

5. Besondere Regresse

Einen besonderen Regress des Bundes, der sich an § 116 SGB X anlehnt, sieht § 179 **37**
Ia SGB VI für Behinderte in einer anerkannten Werkstatt vor.[148] § 110 SGB VII
enthält hingegen einen Rückgriffsanspruch in Gestalt eines originären Ersatzanspruchs des Sozialversicherungsträgers.

IV. Erbfolge

Ansprüche auf Schadensersatz aus unerlaubter Handlung sind vererblich (§ 1922 **38**
BGB). Das gilt auch für den Schmerzensgeldanspruch.[149]

V. Abtretung

1. Grundlagen

Schadensersatzansprüche aus unerlaubter Handlung können grundsätzlich vertraglich **39**
abgetreten werden (§ 398 BGB). Vor Rechtshängigkeit ändert eine Abtretung die
Parteistellung, danach nicht mehr (§ 265 II 1 ZPO). Die Abtretungsvereinbarung
muss hinreichend bestimmt oder jedenfalls bestimmbar sein. Das ist bei einer Abtretung von Schadensersatzansprüchen an einen Kfz-Sachverständigen nicht der Fall,
wenn der Geschädigte schlicht seine Ansprüche in Höhe der Gutachterkosten abtritt.
Es ist geboten, in der Abtretungserklärung den Umfang der von der Abtretung
erfassten Forderungen der Höhe und der Reihenfolge nach aufzuschlüsseln.[150]

Auch Schmerzensgeldansprüche können abgetreten werden.[151] Abtretbar sind auch Neben-
ansprüche. So kann der Unfallverletzte seinen Anspruch auf Einsichtnahme in Krankenunterla-
gen und Pflegedokumentation (§ 630g III BGB) an den Krankenversicherer abtreten.[152] Freilich
geht der Anspruch ohnehin gemäß § 116 I 1 SGB X, § 401 I analog, § 412 BGB auf den
Sozialversicherungsträger über.[153]

Einer Abtretung ist nicht gemäß § 138 I BGB die Wirksamkeit zu versagen, weil sie
nur deshalb vereinbart wird, um dem Zedenten im Prozess die Stellung eines Zeugen
zu verschaffen.[154] Dem ist jedoch im Rahmen der Beweiswürdigung der Aussage des
Zedenten Rechnung zu tragen.[155] Der Anwalt der Gegenseite wird vor der Vernehmung eines solchen Zeugen eine (negative) Feststellungswiderklage zu erwägen haben.
Der *BGH* hat die Zulässigkeit einer solchen isolierten Drittwiderklage bejaht.[156]

2. Rentenansprüche

Zum Schutz des Gläubigers ist der Anspruch auf Zahlung einer Rente wegen Ver- **40**
dienstausfalls nach § 400 BGB i. V. mit § 850b I Nr. 1 ZPO nicht abtretbar, soweit sie
der Pfändung nicht unterworfen ist.[157] Gleiches gilt nach § 400 BGB i. V. mit § 850b I

---

[148] BGHZ 173, 169 = VersR 2007, 1536; *Diederichsen,* DAR 2008, 301, 305; *Langenick,* NZV
2007, 105; Geigel/*Plagemann,* Kap. 30 Rn. 151 ff.
[149] MünchKommBGB/*Oetker,* § 253 Rn. 65; *Küppersbusch/Höher,* Rn. 307 ff.
[150] *BGH* NJW 2011, 2713 Rn. 8.
[151] MünchKommBGB/*Oetker,* § 253 Rn. 66.
[152] *LG Duisburg* NJW-RR 2008, 1502.
[153] BGHZ 185, 74 = NJW-RR 2010, 1117; VersR 2013, 648.
[154] MünchKommBGB/*Armbrüster,* § 138 Rn. 111.
[155] *OLG Karlsruhe* NJW-RR 1990, 753; *Prechtel,* MDR 2010, 549, 550.
[156] *BGH* NJW 2008, 2852 = JuS 2008, 1130 *(K. Schmidt); Prechtel,* MDR 2010, 549, 551.
[157] *BGH* NJW 1988, 819.

Nr. 2 ZPO für den Anspruch eines Hinterbliebenen auf Zahlung einer Rente wegen entgangenen Unterhalts (§ 844 II BGB, § 10 II StVG).

Die Rechtsprechung hat jedoch in einschränkender Auslegung des § 400 BGB Ausnahmen zugelassen, wenn der Abtretungsempfänger dem Rentenberechtigten ohne Rechtspflicht laufende Bezüge zum jeweiligen Fälligkeitstermin in Höhe der jeweils fällig gewordenen abgetretenen Ansprüche gewährt.[158] Auch eine Prozessstandschaft des Sozialhilfeträgers im Hinblick auf Ansprüche auf künftige Unterhaltsansprüche ist möglich (§ 94 IV 2 SGB XII).[159]

3. Rechtsdienstleistungen

41 Kfz-Werkstätten oder Mietwagenunternehmen lassen sich mitunter Schadensersatzansprüche der Kunden abtreten, etwa auf Ersatz von Mietwagenkosten. Ansprüche auf Schadensersatz dürfen nach Maßgabe des Rechtsdienstleistungsgesetzes vom 12.12.2007 (RDG), das am 1.7.2008 in Kraft getreten ist,[160] aber nicht an Dritte abgetreten werden, wenn dadurch gegen das RDG verstoßen wird (§ 134 BGB, § 5 I RDG). Die Folge eines Verstoßes gegen das RDG ist die Nichtigkeit des zugrunde liegenden Vertrages gemäß § 134 BGB.[161] Die Erbringung von Rechtsdienstleistungen, bei denen die Voraussetzungen des § 5 RDG nicht erfüllt sind, führt zur Nichtigkeit des gesamten zugrunde liegenden Vertrags.[162]

42 Die Abgrenzung der allgemeinen Dienstleistung zu dem zentralen Begriff der Rechtsdienstleistung richtet sich nach § 2 I RDG. Danach ist eine **Rechtsdienstleistung** jede Tätigkeit in konkreten fremden Angelegenheiten, sobald sie eine rechtliche Prüfung des Einzelfalls erfordert. Abzustellen ist darauf, in welchem Gebiet der Kern bzw. der Schwerpunkt der jeweiligen Tätigkeit liegt.[163] Erlaubt sind Rechtsdienstleistungen im Zusammenhang mit einer anderen Tätigkeit, wenn sie als Nebenleistung zum Berufs- oder Tätigkeitsbild gehören (§ 5 I 1 RDG). Bei der Abwicklung von Verkehrsunfallschäden für Unfallgeschädigte, ist die Grenze dort zu ziehen, wo eine besondere rechtliche Prüfung erforderlich wird. Dies ist, weil die Unfallschadenregulierung von der Ermittlung von Haftungs- oder Mitverschuldensquoten abhängen kann, stets der Fall.[164] Die Klärung der Verschuldungsfrage und Regulierung dem Grunde oder der Haftungsquote nach streitiger Schadensfälle sind keine nach § 5 I RDG zulässige Nebenleistungen einer Kfz-Reparatur, der Vermietung eines Ersatzfahrzeugs oder der Erstellung eines Schadengutachtens, und zwar schon deshalb nicht, weil die Klärung der Verschuldensfrage so komplex und für den Unfallgeschädigten von so essenzieller Bedeutung ist, dass sie stets im Vordergrund steht und niemals nur Nebenleistung ist.[165] Anders ist es, wenn allein die Höhe der Mietwagenkosten streitig ist. Hier kommt der Gesetzeszweck nicht zum Tragen.[166] Daran ändert es nichts, wenn die Abtretung bereits erfolgt, bevor der Unfallgegner sich erklärt hat.[167]

---

158 BGHZ 127, 354, 356 = NJW 1995, 323; *BGH* NJW 1988, 819, 820; MünchKommBGB/*Roth*, § 400 Rn. 6.
159 Zöller/*Vollkommer*, Vor § 50 Rn. 46.
160 BGBl. I 2840; zur früheren Rechtslage nach Maßgabe des Rechtsberatungsgesetzes: *BGH* NJW 2013, 62.
161 BT-Drs. 16/3655, S. 43, 51, 57.
162 BT-Drs. 16/3655, S. 42; MünchKommBGB/*Armbrüster*, § 134 Rn. 92.
163 *OLG Karlsruhe* NJW 2008, 3229, 3231.
164 BT-Drs. 16/3655, S. 46; *LG Aachen* DAR 2009, 528; *LG Koblenz* NZV 2009, 462; *Burmann*, DAR 2008, 373, 374; *Prox*, zfs 2008, 363, 364.
165 BT-Drs. 16/3655, S. 47.
166 BGHZ 192, 270 = NJW 2012, 1005 Rn. 11 ff.; *BGH* VersR 2012, 1409 Rn. 16; VersR 2013, 330 Rn. 7; siehe auch *BGH* WM 2012, 2322 Rn. 28.
167 *BGH* VersR 2012, 1409 Rn. 19; NJW 2013, 1870 Rn. 11.

Sollen unstreitige Ansprüche geltend gemacht werden, kann eine Kfz-Werkstatt, die **43** mit der gegnerischen Versicherung die Reparaturkosten abrechnet, für den Geschädigten auch die allgemeine Schadenspauschale geltend machen. Anderes gilt aber für Ansprüche, die nicht zu der Haupttätigkeit gehören, z. B. Schmerzensgeldforderungen.[168]

---

[168] BGHZ 192, 270 = NJW 2012, 1005 Rn. 8 f.; siehe auch *BGH* WM 2012, 2322 Rn. 23.

§ 32. Personenschäden

I. Allgemeine Grundsätze

1 Die Höhe des nach § 249 BGB zu ersetzenden Vermögensschadens ergibt sich aus einem Vergleich der infolge des haftungsbegründenden Ereignisses eingetretenen Vermögenslage mit derjenigen, die sich ohne jenes Ereignis ergeben hätte (**Differenzhypothese**). Ein Vermögensschaden ist gegeben, wenn der jetzige tatsächliche Wert des Vermögens des Geschädigten geringer ist als der, den das Vermögen ohne das die Ersatzpflicht begründende Ereignis haben würde.[1] Der Personenschaden tritt darüber hinaus häufig als immaterieller Schaden auf (§ 253 BGB). In beiden Fällen ist vorab zu prüfen, in welchem Umfang der Schadensfall eine Verletzung von Körper und Gesundheit verursacht hat.

1. Haftungsausfüllende Kausalität

2 Steht fest, dass der Geschädigte eine Primärverletzung erlitten hat, kann sich die Frage stellen, ob der Unfall über diese Primärverletzung hinaus auch für weitere Gesundheitsbeschwerden oder andere Schäden ursächlich ist. Dies ist ein Problem der am Maßstab des § 287 I 1 ZPO zu prüfenden haftungsausfüllenden Kausalität.[2]

Das betrifft etwa mittelbar verursachte Schäden des ursprünglich Verletzten, zum Beispiel durch Zweitunfälle an der Unfallstelle[3] oder Unfälle beim Transport ins Krankenhaus,[4] ferner ärztliche Behandlungsfehler nach einem Verkehrsunfall, sofern der Arzt seine Sorgfaltspflichten nicht in einem außergewöhnlichen hohen Maß verletzt hat;[5] des weiteren Spätfolgen eines Unfalls[6] sowie auf Personenschäden zurückzuführende Vermögensschäden, zum Beispiel Verdienstausfall (§ 252 BGB).[7]

a) Abgrenzung zur haftungsbegründenden Kausalität

3 Der Nachweis des haftungsbegründenden Kausalität unterliegt dem strengen Überzeugungsgrad und Beweismaß des § 286 I 1 ZPO. Das kann bereits die Frage betreffen, ob sich der Anspruchsteller überhaupt eine Verletzung zugezogen hat.[8] Die erforderliche richterliche Überzeugung, die gemäß § 286 I 2 ZPO zu begründen ist, verlangt keine absolute oder unumstößliche Gewissheit und auch keine an Sicherheit grenzende Wahrscheinlichkeit. Ausreichend ist vielmehr ein unter Berücksichtigung des gesamten Inhalts der Verhandlung und des Ergebnisses der Beweisaufnahme nach freier Überzeugung gewonnener, für das praktische Leben brauchbarer Grad von Gewissheit, der Zweifeln Schweigen gebietet, ohne sie völlig auszuschließen.[9]

---

[1] BGHZ 188, 78 = NJW 2011, 1962 Rn. 8; BGHZ 173, 169 = VersR 2007, 1536 Rn. 21; Palandt/*Grüneberg*, Vor § 249 Rn. 10.
[2] *BGH* NJW 2005, 427, 429; NJW 2003, 1116, 1117; NJW 2004, 1945; 2004, 777; *Zoll*, r+s 2011, 133.
[3] Dazu *BGH* NJW 2004, 1945; NJW 2004, 1375; NJW 2002, 504; *Lemcke;* r+s 2009, 45; *Medicus*, JuS 2005, 289, 294.
[4] Geigel/*Hübinger*, Kap. 10 Rn. 12.
[5] *OLG Koblenz* NJW 2008, 3006; *OLG Celle* NZV 2005, 313, 314; *Wertenbruch*, NJW 2008, 2962; *Bischoff*, zfs 2008, 122, 126.
[6] *OLG Saarbrücken* OLGR 2005, 740 (Bandscheibenschaden nach Verkehrsunfall); *OLG Saarbrücken* OLGR 2006, 186 (persistierende Kopfschmerzen nach Verkehrsunfall).
[7] *BGH* NJW-RR 2005, 1517.
[8] *BGH* NJW-RR 2008, 1380 Rn. 7.
[9] BGHZ 53, 245, 256 = NJW 1970, 946, 948; *BGH* NJW 2003, 1116, 1117; NJW 2004, 777, 778; NJW-RR 2008, 1380 Rn. 8; NJW 2013, 2018 Rn. 41.

In geeigneten Fällen können die Anforderungen des § 286 I 1 ZPO durch gesetzliche **4** oder tatsächliche Vermutungen, durch einen Anscheinsbeweis oder sonstige Beweiserleichterungen gemildert werden, wie etwa bei der Produzentenhaftung[10] oder Arzthaftung.[11] Den Beweisschwierigkeiten des Geschädigten kann ferner je nach den Umständen des Einzelfalls durch angemessene Anforderungen an den Sachvortrag, Ausschöpfung der angebotenen Beweismittel und sorgfältige, lebensnahe Würdigung der erhobenen Beweise Rechnung getragen werden. Die Anwendung des § 287 I 1 ZPO zur Feststellung der haftungsbegründenden Kausalität ist jedoch unzulässig.[12]

Bei der haftungsausfüllenden Kausalität sind geringere Anforderungen an die Über- **5** zeugungsbildung zu stellen. Es genügt je nach Lage des Einzelfalls eine überwiegende Wahrscheinlichkeit, vorausgesetzt, dass das Wahrscheinlichkeitsurteil auf gesicherter Grundlage beruht.[13] Bei der Feststellung von Kausalbeziehungen ist das Gericht im Anwendungsbereich des § 287 I 1 ZPO insofern freier gestellt, als es in einem der jeweiligen Sachlage angemessenen Umfang andere, weniger wahrscheinliche Verlaufsmöglichkeiten nicht mit der sonst erforderlichen Sicherheit ausschließen muss.[14] Der Anwendungsbereich des § 287 I ZPO ist nicht auf Folgeschäden einer einzelnen Verletzung beschränkt, sondern umfasst auch die neben der feststehenden Körperverletzung im Sinn des § 823 I BGB entstehenden weiteren Schäden aus derselben Schädigungsursache.[15]

Nicht selten sind HWS-Distorsionen zu beurteilen.[16] Dabei unterscheidet die Medi- **6** zin häufig drei Schweregrade.[17] Bei einem medizinisch nicht objektivierbaren **HWS-Trauma**, das als Primärverletzung schon nach leichten Auffahrunfällen auftreten kann, muss der Geschädigte nachweisen, dass die durch den Unfall auf die Halswirbelsäule einwirkenden biomechanischen Kräfte geeignet waren, eine Verletzung der HWS zu verursachen, (§ 286 I 1 ZPO).[18] Je geringer die Krafteinwirkung ist, desto höher sind die Anforderungen an die Überzeugungsbildung.[19] Meist ist eine interdisziplinäre Begutachtung erforderlich. Unfallanalytisch ist die Differenzgeschwindigkeit (Relativgeschwindigkeit) der Fahrzeuge festzustellen und sodann die kollisionsbedingte Geschwindigkeitsänderung; Grundlage ist ein biomechanisches Gutachten.[20] Ferner ist ein medizinisches Gutachten einzuholen, welches meist ein Facharzt für Orthopädie erstellen wird.[21] Wenn der Nachweis eines Ursachenzusammenhangs durch ein biomechanisches Gutachten nicht geführt ist, darf das Gericht ein fachmedizinisches Gutachten nicht ablehnen.[22]

Ausnahmsweise können die Bekundungen des Geschädigten und des behandelnden Arztes genügen.[23] Ein **ärztliches Attest**, welches ohne eigene Feststellungen des Arztes lediglich auf Angaben des Patienten beruht, reicht jedoch nicht aus.[24] Auch

---

[10] Siehe BGHZ 104, 323, 332 ff. = NJW 1988, 2611, 2613.
[11] Siehe BGHZ 132, 47, 49 ff. = NJW 1996, 1589.
[12] *BGH* NJW 2004, 777, 779.
[13] BGHZ 159, 254, 257 = NJW 2004, 2828, 2829; BGHZ 149, 63, 66 = NJW 2002, 128; NJW 2003, 1116, 1117; siehe auch *BGH* NJW-RR 2006, 923 Rn. 25.
[14] *BGH* NJW 2004, 777, 778.
[15] *BGH* NJW-RR 2009, 409 Rn. 7; *Eilers*, zfs 2009, 248, 251.
[16] *Zoll*, r+s 2011, 133, 134; *Schröder*, SVR 2009, 89; *Castro*, SVR 2007, 451.
[17] *Geigel/Knerr*, Kap. 37 Rn. 36, 60; *Auer/Krumbholz*, NZV 2007, 273.
[18] *BGH* NJW 2008, 2845 Rn. 7; *KG* VersR 2008, 837.
[19] *OLG Jena* BeckRS 2009, 11144.
[20] *Burmann/Heß*, NZV 2008, 481, 482 ff.
[21] *Domes*, NZV 2009, 166.
[22] *BGH* NJW-RR 2008, 1380; *G. Müller*, zfs 2009, 62, 67.
[23] *BGH* NJW 2008, 2845 Rn. 8, 10; *LG Weiden* NZV 2009, 41.
[24] *OLG Frankfurt/M.* zfs 2008, 264.

für einen medizinischen Sachverständigen ist ein zeitnah nach dem Unfall erstelltes ärztliches Attest in der Regel nur von indizieller Bedeutung. Denn für den Arzt, der einen Unfallgeschädigten untersucht und behandelt, ist die Benennung der Diagnose als solche zunächst von untergeordneter Bedeutung. Eine Vernehmung dieses Arztes als Zeuge oder sachverständiger Zeuge ist entbehrlich, wenn das Ergebnis seiner Befundung schriftlich niedergelegt, vom Sachverständigen gewürdigt und in die Beweiswürdigung einbezogen wird.[25]

7   Eine **Harmlosigkeitsgrenze** in Gestalt einer geringen kollisionsbedingten Geschwindigkeitsänderung ist ungeeignet, um eine Verletzung der Halswirbelsäule trotz entgegenstehender konkreter Hinweise auf eine entsprechende Verletzung generell auszuschließen, sei es bei einem Heck- oder Frontanstoß. Die Beantwortung der Kausalitätsfrage hängt nicht allein von der kollisionsbedingten Geschwindigkeitsänderung, sondern von einer Reihe weiterer Faktoren ab, etwa die konkrete Sitzposition des Fahrzeuginsassen oder auch die unbewusste Drehung des Kopfes.[26]

Auch unterhalb einer so genannten Harmlosigkeitsgrenze ist der Nachweis der Ursächlichkeit des Unfalls für die HWS-Verletzung nicht ausgeschlossen.[27] Das Gericht kann durchaus feststellen, dass der fragliche Unfall Ursache der geltend gemachten Beschwerden sein kann, etwa indem das Gericht im Rahmen der Beweisaufnahme andere mögliche Ursachen ausschließt.[28] Das gilt auch dann, wenn das gestoßene Fahrzeug seine Geschwindigkeit um lediglich 10 km/h verändert hat.[29] Ob über diese Primärverletzung hinaus der Unfall auch für die Beschwerden des Geschädigten ursächlich ist, ist eine Frage der haftungsausfüllenden Kausalität, die sich nach § 287 I 1 ZPO beurteilt.[30] Der Geschädigte darf ein HWS-Trauma nicht zum Anlass nehmen, all seine physischen oder psychischen Beeinträchtigungen darauf zurückzuführen.[31]

b) Abgrenzung zum Sozialrecht

8   Das Gericht muss darauf bedacht sein, dass medizinische Sachverständige, die oft auch Gutachten für Sozialgerichte fertigen, den richtigen Beweismaßstab des § 287 ZPO zugrunde legen und den Unterschied zwischen dem sozialrechtlichen und dem für die zivilrechtliche Haftung maßgebenden Kausalitätsmaßstab beachten. Im Zivilrecht ist insbesondere keine „richtunggebende Verschlechterung" erforderlich.[32]

c) Darlegungs- und Beweislast

9   Der Geschädigte genügt seiner Darlegungslast, wenn er Tatsachen vorträgt und unter Beweis stellt, die für eine Beurteilung nach § 287 I 1 ZPO ausreichend greifbare Anhaltspunkte bieten.[33] Die Klage darf nicht wegen lückenhaften Vortrags zur Schadensentstehung abgewiesen werden, solange gewisse gesicherte Grundlagen für die Überzeugungsbildung bestehen.[34] Zur Überzeugungsbildung genügt eine überwiegende Wahrscheinlichkeit.[35] Zum Beweis der behaupteten überwiegenden Wahr-

---

[25] *BGH* NJW-RR 2008, 1380 Rn. 11.
[26] *BGH* NJW 2008, 2845 Rn. 9.
[27] *BGH* NJW 2003, 1116; vgl. MünchKommBGB/*Oetker,* § 249 Rn. 483.
[28] *G. Müller,* zfs 2009, 62, 67.
[29] *OLG Frankfurt/M.* zfs 2008, 264, 266.
[30] *BGH* NJW 2003, 1116, 1117.
[31] *OLG München* r+s 2006, 474.
[32] *BGH* NJW-RR 2005, 897, 898; VersR 2007, 376 Rn. 4; MünchKommBGB/*Oetker,* § 249 Rn. 134.
[33] *BGH* NJW 2000, 509.
[34] *BGH* NJW-RR 1992, 800, 801.
[35] *BGH* NJW 2008, 1381 Rn. 9.

scheinlichkeit kann sich der Geschädigte auf ein medizinisches, meist unfallchirurgisches bzw. orthopädisches Sachverständigengutachten berufen (§§ 402, 397 ZPO).[36] Bei einer HWS-Distorsion wird ein biomechanisches Gutachten mangels medizinischer Fachkompetenz häufig nicht ausreichen.[37] Der Beweisantritt zu einer Haupttatsache darf auch im Rahmen von § 287 I 1 ZPO nicht durch Würdigung von Indiztatsachen übergangen werden.[38] Weigert sich der Geschädigte durch Gestattung ärztlicher Untersuchungen zur Aufklärung des Schadens beizutragen, so kann dies zu seinem Nachteil verwertet werden.[39]

d) Sekundärschaden

Der Schädiger hat dem Geschädigten gemäß § 287 I ZPO grundsätzlich für den   10 gesamten durch seine pflichtwidrige Handlung verursachten Schaden und somit auch für einen etwaigen Sekundärschaden (Folgeschaden) einzustehen, sofern dieser mit überwiegender Wahrscheinlichkeit auf der Erstschädigung beruht.[40] Hier ist zu fragen, ob der Folgeschaden mit überwiegender Wahrscheinlichkeit nicht eingetreten wäre, wenn die Rechtsgutverletzung durch den Schädiger nicht erfolgt wäre.

e) Mitursächlichkeit

Mitursächlichkeit, sei sie auch nur Auslöser neben erheblichen anderen Umständen,   11 steht einer Alleinursächlichkeit auch im Rahmen von § 287 I 1 ZPO in vollem Umfang gleich.[41] Bei zwei aufeinander folgenden Unfällen kommt eine Haftung des Erstschädigers für den **Zweitunfall** in Betracht, wenn der Erstunfall sich auf das endgültige Schadensbild in relevanter Weise ausgewirkt hat. Die haftungsausfüllende Kausalität entfällt nicht schon dann, wenn ein weiteres Ereignis mitursächlich für den endgültigen Schaden geworden ist. Entscheidend ist vielmehr, ob die Verletzungsfolgen des Erstunfalls im Zeitpunkt des zweiten Unfalls bereits ausgeheilt waren und deshalb der zweite Unfall allein zu den nunmehr vorhandenen Schäden geführt hat oder ob sie noch nicht ausgeheilt waren.[42]

Der Schädiger kann sich nicht darauf berufen, dass der Schaden nur deshalb einge-   12 treten sei oder ein besonderes Ausmaß erlangt hat, weil der Verletzte infolge bereits vorhandener Beeinträchtigungen und Vorschäden besonders anfällig für eine erneute Beeinträchtigung gewesen sei. Wer einen gesundheitlich geschwächten Menschen verletzt, kann nicht verlangen, so gestellt zu werden, als wäre der Betroffene gesund gewesen. Dementsprechend ist die volle Haftung auch dann zu bejahen, wenn der Schaden auf einem Zusammenwirken körperlicher Vorschäden und den Unfallverletzungen beruht.[43] Dieser Gesichtspunkt kann allerdings bei der Bemessung des Schmerzensgeldes zu berücksichtigen sein.[44]

Die Ersatzpflicht des für einen Körper- oder Gesundheitsschaden einstandspflichti-   13 gen Schädigers erstreckt sich grundsätzlich auf psychisch bedingte Folgewirkungen

---

[36] BGHZ 159, 254, 261 = NJW 2004, 2828, 2830.

[37] *BGH* NJW-RR 2008, 1380 Rn. 16.

[38] *BGH* NJW-RR 2007, 500 Rn. 10.

[39] *BGH* VersR 1973, 1028.

[40] *BGH* NJW 2003, 1116, 1118; NJW 2008, 1382 (Morbus Sudeck als Sekundärschaden); *KG* NZV 2010, 624; *OLG München* NJW 2011, 396; *G. Müller,* zfs 2009, 62, 67; *Stöhr,* NZV 2009, 161; MünchKommBGB/*Oetker,* § 249 Rn. 503.

[41] *BGH* NJW-RR 2005, 897, 898; NJW 2013, 2018 Rn. 27.

[42] *BGH* NJW 2004, 1945, 1946; NJW 2002, 504.

[43] BGHZ 107, 359, 363 = NJW 1989, 2616 (Schlaganfall nach Verkehrsunfall); BGHZ 132, 341, 345 = NJW 1996, 2425; *BGH* NJW-RR 1999, 819; NJW-RR 2005, 897, 898.

[44] *BGH* NJW 1997, 455.

des von ihm herbeigeführten haftungsbegründenden Ereignisses.[45] Diese sind von Schockschäden als Primärschaden zu unterscheiden. Die bloße Mitverursachung eines Sekundärschadens durch einen Verkehrsunfall kann für eine Haftung des Schädigers grundsätzlich auch dann ausreichen, wenn eine psychische Fehlverarbeitung des Geschädigten hinzutritt, sofern eine hinreichende Gewissheit besteht, dass diese Folge ohne den Unfall nicht eingetreten wäre.[46] Der Ursachenzusammenhang setzt nachgewiesene Funktionsstörungen voraus.[47]

f) Zurechnungszusammenhang

14 Eine Haftungsbegrenzung tritt bei psychisch bedingten Schäden ein, wenn das schädigende Ereignis ganz geringfügig ist (Bagatelle) und nicht gerade speziell die Schadensanlage des Verletzten trifft und deshalb die psychische Reaktion im konkreten Fall, weil in einem groben Missverhältnis zu dem Anlass stehend, schlechterdings nicht mehr verständlich ist.[48] Dies wird in der Regel nicht ohne Einschaltung eines Sachverständigen zu beantworten sein.[49] Eine Bagatelle ist eine vorübergehende, im Alltagsleben typische und häufig auch aus anderen Gründen als einem besonderen Schadensfall entstehende Beeinträchtigung des Körpers oder des seelischen Wohlbefindens. Damit sind Beeinträchtigungen gemeint, die sowohl von der Intensität als auch der Art der Primärverletzung her nur ganz geringfügig sind und üblicherweise den Verletzten nicht nachhaltig beeindrucken, weil er schon auf Grund des Zusammenlebens mit anderen Menschen daran gewöhnt ist, vergleichbaren Störungen seiner Befindlichkeit ausgesetzt zu sein.[50]

15 Ein **HWS-Schleudertrauma,** welches zum Beispiel zu einer sechswöchigen Arbeitsunfähigkeit auf Grund organischer Beeinträchtigungen führt, geht über einen Bagatellschaden hinaus. Solche Verletzungen sind für das Alltagsleben nicht typisch, sondern regelmäßig mit einem besonderen Schadensereignis verbunden.[51] Auch eine leichte HWS-Verletzung mit fünftägiger Arbeitsunfähigkeit ist keine Bagatelle.[52] Für ein leichtes HWS-Syndrom, bei dem der Geschädigte nicht oder nur wenige Tage krank geschrieben ist, kommt ein Schmerzensgeld von 300 bis 800 EUR in Betracht.[53] Bei einer HWS-Distorsion I. Grades (mit weiteren geringfügigen Verletzungen) hat die Rechtsprechung in der Regel 1.000 EUR Schmerzensgeld pro Monat der Erwerbsunfähigkeit zugesprochen, soweit diese mindestens 50 % betragen hat.[54]

16 Eine Renten- oder Begehrensneurose, bei der der Geschädigte den Unfall im neurotischen Streben nach Versorgung und Sicherheit lediglich zum Anlass nimmt, um den Schwierigkeiten und Belastungen des Erwerbslebens auszuweichen, schließt den

---

[45] BGHZ 132, 341, 343 ff. = NJW 1996, 2425; *BGH* NJW 1997, 1640; NJW 1998, 813; NJW 2000, 862; *KG* NZV 2005, 311; *OLG Saarbrücken* NJOZ 2008, 5117; zur psychisch vermittelten Kausalität siehe auch *Medicus,* JuS 2005, 289.

[46] BGHZ 132, 341, 343 ff. = NJW 1996, 2425; BGHZ 137, 142, 145 = NJW 1998, 810; *BGH* NJW-RR 1999, 819; NJW 2004, 1945, 1946; NJW-RR 2005, 897, 899; *OLG Celle* NZV 2005, 313 (psychische Fehlverarbeitung nach leichter Distorsion der Halswirbelsäule); *Küppersbusch/Höher,* Rn. 19.

[47] Zur Begutachtung psychischer Schäden: *Stevens,* NZV 2008, 383.

[48] BGHZ 132, 341, 346 = NJW 1996, 2425, 2426; BGHZ 137, 142, 146 = NJW 1998, 810, 811; *BGH* NJW 1998, 813, 814; *G. Müller,* zfs 2009, 62, 65.

[49] *BGH* NJW 1997, 1640; MünchKommBGB/*Oetker,* § 249 Rn. 192.

[50] *BGH* NJW 2004, 1945, 1946.

[51] *BGH* NJW 2004, 1945, 1946.

[52] BGHZ 137, 142 = NJW 1998, 810.

[53] *Kappus,* NJW 2008, 891, 894.

[54] *KG* NJW 2009, 3040; Geigel/*Pardey,* Kap. 7 Rn. 61 f.

haftungsrechtlichen Zurechnungszusammenhang aus.[55] Insoweit ist erforderlich, aber auch ausreichend, dass die Beschwerden durch die neurotische Fehlhaltung geprägt sind.[56] Bei Konversionsneurosen wird ein seelischer Konflikt in eine körperliche Störung umgewandelt. Der Zurechnungszusammenhang ist hier im Regelfall zu bejahen, sofern kein Bagatellunfall vorausgegangen ist.[57]

g) Verschulden

Die Vorhersehbarkeit muss sich nicht darauf zu erstrecken, wie sich der Schadens- 17
hergang im Einzelnen abspielt und in welcher Weise sich der Schaden verwirklicht. Es genügt vielmehr, dass der Schädiger die Möglichkeit des Eintritts eines schädigenden Erfolgs im Allgemeinen hätte voraussehen können (§ 276 II BGB).[58]

2. Schadensschätzung

§ 287 I 1 ZPO erleichtert die Darlegungs- und Beweislast des Geschädigten noch in 18
anderer Weise. Eine Klage darf nicht wegen lückenhaften Vorbringens abgewiesen werden, wenn der Haftungsgrund unstreitig oder bewiesen ist, ein Schadenseintritt zumindest wahrscheinlich ist und greifbare Anhaltspunkte für eine richterliche Schadensschätzung vorhanden sind.[59]

Eine Schadensschätzung gemäß § 287 I 1 ZPO setzt die schlüssige Darlegung von 19
Ausgangs- bzw. Anknüpfungstatsachen voraus.[60] Überzogene Anforderungen dürfen nicht gestellt werden.[61] Solange greifbare Anhaltspunkte für die Darstellung der Klagepartei vorliegen, ist es nicht zulässig, eine Schadensersatzklage wegen lückenhaften Vortrags abzuweisen.[62] Unzulässig ist eine Schadensschätzung jedoch, wenn sie mangels greifbarer, vom Kläger vorzutragender Anhaltspunkte völlig in der Luft hinge.[63]

3. Schadensminderungsobliegenheit

Verstößt der Verletzte gegen seine Obliegenheit zur Schadensminderung (§ 254 II 1 20
BGB), muss er sich eine Herabsetzung seiner Schadensersatzansprüche gefallen lassen.[64]

Der Verletzte ist zum Beispiel gehalten, sich im Rahmen der Zumutbarkeit notwendigen Heilmaßnahmen zu unterziehen. Dazu gehört die Vornahme gefahrloser Operationen, wenn sie sichere Aussicht auf Heilung oder Besserung bieten.[65] Ferner kann der Verletzte verpflichtet sein, wenigstens einem Teilerwerb nachzugehen oder sich auf einen anderen Beruf umschulen zu

---

[55] BGHZ 132, 341, 346 = NJW 1996, 2425, 2426; BGHZ 137, 142, 148 = NJW 1998, 810, 812; *BGH* NJW 1997, 1640; NJW 1998, 813, 814; NJW 2000, 862, 863; NJW 2004, 1945, 1946; MünchKommBGB/*Oetker*, § 249 Rn. 190; *Armbrüster*, JuS 2007, 605, 607.

[56] *BGH* NJW 2012, 2964 Rn. 10.

[57] BGHZ 132, 341, 346 = NJW 1996, 2425, 2426; BGHZ 137, 142, 150 = NJW 1998, 810, 812; vgl. auch *KG* NZV 2005, 311.

[58] *BGH* NJW-RR 1993, 345 (schwere Verletzung nach harmloser Rauferei).

[59] *BVerfG* NJW 2010, 1870; BGHZ 162, 259, 263 = NJW 2005, 1653, 1654.

[60] *BGH* NJW 2003, 1943, 1944, insoweit in BGHZ 154, 288 nicht abgedruckt.

[61] *BGH* NJW 2002, 825, 826.

[62] BGHZ 133, 155, 159 f. = NJW 1996, 2924, 2925.

[63] BGHZ 91, 243, 256 f.; insoweit in NJW 1984, 2216 nicht abgedruckt; *BGH* NJW 1994, 663, 665.

[64] Zur Inanspruchnahme der Vollkaskoversicherung: *BGH* NJW 2006, 2397; NJW 2007, 66; *OLG Naumburg* NZV 2005, 198.

[65] *BGH* NJW 1994, 1592; Geigel/*Pardey*, Kap. 4 Rn. 30; MünchKommBGB/*Oetker*, § 254 Rn. 80.

lassen.[66] Soweit eine Umschulung geboten ist, hat der Schädiger die entstehenden Kosten im Rahmen des Zumutbaren zu ersetzen.[67] Der Sozialversicherungsträger, auf den der Anspruch des Geschädigten auf Erstattung der Kosten beruflicher Rehabilitation nach § 116 SGB X übergegangen ist, muss sich eigenes Mitverschulden nach § 254 II 1 BGB anrechnen lassen, wenn er mögliche und erforderliche Umschulungsmaßnahmen nicht veranlasst hat.[68]

21 Ist eine Obliegenheit des Geschädigten zur Minderung des Schadens nach § 254 II 1 BGB im Streit, so ist zwar die Verletzung der Obliegenheit nach § 286 I ZPO festzustellen; dabei kann unter Umständen ein Anscheinsbeweis herangezogen werden.[69] In der Kausalitätsfrage, das heißt bei der Ermittlung, welchen Einfluss die Obliegenheitsverletzung auf den Umfang des zu ersetzenden Schadens gehabt hat, geht es dagegen um die nach § 287 I 1 ZPO zu beurteilende haftungsausfüllende Kausalität.[70]

22 Für die Voraussetzungen einer Verletzung der Schadensminderungsobliegenheit ist grundsätzlich der Schädiger darlegungs- und beweispflichtig. Jedoch trifft den Geschädigten eine **sekundäre Darlegungslast.**[71] Dabei steht die primär darlegungsbelastete Partei außerhalb des darzulegenden Geschehensablaufs. Dem Prozessgegner ist es deshalb ausnahmsweise zumutbar, sich die benötigten Informationen zu verschaffen.[72]

Dies bedeutet – zum Beispiel bei der Aufnahme einer zumutbaren Arbeit oder Umschulung nach einem Schadensereignis –, dass der Schädiger zwar die Voraussetzungen seines Einwands aus § 254 II BGB zu beweisen hat, der Verletzte aber zunächst seiner (sekundären) Darlegungslast genügen muss. Deshalb muss er zunächst vortragen, was er unternommen hat, um seiner Schadensminderungsobliegenheit zu genügen. Insbesondere hat er die ihm, nicht aber die dem Schädiger bekannten Umstände darzulegen, aus denen sich die Unzumutbarkeit schadensmindernder Maßnahmen ergibt.[73] Demgegenüber ist es Sache des Schädigers, zu behaupten und zu beweisen, dass der Verletzte entgegen seiner Darstellung seine Obliegenheit zur Schadensminderung hätte erfüllen können.[74]

II. Immaterieller Schaden

23 Gemäß § 253 II BGB besteht ein Anspruch auf Ersatz des Schadens, der nicht Vermögensschaden ist, nicht nur bei unerlaubten Handlungen, sondern auch bei Schadensersatzansprüchen aus Gefährdungshaftung und auch auf vertraglicher Grundlage,[75] wenn das schädigende Ereignis nach dem 31.7.2002 eingetreten ist (Art. 229 § 8 EGBGB). Das Schadensersatzrecht in der zuvor geltenden Fassung gewährte einen Schmerzensgeldanspruch nur im Falle einer unerlaubten Handlung (§ 847 BGB a. F.).[76]

---

[66] BGHZ 91, 357 = NJW 1984, 2520; *BGH* NJW 1996, 652; NJW 2007, 65; Münch-KommBGB/*Oetker,* § 254 Rn. 83 ff.

[67] *BGH* NJW 1982, 1638; Geigel/*Pardey,* Kap. 4 Rn. 88.

[68] *BGH* NJW 1981, 1099.

[69] BGH NJW 1991, 230, 231; MünchKommBGB/*Oetker,* § 249 Rn. 493.

[70] *BGH* NJW 1986, 2945, 2946; MünchKommBGB/*Oetker,* § 254 Rn. 117.

[71] BGHZ 163, 19, 26 = NJW 2005, 1933, 1935.

[72] *BGH* NJW 2009, 2894 Rn. 23.

[73] *BGH* NJW 2007, 1676 Rn. 10; NJW 2007, 64 Rn. 8.

[74] *BGH* VersR 1997, 1158, 1160; VersR 2006, 286.

[75] *OLG Hamm* NZV 2006, 37; *Diederichsen,* VersR 2005, 433, 435 f.; siehe *KG* KGR 2006, 559 zu § 536a I BGB;

[76] Zur Generalisierung des Anspruchs auf Schmerzensgeld durch das Zweite Gesetz zur Änderung schadensersatzrechtlicher Vorschriften vom 19.7.2002 (BGBl. I S. 2674): *Däubler,* JuS 2002, 625 f.; *Diederichsen,* VersR 2005, 433.

Zu unterscheiden ist das Schmerzensgeld von einer Geldentschädigung für eine Persönlichkeits-verletzung, die ihre Rechtsgrundlage in § 823 I BGB i. V. mit Art. 1 I, 2 I GG hat.[77] Bei deren Bemessung stehen die Genugtuungsfunktion und der Gesichtspunkt der Prävention im Vordergrund.[78] Das gilt sowohl spezial- als auch für generalpräventive Aspekte.[79]

1. Voraussetzungen

Die Zubilligung von Schmerzensgeld setzt die Verletzung bestimmter Rechtsgüter **24** voraus: Körper,[80] Gesundheit, Freiheit und sexuelle Selbstbestimmung (§ 253 II BGB). Auch psychische Schäden werden von der Verletzung der Gesundheit und des Körpers erfasst. Voraussetzung ist eine unmittelbare Schädigung des Verletzten. Schmerzensgeld für Drittgeschädigte – vor allem beim Tod naher Angehöriger – ist grundsätzlich nicht zuzubilligen. Ein auf den Tod eines nahen Angehörigen gestützter Schmerzensgeldanspruch kommt aber in Betracht, wenn über den hiermit in üblicher Weise einhergehenden seelischen Schmerz hinaus eine pathologisch fassbare Gesundheitsbeschädigung von einiger Dauer und Schwere vorliegt.[81]

Geringfügige Verletzungen des Körpers oder der Gesundheit ohne wesentliche Beeinträchtigung der Lebensführung und ohne Dauerfolgen **(Bagatellschäden)** sind auszuklammern, wenn die Verletzung des Rechtsguts so geringfügig ist, dass eine wesentliche Beeinträchtigung zu verneinen ist. Wann dies der Fall ist, hat der Tatrichter im Rahmen des ihm durch § 287 I ZPO eingeräumten Beurteilungsspielraums zu entscheiden.[82]

2. Bemessung

Bei der Bemessung des Schmerzensgelds ist zu beachten, dass dessen Gewährung in **25** erster Linie Ausgleichsfunktion hat und in zweiter Linie der Genugtuung des Geschädigten dient (Doppelfunktion).[83]

a) Ausgleichsfunktion

Das Schmerzensgeld soll den Verletzten in die Lage versetzen, für den Verlust oder die Beeinträchtigung wesentlicher Lebensbedingungen einen Ersatz für die Erleichterung seines künftigen Lebens zu bieten. Folgende, sich zum Teil überschneidende Bemessungsgesichtspunkte sind maßgeblich:

- Für die Bemessung der Schmerzensgeldhöhe sind Größe, Heftigkeit und Dauer der Schmerzen und Leiden die wesentlichen Kriterien.[84] Als objektivierbare Umstände haben vor allem die Art der Verletzungen, Art und Dauer der Behandlungen einschließlich operativer Eingriffe und eventueller Komplikationen des Heilungs-

---

[77] *BVerfG* VersR 2010, 820; *BGH* NJW 2006, 605 Rn. 8; NJW 2006, 1068 Rn. 14 ff.; NJW 2005, 58, 59.
[78] BGHZ 128, 1 = NJW 1995, 861; *BGH* NJW 1996, 985, 987; *OLG Frankfurt/M.* NJW 2007, 3580, 3582.
[79] *OLG Hamm* NJW-RR 2004, 919, 923.
[80] BGHZ 124, 52 = NJW 1994, 127 (Vernichtung einer Spermakonserve); *BGH* NJW 1995, 2407, 2408 (Herbeiführung einer Schwangerschaft); MünchKommBGB/*Oetker*, § 253 Rn. 22.
[81] *BGH* NJW 1989, 2317; *OLG Koblenz* NJW-RR 2001, 318, 319; *OLG Naumburg* OLGR 2005, 701, 703; *G. Müller,* zfs 2009, 62, 64; *Diederichsen,* VersR 2005, 433, 438; *Klinger,* NZV 2005, 290.
[82] *BGH* NJW 1992, 1043; *OLG Naumburg* NZV 2009, 227, 229; MünchKommBGB/*Oetker,* § 253 Rn. 30.
[83] Grundlegend: *Großer Senat für Zivilsachen* BGHZ 18, 149, 154 = NJW 1955, 1675; BGHZ 128, 117, 119 = NJW 1995, 781.
[84] BGHZ 18, 149, 154 = NJW 1955, 1675; *OLG Schleswig* NJW-RR 2009, 1325 (posttraumatische Belastungsstörung).

verlaufs besonderes Gewicht. Das gilt auch für die Dauer und den Umfang einer etwaigen Erwerbsminderung.[85]

– **Dauerschäden** sind von besonderer Bedeutung bei der Bemessung des Schmerzensgeldes, während vorübergehende Beeinträchtigungen weniger schwer wiegen.[86]
– Beeinträchtigungen des äußeren Erscheinungsbilds, zum Beispiel durch Narben, Entstellungen oder Amputationen, sind anspruchserhöhend zu berücksichtigen.
– Das gilt auch für psychische Beeinträchtigungen, wie zum Beispiel Depressionen oder Angst vor einer Ausdehnung des Schadens oder das Wissen um eine noch nicht ausgebrochene Infektion.[87] In Betracht kommt auch ein Risikozuschlag für mögliche Spätschäden.[88]
– Darüber hinaus sind die speziellen Auswirkungen des Schadensereignisses auf die konkrete Lebenssituation des Betroffenen zu berücksichtigen.[89] Hierbei kann es auch auf das Alter des Geschädigten ankommen.[90]
– Sonstige Bemessungsfaktoren sind etwa die Beeinträchtigung der Sexualität, ebenso Einschränkungen im Sport, beim Hobby und sonstigen Freizeitaktivitäten.[91]
– Eine vor dem Unfall bestehende Beeinträchtigung oder eine die Unfallfolgen begünstigende Körperkonstitution ist mindernd zu berücksichtigen.[92]
– Der Verletzte muss zur Begründung seines Schmerzensgeldverlangens nicht darlegen, auf welche Weise er sich einen Ausgleich für seine Einbuße an Lebensfreude verschaffen will und dass die beabsichtigte Verwendung des Geldes wirtschaftlich sinnvoll ist.[93]

b) Genugtuungsfunktion

26 Das Schmerzensgeld soll auch das beeinträchtigte Selbstwertgefühl des Verletzten wiederherstellen. Bei fahrlässiger Herbeiführung eines Schadens, wie es zum Beispiel bei Verkehrsunfällen und auch im Arzthaftungsrecht die Regel ist, spielt die Genugtuungsfunktion nur eine untergeordnete oder gar keine Rolle.[94] Im Rahmen der Gefährdungshaftung besitzt das Schmerzensgeld ebenfalls keine Genugtuungsfunktion. Gleichwohl ist das Schmerzensgeld deshalb nicht niedriger zu bemessen.[95]

27 Bei Vorsatztaten kann ein Genugtuungsbedürfnis des Geschädigten allerdings beachtlich sein.[96] Das gilt auch im Straßenverkehr, wobei es sich freilich anspruchsmindernd auswirkt, wenn der Geschädigte den Schädiger zuvor beleidigt hat.[97] Die Schwere der Schuld des Schädigers ist auch bei grober Fahrlässigkeit zu beachten.[98] Das gilt auch umgekehrt für geringes Verschulden des Schädigers, etwa bei einem Kind.[99]

---

[85] *Greger,* § 30 Rn. 14.
[86] *OLG Saarbrücken* OLGR 2006, 819, 822; *OLG Köln* NZV 2007, 204, 205; Geigel/*Pardey,* Kap. 7 Rn. 38.
[87] BGHZ 114, 284, 298 = NJW 1991, 1948, 1951.
[88] *Bussmann,* MDR 2007, 446, 447.
[89] Geigel/*Pardey,* Kap. 7 Rn. 37 f.
[90] *OLG Köln* NZV 2007, 204, 205; *Greger,* § 30 Rn. 26.
[91] *BGH* NJW-RR 1992, 792, 793; *OLG München* NZV 2005, 143, 144.
[92] *BGH* NJW 1997, 455; *Greger,* § 30 Rn. 15.
[93] *BGH* NJW 1991, 1544.
[94] *OLG Hamm* NJOZ 2013, 1025, 1026 f.; *OLG München* OLGR 2006, 505, 506 (Sportunfall); siehe aber *OLG Nürnberg* VersR 2009, 71, 73.
[95] *OLG Celle* NJW 2004, 1185; dazu *Diederichsen,* VersR 2005, 433, 435.
[96] BGHZ 128, 117 = NJW 1995, 781; *BGH* NJW 1996, 1591.
[97] *OLG Saarbrücken* NJW 2008, 1166.
[98] BGHZ 163, 351, 359 f. = NJW 2006, 1271, 1273; NJW 1993, 1531, 1532; *OLG Saarbrücken* OLGR 2006, 819, 822.
[99] *OLG Frankfurt/M.* NZV 2005, 260; MünchKommBGB/*Oetker,* § 253 Rn. 48.

Bei der Bemessung soll auch die Leistungsfähigkeit des Schädigers eine Rolle spielen, insbesondere bei Bestehen einer Haftpflichtversicherung.[100] Verzögertes Regulierungsverhalten des Versicherers kann anspruchserhöhend wirken, wenn eine Versicherungsleistung nicht nachvollziehbar hinausgezögert wird.[101] Von einer solchen Anspruchserhöhung ist jedoch zurückhaltend Gebrauch zu machen.[102]

c) Mitverschulden und mitwirkende Betriebsgefahr

Das Mitverschulden bei der Entstehung des Schadens (§ 254 I BGB) ist ein Bemessungsfaktor, der in die Festsetzung der angemessenen Entschädigung einfließt,[103] ebenso eine mitwirkende Betriebsgefahr. Das gilt auch für das Mitverschulden nach § 254 II BGB, zum Beispiel durch Ablehnung einer zumutbaren Operation. Es ist – anders als beim Vermögensschaden – nicht zulässig, ein an sich angemessenes Schmerzensgeld festzusetzen, welches dann um eine Mithaftungsquote gekürzt wird.[104]

28

d) Nicht zu berücksichtigende Umstände

Eine strafgerichtliche Verurteilung des Schädigers oder eine Disziplinarmaßnahme wirken nicht anspruchsmindernd.[105] Die Aussetzung eines Schmerzensgeldprozesses nach § 149 I ZPO ist auch deshalb nicht angebracht.[106] Die wirtschaftlichen Verhältnisse des Geschädigten führen weder zu einer Herabsetzung noch zu einer Erhöhung des Schmerzensgelds. Etwas anderes soll bei Herkunft aus einem Land mit geringen Lebenshaltungskosten gelten.[107] Besondere Beziehungen der Beteiligten, zum Beispiel durch Ehe oder Verwandtschaft, werden in der Regel keinen Einfluss auf die Bemessung haben. Der Eintritt gewisser finanzieller Vorteile, wie zum Beispiel der unfallbedingte Bezug einer Verletztenrente, wirkt ebenfalls nicht anspruchsmindernd.[108]

29

e) Besondere Fallgestaltungen
aa) Schwerstschäden

Der völlige Verlust der personalen Qualität, zum Beispiel infolge einer schweren Hirnschädigung, bildet eine eigenständige Fallgruppe, bei der die Zerstörung der Persönlichkeit durch den Fortfall der Empfindungsfähigkeit im Mittelpunkt steht und deshalb auch bei der Bemessung der Entschädigung nach § 253 II BGB eigenständig bewertet wird.[109] In den Fällen schwerster Schädigung des Verletzten kann eine immaterielle Beeinträchtigung gerade darin liegen, dass die Persönlichkeit ganz oder weitgehend zerstört und hiervon auch die Empfindungsfähigkeit des Verletzten betroffen ist, wobei freilich ein völliger Mangel an Empfindungsfähigkeit auch in solchen Fällen die Höhe des Schmerzensgelds mindern kann.[110] Hier hat die Recht-

30

---

[100] *BGH* NJW 2006, 1068 Rn. 15; NJW 1993, 1531, 1532; *Greger*, § 30 Rn. 23.
[101] *OLG München* BeckRS 2010, 20532; *OLG Naumburg* NJW-RR 2008, 693; *OLG Nürnberg* VersR 2007, 301, 303; VersR 2007, 1137; *OLG Köln* VersR 2007, 259, 260; offen gelassen in *BGH* NJW 2004, 1271, 1274 (insoweit in BGHZ 163, 351 nicht abgedruckt).
[102] *OLG Saarbrücken* NJW 2011, 933; *Huber*, NZV 2005, 620, 622.
[103] *OLG Hamm* OLGR 2006, 417, 419.
[104] MünchKommBGB/*Oetker*, § 253 Rn. 46; *G. Müller*, VersR 1993, 909, 915; siehe *OLG Jena* NJW-RR 2008, 831, 833
[105] BGHZ 128, 117 = NJW 1995, 781; *BGH* NJW 1996, 1591; *OLG Saarbrücken* NJW 2008, 1166, 1169.
[106] BGHZ 128, 117, 123 = NJW 1995, 781, 782.
[107] *Greger*, § 30 Rn. 22; *Huber*, NZV 2006, 169.
[108] *BGH NJW 1982, 1589;* siehe auch *OLG Hamm* NJW-RR 1994, 991; *Greger*, § 30 Rn. 24.
[109] *BGH* NJW 1993, 1531, 1532.
[110] BGHZ 120, 1 = NJW 1993, 781; BGHZ 138, 388 = NJW 1998, 2741; *BGH* NJW 1993, 1531; *LG Münster* NJW 2010, 86; *G. Müller*, VersR 2009, 1145, 1147.

sprechung zunehmend höhere Schmerzensgeldsummen zugesprochen.[111] Das gilt namentlich bei Geburtsschäden und unfallbedingter Querschnittslähmung.[112]

bb) Tod des Verletzten

31   Hat der Geschädigte seine Verletzungen nur kurze Zeit überlebt, mindert sich das Schmerzensgeld. Das gilt auch dann, wenn der Tod gerade durch das Schadensereignis verursacht worden ist.[113] Ein Anspruch auf Schmerzensgeld kann zu verneinen sein, wenn der Verletzte unmittelbar nach dem Schadensfall, zum Beispiel noch an der Unfallstelle stirbt, ohne das Bewusstsein wiedererlangt zu haben.[114] Bei einem späteren Ableben, sei es auch nur wenige Stunden nach dem Unfall, wird aber Schmerzensgeld zuzubilligen sein.[115] Die Höhe richtet sich auch danach, ob der Verletzte noch bei Bewusstsein war und seinen lebensbedrohenden Zustand kannte.

3. Kapital oder Rente

32   Grundsätzlich ist das Schmerzensgeld in Kapitalform zahlen. Eine Rente wird nur ausnahmsweise auf Antrag und bei schwersten lebenslangen Dauerschäden zuerkannt, denen sich der Verletzte immer wieder neu und schmerzlich bewusst wird und die auch in Zukunft das körperliche und seelische Wohlbefinden oder die Lebensfreude beeinträchtigen.[116] Schwerste Dauerschäden, die eine Rente rechtfertigen, sind zum Beispiel bei Querschnittslähmungen bejaht worden, bei schwersten Hirnschädigungen und wenn es um erhebliche Dauerschäden bei Kindern geht.[117] Dabei ist insbesondere der ungewisse Verlauf der gesundheitlichen Beeinträchtigung von Bedeutung.[118]

33   Bei einer Gesamtentschädigung aus Schmerzensgeldkapital und -rente muss der monatliche Rentenbetrag so bemessen werden, dass er kapitalisiert zusammen mit dem zuerkannten Kapitalbetrag einen Gesamtbetrag ergibt, der in seiner Größenordnung einem ausschließlich in Kapitalform zuerkannten Betrag zumindest annähernd entspricht.[119] Dies wird unter Berücksichtigung des monatlichen Rentenbetrags und eines Kapitalisierungszinsfußes von 5 %, unter Beachtung der statistischen Lebenserwartung des Verletzten sowie unter Anwendung der Kapitalisierungstabellen errechnet.[120]

Beispiel: Bei Schadenseintritt war der Kläger 40 Jahre alt. Ihm steht eine Schmerzensgeldrente von 1.000 EUR im Monat zu, die bis zum 65. Lebensjahr zu zahlen ist. Der Kapitalisierungsfaktor bei einer Abzinsung von 5 % beträgt 13,901.[121] Bei einer Jahresrente von 12.000 EUR errechnet sich ein kapitalisierter Betrag von 166.812 EUR.[122]

---

[111] Vgl. *OLG Zweibrücken* NJOZ 2009, 3241; Übersicht bei *Strücker-Pitz,* VersR 2007, 1466; *Jaeger,* VersR 2009, 159; *ders.,* VersR 2013, 134.
[112] *OLG Hamm* VersR 2004, 386, 388; *OLG Köln* VersR 2007, 219; *OLG Stuttgart* VersR 2009, 80; *OLG Celle* VersR 2009, 500; *OLG Zweibrücken* NJOZ 2009, 3241; *Spickhoff,* NJW 2009, 1716, 1720.
[113] BGHZ 138, 388 = NJW 1998, 2741.
[114] BGHZ 138, 388 = NJW 1998, 2741.
[115] *OLG Naumburg* OLGR 2005, 701, 703; *LG Karlsruhe* NJW-RR 2009, 1620; *Jaeger,* VersR 1996, 1177, 1182 ff.
[116] *BGH* NJW 1994, 1592, 1594; *KG* KGR 2006, 185, 186; *OLG Brandenburg* NJW 2011, 2219; *Notthoff,* VersR 2003, 966, 967.
[117] *BGH* NJWE-VHR 1995, 141; *OLG Hamm* OLG-Report 2003, 71.
[118] *BGH* NJW 1991, 1948, 1951; insoweit in BGHZ 114, 284 nicht abgedruckt.
[119] *BGH* NJW 2007, 2475 Rn. 15; *OLG Karlsruhe* VersR 2008, 545, 547 f.
[120] *Küppersbusch/Höher,* Rn. 300, 867; *Pardey,* Berechnung, Rn. 1355 ff.; Palandt/*Sprau,* § 843 Rn. 19; *Lang,* VersR 2005, 894, 902.
[121] *Küppersbusch/Höher,* Tabelle I/4; zum 67. Lebensjahr: Tabelle I/5.
[122] Berechnungsbeispiele bei *OLG Naumburg* VersR 2002, 1295, 1297; *KG* NJW-RR 2003, 24, 27.

Eine Kapitalisierung mit einem Zinsfuß von 5 % wird freilich auf den Kapitalmarkt kaum erreicht und ist deshalb überhöht. Eine solche Berechnung dient letztlich den Interessen der Versicherungswirtschaft.[123] Es kommt daher auch ein Jahreszinssatz von 4 % in Betracht.[124]

4. Ermessen und Schmerzensgeldtabellen

Das Gericht muss die tatsächlichen Grundlagen seiner Schätzung feststellen und die **34** Ausübung seines Abwägungsermessens begründen.[125] Die wesentlichen Abwägungsgesichtspunkte müssen jedenfalls ansatzweise dargestellt werden. Die Begründung muss die vom Schmerzensgeldanspruch erfassten Beeinträchtigungen deutlich benennen und hierbei insbesondere darstellen, welche der sich zukünftig etwa verwirklichenden Beeinträchtigungen durch das zuerkannte Schmerzensgeld abgegolten sind und welche dem regelmäßig beantragten Feststellungsausspruch (§ 256 I ZPO) vorbehalten bleiben.[126] Im Prozesskostenhilfeverfahren kommt es nur auf eine vertretbare Größenordnung an; die endgültige Festlegung kann nur im Hauptsacheverfahren erfolgen.[127]

Zur Orientierung dienen die in der Praxis gebräuchlichen Werke von *Hacks/Wellner/* **35** *Häcker* (zuvor *Hacks/Ring/Böhm*) und *Slizyk*.[128] Dabei ist den Besonderheiten der jeweiligen Fallgestaltung Aufmerksamkeit zu schenken. Bei der Heranziehung von Vergleichsfällen ist auch auf den Zeitablauf seit der jeweiligen Entscheidung zu achten, jedenfalls bei Urteilen, die älter als zehn Jahre sind.[129] Zugunsten des Geschädigten ist die zwischenzeitliche Geldentwertung in Rechnung zu stellen.[130] Zu berücksichtigen ist, dass die Rechtsprechung bei der Bemessung von Schmerzensgeld nach gravierenden Verletzungen mittlerweile den Belangen des Geschädigten mehr als früher Rechnung trägt.[131]

Das zuerkannte Schmerzensgeld ist vom Berufungsgericht – im Rahmen seiner Bindung an die **36** Tatsachenfeststellungen (§ 529 ZPO) – voll überprüfbar.[132] Etwas anderes gilt für das Revisionsgericht. Die Tatsacheninstanzen sind bei der Ermittlung des Schmerzensgelds nach Art und Höhe durch § 287 I ZPO besonders freigestellt, so dass revisionsgerichtlicher Nachprüfung nur unterliegt, ob der Tatrichter alle für die Höhe des Schmerzensgelds maßgeblichen Umstände berücksichtigt und sich bei der Ausübung seines Ermessens um eine angemessene Beziehung der Entschädigung zu Art und Dauer der Gesundheitsbeeinträchtigungen bemüht hat.[133] Der von den Tatsacheninstanzen für angemessen erachtete Betrag muss sich in den Rahmen der durch die Rechtsprechung für vergleichbare Verletzungen zuerkannten Schmerzensgeldbeträge einfügen. Der *BGH* greift korrigierend ein, wenn der zugebilligte Betrag außerhalb des üblichen Schmerzensgeldgefüges liegt.[134] Ein deutliches Abweichen von der Rechtsprechung in vergleichbaren Fällen bedarf deshalb der besonderen Begründung durch den Tatrichter.[135]

---

[123] *Jaeger* NZV 2008, 634, 635; *Schah Sedi/Schah Sedi,* zfs 2008, 183, 186; *Nehls,* DAR 2007, 444.
[124] *OLG Nürnberg* VersR 2009, 71, 73.
[125] *BGH* NJW 1989, 773; Fallbeispiel bei *Kaufmann,* JuS 2003, 1197, 1203.
[126] *BGH* NJW 1991, 2340, 2342.
[127] *OLG Karlsruhe* NJW 2011, 2143.
[128] Siehe auch die Übersicht bei Geigel/*Pardey,* Kap. 7 Rn. 58 ff.
[129] *Diehl,* zfs 2007, 10, 11.
[130] *OLG München* OLGR 2006, 92, 93; MünchKommBGB/*Oetker,* § 253 Rn. 37.
[131] *OLG München* OLGR 2006, 92, 93; siehe auch *OLG Saarbrücken* OLGR 2005, 701, 704.
[132] *BGH* NJW 2006, 1589; *KG* VersR 2007, 1708; *OLG Köln* VersR 2008, 364.
[133] BGHZ 138, 388, 391 = NJW 1998, 2741; *BGH* NJW 1991, 1948, 1951; insoweit in BGHZ 114, 284 nicht abgedruckt; *BGH* NJWE-VHR 1996, 7.
[134] *BGH* NJW 1996, 1591; siehe auch *KG* VersR 2011, 274.
[135] *BGH* NJW 1989, 773, 774; NJW 1990, 905, 906; MünchKommBGB/*Oetker,* § 253 Rn. 37.

5. Prozessuale Besonderheiten

a) Unbezifferter Klageantrag

37   Da die Höhe der billigen Entschädigung in Geld von einer umfassenden Würdigung der immateriellen Beeinträchtigungen abhängt, wobei sich im Rahmen der Ermessensausübung eine nicht unerhebliche Schwankungsbreite ergibt, wird vom Geschädigten nicht verlangt, seinen Schmerzensgeldantrag im Prozess konkret zu beziffern. Um dem Bestimmtheitsgebot des § 253 II Nr. 2 ZPO zu genügen, muss er aber auch bei unbezifferten Leistungsanträgen nicht nur die tatsächlichen Grundlagen, sondern auch die Größenordnung des geltend gemachten Betrags so genau wie möglich angeben.[136] Der Gebührenstreitwert richtet sich nach der Schlüssigkeit des klägerischen Sachvortrags im Zeitpunkt der Klageerhebung (§ 40 GKG).[137] Das Gericht ist im Rahmen des § 308 ZPO an eine vom Kläger genannte Mindestsumme oder Größenvorstellung nicht gebunden.[138] Hat der Kläger hingegen ein angemessenes Schmerzensgeld unter Angabe einer Betragsvorstellung verlangt und hat ihm das Gericht solches Schmerzensgeld zuerkannt, so ist er durch dieses Urteil nicht beschwert und kann es nicht mit dem alleinigen Ziel eines höheren Schmerzensgeldes anfechten.[139]

Bei der Antragstellung ist zu beachten, dass auch der Anspruch auf Schmerzensgeld zu verzinsen ist (§§ 288, 291 BGB). Für den unbezifferten Schmerzensgeldantrag gilt keine Ausnahme, sofern die maßgebenden Schätzungstatsachen schlüssig vorgetragen worden sind.[140]

b) Feststellungsantrag

38   Der standardmäßig zu stellende Feststellungsantrag (§ 256 I ZPO) ist zur Vermeidung der Anspruchsverjährung (§§ 195, 199 BGB) geboten. Er findet seine Begründung im Hinblick auf zu befürchtende Folgeschäden für ein deliktsrechtlich geschütztes Rechtsgut.[141] Die Feststellungsklage richtet sich auf künftige, noch ungewisse, beim Schmerzensgeldkapital noch nicht berücksichtigungsfähige immaterielle Schäden.[142]

c) Offene Teilklage

39   Wenn sich die zukünftige Entwicklung noch nicht übersehen lässt, kann das Schmerzensgeld in Form einer offenen Teilklage auf den Zeitpunkt der letzten mündlichen Verhandlung beziffert werden.[143]

d) Grund- und Teilurteil

40   Über den Schmerzensgeldanspruch kann durch Grundurteil entschieden werden (§ 304 ZPO).[144] Etwaiges Mitverschulden des Geschädigten ist hier in Form einer Quote auf der Grundlage einer Mithaftung in Höhe eines im Urteilstenor zu bestimmen Bruchteils zum Ausdruck zu bringen.[145] Über den Feststellungsantrag ist zugleich ein Teilurteil zu erlassen.[146]

---

[136] Zöller/*Greger*, § 253 Rn. 14; *Küppersbusch/Höher*, Rn. 312; *Diederichsen*, VersR 2005, 433, 438 f.

[137] *KG* NZV 2011, 88.

[138] BGHZ 132, 341, 350 ff. = NJW 1996, 2425, 2427; *BGH* NJW 2007, 2475 Rn. 11.

[139] *BGH* NJW-RR 2004, 863.

[140] MünchKommBGB/*Oetker*, § 253 Rn. 67; *Küppersbusch/Höher*, Rn. 318.

[141] *BGH* NJW 2001, 1431.

[142] *BGH* NJW 2005, 427, 429; NJW 2004, 1243, 1244.

[143] *BGH* NJW 2004, 1243; *OLG Köln* OLGR 2007, 330, 331; *Diederichsen*, VersR 2005, 433, 439; *Berg*, NZV 2010, 63.

[144] *BGH* NJW 2006, 2110 Rn. 10; MünchKommBGB/*Oetker*, § 253 Rn. 70.

[145] *Greger*, § 30 Rn. 19; Zöller/*Vollkommer*, § 304 Rn. 14; Musielak/*Musielak*, § 304 Rn. 24.

[146] MünchKommBGB/*Oetker*, § 253 Rn. 61.

e) Umfang der Rechtskraft

Wird für erlittene Körperverletzungen uneingeschränkt Schmerzensgeld verlangt, so **41** werden durch den zuerkannten Betrag alle diejenigen Schadensfolgen abgegolten, die entweder bereits eingetreten und objektiv erkennbar waren oder deren Eintritt jedenfalls vorhergesehen und bei der Entscheidung mitberücksichtigt werden konnte.[147] Dem Verlangen auf ein weiteres Schmerzensgeld für eine später eintretende Verletzungsfolge steht die Rechtskraft eines Urteils (§ 322 I ZPO) entgegen, durch das dem Kläger ein uneingeschränktes Schmerzensgeld zuerkannt worden ist. Dies gilt auch für solche im Vorprozess nicht berücksichtigten Verletzungsfolgen, die bei der damaligen Bemessung der Entschädigung bereits eingetreten und objektiv erkennbar waren oder deren Eintritt vorhergesehen und bei der Entscheidung berücksichtigt werden konnten.[148]

Nicht erfasst werden solche Verletzungsfolgen, die im Zeitpunkt der letzten mündlichen Verhandlung noch nicht eingetreten waren und deren Eintritt objektiv nicht **42** vorhersehbar war, mit denen also nicht oder nicht ernstlich zu rechnen war.[149] Die Erkennbarkeit richtet sich objektiven Gesichtspunkten, das heißt nach den Kenntnissen und Erfahrungen eines insoweit Sachkundigen.[150] Dem Geschädigten muss in einem solchen Fall für den bisher überschaubaren Zeitraum ein Schmerzensgeld zugesprochen werden, so dass das bereits früher zuerkannte Schmerzensgeld sich gegenüber einer durch die spätere Entwicklung bedingten weiteren Schmerzensgeldforderung als **Teilschmerzensgeld** darstellt.[151] Entsprechendes gilt, wenn eine auf ein Teilschmerzensgeld gerichtete Klage rechtskräftig abgewiesen wird. Die Rechtskraft erstreckt sich nicht auf den nicht rechtshängig gewordenen Teil des Anspruchs (§ 322 I ZPO).[152] Unzulässig ist allerdings ein zeitlich begrenztes – etwa bis zur letzten mündlichen Verhandlung befristetes – Schmerzensgeld.[153]

f) Abänderungsklage

Die Gewährung einer dynamischen Schmerzensgeldrente, die bereits an den Lebens- **43** haltungskostenindex gekoppelt ist, ist abzulehnen.[154] Eine Rente kann aber später im Wege der Abänderungsklage an den schwankenden Geldwert angepasst werden (§ 323 ZPO).[155] Falls nicht besonders gelagerte zusätzliche Umstände vorliegen, ist die Abänderung einer Schmerzensgeldrente bei einer unter 25 % liegenden Steigerung des Lebenshaltungskostenindexes jedoch in der Regel nicht gerechtfertigt.[156]

III. Heilbehandlungskosten

Der Verletzte kann nach § 249 II 1 BGB, § 11 S. 1 StVG Ersatz der Heilbehand- **44** lungskosten verlangen.[157] Die Naturalrestitution, für die der Verletzte den Geldbetrag nach § 249 II 1 BGB verlangen kann, ist auf Herstellung der körperlichen Integrität, mithin auf die Beseitigung eines Nichtvermögensschadens gerichtet.[158]

---

[147] *BGH* NJW-RR 2006, 712 Rn. 7; NJW 1995, 1614; *OLG Karlsruhe* VersR 2010, 924.
[148] *BGH* NJW 1995, 1614; NJW 1988, 2300, 2301.
[149] *BGH* NJW-RR 2006, 712 Rn. 7; *Greger,* § 30 Rn. 53.
[150] *BGH* NJW-RR 2006, 712 Rn. 8.
[151] *BGH* NJW 2004, 1243, 1244; *Küppersbusch/Höher,* Rn. 303.
[152] *OLG Celle* VersR 2007, 1661, 1662.
[153] *OLG Jena* BeckRS 2008, 10299.
[154] *BGH* NJW 1973, 1653; MünchKommBGB/*Oetker,* § 253 Rn. 62.
[155] *Diederichsen,* VersR 2005, 433, 441.
[156] *BGH* NJW 2007, 2475.
[157] Muster eines Auflagen- und Beweisbeschlusses bei *Tempel/Theimer,* § 2 Muster 36.
[158] BGHZ 97, 14, 18 f. = NJW 1986, 1538, 1539; *BGH* NJW-RR 2004, 671 f.

1. Aktivlegitimation

45 In der Regel geht der Schadensersatzanspruch gemäß § 116 I SGB X im Zeitpunkt des schädigenden Ereignisses auf den Sozialversicherungsträger über.[159] Nur in Ausnahmefällen wird sich die Krankenkasse nicht an den Kosten der Heilbehandlung beteiligen.[160] Bei endgültiger Ablehnung der Kostenübernahme lebt die Aktivlegitimation des Verletzten wieder auf.[161] Eine Eigenbeteiligung des Geschädigten stellt stets einen ersatzfähigen Schaden dar. Das gilt zum Beispiel für etwaige Zuzahlungen, die der Geschädigte zu leisten hat.[162]

2. Erforderlichkeit

46 Der Ersatzpflichtige hat die adäquat unfallbedingten Heilungskosten insoweit zu erstatten, als sie sachgemäß, geboten und angemessen sind; dies unterliegt der Beurteilung nach § 287 I ZPO.[163] Nach einem allgemeinen Grundsatz des Schadensrechts hat der Schädiger den Verletzten in den Verhältnissen zu entschädigen, in denen er ihn betroffen hat. Ist die Erforderlichkeit streitig, wird das Gericht ein Sachverständigengutachten zur Frage der Unfallbedingtheit und Notwendigkeit einzelner Behandlungsmaßnahmen und Aufwendungen einholen.[164] Maßstab ist, was vom medizinischen Standpunkt indiziert und erfolgversprechend ist. Ohne Bedeutung für die Erstattungsfähigkeit ist der Umstand, ob die Heilmaßnahme Erfolg gehabt hat, wenn sie bei Betrachtung aus der maßgeblichen Sicht ex ante erfolgversprechend war.[165]

47 Fiktive Heilungskosten werden nicht erstattet, auch wenn sie erforderlich sind. Deshalb kann der Verletzte Behandlungskosten nur verlangen, wenn er die Absicht hat, die Behandlung auch tatsächlich durchführen zu lassen. In aller Regel wird sich diese Absicht ohne weiteres aus der Behandlungsbedürftigkeit der Verletzung und den zu ihrer Behandlung getroffenen Maßnahmen ergeben.[166] Es ist nicht notwendig, dass die Behandlung bereits durchgeführt worden ist. Das Gesetz stellt lediglich auf den erforderlichen Geldbetrag ab.[167] Gegebenenfalls müssen die Kosten durch einen Sachverständigen geschätzt werden.[168]

48 Ein Kassenpatient hat grundsätzlich keinen Anspruch auf Erstattung einer kostspieligeren privatärztlichen Behandlung. Die Umstände des Einzelfalls können aber die Inanspruchnahme privatärztlicher Leistungen rechtfertigen. Entscheidend ist, ob die privatärztliche Behandlung aus der Sicht eines verständigen Menschen in der Lage des Geschädigten erforderlich erscheint. Maßstab für die Beurteilung ist insbesondere die Art der Verletzung und der Lebensstandard des Verletzten.[169] Der Schadensersatzanspruch kann die Übernahme der Kosten einer privatärztlichen Behandlung für einen geschädigten Kassenpatienten dann umfassen, wenn nach den Umständen des Einzelfalls feststeht, dass das Leistungssystem der gesetzlichen Krankenversicherung nur unzureichende Möglichkeiten zur Schadensbeseitigung bietet.[170] Entsprechen-

---

[159] Zum Quotenvorrecht des Geschädigten: *OLG Celle* OLGR 2000, 298.

[160] Siehe BGHZ 160, 26, 30 = NJW 2004, 3324, 3325 f.

[161] *Küppersbusch/Höher*, Rn. 230.

[162] *Küppersbusch/Höher*, Rn. 255 ff.; *Hiddemann/Muckel*, NJW 2004, 7, 12.

[163] *BGH* NJW 1969, 2281 (Heilbehandlung eines Ausländers in seinem Heimatland).

[164] BGHZ 160, 26, 30 = NJW 2004, 3324.

[165] *Küppersbusch/Höher*, Rn. 226; *Greger*, § 29 Rn. 20.

[166] BGHZ 97, 14, 19 f. = NJW 1986, 1538, 1539 (Narbenkorrektur); *OLG Köln* OLGR 2005, 159; OLGR 2000, 169; *Armbrüster*, JuS 2007, 411, 413 f.

[167] *Kaufmann*, JuS 2003, 1197, 1202.

[168] *OLG München* OLGR 2006, 431; zu Finanzierungskosten *Greger*, § 29 Rn. 14.

[169] BGHZ 163, 351 = NJW 2006, 1271, 1275; *BGH* NJW 1991, 2340, 2342.

[170] BGHZ 160, 26 = NJW 2004, 3324; *OLG Hamm* VersR 2007, 1129; *Kaufmann*, JuS 2003, 1197, 1202.

des gilt für alternative Heilmethoden[171] und die Kosten einer im Ausland erforderlichen Behandlung.[172]

Die Kosten erforderlicher kosmetischer Operationen sind ebenfalls zu ersetzen.[173] **49**
Nur ausnahmsweise ist es dem Geschädigten nach Treu und Glauben wegen unverhältnismäßiger Aufwendungen verwehrt, den Schädiger auf Naturalrestitution in Anspruch zu nehmen (§§ 242, 251 II BGB). Unverhältnismäßig sind zum Beispiel beträchtliche Kosten einer Schönheitsoperation zur Beseitigung einer geringfügigen, kaum sichtbaren Narbe.[174]

3. Nebenkosten

Zu den Nebenkosten des Verletzten gehören die Kosten für Fahrten zu einer ambu- **50**
lanten Behandlung.[175] Bei stationärer Behandlung zählen zu den Heilungskosten des Verletzten auch die Kosten durch Besuche naher Angehöriger.[176] Diese Kosten sind in angemessenem Umfang zu ersetzen, wenn die Besuche – etwa mit Rücksicht auf der Schwere der Erkrankung oder des Alters des Verletzten – notwendig waren.[177]

Bei Benutzung eines Kraftfahrzeugs ist es nicht zu beanstanden, wenn sich die Fahrtkosten an § 5 II Nr. 1 JVEG orientieren, so dass 0,25 EUR pro km angemessen sind (§ 287 ZPO).[178] Dies gilt jedenfalls ab dem Inkrafttreten des JVEG am 1.7.2004.[179] Zu ersetzen ist auch der Verdienstausfall des Vaters, der sein Kind besucht. Allerdings kann es die Schadensminderungsobliegenheit (§ 254 II BGB) gebieten, dass der Vater in einem zumutbaren Umfang zeitlich umdisponiert, um den Verdienstausfall möglichst gering halten.[180]

4. Vorteilsausgleichung

Auf den sich nach der Differenzhypothese ergebenden Schaden sind die Vorteile **51**
anzurechnen, die adäquat durch das schädigende Ereignis verursacht worden sind. Das gilt jedenfalls dann, wenn nach wertender Betrachtung ein innerer Zusammenhang zwischen Vorteil und Schaden besteht und die Anrechnung des Vorteils dem Sinn und Zweck der Schadensersatzpflicht entspricht, also den Geschädigten nicht unzumutbar belastet und den Schädiger nicht unbillig begünstigt.[181]

Auf die Kosten des Krankenhausaufenthalts und die Heilbehandlungskosten ist deshalb die – sachlich kongruente – Eigenersparnis für ersparte häusliche Verpflegung anzurechnen.[182] Gegen 10 EUR täglich als Untergrenze bestehen keine Bedenken (§ 287 I 1 ZPO).[183]

---

[171] *Küppersbusch/Höher,* Rn. 228.
[172] *Küppersbusch/Höher,* Rn. 233.
[173] *Küppersbusch/Höher,* Rn. 235; *Greger,* § 29 Rn. 7.
[174] BGHZ 63, 295 = NJW 1975, 640.
[175] *OLG Nürnberg* OLGR 2001, 248; *Küppersbusch/Höher,* Rn. 228.
[176] *Armbrüster,* JuS 2007, 605, 611; weitere Beispiele bei *Greger,* § 29 Rn. 8.
[177] *BGH* NJW 1991, 2340, 2341; NJW 1990, 1037; siehe auch BGHZ 106, 28, 30 = NJW 1989, 766.
[178] *OLG Hamm* OLGR 1998, 201, 202 (zu § 9 III Nr. 2 ZSEG).
[179] *OLG Stuttgart* NJOZ 2007, 4514, 4518.
[180] *BGH* NJW 1985, 2757, 2758.
[181] BGHZ 136, 52, 54 = NJW 1997, 2378; BGHZ 173, 83 Rn. 18 = NJW 2007, 2695; *BGH* VersR 2008, 513 Rn. 19; NJW 2008, 2773 Rn. 7; MünchKommBGB/*Oetker,* § 249 Rn. 228 ff.
[182] *OLG Hamm* zfs 2009, 14, 14.
[183] *OLG Hamm* NJW-RR 2001, 456, 457; *Küppersbusch/Höher,* Rn. 241; *Greger,* § 29 Rn. 24.

IV. Vermehrte Bedürfnisse

1. Begriff

52 Gemäß § 843 I Alt. 2 BGB, § 13 I StVG, § 6 S. 1 HPflG hat der Schädiger für
unfallbedingt vermehrte Bedürfnisse des Verletzten Schadensersatz zu leisten. Dies
umfasst alle unfallbedingten Mehraufwendungen, die weder der Wiederherstellung
der Gesundheit noch der Wiederherstellung der Erwerbsfähigkeit dienen, sondern
den Zweck haben, diejenigen Nachteile auszugleichen, die dem Verletzten infolge
dauernder Beeinträchtigung seines körperlichen Wohlbefindens entstehen. Es muss
sich grundsätzlich um Mehraufwendungen handeln, die dauernd und regelmäßig
erforderlich sind und die nicht – wie etwa Heilungskosten – der Wiederherstellung
der Gesundheit dienen.[184]

53 Der Begriff der vermehrten Bedürfnisse umfasst nur solche Mehraufwendungen, die
dem Geschädigten im Vergleich zu einem gesunden Menschen erwachsen und sich
daher von den allgemeinen Lebenshaltungskosten unterscheiden, welche in gleicher
Weise vor und nach einem Unfall anfallen.[185] Der Geschädigte ist im Grundsatz so zu
stellen, wie er ohne den Schadensfall stehen würde. Der Schadensersatzbetrag soll
soweit wie möglich einen dem früheren möglichst gleichwertigen Zustand herstellen.[186]

2. Abgrenzung

54 Der Verlust der Fähigkeit, weiterhin Haushaltsarbeiten zu verrichten, ist ein ersatzfähiger Schaden. Er stellt sich je nach dem, ob die Hausarbeit als Beitrag zum
Familienunterhalt oder ob sie den eigenen Bedürfnissen des Verletzten diente, entweder als Erwerbsschaden i. S. des § 843 I Alt. 1 BGB oder als Vermehrung der Bedürfnisse des Verletzten i. S. des § 843 I Alt. 2 BGB dar.[187]

Hat die bei einem Verkehrsunfall erlittene Verletzung zu einer Verlängerung der Schulausbil-
dung geführt, handelt es sich bei den hierfür aufzubringenden Kosten nicht um vermehrte
Bedürfnisse i. S. von § 843 I Alt. 2 BGB. In Betracht kommt allenfalls ein Schadensersatzanspruch wegen Verdienstausfalls.[188]

3. Aktivlegitimation

55 Soweit ein Leistungsträger Ersatz für vermehrte Bedürfnisse erbringt, geht der Anspruch des Verletzten nach § 116 SGB X auf ihn über, wenn die Leistungen des
Sozialversicherungsträgers zeitlich und sachlich kongruent sind. Leistungen zur Pflege-
gehilfe (§§ 14 ff. SGB XI) sind kongruent mit den Ansprüchen des Geschädigten auf
Erstattung seiner vermehrten Bedürfnisse.[189] Der Geschädigte ist aber zur gerichtlichen Geltendmachung des Anspruchs aktiv legitimiert, soweit das gezahlte Pflege-
geld den erforderlichen Pflegeaufwand nicht deckt.[190]

---

[184] *BGH* NJW-RR 2004, 671 f.; NJW 1982, 757; *OLG Hamm* OLGR 2003, 70, 72.
[185] *BGH* NJW-RR 2004, 671 f.; NJW-RR 1992, 791; NJW-RR 1991, 984, 985; *OLG München*
NJW-RR 2007, 653.
[186] *BGH* NJW-RR 2004, 671, 672.
[187] *BGH* NJW 1989, 2539; NJW 2002, 292, 293; *Greger,* § 29 Rn. 35.
[188] *BGH* NJW-RR 1992, 791.
[189] *BGH* NJW 2006, 3565 Rn. 7; NJW 2003, 1455; siehe bereits BGHZ 134, 381, 383 f. =
NJW 1997, 1783; BGHZ 146, 108, 110 f. = NJW 2001, 754, 755; *BGH* NJW 2004, 2892,
insoweit in BGHZ 159, 318, 319 nur teilweise abgedruckt.
[190] *OLG Bremen* NJW-RR 1999, 1115, 1117.

4. Einzelpositionen

a) Grundlagen

Die Ersatzfähigkeit von Aufwendungen im Einzelfall ist eine Frage der haftungs-   **56**
ausfüllenden Kausalität, die sich nach § 287 I ZPO richtet.[191]

Als ersatzpflichtige Kosten kommen etwa erhöhte Ausgaben für Verpflegung und Ernährung (Diät), Aufwendungen für Kuren und orthopädische Hilfsmittel sowie Pflegekosten und Kosten für Haushaltshilfen in Betracht.[192] Neben wiederkehrenden Aufwendungen können aber auch einmalige Kosten zu ersetzen sein,[193] zum Beispiel für die Anschaffung eines Rollstuhls für einen Gehunfähigen. Zu den typischen Aufwendungen, die § 843 I Alt. 2 BGB unter dem Begriff der vermehrten Bedürfnisse zusammengefasst werden, können aber auch verletzungsbedingt erforderliche Mehraufwendungen für Kraftfahrzeuge gehören. Bereits die Kosten für die Anschaffung eines Kraftfahrzeugs können ersatzfähig sein, etwa wenn der Verletzte dadurch überhaupt erst in die Lage versetzt wird, seinen Arbeitsplatz aufzusuchen. Ersatzfähig sind auch die Kosten für den Einbau einer erforderlichen Sonderausrüstung oder die Ausstattung mit einem Automatikgetriebe.[194] Nicht ersatzfähig sind aber die Kosten des behindertengerechten Umbaus eines Motorrades neben einem PKW.[195]

b) Pflegemehrbedarf

Zu den nach § 843 I BGB zu ersetzenden Schadensfolgen gehören auch behin-   **57**
derungsbedingte Mehraufwendungen für Pflege, auch wenn diese nicht von fremden Pflegekräften, sondern von Angehörigen erbracht wird. Dem Rechtsgedanken des § 843 IV BGB entsprechend kommt der Umstand, dass die Pflege unentgeltlich erfolgt, dem Schädiger nicht zugute. Unerheblich ist auch, ob auf Seiten der pflegenden Angehörigen Verdienstausfall oder sonstige Vermögenseinbußen entstehen.[196] Der Anspruch auf Ersatz des Pflegemehrbedarfs hat folgende Voraussetzungen:

– Bei elterlichen Pflegeleistungen muss es sich um Aufwendungen handeln, die das   **58**
  Maß einer herkömmlichen Zuwendung übersteigen und ihrer Art nach auch von
  Fremdkräften erbracht werden könnten.[197]
– Die Höhe des Anspruchs richtet sich danach, welcher Pflegebedarf als behin-
  derungsbedingt anzusehen ist. Der Pflegebedarf kann auch auf der Grundlage eines
  Sachverständigengutachtens ermittelt werden.[198] Gegebenenfalls ist der Umfang der
  notwendigen Arbeiten zu schätzen (§ 287 I 1 ZPO), ohne die Anforderungen an
  die Darlegungslast zu überziehen.[199]
– Der Gesamtpflegebedarf ist um die nicht behinderungsbedingten Aufwendungen
  zu reduzieren, für die der Schädiger nicht einzustehen hat (Sowiesobedarf). Dies ist
  bei Kindern altersabhängig, weil ein Kind der elterlichen Betreuung mit fortschrei-
  tender Entwicklung immer weniger bedarf.[200]

---

[191] *BGH* NJW-RR 1992, 792.
[192] *BGH* NJW-RR 2004, 671, 672; zu Besuchskosten siehe *OLG Bremen* OLGR 2000, 95; *KG* NJOZ 2009, 2256; *OLG Naumburg* NJW-RR 2011, 245.
[193] Siehe etwa *OLG Düsseldorf* OLGR 2005, 385 (neue Bekleidung).
[194] *BGH* NJW-RR 1992, 792.
[195] *BGH* NJW-RR 2004, 671.
[196] BGHZ 106, 28, 30 = NJW 1989, 766; BGHZ 140, 39, 44 = NJW 1999, 421, 422; *BGH* NJW 1999, 2819; *OLG Düsseldorf* NJW-RR 2003, 90; *OLG Stuttgart* OLGR 2006, 888.
[197] *BGH* NJW 1999, 2819; *OLG München* NJW-RR 2007, 653, 654.
[198] *OLG Stuttgart* OLGR 2006, 888, 889; *OLG Bremen* NJW-RR 1999, 1115, 1116; zu Bereitschaftszeiten *OLG Zweibrücken* OLGR 2003, 444.
[199] *BGH* NJW-RR 1992, 792; *OLG Düsseldorf* NJW-RR 2003, 90.
[200] *OLG Stuttgart* OLGR 2006, 888, 890.

59 – Der festgestellte Pflegemehrbedarf ist marktgerecht zu bewerten. Als Orientierungsmaßstab dienen die Nettobezüge einer fiktiv beschäftigten Fremdkraft.[201] Maßgeblich ist das jeweilige Anforderungs- und Leistungsprofil des konkreten Falles, wobei im Regelfall die Anwendung des TVöD (früher BAT) für Heilerziehungspflege in Betracht kommt.[202]

– Zur Ermittlung des Nettobetrags ist ein pauschaler Abschlag von der Bruttovergütung für nicht angefallene Steuern und Sozialabgaben vorzunehmen, der in der Regel mit 30 % bemessen wird.[203] Bei tatsächlicher Einstellung professioneller Pflegekräfte sind die Bruttokosten zu erstatten.[204]

c) Behindertengerechtes Wohnen

60 Im Einzelfall können auch Aufwendungen für den Bau oder Ausbau eines der Behinderung angepassten Eigenheims ersatzpflichtig sein.[205] Der Mehrbedarf für behindertengerechten Wohnraum bemisst sich nach den Dispositionen, die ein verständiger Geschädigter in seiner besonderen Lage getroffen hätte. Der Anspruch bestimmt sich danach, wie der Bedarf in der vom Geschädigten zumutbar gewählten Lebensgestaltung tatsächlich anfällt. Auch ein behindertengerechter Neubau kommt in Frage.[206] Selbst Aufwendungen für den Umbau eines Zweitwohnsitzes sind unter Umständen möglich.[207] Der Geschädigte hat aber keinen Anspruch auf hypothetischen Ersatz von Kosten, die lediglich fiktiv im Fall eines behindertengerechten Umbaus der Wohnung anfallen würden.[208]

5. Mehrbedarfsrente

61 Bei immer wiederkehrenden Mehraufwendungen für die persönliche Lebensführung kann der Geschädigte gemäß § 843 I Alt. 2, § 760 II BGB Schadensersatz auch in Form einer Geldrente verlangen (Mehrbedarfsrente). Solche Mehraufwendungen können etwa durch dauernde Pflege oder Beaufsichtigung des Geschädigten erforderlich werden. Der Klageantrag richtet sich darauf, „die beklagte Partei zu verurteilen an die klägerische Partei auf deren Lebenszeit eine vierteljährliche Rente von … € zahlen, fällig jeweils am ersten eines jeden Quartals, erstmals am …".[209] Es empfiehlt sich, im Klageantrag ein beziffertes Rentenbegehren als Mindestbetrag zu formulieren.[210]

62 Der Geschädigte ist gehalten, die Grundlagen für die Berechnung einer Mehrbedarfsrente konkret darzulegen. Er hat – vor allem auf der Grundlage des in der Vergangenheit entstandenen Mehrbedarfs – vorzutragen, für welche Verrichtungen des täglichen Lebens, wie An- und Auskleiden, Waschen, Rasieren, Kämmen, Essen und Trinken, Hilfe benötigt wird.[211] Voraussetzung für die in die Zukunft gerichtete

---

[201] BGHZ 140, 139, 144 = NJW 1999, 421, 422; *OLG Karlsruhe* OLGR 2005, 273, 275; *OLG Hamm* NJW-RR 1994, 415, 416; *Küppersbusch/Höher*, Rn. 265; *Pardey*, Berechnung, Rn. 1939 ff.

[202] *OLG Stuttgart* OLGR 2006, 888, 890; *Heß/Burmann* in: Berz/Burmann, Teil 6 Rn. C 10.

[203] *OLG Stuttgart* OLGR 2006, 888, 890.

[204] *Küppersbusch/Höher*, Rn. 265.

[205] *BGH* NJW 1989, 2539; 1982, 757; *OLG Frankfurt/M.* VersR 1990, 912; *Huber*, VersR 2013, 129.

[206] Ausführlich: *OLG Stuttgart* VersR 1998, 366.

[207] BGHZ 163, 351, 362 = NJW 2006, 1271, 1273.

[208] *OLG Hamm* VersR 2003, 780; *Greger*, § 29 Rn. 53.

[209] Tempel/Theimer, § 4 Muster 86 Rn. 3.

[210] *Huber*, NZV 2005, 620, 622.

[211] *OLG Hamm* OLGR 2003, 70, 72.

Verurteilung zur Zahlung einer Rente ist, dass sich die künftigen Beeinträchtigungen und damit die für die Bemessung der Geldrente maßgeblichen Verhältnisse mit hinreichender Wahrscheinlichkeit feststellen lassen und so eine konkrete Bezifferung der Rente möglich ist.[212] Andernfalls kommt nur eine Feststellungsklage in Betracht.[213] Der Geschädigte kann eine Sicherheitsleistung verlangen (§ 843 II 2 BGB). Das gilt namentlich dann, wenn der verantwortliche Schädiger eine insolvenzgefährdete juristische Person ist.[214] Ein Zuschlag für Einkommensteuer kann nicht beansprucht werden, weil Mehrbedarfsrenten nach § 843 I Alt. 2 BGB nicht einkommensteuerpflichtig sind.[215]

6. Vorteilsausgleichung

Bei der Heimunterbringung eines verletzten Kindes ist der ohne das schädigende Ereignis bestehende (normale) Unterhaltsbedarf abzusetzen. Dieser kann in Höhe des Mindestunterhalts veranschlagt werden (§§ 1612a, 1612b V BGB).[216] Bei der Schaffung behindertengerechten Wohnraums ist zu prüfen, ob dadurch ein Vermögenszuwachs bewirkt wird, mit dem Vorteile verbunden sind, die über den Zweck weit hinausgehen, ein dauerndes, jedoch auf die Lebenszeit des Verletzten begrenztes, erhöhtes Bedürfnis zu befriedigen. Deshalb sind die Kosten der Befriedigung des für jedermann allgemein bestehenden Bedürfnisses nach Wohnraum vom Schädiger nicht zu erstatten.[217] Dies gehört zu den gewöhnlichen Lebenshaltungskosten. **63**

V. Der Erwerbsschaden

Der Geschädigte hat Anspruch auf Ersatz des durch die Gesundheitsbeeinträchtigung eintretenden Erwerbsschadens (§§ 842, 843 I Alt. 1, § 252 BGB, § 287 ZPO).[218] Zu entschädigen sind die Nachteile, die das schädigende Ereignis für den Erwerb oder das Fortkommen des Verletzten herbeiführt. Im Vordergrund steht der Ersatz entgangenen Verdienstes. **64**

1. Aktivlegitimation

Eine vom Träger der Unfallversicherung gezahlte Verletztenrente ist auf den Verdienstausfallschaden anzurechnen (§ 116 SGB X).[219] In der Vergangenheit bezogene Sozialhilfe ist ebenfalls auf den Erwerbsschaden anzurechnen, da der Anspruch des Verletzten insoweit auf den Träger der Sozialhilfe übergegangen ist (§ 116 SGB X). Wegen des Nachrangs der Sozialhilfe (§ 2 SGB XII) hat eine Anrechnung für Zukunftsschäden dagegen zu unterbleiben.[220] **65**

2. Kausalität

Bei der Prüfung der Kausalität und des Zurechnungszusammenhangs sind etwaige Vorerkrankungen zu berücksichtigen.[221] Gleiches gilt für Reserveursachen, die auch **66**

---

[212] *OLG Karlsruhe* OLGR 2005, 273, 276.
[213] Geigel/*Bacher,* Kap. 39 Rn. 10.
[214] BGHZ 163, 351, 360 = NJW 2006, 1271, 1274.
[215] *BFH* NJW 1995, 1238; NJW 2009, 1229.
[216] *OLG München* NJW-RR 2007, 653; *Küppersbusch/Höher,* Rn. 265.
[217] *BGH* NJW 2006, 1271, 1273 f.; insoweit in BGHZ 163, 351 nicht abgedruckt.
[218] Zur älteren BGH-Rechtsprechung: *Scheffen,* VersR 1990, 926.
[219] *OLG Zweibrücken* VersR 2007, 272 mit Anm. *Wellner.*
[220] *BGH* NJW 2002, 3769, 3770; NJW 1998, 1634, 1635; NJW 1997, 2175, 2176;
[221] *Küppersbusch/Höher,* Rn. 52.

ohne den Unfall (teilweise) zur Erwerbsminderung geführt hätten. Der Verletzte muss sich entgegenhalten lassen, dass er Einkünfte später unter Umständen auch ohne das schädigende Ereignis verloren hätte.[222] Beweispflichtig ist der Schädiger.

Ein Berufswechsel, der nicht auf Unfallverletzungen zurückzuführen ist und fehlschlägt, ist Risiko des Verletzten.[223] Der Zurechnungszusammenhang zwischen der Schädigungshandlung und den Kosten einer Umschulung entfällt aber nur dann, wenn die Entscheidung für die Abänderung seines beruflichen Lebenswegs dem persönlichen Lebensrisiko des Geschädigten zuzurechnen ist.[224]

3. Differenzschaden

67   Der tatsächlichen Entwicklung der Erwerbsverhältnisse des Geschädigten wird im Wege einer Prognose fiktiv diejenige gegenübergestellt, die voraussichtlich abgelaufen wäre, wenn er nicht verletzt worden wäre (Differenzmethode).[225] Der Differenzschaden ist wie folgt zu ermitteln: Es ist zunächst festzustellen, welchen Verdienst der Verletzte nach dem Unfall noch gehabt hat. Dies kann unter Umständen nach Zeitabschnitten unterschiedlich sein.

68   Sodann ist die tatsächlich vorliegende unfallbedingte Erwerbsminderung zu klären. Gegebenenfalls muss ein medizinisches Sachverständigengutachten eingeholt werden.[226]

Im Gegensatz zur Sozialversicherung kommt es nicht auf einen abstrakten Grad der Erwerbsminderung in Prozentsätzen an, aus deren Quote sodann auf den ersatzfähigen Verdienstausfall geschlossen werden könnte. Maßgeblich ist die konkrete Beeinträchtigung der Erwerbsfähigkeit.[227] Der Wegfall oder die Minderung der Arbeitskraft reicht zur Feststellung eines Erwerbschadens nicht aus. Es ist zu fragen, ob und inwieweit der Verletzte nicht in der Lage ist, dem bisher ausgeübten Beruf nachzugehen und hierzu auch in Zukunft nicht fähig sein wird.

69   Daran schließt sich die Prognose an, was der Verletzte im gleichen Zeitraum verdient hätte, wenn er nicht erwerbsgemindert gewesen wäre. Dies geschieht auf Grund einer Schätzung nach § 252 S. 2 BGB, § 287 I ZPO. Die Vorschriften gewähren dem Geschädigten eine Beweiserleichterung hinsichtlich des durch das Schadensereignis abgebrochenen Kausalverlaufs.[228] Für die Grundlagen der Prognose des erzielbaren Gewinns ist nicht auf den Zeitpunkt des Schadensereignisses, sondern auf denjenigen der letzten mündlichen Verhandlung abzustellen.[229]

70   § 252 S. 2 BGB gebietet eine Prognose entsprechend dem gewöhnlichen Lauf der Dinge, insbesondere auf der Grundlage dessen, was zur bisherigen beruflichen Situation des Betroffenen festgestellt werden kann. Etwaige spätere unfallunabhängige Entwicklungen nach oben (Lohnerhöhungen, Beförderungen) oder unten (Verschlechterung der Arbeitsmarktlage) sind in diese Prognosen einzubeziehen.[230] Das gilt auch für die Unsicherheit des Arbeitsplatzes in einer Krisenbranche.[231] Bei allmählicher Rückkehr in den Beruf ist eine Staffelung nach Zeiträumen vorzunehmen. Bei Dauerschäden gehört zur Prognose auch die Festlegung des Zeitpunkts, bis zu dem der Verletzte

---

[222] BGHZ 10, 6 = NJW 1953, 977; Geigel/*Pardey,* Kap. 4 Rn. 93.
[223] *BGH* NJW 1991, 3275.
[224] *BGH* NJW-RR 1991, 854.
[225] BGHZ 167, 108 = NJW 2006, 1582 Rn. 8; *OLG Saarbrücken* NZV 2007, 470, 471.
[226] *KG* NZV 2006, 305.
[227] *Greger,* § 29 Rn. 60.
[228] BGHZ 74, 221, 224 = NJW 1979, 1403, 1404.
[229] *BGH* NJW 1999, 136; NJW 1997, 941, 942.
[230] *OLG Hamm* OLGR 2005, 305.
[231] *Bischoff,* zfs 2008, 122, 124.

voraussichtlich am Arbeitsleben teilgenommen hätte. Ziel der Schätzung muss es sein, sich den wirklichen Verhältnissen weitestgehend anzunähern.[232]

Der Geschädigte muss soweit wie möglich konkrete Anhaltspunkte für die Prognose 71 darlegen. Daran dürfen keine überzogenen Anforderungen gestellt werden. Es darf nicht außer Acht gelassen werden, dass es in der Verantwortlichkeit des Schädigers liegt, wenn die berufliche Entwicklung des Geschädigten beeinträchtigt worden ist und daraus erst die besondere Schwierigkeit folgt, eine Prognose über die hypothetische Entwicklung anzustellen. Das Gericht darf sich seiner Aufgabe, auf der Grundlage der § 252 BGB, § 287 ZPO eine Schadensermittlung vorzunehmen, nicht vorschnell unter Hinweis auf die Unsicherheit möglicher Prognosen entziehen.[233] Die Schätzung eines Mindestschadens darf das Gericht nur dann ablehnen, wenn es hierzu an jeglichen greifbaren Anknüpfungstatsachen fehlt.[234] Der Anspruchsteller muss zwar ausreichende Anknüpfungstatsachen vortragen. Dabei sind indes keine allzu strengen Maßstäbe anzulegen.[235] Der *BGH* hat eine grobe Darlegung ausreichen lassen.[236]

Diese Grundsätze gelten auch dann, wenn der Geschädigte im Unfallzeitpunkt nicht 72 in einem festen Arbeitsverhältnis stand, sich seinen Lebensunterhalt vielmehr in wechselnden, auch vorübergehenden Beschäftigungsverhältnissen zu sichern suchte oder sich in Bemühungen um eine Weiterbildung befand. Der Geschädigte ist dann in besonderem Maß mit der Schwierigkeit belastet, eine einigermaßen verlässliche Prognose für die Fortentwicklung seines Erwerbslebens zu ermöglichen. Wenn sich in einem derartigen Fall weder für einen Erfolg noch für einen Misserfolg hinreichende Anhaltspunkte ergeben, liegt es nahe, nach dem gewöhnlichen Lauf der Dinge von einem durchschnittlichen Erfolg des Geschädigten in seiner Tätigkeit auszugehen und auf dieser Basis die weitere Prognose hinsichtlich der entgangenen Einnahmen anzustellen und den Schaden gemäß § 287 I ZPO zu schätzen. Verbleibende Risiken können gegebenenfalls Abschläge rechtfertigen.[237]

Diese Grundsätze gelten auch für Menschen am Anfang ihrer beruflichen Lauf- 73 bahn.[238] Auch bei einem Jugendlichen darf nicht ohne konkrete Anhaltspunkte angenommen werden, dass er auf Dauer die ihm zu Gebote stehenden Möglichkeiten für eine gewinnbringende Erwerbstätigkeit nicht nutzen wird.[239] Das besagt aber noch nicht, dass zum Beispiel ein 17-jähriger Schüler nach dem Studium eine Pilotenausbildung als Offizier der Luftwaffe begonnen hätte.[240]

Nur ein von der Rechtsordnung gebilligter Erwerb ist ersatzfähig. Deshalb können krimineller 74 Erwerb oder wettbewerbswidrig erzielte Einkünfte nicht berücksichtigt werden, ebenso wenig unter Verstoß gegen Arbeitszeitvorschriften erzieltes Einkommen.[241] Formelle Verstöße, wie etwa eine fehlende Genehmigung, die aber erteilt worden wäre, sind hingegen unschädlich, ebenso mehrere geringfügige Beschäftigungen, die der Krankenkasse nicht gemeldet worden sind.[242]

---

[232] *BGH* NJW-RR 2010, 43 Rn. 25.
[233] *BGH* NJW-RR 1999, 1039, 1040; NJW 1998, 1633, 1634; NJW 1995, 1023, 1024.
[234] St. Rspr., *BGH* NJW 2007, 1806 Rn. 15; NJW-RR 2009, 1404 Rn. 16.
[235] *BGH* NJW-RR 2010, 946 Rn. 9; NJW 2011, 1146 Rn. 17; *KG* NZV 2011, 42.
[236] *BGH* NJW-RR 2010, 946 Rn. 11.
[237] *BGH* NJW-RR 1999, 1039, 1040.
[238] *BGH* NJW 1998, 1633.
[239] *BGH* NJW 1998, 1634, 1636.
[240] *OLG Celle* VersR 2008, 82.
[241] *BGH* NJW 1986, 1486; Geigel/*Pardey,* Kap. 4 Rn. 81; vgl. auch *BGH* NJW 2008, 140.
[242] *Greger,* § 29 Rn. 66.

75 Der Verletzte ist gehalten, den Erwerbschaden im Rahmen seiner Obliegenheit zur Schadensminderung (§ 254 II BGB) durch Aufnahme einer anderen, ihm zumutbaren Arbeit oder durch Umschulung zu mindern.[243] Dazu muss festgestellt werden, dass der Verletzte überhaupt die Möglichkeit hatte, seine verbleibende Arbeitskraft nutzbringend einzusetzen.[244] Dies steht zur Beweislast des Schädigers.[245] Jedoch hat der Geschädigte im Rahmen seiner sekundären Darlegungslast darzulegen, was er zur Erlangung einer ihm zumutbaren Arbeitsstelle unternommen hat.[246]

76 Es können sowohl Bruttolohnbezüge (abzüglich der Vorteile durch Wegfall von Sozialabgaben und Steuern; Bruttolohnmethode[247]) als auch die Nettobezüge (zuzüglich aller Nachteile einschließlich etwaiger auf die Schadensersatzleistung zu entrichtender Steuern; modifizierte Nettolohnmethode) eingeklagt werden. Da Verdienstausfall zu versteuern ist (§ 24 Nr. 1 lit. a EStG),[248] ist die zu entrichtende Einkommensteuer aufzuschlagen. Bei der Bruttolohnmethode sind Vorteile, die dem Geschädigten aufgrund des Schadensereignisses durch den Wegfall von Sozialabgaben und Steuern zufließen, bei entsprechendem Vortrag des Schädigers im Wege des Vorteilsausgleichs zu berücksichtigen.[249] Beide Methoden sind bloße Berechnungstechniken ohne eigenständige normative Aussage. Beide sind zur Ermittlung des Schadens geeignet und führen nicht zu unterschiedlichen Ergebnissen.[250]

Bei einer quotenmäßigen Haftung des Schädigers ist aber die Nettolohnmethode anzuwenden.[251] Im Fall der Entgeltfortzahlung durch den Arbeitgeber gilt hingegen die Bruttolohnmethode.[252]

77 Zum ersatzpflichtigen Schaden des Verletzten gehören, soweit dieser Mitglied der gesetzlichen Rentenversicherung ist, auch die Rentenversicherungsbeiträge, die ohne den Unfall hätten abgeführt werden müssen. Es ist allerdings zu berücksichtigen, dass die betreffenden Ansprüche gemäß § 119 I SGB X auf den Rentenversicherungsträger übergehen.

4. Fallgruppen

a) Arbeitnehmer

78 Die Anspruchsübergänge nach § 6 EFZG und § 116 SGB X sollen Doppelentschädigungen vermeiden. Um dem Arbeitgeber und dem Sozialversicherungsträger den Rückgriff zu ermöglichen, wird der Schaden des Arbeitnehmers als normativer Schaden aufrechterhalten. In eigenen Rechtsgütern ist das Unternehmen nicht verletzt; insbesondere liegt in der Verletzung eines Arbeitnehmers kein Eingriff in den eingerichteten und ausgeübten Gewerbebetrieb.[253] Beim Anspruchsübergang sind folgende Zeitabschnitte von Bedeutung:

Während der ersten sechs Wochen ab Eintritt der Arbeitsunfähigkeit behält der Arbeitnehmer seinen Lohnanspruch, falls der Unfall unverschuldet war (§ 3 I 1 EFZG). Dem Arbeitnehmer ist das ihm bei regelmäßiger Arbeitszeit zustehende

---

[243] *BGH* NJW 1998, 1634, 1636; *Küppersbusch/Höher,* Rn. 54 ff.
[244] *BGH* NJW 1999, 136, 137.
[245] *BGH* NJW 1998, 1634, 1636.
[246] *OLG Hamm* OLGR 2005, 305.
[247] *OLG Düsseldorf* OLGR 2008, 586, 588; kritisch *Langenick,* NZV 2009, 257 ff., 318 ff.
[248] *Armbrüster,* JuS 2007, 411, 417.
[249] BGHZ 127, 391, 393 = NJW 1995, 389, 390.
[250] BGHZ 127, 391, 395 ff. = NJW 1995, 389, 390; *BGH* NJW 2001, 1640, 1642; *Küppersbusch/Höher,* Rn. 95 ff., 126 ff.; *Heß/Burmann* in: Berz/Burmann, Teil 6 Rn. D 37.
[251] BGHZ 127, 391 = NJW 1995, 389.
[252] *Greger,* § 29 Rn. 73; *Armbrüster,* JuS 2007, 411, 417.
[253] *BGH* VersR 2008, 1697.

Arbeitsentgelt fortzuzahlen (§ 4 I EFZG). Nicht einbezogen ist Überstundenentgelt und die Erstattung tatsächlich entstandener Aufwendungen (§ 4 I lit. a EFZG). Im Hinblick auf den Forderungsübergang nach § 6 EFZG kann der Arbeitgeber gegen den Schädiger Rückgriff wegen des weiter gezahlten Bruttolohns nehmen. Das gilt auch für Weihnachts- und Urlaubsgeld.[254] Dem Arbeitnehmer verbleibt der Anspruch auf Vergütung wegen der Überstunden. Er muss jedoch mit dem Beweismaß des § 287 I ZPO nachweisen, dass bei Fortsetzung seiner Arbeit Überstunden angefallen wären.

Nach Ablauf der ersten sechs Wochen nach dem Unfall entfällt der Anspruch auf Entgeltfortzahlung. Der Arbeitnehmer ist nunmehr auf die Leistungen aus der Sozialversicherung verwiesen. **79**

– Er hat Anspruch auf Krankengeld (§§ 44 ff. SGB V). Dessen Höhe richtet sich nach § 47 SGB V. Es wird für die Dauer von 78 Wochen ab Eintritt der Arbeitsunfähigkeit gezahlt (§ 48 I SGB V).
– Danach hat er Anspruch auf Verletztengeld (§ 45 I Nr. 1 SGB VII), wenn es sich um einen Arbeitsunfall handelt (§§ 7, 8 SGB VII). Die Dauer richtet sich nach § 46 I, III SGB VII. Für die Dauer berufsfördernder Maßnahmen wird Übergangsgeld entrichtet (§§ 49, 50 SGB VII). Ab der 26. Woche nach dem Versicherungsfall wird eine Verletztenrente gezahlt (§ 56 I SGB VII). Diese ist in voller Höhe auf den Verdienstausfallschaden anzurechnen.[255]
– Weiter besteht Anspruch auf Rente wegen Erwerbsminderung bis zur Vollendung der Regelaltersgrenze (§ 43 SGB VI).

Eine Erwerbsschadensrente (§ 843 I Alt. 1 BGB) ist auf die voraussichtliche Dauer der Erwerbsfähigkeit zu beschränken. Maßgeblich ist der gesetzlich vorgesehene Zeitpunkt des Ruhestands.[256] Die Regelaltersgrenze ist nunmehr mit Vollendung des 67. Lebensjahres erreicht (§ 35 S. 2 SGB VI).[257] Vor dem 31.12.2007 kam es darauf an, ob das 65. Lebensjahr vollendet ist. Im Urteilstenor muss eine Verdienstausfallrente auf das Erreichen der Regelaltersgrenze begrenzt werden.[258] Anderes gilt nur dann, wenn konkrete Anhaltspunkte für eine von dem gesetzlich vorgesehenen Normalfall abweichende voraussichtliche Entwicklung dargetan werden.[259] Dabei ist zum Beispiel an die Entwicklung im Betrieb des Verletzten zu denken. **80**

Etwaige Erwerbseinkünfte durch Einsatz verbliebener Arbeitskraft sind dem Verletzten im Wege der Vorteilsausgleichung anzurechnen. Hierzu kann auch der Wert der Haushaltsführung gehören, wenn der Verletzte nunmehr den Familienhaushalt übernimmt, damit der Ehepartner einer Erwerbstätigkeit nachgehen kann.[260] Anzurechnen sind auch Aufwendungen, die der Verletzte durch den Wegfall der Erwerbstätigkeit erspart.[261] **81**

Da sich die Vorteilsanrechnung anspruchsmindernd auswirkt, ist für ihre tatsächlichen Voraussetzungen grundsätzlich der Schädiger darlegungs- und beweispflichtig. Sofern er für die Vorteilsanrechnung notwendige Details nicht kennt, kann im Rahmen der sekundären Darlegungslast allerdings auch der klagende Geschädigte darlegungspflichtig sein, wenn es um Umstände geht, die allein in seiner Wahrnehmungssphäre liegen.[262]

---

[254] BGHZ 133, 1 = NJW 1996, 2296.
[255] *OLG Karlsruhe* OLGR 2000, 239.
[256] *BGH* NJW 1995, 3313; NJW-RR 1988, 470, 471.
[257] Zur Anhebung der Regelaltersgrenze siehe BT-Drs. 16/3794; BR-Drs. 157/07; dazu *Schrader/Straube*, NJW 2008, 1025.
[258] *BGH* NJW-RR 1995, 1272.
[259] *BGH* NJW 1989, 3150, 3151.
[260] BGHZ 71, 221, 226 = NJW 1979, 1403, 1404.
[261] *Küppersbusch/Höher*, Rn. 78 ff.
[262] *BGH* VersR 2008, 513 Rn. 26.

b) Beamte

82 Wird ein Beamter durch ein schädigendes Ereignis vorübergehend dienstunfähig, so werden ihm die Dienstbezüge weitergezahlt; nach sechs Monaten erhält er einen Unfallausgleich (§ 35 BeamtVG).[263] Der Anspruch auf Schadensersatz geht auf den Dienstherrn. Im Bund richtet sich dies nach § 76 BBG. Bis zum 11.2.2009 war § 87a S. 1 BBG maßgeblich. In den Bundesländern sind die dem Beamtenstatusgesetz anzugleichenden Landesbestimmungen maßgeblich.[264] Abzustellen ist auf die Höhe der Bruttobezüge.

Zu ersetzen ist auch eine Auslandsverwendungszulage für Militäreinsätze.[265] Nicht zu ersetzen sind Beihilfeleistungen, die der Dienstherr aufgrund nicht unfallbedingter Heilmaßnahmen erbringt.[266]

83 Wird der Beamte unfallbedingt dauernd dienstunfähig und deshalb vorzeitig in den Ruhestand versetzt, so entsteht für ihn nunmehr ein Anspruch auf Ersatz der Differenz zwischen den Bezügen, die er bei weiterer Dienstfähigkeit bezogen hätte, und den jetzt ausgezahlten – geringeren – Versorgungsbezügen. Zu ersetzen sind die entgangenen Nettobezüge nebst der darauf zu entrichtenden Einkommensteuer.

Daneben kann der Dienstherr infolge des Anspruchsübergangs Ersatz der von ihm gezahlten Versorgungsbezüge verlangen. Die Zulässigkeit und Begründetheit der Versetzung in den Ruhestand wird im Haftpflichtprozess nicht überprüft, weil der Verwaltungsakt Tatbestandswirkung hat.[267] Der Schädiger kann jedoch einwenden, dass der verletzte Beamte noch teilweise arbeitsfähig ist und der übergegangene Anspruch deshalb gemäß § 254 II BGB zu kürzen ist.

c) Selbständige und Freiberufler

84 Der Erwerbsschaden freiberuflich tätiger Personen besteht nicht im Wegfall der Arbeitskraft als solcher. Eine Schadensberechnung unter Zugrundelegung ausgefallener Arbeitsstunden scheidet deshalb aus. Die Berechnung des Erwerbsschadens Selbständiger kann auf zwei Wegen erfolgen, die entweder auf den entgangenen Nettogewinn oder die Kosten einer Ersatzkraft abstellen.

Der Schaden kann sich nach dem Verlust des bisher entstandenen Gewinns und dem Ausbleiben von Gewinnsteigerungen richten. Den Ausgangspunkt für die Schätzung bilden dabei die Betriebsergebnisse, die in den letzten Jahren vor dem schädigenden Ereignis erzielt worden sind.[268] Zu ersetzen ist der dem Unternehmer entgehende **Nettogewinn,** der um die darauf zu zahlenden Steuern aufzustocken ist. Im Rahmen der Differenzhypothese ist das tatsächlich entstandene wirtschaftliche Ergebnis demjenigen Verlauf gegenüberzustellen, der ohne das Schadensereignis bestehen würde. Es bedarf hierzu konkreten Vortrags des Geschädigten, damit das Gericht den Nettoschaden gemäß § 252 BGB, § 287 I ZPO feststellen kann. An die Darlegung der Anknüpfungstatsachen für die Ermittlung des Erwerbsschadens dürfen aber keine überzogenen Anforderungen gestellt werden.[269]

85 Zur Vornahme der Zukunftsprognose ist es – neben der Klärung des Gesundheitszustands und der daraus folgenden Arbeitsunfähigkeit des Geschädigten – notwendig, Feststellungen zur betrieblichen Entwicklung in einem dem Unfall vorangegan-

---

[263] Dazu *KG* VersR 2002, 1429.
[264] BeamtStG vom 17.6.2008, in Kraft getreten am 1.4.2009 (BGBl. I 2008, 1010); dazu *Dillenburger,* NJW 2009, 1115.
[265] *OLG Stuttgart* NJW-RR 2007, 88.
[266] *BGH* VersR 2003, 330.
[267] *KG* KGR 1998, 416, 418.
[268] *BGH* NJW 2001, 210; NJW 2001, 1640, 1641.
[269] *BGH* NJW 1998, 1634, 1635.

genem Zeitraum zu treffen, in der Regel drei Jahre vor dem Unfallereignis. Bei der Prognose müssen auch sonstige Umstände berücksichtigt werden, die den Gewinn auch ohne den Unfall beeinflusst hätten, zum Beispiel die allgemeine Marktentwicklung und die konkrete Lage des betroffenen Betriebs. Dies läuft auf Vorlage der Einkommensteuererklärung und -bescheide sowie der Gewinn- und Verlustrechnungen der vergangenen drei Jahre und deren Auswertung durch einen Buchprüfer hinaus.[270] Andernfalls handelt das erkennende Gericht verfahrensfehlerhaft.[271]

Ersparte Aufwendungen sind ebenfalls zu berücksichtigen, ebenso weggefallene oder geminderte Steuern.[272] Ein Handelsvertreter muss sich den Handelsvertreterausgleich nach § 89b HGB nicht auf den Verdienstausfall anrechnen lassen.[273]

Alternativ kommt der Ersatz der Kosten einer **Ersatzkraft** in Frage, die der Geschä- **86** digte zum Ausgleich seiner weggefallenen Arbeitskraft tatsächlich eingestellt hat.[274] Dazu kann er nach § 254 II BGB verpflichtet sein. Ist trotz Einstellung der Ersatzkraft ein Gewinnausfall eingetreten, kann der Geschädigte beide Ersatzpositionen geltend machen. Ist der Schaden durch Überstunden von Mitarbeitern vermieden worden, so richtet sich der Anspruch auch auf Ersatz der dafür angefallenen Kosten.

Besonderheiten ergeben sich beim Erwerbsschaden eines Gesellschafters. Bezieht der arbeits- **87** unfähige Gesellschafter eine Tätigkeitsvergütung, so ist deren Verlust als Schaden zu behandeln. Insoweit ist der geschädigte Gesellschafter wie ein Arbeitnehmer zu behandeln.[275] Erhält der Gesellschafter keine Tätigkeitsvergütung, so kann er nur Ersatz der Minderung seines Gewinnanteils verlangen.[276] Der auf die anderen Gesellschafter entfallende Gewinnausfall ist als mittelbarer Schaden Dritter nicht ersatzfähig. Ausnahmen bestehen bei Ein-Mann-Gesellschaften[277] und bei Gütergemeinschaft.[278]

Bei einem **Dauerschaden** muss geprüft werden, wie lange der Geschädigte ohne den **88** Unfall als Selbständiger gearbeitet hätte.[279] Verdienstausfall wird auch bei Selbständigen in der Regel jedenfalls bis zum Erreichen der Regelaltersgrenze geschuldet. Die Altersgrenze kann im Einzelfall auch über 70 Jahren liegen.[280] Es ist aber zu berücksichtigen, dass das Einkommen dabei nicht selten abnehmen kann.

d) Arbeitslose

Der unfallbedingt verletzte Arbeitslose erleidet einen Verdienstausfall, wenn er ohne **89** den Unfall eine Stelle gefunden hätte.[281] Auch bei Bezug von Arbeitslosengeld entsteht wegen der Lohnersatzfunktion ein Erwerbschaden.[282] Das gilt auch dann, wenn der Arbeitslose verletzungsbedingt Krankengeld erhält.[283]

---

[270] *Kendel,* zfs 2007, 373.
[271] *KG* NZV 2005, 148; *Küppersbusch/Höher,* Rn. 138; Muster eines Beweisbeschlusses bei Tempel/*Theimer,* § 2 Muster 37.
[272] *BGH* NJW 1987, 1814, 1815; *OLG Celle* DAR 2011, 136; zur Vorteilsausgleichung: *OLG Saarbrücken* NZV 2007, 469.
[273] *OLG Düsseldorf* OLGR 2001, 168.
[274] *BGH* NJW 1997, 941; *OLG Düsseldorf* OLGR 2003, 235, 238 f.; *LG Köln* NJOZ 2008, 4723.
[275] *BGH* VersR 1992, 1410; Geigel/*Pardey,* Kap. 4 Rn. 76.
[276] *BGH* NJW 1994, 652, 654; siehe auch *BGH* NJW-RR 1991, 551, 552.
[277] *KG* NZV 2005, 149; *OLG Saarbrücken* OLGR 2004, 623; *Küppersbusch/Höher,* Rn. 163.
[278] *BGH* NJW 1994, 652.
[279] *BGH* NJW-RR 1995, 1272.
[280] *BGH* VersR 1976, 663; *Greger,* § 29 Rn. 114 f.
[281] *BGH* NJW 1991, 2422.
[282] BGHZ 90, 334 = NJW 1984, 1811; BGHZ 108, 296 = NJW 1989, 3158; BGHZ 176, 109 = NJW 2008, 2185.
[283] *Greger,* § 29 Rn. 160.

Bezieht der Verletzte im Zeitpunkt des Unfalls Arbeitslosengeld I oder II, so geht der Anspruch auf Ersatz des Erwerbsschadens gemäß § 116 SGB X auf die Bundesagentur für Arbeit über. Bei verletzungsbedingtem Bezug von Krankengeld geht der Anspruch auf die Krankenkasse oder – bei Bezug von Sozialhilfe – auf den Sozialhilfeträger über.

e) Kinder und Auszubildende

90 Kinder, Schüler, Studenten und Auszubildende erleiden zunächst keinen Erwerbsschaden. Wegen des Zukunftsschadens kommt mangels greifbarer Anhaltspunkte bei der Bemessung der Schadenshöhe in der Regel nur ein Feststellungsurteil in Betracht.[284] Bei Geschädigten, die schon ein bestimmtes Ausbildungsziel verfolgen, ist bei ihrem späteren Eintritt in das Berufsleben gemäß § 252 BGB, § 287 I ZPO zu schätzen, inwieweit sich bei ihnen die Aufnahme einer Erwerbstätigkeit durch die Unfallfolgen verzögert oder zu einem geringeren Einkommen geführt hat oder unfallbedingt eine andere Berufslaufbahn eingeschlagen werden muss.[285]

91 Bei Kindern und Jugendlichen bereitet die Prognose des Erwerbsschadens allerdings besondere Schwierigkeiten. Über ihre zukünftige berufliche Laufbahn sind im Zeitpunkt des Unfalls keine besonderen Anhaltspunkte greifbar. Hier ist großzügig zu verfahren, weil der Schädiger für die Beweisschwierigkeiten des Verletzten verantwortlich ist.[286] Es kann geboten sein, dass der Tatrichter auch die Qualifikation der Eltern und die Entwicklung der Geschwister berücksichtigt.[287] Dem Verletzten kommt ein gewisser Schätzungsbonus zugute.[288] Unter Umständen sind gleichwohl Risikoabschläge vorzunehmen.[289]

5. Der Haushaltsführungsschaden des Verletzten

92 Einem verletzten Ehepartner steht ein eigener Anspruch wegen gesundheitlicher Beeinträchtigung bei der Führung des Haushalts zu (§§ 842, 843 BGB). Soweit der Ehepartner mit der Hausarbeit den gesetzlich geschuldeten Betrag zum Familienunterhalt leistet (§ 1360 S. 2 BGB), handelt es sich um einen Erwerbsschaden (§ 843 I Alt. 1 BGB), soweit er sich dagegen selbst versorgt, um vermehrte Bedürfnisse (§ 843 I Alt. 2 BGB).[290] Auch bei alleinstehenden Personen kommt ein Anspruch unter dem Gesichtspunkt vermehrter Bedürfnisse in Betracht.[291]

a) Anspruchsberechtigte

93 Für die Annahme eines konkreten Erwerbsschadens genügt es, wenn der Verletzte vor dem Unfall – wenn auch nicht im Unfallzeitpunkt – einen eigenen Haushalt hatte und ohne den Unfall mit Wahrscheinlichkeit damit zu rechnen gewesen wäre (§ 252 S. 2 BGB), dass er irgendwann wieder einen solchen haben würde.[292]

Der Anspruch steht auch dem Hausmann zu und besteht mit Rücksicht auf § 5 LPartG auch bei Lebenspartnern im Sinne von § 11 LPartG.[293] Bei nichtehelichen

---

[284] Geigel/*Pardey*, Kap. 4 Rn. 131 ff.
[285] *BGH* NJW 2000, 3287, 3288; NJW-RR 1992, 791; *KG* NZV 2006, 207 (Student); *OLG Frankfurt/M.* NZV 1998, 249; Geigel/*Pardey*, Kap. 4 Rn. 134 f.
[286] *BGH* NJW 2011, 1148 Rn. 19; *Freymann*, zfs 2013, 125 ff.
[287] *BGH* NJW 2011, 1148 Rn. 19.
[288] Geigel/*Pardey*, Kap. 4 Rn. 82
[289] *BGH* NJW-RR 1999, 1039.
[290] *BGH* NJW 2002, 292 f.; NJW 1997, 256 f.; NJW-RR 1990, 34; NJW 1989, 2539.
[291] *BGH* NJW 2009, 2060 Rn. 4; NJW-RR 1992, 792; *KG* MDR 2007, 887; *Forster*, DAR 2008, 25.
[292] *BGH* NJW 2002, 292, 293.
[293] *Küppersbusch/Höher*, Rn. 183; *Jahnke*, NZV 2007, 329, 334.

Lebensgemeinschaften ist ein Anspruch nach § 843 I Alt. 2 BGB nach vorherrschender Rechtsprechung abzulehnen, weil die Dienstleistungen freiwillig erbracht werden.[294] Etwas anderes gilt bei einer vertraglichen Regelung[295] oder wenn es sich um eine Gegenleistung für Unterhalts- bzw. Versorgungsleistungen des anderen Partners handelt.[296] Im Übrigen besteht lediglich ein Anspruch nach § 843 I Alt. 1 BGB.[297]

b) Ermittlung des Haushaltsführungsschadens

Für den Anspruch hat die tatrichterliche Schätzung gemäß § 287 I ZPO besonders   94
große Bedeutung.[298] Ausgangspunkt ist die schlüssige Darlegung der konkreten Lebenssituation der Verletzten vor als auch nach dem Unfall. Es muss vorgetragen werden, welche Haushaltstätigkeiten vor dem Unfall ausgeführt wurden und welche Arbeiten danach nicht mehr möglich waren.[299] Das Gericht hat festzustellen, welche Hausarbeiten der Verletzte vor dem Schadensfall zu verrichten pflegte, wieweit ihm diese Arbeiten nun nicht mehr möglich oder zumutbar sind und für wie viele Stunden folglich eine Hilfskraft benötigt wird oder – bei anderweitigem Ausgleich des Hausarbeitsdefizits – benötigt würde. Der Schaden ist in beiden Fällen an der Entlohnung zu messen, die für die verletzungsbedingt in eigener Person nicht mehr ausführbaren Hausarbeiten an eine Hilfskraft gezahlt wird (dann Erstattung des Bruttolohns) oder gezahlt werden müsste (dann Orientierung am Nettolohn).[300] Auch hier darf die Klage grundsätzlich nicht vollständig abgewiesen werden, sofern der Schaden nach § 287 ZPO geschätzt werden kann, sei es auch in Form einer Mindestschätzung.[301]

aa) Tatsächlicher Aufwand vor dem Unfall

Der Ersatzanspruch richtet sich bei §§ 842, 843 BGB nicht nach der von dem Ehe-   95
partner rechtlich geschuldeten Leistung, sondern nach der von ihm tatsächlich ohne die Verletzung im Haushalt erbrachten Arbeitsleistung.[302] Daher ist der tatsächliche Arbeitsaufwand des Verletzten vor dem Unfall darzulegen. Die Haushaltsführung umfasst auch Garten- und Reparaturarbeiten.[303] Auf den rechtlich geschuldeten Unterhalt kommt es hingegen beim Anspruch aus § 844 II BGB an.[304]

Anhaltspunkte bieten die Berechnungstabellen von *Pardey* (zuvor: *Schulz-Borck/*   96
Hofmann), die den statistisch ermittelten Arbeitaufwand für unterschiedliche Haushaltstypen darstellen. Deren Anwendung hat die Rechtsprechung gebilligt.[305] Der Geschädigte muss die Schätzungsgrundlagen nach zu versorgenden Personen, Größe, Zuschnitt und Ausstattung seines Haushalts vortragen. Dabei kann er auf die Fragebögen des Tabellenwerkes aufbauen.[306] Einer spezifizierten Darlegung bedarf es im Rahmen des § 287 ZPO nicht.[307] Wird zur Art des konkreten Haushalts nichts

---

[294] *OLG Nürnberg* VersR 2007, 248; *OLG Düsseldorf* NZV 2007, 40, 41; *KG* NJW-RR 2010, 1687; Palandt/*Sprau*, § 843 Rn. 8; anders *Huber*, NZV 2007, 1 ff.
[295] *Jahnke*, NZV 2007, 329, 333.
[296] *Geigel/Pardey*, Kap. 4 Rn. 149.
[297] *OLG Düsseldorf* NZV 2007, 40, 41.
[298] *Heß/Burmann*, NZV 2010, 8; *Pardey*, DAR 2010, 14; *Huber*, DAR 2010, 677.
[299] *OLG Hamm* BeckRS 2013, 03051, insoweit in NJW 2013, 1375 nicht abgedruckt.
[300] *BGH* NJW 1989, 2539; NJW-RR 1990, 34; *Balke*, SVR 2012, 47; SVR 2011, 372, 412; SVR 2006, 361 ff.; *Hillmann*, zfs 1999, 229 ff.
[301] *BGH* NJW 1989, 2539; *OLG Düsseldorf* NJW-RR 2003, 87.
[302] *BGH* NJW 1997, 256, 257; NJW 1974, 1651, 1652; *Greger*, § 29 Rn. 152.
[303] *BGH* NJW 1989, 2339.
[304] *BGH* NJW-RR 1988, 1238; *Greger*, § 28 Rn. 41.
[305] *BGH* NJW 2009, 2060; NJW 2012, 2024 Rn. 21.
[306] *OLG Koblenz* OLGR 2003, 356, 357.
[307] *BGH* NJW-RR 1992, 792.

Näheres vorgetragen, ist Ausgangspunkt die Tabelle 1, in der der Arbeitszeitbedarf je nach Haushaltsgröße in vier Anspruchsstufen dargestellt wird.[308] Andere ziehen die Tabelle 8 vor.[309] Gegebenenfalls muss sich der Geschädigte mit einer Mindestschätzung zufrieden geben, sofern diese möglich ist.[310]

Das Gericht muss bei der Anwendung von Tabellenwerken im Blick behalten, dass es sich bei den jeweiligen Erfahrungswerten lediglich um Anhaltspunkte für eine Schätzung des Hausarbeitsschadens nach § 287 I ZPO handelt.[311] Auf Tabellenansätze kann deshalb nur insoweit zurückgegriffen werden, wenn im konkreten Fall nicht geltend gemacht wird, dass die Verhältnisse anders liegen.[312]

bb) Haushaltsspezifische Beeinträchtigung

97 In einem zweiten Schritt ist der Umfang der konkreten haushaltsspezifischen Beeinträchtigung in Form einer Prozentzahl festzustellen.[313] Auf die abstrakte Minderung der Erwerbsfähigkeit kommt es nicht an.[314] Den Umfang der konkreten Beeinträchtigung kann der Geschädigte in einfachen Fällen mit Hilfe eines Arztberichts des behandelnden Arztes darlegen. Gegebenenfalls bedarf es eines medizinischen Sachverständigengutachtens.[315] Ferner sollte der Geschädigte angehört (§ 141 ZPO) oder als Partei vernommen werden (§ 287 I 3 ZPO; Schätzungsvernehmung).

Beeinträchtigungen in geringem Umfang (unter 10 %) bleiben außer Betracht, denn bei einem solchen Behinderungsgrad ist regelmäßig von einer Kompensation durch Anpassung und Gewöhnung auszugehen.[316] Nach einer weitergehenden Ansicht sind aus diesem Grund Beeinträchtigungen bis zu 20 % in der Regel unbeachtlich.[317]

cc) Berechnung der Vergütung

98 Der erforderliche Zeitaufwand (oben aa) ist sodann mit dem Prozentsatz der konkreten Behinderung (oben bb) zu multiplizieren.[318] In dem so festgestellten Umfang der Beeinträchtigung sind die Kosten einer Ersatzkraft zu ermitteln. Die Kosten einer tatsächlich eingestellten Ersatzkraft sind zu ersetzen, soweit ihre Einstellung im Rahmen der Beeinträchtigung erforderlich war und ihre persönliche Qualifikation sich im Rahmen des § 254 II BGB hält. Zu ersetzen ist in diesem Fall der Bruttolohn.[319] Unter Umständen hat die Inanspruchnahme zeitlich abzunehmen.[320]

99 Meist wird keine Ersatzkraft eingestellt, weil sich die Familie anderweitig behilft. Dies entlastet den Schädiger nicht. Nach dem allgemeinen Rechtsgedanken des § 843 IV BGB wird ein Schadensersatzanspruch nicht dadurch geschmälert oder ausgeschlossen, dass der Vermögensnachteil durch freiwillige Leistungen eines Dritten ausgeglichen wird.[321] In diesem Fall ist der Wert der entfallenen Arbeitskraft nach § 287 I ZPO zu schätzen, wobei die fiktiven Kosten der erforderlichen Ersatzkraft nur ein

---

[308] *KG* NJW-RR 2010, 1687, 1688.
[309] Näher *Burmann*, DAR 2012, 127, 128 f.
[310] *OLG Düsseldorf* NJW-RR 2003, 87.
[311] *BGH* NJW-RR 1990, 34.
[312] *BGH* NJW 1988, 1783, 1784; *KG* NJOZ 2008, 4695; vgl. *Burmann*, DAR 2012, 127, 128.
[313] *BGH* NJW 2002, 292, 293; NJW-RR 1990, 34; *OLG Hamm* OLGR 2002, 321, 323; *OLG Düsseldorf* NJW 2011, 1152.
[314] *LG Köln* DAR 2008, 388, 390.
[315] Instruktiv: *LG Frankfurt (Oder)* DAR 2008, 29.
[316] *OLG Karlsruhe* OLGR 1998, 213, 215.
[317] *Jahnke*, Verdienstausfall, Kap. 7 Rn. 60 m. w. N.; anders *OLG Celle* OLGR 2005, 781; *KG* KGR 2005, 123 f.
[318] *Küppersbusch/Höher*, Rn. 189.
[319] *BGH* NJW 1983, 1425, 1426; NJW 1989, 2539.
[320] *OLG Düsseldorf* OLGR 2003, 235, 238.
[321] *BGH* NJW 2002, 292, 293; NJW-RR 1992, 792.

Anhaltspunkt sind. Dabei wird hinsichtlich der notwendigen Qualifikation auf vergleichbare Gruppen des TVöD abgestellt.

Die Eingliederung in die Gruppen des TVöD kann anhand der Tabelle 7.2 von *Pardey* vorgenommen werden.[322] Die Stundenentgelte ergeben sich aus der Tabelle 7.3. Maßgebend ist der Nettolohn.[323] Dabei kann vom Bruttolohn ein Abschlag von 30 % vorgenommen werden.[324] Zulässig ist es im Rahmen von § 287 I 1 ZPO auch, einen Stundensatz zu schätzen, bei einer einfachen Haushaltshilfe, bei der die Leitungsfunktion beim Verletzten bleibt, etwa 8 EUR[325], 9 EUR[326] oder 10 EUR.[327]

dd) Anspruchsübergang

Kongruente Leistungen der Sozialversicherungsträger sind abzusetzen.[328] Soweit es   100
um den Verlust der Aktivlegitimation nach § 116 SGB X geht, ist kein Raum für eine
Schadensschätzung; vielmehr bedarf es der exakten Feststellung der geleisteten Zahlungen.[329]

ee) Schadensminderungspflicht

Bei der Berechnung des Anspruchs ist nicht nur die Haftungsquote des Geschädigten
zu beachten (§§ 846, 254 I BGB), sondern auch seine Obliegenheit zur Schadensminderung (§ 254 II BGB). Den Geschädigten kann insbesondere die Obliegenheit
treffen, die Verteilung der Hausarbeit zwischen ihm und dem Ehepartner umzuorganisieren, wenn der Geschädigte zur Durchführung bestimmter Arbeiten nicht mehr
in der Lage ist.[330]

c) Rente

Der Verletzte kann bis zur Klageerhebung bzw. bis zur letzten mündlichen Verhand-   101
lung einen bezifferten Betrag einklagen und für die Zeit danach eine Rente, sofern er
an einem Dauerschaden leidet. Bei einem Dauerschaden ist zu schätzen, wie lange der
verletzte Ehegatte ohne den Unfall den Haushalt noch hätte versorgen können. Unter
Umständen müssen Zeitabschnitte gebildet werden, denn der Haushalt kann sich
durch den Weggang von Kindern verkleinern. Möglich ist auch, dass der andere
Ehepartner sich mehr beteiligt, wenn er aus dem Berufsleben ausgeschieden ist.

Eine Rente kann bis zum 75. Lebensjahr gewährt werden.[331] Das hat der *BGH* im   102
Rahmen von § 287 I ZPO nicht beanstandet.[332] Zum Teil begrenzt die Rechtsprechung den Rentenbezug bis zum 70. Lebensjahr.[333] Für die Zeit danach kommt ein
Feststellungsurteil in Betracht.

---

[322] Vgl. *BGH* NJW 2009, 2060 Rn. 9; *OLG Düsseldorf* NJW-RR 2003, 87, 88; *LG Braunschweig* VersR 2007, 1584.
[323] *BGH* NJW 1989, 2539.
[324] *BGH* NJW 1983, 1426 f.
[325] *OLG Hamm* zfs 2009, 14, 16; *OLG Köln* OLGR 2006, 36, 39; *OLG Celle* OLGR 2005, 781, 782; NJW-RR 2004, 1673, 1675.
[326] *OLG Schleswig* OLGR 2005, 311, 313; *OLG Hamm* OLGR 2002, 321, 324.
[327] *OLG Schleswig* zfs 2009, 259; *LG Frankfurt/Oder* DAR 2008, 30; siehe Tabelle 8 bei *Pardey.*
[328] *BGH* NJW 2002, 292, 293; *Jahnke,* Verdienstausfall, Kap. 7 Rn. 99 ff.
[329] *BGH* NJW 1997, 256, 257.
[330] *OLG Hamm* OLGR 2002, 321; *KG* KGR 2005, 495; *Jahnke,* Verdienstausfall, Kap. 7 Rn. 74.
[331] *OLG Hamm* NJW-RR 1995, 599, 600; *Jahnke,* Verdienstausfall, Kap. 7 Rn. 70 ff.
[332] *BGH* NJW 1974, 1651, 1652 f.
[333] *OLG Schleswig* OLGR 2005, 311, 312.

Eine Kapitalabfindung ist möglich, wenn der Geschädigte objektiv ein wichtiges Interesse daran hat (§ 843 III BGB). Rente und Kapitalabfindung können auch kombiniert werden, zum Beispiel in Gestalt einer befristeten Rentenzahlung mit anschließender Kapitalabfindung.[334]

VI. Ersatzansprüche Hinterbliebener

103 Die §§ 844, 845 BGB bilden eine Ausnahme von dem im Deliktsrecht geltenden Grundsatz, dass an sich nur dem unmittelbar Geschädigten Ersatzansprüche zustehen.[335]

1. Entgangener Barunterhalt

Hinterbliebenen steht nach § 844 II BGB (§ 10 II StVG, § 5 II HPflG) ein Anspruch gegen den Schädiger auf Ersatz des Schadens wegen entgangenen Unterhalts zu.

a) Grundlagen

Anspruchsberechtigt sind gesetzlich Unterhaltsberechtigte, insbesondere Kinder (§ 1601 BGB), seien sie ehelich oder nichtehelich (§ 1615a BGB).[336] Anspruchsberechtigt ist ferner der Ehegatte (§ 1360 BGB), der geschiedene Ehegatte (§ 1569 BGB) und der Partner einer eingetragenen Lebensgemeinschaft (§§ 5, 12 LPartG). Mehrere Ersatzberechtigte sind Teilgläubiger.[337]

Das Verschulden des Schädigers muss sich nur auf die Körperverletzung und nicht auf den (späteren) Tod des Verletzten erstrecken.[338] Die Beweislast dafür, dass der Verstorbene ohnehin an einer Krankheit verstorben wäre (überholende Kausalität), trägt der Schädiger.[339]

b) Anspruchsumfang

104 Der Umfang des Anspruchs richtet sich danach, was der einzelne Hinterbliebene bei Weiterleben des Getöteten von ihm als Unterhalt erhalten hätte. Hier kommt es auf den rechtlich geschuldeten, nicht auf den tatsächlich geleisteten Unterhalt an.[340] Maßgeblich ist, was der Hinterbliebene familienrechtlich zu beanspruchen hätte.[341] Darüber hinausgehende, überobligationsmäßig tatsächlich erbrachte Unterhaltsleistungen sind nicht zu ersetzen.[342] Bei Kindern kommt es auf deren **Bedarf** sowie die persönliche und wirtschaftliche **Leistungsfähigkeit** des Getöteten an. Der Unterhalt ist grundsätzlich durch Entrichtung einer Geldrente zu gewähren (§§ 1601 ff., 1610, 1612 I 1 BGB).[343] Ein gesetzlich geschuldeter Unterhalt kann aber auch bei Gewährung von Naturalunterhalt vorliegen (§ 1612 I 2, II BGB).[344] Beweispflichtig ist der Unterhaltsberechtigte.[345] Im Einzelnen sind folgende Schritte vorzunehmen:[346]

---

[334] MünchKommBGB/*Wagner*, § 843 Rn. 75.

[335] *BGH* NJW 1989, 2317, 2318; Palandt/*Sprau*, § 844 Rn. 1.

[336] *BGH* NJW 2007, 506; *Diederichsen*, NJW 2013, 641.

[337] *BGH* VersR 1973, 84.

[338] BGHZ 132, 39, 42 = NJW 1996, 1674.

[339] *BGH* NJW 1972, 1515; *Greger*, § 28 Rn. 170.

[340] *BGH* NJW 2006, 2327 Rn. 15; NJW 1993, 124; NJW-RR 1988, 1238; *OLG Bremen* NJW-RR 2008, 765, 767; *OLG Oldenburg* NZV 2010, 156.

[341] *OLG Koblenz* BeckRS 2008, 06956; *Heß/Burmann* in: Berz/Burmann, Teil 6 Rn. D 2.

[342] *BGH* NJW 2006, 2327 Rn. 15.

[343] *BGH* NJW 2006, 2327 Rn. 9; *OLG Hamm* NZV 2006, 85, 86; *Greger*, § 28 Rn. 45 ff.

[344] *BGH* NJW 2006, 2327; *Diederichsen*, DAR 2006, 301, 310.

[345] *OLG Celle* OLGR 2003, 187, 188.

[346] *BGH* NJW-RR 1990, 221; *OLG Celle* OLGR 2001, 227, 228; MünchKommBGB/*Wagner*, § 844 Rn. 46 ff.; Palandt/*Sprau*, § 844 Rn. 10; zur Kapitalabfindung des Anspruchs auf entgangenen Unterhalt: *LG Nürnberg-Fürth* NZV 2008, 349 mit Anm. *Jaeger* NZV 2008, 634.

aa) Nettoeinkommen des Getöteten

In einem ersten Schritt ist das bisherige Nettoeinkommen des Getöteten festzustellen, **105** denn für die Höhe der Geldrente ist das fiktive Nettoeinkommen des Getöteten maßgeblich.[347] Dabei sind alle Einkünfte heranzuziehen, die dem Unterhaltsschuldner zugeflossen sind, gleich welcher Art und aus welchem Anlass sie im Einzelnen erzielt wurden.[348] Auch berufliche Aufstiegschancen sind gegebenenfalls zu klären. Bei überdurchschnittlich hohen Einkünften ist ein Anteil abzusetzen, der für die Vermögensbildung zurückgelegt worden wäre (Sparrate).[349]

bb) Ermittlung der Fixkosten

Ferner sind die fixen Kosten des Haushalts festzustellen. Darunter sind jene Ausgaben zu verstehen, die weitgehend unabhängig vom Wegfall eines Familienmitglieds **106** als im Wesentlichen feste Kosten weiterlaufen, sei es auch verringert oder erhöht.[350] Die Fixkosten sind ungemindert zu ersetzen. Sie sind je nach dem Umständen des Einzelfalls anteilig auf die Überlebenden des Haushalts zu verteilen, zum Beispiel im Verhältnis 2:1 bei einem Elternteil mit einem Kind.[351] Die Fixkosten sind vom Nettoeinkommen abzusetzen, um das zu verteilende Einkommen festzustellen.

cc) Eigenverbrauch des Getöteten

Das frei verfügbare Einkommen ist sodann um den Eigenverbrauch des Getöteten zu **107** vermindern.

dd) Unterhaltsanteile

Das verbleibende Einkommen ist auf den Getöteten und die Hinterbliebenen nach **108** Quoten zu verteilen. Nach Abzug der fixen Kosten sind zu diesem Zweck Unterhaltsanteile am verteilbaren Einkommen des Getöteten zu bilden (§ 287 ZPO).[352] Bei einem Elternteil mit Kind sind zum Beispiel 35 % zugunsten des überlebenden Ehegatten und 20 % zugunsten des Kindes nicht zu beanstanden.[353] Dabei ist auch die Altersgruppe der Kinder zu beachten; dem Alter muss durch eine unterschiedliche Quote Rechnung getragen werden.[354] Bei ein und demselben Kind ist gegebenenfalls eine altersmäßige Staffelung vorzunehmen.[355]

ee) Zuschlag der Fixkosten

Die danach auf die Hinterbliebenen entfallenden Beträge sind schließlich um die nur unter ihnen aufgeteilten fixen Kosten zu erhöhen. Dazu ist dem Anteil des Unterhaltsberechtigten am frei verfügbaren Einkommen der Anteil des jeweiligen Unterhaltsberechtigten an den Fixkosten wieder zuzuschlagen.[356] Weggefallene Fixkosten,

---

[347] *BGH* NJW-RR 2004, 821; näher: *Jahnke*, Unfalltod, Kap. 6 Rn. 230 ff.
[348] *BGH* NJW 2004, 358, 359.
[349] *BGH* NJW 1987, 322, 323; MünchKommBGB/*Wagner*, § 844 Rn. 50; *Küppersbusch/Höher*, Rn. 333 f.
[350] *BGH* NJW 1988, 2365, 2367; NJW-RR 1990, 221; *OLG Celle* OLGR 2001, 227, 228; *OLG Koblenz* BeckRS 2008, 06956; näher: *Diederichsen* NJW 2013, 641, 643; *Jahnke*, Unfalltod, Kap. 6 Rn. 296 ff.
[351] *BGH* NJW 2007, 506 Rn. 24; *Diederichsen*, DAR 2007, 301, 311.
[352] *BGH* NJW 1988, 2365, 2366.
[353] Quotierungsbeispiele bei *Eckelmann/Nehls/Schäfer*, NJW 1984, 945; *Küppersbusch/Höher*, Rn. 351; *Schmitz-Herscheidt*, VersR 2003, 33, 36; *Pardey*, Berechnung, Rn. 3156 ff.; Rechenbeispiel bei *Jahnke*, Unfalltod, Kap. 6 Rn. 392 ff.
[354] *BGH* NJW-RR 1988, 66, 67.
[355] *BGH* NJW 1988, 2365, 2366; MünchKommBGB/*Wagner*, § 844 Rn. 38.
[356] *BGH* NJW 1972, 251; VersR 1986, 39; MünchKommBGB/*Wagner*, § 844 Rn. 56.

z. B. durch Wegfall eines Pkw, sind nicht zu berücksichtigen. Einkommensteuer ist nicht hinzuzurechnen, da Unterhaltsschadensrenten Hinterbliebener kein steuerbarer Bezug im Sinne von § 22 Nr. 1 EStG sind.[357]

c) Vorteilsausgleichung

109 Leistungen aus einer privaten Lebensversicherung sind nicht anzurechnen.[358] Auch Kindergeld bleibt bei der Berechung des Unterhaltsschadens außer Betracht.[359]

d) Schadensminderungspflicht

Der Ersatzanspruch ist unter Umständen nicht nur nach §§ 846, 254 I BGB, sondern auch gemäß § 254 II BGB zu kürzen. Verstößt der Geschädigte gegen das Schadensminderungsgebot, indem er es etwa unterlässt, einer ihm zumutbaren Erwerbstätigkeit nachzugehen, sind die erzielbaren (fiktiven) Einkünfte auf den Schaden anzurechnen.[360] Dies hat betragsmäßig zu geschehen; eine quotenmäßige Anrechnung kommt nicht in Betracht.[361]

e) Zeitliche Anspruchsbegrenzung

110 Nach § 844 II BGB hat der Schädiger dem Unterhaltsberechtigten insoweit Schadensersatz zu leisten, als der Getötete während der mutmaßlichen Dauer seines Lebens zur Gewährung von Unterhalts verpflichtet gewesen wäre. Das Gericht muss daher eine vorausschauende Betrachtung vornehmen, in die es alle voraussehbaren Veränderungen der Unterhaltsbedürftigkeit des Berechtigten und der (hypothetischen) Leistungsfähigkeit des Unterhaltpflichtigen, wäre er noch am Leben, einzubeziehen hat.[362]

111 Für die Höhe der Geldrente aus § 844 II BGB ist das fiktive Nettoeinkommen des Getöteten nur bis zu seinem voraussichtlichen Ausscheiden aus dem Erwerbsleben maßgeblich.[363] Dies ist bei einem abhängig Beschäftigten grundsätzlich die Vollendung des 67. Lebensjahres.[364]

Der bezifferte Unterhaltsschaden eines minderjährigen Kindes ist normalerweise bis zum 18. Lebensjahr zu begrenzen. Die darüber hinausgehenden Ansprüche sind durch Feststellungsklage (§ 256 I ZPO) zu sichern. Ein Zahlungsantrag auf eine monatliche, zeitlich unbegrenzte Rente umfasst jedoch die Feststellung des Ersatzanspruchs und enthält zugleich einen Antrag auf Feststellung dieses Ersatzanspruchs für die Zeit nach Vollendung des 18. Lebensjahres des Kindes als wesensgleiches Minus.[365]

112 Das Gericht muss die Geldrente auf den Zeitraum begrenzen, in dem der Getötete während der mutmaßlichen Dauer seines Lebens unterhaltspflichtig gewesen wäre. Die mutmaßliche Lebenserwartung ist unter Würdigung aller Umstände des Einzelfalls zu schätzen, wobei insbesondere die allgemeine Lebenserwartung der durch das Lebensalter gekennzeichneten Personengruppe, der der Betroffene angehört, und dessen besondere Lebens- und Gesundheitsverhältnisse zu berücksichtigen sind.

[357] *BFH* DStRE 2009, 205; zu § 844 BGB; *BFH* NJW 1995, 1238 zu § 843 BGB; BMF-Schreiben vom 15.7.2009, DStR 2009, 1646; Geigel/*Haag*, Kap. 5 Rn. 4.
[358] BGHZ 73, 109 = NJW 1979, 116; MünchKommBGB/*Wagner*, § 844 Rn. 76.
[359] *OLG Saarbrücken* OLGR 2005, 179; *Greger*, § 28 Rn. 83.
[360] *BGH* NJW 2007, 64 Rn. 8; *Greger*, § 28 Rn. 87.
[361] *BGH* NJW 2007, 64; *Diederichsen*, DAR 2007, 301, 310.
[362] *BGH* NJW-RR 2004, 821, 822; Palandt/*Sprau*, § 844 Rn. 9.
[363] *BGH* NJW-RR 2004, 821.
[364] Vgl. *BGH* NJW-RR 2004, 821.
[365] *BGH* NJW 2007, 507 Rn. 29.

Beim Fehlen individueller Anhaltspunkte kann auf die vom Statistischen Bundesamt herausgegebene zeitnächste **Sterbetafel**[366] oder anderes möglichst zeitnah zum Todeszeitpunkt erhobenes statistisches Material abgestellt werden. Der geschätzte Zeitpunkt der mutmaßlichen Lebenserwartung und die dementsprechende zeitliche Begrenzung der Leistungsverpflichtung des Schädigers sind im Urteil kalendermäßig anzugeben.[367]

f) Anspruchsübergang

Kongruente Leistungen eines Sozialversicherungsträgers führen zu einem Forderungsübergang (§ 116 SGB X). Leistungen aus einer Halbwaisenrente muss ein Kind sich zum Beispiel auf seine Ersatzansprüche anrechnen lassen; diese gehen insoweit auf den Sozialversicherungsträger über.[368]

2. Der Haushaltsführungsschaden Hinterbliebener

a) Grundlagen

Hinterbliebene haben gemäß § 844 II BGB Anspruch auf Schadensersatz wegen der   **113**
ihnen entgehenden Haushaltstätigkeit eines unterhaltsverpflichteten Getöteten. Ehegatten sind einander nach § 1360 S. 1 BGB verpflichtet, in angemessener Weise zum Familienunterhalt beizutragen. Hierzu gehört auch die Mitarbeit im Haushalt (§ 1360 S. 2, § 1360a BGB).

b) Anspruchsumfang
aa) Einstellung einer Ersatzkraft

Wird nach dem Tod der Hausfrau eine Haushaltshilfe, unter Umständen auch in   **114**
Teilzeit, eingestellt, so kann das gezahlte Gehalt nicht ohne weiteres als Schadensersatz verlangt werden. Vielmehr kommt es darauf an, ob der Aufwand nach den konkreten Umständen des Einzelfalls und dem Zuschnitt der Familie angemessen ist.[369] Zu erstatten ist der Bruttobetrag einschließlich der Steuern und Arbeitgeberbeiträge zur Sozialversicherung.[370]

bb) Nichteinstellung einer Ersatzkraft

In einem ersten Schritt ist zu ermitteln, welche Stundenzahl der Verstorbene auf-   **115**
zuwenden hatte, um seine Unterhaltsverpflichtung zu erfüllen (Arbeitszeitbedarf). Es kommt auf die gesetzlich geschuldete Verpflichtung zur Haushaltsführung an.[371] Dabei muss festgestellt werden, in welchem Umfang der getötete Ehegatte den Haushalt nach dem Lebenszuschnitt der Familie vor dem Unfall geführt hat. Das gilt trotz des vom *BGH* betonten Ausgangspunkts über die rechtlich geschuldete Betreuung, da es nach § 1356 I 1 BGB den Ehegatten überlassen bleibt, die Haushaltsführung zu regeln. Es bedarf mithin der Feststellung, ob und welcher der Ehegatten in der Ehe erwerbstätig und wer nur im Haushalt tätig war.

Die Tabelle 12 von *Pardey* gibt den Arbeitszeitbedarf in verschiedenen Anspruchsstufen an, sofern nicht eingewendet wird, dass die Verhältnisse im konkreten Fall anders gelagert sind.[372] Bei der Anwendung der Tabelle ist auf einen reduzierten Haushalt abzustellen, denn die Eigen-

---

[366] www.destatis.de.
[367] *BGH* NJW-RR 2004, 821, 822; Palandt/*Sprau,* § 844 Rn. 12.
[368] *BGH* NJW 1987, 2293, 2295.
[369] *OLG Köln* VersR 1990, 1285 LS; *Küppersbusch/Höher,* Rn. 370.
[370] *Greger,* § 28 Rn. 131; MünchKommBGB/*Wagner,* § 844 Rn. 64.
[371] *BGH* NJW 1974, 1651; MünchKommBGB/*Wagner,* § 844 Rn. 63; *Heß/Burmann* in: Berz/Burmann, Teil 6 Rn. G 93.
[372] *BGH* NJW 1988, 1783, 1784; *Küppersbusch/Höher,* Rn. 370.

versorgung des Verstorbenen bleibt außer Betracht. Im Zweifel ist eine mittlere Anspruchsstufe zu wählen.

116 Mit dem nächsten Schritt sind gesetzlich geschuldete Mithilfeverpflichtungen von Angehörigen abzuziehen.[373] Unter Umständen müssen deshalb Zeitabschnitte gebildet werden. Bei Kindern ab einem bestimmten Lebensjahr ist zu prüfen, inwieweit sie aufgrund einer Dienstleistungspflicht (§ 1619 BGB) Mithilfe im Haushalt zu leisten haben, zum Beispiel eine Stunde täglich ab dem 14. Lebensjahr.[374]

Ein Ehegatte im Ruhestand hat zum Beispiel eine Mitverpflichtung von 1/2. Das gilt auch für Doppelverdiener.[375] Bei quantitativ gleicher Beteiligung der Ehegatten an der Haushaltsführung kann ein Anspruch aus § 844 II BGB in Höhe des Mehraufwands bestehen, den der hinterbliebene Ehegatte zu leisten hat. Dieser kann allerdings aufgrund seiner Schadensminderungspflicht (§ 254 II BGB) gehalten sein, nach einer Übergangszeit eine kleinere Wohnung zu beziehen und dadurch den Zeitaufwand zu verringern.[376]

117 Als weiterer Schritt ist das Ergebnis zu multiplizieren mit dem Stundenlohn der erforderlichen Ersatzkraft. Maßgeblich ist der Nettolohn für eine vergleichbare, den Anforderungen gewachsene, nach TVöD zu entlohnende Ersatzkraft.[377] Danach ist der Netto-Stundenlohn zu errechnen.[378] Zu diesem Zweck kann der Bruttolohn einer vergleichbaren Ersatzkraft durch Abzug einer Pauschale von 30 % vermindert werden.[379]

Auch der Schaden eines Kindes wegen des Verlustes des Betreuungsunterhalts nach dem Tod der unterhaltspflichtigen Mutter orientiert sich an den Kosten einer gewerbsmäßig tätigen Ersatzkraft.[380]

cc) Weitere Voraussetzungen

118 Der hinterbliebene Ehegatte muss sich als Vorteilsausgleichung den Wegfall der eigenen Barunterhaltspflicht anrechnen lassen.[381]

Die Hinterbliebenen sind nicht Gesamtgläubiger, sondern Teilgläubiger.[382] Der Ersatzbetrag ist daher aufzuteilen. Eine andere Verteilung als beantragt ist keine Teilabweisung der Klage, sofern sich der Gesamtbetrag nicht ändert.[383]

dd) Dauer der Rente

119 Abschließend ist die Dauer der geschuldeten Rente festzulegen. Dies hängt davon ab, wie lange der getötete Ehegatte die Haushaltstätigkeit weiter hätte verrichten können und wie lange die Berechtigten auf sie angewiesen sind. Die Dauer der Rente wegen entgangener Haushaltsführung kann also gegenüber der Dauer der Rente wegen entgangenen Barunterhalts unterschiedlich sein.

Die Leistungsfähigkeit des Ehegatten für die Haushaltsführung ist nach § 287 I ZPO zu schätzen und wird in der Regel – je nach Gesundheitszustand – bis zum 70. oder 75. Lebensjahr reichen.[384] Bei dem überlebenden Ehegatten besteht Bedürftigkeit auf Lebenszeit. Bei Wieder-

---

[373] *Küppersbusch/Höher*, Rn. 372; *Pardey*, Rn. 1589.

[374] *Jahnke*, Unfalltod, Kap. 6 Rn. 345 ff.; siehe *OLG Jena* zfs 2010, 79.

[375] *Jahnke*, Unfalltod, Kap. 6 Rn. 343.

[376] BGHZ 104, 113 = NJW 1988, 1783; siehe auch MünchKommBGB/*Wagner*, § 844 Rn. 67 ff.

[377] *Greger*, § 28 Rn. 134.

[378] *Küppersbusch/Höher*, Rn. 376; *Schmitz-Herscheidt*, VersR 2003, 33, 38

[379] *BGH* NJW-RR 1986, 1400, 1401; *Greger*, § 28 Rn. 135.

[380] *OLG Naumburg* OLGR 2005, 269; MünchKommBGB/*Wagner*, § 844 Rn. 70.

[381] MünchKommBGB/*Wagner*, § 844 Rn. 77; *Jahnke*, Unfalltod, Kap. 6 Rn. 259; Berechnungsbeispiel bei *Küppersbusch/Höher*, Rn. 385.

[382] *BGH* NJW 1972, 1130; *Küppersbusch/Höher*, Rn. 383.

[383] MünchKommBGB/*Wagner*, § 844 Rn. 87.

[384] *BGH* NJW 1974, 1651, 1652 f.; zu § 843 BGB: *OLG Hamm* NJW-RR 1995, 599, 600.

verheiratung fällt sie allerdings weg.[385] Kinder sind bis zur Vollendung des 18. Lebensjahres bedürftig.[386]

3. Beerdigungskosten

Nach § 844 I BGB (§ 10 I 2 StVG, § 5 I 2 HPflG) hat der Schädiger die Kosten der   **120**
Beerdigung des getöteten Unfallopfers zu tragen. Ersatzberechtigt ist gemäß § 844 I
BGB derjenige, dem die Verpflichtung obliegt, die Beerdigungskosten zu tragen, vor
allem der Erbe (§ 1968 BGB).[387] Andere Personen können einen Anspruch aus
§§ 683, 670 BGB haben.[388] Die Frage des Ursachenzusammenhangs zwischen der
dem Schädiger zuzurechnenden Verletzung und dem eingetretenen Tod ist nach dem
Maßstab des § 287 I ZPO zu beurteilen.[389] Der Ersatzanspruch besteht auch dann,
wenn der Getötete ohnehin kurze Zeit später verstorben wäre.[390] Zu ersetzen sind die
Kosten einer standesgemäßen Beerdigung. Über das zur Leichenbestattung schlechthin Notwendige hinaus ist auch zu berücksichtigen, was sonst zu den Ausgaben für
eine den Verhältnissen entsprechende angemessene und würdige Ausgestaltung der
Bestattung gehört.[391] Es handelt sich um eine dem Tatrichter gemäß § 287 I ZPO
obliegende Schätzung.[392]

Zu den Begräbniskosten gehören ein würdiger Grabstein und die Kosten der Erstbepflanzung,
nicht aber die Kosten der Grabpflege.[393] Begräbniskosten von rund 5.000 EUR sind insgesamt
nicht als besonders hoch anzusehen.[394] Sie können erheblich höher liegen, zum Beispiel bei
Überführung in das Heimatland.[395]

VII. Nebenforderungen

Die Erstattung von Nebenforderungen wird am Ende des folgenden Paragraphen   **121**
dargestellt. Diese Ausführungen gelten auch für Personenschäden.

---

[385] Zur Anwendung des § 254 II BGB beim Eingehen einer nichtehelichen Lebensgemeinschaft: BGHZ 91, 357 = NJW 1984, 2520; *Jahnke,* Unfalltod, Kap. 6 Rn. 388.
[386] *Küppersbusch/Höher,* Rn. 395.
[387] Zu den Anspruchsberechtigten siehe *Pardey,* Rn. 1691; MünchKommBGB/*Küpper,* § 1968
Rn. 3; zum Anspruch aus Geschäftsführung ohne Auftrag: *LG Mannheim* NZV 2007, 367.
[388] *OLG Bremen* NJW-RR 2008, 765, 766.
[389] *OLG Hamburg* OLGR 2005, 101.
[390] *OLG Düsseldorf* OLGR 1994, 218.
[391] *BGH* NJW 1989, 2317, 2318.
[392] *BGH* BeckRS 2011, 01040.
[393] BGHZ 61, 238, 239 = NJW 1973, 2103, 2104; *Greger,* § 28 Rn. 21 ff.
[394] *Pardey,* Berechnung, Rn. 3467; siehe auch *OLG Hamm* OLGR 1993, 267.
[395] *OLG Bremen* NJW-RR 2008, 765, 766.

§ 33. Sachschäden

I. Sachschaden im engeren Sinn

1. Grundlagen

1 Eine Sache ist beschädigt, wenn entweder ihre Substanz nicht unerheblich verletzt oder ihre Brauchbarkeit zur bestimmungsgemäßen Verwendung nicht unerheblich beeinträchtigt worden ist, ohne dass zugleich in ihre Substanz eingegriffen sein müsste.[1] Besonders bei Sachschäden nach einem Verkehrsunfall wird deutlich, dass nach der gesetzlichen Regelung zwei verschiedene Arten der Schadensregulierung zu unterscheiden sind:[2]

a) Naturalrestitution oder Geldersatz

2 Nach § 249 I BGB hat der Geschädigte den Zustand herzustellen, der bestehen würde, wenn der zum Ersatz verpflichtende Umstand nicht eingetreten wäre. Herzustellen ist der gleiche wirtschaftliche Zustand, der ohne das schädigende Ereignis bestehen würde, wobei die hypothetische Weiterentwicklung ohne das Schadensereignis zu berücksichtigen ist.[3] Die Naturalrestitution kann in der Wiederherstellung der beschädigten Sache durch Reparatur sowie in der Beschaffung einer gleichwertigen Sache bestehen.[4]

3 Der zweite Weg zum Schadensausgleich ist Geldersatz gemäß § 249 II 1 BGB. In dem hier interessierenden Fall der Beschädigung einer Sache kann der Geschädigte statt der Herstellung den dazu erforderlichen Geldbetrag verlangen. Der nach § 249 II 1 BGB zuzubilligende Geldbetrag kann über dem Wert der Sache liegen. Dies ist durch das Integritätsinteresse des Geschädigten gerechtfertigt. Maßstab für die Obergrenze der Erstattung ist derjenige Aufwand, den ein verständiger und wirtschaftlich denkender Mensch in der Lage des Geschädigten machen würde (Wirtschaftlichkeitsgebot).[5] Nach gefestigter Rechtsprechung kann der Geschädigte nach einem Verkehrsunfall deshalb Ersatz konkret angefallener Reparaturkosten bis zu 30 % über dem Wiederbeschaffungswert des Fahrzeugs im Zeitpunkt des Unfalls verlangen (Integritätszuschlag).[6] Ein Werkstattrabatt ändert daran grundsätzlich nichts.[7] Unter Wiederbeschaffungswert ist der Geldbetrag zu verstehen, der für ein von einem Gebrauchtwagenhändler angebotenes vergleichbares Fahrzeug zu zahlen ist.[8] Ein solcher Zuschlag stellt eine Ausnahme im Schadensersatzrecht dar. Der Wiederbe-

---

[1] *BGH* NJW-RR 2008, 406 Rn. 8.

[2] Neuere Rechtsprechungsübersichten: *Hirsch,* JuS 2009, 299; *Witt,* NJW 2010, 3329; *Kappus,* DAR 2010, 9 ff.; 727 ff.; DAR 2012, 133.

[3] BGHZ 169, 263 = NJW 2007, 67 Rn. 10; BGHZ 115, 375, 378 = NJW 1992, 305, 306; *G. Müller,* zfs 2009, 62; Geigel/*Knerr,* Kap. 3 Rn. 1.

[4] BGHZ 115, 364, 368 = NJW 1992, 302, 303; BGHZ 162, 161, 164 = NJW 2005, 1108.

[5] BGHZ 169, 263 = NJW 2007, 67 Rn. 11; BGHZ 132, 373, 376 = NJW 1996, 1958; BGHZ 111, 168, 178 = NJW 1990, 2060, 2062; *Steffen,* NZV 1991, 1, 3; *Greiner,* zfs 2006, 63, 67; Geigel/*Knerr,* Kap. 3 Rn. 8.

[6] Grundlegend: BGHZ 115, 364, 371 = NJW 1992, 302, 304; siehe auch BGHZ 115, 375, 379 f. = NJW 1992, 305, 306; BGHZ 154, 395, 400 = NJW 2003, 2085, 2086; BGHZ 162, 161, 166 = NJW 2005, 1108, 1109; BGHZ 162, 170, 173 = NJW 2005, 1110, 1111; BGHZ 169, 263 = NJW 2007, 67 Rn. 13; *BGH* NJW 2007, 2917.

[7] *BGH* NJW 2011, 1435; *Wellner,* Kfz-Sachschaden, § 1 Rn. 139 ff.

[8] Sanden/*Völtz,* Rn. 178 ff.

schaffungswert ist nicht um den **Restwert** zu vermindern.[9] Der Wiederbeschaffungswert abzüglich des Restwertes ist der **Wiederbeschaffungswand.**[10]

Der Zuschlag gilt auch für gewerblich genutzte Fahrzeuge.[11] Es handelt sich aller-   4
dings nicht um eine starre Grenze, sondern um einen Richtwert, der nach den
Besonderheiten des Einzelfalls über- oder unterschritten werden kann, zum Beispiel
mit Rücksicht auf hohe Mietwagenkosten bei langer Reparaturdauer.[12]

b) Kompensation

Nach § 251 I BGB findet eine Entschädigung des Gläubigers in Geld statt, wenn die   5
Herstellung nicht möglich oder zur Entschädigung des Gläubigers nicht genügend
ist. Ein solcher Fall ist bei einem **technischen Totalschaden** gegeben.[13] Nach § 251
II 1 BGB gilt das Gleiche, wenn die Herstellung nur mit unverhältnismäßigen Aufwendungen möglich ist. Das betrifft die Fälle des **wirtschaftlichen Totalschadens**
(Reparaturkosten höher als 130 % des Wiederbeschaffungswerts).[14] Die hiernach
geschuldete Entschädigung bleibt hinter der Naturalrestitution zurück und begrenzt
das Integritätsinteresse des Geschädigten im Sinne einer Opfergrenze. Die Darle-
gungs- und Beweislast für das Vorliegen der Voraussetzungen des § 251 II 1 trägt der
Schädiger.[15]

c) Vier-Stufen-Modell

Daraus ergibt sich, dass bei der Abrechnung eines Kraftfahrzeugschadens folgende   6
Fallgestaltungen zu unterscheiden sind:[16]

aa) Bereich über 130 %

Die voraussichtlichen Reparaturkosten (nebst Wertminderung) sind höher als der
Wiederbeschaffungswert (wirtschaftlicher Totalschaden).

Beispiel: voraussichtliche Reparaturkosten 8.000 EUR brutto; Wertminderung 500 EUR; Wiederbeschaffungswert 6.000 EUR.

bb) Bereich von 100 % bis 130 %

Die voraussichtlichen Reparaturkosten (nebst Wertminderung) liegen zwischen dem
Wiederbeschaffungswert und weiteren 30 %.

Beispiel: voraussichtliche Reparaturkosten 6.000 EUR brutto; Wertminderung 500 EUR; Wiederbeschaffungswert 6.000 EUR.

cc) Bereich bis 100 %

Die voraussichtlichen Reparaturkosten (nebst Wertminderung) überschreiten den
Wiederbeschaffungswert nicht. Maßgeblich für die Bestimmung der 100 %-Grenze

---

[9] BGHZ 154, 395, 399 f. = NJW 2003, 2085, 2086; BGHZ 115, 364, 371 f. = NJW 1992, 302,
304; *Greger,* § 24 Rn. 24; *Freyberger,* NZV 2005, 231, 232; Fallbeispiel bei *Armbrüster,* JuS 2007,
411 f.

[10] Sanden/*Völtz* Rn. 174.

[11] *BGH* NJW 1999, 500, 501; Geigel/*Knerr,* Kap. 3 Rn. 29.

[12] BGHZ 115, 364, 374 = NJW 1992, 302, 305; *OLG Düsseldorf* DAR 2008, 268, 269; *Greger,*
§ 24 Rn. 25.

[13] Geigel/*Knerr,* Kap. 3 Rn. 65; MünchKommBGB/*Oetker,* § 251 Rn. 18.

[14] BGHZ 115, 375, 377 = NJW 1992, 305, 306; *BGH* NJW 2006, 2545, 2546; NJW 2007, 2918
Rn. 10; Palandt/*Grüneberg,* § 249 Rn. 25, § 251 Rn. 6.

[15] *BGH* NJW 2009, 1066 Rn. 14.

[16] *Wellner,* NJW 2012, 7; zfs 2012, 309; NZV 2008, 552; *Lemcke/Heß/Burmann,* NZV 2009,
120; *Lemcke,* NZV 2009, 115; *Raupach,* MDR 2007, 819.

ist der Vergleich der Reparaturkosten (brutto[17]) – und gegebenenfalls Wertminderung – auf der einen Seite und dem Wiederbeschaffungswert inklusive Mehrwertsteuer (ohne Abzug des Restwerts) auf der anderen Seite.[18]

Beispiel: Reparaturkosten 5.400 EUR brutto; Wertminderung 500 EUR; Wiederbeschaffungswert brutto 6.000 EUR.

dd) Bereich unter dem Wiederbeschaffungsaufwand

Die voraussichtlichen Reparaturkosten liegen unterhalb des Wiederbeschaffungswertes.

Beispiel: voraussichtliche Reparaturkosten 3.500 EUR brutto; Wiederbeschaffungswert 6.000 EUR; Restwert: 1.000 EUR; Wiederbeschaffungsaufwand also 5.000 EUR.

2. Abrechnung auf Reparaturkostenbasis

7   Ist das beschädigte Fahrzeug noch reparabel, besteht der Schadensersatz in der Wiederherstellung des früheren Zustands durch Reparatur. Für diese Form der Schadensbeseitigung gelten die oben dargestellten Grundsätze der Naturalrestitution. In der Praxis wird die – an und für sich vom Schädiger geschuldete – Naturalrestitution durch die Zahlung des zur Wiederherstellung erforderlichen Geldbetrags ersetzt (§ 249 II 1 BGB).

a) Tatsächlich angefallene Reparaturkosten

8   Geschuldet werden regelmäßig die zur Herstellung des vollen betriebsfähigen und betriebssicheren Zustands des Kraftfahrzeugs notwendigen Reparaturkosten, gemessen an dem Maßstab eines verständigen, wirtschaftlich denkenden Eigentümers.[19] Einen Werksangehörigenrabatt muss sich der Geschädigte anrechnen lassen.[20] Es ist zwischen Reparaturkosten unterhalb des Wiederbeschaffungswerts sowie Reparaturkosten bis zu 130 % des Wiederbeschaffungswerts zu unterscheiden.

9   – *Unter 100 %-Fall:* Übersteigen die Reparaturkosten den Wiederbeschaffungswert nicht, spielt die Qualität der Reparatur keine Rolle.[21] In diesem Fall genügt auch eine Teilreparatur, zum Beispiel durch eine unvollständige Eigenreparatur.[22] Der Restwert ist nicht abzusetzen.[23] Auf die Weiternutzung des Fahrzeugs kommt es in dieser Fallgestaltung nicht an.[24]
     – *100 %- bis 130 %-Fall:* Die Abrechnung von Reparaturkosten von bis zu 30 % über dem Wiederbeschaffungswert setzt voraus, dass die Reparatur fachgerecht und in einem Umfang durchgeführt wird, wie ihn der Sachverständige zur Grundlage seiner Kostenschätzung gemacht hat.[25] Die Reparaturarbeiten dürfen nicht von den

---

[17] *BGH* NJW 2009, 1340; *Huber,* NZV 2009, 322; *Wellner,* Kfz-Sachschaden, § 1 Rn. 79 ff.
[18] *Kappus,* DAR 2008, 453, 456.
[19] BGHZ 162, 161, 164 f. = NJW 2005, 1108 f.; MünchKommBGB/*Oetker,* § 249 Rn. 384 ff.
[20] *BGH* NJW 2012, 50; *Wellner,* Kfz-Sachschaden, § 1 Rn. 154 ff.; *Diederichsen,* DAR 2012, 301, 308.
[21] BGHZ 154, 395 = NJW 2003, 2085.
[22] *Greger,* NZV 2006, 1, 3; zur Teilreparatur eingehend: *Greiner,* zfs 2006, 63, 67 f.
[23] *BGH* NJW 2007, 588 Rn. 10; *Diederichsen,* DAR 2007, 301, 306.
[24] *BGH* NJW 2007, 588 Rn. 9; *Wellner,* Kfz-Sachschaden, § 1 Rn. 62 ff.
[25] BGHZ 162, 161 = NJW 2005, 1108; BGHZ 162, 170, 172 = NJW 2005, 1110, 1111; BGHZ 169, 263 = NJW 2007, 67 Rn. 13; NJW 2007, 2918 Rn. 8; NJW-RR 2010, 377; NJW 2011, 669; MünchKommBGB/*Oetker,* § 251 Rn. 44; *Kappus,* NJW 2008, 891, 893 f. (mit Berechnungsbeispiel); *Ernst,* DAR 2010, 231; *Wellner,* Kfz-Sachschaden, § 1 Rn. 122 ff., 130 ff.

Vorgaben des Sachverständigen abweichen.[26] Ferner ist eine fortdauernde Nutzung erforderlich.[27]

Auch bei einer konkreten Abrechnung muss der Geschädigte seinen Weiternutzungs-   **10**
willen nachweisen, indem er eine Warte- bzw. Haltefrist einhält, die sich auf sechs Monate beläuft.[28] Auch hier trifft der aus dem Wirtschaftlichkeitsgebot folgende Grundsatz zu, dass allein ein Integritätsinteresse am Behalten des vertrauten Fahrzeugs die Erstattung des höheren Reparaturaufwandes rechtfertigt, wenn bei der Reparatur der Wiederbeschaffungswert des Fahrzeugs überschritten wird. Ist dies nicht nachgewiesen, kann der Geschädigte im Regelfall nur den Wiederbeschaffungsaufwand ersetzt verlangen.

Lässt der Geschädigte den Fahrzeugschaden, der über dem Wiederbeschaffungswert, aber innerhalb der 130 %-Grenze liegt, vollständig und fachgerecht reparieren, so wird der Anspruch auf Ersatz der den Wiederbeschaffungsaufwand übersteigenden Reparaturkosten im Regelfall nicht erst sechs Monate nach dem Unfall fällig.[29] Dagegen wurde angeführt, dass die 130 %-Rechtsprechung durch die Geschädigten nicht selten dazu zweckentfremdet worden sei, das Fahrzeug trotz erfolgter Reparatur unmittelbar nach dem Unfall zu veräußern.[30] Gleichwohl tritt die Fälligkeit mit dem Zeitpunkt der Rechtsgutverletzung ein. Die Sechsmonatsfrist ist keine eigenständige Anspruchsvoraussetzung; sie hat lediglich beweismäßige Bedeutung.[31]

aa) Vorschäden

Auszuscheiden sind die Kosten einer Reparatur, soweit sie sich auf die Beseitigung   **11**
früherer Unfallschäden oder bereits beim Unfall vorhandener Verschleißerscheinungen beziehen, weil diese nicht durch den Unfall verursacht worden sind.[32] Die Darlegungs- und Beweislast trifft den Geschädigten.[33] Wer mit einem vorgeschädigten, nicht reparierten Fahrzeug am Straßenverkehr teilnimmt, muss darlegen und beweisen, dass durch den neuen Unfall weiterer Schaden verursacht worden ist.[34] Der Geschädigte muss mit überwiegender Wahrscheinlichkeit (§ 287 I ZPO) ausschließen, dass die Schäden bereits aufgrund eines Vorunfalls entstanden sind oder dass bei der Reparatur ein Vorschaden beseitigt worden ist.[35] Mit dieser Maßgabe kann die Klage auch teilweise Erfolg haben. Voraussetzung ist, dass der Alt- vom Neuschaden getrennt werden kann.[36]

bb) Prognoserisiko

Fehleinschätzungen bei Erteilung und Durchführung des Reparaturauftrags, die vom   **12**
Geschädigten bei Anwendung der erforderlichen Sorgfalt nicht zu vertreten sind (Werkstattrisiko), können die Erstattung auch solcher Kosten rechtfertigen, die ex

---

[26] *BGH* NJW 2012, 52; *Wellner,* Kfz-Sachschaden, § 1 Rn. 148 ff.; *Diederichsen,* DAR 2012, 301, 308.

[27] *G. Müller,* zfs 2009, 124.

[28] BGHZ 168, 43 = NJW 2006, 2179; *BGH* NJW 2008, 2183 Rn. 6; NJW 2011, 667; *Wellner,* Kfz-Sachschaden, § 1 Rn. 9 ff.; *Diederichsen,* DAR 2011, 301, 307.

[29] BGHZ 178, 338 = NJW 2009, 910; *BGH* r+s 2009, 434 Rn. 5; *Schneider,* zfs 2009, 69; *Huber,* DAR 2009, 252; *Hirsch,* VersR 2009, 756.

[30] *OLG Düsseldorf* r+s 2008, 216; *Kallweit,* VersR 2008, 895, 897.

[31] BGHZ 178, 338 = NJW 2009, 910; siehe bereits *OLG Frankfurt/M.* zfs 2008, 505; *Kappus,* NJW 2008, 2184; *Revilla,* zfs 2008, 668; *Wellner,* Kfz-Sachschaden, § 1 Rn. 32 ff.

[32] *OLG Oldenburg* NZV 1989, 148.

[33] *OLG Köln* NZV 1999, 378; *OLG Brandenburg* BeckRS 2007, 65054; *KG* NZV 2008, 153; NZV 2010, 579; *Böhm/Nugel,* DAR 2011, 666.

[34] *KG* NZV 2007, 521.

[35] *KG* NJOZ 2008, 765; NJW 2008, 1006.

[36] *OLG Düsseldorf* DAR 2008, 344; *AG Sonthofen* DAR 2009, 211; anders *Halm* DAR 2008, 345.

ante betrachtet verständlich und angezeigt waren, bei Betrachtung ex post dagegen nicht im Rahmen des Notwendigen liegen.[37]

13 Das gilt auch für die Einhaltung der 130 %-Grenze.[38] Bei der Frage des Verschuldens hinsichtlich einer Fehleinschätzung ist nur auf das Verschulden des Geschädigten selbst abzustellen, gegebenenfalls auf ein Auswahlverschulden.[39] Auf das Verschulden der beauftragten Reparaturwerkstatt oder eines von dem Geschädigten beauftragten Sachverständigen kommt es nicht an. Diese sind keine Erfüllungsgehilfen des Geschädigten (§ 278 BGB), weil die Reparatur vom Schädiger geschuldet wird.[40] Daraus folgt die Ersatzpflicht auch von solchen Reparaturkosten, die auf überhöhte Ansätze von Material und Arbeitszeit sowie unwirtschaftliche Arbeitsweise zurückzuführen sind.[41] Das gilt auch für tatsächlich nicht durchgeführte Arbeiten, weil auch dies der Einflusssphäre des Geschädigten entzogen ist.[42]

cc) Abzug „neu für alt"

14 Von den Reparaturkosten ist ein Abzug „neu für alt" vorzunehmen, soweit durch die Reparatur eine Wertverbesserung eingetreten ist.[43] Das ist der Fall, wenn der Geschädigte durch die Reparatur Aufwendungen erspart, die er ohne den Unfall später von sich aus hätte machen müssen. Das trifft vor allem auf Verschleißteile zu.[44] Der vorzunehmende Abzug betrifft auch die Lohnkosten.

Der Geschädigte hat zwar grundsätzlich Anspruch darauf, dass bei einer Reparatur fabrikneu genormte Ersatzteile eingebaut werden. Er ist nicht auf eine zeitwertgerechte Reparatur zu verweisen. Bei einem Einbau neuer Ersatzteile in alte Fahrzeuge ist jedoch ein Abzug „neu für alt" vorzunehmen.[45]

dd) Eigenreparatur

15 Führt der Geschädigte die Reparatur in eigener Regie aus, so hat er gleichwohl Anspruch auf Ersatz der Reparaturkosten, die bei Beauftragung einer Werkstatt entstanden wären.[46] Dem Schädiger soll nicht zugute kommen, dass der Geschädigte seine besonderen technischen Fähigkeiten und seine Freizeit zur Behebung des Schadens einsetzt.[47] Ist die Qualität der Eigenreparatur unzureichend, kann dies aber einen Abschlag rechtfertigen.[48] Auch bei einer Reparatur in Eigenregie kann der Geschädigte Reparaturkosten über dem Wiederbeschaffungsaufwand nur verlangen, wenn er das Fahrzeug nach dem Unfall sechs Monate weiternutzt.[49]

ee) Umsatzsteuer

16 Der Geschädigte erhält bei Beschädigung einer Sache Umsatzsteuer ersetzt, wenn und soweit sie tatsächlich angefallen ist (§ 249 II 2 BGB). Das bereitet bei einer

---

[37] *BGH* NJW 2007, 2917 Rn. 11; BGHZ 115, 364, 370 = NJW 1992, 302, 304; *OLG Stuttgart* NJW-RR 2004, 104, 105; *Wellner*, Kfz-Sachschaden, § 1 Rn. 69 ff.
[38] *OLG Hamm* OLGR 1998, 229, 231 f.; Geigel/*Knerr*, Kap. 3 Rn. 15;
[39] BGHZ 115, 364, 370 = NJW 1992, 302, 304; *Greger*, § 24 Rn. 44.
[40] BGHZ 63, 182, 186 = NJW 1975, 160, 162 f.
[41] BGHZ 63, 182, 186 = NJW 1975, 160, 162 f.
[42] *OLG Hamm* NZV 1995, 442, 443; *Armbrüster*, JuS 2007, 411, 413.
[43] *BGH* NJW 1997, 520; BGHZ 102, 323 = NJW 1988, 1835; BGHZ 30, 29 = NJW 1959, 1078; für Motorradfahrerschutzkleidung: *OLG Karlsruhe* VersR 2010, 491.
[44] *OLG Hamm* OLGR 1998, 229, 232; MünchKommBGB/*Oetker*, § 249 Rn. 348 ff.; 391; *Pauge*, VersR 2007, 569, 577; Geigel/*Pardey*, Kap. 9 Rn. 73; anders für eine Brille: *LG Münster* DAR 2009, 533.
[45] Sanden/*Völtz*, Rn. 212 ff.
[46] *BGH* NJW 1992, 1618; NJW 1995, 1160, 1161; *LG Regensburg* NJOZ 2007, 5046.
[47] Zu Geschädigten mit eigener Werkstatt: *Sanden/Völtz*, Rn. 92 ff.; *Böhme/Biela*, D 16 f.
[48] *OLG Düsseldorf* DAR 2008, 268; anders *Krall* DAR 2008, 270.
[49] *BGH* NJW 2008, 439.

tatsächlichen Reparatur des Unfallfahrzeugs keine Probleme.[50] Bei einer Eigenreparatur fällt Umsatzsteuer nur auf das notwendige Material (Ersatzteile) an.[51] Ein Ersatzanspruch besteht nicht, wenn der Geschädigte die Umsatzsteuer im Wege des Vorsteuerabzugs (§ 15 UStG) vom Finanzamt erstattet bekommt.[52] Da es sich um einen Aspekt der Vorteilsausgleichung handelt, darf der Schädiger den Anfall von Umsatzsteuer nicht pauschal bestreiten. Vielmehr er muss darlegen, woraus sich die Vorsteuerabzugsberechtigung des Geschädigten ergeben soll.[53] Gegebenenfalls muss der Geschädigte die entsprechende Rechnung vorlegen.[54]

Nach diesen Grundsätzen ist es konsequent, dass der Geschädigte, der den Weg der Ersatzbeschaffung wählt, keinen Anspruch auf Erstattung der Umsatzsteuer hat, wenn bei der Ersatzbeschaffung keine solche anfällt, wie z. B. beim Erwerb von einem privaten Verkäufer.[55]

b) Merkantiler Minderwert

Zu den Reparaturkosten tritt der unfallbedingte, auch nach einer Reparatur verbleibende merkantile Wertminderung hinzu (§ 251 I BGB). Dabei handelt es um eine Minderung des Verkaufswerts, die trotz vollständiger und ordnungsgemäßer Instandsetzung eines bei einem Unfall erheblich beschädigten Kraftfahrzeugs allein deshalb verbleibt, weil bei einem großen Teil des Publikums eine den Preis beeinflussende Abneigung gegen den Erwerb unfallbeschädigter Kraftfahrzeuge besteht, vor allem wegen des Verdachts verborgen gebliebener Schäden.[56] Das gilt auch deshalb, weil die technische Entwicklung im Fahrzeugbau insoweit höhere Anforderungen stellt.[57] Im Kaufrecht ist die fehlende Unfallfreiheit trotz fachgerechter Reparatur nach dieser Maßgabe ein Sachmangel des Fahrzeugs.[58]   **17**

Ein merkantiler Minderwert kommt auch bei gewerblich genutzten Fahrzeugen in Betracht. Ohne Einholung eines Sachverständigengutachtens wird er hier allerdings kaum festzustellen sein.[59] Ein merkantiler Minderwert ist auch dann zu ersetzen, wenn der Geschädigte die Sache behält und bis zum völligen Verschleiß weiter benutzt, der Minderwert sich also nicht in einem Verkauf realisiert.[60] Das gilt aber nicht, wenn kein Markt für das Fahrzeug besteht.[61]   **18**

Maßgebender Zeitpunkt für die Bemessung des merkantilen Minderwerts ist die Beendigung der Reparatur.[62] Bemessungsfaktoren sind die Art der Unfallschäden sowie Alter und Zustand des beschädigten Fahrzeugs, insbesondere Fahrleistung und etwaige Vorschäden.[63] Dabei kommt es auch auf die Beschädigung tragender Teile an.   **19**

---

[50] Das schädigende Ereignis muss nach dem 31.7.2002 eingetreten sein (Art. 229 § 8 I EGBGB).

[51] BT-Drs. 14/7752, S. 23; MünchKommBGB/*Oetker,* § 249 Rn. 467; Geigel/*Knerr,* Kap. 3 Rn. 13; Geigel/*Haag,* Kap. 5 Rn. 10.

[52] Zur Vorsteuerabzugsberechtigung: Sanden/*Völtz,* Rn. 334 ff.; *Sterzinger,* NJW 2011, 2181.

[53] *OLG Jena* NJOZ 2008, 2461, 2468.

[54] BT-Drs. 14/7752, S. 23.

[55] *BGH* NJW 2009, 3713; *Lemcke,* r+s 2009, 526; *Seibel,* VersR 2010, 736.

[56] BGHZ 161, 151, 159 = NJW 2005, 277, 279, im Anschluss an BGHZ 27, 181, 182 ff. = NJW 1958, 1085; BGHZ 35, 396, 397 f. = NJW 1961, 2253; *OLG Düsseldorf* NJW-RR 2011, 898 (Oldtimer); *Vuia,* NJW 2012, 3057.

[57] BGHZ 161, 151, 159 f. = NJW 2005, 277, 279.

[58] *BGH* NJW 2008, 53.

[59] *BGH* NJW 1980, 281, 282; *Armbrüster,* JuS 2007, 411, 416; *Hufnagel,* NZV 2010, 235.

[60] *OLG Hamm* OLGR 1998, 62, 63.

[61] *KG* KGR 2006, 298 (Polizeimotorrad mit Sonderausstattung); MünchKommBGB/*Oetker,* § 249 Rn. 53.

[62] *BGH* NJW 1967, 552.

[63] *KG* NZV 1995, 312, 314 f.

20 Bei unerheblichen Beschädigungen, zum Beispiel wenn die Reparaturkosten 10 % des Wiederbeschaffungswerts nicht übersteigen, ist kein merkantiler Minderwert zuzuerkennen.[64] Auch bei älteren Fahrzeugen kann ein merkantiler Minderwert ausscheiden. Das gilt jedenfalls ab 150.000 km Fahrleistung und einem Alter über 15 Jahren.[65] Nach weitergehender Ansicht entfällt eine Wertminderung bereits, wenn das Fahrzeug im Zeitpunkt seiner Beschädigung älter als fünf Jahre war.[66] Das gilt auch bei einer Laufleistung von mehr als 100.000 km. Maßgeblich ist aber nicht die Laufleistung allein, sondern deren Bedeutung für die Bewertung des Fahrzeugs auf dem Gebrauchtwagenmarkt. Es ist daher in jedem Einzelfall zu prüfen, ob sich der Unfallschaden wertmindernd auswirkt.[67]

21 Im Rahmen außergerichtlicher Schadensregulierung wird ein merkantiler Minderwert gegenüber dem gegnerischen Haftpflichtversicherer kaum durchzusetzen sein.[68] Im Prozess kann der merkantile Minderwert – jedenfalls von erfahrenen Spruchkörpern – unter Umständen auch ohne Zuhilfenahme eines Sachverständigen nach § 287 I ZPO geschätzt werden.[69] In der Praxis wird bei der Bemessung häufig auf Tabellen abgestellt, unter anderem auf die Tabellenwerte von *Ruhkopf/Sahm.*[70] Das ist zulässig,[71] trägt den Umständen des Einzelfalls jedoch mitunter nicht ausreichend Rechnung.[72] Im Zweifel bedarf es sachverständiger Beratung.[73]

c) Fiktive Reparaturkosten

aa) Grundlagen

22 Der Geschädigte kann Ersatz der erforderlichen Reparaturkosten und des verbleibenden merkantilen Minderwerts auch dann verlangen, wenn er sie lediglich durch das Gutachten eines von ihm eingeschalteten Privat-Sachverständigen belegt. Es kommt dann nicht darauf an, ob der Geschädigte das Fahrzeug tatsächlich reparieren lässt oder nicht. Der Ersatz der fiktiven Reparaturkosten – auch abstrakte Schadensberechnung oder Abrechnung auf Gutachtenbasis genannt – ist gerechtfertigt, weil der Geschädigte den zur Herstellung erforderlichen Geldbetrag verlangen kann (§ 249 II 1 BGB). Mit Rücksicht auf die Dispositionsfreiheit des Geschädigten soll es ihm freistehen, ob und in welchem Umfang er den Schaden beheben lässt.[74] Voraussetzung ist, dass das Schadensgutachten hinreichend ausführlich ist und das Bemühen erkennen lässt, dem konkreten Schadensfall vom Standpunkt eines wirtschaftlich denkenden Betrachters gerecht zu werden.[75]

23 Dies gilt nicht nur für Fälle, in denen der Geschädigte die Reparatur unterlässt und das beschädigte Fahrzeug weiterbenutzt, sondern auch dann, wenn er es verschrottet oder unrepariert veräußert und den Erlös zur Anschaffung eines Ersatzfahrzeugs oder anderen Zwecken

---

[64] MünchKommBGB/*Oetker,* § 249 Rn. 545; Palandt/*Grüneberg,* § 251 Rn. 14.
[65] *Greiner,* zfs 2006, 124, 126; siehe BGHZ 161, 151, 160 f. = NJW 2005, 277, 279 (16 Jahre altes Fahrzeug, 164.000 km Laufleistung).
[66] *KG* KGR 2005, 39, 40; Palandt/*Grüneberg,* § 251 Rn. 14.
[67] *OLG Oldenburg* NJW-RR 2007, 1250: marktgängiger Audi A 6 mit einer Laufleistung über 195.000 km; *Halbgewachs,* NZV 2008, 125.
[68] *Kappus,* NJW 2008, 891, 892.
[69] *BGH* NJW 1996, 1405, 1407; *KG* NZV 1995, 312, 314.
[70] VersR 1962, 593; dazu Erman/*Ebert,* § 251 Rn. 10; Geigel/*Knerr,* Kap. 3 Rn. 58; Überblick über Berechnungsmethoden bei Sanden/*Völtz,* Rn. 201 ff.
[71] *BGH* NJW 1980, 281, 282; NJW 1966, 1454, 1456.
[72] *KG* NZV 1995, 312, 314; MünchKommBGB/*Oetker,* § 249 Rn. 57.
[73] Geigel/*Knerr,* Kap. 3 Rn. 64.
[74] BGHZ 154, 395, 398 = NJW 2003, 2085; *BGH* NJW 1992, 1618; *Steffen,* NZV 1991, 1, 2.
[75] *BGH* NJW 1989, 3009; *Greger,* NZV 2006, 1, 2.

verwendet.[76] Auch bei einer fiktiven Abrechnung sind die so genannten UPE-Aufschläge, die auf der Weitergabe von unverbindlichen Preisempfehlungen der Ersatzteilhersteller beruhen, zu berücksichtigen, wenn sie regional üblich sind.[77] Zu den erforderlichen Reparaturkosten einer fiktiven Abrechnung gehören als Wiederherstellungskosten auch (fiktive) Sozialabgaben und Lohnnebenkosten. Dies ist keine Überkompensation und verstößt weder gegen das Bereicherungsverbot noch gegen das Wirtschaftlichkeitsgebot, sondern ist allgemeine Folge des § 249 II 1 BGB.[78]

Lässt der Geschädigte sein unfallbeschädigtes Fahrzeug nicht reparieren, sondern veräußert es in diesem Zustand, wird sein Schadensersatzanspruch auch bei Abrechnung nach den fiktiven Reparaturkosten durch den **Wiederbeschaffungsaufwand** begrenzt.[79] Etwas anderes gilt allerdings, wenn der Geschädigte seinen **Weiternutzungswillen** nachweist, indem er das Fahrzeug mindestens sechs Monate nach dem Unfall behält.[80] Auf diese Wartefrist muss der Anwalt des Geschädigten seinen Mandanten hinweisen.[81] Dadurch bringt der Geschädigte sein für den Zuschlag von bis zu 30 % ausschlaggebendes Integritätsinteresse regelmäßig hinreichend zum Ausdruck, wenn nicht besondere Umstände eine andere Beurteilung rechtfertigen.[82] Die Darlegungs- und Beweislast für den Weiternutzungswillen trifft nach allgemeinen Grundsätzen des Beweisrechts den Geschädigten. Insoweit gilt das Beweismaß des § 287 I ZPO, so dass eine überwiegende Wahrscheinlichkeit genügt.[83]   24

Für die Frage, wann die Reparaturkosten fällig sind, wenn der Geschädigte sie vor Ablauf der Sechsmonatsfrist verlangt, ist der Weiternutzungswille im Zeitpunkt des Reparaturauftrags maßgeblich. Die Fälligkeit des Anspruchs ist von der Frage ihres Nachweises zu unterscheiden. Andernfalls müsste der Geschädigte die Reparaturkosten vorfinanzieren.[84]   25

bb) Umfang

Die Bemessung der fiktiven Reparaturkosten erfolgt auf Grund eines Schadensgutachtens.[85] Nur in einfachen Fällen genügt der Kostenvoranschlag einer Kfz-Werkstatt.[86] Anzusetzen sind die üblichen Reparatursätze einer Fachwerkstatt, sofern sie unter der 130 %-Grenze liegen.[87] Dazu gehören auch fiktive Ersatzteilzuschläge.[88] Auf eine markenfreie Werkstatt muss der Geschädigte sich grundsätzlich nicht verweisen lassen.[89] Mit Rücksicht auf das Wirtschaftlichkeitsgebot gilt aber etwas anderes, wenn der gegnerische Versicherer den Geschädigten auf eine konkrete, gemessen am Qualitätsstandard gleichwertige, aber kostengünstigere, nicht markengebundene   26

---

[76] BGHZ 155, 1, 7 = NJW 2003, 2086, 2088.

[77] OLG Düsseldorf DAR 2008, 523, 525; LG Dortmund zfs 2009, 265; AG Berlin-Mitte NJW 2008, 529; AG Frankfurt/M. DAR 2008, 92.

[78] BGH NJW 2013, 1732 Rn. 9, für BGHZ bestimmt.

[79] BGHZ 163, 180 = NJW 2005, 2541; MünchKommBGB/Oetker, § 249 Rn. 373.

[80] BGHZ 168, 43 = NJW 2006, 2179 Rn. 11 = JuS 2007, 283 (Faust); BGHZ 169, 263 = NJW 2007, 67 Rn. 11; BGH NJW 2008, 1941; Diederichsen, DAR 2008, 301, 306; MünchKommBGB/Oetker, § 249 Rn. 373; Wellner, Kfz-Sachschaden, § 1 Rn. 1 ff.

[81] Kappus, NJW 2008, 891, 893 (mit Berechnungsbeispiel).

[82] BGH NJW 2008, 437; NJW 2008, 439.

[83] BGH NJW 2008, 437 Rn. 11 f.; Wellner, Kfz-Sachschaden, § 1 Rn. 22

[84] BGHZ 178, 338 = NJW 2009, 910; Wittschier, NJW 2008, 898, 899.

[85] Geigel/Knerr, Kap. 3 Rn. 32.

[86] MünchKommBGB/Oetker, § 249 Rn. 350.

[87] BGHZ 155, 1 = NJW 2003, 2086 – Porsche-Urteil; BGH NJW 2010, 2121 – Oldtimer; Wenker, VersR 2012, 290.

[88] OLG Düsseldorf DAR 2008, 523, 535 f.; LG Aachen NZV 2005, 649; MünchKommBGB/Oetker, § 249 Rn. 372.

[89] Greiner, zfs 2006, 124, 126.

Werkstatt in der Region verweist. Über die Gleichwertigkeit hat der Tatrichter nach dem Maßstab des § 254 II BGB, § 287 I ZPO zu befinden.[90]

Im Hinblick auf den Zeitpunkt des Verweises hat der *BGH* entschieden, dass dieser noch im Rechtsstreit erfolgen kann, sofern prozessuale Verspätungsvorschriften nicht entgegenstehen.[91]

Bei einem Fahrzeugalter von bis zu drei Jahren seit Erstzulassung ist ein solcher Verweis unzumutbar. Ist das Fahrzeug hingegen älter, muss der Geschädigte darlegen und ggf. beweisen, dass er sein Fahrzeug bisher stets in einer Markenwerkstatt hat warten und reparieren lassen.[92] Unter Umständen muss der Geschädigte auf gerichtliche Anordnung entsprechende Reparaturrechnungen oder andere Unterlagen vorlegen, z. B. das sog. Scheckheft (§ 142 ZPO).

Unzumutbar ist dem Geschädigten eine Reparatur in einer freien Werkstatt auch dann, wenn deren Preise nur deshalb günstig sind, weil dies auf Sonderkonditionen beruht, die die Werkstatt dem gegnerischen Haftpflichtversicherer gewährt.[93]

27 Gegebenenfalls kommen Nebenkosten und ein merkantiler Minderwert hinzu. Die Abrechnung erfolgt in den Grenzen des Wiederbeschaffungswerts. Die dem Geschädigten, der sein Fahrzeug tatsächlich repariert, zugebilligte Überschreitung der Reparaturkosten um bis zu 30 % des Wiederbeschaffungswerts kommt hier nicht zum Zuge.[94] Fiktive Mehrwertsteuer kann der Geschädigte ebenfalls nicht verlangen (§ 249 II 2 BGB).[95]

cc) Abrechnung auf Gutachtenbasis trotz Reparatur

28 Die Abrechnung der fiktiven Reparaturkosten unterliegt nicht der Überprüfung am Maßstab der realen Kosten der Wiederherstellung. Es kommt deshalb nicht darauf an, ob die Kosten einer tatsächlich durchgeführten Reparatur niedriger sind.[96] Der Geschädigte ist grundsätzlich nicht verpflichtet, die Rechnung über eine tatsächlich vorgenommene Reparatur vorzulegen.[97] Das gilt auch dann, wenn die erforderlichen Reparaturkosten zwar den Wiederbeschaffungsaufwand übersteigen, aber noch innerhalb des Toleranzbereichs von bis zu 130 % des Wiederbeschaffungswerts liegen.[98]

29 Ausnahmsweise ist etwas anderes anzunehmen, wenn der Schädiger bzw. sein Versicherer die vom Gutachter angesetzten Kosten substantiiert bestreiten. Dann muss der Geschädigte die genaue Höhe des Schadens belegen.[99] Dazu wird er auch die Reparaturrechnung vorzulegen haben (§ 142 I ZPO).[100] Die so belegten tatsächlichen Aufwendungen sind im Allgemeinen ein aussagekräftigeres Indiz für die Erforderlichkeit.[101] Mit Rücksicht darauf kann das Gericht unter Umständen auch Abschläge nach § 287 I ZPO vornehmen.[102]

---

[90] *BGH* NJW 2010, 2941 Rn. 13 – Mercedes A 140-Urteil.
[91] *BGH* Urteil vom 14.5.2013 – VI ZR 320/12 Rn. 10 f.
[92] BGHZ 183, 21 = NJW 2010, 606 – VW-Urteil; *BGH* NJW 2010, 2118 – BMW-Urteil; NJW 2010, 2727 – Audi Quattro-Urteil; NJW 2010, 2941; *Kappus,* NJW 2010, 582; DAR 2012, 133; *Ullmann,* NZV 2010, 489.
[93] *BGH* NJW 2010, 2725 – Mercedes A 170-Urteil.
[94] *BGH* NJW 2011, 669 Rn. 8; Geigel/*Knerr,* Kap. 3 Rn. 34; MünchKommBGB/*Oetker,* § 251 Rn. 45; *Diederichsen,* DAR 2011, 301, 307.
[95] *Greger,* § 24 Rn. 53.
[96] MünchKommBGB/*Oetker,* § 249 Rn. 373.
[97] *BGH* NJW 1992, 1618.
[98] *BGH* NJW 1992, 1618, 1620.
[99] *BGH* NJW 1989, 3009; *Greger,* § 24 Rn. 36, 40.
[100] *Greger,* NZV 2006, 1, 2; Zöller/*Greger,* § 142 Rn. 2.
[101] *BGH* NJW 1989, 3009.
[102] *Greger,* § 24 Rn. 36 f., 53.

3. Anschaffung eines Ersatzfahrzeugs

Der Geschädigte kann sich anstelle der Reparatur ein Ersatzfahrzeug beschaffen; auch **30**
dies bildet eine Form der Naturalrestitution (§ 249 I BGB).[103]

a) Konkrete Ersatzbeschaffung

Maßstab für den Schadensersatzanspruch ist der für die Ersatzbeschaffung notwendige Kaufpreis bis zur Höhe des Brutto-Wiederbeschaffungswerts unter Abzug des Restwerts (§ 249 II 1 BGB).[104]

Der **Wiederbeschaffungswert** ist der Preis, den der Geschädigte bei einem seriösen **31**
Autohändler zahlen muss, um ein gleichartiges und gleichwertes Ersatzfahrzeug zu erwerben.[105] Er liegt wegen der Händlerspanne in der Regel 15–25 % über dem Zeitwert des Fahrzeugs.[106]

Zuschläge zum Wiederbeschaffungswert, wie zum Beispiel ein Risiko- oder Zweithandzuschlag, sind nicht gesondert erstattungsfähig.[107] Gleiches gilt für die Überprüfungskosten eines Sachverständigen betreffend die Mangelfreiheit des Ersatzfahrzeugs, soweit es von einem Händler erworben wird.[108]

Den von seinem Schadensgutachter ermittelten **Restwert** des beschädigten Fahrzeugs **32**
muss sich der Geschädigte anrechnen lassen.[109] Er kann dem Schädiger aber auch das beschädigte Fahrzeug zu eigenen Verwertung zur Verfügung stellen.[110]

Der Geschädigte kann Ersatz der Mehrwertsteuer beanspruchen, wenn er sie tatsächlich aufgewendet hat und nicht vorsteuerabzugsberechtigt ist (§ 249 II 2 BGB).[111]

b) Fiktive Ersatzbeschaffung

Die vorgenannten Grundsätze gelten auch dann, wenn der Geschädigte den Wie- **33**
derbeschaffungswand fiktiv auf der Grundlage eines Schadensgutachtens abrechnet, zum Beispiel weil er ein günstiges Ersatzfahrzeug erworben hat. Gemäß § 249 II 2 BGB kann der Geschädigte jedoch nur den Nettobetrag verlangen.[112] Die im Schadensgutachten ausgewiesene Mehrwertsteuer ist von dem vollen, nicht um den Restwert gekürzten Wiederbeschaffungswert abzuziehen.[113]

---

[103] BGHZ 115, 364 = NJW 1992, 302; BGHZ 154, 395 = NJW 2003, 2085; BGHZ 163, 180, 184 = NJW 2005, 2541, 2542; BGHZ 169, 263 = NJW 2007, 67 Rn. 11; BGHZ 171, 287 = NJW 2007, 1674 Rn. 6; MünchKommBGB/*Oetker*, § 251 Rn. 15; anders für gebrauchte PKW: *Greger*, § 24 Rn. 8 m. w. N.

[104] BGHZ 162, 270, = NJW 2005, 2220; BGHZ 164, 397, 400 = NJW 2006, 285 Rn. 6; *Diederichsen*, DAR 2006, 301, 308; Geigel/*Knerr*, Kap. 3 Rn. 41; *Greger*, § 24 Rn. 63; *ders.*, NZV 2006, 1, 3.

[105] Siehe oben Rn. 3.

[106] Palandt/*Grüneberg*, § 249 Rn. 16.

[107] Sanden/*Völtz*, Rn. 178; Geigel/*Knerr*, Kap. 3 Rn. 43; *Halbgewachs*, NZV 1993, 381.

[108] *OLG Saarbrücken* NZV 1990, 186; Geigel/*Knerr*, Kap. 3 Rn. 43.

[109] BGHZ 143, 189, 193 = NJW 2000, 800, 801; *BGH* NJW 1992, 903; *Greiner*, zfs 2006, 63, 66.

[110] Palandt/*Grüneberg*, § 249 Rn. 19.

[111] BT-Drs. 14/7752, S. 23; Geigel/*Knerr*, Kap. 3 Rn. 42; *Greger*, § 23 Rn. 13; *Wagner*, NJW 2002, 2049, 2058.

[112] *Greiner*, zfs 2006, 63, 66; *Greger*, § 24 Rn. 64.

[113] *Greger*, NZV 2006, 1, 3.

4. Abrechnung auf Totalschadenbasis

34 Ist das beschädigte Fahrzeug nicht mehr reparabel, so wird nach § 251 BGB eine Geldentschädigung geschuldet, die dem Geschädigten die Möglichkeit gibt, sich ein gleichwertiges Fahrzeug zu beschaffen

a) Totalschaden

Ein Totalschaden ist im Fall einer vollständigen Zerstörung und der technischen Unmöglichkeit einer Wiederherstellung gegeben (technischer Totalschaden, § 251 I BGB).[114] Gleichgestellt ist der wirtschaftliche Totalschaden. Ein solcher liegt vor, wenn die Herstellung des früheren Zustands nur mit unverhältnismäßigen Aufwendungen möglich ist (§ 251 II 1 BGB). Zur Bestimmung dessen werden die geschätzten Reparaturkosten (zuzüglich des merkantilen Minderwerts) in Beziehung zum Wiederbeschaffungswert des Fahrzeugs im Zustand vor dem Unfall gesetzt. Liegen jene bei 130 % des Wiederbeschaffungswerts, so ist Unverhältnismäßigkeit in der Regel zu bejahen. Dann kann nicht auf Reparaturkostenbasis abgerechnet werden. Der Geschädigte muss sich auf den Wiederbeschaffungsaufwand (Wiederbeschaffungswert abzüglich Restwert) verweisen lassen.[115]

35 Der Geschädigte kann seinen Ersatzanspruch nicht auf 130 % beschränken.[116] Hat er aber zunächst den Wiederbeschaffungsaufwand auf Totalschadenbasis abgerechnet, obwohl die Reparaturkosten unterhalb der 130 %-Grenze liegen, so kann er das Fahrzeug nachträglich gleichwohl reparieren lassen und den Wiederbeschaffungsaufwand übersteigende Reparaturkosten nachfordern. An die einmal gewählte Art der Schadensabrechnung ist der Geschädigte nicht gebunden.[117]

b) Abrechnung des Totalschadens

36 Grundlage für die Abrechnung auf Totalschadensbasis ist die Erwägung, dass der Geschädigte in den Stand zu versetzen ist, sich auf dem Gebrauchtwagenmarkt ein gleichwertiges Ersatzfahrzeug zu beschaffen. Maßgebend ist der Preis, den der Geschädigte bei einem seriösen Autohändler zahlen muss, um ein gleichartiges und gleichwertiges Ersatzfahrzeug zu erwerben.[118] Unerheblich ist, was der Geschädigte hätte erlösen können (Zeitwert).[119]

37 Es kommt darauf an, was der Geschädigte zur Beschaffung einer gleichartigen Sache aufwenden muss (**Wiederbeschaffungswert**). Dieser liegt wegen der Händlerspanne um 15–25 % über dem Zeitwert.[120] Abzuziehen von dem so ermittelten Wiederbeschaffungswert ist der **Restwert** des Fahrzeugs, es sei denn, der Geschädigte stellt das Unfallfahrzeug dem Schädiger (oder dessen Kfz-Haftpflichtversicherer) zur Verfügung.[121] Der Geschädigte erhält somit die Differenz zwischen Wiederbeschaffungs- und Restwert (**Wiederbeschaffungsaufwand**).[122]

---

[114] Rn. 5.
[115] BGHZ 171, 287 = NJW 2007, 1674 Rn. 6; BGHZ 169, 263 = NJW 2007, 67 Rn. 12; BGHZ 162, 170 = NJW 2005, 1110; BGHZ 115, 364 = NJW 1992, 302; *Diederichsen*, DAR 2007, 301, 306; *MünchKommBGB/Oetker*, § 251 Rn. 41.
[116] *Greger*, § 24 Rn. 27; *Heß/Burmann*, NJW-Spezial 2007, 207.
[117] BGHZ 169, 263 = NJW 2007, 67.
[118] *MünchKommBGB/Oetker*, § 251 Rn. 19.
[119] So noch *BGH* NJW 1966, 1454; vgl. auch *OLG Düsseldorf* NZV 1997, 483.
[120] *MünchKommBGB/Oetker*, § 251 Rn. 18.
[121] *BGH* NJW 2006, 2320 Rn. 7; BGHZ 163, 362 = NJW 2005, 3134; BGHZ 115, 364, 372 = NJW 1992, 302; *Kappus*, NJW 2008, 891, 892.
[122] *Greiner*, zfs 2006, 63, 68; *MünchKommBGB/Oetker*, § 251 Rn. 31.

c) Restwertbemessung

In der Regel ist der Geschädigte berechtigt, das Unfallfahrzeug auf der Basis des vom **38** Schadensgutachter ermittelten Restwerts zu veräußern oder in Zahlung zu geben, ohne auf ein Restwertangebot des gegnerischen Versicherers warten zu müssen.[123] Maßgeblich ist das höchste der auf dem regionalen Markt erzielbaren Angebote.[124] Im Regelfall muss der Sachverständige zur Begründung der Schätzung drei konkrete Angebote auf dem maßgeblichen regionalen Markt ermitteln und benennen.[125] Realisiert der Geschädigte den Restwert durch Veräußerung des Fahrzeugs, ist sein Schaden in entsprechender Höhe ausgeglichen.[126] Der Geschädigte verstößt nicht gegen seine Schadensminderungspflicht (§ 254 II 1 BGB), wenn er sein Fahrzeug zu dem vom Gutachter kalkulierten Restwert veräußert, ohne das Gutachten zuvor dem gegnerischen Haftpflichtversicherer zuzuleiten.[127]

Erzielt der Geschädigte tatsächlich einen geringeren Verkaufspreis als im Gutachten **39** geschätzt, muss er lediglich den geringeren tatsächlichen Restwert ansetzen. Das ist keine Kombination von fiktiver und konkreter Abrechnung.[128] Eine solche ist grundsätzlich unzulässig.[129]

Trägt der Geschädigte nicht vor, wie hoch der von ihm erzielte Restwert ist, ist prozessual auf das Angebot des gegnerischen Versicherers abzustellen (§ 138 III ZPO).[130]

Der Geschädigte braucht sich nicht auf einen höheren Erlös als den vom Sachver- **40** ständigen ermittelten Restwert einzulassen, der auf einem Sondermarkt für Unfallwracks zu erzielen ist.[131] Etwas anderes gebietet die Schadensminderungspflicht des Geschädigten (§ 254 II BGB) aber dann, wenn ihm der – an möglichst hohen Restwerten interessierte – Versicherer des Schädigers eine auf dem regionalen Markt ohne Weiteres realisierbare Verwertungsmöglichkeit nachweist. Das setzt voraus, dass das Angebot konkret und bestimmt ist. Ferner muss das Wrack auf Kosten des Schädigers gegen Barzahlung abgeholt werden.[132]

Es besteht keine Verpflichtung des Geschädigten zur Inanspruchnahme eines Sonder- **41** markts für Restwertaufkäufer im Internet.[133] Auch der Gutachter des Geschädigten muss dementsprechend nur solche Angebote bei der Ermittlung des Restwerts einbeziehen, die auch sein Auftraggeber berücksichtigen musste.[134] Etwas anderes gilt, wenn der Geschädigte risikolos auf das Angebot zugreifen kann.[135] Außerdem muss der Geschädigte den höheren Verkaufserlös auch in Abzug bringen, wenn er diese (nicht besonders anstrengende) Vorgehensweise selbst gewählt hat.[136] Etwas anderes ist bei überobligationsmäßigen Anstrengungen des Geschädigten anzunehmen.[137]

---

[123] BGHZ 143, 189, 193 = NJW 2000, 800, 801; BGHZ 171, 287 = NJW 2007, 1674 Rn. 7; NJW 2010, 605 Rn. 9; NJW 2010, 2722 Rn. 7.
[124] BGHZ 163, 362 = NJW 2005, 3134; NJW 2007, 2918 Rn. 9; *Kappus,* NJW 2008, 891, 893; *Greiner,* zfs 2006, 124, 125.
[125] *BGH* NJW 2010, 605.
[126] BGHZ 163, 180 = NJW 2005, 2541; *Greiner,* zfs 2006, 124, 125 f.
[127] *AG Bochum* DAR 2009, 209.
[128] *BGH* NJW 2006, 2320.
[129] *G. Müller,* zfs 2009, 124 f.
[130] *OLG Düsseldorf* NJOZ 2007, 1808; *Heß/Burmann,* NJW-Spezial 2007, 211.
[131] BGHZ 143, 189, 193 = NJW 2000, 800, 801; MünchKommBGB/*Oetker,* § 251 Rn. 33.
[132] BGHZ 143, 189, 195 = NJW 2000, 800, 802; *Greger,* § 24 Rn. 67 f.
[133] *BGH* NJW 2005, 357; BGHZ 171, 287 = NJW 2007, 1674 Rn. 9.
[134] *BGH* NJW 2009, 1265.
[135] *BGH* NJW 2010, 2722; *OLG Hamm* NJW-RR 2009, 320.
[136] *BGH* NJW 2005, 357; NJW 2007, 2918 Rn. 9; NJW 2010, 2724 Rn. 10.
[137] *Greger,* NZV 2006, 1, 3.

42 Diese Grundsätze gelten entsprechend, wenn der Geschädigte sein Fahrzeug im Totalschadensfall weiternutzt. Bei der Abrechnung nach den fiktiven Wiederbeschaffungskosten ist in der Regel der in einem Sachverständigengutachten für den regionalen Markt ermittelte Restwert in Abzug zu bringen.[138]

43 Gemäß § 249 II 2 BGB schließt der zur Wiederherstellung der beschädigten Sache erforderliche Geldbetrag die Umsatzsteuer (nur) mit ein, wenn und soweit sie tatsächlich angefallen ist. Bei der Vorschrift handelt es sich um einen nicht analogiefähigen Ausnahmetatbestand.[139] Auch wenn der Gesetzgeber § 249 II 2 BGB nicht auf § 251 BGB erstreckt hat,[140] gilt dies aber auch im Fall eines wirtschaftlichen Totalschadens.[141]

Die im Schadensgutachten ausgewiesene Besteuerung ist herauszurechnen. Freilich darf der gegnerische Haftpflichtversicherer nicht in jedem Fall 19 % absetzen. Zuvor hat das Gericht zu klären, ob der Gutachter von der Regelbesteuerung (§ 10 UStG) oder nur von der – im Handel mit gebrauchten Fahrzeugen verbreiteten – **Differenzbesteuerung** (§ 25a UStG) ausgegangen ist (differenzbesteuerter Wiederbeschaffungswert).[142] Das betrifft Fahrzeuge, die älter als fünf, aber nicht älter als acht Jahr sind.[143] Mehrwertsteuer fällt dabei nur auf die Differenz zwischen dem Händlereinkaufspreis und dem Händlerverkaufspreis an, also auf die Handelsspanne.[144] Gegebenenfalls ist nur diese abzusetzen. Da der Händler die Differenzbesteuerung in der Regel nicht ausweist, können aus Gründen der Vereinfachung 2 % geschätzt werden (§ 287 ZPO).[145] Das hat der *BGH* gebilligt.[146]

5. Abrechnung auf Neuwagenbasis

44 Verunfallt der Geschädigte mit einem Neuwagen, so ist die Abrechnung auf der Grundlage des Neupreises an enge Voraussetzungen geknüpft.[147]

45 Die Erstattung der Kosten eines Neuwagens gleichen Typs setzt voraus, dass es sich nicht nur um einen Bagatellschaden, sondern um einen Schaden handelt, der sich durch bloßes Auswechseln von Teilen nicht folgenlos beseitigen lässt.[148] Für die Grenzziehung haben sich (als Faustregel) ein Kilometerstand von 1.000 und eine Zulassung von nicht länger als einem Monat herausgebildet.[149]

Der Geschädigte darf ausnahmsweise auch bei einer Laufleistung bis 3.000 km und innerhalb einer Gebrauchsdauer von einem Monat auf Neuwagenbasis abrechnen, wenn die Beschädigungen so erheblich sind, dass der frühere Zustand auch nicht annähernd wiederhergestellt werden kann.[150] In diesem Bereich muss sich der Geschädigte allerdings im Wege der Vorteilsausgleichung einen Abzug für die mit dem Unfallfahrzeug gefahrenen Kilometer anrechnen lassen.

---

[138] BGHZ 171, 287 = NJW 2007, 1674 Rn. 10; *BGH* NJW 2007, 2918; *Huber,* NJW 2007, 1625.

[139] *BGH* VersR 2013, 637 Rn. 6, für BGHZ bestimmt.

[140] BT-Drs. 14/7752, S. 13, 23.

[141] BGHZ 158, 388, 392 = NJW 2004, 1943, 1944; BGHZ 162, 170, 175 = NJW 2005, 1110, 1111; BGHZ 162, 270, 272 f. = NJW 2005, 2220, 2221; BGHZ 164, 397, 399 = NJW 2006, 285 Rn. 4; *BGH* NJW 2004, 2086.

[142] *LG Hamburg* DAR 2008, 31; *Greiner,* zfs 2006, 63, 68; *Diederichsen,* DAR 2007, 301, 308; *Kappus,* NJW 2008, 891, 892 f.; *Greger,* § 23 Rn. 21; *MünchKommBGB/Oetker,* § 249 Rn. 471 ff.; siehe auch BT-Drs. 14/7752, S. 24; Rechenbeispiel bei *Luckey,* VersR 2004, 1525, 1526 f.

[143] *Kappus,* DAR 2008, 453, 455 f.

[144] *Huber,* NZV 2004, 105, 112.

[145] *OLG Köln* NJW 2004, 1465; *OLG Rostock* OLGR 2005, 579, 580.

[146] *BGH* VersR 2004, 927.

[147] *Raupach,* MDR 2007, 819; *Armbrüster,* JuS 2007, 411, 415.

[148] BGHZ 181, 242 = NJW 2009, 3022 Rn. 19; *OLG Nürnberg* DAR 2009, 37.

[149] BGHZ 181, 242 = NJW 2009, 3022 Rn. 18; *BGH* NJW 1982, 433; *Greger,* § 24 Rn. 17; *MünchKommBGB/Oetker,* § 251 Rn. 29.

[150] *BGH* NJW 1982, 433 f.

Den entstandenen Schaden kann der Geschädigte nur dann auf Neuwagenbasis ab- **46** rechnen, wenn er ein fabrikneues Ersatzfahrzeug gekauft hat. Wenn der Geschädigte durch die Weiternutzung zum Ausdruck bringt, dass die Neuwertigkeit für ihn kein ausschlaggebender Faktor ist, besteht nämlich kein Anlass, ihm eine bevorzugte Abwicklung zuzubilligen; in diesem fehlt eine Anspruchsvoraussetzung für die Neu-preisentschädigung.[151] Der Geschädigte darf also nicht den verunfallten Neuwagen weiter nutzen und gleichwohl fiktiv abrechnen. Der sicherste Weg besteht mithin darin, zuerst das Neufahrzeug zu kaufen und erst dann Klage zu erheben. Das führt allerdings dazu, dass der Geschädigte den Neupreis zweimal in kurzem Abstand aufbringen muss.[152]

II. Sachschaden im weiteren Sinn

Zum Sachschaden im weiteren Sinn gehören Gutachter- und Abschleppkosten. Es **47** handelt sich auch hier um unmittelbare Schäden, was sich insbesondere bei der sachlichen Kongruenz im Rahmen des Anspruchsübergangs nach § 86 VVG zeigt.

1. Gutachterkosten

Der Geschädigte darf in der Regel einen Schadensgutachter beauftragen, damit dieser **48** Art und Umfang des Schadens festhalten kann,[153] zumal der Geschädigte für den Schaden darlegungs- und beweispflichtig ist. Dabei handelt es sich um erforderlichen Wiederherstellungsaufwand im Sinne von § 249 II BGB.[154] Die hierdurch tatsächlich – und nicht nur fiktiv – entstehenden Kosten sind in der Regel erstattungsfähig. Dies gilt auch dann, wenn der Schädiger oder sein Versicherer von sich aus einen eigenen (Haus-)Sachverständigen einschalten. Die Höhe der erstattungsfähigen Kosten des vom Geschädigten eingeschalteten Gutachters richtet sich nicht nach §§ 8 ff. JVEG, sondern nach den üblichen Sätzen (§ 632 II BGB, § 315 BGB).[155] Haftet der Schädi-ger nur quotenmäßig, so sind dem Geschädigten die Sachverständigenkosten nur nach Maßgabe der Mithaftungsquote zu erstatten.[156] Dies trägt dem Gedanken der Mitver-antwortung des Geschädigten für die Schadensentstehung Rechnung.

Nicht erstattungsfähig sind Gutachterkosten in folgenden Fällen: **49**
– Es handelt sich erkennbar um einen Bagatellschaden. Die Grenze kann bei 700 bis 750 EUR gezogen werden (§ 287 I ZPO).[157] In einem solchen Fall genügt ein Kostenvoranschlag der Werkstatt.[158] Die Aufwendungen für den Kostenvoranschlag sind auch dann zu erstatten, wenn die Reparatur nicht durchgeführt wird.[159]
– Die Schadenslage ist eindeutig und der Schädiger oder sein Haftpflichtversicherer übernehmen ausdrücklich die Höhe des geltend gemachten Schadens.

[151] BGHZ 181, 242 = NJW 2009, 3022 Rn. 23 ff.; *Ernst*, DAR 2009, 455; *Wellner*, Kfz-Sachschaden, § 1 Rn. 88 ff.
[152] *Hirsch*, LMK 2009, 287588.
[153] *BGH* NJW-RR 1989, 953, 956; Geigel/*Knerr*, Kap. 3 Rn. 118.
[154] *BGH* NJW 2007, 1450; *Göbel*, NZV 2007, 457.
[155] BGHZ 167, 139 = NJW 2006, 2472; *BGH* NZV 2007, 134; NZV 2007, 183; *OLG Naumburg* NZV 2006, 546; Sanden/*Völtz*, Rn. 231 ff.; Palandt/*Grüneberg*, § 315 Rn. 10; *Göbel*, NZV 2006, 512.
[156] *BGH* NJW 2012, 1953; BeckRS 2012, 05521.
[157] *Watzlawik*, DAR 2009, 432; Sanden/*Völtz*, Rn. 227; Geigel/*Knerr*, Kap. 3 Rn. 119; siehe auch MünchKommBGB/*Oetker*, § 249 Rn. 372: 1.000 EUR.
[158] *Greger*, § 26 Rn. 4.
[159] Geigel/*Knerr*, Kap. 3 Rn. 119; *Greger*, § 26 Rn. 11; siehe auch *LG Hildesheim* NZV 2010, 33.

– Die Kosten eines völlig unbrauchbaren Gutachtens sind nicht zu erstatten. Das ist nicht schon dann anzunehmen, wenn es sich später als falsch herausstellt. Ein Gutachten kann aber zum Beispiel aufgrund falscher Angaben des Geschädigten oder Verschweigen maßgeblicher Umstände unbrauchbar sein.[160] Unbrauchbar ist ein Gutachten auch, wenn es die Regulierung nicht beeinflusst.[161] Der Geschädigte kann dann unter Umständen einen vertraglichen Schadensersatzanspruch gegen den vom ihm beauftragten Sachverständigen haben. Aufgrund der Schutzwirkung dieses Vertrags kann auch der Schädiger Schadensersatz von dem Gutachter verlangen.[162] Zumindest kann der erstattungspflichtige Schädiger Abtretung der Ansprüche des Geschädigten gegen den Sachverständigen an sich verlangen.[163]

2. Abschleppkosten

50　Notwendige, tatsächlich entstandene Abschleppkosten sind zu ersetzen (§ 249 II 1 BGB). Die zuzubilligende Fahrstrecke richtet sich nach den Umständen des Einzelfalls.

> – Bei erkennbar eindeutigem Totalschaden können nur die Kosten für das Abschleppen zur nächsten Werkstatt oder einem Abstellplatz verlangt werden.[164]
> – Ist das Fahrzeug reparaturfähig, richtet sich die notwendige Abschleppstrecke nach der Art des Schadens und der Entfernung vom Heimatort. Liegt der Unfallort in der Nähe des Heimatorts, so darf der Geschädigte das Unfallfahrzeug in die auch sonst von ihm aufgesuchte Werkstatt seines Vertrauens bringen. Andernfalls sind nur die Abschleppkosten bis zur nächstgelegenen Vertragswerkstatt ersatzfähig (§ 254 II BGB).[165]

III. Entgangene Nutzung

51　Dem Geschädigten steht über den bisher behandelten Ausgleich des unmittelbaren Sachschadens hinaus ein Anspruch auf Ersatz für den Entzug der Nutzungsmöglichkeit des beschädigten Fahrzeugs zu. Ausgenommen sind nicht zugelassene Fahrzeuge[166] und solche ohne Haftpflichtversicherungsschutz.[167] Zu ersetzen sind Mietwagenkosten oder entgangene Gebrauchsvorteile.

52　Ersatz von Mietwagenkosten und entgangener Gebrauchsvorteile schließen sich gegenseitig aus.[168] So kann bei Inanspruchnahme eines gegenüber dem Unfallfahrzeug kleineren Mietwagens wegen geringeren Nutzungswerts kein Anspruch auf Ersatz der Wertdifferenz geltend gemacht werden.[169] Für einzelne Zeitabschnitte kann der Nutzungsschaden aber unterschiedlich nach Mietwagenkosten und entgangenen Gebrauchsvorteilen liquidiert werden.[170]

1. Dauer

53　Für beide Schadenspositionen ist vorab der Zeitraum zu klären, für den Ersatz verlangt werden kann. Die Dauer des Entzugs der Gebrauchsmöglichkeit ist anhand

---

[160] *Greger,* § 26 Rn. 7.
[161] *Sanden/Völtz,* Rn. 143; *OLG Frankfurt/M.* OLGR 1998, 190.
[162] Geigel/*Knerr,* Kap. 3 Rn. 122.
[163] *Greger,* § 25 Rn. 7.
[164] Sanden/*Völtz,* Rn. 222.
[165] *OLG Köln* NZV 1991, 429.
[166] *Gruber,* NZV 1991, 303.
[167] *OLG Frankfurt/M.* NZV 1995, 68; *OLG Hamm* NJWE-VHR 1996, 213; Geigel/*Knerr,* Kap. 3 Rn. 69.
[168] *OLG Karlsruhe* NZV 1989, 231.
[169] Geigel/*Knerr,* Kap. 3 Rn. 95.
[170] *OLG Schleswig* OLGR 2005, 99.

der Überlegungsfrist und der sich daran anschließende Frist zur Schadensbeseitigung zu bestimmen.

a) Überlegungszeit

Dem Geschädigten wird in der Regel zunächst eine Prüfungs- und Überlegungsfrist zugebilligt, innerhalb derer er klären kann, ob das Fahrzeug noch reparabel ist oder ob auf Totalschadenbasis abzurechnen ist.[171] Die Überlegungsfrist entfällt nur, wenn die Frage der Reparaturfähigkeit anhand der Schäden in einem bestimmten Sinne eindeutig entschieden werden kann. Bei einem Totalschaden ist gleichwohl der Zeitwert des beschädigten Fahrzeugs zu ermitteln, weil sich hieran die Ersatzbeschaffung orientiert.[172]

Ausnahmsweise kann der Geschädigte mit dem Reparaturauftrag bis zum Abschluss eines selbständigen Beweisverfahrens zuwarten, wenn ein solches zur Unfallrekonstruktion erforderlich ist.[173]

Dem Geschädigten obliegt es, unverzüglich einen Sachverständigen zu beauftragen, **54** der bereit ist, das Unfallfahrzeug sofort zu besichtigen und sein Gutachten in angemessener Zeit zu erstatten (§ 254 II BGB).[174] Der Geschädigte ist gehalten, den Eingang des schriftlichen Gutachtens im Blick zu behalten. Dazu muss er auf zügige Abwicklung hinwirken, gegebenenfalls durch Mahnungen. Unter Umständen kann es dem Geschädigten auch zumutbar sein, sich vorab mit einer telefonischen Mitteilung des Ergebnisses zu begnügen.[175]

b) Reparaturzeit
aa) Tatsächliche Reparatur

Wird auf Reparaturbasis abgerechnet, so besteht die Ausfallzeit in der angemessenen **55** Dauer einer zügig durchgeführten Reparatur.[176] Verzögert sich die Reparatur, zum Beispiel aufgrund von Schwierigkeiten bei der Ersatzteilbeschaffung, trägt das Risiko grundsätzlich der Schädiger.[177]

Bei einer vom Geschädigten verzögerten Reparatur ist der erstattungsfähige Reparaturzeitraum angemessen zu verkürzen, wenn den Geschädigten ein eigenes Verschulden an der Verzögerung trifft.[178] Das Verschulden der Werkstatt muss er sich nach § 278 BGB nicht anrechnen lassen.[179] Eine zeitliche Überwachung ist aber geboten.[180] Dazu gehört gegebenenfalls eine Erkundigungspflicht.[181] Diese kann in Eil- oder Notsituationen entbehrlich sein.[182] Die Reparaturzeit ist auch dann zu verkürzen, wenn dem Geschädigten bei besonders langer Reparaturdauer die Anschaffung eines Interimsfahrzeugs zuzumuten ist (§ 254 II BGB).[183] Wird dem Geschädigten das

---

[171] *Greger*, § 25 Rn. 24; vgl. auch MünchKommBGB/*Oetker*, § 249 Rn. 81
[172] Geigel/*Knerr*, Kap. 3 Rn. 71.
[173] *OLG Düsseldorf* NJW-RR 2008, 1711.
[174] *BGH* NJW 1986, 2945; *OLG Hamm* OLGR 2002, 335.
[175] *BGH* NJW 1986, 2945, 2946.
[176] MünchKommBGB/*Oetker*, § 249 Rn. 408; Geigel/*Knerr*, Kap. 3 Rn. 71; zur provisorischen Zwischenreparatur: *OLG Köln* NZV 1990, 429; *OLG Stuttgart* VersR 1992, 1485.
[177] *BGH* NJW 1982, 1518, 1519; *OLG Köln* VersR 2000, 336; *OLG Saarbrücken* NZV 2011, 85.
[178] *BGH* NJW 1986, 2945, 2946 (verspätete Reparaturauftrag).
[179] BGHZ 63, 182 = NJW 1975, 160; *OLG Hamm* NJW-RR 1994, 1050.
[180] Sanden/*Völtz*, Rn. 143.
[181] *OLG Stuttgart* VersR 1981, 1061.
[182] *BGH* NJW 2010, 2569 Rn. 16.
[183] *BGH* NJW 2010, 2426 Rn. 32 = JuS 2010, 724 *(Faust)*; *BGH*, NJW 2009, 1663 Rn. 6; NJW 1982, 1518, 1519; *OLG Düsseldorf* NJW 2008, 1964, 1966.

Fahrzeug nach der Reparatur von der Werkstatt nicht ausgehändigt, weil er die Reparaturrechnung wegen Mittellosigkeit nicht bezahlen kann, so kann sich die Zeit der entgangenen Nutzung verlängern, wenn er den Schädiger bzw. dessen Versicherer auf diesen Umstand hinweist und sie nicht für die Auslösung des Wagens sorgen.[184]

bb) Abrechnung auf Totalschadenbasis

57   Wird auf Totalschadenbasis abgerechnet, richtet sich die Ausfallzeit nach der Frist zur Beschaffung eines gleichwertigen Ersatzfahrzeugs auf dem Gebrauchtwagenmarkt. Diese Wiederbeschaffungsfrist beträgt im Regelfall zwei bis drei Wochen, je nach der Lage auf dem Gebrauchtwagenmarkt unter Berücksichtigung des entsprechenden Fahrzeugtyps.[185]

58   Ausnahmsweise wird die Ausfallzeit über die Wiederbeschaffungsfrist eines Gebrauchtwagens hinaus verlängert, wenn der Geschädigte vor dem Unfall bereits einen Neuwagen bestellt hatte. In diesem Fall kann er den Nutzungsschaden bis zum Tage der Lieferung des Neuwagens liquidieren. Gleiches gilt, wenn der Geschädigte nicht über Barmittel verfügt, keinen Kredit erlangen kann und der Kfz-Haftpflichtversicherer keinen Vorschuss leistet.[186]

Ist ausnahmsweise die Beschaffung eines gleichwertigen Ersatzfahrzeugs nur innerhalb eines die übliche Dauer übersteigenden Zeitraums möglich, so ist der Geschädigte berechtigt und gegebenenfalls unter dem Gesichtspunkt seiner Schadensminderungspflicht verpflichtet, sich ein Interimsfahrzeug zu beschaffen.[187] Die Kosten für Finanzierung, Zulassung und den Weiterveräußerungsverlust muss der Schädiger ersetzen, ebenso die Kosten eines während der Besitzzeit eintretenden Motorschadens.

Der Geschädigte kann jedoch nicht hypothetische Kosten für die Anschaffung eines Interimsfahrzeugs verlangen, obwohl solche Kosten nicht entstanden sind. Das hat der *BGH* für einen Fall entschieden, in dem der Geschädigte bereits vor dem Unfall einen Neuwagen bestellt hatte und die zur Wiederbeschaffung eines dem Unfallwagen gleichwertigen Fahrzeugs vom Schädiger erstattet worden waren.[188]

cc) Fiktive Abrechnung

59   Bei fiktiver Abrechnung auf der Basis eines Schätzgutachtens, das eine bestimmte Art einer ordnungsgemäßen Reparatur vorsieht, kann der Geschädigte grundsätzlich nur für die erforderliche Dauer dieser Reparatur Ersatz der Kosten für die Anmietung eines Ersatzfahrzeugs beanspruchen, nicht für eine von ihm nicht gewählte Art der Wiederherstellung.[189]

2. Mietwagenkosten

60   Der Geschädigte kann für die Dauer der Wiederherstellung des früheren Zustands einen Mietwagen nehmen und dem Schädiger in Rechnung stellen. Diese Kosten gehören zum erforderlichen Herstellungsaufwand (§ 249 II 1 BGB).[190]

---

[184] Vgl. Geigel/*Knerr*, Kap. 3 Rn. 98.
[185] Palandt/*Grüneberg*, § 249 Rn. 37, 41.
[186] *OLG Naumburg* OLGR 2004, 390.
[187] *BGH* NJW 1982, 1518, 1519; *OLG Schleswig* NZV 1990, 150; Geigel/*Knerr*, Kap. 3 Rn. 95.
[188] *BGH* NJW 2009, 1663.
[189] *BGH* NJW 2003, 3480; *Greiner*, zfs 2006, 124, 127.
[190] *BGH* Urteil vom 5.2.2013 – VI ZR 308/11 Rn. 13; MünchKommBGB/*Oetker*, § 249 Rn. 427 ff.

Bei der Prüfung, ob der Geschädigte den Aufwand zur Schadensbeseitigung in ver- **61** nünftigen Grenzen gehalten hat, ist eine subjektbezogene Schadensbetrachtung an- zustellen, das heißt Rücksicht auf die spezielle Situation des Geschädigten zu nehmen, insbesondere auf seine individuellen Erkenntnis- und Einflussmöglichkeiten sowie auf die möglicherweise gerade für ihn bestehenden Schwierigkeiten.[191] Gleichzeitig ist der Geschädigte auch bei der Anmietung eines Ersatzwagens unter dem Gesichts- punkt der Schadensminderungspflicht gehalten, im Rahmen des ihm Zumutbaren den wirtschaftlicheren Weg der Schadensbehebung zu wählen (§ 254 II 1 BGB).[192]

a) Fahrbedarf

Ersatzfähig sind nur diejenigen tatsächlich – und nicht nur fiktiv[193] – entstandenen **62** Mietwagenkosten, die ein verständiger, wirtschaftlich denkender Mensch in der Lage des Geschädigten machen würde.[194]

– Erforderlich ist, dass der Geschädigte das Unfallfahrzeug in der fraglichen Zeit **63** nutzen wollte und ihm dies auch möglich war.[195] Fahrbedarf ist zu verneinen, wenn der Geschädigte einen Zweitwagen nutzen kann.[196]
– Der Fahrbedarf muss für jeden Tag der Inanspruchnahme des Mietwagens bestehen. Dabei spielt es keine Rolle, ob der Bedarf auf beruflichen oder sonstigen Gründen beruht.
– Ist der Fahrbedarf nur gering, kann der Geschädigte gehalten sein, ein Taxi oder öffentliches Verkehrsmittel zu benutzen. Eine Grenze kann bei einer täglichen Fahrstrecke von nur 20 km liegen. Trotz geringer Fahrleistungen kann der Geschä- digte aber dennoch auf ein Fahrzeug angewiesen sein.[197]
– Bei Geschäftswagen ist hinreichender Fahrbedarf zu vermuten.[198] Die Missbrauchs- grenze ist bei gewerblich genutzten Fahrzeugen nicht an dem entgangenen Gewinn auszurichten. Vielmehr ist sie erst dann überschritten, wenn die Inanspruchnahme des Mietwagens für einen wirtschaftlich denkenden Geschädigten aus der Sicht ex ante unvertretbar ist.[199]
– Umgekehrt kann bei einer nach Zeitdauer und Fahrstrecke besonders intensiven Mietwagennutzung ein Verstoß gegen die Schadensminderungspflicht vorliegen, zum Beispiel bei langen Urlaubsfahrten[200] oder übermäßig langer Reparaturdauer.[201]

b) Höhe der erstattungsfähigen Kosten
aa) Grundlagen

Bei der Höhe der ersatzfähigen Mietwagenkosten ist auf die Kosten für die Anmie- **64** tung eines gleichwertigen Wagentyps abzustellen.[202] Bestehen wesentliche Unter- schiede hinsichtlich Bauart und Antriebsart, ist Gleichartigkeit nicht gegeben.[203] Der

[191] BGHZ 132, 373, 376 f. = NJW 1996, 1958.
[192] BGHZ 132, 373, 376 = NJW 1996, 1958.
[193] Geigel/*Knerr*, Kap. 3 Rn. 70.
[194] BGHZ 132, 373, 376 = NJW 1996, 1958.
[195] Vgl. BGHZ 174, 290 =NJW 2008, 911 Rn. 14; Geigel/*Knerr*, Kap. 3 Rn. 69.
[196] *LG Bonn* NZV 1998, 417; Geigel/*Knerr*, Kap. 3 Rn. 70.
[197] *BGH* NJW 2013, 1149 Rn. 15; *OLG Hamm* OLGR 2002, 5.
[198] *OLG Düsseldorf* OLGR 1998, 5, 6.
[199] Zum Ersatztaxi: *BGH* NJW 1993, 3321; *OLG Frankfurt/M.* OLGR 1995, 86; *OLG Hamm* NZV 1997, 310; *KG* KGR 2005, 68; *KG* NJOZ 2011, 592; *Armbrüster*, JuS 2007, 411, 416.
[200] *BGH* NJW 1985, 2637.
[201] *OLG Stuttgart* VersR 1981, 1061.
[202] *BGH* NJW 1982, 1518, 1519.
[203] *AG Wesel* NJW 2008, 1966 (allradgetriebenes Geländefahrzeug).

Zeitwert des geschädigten Fahrzeugs bleibt außer Betracht, ebenso Alter und Laufleistung. Eine Einschränkung ist allerdings bei Luxusfahrzeugen zu machen.[204] Bei der Wahl des Kfz-Vermieters ist der Geschädigte grundsätzlich frei. In der Regel wird er sich an einen gewerblichen Vermieter wenden. Ihm ist es aber nicht versagt, ein Fahrzeug von einer Privatperson anzumieten.[205]

bb) Der Unfallersatztarif

65	Autovermieter bieten Fahrzeuge nicht selten sowohl zu einem günstigeren Normaltarif für Selbstzahler als auch zu einem teuren Unfallersatztarif an, wenngleich das Angebot überhöhter Unfallersatztarife zurückgegangen zu sein scheint.[206] Der Normaltarif ist derjenige, der dem Selbstzahler normalerweise angeboten und der unter marktwirtschaftlichen Gesichtspunkten gebildet wird.[207] Wird dem Geschädigten ein Unfallersatztarif angeboten, ist er im eigenen Interesse gehalten, sich auch nach anderen Tarifen zu erkundigen und ein oder zwei Konkurrenzangebote einzuholen. Denn er kann vom Schädiger bzw. dessen Haftpflichtversicherer nach § 249 BGB als erforderlichen Herstellungsaufwand nur den Ersatz derjenigen Mietwagenkosten verlangen, die ein verständiger, wirtschaftlich vernünftig denkender Mensch in der Lage des Geschädigten für zweckmäßig und notwendig halten darf.[208]

66	Nach dem **Wirtschaftlichkeitsgebot,** das aus dem Grundsatz der Erforderlichkeit hergeleitet wird, ist der Geschädigte gehalten, im Rahmen des ihm Zumutbaren von mehreren möglichen den wirtschaftlicheren Weg der Schadensbehebung zu wählen. Das bedeutet für Mietwagenkosten, dass der Geschädigte von mehreren auf dem örtlich relevanten Markt – nicht nur für Unfallgeschädigte – erhältlichen Tarifen für die Anmietung eines vergleichbaren Ersatzfahrzeugs innerhalb eines gewissen Rahmens grundsätzlich nur den günstigeren Mietpreis ersetzt verlangen kann.[209]

67	*(1) Objektive Erforderlichkeit*

Im Wesentlichen geht es für den Geschädigten stets darum, die tatsächliche Rechtfertigung der Kosten im konkreten Fall darzulegen und zu beweisen.[210] Auch ein erhöhter Unfallersatztarif kann unter Umständen objektiv erforderlich und damit vollständig ersatzfähig sei sein. Es kommt darauf an, ob spezifische Mehrleistungen und Risiken bei der Vermietung an Unfallgeschädigte generell einen erhöhten Tarif rechtfertigen.[211] Maßgeblich ist, ob die Besonderheiten dieses Tarifs mit Rücksicht auf die Unfallsituation (etwa die Vorfinanzierung, das Risiko eines Ausfalls mit der Ersatzforderung wegen falscher Bewertung der Anteile am Unfallgeschehen durch den Kunden oder das Mietwagenunternehmen) einen gegenüber dem Normaltarif höheren Preis rechtfertigen.[212] Hierfür ist nach allgemeinen Grundsätzen der Geschädigte darlegungs- und beweisbelastet.[213]

---

[204] *BGH* NJW 1982, 1518, 1519; NJW 1983, 2694, 2695.
[205] *OLG Hamm* OLGR 1993, 105; Geigel/*Knerr,* Kap. 3 Rn. 70.
[206] *Kappus,* NJW 2008, 891, 892.
[207] BGHZ 163, 19, 23 = NJW 2005, 1933, 1934; *BGH* NJW 2007, 3782 Rn. 5; Rechtsprechungsübersichten bei *Wagner,* NJW 2007, 2149; *Herrler,* JuS 2007, 103; *Greiner,* zfs 2006, 124, 128 f.; *Reitenspiess,* DAR 2007, 345.
[208] *BGH* NJW 2006, 2106 Rn. 6; NJW 2007, 2122 Rn. 10; NJW 2007, 2758 Rn. 9.
[209] *BGH* NJW 2007, 2759 Rn. 9; NJW 2007, 3782 Rn. 5; VersR 2009, 801 Rn. 4.
[210] *Gilch,* VersR 2012, 1485.
[211] *BGH* NJW 2006, 1506 Rn. 5; NJW 2006, 360 Rn. 9; NJW 2007, 1123 Rn. 9.
[212] BGHZ 160, 377 = NJW 2005, 51; NJW 2007, 2758 Rn. 9.; NJW 2007, 2916 Rn. 7; NJW 2007, 3782 Rn. 5.
[213] *OLG Jena* NJOZ 2008, 2461, 2464 f.; *Herrler,* JuS 2007, 104, 105.

Bei der Frage nach der Erforderlichkeit eines Unfallersatztarifs ist das Gericht im **68** Rahmen einer Schätzung nach § 287 I ZPO nicht genötigt, die Kalkulationsgrundlagen des konkreten Anbieters im Einzelnen betriebswirtschaftlich nachzuvollziehen.[214] In Ausübung seines Ermessens nach § 287 I ZPO kann das Gericht den Normaltarif auch auf der Grundlage des gewichteten Mittels des **Schwacke-Mietpreisspiegels** ermitteln, unter Umständen mittels sachverständiger Beratung.[215] Maßgeblich ist grundsätzlich die im Zeitpunkt der Anmietung geltende Liste.[216] Dabei ist auf das Postleitzahlengebiet des Anmietungsorts abzustellen.[217]

Werden sich konkret auswirkende Mängel gegen die Eignung des Mietpreisspiegels geltend gemacht, muss das Gericht dem nachgehen.[218] Zudem ist es dem gegnerischen Haftpflichtversicherer unbenommen, gegenüber der Schwacke-Liste günstigere Angebote aufzuzeigen.[219]

Als Alternative hat das **Fraunhofer-Institut** zur Ermittlung des Normaltarifs einen **69** eigenen Marktpreisspiegel erarbeitet.[220] Auch der Fraunhofer-Mietpreisspiegel ist grundsätzlich zur Schätzung der erforderlichen Mietwagenkosten geeignet, denn § 287 I ZPO gibt die Art der Schätzgrundlage nicht vor.[221] Die Tarife liegen unter den Schwacke-Tarifen.[222] Das hat Zustimmung gefunden, weil die Daten auf der Basis anonymer Befragung erhoben worden sind. Das kommt der realen Anmietsituation nahe.[223] Wirklichkeitsnähere Schätzungsgrundlagen sind jedenfalls mit Rücksicht auf § 287 ZPO nicht zu beanstanden.[224]

Etwaige Mehrleistungen und Risiken bei der Vermietung an Unfallgeschädigte können **70** unter Umständen einen pauschalen **Zuschlag** für Sonderleistungen auf den Normaltarif rechtfertigen.[225] Dazu bedarf es entsprechenden Sachvortrags.[226] Der Aufschlag ist anhand objektiver Kriterien zu bemessen.[227] Er kann mit 15 % bemessen werden; dies hat der *BGH* gebilligt.[228] Auch einen Zuschlag von 19 % hat der *BGH* nicht beanstandet.[229] Instanzgerichte haben darüber hinaus 20 %[230], 25 %[231] oder sogar 30 % zuerkannt.[232] Ein Auslastungsrisiko muss das Gericht nicht berücksichtigen, ebenso wenig ein Mietausfallrisiko.[233]

Die Erforderlichkeit kann nur unter der Voraussetzung entfallen, dass dem Geschädigten ein Wechsel des Mietfahrzeugs zumutbar ist. Dies ist nicht der Fall, wenn der Schadensgutachter die Reparaturdauer nur mit wenigen Tagen veranschlagt.[234]

---

[214] *BGH* NJW 2007, 1124 Rn. 8
[215] *BGH* NJW 2006, 2106 Rn. 9; NJW 2007, 1124 Rn. 8; NJW 2007, 2758 Rn. 10; NJW 2007, 2916 Rn. 8; NJW 2007, 3782 Rn. 8; NJW 2008, 2910 Rn. 15; VersR 2010, 683.
[216] *Heinrich*, NZV 2008, 460.
[217] *BGH* NJW 2008, 1519.
[218] *BGH* NJW-RR 2010, 1251; NJW-RR 2011, 1109.
[219] *BGH* NJW-RR 2011, 823.
[220] Nachweise in NZV 2009, 175.
[221] *BGH* NJW 2011, 1947; VersR 2013, 330; *Diederichsen*, DAR 202, 301, 309.
[222] *Reitenspiess*, DAR 2008, 546; *Quaisser*, NZV 2009, 121.
[223] *OLG München* r+s 2008, 528; *OLG Köln* NZV 2009, 145; *OLG Jena* r+s 2009, 41.
[224] *BGH* NJW-RR 2009, 715 Rn. 24.
[225] *BGH* NJW 2006, 2106 Rn. 5; NJW 2006, 360 Rn. 9; *Greiner*, zfs 2006, 124, 129; *Wenning*, NZV 2007, 172, 174 f.
[226] *OLG Karlsruhe* NZV 2008, 456, 457.
[227] *BGH* NJW-RR 2010, 678 Rn. 6.
[228] *BGH* NJW 2008, 2910; *G. Müller*, zfs 2009, 124, 125.
[229] *BGH* NJW 2009, 58.
[230] *OLG Karlsruhe* VersR 2008, 92; *OLG Köln* NZV 2007, 199; r + s 2008, 528; *LG Hof* NZV 2008, 459; *LG Bonn* NJW-RR 2008, 1345, 1348.
[231] *LG Bonn* NZV 2007, 362; zur Abgrenzung *LG Dresden* NZV 2007, 419.
[232] *OLG Jena* NJOZ 2008, 2461, 2465; siehe auch *Vuia*, NJW 2008, 2369.
[233] *BGH* NJW 2008, 2910 Rn. 19 f.
[234] *BGH* VersR 2009, 801 Rn. 7 f.

71 *(2) Zugänglichkeit*

Die Frage, ob ein Unfallersatztarif aufgrund unfallspezifischer Kostenfaktoren objektiv erforderlich im Sinne des § 249 II 1 BGB ist, kann offen bleiben, wenn feststeht, dass dem Geschädigten ein günstigerer Normaltarif in der konkreten Situation ohne Weiteres zugänglich war. Dann kann dem Geschädigten eine kostengünstigere Anmietung unter dem Blickwinkel der ihm gemäß § 254 II BGB obliegenden Schadensminderungspflicht zugemutet werden.[235] Den Schädiger trifft insoweit die Darlegungs- und Beweislast, weil es sich um eine Frage der Schadensminderungsobliegenheit handelt.[236]

72 Ebenso kann die Frage der objektiven Erforderlichkeit offen bleiben, wenn zur Überzeugung des Gerichts feststeht, dass dem Geschädigten die Anmietung zum Normaltarif nach den konkreten Umständen nicht zugänglich gewesen ist. Denn der Geschädigte kann in einem solchen Fall einen den Normaltarif übersteigenden Betrag im Hinblick auf die gebotene subjektbezogene Schadensbetrachtung auch dann verlangen, wenn die Erhöhung nicht durch unfallspezifische Kostenfaktoren gerechtfertigt wäre.[237]

73 Das Gericht hat Feststellungen zu treffen, ob dem Geschädigten unter Berücksichtigung seiner individuellen Erkenntnis- und Einflussmöglichkeiten sowie der gerade für ihn bestehenden Schwierigkeiten unter zumutbaren Anstrengungen ein wesentlich günstigerer Tarif auf dem in seiner Lage zeitlich und örtlich relevanten Markt zugänglich.[238] Unterlässt der Geschädigte die Nachfrage nach günstigeren Tarifen, geht es nicht um die Verletzung der Schadensminderungspflicht, für die grundsätzlich der Schädiger die Beweislast trägt, sondern um die Erforderlichkeit der Kosten zur Schadensbeseitigung, die der Geschädigte darzulegen und gegebenenfalls zu beweisen hat.[239] Insofern liegt es anders als in Fällen, in denen die Inanspruchnahme eines Unfallersatztarifs grundsätzlich gerechtfertigt erscheint und durch einen Aufschlag zum Normaltarif geschätzt werden kann; hier trägt der Schädiger die Darlegungs- und Beweislast, wenn er geltend macht, dass dem Geschädigten ein günstigerer Tarif nach den konkreten Umständen ohne Weiteres zugänglich gewesen sei.[240]

Für die Frage, ob der Geschädigte zur Vorfinanzierung verpflichtet ist, indem er zum Beispiel seine Kreditkarte einsetzt, ist der Schädiger darlegungspflichtig, weil dies die Schadensminderungspflicht betrifft. Allerdings kann eine sekundäre Darlegungslast des Geschädigten in Betracht kommen.

74 Für die Erkennbarkeit der Tarifunterschiede kommt es namentlich darauf an, ob ein vernünftiger und wirtschaftlich denkender Geschädigter unter dem Aspekt des Wirtschaftlichkeitsgebots zu einer Nachfrage nach einem günstigeren Tarif gehalten gewesen wäre. Das ist der Fall, wenn er Bedenken gegen die Angemessenheit des ihm angebotenen Unfallersatztarifs haben muss, die sich insbesondere aus dessen Höhe ergeben können. Es kann geboten sein, sich nach anderen Tarifen zu erkundigen und ein oder zwei Konkurrenzangebote einzuholen.[241] So muss sich die Notwendigkeit einer Nachfrage nach günstigeren Tarifen – auch bei anderen Anbietern – aufdrängen, wenn für einen Mietwagen der Gruppe 5 ein Tagesmietpreis von rund 181 EUR verlangt wird.[242]

---

[235] *BGH* NJW 2006, 2693 Rn. 8; NJW 2007, 1123 Rn. 11; NJW 2007, 1676 Rn. 7; NJW 2007, 2122 Rn. 11; NJW 2007, 2916 Rn. 13; VersR 2008, 1706 Rn. 12; *Schlüszler,* NZV 2007, 391.

[236] *BGH* NJW 2008, 2910 Rn. 26; NJW 2010, 1445 Rn. 16.

[237] *BGH* NJW 2006, 2693 Rn. 8; NJW 2007, 1124 Rn. 11; NJW 2007, 2122 Rn. 11; NJW 2007, 2758 Rn. 14.

[238] BGHZ 163, 19, 24 = NJW 2005, 1933, 1934; *BGH* NJW 2006, 1508 Rn. 8; NJW 2006, 2693 Rn. 10.

[239] *BGH* VersR 2008, 1706 Rn. 14; NJW 2008, 1519 Rn. 15; NJW 2007, 3782 Rn. 9.

[240] *BGH* VersR 2008, 1706 Rn. 14; NJW 2008, 2910 Rn. 24.

[241] *BGH* NJW 2007, 1124 Rn. 12.

[242] *BGH* NJW-RR 2009, 318 Rn. 8.

Das macht deutlich, dass die Zugänglichkeit stets von den konkreten Umständen des 75
Einzelfalls abhängt.[243] In diesem Zusammenhang kann es auch eine Rolle spielen, wie
schnell der Geschädigte ein Ersatzfahrzeug benötigt. Günstige Angebote hängen
häufig von Vorauszahlungen ab. Einzelfallabhängig ist auch die Frage, ob dem
Geschädigten der Einsatz einer Kreditkarte oder die Stellung einer Kaution möglich
und zumutbar ist.[244] Jedenfalls sollte der Versicherer des Schädigers in solchen Fällen
– zum Beispiel per Telefaxschreiben – unter Setzung einer kurzen Frist zur Zahlung
oder Freistellung aufgefordert werden.[245]

cc) Aufklärungspflicht des Vermieters

Wegen eines von gegnerischen Haftpflichtversicherer nicht anerkannten Mehrbetrags 76
kann dem Geschädigten ein Schadensersatzanspruch aus dem Gesichtspunkt des Verschuldens bei den Vertragsverhandlungen (§ 280 I, § 311 II, III, § 241 II BGB) gegen
den Kfz-Vermieter wegen Verletzung einer Aufklärungspflicht zustehen. Der Autovermieter muss den Mieter darüber aufklären, wenn er Unfallgeschädigten ein Fahrzeug zu einem Tarif anbietet, der deutlich über dem Normaltarif auf dem örtlich
relevanten Markt liegt, und deshalb die Gefahr besteht, dass die Haftpflichtversicherung nicht den vollen Tarif übernimmt.[246] Diesen Anspruch kann der Mieter einer
geltend gemachten Mietforderung entgegenhalten.[247]

Für das Verhältnis zwischen Geschädigtem und Schädiger kommt es angesichts der 77
Regelung des § 249 II 1 BGB nicht darauf an, ob dem Geschädigten gegenüber dem
Vermieter des Ersatzfahrzeugs Ansprüche im Zusammenhang mit der Tarifgestaltung
zustehen.[248] Es kommt auch nicht darauf an, ob der Mietvertrag gegen die guten
Sitten verstößt und deshalb gemäß §§ 138, 139 BGB nichtig ist.[249]

dd) Zuschläge

Die Frage, ob die ersatzfähigen Mietwagenkosten um besondere Zuschläge zu ver- 78
mehren sind, die der Geschädigte an den Vermieter für Versicherungsschutz zahlt, ist
differenziert zu beantworten. Besteht für das gemietete Ersatzfahrzeug Vollkaskoschutz, sind die Mehraufwendungen dafür ersatzfähig. Nach der Rechtsprechung des
BGH kann der durch einen fremdverschuldeten Unfall Geschädigte bei Inanspruchnahme eines Mietwagens die Aufwendungen für eine der Vollkaskoversicherung ohne
Selbstbeteiligung entsprechende Haftungsfreistellung grundsätzlich insoweit ersetzt
verlangen, als er während der Mietzeit einem erhöhten wirtschaftlichen Risiko ausgesetzt war.[250] Der Vollkaskozuschlag stellt vor diesem Hintergrund eine adäquate
Schadensfolge dar. Es kommt nicht darauf an, ob für das Unfallfahrzeug Vollkaskoschutz bestand.[251] Ob Abzüge unter dem Gesichtspunkt der Vorteilsausgleichung zu

---

[243] *BGH* NJW 2007, 2758 Rn. 14; NJW-RR 2008, 689 Rn. 16.
[244] BGHZ 163, 19, 26 = NJW 2005, 1933, 1935; *BGH* NJW 2007, 1676 Rn. 9; *OLG Köln*
NZV 2007, 81 (Zweiter Weihnachtstag).
[245] *Greiner*, zfs 2006, 124, 131.
[246] BGHZ 168, 168 = NJW 2006, 2618 = JuS 2006, 1019 *(Emmerich)*; *BGH* NJW 2007, 1447;
NJW 2007, 2181; NJW 2007, 2759; NJW-RR 2009, 1101; NJW-RR 2009, 1101; *Wagner*, NJW
2007, 2149, 2150 f.; MünchKommBGB/*Emmerich*, § 311 Rn. 108.
[247] *BGH* NZV 2008, 143 Rn. 17.
[248] *BGH* NJW 2005, 1043; NJW 2007, 3782 Rn. 6; *Diederichsen*, DAR 2007, 301, 309;
Greiner, zfs 2006, 124, 129.
[249] *BGH* NJW 2007, 3782 Rn. 7.
[250] BGHZ 61, 325, 331 = NJW 1974, 91, 92; *OLG Karlsruhe* VersR 2008, 92; Münch-
KommBGB/*Oetker*, § 249 Rn. 448.
[251] *BGH* NJW 2005, 1041, 1042 f.; NJW 2006, 360 Rn. 12.

machen sind, hängt von den konkreten Umständen des Einzelfalls ab (§ 287 I ZPO).[252]

79   Zu erstatten sind auch die Kosten einer Fahrzeug-Rechtsschutzversicherung, weil diese objektgebunden, das heißt auf das im Versicherungsschein genannte Fahrzeug beschränkt ist. Anders ist es bei einer Verkehrs-Rechtsschutzversicherung, da diese personenbezogen ist; der Geschädigte kann bei einem Unfall mit einem Mietwagen seinen eigenen Verkehrsrechtsschutz in Anspruch nehmen.[253] Kostenersatz für eine Insassen-Unfallversicherung kann der Geschädigte nur verlangen, wenn ein solcher Schutz auch für das eigene Fahrzeug bestand.[254]

c) Abzug wegen Eigenersparnis

80   Von den erstattungsfähigen Mietwagenkosten ist im Wege der Vorteilsausgleichung ein Abzug für die Eigenersparnis beim eigenen Fahrzeug vorzunehmen. Das betrifft in erster Linie Betriebskosten, aber auch den Verschleiß.

81   Ersparte Betriebskosten sind für jeden mit dem Mietwagen zurückgelegten Kilometer in Abzug zu bringen. Bei der Berechnung der Eigenersparnis hat der *BGH* auf eine Ermittlung anhand von Betriebskostentabellen des ADAC verwiesen.[255] Im Rahmen von § 287 I ZPO ist es auch zulässig, auf einen Prozentsatz der Miete abzustellen. Dem Gericht steht dabei ein Bemessungsspielraum zur Verfügung. Ein Abzug von 10 % ist nicht zu beanstanden.[256] Zum Teil werden auch niedrigere oder höhere Werte angenommen, die zwischen 3 % und 20 % liegen.[257]

82   Für ersparte Wertminderung (Verschleißersparnis) kommt ein Abzug erst ab einer Fahrstrecke von 1.000 km in Betracht. Ein Vorteil lässt sich vorher nicht messbar feststellen.[258] Von dieser Grenze an ist die Eigenersparnis für je 1.000 km Mietfahrleistung mit 1 % des Wiederbeschaffungswerts in Abzug zu bringen.

83   Mietet der Geschädigte ein klassentieferes Fahrzeug und werden dadurch Kosten in Höhe der Eigenersparnis vermieden, braucht er nach einer vielfach vertretenen Ansicht keinen Ersparnisabzug hinzunehmen. Eine Vorteilsausgleichung scheidet nämlich aus, wenn sie – wie hier – der Billigkeit widerspricht.[259] Im Anschluss an eine ältere Entscheidung des *BGH* wird im Gegensatz dazu aber auch angenommen, dass ein Abzug wegen ersparter eigener Aufwendungen auch bei Anmietung eines kleineren Fahrzeugs gerechtfertigt sei. Wenn der Geschädigte sein eigenes Fahrzeug nicht nutze und hierdurch Eigenbetriebskosten erspare, trete diese Ersparnis auch bei einem klassenniedrigeren Fahrzeug ein.[260]

---

[252] *BGH* NJW 2005, 1041, 1042 f.; *Pauge*, VersR 2007, 569, 578.

[253] *Sanden/Völtz*, Rn. 293 ff.

[254] *Greger*, § 25 Rn. 45.

[255] *BGH* NJW 1963, 1399, 1400; siehe auch *OLG Düsseldorf* VersR 1998, 1523.

[256] *OLG Hamm* VersR 2001, 206, 208; OLGR 2000, 244; *OLG Saarbrücken* OLGR 2000, 306.

[257] *OLG Nürnberg* VersR 2001, 208 und *LG Hof* NZV 2008, 459: 3 %; *OLG Düsseldorf* OLGR 1998, 5, 8: 5 %; *OLG Hamm* NZV 1993, 189; *OLG Köln* OLGR 1993, 69: 15 %; *OLG Hamm* OLGR 1992, 279, 281: bei hoher Inanspruchnahme auch 20 %; weitere Nachweise bei *Pauge*, VersR 2007, 569, 578; *Sanden/Völtz*, Rn. 283 ff.; MünchKommBGB/*Oetker*, § 249 Rn. 438.

[258] *BGH* NJW 1983, 2694, 2695; NJW 1963, 1399, 1400; *Greger*, § 25 Rn. 46.

[259] *OLG Hamm* VersR 1999, 769; *Pauge*, VersR 2007, 569, 578; Geigel/*Knerr*, Kap. 3 Rn. 91; *Armbrüster*, JuS 2007, 411, 413.

[260] *BGH* NJW 1983, 2694, 2695; ebenso *OLG Saarbrücken* OLGR 2000, 306; *OLG Hamm* NZV 1993, 189; *Greger*, § 25 Rn. 47.

3. Nutzungsausfall

Der Geschädigte kann für die Ausfallzeit auch ohne Inanspruchnahme eines Mietwa- **84** gens Ersatz für die entgangene Nutzung des Kraftfahrzeugs verlangen. Es handelt sich um einen materiellen Schaden im Sinne von § 249 BGB, weil die Nutzung eines Kraftfahrzeugs nach der Verkehrsauffassung kommerzialisiert ist.[261]

Das gilt auch für ein Binnenschiff.[262] Kein materieller Wert ist hingegen die jederzeitige Benutzbarkeit eines zu reinen Freizeitzwecken verwendeten Wohnmobils,[263] eines Wohnanhängers,[264] eines Sportboots,[265] oder eines Reitpferds[266], ebenso wenig ein in der Freizeit genutztes Motorrad.[267]

a) Voraussetzungen

Zunächst ist erforderlich, dass dem Geschädigten die Nutzung des Fahrzeugs tatsäch- **85** lich an bestimmten Tagen **entzogen** ist. Daran fehlt es, wenn die Werkstatt kostenfrei ein Ersatzfahrzeug stellt.[268] Benutzt der Geschädigte sein Fahrzeug weiter, indem er die Reparatur unterlässt, steht ihm kein Anspruch auf fiktive Nutzungsentschädigung zu.[269] Gleiches gilt, wenn er über ein weiteres Fahrzeug verfügt, dessen Einsatz ihm zuzumuten ist.[270] Der Nutzungswert eines zusätzlich vorhandenen Pkw entspricht aber nicht ohne Weiteres dem eines Motorrades.[271]

Der Geschädigte muss ferner zur Nutzung willens (**Nutzungswille**) und fähig (**Nut-** **86** **zungsmöglichkeit**) gewesen sein.[272] Die Nutzungsmöglichkeit fehlt etwa, wenn der Geschädigte stationär behandelt wird, sei es auch unfallbedingt.[273] Ausnahmen werden für den Fall gemacht, dass das Fahrzeug zwar nicht vom Eigentümer selbst, wohl aber von seinen Familienangehörigen oder von seiner Verlobten bestimmungsgemäß genutzt worden wäre.[274]

Darüber hinaus ist eine fühlbare Beschränkung der wirtschaftlichen Bewegungsfrei- **87** heit erforderlich. Es darf sich nicht nur um eine Bagatellbeeinträchtigung handeln. Der Geschädigte darf einen nicht nur geringen Fahrbedarf haben.[275]

---

[261] St. Rspr., BGHZ 45, 212 = NJW 1966, 1260; BGHZ 56, 214 = NJW 1971, 1692; BGHZ 161, 151, 154 = NJW 2005, 277; für Wohnhaus: BGHZ 98, 212 = NJW 1987, 50 (Großer Senat für Zivilsachen); bejahend für DSL-Internetanschluss: *BGH* NJW 2013, 1072, für BGHZ bestimmt; für Farbfernseher *OLG München* VersR 2010, 814; ablehnend: *OLG Saarbrücken* OLGR 2007, 4 (Balkon); *OLG Hamm* VersR 2010, 1047 (privat gehaltenes Reitpferd); zum Ganzen: *Zwirlein,* JuS 2013, 487.
[262] *OLG Köln* OLGR 2008, 549.
[263] *BGH* NJW-RR 2008, 1198; anders wenn das Wohnmobil auch zur Bewältigung alltäglicher Transportaufgaben benutzt wird: *OLG Hamm* VersR 1990, 864.
[264] BGHZ 86, 128 = NJW 1983, 444.
[265] BGHZ 89, 60 = NJW 1984, 724.
[266] *OLG Hamm* OLGR 2009, 133.
[267] *BGH* NZV 2012, 223; *KG* DAR 2008, 520.
[268] *OLG Jena* NZV 2009, 388.
[269] BGHZ 66, 236, 249 f. = NJW 1976, 1396, 1398; Geigel/*Knerr,* Kap. 3 Rn. 96.
[270] *BGH* NJW 2008, 913; NJW 1976, 286; *OLG Frankfurt/M.* OLGR 2002, 341, *Sanden/Völtz,* Rn. 307 ff.
[271] *OLG Düsseldorf* NJW 2008, 1964.
[272] *BGH* NJW 2010, 2426 Rn. 30; NJW 2008, 915 Rn. 6; siehe bereits BGHZ 45, 212, 219 = NJW 1966, 1260, 1261; BGHZ 66, 239, 249 = NJW 1976, 1396, 1398; *BGH* NJW 1985, 2471; NJW 1986, 2037.
[273] *BGH* NJW 1968, 1778; *KG* KGR 2006, 127, 128; *OLG Bremen* OLGR 2001, 370.
[274] *BGH* NJW 1974, 33; NJW 1975, 922.
[275] BGHZ 45, 212, 219 = NJW 1966, 1260, 1261; *BGH* NJW 1976, 286; *Greger,* § 25 Rn. 13, 58; Geigel/*Knerr,* Kap. 3 Rn. 98.

88 Der Schädiger hat Nutzungsersatz grundsätzlich nur für den **Zeitraum** zu leisten, der zur Wiederherstellung des vor dem Unfall bestehenden Zustandes erforderlich ist (§ 249 II 1 BGB). Im Allgemeinen ist dies die Dauer der Reparatur bzw. die Zeit bis zur Beschaffung eines Ersatzfahrzeugs. Die Zeit vom Unfalltag bis zum Erhalt des Schadensgutachtens kann der Geschädigte hinzurechnen.[276] Ist der Wagen noch nicht repariert worden, kann eine Feststellungsklage zulässig sein; der Nutzungsausfall richtet dann nach der Reparaturdauer laut Sachverständigengutachten.[277]

Hat der Geschädigte bereits vor dem Unfall einen Wagen bestellt, kann über den vom Sachverständigen für die Reparatur veranschlagten Zeitraum hinaus bis zur Lieferung des bestellten Fahrzeugs Nutzungsausfallentschädigung zuzubilligen sein, soweit diese die wirtschaftlichen Nachteile, die durch den Ankauf und Wiederverkauf eines Interimsfahrzeugs zusätzlich entstehen würden, nicht wesentlich übersteigt.[278] Das Einholen von Rechtsrat und die Dauer einer rechtlichen Auseinandersetzung verlängern die Anspruchsdauer.[279] Das kommt auch für die Dauer eines selbständigen Beweisverfahrens in Betracht.[280]

b) Bemessung des Anspruchs

89 Die Praxis bedient sich der jährlich fortgeschriebenen, von *Sanden/Danner* begründeten Tabelle der EurotaxSchwacke GmbH.[281] Darin liegt eine mögliche, wenn auch nicht verbindliche Methode der Schadensermittlung, die vom *BGH* anerkannt ist.[282] Die Tabelle geht von durchschnittlichen Mietsätzen für Pkw aus. Die Mietpreise müssen um die spezifisch erwerbswirtschaftliche Nutzung betreffenden Wertfaktoren bereinigt werden. Dem trägt die Tabelle dadurch Rechnung, dass die Mietpreise um die Gewinnspannen des Vermieters und die bei einer privaten Nutzung nicht anfallenden Kosten für Verwaltung, Vermittlungsprovision, erhöhte Abnutzung und erhöhte Versicherungsprämien gekürzt werden. Der danach verbleibende Betrag liegt bei 35–40 % der üblichen Miete und 200–400 % der Vorhaltekosten.[283]

90 Fahrzeuge, die älter als fünf Jahre sind, sind um eine Gruppe herabzustufen.[284] Über zehn Jahre alte Fahrzeuge sind um zwei Gruppen herabzustufen.[285] Im Rahmen des von § 287 I ZPO gewährten Schätzermessens ist es ebenfalls zulässig, ein 15 Jahre altes Fahrzeug um zwei Gruppen herabzustufen und aus Gründen der Praktikabilität nicht von den Vorhaltekosten auszugehen. Das gilt auch dann, wenn das Fahrzeug nicht mehr in der Tabelle aufgeführt ist.[286] Es ist rechtlich nicht aber zu beanstanden, wenn bei einem alten Fahrzeug auf die Vorhaltekosten abgestellt wird.[287]

---

[276] *Kappus,* DAR 2008, 353, 355.
[277] *AG Wiesbaden* NZV 2008, 466.
[278] *BGH* NJW 2008, 915; *OLG Celle* NJW 2008, 446.
[279] *LG Hamburg* NJW 2012, 3191; *LG Saarbrücken* NJW 2011, 2444.
[280] *OLG Düsseldorf* NJW-RR 2008, 1711.
[281] Die Tabelle ist unter anderem bei juris unter „Arbeitshilfen" zugänglich.
[282] BGHZ 161, 151, 154 = NJW 2005, 277; BGHZ 56, 214, 219 f. = NJW 1971, 1692; *BGH* NJW 2005, 1044.
[283] BGHZ 161, 151, 154 f. = NJW 2005, 277, 278.
[284] *BGH* NJW 2005, 1044; *OLG Stuttgart* NJOZ 2007, 4514, 4517; Palandt/*Grüneberg,* § 249 Rn. 44.
[285] *OLG Saarbrücken* OLGR 2007, 441.
[286] BGHZ 161, 151, 159 = NJW 2005, 277, 278 f.; *OLG Koblenz* NJW-RR 2004, 747, 748; zu älteren Fahrzeugen: *La Chevallerie,* zfs 2007, 423.
[287] *BGH* NJW 1988, 484, 486; *AG Berlin-Mitte* VersR 2008, 1275 (VW Golf, Baujahr 1990); Sanden/*Völtz,* Rn. 330 ff.

IV. Mittelbare Vermögensschäden

Der Geschädigte kann Folgeschäden erleiden, die adäquat kausal auf die Zerstörung **91** bzw. Beschädigung des Kraftfahrzeugs zurückzuführen sind (§ 287 I ZPO) und sich mittelbar vermögensmindernd auswirken.

1. Ausfall eines gewerblich genutzten Fahrzeugs

Der Ausfall eines Nutzfahrzeugs kann den Betriebsablauf beeinträchtigen. Eine Nut- **92** zungsentschädigung für zeitweise entzogene Gebrauchsvorteile kommt auch bei gewerblich genutzten Fahrzeugen, Behördenfahrzeugen oder Fahrzeugen gemeinnütziger Einrichtungen in Betracht, falls sich deren Gebrauchsentbehrung nicht unmittelbar in einer Minderung des Gewerbeertrags niederschlägt. Wo das Fahrzeug unmittelbar zur Erbringung gewerblicher Leistungen dient, wie etwa bei einem Taxi oder Lkw, muss der Geschädigte den entgangenen Ertrag konkret berechnen.[288] An die Darlegung sind maßvolle Anforderungen zu stellen.[289] Insbesondere bei einem neu gegründeten Geschäft dürfen die Anforderungen nicht überspannt werden.[290] Der Schaden kann auf verschiedene Weise liquidiert werden. Er bemisst sich entweder nach den Vorhaltekosten eines Reservefahrzeugs, der Miete eines Ersatzfahrzeugs oder nach dem entgangenen Gewinn (§ 252 BGB).[291] Der Geschädigte hat die aus der maßgeblichen Sicht ex ante wirtschaftlichste Vorgehensweise zu wählen.[292]

a) Interne Maßnahmen

Der Unternehmer kann im Rahmen seiner Schadensminderungspflicht (§ 254 II **93** BGB) gehalten sein, bei nicht ausgelasteter Kapazität seines Fuhrparks andere Fahrzeuge einzusetzen. In diesem Fall wird in der Regel kein ersatzfähiger Schaden verbleiben.

Hält der Geschädigte – wie zum Beispiel bei öffentlichen Verkehrsbetrieben – für Fahrzeugausfälle vorsorglich eine Betriebsreserve bereit, so ist der Schädiger verpflichtet, den vorsorglichen Aufwand für das Reservefahrzeug zu ersetzen, soweit er auf die Einsatzzeit entfällt.[293] Die Vorhaltekosten bestehen in den Gemeinkosten des Fahrzeugs, die unabhängig von seinem Betrieb und seiner Nutzung anfallen.[294]

b) Ersatzmietfahrzeug

Der Unternehmer ist, falls der Ausfall nicht durch interne Maßnahme behoben **94** werden kann, berechtigt und unter Umständen nach § 254 II BGB gehalten, ein Ersatzfahrzeug zu mieten, dessen Kosten der Schädiger nach den oben dargestellten Voraussetzungen für den Ersatz von Mietwagenkosten zu erstatten hat. Die Aufwendungen dürfen nicht unverhältnismäßig sein (§ 251 II BGB).[295]

---

[288] *BGH* NJW 2008, 913 Rn. 6; BGHZ 70, 199, 203 = NJW 1978, 812, 813; *OLG München* NJW 2011, 936; *LG Saarbrücken* NJW 2012, 2978.
[289] *BGH* NJW 1998, 1634, 1635; *Huber,* NJW 2008, 1785, 1787.
[290] *BGH* NJW 1993, 2673.
[291] Eingehend: *Born,* NZV 1993, 1 ff.
[292] *Greger,* § 25 Rn. 49.
[293] BGHZ 70, 199, 201 = NJW 1978, 812; *BGH* NJW 1985, 2471; *Sanden/Völtz,* Rn. 226 ff.
[294] Zu Vorhaltekosten: *Balke,* SVR 2013, 54, 55; *Armbrüster,* JuS 2007, 508, 511 f.; *Born,* NZV 1993, 1, 4; siehe hierzu auch die Tabelle von *Danner/Echtler,* VersR 1990, 1066.
[295] *BGH* NJW 1985, 793; NJW 1993, 3321 (Ersatztaxi).

c) Verdienstausfall

95 Kann der Ausfall des Kraftfahrzeugs nicht durch die vorgenannten Maßnahmen auf-gefangen werden, ist der entgangene Gewinn zu ersetzen (§ 252 BGB). Hierzu genügt es, dass die Ausgangs- und Anknüpfungstatsachen für eine Schadensschätzung vorgetragen werden.[296] Der ersatzfähige Schaden errechnet sich nach der Differenz-hypothese (§ 249 BGB). Danach wird ein Schaden grundsätzlich durch Vergleich der infolge des haftungsbegründenden Ereignisses eingetretenen Vermögenslage mit der-jenigen, die sich ohne dieses Ereignis ergeben hätte, festgestellt.[297] Dabei muss grund-sätzlich auf die Einnahmen und Ausgaben der letzten Jahre vor dem schädigenden Ereignis zurückgegriffen werden.[298] Entscheidend ist die Minderung des Gesamt-betriebsergebnisses. Ohnehin nicht ausgelastete Kapazitäten können einem Verdienst-ausfall entgegenstehen.[299]

Den Ertrag nachgeholter Geschäfte braucht sich der Geschädigte nicht anrechnen zu lassen, soweit sich die Nachholung als überpflichtmäßige Maßnahme darstellt.[300] Im Ausfallzeitraum ersparte Betriebskosten sind im Wege des Vorteilsausgleichs abzusetzen. Ebenso können wegge-fallene oder verminderte Steuern den Schaden verringern.

d) Entgangene Gebrauchsvorteile

96 Ob bei gewerblich genutzten Fahrzeugen eine Nutzungsentschädigung in Betracht kommt, ist umstritten. Eine vielfach vertretene Ansicht lehnt den Ersatz abstrakt entgangener Gebrauchsvorteile in der Regel ab. weil der Schaden typischerweise in Gestalt zusätzlicher Kosten oder als entgangener Gewinn geltend gemacht werden kann.[301] Das gelte auch für Behördenfahrzeuge.[302] Etwas anderes sei in Mischfällen privater und gewerblicher Nutzung anzunehmen; hier könne die steuerliche Auftei-lung von Bedeutung sein.[303] Im Übrigen sollen entgangene Gebrauchsvorteile aus-nahmsweise zu ersetzen sein, wenn dem Unternehmer nur infolge überpflichtmäßiger Anstrengungen kein Gewinn entgeht.[304]

97 Nach anderer Auffassung ist eine Nutzungsausfallentschädigung auch für gewerblich genutzte Fahrzeuge bei Vorliegen der dafür geforderten Voraussetzungen nicht aus-geschlossen.[305] Zu dieser Auffassung neigt auch der *BGH*, wenngleich er die Frage im konkret entschiedenen Fall offen lassen konnte.[306] In der Sache ist der Lösung zuzustimmen, weil sich die Gebrauchsentbehrung nicht unmittelbar in einer Min-derung des Gewerbeertrages (entweder in entgangenen Einnahmen oder über die mit der Ersatzbeschaffung verbundenen Unkosten) niederschlägt.[307]

---

[296] *OLG Köln* OLGR 1997, 31; *OLG Celle* VersR 2010, 824.
[297] BGHZ 188, 78 = NJW 2011, 1962 Rn. 8; BeckRS 2013, 00260 Rn. 12.
[298] *BGH* NJW 2001, 1640, 1641; Geigel/*Pardey,* Kap. 4 Rn. 126.
[299] Auflagen- und Beweisbeschluss bei Tempel/*Theimer,* § 2 Muster 40.
[300] BGHZ 55, 329 = NJW 1971, 836; Geigel/*Pardey,* Kap. 4 Rn. 70.
[301] *BGH* NJW 1985, 2741; *KG* NZV 2007, 244; *OLG Karlsruhe* OLGR 2006, 659, 661; *OLG Hamm* NJW-RR 2001, 165; *OLG Düsseldorf* NZV 1999, 472; *OLG Köln* OLGR 1997, 31; Geigel/*Knerr,* Kap. 3 Rn. 102; *Greger,* § 25 Rn. 52.
[302] *OLG Hamm* NJW-RR 2004, 164; OLGR 2001, 171; Sanden/*Völtz,* Rn. 321 ff.
[303] *OLG Stuttgart* VersR 2007, 962; Sanden/*Völtz,* Rn. 324.
[304] *OLG Stuttgart* NZV 2007, 414 (Dentallabor); Geigel/*Knerr,* Kap. 3 Rn. 102.
[305] *OLG Hamm* NZV 1994, 227, 228; *OLG Düsseldorf* OLGR 2001, 453 f.; *OLG Stuttgart* NZV 2007, 414, 415 f.
[306] *BGH* NJW 2008, 913 Rn. 10; *Huber,* NJW 2008, 1785, 1786.
[307] *OLG Naumburg* NJW 2008, 2511 (Kleintransporter); *OLG Naumburg* NJW-RR 2009, 1187 (Rettungswagen); *OLG München* DAR 2009, 703; *OLG Düsseldorf* NJW-RR 2010, 687 (gemischte Nutzung); *Fielenbach,* NZV 2013, 265.

2. Prämiennachteile

a) Kaskoversicherung

Die Rückstufung in der Vollkaskoversicherung ist für den Geschädigten eine adä- **98**
quate Folge seines unfallbedingten Fahrzeugschadens.[308] Auch bei nur anteiliger
Schadensverursachung haftet der Schädiger für den Rückstufungsschaden, der dadurch eintritt, dass der Geschädigte seine Kaskoversicherung in Anspruch nimmt.
Denn es kommt nicht darauf an, ob ein Ereignis die alleinige Ursache des Schadens
ist. Mitursächlichkeit steht einer Alleinursächlichkeit gleich.[309] Bei Mitverschulden ist
der Rückstufungsschaden quotenmäßig zu teilen.[310]

Bei einer anteiligen Haftung muss der Geschädigte vor Inanspruchnahme seiner Voll- **99**
kaskoversicherung grundsätzlich nicht die Mitteilung über die Regulierungsbereit-
schaft des Haftpflichtversicherers seines Unfallgegners abwarten. Darin liegt kein
Verstoß gegen die Schadensminderungspflicht.[311] Sofern keine konkrete Prämien-
differenz feststeht, kann der Rückstufungsschaden mittels einer Feststellungsklage
(§ 256 I ZPO) geltend gemacht werden, denn er wirkt sich über mehrere Jahre aus
und muss in jedem Versicherungsjahr neu berechnet werden.[312]

Der Streitwert bemisst sich unter Berücksichtigung der Differenz der zu zahlenden Prämien und
derjenigen Prämien, die der Geschädigte bei ungestörtem Versicherungsverhältnis zu entrichten
hätte.[313]

b) Haftpflichtversicherung

Beim Verlust des Schadensfreiheitsrabatts in der Haftpflichtversicherung handelt es **100**
sich um einen allgemeinen Vermögensnachteil in der Form des Sachfolgeschadens;
dieser ist nicht erstattungsfähig.[314]

3. Finanzierungskosten

Der Geschädigte kann unter bestimmten Voraussetzungen die Aufwendungen ersetzt **101**
verlangen, die durch eine Fremdfinanzierung des Sachschadens bis zum Eingang von
Zahlungen des Schädigers bzw. seines Versicherers entstehen. Diese Aufwendungen
gehören zum Herstellungsaufwand im Sinne von § 249 II 1 BGB.[315] Sie sind ein
adäquater Folgeschaden, so dass sie auch vor Verzugseintritt unter folgenden Voraussetzungen zu ersetzen sind:

Die Kreditaufnahme und ihr Umfang müssen notwendig gewesen sein. Kosten für **102**
Kreditverbindlichkeiten sind nur dann erstattungsfähig, wenn und soweit sie ein
verständiger, wirtschaftlich denkender Halter in der besonderen Lage des Geschädigten eingegangen wäre.[316] Insbesondere darf der Kredit nicht unnötig kostspielig sein.

Es ist grundsätzlich Sache des Schädigers, die vom Geschädigten zu veranlassende
Schadensbeseitigung zu finanzieren. Eine Obliegenheit des Geschädigten, zur Scha-

---

[308] *BGH* NJW 2007, 66 Rn. 8; NJW 2006, 2397 Rn. 9; BGHZ 44, 382, 387 = NJW 1966, 654,
655; *OLG Koblenz* NZV 2007, 463, 466; *Staab*, DAR 2007, 349.
[309] *BGH* NJW 2006, 2397 Rn. 10.
[310] *OLG Celle* VersR 2009, 276, 278; *Diederichsen*, DAR 2007, 301, 310.
[311] *BGH* NJW 2007, 66; *OLG Hamm* NZV 1993, 65; *Tomson*, VersR 2007, 923.
[312] *BGH* NJW 2006, 2397 Rn. 7; NJW 1992, 1035; MünchKommBGB/*Oetker*, § 249
Rn. 447 ff.; *van Bühren*, NJW 2007, 67; Fallbeispiel bei *Pätzel*, JuS 2003, 1013, 1017.
[313] *Hansens*, zfs 2007, 311. 313.
[314] BGHZ 66, 398, 400 = NJW 1976, 1846; *BGH* NJW 2006, 2397 Rn. 9.
[315] BGHZ 61, 346 = NJW 1974, 34; MünchKommBGB/*Oetker*, § 249 Rn. 404 ff.
[316] BGHZ 61, 346, 349 = NJW 1974, 34, 35.

densbeseitigung einen Kredit aufzunehmen, kann nur unter besonderen Umständen angenommen werden.[317] Ein Geschädigter ist nämlich grundsätzlich nicht verpflichtet, den Schaden zunächst aus eigenen Mitteln zu beseitigen oder gar Kredit zur Schadensbehebung aufzunehmen. Eine solche Pflicht kann im Rahmen des § 254 BGB allenfalls dann und auch nur ausnahmsweise bejaht werden, wenn der Geschädigte sich den Kredit ohne Schwierigkeiten beschaffen kann und er durch die Rückzahlung nicht über seine wirtschaftlichen Verhältnisse hinaus belastet wird.[318] Es ist dem Geschädigten also zuzumuten, die Kosten vorzustrecken, wenn dies ohne Einschränkung seiner gewohnten Lebensführung möglich ist.[319] Das gilt zum Beispiel bei Kleinschäden.[320]

Für die Möglichkeit und Zumutbarkeit einer Kreditaufnahme ist primär der Schädiger darlegungspflichtig. Er muss auch darlegen, dass der Geschädigte in der Lage gewesen wäre, eine geeignete Kreditbesicherung anzubieten, und dass diese von seiner Hausbank oder sonstigen Kreditinstituten auch akzeptiert worden wäre. An diese primäre Darlegungslast des Schädigers knüpft die sekundäre Darlegungslast des Geschädigten an, soweit Umstände angesprochen sind, die der Schädiger aus eigenem Wissen nicht vortragen kann.[321]

103   Der Geschädigte ist in der Regel gehalten, den Schädiger bzw. dessen Versicherer über die Notwendigkeit einer Kreditaufnahme zu unterrichten, damit dieser die Kreditaufnahme abwenden kann, etwa durch eine Vorschusszahlung oder eine Kostenübernahmeerklärung (§ 254 II 1 BGB).[322]

4. Zeit- und Arbeitswand

104   Ersatz für den mit der Abwicklung des Schadens verbundenen Zeit- und Arbeitsaufwand steht dem Geschädigten grundsätzlich nicht zu. Insoweit handelt es sich um den gewöhnlichen Zeitaufwand des Geschädigten bei Wahrung seiner Rechte und Durchsetzung seines Anspruchs, der von der Haftung des Schädigers nicht umfasst wird.[323] Ausnahmefälle sind bei außergewöhnlichem zeitlichen Umfang oder wirtschaftlich bedrohlichen Auswirkungen anerkannt.[324]

V. Nebenforderungen

1. Außergerichtliche Anwaltskosten des Geschädigten

a) Grundlagen

105   In der Regel wird der Anwalt zunächst nur einen Auftrag zur vor- bzw. außergerichtlichen Realisierung der Ansprüche des Mandanten erhalten.[325] Zu den ersatzpflichtigen Aufwendungen aufgrund eines schädigenden Ereignisses zählen – verzugsunabhängig – auch die erforderlichen Rechtsverfolgungskosten (§ 280 I, § 249 II 1 BGB). Voraussetzung für einen Erstattungsanspruch ist zunächst, dass der Geschädigte im Innenverhältnis zur Zahlung der in Rechnung gestellten Kosten verpflichtet ist.[326]

---

[317] *BGH* NJW 1989, 290, 291.
[318] *BGH* NJW-RR 2006, 394, Rn. 37.
[319] BGHZ 61, 346, 350 = NJW 1974, 34, 36; *Greiner,* zfs 2006, 124, 129.
[320] *Armbrüster,* JuS 2007, 411, 414.
[321] *BGH* NJW-RR 2006, 394, Rn. 37 f.; *BGH* NJW 2002, 2553, 2555.
[322] *LG Koblenz* NJOZ 2008, 281; Geigel/*Knerr,* Kap. 3 Rn. 107; MünchKommBGB/*Oetker,* § 249 Rn. 404.
[323] St. Rspr., BGHZ 127, 348, 352 = NJW 1995, 446, 447; BGHZ 66, 112, 114 f. = NJW 1976, 1256; *BGH* NJW 2012, 528 Rn. 11; *Greger,* § 26 Rn. 26; Geigel/*Knerr,* Kap. 3 Rn. 111.
[324] *OLG Frankfurt/M.* NJOZ 2013, 1019.
[325] *OLG Stuttgart* NJW-RR 2006, 1318, 1319; *OLG Hamm* NJW-RR 2006, 242.
[326] *BGH* NJW 2011, 3167 Rn. 8.

Allerdings hat der Schädiger nicht schlechthin alle durch das Schadensereignis adäquat verursachten Rechtsanwaltskosten zu ersetzen, sondern nur solche, die aus der Sicht des Geschädigten zur Wahrnehmung seiner Rechte **erforderlich** und **zweckmäßig** waren.[327] Es darf nicht ausgeschlossen sein, dass der Versuch einer außergerichtlichen Einigung mit Hilfe eines Anwalts Aussicht auf Erfolg bietet.[328] Es handelt sich um einen adäquaten Folgeschaden, der im Rahmen des § 249 II 1 BGB zu ersetzen sind, nicht um einen Verzugsschaden.

An die Voraussetzungen des materiell-rechtlichen Kostenerstattungsanspruchs sind keine überzogenen Anforderungen zu stellen.[329] In bestimmten Fällen es jedoch grundsätzlich nicht erforderlich, bei erstmaliger Geltendmachung des Schadens gegenüber dem Schädiger einen Rechtsanwalt hinzuzuziehen. Das gilt etwa für Unfälle mit eindeutiger Rechtslage, insbesondere wenn der gegnerische Versicherer den Anspruch nach Grund und Höhe vorbehaltlos anerkennt.[330] Gleiches ist anzunehmen für Bagatellunfälle, nicht aber bei komplexen Haftungssituationen.[331] Bei einem einfach gelagerten Fall sind die Kosten für die Hinzuziehung eines Rechtsanwalts gegenüber dem eigenen Kaskoversicherer nicht zu erstatten.[332] Problematisch sind geschädigte juristische Personen mit eigener Rechtsabteilung. Da die Unfallabwicklung regelmäßig nicht zur originären Unternehmenstätigkeit gehört, sind die Kosten externer Anwälte in diesen Fällen zu erstatten.[333]

Anwaltskosten sind im Übrigen jedenfalls dann zu erstatten, wenn die erste Anmeldung nicht zur unverzüglichen Regulierung des Schadens führt.[334] Befindet sich der Schädiger bereits in Verzug, greift zudem ein Anspruch aus § 280 II, § 286 BGB ein.[335]

Im Gegensatz zum Geschädigten stehen dem zu Unrecht in Anspruch Genommenen wegen der Kosten der Verteidigung gegen unberechtigte Forderungen – anders als innerhalb einer rechtlichen Sonderverbindung, bei der das Gebot der Rücksichtnahme (§ 241 II BGB) zu beachten ist,[336] – praktisch keine auf Erstattung vorgerichtlicher Anwaltskosten gerichteten Anspruchsgrundlagen zur Verfügung.[337]

b) Umfang der Erstattungspflicht

Kostenerstattung auf Grund des materiell-rechtlichen Kostenerstattungsanspruchs kann der Geschädigte vom Schädiger grundsätzlich nur insoweit verlangen, als seine Forderung diesem gegenüber objektiv berechtigt ist. Kosten, die dadurch entstehen, dass der Geschädigte einen Anwalt zur Durchsetzung eines unbegründeten Anspruchs beauftragt, können dem Schädiger nicht mehr als Folgen seines Verhaltens zugerechnet werden.[338]

---

327 BGHZ 127, 348, 350 ff. = NJW 1995, 446, 447; *BGH* NJW 2006, 1065 Rn. 5 f.; NJW 2007, 224 Rn. 22; NJW 2010, 3037 Rn. 14; NJW 2011, 782 Rn. 9, 16; NJW 2011, 1603 Rn. 13.
328 *OLG Hamm* OLGR 2008, 627.
329 *BGH* NJW 2005, 1112.
330 *BGH* NJW 2005, 1112; BGHZ 127, 348, 351 ff. = NJW 1995, 446, 447; weitergehend: *AG Kassel* NJW 2009, 2809.
331 *OLG Karlsruhe* NJW-RR 2009, 453, 455.
332 *BGH* NJW 2012, 2194.
333 *AG Dortmund* NJW 2008, 3719; *AG Halle* NJW 2010, 3456 (sich selbst vertretender Anwalt); anders für eine Leasinggesellschaft: *AG Düsseldorf* NZV 2010, 260; zu gewerblichen Geschädigten: *Pichler*, SVR 2013, 92.
334 BGHZ 127, 348, 353 = NJW 1995, 446, 447.
335 *Greger*, § 26 Rn. 13.
336 BGHZ 179, 238 = NJW 2009, 1262; *Deckenbrock*, NJW 2009, 1247.
337 *Vossler*, MDR 2009, 300.
338 *BGH* NJW 2005, 1112; NZM 2008, 204 Rn. 13.

Anwaltskosten für die Einholung einer Deckungszusage der Rechtsschutzversicherung des Geschädigten sind nach dieser Maßgabe nicht zu erstatten, wenn die Inanspruchnahme anwaltlicher Hilfe zur Einholung der Deckungszusage nicht erforderlich war.[339]

108 Wie im Innenverhältnis des Geschädigten zu seinem Anwalt hat sich der Kostenerstattungsanspruch gegen den Schädiger an den Vorschriften des Rechtsanwaltsvergütungsgesetzes zu orientieren. Hat der Geschädigte die Anwaltskosten seinerseits noch nicht entrichtet, kommt ein Freistellungsantrag in Betracht. Dieser kann sich unter den Voraussetzungen des § 250 BGB in einen Zahlungsanspruch umwandeln.[340]

Für die außergerichtliche Tätigkeit erhält der Anwalt eine **Geschäftsgebühr** (§ 14 RVG i. V. mit Nr. 2300 VV RVG). Die Geschäftsgebühr entsteht für das Betreiben des Geschäfts einschließlich der Information. Es handelt sich um eine Rahmengebühr (§ 14 RVG) zwischen einen Gebührensatz von 0,5 und 2,5. Bei einem durchschnittlichen Verkehrsunfall ist eine Gebühr von 1,3 nicht unbillig.[341] Einen höheren Gebührensatz als 1,3 kann der Anwalt gemäß Nr. 2300 VV RVG nur verlangen, wenn die Tätigkeit umfangreich und schwierig war. § 14 II RVG, wonach ein Gutachten des Vorstands der Anwaltskammer, der der Anwalt angehört, einzuholen ist, gilt hier nicht. Diese Bestimmung kommt nur im Rechtsstreit des Anwalts mit seinem Mandanten zum Tragen.[342]

Bei Rahmengebühren im Sinne des § 14 RVG, zu denen die Geschäftsgebühr im Sinne der Nr. 2300 VV RVG zählt, steht dem Rechtsanwalt ein Spielraum von 20 % zu (Toleranzgrenze).[343] Das gilt aber nicht bei der Regelgebühr von 1,3. Dieser Gebührensatz ist unter den Gesichtspunkten von Umfang und Schwierigkeiten einer gerichtlichen Prüfung nicht durch eine Toleranzgrenze entzogen.[344]

109 Beim **Streitwert** ist zu beachten, dass vorprozessual aufgewendete Kosten zur Durchsetzung des im laufenden Verfahren geltend gemachten Hauptanspruchs grundsätzlich nicht werterhöhend wirken (§ 4 I Hs. 2 ZPO).[345] Die Geschäftsgebühr bleibt daher außer Betracht. Das gilt auch für die Bemessung des Beschwerdewerts (§ 511 II Nr. 1 ZPO).[346]

Das Abhängigkeitsverhältnis zwischen vorprozessual aufgewendeten Kosten zur Durchsetzung des im laufenden Verfahren geltend gemachten Hauptanspruchs besteht nur, solange die Hauptforderung Gegenstand des Rechtsstreits ist, also nicht mehr, wenn der Hauptanspruch übereinstimmend für erledigt erklärt wurde.[347] Streitwerterhöhend wirken auch isoliert im Berufungsverfahren weiterverfolgte vorprozessuale Anwaltskosten.[348]

110 Unter den Voraussetzungen von Nr. 1000 VV RVG kann der Anwalt eine Einigungsgebühr verlangen, deren Gebührensatz 1,5 beträgt. Ein Vergleichsabschluss im Sinne von § 779 BGB ist dafür nicht erforderlich.[349] Die Einigung muss auch nicht gerichtlich protokolliert werden.[350] Bereits bei außergerichtlichen Einigungsgesprächen kann

[339] *BGH* NJW 2011, 1222; NJW 2011, 296.
[340] *BGH* NJW-RR 2011, 910 Rn. 22
[341] *BGH* NJW-RR 2007, 420; *OLG München* NZV 2007, 211; zu Ersatzansprüchen über den Sätzen des RVG: *Schlosser*, NJOZ 2009, 2376.
[342] *BGH* NJW 2008, 3641 Rn. 7; *BVerwG* NJW 2006, 247 Rn. 19; *BSG* zfs 2009, 405; *OLG Saarbrücken* NJW-RR 2007, 112, 114.
[343] *BGH* NJW 2011, 1603; NJW-RR 2012, 887.
[344] *BGH* NJW 2012, 2813.
[345] *BGH* NJW 2007, 1752; VersR 2007, 1713; NJW-RR 2008, 374; *KG* DAR 2008, 431; *Zöller/Herget*, § 4 Rn. 13.
[346] *BGH* Beschluss vom 12.6.2007 – VI ZR 200/06.
[347] *BGH* Beschluss vom 21.9.2010 – VIII ZB 39/09 Rn. 4.
[348] *BGH* NJW 2013, 2123.
[349] *BGH* NZV 2007, 132; *N. Schneider*, DAR 2008, 357.
[350] *BGH* NJW 2007, 2187; *Madert/Müller-Rabe*, NJW 2007, 1920, 1924.

überdies eine Terminsgebühr anfallen (Anlage 1 zu § 2 II RVG Teil 3 Vorbemerkung 3 III Alt. 3 VV RVG).[351]

Ferner stehen dem Anwalt zu: **111**

– eine Pauschale von 20 EUR für Post- und Telekommunikationsdienstleistungen (Nr. 7002 VV RVG),
– eine Dokumentenpauschale (Nr. 7000 VV RVG),
– sowie Umsatzsteuer auf die Vergütung (Nr. 7008 VV RVG). Die Höhe des Steuersatzes hängt vom Zeitpunkt der Fälligkeit ab (§ 8 RVG).[352]

2. Zinsen

Verzugszinsen (§ 280 II, §§ 286, 288 BGB) stehen den Geschädigten erst zu, nachdem **112** er dem Schuldner eine angemessene Frist zur Prüfung von Grund und Umfang der Ersatzpflicht gesetzt hat und diese abgelaufen ist. Die Dauer der Prüfungsfrist ist einzelfallabhängig. Der Versicherer hat die Prüfung des Schadens, für den er einzustehen hat, zu beschleunigen. Übermäßiges Zuwarten, etwa bis nach Einsichtnahme in eine Ermittlungsakte, ist nicht zu berücksichtigen. Im Einzelfall kann eine vierwöchige Frist für eine tragfähige Untersuchung des Schadens angemessen sein.[353]

Unabhängig von Verzug oder Rechtshängigkeit gewährt § 849 BGB einen besonde- **113** ren Zinsanspruch. Die Vorschrift kommt auch für Ansprüche aus Gefährdungshaftung zur Anwendung, zum Beispiel nach dem StVG.[354] Gleichwohl hat die Bestimmung nur einen engen Anwendungsbereich. Insbesondere ist sie auf den Anspruch auf Ersatz der eigentlichen Reparaturkosten nicht anwendbar.[355]

Die Vorschrift bestimmt eine Verzinsung in Höhe von 4 % (§ 246 BGB), wenn wegen Entziehung einer Sache der Wert oder wegen deren Beschädigung die Wertminderung zu ersetzen ist. Die Verzinsung beginnt mit dem Zeitpunkt, der der Bestimmung des Werts zugrunde gelegt wird:

– § 849 Alt. 1 BGB betrifft den Fall des (auch wirtschaftlichen) Totalschadens.[356] Dabei ist der Zeitpunkt des Unfalls maßgeblich.
– Im Fall der Reparatur des Fahrzeugs erfasst die Vorschrift nur den merkantilen Minderwert (§ 849 Alt. 2 BGB). Dabei ist auf den Zeitpunkt der Beendigung der Reparatur abzustellen.

3. Auslagenpauschale

Der Geschädigte kann die mit der Abwicklung des Schadens entstandenen Auslagen **114** wie Telefonkosten, Reisekosten, Porti ersetzt verlangen, sofern es sich nicht um einen Bagatellschaden handelt. Zu Vereinfachung der Abwicklung eines Verkehrsunfallschadens wird dem Geschädigten ohne weiteren Sachvortrag eine Schadenspauschale zugebilligt. Diese kann pro Unfallereignis nur einmal beansprucht werden.[357]

Die Pauschale wird mit 20 EUR, 25 EUR oder auch 30 EUR bemessen. Diese Beträge sind im Rahmen von § 287 ZPO nicht zu beanstanden.[358] Eine Pauschale ist nur bei der Regulierung von Verkehrsunfällen zuzubilligen, denn dabei handelt es sich um ein Massengeschäft. Dies ist auf andere Fallgestaltungen nicht übertragbar.[359]

---

[351] Dazu *Madert/Müller-Rabe*, NJW 2007, 1920, 1925.
[352] *N. Schneider*, NJW 2007, 325.
[353] *KG* BeckRS 2008, 14286.
[354] BGHZ 87, 38, 39 f. = NJW 1983, 1614.
[355] *OLG Saarbrücken* OLGR 1999, 125, 126 f.; kritisch: MünchKommBGB/*Wagner*, § 849 Rn. 5.
[356] BGHZ 87, 38, 41 = NJW 1983, 1614; *AG Bochum* DAR 2009, 209; *Greger*, § 27 Rn. 16.
[357] *OLG Celle* NJW 2008, 446, 448.
[358] *KG* NZV 2007, 409; NZV 2006, 307; *OLG Stuttgart* NJOZ 2007, 4514, 4517; *LG Nürnberg-Fürth* DAR 2010, 475; *AG Frankfurt/M.* DAR 2009, 468; siehe auch *Greger*, § 26 Rn. 28.
[359] *BGH* NJW 2012, 2267 Rn. 11.

§ 34. Prozessuale Fragen

I. Die Klageerhebung

1. Gerichtsstand

1 Klagen aufgrund von Verkehrsunfällen oder anderen Schadensereignissen können außer im allgemeinen Gerichtsstand des Wohnsitzes bzw. des Sitzes der beklagten Partei (§§ 12, 13, 17 ZPO) auch im Gerichtsstand der unerlaubten Handlung erhoben werden (§ 32 ZPO, § 20 StVG). Zur Eröffnung dieses Gerichtsstands reicht die schlüssige Behauptung von Tatsachen aus, auf deren Grundlage sich ein deliktischer Anspruch ergeben kann; eine Zuständigkeit ist wahlweise dort gegeben, wo die Verletzungshandlung begangen wurde oder dort, wo in ein geschütztes Rechtsgut eingegriffen wurde.[1] Das gilt auch, soweit dieselben Tatsachen sowohl für die Zulässigkeit als auch für die Begründetheit der Klage erheblich sind (doppelrelevante Tatsachen).[2]

Im Gerichtsstand der unerlaubten Handlung können sodann alle Anspruchsgrundlagen geprüft werden.[3] Es können auch Ansprüche geltend gemacht werden, die auf Sozialversicherungsträger übergegangen sind,[4] ebenso der Direktanspruch gegen den Haftpflichtversicherer des Schädigers nach § 115 I 1 Nr. 1 VVG.[5] Ein Haftpflichtversicherer kann auch am Gerichtsstand seiner Niederlassung verklagt werden (§ 21 ZPO), jedoch nur, wenn zu der betreffenden Niederlassung ein Bezug besteht.[6]

2 Sollen mehrere Schuldner verklagt werden, kann dies entweder im Gerichtsstand der unerlaubten Handlung oder in einem vereinbarten Gerichtsstand geschehen. Eine Gerichtsstandbestimmung nach § 36 Nr. 3 ZPO scheidet regelmäßig aus. Sie kommt erst in Betracht, wenn ein gemeinsamer Gerichtsstand nicht gegeben ist.[7]

Bei Verkehrsunfällen im Bereich der EU ist eine Direktklage des Geschädigten am Ort seines Wohnsitzes gegen den Versicherer des Unfallverursachers möglich, wenn der Versicherer seinen Sitz in einem Mitgliedsstaat hat (Art. 11 II i. V. mit Art. 9 I lit. b EuGVVO). Dies hat das *EuGH*[8] auf ein Vorabentscheidungsersuchen des *BGH* nach Art. 234 EG entschieden.[9] Diese Grundsätze gelten auch für die Direktklage einer geschädigten juristischen Person.[10] Bei dem anzuwendenden materiellen Recht kommt es auf das Recht im Land des Unfallortes an.[11]

2. Unbezifferter Zahlungsantrag

3 § 253 II Nr. 2 ZPO verlangt einen bestimmten Klageantrag. Das erfordert bei Geltendmachung von Zahlungsansprüchen die Angabe des begehrten Geldbetrags. Ein unbezifferter Antrag ist nach gefestigter Rechtsprechung ausnahmsweise zulässig,

---

[1] *BGH* NJW 2010, 1752 Rn. 8; NZG 2010, 587 Rn. 8.
[2] *BGH* NJW-RR 2008, 516 Rn. 14.
[3] BGHZ 153, 173 = NJW 2003, 828; anders bei der internationalen Zuständigkeit (*BGH* NZG 2010, 587 Rn. 10).
[4] *BGH* NJW 1990, 1533.
[5] *BGH* NJW 1983, 1799.
[6] *LG Dortmund* VersR 2007, 1674.
[7] *KG* KGR 1999, 269; *Greger*, § 37 Rn. 2.
[8] *EuGH* NJW 2008, 819; dazu *Thiede/Ludwichowska*, VersR 2008, 631; *Fricke*, VersR 2009, 429; *Staudinger/Czaplinski*, NJW 2009, 2249, 2251; siehe auch *OLG Zweibrücken* DAR 2010, 585 (Unfallort: Schweiz).
[9] *BGH* NJW 2007, 71.
[10] *OLG Celle* NJW 2009, 86.
[11] *Becker*, DAR 2008, 187, 191; offen gelassen: BGHZ 178, 192 = NJW 2008, 2343.

wenn dem Geschädigten eine Bezifferung unmöglich oder – wegen des Kostenrisikos – unzumutbar ist.[12] Dies erlangt namentlich beim Schmerzensgeldanspruch Bedeutung. Der Kläger kann aus diesem Grund die Zahlung eines angemessenen Betrags verlangen, dessen Höhe er in das Ermessen des Gerichts stellt.

Die Zulässigkeit eines unbezifferten Schmerzensgeldantrags setzt die Angabe von   **4** Schätz- und Bewertungstatsachen voraus.[13] Durch die Angabe eines Mindestbetrags oder einer Größenordnung sind dem Gericht im Rahmen des § 308 ZPO bei der Festsetzung des angemessen Schmerzensgelds nach oben keine Grenzen gezogen.[14] Die Mitteilung des Größenbereichs, in dem sich das verlangte Schmerzensgeld nach der Vorstellung des Klägers bewegen soll, ist nicht für die Zulässigkeit der Klage, sondern (nur) für die Rechtsmittelbeschwer bedeutsam.[15]

Mit dem auf eine unbeschränkte Klage insgesamt zuerkannten Schmerzensgeld sind   **5** nicht nur alle bereits eingetretenen, sondern auch alle erkennbaren und objektiv vorhersehbaren künftigen unfallbedingten Verletzungsfolgen abgegolten (§ 322 I ZPO).[16]

3. Teilklage

a) Quotenmäßige Beschränkung

Um sein Prozessrisiko zu mindern, kann der Kläger nur einen Teil seiner Ansprüche   **6** geltend machen. Das beugt nicht nur dem Einwand des Mitverschuldens und der mitwirkenden Betriebsgefahr vor, sondern kann sich auch bei zweifelhafter Rechts- und Beweislage hinsichtlich der Höhe des Schadens empfehlen. Die beklagte Partei kann darauf mit einer negativen Feststellungswiderklage reagieren. Zur Vermeidung eines Haftungsrisikos muss der Anwalt des Klägers die Verjährungsfrist im Blick behalten und die Klage vor deren Ablauf erweitern.

Der Kläger kann die einzelnen Positionen in ein Abhängigkeitsverhältnis stellen,   **7** indem er etwa erklärt, dass der verlangte Betrag in erster Linie als Verdienstausfall und hilfsweise als Schmerzensgeld begehrt wird. Werden mit einer Teilklage verschiedene Anspruchspositionen – etwa Sachschaden, Erwerbsschaden und Schmerzensgeld – geltend gemacht, so hat der Kläger den eingeklagten Betrag auf die einzelnen Positionen aufzuteilen, um dem Bestimmtheitserfordernis des § 253 II Nr. 2 ZPO zu genügen.[17] Die Aufteilung ist Zulässigkeitsvoraussetzung der Klage, weil geklärt werden muss, was dem Kläger zuzusprechen ist (§ 308 ZPO). Die Aufteilung kann – zum Beispiel nach einem gerichtlichen Hinweis – im Lauf des Rechtsstreits nachgeholt werden, und zwar mit Rückwirkung auf den Zeitpunkt der Klageeinreichung.[18]

b) Offene Schmerzensgeldteilklage

Unzulässig ist ein Teilschmerzensgeldantrag für einen in der Vergangenheit liegen-   **8** den Schadensverlauf. Eine offene Schmerzensgeldteilklage kommt aber in Betracht, wenn alle bisher entstandenen Komplikationen einbezogen sind. Künftige Verschlechterungen sind Gegenstand des zusätzlich gebotenen Feststellungsantrags, auch wenn sie bereits jetzt voraussehbar sind.[19]

---

[12] Siehe bereits BGHZ 4, 138 = NJW 1953, 382; näher § 33 Rn. 37.
[13] BGHZ 4, 138 = NJW 1953, 382; Thomas/Putzo/*Reichold*, § 253 Rn. 12.
[14] BGHZ 132, 341 = NJW 1996, 2425.
[15] BGHZ 140, 335 = NJW 1999, 1339; *BGH* NJW-RR 2004, 863.
[16] *BGH* NJW 2004, 1243, 1244.
[17] BGHZ 124, 164, 166 = NJW 1994, 460; *BGH* NJW 2000, 3718, 3719.
[18] *BGH* NJW 1967, 2210.
[19] *BGH* NJW 2004, 1243, 1244; *Greger,* § 30 Rn. 44, 52; *Terbille,* VersR 2005, 37 ff.; *Bussmann,* MDR 2007, 446, 447.

4. Feststellungsklage

a) Bedeutung

9 Im Haftpflichtprozess es regelmäßig geboten, neben der Zahlungsklage einen Feststellungsantrag dahin zu stellen, dass der Beklagte verpflichtet ist, „dem Kläger sämtliche zukünftigen materiellen und immateriellen Schaden, aus dem Unfall vom … zu ersetzen" (§ 256 I ZPO).[20] Dem Feststellungsbegehren für den zukünftigen materiellen Schaden ist mit Rücksicht auf § 116 SGB X die Einschränkung beizufügen „… soweit dieser nicht auf Sozialversicherungsträger übergeht oder übergegangen ist."[21]

10 Dieser Antrag trägt der Möglichkeit des Eintritts von Spätschäden Rechnung, die sich im hierfür maßgebenden Zeitpunkt der Klageerhebung noch nicht übersehen und erst recht nicht beziffern lassen. Die Reichweite der Bindungswirkung eines Feststellungsurteils ist in erster Linie der Urteilsformel zu entnehmen.[22] Bei einem Schadensfeststellungsurteil ist eine bestimmte Bezeichnung des zum Ersatz verpflichtenden Ereignisses geboten, damit über den Umfang der Rechtskraft des Feststellungsausspruchs keine Ungewissheit herrschen kann.[23] Nach einem rechtskräftigen Feststellungsurteil kann der Schädiger die Ersatzpflicht in einem etwaigen Nachfolgeprozess nicht mehr in Frage stellen. Die Höhe des Anspruchs wird von der Rechtskraft des Feststellungsurteils (§ 322 ZPO) hingegen nicht umfasst.[24] Das gilt auch für die haftungsausfüllende Kausalität zwischen der unfallbedingten Verletzung und einem behaupteten Folgeschaden.[25] Über das Vorliegen von Folgeschäden, ihre Verursachung durch den Unfall und die Höhe des Ersatzbetrags ist im Folgeprozess zu befinden.

Die Abänderung eines rechtskräftigen Feststellungsurteils zum Haftungsgrund kommt auch dann nicht in Betracht, wenn sich die Tatsachenfeststellungen aufgrund wissenschaftlichen Erkenntnisfortschritts als unrichtig herausstellen.[26]

b) Zulässigkeit

11 Der Feststellungsantrag setzt voraus, dass in Zukunft mit weiteren Schadensfolgen zu rechnen ist (§ 256 I ZPO). Das Feststellungsinteresse hinsichtlich eines auf § 7 I StVG oder § 823 I BGB gegründeten Schadensersatzanspruchs, der noch nicht abschließend mit der Leistungsklage geltend gemacht werden kann, ist bereits dann zu bejahen, wenn der Anspruchsgegner seine haftungsrechtliche Verantwortlichkeit in Abrede stellt und durch die Klageerhebung einer drohenden Verjährung (§§ 195 BGB ff.; § 14 StVG) entgegengewirkt werden soll.[27]

Außerdem ist der Feststellungsantrag erforderlich, um die kurze Regelverjährung zu hemmen (§ 204 I Nr. 1 BGB) und die dreißigjährige Verjährung herbeizuführen (§ 197 I Nr. 3 BGB). Ein auf Feststellung der materiellen Schadensersatzpflicht gerichteter Antrag hindert nicht die Verjährung eines Schmerzensgeldanspruchs, so dass der Anwalt des Klägers gegebenenfalls gegenüber dem Mandanten regresspflichtig werden kann, wenn er dem nicht Rechnung trägt.[28]

12 Bei der Verletzung absoluter Rechte genügt die bloße Möglichkeit eines Schadenseintritts. Für den Fall, dass mit dem Eintritt weiterer Schäden zu rechnen ist, die

---

[20] Beispiel bei *Bussmann*, MDR 2007, 446, 447.
[21] *BGH* NJW-RR 1988, 534, 536; Tempel/*Theimer*, § 4 Muster 86 Rn. 15; siehe auch *Greger*, § 32 Rn. 89, 93.
[22] *BGH* NJW 2008, 2716 Rn. 13.
[23] *BGH* NJW 2008, 2647 Rn. 21.
[24] *BGH* NJW 1984, 2295.
[25] *BGH* NJW-RR 2005, 1517 f.
[26] *OLG Hamm* r+s 2009, 43.
[27] *BGH* NJW 2001, 1431, 1432; NJW-RR 2010, 750 Rn. 13.
[28] *BGH* NJW 2006, 3496.

letztlich noch nicht absehbar sind, ist das erforderliche Interesse im Hinblick auf die Feststellung der Ersatzpflicht zukünftiger immaterieller Schäden bejahen, wenn aus der Sicht des Geschädigten bei verständiger Würdigung Grund besteht, mit dem Eintritt eines weiteren Schadens wenigstens zu rechnen.[29] Ein Rechtsschutzbedürfnis besteht auch dann, wenn die Schädigung abgeschlossen ist und nur noch nicht geklärt werden kann, auf welche Weise und mit welchen Kosten sie behoben werden kann.[30]

Bei reinen Vermögensschäden hängt die Zulässigkeit der Feststellungsklage von der gewissen Wahrscheinlichkeit eines auf die Verletzungshandlung zurückzuführenden Schadens ab.[31]

Ein Feststellungsinteresse ist nicht gegeben, wenn bereits jetzt alle Schäden – auch   13 hinsichtlich der Zukunft – feststehen und auf Leistung geklagt werden kann. Hierbei kommt es auf den Zeitpunkt der Klageerhebung an. Der Geschädigte ist nicht gehalten, seinen Leistungsantrag im Laufe des Rechtsstreits zu erweitern, um ihn der neuen Sach- und Rechtslage anzupassen.[32]

c) Begründetheit

Ein zulässiger Feststellungsantrag ist begründet, wenn die sachlichen und rechtlichen   14 Voraussetzungen eines Schadensersatzanspruchs vorliegen, also ein haftungsrechtlich relevanter Eingriff gegeben ist, der zu möglichen künftigen Schäden führen kann.[33]

d) Rechtskraft

Die Abweisung der auf Feststellung einer Forderung erhobenen Klage in der Sache schafft insoweit Rechtskraft für eine später auf dieselbe Forderung gestützte Leistungsklage, als das mit ihr erstrebte Prozessziel unter keinem rechtlichen **Gesichtspunkt** mehr aus demselben Lebenssachverhalt hergeleitet werden kann, der der Feststellungsklage zu Grunde gelegen hat.[34]

e) Streitwert und Beschwer

Bei der Bemessung des Streitwertes einer positiven Feststellungsklage ist der Wert des Gegenstandes oder Rechtsverhältnisses maßgeblich, wobei ein Abschlag von 20 % zu machen ist (§ 3 ZPO). Der Zeitpunkt der Wertberechnung bestimmt sich gemäß § 40 GKG nach der Einleitung des Rechtszuges.

Die davon zu unterscheidende Beschwer (Art. 26 Nr. 8 EGZPO) richtet sich hingegen nach dem Zeitpunkt der letzten mündlichen Verhandlung vor dem Berufungsgericht.[35]

5. Subjektive Klagehäufung

Mehrere Geschädigte auf Klägerseite und mehrere in Anspruch genommene Haft-   15 pflichtige auf Beklagtenseite bilden jeweils eine einfache, keine notwendige Streitgenossenschaft (§§ 59, 60 ZPO). Typisches Beispiel auf Beklagtenseite sind Halter, Fahrer und Kfz-Haftpflichtversicherer. Die Klage gegen letzteren zielt auf einen zahlungskräftigen Schuldner, der zudem auch im Innenverhältnis unter den Haftpflichtigen federführend für die Schadensregulierung ist (siehe § 116 I VVG). Für die

---

[29] *BGH* NJW 2001, 1431, 1432; NJW 2004, 1243, 1244; NJW-RR 2007, 601 Rn. 6; Zöller/ *Greger*, § 256 Rn. 9.
[30] *BGH* VersR 2008, 702.
[31] BGHZ 166, 84 = NJW 2006, 830 Rn. 27; *BGH* NJW 2007, 224 Rn. 25; NJW 2008, 2041 Rn. 23; NJW-RR 2010, 750 Rn. 12.
[32] *BGH* NJW 1984, 1552, 1554; Hk-ZPO/*Saenger*, § 256 Rn. 12.
[33] *BGH* NJW-RR 2007, 601 Rn. 6.
[34] *BGH* NJW-RR 2006, 712 Rn. 15; NJW 2008, 1227 Rn. 20.
[35] *BGH* VersR 2009, 279; siehe auch *BGH* NJW 2010, 681.

Auswahl im Übrigen sind häufig prozesstaktische Erwägungen maßgeblich. Die Einbeziehung des Halters und des Fahrers als Beklagte erfolgt in der Praxis häufig aus der Überlegung, sie als Zeugen für die Beweisführung der Gegenseite über den Unfallhergang auszuschalten.

6. Widerklage

a) Zulässigkeit

16　Wenn der Beklagte Gegenansprüche aus dem Unfall erheben will, kann er diese – neben der Möglichkeit einer Aufrechnung – auch im Wege der Widerklage geltend machen.[36] Es kommt auch eine negative Feststellungswiderklage in Betracht, wenn der Kläger nur einen Teil seiner Ansprüche einklagt, sich aber weitergehender Forderungen berühmt.

b) Widerklage gegen Dritte

17　Die Widerklage kann – unter den Voraussetzungen einer Klageänderung (§§ 263, 267 ZPO) – nicht nur gegen den Kläger, sondern parteierweiternd auch gegen Dritte gerichtet werden, soweit der Kläger mitverklagt wird.[37] Die hierfür nach §§ 33, 59, 264 ZPO geforderten Voraussetzungen liegen bei gegenseitigen Ansprüchen aus einem Verkehrsunfall regelmäßig vor. Die Einbeziehung des Haftpflichtversicherers des Klägers ist sinnvoll, um eine Gesamtregulierung zu erreichen. Die Erstreckung der Widerklage auf den Fahrer des klagenden Halters ist hingegen eher ein prozesstaktisches Manöver, um den Kläger in seiner Beweisführung zu beeinträchtigen.

Ausnahmsweise ist auch eine isolierte Drittwiderklage zulässig. Das ist anzunehmen, wenn der von einem Verkehrsunfall Betroffene seine Forderung an einen Dritten abtritt. Der beklagte Unfallgegner kann dann Drittwiderklage gegen den bisher am Prozess nicht beteiligten Zedenten erheben.[38] Sofern notwendig, kommt in einer solchen Fallgestaltung eine gerichtliche Zuständigkeitsbestimmung in entsprechender Anwendung des § 36 I Nr. 3 ZPO in Betracht.[39]

7. Fristenwahrung

a) Pflicht zur Prozessförderung

18　Die Hemmung der Verjährung setzt die Erhebung der Klage (§ 204 I Nr. 1 BGB) und damit deren Zustellung voraus (§§ 253 I, 263 II ZPO). Die Zustellung ist nicht deswegen unwirksam, wenn sie ohne in Bezug genommene Anlagen erfolgt.[40] Die Einreichung der Klage bei Gericht genügt, wenn die Zustellung der Klage „demnächst" erfolgt (§ 167 ZPO). Eine Zustellung erfolgt nur dann demnächst, wenn der Kläger seiner Pflicht zur Prozessförderung nachkommt. Einer Partei sind solche Verzögerungen zuzurechnen, die sie oder ihr Prozessbevollmächtigter bei sachgerechter Prozessführung hätten vermeiden können.[41] Den angeforderten Kostenvorschuss muss der Kläger alsbald einzahlen. Bei gleichzeitigem Prozesskostenhilfeantrag obliegt es dem Kläger, rechtzeitig Unterlagen über seine wirtschaftlichen und persönlichen Verhältnisse vorzulegen (§ 117 II, IV ZPO). Die Klage muss bei dem richtigen Gericht eingereicht werden; die Zustelladresse des Beklagten muss in der

---

[36] Zur Widerklage in der Fallbearbeitung *Huber*, JuS 2007, 1079; *Schreiber*, Jura 2010, 31.
[37] BGHZ 40, 185, 187 f. = NJW 1964, 44; BGHZ 147, 220, 221 f. = NJW 2001, 2094.
[38] *BGH* NJW 2007, 1753; *Deubner*, JuS 2007, 817, 820 f.; Hk-ZPO/*Bendtsen*, § 33 Rn. 16.
[39] *OLG München* NJW 2009, 2609.
[40] *BGH* NJW 2013, 387.
[41] BGHZ 145, 358, 362 = NJW 2001, 885, 887; BGHZ 175, 360 = NJW 2008, 1672 Rn. 11.

Klageschrift richtig angegeben sein. Dem Kläger ist ein etwaiges Verschulden seines Prozessbevollmächtigten zuzurechnen (§ 85 II ZPO), nicht aber das Verschulden des Büropersonals des Rechtsanwalts.

b) Verzögerung durch das Gericht

Verzögerungen im Zustellungsverfahren, die durch eine fehlerhafte Sachbehandlung   19
des Gerichts verursacht werden, sind dem Kläger nicht zuzurechnen.[42] Hat er alle
von ihm geforderten Mitwirkungshandlungen für eine ordnungsgemäße Klagezustel-
lung erbracht, insbesondere den Gerichtskostenvorschuss eingezahlt, so sind er und
sein Prozessbevollmächtigter im Weiteren nicht mehr gehalten, das gerichtliche Vorgehen zu kontrollieren und durch Nachfragen auf beschleunigte Zustellung hinzuwirken. Bei einer längeren Zeitspanne zwischen Klageeinreichung und Klagezustel-
lung ist deshalb jeweils festzustellen, inwieweit die Verzögerung von dem Kläger oder
vom Gericht zu vertreten ist.

II. Klärung des Unfallhergangs

1. Aufklärungsbedürftige Punkte

Bei Verkehrsunfällen ist das Augenmerk je nach Sachvortrag der Parteien zu dem   20
konkreten Ablauf auf die Klärung folgender Punkte zu richten:

– die räumliche Beschaffenheit und verkehrstechnische Ausgestaltung der Unfallstelle; dazu gehören der Verlauf der Straße, die Beschaffenheit einer Kreuzung, die
Breite und Neigung der Straße, ihre Einsehbarkeit für Gegenverkehr und einbie-
gende Fahrzeuge, die aufgestellten Verkehrszeichen und Verkehrseinrichtungen, die
Beschaffenheit der Straßendecke und die vorhandene Beleuchtung;
– der genaue Zeitpunkt des Unfalls und daraus folgende Konsequenzen (Dunkelheit
oder Helligkeit, trockene, nasse oder glatte Fahrbahn, Verkehrsdichte, Schnee-
decke);
– die Fahrweise der Unfallbeteiligten; hierzu gehören die Geschwindigkeit, die Beleuchtung (Abblendlicht, Fernlicht, Standlicht, Nebelscheinwerfer, Rückleuchten),
die benutzte Fahrbahnseite, Fahrbahnwechsel, Betätigung der Blinkleuchten, Bremsen, Schleudern, Ort und Art des Zusammenstoßes;
– das Verhalten beteiligter Fußgänger (Ort und Zeitpunkt des Betretens der Fahrbahn, vorheriges Warten am Fahrbahnrand, schnelle oder langsame Gehweise,
Erkennbarkeit als Kind oder gebrechliche Person);
– nach dem Unfall getroffene Feststellungen; hierzu gehören der Endstand der Fahrzeuge, Brems- und Blockierspuren, die örtliche Lage der geschädigten Fahrzeuge
und Fahrzeugteile wie zum Beispiel Glassplitter oder Blechteile; Defekte und Art
der Beschädigung der Fahrzeuge, Anzeichen für Fahruntüchtigkeit der beteiligten
Fahrer;
– nach dem Unfall abgegebene Erklärungen der Fahrer und der Insassen über die
Fahrweise und die Ursachen des Unfalls;
– Unfallschilderung der Beteiligten gegenüber Versicherern;
– Feststellungen im Straf- oder Bußgeldverfahren.

---

[42] St. Rspr., BGHZ 168, 306 = NJW 2006, 3206.

2. Parteivorbringen

21   Es ist Aufgabe des Klägers, die für die Begründung des Anspruchs notwendigen Tatsachen konkretisiert und wahrheitsgemäß vorzutragen (§ 138 I ZPO).[43] Eine Partei genügt ihrer Darlegungslast und ihren Substantiierungspflichten, wenn sie Tatsachen vorträgt, die in Verbindung mit einem Rechtssatz geeignet sind, das geltend gemachte Recht als ihrer Person entstanden erscheinen zu lassen. Wird das Parteivorbringen diesen Anforderungen an die Substantiierung gerecht, kann der Vortrag weiterer Einzeltatsachen nicht verlangt werden. Es ist danach Sache des Gerichts, in die Beweisaufnahme einzutreten und dabei gegebenenfalls einem Sachverständigen die beweiserheblichen Streitfragen zu unterbreiten.[44] Eine Partei ist grundsätzlich nicht verpflichtet, tatsächliche Umstände, die ihr unbekannt sind, zu ermitteln oder sonst durch Einholung eines Privatgutachtens näher zu erforschen.[45]

Der Beklagte hat sich konkret zu äußern (§ 138 II, III ZPO). Ein den Beklagten verurteilendes Strafurteil löst eine erhöhte Darlegungslast aus.[46] Der Beklagte hat seinerseits die für ein Mitverschulden bzw. eine Mithaftung des Klägers sprechenden Umstände substantiiert vorzutragen, worauf dieser wiederum konkretisiert zu erwidern hat.

Eine **Erklärung mit Nichtwissen** (§ 138 IV ZPO) ist nur im Hinblick auf Tatsachen zulässig, die weder eigene Handlung der Partei noch Gegenstand ihrer eigenen Wahrnehmung gewesen sind. Daher ist z. B. ein die eigene Fahrweise betreffendes Bestreiten mit Nichtwissen unzulässig.[47] Weitere Voraussetzung einer zulässigen Erklärung mit Nichtwissen ist, dass die Partei für die jeweiligen Tatsachen nicht darlegungs- und beweisbelastet ist.[48] Eine Erklärung mit Nichtwissen ist außerdem unzulässig, soweit eine Informationspflicht der Partei besteht.[49]

3. Terminsvorbereitende Anordnungen

22   Wenn notwendig, sind die Parteien im Wege prozessleitender Anordnungen zu ergänzendem Sachvortrag anzuhalten (§ 273 II Nr. 1 ZPO). Dabei wird das Gericht gezielte Fragen zu den oben aufgeführten Punkten stellen, wenn hierzu nach dem bisherigen Vortrag der Parteien Anlass besteht (§ 139 ZPO). Unzureichende Substantiierung des Vorbringens führt bei der darlegungspflichtigen Partei zur Unschlüssigkeit des Anspruchs. Beim Gegner gelten nicht substantiiert bestrittene Tatsachen als zugestanden (§ 138 III ZPO).

23   Neben gerichtliche Hinweise kann die Beziehung von Beiakten – insbesondere Straf- und Bußgeldakten – treten, deren Aktenzeichen die Parteien anzugeben haben (§ 273 II Nr. 2 ZPO). Nicht selten wird gegen beide Unfallbeteiligten ein Bußgeldverfahren eingeleitet. Die Akten der Bußgeldbehörde dienen vor allem zur Aufklärung der räumlichen Beschaffenheit der Unfallstelle, der konkreten Straßen- und Beleuchtungsverhältnisse, der vorhandenen Verkehrszeichen und der nach dem Unfall von der Polizei getroffenen Maßnahmen. Von Bedeutung ist insbesondere ein Unfallbericht der Polizei, einschließlich der Unfallskizze, Fotos der Unfallstelle und der beteiligten Fahrzeuge, Gutachten über Defekte der Fahrzeuge oder über Alkoholisie-

---

[43] Zu Sanktionen bei Verletzung der Wahrheitspflicht: *Kiethe*, MDR 2007, 625.
[44] *BGH* NJW 2008, 3361 Rn. 11; NJW-RR 2010, 1217 Rn. 11.
[45] *BGH* Beschluss vom 11.5.2010 – VIII ZR 301/08 Rn. 12.
[46] *OLG München* NJOZ 2007, 2163.
[47] *KG* NZV 2003, 91.
[48] *BGH* NJW-RR 2009, 1666 Rn. 14.
[49] *BGH* NJW-RR 2009, 1666 Rn. 16.

rung der Fahrer, Vernehmungsprotokolle in der Ermittlungsakte[50] sowie sichergestellte Beweismittel, wie zum Beispiel ein Fahrtenschreiberblatt.

Nach Beiziehung von Straf- und Bußgeldakten können weitere Aufklärungsmaßnahmen notwendig sein. So kann das Gericht die Parteien gemäß § 273 II Nr. 1 ZPO auf Erkenntnisse aus den Strafakten hinweisen und sie zu einer Erklärung über diese Punkte nebst Beweisantritt veranlassen, zum Beispiel zur Vorlage der in ihren Händen befindlichen Lichtbilder, Privatgutachten oder Benennung weiterer Zeugen.   **24**

Gemäß § 273 II Nr. 2 ZPO kann das Gericht Auskünfte einholen. So kann die Polizeibehörde ersucht werden, eine maßstabsgerechte Skizze der Unfallstelle anzufertigen oder einen Ampelphasenplan (Signalzeitenplan oder Signalphasenplan) mitzuteilen.[51] Sofern es auf die Wetterverhältnisse ankommt, kann das Wetteramt um Auskunft ersucht werden.

4. Beweisaufnahme

In Verkehrsunfallsachen wird regelmäßig eine Beweisaufnahme über den Hergang des Unfalls notwendig sein.   **25**

a) Parteien und Zeugen

Die Anhörung beider Parteien (§ 141 ZPO) und Vernehmung der Zeugen (§§ 372 ff. ZPO) erfolgt im Regelfall durch Beweisaufnahme vor dem Prozessgericht (§ 355 I ZPO). Dies wird – bei erstinstanzlicher Zuständigkeit des Landgerichts – meist der Einzelrichter (§ 348 I 1 ZPO) sein,[52] unter Umständen auch der Berichterstatter als beauftragter Richter (§ 375 I, Ia ZPO).[53]

Bei einem Verkehrsunfall sollten in erster Linie die beteiligten Fahrer gehört werden, sei es als angebotene Zeugen oder gemäß § 141 ZPO bzw. § 448 ZPO im Rahmen einer Anhörung als Partei. Eine förmliche Parteivernehmung (§§ 445 ff. ZPO) ist subsidiär und in der Praxis meist entbehrlich.[54] Das Prinzip des fair trial gebietet allerdings die Anhörung beider Unfallbeteiligter.[55] Eine Häufung von Defiziten bei der Aufklärung des Sachverhalts – zum Beispiel durch unterbliebene Beiziehung der Verkehrsunfallakte und unterlassene Anhörung der Unfallbeteiligten – kann in zweiter Instanz zur einer Aufhebung des erstinstanzlichen Urteils und Zurückverweisung des Verfahrens führen (§ 538 II 1 Nr. 1 ZPO).[56]   **26**

In vielen Fällen stellt sich erst nach Anhörung bzw. Vernehmung der beteiligten Fahrer heraus, in welchen Punkten der Unfallhergang streitig ist und was noch durch (weitere) Zeugen oder Sachverständigengutachten aufgeklärt werden muss. Die Anhörung bzw. Vernehmung kann mit dem Vorhalt von Unfallskizzen und Fotos verbunden werden. Häufig kann es angebracht sein, einen Zeugen selbst eine Skizze anfertigen zu lassen, die dann als Anlage zu Protokoll genommen wird.   **27**

---

[50] *KG* NZV 2008, 252.

[51] Siehe *BGH* NJW 2005, 1940; *KG* VersR 2008, 797, 798; *Weber* in: Berz/Burmann, Teil 21 Rn. A 54.

[52] Zur Einzelrichterzuständigkeit: *Stackmann,* JuS 2008, 129.

[53] Zur Zeugenvernehmung durch den Rechtsreferendar: *Eckert,* JuS 2001, 1004; zum Referendar als Terminsvertreter: *Breßler,* JuS 2004, 307.

[54] Zur förmlichen Parteivernehmung: *Stackmann,* JuS 2008, 509, 512; zum rechtlichen Gehör im Zivilprozess: *Zuck,* NJW 2005, 1226; NJW 2010, 3494.

[55] Vgl. *BGH* Beschluss vom 14.3.2013 – VII ZR 39/12 Rn. 8; *OLG Saarbrücken* NJW-RR 2011, 754.

[56] *OLG Schleswig* NJW-RR 2008, 1525.

Ihre günstigen Tatsachenbekundungen eines Zeugen, die die Partei selbst noch nicht vorgetragen hat, macht sie sich im Zweifel stillschweigend zu Eigen.[57] Das gilt grundsätzlich auch für tatsächliches Vorbringen der Gegenpartei. Nach dem Grundsatz der Gleichwertigkeit des Parteivorbringens kann sich die Partei die von ihrem Sachvortrag abweichenden Behauptungen der Gegenpartei hilfsweise zu Eigen machen und die Klage darauf stützen.[58] Erklärungen der Partei selbst kann im Übrigen nicht die Wirkung eines Geständnisses beigemessen werden.[59]

28   Bei der Beweisaufnahme sollte das Gericht stets feststellen, in welcher Weise die Partei oder der Zeuge in das Unfallgeschehen einbezogen war bzw. von welchem Standort es wahrgenommen wurde. Dies ist unabdingbare Voraussetzung für die Würdigung der Aussage. Ferner ist darauf zu achten, dass Zeugen tatsächlich wahrgenommene Tatsachen bekunden und nicht nur Schlussfolgerungen oder gar Vermutungen wiedergeben. Stets ist zu fragen, ob der Zeuge die mitgeteilte Tatsache selbst wahrgenommen hat oder sie nur aus anderen Wahrnehmungen schlussfolgert.[60] Vorsicht ist bei Schätzungen geboten. Sofern es sich um geschätzte Entfernungen handelt, kann es zur Kontrolle dienlich sein, die von dem Zeugen für richtig gehaltene Entfernung an einem von der Gerichtsstelle aus einsehbarem Objekt zu demonstrieren. Bei der Bewertung, ob ein Verkehrsteilnehmer einen Unfall durch rechtzeitige Reaktion hätte vermeiden können, ist ein Zeugenbeweis ungeeignet.[61]

29   Ein Zeuge kann auch **Indiztatsachen** bekunden, wie zum Beispiel Erörterungen der Beteiligten nach dem Unfall.[62] Bei einem auf Indizien gestützten Beweis darf und muss das Gericht vor der Beweiserhebung prüfen, ob der zugrunde liegende Sachvortrag, auf den der Beweisantritt gestützt ist, schlüssig ist. Insoweit reicht es aus, dass die unter Beweis gestellten Tatsachen die ernstliche Möglichkeit des logischen Rückschlusses auf die zu beweisende Tatsache bieten.[63] Bei der Würdigung der Indiztatsachen ist das Gericht grundsätzlich frei, welche Aussagekraft es den Hilfstatsachen im Einzelnen und in der Gesamtschau für seine Überzeugungsbildung beimisst.[64]

b) Sachverständigengutachten

30   Vielfach wird ein Sachverständigengutachten notwendig werden. Da die erste Instanz gehalten ist, das Beweisergebnis nachprüfbar festzuhalten, wird das Sachverständigengutachten trotz damit verbundener Verzögerungen meist schriftlich eingeholt.[65] In manchen Fällen kann die Aufgabe des Sachverständigen sogar unabhängig vom Unfallhergang sein. Das gilt etwa für die Begutachtung des Unfallfahrzeugs auf technische Mängel und Auswertung eines Fahrtenschreiberblatts zur Ermittlung der gefahrenen Geschwindigkeit.[66] Bei einem Verkehrsunfall soll ein Sachverständiger für Unfallrekonstruktion aber in der Regel den Unfallhergang klären. Häufig wird er sich zur grafischen Darstellung der Positionen der Unfallbeteiligten eines Weg-Zeit-Diagramms bedienen, anhand dessen auch eine Vermeidbarkeitsbetrachtung vorgenommen werden kann.[67]

---

[57] *BGH* BGHR ZPO § 138 I Darlegungslast 22; *BGH* Beschluss vom 4.12.2012 – VI ZR 320/11 Rn. 4; MünchKommZPO/*Wagner*, § 138 Rn. 12.
[58] *BVerfG* NJW-RR 2009, 1141; *BGH* NJW-RR 1995, 684; NJW 1989, 2756.
[59] *BGH* NJW-RR 2009, 1272 Rn. 8.
[60] Zur Verlässlichkeit von Zeugenaussagen: *Köhnken*, DAR 2010, 628.
[61] *KG* NZV 2008, 412, 413; NZV 2011, 391.
[62] *BGH* NJW-RR 1990, 1276; *Greger*, § 38 Rn. 12.
[63] *BGH* Urteil vom 25.10.2012 – I ZR 167/11 Rn. 26; Beschluss vom 12.3.2013 – VIII ZR 179/12 Rn. 11.
[64] *BGH* VersR 2010, 112 Rn. 20 f.
[65] *Keders/Walter*, NJW 2013, 1697, 1701.
[66] Siehe *BGH* NJW 1986, 1044.
[67] *Hein*, SVR 2008, 321, 326; *Schimmelpfennig*, DAR 2012, 628; *Weber* in: Berz/Burmann, Teil 21 Rn. C 44; zu überhöhter Geschwindigkeit: *Golder*, NZV 2007, 10.

Sofern der Sachverständige an Tatsachen anknüpfen muss, die zuvor durch Partei- 31
anhörung oder Zeugenvernehmung festzustellen sind, hat der Anspruchssteller zunächst die notwendigen Anknüpfungstatsachen vorzutragen; das Gericht hat sie
gegebenenfalls festzustellen.[68] Ist fraglich, ob es auf bestimmte, streitige Anknüpfungstatsachen überhaupt ankommen wird, kann dem Sachverständigen aufgegeben
werden, alternative Geschehensabläufe zu bewerten oder eine bestimmte Schilderung
zu berücksichtigten. Anknüpfungstatsachen können sein:
- die Unfallörtlichkeit (einschließlich Verkehrszeichen);
- Fahrspuren, Brems- und Blockierspuren;
- Endstand der Fahrzeuge nach dem Unfall;
- Lage von Splittern und Schmutz im Bereich der Unfallstelle;
- Erstaufschlagstelle und Endlage angefahrener Personen;
- Zeitpunkt des Unfalls;
- Witterungs- und Beleuchtungsverhältnisse;
- Fahrbahnverhältnisse;
- Fahrtenschreiberaufzeichnungen;
- Feststellungen über technische Fahrzeugmängel;
- der Inhalt eines Ampelphasenplans.

Da die rechtliche Beurteilung dem Gericht obliegt, sind an den Sachverständigen 32
konkrete Fragen zu stellen, zum Beispiel:
- Hatte das Fahrzeug technische Mängel? Wenn ja, waren sie für den Fahrer vor dem
  Unfall erkennbar? Haben sich die festgestellten Mängel auf den Unfall ausgewirkt?
- Wie war der Unfallhergang? Wie hoch war die Geschwindigkeit der beteiligten
  Fahrzeuge? Wo war die Anstoßstelle? Wo befand sich Fahrzeug A, als das Fahrzeug
  B in die C-Straße einbog?
- Wie lang waren der Brems- und Anhalteweg bei der gefahrenen Geschwindigkeit?
- Wie lang wären Brems- und Anhalteweg bei der jeweils zulässigen Geschwindigkeit
  gewesen? In einfachen Fällen kann ein geübtes Gericht eine solche Berechnung
  freilich selbst vornehmen.[69]

Dem Sachverständigen können außerdem konkrete Hinweise und Anweisungen 33
gegeben werden, etwa
- welche der oben erwähnten Anknüpfungstatsachen er bei der Erstattung seines
  Gutachtens als feststehend zugrunde legen und welche er hingegen auf Grund
  seiner Sachkunde selbst überprüfen und feststellen soll;
- eine Ortsbesichtigung durchzuführen und hierzu die Parteien und ihre Prozessbevollmächtigten rechtzeitig zu laden;
- sich zur Wahrscheinlichkeit eines von einer Partei oder einem Zeugen geschilderten
  Unfallhergangs zu äußern;
- sich mit einem vorgelegten Privatgutachten, einem im Strafverfahren eingeholten
  Sachverständigengutachten oder einer bestimmten Argumentation auseinander-
  zusetzen.

Ist bei Klageeingang bereits absehbar, dass ein Sachverständigengutachten erforderlich wird,
kann ein schriftliches Vorverfahren zu erwägen sein (§ 276 ZPO).[70] Der Beweisbeschluss ist
nicht selbstständig anfechtbar; Anordnungen des Prozessgerichts nach § 404a IV ZPO sind
jedenfalls grundsätzlich ebenfalls nicht selbständig anfechtbar.[71]

---

[68] *KG* NZV 2007, 520, 521; VersR 2008, 797, 799; *OLG Köln* OLGR 2001, 149; zur
Darlegung „feindlichen Grüns": *KG* NZV 2009, 460.
[69] *OLG Düsseldorf* BeckRS 2007, 17781.
[70] *Huber,* JuS 2009, 683, 684.
[71] *BGH* NJW-RR 2009, 995 Rn. 9 ff.

34 In der Regel empfiehlt es sich, den Sachverständigen zur mündlichen Erläuterung seines schriftlich erstatteten Gutachtens ergänzend zu hören. Dabei kommt es nicht darauf an, ob das Gericht noch Erläuterungsbedarf sieht. Es genügt, dass ein solcher von einer Partei nachvollziehbar dargetan worden ist. Zur Gewährleistung des rechtlichen Gehörs hat die Partei nach §§ 397, 402 ZPO, Art. 103 I GG Anspruch darauf, dass sie dem Sachverständigen die Fragen, die sie zur Aufklärung der Sache für erforderlich hält, zur mündlichen Beantwortung vorlegen kann.[72] Beschränkungen des Antragsrechts können sich allenfalls aus dem – sehr seltenen – Gesichtspunkt des Rechtsmissbrauchs oder der Prozessverschleppung ergeben.[73]

Im Hinblick auf die Unfallfolgen muss das Gericht zum Beispiel auf Antrag der Partei einen radiologischen Sachverständigen anhören, wenn das Gutachten des vom Gericht beauftragten orthopädischen Sachverständigen auf einer lediglich telefonischen Erläuterung des radiologischen Gutachtens beruhen kann.[74] Anhörung des Sachverständigen kann die Partei allerdings nicht verlangen, wenn sie ihn zu einem Punkt befragen will, der nicht zur der von ihm zu beantwortenden Beweisfrage gehört.[75]

35 Das Antragsrecht der Partei besteht unabhängig von § 411 III ZPO. Von der Partei, die einen Antrag auf Ladung des Sachverständigen stellt, kann nicht verlangt werden, dass sie die beabsichtigten Fragen im Voraus konkret formuliert. Es genügt, wenn sie allgemein angibt, in welcher Richtung sie durch entscheidungserhebliche Fragen eine weitere Aufklärung herbeizuführen wünscht.[76]

Hat der Sachverständige von vornherein kein schriftliches, sondern ein mündliches Gutachten zu schwierigen Sachfragen erstattet, muss jeder Partei, die dies wünscht, Gelegenheit gegeben werden, nach Vorliegen des Protokolls über die Beweisaufnahme zum Beweisergebnis Stellung zu nehmen.[77]

36 Im Einzelfall kann sich ein Sachverständigengutachten erübrigen, wenn sich in beigezogenen Straf- oder Bußgeldakten bereits ein (gerichtlich oder staatsanwaltschaftlich bestellter) Sachverständiger geäußert hat und die dort genannten Ergebnisse in die zivilrechtliche Beurteilung übernommen werden (§ 411a ZPO).[78] Deren Fragestellung ist freilich häufig begrenzt. Unter Umständen ist ein Mitverschulden des Geschädigten im Strafverfahren nicht ganz aufgeklärt worden oder sogar zugunsten des Schädigers unterstellt worden, während dies im Zivilverfahren von ihm zu beweisen ist. Dies zeigt, dass die jeweilige Beweislast zu einer anderen Beurteilung der Haftungsfrage führen kann.

37 Eigene Sachkunde des Gerichts macht die Einholung eines Sachverständigengutachtens nur in seltenen Ausnahmefällen entbehrlich, wenn dies den Parteien bekanntgemacht und im Urteil im Einzelnen dargelegt wird.[79] Das ist schwerlich zu leisten.

c) Beweis durch Augenschein

38 Das Gericht wird mitunter eine Ortsbesichtigung der Unfallstelle vornehmen wollen (§ 371 ZPO).[80] Dies hängt davon ab, inwieweit es die örtlichen Verhältnisse aus

---

[72] *BGH* NJW 1998, 162; NJW-RR 2001, 1431; *Zuck,* NJW 2010, 3622.

[73] *BGH* NJW-RR 2009, 1361 Rn. 10.

[74] *BGH* NJW-RR 2009, 409.

[75] *OLG Köln* OLGR 2009, 614, 616.

[76] *BGH* VersR 2007, 1697 Rn. 3.

[77] *BGH* NJW 2009, 2604.

[78] Eingeführt durch das Zweite Gesetz zur Modernisierung der Justiz vom 22.12.2006, BGBl. I S. 3416; näher zu § 411a ZPO: *OLG Saarbrücken* NJW 2008, 1166, 1167; *Huber,* JuS 2007, 236, 238; *von Preuschen,* NJW 2007, 321, 323.

[79] *BGH* VersR 2007, 1008 Rn. 3; NJW-RR 2007, 357; VersR 2000, 984, 985; *OLG Celle* OLGR 2006, 164; OLGR 2004, 269.

[80] Beispiel für einen Beweisbeschluss mit Ortsbesichtigung bei Tempel/*Theimer,* § 2 Muster 34.

bereits vorliegenden Unterlagen (Unfallskizze, Fotos) oder etwaigen von den Parteien noch anzufertigenden Lichtbildern (§ 273 I Nr. 1 ZPO) als nicht genügend geklärt ansieht. Eine Ortsbesichtigung kann nach § 144 I ZPO auch von Amts angeordnet werden kann. Folgende Zeitpunkte kommen in Betracht:

– bereits vor dem frühen ersten Termin oder – aufgrund eines Beweisbeschlusses nach § 358a Nr. 5 ZPO – vor dem Haupttermin;
– im Rahmen des frühen ersten oder des Haupttermins, wobei der Termin von der Gerichtsstelle nach dem Unfallort verlegt wird (§ 219 I ZPO); danach könnte sich unter den Voraussetzungen des § 128 II ZPO ein schriftliches Verfahren anschließen;
– durch eine im Anschluss an den frühen ersten Termin oder an den Haupttermin erfolgende, durch Beweisbeschluss nach § 358 ZPO angeordnete, besondere Beweisaufnahme.

Eine Ortsbesichtigung ist namentlich dann zweckmäßig, wenn sie mit weiteren Maß-   **39** nahmen verbunden wird. Dabei ist insbesondere an die Anhörung der Parteien zu denken (§ 141 ZPO). Eine Ortsbesichtigung kann gemäß § 375 I Nr. 1 ZPO auch mit der Vernehmung von Zeugen an Ort und Stelle verbunden werden. Dies kann deshalb vorzugswürdig sein, weil die Zeugen ihre Aussage durch örtliche Hinweise verdeutlichen können. Ferner kann ein Sachverständiger geladen werden (§ 372 I ZPO), der sein Gutachten erstatten soll. Sofern er dies nicht schon getan hat, erhält er auf diese Weise Gelegenheit, die Unfallstelle ebenfalls in Augenschein zu nehmen. Ferner kann er seinerseits Fragen an Parteien und Zeugen richten. Schließlich kann die Ortsbesichtigung zu einer Rekonstruktion des Unfalls genutzt werden. Sinnvoller erscheint es jedoch, dies vorab vom Sachverständigen erledigen zu lassen.

d) Ergebnis der Beweisaufnahme

Nach § 285 I, § 279 III ZPO ist über das Ergebnis der Beweisaufnahme zu ver-   **40** handeln und der Sach- und Streitstand, soweit möglich, erneut mit den Parteien zu erörtern. Findet sich im Protokoll kein Hinweis darauf, dass die Parteien zum Beweisergebnis verhandelt haben, steht ein Verstoß gegen § 285 I, § 279 III ZPO fest (§§ 165, 160 III ZPO).[81]

5. Beweiswürdigung

Gemäß § 286 I 1 ZPO hat das Gericht nach freier Überzeugung zu entscheiden, ob   **41** er eine bestrittene Tatsache als bewiesen ansieht oder nicht. Im Vordergrund stehen die objektiven Beweismittel: die Unfallörtlichkeit, wie sie sich aus einer Ortsbesichtigung, vorgelegten Fotos und einer Unfallskizze ergibt, festgestellte Bremsspuren und Anstoßstellen sowie die Endstellung der Fahrzeuge.[82]

Zeugenaussagen und Angaben der Parteien – ohne Rücksicht darauf, ob sie im   **42** Rahmen einer Parteivernehmung (§§ 445 ff. ZPO) oder einer Anhörung nach § 141 ZPO erfolgt sind[83] – sind sorgfältig zu würdigen (§ 286 I 2 ZPO). Eine Zeugenaussage hat kein höheres Gewicht als die Erklärung einer persönlich angehörten Partei.[84] Allerdings ist keine ausdrückliche Auseinandersetzung mit allen denkbaren Gesichtspunkten erforderlich, wenn sich nur ergibt, dass eine sachentsprechende Beurteilung überhaupt stattgefunden hat.[85] Fehlerquellen einer Zeugenaussage er-

---

[81] *BGH* Beschluss vom 29.9.2007 – VI ZR 162/06.
[82] Zur Beweiswürdigung von Zeugenaussagen: *Hohlweck,* JuS 2001, 584; JuS 2002, 1105, 1207.
[83] *OLG Hamm* VersR 2007, 512, 513.
[84] *KG* VersR 2009, 1157.
[85] *BGH* NJW 2009, 1341 Rn. 18.

geben sich insbesondere aus den beschränkten Möglichkeiten zur Wahrnehmung und Wiedergabe, vor allem bei Schätzung der Geschwindigkeit und Entfernung,[86] sowie von optischen Eindrücken.[87] Bewusst oder unbewusst falsche Aussagen können sich aus der Stellung der Aussageperson ergeben. Dies gilt insbesondere für den Fahrer, Fahrzeuginsassen oder deren Angehörige, die unter Umständen ein wirtschaftliches oder persönliches Interesse am Ausgang des Rechtsstreits haben. Der Aussage dieser Personen darf aber nicht von vornherein der Beweiswert abgesprochen werden. Soweit möglich, ist der Wahrheitsgehalt zwar anhand objektiver Gesichtspunkte zu prüfen. Es verstößt aber gegen den Grundsatz der freien Beweiswürdigung, den Aussagen von Insassen der am Unfall beteiligten Kraftfahrzeuge oder von Verwandten oder Freunden der Unfallbeteiligten nur für den Fall Beweiswert zuzuerkennen, dass sonstige objektive Gesichtspunkte für die Richtigkeit der Aussagen sprechen (so genannte Beifahrerrechtsprechung).[88]

Würdigt das Berufungsgericht eine Zeugenaussage anders als das erstinstanzliche Gericht, ohne den Zeugen selbst zu vernehmen, liegt darin ein Verstoß gegen das rechtliche Gehör der benachteiligten Partei (Art. 103 I GG, §§ 398, 544 VII ZPO).[89]

43 Bei der **Würdigung eines Sachverständigengutachtens** kommt es darauf an, ob der Sachverständige sein Gutachten auf objektiv für das Gericht feststehende Tatsachen aufgebaut hat und ob es in seiner Gedankenführung logisch und überzeugend ist.[90] Widersprüchen muss das Gericht von Amts wegen nachgehen.[91] Bei Unklarheiten ist es geboten, dass der Sachverständige sein schriftliches Gutachten mündlich erläutert. Dem Antrag einer Partei auf Ladung eines Sachverständigen zur Erläuterung seines schriftlichen Gutachtens ist grundsätzlich zu entsprechen (§§ 397, 402, 411 III ZPO).[92] Das gilt auch dann, wenn der Sachverständige das Gutachten in einem vorangegangenen selbständigen Beweisverfahren erstattet hat.[93]

6. Beweislast

44 Soweit der Unfallhergang nicht geklärt werden kann, muss das Gericht nach Beweislastgrundsätzen entscheiden. Nach der Grundregel der Beweislast hat grundsätzlich derjenige, der sich auf die ihm günstigen Rechtsfolgen einer Norm beruft, deren Tatbestandsvoraussetzungen zu beweisen.[94] Zweifel im Rahmen des Deliktsanspruchs gehen zum Nachteil des Geschädigten. Zweifel im Rahmen des Entlastungsbeweises nach § 7 II StVG gehen zu Lasten des Schädigers. Ein Mitverschulden des Geschädigten (§ 254 I, II BGB) hat der Schädiger zu beweisen. Hingegen muss der Geschädigte zur Vermeidung einer Mithaftung nach § 17 StVG den Entlastungsbeweis nach § 7 II StVG führen.

45 Im Einzelfall, zum Beispiel bei vorsätzlicher Beseitigung von Unfallspuren, kann eine Umkehr der Beweislast unter dem Gesichtspunkt der **Beweisvereitelung** in Frage kommen. Eine Beweislastumkehr kommt in Betracht, wenn eine Partei ihrem beweis-

---

[86] *BGH* NJW 1985, 3078; *KG* NZV 2007, 524; *OLG Hamm* NJWE-VHR 1996, 144; *OLG Frankfurt/M.* NJW-RR 2013, 664.
[87] *Stimpfig*, MDR 1995, 441.
[88] BGHZ 128, 307 = NJW 1995, 955; *BGH* NJW 1988, 566; *KG* NZV 2009, 390; *Greger*, § 38 Rn. 34.
[89] St. Rspr., *BGH* NJW-RR 2009, 129.
[90] Zur Gestaltung von Sachverständigengutachten: *Mayr*, DS 2013, 128.
[91] *BGH* NJW 1993, 269; VersR 2009, 51.
[92] *BGH* VersR 2005, 1555; *Deubner*, JuS 2006, 228, 229 f.; *Zuck* NJW 2010, 3622.
[93] *BGH* NJW-RR 2007, 1294.
[94] BGHZ 164, 11, 18 = NJW-RR 2006, 1496, 1498; BGHZ 116, 278, 288 = NJW 1992, 683, 686.

pflichtigen Gegner die Beweisführung schuldhaft erschwert oder unmöglich gemacht hat, etwa durch Zerstörung oder Entziehung von Beweismitteln.[95] Dies kann zum Beispiel durch Veränderung des Zustands der Unfallstelle geschehen, indem Unfallspuren beseitigt werden.[96]

Besondere Beweisgrundsätze gelten, um den Verdacht einer **Unfallmanipulation** 46 überzeugungskräftig zu erhärten. Der Geschädigte muss den äußeren Tatbestand der Rechtsgutverletzung, insbesondere die Kollision beweisen. Dagegen muss der Haftpflichtversicherer beweisen, dass der Geschädigte mit der Verletzung einverstanden war bzw. daran mitgewirkt hat. Der Beweis kann anhand bestimmter – unstreitiger oder ihrerseits zu beweisender – Indizien geführt werden. Das Gericht muss die Zweifel auslösenden Umstände in ihrem Zusammenhang und mit Blick darauf würdigen, ob sie die Annahme einer Vortäuschung des Versicherungsfalls nahelegen und mit welcher Wahrscheinlichkeit dies der Fall ist.[97] Die Rechtsprechung hat dazu einen umfangreichen Indizienkatalog entwickelt.[98]

7. Besonderheiten des Anscheinsbeweises

Im Verkehrshaftpflichtrecht spielt der Anscheinsbeweis eine erhebliche Rolle.[99] Die 47 Grundsätze über den Beweis des ersten Anscheins sind (nur) bei typischen Geschehensabläufen anwendbar. Ein typischer Geschehensablauf erfordert zunächst die Feststellung eines allgemeinen Erfahrungssatzes als einer aus allgemeinen Umständen gezogenen tatsächlichen Schlussfolgerung, die dann auf den konkret festgestellten Sachverhalt angewendet werden kann. Das gesamte feststehende Unfallgeschehen muss nach der Lebenserfahrung typisch dafür sein, dass derjenige Verkehrsteilnehmer, zu dessen Lasten der Anscheinsbeweis angewendet wird, schuldhaft gehandelt hat.[100] Das bedeutet nicht, dass die Ursächlichkeit einer bestimmten Tatsache für einen bestimmten Erfolg bei allen Sachverhalten der Fallgruppe notwendig immer vorhanden sein muss; sie muss aber so häufig gegeben sein, dass die Wahrscheinlichkeit, einen solchen Fall vor sich zu haben, sehr groß ist.[101]

Bei der Darlegung eines typischen Geschehensablaufs werden entsprechend dem auf- 48 gestellten Erfahrungssatz Kausalität[102] bzw. Verschulden (in Gestalt einfacher Fahrlässigkeit) vermutet.[103] Es ist dann Sache der Gegenpartei, den gegen sie sprechenden Anscheinsbeweis zu erschüttern, indem sie darlegt, dass ein anderer Verlauf ernsthaft in Betracht kommt, wobei sie die Tatsachen, die für einen atypischen Verlauf sprechen, zu beweisen hat, wenn sie streitig sind.[104] Der Beweis des ersten Anscheins wird durch feststehende (erwiesene oder unstreitige) Tatsachen entkräftet, nach welchen

---

[95] *BGH* NJW 2008, 214 Rn. 17; NJW 2006, 434 Rn. 23; MünchKommZPO/*Prütting,* § 286 Rn. 80 ff.; zur Unfallflucht: *OLG Frankfurt/M.* NJOZ 2011, 588.
[96] *OLG Köln* NZV 1992, 365; *Greger,* § 38 Rn. 35.
[97] *BGH* VersR 2008, 776 Rn. 14.
[98] *OLG Frankfurt/M.* NJW-RR 2007, 603; *KG* NZV 2008, 243; *OLG Hamm* VersR 2008, 1233; *OLG München* NJW-RR 2008, 1250; Geigel/*Kaufmann,* Kap. 25 Rn. 9 ff.
[99] Zum Anscheinsbeweis im Straßenverkehrsrecht: *von Pentz,* zfs 2012, 64 ff., 124 ff., *Metz* NJW 2008, 2806; *Nugel,* NJW 2013, 193, 196; Geigel/*Knerr,* Kap. 37 Rn. 43 ff.
[100] BGHZ 192, 84 = NJW 2012, 608 Rn. 7; siehe auch *BGH* NJW 2009, 1591 Rn. 12; NJW 2010, 1072 Rn. 8, 13.
[101] BGHZ 160, 308, 313 = NJW 2004, 3623; *BGH* VersR 2008, 1067 Rn. 11; NJW 2012, 2263 Rn. 13.
[102] Zum Anscheinsbeweis für einen bestimmten Ursachenverlauf: BGHZ 160, 308 = NJW 2004, 3623; *Greger,* § 38 Rn. 46, 58.
[103] Übersicht bei Hk-ZPO/*Saenger,* § 286 Rn. 46 ff.
[104] *OLG Naumburg* NZV 2008, 618, 620.

die Möglichkeit eines anderen als des typischen Geschehensablaufs ernsthaft in Betracht kommt.[105]

Auf die subjektive Seite der groben Fahrlässigkeit sind die Grundsätze des Anscheinsbeweises nicht anwendbar.[106] Auch ein Anscheinsbeweis für vorsätzliches Handeln kommt nicht in Betracht,[107] regelmäßig auch nicht für Willensentschlüsse.[108]

49 Die Grundsätze über den Anscheinsbeweis führen bereits zu einer Veränderung der Darlegungslast.[109] Der Kläger genügt seiner Darlegungslast, wenn er die Voraussetzungen des maßgeblichen Erfahrungssatzes behauptet. Das Vorbringen des Beklagten ist erheblich, wenn er dies bestreitet, den Erfahrungssatz in Abrede stellt oder selbst Tatsachen vorträgt, die einen untypischen Unfallhergang in den Bereich des konkret Möglichen rücken. Dementsprechend ändern sich auch die Gegenstände der gerichtlichen Aufklärung und die gegebenenfalls in der Beweisaufnahme zu klärenden Punkte. Die Voraussetzungen des Erfahrungssatzes sind daraufhin zu untersuchen, ob sie unstreitig oder bestritten sind; gegebenenfalls ist über sie Beweis zu erheben. Im Verkehrsunfallrecht sind beispielhaft folgende Fallgestaltungen hervorzuheben:

a) Haftungsbegründende Kausalität

50 – Bei erheblichem Blutalkoholalkoholgehalt spricht der Anscheinsbeweis für die Unfallursächlichkeit der **Alkoholbeeinflussung**, wenn sich der Unfall unter Umständen ereignet hat, die ein nüchterner Kraftfahrer hätte meistern können.[110] Das gilt aber nicht, wenn der Unfall auf Umständen beruht, die auch ein nüchterner Kraftfahrer nicht hätte bewältigten können.[111]
  – Zuwiderhandlungen gegen **Beleuchtungsvorschriften** begründen bei einem Auffahrunfall den Anscheinsbeweis für die Ursächlichkeit der mangelhaften Beleuchtung für den Unfall.[112]
  – Hat der Schädiger gegen ein **Schutzgesetz** verstoßen, das typischen Gefährdungsmöglichkeiten entgegenwirken soll, und ist im Zusammenhang mit dem Verstoß gerade derjenige Schaden eingetreten, der mit Hilfe des Schutzgesetzes verhindert werden sollte, so spricht grundsätzlich der Beweis des ersten Anscheins dafür, dass der Verstoß für den Schadenseintritt ursächlich gewesen ist.[113]

b) Fahrlässigkeit

51 – Beim **Auffahren** auf ein vorausfahrendes Fahrzeug spricht der Anscheinsbeweis für ein Verschulden des Auffahrenden (zu schnelles Fahren, zu geringer Abstand zum Vordermann oder zu spätes Reagieren). Wer im Straßenverkehr auf den Vorausfahrenden **auffährt**, war in der Regel unaufmerksam oder fuhr zu dicht hinter ihm.[114] Steht allerdings lediglich fest, dass vor dem Unfall ein Spurwechsel des vorausfahrenden Fahrzeugs stattgefunden hat und ist der Sachverhalt im Übrigen

---

[105] *BGH* Urteil vom 26.3.2013 – VI ZR 179/12 Rn. 27.
[106] *BGH* NJW 2003, 1118, 1119; NZV 2007, 566 Rn. 20 (Einnicken am Steuer); *Greger,* § 38 Rn. 53.
[107] *BGH* NJW 2002, 1643.
[108] MünchKommZPO/*Prütting,* § 286 Rn. 79.
[109] *BGH* NJW 2004, 444, 445.
[110] BGHZ 18, 311 = NJW 1956, 21; *Lepa,* NZV 1992, 129, 131.
[111] *Greger,* § 38 Rn. 62.
[112] *OLG Köln* VersR 1988, 751; *Greger,* § 38 Rn. 67.
[113] *BGH* NJW 1994, 945; NJW 1984, 432.
[114] *BGH* NJW-RR 2007, 680 Rn. 5; NJW 2004, 1375, 1376; *OLG Brandenburg* DAR 2008, 148; *Greger,* § 38 Rn. 84.

nicht aufklärbar, so kommt ein Anscheinsbeweis nicht zur Anwendung.[115] Der Auffahrende muss vielmehr in der Lage gewesen sein, einen ausreichenden Sicherheitsabstand zu dem Spurwechsler aufzubauen, wenn ein Anscheinsbeweis zu Lasten des Auffahrenden eingreifen soll.[116]

Der Anscheinsbeweis wird erschüttert, wenn der Auffahrende einen atypischen Verlauf, der die Verschuldensfrage in einem anderen Licht erscheinen lässt, darlegt und beweist.[117] Für einen Anscheinsbeweis, der gegen den im Überholvorgang Auffahrenden spricht, ist etwa dann kein Raum, wenn ernsthaft die Möglichkeit in Betracht kommt, dass das Fahrzeug, auf das er aufgefahren ist, plötzlich in seine Fahrspur gewechselt ist und damit den eingehaltenen Abstand verkürzt hat.[118] **52**

Der gegen den **Auffahrenden** sprechende **Anscheinsbeweis** kann auch dann erschüttert werden, wenn der Vorausfahrende unvorhersehbar und ohne Ausschöpfung des Anhaltewegs ruckartig – etwa infolge einer **Mehrfachkollision** – zum Stehen gekommen und der Nachfolgende deshalb aufgefahren ist.[119] Daran fehlt es, wenn das vorausfahrende Fahrzeug durch eine Vollbremsung oder Notbremsung zum Stillstand kommt, denn ein plötzliches scharfes Bremsen des Vorausfahrenden muss ein Kraftfahrer grundsätzlich einkalkulieren.[120]

- Beim **Abkommen von der Fahrbahn** spricht der Anscheinsbeweis für ein Verschulden des Fahrers (zu hohe Geschwindigkeit, unaufmerksames Fahren oder fehlerhaftes Bremsen).[121] **53**
- Bei einem **Begegnungszusammenstoß** richtet sich der Anscheinsbeweis auf ein Verschulden desjenigen Fahrzeugführers, der erweislich auf die Gegenfahrbahn gekommen ist bzw. die Mittellinie überfahren hat.[122]
- Ein Anscheinsbeweis kommt auch zum Zuge, wenn ein PKW im Zusammenhang mit dem **Ein- oder Anfahren** (§ 10 StVO) mit einem Fahrzeug im fließenden Verkehr zusammenstößt. Das gilt auch beim **Wenden.**[123]
- Die Verletzung der **Gurtanlegepflicht** (§ 21a StVO) kann zwar nicht immer, wohl aber bei typischen Unfallverläufen, bei denen die Gefahr von Verletzungen naheliegt, den Anscheinsbeweis für ein Mitverschulden des Verletzten begründen.[124] Gleiches gilt, wenn Motorradfahrer ohne Schutzhelm oder ohne Schutzkleidung fahren.[125]
- Bei einer **Kreuzungskollision** oder einem Zusammenstoß an einer Einmündung spricht der Anscheinsbeweis für ein Verschulden des Wartepflichtigen, wenn sich der Zusammenstoß im Bereich der Kreuzung bzw. der Einmündung abgespielt hat.[126] Der Anscheinsbeweis wird nicht bereits durch ein verkehrswidriges Verhalten des Vorfahrtberechtigten erschüttert. Eine erhebliche Geschwindigkeitsüberschreitung kann den Anscheinsbeweis allerdings entkräften.[127] **54**

---

[115] BGHZ 192, 84 = NJW 2012, 608 Rn. 11.
[116] *BGH* NJW 2011, 685 Rn. 8.
[117] *BGH* NJW-RR 1989, 670; *OLG Köln* OLGR 2007, 42; *KG* NZV 2007, 408; NZV 2008, 622; *Heß/Burmann,* NJW 2009, 899, 902.
[118] *BGH* NJW-RR 1987, 1048, 1049; *KG* NZV 2008, 198; NZV 2009, 458; *Greger,* § 38 Rn. 85.
[119] *BGH* NJW 1987, 1075; *OLG Frankfurt/M.* NJW 2007, 87; *LG Bonn* NJW-RR 2008, 1345, 1347; *Lepa,* NZV 1992, 129, 131.
[120] *BGH* NJW-RR 2007, 680 Rn. 6; NJW 1987, 1075.
[121] *BGH* NJW 1996, 1828; NJW 1994, 852, 853; NJW 1989, 3273, 3274; *Greger,* § 38 Rn. 79.
[122] *BGH* NJW-RR 1986, 383; *Greger,* § 38 Rn. 69, 88.
[123] *BGH* NJW-RR 1986, 384; *KG* NZV 2007, 306; *OLG München* NZV 1990, 394; *OLG München* NJWE-VHR 1996, 311; *Greger,* § 38 Rn. 96–98.
[124] *BGH* NJW 1980, 2125; NJW 1991, 230.
[125] *BGH* NJW 1983, 1380; *OLG Brandenburg* VersR 2009, 1284.
[126] *BGH* NJW 1982, 2668; zu Kreuzungsunfällen: *Grüneberg,* SVR 2013, 136.
[127] *BGH* NJW-RR 1986, 384.

– An eine Verletzung des Vorfahrtrechts des Geradeausfahrenden durch den **Links-abbieger** (§ 9 III 1, IV StVO) knüpft ein schwerer Schuldvorwurf an, wobei für das Verschulden des Abbiegenden ebenfalls der **Anscheinsbeweis** spricht.[128]
– Bei einem **Überholvorgang** richtet es sich im Hinblick auf die unterschiedlichen Pflichten der beteiligten Fahrzeuge (§ 5 II, IVa, VI StVO) nach den Umständen des Einzelfalls, ob der Unfallhergang für ein Verschulden des überholenden Fahrers spricht.[129]
– Bei einer **Vorfahrverletzung** wird der Anscheinsbeweis erschüttert, wenn der Vorfahrtberechtigte durch irreführendes Blinken den Eindruck erweckt, dass er nach rechts abbiegen will. Die Mithaftung des Vorfahrtberechtigten kann bis zu 50 % bemessen werden.[130]

III. Das Urteil

1. Tenor

a) Hauptsachetenor

55   Bei Zahlungs- und Feststellungsurteilen ergeben sich in der Regel keine Schwierig-keiten. Bei der Verurteilung zur Zahlung einer Rente sind der zu zahlende Betrag, die Zahlungsweise (monatlich oder vierteljährlich) sowie die Dauer der Rente (lebens-länglich oder zeitlich beschränkt) anzugeben.[131]

b) Kostenentscheidung
aa) Kosten des Rechtsstreits

56   Die Kostenentscheidung richtet sich nach den allgemeinen Vorschriften der §§ 91 ff. ZPO. Im Haftpflichtprozess des Geschädigten gegen den Versicherer und den Fahrer/Halter eines Kraftfahrzeugs bedürfen letztere in der Regel nur eines Anwalts.[132]

Besonderheiten ergeben sich bei den Kosten vorprozessual erstatteter **Privatgutach-ten.** Diese können ausnahmsweise als Kosten des Rechtsstreits im Sinne von § 91 ZPO angesehen werden. Gleiches gilt für die Kosten eines privaten Sachverständigen-gutachtens, das während eines selbständigen Beweisverfahrens vom Antragsgegner in Auftrag gegeben wird (§ 494a II ZPO).[133] Insoweit genügt es nicht, wenn das Gut-achten irgendwann in einem Rechtsstreit verwendet wird. Es muss sich auf den konkreten Rechtsstreit beziehen und gerade mit Rücksicht auf den konkreten Prozess in Auftrag gegeben worden sein.[134] Deshalb sind Aufwendungen, die veranlasst werden, bevor sich der Rechtsstreit einigermaßen konkret abzeichnet, nicht erstat-tungsfähig.[135] Etwas anderes gilt aber, wenn die Partei den Privatgutachter schon vor

---

[128] *BGH* NJW-RR 2007, 1077; NJW 2005, 1351; NJW 1996, 1405; *OLG Naumburg* NZV 2009, 227, 228.
[129] *OLG Hamm* NJWE-VHR 1996, 144; NJWE-VHR 1996, 186; *OLG Köln* NJWE-VHR 1997, 129.
[130] *OLG München* BeckRS 2009, 08029.
[131] Tempel/Theimer, § 4 Muster 86 Rn. 3.
[132] *BGH* NJW-RR 2004, 536; BeckRS 2009, 06496 Rn. 7; vgl. LG Dortmund NJV 2009, 461.
[133] *BGH* Beschluss vom 7.2.2013 – VII ZB 60/11; *Fischer*, LMK 2013, 344730.
[134] *OLG Brandenburg* VersR 2008, 1132 (Verdacht des Versicherungsbetrugs); vgl. *BVerfG* NJW 2011, 1276; dazu *Deubner*, JuS 2011, 901.
[135] BGHZ 153, 235, 238 = NJW 2003, 1398, 1399; Zöller/*Herget*, § 91 Rn. 3 Stichwort: Privatgutachten.

Klageandrohung beauftragt hat, das Gutachten jedoch erst danach erstellt wurde. Das genügt zur Bejahung unmittelbarer Prozessbezogenheit.[136]

Ob ein Privatgutachten notwendig ist, ist nach dem Zeitpunkt zu beurteilen, zu dem es in Auftrag gegeben wurde. Es ist deshalb nicht zwingend notwendig, dass das Gutachten später in den Prozess eingeführt wird.[137]

bb) Unbezifferter Klageantrag

Besonderheiten ergeben sich beim unbezifferten Schmerzensgeldantrag. Unter Be-　57 rücksichtigung des Streitwerts ist bei teilweisem Obsiegen und Unterliegen des Klägers eine Kostenentscheidung nach § 92 ZPO zu treffen. Dabei sind mehrere Fallgestaltungen zu unterscheiden:

- Verlangt der Kläger einen Mindestbetrag und bleibt die Verurteilung dahinter zurück, ist eine Kostenquote zu bilden (§ 92 I ZPO).
- Hat der Kläger lediglich eine Größenordnung angegeben, stellt § 92 II Nr. 2 ZPO ihn nicht gänzlich vom Kostenrisiko frei. Kann der Kläger von ihm behauptete, für die Schätzung maßgebliche Einzelumstände nicht beweisen, unterliegt er teilweise. Es kommt darauf an, ob sich der Antrag in Verbindung mit den geäußerten Vorstellungen in vertretbaren Grenzen hielt.[138] Weicht das Gericht dabei von der geäußerten Größenvorstellung um mehr als 20 % nach unten ab, ist der Kläger nach § 92 I ZPO quotenmäßig an den Kosten zu beteiligen.[139] Nach anderer Ansicht soll es darauf ankommen, ob der Schätzfehler verständlich ist.[140]
- Der Kläger ist in jedem Fall an den Kosten zu beteiligen, wenn er aufgrund eines Mitverschuldens teilweise unterliegt. Eine solche Abweichung beruht nicht lediglich auf richterlicher Ermessensausübung.[141]

cc) Drittwiderklage

Schwierigkeiten kann die Kostenquote bei einer – in Verkehrsunfallsachen nicht　58 selten – Drittwiderklage bereiten.[142] Die Kostenentscheidung richtet sich nach den §§ 91, 92, 100 ZPO. Sie kann wie folgt veranschaulicht werden:[143]

Beispiel: Der Kläger verlangt aufgrund eines Verkehrsunfalls vom Schädiger (Beklagter zu 1) und dessen Kfz-Haftpflichtversicherer (Beklagter zu 2) als Gesamtschuldner Schadensersatz in Höhe von 20.000 EUR. Widerklagend verlangt der Beklagte zu 1) vom Kläger und dem Drittwiderbeklagten – dem Kfz-Haftpflichtversicherer des Klägers – als Gesamtschuldner Schadensersatz in Höhe von 30.000 EUR. Die Beklagten zu 1) und 2) werden als Gesamtschuldner verurteilt, an den Kläger 15.000 EUR zu zahlen. Auf die Widerklage werden der Kläger und der Drittwiderbeklagte als Gesamtschuldner verurteilt, an den Beklagten zu 1) 5.000 EUR zu zahlen. Im Übrigen werden Klage und Widerklage abgewiesen. Der Gesamtstreitwert beträgt 50.000 EUR (§ 45 I 1, 3 GKG).

- **Gerichtskosten:** Der Kläger ist im vorgenannten Beispiel mit seiner Klage in Höhe　59 von 5.000 EUR unterlegen und trägt deshalb 10 % der Gerichtkosten allein. Der Kläger und der Drittwiderbeklagte sind im Hinblick auf die Widerklage mit 5.000 EUR als Gesamtschuldner unterlegen und tragen deshalb als solche weitere 10 % der Gerichtskosten. Die Beklagten sind im Hinblick auf die Klage mit 15.000 EUR unterlegen und tragen deshalb 30 % der Gerichtskosten als Gesamt-

---

[136] *BGH* NJW 2006, 2415 Rn. 8; siehe aber *BGH* NJW 2008, 1597.
[137] *BGH* NJW 2013, 1823.
[138] *OLG München* VersR 1985, 601 LS.
[139] Zöller/*Herget*, § 92 Rn. 12; Hk-ZPO/*Gierl*, § 92 Rn. 18.
[140] Musielak/*Lackmann*, § 92 Rn. 7.
[141] *Greger*, § 30 Rn. 47.
[142] Zur Abrechnung der Anwaltsvergütung: *N. Schneider*, NZV 2009, 221.
[143] Siehe auch das Beispiel bei *Gemmer*, JuS 2012, 702.

schuldner. Der Beklagte zu 1) trägt weitere 50 % der Gerichtskosten allein, weil er mit seiner Widerklage in Höhe von 25.000 EUR von insgesamt 50.000 EUR unterlegen ist.

60   – **Außergerichtliche Kosten:** Die außergerichtlichen Kosten des Klägers tragen dementsprechend die Beklagten als Gesamtschuldner zu 30 %. Der Beklagte zu 1) trägt allein weitere 50 %. Die außergerichtlichen Kosten des Drittwiderbeklagten trägt zu 83 % der Beklagte zu 1) nach einer Quote von 25.000/30.000. Die außergerichtlichen Kosten des Beklagten zu 1) tragen der Kläger allein zu 10 % sowie der Kläger und der Drittwiderbeklagte als Gesamtschuldner zu weiteren 10 %. Die außergerichtlichen Kosten des Beklagten zu 2) trägt der Kläger zu 25 % nach einer Quote von 5.000/20.000. Im Übrigen trägt jede Partei ihre außergerichtlichen Kosten selbst.

c) Vorläufige Vollstreckbarkeit

61   Auszugehen ist von den allgemeinen Vorschriften der §§ 708, 709, 711, 713 ZPO.[144] Im Haftpflichtrecht ergeben sich kaum Besonderheiten.

> Bei ausgeurteilten Rentenansprüchen ist § 708 Nr. 8 ZPO zu beachten. Das Urteil ist hinsichtlich der auf die Zeit nach Klageerhebung und das vorausgehende Vierteljahr zugesprochenen Renten ohne Sicherheitsleistung für vorläufig vollstreckbar zu erklären. Der normalerweise nach § 711 S. 1 ZPO anzuordnende Vollstreckungsschutz würde den Kläger daran hindern, das Urteil ohne Sicherheitsleistung vollstrecken zu können. Auf Antrag des Geschädigten kann der Vollstreckungsschutz aber unter den in § 710 ZPO bestimmten Voraussetzungen wegfallen.

2. Tatbestand

62   Der unstreitige Sachverhalt besteht aus einer kurzen, chronologischen Schilderung des Unfallhergangs. Soweit zum Verständnis erforderlich, sind anzugeben: die Unfallörtlichkeit und die Fahrweise der Fahrzeuge, Straßen- und Beleuchtungsverhältnisse, die Art des Zusammenstoßes und die Mitteilung, welches Fahrzeug beschädigt und welche Personen verletzt wurden.[145] Auf eine Unfallskizze kann Bezug genommen werden (§ 313 II 2 ZPO). Im Hinblick auf das Gebot der Kürze des Tatbestands (§ 313 II 1 ZPO) sind Einzelheiten vielfach entbehrlich.

63   Der Klägervortrag enthält eine Wiedergabe der vom Kläger vorgebrachten Angriffsmittel, bestehend aus einer nach rechtlichen Gesichtspunkten geordneten Aufzählung des Tatsachenvortrags des Klägers hinsichtlich der Tatbestandsmerkmale, auf die er seinen Anspruch stützt. Dem Vortrag des Klägers zu den anspruchsbegründenden Merkmalen kann sich eine kurze Wiedergabe desjenigen Klagevortrags anschließen, mit dem der Kläger eigenes Mitverschulden ausschließt. Im Hinblick auf das Gebot der Kürze sollten nur übergeordnete Gesichtspunkte prägnant angegeben werden, nicht dagegen Einzelheiten der Argumentation aus den Schriftsätzen.[146] Der Tatbestand muss nicht alles enthalten, was in den Entscheidungsgründen verwertet wird. Der für einen Verkehrsunfall gebildete Mustertatbestand (BT-Drs. 7/2729, S. 131) hat sich allerdings wegen seiner Formelhaftigkeit nicht durchgesetzt.[147]

64   Schließlich sollten die geltend gemachten Schadenspositionen mit dem jeweils verlangten Betrag, zumindest aber die Endsumme, verbunden mit einer Bezugnahme auf die Klageschrift oder sonstigen Schriftsätze (§ 313 II 2 ZPO), angegeben werden.[148]

---

[144] Zur Tenorierung der vorläufigen Vollstreckbarkeit: *Brögelmann*, JuS 2007, 1006; *König*, JuS 2003, 119.

[145] Zu Besonderheiten des Tatbestands im Verkehrsunfallprozess: *Brögelmann*, JA 2003, 965.

[146] Dazu *Balzer*, NJW 1995, 2448, 2450.

[147] *Balzer*, NJW 1995, 2448, 2450.

[148] Hk-ZPO/*Saenger*, § 313 Rn. 15.

In **Punktesachen** ist der Parteivortrag nicht in erster Linie nach unstreitigen und streitigen Tatsachen zu trennen, weil darunter die Übersicht leiden würde. Vielmehr werden die geltend gemachten Positionen (ggf. fortlaufend nummeriert) zusammenhängend dargestellt. Auch die Entscheidungsgründe sind entsprechend zu gliedern.

Es folgen die wörtlich wiedergegebenen, durch Einrücken hervorgehobenen, wechselseitigen Anträge der Parteien (§ 313 II 1 ZPO). Der sich anschließende Beklagtenvortrag enthält eine kurze Darstellung des Verteidigungsvorbringens. Auch er ist nach rechtlichen Gesichtspunkten zu ordnen, möglichst spiegelbildlich zum Klägervortrag. Substantiiertes Bestreiten des Unfallhergangs durch den Beklagten ist wiederzugeben. Dem schließen sich gegebenenfalls Tatsachenbehauptungen zum Mitverschulden und zur Mithaftung des Klägers nach § 17 StVG an. Ferner sind weitere Verteidigungsmittel des Beklagten darzustellen, zum Beispiel ein etwaiger Haftungsausschluss oder die Verjährungseinrede. Danach folgt substantiiertes Bestreiten der Schadenshöhe. **65**

Nur in seltenen Fällen wird eine Replik des Klägers notwendig sein, zum Beispiel wenn er sich gegenüber der erhobenen Verjährungsreinrede auf ein Anerkenntnis des Beklagten beruft. Meist kann dies bereits in den Klägervortrag einbezogen werden. **66**

Abschließend nimmt der Tatbestand auf das Ergebnis der Beweisaufnahme Bezug. Beigezogene Akten sind unter Angabe des Aktenzeichens zu bezeichnen. Wegen weiterer Einzelheiten kann auf genau bezeichnete Schriftsätze verwiesen werden (§ 313 II 2 ZPO). Eine globale Bezugnahme ist entbehrlich.[149]

Die Bedeutung des Tatbestands wird anhand der Regelung des § 314 ZPO über die Bindungswirkung der erstinstanzlichen Feststellungen deutlich. Gemäß § 314 S. 1 ZPO liefert der Tatbestand des Ersturteils den Beweis für das mündliche Vorbringen einer Partei im erstinstanzlichen Verfahren. Diese Beweiswirkung erstreckt sich auch darauf, ob eine bestimmte Behauptung bestritten ist oder nicht.[150] Da sich die Beweisregel des § 314 S. 1 ZPO auf das mündliche Parteivorbringen bezieht, ist davon auszugehen, dass die Parteien dasjenige in der mündlichen Verhandlung vorgetragen haben, was der Tatbestand ausweist. Zum Tatbestand in diesem Sinne gehören auch tatsächliche Feststellungen, die sich in den Entscheidungsgründen finden.[151] **67**

Die Beweiswirkung gemäß § 314 S. 1 ZPO kann nur durch das Sitzungsprotokoll (§ 314 S. 2 ZPO), nicht auch durch den Inhalt der Schriftsätze entkräftet werden. Vorher eingereichte Schriftsätze sind durch den Tatbestand, der für das Vorbringen am Schluss der mündlichen Verhandlung Beweis erbringt, überholt. Bei einem Widerspruch zwischen dem Inhalt der vorbereitenden Schriftsätze und der Wiedergabe des Parteivorbringens im Urteilstatbestand sind die Ausführungen im Tatbestand maßgeblich.[152]

Für schriftsätzlich angekündigtes Vorbringen kommt dem Urteilstatbestand allerdings keine negative Beweiskraft zu. Allein mit dem Hinweis auf die negative Beweiskraft des Urteilstatbestands kann mithin Parteivorbringen, das sich aus den vorbereitenden Schriftsätzen ergibt, in den Rechtsmittelverfahren nicht unberücksichtigt bleiben. Hingegen bleibt die negative Beweiskraft für solche Angriffs- und Verteidigungsmittel von Bedeutung, die in der mündlichen Verhandlung ohne vorherige Ankündigung in einem vorbereitenden Schriftsatz vorgebracht werden.[153]

---

[149] Zöller/*Vollkommer*, § 313 Rn. 18; *Balzer*, NJW 1995, 2448, 2451; zur Frage der revisionsrechtlichen Beachtlichkeit: Musielak/*Ball*, § 559 Rn. 14.
[150] BGHZ 140, 335, 339 = NJW 1999, 1139; NJW-RR 2008, 1566 Rn. 15.
[151] St. Rspr., *BGH* NJW 2003, 2158, 2159.
[152] *BGH* NJW-RR 2008, 1566 Rn. 15; NJW 2013, 2901 Rn. 20.
[153] BGHZ 158, 269 = NJW 2004, 1876.

3. Entscheidungsgründe

68 Unter Beachtung des § 313 III ZPO müssen die Entscheidungsgründe sich sowohl zu den rechtlichen Erwägungen als auch zu den tatsächlichen Feststellungen des Gerichts über den Unfallhergang äußern, soweit dies für die rechtliche Beurteilung relevant ist.[154] Anspruchsgrundlagen und Einwendungen sind zu erörtern, soweit sie die Entscheidung tragen. Dabei sind entsprechend dem jeweiligen Sach- und Streitstand ausführliche Erörterungen bei den Schwerpunkten des Streitfalls angezeigt. Bei Bejahung von Fahrlässigkeit (§ 276 II BGB) ist zum Beispiel neben der Erwähnung des Verstoßes gegen bestimmte Normen des Straßenverkehrs und den vom Gericht aufgestellten Maßstäben der verkehrserforderlichen Sorgfalt auch das vom Gericht vermisste Alternativverhalten anzugeben, welches den Unfall verhindert hätte.

69 Die Entscheidungsgründe beschränken sich auf die tragenden Gründe (§ 313 III ZPO) und die vom Gesetz geforderten Tatbestandsvoraussetzungen. Die Reihenfolge der Abhandlung folgt dem Aufbau des Gesetzestatbestands. Wird die Klage insgesamt abgewiesen, so sind entweder alle möglichen Anspruchsgrundlagen zu verneinen oder ein gegenüber allen Anspruchsgrundlagen durchgreifender Einwand zu bejahen. Im letzteren Fall können die übrigen Voraussetzungen dahingestellt bleiben. Besondere Erfordernisse sind allerdings zu beachten. Wird die Klage zum Beispiel wegen Verjährung abgewiesen, so muss zumindest festgestellt werden, welcher Anspruch in Betracht kommt, um die Dauer der Verjährungsfrist zu bestimmen. Wird die Klage wegen überwiegenden Mitverschuldens des Klägers oder überwiegender Betriebsgefahr abgewiesen, so muss zumeist das Verschulden des Beklagten festgestellt (oder jedenfalls unterstellt) werden, um die erforderliche Abwägung vornehmen zu können.

70 Wird der Klage stattgegeben, so ist zunächst eine Anspruchsgrundlage zu benennen, deren Voraussetzungen festzustellen sind. Anschließend sind etwaige Einwendungen und erhobene Einreden zu verneinen. Soweit sich der Beklagte auf Mitverschulden des Klägers oder mitwirkende Betriebsgefahr beruft, kommen verschiedene Möglichkeiten in Betracht:

– Das Gericht kann ein Mitverschulden und Betriebsgefahr als nicht bewiesen ansehen.
– Hinsichtlich mitwirkender Betriebsgefahr kann das Gericht ein für den Kläger unabwendbares Ereignis feststellen, mit der Folge, dass eine Abwägung und Quotelung des Schadens nach § 17 StVG ausscheidet.
– Schließlich kann das Gericht ein beiderseitiges Verschulden oder eine beiderseitige Betriebsgefahr als Ausgangspunkt für eine Mithaftung nach § 17 StVG nehmen und dann gleichwohl wegen überwiegender Verursachung die volle Haftung des Beklagten feststellen.

71 Wird der Anspruchsgrund teilweise bejaht, so ist zunächst die Anspruchsgrundlage zugunsten des Klägers festzustellen. Daran schließt sich zum Beispiel die Feststellung des Mitverschuldens des Klägers bzw. – bei Verneinung desselben – der Ausschluss eines unabwendbaren Ereignisses (§ 7 II StVG) an. Zum Schluss ist die Abwägung nach § 17 StVG vorzunehmen.

72 Bei der **Beweiswürdigung** sind die Gründe anzugeben, die für die richterliche Entscheidung leitend waren (§ 286 I 2 ZPO). Das verlangt eine nähere Bezeichnung und Würdigung der Beweismittel, aus denen das Gericht seine Überzeugung für die Feststellungen herleitet. Bei sich widersprechenden Beweismitteln ist eine Stellungnahme erforderlich, aus welchen Gründen das Gericht dem einen Beweismittel mehr Glauben als dem anderen schenkt. Eine ausdrückliche Auseinandersetzung mit allen denkbaren Gesichtspunkten ist nach der Rechtsprechung des *BGH* nicht erforderlich,

---

[154] Zu Besonderheiten der Entscheidungsgründe im Verkehrsunfallprozess: *Brögelmann*, JA 2003, 965, 968 ff.

wenn sich nur ergibt, dass eine sachentsprechende Beurteilung überhaupt stattgefunden hat.[155]

Das Revisionsgericht prüft lediglich nach, ob sich der Tatrichter entsprechend dem Gebot des § 286 ZPO mit dem Prozessstoff und den Beweisergebnissen umfassend und widerspruchsfrei auseinandergesetzt hat, die Beweiswürdigung also vollständig und rechtlich möglich ist und nicht gegen Denkgesetze und Erfahrungssätze verstößt.[156]

Bei der **Würdigung eines Sachverständigengutachtens** ist entscheidend, ob das   73
Gericht den Darlegungen und dem Befund des Gutachters folgt oder nicht. Schließt sich das Gericht dem Gutachter an, sollte angegeben werden,

– dass an seiner Sachkunde nicht zu zweifeln ist,
– dass er die Beweisfrage zutreffend verstanden
– und diese vollständig beantwortet hat,
– dass der Gutachter vom zutreffenden Sachverhalt ausgegangen ist
– und das Gutachten in sich logisch, widerspruchsfrei und nachvollziehbar ist.[157]

Folgt das Gericht dem Sachverständigen nicht, muss es angeben, aus welchen Gründen es – sei es von Amts wegen oder trotz Antrags der beweisbelasteten Partei – von der Einholung eines weiteren Gutachtens absieht. Das wird kaum rechtsfehlerfrei zu leisten sein.

Privatgutachten, die der Kläger oder der Beklagte vorgelegt haben, sind als urkund-   74
lich belegtes, qualifiziertes Parteivorbringen zu werten.[158] Das Gericht hat die Pflicht, sich mit von der Partei vorgelegten Privatgutachten auseinander zu setzen und auf die weitere Aufklärung des Sachverhalts hinzuwirken, wenn sich ein Widerspruch zum Gerichtsgutachten ergibt.[159] Zweckmäßigerweise geschieht dies unter Gegenüberstellung mit dem Privatgutachter.[160] Will das Gericht dem Gerichtsgutachter folgen, aber nicht dem Privatgutachter der Partei, bedarf es einer einleuchtenden und nachvollziehbaren Begründung.[161] In Betracht kommen Bedenken gegen die Sachkunde des Privatgutachters, logische Fehler oder nicht erwiesene oder irrelevante Anknüpfungstatsachen, unter Umständen auch Überschreiten der Kompetenz des Privatgutachters infolge Stellungnahme zu einer Rechtsfrage. Nicht selten wird der gerichtliche Sachverständige dazu zu hören sein (§ 411 III ZPO).[162] Den Privatgutachter braucht das Gericht nicht zu laden.[163] Es steht der interessierten Partei frei, diesen gegebenenfalls zum Termin zu stellen. Er ist gegebenenfalls lediglich zur Unterstützung der Partei anwesend und hat keine Mitwirkungsrechte (vgl. §§ 402, 397 II ZPO).[164]

4. Besonderheiten des Grundurteils

Auch in Verkehrsunfallsachen wird mitunter ein Grundurteil in Betracht kommen   75
(Zwischenurteil über den Grund, § 304 I ZPO). Gegen den Erlass eines Grundurteils kann sprechen, dass der Geschädigte keinen Titel erhält und das Verfahren verzögert wird, wenn das Grundurteil angefochten wird. Je klarer der Anspruchsgrund ist und

---

[155] *BGH* NJW 2009, 1341 Rn. 18; NJW 1992, 2080, 2082.
[156] *BGH* VersR 2013, 1045 Rn. 13.
[157] Musielak/*Huber,* § 402 Rn. 13.
[158] *BGH* VersR 2009, 698 Rn. 3; *Greger,* § 38 Rn. 17.
[159] *BGH* NJW 2008, 2846 Rn. 25; *BGH* Urteil vom 16.4.2013 – VI ZR 44/12 Rn. 19.
[160] *BGH* zfs 2009, 522.
[161] *BVerfG* NJW 1997, 122; *BGH* NJW-RR 2009, 35 Rn. 11; NJW 2001, 77; NJW 1996, 1597; Musielak/*Huber,* § 402 Rn. 6.
[162] *Lepa,* VersR 2001, 265, 270.
[163] Musielak/*Huber,* § 402 Rn. 5.
[164] *BGH* NJW 2008, 2846 Rn. 26; NJW-RR 2009, 409.

je weniger Zeit die Klärung der Anspruchshöhe voraussichtlich in Anspruch nehmen wird, desto mehr Gründe sprechen gegen den Erlass eines Grundurteils.

Für den Erlass eines Grundurteils kann aber unter prozessökonomischen Gesichtspunkten die Trennung von Anspruchsgrund und -höhe bei einem verwickelten Streitstand sprechen. Bei zweifelhaftem Anspruchsgrund besteht für die Parteien die Möglichkeit, das Grundurteil im Instanzenzug nachprüfen zu lassen (§ 304 II ZPO), bevor Arbeit und Geld auf die Klärung der Anspruchshöhe verwendet werden. Das Gericht hat mit dem Erlass des Grundurteils einen Teil des Streitgegenstands erledigt. Weiteres Vorbringen zum Grund des Anspruchs bleibt wegen der Bindung des Gerichts nach § 318 ZPO unberücksichtigt. Die Bindungswirkung des Grundurteils erstreckt sich nach allgemeinen Verfahrensgrundsätzen (nur) auf den Grund des Anspruchs, wie er zur Zeit der letzten mündlichen Verhandlung im Grundverfahren anhängig war. Bei einer Klageerweiterung muss der Anspruch dem Grunde nach neu geprüft werden.[165]

a) Voraussetzungen

76 Ein Grundurteil nach § 304 I ZPO darf nur ergehen, wenn ein Anspruch nach Grund und Höhe streitig ist, alle Fragen, die zum Grund des Anspruchs gehören, erledigt sind und nach dem Sach- und Streitstand zumindest wahrscheinlich ist, dass der Anspruch in irgendeiner Höhe besteht.[166] Auch über einen Schmerzensgeldanspruch kann durch Grundurteil entschieden werden.[167]

77 In der Sache erfordert der Erlass eines Grundurteils die Prüfung sämtlicher zum Grund des Anspruchs gehörender Voraussetzungen. Das betrifft die Aktiv- und Passivlegitimation,[168] die Anspruchsgrundlagen,[169] den Anspruchsübergang nach § 116 SGB X,[170] die haftungsbegründende Kausalität,[171] die generelle Ersatzfähigkeit der geltend gemachten Schadenspositionen,[172] die Verjährungseinrede und sämtliche Einwendungen, zum Beispiel in Gestalt eines etwaigen Haftungsausschlusses. Regelmäßig gehören auch Feststellungen zum Mitverschulden gemäß § 254 I BGB und zur mitwirkenden Betriebsgefahr zum Grundverfahren.[173] Gegebenenfalls ist zu tenorieren, dass die Klage dem Grunde zur Hälfte nach gerechtfertigt ist.[174]

Zwar gehört auch die haftungsausfüllende Kausalität zum Grund des Anspruchs. Sie wird aber notwendiger- oder jedenfalls zweckmäßigerweise oft erst im Betragsverfahren geprüft.[175]

78 Dem Betragsverfahren können danach vorbehalten bleiben: die Prüfung der Kausalität zwischen Unfall und einzelnen Schadenspositionen,[176] die Höhe der einzelnen Schadenspositionen einschließlich Vorteilsausgleichung, sofern der Schaden nicht voll ausgeglichen ist,[177] ebenso die Frage, ob Schadensersatz als Kapital oder Rente zu leisten ist[178] und der Einwand des Mitverschuldens gemäß § 254 II BGB.[179]

---

[165] *BGH* NJW 1985, 496; *OLG Stuttgart* NJW-RR 1996, 1085.
[166] St. Rspr., *BGH* NJW-RR 1991, 599, 600; NJW 2001, 224, 225; NJW-RR 2012, 880.
[167] *BGH* NJW 2006, 2110 Rn. 10.
[168] Hk-ZPO/*Saenger,* § 304 Rn. 7.
[169] BGHZ 72, 34, 36 = NJW 1978, 1920, 1921; BGHZ 77, 306, 309 = NJW 1980, 2355.
[170] *BGH* NJW-RR 1988, 66.
[171] Geigel/*Bacher* § 39 Rn. 67.
[172] BGHZ 89, 383, 387 f. = NJW 1984, 1226, 1227.
[173] *BGH* NJW 1978, 544; NJW 1979, 1933; Geigel/*Knerr* Kap. 2 Rn. 62
[174] *Greger,* § 37 Rn. 27.
[175] *BGH* NJW 2011, 1184 Rn. 14.
[176] BGHZ 108, 256, 259 = NJW 1989, 2745.
[177] Geigel/*Bacher,* Kap. 39 Rn. 68.
[178] BGHZ 59, 139, 147 = NJW 1972, 1943, 1945 f.
[179] *OLG Hamm* NJW-RR 1993, 914, 917.

Die Rechtsprechung lässt auch die Überweisung anderer, den Anspruch betreffender **79** Fragen in das Betragsverfahren zu, wenn dies im Tenor oder den Entscheidungsgründen des Grundurteils kenntlich gemacht wird.[180] Das mitwirkende Verschulden des Geschädigten (§ 254 I BGB) darf zum Beispiel ausnahmsweise dem Betragsverfahren vorbehalten werden, wenn es zweifellos nur zu einer Minderung des Anspruchs führt.[181]

b) Tenor

Ist die Klage dem Grunde nach voll gerechtfertigt, so lautet der Tenor des Grund- **80** urteils dahin, dass der Klageanspruch dem Grunde nach gerechtfertigt ist bzw. für gerechtfertigt erklärt wird. Im Einzelfall kann eine Mithaftungsquote unter dem Gesichtspunkt des Mitverschuldens und/oder der Betriebsgefahr hinzukommen, wonach die Klage dem Grunde nach zu einer bestimmten Quote des aus dem Unfall entstandenen Schadens gerechtfertigt ist; im Übrigen ist die Klage gegebenenfalls abzuweisen.[182]

Im Fall des Anspruchsübergangs ist der Tenor dahin zu formulieren, dass die Klage **81** dem Grunde nach voll (oder in Höhe einer bestimmten Quote) gerechtfertigt ist, jedoch vorbehaltlich des Anspruchsübergangs auf einen Sozialversicherungsträger nach § 116 SGB X. Bei einer Teilklage ist klarzustellen, dass sich die ausgeworfene Quote auf den Gesamtschaden und nicht auf den eingeklagten Teilbetrag bezieht. Bei einer unbezifferten Schmerzensgeldklage ist ebenfalls eine Quote auszusprechen, allerdings dahin, dass das Schmerzensgeld im Betragsverfahren unter Berücksichtigung der Mitverschuldensquote zu bemessen ist.[183] Ist lediglich ein höhenmäßig begrenzter Anspruch aus Gefährdungshaftung gegeben, lautet der Tenor, dass der Klage dem Grunde nach innerhalb der Höchstgrenzen des § 12 StVG gerechtfertigt ist.[184]

Eine Kostenentscheidung enthält das Grundurteil nicht, ebenso wenig einen Ausspruch über die vorläufige Vollstreckbarkeit.

c) Grund- und Teilurteil

Ist der Anspruch der Höhe nach teilweise zugunsten des Klägers entscheidungsreif, **82** kann das Gericht das Grundurteil mit einem Teilurteil verbinden. Hat der Kläger neben dem Zahlungsantrag einen **Feststellungsantrag** hinsichtlich des Zukunftsschadens gestellt, so ist das Grundurteil mit einem Teilurteil über den Feststellungsantrag zu verbinden, wenn dieser entscheidungsreif ist. Ein Grundurteil kommt insoweit nicht Betracht; bei einem unbezifferten Feststellungsantrag scheidet ein Grundurteil wesensgemäß aus.[185] Das wird nicht selten übersehen; aus einem solchem Fehler lässt sich bei einem Berufungsurteil freilich nicht ohne weiteres einen Revisionszulassungsgrund im Sinne von § 543 II ZPO herleiten.[186] Richtigerweise ist in einer solchen Fallgestaltung ein Grund- und Teilurteil zu erlassen.[187] Der Tenor des Urteils enthält

---

[180] *BGH* NJW-RR 1996, 700.
[181] BGHZ 76, 397, 400 = NJW 1980, 1579; BGHZ 110, 196, 202 = NJW 1990, 1106, 1108; vgl. auch BGHZ 141, 129, 136 = NJW 1999, 2440, 2441; *Greger,* § 37 Rn. 27.
[182] Hk-ZPO/*Saenger,* § 304 Rn. 14.
[183] Zöller/*Vollkommer,* § 304 Rn. 14.
[184] Tempel/*Theimer,* § 4 Muster 86 Rn. 21.
[185] St. Rspr., *BGH* NJW 1991, 1896; NJW-RR 1994, 319, NJW 2000, 1572; NJW 2001, 155; Zöller/*Vollkommer,* § 304 Rn. 3; Hk-ZPO/*Saenger,* § 304 Rn. 3.
[186] *BGH* Beschluss vom 28.6.2007 – VII ZR 107/06.
[187] Tempel/*Theimer,* § 4 Muster 104.

den Ausspruch, dass die Kostenentscheidung dem Schlussurteil vorbehalten bleibt. Die Bestimmung eines Mitverschuldensanteils darf hier nicht vorbehalten bleiben.

5. Streitwert

83   Der Gebührenstreitwert (§ 63 I GKG, § 32 I RVG) wird nicht im Urteil, sondern in einem gesonderten Beschluss festgesetzt. Dieser wird sinnvollerweise gemeinsam mit dem Urteil verkündet. Eine Begründung ist angezeigt, wenn die Festsetzung aus sich heraus nicht ohne weiteres verständlich ist.

Bei unbezifferten Schmerzensgeldanträgen richtet sich der Streitwert nach dem Betrag, der unter Zugrundelegung der vom Kläger vorgetragenen Schätztatsachen angemessen ist.[188] Hat der Kläger eine Größenvorstellung angegeben, kommt dieser auch für die Festsetzung des Streitwerts Bedeutung zu. Da das Begehren des Klägers nicht unterschritten werden kann, ohne dass er beschwert wäre, erreicht der Streitwert jedenfalls die angegebene Höhe.[189] Für die Bewertung der Beschwer einer Nichtzulassungsbeschwerde ist der Zeitpunkt der letzten mündlichen Verhandlung vor dem Berufungsgericht maßgebend.[190]

84   Bei Rentenansprüchen ist § 42 GKG zu beachten. Maßgeblich ist der fünffache Jahresbetrag der Rente, es sei denn, der verlangte Gesamtbetrag ist geringer (§ 42 II GKG). Rückstände aus der Zeit vor Klageerhebung sind hinzuzurechnen (§ 42 IV GKG). Beim Zuständigkeitsstreitwert kommt es hingegen auf den 3,5-fachen Jahresbetrag an (§§ 3, 9 ZPO).

Der Wert eines Schadensfeststellungsantrags ist nach § 3 ZPO zu schätzen. Dabei ist auf den Umfang des vorgetragenen Zukunftsschadens und die Wahrscheinlichkeit seines Eintritts abzustellen. Von dem so ermittelten Wert ist im Hinblick darauf, dass die (positive) Feststellung hinter einem Leistungsurteil zurückbleibt, ein Abschlag von 20 % vorzunehmen.[191] Das gilt auch dann, wenn damit zu rechnen ist, dass der Schuldner sich einem Feststellungsausspruch beugt.[192]

85   Die neben anderen Schadenspositionen eingeklagten Kosten eines vorprozessual eingeholten Sachverständigengutachtens und die Unkostenpauschale sind regelmäßig keine Nebenforderungen im Sinne des § 4 ZPO, sondern erhöhen den Streitwert.[193] Eine vorprozessuale Geschäftsgebühr (§ 14 RVG i. V. mit Nr. 2300 VV RVG bleibt hingegen bei der Streitwertbemessung grundsätzlich außer Betracht, denn vorprozessual aufgewendete Kosten zur Durchsetzung des im laufenden Verfahren geltend gemachten Hauptanspruchs wirken regelmäßig nicht werterhöhend.[194]

6. Rechtsbehelfsbelehrung

86   Ab dem 1.1.2014 muss jede anfechtbare gerichtliche Entscheidung in Verfahren ohne Anwaltszwang eine Rechtsmittelbelehrung enthalten (§ 232 Satz 1 ZPO).[195] Das gilt namentlich für der Berufung zugängliche Urteile der Amtsgerichte, zurückweisende Beschlüsse in Prozesskostenhilfesachen und Streitwertbeschlüsse nach § 63 II GKG.[196]

---

[188] Zöller/*Herget*, § 3 Rn. 16 Stichwort: Unbezifferte Klageanträge.
[189] BGHZ 132, 341, 352 = NJW 1996, 2425, 2427; *von Gerlach*, VersR 2000, 525, 529.
[190] *BGH* VersR 2009, 279 Rn. 3.
[191] Zöller/*Herget*, § 3 Rn. 16 Stichwort: Feststellungsklagen.
[192] *BGH* VersR 2009, 1381 Rn. 2.
[193] *BGH* NJW 2007, 1752.
[194] *BGH* VersR 2007, 1713; Beschluss vom 4.9.2012 – IV ZR 134/11.
[195] BGBl. I 2012, 2418.
[196] *Fölsch*, NJW 2013, 970.

Stichwortverzeichnis

Fett gesetzte Zahlen verweisen auf Paragraphen, magere auf Randnummern.

Abänderungsklage **30.**61; **32.**43
Abfindungsvergleich **30.**56, 81
Abnahme
– Architektenleistung **20.**16 ff.
– Bauleistung **15.**41 ff.
Abnahmefiktion **15.**52 ff.
Abnahmeverweigerung **15.**57 ff.
Abnahmezeitpunkt **15.**55
Abrechnung auf Gutachtenbasis **33.**22 ff.
Abrechnung auf Neuwagenbasis **33.**44 ff.
Abrechnung auf Reparaturkostenbasis **33.**7 ff.
Abrechnung auf Totalschadenbasis **33.**34 ff.
Abschlagszahlungen
– Architektenvertrag **20.**114, 117
– Bauträgervertrag **21.**27, 34 f.
– Bauvertrag **16.**86 ff., 97
Abschleppkosten **33.**50
Abschlussfreiheit **23.**13; **25.**7
Abschlussmängel **23.**16 ff.
Abtretung (Leasing) **14.**6
Abwälzung der Provision **23.**8 ff.
Abzug „neu für alt" **33.**14
Adäquanztheorie **27.**6
Agenturverkauf **1.**3; **1.**166; **3.**5
Allgemeine Geschäftsbedingungen
– Bauvertrag**15.**16 ff.
– Kaufvertrag **1.**137 ff.
– Leasingvertrag **12.**8 ff.
– Maklervertrag **23.**11 ff.
Alternativwohnung **10.**23
Ampelphasenplan **34.**24
Amtshaftung **15.**36; (Verkehrsunfall) **27.**85 ff.
Anbietpflicht **10.**23
Änderung des Leistungsumfangs **16.**32 ff.
Anerkannte Regeln der Technik **17.**5 ff.;
   20.121
Anerkenntnis
– Bauvertrag **16.**97 ff., 115 f.; **17.**63
– Nacherfüllung (Kaufvertrag) **1.**176
– Stundenlohnzettel **16.**17 ff.
– Verkehrsunfall **29.**14
– vorprozessuales **30.**46
Anfechtung
– Bauvertrag **16.**26
– Kaufvertrag **4.**3 ff.
Anknüpfungstatsachen **34.**31
Annahmeverzug **1.**65, 78, 188 ff.
Anordnung des Auftraggebers **16.**43
Anrechenbare Kosten
(Architektenhonorar) **20.**79 ff.
Anscheinsbeweis
– Bauvertrag **19.**4

– Schönheitsreparaturen **7.**39 f.
– Verkehrsunfall **27.**32, 49, 60; **32.**21; **34.**47 ff.
Anstellungstheorie (Amtshaftung) **27.**86
Arbeitsgemeinschaft (ARGE) **15.**12
Arbeitsunfall **30.**21 ff.
Architektenbindung **20.**12 ff.
Architektenvertrag
– Abschlagszahlungen **20.**114
– Abschluss **20.**5 ff.
– Beendigung, vorzeitige **20.**20 ff.
– Begriff **20.**1
– Gewährleistung **20.**119 ff.
– Honorar **20.**33 ff.
– Leistungsbild **20.**55 ff.
– Nebenkosten **20.**52 ff.
– Rechtsnatur **20.**1
– Rücktritt **20.**25 f.
– Unwirksamkeit **20.**10 ff.
– Urheberrecht **20.**107
Arglist
– Architektenvertrag **20.**198
– Bauvertrag **17.**58 f.
– Kaufvertrag **1.**142 ff., 169; **4.**6 ff.
Auffahrunfall **34.**51
Aufhebungsvertrag **10.**42
Aufmaß **16.**5 ff.
Aufrechnung
– Architektenvertrag **20.**205 f.
– Bauvertrag **16.**93 ff.
Aufsichtspflicht (Minderjährige) **27.**76
Aufsichtsverschulden
– Architektenvertrag **20.**243
– Verrichtungsgehilfe **27.**69
Aufwendungsersatz
– Kaufvertrag **1.**40, 67, 92 ff.
– Maklervertrag **23.**13, 80 ff.
Ausführungsplanung (Architekt) **20.**64 f.
Auskunftsanspruch (Makler) **23.**77
Auskunftsvertrag (Architekt) **20.**207
Auslagenpauschale **33.**114
Auslegung **15.**4
Austauschmotor **1.**111

Bagatellschaden
– Personenschaden **32.**14, 24
– Sachschaden **33.**49
Bahnbetrieb (Verkehrsunfall) **28.**1 ff.
Bauabzugssteuer **16.**70; **20.**118
Bauentwurf, Änderung **16.**31
Bauhandwerkersicherungshypothek
– Bauhandwerker **16.**134 ff.
Bauherrengemeinschaft **15.**12

Baumodelle **21**.2 ff.
Baujahr **1**.21, 106
Bauprozess **19**
Bausummenüberschreitung **20**.145 ff.
Bauträgervertrag
– Begriff **21**.1
– Bürgschaft **21**.50 f.
– Form **21**.12 ff.
– Gewährleistung **21**.41 ff.
– Grundpfandrechte (Freistellung) **21**.30 ff.
– Insolvenz **21**.8 ff., 48
– Kündigung **21**.47
– Makler- und Bauträger VO **21**.27 ff.
– Rechtsnatur **21**.5
– Sicherungsrechte des Bauträgers **21**.49
– Sicherungsrechte des Erwerbers **21**.50
– Unterwerfungsklausel **21**.67 f.
– Unwirksamkeit **21**.15 ff.
– Vergütung **21**.24 f.
– Vormerkung **21**.29
– Wohnungseigentum **21**.60 ff.
Bauüberwachung (Architekt) → s. Objekt-
  überwachung
Bauvertrag
– Abnahme **15**.41 ff.
– Abschluss **15**.13
– Allgemeine Geschäftsbedingungen **15**.16 ff.
– Beendigung, vorzeitige **15**.66 ff.
– Beweislast **15**.63; **16**.22 f.
– Form **15**.32 ff.
– Gefahrübergang **15**.65
– Gewährleistung **17**.1 ff.
– Nebenabreden **15**.5
– Nebenforderungen **16**.60 ff.
– Rechtsnatur **15**.1 ff.
– Unwirksamkeitsgründe **15**.39
– Vergütung **15**.14; **16**.21 ff.
– Verjährung **15**.64
– Vertragsbedingungen **15**.30 ff.
– Vertretung **15**.35
– VOB **15**.20 ff.
– vorzeitige Beendigung **15**.66 ff.
Bauzeitunterbrechung **15**.75; **18**.26
Beförderungsvertrag **28**.7
Begehrensneurose **32**.16
behindertengerechter Wohnraum **32**.60, 63
Behinderung der Bauausführung **16**.44 ff.
Beifahrerrechtsprechung **34**.42
Beitragsregress (Rentenversicherung) **31**.27
Beratungspflicht (Makler) **24**.6
Bereicherung s. Ungerechtfertigte Bereiche-
  rung
Berliner Räumung **10**.71
Beschaffenheitsgarantie **1**.102 ff.
Beschaffenheitsvereinbarung (Wohnraum)
  9.1,15
Besondere Leistungen **20**.49
Betrieb eines Kraftfahrzeugs **26**.9
Betriebsbedarf **10**.29
Betriebsgefahr (Verkehrsunfall) **26**.9 ff.; **26**.10
Betriebskosten
– Abflussprinzip **8**.62
– Abrechnungseinheit **8**.59

– Abrechnungsfrist **8**.41
– Abrechnungszeitraum **8**.41
– Ausschlussfrist **8**.42, 79
– Begriff **8**.7
– Instandhaltungs- und Instandsetzungs-
  kosten **8**.33
– Flächenmaßstab **8**.38
– Leerstand **8**.58
– Leistungsprinzip **8**.62
– Mehrbelastungsklauseln **8**.29
– Mieterwechsel **8**.66
– Mischnutzung **8**.55
– Nutzerwechselgebühr **8**.67
– Pauschale **8**.18
– Rückforderungsanspruch **8**.78
– Sonstige **8**.25
– Umlagefähigkeit **8**.32
– Umlagevereinbarung **8**.13
– Verwaltungskosten **8**.33
– Wirtschaftlichkeitsgebot **8**.73 ff.
– Zwischenablesung **8**.66
Betriebskostenabrechnung
– Abrechnungsreife **8**.81
– Fälligkeit **8**.49, 68
– Formelle Ordnungsmäßigkeit **8**.49 ff.
– Fotokopien **8**.71
– Materielle Richtigkeit **8**.54
Betriebsstätte, gemeinsame **30**.28
Betriebsunfall
– Bahnbetrieb **28**.1
Beweisaufnahme
– Architektenvertrag **20**.227 ff.
– Bauvertrag **19**.11 ff.
Beweislast
– Allgemeine Geschäftsbedingungen **15**.17
– Architektenvertrag **20**.172
– Bauvertrag **19**.2 ff.
– Kaufvertrag **1**.80 ff.; 154 ff.
– Leasingvertrag **13**.3
– Maklervertrag **23**.49
Beweissicherung s. Selbständiges Beweisver-
  fahren
Beweisvereitelung **34**.45
Beweiswürdigung (Verkehrsunfall)
– Zeugenaussagen **34**.41
– Sachverständigengutachten **34**.43, 73
Billigkeitshaftung **27**.42
Blue-Pencil-Test **7**.34
Bruttokaltmiete **8**.15
Bruttolohntheorie **32**.76
Bruttomiete **8**.15
Bürgschaft
– Bauträgervertrag **21**.36 ff.
– Bauvertrag **17**.118 ff.
– Leasingvertrag **12**.2

conditio sine qua non **23**.45; **27**.6

Darlegungslast
– Architektenvertrag **20**.209 ff., 231 ff.
– Bauprozess **19**.2 ff.;
– Kaufvertrag **1**.47, 129, 190 ff.
– Leasingvertrag **13**.3

Darlegungslast, sekundäre **8.**78, **10.**22; **32.**22; **33.**73
Dauerschaden **32.**25, 101
DAV-Abkommen **30.**55
Deliktsfähigkeit **27.**34
Deliktshaftung
– Architektenvertrag **20.**208
– Bauvertrag **17.**72 ff.
– Kaufvertrag **5.**1 ff.
– Leasingvertrag **13.**18
– Unfallhaftpflicht **27.**1 ff.
Dienstunfähigkeit **32.**82
Dienstunfall **30.**34
Differenzbesteuerung **33.**43
Differenzhypothese **32.**1
– Erwerbsschaden **32.**67, 84
diligentia quam in suis **1,**72; **28.**47
DIN 277 **9.**16
DIN 283 **6.**17
DIN 4109 **9.**5
Direktanspruch **29.**1 ff.
Direktgeschäft **25.**5
doppelrelevante Tatsachen **34.**1
Doppeltätigkeit **23.**25 ff.
Drittgeschädigte **32.**24
Drittkäuferbenennungsrecht **13.**51
Durchführungsmängel **23.**19 ff.
Durchgriffshaftung **16.**139 ff.

Eigengeschäft **23.**22 ff.
Eigenhaftung **4.**5
Eigenreparatur **33.**15
Ein- und Ausbaukosten (Kaufrecht) **1.**44a
Einheitspreisvertrag (Baurecht) **15.**6; **16.**2 ff.
Einigungsgebühr **33.**110
Einrede des nicht erfüllten Vertrags (Baurecht) **17.**65, 125
Einsichtsfähigkeit (Minderjähriger) **27.**40
Eintrittsmodell **11.**1; **12.**14; **14.**9
Einwilligung **27.**33
Energetische Sanierung **9.**19
Energieausweis **8.**16
Entlastungsbeweis
– Architekt **20.**172
– Bauunternehmer **17.**31
– dezentralisierter **27.**73
– Minderjährige **27.**77
– Produzentenhaftung **28.**15
– Tierhalterhaftung **27.**83
– Verrichtungsgehilfe **27.**69 ff.
Entsorgungskosten (Verkehrsunfall) **26.**20
Entwurfsplanung (Architekt) **20.**60 f.
Erfolgsunrecht **27.**24
Ergänzende Vertragsauslegung **8.**29; **30.**42; **31.**10
Erlasskonformes Leasing **11.**1 f.
Erlassvertrag **30.**55
Ersparte Aufwendungen **18.**7 ff.
Erwerbsschaden **32.**64 ff.

Fahrerhaftung **26.**22
Fahrlässigkeit **27.**45 ff.; **34.**51
Fahrtkosten **32.**50

Fälligkeit (Vergütung)
– Architekt **20.**108 ff.
– Bauträger **21.**26 ff.
– Bauunternehmer **15.**59; **16.**74 f., 77 ff.
– Makler **23.**73
Familienprivileg **31.**25
Fehlerbegriff s. Mängelhaftung
feindliches Grün **27.**95
Fertighausvertrag **15.**40
Feststellungsklage
– Antrag **34.**9
– Begründetheit **34.**14
– Kaufvertrag **1.**78
– Verkehrsunfall **30.**70; **31.**16; **32.**38, 111; **33.**98; **34.**9 ff., 82
– Zulässigkeit **34.**11
Finanzierungsfunktion (Leasing) **11.**1
Finanzierungskosten **33.**101
Folgeschaden **32.**10
Folgeunfall **27.**22
Förmliche Abnahme **15.**48 ff.
Fraunhofer-Tabelle **33.**69
Freistellungspflicht (Bauträger) **21.**30

Garantie
– Architekt (Bausumme) **20.**145 ff.
– Bauvertrag **17.**4, 18
– Kaufvertrag **1.**94
Garantiehaftung **9.**45
Gattungskauf **1.**10
Gebrauchsüberlassung **11.**1; **12.**12; **13.**1
Gebrauchsvorteile, entgangene
– Kaufvertrag **1.**75
– Verkehrsunfall **33.**51 ff.
Gefährdung der Mietsache **10.**4
Gefährdungshaftung
– Bahnbetrieb **28.**1 ff.
– Produzentenhaftung **28.**9 ff.
– Tierhalterhaftung **27.**81 ff.
– Verkehrsunfall **26.**4 ff.
Gefahrübergang
– Bauvertrag **15.**65
– Kaufvertrag **1.**20, 134
Gefälligkeitsfahrt **30.**42
Genehmigungsplanung (Architekt) **20.**62 f.
Generalübernehmervertrag **15.**10
Generalunternehmervertrag **15.**9
Gerichtsstand
– Architektenvertrag **20.**210
– Bauvertrag **19.**33 ff.
– Kaufvertrag **1.**86, 178 ff.
Gesamtfälligstellung **13.**14
Gesamtschuldner
– Architekt **20.**153
– Verkehrsunfall (Leasing) **13.**18
Geschäftsführung ohne Auftrag **7.**83; **16.**53 ff.; **28.**8
Geschäftsgebühr **33.**108
Geschäftsgrundlage
– Bauträger **21.**24
– Bauvertrag **15.**67; **16.**12, 26, 29
– Leasingvertrag **14.**19

Gesetz zur Sicherung von Bauforderungen (BauFordSiG) **16.**143; **17.**126 ff.
Gestörter Gesamtschuldnerausgleich **30.**35; **31.**26
Gewährleistung s. Mängelhaftung
Gewährleistungsausschluss s. Haftungsausschluss
Gewährleistungsbürgschaft **17.**120
Gradtagszahlmethode **8.**67
Grobe Fahrlässigkeit
– Kaufvertrag **1.**131 f.
– Verkehrsunfall **27.**46
Groteskfälle **31.**14
Grundleistungen **20.**55 ff.
Grundurteil
– Bauprozess **19.**48 ff.
– Betragsverfahren **34.**78
– Verkehrsunfall **34.**75 ff.
Grund- und Teilurteil **32.**40; **34.**82
Grünsteifenfälle **27.**23
Gutachterkosten
– Leasing **13.**54 f.
– Verkehrsunfall **33.**48

Haftungsausschluss
– Architektenvertrag **20.**185 ff.
– Bauträgervertrag **21.**23
– Bauvertrag **17.**50 ff.
– Kaufvertrag **1.** 161 ff.; **3.**9; **4.**5; **5.**5
– Leasingvertrag **14.**6
Haftungsbeschränkung
– Bauträgervertrag **20.**187 ff.
– Kaufvertrag **1.**123 ff, 161 ff.
Haftungseinheit **30.**12
Halter
– Kraftfahrzeug **26.**5
– Tierhalter **27.**81
Handeln auf eigene Gefahr **27.**33; **30.**43
Handelsmakler **22.**3
Harmlosigkeitsgrenze **32.**7
Hauptvertrag **23.**16
Haushaltsangehörigenprivileg **31.**7, 25
Haushaltsführungsschaden
– der Hinterbliebenen **22.**113 ff.
– des Verletzten **32.**92 ff.
Heilbehandlungskosten **32.**44 ff.
– fiktive **32.**47
Hersteller/Händler-Leasing **11.**9; **13.**51
Hinweispflicht
– Bauvertrag **17.**13 ff.
Höhere Gewalt
– Bahnbetrieb **28.**3
– Kraftfahrzeugunfall **26.**15
Honorarzone (Architektenvertrag) **20.**94 f.
HWS-Distorsion **32.**6, 15

Idealfahrer **26.**17
Indiztatsachen **34.**29
Innere Tatsachen **34.**48
Insolvenz
– Bauträgervertrag **21.**48
– Leasinggeber **13.**30
– Leasingnehmer **13.**62 ff.

Institutioneller Interessenkonflikt **23.**24
Integritätszuschlag **33.**3
Interimsfahrzeug **33.**58
Internationale Zuständigkeit
– Bauvertrag **19.**40
– Unfallhaftpflicht **34.**1
Inzahlungnahme **1.**7, 63

Jahreswagen **1.**22

Kalkulationsfehler **16.**25 ff.
Kalkulierter Restwert **11.**3,5; **13.**8,53
Kappungsgrenze **6.**22
Kausalität
– alternative **27.**12
– Architektenhaftung **20.**172, 240
– Bauvertrag **17.**11 ff., 45 f.
– haftungsausfüllende **32.**5 ff.
– haftungsbegründende **27.**5 ff.
– hypothetische **27.**16
– Kaufvertrag **1.**100
– kumulative **27.**8
– Maklervertrag **22.**45, 54 ff.
– Mitursächlichkeit **27.**8, **32.**11
– psychische **27.**2, 9; **32.**13
– Schutzgesetzverletzung **27.**54
– Sozialrecht **28.**7
– Verdienstausfall **32.**64
Kilometerabrechnungsvertrag **11.**6 ff.; **12.**3; **13.**17, 55
Klage auf Abnahme **15.**58
Klageantrag (Kaufrecht) **1.**183 ff.
Kongruenz
– sachliche **31.**18
– zeitliche **31.**19
Konkurs s. Insolvenz
Kooperationspflicht **15.**3
Koordination (Architekt) **20.**242
Koppelungsverbot (MRVG) **20.**12 ff.
Kostenermittlung (Architekt) **20.**80 ff.
Kostenerstattungsanspruch, materiell-rechtlicher **33.**107
Kostenmiete **6.**6, 9
Kostenvoranschlag
– Bauvertrag **15.**71; **16.**52
– Unfallhaftpflichtprozess **33.**25
Kraftfahrzeugleasing
– Hersteller/Händler-Leasing **11.**9
– Reparatur **12.**12
– Verkehrsunfall **13.**18 ff.
– Versicherung **12.**12; **13.**20
– Wartung **12.**12
Kraftstoffverbrauch **1.**29
Krankengeld **32.**79
Kündigung
– Architektenvertrag **20.**20 ff.
– Bauträgervertrag **21.**47
– Bauvertrag **15.**68 ff., 74 ff.; **18.**4 ff.
– Leasinggeber **13.**7 ff., 32 ff.
– Leasingnehmer **12.**12; **13.**21, 33
Künftige Räumung **10.**52

Laufleistung **1.**23, 55, 107, 146
Leasingerlasse **11.**5
Leasingnehmer
– Pflichten **12.**12
– Verbraucher **11.**4; **12.**1 ff.; **14.**11
leasingtypisches Dreiecksverhältnis **11.** 1;
  14.6 ff.
Leasingvertrag
– Allgemeine Geschäftsbedingungen **12.**8;
  13.13 ff.; 16 ff.; 52
– Anfechtung **12.**19 ff.
– Angebot **12.**4
– Begriff **11.**1
– Formmangel **12.**6
– Gebrauchsüberlassung **11.**1; **12.**12;
  13.1
– Nichtigkeit **12.**6
– Rechtsnatur **11.**1
– Sachmängel **14.**6 ff.
– Sittenwidrigkeit **12.**15
– Sonderzahlung **11.**7; **13.**8
– Verjährung **13.**65
Lieferant **12.**9, 13 ff.; **13.**1 ff.

Maklerdienstvertrag **22.**2; **25.**2
Makler- und Bauträger VO **21.**18,
  27 ff.
Maklervertrag
– Abschluss **23.**1 ff.
– Allgemeine Geschäftsbedingungen
  23.11 ff.,35,59 ff.,82 f.
– Form **23.**1
– Nichtigkeit **23.**14
Maklerwerkvertrag **22.**2
Mängelanzeige **9.**26
Mangelbegriff, subjektiver **9.**1
Mängelhaftung
– Architektenleistung **20.**119 ff.,
  154 ff.
– Bauträger **21.**41 ff.
– Bauunternehmer **17.**1 ff.
– Kaufvertrag 1
– Leasing **12.**9,12; **14.**6 ff.
– Vermieter **9.**1 ff.
Mängelprotokoll **9.**10
Mehrbedarfsrente **32.**61
Mehrerlös **11.**5; **13.**49
Mehrpersonenunfall **30.**12
Mehrwertsteuer s. Umsatzsteuer
Merkantiler Minderwert
– Bauvertrag **17.**30
– Unfallhaftpflichtprozess **33.**17
Mieterhöhung
– Abschläge **6.**36
– Bruttokaltmiete **6.**43
– Bruttowarmmiete **6.**45
– Klagefrist **6.**55
– Mängel der Mietsache **6.**20
– Mietdatenbank **6.**41
– Mietspiegel **6.**29
– Ortsübliche Vergleichsmiete **6.**14
– Sachverständigengutachten **6.**38
– Streitwert **6.**61, 64

– Teilzustimmung **6.**49
– unwirksame Schönheitsreparaturklausel
  6.37; **7.**75 ff.
– Vergleichswohnungen **6.**39
– Zuschläge **6.**37
– Zustimmungsfrist **6.**54
– Zustimmungsklage **6.**50 ff.
Mietspiegel
– Beifügung **6.**30
– einfacher **6.**31
– qualifizierter **6.**34
Mietvertragskündigung
– Abmahnung **10.**11
– Außerordentliche Kündigung **10.**2 ff.
– Befristung **10.**40
– Beweisaufnahme **10.**58
– Eigenbedarf **10.**18
– Fortsetzungsverlangen **10.**35
– Kündigungserklärung **10.**12, 31
– Kündigungsfrist **10.**30
– Ordentliche Kündigung **10.**15
– Sozialklausel **10.**35 ff.
– Streitwert **10.**66
– Verwertungskündigung **10.**26
– Zahlungsverzug **10.**6, 13
Mietwagenkosten **33.**60 ff.
Minderjährigenhaftung **27.**35
Minderung
– Architektenvertrag **20.**168 f.
– Bauträgervertrag **21.**65
– Bauvertrag **17.**28 ff., 39
– Kaufvertrag **1.**49 ff.
– Leasingvertrag **14.**17
– Mietvertrag **9.**24
Mindesthonorar **20.**37 ff.
Mischmietverhältnis **6.**5; **8.**2; **10.**46
Mitursächlichkeit **32.**11
Mitverschulden
– Architektenvertrag **20.**152 f.
– Bauvertrag **17.**47 ff.
– Kinder **27.**36
– Leasingvertrag **13.**24
Modifizierter Erfüllungsanspruch **1.**9
Montagefehler **1.**19
Mustermietvertrag 1976 **7.**2, 22, 39

Nachbesserung
– Architektenvertrag **20.**155 ff.
– Bauträgervertrag **21.**62 f.
– Bauvertrag **17.**19 ff.
– Kaufvertrag **1.**36 ff., 176
Nacherfüllung (Kaufvertrag) **1.**34 ff.
– Erfüllungsverweigerung **1.**51
– Fehlschlagen **1.**50
– Kaufvertrag **1.**34 ff.
– Leistungsort **1.**34b
– Unverhältnismäßigkeit **1.**45 ff.
Nacherfüllung (Leasingvertrag) **14.**14
Nachforderungen
– Bauunternehmer **16.**24 ff., 56 ff.
Nachweismakler **23.**38 ff.
Nebenintervention (Leasing) **14.**24
Nebenkosten **8.**7; siehe Betriebskosten

Nebenpflichten
– Kaufvertrag **1**.34 ff.
– Maklervertrag **24**.4 ff.
Nettolohntheorie, modifizierte **32**.76
Nettomiete **8**.15
Nichtigkeit
– Kaufvertrag **4**.1 ff.
– Maklervertrag **23**.14 ff.
Notarielle Beurkundung
– Bauträgervertrag **21**.4
Null-Leasing **11**.7
Nutzungsentschädigung
– Kaufvertrag **1**.42,62,74; **4**.15,22
– Leasingvertrag **13**.42 ff.; **14**.16
– Mietvertrag**10**.53
Nutzungsschaden **13**.22

Objektbetreuung (Architekt) **20**.75 ff.,
   132 ff.
Objektüberwachung (Architekt) **20**.69 ff.,
   129 ff.
Offenbarungspflicht **1**.145
Offene Schmerzensgeldteilklage **34**.8
Öffentliche Äußerungen **1**.17 f.
Oldtimer **1**.33
Operating-Leasing **11**.8
Originalmotor **1**.24
Ortsbesichtigung **34**.38

Pauschalpreisvertrag
– Architekt **20**.38
– Bauvertrag **15**.7; **16**.8 ff.
Personelle Identität **23**.33
Personenschaden
– Architektenvertrag **20**.208
– Bauvertrag **17**.75
Pflegemehrbedarf **32**.57
Planung (Architekt) **20**.124 ff.
Planungsverschulden **20**.241
Preisanpassung (Baurecht) **16**.24 ff.
Preisgebundener Wohnraum **8**.3
Preisgleitklausel (Baurecht) **16**.30
Primärschaden **27**.3
Privatgutachten **6**.38; **34**.74
Porsche-Urteil **33**.26
Produzentenhaftung **28**.9 ff.
Prognoserisiko **33**.12
Prospekthaftung **21**.52 ff.
Provision
– Abrede **23**.3 ff.
– Abwälzung **23**.8 ff.
– Entstehung **23**.72
– Erfolgsbedingtheit **22**.1; **23**.12
– Fälligkeit **23**.73
– Höhe **23**.74 ff.
– Sittenwidrigkeit **23**.75
– Üblichkeit **23**.76
– Verwirkung **23**.65 ff.
Prozessstandschaft **23**.13; **14**.22
Prüfvermerk (Architekt) **16**.97; **20**.71, 207

Qualifizierter Alleinauftrag **25**.1
Qualifizierte Unmöglichkeit **1**.20

Quotenabgeltungsklausel **7**.57
Quotenvorrecht **30**.5, 23

Rahmenvertrag **20**.9
Rauchen in der Mietwohnung **7**.3
Räumung, eigenmächtige **10**.73
Räumungsfrist **10**.62
Räumungsklage **10**.46 ff.
Räumungsvergleich **10**.65
Räumungsvollstreckung **10**.71
Reaktionszeit **26**.18
Rechtsbehelfsbelehrung **34**.86
Rechtsberatung
– Architekt **20**.10
– Autovermieter **31**.41
Rechtsdienstleistungen **31**.42
Rechtsirrtum **10**.7
Rechtskraft
– Räumungsurteil **10**.68
– Schmerzensgeld **32**.41
– Zustimmung zu Mieterhöhung **6**.62
Rechtsmängel (Bauträgervertrag) **21**.43
Rechtsverfolgungskosten **33**.105
Regeln der Technik, allgemein anerkannte
– Architekt **20**.121
– Bauunternehmer **17**.5 ff.
relative Theorie **30**.21
Rentenneurose **32**.16
Reparaturkosten, fiktive **33**.22
Reservierungsvereinbarungen **23**.13, 84 ff.
Restwert
– Leasingvertrag **11**.2; **12**.10
– Verkehrsunfall **33**.32, 37 ff.
Restwertgarantie **11**.5
Richterliche Hinweispflicht **19**.6 ff.
Risikosphäre **9**.28
Rom II-VO **26**.2
Rost **1**.25
Rückgabe
– Kaufvertrag **1**.70 ff.
– Leasingvertrag **12**.13; **13**.39
– Mietsache **7**.54
Rücktritt
– Architektenvertrag **20**.163 ff.
– Bauvertrag **15**.67, 72 f.; **17**.26 f., 38
– Kaufvertrag **1**.59 ff.
Rügepflicht **12**.9; **13**.4

Sachmängelhaftung
– Bauträgervertrag **21**.41 ff.
– Bauvertrag **17**.2 ff., 33 ff.
– Kaufvertrag **1**.1 ff.
– Leasingvertrag **12**.9, 12; **14**.6 ff.
Sachverständiger
– Architektenprozess **20**.227 ff.
– Bauprozess **19**.18 ff.
– Kaufvertrag **1**.55
– Leasingvertrag **13**.29, 54
Sale-and-lease-back **11**.10
Schadensanfälligkeit **32**.12
Schadenseinheit, Grundsatz der **30**.69
Schadensersatz
– Architektenhaftung **20**.170 ff.

– Bauvertrag **17.31 ff.**, **40 ff.**
– Kaufvertrag **1.79 ff.**; **5.7 ff.**
– Maklervertrag **23.89 ff.**; **25.6** (des Maklers); **24.1 ff.** (des Auftraggebers)
Schadensgeneigte Arbeit **30.38**
Schadensmanagement **31.41**
Schadensminderungspflicht **20.185**; **30.2 ff.**
Scheckheftgepflegt **1.114**
Schimmelpilz **9.12**
Schlaganfall **26.14**, **27.23**
Schlüsselrückgabe **7.54**, **10.44**
Schlüssigkeitsprüfung **19.1 ff.**; **20.209 ff.**
Schlussrechnung
– Architekt **20.111 ff.**
– Bauunternehmer **16.7**; **98 ff.**
Schlusszahlung (Bauvertrag) **16.57 f.**
Schmerzensgeld **32.23 ff.**
– Kapitalisierung **32.32**
– Rente **32.32**, **42**
– Tabellen **32.34 f.**
Schockschaden **27.2**; **32.13**
Schönheitsreparaturen
– Abgeltungsklausel **7.57**
– Anfangsrenovierung **7.13**
– Begriff **7.2**
– Endrenovierungsklausel **7.23**, **30**
– Entgeltthese **7.58**
– Fachhandwerkerklausel **7.12**
– Fristenplan **7.14 ff.**
– Geschäftsführung ohne Auftrag **7.83**
– Individualvereinbarung **7.7**
– Inhaltskontrolle **7.10 ff.**
– Isolierte Endrenovierungsklausel **7.24**
– Nachfristsetzung **7.46**
– Quotenabgeltungsklausel **7.57 ff.**
– Renovierungskosten **7.50 ff.**
– Starre Renovierungsfristen **7.16**
– Summierungseffekt **7.26 ff.**, **68**
– Verbot geltungserhaltender Reduktion **7.34**
– Vertrauensschutz **7.62**
– Weiche Renovierungsfristen **7.17**
Schrecksekunde **26.18**
Schriftform
– Architektenvertrag **20.5 f.**
– Kündigungserklärung **10.12**
– Leasingvertrag **12.4**
Schutzhelm
– Fahrradfahrer **30.6**
– Motorradfahrer **30.49**
Schutzzweck/ Schutzbereich der Norm **26.9**, **11**, **14**, **27.20**
Schwacke-Mietpreisspiegel **33.68**
Schwarzfahrt **26.21**
Schuldanerkenntnis, deklaratorisches **7.6**; **8.89**; **30.47**
Schuldrechtsmodernisierungsgesetz **15.30**
Schulunfall **30.32**
Schutzgesetz **27.55**
Selbstaufopferung (Straßenverkehr) **28.8**
Selbstkostenerstattungsvertrag (Baurecht) **16.20 ff.**
Selbständiges Beweisverfahren
– Bauvertrag **19.62 ff.**

– Kaufvertrag **1.175**
Selbständiges Provisionsversprechen **23.7**
Selbstvornahmerecht
– Architektenrecht **20.160 ff.**
– Bauträgervertrag **21.64**
– Bauvertrag **17.23 ff.**, **35 f.**
– Kaufvertrag **1.48**
– Mietvertrag **9.38 ff.**
Sekundärschaden **32.10**
Sicherungsanordnung **10.69**
Sicherungsrechte
– Abschlagszahlungen **16.86 ff.**
– Sicherheitseinbehalte **16.65 ff.**
– Sicherheitsleistung **16.121 ff.**; **17.113 ff.**
Sittenwidrigkeit
– Kaufvertrag **4.1**
– Leasingvertrag **12.15**
Skonto (Bauvertrag) **16.71 ff.**
Sollbeschaffenheit **1.11**
Sondereigentum **21.60**
Sonderfachleute (und Architekt) **20.153**, **171**
Sonderzahlung **11.6**; **13.8**
Sozialadäquanz **27.26**
Sozialer Wohnungsbau **8.3**
Sperrfrist **6.11**
Sphärentheorie **9.14**
Sportwettkämpfe **30.45**
Staffelmiete **6.2**
Ständige unpünktliche Mietzahlungen **10.17**
Sterbetafeln **32.112**
Stoffgleichheit **5.2**
Störung des Hausfriedens **10.9**
Streitverkündung **19.31**
Streitwert
– Betriebskostenabrechnung **8.82**
– Feststellungsklage **34.84**
– Mieterhöhung **6.64**
– Räumungsklage **10.66**
– Rente **34.84**
– Unbezifferter Schmerzensgeldantrag **34.83**
– Vorprozessuale Geschäftsgebühr **34.85**
Stückkauf **1.10**,**43**
Stundenlohnvertrag (Baurecht) **16.13 ff.**
Subsidiaritätsgrundsatz (Amtshaftung) **27.91**
Substandardvereinbarung **9.2**
Substanzschaden **13.22**
Subunternehmervertrag **15.11**
Suizidgefahr **10.72**
Summenversicherung **31.2**
Systemänderung **31.15**

Tatbestandswirkung **32.83**
Tatortregel **26.3**
Tatsache, innere **10.22**
Technische Abnahme **15.43**
Teilabnahme **20.19**; **15.43**
Teilamortisation **11.2**; **12.4**, **10**, **15**; **13.15**
Teilinklusivmiete **8.21**
Teilklage **32.39**; **34.6**
Teilkündigung **10.40**
Teilleistung (Architektenrecht) **20.96 ff.**
Teilschmerzensgeld **32.42**; **34.8**
Teilungsabkommen **31.14**

Teilurteil
– Bauprozess **19.**56 ff.
Tenor **19.**41 ff.; **20.**256 ff.
Totalschaden **33.**5, 34
Transparenzgebot
– Bauvertrag **15.**19
– Leasingvertrag **12.**11; **13.**52
– Schönheitsreparaturen **7.**33, 69
Trunkenheitsfahrt **29.**12

Übererlösprovision **23.**69,78
Übernahmebestätigung **13.**2
Überzeugungsgrad **32.**3
Umgehung
– Kaufvertrag **1.**4 f.,165 ff.
– Leasingvertrag **14.**10
Umsatzsteuer **15.**15; **16.**61 f.; **20.**53; **33.**16, 27, 33, 43
Unabwendbares Ereignis
– Kraftfahrzeugunfall **26.**16
unbezifferter Klageantrag **32.**37; **34.**3
Unechte Verflechtung **23.**24
Unfallersatztarif **33.**65
Unfallflucht **27.**58; **29.**13
Unfallmanipulation **29.**8; **34.**45
Ungerechtfertigte Bereicherung
– Bauvertrag **16.**53 ff.
– Kaufvertrag **4.**10
– Maklervertrag **23.**14,27
– Mietvertrag **7.**84
Unklare Verkehrslage **27.**53
Unmöglichkeit
– Leasingvertrag **14.**1 ff.
– Maklervertrag **23.**20
Unterhaltsschaden **32.**103 ff.
Unterlassungspflicht (Makler) **24.**9
Unternehmer **1.**153
UPE-Aufschläge **33.**23
Urheberrechtsvergütung (Architekt) **20.**104 ff.
Urkundenprozess **8.**84; **9.**33
Urteil
– Architektenprozess **20.**209 ff.
– Bauprozess **19.**41 ff.
– Mieterhöhung **6.**61
– Räumungsurteil **10.**59 ff.
– Unfallhaftpflicht **34.**55

venire contra factum proprium **30.**44
Verbraucher
– Bauprozess **15.**27
– Begriff **1.**152
– Bürge **12.**2
– Leasing **12.**1 ff.,9; **13.**7
– Schuldbeitritt **12.**2
– Vertragsübernahme **12.**2
– Widerruf **12.**7
Verbrauchsgüterkauf **1.**4 ff.; 135 ff., 152 ff.
Verdingungsordnung für Bauleistungen (VOB/B) **15.**20 ff.
– als Ganzes **15.**30
– Bauträgervertrag **21.**45
– Bauvertrag **16.**33, 39 ff., 48 ff., 54 ff., 64, 77 ff.

– Geltungsvereinbarung **15.**26 ff.
– Inhaltskontrolle **15.**22
– öffentlicher Auftraggeber **15.**29
– Rechtsnatur **15.**22, 24
– Verwendereigenschaft **15.**25
Vergabe (Architektenrecht) **20.**66 ff., 128
Vergütung
– Architekt **20.**3, 30 ff., 108 ff.
– Bauträger **21.**24 f.
– Bauunternehmer 16
Verfolgungsfälle **27.**22
Verjährung
– Anerkenntnis **30.**75
– Architektenvertrag **20.**116 f., 196 ff.
– Arglist **1.** 169; **20.**198
– Bauträgervertrag **21.**39
– Bauvertrag **16.**102 ff.; **17.**56 ff.
– culpa in contrahendo **3.**10
– Deliktsrecht **5.**6
– Erleichterung **1.**164,170
– Haltbarkeitsgarantie **1.**101
– Hemmung **1.**172 ff.
– Leasingvertrag **13.**65
– Mahnbescheid **30.**86
– Neubeginn **1.**172 ff.
– Regelfall **1.**168 ff.
– Sozialversicherungsträger **31.**13
– Verhandlungen **30.**79
– Verkehrsunfall **29.**6, **30.**66
Verkehrsrichtiges Verhalten **27.**26
Verkehrssicherungspflicht **27.**27 ff., 87
Vermeidbarkeit (Verkehrsunfall) **27.**50
Vermieterwechsel **8.**10; **10.**47
Vermittlungsmakler **23.**38 ff.
Vermögensschaden **32.**1
Verrichtungsgehilfe
– Verkehrsunfall **27.**65
Verschleiss **1.**26,28,160
Verschulden
– Bauunternehmer **17.**31 ff.
– Fahrlässigkeit **27.**45
– grobe Fahrlässigkeit **27.**46
– gegen sich selbst **30.**3
Verschwiegenheitspflicht (Makler) **24.**10
Vertragsaufhebung **15.**77; **18.**27; **20.**27
Vertragserfüllungsbürgschaft **17.**119
Vertragskosten **1.**66
Vertragsstrafe (Baurecht) **17.**90 ff.
Vertragstypen **15.**6 ff.
Vertrauensgrundsatz **26.**18, **27.**51
Vertrauensschutz **7.**62
Verwendungsersatz **4.**14 ff.
Verwirkung **9.**28; **16.**119; **23.**65
Verzicht **17.**44
Verzögerungsschaden **1.**90
Verzug
– Bauvertrag **16.**76, 81 ff.; **17.**76 ff.
– Kaufvertrag **1.**44,64
– Leasingvertrag **13.**7 (Leasingnehmer); **14.**4 (Leasinggeber)
– Maklerrecht **23.**20

VOB **15.**20 ff.
Vollamortisation **11.**1 ff., 9; **12.**4, 15; **13.**47
Vollmacht
– Architekt (Bauvertrag) **15.**37 f., 54
– Bauträger **21.**14
Vollstreckung
– Bauträger **21.**67 ff.
– Kaufvertrag **1.**77
– Leasingvertrag **13.**61
Vollstreckungsschutz **10.**72
Vorauszahlung
– Bauträger (Zahlungsplan) **21.**27, 36
– Bauvertrag **16.**90
Vorbehalt (Baurecht)
– Gewährleistungsansprüche **15.**61
– Schlusszahlung **16.**57 ff.
– Vertragsstrafe **15.**62; **17.**102 ff.
Vorbehaltsurteil **19.**59 ff.
Vorbesitzer **1.**31, 118 ff.
Vorhaltekosten **33.**93
Vorkenntnis **23.**49 ff.
Vorkenntnisklausel **23.**52
Vorplanung (Architekt) **20.**58 f.
Vorschaden
– Fahrzeugschaden **33.**11
– Personenschaden **27.**10; **32.**12
Vorschussanspruch (Bauvertrag) **17** 37
Vorteilsausgleichung **7.**49; **17.**54 f.; **33.**51, 63, 81; **33.**80
Vorvertrag **20.**8
VW-Urteil **33.**26

Wärmecontracting **8.**24, 31
Wartefrist **6.**10
Wegeunfall **30.**24
Weg-Zeit-Diagramm **34.**30
Weisungen des Bauherrn
– Architektenvertrag **20.**127, 150
– Bauvertrag **17.**12
Weiterfresserschaden **5.**2
Weiternutzungswille **33.**10
Weiterveräußerung **4.**16
Werkstattrisiko **33.**12
Werkvertrag **15.**2 ff.
Widerklage
– gegen Dritte **34.**17, 58
– Verkehrsunfall **34.**16

Widerruf
– Bauvertrag (Haustürgeschäft) **15.**40
– Leasingvertrag **12.**7
Widerrufsfreiheit **23.**13
Widerspruch des Mieters **10.**35
Wiederbeschaffungsaufwand **33.**3, 24, 37
Wiederbeschaffungswert **33.**3, 37
Wirtschaftliche Identität **23.**31
Wirtschaftliche Verflechtung **23.**23
Wirtschaftlichkeitsgebot
– Architekt **20.**135 ff., 246 ff.
– Betriebskosten **8.**73
– Kfz-Reparatur **33.**10, 23, 26
– Mietwagenkosten **33.**66
Wohnfläche **6.**17; **8.**40; **9.**15
Wohnungseigentum **21.**60 ff.
Wohnungsvermittlung **23.**13, 27, 79

Zeitmietvertrag **10.**30, 41
Zeitwert **33.**36
Zeugnis gegen sich selbst **30.**51
Zinsen
– Bauvertrag **16.**63
Zugesicherte Eigenschaft
– Bauvertrag **17.**4
– Kaufvertrag **1.**13, 103
Zug-um-Zug Verurteilung
– Bauvertrag **19.**45 f.
– Kaufvertrag **1.**86
– Leasingvertrag **14.**22
Zurechnungseinheit **30.**12
Zurechnungszusammenhang **27.**15 ff.; **32.**14
– Einwand rechtmäßigen Alternativverhaltens **27.**17
– Reserveursache **27.**16
Zurückbehaltungsrecht
– Architektenvertrag **20.**202 ff.
– Bauvertrag **16.**96
– Mietvertrag **9.**22
Zusatzarbeiten
– Bauvertrag **16.**35 ff.
– Kaufvertrag **2.**1 ff.
Zuständigkeit s. Gerichtsstand
Zwangsverwalter **8.**11
Zweitunfall **32.**11
Zwischenablesung **8.**66
Zwischenabrechnung **8.**66